Catel Rom

Franz Ludwig Catel

Italienbilder der Romantik

Herausgegeben von Andreas Stolzenburg
und Hubertus Gaßner

Mit Beiträgen von Markus Bertsch,
Ljudmila Markina, Andreas Stolzenburg,
Neela Struck und Gennaro Toscano

Hamburger Kunsthalle

Michael Imhof Verlag

Die Hamburger Kunsthalle dankt folgenden Institutionen und Sammlungen,
ohne deren großzügige Leihgaben diese Ausstellung nicht möglich gewesen wäre:

Schloss Berchtesgaden, Wittelsbacher Ausgleichsfond
Staatliche Museen zu Berlin, Kunstbibliothek
Staatliche Museen zu Berlin, Kupferstichkabinett
Staatliche Museen zu Berlin, Nationalgalerie
Berlin, Kunsthandel Martin & Sohn
Bielefeld, Kunstsammlung Rudolf-August Oetker GmbH
Capaccio (Salerno), Museo »Paestum nei Percorsi del Grand Tour«, Fondazione Giambattista Vico
Celle, Bomann-Museum, Stadt Celle
Charleston, South Carolina, Carolina Art Association, Gibbes Museum of Art
Düsseldorf, Goethe-Museum, Anton-und-Katharina-Kippenberg-Stiftung
Essen, Museum Folkwang
Frankfurt am Main, Städel Museum, Graphische Sammlung
Frankfurt am Main, Galerie und Kunstantiquariat Joseph Fach
Staats- und Universitätsbibliothek Hamburg Carl von Ossietzky
Stiftung Kulturhistorische Museen Hamburg, Altonaer Museum
Hamburg, Le Claire Kunst
Ickworth, The Bristol Collection
Kopenhagen, Statens Museum for Kunst
Kopenhagen, Thorvaldsens Museum
Museum der bildenden Künste Leipzig
Stiftung Maximilian Speck von Sternburg im Museum der bildenden Künste Leipzig
Die Lübecker Museen, Museum Behnhaus Drägerhaus
München, Bayerische Staatsgemäldesammlungen, Neue Pinakothek
Münchner Stadtmuseum
Staatliche Graphische Sammlung München
Paris, Bibliothèque nationale de France, Département Estampes et Photographie
Neapel, Palazzo Reale
New York, The Metropolitan Museum of Art
Germanisches Nationalmuseum Nürnberg
Stiftung Preußische Schlösser und Gärten Berlin-Brandenburg, Potsdam
Rom, Caffè Greco
Rom, Fondazione Catel
Schweinfurt, Museum Georg Schäfer
Klassik Stiftung Weimar, Museen, Graphische Sammlungen

sowie zahlreichen privaten Leihgebern.

Die Ausstellung wurde ermöglicht durch
die freundliche Unterstützung von:

WOLFGANG RATJEN STIFTUNG

DR. MOELLER & CIE.
KUNSTHANDEL

Abb. S. 2
Selbstbildnis als Zeichner am Tisch, 1824
Bayerische Staatsgemäldesammlungen München, Neue Pinakothek
[Detail aus Kat.-Nr. 103.1]

Inhalt

Grußwort

DER 4. MAI 1848 ist ein ganz besonderes Datum, denn an diesem Tag verfasste der Berliner Maler Franz Ludwig Catel in Rom sein Testament. Er legte fest, dass nach seinem Tod eine wohltätige Stiftung, das spätere Pio Istituto Catel, in Rom gegründet werden sollte. Als Präsidentin der heutigen Fondazione Catel möchte ich die große Bedeutung dieser Ausstellung betonen. Ich freue mich, dass das Werk dieses bedeutenden, die meiste Zeit seines Lebens in Italien verbringenden deutschen Malers dank dieser einmaligen Möglichkeit, die uns die Hamburger Kunsthalle geboten hat, nun auch in Deutschland einem breiten Publikum vorgestellt wird.

Die Fondazione Catel, die ihren Sitz im Herzen Roms im Viale Trastevere hat, unterstützt seit ihrer Gründung durchgehend hilfsbedürftige italienische und deutsche Künstler aus dem vom Künstler hinterlassenen Vermögen, zu dem auch seine ehemalige Wohnung an der Piazza di Spagna in Rom gehört. Die Einkünfte der Stiftung erlauben es, in Rom regelmäßig Ausstellungen für junge Künstler zu organisieren.

Dank der Weitsicht und der Großzügigkeit Catels kann aus dem künstlerischen Nachlass in der Fondazione Catel eine große Anzahl seiner Gemälde und Zeichnungen in Hamburg präsentiert werden. Es ist mir eine Genugtuung, dass unsere Leihgaben und unsere finanzielle Unterstützung die Großherzigkeit des Künstlers sowie die Beständigkeit und Zuverlässigkeit der Fondazione Catel unter Beweis stellen.

Mein ganz besonderer Dank gilt dem Direktor der Hamburger Kunsthalle, Prof. Dr. Hubertus Gaßner, und dem Kurator der Ausstellung, Dr. Andreas Stolzenburg, sowie allen anderen, die zum Gelingen dieser ersten großen Retrospektive Franz Ludwig Catels beigetragen haben.

Elisabeth Wolken
Präsidentin der Fondazione Catel

Vorwort

WIE ANDERE KÜNSTLER seiner Generation, aber mit entschiedenerem Beharren auf der nachmessenden Reflexion, hat Catel häufiger die von ihm erschlossenen Landschaften literarischen Sujets zugeordnet: Nachtstücke am Meer als Evokation weltschmerzlich-heroischer Stimmungen nach Chateaubriand und Byron, von Tieck angeregte, an Caspar David Friedrich und Karl Blechen gemahnende Einsiedler-Klausen in den Trümmern antiker Größe, den herrlich heraufziehenden Morgen über der Peterskirche, vom Garten des Klosters S. Onofrio auf dem Gianicolo aus und in dem Augenblick betrachtet, als Torquato Tasso am Tag vor seiner Dichterkrönung stirbt. An Illustration war von Catel nie gedacht, sondern an die wechselseitige Spiegelung der im Erlebnis aufgefaßten und in der schöpferischen Verwandlung durch die Phantasie festgemachten Wahrheit durch den Maler und durch den Dichter.«

Mit dieser treffenden Charakterisierung von Leben und Werk Franz Ludwig Catels leitet der bedeutende Literatur- und Kunstwissenschaftler Norbert Miller 2002 seine Monographie »Der Wanderer. Goethe in Italien« ein, der er als Frontispiz Catels 1831 gemalte Landschaft *Der Venustempel von Bajae mit Blick über den Golf von Pozzuoli* (Kat.-Nr. 144) programmatisch voranstellte. In der ein Jahr vor Goethes Tod entstandenen Komposition Catels erkannte Peter-Klaus Schuster 1981 in der Staffage zutreffend eine literarische Verbildlichung von Goethes Hymnus *Der Wandrer* von 1772. Miller sah in Catels römischen und neapolitanischen »*secundum veritatem*« gemalten, die Natur und das einfache Leben der Landbevölkerung verklärenden Veduten einen Vorläufer der späteren Deutsch-Römer wie Anselm Feuerbach, Arnold Böcklin und Hans von Marées.

Obgleich in seiner Zeit als anerkannte und einflussreiche Künstlergröße höchst präsent, ist dem 1778 in Berlin geborenen und ab 1811 in Rom wirkenden Franz Ludwig Catel durch die kunsthistorische Forschung bislang nur wenig Aufmerksamkeit zuteil geworden. Sein Ruhm scheint – trotz seiner vielfältigen Verbindungen zum preußischen und bayerischen Königshaus sowie zu Künstlerkollegen wie Karl Friedrich Schinkel oder Leo von

Klenze – schon bald nach seinem Ableben 1856 verblasst zu sein. Zu diesem Zeitpunkt war sein künstlerisches Schaffen mit den aktuellen Formen der realistischen und naturalistischen Malerei nicht mehr kompatibel. Selbst die große, 1906 in Berlin realisierte *Jahrhundertausstellung deutscher Kunst,* die zur Wiederentdeckung vergessener Größen wie Caspar David Friedrich und Philipp Otto Runge beitrug und auf der auch Catel mit mehreren Gemälden vertreten war, hatte für seine weitere Rezeption zunächst keinerlei Konsequenzen. Die ersten Schritte einer kritischen Beschäftigung mit diesem Künstler fallen in die Nachkriegszeit. Dem Dresdner Hans Geller kommt hierbei das Verdienst zu, 1960 Catels Leben und Werk erstmals zusammenhängend beschrieben zu haben. Sein unveröffentlichtes Manuskript nahm Marianne Prause, die bereits 1968 das Werkverzeichnis zu Carl Gustav Carus publiziert hatte, als Grundlage für ein ebensolches Projekt zu Catel, wozu es aber nicht kommen sollte. Andreas Stolzenburg begann im Jahr 2000, angeregt durch Helmut Börsch-Supan, mit der (immer noch fortzuführenden) Erarbeitung eines Werkverzeichnisses und realisierte bereits 2007 eine kleine Schau mit Katalog in der Casa di Goethe in Rom, in der jedoch ausschließlich Werke aus dem Nachlass der römischen Fondazione Catel (ehemals Pio Istituto Catel) präsentiert wurden. Mit der jetzigen von Andreas Stolzenburg kuratierten Retrospektive kann als Krönung seiner jahrelangen intensiven Forschung dem Publikum in der Hamburger Kunsthalle erstmals eine umfassende und breit angelegte Werkschau des Künstlers vorgestellt werden, in der neben den italienischen Jahrzehnten ab 1811 auch das reiche zeichnerische Frühwerk in Berlin und Paris näher beleuchtet wird.

Diese Retrospektive setzt die 2008 mit »Jakob Philipp Hackert. Europas Landschaftsmaler der Goethezeit« begonnene und 2012 mit »Johann Christian Reinhart. Ein deutscher Landschaftsmaler in Rom« weitergeführte Ausstellungsreihe *Landschaft um 1800* in der Hamburgert Kunsthalle fort.

Es ist wiederum das Verdienst von Andreas Stolzenburg, auch diese umfangreiche Ausstellung

wissenschaftlich und organisatorisch vorbereitet zu haben. Unterstützt wurde er dabei von Neela Struck, die sowohl an der Ausstellung wie an dem umfangreichen Katalog tatkräftig mitgewirkt hat. Beiden sei herzlich für die gelungene Ausstellung und die fundierten Beiträge im Katalog gedankt. Ebenso gilt mein Dank den anderen Autoren des Katalogs: Markus Bertsch (Hamburger Kunsthalle), Ljudmila Markina (Tretjakow-Galerie, Moskau) und Gennaro Toscano (Institut national du patrimoine, Labex »Création, art et patrimoine«, Paris) sowie Peter Prange (München).

Ausstellung und Katalog verdanken ihr Zustandekommen der freundlichen Unterstützung der Wolfgang Ratjen Stiftung, der Fondazione Catel, der Tavolozza Foundation, der Ernst von Siemens Kunststiftung, Dr. Moeller & Cie. Kunsthandel Hamburg, Le Claire Kunst Hamburg, Daxer & Marschall Kunsthandel München, Petra Wohlfahrth, Hamburg, Sophie und Mathias Bach, Hamburg, sowie dem Ausstellungsfond der Freien und Hansestadt Hamburg. Für die farbliche Gestaltung der Ausstellungsräume mit ihrem südlichen Flair danken wir Farrow & Ball.

In der Ausstellung und im reich illustrierten Katalog konnten aus über 50 Museen und Privatsammlungen in Deutschland, Italien, Dänemark, Frankreich, England und den USA mehr als 200 Gemälde, Ölstudien, Aquarelle und Zeichnungen sowie zahlreiche Druckgraphiken zusammengeführt werden. Mit der Unterstützung des Fördervereins »Die Meisterzeichnung. Freunde des Hamburger Kupferstichkabinetts e. V.« gelang es zahlreiche Bücher mit Kupferstichen nach Zeichnungen Catels für die Bibliothek der Hamburger Kunsthalle zu erwerben. Viele der präsentierten Werke werden im Katalog erstmals wissenschaftlich erschlossen und veröffentlicht. Sie schaffen die Basis, auf der eine Neubewertung des bislang unterschätzten künstlerischen Werkes Franz Ludwig Catels vorgenommen werden kann. Ich wünsche der Ausstellung den verdienten Zuspruch bei unseren Besuchern.

Hubertus Gaßner
Direktor der Hamburger Kunsthalle

»[…] lebt gesellig, vertraut mit der Welt […].«[1] Franz Ludwig Catel – Ein Künstlerleben zwischen Berlin, Paris, Rom und Neapel

Andreas Stolzenburg

WIE KAUM EIN ANDERER KÜNSTLER in der ersten Hälfte des 19. Jahrhunderts verstand es Franz Ludwig Catel, mit seinen zwischen den Gattungen Landschaft und Genre gekonnt changierenden, in einzigartigen Farben leuchtenden Gemälden den Geschmack der europäischen Italienreisenden zu treffen und ihn in neuartige Kompositionen umzusetzen. Einige seiner auf dem damaligen europäischen Kunstmarkt sehr begehrten und mit literarischen Anspielungen durchwobenen Bilderfindungen – besonders der 1820er und 1830er Jahre – wurden für Zeitgenossen wie auch für spätere Malergenerationen vorbildlich. Sein künstlerischer wie finanzieller Erfolg ist als einzigartig zu bezeichnen. Catels Gemälde und seine *plein air* gemalten Ölstudien fanden reißenden Absatz bei deutschen, französischen, englischen, russischen und auch amerikanischen Sammlern.

Im Folgenden sollen Catels Biographie und seine künstlerische Entwicklung ab Ende 1811 – dem Zeitpunkt seiner Ankunft in Rom, das zu seiner dauerhaften Heimat wurde – in Bezug auf die für ihn wichtigen Ereignisse und seine signifikantesten Werke überblicksartig untersucht werden.[2] Bevor jedoch der Fokus auf die entscheidenden Jahrzehnte in Rom und Neapel gerichtet werden kann, ist ein Exkurs zur frühen künstlerischen Prägung notwendig, wie sie Catel in seiner Malerei durch die Akademien in Berlin und Paris erfahren hat.

Jugend und Ausbildung in Berlin und Paris Franz Ludwig Catel wurde am 22. Februar 1778 in Berlin als Sohn von Peter Friedrich (Pierre Frédéric) Catel[3] und dessen Ehefrau Elisabeth Wilhelmine Catel, geb. Rousset,[4] geboren. Die ursprünglich aus Sedan stammende Familie[5] war hugenottischen Ursprungs und in der Urgroßelterngeneration als *réfugiés* in die brandenburgischen Staaten eingewandert. Der mit der Familie befreundete Kupferstecher Daniel Nikolaus Chodowiecki – selbst mit einer Frau hugenottischer Herkunft verheiratet – war 1774 bei der Eheschließung von Franz

Ludwigs Eltern als Gast anwesend.[6] Der Vater arbeitete zunächst als Gerichtsassessor, quittierte jedoch bald den Dienst, um sich der von ihm in der Tradition hugenottischer Kaufleute 1780 – Franz Ludwig war zwei Jahre alt – begründeten Spielwarenhandlung, dem sogenannten *Nürnberger Laden,* in der Brüderstraße nahe der Petri-Kirche (vgl. Kat.-Nr. 43.2) zu widmen.[7] Er war erfinderisch und höchst geschäftstüchtig; so vermerkte das *Journal des Luxus und der Moden* schon 1787, dass sein Laden das beste Spielzeuggeschäft Deutschlands sei.[8] Neu waren vor allem die selbst verlegten Auswahlkataloge der durch ihn lieferbaren Waren, von denen der erste 1785 erschien; das gedruckte und aufwendig illustrierte *Mathematische und physikalische Kunst-Cabinett* sollte gar zum Vorbild aller späteren Spielwaren-Versandkataloge des 19. und 20. Jahrhunderts werden.[9] In der väterlichen Spielwarenhandlung arbeiteten Franz Ludwig und sein Bruder, der spätere Architekt Ludwig Friedrich (Louis) Catel, schon im frühesten Alter. Es scheint, als sei beiden ihr ausgeprägter Geschäftssinn bereits in der Kindheit vermittelt worden, so jedenfalls heißt es in der 1819/20 verfassten Biographie des Louis Catel: »[Peter Friedrich Catel] ließ seine beiden Söhne […] theil nehmen an den künstlichen Zusammensetzungen der allerlieblichsten Spielwerke, die er dem Publikum lieferte, und suchte so ihnen nicht allein Geschicklichkeit zu Handarbeiten beizubringen, sondern auch einen merkantilischen Sinn in ihnen zu erwecken. Er bestimmte seine Söhne zu Handwerker[n], weil er diesen Stand als einen der nutzbarsten [sic] ehrte, und der, wenn er zweckmäßig behandelt wird, ein sicherer Broderwerb [sic] ist. Der älteste Sohn sollte Buchdrucker, der Jüngere ein Holzbildhauer werden. Er ließ ihnen daher wohl die nöthigen Schulkenntniße lehren, aber keine wissenschaftliche Bildung geben.«[10] Tatsächlich absolvierte Franz Ludwig schon in sehr jungen Jahren – wohl spätestens ab 1790 – eine Lehre als Holzbildhauer, Louis hingegen begann mit zwölf Jahren, das heißt um 1786, eine Ausbildung zum Buchdrucker, um anschließend bei dem Berliner Ofenfabrikanten

Höhler & Feilner zu lernen.[11] Am 9. Januar 1791 verstarb der Vater mit nur 44 Jahren.[12] Die Mutter führte den Nürnberger Laden mithilfe eines Angestellten noch bis 1803, doch die Brüder Catel lösten sich recht schnell aus dem elterlichen Metier und widmeten sich fortan ihren eigentlichen Berufungen. Louis ließ sich ab 1792 durch den befreundeten Friedrich Gilly zum Architekten ausbilden und machte bis zu seinem frühen Tod 1819 in Berlin parallel zu Karl Friedrich Schinkel eine durchaus respektable Karriere, ohne jedoch selbst viel bauen zu können.[13] Der zwei Jahre jüngere Franz Ludwig schrieb sich Ende 1794 mit etwa 16 Jahren auf Anraten des väterlichen Freundes Chodowiecki an der Berliner Akademie in die Malereiklasse ein. Bezieht man ein in den Akten der Institution überliefertes kritisches Urteil auf ihn – es könnte allerdings ebenso seinem Bruder Louis gegolten haben –, so hat er sich in den dortigen Lehrsälen wohl nicht oft aufgehalten: »[...] ist nur in den ersten 6 Wochen fleißig gewesen, hernach aber selten gekommen [...].«[14]

Es ist wahrscheinlich, dass es sich bei dem jungen »Cattel«, den Chodowiecki 1795 in einem Brief an den Maler Anton Graff nennt, um Franz Ludwig gehandelt hat: »Ueberbringer dieses [Briefes] ist ein junger Cattel[,] geht in eben der Absicht nach Dresden wie jener [Heinrich Mösch], hatt auch ebenso studiert, will Bildhauer werden, zeichnet nicht so sauber, hatt aber mehr Genie und geht mehr ins Weitläufige, [er ist] von sehr guter Aufführung.«[15] Gesichert hingegen ist, dass der jüngere Catel 1796 durch den Berliner Galeriedirektor Bernhard Rode die Erlaubnis erhielt, in der königlichen Gemäldesammlung Kopien anzufertigen.[16] Im Mai des Folgejahres reiste er mit Gilly, dem Wasserbauinspektor Ludwig Leberecht Koppin sowie dem Maler Georg Christian Gropius nach Weimar, wo er bei Goethe vorsprach.[17] Anschließend ging es über Gotha und Eisenach weiter nach Kassel und von dort in die Schweiz, um schließlich Paris zu erreichen, nachdem die eigentlich beabsichtigte Reise nach Italien aufgegeben werden musste.[18] Gilly kam im Juli 1797 in der Stadt an der Seine an. Catel hingegen blieb von Sommer 1797 bis Mitte 1798[19] zunächst im schweizerischen Herisau, wo er für die Walser'sche Kunstanstalt arbeitete.[20] In der erwähnten Biographie Louis Catels heißt es dazu: »Sein Bruder, der das Fach des Bildhauers mit dem des Zeichners vertauscht [hatte], hatte [...] einen Ruf nach der Schweiz [sic] erhalten, um dort Gegenden aufzunehmen. Er befand sich unter annehmlichen Bedingungen sehr glücklich daselbst und wünschte bei der herzlichen Liebe, die beide Brüder stets verband, nichts so sehr, als mit seinem Bruder vereint arbeiten zu können. Seine dringend auffordernden Briefe bestimmten endlich unsern Ludwig, seinen [sic] vollendet ausgearbeitetes Examen zusammenzupacken, sich zur Reise zu rüsten und das Examen selbst bis zur Rückkehr zu verschieben. [...] Diese Reise machte freilich einen sorglosen Abschnitt in Catels Lebens Verhältniße [sic], sie unterbrach den ruhigen Wirkungskreis, welchen er durchschreiten sollte! Aber – er lebte ein freies, fröhliches Leben in der Schweiz [sic], half seinem Bruder wie er konnte und vernachlässigte sein eigenes Studium auch nicht.

Interessante Bekanntschaften mit älteren und jüngeren würdigen Männern erhöhten ihm den Lebensgenuß in der schönen Natur der Schweitz [sic], so dass ihm dieser Aufenthalt in den fröhlichen Tagen des Jugendlebens immer idillisch reizend im Gedächtniß blieb.«[21]

Das etwa einjährige Intermezzo von Franz Ludwig in der Schweiz öffnete ihm die Augen für die erhabene Landschaft der alpenländischen Bergwelt, die auch später noch in Rom immer wieder in seinen Bildern als Motiv aufscheinen sollte (vgl. Kat.-Nr. 118). Ein Beispiel dieser frühen Beschäftigung mit der Landschaftskunst ist das 1798 entstandene Aquarell *Das Wildkirchlein im Canton Appenzell* (Kat.-Nr. 7), das Catel 1800 auf der Berliner Akademie-Ausstellung und 1803 auf der Weimarer Kunstausstellung präsentierte, wo es von Goethe gesehen wurde, der Catel als neuen Salomon Gessner würdigte.[22]

Die Biographie Louis Catels gibt weiter Aufschluss über die im Sommer 1798 geplante erste Italienreise der Brüder: »Die Nähe von Italien erregte natürlich in den beiden Brüdern den sehnlichen Wunsch, das schöne Land heimzusuchen. Erlaubniß von Berlin aus ward ihnen dazu ertheilt, aber die Kriegs-Unruhen, von denen damals Italien ergriffen war, verhinderten ihr Vorhaben. Nachdem der jüngere Bruder sein Geschäft in der Schweiz vollendet hatte, entschlossen sie sich anders, gingen von Zürich nach Basel und verschafften sich dort Pässe nach Paris.«[23] In der Tat hat Catel sich zusammen mit seinem Bruder und dem erwähnten Gropius, der in diesen Jahren sein ständiger Begleiter war, in Zürich aufgehalten, bevor er nach Paris reiste.[24]

Am 21. September 1798 schrieb er sich in die Schülerliste der Pariser Akademie ein, wo er bis zum Wintersemester 1800 verzeichnet blieb. Sein Bürge war der französische Bildhauer Jean-Antoine Houdon, was nicht verwundern muss, hatte er ja zunächst eine Ausbildung als (Holz-)Bildhauer erhalten.[25] Wer während dieses ersten Aufenthaltes seine Akademielehrer in den Fächern Zeichnung und Malerei waren, ist leider noch immer ungeklärt. Am 10. November 1798 schrieb Catel an den Verleger Friedrich Vieweg in Berlin, für den er als Zeichner arbeitete, und berichtete über das Eintreffen in der Stadt zwei Tage zuvor, am 8. November: »[...] den 8ten sind wir[26] in Paris angekom[m]en [...]. Wir sind jetzt beschäftigt ein helles Quartier zu suchen[,] so bald wir damit in Ordnung und in Ruhe sind, werde ich Ihre andern Aufträge besorgen, und an die Erfüllung meiner Versprechungen gehen. Sie glauben nicht[,] wie froh ich bin[,] wieder unter Kunstsachen zu leben[,] den[n] dieses Bedürfnis mangelte mir in Zürich fast gänzlich und es war mir ordendlich[,] als schlief ich ein. Sie sind kürzlich in Paris gewesen, kön[n]en also leicht selbst beurtheilen[,] daß es hier an Kunstgenuß nicht fehlen wird, und daß wir ein ziemliches Feld vor uns haben, eine reiche Ernte an Ideen zu unserm Meublen [Möbel] und Modeprojekt zu machen.«[27] Als erstes Domizil gab Catel eine Adresse in Saint-Germain-de-Prés an: »aux freres Catel. a la maison de Bretagne, N: 88. rue andré des arts.«[28]

Abb. 1
Die Lochmühle im Liebethaler Grund in der Sächsischen Schweiz, Herbst 1801, Aquarell, weiß gehöht,
über Bleistift, 228 x 172 mm, Frankfurt am Main, Galerie und Kunstantiquariat Joseph Fach

Über Catels Leben und seine Kontakte in Paris ist wenig bekannt. Es ist wahrscheinlich, dass er mit Wilhelm von Humboldt verkehrte,[29] der sich 1799 bei Goethe für ihn verwendete (vgl. Kat.-Nr. 13), und es ist anzunehmen, dass er über Humboldt weitere deutsche und internationale Verbindungen knüpfte. Catel bewunderte die von Napoleon in Paris zusammengeführten italienischen Gemälde im Louvre, deren triumphale Heimkehr nach Rom er später direkt miterleben sollte. Nach einigen dieser Bilder fertigte er im Auftrag Viewegs Miniaturkopien, die 1800 in Berlin ausgestellt und 1801 in Paris in Stichen reproduziert wurden (Kat.-Nr. 14.1–14.6).

Louis Catel kehrte bereits 1799 an die Spree zurück, möglicherweise in Begleitung von Franz Ludwig, zumindest ist dieser spätestens Ende Januar 1800 ebenfalls wieder in Berlin.[30] Am 28. Januar 1801 heiratete er ebendort Sophie Frederike Kolbe, wie er im Vorfeld Vieweg brieflich mitteilte: »Ich schreibe Ihnen hiermit die Neuigkeit, daß ich im künftigen Seculo Ehemann werde, (den[n] so lange muß und will ich auch noch warten). Seit acht Tagen bin ich Bräutigam, mit einem Mädchen, die [sic] ich schon seid meiner Kindheit herzlich liebe, meine Braut ist die Tochter des Goldstickers Kolbe, wohnhaft auf dem Schinkenplatz,[31] ich bitte dieß Ihrer werthen Frau Gemahlin ebenfalls anzuzeigen.«[32] Catel und seine Frau kannten sich demnach schon seit Kindertagen, was sich durch familiäre Verflechtungen der Kolbes mit den Chodowieckis und die Freundschaft mit den Catels sowie die räumliche Nähe der Wohnhäuser der Familien Catel und Kolbe in der Brüderstraße und am Hausvogteiplatz leicht erklären lässt.[33]

Im Herbst 1801 hielt sich das frisch vermählte Paar in Dresden auf, wo Catel – inzwischen 23-jährig – an der Akademie Vorlesungen über Linear- und Luftperspektive gehalten haben soll.[34] Die notwendigen Kenntnisse wird er sich während der vorangegangenen Pariser Jahre an der dortigen Akademie angeeignet haben. Zusammen mit dem Dresdner Zeichner und Kupferstecher Johann Philipp Veith, einem Schüler Adrian Zinggs, unternahmen Catel und seine Frau eine Reise durch die Sächsische Schweiz.[35] Aus dieser Zeit hat sich ein zweites kleines Landschaftsaquarell erhalten, das die Lochmühle im Liebethaler Grund zeigt (Abb. 1).[36]

Nähere Betrachtung verdient wenigstens kurz die von den Brüdern Catel betriebene *Musivische Stuckfabrik,* in der ab 1801 für einige Jahre mit großem Erfolg künstlicher Marmor hergestellt wurde. Der führende Kopf der Unternehmung war Louis, doch lieferte Franz Ludwig als versierter Zeichner eine Vielzahl von Entwürfen für die bald auch öffentlichen Aufträge der Firma, ohne dass von diesen bislang etwas greifbar wäre. Die Geschichte der *Musivischen Stuckfabrik* ist bisher nicht genauer untersucht worden,[37] die schon mehrfach herangezogene Biographie Louis Catels gibt aber einen Eindruck vom Fortgang dieses gemeinsamen Projekts der Brüder.[38] Eine erste Nachricht zu den neuartigen Stuckarbeiten der Catels findet sich im Zusammenhang mit einer Nische im alten Bau des Joachimsthalschen Gymnasiums in Berlin, in der Johann Gottfried Schadow 1801 seine Büste des Johann Heinrich Meierotto aufstellte.[39] Großherzog Karl August von Sachsen-Weimar-Eisenach beauftragte in der Folge Johann Heinrich Gentz mit dem Umbau des Weimarer Schlosses bis zum Jahr 1804, da für diesen Zeitpunkt die Vermählung des Erbprinzen mit der russischen Zarentochter Maria Pawlowna vorgesehen war. Neben Gentz und dem Bildhauer Christian Friedrich Tieck wurden auch Louis und Franz Ludwig Catel in die Pläne mit einbezogen. Der Großherzog besuchte zusammen mit König Friedrich Wilhelm III. und Königin Luise die an der Ecke Charlotten- und Zimmerstraße gelegene Fabrik in Berlin. In den *Berliner Nachrichten von Staats- und gelehrten Sachen* erschien danach ein ausführlicher Bericht, dem man das umfangreiche Sortiment der Catels entnehmen kann.[40] Bald nach dieser Visite wurden die Brüder nach Weimar eingeladen und erhielten den Auftrag zur Herstellung der großen Säulen und Pilaster im neuen Festsaal und in den Treppenhäusern des Schlosses. Es folgten mehrere Aufenthalte in der thüringischen Residenzstadt, so auch Mitte September 1802, als sie zusammen mit Johann Gottfried Schadow dorthin reisten – am 22. des Monats wurden sie von Goethe empfangen.[41]

Dass Louis Catel in der Weimarer Zeit mit Goethe und auch mit Schiller und Wieland persönlichen Umgang pflegte, ist durch seine Biographie bezeugt;[42] inwieweit dies auch für Franz Ludwig gegolten hat, der bei dem Schlossprojekt wohl eher in nachgeordneter Rolle tätig war und wahrscheinlich aufgrund zahlreicher anderer künstlerischer Verpflichtungen in Berlin bald wieder ausschied, ist nicht abschließend zu klären. Goethe nahm Anteil am Fortgang der Arbeiten, und noch 1806 äußert sich Achim von Arnim in einem Brief lobend zur Stuckfabrik der Catels.[43] Nach der Niederlage Preußens in der Schlacht bei Jena und Auerstedt 1806 kamen Handel und Wirtschaft in Preußen mehr oder weniger zum Erliegen, und 1807 ist im *Morgenblatt für gebildete Stände* über die »zu den achtungswürdigsten Künstlern Berlins zählenden« Brüder zu lesen, dass »die in Berlin residierenden Franzosen [Louis] Catel den Vorschlag gethan haben, seine Mosaik-Fabrik nach Paris zu verpflanzen, wo in dieser Vollkommenheit noch nichts der Art vorhanden ist. Bey den Beschränkungen, die Berlin jetzt nothwendig treffen muß, trübt sich für jeden Künstler die Aussicht. Er eilt gern dem Sonnenschein und dem Überflüße zu, der auch die Künstler nährt.«[44]

Franz Ludwig Catel arbeitete über die ganzen Jahre hinweg wohl vorwiegend als Illustrationszeichner,[45] ohne jedoch dabei sein Ziel, Maler zu werden, aus den Augen zu verlieren. 1806 beteiligte er sich an der Akademie-Ausstellung in Berlin mit drei kleinen, in Öl ausgeführten Ansichten der Stadt (Kat.-Nr. 42.1–42.2) sowie einem auffallend großen Aquarell, »die Ermordung des Probstes Nikolaus von Bernau zu Berlin vor der Thüre der Marienkirche« darstellend (Abb. 2).[46] Mit diesem ambitionierten Werk gelang dem Künstler am 23. November desselben Jahres die Aufnahme als ordentliches Mitglied der Berliner Akademie der bildenden Künste.[47] Auf dieser Berliner Ausstellung präsentierte er zudem ein zweites Aquarell: *Luther verbrennt die päpstliche Bulle und das kanonische Recht vor Wittenberg.*[48] Dieses verschollene Bild, von dem es kleinere Versionen in Öl gibt (Abb. 3), wurde 1811 von Ludwig Buchhorn gestochen und von Johann Joseph Freidhoff in Berlin verlegt (Kat.-Nr. 46).[49]

1806 entstand auch Catels Gemälde *Abschied Zar Alexanders I. vom preußischen Königspaar Friedrich Wilhelm III. und Königin Luise am Sarge Friedrichs des Großen in der Garnisonkirche von Potsdam am 4. November 1805*, das eine zeitgenössische politische Begebenheit zum Motiv nimmt (Abb. S. 215).[50] Öffentlich präsentiert wurde das Bild erst 1810, nach dem Tod der Königin, in der Berliner Akademie-Ausstellung. Über den Reproduktionsstich von Friedrich Wilhelm Meyer d. Ä. fand die Darstellung aber schon ab

1806 weite Verbreitung (Kat.-Nr. 44). Historische Sujets sind im frühen Schaffen Catels jedoch eher selten zu verzeichnen. Eine der wenigen Ausnahmen ist die bisher unbekannte Beschäftigung mit der Person Friedrichs des Großen in Form einer Zeichnung (Kat.-Nr. 45).

1807 reisten die Brüder Catel erneut in die Schweiz[51] und erreichten von da aus Ende des Jahres wieder Paris. Louis kehrte jedoch bald nach Berlin zurück, da die Gründung einer Stuckfabrik vor Ort nicht zustande kam. Franz Ludwig hingegen blieb in Paris, wo er sich nun der weiteren Ausbildung in der Ölmalerei widmen wollte – in wessen Atelier, ist auch in diesem Falle nicht klar. Im Auftrag des Kriegsministers von Frankreich und französischen Gouverneurs von Berlin Henri-Jacques-Guillaume Clarke, Graf d'Hunebourg, Herzog von Feltre, schuf er in diesen Monaten in dessen Landhaus im elsässischen Neuweiler (Neuwiller) zwei Deckengemälde in Öl. Diese nicht mehr nachweisbaren Bilder zeigten *König Alfred von England als Harfenspieler verkleidet im dänischen Lager* und eine Szene aus dem »oesterreichischen Kriege«. Die dazugehörigen Kartons wurden 1807 im Pariser Salon präsentiert und von François Gérard, Jacques-Louis David und Robert Lefèvre gelobt.[52] David und Gérard oder auch Antoine-Jean Gros kommen als Lehrer Catels infrage. Die Arbeiten für General Clarke waren eine hervorragende Visitenkarte, die Catel in Paris gut nutzen konnte. Aus dieser Zeit hat sich darüber hinaus eine Landschaftszeichnung erhalten, auf der die Ruine Hohenbaar im Elsass wiedergegeben ist,[53] und auf der Reise von Berlin nach Paris kam Catel offensichtlich auch nach Heidelberg (Abb. 4).[54]

Die politische Einstellung der Brüder Catel lässt sich nicht mehr zweifelsfrei eruieren, doch werden die Franzosen trotz der eigenen familiären Wurzeln später durchaus als »Feinde« bezeichnet. Nichtsdestoweniger wird Louis und Franz Ludwig ihre hugenottische Abstammung in der französischen Metropole erneut hilfreich gewesen sein.[55] Franz Ludwig kam in Paris einerseits schnell in

Abb. 2
Die Ermordung des Probstes Nikolaus von Bernau vor der Tür der Marienkirche in Berlin am 16. August 1323, 1806, Aquarell, 830 × 1040 mm, Stiftung Stadtmuseum Berlin, Graphische Sammlung, Inv.-Nr. VII 65/283 W

Abb. 3
Martin Luther verbrennt die päpstliche Bulle und das kanonische Recht vor Wittenberg (10. Dezember 1520), 1806, Öl auf Eisenblech, 32 × 38,5 cm, Olten/Schweiz, Stiftung für Kunst des 19. Jahrhunderts

Kontakt mit der immer größer werdenden Gruppe deutscher Künstler und Literaten, andererseits aber auch mit wichtigen Mitgliedern der französischen Gesellschaft. So verkehrte er beispielsweise mit den Brüdern Johann Heinrich Ferdinand und Heinrich Olivier (beide von 1807 bis 1810 vor Ort),[56] mit August Wilhelm Schlegel, dem Schriftsteller, Pädagogen und Maler Friedrich August von Klinkowström, dem dänischen Schriftsteller Adam Gottlob Oehlenschläger[57] und natürlich mit seinem Cousin, dem bekannten Komponisten Charles Simon Catel. Auch dem Archäologen Aubin-Louis Millin, mit dem er im Frühjahr 1812 nach Kampanien und Kalabrien reisen sollte, begegnete er sicher schon in Paris.[58] So schrieb der Bremer Arzt Adolph Müller, der den Künstler während einer der sonnabendlichen Zusammenkünfte bei der deutschen Malerin Therese aus dem Winckel[59] kennengelernt hatte und ihn im Zusammenhang mit dem Auftrag für General Clarke als einen »der genialsten jetzt lebenden Maler« bezeichnen sollte,[60] im Dezember 1807 an den Theologen Friedrich Schleiermacher in Bezug auf die Treffen im Hause Millin, dort träfen sich insbesondere deutsche Gelehrte und Künstler.[61] Bei Millin, der mit Karl August von Böttiger in Weimar befreundet war, verkehrten parallel zu Müller und Therese aus dem Winckel noch zahlreiche weitere Persönlichkeiten des kulturellen Lebens der Stadt wie der Direktor des Louvre, Dominique-Vivant Denon. Helmina von Chézy wiederum nennt neben dem dänischen Dichter Jens Baggesen, dem Schriftsteller Tønnes Christian Bruun-Neergard und dem Maler Heinrich Christoph Kolbe explizit auch Catel als Besucher der regelmäßig stattfindenden Gesellschaften bei Therese aus dem Winckel.[62] Mehrfach suchte Catel Denon im Auftrag der Berliner Akademie auf, um ihn um Gipsabgüsse aus dem Musée Napoléon zu bitten, wie ein Brief des Künstlers an Denon vom 18. Februar 1808 belegt.[63]

Was in den Jahren zwischen 1807 und Herbst 1811 außer den Kartons für Clarke konkret an Gemälden oder Aquarellen entstanden und welcher Art das Œuvre dieser Periode überhaupt gewesen ist – fertigte Catel nur Historienbilder und Bildnisse oder auch bereits

Landschaften in Öl? –, ist bisher nicht zu klären. Weder Werke noch dokumentarische Nachrichten sind für die Pariser Zeit überliefert.[64] Nicht belegt, aber doch wohl wahrscheinlich ist, dass Catel in Paris gemeinsam mit seiner Frau lebte, die überraschend 1810 verstarb. Dieser Schicksalsschlag wird Catel bestärkt haben, sich nach dem ersten missglückten Versuch von 1798 endlich nach Italien zu begeben. Im Sommer 1811 reiste er von Paris aus nach Mailand, wo er seinen Bruder Louis und dessen Frau Henriette Friederike traf. Gemeinsam begab man sich nach Rom: »Seine [Louis'] Stuckfabrik in Berlin hatte, während er in Braunschweig war, ganz aufgehört zu arbeiten. Nichts band ihn weiter in dieser Zeit; er […] machte sich heiteren Sinnes im August 1811 in Begleitung seiner Frau von Braunschweig aus auf den Weg nach Italien. […] Nachdem er […] die Borromäischen Inseln besuchte, wandte er sich nach Mailand, wo er mit seinem Bruder zusammen traf, der seit dem Jahre 1807 abwechselnd im Elsaß und in Paris gelebt hatte. Die Brüder gingen nun vereint weiter über Bologna nach Florenz, wo einige Zeit verweilt wurde, von da trafen sie über Siena am 28ten October 1811 in Rom ein.«[65]

Schon ab Mitte Dezember 1811 nahm Franz Ludwig Catel an den Zusammenkünften des erst kurz zuvor gegründeten Lukasbundes um Friedrich Overbeck teil. Zu den Mitgliedern dieser Künstlervereinigung gehörten Peter Cornelius, Johann Konrad Hottinger, Christian Xeller, Joseph Sutter und Joseph Wintergerst. Aufgrund seiner Kenntnisse in Perspektive gab Catel den jungen, religiös motivierten Malern im Kloster San Isidoro Unterricht (vgl. Kat.-Nr. 71).[66] Overbeck notierte in seinem Tagebuch bereits am 14. November des Jahres, dass Catel an seinem Gemälde *Einzug Christi in Jerusalem* die mangelnde Luftperspektive der Landschaft ebenso wie die perspektivische Darstellung zahlreicher Figuren bemängelt habe.[67] Er scheint die Kritik des älteren Künstlerkollegen durchaus positiv aufgenommen, mit ihm indes auch hitzige Debatten über die Architektur der Antike und Leonardo da Vincis *Abendmahl* geführt zu haben.[68] Über die Treffen der Nazarener zum Zeichnen heißt es bei Margaret Howitt, der Biographin Overbecks: »Uebrigens waren die Brüder […] von dem eifrigsten Verlangen beseelt, sich gegenseitig auch die technischen Fertigkeiten und Vortheile beizubringen. Sie hatten bei diesen Bemühungen mit mancherlei Hindernissen zu kämpfen. Die Zellen waren klein, kaum geräumig genug für eine Staffelei, viel weniger für ein Modell. Dies bestimmte sie eine Abendschule, die Akademie genannt, im Refektorium von S. Isidoro einzuführen; Cornelius, Xeller, Johannes Veit sowie die beiden Berliner Maler Wilh. Schadow und Franz Catel vereinigten sich hiebei [sic] mit den Klosterbewohnern.«[69] Howitts folgende Passage mag erklären, warum Catel sich trotz des freundschaftlichen Umgangs künstlerisch eher eingeengt fühlte: »Da ging es in gemeinsamer Arbeit oft lebendig her. Man zeichnete nach der Natur, man saß sich gegenseitig zu Gewandstudien; aber gemäß ihrem Axiom, dass es die Seele ist, die zur Seele sprechen müsse, machten sie solche Studien nur in der Akademie, und malten dann ihre Bilder, ›um nicht zu naturalistisch zu werden‹, in der Einsamkeit ihrer Zellen aus dem Gedächtnis.«[70] Die naturalistischen Studien nach der ihn nun umgebenden reizvollen und so lange Jahre herbeigesehnten Landschaft sollten indes bei Catel fortan im Vordergrund stehen und seinen großen Erfolg als Maler ausmachen. Dies musste zwangsläufig zu einer gewissen Entfremdung von den Lukasbrüdern führen, obwohl man ab 1816 nochmals gemeinsam an der Ausstattung der Casa Bartholdy arbeitete.[71]

Anfang Februar 1812 erfahren wir aus einem Brief Catels an den Verleger Cotta in Tübingen von geplanten Illustrationen mit italienischen Volksszenen und Gebräuchen für dessen *Damenkalender,* die aber letztlich nicht erschienen.[72] Catel wandte sich in Rom allem Anschein nach ganz bewusst von dieser Kunst ab, die ihn so lange in seinem Leben begleitet hatte, um sich ganz den neuen künstlerischen Herausforderungen zu stellen.

Louis Catel und seine Frau reisten im April 1812 nach Neapel, wo sie sich mit Franz Ludwig trafen, der beide auf ihren weiteren Unternehmungen begleitete. In Louis' Biographie heißt es dazu: »Den ganzen Monath April 1812 brachte er in Neapel zu. Von dort aus besuchte er die paradiesischen Küstenländer, bestieg den Vesuv, war einige Male in Pompeji und sah die Tempel von Pestum [sic]. Dies war das weiteste Ziel seiner Reise! Nachdem er noch Ischia und Procida besucht [hatte], trennte er sich in Neapel von seinem Bruder und traf am 3ten Mai mit seiner Frau wieder in Rom ein. In den letzten Tagen des Mai's verließ er Rom.«[73] Während der genannten Besteigung des Vesuvs entstand eine Ölstudie des Kraters mit seiner glühenden Lava, die aufgrund der Überlieferungslücken in Catels vorherigem Werk so unmittelbar wie unerwartet vor uns steht und uns in ihrer freien Malweise und ihrer Frische, bar jeglicher akademischer Haltung, verblüfft (Kat.-Nr. 159). Sie zeugt eindrücklich von der spätestens in Italien erwachten Faszination des Künstlers für die Natur in all ihren Erscheinungsformen, der er sich ab diesem Zeitpunkt in seinem Werk widmen sollte.

Nach der Trennung von seinem Bruder in Neapel reiste Franz Ludwig Catel mit dem Archäologen Millin erstmals in den Süden Italiens, nach Kampanien und Kalabrien. Millin notierte 1813 in seiner Publikation zu den Ausgrabungen Pompejis, für die der Künstler zwei Tafeln gezeichnet hatte (Abb. 5)[74]: »Herr François Catel, ein begabter, in Berlin geborener Maler, hat mich auf meinen Reisen in Kalabrien begleitet. Wir waren an den Küsten, den Buchten und auf den Inseln, vom Kap Miseno bis Reggio; dann in einem Teil der Abruzzen bis zum Fuciner See. Ich habe eine reichhaltige Mappe mit den Zeichnungen, die er gemacht hat, in meinem Besitz und beabsichtige diese zu veröffentlichen. Dieser schätzenswerte Künstler weilt gegenwärtig in Rom, wo er damit beschäftigt ist, Werke zu vollenden, die ihn zum Range eines der berühmtesten Landschaftsmaler erheben werden [...].«[75] Erst vor wenigen Jahren gelang es, einen großen Teil dieser Zeichnungen in der Bibliothèque nationale de France in Paris wiederaufzufinden. In der Ausstellung wird erstmals eine kleine Auswahl der mehr als 170 Blätter vorgestellt (Kat.-Nr. 47–62).[76]

In Rom wohnte Catel nachgewiesenermaßen ab Frühjahr 1813 in der Via Sistina 79.[77] Unweit seiner Unterkunft, in der Via Sistina 48, befand sich die legendäre Casa Buti. Diese Künstlerherberge wurde von der Witwe des Architekten Camillo Buti, Anna Maria Buti, geb. Atticciati, und ihrer Schwägerin Geltrude Buti geführt.[78] Hier verkehrte Catel regelmäßig, möglicherweise war dies auch seine erste Bleibe, bevor er in die Nummer 79 zog. Der jüngste Sohn der Butis, der spätere Kassationsgerichtsrat Cesare Buti, wurde einer seiner Vertrauten und juristischen Ratgeber.[79] Das weitläufige Haus, in dem im 18. Jahrhundert auch Giovanni Battista Piranesi gewohnt hatte, bot zu Beginn des 19. Jahrhunderts vielen illustren Gästen einen Platz, deren berühmtester der dänische Bildhauer Bertel Thorvaldsen war.[80] Zu diesem pflegte Catel schon sehr früh freundschaftliche Kontakte (vgl. Kat.-Nr. 94, 130, 184). 1810 bis 1813 lebte auch Jean-Auguste-Dominique Ingres in der Casa Buti; sein Zimmer wurde 1813 von Christoffer Wilhelm Eckersberg übernommen. Letzterer und Catel könnten sich schon in Paris begegnet sein, wo der Däne 1809 bis 1813 im Atelier von Jacques-Louis David gelernt hatte. In Rom aber trafen beide durch die gemeinsame Verbindung zu Thorvaldsen mit Sicherheit zusammen, ein Einfluss von Eckersbergs römischen Stadtansichten auf Catel ist anzunehmen (vgl. Kat.-Nr. 68).[81] In der Casa Buti wohnten darüber hinaus folgende Künstler, zu denen Catel ebenfalls in Verbindung stand: die Brüder Wilhelm und Rudolph Schadow, der Hallenser Maler Carl Adolf Senff, der Kasseler Historienmaler Ludwig Sigismund Ruhl, die Maler Karl Wilhelm Wach und Carl Begas sowie der Bildhauer Julius Troschel. Catel soll die Butis davon überzeugt haben, ihre Räume nicht nur an Künstler zu vermieten, sondern auch allwöchentliche Abendgesellschaften zu veranstalten, auf denen man sich zu Musik und zur gelehrten wie ausgelassenen Unterhaltung traf.[82]

Catel fand schnell Zugang zur vornehmen Gesellschaft Roms, ein für ihn glücklicher und Erfolg bringender Umstand, der ihm vonseiten der deutschen Künstlerschaft jedoch auch Argwohn ein-

Abb. 5
Ludwig Friedrich Kaiser nach Franz Ludwig Catel, *Ansicht des Grabes des Ampliatus und des Rundgrabes in Pompeji*, in: Aubin-Louis Millin, *Description des tombeaux qui ont été decouverts a Pompeï dans l'année 1812 [...]*, Neapel 1813, Taf. II

brachte.[83] Am 28. November 1814 heiratete er Margherita Prunetti, die Tochter des römischen Dichters und Kunstschriftstellers Michelangelo Prunetti.[84] Er wird sie im Rahmen der Salons in der Casa Buti 1812/13 kennengelert haben. Voraussetzung für die Eheschließung war der Übertritt des Künstlers zum katholischen Glauben. Noch 1814 zog das Paar in die Wohnung des Schwiegervaters in der Via del Corso 151, wo es bis 1824 gemeldet blieb. 1823 verstarb Prunetti und hinterließ den Catels sein Erbe. Im Jahr darauf wurde an der Piazza di Spagna 9 ein eigenes, sehr großzügiges Appartement angemietet.[85] Dies war möglich geworden, da Catel 1821 nach dem frühen Tod seines Bruders 1819 Alleinerbe des elterlichen Vermögens in Berlin wurde. Nachdem er von einem längeren Aufenthalt in Neapel im März dieses Jahres nach Rom zurückgekehrt war,[86] reiste er im September an die Spree,[87] um sich um die Erbschaftsangelegenheiten vor Ort zu kümmern.[88] Nun konnte das Paar ein von finanziellen Zwängen freies Leben in Rom führen. Für die meisten der deutschen Maler in der Ewigen Stadt war dies kaum vorstellbar und weckte natürlich den Neid einiger Kollegen.

Für Ende November 1815 ist durch die Tagebucheinträge des dänischen Malers Johann Ludwig Lund ein erneuter kurzer Aufenthalt Catels in Berlin belegt. Möglicherweise stellte der Künstler dort seine Frau Margherita der Familie vor. Lund, der auf seiner zweiten Reise nach Rom am 1. November 1815, aus Hamburg kommend, Berlin erreichte, traf Catel am 25., 27. und 28. des Monats. Unter anderem notierte er am 25. November, dass Catel ihm »italienische Sachen« gezeigt habe, womit zweifellos aus Rom mitgebrachte Zeichnungen oder Ölstudien gemeint waren.[89]

Am 27. Juli 1816 wurde dem Künstler und seiner Frau der gemeinsame Sohn Federico Catel geboren, der jedoch bereits am

16. Februar 1817 im Säuglingsalter verstarb. Er sollte das einzige Kind des Ehepaares bleiben. Eine Abschrift der Taufurkunde nennt als prominenten Taufpaten Friedrich Wilhelm IV. von Sachsen-Gotha-Altenburg, der erst kurz zuvor selbst zum katholischen Glauben konvertiert war.[90] Catel war mit dem Herzog in Rom gut bekannt; 1818 malte er mindestens zweimal den Blick in den Garten einer Villa auf Termini nahe den Diokletiansthermen, die Friedrich Wilhelm wohl zwischen 1814 und 1819 jeweils in den Sommermonaten bewohnte (Kat.-Nr. 72).

Catels Freundschaft mit den Nazarenern und dem preußischen Konsul Jakob Ludwig Salomon Bartholdy, dem der Künstler spätestens in Paris begegnet war,[91] führte 1816 zur Mitarbeit an den Wandbildern der Lukasbrüder im Festsaal der Wohnung Bartholdys im nahe der Kirche Santa Trinità dei Monti gelegenen Palazzo Zuccari (damals Casa Bartholdy, heute Sitz der Bibliotheca Hertziana). Bartholdy und Catel scheint eine engere Freundschaft verbunden zu haben, wie die Beschriftung auf dem Bildnis Bartholdys zeigt, das von Catel gezeichnet wurde (Abb. 6).[92] Zu den Bildern der Casa Bartholdy steuerte Catel eine *Ägyptische Landschaft mit Pyramiden* (Abb. 7)[93] und eine – verschollene, aber photographisch dokumentierte – Darstellung *Joseph im Gefängnis* (Abb. 8) bei, beide *a fresco* ausgeführt.[94] Overbeck notierte dazu: »Indessen hat es das Schicksal so gefügt, dass auch ich, unverdienterweise, zu der großen Frescoarbeit hin gezogen worden [bin], an Catel's statt, der zu viel einträglichere Arbeiten im Genrefach hat, um sich mit solchen Sachen abzugeben. Daß ich mit beiden Händen und mit großem Jubel zugegriffen habe, kannst Du denken.«[95] Overbeck erhielt also die Chance zur Teilnahme, weil Catel aus Zeitmangel nur Supraporten – zwei relativ kleine Landschafts- und Architekturbilder – liefern konnte: »Er [Catel] hatte nach einigen Überlegungen doch eingewilligt, an den Fresken sich zu beteiligen, und malte über den beiden Eingängen des Zimmers symbolische Landschaften: die eine

Abb. 7
Ägyptische Landschaft mit Pyramiden, 1816, Fresko (auf Leinwand übertragen), 118 x 119 cm, ehem. Rom, Casa Bartholdy, heute Rom, Fondazione Catel, Inv.-Nr. 23

Abb. 6
Bildnis Jakob Ludwig Salomon Bartholdy, um 1816, Bleistift, 251 x 197 mm, Rom, Fondazione Catel, Inv.-Nr. 159

zeigt Obelisken und Pyramiden, die andere ein imaginäres ägyptisches Gefängnis. Es war noch nicht das Zeitalter der buchstäblichen Wahrheit in Costüm und Scenerie; da indeß in dem Cyklus der Compositionen die gesammte [sic] Darstellung von Figuren und Beiwerk italienisch ist, so hatten diese beiden Gegenstände den Zweck zu zeigen, dass der Schauplatz der Geschichte ägyptisch ist.«[96]

Im Gegensatz zu den meisten anderen deutschen Künstlern in Rom integrierte sich Catel bestens in die ihn umgebende internationale Gesellschaft, ja, er und seine Frau nahmen selbst eine gewisse gesellschaftliche Rolle in der Stadt ein. Dies fand seinen Niederschlag in Form vieler Erwähnungen in zeitgenössischen Briefen, Erinnerungen und Tagebüchern sowie frühen kunsthistorischen Schriften aus den folgenden drei Jahrzehnten. So wird Catel etwa bei Johann Gottfried Schadow[97] und Rudolph Schadow[98] sowie der Malerin Louise Seidler[99] vielfach genannt; der Kunstschriftsteller Graf Grigorij V. Orlov verweist auf ihn 1823,[100] die Literaten Karl Morgenstern und Alfred von Reumont 1814 und 1844.[101]

Margherita Catel wird von den zahlreichen Gästen an der Piazza di Spagna stets als gute Seele des Hauses beschrieben: »Bei Catel hatten wir ein sehr vergnügtes Mittagessen in Thorwalden's Gesellschaft. Begasse,[102] Hensel, Grahl waren auch da. Frau Catel ist wirklich eine ungemein sanfte, liebenswürdige Römerin.«[103] Auch der jüdische Maler Moritz Daniel Oppenheim, der sich von 1821 bis 1825 in Rom aufhielt, war in diesen Jahren oft zu Gast bei den Catels: »Ich war häufig zur Tafel des Grafen Ingenheim gezogen, der eine große Rolle in Rom spielte; ebenso bei Staatsrat Niebuhr, der sowohl als Gelehrter und Historiker, wie auch als preußischer Gesandter, hoch angesehen und gefeiert war. Der seiner[s]eitz berühmte Maler Catel machte damals auch ein schönes, mir offenstehendes Haus aus; ich war genötigt, öfter als früher, sorgfältige Toilette zu machen. [...] Außer den élégants Hensel und Krahl

[August Grahl] trugen noch Kleber, Begas, Mela, die Soireen des bereits genannten Hauses Catel sowie die Einladungen bei Graf Ingenheim, Niebuhr, Lepel usw. dazu bei, feinere Toilette für mich erforderlich zu machen, was früher nie gehabte Ausgaben, z. B. für Glanzschuhe, weiße Binden und helle Glacéhandschuhe mit sich brachte.«[104] Der von Oppenheim genannte Wilhelm Hensel, der 1839/40 zum zweiten Mal nach Rom kommen sollte, diesmal zusammen mit seiner Ehefrau, der Komponistin Fanny Mendelssohn – Schwester des Komponisten Felix Mendelssohn Bartholdy –, ging im Hause Catel ein und aus.

Mit dem niederländischen Maler Abraham Teerlink war Catel ebenfalls eng befreundet, wie aus dem Bericht der aus Berlin stammenden Bertha Weiss hervorgeht, die sich 1822 zusammen mit ihrem Vater Gaspare Weiss[105] in der Ewigen Stadt aufhielt – ihr Brief vom 12. Dezember 1827, der Erinnerungen aus der Zeit zwischen Februar und April 1822 rekapituliert und an ihren in Rom weilenden Verlobten, den Maler Johann Carl Baehr,[106] gerichtet ist, sei hier auch aufgrund der aufschlussreichen Schilderung des sozialen Umfeldes wiedergegeben: »[...] nachmittags machten wir gewöhnlich mit Catels irgendeinen weiten Spaziergang. Er hat uns alle schönsten Punkte um Rom gezeigt. Fast alle Abende waren wir bei Catels, die uns ein für allemal gebeten hatten und sich sehr wunderten, wenn wir nicht kamen. Die nächsten Freunde von Catels waren: Angelina, eine liebenswürdige Römerin mit ihrem Mann Camillo, Senff und ein Maler Teerlink, ein Holländer. Angelina hatte die schönsten weiblichen Augen, die ich je gesehen habe, sie war sehr lebhaft und gutmütig; Camillo ihr Mann, hatte vieles von einem Deutschen, darum gefiel er mir besonders. Senff war nichts weniger als liebenswürdig, aber sehr gutmütig. [...] Teerlink, der andere Hausfreund, ein Landschaftsmaler, seit Jahren ansässig in Rom, ein Mann gesetzten Alters, angehender Hagestolz, hatte aber ein Auge auf mich geworfen und suchte mir dies klar zu machen, indem er mir durch Angelina in aller Eil sein Herz und seine Hand anbieten ließ. [...] Dies waren die gewöhnlichen Gäste dort. Sonnabends war aber gewöhnlich im Atelier ein kleiner musikalischer Verein, dann kam eine Nichte von ihr [Margherita Catel], die sehr schön sang. [Franz] Lauska aus Berlin spielte, ein Maestro Angelo sang Bariton. Manchmal kamen Thorvaldsen und gewöhnlich noch einige deutsche Maler, von denen jetzt nur noch Flor da ist.[107] Die Musik war übrigens nicht besonders, da nur eine bedeutende Sängerin da war. Senff spielte bei dieser Gelegenheit immer einen Walzer in der Melodie ›schöne Minka ich muß scheiden‹, den er noch von Halle her kannte. Die interessanteste Person dabei war Thorvaldsen, der nur selten kam, weil er fast nie in Gesellschaft geht. Einige Male war auch der Professor [Tommaso] Minardi aus Perugia dort, ein recht angenehmer Mann. So brachten wir die vierzig Tage der quaresima [Fastenzeit] zu. Zweimal machten wir größere Ausflüge, einmal nach Frascati, das andre nach Tivoli [...]. Mittags waren wir noch einige Male bei Catels. In diesen Tagen war noch der Maler Begas[108] angekommen, ein Rheinländer, der mir von den Deutschen am besten gefiel; er kam soeben aus Berlin, wo er sich mit einer netten Blondine [Wilhelmine Bock] verlobt hatte. Vielleicht machte ihn sein Bräutigamsstand so angenehm, er war ein leidenschaftlicher Musikfreund, erfasste überhaupt alles Schöne mit grossem Enthusiasmus. Den ersten Osterfeiertag brachten wir noch bei den Catels zu, sahen dann des Abends mit ihnen die girandola und fuhren des anderen Tages mit dem Kurier ab.«[109] Der Adressat des Briefes, Johann Carl Baehr, antwortete in Bezug auf Catel, dass er froh sei, dessen Haus nicht besuchen zu müssen, da er dort nur »fade Modekünstler« antreffen würde.[110] Von den von Bertha Weiss genannten Gästen der Catels sei hier der »kleine Senfele«, der Hallenser Blumen- und Stilllebenmaler Carl Adolf Senff, besonders hervorgehoben, von seiner freundschaftlichen Verbindung zu den Catels zeugen noch heute einige Bilder in der Fondazione Catel.[111]

Zwischen Januar und Ende April 1838 hatten die Catels mehrfach den Kölner Kunstsammler Johann Sulpiz Boisserée bei sich zu Gast.[112] Wie zuvor angemerkt, trafen am 29. November 1839 auch der mit Catel bereits seit den 1820er Jahren befreundete Wilhelm Hensel und seine Ehefrau Fanny in Rom ein, wo sie freundschaftlichen Kontakt zu Catel und dessen Frau pflegten.[113] Fanny spielte mehrfach auf den Donnerstagskonzerten im Hause an der Piazza di Spagna.[114] Zu ihrem Freundeskreis gehörten die Maler August Kaselowsky, ein Schüler von Wilhelm Hensel, Friedrich August Elsasser und dessen Bruder Julius Elsasser.[115] Fanny Hensel hat wohl das freundlichste Urteil über das Wesen Catels in einem ihrer römischen Briefe abgegeben. Es spiegelt sehr gut seine bedeutende Rolle im deutsch-römischen Kulturleben wider: »Was Catel betrifft, so ist der eigentlich für die hier anwesenden (bürgerlichen) Deutschen der Gesandte, wenigstens erfüllt er alle Pflichten, wofür Jener bezahlt und bebändert wird, er läd sie fortwährend ein, führt sie in andre angenehme Häuser, verschafft ihnen Erlaubnisse, opfert ihnen Zeit und Mühe, der fleißige Mann, und malt *dabei* noch ein Dutzend Bilder des Monats, während unser Herr Geschäftsträger sich um die Fremden so wenig bekümmert, als wären es Hottentotten oder Neuseeländer.«[116]

Weitere Erinnerungen sind von Fanny Lewald überliefert, die 1845/46 in Rom war und wie auch der dänische Landschaftsmaler Louis Gurlitt aus Altona bei Hamburg Kontakt zu Catel hatte; sie berichtet darüber in ihrem Tagebuch: »Gurlitt wollte mich überreden, den Abend im Hause des in Rom ansässigen und begüterten Landschafters, Prof. Franz Catel, zuzubringen, dessen feste Empfangsabende – es kamen vorzüglich [sic] Künstler von allen Nationen dort zusammen – ich auch öfters zu besuchen pflegte.«[117]

Im Jahre 1853 lernte Catel außerdem einen jungen, bedeutenden Landsmann kennen. Am 1. Oktober dieses Jahres fuhr er mit seiner Frau von Neapel per Kutsche nach Rom. Seine Begleiter waren der österreichische Maler Emanuel Stöckler, eine junge Frau namens Giuditta Arnoldis und der damals 32-jährige Ferdinand Gregorovius, der diese Reise in seinen *Römischen Tagebüchern* erwähnt.[118] Die Schilderungen ließen sich weiter fortsetzen,

doch da meist vergleichbar Positives über die Gastfreundschaft des Paares gesagt wird, soll an dieser Stelle die Reihe abgeschlossen werden.[119]

Auffallend ist die stete Betonung der Internationalität der Gästeschar im Haus an der Piazza di Spagna, Zeichen einer Offenheit für Anregungen, die man auch in Catels Malerei spüren kann. Sein Fokus war damit ein deutlich weiterer als der vieler seiner Landsleute, die sich auf ihresgleichen und ihr »Deutschtum« konzentrierten. So war Catel nicht nur auf zahlreichen römischen und deutschen Kunstausstellungen vertreten,[120] sondern weiterhin auf Schauen in Neapel und Mailand. Darüber hinaus war er mindestens zweimal in Paris mit seinen Gemälden präsent.[121]

Catel im Kreis der internationalen Künstlerschaft in Rom   Die Malerei in Rom zwischen 1800 und 1850 war in erster Linie von den vielen Künstlern aus den diversen europäischen Ländern bestimmt.[122] Die Gattung der klassizistisch beeinflussten Historienmalerei war zunächst noch führend, doch der Vormarsch der moderneren Landschafts- und Genremalerei war nicht mehr aufzuhalten.[123] In der deutschen Landschaftsmalerei waren Joseph Anton Koch[124] und Johann Christian Reinhart[125] tonangebend. Ersterer widmete sich der sogenannten heroischen Landschaft, Letzterer einer durch Claude Lorrain geprägten, reinen Ideallandschaft. Mit beiden Malern stand Catel in freundschaftlichem Kontakt, ohne dass er sich einer der beiden Richtungen direkt anschloss, ganz so, wie er sich nie von den Nazarenern vereinnahmen ließ. Er beschritt einen ganz eigenen, pragmatischen, eher an den französischen Zeitgenossen orientierten Weg in der Kunst. Zu Koch scheint sich das Verhältnis dann im Laufe der Jahre verschlechtert zu haben, wie so manche Äußerung des alten Tiroler Malers nahelegt. Daran trug aber nicht unbedingt Catel die Schuld, sondern eher die hinlänglich bekannte, vom Hang zum Satirischen verstärkte Launenhaftigkeit Kochs.

Hingewiesen sei auch auf die zahlreichen dänischen Künstler, die sich in der ersten Jahrhunderthälfte in Rom aufhielten. Christoffer Wilhelm Eckersberg wurde bereits genannt, neben ihm gab es jedoch noch eine lange Reihe anderer dänischer Landschafts- und Genremaler, mit denen Catel, nicht zuletzt befördert durch die Freundschaft mit Thorvaldsen, zweifellos ebenfalls bekannt war: Constantin Hansen, Martinus Rørbye, Wilhelm Marstrand, Carl Bloch, Albert Küchler, Detlev Conrad Blunck, Jørgen Sonne, Fritz Petzholdt, Christen Købke, Jørgen Roed sowie Friedrich Thöming, Ernst Meyer und Louis Gurlitt.[126]

Sehr bald nach seiner Ankunft in Rom trat Catel auch an französische Maler der Akademie in der Villa Medici heran. Ein monogrammiertes und 1812 datiertes Gemälde des damals noch nicht ausgegrabenen Vespasian-und-Titus-Tempels mit Blick auf den Campo Vaccino zeigt in Komposition und Farbgebung die französische Ausbildung des Deutschen (Abb. 9).[127] Die Gemälde und Ölstudien von François-Marius Granet standen dabei Pate.[128]

Neben den deutschen und dänischen Landschaftsmalern sind weitere Vertreter des Fachs zu nennen, die mit ihren *plein air* entstandenen Werken und der damit verbundenen modernen Sichtweise großen Einfluss auf Catel hatten. Im Februar 1821 nennt ihn das *Diario di Roma* in einem Atemzug mit den prominentesten am Tiber lebenden europäischen Landschaftsmalern: Giovanni Battista Bassi, Hendrik Voogd, Abraham Teerlink, Martin Verstappen und Joseph Rebell.[129] Von Bedeutung waren für Catel zudem Nicolas-Didier Boguet,[130] Pierre-Athanase Chauvin,[131] Jean Antoine Théodore Gudin, der erwähnte Granet sowie Pierre Henri de Valenciennes[132] und Simon Denis. Léopold Robert,[133] Jean Victor Schnetz[134] und der Engländer Joseph Severn[135] wiederum waren mit ihren populären Genreszenen vor allem in den 1820er Jahren eine Inspirationsquelle für seine Bilderfindungen, umgekehrt wird auch er mit seinen Motiven einige der Künstlerkollegen angeregt haben.[136] Auch der mit Granet befreundete, 1817 bis 1821 in der Ewigen Stadt anwesende François Navez spielte sicher eine Rolle für Catel.[137] Für die von Catel in seine Landschaften eingefügte Staffage aus dem römischen und neapolitanischen Volksleben war nicht zuletzt der in Rom führende Künstler dieses Genres, Bartolomeo Pinelli, ein wichtiger Ideen- und Motivgeber.[138] Nicht zu vergessen sind natürlich die Kontakte des Deutschen zu russischen Malerkollegen wie Fjodor Matwejew, Karl Pawlowitsch Brjullow und Silvester Schtschedrin.[139]

Unmittelbaren Einfluss auf Catels künstlerische Entwicklung hatten die jüngeren Maler der Scuola di Posillipo. Zu nennen sind hier vor allem der mit Catel gut bekannte Giacinto Gigante sowie Anton Sminck van Pitloo. Gerade mit den Arbeiten des Letzteren werden Catels Werke häufig verwechselt, wie eine monographische Ausstellung zu dem Niederländer in Neapel gezeigt hat: Eine dort als ein Werk von Pitloo präsentierte Ölstudie[140] mit einem zu seiner Familie heimkehrenden Jäger vor der Kulisse der römischen Campagna – das Gewehr des Mannes und der erlegte Hase liegen auf dem Boden, der Hund trinkt Wasser aus einer Schale – ist eindeutig

von der Hand Catels, wie dessen zugehöriges, 2004 bei Sotheby's in Amsterdam versteigertes Gemälde beweist.[141]

Achille Vianelli, Schwager Gigantes und Schüler Pitloos, muss gleichfalls in Verbindung zu Catel gestanden haben, da sich von ihm in der Fondazione Catel ein Aquarell erhalten hat.[142] Ein weiterer Schüler des Niederländers, Gabriele Smargiassi, schuf zahlreiche Freilichtstudien in und um Neapel, in denen Parallelen zu Catel festzustellen sind.[143] Über die Herzogin von Devonshire lernte Catel außerdem den englischen Maler Charles Eastlake kennen (vgl. Kat.-Nr. 201). Hinsichtlich der neuartigen Darstellung des Atmosphärischen müssen ihn indes auch die Aquarelle William Turners beeindruckt haben, der 1819 und 1829 in Rom Ausstellungen hatte.[144] Turner erwähnt Catel in seinen Notizen zu den vor Ort tätigen Landschaftsmalern.[145]

Eine besondere Beziehung verband Catel mit Johan Christian Dahl. Dessen gleich nach seiner Ankunft in Neapel im August 1820 begonnener *Blick aus einem Fenster der Villa Quisisana*[146] zeigt die Geistesverwandtschaft mit Catel, zu dessen bevorzugten Kompositionen gerade solche Blicke aus Fenstern und Grotten gehörten. Auch die Figurenstudien von Fischern und Bauern sowie Kindern und Jugendlichen mit und ohne Esel, die von Dahl greifbar sind, führte dieser augenscheinlich auf Anregung des deutschen Kollegen in Italien aus.[147] Die Werke der beiden Künstler zeigen zudem eine überraschende stilistische Nähe. Nach Catels Radierung mit der nächtlichen Ansicht des Petersplatzes für die Herzogin von Devonshire (Kat.-Nr. 67) schuf Dahl im Mai 1821 in Rom außerdem eine Kopie für die Gemäldesammlung Thorvaldsens.[148] Sie war als Gegenstück zu der *Ansicht des Petersplatzes bei Tag* von Christoffer Wilhelm Eckersberg gedacht (vgl. Abb. S. 250).[149]

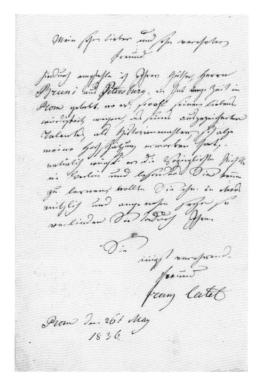

Abb. 9
Die Säulen des Vespasian-und-Titus-Tempels auf dem Forum Romanum, 1812, Öl auf Leinwand, 26 x 35,5 cm, London, Privatbesitz

Abb. 10
Brief Franz Ludwig Catels (Rom, 26. 5. 1836) an Christian Daniel Rauch in Berlin, Hamburg, Privatbesitz

Für Thorvaldsen war zuvor schon Catels *Liebespaar in der Grotte der Fontana dell'Ovato in der Villa d'Este in Tivoli* entstanden (Kat.-Nr. 94). Eine wesentlich kleinere, in den Figuren des Liebespaares variierende Wiederholung des Motivs, das, wie so oft bei Catel, vom spannungsvollen Gegensatz zwischen der Dunkelheit – in diesem Falle einer tief verschatteten Grotte – und dem Licht – hier der eindringenden Tageshelle – lebt, befand sich in der Sammlung Leo von Klenzes (Abb. S. 281). Thorvaldsen erwarb darüber hinaus um 1822/23 das ebenfalls durch den Blick vom Dunklen eines Innenraums in die gleißende Helligkeit des Golfs von Neapel bestimmte pittoreske Bild *Neapolitanische Fischerfamilie in ihrer Behausung bei Mergellina am Capo di Posilippo mit Blick auf Castel dell'Ovo und den Vesuv* (Kat.-Nr. 184)[150] sowie eine literarische Szene nach Chateaubriand (Kat.-Nr. 130).

In der Fondazione Catel wird ein Klebeband verwahrt, in den ursprünglich Aquarelle und Zeichnungen befreundeter Künstler eingeklebt waren, die Franz Ludwig und Margherita Catel als Gastgeschenke erhalten hatten. Der seit 1996 aus konservatorischen Gründen aufgelöste Band enthielt darüber hinaus zahlreiche Werke, die von Catel selbst stammen.[151] Die Sammlung ist in ihrer internationalen Zusammenstellung ein weiteres, besonders eindrückliches Zeugnis für die vielfach dokumentierten gesellschaftlichen Beziehungen, die das Ehepaar über fast fünf Jahrzehnte in Rom pflegte. Die Arbeiten geben zudem eine gute Vorstellung von Catels künstlerischem Netzwerk, wie die bloße Aufzählung der hier vertretenen Künstler augenfällig macht: Karl Pawlowitsch Brjullow,[152] August Grahl,[153] Carl Adolf Senff,[154] Giovanni Battista Bassi,[155] Michelangelo Pacetti,[156] Bertel Thorvaldsen,[157] William Leighton Leitch,[158] François-Marius Granet,[159] Wilhelm Hensel,[160] Peter Rittig,[161] Giacinto Gigante,[162] Achille Vianelli,[163] Carl Haag,[164] Leo von Klenze,[165]

Marianna Perret,[166] Alfred von Muyden,[167] Johann Nepomuk Rauch,[168] George Augustus Wallis,[169] Consalvo Carelli,[170] Friedrich August Elsasser,[171] Carl Werner[172] und Carl Begas.[173]

Ende 1828 kam auch der Berliner Landschaftsmaler Carl Blechen nach Rom, von einer Kontaktaufnahme zu Catel ist auszugehen, auch wenn Blechen selbst den Älteren in seinen Aufzeichnungen, die er nachträglich in Berlin anfertigte, nicht explizit genannt hat.[174] Dennoch scheint seine Malerei von einigem Einfluss auf Catel gewesen zu sein, wie auch dessen Freilichtmalerei augenscheinlich nicht ohne Wirkung auf den Jüngeren geblieben ist. Es ist bezeichnend für die Nähe ihrer beider Malerei, dass Paul Ortwin Rave 1940 ein heute Catel zugeschriebenes Bild in sein Verzeichnis der Werke Blechens aufgenommen hat.[175] Catel wird zu der um 1829 entstandenen Komposition *Mönche und Hirten in der Campagna*[176] durch die Ölstudien Blechens motiviert worden sein. Dessen Studien von Hirten sowie konkret das Bild *Klosterhalle,* das Mönche in einer grottenartigen Kapelle zeigt,[177] sind wiederum durchaus als motivische Anregungen vonseiten Catels zu werten.[178] Besonders die Hirtendarstellungen sind denen Catels in Figurenauffassung, Farbgebung und Malweise sehr ähnlich. Da leider keine dokumentarischen Notizen zum Verhältnis der beiden überliefert sind, muss es hier bei diesen kurzen Bemerkungen bleiben. Erwähnenswert ist, dass es nach Blechens Rückkehr nach Berlin unter anderem der mit Catel gut bekannte Kunsthändler Friedrich Louis Sachse war, der Blechen ebendort durch Ankäufe unterstützte.[179]

Jenseits dessen sei auch an ein im italienischen Reisetagebuch von Carl Gustav Carus notiertes Zusammentreffen desselben mit Catel am 1. Juni 1828 erinnert: »Nach Tische fuhren wir zu Catel, um einige seiner Arbeiten zu sehen, und ich darf sagen, dass ich mehrere Darstellungen italiänischer [sic] Natur nicht ohne Gefallen betrachtet habe.«[180]

Ende Januar 1829 war Catel zusammen mit Bertel Thorvaldsen, Vincenzo Camuccini, Fjodor Bruni – Catel empfahl ihn 1836

Abb. 11
Bildnis Carl Ludwig Frommel, 1834, Öl auf Leinwand, 28,5 x 23,5 cm, Privatbesitz

Abb. 12
Carl Ludwig Frommel, *30 Bilder zu Horazens Werken,* Karlsruhe [1829], Titelblatt, Hamburg, Privatbesitz

seinem Freund Rauch in Berlin (Abb. 10)[181] – sowie William Allan und Giuseppe Craffonara zu einer Teegesellschaft bei Horace Vernet, dem Direktor der Französischen Akademie in Rom, eingeladen. Zu diesem Kreis gehörten darüber hinaus die römischen Kunstschriftsteller Antonio Nibby und Alessandro Visconti sowie die russische Fürstin Zenaide Wolkonskaja. Anlass der Zusammenkunft war der Aufenthalt des polnischen Dichters Adam Mieckiwicz am Tiber, der zusammen mit dem befreundeten Literaten Antoni Edward Odyniec 1829/30 Italien bereiste. Der Gastgeber Vernet präsentierte bei dieser Gelegenheit sein neuestes Werk, eine Darstellung Papst Pius' VIII. in einer Sänfte während einer Prozession in Sankt Peter,[182] das man unter verschiedenen künstlerischen Aspekten, unter anderem dem des Farbeinsatzes, lebhaft diskutierte. Es entspann sich zudem ein Disput über die aktuelle Porträtmalerei, an dem sich neben Craffonara und Camuccini vor allem Catel beteiligte.[183]

Nachdem Catel schon 1822 eine Zeichnung für die von Achille-Etienne Gigault de la Salle in Paris herausgegebene, zweibändige *Voyage pittoresque en Sicilie*[184] geschaffen hatte, arbeitete er für den Kupferstecher Carl Ludwig Frommel aus Karlsruhe, mit dem ihn eine lange Freundschaft verband – vermutlich kannte man sich bereits seit 1809, der Zeit in Paris, spätestens seit den Jahren in Rom, 1813 bis 1817 – und den er 1834 porträtierte (Abb. 11).[185] Frommel gab 1829 die Stichfolge *30 Bilder zu Horazens Werken* (Abb. 12–14)[186] heraus, in der die vom römischen Dichter Horaz geschilderten Orte in ihrem damaligen Erscheinungsbild wiedergegeben wurden. Im *Kunstblatt* wurde dazu berichtet: »Häufig knüpfen sich seine [Horaz'] Lieder, Epistel ec. an bestimmte Oertlichkeiten an, oder die erste Anregung geht davon aus. Darum gewährt es ein eigenes Interesse, beim Lesen seiner Schriften jene Lokalitäten, wie sie waren und sind, vor Augen zu haben. Wenn daher die von demselben Künstler besorgten Bilder zu Virgil die Gunst eines zahlreichen Publikums gewonnen [sic], so wird es auch den verliegenden [sic] zu dem römischen Lyriker wohl nicht daran fehlen, zu-

mal da die Ausführung derselben in Absicht auf Harmonie und malerische Wirkung noch vorzüglicher ist. Der lehrreiche Text von Oberconsistorialrat [Carl Ludwig Friedrich] Sickler kann zugleich als geographischer Commentar dienen. Die außere [sic] Ausstattung ist dabei so elegant, daß das Werk auch von dieser Seite den besten ähnlichen Produktionen der Engländer an die Seite gestellt werden darf. [...] Die vor uns liegenden Probeblätter lassen etwas Ausgezeichnetes erwarten.«[187] Catel lieferte Ölstudien, von denen sich bislang eine identifizieren ließ. Sie zeigt eine Aussicht über die Bucht von Velia in Süditalien mit dem Blick aus den Bergen auf die Mündung des Alento, in der Ferne der Capo Palinuro (Abb. 15–16).[188] Kurz zuvor hatte Frommel auch die 50 Tafeln zur *Aeneis*-Prachtausgabe der Herzogin von Devonshire von 1819 als Stahlstiche reproduziert.[189] Die Verbindung zwischen ihm und Catel war sehr eng und so beteiligte sich Letzterer zusammen mit Carl Wilhelm Götzloff, Theodor Leopold Weller und Bartolomeo Pinelli noch 1841 an Frommels wohl populärstem Werk, dem weit verbreiteten illustrierten Buch *Pittoreskes Italien* (Abb. 17–18).[190]

Im Sommer 1843 trafen die Catels in Neapel mit dem Maler Louis Gurlitt und dessen Frau Julia zusammen. Man teilte sich für die Rückreise nach Rom die Kosten für die Kutsche.[191] Die Leidenschaft für die Landschaftsmalerei führte die beiden Maler freundschaftlich zusammen; im März 1844 war Catel gemeinsam mit Friedrich Thöming aus Eckernförde Taufpate für Gurlitts Sohn Franz Wilhelm Friedrich.[192] Im Juni 1845 äußerte er sich während einer Künstlergesellschaft positiv über die Malerei des Kollegen, die seiner eigenen Vorstellung von Landschaftsmalerei entsprach; er stellte Gurlitts Landschaften gar über seine eigenen.[193]

Catels internationale Auftraggeber

Bereits wenige Jahre nach seiner Ankunft in Rom hatte Catel sich mit seinen Landschaftsbildern einen Namen gemacht, so wie es der Archäologe Millin bereits 1813 prophezeit hatte. Kunstliebhaber aus ganz Europa beauftragten ihn

Abb. 13
Carl Ludwig Frommel nach Franz Ludwig Catel, *Tibur. Villa Maecenatis*, 1829, Stahlstich, 73 x 107 mm (Bild), in: *30 Bilder zu Horazens Werken*, Karlsruhe [1829], Taf. 1, Hamburg, Privatbesitz

Abb. 14
Carl Ludwig Frommel nach Franz Ludwig Catel, *Domus Horatii. St. Antonio a Tivoli*, 1829, Stahlstich, 74 x 109 mm (Bild) in: *30 Bilder zu Horazens Werken*, Karlsruhe [1829], Taf. 3, Hamburg, Privatbesitz

in den folgenden Jahrzehnten mit Gemälden. Erstmals dokumentarisch greifbar wird die Internationalität seiner Käuferschaft ab etwa 1816, als der Kontakt zur Herzogin von Devonshire entstand. Es folgte 1819 die Reise mit dem russischen Fürsten Golizyn nach Kalabrien und Sizilien (vgl. Kat.-Nr. 136–138).[194] Schon ein Jahr zuvor war Catel laut dem *Diario di Roma* von dem kunstsinnigen österreichischen Feldmarschall Franz von Koller[195] für ein Landschaftsgemälde engagiert worden, das jedoch lediglich durch eine Beschreibung bekannt ist.[196]

In derselben Ausgabe des *Diario di Roma* wird auch Don Carlos Miguel Fitz-James Stuart y Silva, sechster Herzog von Berwick, vierzehnter Herzog von Alba, als Auftraggeber Catels genannt.[197] Er hielt sich 1814 bis 1821 in Italien auf, wo er in Florenz, Neapel, Sizilien und Rom lebte. 1817 heiratete er Rosalia de Ventimiglia y Moncada, mit der er in Rom im Palazzo Braschi logierte.[198] Hier fanden zahlreiche Feste statt, bei denen auch viele Künstler anwesend waren.[199]

Der mit Catel befreundete Abraham Teerlink gab dem Herzog Zeichenunterricht.[200] Insgesamt sieben Werke Catels sind im Inventar der herzoglichen Gemäldegalerie verzeichnet, von denen sich aber nach Prüfung des Archivs sowie der heutigen Sammlungen der Familie Alba im Palacio de Liria in Madrid sowie in den Palästen in Sevilla und Salamanca allem Anschein nach Catel nur noch ein als »anonym« geführtes Gemälde zuschreiben lässt, nämlich ein im Inventar als *Hafenansicht* betiteltes Bild (Abb. 19).[201] Im Besitz des Herzogs dokumentarisch belegt ist einerseits ein durchaus gängiges Panorama der um 1820 beliebtesten Kompositionen Catels, etwa eine nächtliche Klosterszene auf Capri mit Mönchen oder Nonnen (vgl. Kat.-Nr. 121–124), ein in der Villa des Mäcenas in Tivoli lokalisiertes Begräbnis eines Kreuzritters (vgl. Kat.-Nr. 129) und eine Ansicht der Villa des Mäcenas (vgl. Kat.-Nr. 91–93), andererseits zeigten einige der Bilder auch eher ungewöhnliche Dinge wie ein Grabmal in Lüttich, zudem gab es ein Transparentbild von Sankt Peter.[202]

Abb. 15
Die Bucht von Velia, um 1828/29, Öl auf Karton, 150 x 215 mm, Privatbesitz

Abb. 16
Carl Ludwig Frommel nach Franz Ludwig Catel, *Velia. La spiaggia di Velia*, Stahlstich, 74 x 110 mm (Bild), in: *30 Bilder zu Horazens Werken*, Karlsruhe [1829], Taf. 22, Hamburg, Privatbesitz

Abb. 17
Carl Ludwig Frommel, *Pittoreskes Italien*, Leipzig 1840, Titelblatt, Hamburger Kunsthalle, Bibliothek im Kupferstichkabinett, Sign. Ill. XIX Frommel 1840-8

Abb. 18
Carl Ludwig Frommel nach Franz Ludwig Catel, *Venezia*, Stahlstich, 72 x 104 mm, in: *Pittoreskes Italien*, Leipzig 1840, nach S. 64, Hamburger Kunsthalle, Bibliothek im Kupferstichkabinett, Sign. Ill. XIX Frommel 1840-8

Dagegen ist inzwischen möglicherweise die Identifizierung zweier Bilder gelungen, die der englische Maler Thomas Lawrence auf Vermittlung der Herzogin von Devonshire und Vincenzo Camuccinis bei Catel bestellte:[203] ein um 1820 gemalter nächtlicher Blick durch die Kolonnaden des Petersplatzes (vgl. Kat.-Nr. 68) und eine nächtliche Ansicht der Piazza Monte Cavallo vor dem Quirinalspalast, die 1822 vollendet wurde (vgl. Kat.-Nr. 70).[204]

Im *Giornale Arcadico* berichtete 1819 zudem der Kunstkritiker Giuseppe Tambroni über ein Landschaftsgemälde, das der Künstler im Auftrag von Lady Mary Anne Acton in Neapel ausgeführt habe.[205] Das verschollene Bild zeigte den nächtlichen Golf von Neapel mit dem Castel dell'Ovo und dem Vesuv im Hintergrund, gemalt von der Strada Nuova aus, nahe dem Palazzo Donn'Anna.[206]

Eine ausführlich in der römischen Presse gelobte Komposition schuf Catel 1822 für einen englischen Lord namens Howard (Kat.-Nr. 186). Mehr oder weniger gleichzeitig entstanden kleine, auf Kupfer gemalte Bilder für den Berliner Bankier Joachim Heinrich Wilhelm Wagener (Kat.-Nr. 139–140). Weitere frühe und prominente deutsche Käufer von Catels Landschafts- und Genregemälden waren Maximilian Speck von Sternburg aus Leipzig (Kat.-Nr. 183) und Johann Gottlob von Quandt aus Dresden (vgl. Abb. 1 auf S. 390), Graf Franz Erwein von Schönborn-Wiesentheid in Pommersfelden sowie später Wilhelm Malte I. Graf zu Puttbus von der Insel Rügen (Kat.-Nr. 164). Briefe Catels an Ludwig Wilhelm Landgraf von Hessen-Homburg belegen, dass auch der Landgraf Bilder beim Künstler in Rom bestellt hat, und zwar um 1826.[207]

Verschiedene französische Kunstsammler orderten ebenfalls Landschafts- und Genrebilder während ihrer Aufenthalte in Rom, so zum Beispiel Pierre-Louis-Jean-Casimir Duc de Blacas, in dessen Sammlung zwei Bilder Catels nachweisbar sind.[208] Dokumentiert ist darüber hinaus die freundschaftliche Beziehung zu dem auf Schloss Maxen bei Dresden lebenden Kunstsammler Major Johann Friedrich Serre, den der Künstler noch 1855 kurz vor seinem Tod besuchte[209] und der mindestens zwei Gemälde von seiner Hand besaß.[210]

Exemplarisch für Catels geschäftstüchtige Verbindungen zu meist adeligen Personen seien hier Auguste Charlotte Gräfin von Kielmannsegge und ihre Tochter Nathalie,[211] die für ihre Schönheit gerühmt wurde und deren Aussehen eine heute verschollene Miniatur auf Elfenbein von August Grahl überlieferte,[212] näher beleuchtet. Zu beiden stand Catel 1825 und vor allem dann 1827/28 in Rom in engerem Kontakt. Die Gräfin verkehrte dort zwar auch mit anderen Künstlern, diese gehörten indes alle selbst zum Kreis um Catel: August Grahl, Carl Adolf Senff und Wilhelm Hensel.[213] Eine erste Begegnung ist für den 13. April 1825 belegt, an diesem Tag ist im Tagebuch Auguste Charlottes der Besuch mehrerer Malerateliers vermerkt, unter anderem auch desjenigen von Catel; hier bewunderte man Ansichten von Neapel und Sizilien und bestellte einen *Ausbruch des Vesuvs* sowie Aquarelle des Petersplatzes bei Mondschein. Am 1. Juli machte Catel einen Abendbesuch bei der Gräfin,

bei dem auch der Landschaftsmaler Filippo Giuntotardi zugegen war.[214] Doch erst 1827/28, während des zweiten römischen Aufenthalts von Auguste Charlotte und ihrer Tochter, scheint das Verhältnis freundschaftlicher geworden zu sein. So notierte die Gräfin am 13. September 1827, dass sie bei einem gemeinsamen Aufenthalt in Albano mit Catel die Anfertigung diverser Zeichnungen mit historischen Sujets verabredet habe, da der Maler Dietrich Wilhelm Lindau zu lange für entsprechende bestellte Werke brauche.[215] Weiterhin habe sie Catel dazu angeregt, eine Reihe von Naturstudien in Öl auszuführen, die von unterschiedlichen Lichtsituationen und Luftfärbungen bestimmt seien und damit verschiedene Gemütszustände widerspiegeln sollten, eine Idee, die Catel begeistert aufgegriffen und höchst poetisch ausgeführt habe. Am darauffolgenden Tag suchte man in der Umgebung Bäume aus, die sich als Motive für die Bilder eigneten, und am 15. September malte Catel die Tochter Nathalie im Kostüm von Nettuno.[216]

Am 26. Oktober 1827 verzeichnete die Gräfin eine weitere Ateliervisite bei Catel, man habe dabei schöne Natur- und Beleuchtungsstudien sowie das Bildnis der Vittoria Caldoni (Kat.-Nr. 104) gesehen. Durch diese Notiz lässt sich ebendieses Porträt zweifelsfrei auf 1827 datieren. Anlässlich des Besuchs habe Catel seinen Gästen erzählt, wie er kurz zuvor im Golf von Salerno bei den Sireneninseln auf einem Schiff von Piraten überfallen worden sei und dies zunächst gar nicht bemerkt habe, da er die in Uniformen gekleideten Männer für Zollbeamte gehalten habe. Er habe die Herren nach etwas zu trinken gefragt, da er durstig gewesen sei, und habe sie zu zeichnen begehrt, ohne die große Gefahr, in der er und seine Mitreisenden sich befunden hätten, auch nur im Mindesten zu erkennen. Doch er habe Glück gehabt, die Piraten hätten ein anderes, mit Gold beladenes Schiff gesucht und alle freigelassen. Als die Piraten fort gewesen seien, sei er von den Reisegefährten über die Dramatik der Situation aufgeklärt worden.

Am 12. Dezember holte Auguste Charlotte die ersten der insgesamt neun kleinen – heute verschollenen – Ölstudien ab, die sie bei Catel bestellt hatte, und bezeichnete sie als Meisterwerke. Catel schenkte bei dieser Gelegenheit Nathalie von Kielmannsegge zwei seiner kleinen, in Öl gemalten Skizzen in der Größe von Visiten-

Abb. 19
Der Hafen von Neapel mit Blick auf den ausbrechenden Vesuv, um 1820 (?), Öl auf Leinwand, 41 x 72 cm, Salamanca, Palacio de Monterrey, Sammlung der Familie Alba, Inv.-Nr. O/P1/9-748

karten. Diese Blätter sind ebenfalls verschollen, doch in der Fondazione Catel ist eine vergleichbar miniaturhafte Ölstudie erhalten; von dieser Art entstanden sicherlich sehr viele als Gelegenheitsgeschenke (Kat.-Nr. 76).

Am 5. Januar 1828 schickte der Künstler der Gräfin vier weitere der bestellten Lichtstudien. Die Motive waren das Innere des Pantheons am Abend des Gründonnerstags, vom Mondlicht und dem Licht des Heiligen Grabes erleuchtet, der Monte Soratte mit Regenbogen, der Monte Circeo bei heiterem Abendhimmel und der Monte Cavo mit Gewitterhimmel. Photographisch dokumentiert sind folgende der verschollenen Blätter: *Betende Landleute bei Albano* (Abb. 20), *Sonnenuntergang zwischen Rom und Albano* (Abb. 21), *Nächtliche Landschaft bei Albano mit zwei wandernden Mönchen* (Abb. 22) und *Das Innere des Pantheons* (Abb. 23).[217]

Catel und das preußische Königshaus   Der preußische König war für den gebürtigen Berliner Catel der oberste Souverän und die Verbindung zum Haus Hohenzollern wurde vom Künstler entsprechend gepflegt. Während der Italienreise des Kronprinzen 1828 traf dieser mehrfach mit Catel zusammen und bestellte bei ihm das Historienbild *Besuch des Pompeius in der Villa des Cicero bei Pozzuoli,* das 1830 auf der Berliner Akademie-Ausstellung präsentiert wurde (Kat.-Nr. 111).[218]

Schon zwei Jahre zuvor hatte man ein Werk, das Catel für die Hohenzollern ausgeführt hatte, auf der Ausstellung gezeigt: sein Porträt des Prinzen Heinrich von Preußen, genannt »der Römer«, eines Onkels des Kronprinzen (Abb. 24). Das Bildnis rief in der Presse allerdings ein geteiltes Echo hervor: »Warum Herr Catel, der durch geistvolle Landschaften so oft unsere Ausstellung schmückte und[,] seine Gegenden mit bedeutender Staffage belebend, hierin unbestritten Ausgezeichnetes geleistet [hat], warum dieser, gleichsam als Capriccio, uns die Grenzen seines Talentes in dem Bildnis S. K. H. des Prinzen Heinrich von Preußen diesmal zeigen wollte, dies gehört zu den unerörterten Fragen, die sich nur durch die seltsame Neigung in uns einigermaßen erklären läßt, selbst die glück-

lichste uns von der Natur angewiesene Sphäre zu überspringen, um in ein Gebiet zu schreiten, wo wir, eben weil es uns verschlossen, das Verlangenswerthe sehen.«[219] Dennoch wurde das so gescholtene Bildnis von Emil Krafft lithographiert und avancierte zum offiziellen Porträt von Prinz Heinrich (Abb. 25). Dieser beauftragte Catel zudem mit einem für den Künstler eher ungewöhnlichen Projekt, nämlich der Schaffung eines großen Altargemäldes, das die *Auferstehung Christi* zeigen sollte. Das im Zweiten Weltkrieg zerstörte Werk wurde 1834 vollendet und auf dem Hochaltar der Luisenkirche in Berlin-Charlottenburg angebracht (Abb. 26). Den Rahmen entwarf Karl Friedrich Schinkel. In Berlin erschien eine ausführliche, wahrscheinlich von Catel selbst verfasste Erklärungsschrift[220] und im *Kunstblatt* wurde der Anbringung des Bildes gedacht: »Catel in Rom hat eine Auferstehung Christi, ein großes Gemälde, [...] gemalt. [...] Die Auferstehung ist von dem Prinzen Heinrich von Preußen in die Luisen=Kirche zu Charlottenburg gestiftet und daselbst am ersten Osterfeiertage d. J. enthüllt worden.«[221]

Catel und das bayerische Königshaus   Neben dem preußischen Königshaus pflegte Catel auch beste Kontakte nach Bayern. Die erste Begegnung mit Kronprinz Ludwig hatte er spätestens 1818, denn er ist als einer der Teilnehmer des legendären Künstlerfestes zu Ehren Ludwigs in der Villa Schultheiß auf dem Monte Parioli am 29. April 1818 dokumentiert.[222] Das Fest markiert den Beginn einer langjährigen Förderung des Künstlers durch den bayerischen Monarchen. Bald darauf wird Ludwig Catel zu der 1820 vollendeten Ansicht von Palermo mit dem Monte Pellegrino (Kat.-Nr. 170) verpflichtet haben und 1824 folgte sein Auftrag, die von ihm ausgerichtete Geburtstags- und Abschiedsfeier für Leo von Klenze in einem Gruppenbildnis festzuhalten. Das Gemälde *Kronprinz Ludwig in der spanischen Weinschänke* (Kat.-Nr. 103.1) ist neben Schinkels Bildnis in Neapel (Kat.-Nr. 102) Catels bekanntestes Werk. Wohl auf Vermittlung Ludwigs bestellte auch dessen Vater König Max I. Joseph von Bayern 1823 zwei große Gemälde beim

Abb. 20
Betende Landleute bei Albano, 1827, Öl auf Papier, 189 x 275 mm, ehem. Lübbenau, Spreewald-Museum, Verbleib unbekannt

Abb. 21
Sonnenuntergang zwischen Rom und Albano, 1827, Öl auf Papier, 210 x 276 mm, ehem. Lübbenau, Spreewald-Museum, Verbleib unbekannt

Künstler, den *Blick auf Ariccia* (Kat.-Nr. 98) und das *Ländliche Fest in Pozzuoli* (Kat.-Nr. 182). Interessant ist, dass der Wittelsbacher, ab 1825 König Ludwig I. von Bayern, Catels sich im Laufe der Jahre wandelnde politische Einstellung durchaus registrierte, denn er sah in ihm nach 1848 einen »wüthenden Republikaner«. Im Gegensatz zu Ludwigs unverkennbarer Wertschätzung des Künstlers verachtete sein Kunstagent Johann Martin von Wagner Catel wegen dessen angeblich »kriechenden Charakters«.[223] Trotz seiner politischen Haltung lieferte Catel noch 1851 für das zu Ehren des Königs von Künstlern initiierte König-Ludwig-Album ein Werk, und zwar in Erinnerung an den ersten Auftrag von 1820 erneut eine Ansicht aus der Gegend um Palermo, in diesem Falle eine Vedute des sogenannten Tals der Conca d'Oro mit Blick auf den Monte Pellegrino.[224]

Aufträge von König Wilhelm I. von Württemberg und dem russischen Herrscherhaus   Um 1840 erreichte Catels Erfolg einen Höhepunkt, denn sowohl König Wilhelm I. von Württemberg als auch der russische Thronfolger Alexander Pawlowitsch, Sohn Zar Nikolaus' I., bestellten in großem Stil Bilder bei ihm. Wilhelm I. erwarb eine Gondelszene (Abb. 27; vgl. Kat.-Nr. 202) und eine *Nächtliche Gesellschaft auf einer Terrasse mit Blick auf den Hafen von Genua* (vgl. Kat.-Nr. 204). Der russische Thronfolger orderte gar die ganze Palette Catel'scher Erfolgsmotive dieser Jahre: »Eine venezianische Gondel, in den Lagunen dahingleitend, eine Ansicht Roms, von der Promenade des Monte Pincio aus gesehen, und den Krater des Vesuvs, wo der Gegensatz des ausgebrannten Schlackenkegels mit der lebensfrohen Fülle des Golfs von Neapel einen imposanten Contrast bildet.«[225] Man kann sich des Eindrucks nicht erwehren, dass keiner der beiden Souveräne dem anderen nachstehen wollte, sondern ihn möglichst zu übertreffen gedachte. Und Catel profitierte ausgesprochen gut von diesem Konkurrenzdenken. 1846 kam auch Zar Nikolaus I. nach Rom und ließ von Catel eine auf der ihm zu Ehren bei der Porta del Popolo veranstalteten Ausstellung präsentierte Öl-

skizze in großem Format ausführen, die eine Ansicht von Palermo mit Blick auf den Monte Pellegrino zeigte (Kat.-Nr. 172).[226]

Späte Ehrung in Berlin: Die Ernennung zum Professor der Berliner Akademie   Im März 1837 wurde im *Kunstblatt* berichtet: »Dem verdienstvollen Landschaftsmaler Franz Catel aus Berlin zu Ehren, und zur Feier seiner 25jährigen Anwesenheit zu Rom, ist von den sich hier aufhaltenden deutschen Künstlern ein fröhliches Fest veranstaltet worden.«[227] Der Ablauf des Jubiläums, das sich schon am 28. Oktober 1836 gejährt hatte, ist nicht näher bekannt. Lediglich das bei Hans Geller wiedergegebene, eher unspektakuläre Gedicht *Dem Meister Catel* von H. J. Fried gibt Zeugnis von dem Ereignis.[228]

Der Feier in Rom folgte drei Jahre später eine Ehrung in Berlin. Im Frühjahr 1840 brach Catel laut dem *Kunstblatt* zu einer längeren Reise durch Europa mit dem Ziel Berlin auf: »Rom, 9. Mai. […] Catel hat gestern eine Reise durch Frankreich, England, Holland und Deutschland angetreten und wird erst zum Winter hierher zurückkehren.«[229] In einer der folgenden Ausgaben wird dann sein Eintreffen in Berlin vermerkt: »Berlin […]. – 22. Juli. Der geachtete Genre= und Landschaftsmaler Prof. Catel, Mitglied der k. Akademie der Künste ist nach einem mehrjährigen Aufenthalte in Italien aus Rom wieder hier eingetroffen.«[230] Mit dieser Notiz machte das *Kunstblatt* bekannt, dass Catel zum Professor der Akademie ernannt werden sollte.[231] Aus Anlass dieser Ehrung entstand ein von Franz Krüger gezeichnetes Bildnis, das in einer Lithographie von Friedrich Jentzen Verbreitung fand (Kat.-Nr. 4).

Catels Aufenthalt an der Spree wird von Fanny Hensel in einem Brief vom 13. April 1840 an ihre Mutter in Berlin bestätigt: »Liebe

Abb. 22
Nächtliche Landschaft bei Albano mit zwei wandernden Mönchen, 1827, Öl auf Papier, 209 x 268 mm, ehem. Lübbenau, Spreewald-Museum, Verbleib unbekannt

Abb. 23
Das Innere des Pantheons, 1827, Öl auf Papier, 272 x 207 mm, ehem. Lübbenau, Spreewald-Museum, Verbleib unbekannt

Mutter, von Catel bringen wir 2 Bilderchen mit, wogegen mein Mann einmal seiner Frau etwas geben soll. Er bot diesen Handel an, wir wollten sie lieber bezahlen, das wollte er aber ein für allemal nicht. Das eine aus der Villa Mills hat er schon fertig, es ist sehr schön geworden. Er hat wirklich eine ungeheure Leichtigkeit, und einen großen Fleiß, es ist unglaublich was er alles zusammenmalt. Er kommt im Laufe des Sommers nach Berlin, und wenn er direct dorthin geht, so wäre es sogar möglich, dass er früher als wir ankäme. In dem Fall empfehle ich ihn Dir liebe Mutter, und den Geschwistern, es ist sein Haus eins von denen, in dem wir die meiste Gastfreundschaft genossen.«[232]

Catels soziales Engagement für die deutsche Künstlerschaft in Rom

Ein wichtiges Kapitel in Catels Biographie ist die schon 1848 testamentarisch verfügte Gründung des Pio Istituto Catel.[233] Der Entschluss, sein Vermögen nach dem Tod karitativen Zwecken zukommen zu lassen, entstand nicht zufällig, hatte sich der Künstler doch in Rom über die Jahrzehnte hinweg in vielen sozialen Vereinigungen engagiert. So half er schon bei der Einrichtung der Deutschen Künstlerhilfskasse 1815, um dann ab 1830 als deren Vorstand zu fungieren, unterstützte 1829 die Gründung der Società degli Amatori e Cultori di Belle Arti, die Kunstausstellungen organisierte,[234] und war treibende Kraft bei der Gründung des Deutschen Künstlervereins 1845.[235]

In der *Allgemeinen Zeitung* erschien Anfang 1857 folgender Nekrolog: »Rom, 24. Dec. Am Sonnabend wurde Franz Catel bestattet. In den Reihen des langen Leichenzuges sah man Künstler der verschiedensten Nationen, wie viele anderen Lebenssphären angehörige Männer, besonders Italiener. Überhaupt aber zeigte sich bei dieser Totenfeier eine so aufrichtige und allgemeine Teilnahme[,] wie sie einem Fremden hier selten zu Teil ward. Gab dem Verstorbenen sein bedeutender Ruf als Künstler ein Anrecht darauf, so verdiente er sie noch mehr durch den edlen nächstliebenden Sinn, in dem er seinen letzten Willen niederschrieb. Er hinterlässt in Capitalien und liegenden Gründen (meist in der Mark Ancona) ein Vermögen von mehr als 80.000 Scudi (120.000.– preuß. Thaler). Seine Gattin, eine Römerin, hat auf Lebenszeit den Nießbrauch der halben Hinterlassenschaft. Da er kinderlos starb und seine Berliner Verwandten wohlhabend sind, so verfügte er über die andere Hälfte seines Vermögens und, nach dem Tode der Frau, auch über den jetzt legierten Teil zum Besten anderer. In seinem Testament sagt er, er verdanke alles[,] was er besitze[,] seiner Kunst, darum solle es den Jüngern der Kunst verbleiben. Die Hauptmasse soll demnach den Fonds einer milden Stiftung für solche deutschen Künstler bilden, welche hier unverschuldet Not leiden. Dem hiesigen deutschen Künstlerverein hinterlässt er seine Kupferstiche, Skizzen, Bilder, deren Wert sich auf 9.000 Scudi belaufen dürfte. Catel bekennt[,] während seines langen Aufenthaltes in Rom seitens der Italiener so viele liebevolle Teilnahme und Aufmerksamkeit durch die Tat erfahren zu haben, dass die Erinnerung daran ihm so lebhafter vor die Seele trete, je näher sein Ende heranrücke. Er hinterlasse daher, wie für die deutschen, so auch für die italienischen bedürftigen Künstler einen Teil seines Vermögens zu einer Unterstützungskasse, mit dem Wunsche, dass sein Beispiel Nachfolger finden möge. Geistliche Curatele und geistliches Patronat, wie sie bei Testamentsvollstreckungen hier gewöhnlich sind, wurden geflissentlich ausgeschlossen; dagegen soll der jedesmalige Senator Roms um die Annahme der Pflegschaft über die Stiftung ersucht werden. Zur

Abb. 24
Bildnis Prinz Heinrich von Preußen, 1828, Öl auf Leinwand, 86 x 74 cm, ehem. Potsdam, Schloss Sanssouci, Verbleib unbekannt

Abb. 25
Emil Krafft nach Franz Ludwig Catel, *Bildnis Prinz Heinrich von Preußen*, um 1828/30, Lithographie, 267 x 229 mm (Bild), 372 x 287 mm (Blatt), Stiftung Stadtmuseum Berlin, Inv.-Nr. VII 67/41 w

königliche Sammlung selbst oder an die Berliner Akademie. Die Testamentsvollstrecker Buti und Alessandri schrieben entsprechend am 24. Januar 1857 über die preußische Gesandtschaft vor Ort nach Berlin, doch erreichte sie am 19. März 1857, unterzeichnet von dem preußischen Ministerresidenten in Rom, Karl Hermann von Thiele, die freundliche Ablehnung des Königs.[240] Die Werke Catels gingen am 2. Juli zusammen mit einem Teil seiner Bibliothek (Abb. 28)[241] und verschiedenen Graphiken endgültig in den Besitz der Deutschen Künstlerhilfskasse über.

Die restlichen drei Viertel der jährlichen Erträge des Pio Istituto Catel sollten bedürftigen Römern und in Rom lebenden Italienern zukommen, wobei in erster Linie an Not leidende Maler, Bildhauer und andere Künstler gedacht war, da es für diese in Rom keine mit der Deutschen Künstlerhilfskasse vergleichbare Institution gab. Catel hatte sich im Laufe seiner römischen Jahrzehnte mehrfach jüngerer Kollegen angenommen, so hatte er etwa 1832 dem Schweizer Maler Salomon Corrodi für eine Zeit einen Platz in seinem Atelier angeboten und 1848/49 dem 1844 bis 1853 an der Accademia di San Luca studierenden mexikanischen Maler Juan Cordero ein von ihm angemietetes Atelier im Collegio Greco überlassen.[242]

Als Verwalter der Stiftung wurde, wie im Nekrolog von 1857 beschrieben, ein Rat bestimmt, dem der jeweilige Senator Roms und weitere von Catel bestimmte Mitglieder angehören sollten. Dieser Rat war für die rechtmäßige Vergabe der Gelder zuständig. 1848 benannte Catel den Principe Marc' Antonio Borghese, die Juristen Buti und Alessandri und, neben anderen, auch die Bildhauer Pietro Tenerani und Emil Wolff sowie den Maler August Ferdinand Hopfgarten.[243] Am 10. Mai 1861 erhielten Buti, Alessandri, der Principe Borghese, Giacomo Benucci, Giuseppe Lunati, Tenerani und Wolff – von Hopfgarten ist nicht mehr die Rede – von dem Notar Filippo Bacchetti eine Vollmacht (»Procura ad agire«) zur Führung der Geschäfte der zu gründenden Stiftung.[244] Filippo Fausto Marucchi, der 1902 eine erste Geschichte des Pio Istituto Catel verfasste, erwähnt die konstituierende Sitzung des Instituts erst für das Jahr 1874,

Ordnung und Vollstreckung dieses unserm Landsmann dauernden Dank sichernden letzten Willen ernannte er sechs Italiener und zwei Deutsche.«[236]

Schon am 13. August 1821 hatte Catel ein erstes Testament verfasst, das in Berlin und Rom hinterlegt wurde. Haupterbin war seine Ehefrau Margherita, bedacht wurden zudem verschiedene Mitglieder der Familie mütterlicherseits, den Roussets.[237] In dem zweiten Testament von 1848 legte er fest, dass mit der Hälfte seines Vermögens – 1856 sollen es inklusive der Besitzungen in Valleripa bei Macerata und bei Ponte Molle vor Rom insgesamt 85.608 Scudi gewesen sein – eine gemeinnützige und wohltätige Stiftung ins Leben zu rufen sei. In der letztendlich gültigen Fassung des Testaments vom 28. April 1855 wurde diese Verfügung bestätigt. Der Künstler hinterließ sein gesamtes Vermögen Margherita Catel,[238] bestimmte aber gleichzeitig die Hälfte desselben zur Gründung eines Pio Istituto. Ziel der Stiftung sollte die Unterstützung Not leidender Deutscher jedweder Konfession in Rom sein. Ausgenommen waren davon nur diejenigen deutschen Künstler, für die bereits seit 1815 die Künstlerhilfskasse existierte. Für die Hilfsbedürftigen war ein Viertel der Erträge reserviert. Die Künstlerhilfskasse wurde weiterhin mit der Hinterlassenschaft von Catels künstlerischem Nachlass gefördert. Es wurde deshalb von den befreundeten Malern Dietrich Wilhelm Lindau, Edmund Hottenroth und Johann Martin von Rohden ein taxiertes Verzeichnis der im Atelier vorhandenen Werke aufgestellt. Diese Liste ist erhalten und lässt den ursprünglichen Umfang des Catel'schen Œuvres erahnen.[239] Der Künstler verfügte, dass seine Arbeiten zunächst allerdings dem preußischen König als Gesamtheit zum Kauf angeboten werden sollten, damit der Erlös für die Hilfskasse in Rom verwendet werden könne. Catel dachte an die

Abb. 26
Auferstehung Christi, 1834, Öl auf Leinwand, Maße unbekannt, ehem. Berlin-Charlottenburg, Luisen-Kirche, zerstört

Abb. 27
Gondelfahrt in der Lagune von Venedig, 1839/42, Öl auf Leinwand, 64,7 x 94,7 cm, ehem. Stuttgart, Villa Rosenstein, Sammlung König Wilhelms I. von Württemberg, heute Privatbesitz

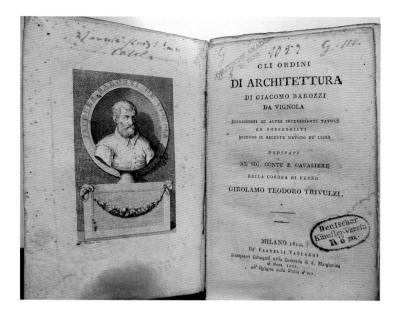

nach dem Tod der Witwe.[245] Es wurde jedoch bereits am 24. April 1873 ins Leben gerufen.[246] Die ursprüngliche Zahl von acht dem Rat angehörenden *Consiglieri* wurde 1890 auf zwölf (neun italienische und drei deutsche) festgelegt, eine Bestimmung, die noch heute Gültigkeit besitzt. Die Zusammensetzung der *Consiglieri* änderte sich in den ersten Jahren nach der Gründung häufig. 1881 wird der deutsche Maler Franz von Rohden, Sohn des Malers Johann Martin von Rohden, vermerkt, und 1890 kommt der Maler Cesare Mariani, ein Schüler Tommaso Minardis, hinzu.

Als am 28. Februar 1874 Margherita Catel verstarb, hinterließ sie neben zahlreichen Einzelverfügungen zugunsten von Institutionen und Privatpersonen[247] ihre Hälfte des Vermögens ebenfalls der Stiftung.[248] Der überaus umfangreiche Hausstand wurde in einem Nachlassinventar festgehalten und in sieben aufeinanderfolgenden Auktionen zwischen dem 13. Mai und dem 29. Juli des Jahres zum Besten des Instituts veräußert.[249] In ihrem Testament gab die Witwe noch weitere genaue Anweisungen zur Vergabe der Unterstützungen, die mit den Jahren zu einem bis heute gültigen Statut des Pio Istituto Catel führten. In dem handschriftlichen Inventar des Nachlasses tauchen auch zahlreiche Kunstwerke auf, die den Grundstock für die Kunstsammlung des Instituts bilden. Sie wurden von dem Maler Roberto Bompiani aufgenommen. Noch 1874 fassten die *Consiglieri* den Beschluss, dass diese Kunstwerke, wenn nicht anders von Margherita verfügt, im Institut, das damals noch an der Piazza di Spagna 9 ansässig war, verwahrt werden sollten.[250]

Obgleich auf der Initiative eines Deutschen basierend, überstand das Pio Istituto Catel, die heutige Fondazione Catel, sicher behütet alle Stürme des 20. Jahrhunderts und erfüllt nach wie vor ohne öffentliche Förderung ganz im Sinne des Gründers Franz Ludwig Catel und seiner Frau Margherita die ihm übertragenen karitativen Aufgaben. Am 21. Januar 1988 wurde das Institut, das seinen Sitz seit Ende des 19. Jahrhunderts in der Viale Trastevere 85 hat, unter die Schirmherrschaft der Deutschen Botschaft in Rom gestellt.

Abb. 28
Gli ordini di architettura di Giacomo Barozzi da Vignola [...], Mailand 1815, Titelblatt und Titelkupfer mit handschriftlichem Hinweis auf die Bibliothek Catels, Rom, Casa di Goethe, Bibliothek des Deutschen Künstlervereins

Catels malerisches Werk im Spiegel der zeitgenössischen Kunstkritik

Catels Landschaften sind zumeist voller historischer oder literarischer oder zumindest literarisch anmutender Anspielungen, die durch die Genrestaffage in die Szenerie eingebracht werden. Dies bediente direkt und effektiv die Wünsche der vielen Italienreisenden aus ganz Europa, die Bilder des Gesehenen als Souvenirs nach Hause mitzunehmen gedachten. Entsprechend bemerkte Rudolph Schadow in einem Brief: »Catel und mehrere Landschafter haben gar viel zu thun, dieses Fach und die Genrestücke sind eigentlich das Einzige was den Leuten recht gefällt.«[251] Der junge Franz Horny äußerte sich 1825 in einem Brief ähnlich: »Ich will nur z. B. die Landschaftsmaler in Rom vornehmen. Rom, besonders im Winter, ist der Zusammenfluß von Reisenden aus ganz Europa, so daß man im Durchschnitt an die 15000 Fremde in Rom zählt; wer reist hat Geld; fast jeder nach seinen Kräften wünscht immer, ein Andenken aus Italien mit fortzunehmen, und besonders Landschaften. Dazu braucht man Maler und Landschaftsmaler, und da haben die Leute eine Bestimmung, und das will was heißen. Sie leben als lustige Handwerker von ihrer Zunft und sind nicht unnütze Leute, wie bei uns; das begeistert eben alle.«[252]

Catels Werke veranlassten die Rezensenten der Kunstzeitschriften immer wieder zu eigenen literarischen Beschreibungen. Höhepunkt dieser wechselseitigen Befruchtung der Künste ist die 1821 veröffentlichte Erzählung *Das Kloster auf Capri* von Caroline Pichler, die in Wien ein Bild des Künstlers mit Mönchen in der Certosa auf Capri im Mondschein (vgl. zum Motiv Kat.-Nr. 122) als Auftakt der von ihr erzählten romantischen Geschichte nutzte.

Dass die Situation Catels (und seiner Malerkollegen) von Zeitgenossen aber auch kritisch gesehen wurde, zeigt ein Brief Wilhelm Christian Müllers von 1821 an den Domherrn Meyer in Hamburg, in dem dieser das veränderte Kunstleben in Rom schildert – die besten Bilder deutscher Künstler würden inzwischen nicht mehr nach Deutschland, sondern nach England und Russland gehen: »Zu Ihrer Zeit glänzten die 3 Deutschen, Trippel, Hackert und W. Tischbein. Niemand spricht jetzt von diesen Männern. Den ersten haben Canova, Thorwaldsen und Schadow verdunkelt, und die beiden andern sind durch 10 andere geschickte deutsche Künstler ersetzt, nur werden sie nicht so gefeiert, und kein Fürst findet sich, der ihre Werke bezahlt. Die jetzigen Römer haben kein Geld; sie fangen an selbst ihre Sammlungen zu verkaufen; die Fürsten sind durch die Franzosen ausgeplündert, der Papst ist zu alt und auch zu arm, um Künstler zu unterstützen; die Werke der deutschen Künstler muß man künftig in England und Rußland suchen. Mehrere sind Ihnen schon bekannt, deren schöne Werke ich hier gesehen habe; Ihnen darf ich nur außer Overbeck aus Lübeck noch den Veteran Reinhart, Catel und Veit aus Berlin, die Gebrüder Riepenhausen aus Hannover, Rode [Rohden] aus Cassel, Schönberg [Schödelberger], Schnorr aus Leipzig, Koch aus Inspruck [sic] ins Gedächtnis rufen.«[253] Müller war es auch, der in einem anderen Brief erstmals – Jahre vor Ludwig Richter – das Verhältnis beziehungsweise den Antagonismus zwischen Koch und Catel beschrieb, wobei er Catels Charakter und das Typische seiner Werke gut erfasste: »Wir gingen vor Tische noch zum Maler Catel, um seine warmen Gegenden von Neapel – und dann zu Koch, um seine Eisregionen aus Tyrol und Lauterbrunn als Gegenstücke noch einmal zu sehn; dort macht der glühende Vesuv, das spiegelnde Meer und Orangen – hier der Jungfrauglätscher [sic], Wasserfälle und schwarze Tannen, das Wesen der Landschaft. Seltsam! Jener ist ein regelgerechter, ruhig verständiger, dieser ein warmer, höchst lebendig-phantastischer Künstler; jener lebt gesellig, vertraut mit der Welt – und beliebt, dieser einsam, voll Ingrimm über die politischen und bürgerlichen Verwirrungen – und interessant.«[254]

Verfolgt man die vielen Berichte über Catel in dem in Deutschland höchst einflussreichen und von Ludwig Schorn in Tübingen redaktionell betreuten *Kunstblatt,* zeichnen sie stets dasselbe Bild des mit seinen wahrheitsgetreuen und gut staffierten Landschaften erfolgsverwöhnten Berliners. So heißt es in einer Ausgabe aus dem Jahr 1824: »Unter den jüngeren jetzt in Rom lebenden Künstlern nähert sich [Heinrich] Reinhold derselben Behandlungsart, während andere Männer von großer Gewandtheit und Talent, Catel und Rebell, mehr die Wirkung im Ganzen durch eine breite und leichte Ausführung zu erreichen suchen. Die Wahrheit der Darstellung, welche auch sie auf ihrem Wege sich erworben haben, wird von Anderen, welche derselben Weise huldigen, wie Deerlink [Abraham Teerlink] und [Giovanni Battista] Bassi, in minderem Grad zur Anschauung gebracht, ja es gesellt sich wohl einige Manier zu einem von jenen vermiedenen Haschen nach übertriebenem Effekt.«[255]

Besonders hervorgehoben wurde immer wieder Catels geschicktes Kombinieren der reinen Landschaft und der seit Bartolomeo Pinelli in Rom und Neapel stetig populärer werdenden Genremalerei mit ihrer sorglos anmutenden Darstellung des ländlichen Lebens, das als Ausdruck eines arkadischen Gefühls dieser Bevölkerungsgruppe verstanden wurde: »Unter den vorzüglichsten Landschaftsmalern hätte auch C a t e l [Herv. im Original] genannt werden sollen. Da er jedoch mit gleichem Talent Landschaft, Perspektive und Figuren darstellt, und diese drey Gegenstände oft in seinen Bildern glücklich vereinigt, so wird er wohl mit noch größerem Recht zu den Genremalern gezählt. Er hat auch einige rein historische Vorstellungen, z. B. Kaiser Rudolf, der den Priester mit dem Hochwürdigen auf seinem Pferde führt u. a. gemalt. Er weiß mit sehr gefälliger Wahl und poetischem Sinn seine Gegenstände aufzufassen, wozu ihm Neapel und seine Umgebungen, Sorrent, Salerno und Sicilien reichen Stoff darbieten. Der poetische Aetna, die üppige Pflanzenwelt dieser zauberischen Gegenden, die malerische Poesie, sowohl der natürlichen Grotten, Berg= und Felsschluchten und Meeresufer, als der Gebäude, oft in solche Spalten hineingebaut, von Pomeranzen und Reben überrankt, oder von Ruinen und Säulen getragen, stellt er mit der größten Treue und dichterischer Wahrheit dar.«[256]

Bei allem Erfolg gab es selbstverständlich und nicht zu selten an den malerischen Leistungen Catels auch herbe Kritik, die noch bis ins 20. Jahrhundert hinein die objektive Bewertung seiner künstlerischen Leistungen erschwert hat. Bereits 1822 wurde im *Kunstblatt* die nach Meinung des Rezensenten zu lockere Malweise gerügt: »Unter den sogenannten Genre=Malern ist hier Catel bey weitem der talentvollste; doch ist die ganze Art dieser Malerey an und für sich ein sehr untergeordnetes Fach, und bey den Ansichten, nach denen sie jetzt im Allgemeinen betrieben wird, selbst etwas der wahren Kunst sehr Unwürdiges. Sehen wir uns darin um, so finden wir fast überall ein Streben nach Effect, ohne daß dadurch etwas von Bedeutung gehoben würde; nur ein leerer Kitzel für das Auge wird erregt; sentimentale oder theatralische Scenen – flüchtige Zeichnung – unwahre Farbe – sogenannte geistreiche Führung des Pinsels, wohinter sich sehr leicht die Oberflächlichkeit des Studiums und die Gewissenlosigkeit bey der Ausführung verstecken kann – nichts von dem, was uns bey den Charakterbildern der alten guten Niederländer erfreut.«[257] Ein Jahr darauf heißt es: »Catel in Rom, Aussicht vom Kapuzinerkloster auf den See und die Gegend von Albano.[258] Die geistreiche Andeutung mag oft, mit vollem Rechte höher gestellt werden, als die sorgsamste Ausführung, und wir bewundern den Künstler, der auch beym flüchtigen Blick die Natur noch in ihrer Eigenthümlichkeit zu erfassen weiß. Ist es aber mehr das Bewußtseyn der Virtuosität, als die fromme, liebende Treue, welche die Hand desselben leitet, überläßt er sich zu sehr dem Gefühle der Meisterschaft, dann muß er nothwendig in die Manier gerathen, welche doch immer nur das Gespenst der Natur seyn kann. Außerdem fehlt es einzelnen Theilen dieses Bildes, dessen Werth wir überdies gewiß anerkennen, an Haltung.«[259] Und 1832 notierte der Hamburger Senator Karl Sieveking, nachdem er bei Catel nichts erworben hatte, in Rom in sein Tagebuch: »Die Sachen des Malers Catel schienen etwas fabrikmäßig, auf den Effekt losgearbeitet.«[260] Manchmal wurde die Kritik auch etwas verhaltener vorgetragen, so in einer Ausgabe des *Kunstblatts* von 1835 anlässlich einer Ausstellung: »Manche bemerkten auch bei einer Landschaft von Catel (Via Appia und Albanergebirge [Kat.-Nr. 87]), daß die Taghelle derselben die daneben hängenden rheinischen Stücke benachtheiligte. Man muß indessen nicht vergessen, daß, wo Bilder in Masse sind, das Chargirte zu seinem Vortheil gemildert, das Gemäßigte matter als ohne dies erscheint.« Bezeichnend ist, dass der Schreiber im Anschluss nochmals auf Catels Gemälde zurückkommt, während er ein ebenfalls in der Schau gezeigtes Werk Kochs aus Angst vor dessen unflätigen Wutausbrüchen nur streift: »Aus Rom eine Landschaft vom Rumfordschen Suppenkoch, über die ich, eingedenk der vertraulichen Ausdrücke, in welchen er die Kunstschreiber vor den Kunstathleten warnt, nichts zu sagen wage; von Catel neben einigen ziemlich manierirten [sic] Stücken eine Ansicht der Gräberstraße Via Appia in der hellen Tageswirkung, die seiner Palette geläufig ist [...].«[261]

In der bereits zitierten Besprechung von Werken Catels in der *Kunstblatt*-Ausgabe von 1824 wird unter anderem ein Blick aus der Vorhalle des Domes von Amalfi ausführlich beschrieben, um den

Künstler dann in eine Reihe mit den bekannten französischen Malern Granet und Robert zu stellen: »Die Säulenhalle des Camaldulenser=Klosters bey Salerno [gemeint ist Amalfi], durch welche man die tiefer liegende Stadt, nebst den malerischen Gebirgen über derselben und die seltsame Spitze des Berges St. Angelo noch über diese emporragend erblickt, links die Sonne, welche glühend in die Fluth taucht.[262] Eine Procession der Mönche zieht eben vorn durch die vom Abendlicht glänzende Säulenhalle herein, zu beyden Seiten kniet die andächtige Menge, interessant durch Tracht und Ausdruck. In vielen kleineren Bildern hat Catel das häusliche Leben, die ländlichen Freuden und Beschäftigungen der Bewohner jener blühenden Gefilde geschildert. Catel, Granet und Robert finden einen gemeinsamen Berührungspunkt darin, daß sie uns Gegenstände des Volkslebens, der Natur und Kunst mit außerordentlicher Wahrheit und Treue, mit Geschmack und lebendiger Auffassung vorbilden, obgleich sie sich dann wieder in der Wahl der Gegenstände, denen sie vorzüglich geneigt sind, voneinander unterscheiden.«[263] Diese glückliche Verbindung zwischen Landschafts- und Historien- bzw. Figurenmalerei stellte schon 1820 mustergültig die folgende Notiz im *Kunstblatt* heraus: »Unter den ausgezeichneten Landschaftsmalern, die jetzt in Rom leben, haben Vo[o]gd […], Verstappen […] und Catel in [sic] Berlin besonders viel zu thun. Des letzteren Seestücke sind von großem Effect, und da er zugleich Historienmaler ist, so sind seine Landschaften gut staffirt.«[264]

Eindruck machten auf die zeitgenössischen Betrachter besonders Catels leuchtende und oftmals sehr breite Farbpalette sowie die Klarheit des Lichts, die er überzeugend wiederzugeben vermochte, wie es Carl Seidel 1826 bei der Beschreibung einer Version des erwähnten *Blicks aus der Vorhalle des Domes von Amalfi* herausstellte (Abb. 29): »Der Künstler versteht vor allem seine Vorwürfe glücklich herauszugreifen aus der ihn umgebenden so reichen Natur, und jedesmal dabei den vortheilhaftesten Standpunkt zu wählen. Dabei hat er eine eigenthümliche Klarheit des Lichts und der Luft, und eine leichte und sichere Pinselführung, die höchst vortheilhaft hervorsticht gegen die immer mehr zunehmende ängstliche Blatt- und Blumenmalerei in der Landschaft. Das oben genannte Bild gibt den passenden Beweis zu dem Gesagten. Der Hintergrund ist hier vortrefflich gehalten, der Bogengang ist magisch schön und doch so wahr beleuchtet, das auf den Fußboden fallende Tageslicht reflectiert in den Gewölben und fällt dann wieder wohltuend auf die Volksgruppen, die ganz vortrefflich klar gehalten sind, das Licht spielt wahrhaft um jede einzelne Figur. Die Staffage spiegelt übrigens höchst charakteristisch das Leben jener Gegenden ab; man sieht in Prozession daher wallende Mönche und daneben beinahe nichts als Bettler. Der in den düstern [sic] Klostermauern untergegangene Geist der Menschheit malt sich deutlich in den Gesichtern der ziemlich großen Figuren, besonders hervorstechend ist hier in den Mienen des Kreuzträgers der sprechende Ausdruck der strengsten Intoleranz. Das Bettelvolk mit seinen Krücken und Bandagen und Lumpen ist in seiner geistlosen Dumpfheit nicht minder

glücklich aufgefaßt, nur ist die Behandlung hier zu roh, und die Köpfe sind mitunter, wie zum Beispiel in dem Knienden, arg vernachlässigt. Möchte der herrliche Meister sich doch nicht bisweilen förmlich gehenlassen, möchte er sich doch nicht einer gar zu breiten Manier geflissentlich hingeben.«[265]

Im Vergleich zu der somit im Ganzen außerordentlich positiven Bewertung von Catels Kunst fällt die vernichtende Kritik besonders ins Auge, die sich 1829 an seinem 1823 für König Max I. Joseph von Bayern vollendeten *Ländlichen Fest in Pozzuoli* (Kat.-Nr. 182)[266] entzündete, als Ferdinand Wolfgang Flachenecker für das *Münchner Galeriewerk* eine Reproduktion fertigte: »Das Blatt nach Catel von ihm [Flachenecker] entwickelt eine ungemein zarte und fleißige Ausführung, aber wozu? Um uns eine ganz gleichgültige ländliche Gesellschaft von italienischen Frauen, Männern und Kindern, zum Teil mit häßlichen Gesichtern zu schildern, die sich im Freien tanzend belustigen. Die Aussicht auf das Meer in der Bucht von Bajae gegen das Cap Misenum im Hintergrunde und was sonst noch Gefälliges in der Darstellung aufgenommen ist, entschädigt nicht für diese alles Helldunkel entbehrende Gruppe im Vordergrund. Hätte unser Lithograph diesen Fleiß in der Ausführung auf die Nachbildung eines klassischen Gemäldes verwendet, er würde etwas Vollkommenes geliefert und Kenner und Liebhaber ganz zufrieden gestellt haben.«[267]

Kritiken dieser Art werden es wohl gewesen sein, die Catel 1833 dazu veranlassten, die *Drei Sendschreiben aus Rom gegen Kunstschreiberei in Deutschland* mit zu unterzeichnen, eine Streitschrift, in der eine Gruppe deutscher Künstler mit der Kunstkritik im Heimatland abrechnete, jedenfalls prangt sein Name neben denen von Riepenhausen, Koch, Reinhart, von Rohden und Veit sowie Thorvaldsen auf dem Titelblatt dieser Publikation.[268]

Bezeichnend für die Rezeption Catels ist Ludwig Richters Schilderung aus dem Atelier Joseph Anton Kochs: »Diese Bilder [Kochs] sah ich während der drei Winter, die ich in Rom zubrachte, auf derselbe Stelle stehen, es fanden sich keine Käufer dafür, während z. B. die leichter verständlichen Veduten Catels auf Abnehmer nicht

Abb. 29
Blick aus der Vorhalle des Domes von Amalfi, um 1824, Öl auf Leinwand, 37 x 45,8 cm, ehem. Dresden, Sammlung Helbig, Verbleib unbekannt

zu warten brauchten, was des Alten satirische Laune gewaltig aufstachelte.«[269] Koch war vor allem Catels Geschäftstüchtigkeit ein Dorn im Auge, er nannte ihn in seiner *Rumfordschen Suppe* als besonders abschreckendes Beispiel für künstlerische Dienstfertigkeit und Katzbuckeligkeit.[270] Dass er die Veduten des Konkurrenten mit ihrem modernen, der Freilichtmalerei geschuldeten Naturalismus ablehnte, liegt auf der Hand. Am 6. Mai 1830 schrieb Koch an Joseph Sutter in Wien: »Vor zwei Jahren war einer hier, der ums Geld Katzen abrichtete zum Tanzen, und diese kleinen Bestien erlangten große Geschicklichkeit in der Tanzkunst. Der Künstlerschwarm wächst von Tag zu Tag wie aus faulem Käse das Gewürm; daher gibt es zahlreiche Kunstparaden, Ausstellungen genannt, wobei der berühmte Catel seinen steten Katzbuckel nie wieder gerade bekömmt.«[271]

Ein anderer Kritikpunkt war die Tatsache, dass Catels in sich durchaus vielfältiges Motivrepertoire über die Jahre hinweg unverändert blieb, alles scheint einer steten Wiederholung zu unterliegen. Eine exakte Datierung erhaltener Werke wird dadurch sehr erschwert. In der zeitgenössischen Presse wurde diese Wiederverwendung altbewährter Sujets durchaus als Verfall der künstlerischen Qualität kritisiert, die respektvolle Haltung gegenüber Catel behielt man jedoch bei: »Minder kräftig ausgeführt sind einige Landschaften von F. Catel, welcher indeß in der Composition doch immer einer der bedeutendsten Künstler bleiben wird, wie vor allem seine ›Villa des Mäcen‹ beweißt.«[272] Aber auch die ursprüngliche Frische der Kompositionen und der Farbgebung wich zunehmend einer emaillehaften Glätte und einer stumpferen Farbpalette, was neben allgemeinen künstlerischen Ermüdungserscheinungen sicher nicht zuletzt Catels schwindender Sehkraft und seinem inzwischen hohen Alter geschuldet war.[273] Wir wissen aufgrund von mindestens zwei Bildnissen des Künstlers, dass er in späteren Jahren eine Brille tragen musste (Kat.-Nr. 2 und 5).

1 Brief Wilhelm Christian Müllers (Rom, 28. 3. 1821) an Frau D. Sch. (nicht aufgelöst); Müller 1824, Bd. 2, S. 644, 78. Brief.

2 Diese Einführung zu Catels Leben und Werk in Rom beruht in weiten Passagen auf einem 2007 erstmals veröffentlichten Text des Verfassers, der für den vorliegenden Katalog gekürzt, verändert und durch neue Erkenntnisse ergänzt wurde; vgl. Stolzenburg 2007.

3 Sohn des Ernest Louis Catel aus Stargard in Pommern und der Marie Anne Gery.

4 Tochter des Kaufmanns François Rousset aus Berlin und der Marie Elisabeth Gervaiset. François Rousset betrieb mit seinem Bruder Henry Rousset eine Schirmmanufaktur in der Brüderstraße; Geller 1960, S. 5. Eine Porträtzeichnung von Daniel Nikolaus Chodowiecki zeigt sehr wahrscheinlich das Bildnis der Elisabeth Wilhelmine Catel; Kaemmerer 1897, S. 111, Abb. 175.

5 Der evangelische Theologe, Schriftsteller, Übersetzer und politische Redakteur der *Vossischen Zeitung* in Berlin, Samuel Heinrich Catel, war ein Großonkel von Franz Ludwig. In Paris lebte ein Cousin, der Komponist und Musikschriftsteller Charles Simon Catel.

6 Er widmete dem Ereignis eine kleine, am Polterabend entstandene Gouache mit dem Titel *Hochzeitszug*. Das Blatt trägt eine ausführliche Beischrift aus späterer Zeit zu den einzelnen Dargestellten der Familie Catel; Stiftung Stadtmuseum Berlin; Ausst.-Kat. Berlin 2004, S. 26–27, Nr. 4; Vorzeichnung im Berliner Kupferstichkabinett; Ausst.-Kat. Berlin 2000, S. 53, Nr. 46, vgl. ebd., S. 53, Nr. 47.

7 Zur Spielwarenhandlung des Peter Friedrich Catel siehe ausführlich Stauss 2015, S. 25–65.

8 *Journal des Luxus und der Moden* 1787, *Intelligenzblatt* Nr. 12 (Dezember), S. XCIV–XCVIII; vgl. Stauss 2015, S. 33.

9 Der neuartige Katalog enthielt auf 100 Seiten etwa 400 Verkaufsartikel, von denen 216 detailgetreu auf Kupfer gestochenen Tafeln abgebildet waren; vgl. Stauss 2015, S. 33–34.

10 Catel/Schiller 1819/20.

11 Treskow 2011, S. 36.

12 Stauss 2015, S. 46–47.

13 Catel/Schiller 1819/20. Vgl. zum komplizierten Werdegang Louis Catels die Biographie von Johannsen 2001; vgl. zudem Treskow 2011, S. 36–43.

14 Zit. nach Geller 1960, S. 10. Der Eintrag bezieht sich auf den Unterricht in Perspektive im Zeitraum Dezember 1794 bis September 1795.

15 Zit. nach Steinbrucker 1921, S. 151, Nr. 92; hier Identifizierung von »Cattel« mit Louis Catel. Da Franz Ludwig zum Holzschnitzer ausgebildet wurde, wird aber eher er der junge Mann gewesen sein, der »Bilderhauer werden« wollte.

16 »Frantz Catel aus Berlin hat die Erlaubniß auf der Königl. Gallerie zu malen[.] Berlin d 26t Maÿ 1796 B. Rode«; Staatsbibliothek zu Berlin – Preußischer Kulturbesitz, Slg. Darmstaedter 2n 1756: Rode, Christian Bernhard; 3-6, acc. 1920.218.

17 Geller 1960, S. 346. Durch ein Billet des Weimarer Hofrats Karl August von Böttiger – der Architekt Johann Heinrich Gentz hatte Gilly an ihn empfohlen – an Goethe vom 5. Mai 1797 wissen wir, dass die vier Reisenden um einen Besuch bei dem Dichter baten: »Herr Baumeister Gilly aus Berlin, ein Sohn des bekannten Landbaumeisters, und trefflicher junger Artist, […] in Gesellschaft eines Wasserbaumeisters aus Elbing und zweier Berliner Maler, worunter ein junger Catel, wünschen sehnlich, Ihnen morgen auf nur auf einige Minuten aufwarten zu dürfen. Sie gehen jetzt nach Frankreich und Italien. Wollten Sie es gestatten, daß sie Ihnen aufwarten dürfen: so haben Sie nur die Gnade, mir eine Zeit bestimmen zu lassen, damit ich es Ihnen zu wissen thue.« Zit. nach ebd., S. 21. Es ist anzunehmen, dass Goethe Gilly und seine Begleiter am 6. Mai kurz empfing, der einzige Hinweis darauf ist allerdings der Umstand, dass Goethe auf einem Bogen seiner *Reise in die Schweiz* die Namen »Catel« und »Gropius« notierte; Goethe 1904, S. 99, zu Fol. 59 Verso (»NB. Kupferstecheranstalt in Herisau. Russische Prospecte. Catel. Gropius.«). Dokumentarisch belegt ist ein Besuch der Reisegruppe in der Kasseler Gemäldegalerie durch einen Eintrag im dortigen Besucherbuch: »Mahler Gropius, Mahler Catel, Bauinspektor Gilly, Bauinspektor Koppin von Berlin, den 10. May 1797«; zit. nach Geller 1960.

18 Becker 1971, S. 54, Anm. 377.

19 Auf der am 23. September 1798 eröffneten Berliner Akademie-Ausstellung präsentierte Catel ein *Familienstück*, zu dem der Katalog kommentiert: »Vom Herrn Catel, jetzt in der Schweiz«; Ausst.-Kat. Berlin 1798 (zit. nach Börsch-Supan 1971), S. 89, Nr. 414.

20 Zur Walser'schen Kunstanstalt in Herisau siehe den Beitrag des Verfassers im vorliegenden Katalog, S. 35–36.

21 Catel/Schiller 1819/20.

22 Vgl. Goethe 1803, S. VI.

23 Catel/Schiller 1819/20.

24 Siehe dazu den Beitrag des Verfassers in diesem Band, S. 37–38.

25 Becker 1971, S. 348–349, Liste 1, Nr. 108.

26 Das sind Franz Ludwig Catel, sein Bruder Louis Catel und Georg Christian Gropius.

27 Brief Franz Ludwig Catels (Paris, 10. 11. 1798) an Friedrich Vieweg in Berlin; Braunschweig, Universitätsbibliothek, Vieweg-Archive, Sign. VIC:16.

28 Ebd.

29 In der Biographie Louis Catels, die in dieser Zeit auch auf Franz Ludwig zu beziehen ist, heißt es: »Das gesellschaftliche Leben gab ihm [Louis] ebenfalls Veranlassung, sich fort zu bilden. Durch gute Empfehlungen fand er Eingang bei mehreren ausgezeichneten berühmten Männern. Auch der damalige Preußische Gesandte in Paris, Herr Baron von Humboldt, sah ihn gern in dem sehr angenehmen und geistreichen Cirkel seines Hauses.« Catel/Schiller 1819/20.

30 Vgl. Brief Franz Ludwig Catels (Berlin, 30. 1. 1800) an Friedrich Vieweg in Braunschweig; Braunschweig, Universitätsbibliothek, Vieweg-Archive, Sign. VIC:16.

31 Gemeint ist der Hausvogteiplatz, der südlich der Friedrichswerderschen Kirche und unweit der Brüderstraße, in der Catel aufwuchs, lag und im Volksmund noch zum Ende des 19. Jahrhunderts auch »Schinkenplatz« genannt wurde.

32 Brief Franz Ludwig Catels (Paris, 13. 4. 1800) an Friedrich Vieweg in Berlin; Braunschweig, Universitätsbibliothek, Vieweg-Archive, Sign. VIC:16.

33 Catels Braut war die Tochter des Goldstickers Christian Friedrich Kolbe und dessen Frau Sophie Caroline, ihr Bruder war der Berliner Maler Carl Wilhelm Kolbe d. J.; zugleich war sie Nichte des gleichnamigen Kupferstechers Carl Wilhelm Kolbe d. Ä., genannt »Eichen-Kolbe«. Dieser war mit Chodowiecki, der auch der Lehrer Kolbes d. J. war, verschwägert, da seine Cousine Johanna Maria Barez die Frau Chodowieckis war. Der Vater der Brüder Carl Wilhelm und Christian Friedrich wiederum war Christian Wilhelm Kolbe, die Mutter hieß Anne und war eine geb. Rollet aus der französischen Kolonie in Berlin; Hufnagl 1980, S. 451–452 (Catels Frau, über deren Leben letztlich nichts bekannt ist, ist in dieser Genealogie nicht erwähnt); vgl. Neil Jeffares: Dictionary of pastellists before 1800, http://www.pastellists.com/Articles/KOLBECF.pdf (letzter Aufruf: 14. 4. 2015). – Louis Catel heiratete am 10. 6. 1802 in Berlin Henriette Friederike Schiller, älteste Tochter des Kanzleidirektors Schiller bei der Königlichen Oberrechenkammer.

34 Geller 1960, S. 39. Geller bezieht sich auf eine Äußerung des Grafen Heinrich Carl Wilhelm Vitzthum von Eckstädt, nach der dieser dem sächsischen König vorgeschlagen hatte, neben Caspar David Friedrich und Johan Christian Dahl Catel zum Professor für Landschaftsmalerei an der Dresdner Akademie zu ernennen; vgl. Bang 1987, Bd. 1, S. 178; hier Verweis auf die Akten der Dresdner Akademie, Bd. XIII, Loc, 2377, Bl. 73–96.

35 Geller 1960, S. 37–38. Die Reise ist in einem Brief Veiths v. 18. 9. 1801 an Carl Anton Graff, Sohn des Porträt-

malers Anton Graff, erwähnt; Dresden, Sächsische Landesbibliothek in Dresden, Mscr. Dresd. App. 1191, Nr. 882.
36 Prov.: Hans Geller, Dresden; weiter in Familienbesitz;
1977 wegen Republikflucht der Söhne Gellers beschlag-
nahmt und an das Kupferstich-Kabinett der Staatlichen
Kunstsammlungen Dresden übergeben; ausgeschieden am
13. 11. 1991 (Restitution an Gellers Erben); 1992 Galerie
Siegfried Billesberger, Moosinning bei München; süddeutscher Privatbesitz; 2011 Joseph Fach, Galerie und Kunstantiquariat, Frankfurt am Main. Vgl. Geller 1960, S. 317;
Lager-Kat. Moosinning/München, Billesberger 1992, o. S.,
Nr. 47; Stolzenburg 2007, S. 16, 135, Anm. 38; Lager-Kat.
Frankfurt am Main, Fach 2011, S. 28–29, Nr. 14.
37 Zur Stuckfabrik der Catels vgl. Johannsen 2001
38 Catel/Schiller 1819/20. Vgl. auch die von den Brüdern
gemeinsam verfasste Schrift Anzeige von einer Fabrik von
musivischen Stuck-Arbeiten welche die Gebrüder Catel in
Berlin unter ihrer Leitung etabliert haben, Berlin 1801 (31
Seiten); Exemplar: Staatsbibliothek zu Berlin, Preußischer
Kulturbesitz, Haus 2, Nz 4310; Zusammenfassung bei Johannsen 2001, Biographie L. F. Catel, mit Schriftenverzeichnis.
39 Mackowsky 1951, S. 136.
40 »Ihro Majestäten bezeugten den Herren Catel über die
Mannigfaltigkeit und Eleganz dieser neuen Kunstprodukte,
so wie über den Geschmack in den verschiedenen Formen
und Verzierungen Ihren aufmunternden Beyfall.« Berliner
Nachrichten von Staats- und gelehrten Sachen Nr. 27 v.
3. 3. 1801. Louis Catel erhielt »ein Patent auf 10 Jahre für
die alleinige Anfertigung dieser Arbeiten«; Catel/Schiller
1819/20. Vgl. dazu den ausführlichen Bericht in: Jahrbücher
der preußischen Monarchie 1801a; Jahrbücher der preußischen Monarchie 1801b.
41 Johann Gottfried Schadow, Aus dem Tagebuch einer
Reise nach Weimar (1802); zit. nach Schadow/Friedlaender
1890, S. 66–74; vgl. Eckhardt 1990, S. 106–107.
42 »Der Aufenthalt in Weimar war für ihn höchst genuss-
reich. Die persönliche Bekanntschaft mit Göthe, Schiller
und Wieland und mehreren geistreichen Männern unserer
Zeit, die damals in Weimar versammelt waren, ward ihm
hier [vergönnt].« Catel/Schiller 1819/20.
43 Geller 1960, S. 16.
44 Morgenblatt für gebildete Stände Nr. 213 v. 5. 9. 1807,
S. 852.
45 Siehe zu diesem Aspekt von Catels Schaffen den Beitrag
des Verfassers im vorliegenden Katalog, S. 34–49.
46 Ausst.-Kat. Berlin 1806, S. 23–24, Nr. 80 (»Die Ermordung des Probstes Nicolaus von Bernau zu Berlin, vor der
Thüre der Marienkirche. Ein Gemälde in Aquarell=Farben;
3 Fuß 4½ Zoll hoch, 3 Fuß 8½ Zoll breit. / Der Künstler hat
diese Begebenheit so dargestellt, als wenn der Probst im Begriff gewesen wäre, durch aufrührerische Reden die Bürger
Berlins zu Gunsten des Landgrafen von Thüringen, dessen
Panier er in der Hand hielt, gegen den rechtmäßigen Herrn,
Das Haus Baiern, aufzuwiegeln. Mehrere Bürger haben ihn
aber, im Ausbruch des höchsten Zorns, niedergeworfen und
wollen ihn mit den gezückten Schwertern durchstoßen. Andere
Bürger schwören im Hintergrunde des Bildes, bei dem
Baierischen Panier, ihrem rechtmäßigen Herrn Treue und
Ergebenheit. Das aus der Kirche herausströmende Volk bebt
erschrocken zurück; eben so der Priester an ihrer Spitze, in
dem er den Fluch über die That ausspricht. Andeutungen
der Folgen, welche diese rasche That für die Einwohner Berlins nach sich zog, sollen sie bald darauf in einem langen
Kirchenbann erfielen.«); Bartholdy 1806; Passavant 1820,
S. 206 (»Ciryacus [sic], Prior von Bernau, der von den Ein-
wohnern von Berlin getödtet wird, als er Aufruhr predige,
eine große Aquarellzeichnung«); Boetticher 1891, S. 163,
Nr. 1 (»Die Ermordung des Propstes Nikolaus von Bernau
vor der Tür der Marienkirche in Berlin. Aquar. h. 3' 4½", br.
3' 8½"; Berl. ak KA. 1806; Röm. KA im Pal. Caffarelli, April
19.«); Geller 1960, S. 313; Concina Sebastiani 1979, S. 311;
Ausst.-Kat. Rom 1996a, S. 73; Stolzenburg 2007, S. 20, Abb. 6
auf S. 18. – Vgl. http://www.lostart.de/DE/Fund/484666 (letzter Aufruf: 4. 7. 2015).
47 Catel wurde auch Mitglied der Akademien von Bologna
(Accademico ad honorem, 26. 1. 1831; Ausst.-Kat. Rom

1996a, S. 74), Perugia (Accademico di merito, 31. 1. 1831;
Pickert 1957, S. 122) und Florenz (Professore accademico,
21. 9. 1831; Ausst.-Kat. Rom 1996a, S. 74). Bereits am
14. 10. 1826 hatte ihn die Kunstakademie in Antwerpen
zum Ehrenmitglied ernannt (ebd., S. 74).
48 Ausst.-Kat. Berlin 1806 (zit. nach Börsch-Supan 1971),
S. 25, Nr. 84.
49 Ausst.-Kat. Coburg 1980, S. 73–74, Nr. 20.
50 Öl auf Leinwand, 52,7 x 42,2 cm, Berlin, Schloss Charlottenburg.
51 Im Morgenblatt für gebildete Stände Nr. 213 v. 5. 9. 1807,
S. 852, wird der Weggang der Künstler aus Berlin bedauert.
52 »[…] müssen Sie noch etwas erfahren von ihrem Landsmann Catel, der dem Kriegsminister Clarke zwei Plafonds
mahlen wird, wozu schon die Kartons gezeichnet sind, von
denen die hiesigen berühmten Mahler als [da sind] Gerard,
David Lefevre usw. den größten Respect gezeigt, und die
außer vielen absurden Anmerkungen die schmeichelhaftes-
ten Dinge über ihn gesagt haben, freilich wie sie es zu thun
pflegen auf Kosten der Deutschen. Herrlicheres als der eine
dieser Cartons, ist wohl seit jener alten Zeit des Mahlerflors
weniges entstanden, er stellt Alfred vor, wie er als Harfenspieler in's dänische Lager verkleidet geht; der andere ist ein
moderner Gegenstand aus dem oesterreichischen Kriege,
den er wohl nicht aus freiem Antriebe gemacht haben würde.
Catel ist ein recht emsiger Künstler, dem die Finger behände
des Geistes Erscheinung nachbilden, daher er gleich viel
Talent zum Modelliren [sic] als zum Zeichnen zeigt. Von
Oehlenschlägers Aladin werden Sie nächstens eine kleine
Zeichnung von ihm sehen […].« Brief Adolph von Müllers
(Paris, 8. 3. 1808) an einen Unbekannten in Berlin; zit. nach
Geller 1960, S. 73. Vgl. London und Paris 1808.
53 Wohl um 1807/08 entstanden; Pinsel in Braun, weiß
gehöht, 290 x 444 mm, Stiftung Stadtmuseum Berlin.
54 Vgl. Best.-Kat. Lübeck 2007, S. 25–26 (Beitrag Andreas
Stolzenburg); hier weiß der Verfasser in Unkenntnis über Catels
langen ersten Aufenthalt in der Schweiz noch früh davon.
55 »Wie Berlin von Feinden besetzt war, wurde [Louis]
Catel aufgefordert, weil er sehr geläufig französisch sprach
und schrieb, an den Geschäften des Einquartierungs-Bü-
reaus Antheil zu nehmen. Dies tat er gern und willig unent-
geltlich, er diente und half, wo er konnte.« Catel/Schiller
1819/20.
56 Johann Heinrich Ferdinand Olivier erwähnt Catel später
in seinem Stammbaum der Kunst, den er seinen Sieben
Gegenden aus Salzburg und Berchtesgaden beifügt; Catel
steht dort zwischen Johann Erdmann Hummel und Carl
Wilhelm Kolbe d. J.
57 Am 26. 3. 1808 zeichnete Catel in Paris ein Albumblatt
mit einer Opferszene aus Oehlenschlägers Hakon Jarl;
Feder und Pinsel in Braun, 130 x 178 mm, Schloss Frede-
riksborg, Nationalhistorisches Museum. Er illustrierte weitere literarische Vorlagen, u. a. um 1841 Sir Walter Scotts
Roman Ivanhoe; Aquarell, 132 x 177 mm, Kopenhagen, Statens Museum for Kunst, Kobberstiksamling, Inv.-Nr. 10041.
Zu den Brüdern Olivier und Oehlenschläger in Paris vgl.
Grote 1938/1999, S. 77–95.
58 Siehe dazu den Beitrag von Gennaro Toscano im vorliegenden Katalog, S. 50–65. 1805 bis 1809 hielt sich auch der
Kupferstecher Ludwig Friedrich Kaiser in Paris auf, der dann
1811 bis 1815 in Neapel lebte und nach Zeichnungen Catels
Stiche anfertigte (vgl. Anm. 74 und Abb. 5); vgl. Millin 1813.
Zu Kaiser vgl. Becker 1971, S. 353.
59 Die Malerin Therese van den Winckel berichtete zwischen 1806 und 1808 aus Paris für deutsche Journale wie
die Dresdner Abendzeitung und die Zeitung für die elegante
Welt über das Kunstleben in der französischen Metropole;
vgl. Strittmatter 2004; Nina Struckmeyer, in: Nehrlich/Savoy
2013, S. 313–315.
60 Brief Adolph Müllers (Paris, 2. 2. 1808) an August Ludwig Marwitz; Varnhagen 1874, S. 420–421, Nr. 151, zit. nach
Strittmatter 2004, S. 75.
61 Brief v. 15. 12. 1807; zit. nach Geller 1960, S. 71.
62 Chézy 1858, S. 345.
63 Berlin, Geheimes Staatsarchiv Preußischer Kulturbesitz;
vgl. Frauke Josenhans, in: Nehrlich/Savoy 2013, S. 45.

64 Vgl. dazu Frauke Josenhans, in: Nehrlich/Savoy 2013,
S. 43–46.
65 Catel/Schiller 1819/20.
66 »Auch in der Perspektive nahm er [Overbeck] noch
Unterricht bei seinem Landsmann Catel, dem er manche
gute Winke verdankte.« Howitt 1886, Bd. 1, S. 175. »Abends
begann unser perspectivischer Unterricht beim Hrn. Catel.«
Tagebucheintrag Overbecks v. 16. 12. 1811; zit. nach ebd.,
Bd. 1, S. 395, Anm. 1.
67 Ebd., Bd. 1, S. 394.
68 Ebd., Bd. 1, S. 395.
69 Ebd., Bd. 1, S. 256.
70 Ebd., Bd. 1, S. 256–257.
71 Siehe hierzu S. 14–15.
72 »Sie haben mein sehr werther Freund gewünscht daß
ich während meinem Aufenthalt in Italien Zeichnungen zu
Ihren Damenkalendern machen möchte, wozu sich hier
sehr reichhaltiger Stof [sic] darbietet, wen[n] es Ihnen recht
ist so werde ich eine Anzahl von 12 Blättern Volksscenen
und Gebräuche zeichnen, täglich sieht man Mahlerische und
interessante Scenen, auch Neapel wohin ich im April
reisen werde, wird mir gewiß schöne und interessante
Bilder liefern.« Brief Franz Ludwig Catels (Rom, 5. 2. 1811
[sic; 1812]) an Johann Heinrich Cotta in Tübingen; zit.
nach Ausst.-Kat. Marbach am Neckar 1966, S. 170–171,
Nr. 238.
73 Catel/Schiller 1819/20; vgl. Ausst.-Kat. Berlin 1983.
74 Neben der hier gezeigten Ansicht des Grabes des Am-
pliatus- und des Rundgrabes in Pompeji zeigt die zweite,
ebenfalls von Kaiser (vgl. zu ihm Anm. 58) gestochene Tafel
Details des Reliefs am Grab des Ampliatus; vgl. Millin 1813,
Taf. III.
75 Übersetzung zit. nach Geller 1960, S. 82.
76 Vgl. dazu den Beitrag von Gennaro Toscano im vorliegenden Katalog, S. 50–65.
77 »[Via Sistina] Casa N.º 79 / primo piano […] Francesco
Catelli pittore […] 30 [sic; Herv. im Original]«. Rom, Archivio del Vicariato, Stato delle Anime, Sant' Andrea delle
Fratte, 1813. 1811 und 1812 finden sich unter dieser
Adresse noch keine Einträge zu Catel. Vgl. Noack 1907,
S. 428; Noack 1927, Bd. 1, S. 122.
78 Vgl. Noack 1901.
79 Cesare Buti kümmerte sich noch nach dem Tod Margherita Catels 1874 auch um die Errichtung des Pio Istituto
Catel; siehe hierzu S. 26.
80 Zu Thorvaldsen in Rom siehe Ausst.-Kat. Nürnberg/
Schleswig 1991.
81 Eckersbergs römische Architekturveduten sind in
Farbigkeit, Wiedergabe des Lichts und Atmosphäre Catels
Kompositionen mit römischen Motiven sehr verwandt; vgl.
u. a. Ausst.-Kat. Washington 2003, S. 84–103, Nr. 14–23.
Zu Eckersbergs römischem Aufenthalt zuletzt Stolzenburg
2016a.
82 Busiri Vici 1957/58; Bonifazio 1975/76, S. 24.
83 So überliefert es Ferdinand Florens Fleck aus Leipzig:
»Wir gedenken unseres lieben Freundes Senf [sic] aus Halle,
eines geachteten Blumenmalers, sowie des nicht minder ge-
schätzten Landschaftsmalers Catel. Häufig ist der Vorwurf
gehört worden, dass diese Künstler allzu häufig die Gesellschaften frequentieren, während der grösste Theil der übrigen ein freieres, fast burschikoses Leben zu führen pflegt.«
Fleck 1837, S. 248.
84 Die Hochzeit fand in der Kirche San Lorenzo in Lucina
statt; eine Abschrift der Heiratsurkunde aus dem Libro
Matrimonium, Fol. 39, der Pfarrei vom Februar 1819 im
Archiv der Fondazione Catel in Rom, Posiz. Lett. A, Roma,
Lettere diverse e carte antichi di famiglia dal 1850 al 1873.
85 Noack 1907, S. 428; Noack 1927, Bd. 2, S. 122 (hier irrtümlich 1814 als Datum angegeben).
86 Kunstblatt Nr. 26 v. 29. 3. 1821, S. 104.
87 »Catel (jetzt von Rom nach Berlin zurückgekehrt) […].«
Kunstblatt Nr. 77 v. 24. 9. 1821, S. 305.
88 Geller 1960, S. 83, verweist auf eine Abrechnung über
13.800 Taler, die Catel durch seinen Onkel Franz Laurent
Rousset in einem Brief v. 22. 1. 1820 zugeschickt worden
war. Laut Ludwig Pollak (wiedergegeben nach Geller 1960)

befand sich die Abrechnung im Nachlass des Malers Franz Nadorp.

89 Johann Ludwig Lund, *Tagebuch meiner 2ten Reise nach Rom 1815–1816*, Ms., Kopenhagen, Königliche Bibliothek, Sign. NKS 2055 f.4; vgl. Schulte-Wülwer 2009, S. 59.

90 Die vom Fürsten unterschriebene Taufurkunde ist bezeugt vom Notar Giovanni Lorenzini; Rom, Fondazione Catel, Archiv, Posiz. Lett. A, Roma, Lettere diverse e carte antichi di famiglia dal 1850 al 1873.

91 Zu Bartholdy vgl. Netzer 2004. Bartholdy setzte sich 1822 erfolgreich für eine Verlängerung von Catels Aufenthalt in Rom beim preußischen König ein und stellte ihm seine Wohnung im Palazzo Zuccari zur Verfügung, damit der Künstler von hier aus die Engelsburg und Sankt Peter malen konnte; ebd., S. 128, mit Anm. 57.

92 Das unveröffentlichte Bildnis ist mit Feder in Braun am unteren Rand bezeichnet: »Mein treuer, liebster Catel, diese Zeichnung behalte, die ich habe durchzeichnen lassen, ohne sich die Mühe zu geben sie zu copieren J. S. Bartholdy«. Zur Identifizierung ist ein um 1820 entstandenes Bildnis Bartholdys von Julius Schnorr von Carolsfeld vergleichbar; ebd., Abb. 1 auf S. 121. Vgl. auch das Ölbildnis von Carl Joseph Begas von 1824; Tallner 2004, Abb. 1 auf S. 141 (mit weiterem Bildnissen Bartholdys). – Vgl. auch die Abschrift eines Briefes von Catel (Rom, 21. 11. 1822) an Bartholdy; Berlin, Geheimes Staatsarchiv Preußischer Kulturbesitz, MA Depos. (Teilnachlass Sebastian Hensel) Berlin 125. Darin berichtet Catel vom Besuch des preußischen Königs in der Casa Bartholdy, der sich dort die Fresken der Nazarener angesehen habe.

93 Das Fresko wurde 1927 von Clotilde Zuccari erworben; Rom, Fondazione Catel, Archiv, Lett. B, Pos. 7, Fasc. III.

94 Das Fresko im Format 140 x 115 cm wurde dem Pio Istituto Catel 1890 von Enrico Zuccari angeboten, aber wohl nicht erworben; Rom, Fondazione Catel, Archiv, Lett. B, Pos. 7, Fasc. II, III. Für Hinweise und die Vorlage zu Abb. 8 danke ich Robert McVaug, Hamilton, New York; vgl. McVaugh 1984, S. 450, Abb. 15–16.

95 Brief Friedrich Overbecks (Rom, 17. 5. 1816) an Ludwig Vogel; Howitt 1886, Bd. 1, S. 382.

96 Howitt 1886, Bd. 1, S. 395.

97 Schadow 1987, ad indicem.

98 Eckhardt 2000, ad indicem.

99 Seidler/Uhde 1922, S. 136, 191, 223, 228.

100 Orloff 1823, S. 437.

101 Morgenstern 1814, S. 181–182; Reumont 1844, S. 465.

102 So schrieb sich bis 1825 Carl Joseph Begas; Peter H. Feist, in: AKL 8 (1994), S. 267–268.

103 Eintrag v. 17. 10. 1824 im Reisetagebuch Karl Friedrich Schinkels; Mackowsky 1922, S. 148.

104 Präger 1999, S. 64, 69.

105 Gaspare Weiss war ein alter Bekannter aus Berlin (vgl. Kat.-Nr. 42.1a, 42.2a, 43.1–43.2).

106 Baehr hatte seine Ausbildung 1824 in Dresden begonnen, war 1825 in Paris im Atelier von Jean Victor Bertin tätig, von dort brach er im Herbst des Jahres mit Camille Corot nach Rom auf, wo beide *plein air* malten; Hans Joachim Neidhart, in: AKL 6 (1992), S. 235. Corot wohnte ab Dezember 1825 an der Piazza di Spagna in unmittelbarer Nähe Catels. 1827/28 folgte ein zweiter Romaufenthalt; Galassi 1991; Stuffmann 2001.

107 Zu Flor vgl. Andreas Stolzenburg, in: AKL 41 (2004), S. 294–296.

108 Carl Begas, 1822 bis 1824 Stipendiat Friedrich Wilhelms III., stand in Rom im engen Kontakt zu den Catels; er schenkte Margherita Catel eine Zeichnung, wohl ein Selbstporträt; Ausst.-Kat. Rom 1996a, S. 68–69, Nr. 104.

109 Zit. nach Geller 1960, S. 86–88.

110 »Weil Du Catels so genau kennst, interessieren sie mich sehr, es ist mir aber lieb, dass ich ihr Kunsthaus nicht zu besuchen brauche, nur von faden Modekünstlern lässt er sich jetzt den Hof machen und unter solchen kann ich mich nicht finden. Von Teerlink habe ich nichts gehört, der gute Flor aber folgt noch seinen alten Liebhabereien[,] durch witzige Erfindungen Gesellschaften zu unterhalten. Professor Minardi will ich in Perugia aufsuchen.« Zit. nach ebd., S. 87.

111 *Blumenvase*, 1826, Öl auf Holz, 30 x 21,5 cm (Ausst.-Kat. Rom 1996a, S. 43, Nr. 8), *Früchtestillleben mit Schmetterling*, 1843, Öl auf Leinwand, 30 x 26,4 cm (ebd., S. 44, Nr. 9), *Blumenstrauß*, 1854, Aquarell, 362 x 274 mm, mit Widmung von Augusta und Carl Adolf Senff an Margherita Catel (ebd., S. 69, Nr. 106).

112 Boisserée 1983, S. 312 (30. 1. 1838: »bei Catel«), S. 318 (14. 2. 1838: »Catel. Höffler, Papencordt Mendelssohn bei uns.«), S. 328 (8. 3. 1838: »Vor 10 Uhr mit der Küster [Julie von Küster] bei Catel.«), S. 332 (18. 3. 1838: »Catel Frau Braun etc.«), S. 352 (20. 4. 1838: »Abends Abschied bei Bunsen er geht über Frankfurt nach England / Carl Müller Catel, Vollard Gemütsbewegung. / Braun Bei Kestner Abschieds-Gesellschaft für Bunsen.«).

113 Zu den Aufenthalten vgl. Ausst.-Kat. Berlin 2002, S. 36–41 (Wilhelm Hensel, 1823–1828), S. 58–89, 90–100 (Fanny und Wilhelm Hensel, 1839/40 und 1844/45). Vgl. Klein/Elvers 2002, S. 115 (21. 11. 1839: »Besuch bei Catels und Gibsones.«), S. 116 (1. 12. 1839: »Abends bei Catel. Viel sehr schlechte Musik, aber recht angenehme Gesellschaft.«), S. 118 (11. 12. 1839: »Abends Kaselowsky und Catel.«; 13. 12. 1839: »Abends Kaselo., Catel und Senff.«), S. 119 (18. 12. 1839: »Abends bei Catel. Schrecklichere Musik, als je.«), S. 120 (20. 12. 1839: »Abends W. beim östereich. Gesandten. Magnus, Dr. Scholl, und Catel hier.«; 30. 12. 1839: »Abends sehr brillante Gesellschaft bei Sir Frederick Adam. Catel führte uns ein.«). Zu den Italienreisen der Familie Mendelssohn vgl. Ausst.-Kat. Berlin 2002.

114 Ausst.-Kat. Berlin 2002, S. 76. Fanny Hensel notierte zu diesen Konzerten, dass »nur zu viel schlechte Musik« gemacht werde. Sie musizierte u. a. mit Ingres auch in der Villa Medici.

115 Am 13. 12. 1839 vermerkte Fanny Hensel: »Abends Kaselowsky und Catel« (ebd., S. 65–66), und in einem Brief v. 30. 12. 1839 schrieb sie: »Vorigen Sonnabend haben wir eine kleine Gesellschaft gegeben, die sehr gut ausgefallen, und wobei sich die Leute sehr wohl amüsirt. Ingres', Catels, Magnus, Kaselowsky, Elsasser, einige Herren, die ihr nicht kennt, und – Schadows.« Klein 2002, S. 35.

116 Brief Fanny Hensels (Rom, 1. 2. 1840) an ihre Mutter Lea Mendelssohn Bartholdy in Berlin; Klein 2002, S. 49.

117 Lewald/Spiero 1927, S. 123, 131–132, 140.

118 Gregorovius 1991, S. 52.

119 Hans Geller nennt noch die Aufzeichnungen des Philologen Friedrich Thiersch über eine ausgelassene Silvesternacht 1823/24 in der Casa Buti (Geller 1960, S. 88–90) und, basierend auf Notizen Friedrich Noacks, das Tagebuch des Robert Reinick, der am 12. 11. 1838 zusammen mit dem Berliner Orientmaler Johann Hermann Kretzschmar einen Besuch bei Catel machte (ebd., S. 90–91). Kretzschmar fand die Bilder des Künstlers roh, flüchtig und ohne Farbe und bezeichnete sie als »Fabrikarbeit«.

120 Vgl. für Dresden Prause 1975, für Berlin Börsch-Supan 1971. Catel stellte u. a. in Danzig (Ausst.-Kat. Danzig 1837, S. 7, Nr. 60), Hannover (Ausst.-Kat. Hannover 1839, S. 12, Nr. 60–61) und Hamburg (Ausst.-Kat. Hamburg 1839, S. 10, Nr. 76; Ausst.-Kat. Hamburg 1839, S. 9, Nr. 73–74, S. 68, Nr. 596; Ausst.-Kat. Hamburg 1863, S. 12, Nr. 78–79, postum) sowie in Breslau, Posen, Magdeburg, Halberstadt, Leipzig, München und Karlsruhe aus.

121 Ausst.-Kat. Paris 1819, S. 26, Nr. 198 (»Vue des environs de la Cava entre Napels et Salerne«); Ausst.-Kat. Paris 1838, S. 35, Nr. 250 (»[François] Catel, r. de Rochefoucauld, chez M. de Custine. / 250 – Vue de la ville et de la côte d'Amalfi, dans le golfe de Salerne.«). Vgl. Becker 1971, S. 452 (Erwähnung einer Medaille 3. Klasse). Die 1838 angegebene Adresse ist die des Schriftstellers Astolphe De Custine, der 1812 zusammen mit Millin und Catel durch Kampanien und Kalabrien gereist war (vgl. S. 55–61).

122 Vgl. dazu Stolzenburg 2012a.

123 Zur Kunst in Rom vgl. Susinno 1991; Ausst.-Kat. Rom 2003a; Ausst.-Kat. Rom 2003b.

124 Vgl. Lutterotti 1985.

125 Vgl. Feuchtmayr 1975; Ausst.-Kat. Hamburg/München 2012.

126 Zur dänischen Künstlerschaft in Rom vgl. Haugstedt 2003; Stolzenburg 2005; Schulte-Wülwer 2009.

127 Das Bild ist links unten auf der Säule »F. C.« monogrammiert und rechts daneben »1812« datiert; Stolzenburg 2002, S. 443–454, Abb. 1; Stolzenburg 2007, Abb. 19 auf S. 41.

128 Zu Granet vgl. Ausst.-Kat. Aix-en-Provence 1976; Néto 1995; Ausst.-Kat. Rom 1996b; Coutagne 2008; Coutagne 2013.

129 *Diario di Roma* Nr. 13 v. 14. 2. 1821, S. 1.

130 Vgl. Hornsby 2002.

131 Die Bekanntschaft Chauvins mit Catel wird ausdrücklich von Elmar Stolpe, in: AKL 18 (1998), S. 348, erwähnt.

132 Vgl. Ausst.-Kat. Spoleto 1996; Ausst.-Kat. Toulouse 2003.

133 Vgl. Gassier 1983.

134 Vgl. Ausst.-Kat. Flers 2000.

135 Vgl. Brown 2009.

136 Zu Catels Genremalerei siehe den Beitrag von Neela Struck im vorliegenden Katalog, S. 80–91.

137 Zu Navez vgl. Ausst.-Kat. Charleroi 1999; zu Navez und Granet vgl. Jacobs 1997.

138 Vgl. Fagiolo dell'Arco 1983.

139 Vgl. Lossky 1989 und den Beitrag von Ljudmila Markina im vorliegenden Katalog, S. 93–94.

140 Um 1818/20, Öl auf Papier, 355 x 390 mm; Ausst.-Kat. Neapel 2004, S. 161, Nr. 49 (als Pitloo).

141 Öl auf Leinwand, 50 x 62 cm, Verbleib unbekannt; Aukt.-Kat. Amsterdam, Sotheby's 2004, S. 40, Nr. 89, Abb.

142 Ausst.-Kat. Rom 1996a, S. 55, Nr. 46.

143 Eine *Ansicht der Bucht von Posilippo* etwa ist Studien Catels verwandt; Ausst.-Kat. Shizuoka 2004, S. 140–141, Nr. 73.

144 Zur Ausstellung von 1829 vgl. Dickel 2001, S. 381–382. Dickel nimmt zu Recht an, dass Carl Blechen Turners römische Werke bei dieser Gelegenheit gesehen haben muss. Catel wird die aufsehenerregende Ausstellung ebenfalls nicht versäumt haben. Zu Turners römischen Zeichnungen vgl. Gage 2001.

145 Joseph Mallord William Turner, *A List of Contemporary Landscape Artists Working in Rome 1819*, Ms., London, Tate Britain, Turner Bequest CXCIII 99, Sign. D16876, Fol. 100 Recto; vgl. http://www.tate.org.uk/art/research-publications/jmw-turner/joseph-mallord-william-turner-a-list-of-contemporary-landscape-artists-working-in-rome-r1138651 (letzter Aufruf: 1. 6. 2015).

146 14. 8. 1820 (begonnen am 12. 8. 1820), Öl auf Leinwand, 42,8 x 58,6 cm, Bergen, Rasmus Meyers Samlinger; Bang 1987, Bd. 2, S. 101, Nr. 216.

147 Vgl. Dahls *Junge auf einem Esel*, 1820, Öl auf Papier, 403 x 337 mm, Oslo, Nasjonalgalleriet; Ausst.-Kat. München 1988, S. 86–87, Nr. 25, Abb. Catel schuf zahlreiche solcher Genrestudien; vgl. Ausst.-Kat. Rom 1996a, S. 45, Nr. 13, S. 60, Nr. 66, S. 70, Nr. 113.

148 *Die Kolonnaden von Sankt Peter bei Nacht*, Öl auf Leinwand, 37,9 x 30,1 cm, Kopenhagen, Thorvaldsens Museum; Bang 1987, Bd. 2, S. 121, Nr. 311.

149 *Der Petersplatz in Rom bei Sonnenschein*, 1813/16, Öl auf Leinwand, 31,4 x 26,8 cm, Kopenhagen, Thorvaldsens Museum; Ausst.-Kat. Nürnberg/Schleswig 1991, S. 450, Nr. 3.39, Abb. auf S. 449.

150 Auf der Dresdner Kunstausstellung 1823 war bereits eine Kopie dieses Motivs von Carl Friedrich Weinberger zu sehen, Catels Komposition muss also früher entstanden sein: »Das Innere einer Fischerwohnung bey Neapel mit der Ansicht auf den Vesuv, nach Catel, […] von dems. [Weinberger]«. Ausst.-Kat. Dresden 1823 (zit. nach Prause 1975), S. 14, Nr. 129.

151 Eine Ausstellung in der Galleria Nazionale d'Arte Moderna, Rom, machte dieses Konvolut 1996 erstmals bekannt; Di Majo 1996; vgl. Ausst.-Kat. Rom 1996a, S. 50–72, Nr. 29–125.

152 Ausst.-Kat. Rom 1996a, S. 41–42, Nr. 3.

153 Ebd., S. 42–43, Nr. 5.

154 Ebd., S. 43–44, Nr. 8–9, S. 50, Nr. 29, S. 69, Nr. 106.

155 Ebd., S. 48–49, Nr. 26.

156 Ebd., S. 49, Nr. 27.
157 Ebd., S. 49–50, Nr. 28.
158 Ebd., S. 50, Nr. 30, S. 65, Nr. 88.
159 Ebd., S. 51, Nr. 33.
160 Ebd., S. 52, Nr. 37, S. 61, Nr. 69.
161 Ebd., S. 53–54, Nr. 42, S. 57, Nr. 54, S. 63, Nr. 80.
162 Ebd., S. 54–55, Nr. 45, S. 68, Nr. 103, S. 71, Nr. 118, S. 72, Nr. 122, 124.
163 Ebd., S. 55, Nr. 46.
164 Ebd., S. 56–57, Nr. 52.
165 Ebd., S. 58, Nr. 57.
166 Ebd., S. 59, Nr. 64, S. 60–61, Nr. 68.
167 Ebd., S. 59–60, Nr. 65.
168 Ebd., S. 61, Nr. 71, S. 72, Nr. 125.
169 Ebd., S. 61–62, Nr. 73 (Zuschreibung). Wallis Tochter war mit Carl Werner verheiratet, was die Bekanntschaft zwischen Wallis und Catel wahrscheinlich macht.
170 Ebd., S. 62, Nr. 74, S. 63, Nr. 81.
171 Ebd., S. 64–65, Nr. 87.
172 Ebd., S. 68, Nr. 102.
173 Ebd., S. 68–69, Nr. 104.
174 Der trockene Bericht nennt lediglich Koch und Reinhart, in deren Haus Blechen logierte; Emmerich 1989, S. 38–44. Zu Blechen vgl. Ausst.-Kat. Berlin 1990; Dickel 2001.
175 Rave 1940, S. 418, Nr. 1662a.
176 Öl auf Leinwand, 24 x 31,5 cm, Winterthur, Museum Oskar Reinhart; Best.-Kat. Winterthur 1979, S. 54–55, Nr. 17; Zuschreibung durch Helmut Börsch-Supan, Berlin.
177 Öl auf Holz, 19,9 x 21,6 cm, Cottbus, Niederlausitzer Landesmuseum; Best.-Kat. Cottbus 1993, S. 30–31.
178 Vgl. auch Heck 2010, S. 453–256, Abb. 1–3, der in Blechens kleinem Gemälde Mönch in einer Felsgrotte von 1833 eine Synthese zweier Werke Catels (Kat.-Nr. 120 und 145) zu erkennen meint.
179 Peter Wiench, in: AKL 11 (1995), S. 473.
180 Zit. nach Geller 1960, S. 229.
181 Brief Franz Ludwig Catels (Rom, 26. 5. 1836) an Christian Daniel Rauch in Berlin; Hamburg, Privatbesitz; erworben 2008 von J. A. Stargardt, Berlin; Aukt.-Kat. Berlin, Stargardt 2008, S. 235, Nr. 559.
182 Öl auf Leinwand, 85 x 65 cm, Amiens, Musée de la Picardie; Ausst.-Kat. Rom 1980, S. 81–82, Nr. 53, Abb.
183 Das Zusammentreffen ist durch einen Brief von Antoni Edward Odyniec an Ignacy Chodzko Odyniec v. 16. 12. 1829 überliefert; Bilinski 1975, S. 64–65, 70. Der Brief ist nach ebd., S. 58, Anm. 1, veröffentlicht in Odyniec 1961. Vgl. Stolzenburg 1994, S. 29; Verdone 2005, S. 56.
184 Von Catel stammt eine von Sigismond Himely gestochene Ansicht der Bucht von Termini.
185 Verso bezeichnet: »Carl Frommel gemalt von Franz Catel 1834«. Das Bildnis stammt aus dem Nachlass des Sohnes von Carl Frommel, des Malers Karl Lindemann-Frommel; vgl. Freude 1997, S. 14, Abb. 1. Zu Frommel allgemein vgl. Ausst.-Kat. Karlsruhe 1989. Ich danke Peter K. W. Freude, Murnau, für die Erlaubnis zum Abdruck des Bildes.
186 30 Bilder zu Horazens Werken. Gestochen unter der Leitung von C. Frommel, nach Zeichnungen v. Catel, Frommel ecc., Karlsruhe [1829].
187 Kunstblatt Nr. 37 v. 11. 5. 1830, S. 148.
188 Aukt.-Kat. Köln, Van Ham 2005, S. 207, Nr. 1476.
189 50 Bilder zu Virgils Aeneide. Gestochen unter der Leitung von C. Frommel, Karlsruhe [1828]; einige Blätter dieser Folge befinden sich in der Hamburger Kunsthalle, Bibliothek im Kupferstichkabinett, Sign. Ill. XIX Frommel o. J.-8 (Inv.-Nr. 1937.219); vollständiges Exemplar: Aukt.-Kat. Berlin, Bassenge 2006, S. 35, Nr. 138. Zur Aeneis-Ausgabe vgl. Kat.-Nr. 64.2.
190 Carl Frommel's pittoreskes Italien. Nach dessen Original-Gemälden und Zeichnungen. Die Scenen aus dem Volksleben nach Zeichnungen von Catel, Gail, Goetzloff, Moosbrugger, Weller, Pinelli etc. in Stahl gestochen in den Ateliers von C. Frommel und H. Winkler […], Leipzig 1840; Exemplar: Hamburger Kunsthalle, Bibliothek im Kupferstichkabinett, Sign. Ill. XIX Frommel 1840-8.
191 »Den folgenden Morgen reisten wir nach Neapel zurück und haben uns da an der Riviera de Chiaja, dem schönsten

und gesündesten Teile der Stadt, auf 16 Tage eingemietet. Davon sind elf Tage schon verflossen, Wagen und Reisegefährten sind schon gefunden: Catel, ein berühmter Maler aus Berlin, und seine Frau werden mit uns reisen. Sie wohnen gewiß schon 30 Jahre in Rom.« Gurlitt 1912, S. 170, Tagebuch der Julia Gurlitt.
192 Ebd., S. 173; vgl. Ausst.-Kat. Hamburg 1997, S. 182; Ausst.-Kat. Eckernförde 2002, S. 29.
193 »Catel sagte in einer Künstlergesellschaft, wo er mein Wohl ausbrachte, er müsse gestehen, dass er meine Bilder für die besten halte, die in vielen Jahren hier gemalt seien. Er nehme natürlich sich selbst nicht aus, denn er habe nie so gute Bilder gemalt.« Gurlitt 1912, S. 189.
194 Siehe hierzu den Beitrag von Ljudmila Markina im vorliegenden Katalog, S. 92 und S. 345–346.
195 »Die Seestücke vom braven Catel aus Berlin sind von unendlichem Effekt. Da er ein guter Historien=Mahler ist, so sind seine Landschaften gut staffiert. Eine Vorstellung eines Kays bey Neapel, der von Figuren wimmelt, welche [er] für den General Koller gemahlt hat, ist sehr lebendig und ihm besonders gut gelungen.« Conversationsblatt. Zeitschrift für wissenschaftliche Unterhaltung, 2 (1820), 2. Heft, Wien, 6. 1. 1820, S. 19. Zu Koller vgl. Noack 1907, S. 442.
196 »A coloro, i quali tutto giorno si lagnano della mancanza di Mecenati in questo Secolo, potremmo noi additarne lunga serie, forse non inferiori a quanti altri mai per lo passato ve ne furono. Ma pure non faremmo che ripeter cose note. Ci piace tuttavia far menzione di due Mecenati delle nobili Discipline, che specialmente oggidì son distinti. Uno di essi è S. E. il Signor Duca d'Alba di Berwik […]. L'altro è S. E. il Sig. Barone di Koller, Tenente Maresciallo Austriaco. E' stata data commissione dal medesimo di Opere similmente da eseguirsi in Roma ai seguenti Artisti: […] Ai Signori Rebell e Catell: Due quadri di Paesi.« Diario di Roma Nr. 91 v. 14. 11. 1818, S. 4–5.
197 Ebd. Für freundliche und außerordentlich zielführende Hinweise danke ich Jorge García Sánchez, Madrid, Beatrice Cacciotti, Neapel, sowie Alvaro Romero Sanchéz-Arjona, Archivar der Herzogin von Alba im Palacio de Liria, Madrid.
198 Zur Vita des Herzogs vgl. Cacciotti 2011b.
199 Ebd.
200 Ebd. Der Maler Jakob Wilhelm Huber (vgl. Kat.-Nr. 71) lebte ebenfalls im Palazzo Braschi und beriet den Herzog in Kunstdingen.
201 García Sánchez 2011, S. 146, Anm. 63 (»Puerto de mar«).
202 Inneres eines am Meer gelegenen Klosterkonvents, 1819/21; ebd. (»Interior de un convento cercano al mar«); Ansicht von Sankt Peter in Rom, Transparent; ebd. (»Transparente de la iglesia de San Pedro«); Grabmal in Lüttich; ebd. (»Una tumba de Lieja, muy antiguas«); Begräbnis eines Kreuzritters im Inneren der Villa des Mäcenas in Tivoli; ebd. (»Enterramiento de un caballero cruzado en el interior de la Villa de Mecenas de Tivoli [en realidad, el santuario de Hércules Vencedor]«); Der Kreuzgang des Karthäuserklosters auf Capri mit Nonnen; ebd. (»Cartuja con mujeres en Capri«); Der Kreuzgang des Karthäuserklosters auf Capri mit Mönchen; ebd. (»Cartuja con mujeres en Capri y puede que el interior de otro convento cartujano de Capri«); Ansicht der Villa des Mäcenas in Tivoli; ebd. (»otra vista de la Villa de Mecenas«).
203 Stefano Tumidei, in: Ausst.-Kat. Paris 2001, S. 252, verweist auf eine entsprechende Quittung Catels in Modena, Biblioteca Estense, Autografi Campori. Lawrence weilte 1818/19 in Rom, um Porträts von Pius VII. und dem Kardinal Ercole Consalvi anzufertigen. Vgl. einen Brief der Herzogin von Devonshire (Neapel, 7./14. 10. 1820) an Thomas Lawrence in London; London, Royal Academy of Arts, Archive, Sign. LAW/3/219.
204 Dennoch muss es letztlich offen bleiben, ob es sich wirklich um das für Lawrence gemalten Bilder handelt oder nicht doch eventuell um von Catel ausgeführte weitere Versionen für andere Käufer.
205 Die in Neapel geborene Lady Mary Anne Acton war die Gattin von Sir John Francis Edward Acton, der als Engländer in Neapel höchste Staatsämter bekleidete; sie war dessen Nichte und hatte ihn 1800 mit 14 Jahren geheiratet.

206 »[…] l'una una veduta del golfo di Napoli in tempo di notte, presa dalla strada nuova, che conduce a Posilippo, al dissopra del palazzo della regina Giovanna del quale si scuoprono al basso I tetti. Sul primo piano è la detta strada, e la parte sinistra [sic; destra] è tutta occupata dal mare, nel quale si rifrange la luce della luna, che risplendente, e chiarissima produce un effetto misterioso, e melancolico. Nel fondo del mezzo è adombrato il Vesuvio, e sulla sinistra si disegna in una curva la città di Napoli vista dall'alto. […] Vicino a quest'ultimo luogo sono raccolti alcuni pescatori, I quali stanno intorno ad un fuoco, il cui lume rischiara debolmente quella parte, e sta in opposite col gran chiarore della luna: non può essere né più vero né più maestrevolmente toccato […].« Giornale Arcadico 1819b, S. 104.
207 Briefe Franz Ludwig Catels (Rom, 3. 3. und 1. 5. 1826) an Ludwig Wilhelm von Hessen-Homburg; Darmstadt, Hessisches Staatsarchiv, Sign. D 11 Nr. 170/1; vgl. Brief Catels an den Landgrafen (Rom, 29. 11. 1838); ebd.
208 Vgl. Milanese 2005, S. 333. Für freundliche Hinweise gilt mein Dank Andrea Milanese.
209 Vgl. Catels Ansicht vom Dorf und Schloss Maxen, 13. 6. 1855, Bleistift, 142 x 169 mm, Staatliche Kunstsammlungen Dresden, Kupferstich-Kabinett, Inv.-Nr. C 1964-90. Major Serre hatte durch Heirat mit der Dresdner Kaufmannstochter Friederike Amalie Hammerdörffer 1819 das wegen seiner Marmorbrüche bedeutende Rittergut Schloss Maxen erworben und zu einem internationalen Treff- und Sammelpunkt von Künstlern, Gelehrten und Diplomaten machen können; Stephan 1994, S. 29–30. Erhalten hat sich ein Eintrag des Ehepaares Catel im Gästebuch der Serres; Düsseldorf, Goethe-Museum, Inv.-Nr. KK 3472 (»Zum ewigen herrlichen / Angedenken ihrer / verehrten Freundin / Franz Catel / und Margherita Catel // aus Rom. / Dresden den 9tn Juny / 1855.«). Freundlicher Hinweis von Heike Spies, Düsseldorf, Brief v. 19. 9. 2008.
210 Boetticher 1891, S. 164, Nr. 44 (»Monte Pincio«), Nr. 45 (»Colosseum«).
211 Zur Biographie der Gräfin vgl. Stolzenburg 2007, S. 92–93, Anm. 292.
212 Verbleib unbekannt, ehem. Lübbenau, Spreewald-Museum.
213 Hans Geller hat vor 1960 die in französischer Sprache verfassten Tagebücher der Gräfin im Landesarchiv in Lübbenau eingesehen und einige Passagen übersetzt, die hier dem Inhalt nach wiedergegeben werden; Geller 1960, S. 94–98. Weder die Tagebücher noch die dort genannten Kunstwerke Catels sind dem Verfasser bislang bekannt geworden. Vier kleine Kompositionen befanden sich ehem. im Spreewald-Museum in Lübbenau. Sie wurden an Rochus Graf zu Lynar auf Schloss Lübbenau restituiert. Leider waren diese Aquarelle, die in einem Erinnerungsalbum der Gräfin eingeklebt waren, nicht auffindbar. Mein Dank für Informationen gilt Rochus Graf zu Lynar, Lübbenau.
214 Ebd., S. 95 (»Herr, Frau und Fräulein Giuntstard«).
215 Worum es sich dabei genau gehandelt und ob Catel diese Zeichnungen je angefertigt hat, ist unklar.
216 Das kleine, in Öl auf Papier gemalte Bildnis war schon zu Gellers Zeiten nicht mehr im Album der Gräfin, nur eine Beischrift wies auf das einstige Vorhandensein hin: »Am Theresien-Tage. Albano 1827, von Catel gemalt. Nathalie im netturneser Costume der Fürstin Doria in ihrer Villa ein Geschenk eig'ner Arbeit und Natturnenser [sic] Meermuscheln bringend.« Zit. nach Geller 1960, S. 96.
217 Die Fotos stammen aus dem Besitz von Hans Geller und befinden sich jetzt beim Verfasser.
218 Bei Catel hatte der Kronprinz am 23. 11. 1828 »ein bestelltes Bild & sein vortreffliches Attelier [sic]« besehen; zit. nach Ausst.-Kat. Potsdam 2000, S. 67. Zur Italienreise vgl. Zimmermann 1995, bes. S. 139 zur Begegnung Catels und Grahls mit dem Kronprinzen im neu gegründeten Archäologischen Institut auf dem Kapitol am 26. 11. 1828.
219 Kunstblatt Nr. 20 v. 9. 3. 1828, S. 79.
220 Catel 1834.
221 Kunstblatt Nr. 40 v. 20. 5. 1834, S. 160.
222 Pölnitz 1930, S. 103, Künstlerliste Nr. 46 (»Catel Mahler«).

223 Beide Zitate nach Ausst.-Kat. München 1981b, S. 19, bei Nr. 8.

224 Gouache über Bleistift, 287 x 439 mm, Staatliche Graphische Sammlung München; ebd., S. 19–20, Nr. 8.

225 *Kunstblatt* Nr. 73 v. 14. 9. 1841, S. 307.

226 Vgl. *Kunstblatt* Nr. 30 v. 18. 6. 1846, S. 123: »Nachrichten vom April. Malerei. […] Rom. […] Der Kaiser von Rußland hat bei seinem letzten Besuche dahier auf der von dem General Kiel veranlaßten Ausstellung bei der Porta del Popolo gekauft: […] von Catel eine große Ansicht von Palermo.«

227 *Kunstblatt* Nr. 26 v. 30. 3. 1837, S. 104.

228 Geller 1960, S. 110–111.

229 *Kunstblatt* Nr. 50 v. 23. 6. 1840, S. 215. Catel reiste über Livorno nach Paris, dann über London und Brüssel nach Berlin. Die Rückreise nach Rom ging über München; Geller 1960, S. 130. Er muss auch in Nizza gewesen sein, wie ein dort entstandenes Aquarell bezeugt; Aquarell, Pinsel mit brauner Tusche, über Bleistift, 213 x 252 mm, Staatliche Museen zu Berlin, Kupferstichkabinett, Inv.-Nr. SZ Catel 15.

230 *Kunstblatt* Nr. 67 v. 20. 8. 1840, S. 283–284.

231 Vgl. auch Kunstblatt Nr. 16 v. 25. 2. 1841, S. 63: »Dem Maler Franz Catel ist von unserm Könige das Prädicat eines Professors beigelegt worden.« Vgl. zudem einen Eintrag v. 30. 9. 1840 in den Akten der Berliner Akademie, laut dem Johann Gottfried Schadow den Antrag auf eine kostenfreie Erteilung des Professorentitels an Catel gestellt hat; Registratur 1, Generalia, Nr. 5, Vol. XVI; Notiz v. 9. 1. 1841, dass mit Verfügung v. 4. 1. 1841 Catel der Professorentitel verliehen wird; ebd., Vol. XVII; nach Geller 1960, S. 123.

232 Klein 2002, S. 84.

233 Im Rahmen dieses Katalogs kann die Geschichte der Gründung des Pio Istituto Catel leider nur knapp skizziert werden. Eine erste Übersicht mit Auszügen aus dem Testament des Künstlers von 1855 bei Stolzenburg 2007, S. 126–130. Darüber hinaus hielt der Verfasser zum Thema einen ausführlichen Vortrag im Deutschen Historischen Institut in Rom, der 2016 veröffentlicht wird; Stolzenburg 2016b. Zu Catels Engagement für die deutsche Schule in Rom vgl. Vesper 2011.

234 Noack 1907, S. 210–211, mit Anm. 11 (Erwähnung Catels). Catel nahm häufig an den Ausstellungen der Società teil, u. a. 1836 und 1839; *Kunstblatt* Nr. 26 v. 31. 3. 1836, S. 103; *Kunstblatt* Nr. 49 v. 18. 6. 1839, S. 196.

235 Der Deutsche Künstlerverein mit seiner Künstlerhilfskasse ging als Reformbewegung aus der langjährig bestehenden Ponte-Molle-Gesellschaft hervor. Man wollte diese Institution, die für die Existenz der deutschen Künstler von eminenter Bedeutung war, mit neuem Leben erfüllen und ihr Aufgabenfeld den ernsteren Zeiten entsprechend deutlich erweitern. Die neue Satzung des Vereins wurde am 6. November 1845 von den Behörden angenommen. Da die Mitgliedsbeiträge nicht ausreichten, veranstaltete man im Dezember eine Versteigerung von Kunstwerken, an der sich auch Catel beteiligte; vgl. Harnack 1895; Noack 1907, S. 263–294.

236 *Allgemeine Zeitung* Nr. 2 v. 2. 1. 1857; zit. nach Geller 1960, S. 126–127.

237 Potsdam, Brandenburgisches Landeshauptarchiv, Akte Rep. 4 A Kurmärkisches Kammergericht, Testamente, Nr. 3083.

238 Diese und alle folgenden Informationen stammen aus Catels Testament von 1855; Rom, Fondazione Catel, Archiv, Testament 1855.

239 Vollständig transkribiert bei Stolzenburg 2007, S. 132.

240 Rom, Fondazione Catel, Archiv.

241 In der Bibliothek des Deutschen Künstlervereins, die sich neuerdings in der Casa di Goethe in Rom befindet, sind einige Bücher Catels nachweisbar. Freundlicher Hinweis von Michael Thimann, Göttingen.

242 Zu Corrodi vgl. Ausst.-Kat. Fehraltdorf 1992, S. 14, 18; zu Cordero Michael Nungesser, in: AKL 21 (1999), S. 174–175; der Vertrag mit Cordero im Archiv der Fondazione Catel, Rom.

243 Rom, Fondazione Catel, Archiv, Testament 1848.

244 Beglaubigte Abschrift im Archiv der Fondazione Catel, Rom.

245 Marucchi 1902, S. 27.

246 Vgl. *Bollettino Ufficiale del Ministero dell'Istruzione Pubblica*, Anno XX, Parte II, N. 37, 14. 9. 1893, S. 1776–1777.

247 Alle ihre Bücher und Graphiken erbte Camillo Ravioli. Die Malerin Emma Gaggiotti Richards erhielt 1.000 Lire und verschiedene Silbergegenstände; vgl. Andreas Stolzenburg, in: AKL 47 (2005), S. 203.

248 Das Testament v. 29. 5. 1869 (erweitert am 20. 5. 1872), in Anwesenheit des Notars Filippo Bacchetti niedergelegt und am 1. 3. 1874 in Anwesenheit des Notars Ernesto Bacchetti eröffnet, ist als Abschrift im Archiv der Fondazione Catel erhalten; vgl. Capogrossi Guarna 1874.

249 Exemplare der Versteigerungskataloge, die einen detaillierten Einblick in das reichhaltige häusliche Vermögen der Catels geben, im Archiv der Fondazione Catel; vgl. *Elenco della vendita volontaria alla pubblica auzione di Cavalli, Carozze, Finimenti ed oggetti di Rimessa e Scuderia, appartenenti all' Eredit'a della Bo: mem: Margherita Prunetti vedova Catel da eseguire Mercoledi 13 corrente Maggio 1874 […] Nei locali terreni del Casamento di ultima abitazione della Defunta, posto in Piazza di Spagna N. 9 prossimo a S. Bastianello […], [Rom 1874]*; enthält 624 Positionen.

250 Rom, Fondazione Catel, Archiv, Lett. A, Pos. 7, Fasc. I.

251 Brief Rudolph Schadows (Rom, März 1820) an seinen Vater Johann Gottfried Schadow in Berlin; zit. nach Eckhardt 2000, S. 143.

252 Brief Franz Hornys (Olevano, Ende September 1825) an seine Mutter in Weimar; zit. nach Schellenberg [1925], S. 217–218; vgl. Scheidig 1954, S. 92.

253 Brief Wilhelm Christian Müllers (Rom, 30. 3. 1821) an den Domherrn Meyer in Hamburg; Müller 1824, Bd. 2, S. 654, 79. Brief.

254 Brief Wilhelm Christian Müllers (Rom, 28. 3. 1821) an Frau D. Sch. (nicht aufgelöst); ebd., Bd. 2, S. 644, 78. Brief.

255 *Kunstblatt* Nr. 32 v. 19. 4. 1824, S. 126.

256 *Kunstblatt* Nr. 40 v. 17. 5. 1824, S. 158.

257 *Kunstblatt* Nr. 51 v. 27. 6. 1822, S. 203.

258 Möglicherweise handelt es sich um das Bild *Morgenstimmung am Albaner See*, Öl auf Leinwand, 56 x 74 cm, Dortmund, Museum für Kunst und Kulturgeschichte; Ausst.-Kat. Coburg 1999, S. 261, Nr. 13, Abb. S. 160.

259 *Kunstblatt* Nr. 48 v. 16. 6. 1823, S. 189.

260 Sieveking 1928, S. 204.

261 *Kunstblatt* Nr. 5 v. 15. 1. 1835, S. 19.

262 Zur Korrektur der Topographie vgl. Stolzenburg 2007, S. 99, Anm. 315.

263 *Kunstblatt* Nr. 40 v. 17. 5. 1824, S. 159.

264 *Kunstblatt* Nr. 25 v. 27. 3. 1820, S. 100.

265 Seidel 1826, S. 224–225.

266 Rott 2003, S. 32–33. Das Bild wiederholt eine kleine Komposition, die Catel 1823 für das Vermählungsalbum des preußischen Kronprinzen geschaffen hatte (Abb. 1 auf S. 398).

267 *Kunstblatt* Nr. 37 v. 7. 5. 1829, S. 146.

268 Vgl. Catel/Koch/Riepenhausen u. a. 1833.

269 Richter 1886, S. 141–142.

270 Koch berichtet von einem »zwergartigen Aquarellmaler« – zweifellos war Catel gemeint –, der mit Erfolg versucht habe, durch Einsatz seines Lebens die Aufmerksamkeit von fürstlichen Damen zu erregen; vgl. Koch/Frank 1984, S. 64–65, 182–183.

271 Lutterotti 1940, S. 192.

272 *Kunstblatt* Nr. 21 v. 14. 3. 1843, S. 91.

273 Vgl. den Beitrag von Ljudmila Markina im vorliegenden Katalog, S. 94, mit den diesbezüglichen Schilderungen der russischen Malerbrüder Tschernezow aus der Zeit um 1840/42.

»[…] ein Zeichner, der […] durch die Augen zu dem Herzen zu sprechen weiß.«[1] Franz Ludwig Catel als Illustrator 1795–1811

Andreas Stolzenburg

DER KÜNSTLER FRANZ LUDWIG CATEL ist in der Literatur zur deutschen Kunst des 19. Jahrhunderts stets nur als Landschafts- und Genremaler gewürdigt worden, obwohl seine Karriere als Landschafter erst 1811, im Alter von bereits 33 Jahren, in Rom und Neapel begann. Die vorangehenden Jahre, seine Ausbildung an den Kunstakademien in Berlin und Paris (1794–1801) sowie sein langer zweiter Pariser Aufenthalt (1807–1811), werden meist nur summarisch und lediglich als biographische Etappe auf dem Weg zum späteren Erfolg als Maler in Italien erwähnt.[2] Hier soll nun erstmals diese Frühzeit zwischen 1794 und 1811 untersucht werden, da sich Catel bei näherer Betrachtung just für diesen Zeitraum als einer der bedeutendsten deutschen Illustrationszeichner für Romane, Erzählungen und das um 1800 stark anwachsende, populäre Almanach-Wesen[3] in der Nachfolge von Daniel Nikolaus Chodowiecki zu erkennen gibt.

Erste Radierversuche Catels – lediglich in wenigen Exemplaren oder gar nur als Unikate nachweisbar – sind für 1795 dokumentiert: In diesem Jahr entsteht das kleine Blatt, auf dem er einen Mönch mit Buch in den Händen darstellt, der in der geöffneten Tür seiner Klosterzelle steht (Abb. 1).[4] Schon in diesem ersten Versuch, der bereits einen erfahrenen und geübten Zeichner voraussetzt, macht sich die Affinität des Künstlers zum Thema »Mönch« bemerkbar, das ihn besonders in seinen italienischen Jahren auf dem Gebiet der Malerei beschäftigen sollte. Zwei weitere sehr früh zu datierende Radierungen zeigen eine Baumstudie (Abb. 2)[5] sowie das Bildnis eines bärtigen Mannes im Stil Rembrandts (Abb. 3).[6] Catel war unter der Anleitung von Chodowiecki zu diesem Zeitpunkt längst zu einem versierten Zeichner gereift: 1795, im Alter von gerade 17 Jahren, erhielt er die Ehre, zwei Blätter – einen nach Nicolas Poussin kopierten Narziss[7] sowie eine Heilige Familie[8] – auf der Kunstausstellung der Berliner Akademie präsentieren zu dürfen.

Die früheste von ihm erhaltene Illustrationszeichnung ist in dem Blatt *Das Glück der Ehe* (Abb. 4) von 1797 greifbar, einer Vor-

lage zum Titelkupfer[9] des literarischen Werkes *Liebe und Ehe in 3 Gesängen* von Franz von Kleist, das 1799 in Berlin bei Friedrich Vieweg erscheinen sollte.[10] Es fällt auf, wie gut vernetzt Catel schon in diesen frühen Jahren gewesen sein muss – Chodowiecki wird sicher mit seinen Kontakten geholfen haben – und wie begehrt seine Zeichnungen bei den Verlegern waren. So lieferte er mehr oder weniger zeitgleich zu der Illustration *Das Glück der Ehe* auch die Vorlage zum Frontispiz der ersten deutschen Übersetzung der Werke Diderots, die im Verlag von Johann Friedrich Hartknoch 1797 in Riga publiziert wurde (Kat.-Nr. 11).[11] Möglicherweise lief die Vermittlung des Auftrags direkt über den Übersetzer Diderots in Paris, den Quedlinburger Theologen, Buchhändler und Drucker Carl

Abb. 1
Mönch in seiner Klosterzelle, 1795, Radierung, 86 x 58 mm (Platte), Staatliche Museen zu Berlin, Kupferstichkabinett, Inv.-Nr. Catel 811-81

Friedrich Cramer, der seit 1795 an der Seine lebte und ein über-
zeugter Anhänger der Französischen Revolution war, was ihn seine
frühere Anstellung an der Kieler Universität gekostet hatte.[12] Noch
im selben Jahr fügte Catel in einer Zeichnung des befreundeten
Architekten Friedrich Gilly die Staffagefiguren zweier Ritter und
eines Wächters ein. Die Zeichnung diente wiederum als Vorlage für
das von Johann Friedrich Frick radierte elfte Blatt von Gillys Folge
Schloß Marienburg in Preußen von 1799 (Abb. 5).[13]

Catel in Herisau Catels Briefwechsel mit dem einflussreichen Verleger Friedrich Vieweg, der hier erstmals herangezogen wird,[14] gibt
– wenngleich nur fragmentarisch erhalten – exemplarisch einen
Eindruck von der umfangreichen Korrespondenz, die zwischen den
Zeichnern, die die Vorlagen für die späteren Stiche lieferten, und
den Verlegern, die wiederum mit den Schriftstellern verhandelten,
nötig war, damit am Ende ein Buch, ein Kalender oder ein Almanach mit Texten und begleitenden Kupfern veröffentlicht werden
konnte. Vieweg hatte von 1786 bis 1794 seine erste Buchhandlung
in der Berliner Brüderstraße, in der Catel aufwuchs, sodass davon
auszugehen ist, dass beide früh miteinander bekannt wurden.[15]
Erhalten haben sich 25 zwischen 1797 und 1807 vom Künstler an
Vieweg abgeschickte Briefe, in denen fast durchgehend von Illustrationsaufträgen des später von Braunschweig aus operierenden Verlegers an Catel die Rede ist, ohne dass sich alle hier verhandelten
Illustrationen den bislang bekannten Vieweg-Veröffentlichungen zu-
weisen lassen.

Der erste Brief Catels an Vieweg datiert vom 28. Dezember
1797 und wurde im schweizerischen Herisau verfasst, wo sich der
Künstler nach seiner Reise von Berlin über Weimar und Kassel seit
Sommer 1797 für ein gutes Dreivierteljahr aufhielt. An dieser Stelle
ist ein kurzer Exkurs zu Catels Zeit in der Schweiz notwendig. In
Herisau arbeitete er in der seit 1792 existierenden und alsbald international bekannten sogenannten Kunstanstalt; hier konnte er viele

nützliche Kontakte zu Zeichnern und Stechern knüpfen.[16] Es ist
durch die Biographie des Bruders Louis Catel dokumentiert, dass
der Anlass für die lange Reise, die Franz Ludwig anschließend zum
Akademiestudium nach Paris führen sollte, das Angebot zur Mitarbeit in der Kunstanstalt war. Ihr Gründer, der Kaufmann Johannes
Walser, war durch die Textil- und Stickereiwarenherstellung reich
geworden und hatte Handelsbeziehungen nach Deutschland, Polen
und besonders Russland aufgebaut. Das Walser'sche Geschäftshaus,
in dem auch die Kunstanstalt mit eigener Druckpresse untergebracht
war, war 1779 von ihm selbst errichtet worden. Er hatte im großen
Stil Künstler angestellt, die sich vor allem dem von Zar Paul I. in
Auftrag gegebenen Russischen Ansichtenwerk widmeten; die Ergebnisse wurden als Attraktion für Besucher im vierten Stock der
Kunstanstalt in einem eigenen großen Saal präsentiert. Leiter des
Unternehmens war Gabriel Ludwig Lory, mit dem Catel auch später
noch in freundschaftlichem Kontakt stand und dessen Sohn Gabriel
Matthias Lory er 1797 in einer kleinen Rötelzeichnung porträtierte
(Abb. 6).[17] Unter Lorys Leitung wirkten in Herisau unter anderem
die Zeichner, Stecher und Koloristen Matthias Gottfried Eichler, der
die meisten der russischen Ansichten schuf, Johann Jakob Bieder-
mann, Simon Daniel Lafond, F. B. Lorieux, Paul Jakob Laminit,
Georg Christoph Friedrich Oberkogler, der junge Johann Jacob
Wetzel[18] und der noch jüngere Friedrich Wilhelm Moritz, dessen
späteres Werk stark von Catel beeinflusst ist.

Nach Gemälden von Gérard de la Barthe und Johann Conrad
Mayr entstanden im Rahmen des Zarenauftrags neben 2 Ansichten
von St. Petersburg, 12 von Moskau sowie 48 großformatige Veduten
von anderen russischen Städten. Sie wurden in meist einjähriger
Arbeit fertiggestellt und, zum Teil zusätzlich koloriert, zu höchsten

Abb. 2
Baumstudie, um 1795, Radierung, 150 x 186 mm (Platte), Kunsthalle Bremen, Der Kunstverein in
Bremen, Kupferstichkabinett, Inv.-Nr. 1936/526

Abb. 3
*Bärtiger Mann im Stil Rembrandts mit verschiedenen Studien von Köpfen, sitzenden
Frauen und einem Mann,* um 1795, Radierung, 125 x 89 mm (Platte), Kopenhagen,
Statens Museum for Kunst, Kobberstiksamling, Inv.-Nr. Kiste 112b, Nr. 127v

des Schweizer Aufenthalts herbeigesehnt. In dem zuvor genannten ersten Brief an Vieweg vom 28. Dezember 1797 vermeldete er diesem: »Ich arbeitete jetzt mit allen Kräften, der Arbeit für das Walsersche Haus bald überhoben zu seyn, und hoffe zu Neujahr damit fertig zu werden als dan[n] kann ich meine ganze Zeit Herrmann und Dorotheen widmen ohne durch andre Sorge und Arbeit gestört zu werden und alsdan[n] sollten Sie diese meine Zeichnungen so geschwind als es ohne Übereilung möglich erhalten; daß Herr Bolt den Stich derselben übernom[m]en ist mir sehr angenehm.«[20] Der in späteren Jahren im Umgang höchst geschmeidige und eloquente Catel gesteht dem Verleger im selben Brief, dass seine Orthographie leider sehr schlecht sei[21] und dass er deshalb Viewegs Wunsch nach einem Kommentar zur bestellten Titelallegorie und zum Vorkupfer für das *Taschenbuch für 1799* (Kat.-Nr. 9.1 und 9.3) nicht nachkommen könne: »Sie wünschen hierzu und zur Titelallegorie eine Erklärung zu haben die den Kupfern kön[n]te beygefügt werden, da ich aber leider, zu meiner Schande gestehen muß, daß ich eine sehr fehlerhafte (ich will nur grade hin sagen) schlechte Schreibarth besitze[,] so muß ich Sie bitten, sich dieselbe selbst, oder von jemand andrem machen zu lassen, ich schreibe Ihnen nur hier die Gedanken hin, die mir dabei im Kopfe spukten.«[22]

Am 9. Februar 1798 wandte sich Catel erneut an Vieweg, der inzwischen nach Paris gereist war. In diesem Brief, der aufgrund der zahlreichen darin enthaltenen neuen biographischen Informationen im Folgenden umfangreich wiedergegeben sei, berichtet der Künstler neben einer Schilderung seiner Tätigkeit für die Walser'sche Kunstanstalt erstmals mehr über Viewegs Auftrag, Goethes Erzählung *Herrmann und Dorothea* zu illustrieren (Kat.-Nr. 8.1–8.10). Zudem erfahren wir, dass der Kupferstecher Georg Christian Gropius, der Catel zuvor nach Weimar und Kassel begleitet hatte, mit ihm zusammen in Herisau lebte und arbeitete.[23] Beide wollten Ende Februar 1798 für längere Zeit nach Zürich reisen, wo sie dem Eingebundensein in Herisau, das Catel als »Sibirien der Künste« bezeichnete, zu entgehen trachteten, um »einmal wieder unter

Preisen angeboten. Nach dem gewaltsamen Tod Pauls I. geriet das kostspielige Unternehmen in Bedrängnis, denn der neue Zar Alexander I. zeigte keinerlei Interesse an den Ansichten, von denen insgesamt letztlich nur ungefähr ein Zehntel verkauft werden konnte. Walser selbst verstarb 1805, was den endgültigen Untergang der Kunstanstalt bedeutete. Der Sohn löste sie bis 1809 auf und verbrachte die meisten der Russlandstiche nach Moskau; hier fielen sie größtenteils 1812 dem Brand der Stadt zum Opfer, was erklärt, warum aus dieser Serie heute nur noch so wenige Exemplare erhalten sind.

Catels Anteil an der Arbeit in der Werkstatt ist bislang nicht zu klären, da sein Name auf keiner der von der Kunstanstalt verlegten Radierungen – weder auf den russischen Ansichten noch auf den vergleichbaren schweizerischen Veduten – nachgewiesen werden konnte. Er selbst spricht gegenüber Vieweg von »große[n] Zeichnungen« für das Walser'sche Haus.[19] Der Blick auf das einzige aus dieser Zeit erhaltene Aquarell (Kat.-Nr. 7), das bereits Catels frühe Meisterschaft in dieser Technik deutlich macht, legt nahe, dass er vor allem zum Zeichnen und Aquarellieren dort angestellt war, zumal er das Radieren erst kurz zuvor erlernt hatte (vgl. Abb. 1–3) und deshalb wohl kaum mit den versierten älteren Stechern vor Ort künstlerisch und technisch mithalten konnte.

Catel und Friedrich Vieweg – Goethes *Herrmann und Dorothea* 1797/98

Parallel zu seiner Beschäftigung in der Walser'schen Kunstanstalt zeichnete Catel für zahlreiche von Vieweg verlegerisch betreute Publikationen. Doch trotz der guten Auftragslage und auch obwohl ihn die beeindruckende landschaftliche Umgebung nachweislich faszinierte (vgl. Kat.-Nr. 7), wirkt es, als habe er das Ende

Abb. 4
Das Glück der Ehe (Franz und Albertine v. Kleist mit ihren Kindern), 1796/97, Pinsel in Schwarz und Grau, 130 x 90 mm, Düsseldorf, Goethe-Museum, Anton-und-Katharina-Kippenberg-Stiftung, Inv.-Nr. NW 546/1962

Abb. 5
Johann Friedrich Frick nach Friedrich Gilly und Franz Ludwig Catel, *Kapitel-Saal im vormaligen Zustande*, 1799, Aquatinta, 690 x 550 mm (Buchblock), Blatt XI, aus: Schloß Marienburg in Preußen. Nach seinen vorzüglichsten äußern und innern Ansichten. Herausgegeben von F. Frick, Berlin 1799, Staatliche Museen zu Berlin, Kupferstichkabinett, Inv.-Nr. Top. 930

und Dorth. die ich angefangen zu vollenden, der einen Zeichnung sah man die Krankheit ein wenig an[,] darum hielt ich für besser sie gar nicht mitzuschicken. glücklicher weise habe ich Mittel gefunden, mich der Arbeit die ich noch ein mahl zu machen hatte bis gegen den Herbst zu organisieren und kann nun meine ganze Zeit Ihren Arbeiten widmen. / In vierzehn Tagen denke ich mit Gropius auf einige Monathe nach Zürich zu reisen, ich werde dort ungestörter leben und meiner völligen Genesung besser abwarten können, den[n] ich schreibe meine Krankheit sehr der Ungesunden Wohnung die wir hier haben zu. Auch ist es uns sehr darum zu thun einmal wieder unter Kunstsachen und Künstlern zu leben, man spührt den Einfluß wen[n] man es lange endbehrt hat, auch wollen wir die dortige Bibliothek benutzen, vorzüglich bei den Arbeiten zu dem Werke wovon ich Ihnen in meinem letzten Brief geschrieben, sobald ich mit den Zeichnungen zu Herrmann und Dorothea fertig bin[,] werden wir Gropius und ich gemeinschaftlich daran arbeiten. Ihre Briefe an mich bitte ich hinführ nach Zürich ans Haus von Ziegler und Söhnen, zu senden. Sobald ich Ihren Brief aus Frankfurt erhalten schickte ich so wie Sie es verlangten, die Zeichnung des Vorkupfers an Herrn Kohl nach Wien [Kat.-Nr. 8.1], ich füge Ihnen eine flüchtige Durchzeichnung davon bey damit Sie sehen ob dieselbe zu Ihren Zwecken dienen kann wie ich hoffe. Die Umschlag Zeichnung habe ich zurück erhalten, wegen einige[r] Abdrücke von Hand des Herrn Bolt und Herr Kohl nach mir gestochen, habe ich mich an diese Herren selbst gewand. / Da Sie unsern lieben Gilli [Gilly] in Paris zu treffen glauben[,] so grüßen Sie ihn herzlich von mir und von Gropius, und sagen Sie ihm[,] wir würden auch an ihn schreiben wen[n] wir nicht fürchteten ihn unangenehm zu stören, da ein Brief von uns und vorzüglich aus Herisau, wie Sibirien für die Künste, nicht anders als sehr uninteressant vorkom[m]en könnte wir bäten ihn aber inständig wenn es ihm möglich wäre sich ein paar Minuten abzumüßigen, und doch mit einigen Zeilen zu schreiben wies es Ihm sei[t]dem wir uns getrennt gegangen, und ob wir das Glück haben kön[n]ten ihn im Monath October noch in P.

Kunstsachen und Künstlern [...] leben« zu können.[24] Die Beschäftigung bei Walser scheint für Catel also eher eine Brotarbeit gewesen zu sein. Er bemängelte die schlechte Unterbringung, der er eine zwar vorübergehende, aber doch schwerere Erkrankung zuschrieb. Erwähnt wird auch ein bislang gänzlich unbekannter Plan Viewegs für ein Journal mit Möbel- und Interieurentwürfen (an anderer Stelle auch als »Luxus und Mode-Journal« bezeichnet[25]), für die Catel und Gropius Zeichnungen liefern wollten und das Catel bereits in einem Schreiben vom Dezember 1797 thematisiert hat.[26] Weiter erzählte er vom Fortgang der Arbeit sowie von zukünftigen Plänen: »Ich hatte schon den Brief, mit der Zeichnung des Vorkupfers, zum Bothen geschickt. [...] Als ich Ihren Brief erhielt[,] worin Sie mir meldeten daß Sie nach Paris reisen würden, und daß ich die Zeichnung und was ich an Sie zu schicken hätte, noch hier behalden sol[l]te, bis Sie mir wieder schreiben würden, ich hatte kaum noch so viel Zeit mein Brief wieder zu hohlen. Ihren Brief aus Frankfurt, habe ich wohl unglücklicher weyse noch nicht beandwohrten und Ihren Wunsch von den Zeichnungen zu Herrmann und Dorotheen zu sehen befriedigen kön[n]en, denn es war seid dann sehr übel gegangen. Ich hatte große Freude mit der Arbeit für das Walsersche Haus bald fertig zu seyn, als ich mir durch ein plötzliches Nasenbluten ein Pahr große Zeichnungen an denen ich lange Zeit gearbeitet hatte, auf einmal ganz und gar verdarb, es war mir ein sehr großer Schreck, den[n] der Verlust den ich dabey habe ist sehr beträchtlich, um so mehr da die Zeichnungen zu einer bestim[m]ten Zeit nach Rußland geschickt werden sollten, ich musste mich also sogleich anschicken diese Arbeit noch einmahl anzufangen, wurde aber leider Tage darnach krank, und erst jetzt ist mirs erlaubt wieder zu arbeiten[,] doch nicht so wie ich wünschte, den[n] ich habe noch mit unter sehr heftige[s] Kopfweh. Daher geht es leider mit der Arbeit noch ein wenig langsahm, so bald ich die [...] [unleserlich] hatte[,] machte ich mich dabey drey Zeichnungen zu Herm.

Abb. 6
Bildnis Gabriel Lory d. J., 1797, Rötel, 137 x 133 mm, Bern, Schweizerische Nationalbibliothek, Sammlung Gugelmann, Inv.-Nr. Catel F1

Abb. 7
Clemens Kohl nach Franz Ludwig Catel, *Maria Stuart nimmt vor ihrer Hinrichtung Abschied von ihrem Haushofmeister Sir Andreas Melvil,* 1797, Radierung und Kupferstich, 66 x 105 mm (Bild), Hamburg, Privatbesitz

[Paris] zu finden, und wie seine Adresse wär im Fal[l]e er aber vielleicht vor dieser Zeit, in die Schweitz zu reisen gedächte, wo man ihn alsdan[n] daselbst antreffen könnte, ich bitte sehr haben Sie die Gefälligkeit ihm dies zu sagen. meinen freundschaftlichen Gruß an Herr[n] Lagarde ich lasse ihn inständigst bitten[,] wen[n] er etwa durch Sie erfährt dass ich krank gewesen, nichts davon in meiner Familie zu sagen, ich möchte meiner Mutter und meinem Bruder eine un[n]ötige Angst ersparen, man stel[l]t sich in der Endfernung einen Unfall so im[m]er größer vor als er ist. Ich sage Ihnen den herzlichsten Dank für Ihr gütiges freundschaftliches Anerbieten, mir in P. [Paris] dienlich zu seyn, für jetzt weiß ich keinen Gebrauch davon zu machen, wenn wir aber hinreisen werden, will ich an Ihre Güte und Freundschaft appelli[e]ren. Mit der größten Hochachtung und Freundschaft Ihr Frantz Catel.«[27]

Für das *Taschenbuch für 1799* lieferte Catel den gesamten Buchschmuck.[28] Neben den Zeichnungen zum Titelkupfer, der Titelallegorie und den sechs Illustrationen zu Goethes *Wilhelm Meister* war dies eine Darstellung zu Friedrich von Gentz' *Maria Stuart, Königin von Schottland* (Abb. 7), die noch 1827 in einer späten Separatausgabe des Schauspiels als Illustration erneut Verwendung finden sollte.[29] Diese Zeichnungen wurden bereits Ende 1797 abgeschlossen und nach Berlin gesandt.[30]

Hauptgegenstand des frühen Briefwechsels mit Vieweg waren jedoch Catels illustrierende Zeichnungen für Goethes Erzählung *Herrmann und Dorothea*, die 1799 erstmals radiert erschienen (Kat.-Nr. 8.1-8.10; Abb. 8-9). In den zwei zuvor zitierten Briefen schildert Catel die krankheitsbedingte Zeitnot, in der er sich, zusätzlich verstärkt durch die Arbeit in Herisau, hinsichtlich der Erledigung der Aufträge Viewegs befand. Mitte März 1798 konnte er endlich dem Verleger melden: »Hier schicke ich Ihnen wieder 4 Zeichnungen zu Herman und Dorothea, Sie würden dieselben früher bekom[m]en wäre ich nicht in Zürich wieder krank geworden, die kom[m]ende Woche oder doch spähttens die darauf folgende sollen

Sie die letzten 3 bekom[m]en. Ich hoffe mein Brief mit den Zeichnungen Mutter und Sohn aus Herman und Dorothea, den beiden Gartenpartien,[31] den Ich nach Paris sandte wird Sie noch dort angetroffen haben, schreiben Sie mir ja bald ob, Sie den Brief richtig erhalten, und haben Sie die Güte mir die beiden Gartenzeichnungen mit nächster Post zurück zu senden, was meinen Sie zu unserm Projekt, wir bitten sehr um Ihre Meinung, wir werden nun bald daran Arbeiten und dan[n] sollen Sie etwas zu sehen bekom[m]en. Mein Bruder wird in kurzer Zeit zu uns kommen um unser Reiseführer weiter durch die Welt zu seyn, kann[n] er Ihnen auf der Tour hierher dienlich seyn, haben Sie güte ihm den Betrag meiner Forderung auszuzahlen, der Preis der Zeichnungen zu Herrman und Dorothea, ist 3 Karolin, dies scheint etwas teuer, Sie sind aber zu billig um nicht einzusehen[,] daß diese Zeichnungen welche eigendlich klein sind weit mehr Studien und Zeit erfordern als andere, auch habe ich auf den Verdienst bei denselben gar nicht Rücksicht genom[m]en, sondern sie mehr aus Liebe zu dem Gedicht und den Zeichnungen selbst gemacht.«[32]

Durch einen weiteren Brief des Künstlers vom April des Jahres können wir Anteil an der Genese der insgesamt neun Illustrationen nehmen, deren gestalterischer Witz – die Kombination der erzählenden Bilder mit der Darstellung der neun Musen – sich als Einfall Viewegs entpuppt: »Hier nun die drei letzten Zeichnungen zu Herman und Dorothea, ich kon[n]te nicht, wie es mein erster Plan war in jedem Gesang einen Vorwurf finden zu dem der Titel des Gesanges zur Unterschrift hätte dienen kön[n]en, und ich würde es bey sechs Zeichnungen haben bewenden lassen wenn Ihr sehr schöner Gedanke, die 9 Musen mit einer Verzierung darunter anzubringen, nicht dadurch wäre ze[r]rüttet worden, ich wählte daher aus dem ganzen Gedicht noch drei der Interessantesten Scenen und suchte eine eigene Unterschrift dazu. [...] Meine Forderung, bitte ich meinem Bruder auszuzahlen, wir hoffen ihn in einigen Wochen hier zu sehen.«[33]

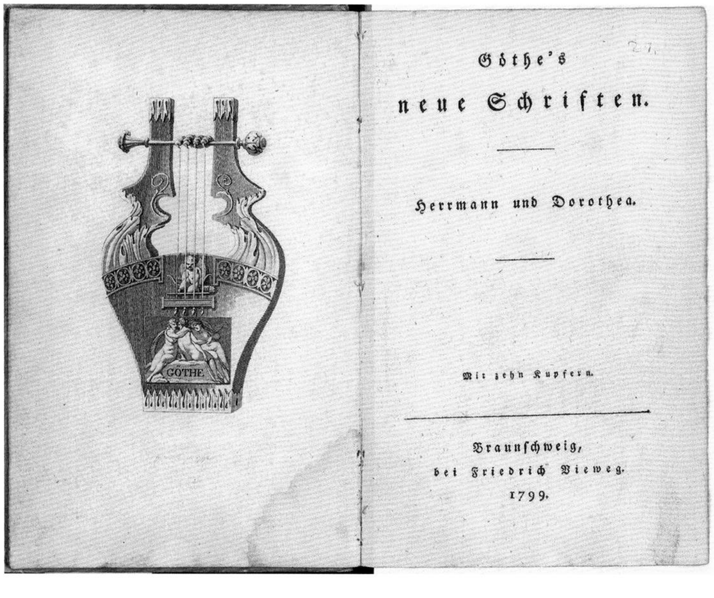

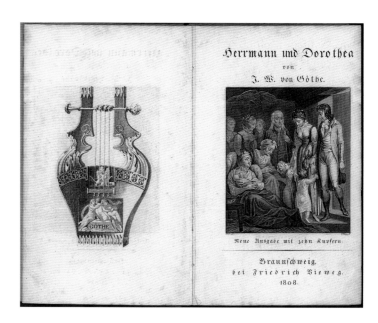

Abb. 8
Titelblatt und Titelkupfer zu *Goethes Neue Schriften. Herrmann und Dorothea*. Mit zehn Kupfern, Braunschweig, bei Friedrich Vieweg, 1799, Hamburg, Privatbesitz

Abb. 9
Wilhelm Jury nach Franz Ludwig Catel, Titelkupfer und Vignette zu Goethes *Herrmann und Dorothea*. Neue Ausgabe mit zehn Kupfern, Braunschweig, bei Friedrich Vieweg, 1808, Hamburg, Privatbesitz

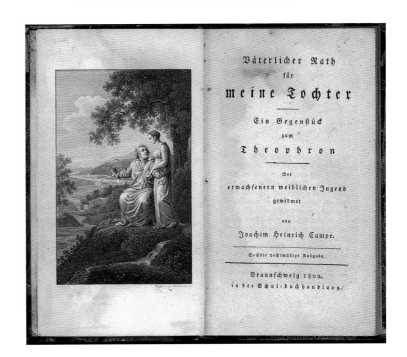

Die Titelzeichnung entstand als letztes Blatt, wie aus einem Brief von Ende April 1798 hervorgeht: »Es war mir sehr lieb einen Brief von Ihnen zu erhalten[,] den[n] ich fürchtete schon Sie hätten die Zeichnungen in Paris nicht erhalten. Ihre Bestellungen sollen Sie sobald als es mir möglich, erhalten, einen bestim[m]ten Termin kann ich nicht angeben[,] den[n] die Unruhen und das einrükken der Franken verursacht auch uns viel Störung jedoch die Titelzeichnung zu Herrman und Dorothea sollen Sie bald erhalten. Ich hoffe mein Bruder wird in sechs Wochen hier seyn[,] alsdan[n] werden wir noch unsre Reise Route bestim[m]en kön[n]en, unsre Geschäfte werden uns wohl leider bis zum Herbst hier aufhalten.«[34]

Es gab im Nachgang allerdings auch Unstimmigkeiten zwischen Vieweg und Catel, da Ersterer mit einigen der Illustrationen anscheinend nicht einverstanden war und der Künstler sich um Rechtfertigung für die Wahl des Dargestellten bemühte: »Es ist mir leid daß die Wahl der Gegenstände zu den 3 letzten Zeichnungen Herrm: und Doroth: nicht nach Ihren Wünschen ist; Schon bey den ersten Zeichnungen kon[n]te ich nicht bey jeder meinen Plahn den Sinn des Gesanges auszudrükken befolgen, den[n] in vielen Gesängen liegt er nicht in der Handlung sondern in der Rede, dies ist nicht zu zeichnen und es durch Allgemein[es] zu ersetzen[,] fand ich auch zu große Schwierigkeiten, es würde am Ende erzwungenes und bey den Haaren hergezogenes Wesen geworden seyn, ich muß leider gestehen, ich sah nun ein[,] daß ich eine unauszuführende Idee gehabt hatte, und da ich sie aufgeben mus[s]te hielt ich [es] für das Beste aus dem ganzen Gedicht diejenigen Szenen zu wählen die mir für die Darstellung die interessantesten schienen und sie so viel als möglich nach dem Sinn der Gesänge zu ordnen, die Scene Herrmann an seinem Pferde gelehnt ist mir nicht endgangen und ich habe lange zwischen dieser und den andern geschwankt, daß es einen Uebelstand machen könnte wenn nicht aus jedem Gesange

ein Gegenstand gewählt sey[,] war mir nicht in den Sinn gekommen, wen[n] Sie die Gesänge Talia und Polyhimnia aufmerksahm durchlesen[,] werden Sie selbst sehen wie schwehr es ist, für die Darstellung gute Gegenstände darin zu finden und wobey man nicht gefahr ließ[,] dass sie mit anderen Süjets eine Gleichförmigkeit erhalten, Mein Wunsch und mein Bestreben war Kennern Ihnen und Herrn Göthe zu gefallen, an die Klauber habe ich vergessen zu denken. Diejenigen Gegenstände die ich nach einer aufmerksamen Durchlesung gefunden, sind in Talia, pag 43. also endlich der bescheidene Sohn der heftigen Runde, oder auch die Mutter verlässt das Zim[m]er pag 47 in Polihimnia pag: 81, und es sagte der Sohn die galt mir Vater! mein Herz hat rein und sicher gewählt und ist die würdigste Tochter. in Klio pag 113 Herrmann an seinem Pferde gelehnt, sind Sie mit dieser Wahl zufrieden oder wüßten Sie eine andre so bitte ich um ein baldige Andworth, ich schaf[f]te mir unterdes andre nothwendige Arbeiten über die Seite, damit ich alsdan[n] durch nichts gestört werde, mache mir die nötigen Skitzen und Studien und Sie erhalten die Zeichnungen sehr bald. Als ich Ihren Brief erhielt hatte ich die Titelzeichnung zu diesem Gedicht schon fertig, daß Medaillon mit den Genien kön[n]ten Sie auch unter der Zeichnung der Abschied gebrauchen wen[n] Sie jene lieber anzuwenden wünschten […].«[35]

Catel hat offensichtlich in der Tat weitere Zeichnungen angefertigt, die mit einem in Düsseldorf existierenden Konvolut (Kat.-Nr. 8.1.–8.10) identisch sein dürften. Er schrieb Mitte Juni 1798 an Vieweg: »Gestern erhielt ich Ihren geehrten Brief vom 5. Juni und habe bereits an den Zeichnungen zu arbeiten angefangen, ich werde gewiß keinen Fleiß dabei spahren, und widme denselben meine beste Laune, Sie sollen sie auch so wie ich es versprochen bald bekom[m]en. Sie wünschten die Lyra[36] von Gropius in der maniere lavé ausgeführt zu haben, er läßt sich dieses Mahl höflich endschul-

Abb. 10
Der väterliche Rath, um 1800, Feder und Pinsel in Braun über Bleistift, 120 x 79 mm (Bild), 139 x 97 mm (Papier), London, Privatbesitz

Abb. 11
Joachim Heinrich Campe, *Väterlicher Rath für meine Tochter [...]*, Braunschweig 1802, Titelkupfer von Karl Ludwig Buchhorn und Christian Haldenwang nach Franz Ludwig Catel, Hamburg, Privatbesitz

digen indem seine Zeit bis im Monath August besetzt ist, und alsdan[n] unsre Reise nach Italien bald erfolgen möchte. Als ich die
Zeichnung machte habe ich darauf gerechnet daß der Kupferstecher
füglich so viel als nötig von der Größe abnehmen und [den] Lorbehr-
kranz mit leichter Mühe verkleinern kö[nn]te, auch vielleicht weg-
lassen. Ich bin sehr neugierig, des H. Da. Ch:[37] Blätter zu Herrmann
zu sehen, vielleicht könnten Sie die Güte haben und mir einen Abdruck davon zukom[m]en lassen, auch bitte ich Sie recht sehr um
einige Abdrücke von allen nach mir gestochenen Platten. Ich hoffe
auf Gewährung meiner Bitten [...].«[38] Ende Juni erreichten die
letzten neuen Zeichnungen Berlin: »Hiermit erhalten Sie nun die
drey verlangten Zeichnungen zu Hermann und Dorothea und auch
die drey Gracien zum Titelkupfer, ich hoffe Ihren Wunsch erreicht
zu haben. Den Rest meiner Forderung bitte meinen Onkel Peter
Rousset auszuzahlen, der Ihnen nächst diesem Brief die quittierte
Rechnung zustellen wird.«[39]

Anfang August 1798, als alle Zeichnungen in Berlin waren und
es um die Frage der Bezahlung ging, gab es erneut Differenzen zwischen den Briefpartnern, die aber augenscheinlich aus dem Weg ge-
räumt wurden, da der Künstler auch noch in den nächsten Jahren
für Vieweg arbeitete und sich für einen Zwanzigjährigen überraschend selbstsicher und von der Qualität der eigenen Werke überzeugt den finanziellen Forderungen beziehungsweise Einschränk-
ungen des Verlegers entgegenstellte: »Aus Ihrem geehrten Brief vom
3=t Aug ersehe ich[,] daß Sie meine Zeichnungen zu Her. und
Dorth. richtig erhalten haben; für die gütige Auszahlung an meinen
Onkel Peter Rousset sage ich Ihnen den verbindlichsten Dank, nur
kann ich nicht einsehen wie hoch Sie meine Billigkeit in Anschlag
bringen, da ich Ihnen diese Zeichnungen 2 Carl: angerechnet, und
hingegen für die anderen 3 Carl: erhalten habe? War es den[n]
meine Schuld, daß ich nicht in der Wahl der Sujets die von Ihnen so

sehr schickliche Simetrie errathen habe? Daß ich mich hierrein
nicht übereilt und als Künstler auch nicht inconsequent gewählt
habe, über diesen Punkt glaube ich mich schon in vorhergehenden
Briefen gerechtfertigt zu haben. Es macht Ihrem Geschmack Ehre
daß sie sich aus den Künstlern des Volks dessen Mütter die Grazien
selbst wahren einen zu Ihrer Absicht gewählt haben, fehlte es mir
nicht hier an Gelegenheit oder wäre ich schon in Italien so hätte
ich selber aus dieser Quelle geschöpft[,] um aber auf meine Zeichnung zurückzukom[m]en so glaube ich[,] Sie werden mir Gerechtigkeit wiederfahren lassen wen[n] Sie auf einen Augenblick verstehen wollen daß es antique Gem[m]en auf der Weld giebt, und wenn
Sie nur vor Ihrem Gedächtnis eine ziemliche Anzahl unserer lands-
männischen Grazien zitieren mögen. Sie beschuldigen mich der Un-
dankbarkeit weil ich es meinen Preisen nicht genugsam [sic] an-
merken lasse, daß ich schon 500 C durch Sie verdiehnt habe; soll
ich Ihnen hierrüber meine aufrichtige Meinung sagen, so muß ich
gestehen, daß ich nicht in mir daß moralische Vermögen habe end-
decken können, meine Dankbarkeit auf die von Ihnen gewünschte
Arth und Weise zu bezeugen den[n] sollte ich Sie nach diesen
Mastab berechnen, so würden andere eben so große Ansprüche darauf haben[40] vielmehr fühle ich [...] eine Dankbarkeit gegen Sie[,]
die aber so wenig Merkantilisches Ansehen hat daß ich mich bey-
nahe schämen muß es vor Ihnen zu bekennen, ich werde immer
mit der größten Erkendlichkeit daran denken daß Sie meiner jungen
Muse Götens Schriften mit einem Blümchen zu schicken anvertrau-
ten, und diese Gesinnung ist es[,] die mich immer anschühren wird,
besonders Ihren Aufträgen, die mir immer die angenehmsten seyn
werden meine ganze Aufmerksamkeit zu widmen, die gewünschte
Titelzeichnung zu dem schön eingebundenen Buche (in welchen Sie
meine Zeichnungen einzukleben mir die Ehre erweisen) werde ich
mit vielen Verzierungen machen, wofern Sie mir nur gewähren wol-

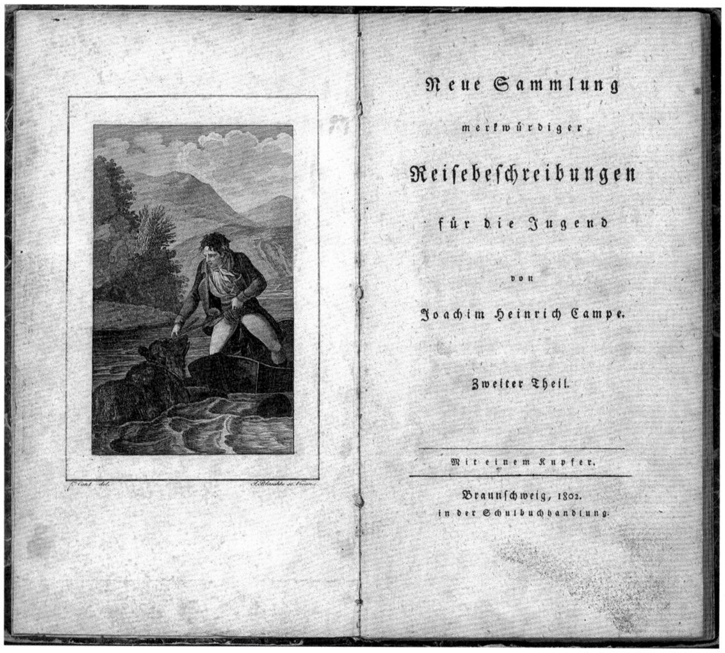

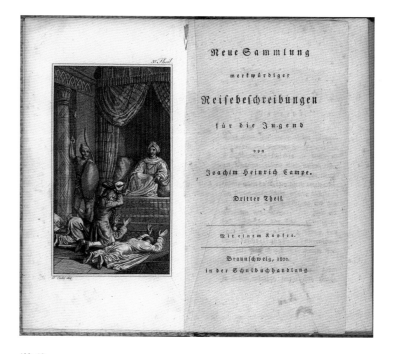

Abb. 12
Joachim Heinrich Campe, *Neue Sammlung merkwürdiger Reisebeschreibungen für die Jugend*, Zweiter
Teil, Braunschweig 1802, Illustration zu S. 201 (Der angeschossene Bär verfolgt Herrn Wattines) von János
Blaschke nach Franz Ludwig Catel, um 1802, Hamburg, Privatbesitz

Abb. 13
Joachim Heinrich Campe, *Neue Sammlung merkwürdiger Reisebeschreibungen für die Jugend*, Dritter
Teil, Braunschweig 1802, Illustration zu S. 161 (Erste Zusammenkunft mit dem König von Candy) von
einem anonymen Kupferstecher nach Franz Ludwig Catel, Hamburg, Privatbesitz

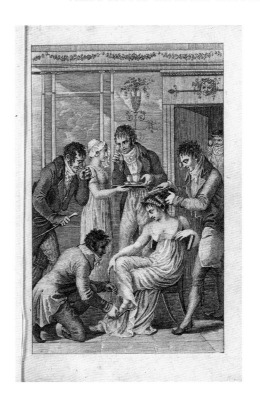

len dass ich mir in dem Vaterland der Kunst die Zeit dazu nehme, ich werde nicht Fleiß und Ausführung spahren, und auf die Größe wird es mir auch gar im geringsten nicht ankomen, aber ich bitte sehr[,] glauben Sie nicht[,] es geschehe als Ersatz für den zu hoch angesetzt geglaubten Preis oder ich suchte einen übertriebenen Geldferdienst dadurch zu erhaschen, sondern nehmen Sie es lediglich als ein Freundschaftsandenken auf, und seyen Sie versichert ich werde mich immer bemühen daß wir einander nie wieder etwas vorzuwerfen haben.«[41]

Hier ist leider nicht der Raum, den gesamten erhaltenen Briefwechsel zwischen Catel und Vieweg detailliert zu untersuchen, sodass aus dieser Quelle gewonnene wichtige Informationen lediglich bei den Kommentaren zu den entsprechenden Katalognummern eingefügt werden. Zusammenfassend lässt sich jedoch sagen, dass diese Korrespondenz das Wissen um Catels frühes Wirken als Illustrationszeichner sowie seine Zusammenarbeit mit Verlegern fundamental erweitert und daher gesondert publiziert werden sollte. Die Fülle der aus diesen Briefen zu ziehenden Einzelinformationen lässt erahnen, was wir darüber hinaus alles nicht mehr wissen und nicht mehr genau nachvollziehen können, sind doch jenseits von dieser Korrespondenz keinerlei dokumentarische Quellen – Briefe Catels sind von größter Seltenheit – greifbar.

An dieser Stelle lediglich kurz gestreift (dafür im Katalog ausführlicher kommentiert) seien zwei weitere Folgen von Zeichnungen, die Catel für Vieweg anfertigte: die Folge *Panem et Circensem* (Kat.-Nr. 17.1–17.5), die einen Parforceritt durch zwei Jahrtausende Festgeschichte illustriert, sowie die Wiedergabe der von Napoleon aus Rom geraubten Gemälde von Raffael, Annibale Carracci, Domenichino, Guido Reni und Andrea Sacchi (Kat.-Nr. 14.1–14.4), das

wahrscheinlich früheste bildliche Zeugnis der die Öffentlichkeit so stark beschäftigenden Präsentation dieser Meisterwerke im Musée Napoléon in Paris.

Catel und Joachim Heinrich Campe   Neben Vieweg arbeitete Catel nach 1800 vor allem auch für Johann Friedrich Cotta, was weiter unten exemplarisch skizziert werden soll. Doch auch zahlreiche andere deutsche sowie französische Verleger und Buchhändler nahmen seine Illustrationskunst für ihre Veröffentlichungen in Anspruch. Nachstehend kann das umfangreiche zeichnerische Schaffen Catels als Illustrator nur in einem ersten Überblick dargestellt werden.

Den Ausgangspunkt bildet erneut Vieweg. Dessen Schwiegervater war der Pädagoge Joachim Heinrich Campe. Durch Vieweg kam Catel zu bedeutenden Illustrationsaufträgen für eine Reihe wichtiger Veröffentlichungen des einflussreichen Schriftstellers.[42] Nadine Schicha hat jüngst Campes pädagogisches Wirken solcherart charakterisiert: »Auf die tiefgreifenden Veränderungsprozesse der Gesellschaft an der Wende zum 19. Jahrhundert reagierte der Philanthrop Joachim Heinrich Campe mit der vehementen Forderung nach einer verbesserten Vorbereitung von bürgerlichen Kindern und Jugendlichen auf ihr zukünftiges Leben. Dem seiner Ansicht nach obsoleten Erziehungswesen setzte Campe eine neue pädagogische Haltung entgegen, die ihren Niederschlag in den beiden Ratgebern für die Jugend *Theophron* und *Väterlicher Rath* fand. Darin konkretisierte er seine Idealvorstellungen vom männlichen und weiblichen Sozialcharakter.«[43] Für den *Väterlichen Rath,* der erstmals 1796 erschienen war, schuf Catel für die sechste Auflage von 1802 die Zeichnung des neuen Titelkupfers, das einen seine Tochter

Abb. 14
Carl Ernst Christoph Hess nach Franz Ludwig Catel, *Griechische Toilettenszene*, 1803, Radierung undKupferstich, 94 x 62 mm (Bild), Hamburg, Staats- und Universitätsbibliothek Carl von Ossietzky, Sign. X 3036

Abb. 15
Carl Ernst Christoph Hess nach Franz Ludwig Catel, *Neufränkische Toilettenszene,* Radierung und Kupferstich, 93 x 61 mm (Bild), Hamburg, Staats- und Universitätsbibliothek Carl von Ossietzky, Sign. X 3036

belehrenden Vater zeigt (Abb. 10–11).[44] Das Buch war Campes »weibliches« Gegenstück zu seinem entsprechenden Ratgeber für Jungen mit dem Titel *Theophron oder der erfahrne Rathgeber für die unerfahrne Jugend* von 1783. Catels Illustration griff motivisch auf ein älteres Titelkupfer zurück, wurde von dem Künstler aber in eine modernere Bildsprache übertragen.[45] Im Auftrag Viewegs, der 1799 die Schulbuchhandlung des Schwiegervaters übernahm, entstanden außerdem Zeichnungen für weitere Schriften Campes, etwa die Bildfolge zu *Robinson der Jüngere* (Kat.-Nr. 18.1–18.7), zum *Geschichtlichen Bilderbüchlein* (Kat.-Nr. 19.1–19.6) und zum zweiten wie dritten Teil der *Neuen Sammlung merkwürdiger Reisebeschreibungen für die Jugend,* die 1802 in Braunschweig ediert wurden (Abb. 12–13).[46] Vieweg verpflichtete Catel darüber hinaus für die Vignetten zu den von ihm verlegten Fabeln des Aesop, die die von Johann Gottlob Samuel Schwabe betreute und kommentierte lateinische Ausgabe illustrieren sollten (Kat.-Nr. 40.1–40.6).

Catel und Johann Friedrich Cotta   Über den Tübinger Verleger Johann Friedrich Cotta und seine für das literarische und politische Leben Deutschlands so bedeutendsame Verlagsarbeit gibt es Dank der intensiven Forschungen von Bernhard Fischer eine grundlegende, umfangreiche Untersuchung.[47] Auf dieser Grundlage ließen sich zahlreiche Illustrationsvorlagen Catels aufspüren, darunter auch die Zeichnungen für das von Cotta ab 1797 in 3.000 Exemplaren verlegte, beim Publikum und finanziell außerordentlich erfolgreiche *Taschenbuch für Damen,* das im Bereich der Catel'schen Illustrationskunst eine besondere Rolle spielt.[48] Für die erste Ausgabe dieses »Paradestücks des empfindsamen Klassizismus«,[49] eines Vorzeigeprojekts des Cotta-Verlags, lieferte Catel die Vorlage für ein

Titelkupfer nach Schillers *Würde der Frauen,* das hier an späterer Stelle noch einmal kurz beleuchtet werden soll. Es folgten viele andere Illustrationsvorlagen, unter anderem je sechs Bilder zu den Hauptepochen des weiblichen Lebens in Kontrasten zwischen frivoler und lobenswerther Erziehung für das *Taschenbuch für Damen auf das Jahr 1800*[50] und das *Taschenbuch für Damen auf das Jahr 1803.*[51] Speziell die sechs Toilettenszenen aus Letzterem, denen ein Erklärungstext des Weimarers Karl August Böttiger beigegeben wurde, sind hervorzuheben (Abb. 14–15).[52] Auch für das *Taschenbuch für Damen auf das Jahr 1805*[53] entwickelte Catel Zeichnungen. Diese setzen verschiedenste kulturelle Formen der Liebeswerbung ins Bild, wobei mit Blick auf Catels spätere Genremalerei in Italien besonders eine Darstellung aufmerken lässt: Sie präsentiert einen Mann mit Gitarre, der seiner Geliebten unter dem Fenster ein Ständchen bringt (Abb. 16). Im *Taschenbuch für Damen auf das Jahr 1806* finden sich ebenfalls Kupfer nach Zeichnungen Catels, etwa eine reizvolle Szene in einem französischen Ballsaal (Abb. 17; vgl. auch Kat.-Nr. 36),[54] die Erklärungen stammen wieder von Böttiger.[55] Die sechs Zeichnungen zu *Die sechs Stationen des Lebens* (Kat.-Nr. 41.1–41.6), die von Johann Heinrich Lips für das *Taschenbuch für Damen auf das Jahr 1811* gestochen wurden, markieren dann den Schlusspunkt der langjährigen und intensiven Tätigkeit Catels als Illustrator für dieses Erfolgsprojekt aus dem Hause Cotta.[56] Entsprechend seiner sonstigen Gepflogenheit ließ Cotta auch die Vorlagen Catels jeweils zweimal, in Linien- und in Punktiermanier, stechen, was ihm erlaubte, höhere Auflagen zu produzieren und zugleich gezielt die Liebhaber der jeweiligen Manier anzusprechen.[57]

Erwähnt werden sollte auch, dass Catel, sicherlich angeregt durch die Architektentätigkeit seines Bruders Louis, zahlreiche

Abb. 16
Friedrich Wilhelm Meyer nach Franz Ludwig Catel, *Ein spanischer Liebhaber bringt seiner Geliebten ein Ständchen,* 1804, Radierung und Kupferstich, 92 × 59 mm (Bild), Hamburg, Staats- und Universitätsbibliothek Carl von Ossietzky, Sign. X 3036

Abb. 17
Friedrich Wilhelm Bollinger nach Franz Ludwig Catel, *Szene in einem französischen Ballsaal,* 1806, Radierung und Kupferstich, 92 × 59 mm (Bild), Hamburger Kunsthalle, Bibliothek im Kupferstichkabinett, Sign. Ill. XIX. Catel 1806-8 (Inv.-Nr. kb-2015.929g-6)

Tempel, Grotten und antikische Phantasiearchitekturen in italieni-
schen Landschaften für das *Taschenbuch auf das Jahr 1804 für
Natur- und Gartenfreunde* entwarf, eine weitere Publikation aus
der Cotta'schen Buchhandlung. Seine Darstellungen illustrierten
einen Beitrag mit dem Titel *Meine Villa. Eine Phantasie, von Catel*
(Abb. 18–19).[58] Bereits zuvor, noch in Paris, waren im Auftrag
Cottas in Zusammenarbeit mit Louis die Zeichnungen zu den sechs
Ansichten des Tuiliengartens entstanden, die den Beitrag *Der
Garten der Tuilerien in Paris. Mit Kupfern nach den Zeichnungen
der Hn. F. u. L. Catel* im *Taschenbuch auf das Jahr 1801 für Natur-
und Gartenfreunde* begleiteten (Abb. 20–22).[59]

Catel im Urteil Goethes   Goethes Urteil über Catels Illustrationen
lässt sich nur aus verstreuten Quellen rekonstruieren. Wilhelm von
Humboldt schickte ihm am 28. August 1799 aus Paris eine Antiken-
zeichnung des Künstlers nach Weimar und äußerte sich in einem
zwei Tage zuvor geschriebenen Brief dazu: »Ich lege noch eine
Zeichnung – Iris, wie sie Priam geleitet, den Leichnahm des Hektor
loszukaufen [Kat.-Nr. 13] – bei. Sie ist von einem Deutschen, von
Catel, der jetzt hier ist. Er wünschte sie Ihnen vorzulegen, um vielleicht dadurch das ungünstige Urteil auszuwischen, was die Kupfer
zu Hermann und Dorothea bei Ihnen erweckt haben könnten. Sagen
Sie mir doch Ihr offenes Urteil über diese Komposition. Gefiele sie
Ihnen, so möchte er sich Ihnen zu Arbeiten, auf die Sie vielleicht
Einfluß hätten und wofür man kein noch höheres Talent finden
könnte, empfehlen. Mir scheint er nicht ohne Fähigkeit und er ist
ein fleißiger und bescheidener Mensch.«[60] Goethe antwortete am
28. Oktober: »Danken Sie auch Herrn Catel für das Ueberschickte.
Er zeigt in seinen Arbeiten ein schönes Talent, nur sieht man daran,
möchte ich sagen, daß er in der Zerstreuung der Welt lebt.«[61] Dieses
vielzitierte Urteil über Catel trifft dessen weltmännischen – oder,
wie Chodowiecki es formuliert hat, »mehr ins Weitläufige« gehenden – Charakter sehr gut. Nur wenig hatte Catel mit der idealisierten Zurückgezogenheit des Künstlerdaseins im Sinn, stattdessen

lebte er »inmitten« der Welt und nahm regen Anteil am kulturellen
Leben: eine Charaktereigenschaft, die auch sein weiteres Leben bestimmen sollte.

Eine andere frühe Episode zwischen Goethe und Catel erschließt
ein nach Weimar gesandter Brief des Künstlers vom Juni 1800:
»Herr Cotta schreibt mir, er habe die Beschreibung verloren, die ich
den zwoelf Zeichnungen, böser Weiber [Kat.-Nr. 26.1–26.6], […]
beygefügt hatte; er bittet mich eine zweite Erklärung dieser Sujets
Euer Exzellenz zuzuschicken. Bey Durchsuchung meiner Papiere
habe ich den Kommentar gefunden, den mir damals, ein Freund zu
dieser drolligen Aufgabe machte, und den ich in Ermangelung jener
Erklärung Euer Exzellenz zuzusenden mir die Freiheit nehme. Ich
wünsche und hoffe, daß Euer Exzellenz die Zeichnungen selbst gesehen haben, denn zu meinen Mängeln hat der Kupferstecher auch
noch die seinigen hinzugefügt. Mit der größten Hochachtung ver-
bleibe ich Euer Exzellenz ergebenster Diener Frantz Catel«.[62] Goethe antwortete Catel nicht direkt, schrieb aber im Juli an Cotta in
Tübingen: »Sie erhalten […] in der Beylage den kleinen Aufsatz über
die Kupfer. Ich hätte gewünscht daß derselbe heiterer, geistreicher
und unterhaltender geworden wäre, indessen läßt sich eine Ausführung nicht wie man wünscht leiten, wenn die Arbeit zu einer bestimmten Zeit fertig seyn soll. Möge, diese sey auch gerathen wie sie
will, wenigstens der Zweck erreicht werden, den unangenehmen Eindruck der Kupfer einigermaßen abzustümpfen.«[63] Goethes Bewertung der Illustrationen des *Taschenbuchs für Damen auf das Jahr
1801,* denen die Entwürfe Catels zugrunde lagen, fiel also eher negativ aus, wobei unklar bleibt, ob er die Zeichnungen, die Catel selbst
ja durch die Stiche beeinträchtigt sah, je im Original gesehen hat.

Das *Taschenbuch auf das Jahr 1804*[64] gab Goethe zusammen
mit Wieland heraus. Die Vorlage des wunderbaren allegorischen
Titelkupfers (Kat.-Nr. 32.1), das Cotta zunächst für ein Liederbuch
mit vertonten Texten des Dichters verwenden wollte, stammt von
Catel, wie auch zwei als geschickte Verlagswerbung anzusehende
Illustrationen zu Goethes ebenfalls von Cotta verlegter Übersetzung

Abb. 18
Grotte mit einem kleinem Wasserfall, 1804, Radierung, 94 x 130 mm (Bild), Kopenhagen, Statens Museum
for Kunst, Kobberstiksamling, Inv.-Nr. Kiste 112b, Nr. 127o

Abb. 19
Laubengang zum Badehaus, 1804, Radierung, 92 x 131 mm (Bild), Kopenhagen, Statens Museum for
Kunst, Kobberstiksamling, Inv.-Nr. Kiste 112b, Nr. 127m

der Lebensbeschreibung des italienischen Bildhauers Benvenuto Cellini (Kat.-Nr. 32.2–32.3).[65]

Goethes Werke blieben für Catel über viele Jahre hinweg ein motivischer Bezugspunkt (vgl. Kat.-Nr. 106 und 144). Leider ist nicht überliefert, wie der Dichterfürst die weitere Entwicklung Catels beurteilte und ob sein späterer Ausspruch »Der Weltgeist ist toleranter, als man denkt«[66] der Ausdruck seiner gewandelten, nun offeneren Haltung gegenüber neueren Kunstströmungen ist, den Künstler mit einschloss. Catels großer künstlerischer und finanzieller Erfolg erinnert durchaus an Jakob Philipp Hackert, den Goethe sehr bewunderte und dessen Biographie er selbst 1811 veröffentlicht hat, nicht zuletzt auch, um sie zur Verbreitung seiner eigenen Kunstanschauungen zu nutzen. Die von ihm in diesem Zusammenhang gelobte »geldwerthe Produktion«, die den Künstler unabhängig mache und bei Hackert darauf beruhe, dass kein Strich je vergeblich ausgeführt werde, passt als Charakterisierung eines Künstlerlebens nahezu perfekt auf Catels Existenz in Rom.[67]

Catel und Schiller   Auch einige Werke der zweiten großen deutschen Dichterpersönlichkeit in Weimar, Friedrich Schiller, illustrierte Catel in seiner Frühzeit. Es ist gut möglich, dass die beiden sich vor Ort persönlich kennengelernt haben. Für das *Taschenbuch für Damen auf das Jahr 1798*[68] lieferte der Künstler, wie zuvor kurz thematisiert, eine Zeichnung zu Schillers 1795 verfasster Eloge *Würde der Frauen,* in der dieser sein Idealbild des Weiblichen formulierte (Abb. 23). Auf Seite III des *Taschenbuchs* findet sich die Erklärung des Bildes: »Für das Titelkupfer wurde der Anfang des vortrefflichen Gedichts von Schiller: Würde der Frauen – gewählt: Ehret die Frauen! Sie flechten und weben / Himmlische Rosen ins irdische Leben, Flechten der Liebe beglückendes Band. / Sicher in ihren bewährenden Händen / Ruht was die Männer mit Leichtsinn verschwenden, Ruhet der Menschheit geheiligtes Band«.[69]

Wenige Jahre später, 1801, erschien bei Georg Joachim Göschen in Leipzig eine aufwendige Ausgabe von Schillers *Don Karlos.*

Illustriert ist sie mit Stichen nach sechs Zeichnungen Catels (Kat.-Nr. 20.1–20.4 und 20.6), von denen sich lediglich eine in Privatbesitz erhalten hat (Kat.-Nr. 20.5). Für den *Almanach für Theater und Theaterfreunde von 1807* zeichnete der Künstler zudem August Wilhelm Iffland zweimal in der Rolle des Franz Moor im Drama *Die Räuber* (Kat.-Nr. 35.2, 35.5 und Abb. 1–3 auf S. 194). Zwanzig Jahre nach seiner erstmaligen Beschäftigung mit Schiller schickte er eine Darstellung nach dessen 1803 veröffentlichter Ballade *Der Graf von Habsburg* 1818 auf die Ausstellung deutscher Künstler im römischen Palazzo Caffarelli. Dieses Hauptwerk seiner Historienmalerei ist verschollen, lässt sich aber in der Komposition durch Zeichnungen erschließen (Kat.-Nr. 107–110 und Abb. 1 auf S. 306).

Illustrationen für Verlagsbuchhändler in Berlin, Leipzig, Riga, Königsberg und Zürich   Wie erläutert, pflegte Catel neben den Geschäftskontakten zu Vieweg in Berlin und Braunschweig sowie Cotta in Tübingen selbstverständlich auch entsprechende Verbindungen zu zahlreichen anderen Verlegern und Buchhändlern. Die Wege dieser Auftragsvergaben sind weitgehend unerforscht, da die Illustrationen von der hoch spezialisierten germanistischen Forschung meist außer Acht gelassen wurden und die kunsthistorische Bildwissenschaft diese (häufig schwer zugänglichen) Bildzeugnisse gleichfalls eher vernachlässigt hat.

In Berlin gehörten zu den Verlegern beziehungsweise den als Herausgeber tätigen Buchhändlern, für die Catel arbeitete, vor allem Friedrich Maurer, Wilhelm Oehmigke, die Vossische Buchhandlung,[70] Johann Daniel Sander und die Schüppel'sche Buchhandlung, in Leipzig waren es Georg Joachim Göschen, Paul Gotthelf Kummer und Wilhelm Rein, in Görlitz Christian Gotthelf Anton und die Schödelsche Buchhandlung, in Königsberg Matthias Friedrich Nicolovius, in Riga Johann Friedrich Hartknoch und in Zürich Orell, Füssli und Compagnie.

Um 1804/05 wandte sich Catel motivisch noch einmal den Erlebnissen in der väterlichen Spielwarenhandlung zu: Für das von

Karl Friedrich Hofmann verfasste und von diesem selbst in zwei Bändchen edierte Kinderbuch *Die Kinderstube am Weihnachts=Abend. Ein Weihnachts= und Geburtstags=Geschenk für gut gesinnte Knaben und Mädchen* zeichnete er zweimal zwanzig Motive, die von dem Leipziger Wilhelm Arndt in den Kupferstich übertragen wurden.[71] Diese Blätter waren beiden Bänden jeweils in einer kolorierten Fassung und in einer Schwarz-Weiß-Version beigegeben. Letztere konnte von den Kindern selbst ausgemalt werden. Im pädagogischen Bereich beteiligte Catel sich 1804 außerdem an einer Neuauflage des von Johann Friedrich Zöllner verfassten *Buchstaben- und Lesebuchs*.[72]

Immer wieder entwarf er auch Umschläge für Journale, Zeitschriften und Almanache (etwa August von Kotzebues *Almanach der Chroniken;* Kat.-Nr. 31.1–31.2), die dann über mehrere Jahre zum Erkennungszeichen der jeweiligen Publikation wurden. So lieferte er zum Beispiel ab 1798 den Umschlag zu dem von Franz Maximilian Friedrich Freiherr Bouwinghausen von Wallmerode bei Cotta in Tübingen herausgegebenen *Taschenbuch auf das Jahr 1798 für Pferdeliebhaber,* das eine Laufzeit bis 1801 hatte.[73] Oder er zeichnete 1802 die Vorlage zum Umschlag des Journals *Polychorda. Eine Zeitschrift*.[74] Das Motiv war eine Muse mit Leier auf rötlichem Papier, umgeben von einem Rahmen mit Musikinstrumenten, es zierte die zwischen 1803 und 1805 in je acht Einzelheften zu sechs Bogen edierten Jahrgänge: »Druck, Papier und Umschlag, der nach einer Zeichnung von Franz Catel besorgt worden, sind sorgfältig dazu gewählt und gehen blos von dem Bestreben aus, dieses Journal auch im Aeußern vor allem hervorstechend zu liefern.«[75]

Eine andere – heute verschollene – Zeichnungsvorlage Catels fand gleich in zwei vollkommen unterschiedlichen Werken Verwendung: Zunächst diente sie Meno Haas als Vorlage für dessen Radierung *Die Sinne,* die 1801 ein Gedicht von Karl Müchler illustrierte (Abb. 3 bei Kat.-Nr. 15.1 auf S. 139), um dann im selben Jahr, nun ohne Titel, für Christian Gottfried Flittners *Gynäologie* als Titelkupfer wiederverwendet zu werden. Im zweiten Falle handelt es

sich möglicherweise um einen Raubdruck, bei dem der konkrete Sinnzusammenhang keine Relevanz mehr besaß (Abb. 24).[76]

Der Kosmos der Catel'schen Bilderfindungen im Kontext der Illustrationskunst ist groß und auch mit der vorliegenden Untersuchung noch längst nicht vollständig erschlossen, wenngleich seit der letzten Veröffentlichung des Verfassers zum Künstler im Jahr 2007[77] eine stattliche Reihe weiterer Zeichnungen mithilfe der entsprechenden Kupferstiche als Werke Catels identifiziert werden konnten. Als finales Beispiel für diese Facette seines Œuvres sei eine ihm traditionell zugeschriebene Zeichnung im Hamburger Kupferstichkabinett genannt, deren Darstellung bislang nicht zugeordnet werden konnte (Abb. 25). Durch den Erwerb der *Neuen Schriften* von August Friedrich Ernst Langbein, erschienen 1804 in Berlin, für die Bibliothek der Hamburger Kunsthalle fand sich aber der zugehörige Stich: Er dient als Titelkupfer dieses Buches (Abb. 26). Mehr und mehr zeigt sich, dass Catel bereits in seinen jungen Jahren ein höchst produktiver Künstler gewesen ist. So kann hier auf weitere Beispiele seiner Illustrationskunst lediglich hinwiesen werden, zum Teil sind sie auch im Katalog berücksichtigt. Der Bogen spannt sich von den Titelkupfern und Vignetten über die Gesamtausgabe der Schriften von Johann Heinrich Voss (Kat.-Nr. 27.1–27.6), die Luther-Schriften von Zacharias Werner (Kat.-Nr. 37.1–37.3), die Gedichte Karl Müchlers (Kat.-Nr. 15.1–15.2) und die humoristischen Dichtungen Klamer Eberhard Karl Schmidts (Kat.-Nr. 29.1–29.2) bis zu den Schriften der Therese Huber (Kat.-Nr. 16.1–16.4), der Reisebeschreibung aus Italien von Ludwig von Selbiger (Abb. 27), den *Géorgiques françaises* von Jacques Delille (Kat.-Nr. 38.1–38.5) sowie der Adaption der lettischen Sage *Wannem Ymanta* durch Garlieb Helwig Merkel (Abb. 28).[78] Nicht vergessen werden dürfen außerdem die beiden Illustrationen zu Julius Graf von Sodens *Psyche* (Kat.-Nr. 28.1–28.2), die Vorlagen für das populäre Buch *Nothanker, der Andere oder Leben und Meinungen eines Exprofessors* (Abb. 29)[79]

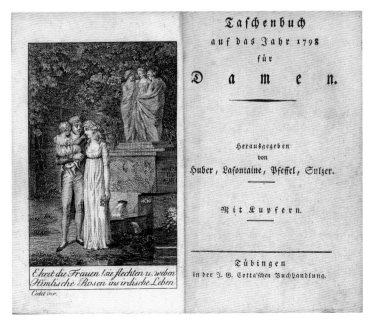

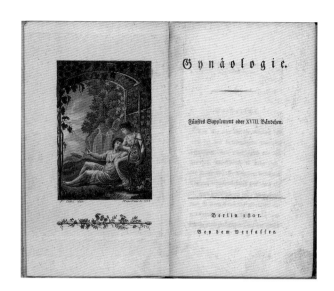

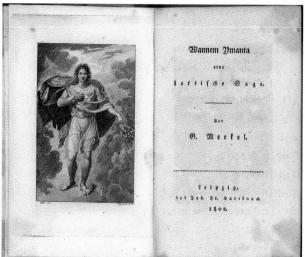

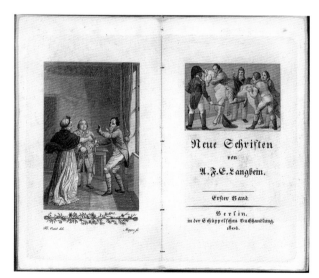

Abb. 24
Christian Flittner, *Gynäologie. Fünftes Supplement oder XVIII. Bändchen,* Berlin 1801, mit koloriertem Titelkupfer von Meno Haas nach Franz Ludwig Catel, Hamburg, Privatbesitz

Abb. 25
Das Degenduell, um 1803, Feder und Pinsel in Schwarz, 97 x 63 mm, Hamburger Kunsthalle, Kupferstichkabinett, Inv.-Nr. 47046

Abb. 26
Das Degenduell, 1804, Titelkupfer und Titelblatt mit Vignette zu den Neuen Schriften von A. F. E. Langbein, Erster Band, Berlin, in der Schüppel'schen Buchhandlung, 1804, Hamburger Kunsthalle, Bibliothek im Kupferstichkabinett, Sign. Ill. XIX Catel 1804-8 (Inv.-Nr. 2009.1559g)

Abb. 27
Ludwig von Selbiger, *Meine Reise nach Italien. Ein Seitenstück zu meiner Reise nach Frankreich, Zweiter Theil,* Berlin 1805, Titelkupfer und Titelblatt mit Vignette eines anonymen Kupferstechers nach Franz Ludwig Catel, Staatliche Museen zu Berlin, Kupferstichkabinett, Inv.-Nr. Bolt 26-44

Abb. 28
Garlieb Helwig Merkel, *Wannem Ymanta eine lettische Sage,* Leipzig 1802, Titelkupfer von Friedrich Wilhelm Meyer nach Franz Ludwig Catel und Titelblatt, Hamburger Kunsthalle, Bibliothek im Kupferstichkabinett, Sign. Ill. XIX Catel 1802-8 (Inv.-Nr. kb-2014.1149g-1)

Abb. 29
Noth[Anker] der Andere oder Leben und Meinungen eines Exprofessors im Druck gegeben durch seinen Vetter, Leipzig 1801, Titelkupfer von Carl Frosch nach Franz Ludwig Catel und Titelblatt, Hamburger Kunsthalle, Bibliothek im Kupferstichkabinett, Sign. Ill. XIX Catel 1801-8 (Inv.-Nr. kb-2014.1131g-1)

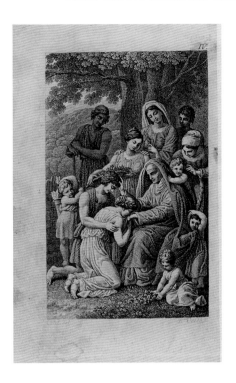

sowie die von der Engländerin Caroline Watson gestochenen vier Bilder zu der in Zürich 1803 edierten Ausgabe von Alexander Popes *Eloisa to Abelard* (Kat.-Nr. 30.1–30.4). Auch zu August Lafontaines *Sittenspiegel für das weibliche Geschlecht* lieferte Catel die Zeichnungen für zwei Titelkupfer (Abb. 30–31).[80] Zu den am schönsten ausgestatteten deutschen Almanachen dieser Zeit gehört zweifellos der von August von Kotzebue edierte *Almanach der Chroniken,* für den Catel nicht nur den gesamten umfangreichen Bildschmuck im Inneren des Büchleins lieferte, sondern wie erwähnt auch den farbig gedruckten Umschlag entwarf (Kat.-Nr. 31.1–31.4). Wenigstens als Marginalie verdient auch noch das von Johann Friedrich Schütze herausgegebene *Hamburgische neue Taschenbuch auf das Jahr 1802 zur Beförderung froher Laune, Menschen= und Sittenkunde im neuesten Jahrhundert* genannt zu werden, das 1801 in Hamburg ediert wurde und an dessen Bildschmuck Catel ebenfalls beteiligt war.[81]

Leider lassen sich bislang nur zu sehr wenigen von Catels Illustrationen originale Zeichnungen nachweisen. Grund dafür ist lediglich zum Teil der natürliche Verlust durch Zerstörung – gerade für diesen Bereich seines Œuvres ist darüber hinaus zu vermuten, dass in den internationalen öffentlichen und privaten Sammlungen noch eine große Anzahl von Blättern als Werke anonymer Künstler geführt werden, die ihrer richtigen Zuschreibung an Catel harren. Als Beispiele für solcherart vorbereitende Zeichnungen seien hier seine beiden in Hamburg erhaltenen Vorlagen zu Gotthelf Wilhelm Christoph Starkes *Gemählde aus dem häuslichen Leben und Erzählungen* (Kat.-Nr. 12.1–12.2) sowie die in Berlin verwahrten Zeichnungen zu August Wilhelm Ifflands *Theateralmanach von 1807* (Kat.-Nr. 35.1–35.6) aufgeführt. Bei weiteren Zeichnungen von seiner Hand ist es sehr wahrscheinlich, dass sie ebenfalls als Illustrations-

vorlagen dienten, auch wenn ihnen trotz intensiver Suche noch keine Veröffentlichung zugeordnet werden konnte (vgl. Kat.-Nr. 33).

Abschließend seien noch Catels 17 Zeichnungen mit pompejanischen Motiven erwähnt, die für Ernst Friedrich Bußlers bedeutende Publikation *Verzierungen aus dem Altertum,* in Berlin in den Jahren ab 1806 erschienen, radiert wurden.[82] Auch diese Vorlagen sind verschollen, doch zwei wunderbare Aquarelle des Künstlers im Bestand der Berliner Kunstbibliothek mit sehr filigranen pompejanischen Wanddekorationen geben eine Vorstellung von ihrer Qualität. Der konkrete Verwendungszweck dieser beiden Blätter ist allerdings unklar (Kat.-Nr. 23–24).

Nach 1810 scheint Catel die Beschäftigung mit der Illustration literarischer Werke aufgegeben zu haben. Lediglich zwei kleine Radierungen mit Darstellungen aus dem römischen Volksleben, die eine Prozession im Kolosseum (Abb. 2 auf S. 81)[83] und Pifferari vor einem Madonnenbild (Abb. 1 auf S. 81)[84] zeigen, könnten noch in diesem Zusammenhang entstanden sein. Im Februar 1812 nahm der Künstler mit Cotta nochmals brieflichen Kontakt auf, da dieser ihn um weitere Zeichnungen für das *Taschenbuch für Damen* gebeten hatte. Er schlug dem Tübinger Verleger zwölf Blätter mit »Volksszenen und Gebräuche[n]« vor, wobei ihm Darstellungen in der Art der ab 1809 edierten römischen Genreszenen von Bartolomeo Pinelli vorschwebten (vgl. Abb. 11 auf S. 86).[85] In den nachfolgenden Ausgaben des *Taschenbuchs für Damen* sind jedoch keine entsprechenden Illustrationen Catels greifbar. Die hier gegebene Einführung in Catels umfassende Tätigkeit als Illustrationszeichner kann nur einen ersten Eindruck von der Menge und Vielfältigkeit seines Werkes geben. Es wird weiterer intensiver Studien bedürfen, um in Zukunft dieses bedeutende zeichnerische Œuvre aus der Zeit um 1800 vollständig zu erschließen.

Abb. 30
Friedrich Kaiser nach Franz Ludwig Catel, Titelkupfer zu August Lafontaines *Sittenspiegel für das weibliche Geschlecht,* Zweiter Band, Görlitz 1806, Göttingen, Niedersächsische Staats- und Universitätsbibliothek, Sign. 8 FAB VI, 5706/m:2

Abb. 31
Philipp Veith nach Franz Ludwig Catel, Titelkupfer zu August Lafontaines *Sittenspiegel für das weibliche Geschlecht,* Vierter Band, Görlitz 1806, Göttingen, Niedersächsische Staats- und Universitätsbibliothek, Sign. 8 FAB VI, 5706/m:4

1 Friedrich Vieweg über Franz Ludwig Catel; zit. nach Lanckoronska/Rümann 1954, S. 51.

2 Eine Ausnahme bildet der Lexikoneintrag von Frauke Josenhans, in: Nehrlich/Savoy 2013, S. 43–46.

3 Zur Geschichte der deutschen Musen-Almanache vgl. Mix 1987.

4 Unterhalb des Plattenrandes bezeichnet und datiert: »F. Catel inv et fecit: 95« (Feder in Braun); Geller 1960, S. 289.

5 Geller 1960, S. 289.

6 Bezeichnet rechts unten (schwer lesbar, nachträglich ausradiert): »Franz Catel fec.« (Bleistift); darunter links unten von fremder Hand beschriftet: »Franz Catel's erster Versuch im radieren.« (Bleistift); darunter mittig von anderer Hand: »Franz Louis Katel geb. zu Berlin 23. Febr. 1778« (Bleistift); ebd.

7 Ausst.-Kat. Berlin 1795 (zit. nach Boersch-Supan 1971), S. 40, Nr. 161 (»Vom Herrn F. Cattell [sic] / [...] Ein Narcissus nach Poussin gezeichnet.«).

8 Ebd., S. 40, Nr. 162 (»Vom Herrn F. Cattell / [...] Eine Komposition, die heilige Familie.«).

9 Ein Titelkupfer ist ein »in das Titelblatt eingedrucktes Kupferstich oder auch das ganzseitige, dem Titelblatt gegenüberstehende Kupfer (Frontispiz). Ist das Titelkupfer von kleinem Format, spricht man üblicherweise von der Titelvignette. Ist das gesamte Titelblatt in Kupfer gestochen, spricht man von gestochenem Titel oder Kupfertitel.« Vgl. https://www.ilab.org/eng/glossary/deu/561-titelkupfer.html (letzter Aufruf: 22. 6. 2015).

10 Johann Friedrich Bolt nach Franz Ludwig Catel, *Das Glück der Ehe (Franz und Albertine v. Kleist mit ihren Kindern)*, 1797, Kupferstich, 111 x 67 mm (Bild), 145 x 85 mm (Platte), 248 x 170 mm (Papier), in der Platte links unten bezeichnet: »Catel d.«; rechts unten: »Fr. Bolt sc. 97.«; darunter: »F v Kleists Familie«, Staatliche Museen zu Berlin, Kupferstichkabinett, Inv.-Nr. Bolt 430-1888; vgl. Rümann 1927, S. 80, Nr. 523 (hier fälschlich »Prott« als Stecher genannt); Lanckoronska/Oehler 1934, S. 57, Abb. 97; Geller 1960, S. 290.

11 Neben dem Exemplar der Hamburger Kunsthalle, das 2013 vom Antiquariat Braecklein, Berlin, mit Mitteln des Fördervereins »Die Meisterzeichnung. Freunde des Hamburger Kupferstichkabinetts e. V.« erworben wurde, ließ sich ein weiteres Exemplar nachweisen: Hamburg, Staats- und Universitätsbibliothek Carl von Ossietzky, Sign. A 1953/2427:1. In Berlin befindet sich ein Einzeldruck der Illustration: Staatliche Museen zu Berlin, Kupferstichkabinett, Inv.-Nr. Henne 11–1925.

12 Zu Cramer, der neben den Schriften Diderots auch diejenigen Rousseaus ins Deutsche übersetzte sowie die Schriften von Klopstock und Schiller ins Französische, und seiner tragischen Lebensgeschichte vgl. Ausst.-Kat. Kiel 2003.

13 Vgl. Geller 1960, S. 290; Salewski 1965; Ausst.-Kat. Berlin 2013, S. 60, Nr. 26, Abb. (Beitrag Hein-Th. Schulze Altcappenberg).

14 Für Hilfe bei der Transkription dieser Briefe, die sich als Konvolut in der Braunschweiger Universitätsbibliothek (Vieweg-Archive, Sign. VIC:16) befinden, danke ich Mareike Hennig, Frankfurt am Main sehr herzlich.

15 Vgl. Vieweg 1911, S. V–XXV.

16 Für Hinweise zur Walser'schen Kunstanstalt in Herisau danke ich Heidi Eisenhut, Leiterin der Kantonsbibliothek Appenzell Ausserrhoden in Trogen, sehr herzlich; Mail v. 19. 3. 2015. Vgl. Rotach 1929; Steinmann 1973, S. 123–126; Kläger 1982; Kürsteiner 1996; Fuchs 1999.

17 Die Kenntnis dieser Zeichnung verdanke ich Tobias Pfeifer-Helke, Schwerin; vgl. Pfeifer-Helke 2011a, S. 215.

18 In einer Kurzbiographie Wetzels, der 1797 erst 16 Jahre alt war, wird explizit Catel als Künstlerkollege bei Walser erwähnt; *Allgemeines Künstlerlexikon oder: Kurze Nachricht von dem Leben und den Werken der Maler, Bildhauer, Baumeister, Kupferstecher, Kunstgießer, Stahlschneider [...], Zweyter Theil, Neunter Abschnitt*, Zürich 1816, S. 6089: »Hier fand er [Wetzel] einen Verein achtungswürdiger Künstler, wie Lory den Vater, Catel und Eichler, welche für Walsers Rechnung die bekannten schönen St. Petersburger und Moskauer=Ansichten fertigten.«

19 Brief Franz Ludwig Catels (Herisau, 9. 2. 1798) an Friedrich Vieweg in Paris; Braunschweig, Universitätsbibliothek, Vieweg-Archive, Sign. VIC:16.

20 Brief Franz Ludwig Catels (Herisau, 28. 12. 1797) an Friedrich Vieweg in Berlin; ebd.

21 Die mangelhafte Orthographie sowie zahlreiche Streichungen und Ergänzungen kennzeichnen das gesamte Konvolut der Briefe an Vieweg, weshalb die Transkription zum Teil der Verständlichkeit halber geglättet werden musste und Streichungen von Catels Hand nicht eigens vermerkt wurden.

22 Brief Franz Ludwig Catels (Herisau, 28. 12. 1797) an Friedrich Vieweg in Berlin; Braunschweig, Universitätsbibliothek, Vieweg-Archive, Sign. VIC:16.

23 Georg Christian Gropius wurde als Kupferstecher ausgebildet, war 1797 bis 1801 Hauslehrer der Kinder Wilhelm von Humboldts und begleitete Jakob Ludwig Salomon Bartholdy 1802/03 als Zeichner nach Italien, Kleinasien und nach Griechenland, dessen Freiheitskampf er unterstützte. In Griechenland war er als Diplomat und Archäologe tätig, u. a. 1810 bis 1814 bei den Ausgrabungen in Ägina und Bassae, und erwarb durch Ölexport ein großes Vermögen. In Berlin führte er um 1832 eine Kunsthandlung; vgl. Callmer 1982.

24 Wen Catel in Zürich kennenlernte, ist nicht belegt, anzunehmen ist aber, dass er u. a. mit dem Kupferstecher Johann Heinrich Lips (vgl. Kat.-Nr. 41.1–41.6) Kontakt aufgenommen hat, in dessen Atelier in der Brunnengasse 4 seit Ende März 1797 auch Jacob Merz arbeitete; vgl. Kruse 1989; zum früh verstorbenen Merz vgl. Howard 1981.

25 Brief Franz Ludwig Catels (Zürich, 30. 6. 1798) an Friedrich Vieweg in Berlin; Braunschweig, Universitätsbibliothek, Vieweg-Archive, Sign. VIC:16.

26 Catel schrieb über das von Vieweg letztlich wohl nicht realisierte Journal, dessen geplante thematische Ausrichtung schon sehr an die nur wenige Jahre später errichtete Berliner Stuckfabrikation der Brüder Gropius erinnert: »Ihr Auftrag, Ihnen eine Zeichnung von Meublen zu machen, zu einem Journal den Sie für diesen Theil der Kunst herraus geben wollen war mir und meinem Freunde Gropius sehr willkommen. Sie kom[m]en uns zu einem Projeckt, mit dem wir schon lange umgegangen auf halbem Wege endgegen; wir wollten es wagen ein Kunstwerk dieser Arth in die Welt zu schicken, es solte eine Blumenlese des Geschmacks in allen Theilen des Luxus, der Moden, Vedutenanzeige, Meublen, Zimmerverzierungen, Theaterdecorationen[,] Gärten, und dergleichen mehr seyn, die Journahle der Arth die bis dato in Deutschland erschienen sind meistentheil so trocken behandelt daß sie fast nur eine Angabe für Tischler und Schneider sind, für das Auge des Liebhabers aber wenig angenehmes haben, und mir dünkt, das ein Werk das eine Angabe des Geschmacks seyn soll, dem Geschmack schon zuerst seine eigne Form accomodiren sollte; wir hatten daher bey unserm Werke, die Absicht alle Kupfertafeln so einzurasten, daß sie zu gleich ein angenehmes Bild machten, um auch die Zierde eines geschmackvollen gebauten Zimmers sein zu kön[n]en.« Brief Franz Ludwig Catels (Herisau, 28. 12. 1797) an Friedrich Vieweg in Berlin; ebd.

27 Brief Franz Ludwig Catels (Herisau, 9. 2. 1798) an Friedrich Vieweg in Paris; ebd.

28 Eine Besprechung erschien im *Journal des Luxus und der Moden 1798*, S. 671. Vgl. Rümann 1927, S. 47, Nr. 317 (als Stecher ist fälschlich Johann Friedrich Bolt genannt); Geller 1960, S. 290.

29 Diese spätere Ausgabe enthält neben dem Kupferstich von Clemens Kohl nach Catel einen weiteren Stich von Johann Friedrich Bolt nach Georg Emanuel Opiz sowie ein Titelkupfer von Bolt. Die im Zuge der zahlreichen Editionen oft variierenden Kombinationen, Umstellungen und Erweiterungen der Illustrationen macht deren Erforschung kompliziert.

30 »Ich warte sehr ungeduldig auf den Harfenspieler und Mignon, und auch auf die Maria von Kohl, Sie werden mich sehr verbinden, wenn Sie mir von allem was nach mir gestochen, einige Abdrucke recht bald schicken.« Brief Franz Ludwig Catels (Herisau, 9. 2. 1798) an Friedrich Vieweg in

Paris; Braunschweig, Universitätsbibliothek, Vieweg-Archive, Sign. VIC:16.

31 Es bleibt unklar, worum es sich bei diesen *Gartenpartien* handelt.

32 Brief Franz Ludwig Catels (Zürich, 17. 3. 1798) an Friedrich Vieweg in Berlin; Braunschweig, Universitätsbibliothek, Vieweg-Archive, Sign. VIC:16.

33 Brief Franz Ludwig Catels (Zürich, 7. 4. 1798) an Friedrich Vieweg in Berlin. Dem Brief beigefügt war eine Rechnung des Künstlers an den Verleger für gelieferte Zeichnungen: »Herr Vieweg belieben! als Rest auf die 162 wthler in Golde für 9 Zeichnungen zu Hermann noch abgetragenen wthr. in Gao. 131 wthler 18 gl an meinen Bruder noch abzutragen _ 30 wthler 6 gl / Titel=Zeichnung zum Hermann. _ 12 _ . _ / Allegorie, die Zeit pg _ 12 _ . _ / Cybele _ 12 _ . _ / Die Grazien _ 12 _ . _ / 3 neue Sujets aus Hermann _ 36 _ . _ / in Summa 114 wthl 6 gl / Frantz Catel.«

34 Brief Franz Ludwig Catels (Zürich, 30. 4. 1798) an Friedrich Vieweg in Leipzig; ebd.

35 Brief Franz Ludwig Catels (Zürich, 16. 5. 1798) an Friedrich Vieweg in Berlin; ebd.

36 Mit der »Lyra« ist das Frontispiz zu *Herrmann und Dorothea* gemeint, das wohl zunächst auf Wunsch Viewegs Gropius ausführen sollte, dann aber von Johann Friedrich Bolt gestochen wurde; vgl. Brief Franz Ludwig Catels (Berlin, 18. 1. 1800) an Friedrich Vieweg in Braunschweig; ebd.

37 Gemeint sind die radierten Illustrationen von Johann Daniel Chodowiecki von 1798; vgl. Bauer 1982, S. 285, Nr. 1938–1940; Wormsbächer 1988, S. 205–206, Nr. Ba. 1938–1940.

38 Brief Franz Ludwig Catels (Zürich, 17. 6. 1798) an Friedrich Vieweg in Berlin; Braunschweig, Universitätsbibliothek, Vieweg-Archive, Sign. VIC:16.

39 Brief Franz Ludwig Catels (Zürich, 30. 6. 1798) an Friedrich Vieweg in Berlin; ebd.

40 Diese Bemerkung Catels deutet an, dass Friedrich Vieweg nur einer von vielen Auftraggebern des Künstlers gewesen ist. Besonders Johann Friedrich Cotta stand gleichfalls in engster geschäftlicher Verbindung mit Catel. Zu Cotta siehe auch S. 42–43.

41 Brief Franz Ludwig Catels (Zürich, 20. 8. 1798) an Friedrich Vieweg in Berlin; Braunschweig, Universitätsbibliothek, Vieweg-Archive, Sign. VIC:16.

42 Vgl. zu Vieweg und Campe den Kommentar bei Kat.-Nr. 18.1–18.7.

43 Schicha 2013, S. 9.

44 *Väterlicher Rath für meine Tochter. Ein Gegenstück zum Theophron. Der erwachseneren weiblichen Jugend gewidmet von Joachim Heinrich Campe. Sechste rechtmäßige Ausgabe*, Braunschweig 1802, in der Schulbuchhandlung; Ausst.-Kat. Frankfurt am Main 1989, S. 783, Nr. 12.6, Abb. S. 377. Zum pädagogischen Inhalt des Buches vgl. Kersting 1989.

45 *Väterlicher Rath für meine Tochter. Ein Gegenstück zum Theophron. Der erwachsenern weiblichen Jugend gewidmet von Joachim Heinrich Campe, Wien, gedruckt bey Johann Thomas Edlen von Trattnern, kais. Königl. Hofbuchdrucker und Buchhändler*, 1799; Frontispiz von Wenzel Engelmann. Johann Heinrich Lips schuf für eine Jugendschrift eine der Illustration Catels in Komposition und Bildsprache verwandte Darstellung (*»O wie schön ist Gottes Natur!«*); vgl. Kruse 1989, S. 257, Nr. 181.

46 Wegehaupt 1979, S. 45–46, Nr. 279.

47 Fischer 2003; vgl. auch Fischer 2014.

48 Zur Entstehungsgeschichte des *Taschenbuchs für Damen* vgl. Fischer 2014, S. 95–99.

49 Ebd., S. 99.

50 Fischer 2003, S. 337–338, Nr. 274.

51 Ebd., S. 451–452, Nr. 393.

52 Karl August Böttiger: *Erklärung der sechs Toilettenszenen von Fr. Catel*, in: Taschenbuch für Damen auf das Jahr 1803, S. V–XVI; vgl. Lanckoronska/Rümann 1954, S. 66, Abb. S. 50.

53 Fischer 2003, S. 551–553, Nr. 481.

54 Ebd., S. 614–616, Nr. 532.

55 Karl August Böttiger: *Erklärung der Kupfer*, in: Taschenbuch für Damen auf das Jahr 1806, S. VII–XXIV.

56 Fischer 2003, Nr. 813, S. 872–875.

57 Fischer 2014, S. 99.

58 *Taschenbuch auf das Jahr 1804 für Natur- und Garten-freunde,* S. 133–143; vgl. Lanckoronska/Rümann 1954, S. 135; Fischer 2003, S. 497, Nr. 431.

59 Fischer 2003, Nr. 305, S. 364–365. Für Hilfe bei Recherchen danke ich Adrian Braunbehrens, Heidelberg.

60 Geiger 1909, S. 95, Nr. 33.

61 Ebd., S. 100, Nr. 35.

62 Brief Franz Ludwig Catels (Berlin, 16. 6. 1800) an Johann Wolfgang von Goethe in Weimar; Weimar, Klassik Stiftung Weimar, Archiv, Goethe, Eing. Br. 1800/204; zit. nach Praschek 1968, S. 317.

63 Johann Wolfgang von Goethe (Weimar, 9. 7. 1800) an Johann Friedrich Cotta in Tübingen; Goethe 1894, S. 84, Nr. 4268.

63 Johann Wolfgang Goethe: *Die guten Frauen als Gegenbilder der bösen Weiber, auf den Kupfern des diesjährigen Damenalmanachs,* in: *Taschenbuch für Damen auf das Jahr 1801,* S. 171–196, mit zwölf Illustrationen.

64 Fischer 2003, S. 498, Nr. 432. Vgl. auch Catels Illustrationen zu Wielands *Menander und Glycerion* im 1803 bei Cotta erschienenen *Taschenbuch für 1804.* In Kopenhagen findet sich ein Probedruck des Titelkupfers: Radierung mit Roulette, 112 x 79 mm (Bild), 192 x ca. 126 mm (Platte; linker Rand beschnitten), 192 x 120 mm (Papier), am oberen und am rechten Rand Bleistiftmarkierungen zum Verkleinern der Druckplatte; links oben bezeichnet: »Höhe« (Bleistift); unter dem Bildfeld schwer leserlich beschriftet: »Im Garten / alte Iris auf einer Platte [?]« (Bleistift); darunter von fremder Hand unten links beschriftet: »Versuch mit Rollett [sic] von Franz Catel« (Bleistift); oben, rechts und unten nicht getilgte Radier- und Roullette-Spuren an den Rändern, Kopenhagen, Statens Museum for Kunst, Kobberstiksamling, Inv.-Nr. Kiste 112 b, Nr. 127u.

65 Zur Interpretation als »Verlagswerbung« vgl. Goldammer 1981, S. 59.

66 Goethe/Reinhard 1957, S. 350; zit. nach Osterkamp 1995, S. 135.

67 Vgl. zu Goethe und Hackert die Interpretation von Osterkamp 1995, S. 148. Catel fällt in die von Osterkamp als »dritte Kategorie« bezeichnete Gruppe von Künstlern, die den Kunsttheoretiker Goethe weitgehend außer Acht ließen und sich seiner Werken vor allem zwecks Motivsuche bedienten; ebd., S. 141–142.

68 *Taschenbuch auf das Jahr 1798 für Damen,* Herausgegeben von Huber, Lafontaine, Pfeffel, Sulzer. Mit Kupfern, Tübingen [1797].

69 Zit. nach Lanckoronska/Rümann 1954, S. 65.

70 Die Vossische Buchhandlung gehörte zu Catels Zeit anteilig Wilhelm Oehmigke; vgl. http://www.zeno.org/Schmidt-1902/A/Vossische+Buchhandlung (letzter Aufruf: 25. 5. 2015).

71 *Die Kinderstube am Weihnachts=Abend. Ein Weihnachts= und Geburtstags=Geschenk für gut gesinnte Knaben und Mädchen. Vom Verfasser des Vaters Hellmuth unter seinen Kindern. Mit zwanzig fein illuminirten und eben so viel schwarzen, zum Nachmahlen bestimmten Kupfer=Abbildungen,* Leipzig, in der Schödelschen Buchhandlung, [1805]; Exemplar: Berlin, Staatsbibliothek zu Berlin – Preußischer Kulturbesitz, Sign. B XXIV, 734-1 R und B XXIV, 734-2 R; http://resolver.staatsbibliothek-berlin.de/SBB00010 6F500020000 (letzter Aufruf: 2. 5. 2015). Wegehaupt 2003, S. 101, Nr. 990 (hier zwei Bände für 1805 und 1806 verzeichnet; dritte Auflage noch 1814); vgl. Aukt.-Kat. Hamburg, Dr. Ernst Hauswedell & Ernst Nolte 1974, S. 78, Nr. 645.

72 Johann Friedrich Zöllner, *Buchstaben- und Lesebuch,* Berlin 1789. Catel steuerte für die neue Ausgabe, die unter dem Titel *Schulbüchlein zur ersten Uebung im Lesen und Denken* (Berlin, Realschulbuchhandlung, 1804) publiziert wurde, zehn Vorlagen für die begleitenden Kupferstiche bei; Teistler 2003, S. 56, Nr. 351.

73 Lanckoronska/Rümann 1954, S. 135, Abb. S. 111.

74 *Polychorda. Eine Zeitschrift.* Herausgegeben von August Bode, Penig, bey F. Dienemann und Comp., 1803.

75 Verlagsankündigung von Ferdinand Dienemann vom Dezember 1802, in: *Intelligenzblatt der Zeitung für die elegante Welt,* Nr. 1 v. 8. 1. 1803, o. S.

76 *Fünftes Supplement oder XVIII. Bändchen,* Berlin 1801. Bey dem Verfasser. – Erste Ausgabe: *Gynaeologie oder Das Geschlechtsleben in seinem ganzen Umfange. Eine phisiologische, historische und philosophische Darstellung,* Berlin, bei Oehmigke dem Jüngeren, 1795; Exemplar: Hamburg, Privatbesitz. Der Berliner Arzt und Apotheker Flittner verfasste im Sinne der Berliner Aufklärung mehrere populäre Bücher über Sexualpädagogik; vgl. Spiske 1965. Thematisch reiht sich folgendes Buch hier ein, für das Catel ebenfalls ein Frontispiz lieferte, das von Johann Friedrich Bolt gestochen wurde: *Der Umgang mit Weibern wie er ist und wie er sein sollte,* Berlin, bei Oehmigke, 1802.

77 Vgl. Stolzenburg 2007, S. 13–16.

78 Garlieb Helwig Merkel: *Wannem Ymanta eine lettische Sage,* Leipzig, Johann Friedrich Hartknoch, 1802; Exemplar: Hamburger Kunsthalle, Bibliothek im Kupferstichkabinett, Sign. Ill. XIX Catel 1802-8; erworben 2009 vom Antiquariat Susanne Koppel, Hamburg, mit Mitteln des Fördervereins »Die Meisterzeichnung. Freunde des Hamburger Kupferstichkabinetts e. V.«. Zu Merkels Schriften vgl. Boguna 2014.

79 *Noth[Anker] der Andere oder Leben und Meinungen eines Exprofessors im Druck gegeben durch seinen Vetter,* Leipzig 1801, bei Wilhelm Rein, Exemplar: Hamburger Kunsthalle, Bibliothek im Kupferstichkabinett, Sign. Ill. XIX Catel 1801-8; erworben 2011 vom Antiquariat Susanne Koppel, Hamburg. Das Buch war ein ironischer Kommentar zu Friedrich Nicolais Schrift *Das Leben und die Meinungen des Herrn Magister Sebaldus Nothanker,* das 1776 mit Illustrationen von Johann Daniel Chodowiecki in Berlin erschienen war.

80 *Sittenspiegel für das weibliche Geschlecht.* Von August Lafontaine, Zweiter Band, Görlitz, bei C. W. Anton, 1804, Vierter Band, ebd., 1806.

81 Baumgärtel 1970, S. 105, Nr. 397. – Rümann 1927, S. 96, Nr. 624 erwähnt auch die Beteiligung Catels an der *Leipziger Monatsschrift für Damen,* die 1794 und 1795 in Leipzig bei Voß und Comp. erschien, ohne dass die Illustrationen des Künstlers bislang nachweisbar sind.

82 Vgl. Wolzogen 1862, Bd. 1, S. 132–133, Anm. 2; Noack 1912a, S. 180; Concina Sebastiani 1979, S. 311.

83 Beide Blätter wurden 1851 dem British Museum von Georg Ernst Harzen aus Hamburg geschenkt.

84 Vgl. eine weitere eigenhändig radierte Pifferari-Darstellung Catels bei Stolzenburg 2014, S. 48, Abb. 3.

85 »Sie haben mein sehr werther Freund gewünscht daß ich während meinem Aufendhalt in Italien Zeichnungen zu Ihren Damenkalendern machen möchte, wozu sich hier sehr reichhaltiger Stof [sic] darbietet, wen[n] es Ihnen recht ist so werde ich eine Anzahl von 12 Blättern Volksszenen und Gebräuche zeichnen, täglich sieht man Mahlerische und interessante Scenen, auch Neapel wohin ich im April reisen werde, wird mir gewiß schöne und interessante Bilder liefern. H. Graß [Karl Gotthard Graß] will die Freundschaft für mich haben, und eine kleine Beschreibung zu diesen Zeichnungen machen, ich hoffe, daß es Ihnen nicht unlieb seyn wird einen bessern Com[m]entator kön[n]te ich schwerlich dazu finden.« Brief Franz Ludwig Catels (Rom, 5. 2. 1811 [sic; 1812] an Johann Friedrich Cotta in Tübingen; zit. nach Ausst.-Kat. Marbach am Neckar 1966, S. 170–171, Nr. 238.

Der Maler und der Archäologe.
Franz Ludwig Catel und Aubin-Louis Millin
im Königreich Neapel

Gennaro Toscano

NACH EINER REISE, die ihn kreuz und quer durch ganz Kalabrien geführt hat, ist der Chevalier Millin nun wieder in Neapel. Mitgebracht von dieser Reise hat er eine umfangreiche Sammlung von Zeichnungen, die einen guten Eindruck davon vermitteln, wie es dort in Kalabrien aussieht: Ansichten pittoresker Landstriche, bekannter Orte, des ländlichen Lebens und manch bedeutender Bauwerke, die verschont geblieben sind von den Verwüstungen durch Erdbeben und diverse Kriege, von denen diese hübschen Ortschaften in der Vergangenheit heimgesucht wurden. Diese Zeichnungen stammen von der Hand eines gewissen Herrn Catel, preußischer Künstler und herausragender Landschaftsmaler, der ihn auf seiner Reise begleitet hat.«[1]

Mit diesen Worten, die er auf einem losen Blatt notierte, das zwischen den unveröffentlichten Notizen über seine Reise nach Kalabrien gefunden wurde, beschreibt der französische Archäologe Aubin-Louis Millin perfekt die Rolle des jungen preußischen Malers Franz Ludwig Catel, der 1812 in seine Dienste trat und ihn im Frühjahr und Sommer dieses Jahres auf seiner Entdeckungsreise durch das Königreich Neapel begleitete.

Millin – Kurzer biographischer Abriss Aubin-Louis Millin de Grandmaison wurde am 19. Juli 1759 in Paris geboren.[2] Nach literarischen und naturwissenschaftlichen Studien betätigte er sich als Übersetzer deutscher und englischer Literatur und Philosophie. Im Rahmen dieser Tätigkeit, zudem in seiner Funktion als Journalist und Mitglied von Gelehrtengesellschaften interessierte er sich neben den Naturwissenschaften schon früh vor allem für Geschichte und Archäologie. Als begeisterter Anhänger des von Carl von Linné entwickelten Ordnungssystems begann er Pflanzen und Mineralien zu sammeln. Ursprünglich ein glühender Verfechter der Revolutionsideen, geriet Millin in den postrevolutionären Wirren selbst zwischen die Fronten, saß von September 1793 bis August 1794 im Gefängnis und entging der Hinrichtung auf der Guillotine nur knapp, als

Robespierre entmachtet wurde. Aufgrund dieser dramatischen persönlichen Erfahrung zog er sich ganz aus dem politischen Leben zurück und widmete seine Zeit fortan weitgehend der Lektüre klassischer Autoren und dem Studium historischer Baudenkmäler.[3]

Es ist wohlbekannt, dass Millin die blinde Zerstörungswut der Revolutionäre scharf verurteilte und sich nachdrücklich für den Schutz des nationalen Kulturerbes engagierte, sah er doch als einer der ersten dessen historische Bedeutung. Von ihm stammt auch der Begriff »monument historique«. Schon im ersten Band seiner *Antiquités nationales,* der im Dezember 1790 erschien, würdigte er Kirchen und Klöster als historische Kulturdenkmäler und Zeugnisse des menschlichen Genius und verwahrte sich gegen jegliche Zerstörung.[4] Nur durch eingehende Erforschung und Inventarisierung dieser Monumente könne man das nationale Kulturerbe sichern und als geschichtliches Zeugnis an die nachfolgenden Generationen weitergeben.

1792 gründete Millin die Zeitschrift *Magazin encyclopédique,* die von 1795 bis 1818 durchgängig erschien: eine wahre Fundgrube für alle erdenklichen Informationen über das kulturelle und künstlerische Leben in Frankreich und Europa der napoleonischen Zeit und der Restauration.[5] Im Januar 1795 wurde Millin in die *Commission temporaire des arts* berufen und gehörte dort zu den aktivsten Mitgliedern; am 10. Juni jenen Jahres ernannte man ihn zudem zum *conservateur-professeur* im *Cabinet des médailles, des antiques et des pierres gravées* an der Bibliothèque nationale und am 26. Oktober zu dessen Sekretär. Bis zum Tode des Abtes von Courçay (1. November 1799) sollte er als Leiter des *Cabinet* tätig sein.[6]

Da in Frankreich wie in den besetzten Ländern zahllose Kulturgüter aus kirchlichem wie privatem Besitz enteignet wurden, wuchsen die Bestände des *Cabinet* so rasant, dass dieses sich bald zu einem wahren Anziehungspunkt für Gelehrte und Künstler, aber auch für die Studenten der *École normale* entwickelte.[7] Und es war Millin, der dort das erste öffentliche Seminar zur Kunstgeschichte in

Frankreich abhielt.[8] In seiner Antrittsvorlesung am 24. November 1798 charakterisierte er die Veranstaltung als Kurs »d'archéographie«, weil sämtliche Monumente als Kunstwerke gelten und deshalb mit wissenschaftlichen Methoden untersucht werden müssten: Man müsse ihre Geschichte erforschen, ihre Entstehungszeit, »den spezifischen Zweck, zu dem sie geschaffen wurden«, aber man benötige auch den Vergleich »mit den anderen Darstellungen desselben Genres bei Monumenten anderen Typs«.[9] Seine Lehre basierte auf der unmittelbaren Betrachtung der Werke, die durch das Studium literarischer und mythologischer Vorlagen ergänzt wurde, mit dem Ziel, eine Verbindung zwischen Kunstwerken und literarischen wie dokumentarischen Quellen herstellen zu können. In seinen Vorlesungen behandelte Millin nicht nur das Alte Ägypten und die Antike, sondern auch die Kunst des Mittelalters und der Neuzeit, wobei er sämtliche Kunstgattungen berücksichtigte: von der Architektur bis zur Bildhauerei und von der Malerei bis zur Miniatur, ohne Numismatik, Glyptik, Mosaikkunst und Textilien zu vernachlässigen. Die handschriftlichen Manuskripte seiner Vorlesungen, die in der Bibliothèque nationale aufbewahrt werden, zeugen von der breit gefächerten Vielfalt seiner Interessen.[10]

Der Archäologe verfügte über ausgezeichnete Beziehungen zu den tonangebenden Kreisen der napoleonischen Zeit: Er kannte nicht nur die Kaiserin Josephine, Talleyrand und Metternich persönlich, sondern auch die Herzogin von Abrantès und das gesamte diplomatische Korps.

Erschöpft von einem Übermaß an Arbeit, erholte er sich 1804–1806 auf ärztliches Anraten in Südfrankreich und verarbeitete diese Erfahrung zu dem fünfbändigen Werk *Voyage dans les départements du Midi de la France,* zu dem auch ein illustrierter Atlas gehörte; es erschien zwischen 1807 und 1811 in Paris.[11]

Auf dem Höhepunkt seiner Karriere unternahm Millin im Alter von 52 Jahren seine erste und einzige Auslandsreise – im September 1811 brach er nach Italien auf.[12] Nach einem kurzen Zwischenstopp in Turin und dem Piemont führte ihn sein Weg direkt nach Rom, wo er am 30. November ankam. Er blieb bis Mitte März des

Folgejahres. Vom 29. April bis 14. Juli 1813 sollte er dann noch einmal ähnlich lang in der Ewigen Stadt weilen. Zwischen diesen beiden Romaufenthalten verbrachte er ein Jahr im Königreich Neapel, besuchte die Hauptstadt und bereiste systematisch die abgelegenen Gebiete wie Kalabrien, Apulien, die Abruzzen und Molise. Nach dem Rückzug der napoleonischen Truppen aus Russland trat er die Rückreise nach Frankreich an, auf der er noch einmal in Rom und danach in Umbrien, der Toskana, der Emilia, dem Veneto und der Lombardei Zwischenstation machte. Am 19. November 1813 war er wieder in Paris.

Während sich die Krise des französischen Kaiserreiches immer weiter zuspitzte, beschäftigte sich Millin fast ausschließlich damit, das umfangreiche Material der Italienreise zu ordnen. Obwohl er täglich daran arbeitete, gelang es ihm jedoch nur, die Bände über das Piemont (*Voyage en Savoie, Piémont, à Nice et à Gênes,* Paris 1816) und die Lombardei (*Voyage dans le Milanais, à Plaisance, Parme, Modène, Mantoue, Crémone et dans plusieurs villes de l'ancienne Lombardie,* Paris 1817) sowie den eleganten Band *Description des tombeaux de Canosa* (Paris 1816) zu veröffentlichen, bevor er am 14. August 1818 starb.[13]

Die Italienreise 1811 bis 1813   Millin hielt sich somit insgesamt drei Jahre in Italien auf, von 1811 bis 1813. Es handelte sich nicht um eine Bildungsreise, sondern vielmehr um eine Mission im Auftrag des Innenministers, des Grafen von Montalivet. Dank des offiziellen Charakters der Reise konnte Millin auf entsprechende finanzielle Mittel zurückgreifen, aber auch auf logistische Unterstützung, da die von ihm bereisten Gebiete damals zu Frankreich gehörten: Er verfügte über entsprechende Empfehlungsschreiben und Genehmigungen der höchsten französischen Behörden, was das Unternehmen sehr erleichterte.[14]

Anhand zahlreicher Briefe, die entweder im *Magazin encyclopédique* abgedruckt wurden oder direkt an den Grafen von Montalivet gingen,[15] sowie der sonstigen umfangreichen Korrespondenz aus der Bibliothèque nationale de France[16] ist es möglich, die einzelnen Etappen seines fruchtbaren Italienaufenthalts nachzuvollziehen.

Abb. 1
Atrium der Kathedrale in Salerno, 1812, Feder in Braun über Bleistift, braun laviert, weiß gehöht, 323 x 430 mm, Paris, Bibliothèque nationale de France, Département des Estampes et de la Photographie, Rés. VZ-1383-Fol (Vb 132 l, Fol, P64628)

Abb. 2
Ansicht von Atrani vom Meer aus, 1812, Feder in Braun über Bleistift, 215 x 337 mm, Paris, Bibliothèque nationale de France, Département des Estampes et de la Photographie, Rés. VZ-1383-Fol (Vb 132 t, I Fol, P67219)

Begleitet wurde er von einem Privatsekretär, dem Elsässer Jacques Ostermann, und zu seinem Reisegepäck zählte eine eindrucksvolle Menge von Büchern und Kartenmaterial sowie sämtliche Gerätschaften, die man für Abdrücke, Vermessungen und Zeichnungen brauchte.

Ziel der Reise war es, eine umfassende Dokumentation (Zeichnungen, Drucke, Bücher) zusammenzustellen, die als Grundlage neuer Veröffentlichungen dienen und später die Bestände der Bibliothèque nationale sowie seine eigene private Sammlung bereichern sollte. Im Vergleich zu seinen Vorgängern war Millin tatsächlich der erste, der – äußerst sorgfältig und umsichtig – eine Reise vorbereitete, die ihn in sämtliche Regionen des Südens führen würde. Dabei ging er streng historisch vor, ließ keine Epoche aus – von der Antike bis zum Mittelalter, von der Renaissance bis zum Barock – und bezog alle künstlerischen und im weitesten Sinne kulturellen Ausdrucksformen mit ein: von der Architektur bis zur Malerei, von der Bildhauerei bis zur Innenausstattung, von der Epigraphik bis zur Ethnographie, wobei er selbst die anspruchslosesten Objekte, wie man sie in den von ihm frequentierten Schenken und Gasthäusern vorfand, keineswegs verschmähte. In diesem allumfassenden Interesse, das sich auf jedwede Art von Manufakt ebenso richtete wie auf die verschiedensten Naturphänomene, unterscheidet er sich wesentlich von denen, die vor ihm die Regionen bereits besucht hatten.

Als Zeichner engagierte Millin lokale Künstler: in Turin Angelo Boucheron, in Rom Gioacchino Camilli und Bartolomeo Pinelli, in Neapel Filippo Marsigli, Carlo Pecorari und Michele Steurnal, in Apulien Ignazio Aveta und in Venedig Luigi Zandomeneghi, aber auch junge ausländische Talente wie Franz Ludwig Catel. Der preu-

ßische Maler wurde im wahrsten Sinn des Wortes zu Millins »Auge«, weil er es wie kein Zweiter verstand, die beeindruckenden Bauwerke und Landschaften in Kampanien, Kalabrien und den Abruzzen wie auch die Sitten und Gebräuche der jeweiligen Bewohner im Bild zu verewigen.

Millin wollte eine neue *Voyage pittoresque* nach dem Vorbild der berühmten Ausgabe des Abbé de Saint-Non, die von 1781 bis 1786 in Paris erschienen war,[17] herausbringen, sie sollte mit Stichen nach den unterwegs gefertigten Zeichnungen illustriert werden. Von diesem äußerst ehrgeizigen Vorhaben haben sich erhalten: der *Extrait de quelques lettres,* eine Art Zusammenfassung, die 1814 in der Märzausgabe des *Magazin encyclopédique* erschien,[18] die (nicht illustrierten) Bände der *Voyage en Savoie, Piémont, à Nice et à Gênes* von 1816 sowie die *Voyage dans l'ancienne Lombardie* von 1817 und vor allem eine umfangreiche Dokumentation,[19] bestehend im Wesentlichen aus über 1.000 Zeichnungen,[20] den Briefen[21] und den unveröffentlichten Reisenotizen, die in der Bibliothèque de l'Arsenal der Bibliothèque nationale de France aufbewahrt werden.[22]

Millin und Catel zwischen Rom und Neapel Die Künstler, die für Millin die Zeichnungen zur Illustration seiner geplanten *Voyage pittoresque* anfertigen sollten, lernte er jeweils vor Ort kennen. Die einzige Ausnahme bildet Franz Ludwig Catel, der ihn nach Neapel, Kampanien, in die Abruzzen, die Basilikata und insbesondere nach Kalabrien begleitete. Begegnet waren sich die beiden schon in Paris, entweder zwischen 1798 und 1800, spätestens jedoch in den Jahren zwischen 1807 und 1811, als sich Catel längere Zeit dort aufhielt und von seinem Cousin, dem Musiker Charles Simon Catel, nachweislich bei Millin eingeführt wurde. Zu dieser Zeit wurde Millins

Abb. 3
Anhänger und Amulette der Tancreda De Dominicis in Ascea, 1812, Bleistift, 165 x 115 mm, Paris, Bibliothèque nationale de France, Département des Estampes et de la Photographie, Gb 20 Fol, Fol. 32

Abb. 4
Krüge aus Ascea und Cassano allo Ionio, 1812, Bleistift, 200 x 117 mm, Paris, Bibliothèque nationale de France, Département des Estampes et de la Photographie, Gb mat 19

Salon in der Bibliothèque nationale von zahlreichen deutschen
Künstlern und Gelehrten frequentiert, und er unterhielt hervorragende Kontakte zu den deutschen Kollegen über das *Magazin
encyclopédique*.[23]

Als Catels erste Frau Sophie Friederike Kolbe im Jahre 1810
starb, beschloss dieser, Paris zu verlassen und nach Italien zu gehen;
etwa zur selben Zeit bereitete Millin seine lang ersehnte Italienreise
vor. Catel kam am 28. Oktober 1811 in Rom an und ließ sich ab 1813
zunächst in der Via Sistina 79 nieder, gegenüber der Casa Buti, einem
der Haupttreffpunkte der Deutsch-Römer, wo etwa auch Jean-Auguste-
Dominique Ingres wohnte, der sich in Rom bis 1813 aufhielt.[24]

Millin wiederum erreichte Rom am 30. November 1811. Gleich
nach seiner Ankunft nahm er Kontakt zu seinen französischen
Landsleuten auf, die in der Metropole ansässig waren. Dazu gehörten
die Architekten Pierre-Adrien Pâris, Giuseppe Valadier und François Mazois, Baron Martial Daru, General Miollis, Madame Récamier
sowie der Gelehrte Jean Baptiste Louis Georges Seroux d'Agincourt,[25]
der Frankreich verlassen hatte, um an seiner anspruchsvollen
*Histoire de l'art par les monuments depuis sa décadence au IVe
siècle jusqu'à son renouvellement au XVIe siècle* zu arbeiten, die ab
1810 erschien.[26] Seroux D'Agincourts Haus, seine Bibliothek und
seine Kunstsammlung entwickelten sich zu einem Zentrum für die
»primitive Kunst«.[27] Wie er suchte nun auch Millin Padre Pouyard
auf, ein anderes Mitglied der französischen Kolonie, der den Neu-
ankömmling mit der frühchristlichen und mittelalterlichen Kunst in
der Hauptstadt vertraut machte.[28]

In diesem Zusammenhang machte Millin auch die Bekanntschaft von »Monsieur Granet, einem jungen, vielversprechenden
Maler«,[29] der von 1802 bis 1812 nur wenige Schritte von Seroux
d'Agincourt entfernt wohnte.[30] Vielleicht war es dieser François-
Marius Granet, der ihn und Catel erneut zusammenführte.[31] Granet
und Catel verband eine Vorliebe für Kircheninterieurs. Tatsächlich
interessierte sich Granet nicht nur für das antike Rom, sondern
auch für die frühchristliche und mittelalterliche Kunst, wie diverse
von ihm im Pariser Salon ausgestellte Bilder zeigen und wie er
selbst in seinen *Mémoires* schreibt.

Abb. 5
Küche in San Giovanni a Piro (Salerno), 1812, Bleistift, 115 x 197 mm, Paris, Bibliothèque nationale de
France, Département des Estampes et de la Photographie, Rés. VZ-1383-Fol (Vb 132 t, I Fol, P67286)

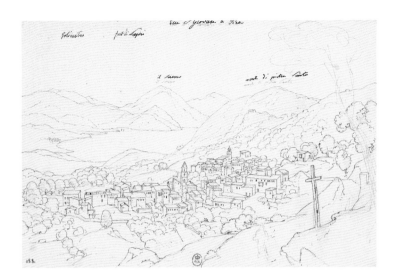

Der Schauplatz der ersten namhaften Aufträge, die Millin an
Catel vergab, war zweifellos das Königreich Neapel. Im April 1812 bestellte der Archäologe bei dem Deutschen Zeichnungen von einigen
neu entdeckten Grabmälern in Pompeji, die später von Ludwig Friedrich Kaiser gestochen und 1813 in einem der Königin Caroline Murat
gewidmeten Band der Königlichen Druckerei publiziert wurden.[32]

In erster Linie jedoch waren es die zahllosen Landschaften und
Ansichten eines völlig unbekannten Süditaliens, die Millin das Talent
des preußischen Malers zu schätzen lehrten, wie er selbst in dem
Text *Description des tombeaux* schreibt: »Monsieur François Catel,
ein ganz ausgezeichneter Maler aus Berlin, hat mich auf meinen
Reisen durch Kalabrien begleitet, die Küsten entlang, zu Inseln und
Buchten, von Capo Miseno bis nach Reggio Calabria sowie durch
einen Teil der Abruzzen und an den Lago Fucino. Jetzt bin ich im
Besitz einer umfangreichen Sammlung von Zeichnungen, die er angefertigt hat und die ich veröffentlichen möchte. Dieser bemerkenswerte Künstler hält sich zurzeit in Rom auf, um einige Werke zu
vollenden, die ihn als Landschaftsmaler berühmt machen werden.«[33]

Die Vorbereitung der Kalabrienreise

Zu Millins Zeiten war eine
Reise nach Kalabrien ein echtes Abenteuer und galt als derart ge-
fährlich, dass sich bis dahin nur wenige bis an das südliche Ende der
italienischen Halbinsel vorgewagt hatten. Aus diesem Grund kamen
die meisten Reisenden nur bis nach Neapel, machten von dort maxi-
mal noch einen Abstecher nach Paestum und schifften sich dann
nach Sizilien ein.[34] Damals war Europa in Neapel zu Ende: »Kalabrien, Sizilien, der ganze Rest ist Afrika«, hatte 1806 bereits Creuzé
de Lesser geschrieben.[35] Dennoch hatte es schon im 18. Jahrhundert
vereinzelt ein paar Wagemutige gegeben, die einen Vorstoß bis nach
Kalabrien riskiert hatten: darunter der Franzose Dominique-Vivant
Denon, der Engländer Henri Swinburne und der Deutsche Johann
Heinrich Bartels. Ihre Reisetagebücher wurden von Millin ausgiebig
genutzt.

Denon war am 20. November 1777 in Neapel eingetroffen, um
eine Gruppe von Künstlern und Architekten zu leiten, die den Auf-

Abb. 6
Ansicht von San Giovanni a Piro (Salerno), 1812, Feder in Braun über Bleistift, 227 x 336 mm, Paris,
Bibliothèque nationale de France, Département des Estampes et de la Photographie, Rés. VZ-1383-Fol
(Vb 132 t, I Fol, P67285)

trag hatte, Monumente und Veduten zur Illustration der *Voyage pittoresque* des Abbé de Saint-Non zu zeichnen.[36] Denon reiste durch Apulien, folgte von Taranto der ionischen Küste nach Süden und setzte dann von Reggio nach Sizilien über.[37] Auf der Rückfahrt machte er kurz in Tropea, Vibo Valentia, Pizzo, Nicastro sowie Cosenza Station und fuhr dann durch die Basilikata und den Vallo di Diano nach Paestum.[38]

Im selben Jahr bereiste der englische Aristokrat Henri Swinburne dieselbe Route von Taranto nach Reggio und veröffentlichte darüber zwei Bände unter dem Titel *Travels in the Two Sicilies* (London 1783–1785). Die Publikation war so erfolgreich, dass sie 1785 ins Deutsche und 1785 bis 1787 ins Französische übersetzt wurde; die französische Ausgabe wurde von Benjamin de Laborde besorgt, der als Anhang den Reisebericht von Denon hinzufügte.[39] Gleichwohl ließ Swinburne den tyrrhenischen Teil Kalabriens vollständig aus und schiffte sich von Reggio aus direkt nach Gallipoli in Apulien ein.[40]

Mit dem verheerenden Erdbeben, das im Jahre 1783 den südlichen Teil Kalabriens erschütterte, veränderte sich jedoch die Wahrnehmung der Region grundlegend. In weniger als zwei Monaten (zwischen dem 5. Februar und dem 28. März) wurden durch fünf schwere Erdstöße und Hunderte kleinerer Nachbeben 180 Ortschaften zerstört und etwa 30.000 der rund 440.000 Einwohner fanden den Tod. Angesichts der tragischen Ereignisse rückte dieser abgelegene Winkel Italiens plötzlich ins Blickfeld Europas und zahlreiche Besucher reisten an, um in den Ruinen vor Ort das Naturphänomen zu studieren, das so tragische Folgen gezeitigt hatte.[41] Bald zirkulierten auf dem ganzen Kontinent die ersten illustrierten Abhandlungen, gefördert unter anderem durch das Interesse Ferdinands IV. von Bourbon, der am 15. April 1783 eine Expertenkommission der Königlichen Akademie Neapel in das Erdbebengebiet schickte, welcher der Architekt Pompeo Schiantarelli und der Ingenieur Ignazio Stile angehörten. Die Zeichnungen der Kommission dienten als Vorlage zur Illustration der zweibändigen *Istoria de' Fenomeni del Tremoto avvenuto nelle Calabrie, e nel Valdemone nell'anno 1783* von Michele Sarcone, die 1784, also nur ein Jahr später, von der

Königlichen Druckerei in Neapel verlegt wurde. Im selben Jahr erschien in Rom der Band *Mémoire sur les tremblements de terre de la Calabre pendant l'année 1783* von Déodat de Dolomieu. Beim Anblick des stark zerstörten Polistena zeigte sich der französische Geologe zutiefst erschüttert: »Als ich die unförmigen Steinhaufen sah, die keine Vorstellung mehr davon vermitteln, wie der Ort einmal ausgesehen hat, als ich sah, dass das Erdbeben kein einziges Haus verschont und alles dem Erdboden gleichgemacht hat, war ich vor lauter Entsetzen, Mitleid und Abscheu einen Augenblick lang wie gelähmt.«[42] Sein Text findet sich, wenn auch nur in Auszügen, wiederabgedruckt in der fünfbändigen *Voyage pittoresque* des Abbé de Saint-Non, und zwar im Band über den südlichen Teil des Königreiches.[43]

In diesen Kontext gehören auch die Erfahrungen des aus Hamburg stammenden Deutschen Johann Heinrich Bartels. Dieser brach im September 1785 nach Italien auf und erreichte nach Aufenthalten in Venedig, Bologna, Florenz, Rom und Neapel im Juli 1786 Kalabrien und dann Sizilien. Nach seiner Rückkehr publizierte er in Göttingen eine fünfbändige Ausgabe seiner *Briefe über Kalabrien und Sizilien*, wobei der erste Band sich fast ausschließlich mit Kalabrien beschäftigt. Bartels reiste über den Cilento und die Basilikata in diese Region. Nachdem er den Nordteil Kalabriens passiert hatte, sah er den verwüsteten Süden, von Nicastro bis Monteleone (Vibo Valentia), von Mileto bis Scilla, setzte dann jedoch von Reggio nach Sizilien über und ließ somit die gesamte ionische Küste aus.

Nach Aussage des Übersetzers und Herausgebers der italienischen Ausgabe, Teodoro Scamardi, ging es Bartels bei der Reise im Wesentlichen um drei Dinge: Er wollte verstehen, wie es möglich sein konnte, dass dieses europäische Grenzland, einst die Wiege

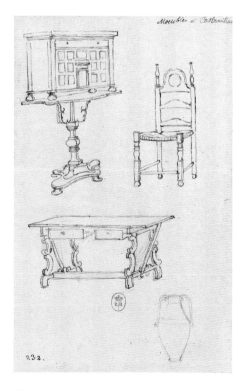

höchster Zivilisation, in einen Zustand der »Barbarei« verfallen war; er wollte mit eigenen Augen die Auswirkungen des Erdbebens von 1783 sehen; und er wollte begreifen, woher die Vorurteile gegen das kalabrische Volk stammten.[44]

Es waren dieselben Gründe, die ein paar Jahrzehnte später auch Aubin-Louis Millin dazu bewegten, sich nach Kalabrien aufzumachen.[45] Die jahrhundertealte Kulturgeschichte der Region, die Naturphänomene, die herrliche Landschaft, aber auch die Sitten und Gebräuche der Bewohner faszinierten den französischen Archäologen so sehr, dass er als erster ganz Kalabrien bereiste und mit Ausnahme des Aspromonte keinen Landstrich ausließ. Als besonders hilfreich erwies sich die Unterstützung durch die französischen Regenten Joachim und Caroline Murat, die ihm für die gefährlichsten Strecken eine Militäreskorte zur Verfügung stellten und dafür sorgten, dass Millin und seine Reisegefährten vor Ort von den lokalen Amtsträgern wie Bürgermeistern, Intendenten und Bischöfen empfangen wurden.

Tatkräftige Hilfe kam auch von dem Naturforscher, Antiquar und Kunstsammler Jean-Louis-Antoine Reynier, der zum Zeitpunkt der Reise das Amt des Oberaufsehers über die königlichen Waldungen und das königliche Postwesen innehatte.[46] Da er 1806/07 unter der Regentschaft von Joseph Bonaparte für die öffentliche Ordnung zuständig war, kannte er sich sehr gut aus und gab Millin zahlreiche praktische Hinweise.[47] Der Plan zu dieser Reise bestand indes schon länger: Bereits 1797 hatte Millin begonnen, Bartels' Briefe ins Französische übersetzen zu lassen. Letztlich kam das Vorhaben nicht zum Abschluss, aber Millin ließ unter dem Titel *Histoire de la Calabre, traduite des lettres sur la Calabre et la Sicile écrites en allemand par M. Bartels* zumindest einige Auszüge daraus veröffentlichen und kündigte an, dass »dieses herausragende Werk« bald in Druck gehen werde.[48]

Neben den Briefen von Bartels und Friedrich Münter, einem anderen Süditaleinreisenden,[49] hatte Millin auch das Reisetagebuch von Henri Swinburne im Gepäck, aus dem er in seinen eigenen unveröffentlichten Notizen oft zitiert;[50] laut Millin hatte der englische Kollege jedoch »die Küstenstädte nur durch sein Fernrohr gesehen; er behandelt sie weit weniger angemessen als die apulischen; dabei

beschränkt er sich auf konventionelle Aussagen über ihre Geschichte und macht auch bei der Beschreibung etliche Fehler. Ich hingegen kenne sie aus eigener Anschauung, weil ich mich dort mehr oder weniger lang aufgehalten habe.«[51] Zudem konnte Millin auch Denons Anmerkungen studieren, die Laborde in die französische Swinburne-Ausgabe eingefügt hatte; er lieh sich das Buch in Vibo Valentia von einem Herrn Di Franco aus, da er sein eigenes Exemplar in Paris vergessen hatte.[52]

Neben den bekannten ausländischen Autoren studierte Millin auch eingehend die wichtigsten Werke lokaler Autoren wie beispielsweise *Della Calabria illustrata* von Giovanni Fiore (Neapel 1691), *Il Regno di Napoli in prospettiva* von Giovan Battista Pacichelli (Neapel 1703), *Il Regno di Napoli e di Calabria, descritto con medaglie* von Marco Maier (Rom 1723), *Descrizione geografica e politica delle Sicilie* von Giuseppe Maria Galanti (Neapel 1793) und vor allem das *Dizionario geografico ragionato del Regno di Napoli* von Lorenzo Giustiniani (Neapel 1797).[53] Darüber hinaus konnte er im Unterschied zu seinen Vorgängern auf wesentlich genaueres Kartenmaterial zurückgreifen, etwa auf die herrlichen Karten aus dem *Atlante geografico delle Due Sicilie* von Giovanni Antonio Rizzi-Zannoni, die von 1788 bis 1812 in Neapel verlegt wurden.

6. Mai bis 17. Juli 1812 – Millin, Catel und Astolphe de Custine auf dem Weg nach Kalabrien   Nach einigen Wochen in Neapel tritt Millin Anfang Mai 1812 endlich die lang ersehnte Reise in die südlichen Gebiete des Königreichs an. Die Route führt an der Amalfiküste entlang ins Cilento, dann durch die Basilikata nach Kalabrien hinein. Zu seiner Begleitung gehören sein Sekretär Jacques Ostermann, Catel sowie der junge Dandy und Dichter Astolphe de Custine, Sohn der Marquise Delphine de Sabran, bekannt als Geliebte von Chateaubriand.[54]

Am 6. Mai verlassen der Maler, der Dichter, der Sekretär und der Archäologe Neapel und besuchen im Laufe des Tages Pompeji, Scafati und Nocera, bevor sie nach Salerno weiterfahren. Den 7. Mai verbringen sie ganztägig mit der Besichtigung der dortigen Kathedrale, eines Bauwerks normannischen Ursprungs voll antiker und

Abb. 9
Ansicht des Klosters San Francesco in Paola (Cosenza), 1812, Feder in Braun über Bleistift, 223 x 335 mm, Paris, Bibliothèque nationale de France, Département des Estampes et de la Photographie, Rés. VZ-1383-Fol (Vb 132 e Fol, P63355)

Abb. 10
Ansicht von San Lucido (Cosenza), 1812, Feder in Braun über Bleistift, 221 x 339 mm, Paris, Bibliothèque nationale de France, Département des Estampes et de la Photographie, Rés. VZ-1383-Fol (Vb 132 e Fol, P63358)

mittelalterlicher Kunstwerke, die Millin von Catel aufnehmen lässt (Abb. 1). Da man sich noch in der Osterzeit befindet, haben die Besucher Gelegenheit, eine große *Exultet*-Rolle zu bewundern, die nach mittelalterlichem Brauch von einer der Kanzeln hängt. In seinen Notizen beschreibt Millin ausführlich die 19 Szenen,[55] während Catel mit seiner gewohnten Genauigkeit einige davon in seinem Reisetagebuch abzeichnet und sogar die Farben notiert.[56]

Am 8. Mai begibt sich die Gruppe zu Fuß nach Vietri, wo ein Boot nach Amalfi auf sie wartet.[57] Die Aussicht auf die Landschaft, die sich ihnen vom Wasser aus bietet, ist so betörend, dass die Reisenden überwältigt sind, was sich nicht nur in Catels Zeichnungen (Kat.-Nr. 59; Abb. 2), sondern auch in Millins Ausführungen und Custines Briefen niederschlägt. In einem Brief vom 8. Mai schreibt Custine: »Wir sind durch eine unvergleichliche Landschaft gefahren: Wenn ihr mir nicht glaubt, fragt Herrn Catel, unseren Reisegefährten, der die Natur mit den Augen des Malers betrachtet und behauptet, so etwas Wundervolles wie die Amalfiküste habe er nie zuvor gesehen [...]. In Amalfi muss man zur Kirche hinaufsteigen, und zwar nicht wegen der Kirche, sondern wegen der Aussicht, die man genießt, bevor man die Kirche betritt; es ist eine höchst erstaunliche Landschaft, und der Portikus der Kathedrale bildet den Rahmen dafür.«[58] Catel fertigt eine detailgetreue Kopie des Portikus und der Fassade des Doms in Amalfi an (Kat.-Nr. 57–58).

Nachdem sie Salerno und die Amalfiküste verlassen haben, fahren die Entdecker am 12. Mai weiter Richtung Süden: Nachdem sie Battipaglia, Eboli und Persano passiert haben, erreichen sie gegen Abend Paestum, wo sie bei dem Bruder des örtlichen Militärkommandanten Colonnello Gaetano Bellelli logieren. Millin ist tief bewegt vom Anblick der berühmten Tempel und bittet Catel, sie abzuzeichnen.[59] Ein schönes Blatt in Bleistift und brauner Tinte zeigt den Neptuntempel (Heratempel II) in der Mitte und die sogenannte Basilika (Heratempel I) unter einem wolkigen Himmel, aus dem ein Sonnenstrahl hervorbricht, der die Monumente trifft; im Vordergrund liegen von der Natur überwucherte Trümmer der Umgebungsmauer und rechts steht ein Hirte, der sich auf einen Stab stützt und seine Tiere hütet (Kat.-Nr. 54). Das Gefühl von Verlorenheit, das

von dieser Zeichnung ausgeht, deckt sich mit den Eindrücken, die Custine in einem Brief vom 9. Mai notiert: »Der Anblick dieser Wüstenei erfüllt mich mit tiefer Wehmut; aber es ist eine sanfte Wehmut, ausgelöst durch eine einfache Empfindung. Überhaupt nicht zu vergleichen mit den Eindrücken in Rom! Hier können die Toten wenigstens in Frieden ruhen, über den Gräbern herrscht Stille; die Ruinen mildern die Verlorenheit, und keine dumme, gefühllose Menge beleidigt den erloschenen Glanz vergangener Tage [...]. Drei fast vollständig erhaltene Tempel stehen mitten in einer nackten, verlassenen Ebene; und diese Ruinen hinterlassen in der Seele tiefe Spuren. Hier fühlt sich der Mensch der Natur enthoben.«[60]

Die Kutsche bleibt in Paestum und die drei reiten auf Eseln nach Agropoli und Ascea, wo sie die Überreste des antiken Velia besuchen. Als Gäste eines Herrn De Dominicis verbringen sie den Abend bei Geigen- und Gitarrenklängen. Catel nutzt die Gelegenheit, um Tancreda, die Tochter des Wirts,[61] zu porträtieren und interessiert sich besonders für die Amulette, die das Mädchen am

Abb. 11
Ansicht von Tropea (Vibo Valentia), im Vordergrund der Hafen, im Hintergrund die Insel Stromboli (Messina), 1812, Feder in Braun über Bleistift, 215 x 335 mm, Paris, Bibliothèque nationale de France, Département des Estampes et de la Photographie, Rés. VZ-1383-Fol (Vb 132 e Fol, P63305)

Abb. 12
Grabmal des Andrea de Rogerio, ehemals in der Kapelle Santa Margherita (San Francesco) in Tropea (Vibo Valentia), 1812, Feder in Braun über Bleistift, 337 x 290 mm, Paris, Bibliothèque nationale de France, Département des Estampes et de la Photographie, Pe 22 Fol.

Abb. 13
Fragment der Vorderseite des Sarkophags für Andrea de Rogerio, Marmor, Tropea (Vibo Valentia), Museo Diocesano

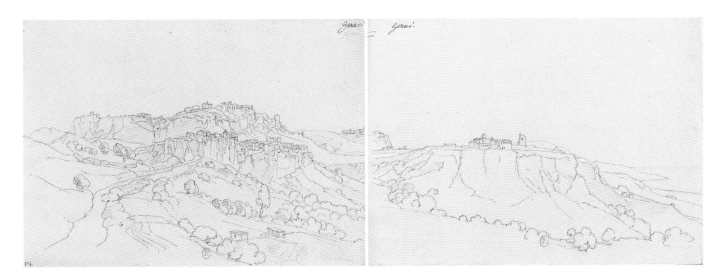

Hals trägt: Wolfszahn, Schlüssel, Halbmond und Schellen (Abb. 3). Am nächsten Tag zeichnet er im Morgengrauen vor der Abfahrt noch einige Tonkrüge (Abb. 4), laut Millin »gestaltet im Stil der antiken Sarazenen«.[62]

Nach einem Besuch in den Ruinen von Velia geht es mit dem Boot weiter nach Palinuro. Hier richtet sich das Interesse des zum Archäologen gewordenen Naturforschers nicht so sehr auf die Landschaft,[63] sondern speziell auf die berühmte Grotta delle Ossa: So lässt Millin auch Zeichnungen von Fossilien anfertigen, die er an Georges Cuvier, den Begründer der wissenschaftlichen Paläontologie, zu schicken gedenkt.[64] Von Palinuro geht es weiter nach San Giovanni a Piro, wo Catel das Innere einer bescheidenen Küche (Abb. 5) und eine Ansicht des Dorfes (Abb. 6) skizziert, zu dem es bei Millin heißt: »Der Ort schmiegt sich malerisch an einen Bergrücken; davon habe ich eine Zeichnung, die im Morgengrauen des folgenden Tages entstand.«[65]

Da Sapri von englischen Truppen besetzt ist, sind die Reisenden gezwungen, die Küste zu verlassen und ins Landesinnere auszuweichen: Am 20. Mai verbringen sie den Tag in der Certosa San Lorenzo in Padula. Hier erwartet sie eine Kutsche, mit der sie die Fahrt fortsetzen; am 21. Mai passieren sie Lagonegro (Abb. 7), Lauria,[66] die Hügel von Trecchina,[67] Castelluccio sowie Rotonda[68] und erreichen am 23. Mai schließlich Castrovillari, die erste bedeutsame Ortschaft in Kalabrien. Hier porträtiert Catel eine Frau aus dem Dorf[69] und skizziert ein paar Möbelstücke (Abb. 8).

Nach einem Besuch in Cassano allo Ionio erreichen sie am 27. Mai Cosenza, die frühere Hauptstadt von Calabria Citeriore, und sind dort zu Gast bei Baron Mollo, bei dem 1835 auch Alexandre Dumas absteigen wird.[70] Am 29. Mai verlassen sie die Stadt wieder in Richtung Küste und passieren Mendicino. Auf Catels hier gezeigter Zeichnung (Kat.-Nr. 53) erkennt man im Vordergrund das alte Dominikanerkloster, heute San Pietro, dahinter die Doppelloggia des Palazzo Campagna, früher Gaudio, und links oben auf dem Hügel die Überreste des Kastells. Am Abend erreichen sie das Küstenstädtchen Paola mit dem bekannten Kloster San Francesco (Abb. 9),

das Catel in einer Serie festhält, die ebenfalls hier zu sehen ist (Kat.-Nr. 52.1–52.2). Auf dem ersten Blatt ist die Kirche Santa Maria di Montevergine zu sehen, dahinter die Cappella dell'Immacolata, während auf dem zweiten Blatt eine Ansicht der Altstadt festgehalten ist, gesehen vom heutigen Corso Garibaldi, dem früheren Borgo San Giacomo. Die herrliche, damals noch intakte Küstenlandschaft lässt weder den preußischen Maler (Abb. 10) noch den Archäologen ungerührt: »Ich kann kaum beschreiben, welchen Zauber dieser Küstenstrich von Amantea bis Nicastro auf mich ausübt.«[71] Ein neues Abenteuer steht den Reisenden bevor, als sie die breite, sumpfige Mündung des Savuto erreichen. Nur mithilfe eines Führers, der mit einem Stock den Untergrund abtastet und ihnen so den Weg weist, gelangen sie unbeschadet durch die Furt, wie wir aus Catels Zeichnung (Kat.-Nr. 61) und Millins Notizen erfahren.[72]

Nachdem sie Nicastro, heute Teil der Gemeinde Lamezia Terme (Catanzaro), passiert haben, erreichen sie am Abend des 2. Juni Monteleone, das heutige Vibo Valentia, unter französischer Regierung ehemals Hauptstadt von Calabria Ulteriore. Die Ortschaft, zum Teil durch das Erdbeben von 1783 zerstört, charakterisiert Custine als »eine traurige Stadt in einem traurigen Land«.[73] Dort besichti-

Abb. 14a–b
Ansicht von Gerace (Reggio Calabria) auf zwei Blättern, 1812, Feder in Braun über Bleistift, 250 x 360 mm (a), 254 x 361 mm (b), Paris, Bibliothèque nationale de France, Département des Estampes et de la Photographie, Rés. VZ-1383-Fol (Vb mat. 1a, boîte 3006)

Abb. 15
Ansicht der Apsis der Kathedrale von Gerace (Reggio Calabria), 1812, Bleistift, 120 x 172 mm, Paris, Bibliothèque nationale de France, Département des Estampes et de la Photographie, Rés. VZ-1383-Fol (Vb 132 r Fol, P65873)

gen die drei die Kunstsammlung der Familie di Francia,[74] bei der auch Joachim Murat zu Gast war, und vor allem die Kathedrale, in der Catel einige der Skulpturen abzeichnet, die Millin ausgiebig beschreibt.[75]

Auf der Suche nach normannischer Baukunst geht es am 6. Juni weiter nach Mileto, wo insbesondere die Abbazia della Santissima Trinità auf dem Programm steht, die von Roger I. als Pantheon der Familie Altavilla erbaut wurde. Doch vor Ort erwarten die Besucher nur ein paar Ruinen und vereinzelte Kunstwerke, die der Zerstörung durch das Erdbeben von 1783 entgangen sind. Dreißig Jahre nach der Katastrophe befindet sich eins der bedeutendsten normannischen Bauwerke in Kalabrien in einem beklagenswerten Zustand: Außer zugewucherten Trümmerbergen gibt es nichts zu sehen. Millins Anmerkungen und Catels sorgfältig ausgeführte Ansichten (Kat.-Nr. 48–50) vermitteln uns ein düsteres, trostloses Bild. Aus den Trümmerbergen ragt ein römischer Sarkophag aus dem 3. Jahrhundert n. Chr. hervor, der im Jahre 1101 als Grabstätte Rogers I. diente[76] und ebenfalls von Catel zeichnerisch festgehalten wird (Kat.-Nr. 48–49). Um den Sarkophag so weit freizulegen, dass Catel ihn aufnehmen kann, müssen vier Männer Hand anlegen, wobei Millin die Schatten spendenden Büsche stehen lässt, um »einen besonders pittoresken Effekt«[77] zu erhalten. Auch Custine empfindet den Besuch in Mileto als deprimierend – »rundherum Trümmer über Trümmer« – und beschreibt den desaströsen Anblick: »Die Männer, die sich um das Roger-Denkmal versammelten, sahen aus wie Gespenster, die aus ihrer Heimaterde hervorkriechen und vergeblich nach dem Herd ihres Elternhauses suchen.«[78]

In scharfem Kontrast zu den tristen Ruinen in Mileto steht der Anblick von Tropea mit seinen paradiesischen Gärten.[79] Auch Custine ist begeistert von der Schönheit der Stadt, »erbaut auf einem Felsen, der sich ins Meer hinausschiebt«,[80] weil sie ihn an Ortschaften in Syrien, an Rhodos oder an San Giovanni d'Acri erinnert. Als Gäste in dem schönen Palazzo von Giuseppe Galli unter-

gebracht, von dessen Loggia man eine wunderbare Aussicht auf den Hafen und die Sandstrände hat (Abb. 11), besichtigen die Reisenden unter anderem die Kathedrale, wo Catel eine Reihe von Gräbern zeichnet,[81] das Kloster Santissima Annunziata und das Kloster San Francesco direkt neben dem Palazzo Galli. Hier entdecken sie zwischen den Trümmern der Cappella di Santa Margherita das Grabmal für Andrea de Rogerio: Heute erweist sich Catels genaue Kopie (Abb. 12) als äußerst nützlich, weil von dem Sarkophag nur noch ein Fragment der Vorderseite erhalten ist, das im lokalen Diözesanmuseum aufbewahrt wird (Abb. 13).[82]

Von Tropea geht es weiter nach Süden, durch Nicotera,[83] Palmi und Bagnara, dessen »üppige Vegetation«[84] Catel in einer schönen Vedute mit der Insel Stromboli im Hintergrund verewigt (Kat.-Nr. 56). Euphorisch beschreibt auch Custine in einen Brief vom 10. Juni die Schönheit der Küste zwischen Bagnara und Scilla (Kat.-Nr. 47): »Ich glaube, ich werde verrückt: Ich kann nicht mehr schlafen, nicht mehr essen, nicht mehr denken. Ich schaue und gerate in Ekstase! Herrn Catel ergeht es genau wie mir. Ihm schwirrt der Kopf: Bei jedem Schritt bleibt er stehen, möchte alles zeichnen, alles mitnehmen.«[85]

Von Campo Calabro, wo sie bei General Charles Antoine Manhès logieren, fahren sie nach Piano delle Piale. Hier hatte schon Joachim Murat 1810 sein Lager aufgeschlagen, der Ort bietet einen der schönsten Ausblicke auf die Meerenge von Messina. Catel nutzt den Aufenthalt,[86] um am 12. Juni auf sechs Blättern herrliche Ansichten der Meerenge festzuhalten (Kat.-Nr. 62.1–62.6) sowie am folgenden Tag die hier ebenfalls gezeigte aquarellierte Zeichnung anzulegen (Kat.-Nr. 55).

Nach einem mehrtägigen Aufenthalt in Reggio Calabria will Millin eigentlich an der Südküste entlang bis nach Catanzaro fahren, aber die Malaria und die Anwesenheit der Engländer veranlassen ihn dazu, übers Meer nach Palmi zurückzukehren und sich von dort am 25. Juni über die Berge nach Gerace zu begeben, das »zwischen zwei ausgetrockneten Flüssen hoch auf einem bedrohlich wirkenden Gipfel thront« (Abb. 14a–b).[87] Auch hier ist das bedeutendste Bauwerk der Stadt, die Kathedrale »im normannischen Stil«, 1783 durch das Erdbeben schwer beschädigt worden. »Es stehen nur noch ein paar Mauerstümpfe und die Krypta mit der Cappella della Vergine«, schreibt Millin in seinen Notizen.[88] Entsprechend in

Abb. 16
Innenansicht der Cattolica in Stilo (Reggio Calabria), 1812, Pinsel in Braun über Bleistift, weiß gehöht, 263 x 279 mm, Paris, Bibliothèque nationale de France, Département des Estampes et de la Photographie, Rés. VZ-1383-Fol (Vb 132 r Fol, P65876)

Abb. 17
Ansicht von Stilo (Reggio Calabria) auf zwei Blättern, 1812, Feder in Braun über Bleistift, 253 x 364 mm (a), 253 x 230 mm (b), Paris, Bibliothèque nationale de France, Département des Estampes et de la Photographie, Rés. VZ-1383-Fol (Vb 132 r Fol, P65874)

Trümmern mit eingestürzter Apsis sehen wir sie auf der Skizze von Catel (Abb. 15).

Nachdem sie am 27. Juni die ganze Nacht marschiert sind, erreichen sie am nächsten Morgen gegen neun Uhr Stilo, das der junge Custine nach all der Anstrengung für eine der ungewöhnlichsten Städte Italiens hält.[89] Als Gäste des Archäologen und Historikers Vito Capialbi[90] ruhen sie sich aus und nutzen die Zeit zum Schreiben, Zeichnen und für Besichtigungen. Im Dom bewundert Millin das große Gemälde *Madonna di Ognissanti*, ein Meisterwerk von Battistello Caracciolo, insbesondere den »ausdrucksstarken« Gebrechlichen rechts im Vordergrund. Ebenso wie Quatremère de Quincy spricht er sich dafür aus, das Bild »in Stilo zu lassen und nicht ins Museum zu bringen«.[91]

Als sich Catel und Millin am 28. Juni aufmachen, um den Monte Consolino zu besteigen, kommen sie an einer sehr kleinen, als *La Cattolica* bekannten pittoresken Kirche vorbei (Abb. 16),[92] die auch im *Extrait* von 1814 erwähnt wird: »Ich habe eine sehr ungewöhnliche griechische Kirche zeichnen lassen.«[93] Derweil ist Custine zu Hause geblieben und nutzt die Zeit dazu, sich negativ über den Archäologen auszulassen: »Herr M[illin], dem wir den Beinamen ›der Unermüdliche‹ gegeben haben, ist heute Morgen mit Catel aufgebrochen, um den höchsten Berg der Umgebung zu besteigen, von wo aus man, glaube ich, einen herrlichen Ausblick auf beide Meere hat. Millin hat zwar alle Eigenschaften eines Reisenden, aber er findet kein Vergnügen daran: Er lässt nichts aus, kann jedoch nichts genießen! Ich konnte nicht mit wegen meines Fußes und bin hiergeblieben, um zu schreiben.«[94] Den Nachmittag verbringt der nicht müde werdende Catel mit der Aufnahme einer Ansicht der Stadt (Abb. 17).

Am 29. Juni brechen sie um zwei Uhr morgens Richtung Norden auf, folgen der Küste, besuchen die Ruinen von Santa Maria della Roccella, deren Grundriss Catel aufnimmt,[95] und erreichen schließlich Catanzaro, wo sie ein paar Tage verweilen, weil der Künstler krank ist. Hier trennt sich Custine am 1. Juli von der Gruppe und kehrt zu seiner Mutter nach Neapel zurück.

Das Verhältnis zwischen dem jungen Dichter und dem »alten« Archäologen war ohnehin gespannt und wurde durch die Strapazen der Reise noch zusätzlich belastet. In einem Brief, den Custine am 19. Juni 1812 in Reggio schreibt, werden die unterschiedlichen Einstellungen deutlich: »Im Grunde hätte Herr M*** sich die beschwerliche Reise nach Kalabrien auch sparen können; er ist ja bloß Archäologe, doch um dieses wunderbare Land richtig wahrzunehmen, braucht man die Augen eines Dichters oder Malers. Was er schreibt, hält er vor mir geheim, aber ich bin sicher, dass sein Bericht völlig ungenießbar ist.«[96] Tatsächlich sind Millins Notizen ziemlich schwere Kost: Sie lesen sich wie ein trockenes Gedächtnisprokoll, das Gesehenes rasch in dürren Worten abhandelt und dabei die unmittelbare Anschaulichkeit der Zeichnungen Catels ebenso vermissen lässt wie das Romantisch-Schwelgerische, wie wir es aus Custines Beschreibungen der grandiosen Natur kennen.

Am 6. Juli erreichen Catel und Millin Taverna, wo sie bei Rinaldo Veraldi zu Gast sind und sich in erster Linie für die Werke von Mattia Preti interessieren. Wiederholt taucht der Name des berühmten Malers in den Reisenotizen auf,[97] und Catel kopiert Pretis Selbstporträt aus dem Altarbild *Predigt des Hl. Johannes des Täufers* in der Kirche San Domenico (Abb. 18).

Nach Taverna stehen Ausflüge in die Sila-Berge auf dem Programm. Am 7. Juli machen sie in San Giovanni in Fiore Station; in

Abb. 18
Selbstporträt des Mattia Preti aus der »Predigt des Hl. Johannes des Täufers« in San Domenico in Taverna (Catanzaro), 1812, Bleistift, 199 x 136 mm, Paris, Bibliothèque nationale de France, Département des Estampes et de la Photographie, Rés. VZ-1383-Fol (N2 Vol 1562, D242360)

Abb. 19
Bodenmosaik aus der ehemaligen Kirche Santissima Trinità in Rossano (Cosenza), 1812, Feder in Braun über Bleistift, grau aquarelliert, 550 x 340 mm, Paris, Bibliothèque nationale de France, Département des Estampes et de la Photographie, Gb 63 Fol. 5

der dortigen Sakristei der Badia Florense besichtigen sie die Überreste des Grabes von Gioacchino da Fiore. Am 9. Juli folgt mit Rossano Calabro die letzte wichtige Etappe. Nachdem sie die Kathedrale und San Marco, »eine alte griechische Kirche«,[98] besucht haben, bittet Millin Catel in der Kirche Santissima Trinità, das Bodenmosaik »mit einem Tiermuster wie auf Orientteppichen« abzuzeichnen, wohl das Werk eines griechischen Künstlers. Obwohl bereits Teile des Mosaiks entfernt wurden, lässt Millin den Boden sorgfältig reinigen, damit Catel das noch Verbliebene aufnehmen kann.[99] Catels Kopie (Abb. 19) sowie Millins Notizen sind heute von großem Nutzen, da die Kirche an der zentralen Piazza Steri 1813, ein Jahr nach ihrem Besuch, abgerissen wurde.[100]

Nachdem sie Rossano Calabro verlassen haben, machen sie am 10. Juli in Corigliano Station, wo Catel »die Überreste eines vermutlich aus der Anjou-Zeit stammenden, dreistöckigen pittoresken Aquädukts« festhält (Abb. 20).[101] Dann geht es weiter durch die Sibari-Ebene, durchs Landesinnere nach Castrovillari und durch die Basilicata. Über den Vallo di Diano kehren sie am 17. Juli nach Neapel zurück.

Den Rest des Monats sowie den August nutzt Millin, um die Arbeiten seiner Zeichner durchzusehen, aber auch zu weiteren Erkundungen. In Begleitung von Catel und Madame de Custine[102] besucht er weitere Sehenswürdigkeiten, das Museum der Königin, die Phlegräischen Felder, die Küste von Sorrent, Capri, Ischia und Procida.[103]

Am 4. August ist er bei Caroline Murat zum Abendessen eingeladen und zeigt ihr Catels Arbeiten, weil er hofft, sie als Auftraggeberin für den Künstler zu gewinnen;[104] am 25. August äußert er sich lobend über eines von Catels Gemälden und nimmt sich vor, es ebenfalls der Regentin zu präsentieren.[105]

Am 27. August brechen Millin und Catel, unter anderem in Gesellschaft von Madame de Custine, in die Abruzzen auf; unterwegs machen sie in Capua Station, wo sie die Kathedrale und hier vor allem den Portikus mit dessen zahlreichen antiken Sarkophagen bewundern. Neben einigen von diesen zeichnet Catel hier auch eine Mitra und den Kelch von San Paolino.[106] Nach einem weiteren

Zwischenstopp in Teano erreichen sie am 29. August San Germano, das heutige Cassino, wo Catel im Stift ein großes Steingefäß erfasst,[107] danach begeben sie sich in die Kirche Santa Maria delle Cinque Torri, die »eine ungewöhnliche Form hat; wie die griechischen Kirchen, die wir gesehen haben, aber quadratisch, wie die in Stilo. Sie bildet ein vollkommenes Quadrat«, wie Millin in seinen Notizen festhält.[108] Catels schöne Innenansicht (Abb. 21) ist die älteste bildliche Darstellung dieses Bauwerks, das 1944 durch alliierte Bombenangriffe zerstört wurde.[109] Am 30. August verbringen sie den ganzen Tag in der berühmten Benediktinerabtei in Montecassino: Hier gibt Millin Catel den Auftrag, die Bronzetür abzuzeichnen, es entsteht eine Serie von Blättern, die bisher jedoch noch nicht gefunden wurde.[110]

Nachdem sie Balsoran und Canistro passiert haben, kommen sie nach Avezzano, hier erregt das alte Kastell ihre Aufmerksamkeit (Abb. 22): »Das Portal ist bemerkenswert: Zwei Bären tragen das Wappen der Orsini, in der Mitte befindet sich die Säule der Familie Colonna, in deren Besitz das Kastell nach den Orsini überging.«[111]

Bezaubert von der Schönheit der Landschaft, legen die Reisenden einen langen Aufenthalt in Tagliacozzo ein, »in der berühmten Ebene, wo Karl von Anjou Konradins Heer eine vernichtende Niederlage beibrachte«. Catel hält die Gegend zeichnerisch fest, um »die Tragödie *Konradin* meines Freundes, Dr. Koreff«[112] zu illustrieren. Der Arzt Koreff ist der Liebhaber von Madame de Custine und gehört ebenfalls zur Reisegesellschaft.

Der Aufenthalt gibt die Gelegenheit zu einem Besuch in den Ruinen von Alba Fucens, »wo sich eine eindrucksvolle Umfriedung aus herrlichem Zyklopenmauerwerk befindet«,[113] die Catel ebenfalls zeichnet (Abb. 23).

Von Sora aus fährt man in das berühmte Städtchen Isola del Liri, das sich schon seit dem 18. Jahrhundert bei den Reisenden großer Beliebtheit erfreut: Hier trennen sich Catel und Millin von Madame de Custine, die nach Norden weiterreist, sie selbst hingegen kehren am 10. September nach Neapel zurück.[114]

Wir wissen nicht genau, wann Catel in der Folge Neapel verlassen hat, um die Heimreise nach Rom anzutreten, mit Sicherheit

Abb. 20
Ansicht von Corigliano (Cosenza) mit Aquädukt, 1812, Feder in Braun über Bleistift, 137 × 224 mm, Paris, Bibliothèque nationale de France, Département des Estampes et de la Photographie, Rés. VZ-1383-Fol (Vb 132 e Fol, P63360)

Abb. 21
Innenansicht der Kirche Santa Maria delle Cinque Torri in San Germano (Frosinone), 1812, Pinsel in Braun über Bleistift, 212 × 374 mm, Paris, Bibliothèque nationale de France, Département des Estampes et de la Photographie, Rés. VZ-1383-Fol (Vb 132 c Fol, P62997)

jedoch vor Ende des Jahres, da er Millin nicht nach Apulien begleitet, wohin dieser am 28. Dezember aufbricht.[115]

Catels Zeichnungen Die Zeichnungen, die Catel im Auftrag von Millin ausführte, sind weder signiert noch datiert,[116] dabei ist er der einzige Künstler in Diensten des französischen Archäologen, den dieser namentlich erwähnt: In Millins Extrait ist er ausdrücklich als Autor der Zeichnungen *Frauen in Tracht aus dem Cilento,*[117] *Antike Basreliefs aus Policastro*[118] und *Ansicht der Ebene von Tagliacozzo*[119] vermerkt. Leider konnten diese Blätter – mit Ausnahme der *Frauen in Tracht aus dem Cilento* (Abb. 24) – in der Bibliothèque nationale de France bisher noch nicht gefunden werden, vielleicht gehörten sie auch nie zur Sammlung.

Jenseits dessen aber können zahlreiche Blätter auf der Grundlage von Millins Reisenotizen (Paris, BnF, Arsenal, Ms. 6373 und 6374) mit Sicherheit Catel zugeschrieben werden: Landschaften und Veduten, von der Amalfiküste bis zur Meerenge von Messina,[120] Darstellungen süditalienischer Sitten und Gebräuche[121] sowie Kopien von Bau- und Kunstwerken, darunter das Baptisterium in Nocera Superiore,[122] vier Sarkophage und ein Basrelief,[123] das Grabmal der Margherita di Durazzo[124] und einige Miniaturen aus der *Exultet*-Rolle in der Kathedrale von Salerno,[125] ein Porphyrgefäß aus Amalfi,[126] die Amulette und Gefäße aus Ascea (Abb. 3), die Grabmäler des Andrea de Rogerio in Tropea (Abb. 12) und des Nicola Ruffo in Gerace (Abb. 25), eine antike Inschrift in Locri,[127] die Innenansicht der Cattolica in Stilo (Abb. 16) und eine Säule mit griechischer Inschrift ebendort,[128] der Grundriss der Roccelletta des Bischofs von Squillace,[129] das verlorene Bodenmosaik aus Santissima Trinità in Rossano (Abb. 19), die Mitra von San Paolino aus dem Domschatz

in Capua,[130] ein Marmorgefäß aus dem Stift in San Germano,[131] die Ansicht des Castello Orsini in Avezzano (Abb. 22) sowie die Zyklopenmauer aus Alba Fucens (Abb. 23).[132] Zusätzlich belegt wird die Zuweisung der Veduten an Catel durch einen Brief Millins vom 18. Dezember 1817: »Mein Freund Herr Catel wird die von ihm gezeichneten Ansichten persönlich stechen, nicht nur weil das absolut gerecht ist, sondern auch weil niemand das, was er gesehen hat, besser umsetzen kann als er selbst.«[133]

Von den 1.070 Blättern der Italienreise Millins, die zur Sammlung des Département des Estampes der Bibliothèque nationale de France gehören,[134] sind dank seiner Angaben insgesamt 172 Stück aus dokumentarischen und stilistischen Gründen Catel zuzuschreiben.[135]

Die meisten Zeichnungen sind in Bleistift und brauner Tinte ausgeführt, Ausnahmen sind die raffiniert aquarellierte *Meerenge von Messina* (Kat.-Nr. 55) und die mit brauner Tinte aquarellierten Blätter *Der Kreuzgang Santi Severino e Sossio in Neapel* (Kat.-Nr. 51), *Das Atrium der Kathedrale in Salerno* (Abb. 1), *Ansicht der Küste zwischen Salerno und Paestum,*[136] *Ansicht der Tempel in Paestum* (Kat.-Nr. 54), *Ansicht von Paola* in zweifacher Ausführung (Kat.-Nr. 52.1–52.2), *Ansicht von Mendicino* (Kat.-Nr. 53), *Die Überquerung der Mündung des Savuto* (Kat.-Nr. 61), *Ansicht von Scilla* (Kat.-Nr. 47) sowie die Innenansichten der Cattolica in Stilo (Abb. 16) und von Santa Maria delle Cinque Torri in Cassino (Abb. 21).

Als Bildträger verwendete Catel fast ausschließlich weißes Zeichenpapier mit französischen Wasserzeichen oder, in selteneren Fällen, kleinformatige blaue Skizzenblöcke wie beispielsweise für die *Amulette aus Ascea* (Abb. 3) und das *Selbstporträt von Mattia Preti aus Taverna* (Abb. 18). Für die Ansichten verwendete er zumeist die beiden Standardgrößen 210 x 250 mm oder 315 x 340 mm. Eine Ausnahme bilden die *Ansicht von Mileto* (Kat.-Nr. 60), die Aquarelle von Paestum und Messina (Kat.-Nr. 54–55) sowie einige Panoramaansichten, die mehrere Blätter umfassen (Kat.-Nr. 62.1–62.6).

Catel und die Camera lucida Wie wir bereits gesehen haben, handelt es sich bei dem Großteil der Zeichnungen, die Catel im Auftrag von Millin anfertigte, um Landschaften und Ansichten aus Kampa-

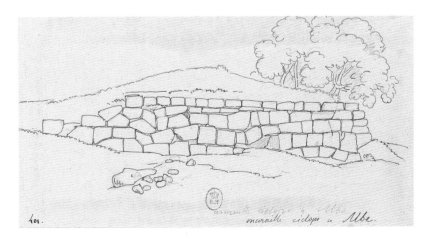

nien, der Basilikata und Kalabrien. Bei diesen aus mehreren Blättern bestehenden Veduten finden sich an den Rändern kleine Kreuze (Kat.-Nr. 62.1–62.6; Abb. 14a–b, 17) oder horizontale Markierungen, die angeben, wie man die verschiedenen Blätter richtig übereinanderlegt, um ein echtes Panorama zu erhalten. Aufgrund dieser Zeichen wurde die Vermutung geäußert, dass Catel die Veduten möglicherweise mithilfe einer Camera lucida (chambre claire) erstellt hat.[137]

Bei der Camera lucida handelt es sich um ein zu dieser Zeit neuartiges Zeichengerät, das der Engländer William Hyde Wollaston 1806 zum Patent angemeldet hatte.[138] Das monokulare Instrument besteht aus einem unregelmäßigen 90-Grad-Prisma in Kombination mit einer Linse, das zur Anwendung im Freien auf eine Halterung montiert und auf der Zeichenunterlage befestigt wird. Durch ein Guckloch blickt man direkt über die Kante des Prismas, das die Umrisse des Motivs auf das Zeichenpapier wirft. Dadurch konnte der Benutzer gleichzeitig die Umrisse des Motivs und das Papier sehen und so jedes gewünschte Objekt, gleichgültig ob Landschaft, Gebäude oder Personen, relativ leicht abzeichnen. Außerdem erzielte man damit eine größere Tiefenwirkung und eine stärker Plastizität der Objekte.

Diese Methode war außerordentlich zeitökonomisch, weil der Einsatz des Perspektivgitters überflüssig wurde. Außerdem war das Gerät für reisende Maler besonders praktisch, da man mit ihm auf einer einfachen Arbeitsplatte oder einem Klapphocker von der Größe des Zeichenpapiers arbeiten konnte, wie aus der Abbildung hervorgeht, die Dollond 1830 in seiner Description of the Camera Lucida abdruckte (Abb. 26).[139] Das erklärt auch, warum Catel nahezu durchgängig bestimmte Papierformate verwendete, deren

Größe von der jeweiligen Arbeitsunterlage abhing. Zudem legt die horizontale Entwicklung seiner Ansichten es nahe, dass die einzelnen Ausschnitte durch eine graduelle Drehung des Geräts und der Arbeitsplatte erfasst wurden. Dass Catel sehr wahrscheinlich mit einer Camera lucida arbeitete, lässt sich außer anhand der Randmarkierungen der aus mehreren Blättern zusammengesetzten Arbeiten auch an der unvollendeten Ansicht der Basilika und des Neptuntempels in Paestum (Abb. 27) zeigen. Um Zeit zu sparen, ließ der Künstler hier diverse Teile, die er auch anderswo vollenden konnte, zunächst kurzerhand weg und beschränkte sich auf eine detailgetreue Wiedergabe von Fries und Architrav. Nur unter Zuhilfenahme der Camera lucida war es ihm möglich, einen Giebel ohne Verbindung zum Rest des Bauwerks zu skizzieren.

Wie Erna Fiorentini gezeigt hat, erfreute sich die Camera lucida unter den römischen Landschaftsmalern ab den 1820er Jahren wachsender Beliebtheit, auch wenn explizite Äußerungen dazu kaum zu finden sind.[140] Das gilt auch für Catel. Obwohl indes bei seinen Arbeiten eigentlich alles auf eine Verwendung der Camera lucida hindeutet, bleibt seine Arbeitsmethode letztlich im Dunkeln. So sucht man sowohl in Millins Extrait als auch in dessen Reisenotizen, die ja die Zuschreibung der Zeichnungen an Catel und ihre genaue Datierung ermöglichen, vergeblich nach einer Erwähnung des neuen Arbeitsgeräts, es gibt keinerlei Hinweis, auch bei Custine nicht. Das verwundert umso mehr, als Millin Wollastons Erfindung sehr wohl kannte und 1807 in einem Artikel im Magazin encyclopédique euphorisch begrüßt hatte.[141] Deshalb war es vielleicht sogar er, der Catel den Einsatz einer Camera lucida vorschlug, denn nur mit ihr konnte der Künstler überhaupt in derart kurzer Zeit eine so große Anzahl von Ansichten und Bauwerke dokumentieren. Die im aktuellen Bestand der Bibliothèque nationale de France identifizierten Blätter stellen lediglich einen Teil der auf dieser Reise angefertigten Zeichnungen dar, während andere, die in den Reisenotizen erwähnt werden, bisher noch nicht gefunden werden konnten. Nach

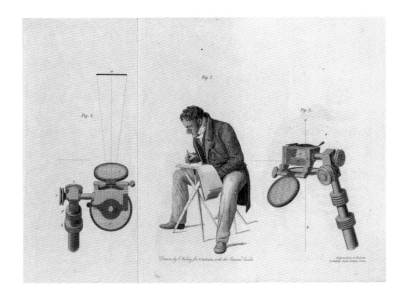
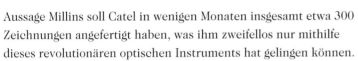

Aussage Millins soll Catel in wenigen Monaten insgesamt etwa 300 Zeichnungen angefertigt haben, was ihm zweifellos nur mithilfe dieses revolutionären optischen Instruments hat gelingen können.

Folglich gehörte Catel zu den Pionieren beim Einsatz der Camera lucida. Mit ihr konnte er unter anderem die Arbeitszeit wesentlich verkürzen und so die zahlreichen Wünsche seines anspruchsvollen Auftraggebers erfüllen, der ihn sehr wahrscheinlich mit seiner Begeisterung für die mediterrane Landschaft, dieses wahre »Naturdenkmal«, angesteckt hat. Im Übrigen hatte sich Millin bereits 1806 in einem langen Artikel für sein *Dictionnaire des Beaux Arts* ausführlich mit dem Genre der Landschaftsmalerei befasst: »Die Landschaftsmalerei gehört zu den vielfältigsten, gefälligsten und fruchtbarsten Genres. Nichts, was Natur und Kunst hervorbringen, ist dem Landschaftsmaler fremd, alles geht in seine Komposition ein: die Einsamkeit und Bedrohlichkeit der Felsen, die Kühle der Wälder, die bunten, mit Blumen übersäten Grasteppiche, die

Klarheit, das Gurgeln und Rauschen kleiner Sturzbäche und das stille, majestätische Strömen großer Flüsse, die unendliche Weite der Ebenen, die im Dunst verschwimmenden Hintergründe, die Mannigfaltigkeit der Bäume, die bizarren, sich unablässig wandelnden Wolkenformationen, die Intensität ihrer Farben, das ständig wechselnde Licht, die Sonne, die mal ungehindert scheint, dann wieder durch die Wolken bricht, hier und da unterbrochen von den dunklen Schatten der Berge, der Gebäude und der strohgedeckten Hütten.«[142]

Diese Worte des französischen Archäologen können dem Besucher als würdiger Begleiter dienen, wenn er sich aufmacht, um die mediterranen Landschaften und Ansichten des preußischen Malers Catel zu entdecken, die hier zum ersten Mal öffentlich gezeigt werden.

Aus dem Italienischen und Französischen übersetzt von Petra Kaiser

1 »M. le chevalier Millin qui était allé voyager dans les Calabres est de retour à Naples après avoir visité ces provinces dans tous les sens. Il rapporte une collection des dessins des sites les plus pittoresques, des lieux les plus celebres, des costumes les plus singuliers et des monumens qui ont echappé aux desastres des tremblemens de terre et aux devastations que ces belles contrées ont eprouvées dans les differentes guerres dont elles ont été le sanglant theatre. Ces dessins ont été exécutés par M. Cattel [sic] artiste Prussien, et paysagiste distingué qui l'avait accompagné.« Paris, Bibliothèque nationale de France (im Weiteren BnF), Arsenal, Ms. 6373. Der vorliegende Beitrag ist Teil eines größeren Forschungsvorhabens über die Zeichnungen der »monuments inédits«, die Millin auf seinen Reisen 1811 bis 1813 anfertigen ließ. An diesem Projekt arbeitet der Verfasser seit 2006 gemeinsam mit Antonio Iacobini und Anna Maria D'Achille von der Universität Sapienza in Rom. Erste Resultate legte er 2006 auf zwei Kongressen in Paris und Rom vor; vgl. Toscano 2008, S. 275–310. Weitere Beiträge zum Thema stellte er auf Tagungen vor, die vom Institut national du patrimoine (Inp), der BnF und der Sapienza organisiert wurden und im November und Dezember 2008 ebenfalls in Paris und Rom stattfanden; vgl. D'Achille/Iacobini/Preti-Hamard/ Righetti/Toscano 2011. Zwei weitere Veröffentlichungen folgten in den Jahren 2012

und 2014; vgl. D'Achille/Iacobini/Toscano 2012; D'Achille/Iacobini/Toscano 2014. – Die über diverse Sammlungen des Département des Estampes der BnF verstreuten Werke Catels wurden dokumentiert, digitalisiert und fast vollständig zu einem Werkkorpus zusammengefasst, der sich nunmehr in der Réserve des Départements (Rés. VZ-1383-Fol) befindet. Ermöglicht wurde dies durch ein Projekt des Inp und der BnF (Leitung Gennaro Toscano und Corinne Le Bitouzé, Dokumentation Stefano Sereno), das von Labex CAP (ComUE HESAM) finanziert wurde. – Ein herzliches Dankeschön geht an alle, die bei der Abfassung des vorliegenden Beitrags mit Rat und Tat zur Seite gestanden haben: in Paris Sylvie Aubenas, Manuela Bazzali, Barbara Brejon de Lavergnée, Sammi Coubeche, Corinne Le Bitouzé, Arnaud Maillet, Philippe Rouillard und Stefano Sereno; in Kampanien und Kalabrien Giulio Archinà, Giovanna Capitelli und Tobia Toscano. Außerdem danke ich Andreas Stolzenburg, der den Beitrag anlässlich der Ausstellung in Hamburg ermöglicht hat.
2 Zu Millins Biographie vgl. Krafft 1818; Dacier 1821; Sarmant 2011. Zu Millins Bedeutung für die Bibliothèque nationale, später kaiserliche Bibliothek, vgl. Sarmant 1994, S. 214–264.
3 Dacier 1821, S. 8.
4 Millin [1790]; vgl. Hurley 2013.

5 Vgl. Espagne/Savoy 2005; Marcil 2006; Trinchero 2008; Bret/Chappey 2012; Lacour 2012; Martin 2012.
6 Sarmant 2011, S. 75–85.
7 Sarmant 1994, S. 214–220, 224–225.
8 Therrien 1998, S. 37–44.
9 Millin 1798.
10 Paris, BnF, Manuscrits, Français 24528–24650.
11 Zu dieser Reise vgl. Laurens 2011.
12 Zu Millins Italienreise vgl. neben den diversen Beiträgen in: D'Achille/Iacobini/Preti-Hamard/Righetti/Toscano 2011 auch D'Achille/Iacobini/Toscano 2012 und D'Achille/Iacobini/Toscano 2014.
13 Krafft 1818.
14 Preti-Hamard 2011b; Preti-Hamard/Savoy 2011.
15 D'Achille/Iacobini/Toscano 2012, S. 123–156.
16 Paris, BnF, Manuscrits, fr. 24677–27704. Vgl. zum Thema Prevost 2011.
17 Lamers 1995, S. 64–95; De Seta 1996, S. 165–168; De Seta 2014, S. 334–341.
18 Der *Extrait de quelques lettres adressées à la Classe de la Littérature ancienne de l'Institut impérial, par A. M. Millin, pendant son voyage d'Italie* wurde mit einem kritischen Apparat, Fußnoten und italienischer Übersetzung erneut abgedruckt in: D'Achille/Iacobini/Toscano 2012, S. 31–121 (fortan zit. als Millin 1814/2012).

19 Zur vollständigen Dokumentation der Italienreise vgl. D'Achille/Iacobini/Toscano 2012, S. 315–327.

20 Das handschriftliche Inventar der Sammlung mit 1.041 Zeichnungen befindet sich in der BnF, Département des Estampes et de la photographie, unter der Signatur Ye 1 Rés. Es gehört zu einem Band, in dem sämtliche Ankäufe der Bibliothek aus den Jahren 1809 bis 1826 aufgenommen sind, trägt die Nummer 611 und enthält auch ein kurzes Gutachten eines Unbekannten vom Januar 1819, der den Ankauf der Sammlung Millin befürwortet. Wie aus der Protokollnotiz in dem Band mit der Signatur Ye 88 Rés. (Acquisitions 1803–1847) hervorgeht, kamen die Zeichnungen zu zwei unterschiedlichen Zeitpunkten in den Besitz der Bibliothek: im März 1819 und im April 1822. Eine kritische Edition des Inventars der tatsächlich vorhandenen Zeichnungen mit der jeweiligen Signatur sowie eine Liste von etwa 30 Blättern, die zwar nicht im Inventar vermerkt sind, sich aber ebenfalls auf die Italienreise beziehen, finden sich in D'Achille/Iacobini/Toscano 2012, S. 181–285.

21 Paris, BnF, Manuscrits, fr. 24677–27704.

22 Paris, BnF, Arsenal, Ms. 6369–6375.

23 Savoy 2007, S. 163–165.

24 Omodeo 2008, S. 253–254.

25 Toscano 2008, S. 281–284; Miarelli Mariani 2011, S. 249–259.

26 Zu diesem Thema vgl. die Pionierarbeit von Loyrette 1980 sowie Previtali 1989, S. 156–165, und bes. die Monografie von Miarelli Mariani 2005.

27 Miarelli Mariani 2001.

28 D'Achille 2011.

29 »Monsieur Granet jeune peintre très distingué auteur de charmants tableaux.« Paris, BnF, Arsenal, Ms. 6369, Januar 1812.

30 Gennaro Toscano, in: Ausst.-Kat. Évreux 2014, S. 110–113.

31 Toscano 2015 im Druck.

32 Millin 1813.

33 »M. François Catel, peintre habile, né à Berlin, m'a accompagné dans mes voyages en Calabre; sur les côtes, dans les golphes, et les isles depuis le cap Misene jusqu'à Réggio; et dans une partie des Abruzzes, et au lac Fucin. J'ai un riche portefeuille composé de dessins qu'il a fait, et que je propose de publier. Cet estimable artiste est à présent à Rome, où il s'occupe à terminer des ouvrages qui le mettront au rang des plus célèbres paysagistes.« Ebd., S. 5–6, Anm. 7.

34 So machte es auch Goethe, der am 29. März 1787 in Neapel ein Schiff nach Palermo bestieg und am 13. Mai 1787 von Messina nach Neapel zurückfuhr; vgl. Goethe/von Einem 1980, S. 225, 312. Zu den ausländischen Reisenden in Kalabrien vgl. Valente 1962; Mozzillo 1964; Morabito 1981; De Seta 1982; Kanceff/Rampone 1992–1995; Scamardì 1998.

35 Creuzé de Lesser 1806, S. 96.

36 Zur vollständigen Ausgabe Reisetagebuch und deren komplizierter Publikationsgeschichte vgl. Couty 1997, S. 11–40; Dupuy-Vachey 2009.

37 Vivant Denon/Mauriès 1788/1993.

38 Ebd., S. 268–300.

39 Swinburne 1785–1787, Bd. 2 (1785), S. 135. Zum selben Thema vgl. Couty 1997, S. 11–40.

40 Swinburne 1785–1787, Bd. 1 (1785), S. 363–364.

41 Vgl. Zambrano 2009, bes. S. 433–435, mit Anm. 6 auf S. 463–464 (mit Literatur).

42 »Lorsque je contemplai des monceaux de pierre, qui n'ont plus aucunes formes et qui peuvent même donner l'idée de ce qu'étoit la Ville, lorque je vis que rien n'étoit echapé à la destruction, et que tout avoit été mis au niveau du sol; j'éprouvai un sentiment de terreur, de pitié, d'effroi, qui suspendit pendant quelques moments toutes mes facultés.« Dolomieu 1784, S. 43.

43 Saint-Non 1783, S. 387–411; vgl. Zambrano 2009, S. 435–437.

44 Barthels/Scamardi 1797–1792/2007, S. 5–15. Vgl. Barthels 1787–1792.

45 Millins unveröffentlichte Reisenotizen befinden sich in dem Handschriftenband der Bibliothèque de l'Arsenal, Ms. 6373

46 Preti-Hamard 2011a.

47 Reyniers Name taucht in den Reisenotizen häufiger auf: Paris, BnF, Arsenal, Ms. 6373.

48 Vgl. Millin 1801. Monica Preti-Hamard hat auf dem Pariser Antiquitätenmarkt eine Teilübersetzung unter dem Titel Voyage dans la Calabre etc. par M. Bartels. Traduit de l'Allemand par feu M. Winkler, et communiqué par M. Millin entdeckt; vgl. Preti-Hamard 2011a, S. 440, Anm. 16. Eine Ausgabe von Bartels Briefen über Calabrien und Sicilien (Barthels 1787–1792) ist im Verzeichnis der nachgelassenen Bücher Millins erwähnt; Millin 1819, S. 134, Nr. 1438.

49 Münter 1790.

50 Paris, BnF, Arsenal, Ms. 6373.

51 Swinburne »a vue ces villes du rivage avec sa lunette; il en parle bien moins pertinemment que celle de la Pouille; il dit seulement des choses communes sur leur histoire, et se trompe dès qu'il les décrit. Pour moi, je les ai visitées; j'y ai habité plus au moins de temps.« Aubin-Louis Millin: Extrait de quelques lettres, in: D'Achille/Iacopini/Toscano 2012, S. 58–59.

52 Paris, BnF, Arsenal, Ms. 6373, Notizen über Vibo Valentia v. 4. 6. 1812.

53 Millin 1819, S. 133, Nr. 1425–1428, S. 134, Nr. 1439.

54 1830 publizierte Astolphe de Custine seine Mémoires et Voyages. Lettres écrites à diverses époques pendant des courses en Suisse, en Calabre, en Angleterre, et en Ecosse; vgl. Custine/Bourin 1830/2012. Hier finden sich zahlreiche interessante Bemerkungen über die Reise nach Kalabrien.

55 Paris, BnF, Arsenal, Ms. 6373, Mappe »Mai, départ de Naples, Nocera, Vietri, Salerne«.

56 D'Achille/Iacobini/Toscano 2012, S. 293–295, Nr. 17–20, 22.

57 Zu der Fahrt entlang der Küste und Catels entsprechenden Zeichnungen vgl. Toscano 2014.

58 »Nous avons parcouru aujourd'hui un pays fort singulier: si vous ne vous en fiez pas à mon avis, vous en croirez à M. Catel, notre compagnon de voyage, qui juge la nature en peintre et qui dit qu'il n'avait rien vu avant la côte d'Amalfi […]. Il faut monter à l'église d'Amalfi, moins pour l'église même que pour la vue dont on jouit avant d'y entrer; c'est un paysage frappant, et dont le portique de la cathédrale forme le cadre.« Custine/Bourin 1830/2012, S. 151–152.

59 Toscano 2012.

60 »La vue de ce désert m'inspire une profonde tristesse; mais une tristesse douce, parce qu'elle naît d'une impression simple. Il n'est pas de même de la tristesse de Rome! Ici, du moins, les morts reposent en paix, le silence règne autour des tombeaux; les ruines parent la solitude, et la foule stupidement insensible n'insulte pas aux monuments d'une gloire éteinte […]. Il en reste trois temples presque intacts, au milieu d'une plaine déserte et nue; et ces ruines produisent sur l'âme une impression extraordinaire! Ici, l'homme a tout l'avantage sur la nature.« Custine/Bourin 1830/2012, S. 104–105. Vgl. Toscano 2012.

61 Paris, BnF, Arsenal, Ms. 6373.

62 Ebd.

63 D'Achille/Iacobini/Toscano 2012, S. 298–299, Nr. 42, Abb. 42; D'Achille/Iacobini/Toscano 2014, S. 58, Abb. 16.

64 Preti-Hamard 2011a, S. 428. Zu Catels Zeichnung vgl. D'Achille/Iacobini/Toscano 2012, S. 298, Nr. 39, Abb. 108.

65 »Cette ville est sur un rocher très pittoresque: j'en ai le dessin, qui fut pris le lendemain au point du jours […].« Millin 1814/2012, S. 48–49.

66 D'Achille/Iacobini/Toscano 2012, S. 299, Nr. 58, Abb. 22.

67 Ebd., S. 300, Nr. 59, Abb. 116.

68 Ebd., S. 300, Nr. 60, Abb. 117.

69 BnF, Arsenal, Ms. 6373. Diese Zeichnung ist verschollen.

70 Dumas 1989, S. 233–257.

71 D'Achille/Iacobini/Toscano 2012, S. 52–53; vgl. Millins Anmerkungen zu San Lucido und Amantea in: Paris, BnF, Arsenal, Ms. 6373.

72 »Il est très large. Son fond est vaseux. Il faut un homme pour indiquer la route qu'on doit suivre et tâter avec un bâton.« D'Achille/Iacobini/Toscano 2012, S. 52–53.

73 »Monte-Leone est une triste ville dans un triste pays […].« Custine/Bourin 1830/2012, S. 211.

74 Paris, BnF, Arsenal, Ms. 6373, Anmerkungen zu Monteleone. Zur Kunstsammlung der Familie di Francia vgl. Leone 2012, S. 547–587.

75 D'Achille/Iacobini/Toscano 2012, S. 302, Nr. 79 und 81, Abb. 24 und 131.

76 Ebd., S. 302, Nr. 86. Vgl. Jacobini 2011, S. 302–306.

77 »Je me garde bien de faire enlever les arbustes qui l'ombragent si agréablement et qui font un effet si pittoresque.« Paris, BnF, Arsenal, Ms. 6373, Anmerkungen zu Mileto.

78 »Je suis entouré de ruines nouvellement tombées sur des ruines […]«. Les hommes que je voyais se grouper autour du monument de Roger me paraissaient autant de spectres ressortis de leur terre natale et cherchant vainement à reconnaître leur foyer paternel.« Custine/Bourin 1830/2012, S. 218–220.

79 »L'aspect de Tropea est délicieux, les jardins qui l'environnent des paradis, ils croulent sous les beaux fruits dont ils sont chargés.« Paris, BnF, Arsenal, Ms. 6373, Anmerkungen zu Tropea.

80 »Elle est bâtie sur un rocher qui s'avance dans la mer.« Custine/Bourin 1830/2012, S. 221.

81 D'Achille/Iacobini/Toscano 2012, S. 304, Nr. 92, Abb. 142. Millin beschreibt ausführlich einige Grabmäler, die sich noch heute vor Ort befinden; Paris, BnF, Arsenal, Ms. 6373, Anmerkungen zu Tropea.

82 Zu diesem Fragment vgl. Gorra 2012 (mit Literatur).

83 D'Achille/Iacobini/Toscano 2012, S. 304, Nr. 93, Abb. 143a–c; BnF, Arsenal, Ms. 6373, Anmerkungen zu Nicotera.

84 BnF, Arsenal, Ms. 6373, Anmerkungen zu Bagnara, 10. 6. 1812.

85 »Je me sens devenir fou: je ne dors plus, je ne mange plus, je ne pense plus; je contemple, et je m'extasie! M. Catel est comme moi, ce pays lui tourne la tête, il s'arrête à chaque pas, il voudrait tout dessiner, tout emporter.« Custine/Bourin 1830/2012, S. 232.

86 Paris, BnF, Arsenal, Ms. 6373, Anmerkungen zu Campo Piale.

87 »Enfin, vers dix heures, nous aperçumes la ville de Gerace, située, comme toutes celles de ce pays, sur le sommet d'un roc menaçant. Ce roc, s'élève entre deux fleuves taris, et la ville est encore dominée par les restes d'un château.« Custine/Bourin 1830/2012, S. 267.

88 »Il n'en reste plus que quelques pans de murs et une chapelle suterraine où est l'image de la Vierge […].« Paris, BnF, Arsenal, Ms. 6373, Anmerkungen zu Gerace.

89 Custine/Bourin 1830/2012, S. 277.

90 Paris, BnF, Arsenal, Ms. 6373, Anmerkungen zu Stilo. Auch Vito Capialbi erwähnt Millins Aufenthalt in Stilo; vgl. Paoletti 2012.

91 Paris, BnF, Arsenal, Ms. 6373, Anmerkungen zu Stilo.

92 »On trouve une église extrêmement petite dont la forme pittoresque m'avait frappé: Catel l'a dessinée.« Ebd.

93 D'Achille/Iacobini/Toscano 2012, S. 58–59; vgl. Iacobini 2015, S. 222–223.

94 »M. M***, que nous avons surnommé l'infatigable, m'a quitté ce matin pour gravir, avec Catel, la plus haute montagne des environs, d'où je crois qu'on aperçoit encore les deux mers. Il a toutes les vertus du voyageur, il ne lui en manque que les plaisirs; il ne jouit de rien, mais il ne néglige rien! Je n'ai pas pu l'accompagner à cause de mon pied, et je suis resté à écrire.« Custine/Bourin 1830/2012, S. 279.

95 D'Achille/Iacobini/Toscano 2012, S. 309, Nr. 122, Abb. 27. Die Zeichnung ist bei Millin erwähnt; Paris, BnF, Arsenal, Ms. 6373, Anmerkungen zu Roccelletta di Squillace.

96 »Le voyage de Calabre ne convenait pas du tout à M. M*** qui n'est qu'un antiquaire; pour voir ce pays, il faut les yeux d'un poète ou d'un peintre. Il ne montre pas ce qu'il écrit, mais d'avance je suis sûr que son voyage est illisible […].« Custine/Bourin 1830/2012, S. 249–251.

97 Paris, BnF, Arsenal, Ms. 6373, passim; vgl. Toscano 2011, S. 396–397.

98 Paris, BnF, Arsenal, Ms. 6373, Anmerkungen zu Rossano Calabro.

99 »Mosaïques antiques avec des animaux à l'imitation des tapis d'Orient. Ce doit être l'ouvrage de quelque artiste grec. Plusieurs morceaux on été enlevés […]. Je le fais laver,

frotter avec soin et M. Catel fait le dessin de tout ce qui subsiste.« Ebd.

100 Iacobini 2011, S. 312–313.

101 »On trouve entre autres les restes d'un aqueduc à trois étages, il paraît être du temps des Angevins. Comme son aspect est assez pittoresque, M. Catel en a pris le dessin.« Paris, BnF, Arsenal, Ms. 6373, Anmerkungen zu Corigliano.

102 In Gesellschaft von Catel isst er bei Madame de Custine zu Abend, gemeinsam besichtigen sie die Kathedrale von Neapel; Paris, BnF, Arsenal, Ms. 6372, Juli 1812.

103 Zu Catels Zeichnungen von Neapel und Sorrent vgl. D'Achille/Iacobini/Toscano 2012, S. 311–313, Nr. 151–158, Abb. 36, 181–187.

104 »J'y expose tous les dessins que j'ai fait faire, la reine regarde avec une faible attention, elle s'intéresse beaucoup à ce qu'on dit; elle me promet de faire travailler les jeune Marsigli que je lui recommanda et d'agréer le paysage de Catel.« Paris, BnF, Arsenal, Ms. 6372, 4. August 1812.

105 Ebd., 25. 8. 1812.

106 Paris, BnF, Arsenal, Ms. 6374, Mappe »27 août Capoue, Calvi, Teano, Montecasino«. Vgl. D'Achille/Iacobini/Toscano 2012, S. 310–311, Nr. 141–143, Abb. 32, 174–175.

107 Ebd., S. 311, Nr. 146, Abb. 177.

108 »Nous allons voir près de là l'église des Cinque Torri dont la forme est singulière: elle est bâtie comme les églises grecques que on avait vues mais carrées et comme celle de Stilo. Elle forme un carré parfait.« Paris, BnF, Arsenal, Ms. 6374, Anmerkungen zu San Germano. Diese Zeichnung erwähnt Millin auch im *Extrait* von 1814; Millin 1814/2012, S. 64–65.

109 Zur Geschichte der Kirche vgl. Leopardi 2010.

110 D'Achille/Iacobini/Toscano 2012, S. 64–65.

111 »Le château avait attiré mon attention […] la porte est singulière: deux ours tiennent le stemma des Orsini, au milieu est la colonna des colonnes qui ont après les Orsini eu la possession de ce château. Voyez le dessin de M. Catel.« Paris, BnF, Arsenal, Ms. 6374, Anmerkungen zu Avezzano.

112 D'Achille/Iacobini/Toscano 2012, S. 66–69. Diese Zeichnung ist verschollen.

113 »J'ai profité de mon séjour à Avezzano, pour visiter *l'Alba des Marses* où il y a une enceinte immense de murs cyclopéens de la plus grande beauté. J'ai le dessin de quel-

ques parties où l'assemblage de pierres pierre m'a paru singulier […].« Millin 1814/2012, S. 68.

114 Paris, BnF, Arsenal, Ms. 6374, Anmerkungen zu Sora, Arpino und Teano.

115 D'Achille/Iacobini/Toscano 2012, S. 76–77.

116 Die mit Tinte notierten Nummern links unten auf den Zeichnungen entsprechen den Nummern aus dem Inventar der Zeichnungen, die Millin während seiner Italienreise in Auftrag gegeben hat und die von der Bibliothèque nationale 1819 und 1822 angekauft wurden.

117 Millin 1814/2012, S. 44.

118 Ebd., S. 48.

119 Ebd., S. 66–68.

120 D'Achille/Iacobini/Toscano 2012, S. 288, 290, Anm. 14.

121 Ebd., S. 292–309, Nr. 3–4, 47–56, 64, 103–104, 117, 123–125, 127.

122 Ebd., S. 292, Nr. 1, Abb. 83.

123 Ebd., S. 292, Nr. 9–13, Abb. 15, 88–89.

124 Ebd., S. 293, Nr. 14–16, Abb. 17, 90.

125 Ebd., S. 293–295, Nr. 17–20, 22, Abb. 91–94, 96.

126 Ebd., S. 295, Nr. 28, Abb. 20.

127 Ebd., S. 308, Nr. 116, Abb. 162.

128 Ebd., S. 309, Nr. 120–121, Taf. XXIII, Abb. 26.

129 Ebd., S. 309, Nr. 122, Abb. 27.

130 »M. Catel a dessiné les figures, le tout sera reconstitué a Naples et j'en aurai un dessin complet.« Paris, BnF, Arsenal, Ms. 6374; D'Achille/Iacobini/Toscano 2012, S. 311, Nr. 142, Abb. 32.

131 D'Achille/Iacobini/Toscano 2012, S. 311, Nr. 146, Abb. 177.

132 Ebd., S. 311–312, Nr. 148–150, Abb. 34, 180. Außerdem werden Catel in den Notizen aus dem Arsenal weitere, nicht im Inventar aufgeführte, Blätter zugeschrieben, darunter weitere Landschaften und Veduten, Naturstudien, Porträts, Karikaturen und volkstümliche Szenen; vgl. ebd., S. 291, Anm. 27.

133 »Les vues qui ont été dessinées par mon ami M. Catel seront aussi gravées par lui, non seulement parce que cela est d'une justice rigoureuse, mais parce que personne ne peux mieux rendre que lui les choses qu'il a vues.« Paris, BnF, Manuscrits, NAF 22863, Fol. 306.

134 D'Achille/Iacobini/Toscano 2012, S. 181–285.

135 Vgl. den vollständigen, für Millin erstellten Katalog der Zeichnungen Catels in: ebd., S. 292–314.

136 Ebd., S. 297, Nr. 34, Abb. 104a–b.

137 Preti-Hamard 2011a, S. 428.

138 Vgl. Wollaston 1807. Zum Thema vgl. auch Maillet 2003.

139 Dollond 1830.

140 Fiorentini 2006.

141 »On doit au docteur Wollaston une invention très-ingénieuse. Il a composé une chambre claire, camera lucida, dans la construction de laquelle il a substitué aux deux miroirs des instrumens à reflection, un prisme irrégulier, au moyen du quell on peut tomber sur le papier l'image d'un objet qu'on peut copier avec la plus grande exactitude. Cette chamber claire est construite d'après les principes des instrumens de reflection de Hadley. L'auteur a obtenu une patente. L'usage de cette instrumente deviendra probablement géneral, parce qu'il est d'une grande simplicité et d'un volume très peu embarassant.« Millin 1807.

142 »Le paysage est un genre des plus riches, des plus agréables et des plus féconds. En effet, toutes les productions de la nature et de l'art peuvent entrer dans sa composition; tout appartient au peintre paysagiste: la solitude et l'horreur des rochers, la fraîcheur des forêts, les fleurs et la verdure des prairies, la limpidité, le cours écumeux et rapide, ou la marche tranquille et majestueuse des eaux, la vaste étendue des plaines, la distance vaporeuse des lointains, la variété des arbres, la bizarrerie des nuages, l'inconstance de leur forme, l'intensité de leurs couleurs, tous les effets que peut éprouver à toutes les heures la lumière du soleil, tantôt libre, tantôt enchaînée en partie par les nuages, ou arrêtée par les touffes des arbres, par l'ombre opaque des montagnes, des fabriques, des cabanes couvertes de chaume .« Millin 1806, S. 107–108. Von Millins Interesse an der Landschaftsmalerei zeugt auch die Tatsache, dass sich in seiner Bibliothek die berühmte Abhandlung *Eléments de perspective pratique, à l'usage des artistes, suivis de réflexions et conseils à u Elève sur la Peinture et particulièrement sur le genre du Paysage* des Pierre-Henri de Valenciennes (Paris 1799–1800) befand; vgl. Millin 1819, S. 36–37, Nr. 373.

Italien im Blick – Beobachtungen zu Franz Ludwig Catel als Landschaftsmaler

Markus Bertsch

ÜBER FRANZ LUDWIG CATEL als Landschaftsmaler zu sprechen, bedeutet, den Blick gen Süden zu richten. 1811 siedelte der Künstler nach Rom über und sollte in den folgenden Jahrzehnten insbesondere in der Ewigen Stadt und am Golf von Neapel zu einem der gesuchtesten Landschafts- und Genremaler seiner Zeit aufsteigen.[1] Sein ausnehmender Erfolg resultierte zu einem wesentlichen Teil aus dem veränderten Reiseverhalten in jenen Jahren. 1815 war die für ganz Europa aufwühlende Zeit der Napoleonischen Kriege vorbei und im weiteren Verlauf des 19. Jahrhunderts strömten immer mehr Touristen in den Süden, um mit Italien dasjenige Land aufzusuchen, welches seit den Zeiten der Grand Tour im 17. und 18. Jahrhundert eines der zentralen Reiseziele darstellte. Waren derartige ausgedehnte Bildungsreisen im 18. Jahrhundert noch vornehmlich das Privileg des Adels oder einiger weniger, betuchter Bürger, änderte sich dies im Laufe des 19. Jahrhunderts zunehmend. Italien fungierte nun für breitere Kreise des aufstrebenden Bürgertums mehr und mehr als Sehnsuchtsort, der nicht nur – im literarischen Rezeptionsmodus – imaginär besucht, sondern real bereist wurde.[2] In den Jahren nach 1800 wandelte sich mit den Wahrnehmungsparadigmen zugleich auch die Erwartungshaltung, mit der sich die Reisenden durch Italien bewegten. Wurde in der zweiten Hälfte des 18. Jahrhunderts das Land vornehmlich über sein reiches antikes Erbe in den Blick genommen – die spektakulären Ausgrabungen von Herculaneum (ab 1738) und Pompeji (ab 1748) sowie die Schriften Johann Joachim Winckelmanns beförderten dies maßgeblich –, fiel im Laufe des 19. Jahrhunderts dieser altertumskundliche »Filter« allmählich weg und das unmittelbare Erlebnis der landschaftlichen Schönheiten rückte ins Zentrum des Interesses. Weitestgehend losgelöst von antiken Reminiszenzen, begann sich die reine Naturwahrnehmung als eigenes ästhetisches Rezeptionsmuster zu etablieren. Im 18. Jahrhundert wäre es noch undenkbar gewesen, mit dem malerischen Bergdorf Olevano, das Joseph Anton Koch 1807 als Motiv für die Kunst entdeckte, gleichsam eine »antikenfreie Zone« einzuführen, die in den folgenden Jahrzehnten scharenweise von Künstlern aufgesucht wurde und zum Mythos avancierte.[3] In den ersten Dekaden des 19. Jahrhunderts war die künstlerische Erschließung Italiens eng mit der literarischen Aufbereitung verwoben. Rasch fanden die neuen, von den Künstlern wiedergegebenen Ansichten und Motive Eingang in die Reisehandbücher. Viele der in Italien ansässigen Landschaftsmaler reagierten auf die touristische Empfänglichkeit für Erinnerungsstücke. Mit den bislang nicht in diesem Ausmaß vorhandenen Absatzmöglichkeiten war zugleich eine Verlagerung auf dem Gebiet der bislang üblichen Typen der Landschaftsmalerei verbunden. Die Reisenden setzten auf das Sichtbare und das von ihnen unmittelbar Erlebte, das ihnen als besonders erinnerungswürdig galt und welches sie sich im Kunstwerk konserviert wünschten. Dieses Bedürfnis bescherte der Landschaftsvedute einen enormen Aufschwung. Im Gegenzug dazu stagnierte die Produktion an klassischen Ideallandschaften, deren maßgebliche Existenzberechtigung in der Rückprojektion auf das hehre Ideal der Antike besteht.

Franz Ludwig Catel profitierte in entscheidendem Maße von den beschriebenen Prozessen. Rasch hatte er auf dem Marktsegment des Genrebildes und der Landschaftsvedute eine führende Position inne. Machen wir uns bewusst, aus welchen Ländern die Werke für die Hamburger Ausstellung ihren Weg an die Elbe fanden, wird plastisch greifbar, dass der Künstler die adlige wie auch bürgerliche Kundschaft im europaweiten Rahmen mit seinen Gemälden zu bedienen verstand. Sein marktstrategisches Kalkül wurde ihm – durchaus mit einer gewissen Berechtigung – bereits von seinen Zeitgenossen zum Vorwurf gemacht und zieht sich, einem roten Faden gleich, durch die kunstkritische Literatur des 19. Jahrhunderts.[4]

Obgleich sich Catel das Feld der Landschaftsmalerei erst in Italien planmäßig erschloss, streifte er bereits in seinem Frühwerk gelegentlich jene Gattung, die im Laufe des 19. Jahrhunderts einen ungeahnten Emanzipationsschub erleben sollte. Nach der ab 1794 zunächst in Berlin erfolgten akademischen Ausbildung hielt er sich vom Spätsommer 1797 an für ein knappes Jahr in der Schweiz auf. Wie der Biographie seines Bruders Louis zu entnehmen ist, hatte er »einen Ruf nach der Schweitz erhalten, um dort Gegenden aufzunehmen«.[5] Sicherlich wird sich Catel damals mit dem Typus der Landschaftsvedute befasst haben, der im letzten Drittel des 18. Jahrhunderts gerade in der Schweiz einen enormen Aufschwung erlebte – eine direkte Konsequenz aus der Popularisierung der Ästhetik des Erhabenen. Infolgedessen entwickelten sich alpine Szenerien der Schweiz, die in jenen Jahren touristisch erschlossen wurde, zu einem beliebten Bildsujet.[6] Eine erste Vorstellung von seiner damaligen Kunstauffassung wie auch von seinem Zeichenstil kann ein Aquarell vermitteln, das Catel im Jahre 1800 auf der Berliner Akademie-Ausstellung präsentierte (Kat.-Nr. 7).[7] Wie aus der rückseitigen Beschriftung hervorgeht, zeigt das Blatt eine im Kanton Appenzell gelegene Bergkapelle, das »Wildkirchlein«, welches der Künstler 1798 während seines Schweizaufenthaltes »nach der Natur« aufnahm. 1786 hatte Bernhard Wartmann diesem eindrucksvollen Ort die Schrift *Bemerkungen von dem Wildkirchlein oder St. Michaels-Kapell und Eben-Alp in dem Canton Appenzell* gewidmet und darin bemerkt: »Kunst und Natur, Natur und Kunst scheinen sich in Wettstreit eingelassen zu haben, diesen Ort zum Angenehmsten, zu ihrem Meisterstück zu schaffen, um die Sinnen zu bezaubern!«[8] Was das Erscheinungsbild des Aquarells sowie den Einsatz von Feder und Pinsel anbetrifft, ließ sich Catel offenkundig von den Arbeiten der sogenannten Schweizer Kleinmeister anregen, die sich um die topographisch-malerische Erschließung der Alpenrepublik verdient machten.[9] Neben der ausschnitthaften Konzeption sticht die Aufteilung der Komposition in zwei Teile heraus: Während der Blick auf der rechten Seite auf eine nahsichtig wiedergegebene und von flächenhaften Werten bestimmte Felswand mit höhlenartigen Öffnungen fällt, in denen sich die Gebäude – darunter auch das einer Sennhütte ähnliche Bruderhaus – befinden, wird er auf der linken Seite in die lichte Ferne bis zum markanten Säntismassiv geführt. Etwas irritierend macht sich das Fehlen eines Betrachterstandpunktes bemerkbar. So hat der Rezipient das Gefühl, über dem Abgrund zu schweben. Außerdem lässt sich bereits auf dieser frühen Landschaftszeichnung Catels Impuls beobachten, narrative Stränge über die wiedergegebene Staffage zu entfalten. Gerade erreicht ein Prozessionszug die Pforte zu dem sakralen Areal, um dort von einem Kapuzinermönch empfangen zu werden, der ein Prozessionskreuz in den Händen hält. Dieses Vorgehen, die reine Wiedergabe der Landschaft über die Figuren erzählerisch zu bereichern, weist bereits auf Catels Bildproduktion auf italienischem Boden voraus.

In den Jahren um 1800 war der Künstler hauptsächlich mit Illustrationsaufträgen für diverse literarische Werke befasst,[10] die ihm jedoch nur wenig Gelegenheit boten, die landschaftliche Kom-

ponente weiterzuverfolgen. 1801 wurde Catel an die Dresdner Akademie berufen, um dort Vorlesungen über die Linear- und Luftperspektive zu halten, deren Beherrschung ja auch für die Landschaftsmalerei von essentieller Bedeutung war.[11] Während seines dortigen Aufenthalts durchwanderte er mit dem Dresdner Landschafter Johann Philipp Veith die Sächsische Schweiz. Von dieser Unternehmung hat sich ein Aquarell von Catels Hand erhalten, das mit der Lochmühle im Liebethaler Grund ein pittoreskes Motiv wiedergibt, welches sich bei den lokalen Landschaftern großer Beliebtheit erfreute (Abb. S. 10). Die noch heute als »Malerweg« geläufige Partie im tiefen Tal der Wesenitz bildet gleichsam das Eingangstor zur Sächsischen Schweiz. Mit den beiderseits des Ufers steil aufragenden Felsen, den Mühlengebäuden und der den Fluss überspannenden Brücke hat Catel die wesentlichen Elemente dieser malerischen Szenerie auf seinem Blatt treffend erfasst. Die in den Fels gehauenen Stufen veranschaulichen die touristische Erschließung dieser spektakulären Landschaft. In stilistischer Hinsicht erweist sich der Künstler mit diesem Blatt aufgrund der kleinteiligen Auffassung, etwa in der Wiedergabe des Blattwerks der Bäume, noch ganz der Tradition der Landschaftszeichnung des ausgehenden 18. Jahrhunderts verpflichtet. Auffällig ist der Tuschrahmen, den er um die Komposition gezogen hat. Dieser spricht nicht nur für die bildmäßige Anlage des Blattes, er könnte auch ein Hinweis darauf sein, dass Catel die druckgraphische Reproduktion des Aquarells vorschwebte. 1806 war der Künstler auf der Berliner Akademie-Ausstellung mit drei Berlinveduten vertreten, zusätzlich präsentierte er drei Darstellungen mit Themen aus der lokalen Geschichte. Eine klare Gattungszuordnung kristallisiert sich demzufolge bei ihm zu diesem Zeitpunkt noch nicht heraus. Womöglich spekulierte er sogar darauf, neben seiner Beschäftigung als Illustrator auch als Historienmaler reüssieren zu können.[12] In diese Richtung weisen jedenfalls seine Tätigkeiten des Folgejahres. Ende 1807 reiste Catel nach Paris, um dort die Technik der Ölmalerei zu erlernen, aber er hielt sich auch im Elsass auf, wo er einen Auftrag für zwei Deckenmalereien mit Kriegsthemen erhalten hatte.[13] Und obgleich wir, abgesehen von dem Dresdner Engagement an der dortigen Kunstakademie, nichts Näheres über seine Beschäftigung mit der Perspektivlehre wissen, scheint er es auf diesem Feld sogar zu einem gewissen Renommee gebracht zu haben. Dies macht ein Brief Philipp Otto Runges wahrscheinlich, den dieser am 22. November 1808 an seinen Bruder Gustav schrieb. Darin berichtet der Maler von dem Besuch seines damals in Paris lebenden Künstlerfreundes Friedrich August von Klinkowström – er habe ihn nicht nur porträtiert, sondern auch »ein Manuscript von Catel, das er [Klinkowström] hatte, über die Perspectiv, welches mir sehr nützlich ist, mit allen Figuren Abends abgeschrieben«.[14] Diese Passage lässt aufhorchen. Schließlich handelt es sich mit Runge um einen Künstler, in dessen bildnerischem Denken konstruktiven und geometrischen Gesetzmäßigkeiten allergrößte Bedeutung zukommt. Leider können wir uns kein Bild von dem Manuskript machen, das Klinkowström, der in Paris nachweislich mit Catel in Kontakt stand,[15] Runge zeigte und das diesen sogleich fesselte.

Bis 1811 blieb Catel in der französischen Hauptstadt und arbeitete dort wohl weiterhin als Illustrator. In Hinsicht auf die Frage nach einer Gattungsaffinität weist zu diesem Zeitpunkt noch nichts auf seine spätere Berufung zum Landschafts- und Genremaler hin. Mit seinem Eintreffen in Rom Ende Oktober 1811 sollte sich dies ändern. Einem Brief Catels an den Tübinger Verleger Johann Friedrich Cotta von Anfang Februar 1812 ist zu entnehmen, dass der Künstler für diesen zwölf Zeichnungen mit »Volksszenen und Gebräuche[n]« ausarbeiten wollte, die als Vorlagen für die Illustrationen eines *Damenkalenders* gedacht waren.[16] Von diesem Interesse an volkskundlichen Themen, das untrennbar mit der Diskussion um die unterschiedlichen Nationalcharaktere verbunden war, profitierten die im Genrefach tätigen Künstler in besonderem Maße. Auch Catel sollte es schon bald gelingen, dieses Marktsegment mit seinen Gemälden erfolgreich zu bedienen.[17] Im Frühjahr 1812 reiste der Künstler nach Neapel, um für den französischen Universalgelehrten Aubin-Louis Millin, den er bereits während seines Parisaufenthaltes kennengelernt hatte, zunächst in Pompeji Zeichnungen nach den dortigen Wandmalereien anzufertigen und diesen dann für mehrere Monate nach Kalabrien zu begleiten.[18] Noch vor der Weiterreise gen Süden bestieg Catel im April den Vesuv. Während dieser Unternehmung fertigte er eine bemerkenswerte Ölstudie (Kat.-Nr. 159).[19] Ausschnitthaft fing Catel darauf nicht nur die Kraterregion des Vulkans ein, sondern registrierte auch den Blick auf das tief unten liegende Meer mit der Halbinsel von Sorrent. Die aufsteigenden Dampfwolken sowie das zwischen den Lavabrocken sichtbare, glühende Magma zeugen von der Aktivität des Vesuvs. Eine irritierende Bilderfahrung kommt noch hinzu: Nur bei genauem Hinsehen stößt das betrachtende Auge auf drei winzig kleine Figuren, die im Vordergrund am Kraterrand knien und in den feurigen Schlund hinabblicken. Mit der Registrierung dieser Figuren verändert sich schlagartig das Proportionsgefüge der dargestellten Gegenstände und erst jetzt werden wir uns der enormen Größe der wiedergegebenen Lavabrocken bewusst. Catels Ölstudie zeugt in mancherlei Hinsicht von einem direkten, unmittelbaren und unverstellten Naturzugriff. Allerdings ist nicht mit letzter Sicherheit festzustellen, ob der Künstler die Kraterregion des Vesuvs wirklich vor Ort in Öl umsetzte oder aber diese Studie auf Grundlage einer vor dem Motiv entstandenen Zeichnung schuf. Dennoch ist festzuhalten, dass die Freilichtölskizze beziehungsweise -studie für Catel erst auf italienischem Boden zu einem unverzichtbaren Bestandteil seiner künstlerischen Praxis werden sollte. Darauf wird noch zurückzukommen sein.

Für die bereits erwähnte Reise nach Kalabrien im Frühjahr und Sommer 1812 wurde Catel von Millin engagiert, um die zeichnerische Dokumentation des Gesehenen zu leisten. Insgesamt 172 Blatt, die allesamt in der Bibliothèque nationale de France in Paris aufbewahrt werden, haben sich von dieser Unternehmung erhalten (vgl. Kat.-Nr. 47–62).[20] Millins Ziel bestand darin, eine *Voyage pitto-*

resque herauszugeben, die darüber hinaus dem Anspruch nachkommen sollte, eine Art visuelle Enzyklopädie dieser Region zu erstellen. Mit diesem Ansatz erweist er sich den großen französischen Vorhaben der Aufklärungszeit verpflichtet. Konsequenterweise hat Catel in seinen Zeichnungen deshalb nicht nur Kunstwerke festgehalten; auch Gegenstände und Objekte wurden erfasst, die Einblicke in die Alltagskultur der dortigen Bevölkerung gewährten. Doch für Catel war die Reise noch aus einem anderen Grund essenziell: In Süditalien erlebte er seine Initialzündung als Landschafter. Während jener Wochen kam er mit Landstrichen in Berührung, die bislang noch nicht künstlerisch erfasst, geschweige denn als tatsächlich bildwürdiges Motiv entdeckt worden waren. Es dürfte sich für ihn wie ein Befreiungsschlag angefühlt haben, mit einer an neuen Eindrücken ungemein reichen Landschaft konfrontiert zu werden, um diese sodann aus der unmittelbaren Anschauung heraus wiederzugeben. Jedenfalls konnte er seine spezifische Befähigung, in unerschlossenen Regionen die malerischen Blickwinkel zu erkennen, im Rahmen dieser Unternehmung vielfältig erproben. Einer der ersten Höhepunkte der Reise war die Besichtigung von Amalfi. Catel hat die in pittoresker Lage an der zerklüfteten Steilküste gelegene Ortschaft bereits vom Boot aus erfasst (Kat.-Nr. 59) und zwei Zeichnungen dem Dom als einer der Hauptsehenswürdigkeiten gewidmet. Während auf der einen der frontale Blick auf das Gotteshaus in Untersicht gegeben ist (Kat.-Nr. 58), ist die andere von der Vorhalle aus aufgenommen (Kat.-Nr. 57). Dieses Blatt ist gleich in mehrfacher Hinsicht aufschlussreich für Catels bildnerisches Denken. So nutzte er für seine Ansicht den Portikus als rahmendes, distanzschaffendes Repoussoir – ein kompositorisches Prinzip, welches bei ihm immer wieder begegnet. Interessanterweise zeigte sich auch der Schriftsteller Astolphe de Custine, der ebenfalls der Reisegesellschaft angehörte und bislang hier ungenannt blieb, von diesem Seherlebnis berührt, wenn er in seinen Notizen den Blick aus der Vorhalle folgendermaßen beschrieb: »[...] es ist eine höchst erstaunliche Landschaft, und der Portikus der Kathedrale bildet den Rahmen dafür.«[21] Weiterhin ist der Zeichnung Catels kompositorisches Kalkül zu entnehmen. So hat er auch die markanten Festungstürme, welche die Berge bekrönen und von diesem Standpunkt aus so nicht zu sehen gewesen wären, dem Bogen eingeschrieben, um damit den bildwürdigen Eindruck zu forcieren. Erwähnung verdient schließlich noch die Mönchsfigur im Vordergrund, die in Catels Œuvre in unterschiedlichen Zusammenhängen auftaucht und seine Kompositionen mit romantisierenden Stimmungswerten auflädt. Dass diese Ansicht für den Künstler eine ganz eigene Relevanz besaß, geht aus einer eigenhändigen Radierung hervor, die er sechs Jahre später, 1818, auf Grundlage dieser Komposition schuf (Kat.-Nr. 66). In der Graphik treten der Hell-Dunkel-Kontrast und damit auch die Repoussoirwirkung des einführenden Bereichs weitaus prägnanter in Erscheinung. Indem Catel dem Mönch nun noch zwei Frauen hinzugesellt hat, die vor einem Bildstock knien, der sich in der Zeichnung ebenfalls noch nicht findet, wird sein Bemühen offenbar, die Komposition um erzählerische Momente zu bereichern. Die detaillierte Durcharbeitung der Bildgegenstände erfolgte unter malerischen Aspekten, sichtbar etwa an der Struktur des Mauerwerks oder an den Pflanzen, die von oben in die Vorhalle ragen und die silhouettenhafte Wirkung des Portikus verstärken.

Der Besichtigung archäologischer Sehenswürdigkeiten kam auf der Reise besondere Bedeutung zu, wobei die Tempelanlagen von Paestum zu den längst kanonisierten Orten zählten. Auf einem außergewöhnlich großformatigen Blatt hat Catel den Poseidontempel und das Heraion im landschaftlichen Kontext wiedergegeben und dabei zugleich den Himmel als maßgeblichen Ausdrucksträger in seine Komposition mit einbezogen (Kat.-Nr. 54): Dadurch, dass genau der Moment wiedergegeben wird, in dem gerade die Wolken aufreißen und die Sonnenstrahlen die griechischen Tempel treffen, wird nicht nur der momentane Charakter des Naturereignisses unterstrichen, sondern zudem die spezielle Aura der Antike beschworen. Bereits zu diesem frühen Zeitpunkt offenbart Catel sein Gespür für die bildmäßige Inszenierung von Kulturlandschaften und deren stimmungsmäßige Überhöhung – daran sollte er in seinem weiteren Schaffen festhalten. Mehrere Zeichnungen widmete der Künstler archäologischen Fundstücken aus der im südlichen Kalabrien gelegenen Stadt Mileto (Kat.-Nr. 48–50), die der normannische Graf Roger I. zu seinem Hauptsitz erwählt hatte, um gleichzeitig den Bischofssitz von Vibo Valentia dorthin zu verlegen. Allerdings war durch das verheerende Erdbeben von 1783 nahezu die gesamte Stadt zerstört worden. Eine Zeichnung Catels verbildlicht die Auswirkungen dieser Katastrophe (Kat.-Nr. 50): Während am linken Rand bereits die neue Ansiedlung von Mileto zu sehen ist, sind rechts die Reste der von Roger I. gegründeten und durch die Erdstöße von 1783 vernichteten Abbazia della Santissima zu erkennen. Der Befund, den Catels Zeichnung bietet, deckt sich mit der Situation, die der englische Reiseschriftsteller Henry Gally Knight vorfand: »Eine Menge Fragmente liegen zerstreut umher: Stücke von Marmorsäulen, Karnieße, Architrave, welche unumstößlich beweisen, daß man bei dem Baue der Kirche Materialien von alten römischen Gebäuden verwendete.«[22] Doch für Catel bedurfte es keiner visuellen Hinweise auf die antike beziehungsweise mittelalterliche Bedeutung dieses Ortes, um sich mit Feder und Bleistift der vorgefundenen Landschaft zu widmen. So ist in einem weiteren Blatt der Blick von Mileto gen Westen auf das Meer mit den Liparischen Inseln am Horizont festgehalten (Kat.-Nr. 60). Ganz rechts ist Stromboli mit dem gleichnamigen aktiven Vulkan zu erkennen. Dass Catels Fokus der dokumentarischen Aufnahme galt, machen die Beischriften am oberen Rand des Blattes deutlich. Mit derartigen Ansichten schulte der Künstler zudem seine Fähigkeit, landschaftliche Zusammenhänge räumlich überzeugend wiederzugeben. Bei der Ansicht des an der Meerenge von Messina gelegenen Scilla zielte Catel offenkundig weniger auf die präzise topographische Dokumentation als auf eine bildmäßige Gestaltung des Gesehenen (Kat.-Nr. 47). In westlicher Richtung schauen wir auf den Ort mit

seinem markanten, auf dem Steilfelsen gelegenen Castello Ruffo. Die breit gelagerten Bergzüge des Hintergrundes gehören bereits zu Sizilien. In kompositorischer Hinsicht hat sich Catel der Aufgabe gestellt, den Landschaftsraum in eine schlüssige Abfolge aus Vorder-, Mittel- und Hintergrund zu gliedern. Das den einführenden Bereich der Zeichnung ausfüllende Baum- und Buschwerk veranschaulicht die üppig-mediterrane Vegetation und wurde von ihm in dessen raumschaffender Wirkung als Repoussoir eingesetzt. Vergleichbare Überlegungen dürften Catel beschäftigt haben, als er den Blick auf das nordöstlich von Scilla gelegene Bagnara, heute als Bagnara Calabra geläufig, in Richtung Liparische Inseln aufnahm (Kat.-Nr. 56). Im Vordergrund durchmisst eine Dattelpalme – kompositionsbestimmend – die gesamte Höhe des Blattes, weiterhin sind Opuntien und Agaven zu erkennen. An diesem Vorgehen, den Betrachter auf der Bildschwelle mit der charakteristischen Pflanzenwelt Italiens zu empfangen, um ihn gleichsam auf die Erfahrung des »Anderen«, des »Fremden« einzustimmen, sollte Catel auf zahllosen seiner Landschafts- und Genrekompositionen der folgenden Jahrzehnte festhalten. Mit seiner eindrucksvollen aquarellierten *Ansicht von Reggio Calabria mit Blick über die Meerenge von Messina auf den Ätna* (Kat.-Nr. 55) hat er schließlich den Bildraum nicht nur ins Panoramaartige geweitet, sondern ihn zugleich dergestalt aufgebaut und gegliedert, dass der nächste Schritt zu seinen repräsentativen Landschaftsgemälden bereits zu erahnen ist.

Wenige Jahre nach dieser für die Schulung seines landschaftlichen Blicks so essenziellen Unternehmung kam der Künstler in Rom mit Projekten in Kontakt, an denen er seine Fähigkeiten als Illustrator nun auch auf dem Gebiet der Landschaft erproben konnte. Dabei profitierte er von den mäzenatischen Aktivitäten Elisabeth Hervey Fosters, der Herzogin von Devonshire, die sich 1815 in Rom niedergelassen hatte. Als Zeichen ihrer besonderen Neigung zur antiken Literatur leitete sie noch im Jahr ihrer Ankunft eine Neuübersetzung der fünften *Satire* des Horaz in die Wege und gab diese in einer Prachtausgabe heraus, an der deutsche und italienische Künstler als Illustratoren beteiligt waren, darunter auch Catel.[23] Für ihn bedeutete dieses Vorhaben auch ein intensiviertes Einfühlen in landschaftliche Zusammenhänge, galt es doch, im Sinne eines Itinerars diejenigen Orte wiederzugeben, die der antike Dichter besucht hatte (vgl. Abb. 1–3 auf S. 237) Das Vorhaben zeugt einerseits von Antikensehnsucht, ist aber andererseits reflexiv gebrochen – die damaligen Zeitgenossen wurden sich der enormen zeitlichen Distanz zur Antike bewusst.

Neben der Horaz-Ausgabe veranlasste die Herzogin 1818 mit der Neuübersetzung von Vergils *Aeneis* auf Grundlage der Ausgabe von Annibale Caro noch ein zweites wichtiges Buchprojekt, das 1819/21 in zwei Bänden erschien und insgesamt 24 Illustrationen umfasste.[24] Mit der *Aeneis* findet gleichsam die mythische Komponente Eingang in dieses weitere ortsbezogene Vorhaben der Herzogin, berichtet Vergil in seinem Epos doch von der legendären Gründung Roms. Die Initiatorin der Publikation besuchte sämtliche für die Illustration vorgesehenen Gegenden selbst, was deutlich macht, dass die in der rückbezüglichen Wahrnehmung erfahrene Erlebnisqualität der antiken Schauplätze für sie zentrale Bedeutung besaß.[25] Wiederum ging es offenbar um den Versuch, der Aura eines bestimmten Ortes habhaft zu werden, um Projektionen aus dem Hier und Jetzt in eine mythische Vergangenheit zu tätigen, je nachdem, in welchem Maße dies aufgrund des Bewusstseins von der Historizität der Antike überhaupt möglich war. Catel partizipierte maßgeblich an diesem Projekt, indem er nahezu die Hälfte aller Vorlagen für die druckgraphische Reproduktion beisteuerte. Bei diesen 1818/19 geschaffenen Werken handelt es sich um kleinformatige Ölstudien, die der Künstler vor Ort anlegte. Die Stecher orientierten sich in der Folge an Zeichnungen, die auf Grundlage dieser Studien entstanden, jedoch nicht von Catel selbst ausgearbeitet worden waren.[26]

1818 schuf Catel auch drei eigenhändige Radierungen, die er allesamt, wie der Beischrift zu entnehmen ist, der Herzogin von Devonshire widmete (Kat.-Nr. 65–67).[27] Obgleich diese Blätter landschaftliche wie auch städtische Ansichten zeigen, verfügen sie in kompositorischer und bildstruktureller Hinsicht über auffällige Gemeinsamkeiten, die im Werk von Catel immer wieder begegnen. Ob wir aus der Grotte von Maiori auf den Golf von Salerno schauen (Kat.-Nr. 65), von der bereits erwähnten Vorhalle des Domes von Amalfi aus die Stadt in Augenschein nehmen (Kat.-Nr. 66) oder aber durch die flankierenden Kolonnaden auf den Obelisken und die Brunnen des Petersplatzes blicken (Kat.-Nr. 67) – stets stoßen wir im unmittelbaren Vordergrundbereich auf das Phänomen der bildinternen Rahmung. Höhle, Portikus und Kolonnaden wurden von Catel in ihrer jeweiligen Repoussoirwirkung verstanden, mithilfe derer er die Wahrnehmung des Bildraumes in tiefenräumlicher Hinsicht verstärkte. Starke Hell-Dunkel-Kontraste intensivieren diese Erfahrung: Von der verschatteten Vordergrundzone aus erschließen wir uns den lichten Bereich des Mittel- und Hintergrundes. Womöglich hat sich Catel von den damaligen Entwicklungen auf dem Gebiet des Bühnenbildes mit dessen illusionsstiftender Wirkung für seine Kompositionen anregen lassen. Jedenfalls bieten die drei Radierungen erhellende Einblicke in sein bildnerisches Denken.

Obgleich Catel bereits kurz nach seiner Ankunft in Italien vereinzelt Ölskizzen in der freien Natur geschaffen hatte (Kat.-Nr. 159), widmete er sich wohl erst in den Jahren um 1818 intensiv dem systematischen Freilichtstudium. Befördert wurde dieser direkte, unverstellte Naturzugriff sicherlich auch durch die Ölstudien, die er für die *Aeneis*-Ausgabe an den konkreten Schauplätzen aufnahm. Wenig später sollte der Künstler einen noch unmittelbareren Zugang suchen, der namentlich den veränderlichen atmosphärischen Situationen und meteorologischen Phänomenen Rechnung trug. Es ist davon auszugehen, dass zu den weit über 1.000 Freilichtstudien, die in seinem Nachlassinventar verzeichnet, aber lediglich zu einem Bruchteil erhalten geblieben sind, meist Arbeiten in Öl gehörten.[28] Zwar fand die Freilichtmalerei im beginnenden 19. Jahrhundert

auch nördlich der Alpen Eingang in die künstlerische Praxis, jedoch war es die nachhaltige Erfahrung des mediterranen Lichts, die ab 1820 zu einer sprunghaften Verbreitung des Freilichtstudiums unter den in Italien weilenden Künstlern aus ganz Europa führte. Da auch die Wurzeln dieser Praxis dort zu lokalisieren sind, seien diese hier knapp skizziert. Blicken wir auf die Tradition der Ölskizze, fällt auf, dass Rom schon im 17. Jahrhundert diesbezüglich eine zentrale Position innegehabt haben muss. So berichtet der deutsche Künstler und Kunstschriftsteller Joachim von Sandrart in seiner *Teutschen Academie*, gemeinsam mit Claude Lorrain in der freien Natur Ölskizzen angefertigt zu haben.[29] Im Laufe des 18. Jahrhunderts waren es hauptsächlich britische und französische Künstler, die diese Technik etablierten. Um die Jahrhundertmitte haben hauptsächlich Richard Wilson und Claude Joseph Vernet dazu beigetragen, ein solches Vorgehen an die nachfolgende Generation von Landschaftsmalern zu vermitteln.[30] Pierre-Henri de Valenciennes, der vermutlich von Vernet an die Ölskizze herangeführt wurde, ist eine Schlüsselfigur, was die weitere Entwicklung der Freilichtmalerei nach 1800 anbetrifft – und das in doppelter Hinsicht. Einerseits schuf Valenciennes, vornehmlich in den 1780er Jahren, eine Fülle an Ölskizzen, die von seiner Sensibilität für die veränderlichen Naturstimmungen zeugen und zugleich gerade dadurch ausnehmend progressiv sind, indem er ein und denselben Gegenstand zu unterschiedlichen Tageszeiten einfing. Andererseits hat Valenciennes dieses Vorgehen in seinem 1800 veröffentlichten umfangreichen Traktat *Éléments de perspective pratique à l'usage des artistes* beschrieben, der zu einem Standardwerk einer ganzen Malergeneration wurde und schon 1803 in einer deutschen Ausgabe erschien.[31] Valenciennes war auch maßgeblich an der 1817 erfolgten Einrichtung eines Rompreises für Landschaftsmalerei an der Académie des Beaux-Arts in Paris beteiligt. Obgleich die Aspiranten als Ergebnis ihres mehrjährigen Romstipendiums ein klassisch-ideales Landschaftsbild zu malen hatten, mussten sie, um sich den Preis sichern zu können, zusätzlich eine Landschaftsskizze sowie eine in der freien Natur gefertigte Baumstudie vorlegen. Als Konsequenz aus dieser von akademischer Seite propagierten Aufwertung der Studie verschrieben sich in den Jahren nach 1817 zahllose Künstler dem Medium der Freilichtölskizze.[32]

Wir dürfen davon ausgehen, dass Catel die Neuerungen von Valenciennes bekannt waren. Schließlich verkehrte er in Rom mit dem ihm künstlerisch nahestehenden französischen Landschaftsmaler Pierre-Athanase Chauvin, der Schüler von Valenciennes gewesen war.[33] Und wie uns die bereits oben erwähnte beachtliche Zahl seiner Freilichtstudien vor Augen führt, konnte auch er sich der Faszination dieser Praxis nicht entziehen. Zwar lassen seine repräsentativen, für den Verkauf bestimmten Landschaftsveduten oftmals lediglich ein Echo des unmittelbaren Natureindrucks erkennen, jedoch scheint dieser vermittelnde Schritt für den Künstler innerhalb des Werkprozesses von einer nicht zu überschätzenden Bedeutung gewesen zu sein. Catels Öl- und Temperastudien lassen sich zwei Gruppen zuordnen: Ein Teil von ihnen diente der konkreten Vorbereitung bestimmter Gemälde,[34] der andere Teil entstand spontan vor dem Motiv und war losgelöst von einem weiteren Verwendungszweck. Für diesen zweiten Studientypus scheint Catels Bekanntschaft mit dem norwegischen Maler Johan Christian Dahl essenziell gewesen zu sein.[35] Der an der Kopenhagener Kunstakademie ausgebildete Dahl ließ sich 1818 in Dresden nieder und freundete sich dort mit Caspar David Friedrich an, mit dem er ab 1823 in einer Hausgemeinschaft lebte.[36] Von Juni 1820 bis Juli 1821 hielt er sich in Italien auf.[37] Dahl und Catel hatten sich spätestens im November 1820 in Neapel kennengelernt und in den darauffolgenden Wochen und Monaten zusammen im Freien direkt vor dem Motiv gemalt. Wie Dahl am 8. November in seinem Tagebuch vermerkte, hatten die beiden Künstler an jenem Tag nicht nur gemeinsam Freilichtstudien angefertigt, sondern auch die Kunstsammlung des Fürsten von Berwick und Alba in Neapel besucht, die der Norweger bereits im Oktober besichtigt hatte; hier hatte er unter anderem auch Gemälde von Catel sehen können.[38] Für den Januar 1821 sind weitere Einträge in seinem Tagebuch verzeichnet, welche die unmittelbare Studienpraxis der zwei Künstler berühren. So malten sie am 7. Januar zusammen in der freien Natur, wobei Dahl die Gelegenheit nutzte, einen Fischer zu porträtieren.[39] Knapp eine Woche später, am 13. Januar, sind sie erneut mit Freilichtölskizzen befasst.[40] Als materielle Zeugnisse dieses fruchtbaren Austauschs hat sich beiderseits ein Konvolut an Studien erhalten, das in motivischer wie auch stilistischer Hinsicht die Intensität der Zusammenarbeit dokumentiert.[41] In Form der in skizzenhaftem Modus wiedergegebenen Küsten- und Brandungsstudien, welche das unvermittelte Zusammentreffen dreier Elemente verbildlichen, erschloss sich Catel im Dialog mit Dahl ein neues Motivfeld (Kat.-Nr. 150–152). Für einen Künstler war dies gewiss keine einfache Aufgabenstellung: Die Herausforderung bestand darin, ephemere, der steten Veränderung unterworfene Phänomene einer in Bewegung befindlichen Natur ins Bild zu bannen und damit in eine statische Form zu überführen, aus der dennoch die Dynamik des Geschehens zu sprechen hat. Die Temperastudie *Stürmische Küstenlandschaft mit Blick auf Capri* aus der Zeit um 1821 bietet vom felsigen Ufer aus den Blick auf das in intensivem Blau leuchtende Meer, wobei einzig die sagenumwobene Insel im Hintergrund eine Identifizierung der topographischen Situation gestattet (Kat.-Nr. 150). Belebt wird die Szenerie von diversen Segelbooten und zwei Figuren auf einem der Felsen im Vordergrund. Obgleich die Bewegtheit des Meeres an der schäumenden Gischt abzulesen ist, inszeniert Catel den Himmel als maßgeblichen Akteur, annähernd zu zwei Drittel füllt dieser die Bildfläche. Damit hat der Künstler vor den Augen des Betrachters ein beeindruckend bewegtes Szenario entfaltet. Gerade drängen dunkle Gewitterwolken von links in den Bildraum und scheinen kontinuierlich den Schönwetterhimmel, der noch über dem Meer liegt und sich bis zum Horizont erstreckt, zu überlagern. Catels Pinselstriche unterstützen den Eindruck der starken, aus dem Witterungsum-

schwung resultierenden Dynamik am Himmel. Auffällig an dieser Studie sind ihre abgerundet wirkenden Eckbereiche. Wie die Pinselabstriche in der linken unteren Ecke veranschaulichen, hat Catel diese Zonen nicht mehr als dem Motiv zugehörig erachtet. Schaut man genau hin, lässt sich aus dem rechteckigen Bildfeld ein Oval herauslösen, das die vier Eckfelder ausspart. Diese Beobachtung gibt Anlass zu der Vermutung, dass sich Catel zwecks Motivfindung beziehungsweise deren Umsetzung optischer Hilfsmittel bediente. Wie Gennaro Toscano wahrscheinlich machen konnte, hat der Künstler bei seinen Landschaftsstudien die Camera lucida verwendet, bei der mithilfe eines Prismas die Umrisse des jeweiligen Gegenstands auf das Zeichenpapier projiziert werden.[42] In unserem Falle weist der Befund in eine andere Richtung. So hat es den Anschein, als habe Catel sich für die Anlage der Temperastudie eines sogenannten Claude-Glases bedient, das nach dem französischen Landschaftsmaler Claude Lorrain benannt wurde und in der zweiten Hälfte des 18. Jahrhunderts in England aufkam. Bei diesem optischen Instrument handelt es sich um einen kleinen, gekrümmten Spiegel aus getöntem Glas. Steht man mit dem Rücken zur betrachteten Szenerie, wird aus dem landschaftlichen Kontinuum ein Ausschnitt herausgelöst, der aufgrund der leicht konvexen Wölbung ein harmonisches Bild ergibt, das auf einen Blick erfasst werden kann.[43] Der auf Catels Studie in ungewöhnlicher Schrägstellung erscheinende Felsen könnte neben weiteren leichten perspektivischen Verzerrungen dafür sprechen, dass der Künstler seine Studie in Grundzügen tatsächlich mittels eines Claude-Glases angelegt hat.

Eine zweite, ebenfalls um 1821 anzusetzende Temperastudie Catels, auf der im Hintergrund abermals die Insel Capri zu sehen ist, schildert einen sandigen, von Felsbrocken beschlossenen Buchtabschnitt (Kat.-Nr. 151). Neben der von Wolken besetzten Himmelsfläche hat der Künstler die an den Strand brandenden Wellen zum Thema der Darstellung gemacht. Augenscheinlich war ihm auch hier an der Visualisierung des Momentanen gelegen. Während die Gischt auf der rechten Seite an den Felsbrocken emporspritzt, reißt unmittelbar darüber die Wolkendecke etwas auf, was daran zu sehen ist, dass die Strahlen der Sonne die Meeresfläche streifig aufhellen. Dynamische Impulse resultieren nicht allein aus den sich rhythmisch am Strand brechenden Wellen, auch die ziehenden Wolken, die links oben einen freien Blick auf das Blau des Himmels gewähren, sind hierfür ein entscheidendes Kriterium. Wie eng mitunter Catels Freilichtstudien mit seinen ambitionierten Bildvorhaben verbunden waren, belegt das 1821 – und damit zeitlich exakt im Kontext der beschriebenen Studien – von Bertel Thorvaldsen beauftragte Gemälde *Nachtszene am stürmischen Meer* (Kat.-Nr. 130). Es verbildlicht die finale Szene aus François-René de Chateaubrands 1802 erschienener Novelle *René*. Mit dieser sowie der 1801 publizierten Erzählung *Atala*, die um die tragische Liebesgeschichte einer Indianerin kreist und diese mit stimmungsvollen Naturbeschreibungen verwebt, hatte der französische Literat kon-

genial den Nerv seiner Zeit getroffen. Catel entwirft in seiner Auseinandersetzung mit der Vorlage die Figur des Titelhelden René als
eine von »Weltschmerz« zerrissene Künstlerexistenz. Das Gemälde
zählt zu seinen unbestrittenen Hauptwerken und wurde immer
wieder angeführt, um den romantischen Strang seines Schaffens zu
veranschaulichen.[44] Catel zog sämtliche ihm zur Verfügung stehenden bildrhetorischen Register, um dem Betrachter die dramatische
Schlussszene der Novelle überzeugend vor Augen stellen zu können.
René sitzt in exponierter Position unmittelbar am Meeresufer auf
einem »einsamen Felsen« – so im Text –, »wo es einsam und öde
war, und wo man nichts als das Brausen der Wogen vernahm«.[45]
Einem Fels in der Brandung gleich trotzt er den Naturgewalten. Den
Kopf im typischen Melancholiegestus in die rechte Hand, die linke
auf einen Stab gestützt, schaut er zum Kloster empor, das in Untersicht wiedergegeben ist und vom Bildrand überschnitten wird. Hinter dessen Mauern hielt sich seine Schwester Amélie auf der Flucht
vor ihrer inzestuösen Liebe versteckt. Sein nach oben gerichteter
Blick unterstreicht den auffälligen Diagonalakzent, der aus der jäh
fluchtenden Klosteranlage und der Position des Sitzenden resultiert.
Catel setzte mit seinem Gemälde darüber hinaus den Gegensatz aus
festen, unverrückbaren und ephemer-bewegten Bildgegenständen
anschaulich in Szene. So halten die massiven Klostermauern wie
auch die Gestalt von René den anbrandenden Wogen stand, wohingegen aus den Wolkenformationen am Himmel wie auch aus der
aufschäumenden See die immense Dynamik der Natur spricht und
ihre elementare Dimension spürbar wird. Hinsichtlich der Bildstruktur ist dabei durchaus folgerichtig, dass sich die gewittrigen Sturm-
wolken über dem Haupt von René ballen, um seine innere Bewegtheit kenntlich zu machen. Hingegen werden die linke Himmelshälfte
und der Spiegel des Meeres vom verdeckten Mond in ein gleißendes,
irreal anmutendes Licht getaucht. Wie uns Catels Bildsprache vor
Augen führt, war er sich zentraler romantischer Topoi vollauf bewusst. Der Künstler inszenierte die textlich vorgegebene Abschiedsszene, um sie mit der Sehnsuchts- und Einsamkeitsmetaphorik zu
verschmelzen; jenseits dessen nutzte er das dramatische Szenario
jedoch auch, um Analogien zwischen der Natur und dem Subjekt zu
stiften, um die stürmische Wetterlage als Spiegel der Seelenlage
Renés zu fassen. Einige Bilddetails zeugen überdies davon, dass sich
Catel im Zuge seiner bildnerischen Adaption des Stoffs eng an die
Textvorlage angelehnt hat. Dabei setzte er gerade auch diejenigen
Details um, über die sich narrative Bezüge herstellen ließen. So ist
die schwingende Glocke im gotischen Glockenturm des Klosters zu
erkennen, die sich in der Novelle auf akustischer Ebene bemerkbar
macht, aber auch der Leuchtturm und die in Seenot befindlichen
Schiffe rechts hinten. Und indem Chateaubriand abschließend die
beschriebene Situation als »Gemälde« charakterisiert, das sich seinem »Gedächtniß für die Ewigkeit eingeprägt« habe,[46] wird das bildhafte Potenzial auf der Textebene explizit gemacht. Dies könnte
Catel zusätzlich bewogen haben, eine Übersetzung der beschriebenen Szenerie ins Bildnerische zu wagen.

Wie Catel war auch Dahl vom Spiel der Wellen besonders faszi-
niert. Von ihm haben sich drei auf den 4. Januar 1821 datierte Ölskizzen erhalten, auf denen er anbrandende Wellen am Golf von
Neapel wiedergab.[47] Der Entstehungszeitpunkt legt nahe, dass Dahl
und Catel gemeinsam vor dem Motiv arbeiteten. Jedenfalls standen
sie in jenen Wochen in engstem Austausch miteinander.[48] Anders
als Catel arbeitete der norwegische Maler in einem skizzenhafteren
Modus, der spontaner und freier anmutet und bei dem die Auflösung der Gegenstände bereits weiter vorangetrieben ist. Zum Teil
verzichtete er bei seinen Brandungsstudien auch auf die Angabe der
Küstenlinie, der ja innerhalb des Bildgefüges zusätzlich die Funktion zukommt, den Betrachterstandpunkt zu definieren. Auf einer
der Ölskizzen von Anfang Januar hat Dahl von jeglicher bildinternen Einfassung des Meeres abgesehen, um die Komposition zu den
Seiten hin zu öffnen (Abb. 1).[49] Dies hat eine vergleichsweise radi-
kale Bildstruktur zur Folge, die allerdings für Dahl lediglich im
Medium der Skizze eine Existenzberechtigung hatte. Im Gegensatz
zu Catel hat er die Horizontlinie an den oberen Rand der Komposition verlegt, wodurch das Meer einen Großteil der Bildfläche besetzt. Neben weiteren in jenen Monaten entstandenen Ölskizzen
lässt diese Arbeit erahnen, wie befreiend das Erlebnis der italienischen Natur mit ihrem intensiven Licht- und Farbenspiel auf Dahl
gewirkt haben muss.[50] Weitaus frappierender als bei den Brandungsstudien fällt die motivische Nähe zwischen den beiden Landschaftsmalern bei zwei Arbeiten aus, die jeweils von der Grotte unterhalb
des Palazzo Donn'Anna am Capo di Posillipo aus aufgenommen
wurden (Abb. 2 und Abb. S. 352).[51] Die Ölstudien präsentieren den
Blick vom Inneren der Grotte auf den Golf von Neapel mit dem ins
Meer ragenden Castell dell'Ovo und dem Vesuv im Hintergrund.
Gestützt wird der Eindruck einer gleichzeitigen Beschäftigung mit
diesem Motiv auch dadurch, dass in jeder der Studien ein Ruderboot in der Nähe der Höhle zu sehen ist. Der auffälligste Unterschied besteht in den Holzbalken, die bei Dahl den oberen Bereich
des Grottenbogens überspannen und bei Catel indes fehlen. Womöglich entschied sich der Norweger doch für einen etwas anderen

Abb. 1
Johan Christian Dahl, *Brandungswellen am Golf von Neapel*, 1821, Öl auf Papier auf Pappe, 22,5 x
36 cm, Oslo, Nasjonalgalleriet, Inv.-Nr. 2302 (1954)

Standort innerhalb der Grotte. Dass beide Künstler das pittoreske Motiv des unmittelbar am Meer gelegenen natürlichen Gewölbes außerordentlich schätzten, geht aus einer Tagebuchnotiz Dahls vom 13. Januar 1821 hervor: »War zusammen mit Catel im Freien und malte mehrere Kleinigkeiten – eine gute Partie mit einer Seeküste – das Innere einer großen Grotte, Höhle bei Poselyp. Wenn das Wetter hält, will ich Morgen ebenso nach der Natur malen.«[52]

Auf einigen der um 1820 *plein air* geschaffenen Küstenstudien hat Catel den Typus des Nachtstücks zur Anwendung gebracht. Der ganz eigene Reiz dieser Bildform bestand für ihn offenkundig in der Möglichkeit, unterschiedliche Lichtquellen darzustellen, die das nächtliche Dunkel effektvoll illuminieren. Auf einer Temperastudie wird das Meer von mehreren Segelbooten belebt (Kat.-Nr. 148). Hinter den Wolkenbänken zeichnet sich der Mond am Himmel ab, der die Meeresfläche in der Ferne streifig ausleuchtet. Im Vordergrund wärmen sich Fischer an einem Strandfeuer. Die Konstellation aus dem silbrig-kalten Mondlicht und den warmen Tönen des Feuers ist immer wieder auf den Studien zu entdecken, die Catel am Golf von Neapel schuf. Auf einer kleinformatigen Ölskizze ist der Leuchtturm von Santa Lucia zu erkennen, der die Einfahrt zum Hafen von Neapel markiert; sein Leuchtfeuer, unterstützt von einer fackelartigen Flamme am Ufer, tritt geradezu in Konkurrenz zum Mond, der diffus hinter den Wolken hervorleuchtet (Kat.-Nr. 149). Eine weitere Ölskizze verbildlicht den entgegengesetzten Blickwinkel auf den Golf von Neapel und zeigt damit eine Ansicht, die zu Catels Lebzeiten wegen ihrer malerischen Qualitäten längst als begehrtes Bildmotiv etabliert war (Kat.-Nr. 147). Die Komposition erweist sich in besonderem Maße von horizontalen Werten bestimmt. Sichelförmig umschließt der ins Bild einführende Sandstrand die Bucht von Mergellina, vermittelt zum Stadtraum und fluchtet auf die ins Meer ragende Wehrarchitektur des Castell dell'Ovo. Der breit gelagerte Vesuv beschließt den Bildraum im Hintergrund. Die Wirkung der Studie resultiert aus den Lichtquellen, die das nächtliche Dunkel erhellen. Catel hat einen exzeptionellen Moment ins Bild gebannt: Der Vulkan ist aktiv und speit Lava, seine aufsteigenden Aschewolken wer-

den vom Wind in Richtung Meer geweht und verdecken dabei den unteren Bereich des Mondes, dessen Lichtreflexe auf der Meeresoberfläche bis in den vorderen Strandbereich ausstrahlen, wo sich abermals Fischer an einem Feuer wärmen. Eine in Rückansicht wiedergegebene Figur auf der Mittelsenkrechten des Bildes scheint damit befasst, das Naturschauspiel zu betrachten. Ob Catel seine Ölskizze wirklich an Ort und Stelle anfertigte, kann nicht mit letzter Bestimmtheit gesagt werden. Der einheitlich anmutende, frische Charakter der Arbeit sowie der skizzenhafte Pinselduktus und das kleine Format legen dies zunächst nahe. Allerdings zählte die wirkungsvolle Koppelung des am Himmel stehenden Mondes mit dem ausbrechenden Vulkan schon seit dem ausgehenden 18. Jahrhundert zu den kanonisierten Motiven im Rahmen der Vesuv-Ikonographie. Dies lässt es zumindest denkbar erscheinen, dass Catel von der getreuen Wiedergabe der vorgefundenen Situation abwich, um inszenatorische Akzente zu setzen.

Von seinen Erfahrungen mit der Freilichtmalerei sollte der Künstler noch Jahre später zehren. Einen anschaulichen Eindruck vom nachhaltigen Einfluss seiner nächtlichen Skizziertätigkeit auf sein Werk bietet das 1827 in Rom realisierte Gemälde *Golf von Neapel mit dem Palazzo Donn'Anna im Mondschein* (Kat.-Nr. 145).[53] Die in der Ferne schemenhaft erkennbare Insel Ischia ersetzt nun den Vesuv und anstelle des Castell dell'Ovo dominiert jetzt der im 17. Jahrhundert errichtete Palazzo Donn'Anna den Mittelgrund der Komposition. Durch die Fackel eines Fischerbootes wird das ruinöse, unvollendet gebliebene und wie ein Amalgam aus Kunst- und Naturformen wirkende Gebäude mit seinen diversen Fassadenöffnungen effektvoll illuminiert. In der Zeitschrift *Das Ausland. Ein Tagblatt für Kunde des geistigen und sittlichen Lebens der Völker* ist dem »Fischen bei Nacht im Golf« ein kleiner Artikel gewidmet, in dem es heißt: »In schönen und ganz ruhigen Sommerabenden und Nächten sieht man unzählige hell erleuchtete Fischer-Barken den Golf in allen Richtungen durchkreuzen. Die Neugierde der Fische wird hier zu ihrem Verderben benutzt. Der helle Schein, den sie tief im Grunde sehen, lockt sie an die Oberfläche, wo der Tod ihrer wartet.«[54] Erneut stoßen wir in Catels Gemälde, diesmal in der rechten unteren Ecke, auf das charakteristische Strandfeuer der Fischer. Der Mond steht am Himmel und seine Reflexe strahlen wieder bis in den Vordergrund aus, wo sie gerade eine Fischerfamilie erreichen, die durch das Wasser watet und gleich das Ufer erreicht hat. Im Gegensatz zu den skizzenhaften, vor Ort entstandenen Öl- und Temperastudien hat Catel bei dieser Atelierarbeit deutlich größeren Formats dem Licht einen weitaus wärmeren Ton verliehen, was für den Gesamtklang des Bildes entscheidend ist. Namentlich die virtuose Gestaltung des Himmels mit den vom Mondlicht unterschiedlich stark hervorgehobenen Wolkenpartien setzt dieses Gemäldes von den skizzenhaften Studien deutlich ab.

Von Catels Faible für derartige Stimmungen zeugt auch sein 1822 kreiertes Thema *Neapolitanisches Liebesständchen bei Mondschein*, zu dem sich von der Kompositionszeichnung über

Abb. 2
Johan Christian Dahl, *Blick aus der Grotte unterhalb des Palazzo Donn'Anna auf den Golf von Neapel mit dem Vesuv*, 1820, Öl auf Leinwand, 25,5 x 38,5 cm, Oslo, Nasjonalgalleriet, Inv.-Nr. 426/26 (1893)

Ölstudien bis hin zu einem repräsentativen Gemälde verschiedene Werkstadien erhalten haben (Kat.-Nr. 186–190).⁵⁵ Eine der bildmäßig angelegten Ölstudien zeigt dabei, durch die Laube gleichsam als Bild im Bild gerahmt, den vertrauten Blick auf den Golf von Neapel mit dem Castell dell'Ovo sowie dem qualmenden Vesuv im Hintergrund (Kat.-Nr. 189). Die spiegelglatte Meeresoberfläche wird durch die Lichtbahn des Mondes akzentuiert – diese Wirkweise des nächtlichen Lichts hatte sich Catel mittels seiner Ölskizzen erschlossen. Ein neuer Akzent wird durch das Motiv des Liebeswerbens in die Komposition gebracht. Dadurch wird Catels Vorliebe für narrative Momente offenbar, womit er sich auch in Richtung Genre öffnet. In der stimmungsvollen Zusammenführung beider Gattungen, der Landschaft und des Genres, in einer neuen, ausnehmend beliebten Mischgattung ist vermutlich einer der Gründe für seinen anhaltenden künstlerischen Erfolg zu sehen. Bereits um 1820 scheint er auch mit seinen Genregruppen, die vordergrundnah vor einer Landschaftsfolie agieren, welche sich aus charakteristischen Motiven des Golfs von Neapel zusammensetzt, den Geschmack der Italienreisenden getroffen zu haben. Die nachfolgende Künstlergeneration versuchte daran zu partizipieren. Beispielsweise sollte sich Carl Wilhelm Götzloff, der 1825 in Neapel sesshaft wurde, in seinen Genrestücken direkt auf die Kompositionen von Catel beziehen.⁵⁶

Die klassizistische Kunsttheorie hätte sich mit Catels Bildlösungen sicherlich schwer getan. So hat er sich nur in Ausnahmefällen mit der Konzeption idealer Kompositionen befasst, um stattdessen fast durchweg konkrete, in ihren Grundzügen der Wirklichkeit entnommene Ansichten ins Bild zu setzen. Die hehre Welt der Antike ist bei ihm ins Zeitgenössisch-Profane gewandelt, was durch den hohen Anteil der genrehaften Staffagefiguren unterstrichen wird. Auch seine »Doppelkompetenz« als Landschafts- und Genremaler wäre vermutlich getadelt und als Zeichen von Unentschiedenheit verstanden worden. Für die Landschaftsgattung verfasste Carl Ludwig Fernow 1803 im *Neuen Teutschen Merkur* den maßgeblichen Beitrag, der drei Jahre später in überarbeiteter Form im zweiten Band seiner *Römischen Studien* erschien.⁵⁷ Darin führt er unter anderem aus, dass die Staffage auf einem Landschaftsgemälde vor dem Hintergrund der Gattungsabgrenzung kein allzu großes Gewicht innerhalb des Bildgefüges bekommen dürfe, und legt in diesem Zusammenhang fest: »Es giebt aber ein Verhältnis der Figuren zur Landschaft, wo jene aufhören Staffirung zu seyn, und wo diese Scene und Grund der Handlung wird. Zu diesem Verhältnisse darf es in der Landschaftmalerei nie kommen, weil Gemälde der Art aufhören würden, Landschaften zu seyn.«⁵⁸ Doch in den wenigen Jahrzehnten zwischen dem Erscheinen dieses Traktats und den hier besprochenen Arbeiten von Catel hat Fernows Theorie, von der er sich versprach, dem Typus der Ideallandschaft bis weit ins 19. Jahrhundert hinein Geltung zu verschaffen, viel von ihrer Relevanz eingebüßt. Zu groß war der Abstand zur nachfolgenden Künstlergeneration, die dem Freilichtstudium anhing und ihre Motive im Hier

und Jetzt fand. Allerdings waren auch zeitgenössische Stimmen zu hören, die sich schwer damit taten, dass Catel anscheinend keine Scheu davor hatte, die Gattungsgrenzen aus künstlerischen und marktspezifischen Gründen zu missachten. So bemerkt ein anonymer Rezensent 1828 im Berliner Kunstblatt zu Catels großformatiger historischer Komposition *Torquato Tassos Tod unter der Eiche beim Kloster Sant'Onofrio* (Kat.-Nr. 112), die ihre besondere Spannung aus der Sterbeszene im Vordergrund und dem Panorama der Ewigen Stadt im Hintergrund bezieht: »Man weiß aber nicht, ob es dem Künstler darum zu tun war, die Landschaft um der Figuren, oder die Figuren um der Landschaft willen zu malen.« Und er schlussfolgert: »Was vermöchte sich auch im Vordergrunde zu halten, wenn die ganz ewige Roma im Hintergrund liegt?«⁵⁹

In den Jahren kurz nach 1820 erschloss sich Catel außerdem den Typus der weiträumigen Landschaft. Dies kann ein Bilderpaar veranschaulichen, das der bayerische König Max I. Joseph bei dem Künstler in Auftrag gegeben hatte. Eines der Gemälde schildert den *Blick auf Ariccia in Richtung Meer mit den Ponzianischen Inseln* (Kat.-Nr. 98). Auf der linken Seite ist eine baumbestandene Felsböschung zu sehen, aus der eine Quelle strömt, die ein gemauertes Becken füllt. Zwei weibliche Figuren, eine davon mit Kind, spiegeln sich in der Wasserfläche vor ihnen und sind damit befasst, Wasser zu holen und Wäsche zu waschen. Während der Blick links bereits im Bereich des hinteren Vordergrundes abgeblockt wird, kann er sich rechts die ganze Weite des Landschaftsraumes erschließen und in die Ferne schweifen. Das betrachtende Auge gleitet das bewaldete Hügelland hinab, stößt auf halber Höhe auf zwei hervorstechende Bauwerke, den Palazzo Chigi und die von Gianlorenzo Bernini erbaute Kirche Santa Maria dell'Assunzione mit ihrer markanten Kuppel, erreicht eine breite Ebene, die in den Sandstrand übergeht, um schließlich am Meereshorizont zu enden. Der allzu abrupte Wechsel des Wahrnehmungsmodus von der Nah- zur Fernsicht wird über die locker positionierten Bäume in der Bildmitte verschliffen und von der Staffagegruppe im Vordergrund aufgefangen. Indem sich diese direkt auf den Betrachter zubewegt, wird der Bildraum imaginär auch nach vorne hin geöffnet. Jedoch hat das von Catel in den typischen Posen und Kleidungsstücken umgesetzte Landvolk die Bildschwelle noch nicht erreicht – folglich dominiert die landschaftliche Komponente den Gesamteindruck des Gemäldes. Gut zehn Jahre später, 1834, gab der Künstler von einem etwas niedrigeren Standpunkt aus dieselbe Aussicht in einer brillanten Ölstudie wieder, die in der dunstigen Ferne mit den Ponzianischen Inseln ausklingt, welche die Horizontlinie rhythmisch akzentuieren (Kat.-Nr. 99). Die Arbeit ist ein überzeugender Ausweis der Meisterschaft Catels in der Evokation des momentanen Natureindrucks, sichtbar etwa am schräg einfallenden Licht, das gerade die Baumwipfel im Vordergrund streift. Jedoch verdeutlicht auch diese Studie sein Bemühen um eine Bildgestaltung nach harmonisierenden Gesetzmäßigkeiten. So teilt die Horizontlinie die Komposition in etwa zwei gleich große Teile und in der Nähe des mittig aufragenden mittelalterlichen

Wehrturmes schneiden sich ihre Vertikale, Horizontale und ihre Diagonalen.

Während auf dem eingangs besprochenen Gemälde mit der Ariccia-Ansicht der landschaftliche Aspekt überwiegt, sind auf seinem formatgleichen Gegenstück – ganz im Sinne der Mischgattung – landschaftliche und figürliche Elemente in einen für Catels Bildsprache typischen Ausgleich gebracht (Kat.-Nr. 182). Dynamisiert wird die Komposition durch eine subtile Verschränkung aus nahsichtigen und in der Ferne befindlichen Bildelementen. Auf der breit angelegten Vordergrundbühne ist ein ländliches Fest in vollem Gange, das sich über die einprägsame Küstenlinie auf der gegenüberliegenden Buchtseite topographisch verorten lässt: Die Szene spielt in Pozzuoli mit Blick auf Capo Miseno und die dahinter im Dunst auftauchenden Inseln Procida und Ischia. Zwei mittig positionierte Schirmpinien vermitteln zwischen der Fernsicht auf der linken Seite und dem als Weinlaube genutzten Säulengang rechts. Dabei wird die Aufmerksamkeit des Betrachters maßgeblich von den Figurengruppen im Vordergrund absorbiert. Die einheimische Landbevölkerung tanzt und musiziert barfüßig im warmen Licht der tief stehenden Sonne. Mehrere Generationen sind von dem ausgelassenen Treiben erfasst, womit das familiäre Zusammengehörigkeitsgefühl beschworen und im Bild als gelebte Selbstverständlichkeit vorgestellt wird. Von der Fruchtbarkeit dieses Landstrichs zeugt das stilllebenhafte, aus mediterranen Früchten gebildete Arrangement in der rechten Ecke des verschatteten Vordergrundbereichs, welches sich, chiffrenhaft, auf diversen Werken des Künstlers findet. Catel transportierte mit seinem Gemälde ein idealisiertes Vorstellungsbild von Italien, das zwar nur partiell der Realität entsprach, da kritische Perspektiven konsequent ausgeblendet blieben, aber in seiner verdichteten, positiven Grundaussage den Wünschen und Erwartungen seiner Auftraggeber und potenziellen Käufer nachkam.

Interessanterweise hat Catel diese Ansicht für eine seiner raren Darstellungen genutzt, auf denen er den Betrachter in die Welt der

Antike entführt. 1828/29 im Auftrag des Kronprinzen Friedrich Wilhelm von Preußen entstanden, verbildlicht das in diesem Zusammenhang relevante Gemälde den *Besuch des Pompeius in der Villa des Cicero bei Pozzuoli* (Kat.-Nr. 111).[60] Cicero und Pompeius sitzen auf der großen Freiterrasse, die sich zum Meer hin öffnet, und sind dabei von diversen Bediensteten umgeben, die für das leibliche Wohl sorgen. Im Hintergrund stoßen wir, an einer vergleichbaren Stelle innerhalb des Bildgefüges, mit dem Capo Miseno und den beiden dahinterliegenden Inseln auf den identischen Ausblick wie auf dem zweiten Gemälde für Max I. Joseph von Bayern – trotz aller zeitlichen Distanz zur Gegenwart erweist sich die Physiognomie der Landschaft als verlässliche Konstante. Auch in kompositorischer Hinsicht sind die Bezüge zwischen beiden Gemälden überdeutlich. Ist das Bild mit dem tanzenden Landvolk auf der rechten Seite von einem Säulengang beschlossen, hat Catel hier mit dem monumentalen, über eine ionische Säulenstellung verfügenden Portikus ebenfalls ein architektonisches Element platziert. Selbst das stilllebenhafte Arrangement taucht hier wieder auf, allerdings in der linken Ecke des Vordergrundes. Der wiedergegebenen Zeitstufe entsprechend, sind es nun antike Gefäße nebst Früchten, die auf die antike Szene einstimmen. Das Bild erweist sich als treffendes Beispiel für das Phänomen der Wiederverwendung erfolgreicher Kompositionsmuster im Werk von Catel. Als hinterer Abschluss der Freiterrasse ist mit der halbkreisförmigen Sitzbank ein Teil des Grabmals der Priesterin Mammia zu erkennen, welches Catel von Pompeji an den Golf von Pozzuoli transloziert hat. Auch darin offenbart sich der eklektisch verfahrende, archäologisierende Blick des Künstlers. Auf der Sitzbank ist eine schwarz gewandete weibliche Figur zu sehen, die wir unmittelbar mit der Person besagter Priesterin verbinden. Das wiederum unterstreicht Catels Bemühen, in der Komposition erzählerische Fäden zu spinnen und dem Betrachter assoziative Angebote zu unterbreiten. Zu Lebzeiten des Künstlers waren von der Villa lediglich ruinöse Reste verblieben. Dass der mythische, mit der römischen Geschichte verbundene Ort im Laufe des 18. Jahrhunderts motivische Bedeutung erlangte, lässt sich einem Gemälde des walisischen Malers Richard Wilson aus den 1770er Jahren entnehmen (Abb. 3). Während Catel Ciceros Villa gleichsam fiktiv rekonstruiert und bildlich wiederauferstehen lässt, fügt Wilson zwei Staffagefiguren ein, die in die Betrachtung der spärlichen Überreste des antiken Gebäudes versunken sind. Dessen oberer Bereich ist bereits von der Vegetation in Besitz genommen und nähert sich damit kontinuierlich dem Naturzustand an. Auffällig ist ferner, dass die Ruine von demselben Küstenpanorama hinterfangen wird, das auf den zwei Gemälden von Catel zu sehen ist.

Catel war von den landschaftlichen Reizen dieser Ansicht derart angetan, dass er sie von einem höheren Blickpunkt aus auch als eigenständiges Motiv umgesetzt hat – und das gleich mehrfach. Eine Ölstudie aus der Zeit um 1830 zeigt den Blick von Camaldoli aus auf den vertrauten, an pittoresken Reizen reichen Küstenstrich mit seinen rhythmisch ins Meer ragenden und wieder zurücksprin-

Abb. 3
Richard Wilson, *Die Villa des Cicero am Golf von Pozzuoli*, um 1775, Öl auf Leinwand, 43,2 x 53,3 cm, Yale Center for British Art, Paul Mellon Collection, Inv.-Nr. B 1981.25.685

genden Landzungen sowie den beiden dahinter liegenden Inseln (Kat.-Nr. 153). Links unten ist der durch einen Bergrücken vom Meer getrennte Lago d'Agnano zu sehen. Das Rot der nicht sichtbaren, aber offenkundig tief stehenden Abendsonne strahlt in den Himmelsraum aus, der die Hälfte der Bildfläche einnimmt. Unter den Schatten spendenden Bäumen des Vordergrundplateaus ist eine skizzenhaft wiedergegebene Sitzbank auszumachen. Dass Catel nicht nur für die Etablierung dieses Motivs maßgeblich verantwortlich war, sondern auch das richtige Gespür dafür besaß, diese spektakuläre Aussicht in eine wirkungsvolle Bildform zu überführen, ist einer Beschreibung zu entnehmen, die 1833 in der Zeitschrift *Das Ausland. Ein Tagblatt für Kunde des geistigen und sittlichen Lebens der Völker* erschien und welche einem Gemälde Catels mit diesem Motiv gewidmet ist. Darin heißt es: »Wer ist in Neapel gewesen und kennt nicht diesen berühmten Ort? Die reizende und vielleicht nirgends übertroffene Aus[s]icht hat Hr. Catel aus Berlin in einem seiner schönsten Gemälde eben so unübertroffen dargestellt. Ich meine hier Camaldoli bei Neapel [...]. Der Fleck, von wo aus man diese Wunder betrachtet, ist der äußerste Vorsprung der Terrasse des Klostergartens, rundum von Abgründen umgeben, bei einer von hohen schönen Bäumen verschatteten Ruhebank. Leider ist das schöne Geschlecht von diesem Platze ausgeschlossen, da er innerhalb der Klausur liegt.«[61] Da sich das Gemälde, das der Rezensent 1832 auf der Berliner Akademie-Ausstellung zu sehen bekam, in Privatbesitz erhalten hat, sind wir in der Lage, sein Urteil zu überprüfen (Kat.-Nr. 155). Vier Kamaldulenser mit ihrem typischen weißen Mönchshabit verteilen sich über die Aussichtsterrasse – einer von ihnen ist lesend auf der Sitzbank wiedergeben, ein weiterer steht nahe des Abgrunds am Geländer und genießt die Aussicht.[62] Im Gegensatz zur Ölstudie dieses Motivs hat Catel die Details, sichtbar etwa am kleinteiligen Baumschlag, stärker durchgearbeitet und dem Blau des Meeresspiegels und der Himmelsfläche einen weitaus intensiveren, etwas übersteigert anmutenden Ton verliehen, der im Hintergrund oberhalb des Horizonts in das abendliche Rot übergeht. Eine bislang unpublizierte, ebenfalls in Privatbesitz befindliche Version des Motivs, die womöglich noch in die 1820er Jahre datiert, verfügt über ein noch größeres Format (Kat.-Nr. 154). Die vier Mönchsgestalten sind identisch positioniert, allerdings hat Catel den Lichteinfall im Vordergrundbereich schärfer akzentuiert und die Intensität der im Westen stehenden Sonne, deren Strahlen segmentartig in den Himmelsbereich ausfächern, ist grundsätzlich deutlich stärker als auf den zuvor erwähnten Darstellungen.

Doch schon bevor er diesen malerischen Aussichtspunkt für sich entdeckte, bewies Catel seinen untrüglichen Instinkt dafür, Motive für die Kunst zu erschließen, die in der Folge eine breite Rezeption erfuhren, um schließlich in den Kanon der begehrten Ansichten aufgenommen zu werden. Gegen 1820 hatte er auf einem seiner Streifzüge eine Ölskizze geschaffen, die den einzigartigen, von einem Grottenbogen gerahmten Blick auf das Kapuzinerkloster von Amalfi und die weit unterhalb liegende Küste wiedergibt (Kat.-Nr. 166).[63] Damit wird ein weiteres Mal Catels besondere Affinität zu innerbildlichen Rahmungen greifbar. Aufgrund der Präsenz der Grotte als einer Art Naturkulisse wird die gesamte Szenerie in ihrer Wirkweise in die Nähe eines Bühnenbildes gerückt. Die vom Grottengewölbe herabhängenden und gegen den Himmel gesetzten Stalaktiten akzentuieren den gerahmten Durchblick zusätzlich. Catel hat sich bei der im skizzenhaften Modus angelegten Freilichtstudie auf eine Palette verschiedener Brauntöne beschränkt. Es spricht einiges dafür, in dieser Arbeit seinen ersten Schritt in Richtung auf die Komposition zu sehen, die für sein Schaffen so wichtig werden sollte – schließlich hat er die Skizze bis an sein Lebensende bei sich verwahrt.[64] Auf einer weiteren Studie desselben Gegenstands aus jenen Jahren hat er das Quer- in ein Hochformat überführt (Kat.-Nr. 168). Nun ist der Grottenbogen deutlich höher gefasst, wodurch dem Himmel ein weitaus größerer Anteil am Gesamteindruck der Komposition zukommt. Die Bilddetails stärker herausarbeitend, hat der Künstler auf dieser Studie auch diverse lokalfarbige Akzente gesetzt. Ausgehend von derartigen Ölstudien entstanden von den 1820er Jahren an verschiedene Varianten dieses Motivs, die allesamt, da für den Verkauf intendiert, über Staffagefiguren verfügen, die inhaltlich mit dem Kloster oder der als Andachtsort genutzten Grotte in Verbindung stehen.[65] Da bislang noch kein Künstler ausfindig gemacht werden konnte, der sich vor 1820 diese Ansicht bildnerisch erschlossen hätte, spricht einiges dafür, Catel als den »Entdecker« dieses Motivs für die Kunst zu erachten. Die Rezeptionskette ist bereits in den 1820er Jahren beeindruckend lang. In erster Linie waren es deutsche Künstler, die sich in der Zeit seiner frühen Erschließungsphase für den Ort begeisterten. Stellvertretend für viele andere seien hier Heinrich Reinhold, Carl Wilhelm Götzloff, Johann Joachim Faber und Johann Heinrich Schilbach genannt.[66]

Vermutlich hat Catel auch die Etablierung einer weiteren spektakulären Aussicht als Kunstmotiv maßgeblich befördert: den Blick von der Terrasse des in Sant'Agnello nahe Sorrent gelegenen Kapuzinerklosters auf die Sorrentiner Bucht mit dem Vesuv als markantem Abschluss am linken Bildrand. Ebenso wichtig wie das imposante Panorama dürfte für den Künstler die einzigartige Atmosphäre gewesen sein, die ihn an diesem gleichermaßen exponierten wie abgeschiedenen Ort empfing. Die außergewöhnliche romantisierende Stimmung ist einem im Auftrag des Freiherrn Heinrich Friedrich Karl vom und zum Stein entstandenen Gemälde repräsentativen Formats, das um 1822 zu datieren ist, unschwer zu entnehmen (Abb. 4). Catel gelang es hier, eine ausgewogene Komposition zu entwickeln, der aufgrund des Tiefenzugs eine besondere Dynamik eignet. Der Betrachter folgt dem Verlauf der Terrasse bis in deren hinteren Bereich, geleitet von der sich rechts und links perspektivisch verkürzenden Terrassen- und Klostermauer. Auf der linken Seite kann das Auge über den Golf von Neapel bis zum Vesuv schweifen, dessen Präsenz die topographische Orientierung erleichtert. Die im Mittelgrund stehenden Eichen vermitteln zwischen den beiden Seiten, verschleifen das allzu unvermittelte Aufeinanderprallen

ferner und naher Bildzonen und unterstützen maßgeblich den ruhigen Grundcharakter des Bildes. Zwei Kapuziner befinden sich auf der Terrasse, von denen einer auf einem Steinquader sitzt und in die Ferne blickt und der andere dem Betrachter, in erbauliche Lektüre vertieft, langsam schreitend entgegenkommt. Catel inszenierte die Klosterterrasse als Ort innerer Einkehr und kontemplativer Versenkung. Die motivische Kanonisierung dieser Aussicht erfolgte im Laufe der 1820er Jahre und wurde abermals maßgeblich von deutschen Landschaftsmalern vorangetrieben. Der Blick von der Terrasse des Kapuzinerklosters scheint ihren motivischen und stimmungsmäßigen Erwartungen in hohem Maße entsprochen zu haben. Doch ob sich nun Heinrich Reinhold (1823/24), Carl Wilhelm Götzloff (1827), Johann Joachim Faber (1828) oder Johann Heinrich Schilbach (1832) diesem Sujet widmeten[67] – die kompositorische Nähe zu Catels Bildlösung ist nicht zu übersehen. Von den 1830er Jahren an setzte dann die breite internationale Rezeption dieses Motivs ein. Beispielhaft seien der Russe Silvester Schtschedrin, der Norweger Thomas Fearnley, der Schweizer Salomon Corrodi sowie die drei der Scuola di Posillipo zugehörigen Italiener Giacinto Gigante, dessen Bruder Ercole sowie Achille Vianelli genannt.

Wie eine Summe seines Selbstverständnisses wie auch seiner Zielvorstellungen als Landschaftsmaler muten zwei nahezu formatgleiche Gemälde an, die Catel gegen Ende seines Lebens in den 1850er Jahren geschaffen hat. Beide Werke zeigen jeweils eine seiner ländlichen Besitzungen, wodurch sie eng mit der Lebenssphäre des Künstlers verknüpft sind (Kat.-Nr. 74 und 77).[68] Der singuläre Rang, den Catel diesen Gemälden beimaß, geht daraus hervor, dass er sie testamentarisch seiner Frau vermachte und nicht, wie einen wesentlichen Teil seiner Arbeiten, der Deutschen Künstlerhilfskasse stiftete.[69] Die Ansichten der Ländereien sind zugleich Zeugnisse seines Wohlstandes, der sich als Resultat seines künstlerischen Talents wie auch seines Geschäftssinns betrachten lässt. Obgleich von der Kunstkritik immer wieder kritisch gesehen und wegen seines stereotyp anmutenden Gegenstandsrepertoires ambivalent beurteilt,[70] stieg Catel auf italienischem Boden zu einem der erfolgreichsten Land-

schafts- und Genremaler seiner Zeit auf. Da die zwei Bilder zudem in seine späten Lebensjahre fallen und zu den letzten Werken von seiner Hand überhaupt zählen, mag es gerechtfertigt erscheinen, eine reflexive Dimension oder gar einen programmatischen Charakter mit ihnen zu verbinden.

Das erste der Gemälde stellt das in der Nähe von Rom bei der Milvischen Brücke gelegene Anwesen vor, das Catel 1850 erwarb (Kat.-Nr. 74). Der Blick des Betrachters gleitet den Hügel hinab, wird im Mittelgrund über den sich breit dahinwälzenden Tiber in die Tiefe des Bildraumes geführt und endet an einer Bergkette, deren Konturen sich bereits im Dunst der Ferne auflösen. Die Landschaft ist durch die hoch am Himmel stehende Sonne in gleißendes Licht getaucht, das von der spiegelglatten Oberfläche des Tiber reflektiert wird. Während zwei Schnitter nahe der Bäume im rechten Vordergrund noch ihrer Arbeit nachgehen, gönnt sich der Rest der mit der Erntearbeit befassten Landbevölkerung die wohlverdiente Mittagspause. Catel entwirft das Bild eines friedvoll-harmonischen Miteinanders von Mensch und Natur. Neben Männern und Frauen gehören auch zwei Kinder und ein Säugling zu den Figurengruppen – selbst im Arbeitsalltag bleibt folglich der familiäre Zusammenhang gewahrt. In der rechten Gruppe ist, etwas abgesondert von den übrigen Personen, die sitzende Figur eines in sich gekehrten alten Mannes auszumachen. Als Catel das Bild malte, war er bereits deutlich über siebzig Jahre alt. Womöglich hat ihn dies bewogen, die Reflexionsfigur eines betagten Mannes ins Bild zu setzen, als wäre es für diesen – und damit auch für den Künstler selbst – an der Zeit, Rückschau über das Erlebte zu halten.

Das zweite Gemälde präsentiert das südlich von Ancona in Valleripa bei Macerata gelegene Landgut Catels (Kat.-Nr. 77). Nicht nur thematisch – wiederum hat sich Catel für die Wiedergabe einer Ernteszene entschieden –, sondern auch kompositorisch ist die Nähe zu der bereits beschriebenen Darstellung augenscheinlich. Zum wiederholten Male ist auf der rechten Seite im hinteren Vordergrundbereich eine Baumgruppe platziert und auf der gegenüberliegenden Seite wird die Komposition von einem angeschnittenen, von Rankengewächsen überzogenen Baum beschlossen. Die aus einem lagernden weißen sowie einem stehenden grauen Rind gebildete Tierstaffage ist ebenfalls auf beiden Gemälden eingefügt und mutet wie eine vignettenhafte Chiffre des Landlebens an. Aufgrund der Übereinstimmungen lassen sich die Bilder als Pendants betrachten. Die noch bei der Arbeit befindlichen Schnitter haben das Feld bereits zu einem Gutteil abgeerntet. Hinter dem einführenden Bereich gleitet das Auge des Betrachters über die begrünte Hügelflanke hinab in eine Ebene, durch die sich der Fluss Chienti in ausladenden Schwüngen windet. Im Hintergrund wird der fruchtbare Landstrich von Bergketten begrenzt und von einem blauen Himmel überwölbt, den bauschige Cumuluswolken akzentuierten.

Bezeichnend ist, dass Catel in beiden Fällen die Wiedergabe seiner Ländereien mit dem Erntemotiv zusammengeführt hat. Damit setzt er ostentativ den fruchtbaren Boden seiner Güter und

Abb. 4
Die Terrasse des Kapuzinerklosters in Sorrent, um 1822, Öl auf Leinwand, 98,5 x 138,5 cm, Schloss Cappenberg

deren reichen Ertrag in Szene. Doch reicht dies als Erklärung wirklich aus? Schließlich finden sich in seinem Werk wenige vergleichbare Darstellungen. Gerade auch die bewusst eröffnete private Dimension bleibt auf seinen anderen Landschaftsgemälden ausgespart. Als Bildmotiv begegnen Erntedarstellungen jenseits einer landschaftlich-genrehaften Auffassung vorrangig in Verbindung mit der alttestamentlichen, dem zweiten Kapitel des Buches Ruth (2,1–13) entnommenen Geschichte von der ersten Begegnung Ruths mit Boas. Die verwitwete Moabiterin Ruth sammelt Ähren auf dem Feld des wohlhabenden Boas; dieser bemerkt es zwar, lässt sie aber gewähren und nimmt sie sogar unter seinen Schutz. Schließlich heiraten sie. Über den gemeinsamen Sohn Obed, den Großvater Davids, ist Ruth auch mit Jesus verwandt. Seine »klassische« Ausformulierung erfuhr dieses Thema durch Nicolas Poussins Gemälde *Der Sommer,* das dessen in den 1660er Jahren entstandenem Jahreszeitenzyklus angehört, der über druckgraphische Reproduktionen Verbreitung fand. Gerade im frühen 19. Jahrhundert ist ein Wiederaufleben des Ruth-und-Boas-Themas im deutsch-römischen Künstlerkreis zu beobachten. Dass dieses Sujet namentlich im nazarenischen Zirkel beliebt war, untermauern die Zeichnungen von Friedrich Overbeck und Julius Schnorr von Carolsfeld.[71] Allerdings hat sich kein Künstler auch nur ansatzweise derart intensiv mit diesem Stoff befasst wie der Landschaftsmaler Joseph Anton Koch. Der Ruth-und-Boas-Komplex wurde für ihn zu einer Art »Lebensthema«,[72] dem er sich mit Unterbrechungen von 1799 bis in die späten 1820er Jahre hinein widmete, wovon verschiedene Gemälde und Zeichnungen zeugen.[73] Sollte sich Catel für seine zwei späten Landschaften womöglich auf den 1839 verstorbenen Koch bezogen haben? Dies würde nicht einer gewissen Brisanz entbehren. Zwar kannten sich die beiden Maler, jedoch hat Koch den zehn Jahre Jüngeren eher kritisch gesehen.[74] Sein Selbstbild eines poetisch erfindenden und empfindenden Künstlers, der sich einer idealen Konzeption von Landschaftsmalerei verpflichtet sah, war mit Catels veduteskem, auf topographische Wiedererkennbarkeit ausgerichte-

tem Anspruch nicht zu vereinbaren. In seinem 1834 erschienenen Traktat *Moderne Kunstchronik* [...] *oder die Rumfordische Suppe* lässt er kein gutes Haar an Catel und schildert ihn als einen berechnend-opportunistischen Charakter, dem jedes Mittel recht sei, um sich neue Kundenkreise zu erschließen.[75] Und indem Koch dem Leser plastisch schildert, wie der Konkurrent gerade damit befasst sei, ein »Vedutchen« anzufertigen, macht er darüber hinaus unmissverständlich deutlich, wie weit sich Catel mit seiner »anspruchslosen« Prospektmalerei von den hehren Zielen der Kunst entfernt habe. In seinen *Lebenserinnerungen* greift Ludwig Richter diese Argumentation auf, um damit gute, auf einen anspruchsvollen Inhalt ausgerichtete Malerei von schlechter, oberflächlicher zu scheiden. Richter führt aus, dass er in Kochs Atelier Gemälde gesehen habe, die »während der drei Winter, die ich in Rom zubrachte, auf derselben Stelle stehen, es fanden sich keine Käufer dafür, während z. B. die leichter verständlichen Veduten Catels auf Abnehmer nicht zu warten brauchten, was des Alten [Kochs] satirische Laune gewaltig aufstachelte [...].«[76] Die zwei für die Konstituierung von Landschaftsdarstellungen essenziellen Pole von Ideal und Wirklichkeit scheinen demzufolge in bestimmten Kreisen der deutschrömischen Künstlerschaft auf Koch und Catel projiziert, in diesen gleichermaßen personalisiert und gleichzeitig einem wertenden Urteil unterzogen worden zu sein.

Was spricht dagegen, die beiden späten Landschaften Catels als eine Art gemalte Entgegnung oder Richtigstellung auf Kochs abwertende Worte und die holzschnittartigen Sichtweisen der diesem nahe stehenden Künstler zu lesen? Dadurch, dass Catel diese Gemälde aus freien Stücken schuf und ihren Verkauf ausschloss, begegnete er dem weit verbreiteten Vorwurf, er schiele primär auf raschen Absatz. Beide Bilder gehören dem Typus der Landschaftsvedute an, zu deren Grundbedingungen die topographische Wiedererkennbarkeit gehört. Folglich hält Catel an seinem bisherigen Verständnis von Landschaftsmalerei fest, mit dem er sich zugleich auf dem Kunstmarkt etablieren konnte. Über das Erntemotiv, die zentrale motivische Klammer der Darstellungen, ist der Schritt zum Ruth-und-Boas-Thema nicht mehr allzu weit. Doch während Koch das Sujet stets in einem idealen Landschaftsraum ansiedelte und seine Vorstellung des harmonischen Miteinanders auf die alttestamentlich-patriarchalische Vergangenheit projizierte, sind Catels Erntelandschaften der Wirklichkeit entnommen und über die arbeitende Landbevölkerung zugleich mit der unmittelbaren Gegenwart des Künstlers verbunden. Seine Kompositionen schildern die friedvolle Koexistenz von Mensch und Natur und führen uns vor Augen, dass diese Einheit selbst in der Mitte des 19. Jahrhunderts noch lebbar war. Auf seinen Gemälden scheint das Leben der Landbevölkerung im Einklang mit der Natur von geradezu überzeitlicher Geltung zu sein. Auf diese Weise strahlt der Abglanz des Idealen ins Reale ab.

Ein abschließender Blick soll einem Detail auf Catels Gemälde mit dem Blick auf die Tiberschleife nahe der Milvischen Brücke

Abb. 5
Joseph Anton Koch, *Ruth und Boas,* um 1803, Feder und Pinsel in Braun, weiß gehöht, 139 x 193 mm, Schweinfurt, Museum Georg Schäfer, Inv.-Nr. MGS 2038 A

gelten (Kat.-Nr. 74). Im Mittelgrund der Komposition ist eine Frau zu sehen, die eine vermutlich mit Wasser gefüllte Amphore auf dem Kopf trägt, um sie den rastenden Landarbeitern zu bringen. In ihrer auffälligen Positionierung am Hang bildet die weibliche Gestalt gleichsam das kompositorische Scharnier zwischen Vorder- und Mittelgrund. Interessanterweise hat Joseph Anton Koch um das Jahr 1803 drei kleinformatige Zeichnungen zum Ruth-und-Boas-Stoff geschaffen, die sich in der kompositorischen Anlage weitestgehend gleichen (Abb. 5).[77] Auf allen drei Blättern ist in der rechten Hälfte ebenfalls eine weibliche Figur mit einer Amphore zu erkennen, die derselben Aufgabe nachkommt: Auch sie ist an einer innerhalb des Bildgefüges herausgehobenen Position eingefügt, um zwischen den Gründen zu vermitteln. Mit der Präsenz dieser Protagonistinnen findet zudem ein narratives Element Eingang in beide Kompositionen. Natürlich muss an dieser Stelle offenbleiben, ob sich Catel in diesem Punkt bewusst von den Kompositionen Kochs hat anregen lassen. Jedoch fügt sich seine weibliche Gestalt auch in die hier ausgebreitete Interpretation des Bildes. Demnach bedarf es keiner idealisierenden Rückschau wie auf den Gemälden von Koch, um die Figuren würdevoll agieren zu lassen, stattdessen bewegen sich diese – insbesondere die Amphorenträgerin – in der unmittelbaren Gegenwart von Catels Komposition mit geradezu antiker Anmut.

1 Zu Leben und Werk Catels vgl. Stolzenburg 2007; zur Biographie vgl. den Beitrag von Andreas Stolzenburg im vorliegenden Katalog, S. 8–33.

2 Vgl. aus der Fülle an Forschungsliteratur zum Komplex der Italiensehnsucht Waetzoldt 1927; Ausst.-Kat. Bremen 1998; Wiegel 2004; Ausst.-Kat. München 2005; Richter 2009. Vgl. neuerdings Maurer 2015.

3 Vgl. Kruft 1994; Riccardi 2004.

4 Vgl. u. a. Stolzenburg 2007, S. 96–97.

5 Hier zit. nach ebd., S. 12.

6 Vgl. hierzu, gerade auch aus literarischer Perspektive, Hentschel 2002.

7 Stolzenburg 2007, S. 11–12.

8 Wartmann 1786, S. 17.

9 Schaller 1990; Pfeifer-Helke 2011a; Ausst.-Kat. Genf 2012.

10 Vgl. dazu den Beitrag von Andreas Stolzenburg im vorliegenden Katalog, S. 34–49.

11 Stolzenburg 2007, S. 16.

12 Ebd., S. 20.

13 Ebd., S. 20–21.

14 Runge 1840/41, Bd. 2, S. 372.

15 Stolzenburg 2007, S. 21.

16 Zit. nach ebd., S. 135, Anm. 64.

17 Zur Facette der Genremalerei im Werk von Catel vgl. den Beitrag von Neela Struck im vorliegenden Katalog, S. 80–91.

18 Zu Catel und Millin vgl. den Beitrag von Gennaro Toscano im vorliegenden Katalog, S. 50–65.

19 Stolzenburg 2007, S. 23–25.

20 D'Achille/Iacobini/Toscano 2012, S. 287–314.

21 Zit. nach dem Beitrag von Gennaro Toscano im vorliegenden Katalog, S. 56, Anm. 58.

22 Knight 1841, S. 306.

23 Ebd., S. 31, 34. Der Schriftsteller und Rechtsgelehrte Friedrich Johann Jacobsen charakterisiert das Horaz-Unternehmen als »eines der vorzüglichsten Denkmäler der Typographie, welches die Herzogin von Devonshire in Italien veranstaltet hat. Es besteht in einer Prachtausgabe der Reise des Horaz, zu welcher die Herzogin die Kosten hergab, und in welcher alle Gegenden von den ersten Künstlern Italiens in Kupfer gestochen sind, durch welche Horaz reisete.« Jacobsen 1820, S. 99.

24 Stolzenburg 2007, S. 34.

25 Ebd.

26 Vgl. Kat.-Nr. 64.1.

27 Stolzenburg 2007, S. 36.

28 Ebd., S. 132.

29 Sandrart/Klemm 1994, Bd. 1, 2. Teil, 3. Buch, 23. Kapitel, S. 332. Allerdings sollte an dieser Stelle nicht unterschlagen werden, dass bislang noch keine dieser Ölskizzen aufgefunden werden konnte; vgl. hierzu u. a. Busch 1983, S. 126–128.

30 Busch 1993, S. 355–356.

31 Valenciennes 1799/1800; Valenciennes 1803. Während der erste, weitaus extensivere Teil des 644 Druckseiten umfassenden Traktats der Perspektivlehre gewidmet ist, behandelt Valenciennes im zweiten Teil die Landschaftsmalerei und in diesem Zusammenhang auch die Skizzenpraxis; vgl. hierzu Schultze 1996, bes. S. 31–72; Busch 1997, S. 233–240; Bätschmann 2002, S. 27–28. Die weitreichende Wirkung von Valenciennes' Traktat wird auch durch Camille Pissarro bezeugt, der 1883 seinem Sohn Lucien die Lektüre der Éléments nahelegte; vgl. Schultze 1996, S. 67.

32 Busch 1997, S. 238.

33 Stolzenburg 2007, S. 39, 43. Womöglich kam Catel schon während seiner Pariser Jahre (1807–1811) mit den Theorien von Valenciennes in Berührung; vgl. Bang 1987, Bd. 1, S. 56.

34 Vgl. Kat.-Nr. 133, 138 und 153.

35 Zum Austausch Catels mit Dahl vgl. Stolzenburg 2007, S. 40–48.

36 Es ist denkbar, dass Dahl bereits vor seinem Italienaufenthalt in Dresden mit den Theorien von Valenciennes in Kontakt kam; vgl. Bang 1987, Bd. 1, S. 56.

37 Zu Dahls Aufenthalt in Italien vgl. u. a. ebd., Bd. 1, S. 49–63.

38 Ebd., Bd. 1, S. 52.

39 Ebd.

40 Ebd., Bd. 1, S. 53.

41 Zu den in Italien entstandenen Ölstudien Dahls vgl. ebd., Bd. 1, S. 54–58.

42 Vgl. dazu den Beitrag von Gennaro Toscano im vorliegenden Katalog, S. 61–63.

43 Zum Claude-Glas vgl. Bertelsen 2004; Maillet 2004.

44 Held 2003, S. 27, mit Abb.

45 François René Vicomte de Chateaubriand, Chateaubriands Erzählungen, Leipzig, Wien [1855], S. 107–142, hier S. 138.

46 Ebd., S. 139

47 Bang 1987, Bd. 2, S. 114–115, Nr. 278–280; Bd. 3, Abb. 278–280.

48 Ausst.-Kat. München 1988, S. 104, bei Nr. 34.

49 Bang 1987, Bd. 2, S. 114–115, Nr. 279; Bd. 3, Abb. 279.

50 Ebd., Bd. 1, S. 55–56.

51 Ebd., Bd. 2, S. 106, Nr. 240; Bd. 3, Abb. 240; Stolzenburg 2007, S. 8, Abb., und S. 43.

52 Zit. nach Ausst.-Kat. München 1988, S. 106, bei Nr. 35.

53 Stolzenburg 2007, S. 93.

54 Das Ausland. Ein Tagblatt für Kunde des geistigen und sittlichen Lebens der Völker Nr. 292 v. 19. 10. 1833, S. 1168.

55 Stolzenburg 2007, S. 58–62.

56 Stolzenburg 2014.

57 Fernow 1806.

58 Ebd., S. 97.

59 Berliner Kunstblatt 1828, S. 23–24.

60 Zur historischen Dimension dieses Zusammentreffens vgl. den dazugehörigen Werktext von Andreas Stolzenburg,

Kat.-Nr. 111, S. 310. Bis weit ins 19. Jahrhundert hinein bestand Unklarheit über die genaue Anzahl und den jeweiligen Standort der diversen Villen Ciceros in der Gegend von Pozzuoli und am Golf von Baiae.

61 Das Ausland. Ein Tagblatt für Kunde des geistigen und sittlichen Lebens der Völker Nr. 292 v. 19. 10. 1833, S. 1167.

62 Das nordwestlich von Neapel und am Rande der Phlegräischen Felder auf 450 Metern Höhe gelegenen Kloster Camaldoli wurde 1585 für die Benediktinermönche der »Weißen Reform« gegründet und später für den Kamaldulenserorden erweitert.

63 Zur Wirkungsgeschichte dieses spezifischen Motivs in Kunst und Literatur vgl. Reinisch 2005. Heute kann dieser Blick nicht mehr nachvollzogen werden, da die Grotte Ende des 19. Jahrhunderts einstürzte. Zu Catels Auseinandersetzung mit diesem Motiv vgl. Stolzenburg 2007, S. 100–103; Stolzenburg 2014, S. 49–50; siehe auch den Beitrag von Andreas Stolzenburg im vorliegenden Katalog, S. 376.

64 Stolzenburg 2014, S. 56, Anm. 25.

65 Stolzenburg 2007, S. 101–103; Stolzenburg 2014, S. 49.

66 Bertsch 2014, S. 19–21.

67 Ebd., S. 21–23.

68 Zu diesen Gemälden vgl. Stolzenburg 2007, S. 106. Zu ihnen gehört noch ein drittes Gemälde, das etwas kleineren Formats ist, eher den Charakter einer Ölstudie hat und ebenfalls Catels Landgut bei Macerata zeigt; vgl. ebd., S. 165, Kat.-Nr. 33 mit Abb.

69 Ebd., S. 106. Catels Vermögen diente der Gründung einer Stiftung zur Förderung junger deutscher und italienischer Künstler.

70 Zu den kunstkritischen Einschätzungen von Catel und seinem Werk vgl. ebd., S. 96–97; siehe auch den Beitrag von Andreas Stolzenburg im vorliegenden Katalog S. 26–28.

71 Prange 2014, S. 91–92.

72 Ebd., S. 87.

73 Lutterotti 1985, S. 282, Kat. G 4a, S. 283, Kat. G 5, S. 297, Kat. G 56* und G 56a, S. 300, Kat. G 69; Ausst.-Kat. Stuttgart 1989, S. 193, Kat. 59, S. 202–204, Kat. 65 und Kat. 66; Prange 2014, S. 87–92. Koch fungierte für viele Künstler des nazarenischen Kreises als eine wichtige Orientierungsfigur. Die Präsenz des Ruth-und-Boas-Themas betreffend, ist von seinem prägenden Einfluss auszugehen. Die daraus resultierende Möglichkeit, Landschaft und alttestamentliche Historie zusammenzuführen, bot sich für nazarenisch ausgerichtete Künstler in besonderem Maße an; vgl. ebd., S. 86.

74 Stolzenburg 2007, S. 37, 97.

75 Koch/Frank 1834/1984, S. 64–65. Die entscheidenden Passagen auch abgedruckt in: Stolzenburg 2007, S. 143–144, Anm. 321.

76 Richter 1886, S. 141–142

77 Vgl. Prange 2014, S. 87, 93, Anm. 33.

Franz Ludwig Catel als Genremaler

Neela Struck

DIESE TREPPE [die Spanische Treppe] ist der zentrale Ort, an dem die Maler ihre Modelle rekrutieren, und dort sitzen sie nun und warten immerzu darauf, engagiert zu werden. Als ich die Treppe zum ersten Mal hinaufstieg, erkannte ich nicht sogleich, warum die Gesichter mir bekannt erschienen [...]. Ich fand schnell heraus, dass wir an den Wänden verschiedener Galerien miteinander Bekanntschaft gemacht und diese über mehrere Jahre vertieft hatten. Es gibt einen alten Herrn, mit weißen Haaren und einem immensen Bart, der meines Wissens durch den halben Ausstellungskatalog der Royal Academy gereicht wurde. Er ist das Modell für den Altehrwürdigen, den Patriarchen. Er hält einen langen Stab, und jeden Knoten und jede Windung dieses Stabes habe ich – wahrheitsgetreu abgezeichnet – ungezählte Male gesehen. Es gibt einen anderen Mann, in blauem Mantel, der immer vorgibt, in der Sonne zu schlafen (so sie denn scheint), und der, unnötig es zu erwähnen, immer hellwach ist und aufmerksam die Position seiner Beine überwacht. Er ist das Dolce-far-niente-Modell. Ein anderer Mann, in einem braunen Mantel, lehnt stets gegen eine Wand, die Arme unter seinem Mantel verschränkt, und blickt aus den Augenwinkeln, gerade unterhalb der Krempe seines breiten, verknitterten Hutes hervor. Er ist das Modell des Mörders. Was häusliches Glück und Heilige Familien anbetrifft, sollten diese sehr günstig zu haben sein, denn es gibt ihrer Massen über die ganze Treppe verteilt; und die Krönung ist, dass sie alle die falschesten Herumtreiber der Welt sind, zu diesem Zwecke verkleidet, und keinerlei Ebenbild besitzen, nicht in Rom und nicht im Rest der bewohnten Welt.«[1]

Als Charles Dickens 1846 seine *Pictures from Italy (Bilder aus Italien)* veröffentlichte, hatte sich das Interesse am »pittoresken« Leben Italiens – an seinem Volksleben und seinen regionalen Besonderheiten – schon in unzähligen Gemälden, Reiseberichten und Skizzenbüchern niedergeschlagen und viele Motive waren bereits zum Klischee verflacht. Das Bedürfnis der Reisenden nach Erinnerungen, nach Bildern, mit denen sie ihr Reiseerlebnis wachhalten und ihre Sehnsucht nach dem Süden auch noch zu Hause gleichermaßen stillen wie schüren konnten, hatte einen Markt hervorgebracht, von dem geschäftstüchtige Künstler ebenso profitierten wie einheimische Modelle, die sich den Wunsch der Fremden nach Ursprünglichkeit und Authentizität geschickt zunutze zu machen wussten. Auch Franz Ludwig Catel gehört zu den Malern, die ihren Erfolg dem römischen Kunstmarkt verdankten. Während seiner italienischen Jahre von 1811 bis zu seinem Tode 1856 konnte er ein breites Publikum mit seinen Kompositionen beliefern und ein beträchtliches Vermögen damit anhäufen. Seine Gastfreundschaft, die immer wieder in den Quellen hervorgehoben wird, sein ausgeprägter Geschäftssinn und schließlich ein sehr gutes soziales Netzwerk trugen in entscheidendem Maße zu diesem Erfolg bei.[2] Vor allem aber dokumentiert die Verkaufsgeschichte seiner Werke, dass sie den Zeitgenossen als aussagekräftige Erinnerungsstücke, als treffende »Bilder aus Italien« gegolten haben. Ein wesentlicher Faktor hierfür dürfte gewesen sein, dass Catel selten reine Landschaften malte, sondern seine Veduten spätestens ab 1820 vermehrt mit Genreszenen aus dem italienischen Volksleben bereicherte. Keine Staffage aus historischem oder mythologischem Personal, sondern Frauen und Kinder, Liebespaare, Landleute und Fischersfamilien, Hirten, Bauern und Pilger bevölkern seine Ansichten von Rom, Neapel, Sorrent, Sizilien und der Amalfiküste. Ihr Dasein im Einklang mit der Natur bediente die Sehnsucht vieler Zeitgenossen nach der Idylle und einer heilen Welt[3] – eine Sehnsucht, die Italien schon bei Generationen von Reisenden zuvor hatte befriedigen können.

Der vorliegende Beitrag nimmt Catel als Genremaler in den Blick und sucht die Aufmerksamkeit gegenüber dem italienischen Volk als wichtiges Moment seines Italienbildes zu charakterisieren. Zugleich vermag eine Analyse des Motivrepertoires der figürlichen Staffage besonders gut aufzuzeigen, wie geschickt Catel seine Kompositionen aus Versatzstücken zu immer neuen Versionen zusammenfügte und damit bequem einer breiten Nachfrage zu begegnen

wusste – aber auch, wie er darüber in seinem Spätwerk ab etwa 1835 die Frische seiner ersten Bildideen einbüßte.

Zahlreiche zeitgenössische Quellen dokumentieren, dass Catels Erfolg nicht allein auf seine Tätigkeit als Landschaftsmaler, sondern auch – womöglich gar vorrangig – auf die Beliebtheit speziell seiner Genremotive zurückzuführen ist. Bereits 1816 bemerkt Friedrich Overbeck, Catel habe nicht im ursprünglich geplanten Umfang an dem später berühmt gewordenen Freskenauftrag der Nazarener für die Casa Bartholdy teilnehmen können, da er »zu viel einträglichere Arbeiten im Genrefach hat, um sich mit solchen Sachen abzugeben«.[4] In einer Kritik im *Kunstblatt* des Jahres 1824 heißt es: »Unter den vorzüglichsten Landschaftsmalern hätte auch Catel genannt werden sollen. Da er jedoch mit gleichem Talent Landschaft, Perspektive und Figuren darstellt, und diese drey Gegenstände oft in seinen Bildern glücklich vereinigt, so wird er wohl mit noch größerem Recht zu den Genremalern gezählt. [...] Catel, Granet und Robert finden einen gemeinsamen Berührungspunkt darin, daß sie uns Gegenstände des Volkslebens, der Natur und Kunst mit außerordentlicher Wahrheit und Treue, mit Geschmack und lebendiger Auffassung vorbilden, obgleich sie sich dann wieder in der Wahl der Gegenstände, denen sie vorzüglich geneigt sind, voneinander unterscheiden.«[5] Und ein weniger wohlmeinender Kritiker schreibt zwar: »[...] unter den sogenannten Genre-Malern ist hier Catel bey weitem der talentvollste«, bemängelt sodann jedoch, die Genremalerei an sich sei etwas »der wahren Kunst sehr Unwürdiges«. Sie sei von Effektheischerei und einem »leere[n] Kitzel für das Auge« geprägt und zeige »sentimentale oder theatralische Scenen – flüchtige Zeichnung – unwahre Farbe – [...] Oberflächlichkeit des Studiums und [...] Gewissenlosigkeit bey der Ausführung [...]«.[6]

Catels Interesse an den *costumi*, den Sitten und Gebräuchen der italienischen Bevölkerung sowie den Trachten und ihren regionalen Besonderheiten, scheint seinen Ausgang bei der Tätigkeit als Illustrator für Johann Friedrich Cotta genommen zu haben, der dem Künstler offenbar die Anweisung auf dessen Reise gen Süden mitgegeben hatte, in Italien »Volksszenen und Gebräuche« für seinen *Damenkalender* zu zeichnen.[7] Möglicherweise stehen zwei Radierungen, von denen die eine zwei Pifferari sowie betende Männer und Frauen vor einem Madonnenbild in Rom (Abb. 1) und die andere eine Andacht an einem der Altäre des Kolosseums ins Bild setzt (Abb. 2), in Zusammenhang mit Cottas Auftrag.[8] Die beiden Szenen zählten zu den gängigen Motiven, mit denen Catel wie viele andere Künstler die Volksfrömmigkeit im katholischen Rom in besonders pittoresker Form im Bild festhielt.[9] Ungeachtet dessen, dass er den Auftrag für Cotta offenbar nie vollendet hat, beschäftigte sich der Künstler von Beginn seines Aufenthaltes auf der Apenninhalbinsel an mit den regionalen Kulturen des heutigen Italiens, das im frühen 19. Jahrhundert den Prozess der Nationenbildung noch nicht vollzogen hatte. Vermutlich scheint gerade ebenjener Prozess hinter der in dieser Zeit greifbaren intensiven Beschäftigung mit den regionalen Besonderheiten und Trachten insbesondere von Ländern wie dem heutigen Griechenland, Italien und der Schweiz zu stehen.

Bereits auf der Kalabrienreise, die er im Frühjahr und Sommer 1812 als Begleiter und Zeichner des Archäologen Aubin-Louis Millin unternahm, entstanden Zeichnungen von Landestrachten der Einwohner Süditaliens. Sie befanden sich, durch ein Inventar von 1822 nachgewiesen, ursprünglich im Nachlass Millins, der in der Bibliothèque nationale de France aufbewahrt wird.[10] Zu den Trachten, die Catel auf dieser Reise festhielt, gehörten laut dem Inventar diejeni-

Abb. 1
Zwei Pifferari mit betenden Männern und Frauen vor einem Madonnenbild in Rom, 1812/18, Radierung und Aquatinta, 113 x 85 mm (Platte), London, British Museum, Department of Prints and Drawings, Inv.-Nr. 1851,0412.55

Abb. 2
Kniende Pilger vor einem Kreuz im Kolosseum, 1812/18, Radierung und Aquatinta, 113 x 85 mm (Platte), London, British Museum, Department of Prints and Drawings, Inv.-Nr. 1851,0412.56

gen von Nocera Superiore, Cilento und Padula in der Provinz Salerno in Kampanien,[11] von Cosenza und San Giovanni in Fiore in der kalabrischen Provinz Cosenza,[12] von Scilla und Gerace in der Provinz Reggio di Calabria in Kalabrien[13] sowie von Tiriolo in der kalabrischen Provinz Catanzaro.[14] Von diesen insgesamt 19 Zeichnungen hat sich lediglich ein Blatt mit der Tracht von Cilento erhalten (Abb. S. 62), beziehungsweise die übrigen 18 wurden in den Bibliotheksbeständen bislang nicht gefunden. Mit raschen Bleistiftstrichen hat der Künstler die Bestandteile der Kleidung der Frau auf dem Papier fixiert und am Rand der Zeichnung gewissenhaft Angaben zu den Farben der einzelnen Details notiert.[15] Der dokumentarische Charakter dieser Studie zeugt von dem genauen Blick, zu dem Catel von dem Archäologen Millin während dieser gemeinsamen Reise angehalten wurde, um nicht allein Orte und Monumente, sondern auch Alltagsgegenstände wie beispielsweise Möbel und Anhänger zu erfassen[16] – ein Novum gegenüber Reisebeschreibungen der Magna Grecia aus dem 18. Jahrhundert, wie der *Voyage pittoresque à Naples et en Sicile* des Abbé de Saint-Non.[17] Wären die Zeichnungen veröffentlicht worden, hätten sie eine umfassende frühe Serie süditalienischer Trachten gebildet, vergleichbar den nahezu zeitgleich erscheinenden Publikationen anderer Künstler, die ebenfalls von einer Hinwendung zur Nationaltracht zeugen. In diesem Kontext seien beispielsweise die 15 Kupferstiche Bartolomeo Pinellis mit Darstellungen von Schweizer Landestrachten genannt, die 1813 Luigi Fabri in Rom herausgab (Abb. 3).[18] Anders als die auch von Pinelli entworfene, einflussreiche und ab 1809 in vielen Auflagen publizierte Serie *Costumi di Roma*,[19] in der der Künstler römische Trachten und Bräuche zumeist in vielfigurigen Szenen präsentierte, führte er in der *Raccolta di quindici costumi li più interessanti*

della Svizzera die Trachten der Kantone Zug, Freiburg, Bern, Zürich, Luzern, Schaffhausen und Schwyz sowie der Städte Baden, Basel und Zug einzeln vor. Sein leitendes Interesse war hierbei ganz offensichtlich, Farbenfreude und Reichtum dieser Trachten einzufangen, die sich bei Künstlern wie Reisenden großer Beliebtheit erfreuten. Noch 1829 bedauerte Charles Marcotte d'Argenteuil, ein Auftraggeber Léopold Roberts, dass dieser seinen Schweizaufenthalt nicht genutzt habe, um einheimische Sujets zu malen, mit der Begründung: »Il y a de si jolis costumes chez les Bernoises.«[20] Ähnliche Beweggründe scheint der Däne Christoffer Wilhelm Eckersberg gehabt zu haben, als er 1810 auf dem Weg nach Paris zwei Koblenzer Landmädchen in ihrer Alltagstracht aus strahlend weißer Bluse und freundlich gemusterter Kittelschürze in einer Studie festhielt (Abb. 4). Er zeigt sie mit einer großen Gießkanne am Arm und mit einem Weidenkorb auf dem Kopf – ein Motiv, das auch in Italien die Künstler in besonderem Maße angeregt hat.[21] Ebenfalls 1810, zeitgleich zu dieser sorgfältig ausgearbeiteten Studie, erschienen in Rom kolorierte Einblattkupferstiche von griechischen Trachten und Bräuchen, die Otto Magnus von Stackelberg hatte anfertigen lassen und später auch als Serie herausgeben sollte.[22] In erster Linie die griechischen Trachten waren bereits in den Reiseberichten des 18. Jahrhunderts ob ihrer reichen Farbenpracht bewundert worden – eine Bewunderung, die im 19. Jahrhundert weiter anhielt und sich im Zuge der Hinwendung zur Folklore Süditaliens dann auch auf Letztere übertrug.[23] Dass Catel wie viele seiner Kollegen zudem einen besonderen Fokus auf das orientalische Kostüm richtete, belegt eine – wenngleich leider nur dokumentarisch nachweisbare – Federzeichnung einer »Gruppe von drei Orientalen, stehend und in Mänteln, von der Rückseite gesehen; neben ihnen noch zwei nur zum Theil sicht-

Abb. 3
Bartolomeo Pinelli, *Donna del cantone di Schwith*, 1813, Radierung, in: *Raccolta di quindici costumi li più interessanti della Svizzera*, Rom, Luigi Fabri, 1813

Abb. 4
Christoffer Wilhelm Eckersberg, »*Kleidung der Landmädchen in der Gegend bei Coblenz am Rhein*«, 28. 9. 1810, Bleistift, Feder und Pinsel in Grau sowie Wasserfarben, 212 x 137 mm, Kopenhagen, Statens Museum for Kunst, Kobberstiksamling, Inv.-Nr. KKS4741

bar«, die offenbar einem Brief des Künstlers an Carl Friedrich von Rumohr beigefügt war.[24] Drei andere, sicherlich früh zu datierende kleine Skizzen Catels, von denen eine nachträglich mit dem Zusatz »Costumes Russes de Franz Catel à Rome« bezeichnet wurde, präsentieren orientalisch anmutende Personen, die teils mit Schlapphut, teils mit Fez oder einer turbanartigen, hohen Kopfbedeckung angetan sind (Abb. 5a–c).[25] Ob die Bezeichnung »russische Kostüme« und die Angabe eines römischen Entstehungskontextes zutreffend sind, muss offen gelassen werden. Ein Blatt in München, außerhalb des dort befindlichen Skizzenbuches,[26] wiederum zeigt zwei Studien eines Mannes mit Turban (Abb. 6), die vielleicht in Zusammenhang mit einer der beiden Ölskizzen stehen, die Catel dem griechischen und dem orientalischen Kostüm gewidmet hat (Kat.-Nr. 116–117). In diesen Studien, die vermutlich mit Blick auf seine Gemälde mit Sujets des griechischen Freiheitskampfes angefertigt wurden, die bereits 1822 entstanden, tritt die besondere Vorliebe für das farbenfrohe orientalische Kostüm, die sich primär in der französischen Malerei mit den romantischen Strömungen verband, offen zutage. Doch spürten die Künstler des frühen 19. Jahrhunderts dem malerischen Effekt und farbigen Reiz der Kleidung auch in anderen, weniger offensichtlich geeigneten Themen nach, etwa in dem der Pifferari – Hirten aus den Abruzzen und den Bergregionen östlich von Rom, die zur Adventszeit in die Ewige Stadt kamen, um ihre Pastoralen vor den Madonnenbildern der Stadt darzubieten (vgl. Kat.-Nr. 196–199). Eine Kostümstudie ihrer Tracht hat sich ebenfalls im Nachlass Catels erhalten (Kat.-Nr. 198). Sie vermittelt eine Vorstellung davon, warum seinen Genregemälden wie auch der Genremalerei der 1820er Jahre im Allgemeinen der Vorwurf der

Oberflächlichkeit und der Effekthascherei gemacht und ihre Farbgebung als »unwahr« bezeichnet wurde: Das eigentlich ärmliche Motiv wird hier durch den Farbklang der Kostüme aus weißen Hemden, roten Westen und dem dunklen Blau der Strümpfe und Mäntel ins Malerische gewendet.

Besondere Relevanz sollte die Kostümstudie für die Bildniskunst von Catel haben. So zeigt er Vittoria Caldoni (Kat.-Nr. 104), eines der gefragtesten Modelle des frühen 19. Jahrhunderts, in der landesüblichen Tracht der Albaner Berge, deren festliche Pracht Zeitgenossen wie Wilhelm Müller zu umfangreichen literarischen Beschreibungen veranlasste.[27] Catel gibt die Tracht mit einer Genauigkeit wieder, die sein Bildnis der »schönen Winzerin«[28] von anderen seiner Art unterscheidet. Friedrich Overbeck beispielsweise, der, wie andere Nazarener auch, Vittoria Caldoni zum Inbegriff von

Abb. 5a
Studie eines sitzenden Mannes mit Schlapphut, Feder in Schwarz, schwarzbraun laviert, über schwarzer Kreide, Maße unbekannt, Verbleib unbekannt

Abb. 5b
Studie von vier Personen in orientalischen Kostümen, Feder in Schwarz, schwarzbraun laviert, über schwarzer Kreide, 89 x 92 mm, Verbleib unbekannt

Abb. 5c
Studie von drei Personen in orientalischen Kostümen, Feder in Schwarz, schwarzbraun laviert, über schwarzer Kreide, Maße unbekannt, Verbleib unbekannt

Abb. 6
Zwei Brustbilder eines schnurrbärtigen Mannes mit Turban, Feder in Schwarzbraun über Bleistift, 115 x 183 mm, Staatliche Graphische Sammlung München, Inv.-Nr. 1957:27, Fol.

Keuschheit und Tugendhaftigkeit stilisierte, ging in seinem Bildnis des Mädchens in der Schilderung der Kleidung kaum über das Allgemeine hinaus.[29] Um die Herkunft der Porträtierten näher zu charakterisieren, nutzte Catel überdies den Landschaftshintergrund: Für ihn wählte er eine Allee, die zu den beliebtesten Reisemotiven aus der Gegend von Albano zählte.[30] Landschaftsporträt und »Sittenbild«[31] verschmelzen hier zu einem Bildnis, in dem die Dargestellte über das Individuelle hinaus zum Idealbild der Frauen jener Gegend erhöht wird. Ganz ähnlich verhält es sich mit einem anderen Porträt Catels, in dem er einen Mann in schottischer Tracht – mit Kilt, Plaid, Bandelier und Badge – vorstellt (Kat.-Nr. 105). Landestracht und Hintergrundlandschaft – die Ansicht eines bislang nicht genau benennbaren Ortes aus den schottischen Highlands – erweisen sich auch hier als charakterisierende Elemente des Porträts. Wenngleich die Identifizierung des Dargestellten mit dem um 1830 in Rom weilenden Politiker John Campbell, dem zweiten Marquis de Breadalbane, bislang nur hypothetisch ist, weisen doch die Attribute und der Tartan darauf hin, dass tatsächlich eine bestimmte Person gemeint ist und es sich nicht nur um ein anonymes männliches Modell in schottischer Kostümierung handelt. Solche Genreporträts waren äußerst beliebt. Für die Gräfin von Kielmansegge beispielsweise schuf Catel ein Porträt ihrer Tochter Nathalie in der Landestracht des bei Rom gelegenen Fischerortes Nettuno.[32] Eine untrennbare Verbindung mit der Genremalerei geht Catels Bildniskunst schließlich in dem Gemälde *Kronprinz Ludwig in der spanischen Weinschänke zu Rom* (Kat.-Nr. 103.1) ein, das er selbst als »Bambocciadenbild« bezeichnet und damit in die Tradition der im 17. Jahrhundert in Rom tätigen holländischen Genremaler eingeordnet hat.[33]

Die lückenhafte Überlieferung von Catels zeichnerischem Œuvre erlaubt es nicht, ein abschließendes Urteil darüber zu fällen, in welcher Quantität er auf seinen Reisen Figuren- und Kostümstudien realisiert hat. Die Dichte an Zeichnungen, die in nur wenigen Tagen des Jahres 1834 von Rom (vgl. Kat.-Nr. 81–83) und vom Vesuv (Kat.-Nr. 160–161) entstanden, sowie der Blick auf das zeichnerische Werk seiner Zeitgenossen wie Joseph Anton Koch, Carl Blechen, Franz Horny oder Friedrich Nerly, die den malerischen Motiven des italienischen Volkslebens, den Frauen, Fischern und Hirten, zahlreiche Studien in ihren Skizzenbüchern gewidmet haben, legen nahe, dass auch Catel weitaus mehr Genrestudien ausgeführt hat, als uns heute bekannt sind. Einzelne Blätter seiner erhaltenen Skizzenbücher[34] und auch vereinzelte Studien in seinem Nachlass zeigen junge Frauen am Brunnen beim Wasserholen oder Wäschewaschen,[35] Rückenansichten von Landfrauen,[36] Nonnen[37] oder eine Gruppe Betender auf einer Kirchenbank.[38] Die flüchtig hingeworfenen Skizzen offenbaren jedoch eher ein allgemeines Interesse an Haltungen und Posen, an der Form der unterschiedlichen Befestigungsarten von Kopfschleiern oder an der Gestalt der Frauen beim Tragen der Conca, als dass man in ihnen ein systematisches Erfassen der lokalen Kostüme und Sitten sehen könnte. Der dokumentarisch genaue Blick, der Catels im Auftrag Millins entstandene Zeichnungen auszeichnet, wird nach der Kalabrienreise nur noch anhand einzelner und zudem schwer datierbarer Blätter greifbar, etwa der *Studie einer Frau aus den Sabiner Bergen,* die in der Figurenauffassung eine gewisse Nähe zu der Studie der Frauentracht aus Cilento aufweist (Abb. 7).[39]

Legt man das Verhältnis von Figur und Landschaft als Maßstab zugrunde, lässt sich von Catels Gemälden nur eine verhältnismäßig kleine Gruppe als reine Genregemälde ansprechen. Ihnen sind die verschiedenen Versionen der Pifferari-Thematik (Kat.-Nr. 196–199)

Abb. 7
Studie einer Frau aus den Sabiner Bergen, Feder in Grau,
111 x 55 mm, Verbleib unbekannt

Abb. 8
Léopold Robert, *Hirte und seine Tochter schlafend unter einem Madonnentabernakel,* 1820, Öl auf Leinwand, 61,5 x 50 cm, Privatbesitz

Abb. 9
Léopold Robert, *Frau aus Ischia in Verzweiflung über den Schiffbruch ihres Mannes*,
1828, Öl auf Leinwand, 85 x 73,5 cm, Neuchâtel, Musée des Beaux-Arts, Inv.-Nr. 1061

zuzurechnen, eines religiös konnotierten Motivs, das den Kreis der Nazarener ebenso anzog wie die französischen Genremaler und das spätestens ab 1820 seinen festen Platz unter den »Bildern« des römischen Volkslebens hatte.[40] Vor allem in der Komposition mit einem musizierenden alten Hirten und seiner Tochter in der Campagna (Kat.-Nr. 196) tritt die Landschaft zugunsten der Figuren in einer Weise zurück, die an die Gemälde von Léopold Robert, Jean-Victor Schnetz oder François-Joseph Navez erinnert. Von Ersterem, der ab 1818 in Rom weilte, könnte auch der Gehalt des Bildes beeinflusst sein, der auf dem Kontrast von Jung und Alt, dem Gegensatz zwischen der ärmlichen Kleidung des alten Mannes und der farbenfrohen Tracht des jungen Mädchens sowie auf dem sentimentalen Moment familiärer Bindung basiert, wie sie ganz ähnlich auch eine Robert'sche Komposition mit einem schlafenden Hirten und seiner Tochter von 1820 aufweist (Abb. 8). Ein weiteres Beispiel für diese ikonographische Parallelität im Werk der beiden Künstler – in diesem Falle aber ist augenscheinlich Catel derjenige, der die Bildfindung früher entwickelt – ist die *Unglückliche Heimkehr des Fischers,* die Catel um 1822 für Johann Gottlob von Quandt geschaffen hat (Kat.-Nr. 175–176). Quandt selbst vergleicht in seiner Besprechung des Gemäldes die Urgewalt des Meeres – die Quelle für das Unglück der Fischersfamilie – mit der »Leidenschaft und rohen Kraft« der »echten Neapolitanerin«.[41] Ungeachtet dieses Lobes diskutiert er bemerkenswerterweise im Weiteren, ob nicht die Staffagefiguren, die eigentlich nur der Spiegel des Stimmungsgehaltes der Landschaft sein sollten, als die »secondären, untergeordneten Gegenstände [...] etwas zu groß seyn, und so einen Augenblick Zweifel erregen, ob sie nicht die Hauptgegenstände waren und die Naturszenen nicht blos Scenerie des Schauspiels sey«.[42] Hierin schwingt Kritik mit, die vielleicht noch vor dem Hintergrund der klassizistischen Landschaftstheorie zu erklären ist, welche eine klare Trennung der Gattungen und ein dementsprechend angemessenes Ver-

hältnis zwischen Landschaft und Staffage gefordert hatte.[43] In dem später zu datierenden Gemälde Léopold Roberts mit demselben Thema (Abb. 9) ist die Landschaft gegenüber der monumentalen Figur der klagenden Fischersfrau vollends in den Hintergrund gerückt – und ihre Verzweiflung »verblasst« vor der dekorativen Pracht ihres Kostüms. Erst die literarische Strömung des Verismo in der zweiten Jahrhunderthälfte mit Autoren wie Giovanni Verga wird die Ärmlichkeit und Rückständigkeit des Südens in all ihrer Härte in den Blick nehmen und die wirtschaftliche Abhängigkeit der Fischersfamilien von Wind und Wetter als existenziellen Kampf begreifen. Eine klare Dominanz der Figuren gegenüber der Landschaft weist schließlich Catels Gemälde *Bauernfamilie in Albano* (Abb. 10) auf, das 1826 vom Herzog von Devonshire als »kleines Kostümbild« erworben wurde.[44] Das Gemälde, das vielleicht mit der *Hirtenfamilie aus dem römischen Gebirge* identifiziert werden kann, die 1822 in der Ausstellung anlässlich des Besuches des preußischen Königs Friedrich Wilhelm III. in der Casa Bartholdy gezeigt wurde,[45] bietet das ganze Repertoire beliebter pittoresker Motive aus dem Leben der ländlichen Bevölkerung, das maßgeblich durch Pinellis *Costumi di Roma* geprägt worden war. So findet sich in dessen Stichserie auch die Darstellung *Famiglia di Ciociari partendo dal loro Paese* (Abb. 11), in der die Mutter ihren Säugling im Weidenkorb auf dem Kopf transportiert, ein Motiv, das ebenso wie das Wickelkind, das die Familienmutter in Catels Gemälde an ihre Brust drückt, oder der Spinnrocken zu den beliebtesten Topoi des römischen Volkslebens zählte.[46] Auf die Rezeption von Catels *Bauernfamilie in Albano* oder aber einer ihr verwandten anderen Komposition von ihm verweisen die *Italienischen Hirten,* die Leopold Pollak 1835 gemalt hat (Abb. 12); das Werk offenbart sowohl motivisch als auch in der geschlossenen Gruppierung der Figuren eine erstaunliche Nähe zu Catel.[47]

In den anderen meist sehr erfolgreichen und daher in vielen Versionen dokumentierten Kompositionen Catels stehen Staffage und Landschaft in einem ausgeglichenen Verhältnis zueinander, was die zeitgenössische Kritik immer wieder teils irritiert, teils lobend thematisiert hat: »Die Figuren in der Staffage sind indeß so groß, daß das Bild mehr eine Szene in der Landschaft als eine Landschaft mit Figuren vorstellt, also eine Fischeridylle bildet«,[48] schreibt ein Kritiker etwa über ein Gemälde für Maximilian Speck von Sternburg (Kat.-Nr. 183), und über das Historiengemälde *Torquato Tassos Tod unter der Eiche beim Kloster Sant'Onofrio* (Kat.-Nr. 112) heißt es gar: »Man weiß nun aber nicht, ob es dem Künstler darum zu tun war, die Landschaft um der Figuren wegen, oder die Figuren um der Landschaft willen zu malen.«[49]

Den hiermit beschriebenen »Mittelweg« zwischen Genre und Landschaft ging Catel auch in einem Bildpaar, das Konsul Joachim Heinrich Wilhelm Wagener 1822 direkt beim Künstler in Rom erwarb: Auf dem einen Gemälde ist ein Obsthändler mit seiner Familie auf der Salita di Sant' Antonio bei Neapel zu sehen (Kat.-Nr. 139), auf dem Pendant hingegen eine neapolitanische *Carrete* mit Kapuzi-

nermönch und Nonne in rasanter Fahrt vor der Silhouette der Insel Capri (Kat.-Nr. 140). Beide Bilder sind insofern zu den echten Erfolgskompositionen Catels zu rechnen, als sie sowohl von ihm persönlich in vielfacher Variation immer wieder aufgegriffen wurden als auch andere Künstler anregten. Letzteres gilt vorrangig für das Motiv der Kutschfahrt, das Catel sorgfältig vorbereitet (Kat.-Nr. 141) und in mindestens zwei weiteren Versionen – hier vor der Kulisse des rauchenden Vesuvs – ausgeführt hat (Abb. 13)[50] und dessen lärmende Dynamik Kollegen wie Carl Wilhelm Götzloff oder Filippo Palizzi inspiriert hat.[51] Die Familie des Obsthändlers – seine stillende Frau auf einem Maultier, rechts und links von ihr Kleinkinder in Satteltaschen – findet sich bereits in den Radierungen Pinellis vorbereitet.[52] Wie die Salita di Sant' Antonio selbst, auf der die Szene an-

gesiedelt ist und die unzählige Male von Catel und seinen Zeitgenossen wie Joseph Rebell dargestellt wurde (vgl. Kat.-Nr 132–133), wird auch diese Figurengruppe – losgelöst von ihrer neapolitanischen Umgebung – für den Künstler zu einer Art Topos. So taucht sie nahezu unverändert, nur erweitert durch tanzende, Tamburin schlagende Kinder, vor Aussichten auf Capo Miseno und die Inseln Ischia und Procida (Kat.-Nr. 143) oder alternativ auf Veduten von Capri (Abb. S. 339) wieder auf. Verknüpft mit einem Ausblick auf Ariccia wirkt das Motiv wiederum getragener (Kat.-Nr. 98), Catel hat nun eine Hirtenfamilie hinzugefügt, deren Mitglieder eine auffällige Ähnlichkeit mit denjenigen auf dem Gemälde in Chatsworth (Abb. 10) besitzen. Schließlich ist das Motiv auch im Hintergrund von zwei Pifferari-Kompositionen Catels eingesetzt (Kat.-Nr. 197, 199) und durchläuft somit letztlich die Wandlung von der zentralen Figurengruppe eines charakteristischen Neapelbildes zu einem frei verwendbaren Staffageelement, das zwar noch die generelle Konnotation »Süden« in sich birgt, seine darüberhinausgehende spezifische regionale Zuordnung jedoch eingebüßt hat.

Das Phänomen kontinuierlicher Wiederverwendung von Bildmotiven und der damit einhergehende Prozess einer graduellen Verflachung der Bedeutung derselben lassen sich anhand einer weiteren frühen Bildfindung des Künstlers belegen. Das Sujet des musikalischen Ständchens oder der Serenade – in Verbindung mit der Liebesthematik ein zentrales Sujet der deutschen Romantik – beschäftigt Catel erstmals um 1818 in einer Ansicht der Grotte der Fontana dell'Ovato im Park der Villa d'Este in Tivoli (Kat.-Nr. 94). Das schattige Dunkel der Grotte, der schwärmerische Gesang des Jünglings zur Mandoline und das sich lautlos nähernde junge Mädchen, dem das Lied gilt, gehen hier eine atmosphärische Einheit ein. Gleiches

Abb. 10
Bauernfamilie in Albano, um 1822, Öl auf Leinwand, 54,5 x 70 cm, Chatsworth, Trustees of the Chatsworth Settlement, Devonshire-Collection, Inv.-Nr. PA 95

Abb. 11
Bartolomeo Pinelli, *Famiglia di Ciociari partendo dal loro Paese*, Radierung, 211 x 292 mm (Platte), 267 x 402 mm (Blatt), in: ders., *Nuova raccolta di cinquanta costumi pittoreschi*, Rom 1815, Taf. 42, Hamburger Kunsthalle, Bibliothek im Kupferstichkabinett, Inv.-Nr. kb-1863-85-175-42

Abb. 12
Leopold Pollak, *Italienische Hirten*, 1835, Öl auf Leinwand, 103 x 100 cm, Hamburger Kunsthalle, Inv.-Nr. HK-3323

rascht es kaum, dass er das Thema in seinen Studien des italienischen Volkslebens aufmerksam weiterverfolgte.[53] Davon zeugt beispielsweise die Zeichnung *Paar in römischer Tracht an einem Brunnen* (Abb. 14). Diese lässt sich zugleich als direkte Vorstudie zu einer Figurengruppe identifizieren, mit der in einer zweiten Version der Grottenszene in Tivoli – gemalt für Leo von Klenze – (Abb. 15) die schattigen Gemäuer als idealer Ort eines heimlichen Rendezvous gekennzeichnet werden.

Doch es ist bezeichnend für das Werk Catels, dass er die einmal im Detail ausgearbeitete Komposition *Serenade bei Mondlicht* in vielfältigen Varianten – mit einer oder zwei Frauen, in Pozzuoli, auf Ischia oder Capri – wiederholt hat (vgl. auch Kat.-Nr. 191 und die dortigen Vergleichsabbildungen).[54] Darüber hinaus erweisen sich einzelne Bildelemente als eine Art Motivfundus, auf den der Maler an anderer Stelle wieder zurückgriff, um die freie Kombination mit neuen Bildelementen vorzunehmen, wodurch diese Motive zitathaft und ohne stimmungshaften Bezug zur umgebenden Landschaft oder einer nächtlichen Szene erscheinen. Ein Beispiel hierfür ist die Figur des Mandoline spielenden Mannes: 1826 musiziert er, nahezu unverändert, nun aber in der Rolle eines Fischers, im Hintergrund einer Küchenidylle (Kat.-Nr. 183) oder er ist der junge Mann, der zwei Frauen im Garten der Villa Doria-Pamphilj ein Ständchen bringt (Kat.-Nr. 194). Nicht zuletzt durch die feinere Kleidung der Frauen, die erkennbar nicht mehr dem einfachen Volk zuzurechnen und typisch für die Staffage im Spätwerk Catels sind, präsentiert sich das Sujet nun ins Theatralische gewendet und hat seinen ursprünglichen romantischen Reiz verloren.

Ähnliches lässt sich auch für eine weitere Erfolgskomposition Catels aus dem Jahre 1823 beobachten, das *Ländliche Fest in Pozzuoli bei Neapel mit Blick auf Capo Miseno und die Inseln Procida und Ischia,* das König Max I. Joseph von Bayern beim Künstler erwarb (Kat.-Nr. 182). Catel kombiniert in diesem Gemälde

gilt für eines der Hauptwerke Catels: ein Gemälde für Lord Howard, bei dem nun der Schauplatz der Serenade eine vom Mondlicht beschienene Loggia mit Blick auf die Bucht von Neapel und den Vesuv ist (Kat.-Nr. 186). Im Zusammenspiel von atmosphärischer Nachtstimmung und genauer Schilderung der verschiedenen Lichtquellen vermittelt diese durch mehrere Skizzen intensiv vorbereitete Komposition von 1822 noch etwas von dem Zauber der Mondnacht und dem Reiz heimlichen Liebeswerbens, wie sie etwa die vergleichbare Szene in Eichendorffs Novelle *Aus dem Leben eines Taugenichts* besitzt. Da Catel bereits für Cottas *Taschenbuch für Damen auf das Jahr 1805* vier Zeichnungen zum Thema »Liebeswerbung« beigesteuert hatte – unter ihnen das Blatt *Ein spanischer Liebhaber bringt seiner Geliebten ein Ständchen* (Abb. 16 auf S. 42) –, über-

Abb. 13
Neapolitanische Carrete – Ein Kapuziner und eine Nonne mit zwei Lazzaroni als Kutscher, 1823, Öl auf Holz, 18,3 x 26,6 cm, München, Städtische Galerie im Lenbachhaus, Stiftung Christoph Heilmann

Abb. 14
Paar in römischer Tracht an einem Brunnen, nach 1812, Feder in Schwarz über Bleistift, 108 x 78 mm, Hamburger Kunsthalle, Kupferstichkabinett, Inv.-Nr. 47045 (Lichtwark-Inventar, Nr. 14985)

Abb. 15
Liebespaar in der Grotte der Fontana dell'Ovato unterhalb der thronenden Sibylle im Park der Villa d'Este in Tivoli, um 1820, Öl auf Leinwand, 36 x 46,8 cm, Schloss Berchtesgaden, Wittelsbacher Ausgleichsfond, WAF, Nr. 148 (Inv.-Nr. B I 162)

die Themen »Musik« und »Tanz« mit den Themen »Ernte« und »Feierabend« zu einer Winzeridylle vor südlicher Kulisse. Jenseits der wörtlichen Wiederholung der Gesamtkomposition im Vermählungsalbum des preußischen Kronprinzen Friedrich Wilhelm (Kat.-Nr. 182, Abb. 1) und einer späten, freieren Repetition von 1834 (Kat.-Nr. 182, Abb. 2) hat er auch die einzelnen Bildelemente der Staffage mehr oder weniger direkt in anderem Kontext wiederverwendet, so etwa in einem Bildpaar, für das er den Venustempel von Baiae und die Küste am Golf von Pozzuoli als Kulisse wählte und den Bildinhalt der Münchner Komposition einfach aufteilte (Kat.-Nr. 179–180): In dem einen Gemälde sind »Musik« und »Tanz«, im zweiten »Familiäre Idylle« und »Ernte« die Sujets. Der Vergleich der figürlichen Elemente ist dabei mit Blick auf das Vorgehen Catels erhellend: Er stellte seine Staffage aus einem bestimmten Repertoire an Typen zusammen, die er regelmäßig – jedoch nie in völlig identischer Ausprägung – repetierte. Zu diesen Typen gehört das Sujet »Tanzendes Paar«, das Catel in Einzelstudien beleuchtet hat (Abb. 16)[55] und das von seiner Auseinandersetzung mit dem Saltarello Romano und der Tarantella zeugt, wie sie auch in den Stichen Pinellis und dort ebenfalls in Zusammenhang mit dem Thema »Ernte« zu finden sind.[56] Das Motiv einer am Boden lagernden Figur als Bildformel für das Ausruhen oder für den südländischen Müßiggang taucht womöglich in dem Münchner Gemälde erstmals auf, um dann erneut und überzeugender in den Gestalten eines schlafenden Bauern in der Ernteszene von Macerata (Kat.-Nr. 74) oder in der Figur eines erschöpften Jungen in der *Wallfahrt nach Loreto* (Kat.-Nr. 201) rezipiert zu werden. Catel hat dieser Figur, die Dickens so spöttisch als »Dolce-far-niente-Modell« betitelt hat, mehrere Ölstudien gewidmet, die sich in seinem Nachlass erhalten haben (Kat.-Nr. 174 und dortige Vergleichsabbildungen). Auch die »Erntegruppe« – ein Mann, der einer Frau Früchte von einer Leiter herab in das von ihr emporgereckte Körbchen legt –, die in einer Besprechung des Münchner Bildes besonders gelobt wurde,[57] findet sich beinahe wörtlich zitiert

ebenso in der *Orangenernte am Golf von Pozzuoli* (Kat.-Nr. 180). Speziell für die Empfängerin des Obstes lässt sich auf eine entsprechende Studie einer jungen Frau, die einen Korb hochhält, verweisen, die gleichfalls im Nachlass Catels greifbar ist (Abb. 17). Auch das Gebäude mit einer Freitreppe am linken Bildrand taucht als pittoreske Bühne in anderen Kompositionen von seiner Hand wieder auf (Abb. 18).[58] Es erscheint wie eine Mischform aus einem Haus am Cap von Palinuro, das Catel bereits während seiner Reise mit Millin gezeichnet hat,[59] und einem Gebäude im Münchner Skizzenbuch (Kat.-Nr. 193.3). Bezeichnenderweise existiert im Nachlass eine entsprechende Skizze; sie zeigt außerdem eine kleine Familie und eine Figur, die, einen Korb auf dem Kopf, die Außentreppe

Abb. 16
Tanzendes Paar, um 1820/25, Kohle und weiße Kreide auf blaugrauem Papier, 287 x 347 mm, Verbleib unbekannt

Abb. 17
Junge Frau mit Korb, um 1828/29, Öl auf Papier, 245 x 120 mm, Rom, Fondazione Catel, Inv.-Nr. 38

Abb. 18
Italienische Waldlandschaft mit Ruine, um 1822, Öl auf Leinwand, 40 x 55,5 cm, Staatsgalerie Stuttgart, Inv.-Nr. 95

hinunterschreitet, Elemente, die auch Teil der Komposition der *Orangenernte am Golf von Pozzuoli* sind (Kat.-Nr. 180). Dass diese Skizze wiederum selbst die Komposition einer Fischeridylle vorbereitet, in der der Vater dem Kind einen Fisch überreicht, wohingegen das Kleinkind in der *Orangenernte am Golf von Pozzuoli* Trauben bekommt, führt einmal mehr anschaulich vor Augen, mit welcher Freiheit Catel einzelne Bildelemente in immer neuem Kontext miteinander kombiniert hat.

Vor allem das Sujet der Familienidylle hat ihn sein gesamtes Werk hindurch beschäftigt, er spielt es in schier unendlichem Variantenreichtum in Form von Fischer-, Jäger oder Bauernfamilien in Loggien, Grotten oder einfachen Hütten durch. Auch bei diesem Bildthema, das häufig mit dem Kontrast der schattigen, heimeligen Behausung als Ort der Sicherheit im Bildvordergrund und dem Ausblick in die sonnige, lichtdurchflutete Landschaft im Hintergrund arbeitet (Kat.-Nr. 184–185), setzte Catel frei verschiedene figürliche Elemente zusammen. So fließt etwa das Motiv der Frau mit Spinnrocken, das der Künstler selbst ebenso wie viele andere seiner Kollegen in Einzelstudien vorbereitet hat,[60] mit dem der Mutter zusammen, die mit dem Fuß den Weidenkorb anstößt, in dem ihr Säugling liegt. Wieder lässt sich eine erste diesbezügliche Bildidee, die später auch in der *Loggia mit neapolitanischen Landleuten und Blick auf Capo Miseno mit den Inseln Procida und Ischia* für Maximilian Speck von Sternburg verwendet werden wird (Kat.-Nr. 183), im Nachlass Catels eruieren, diesmal unter den Skizzen, die der Komposition für Lord Howard zuzuordnen sind (Kat.-Nr. 187). Als zentrales Motiv erscheint diese Mutter mit Spindel und Weidenkorb zu ihren Füßen – erneut kombiniert mit den Figuren eines Feuer schürenden Mannes und einer Wasserträgerin – in einer kleineren Version der Speck'schen Küchenidylle, bei der zwar der Ausblick auf Capo Miseno und Ischia identisch, die Loggienarchitektur aber spiegelverkehrt ins Bild gesetzt wurde (Abb. 19).[61] Ein anderes häufig rezipiertes Motiv ist die Rückkehr des Vaters, der seinem Kind Geschenke, zumeist etwas Essbares, mitbringt oder dem das Kind,

die sicheren Arme der Mutter verlassend, mit seinen ersten Schritten entgegenkommt. Eine beliebte Variante Catels, die zugleich den sentimentalen Gehalt dieser Komposition besonders gut zu demonstrieren vermag, war das Sujet des Jägers, der einen geschossenen Hasen heimträgt und dem kleinen Kind als Mitbringsel einen gefangenen Vogel überreicht (Abb. 20).[62] »Die ersten Schritte des Kindes« schließlich (vgl. Kat.-Nr. 192) gehört wie die Liebeswerbung zu den Motiven, die Catel bereits vor seiner italienischen Zeit beschäftigten, denn bereits 1811 fertigte er sechs Zeichnungen zum Thema *Sechs Stationen des Lebens* für Cottas *Taschenbuch für Damen*, unter denen sich auch das Thema *Wiedergeburt* befindet: Das Kind macht seine ersten Schritte von der Mutter weg in die weit ausgestreckten Armen der Großmutter (Kat.-Nr. 41.6).

Die genannten Beispiele sollen genügen, um deutlich zu machen, dass Catel für seine Kompositionen zwischen Genre- und Landschaftsmalerei aus einem bestimmten Typenrepertoire schöpfte, für das sich noch heute die Skizzen und Studien in seinem Nachlass in Rom als reicher Fundus erweisen. Es ist jedoch nicht zu übersehen, dass der Erfolg seiner Kompositionen dazu führte, dass sich mit den Jahren eine gewisse Austauschbarkeit der Motive einstellte und Staffage und Landschaft einander in ihrer Stimmung nicht mehr zwingend in einem spezifischen, sondern oft nur noch in einem allgemeinen, auf italienisches Leben generell verweisenden Sinne ergänzten. Diese stetig abnehmende Individualität der Figuren im Verhältnis zum gewählten Landschaftsausschnitt – Catel habe ihn »in ein Bildchen hineinmalen« wollen, wie es Karl Friedrich Schinkel in Bezug auf sein Porträt formulierte[63] – ist bemerkenswert. Noch interessanter ist indes, dass der Künstler mit seinem Figurenrepertoire insgesamt recht allgemein blieb und – hierin ist er den Nazarenern vergleichbar – seinen Fokus letztlich eher auf das prinzipiell Menschliche denn auf die Besonderheiten des italienischen Alltagslebens richtete. So fällt auf, dass zahlreiche der besonders kuriosen und damit besonders einprägsamen »Rombilder«, wie sie in Gemälden, Reiseberichten oder in Pinellis einflussreicher Radierungs-

Abb. 19
Neapolitanische Landleute in einer Loggia am Capo Posilippo mit Blick auf Capo Miseno und Ischia, 1822/26, Öl auf Leinwand, 23 x 29,5 cm, Privatbesitz

Abb. 20
Die Heimkehr des Jägers, 1823, Öl auf Papier, 355 x 390 mm, Neapel, Galleria di Palazzo Zevallos Stigliani, Intesa Sanpaolo, Inv.-Nr. 2052

sammlung anzutreffen sind, in Catels Werk nach jetzigem Kenntnisstand nicht vorkommen. Dies gilt etwa für den Karten- und Würfelspieler oder für die Wahrsagerin. Auch hat er weder den *carnecciaro* – den Fleischverkäufer, dem die Katzen und Hunde in Scharen nachliefen und der ein ebenso häufig gemaltes wie beschriebenes populäres Motiv Roms darstellt – noch den ebenso beliebten Melonenverkäufer gemalt. Alle optischen Spektakel wie Vorführungen der Laterna magica oder burleske Darbietungen, ja eigentlich alle Massenszenen und volkstümlichen Feste blieben in seinen Gemälden gleichfalls außen vor. Am auffälligsten ist das Fehlen des römischen Karnevals – ein Topos der Romreise-Literatur und ein Sujet, dessen malerischem Charme sich noch nicht einmal ein »Romfeind« wie Charles Dickens zu entziehen vermochte.[64] Selbst Christoffer Wilhelm Eckersberg, der sich in seinen Briefen durchaus abfällig über die »Oberflächlichkeit« des italienischen Volkes und schockiert über die allgegenwärtige Armut äußerte,[65] hat aus der Erinnerung den römischen Karneval in einer farbenfrohen Genreszene wiedergegeben.[66] Gänzlich fehlt überdies in Catels Werk das beliebte Thema der Briganten, dem Pinelli 1823 sogar eine gesonderte Stichsammlung widmete.[67] In erster Linie französische Genremaler wie Léopold Robert widmeten sich diesem Sujet, in dem sich die romantische Vorliebe für das Räuber-Thema zeigt, dessen positive Umdeutung erstmals in Schillers *Die Räuber* aufkeimt.[68] Demgegenüber scheint Catel an den Menschen im Süden in erster Linie das Allgemeingültige interessiert zu haben. Seine Italienbilder thematisieren Natürlichkeit und Einfachheit der Lebensweise der ländlichen Bevölkerung, Poesie und Harmonie der nächtlichen Stimmungen, Anmut und Schönheit in den Verrichtungen des Alltags, Leichtigkeit in Tanz und Musik oder Gesundheit, Fruchtbarkeit und Reife in den Ernteszenen mit stets üppigen Früchtestillleben im Bildvordergrund. Mit diesen Inhalten schrieb er durchaus nicht nur eine idealisierende Sicht auf Italien fort, sondern er entsprach auch einer bestimmten Facette der deutschen literarischen Spätromantik, die sich in besonderem Maße bäuerlichem Leben und ländlicher Einfachheit zugewandt hatte. Man mag sich bei mancher der Catel'schen Kompositionen an Adalbert von Chamissos *Die alte Waschfrau* (»Du siehst geschäftig bei dem Linnen / die Alte dort in weißem Haar […].«)[69] oder an Matthias Claudius' *Abendlied eines Bauersmanns* (»Komm, wisch den Schweiß mir von der Stirne, lieb Weib, und dann tisch auf! […] Es präsidiert bei unserm Mahle der Mond, so silberrein! Und guckt von oben in die Schale und tut den Segen h'nein.«) erinnert fühlen.[70] Und auch Zeilen wie Emil Merkers

Gedicht *Feierabend* (»Auf krummem Rücken heim die Mutter bringt / im Korb das Ziegengras, draus duftet schwer / und süß die Nacht. Nun regt sich bald nichts mehr / im Haus und Hof, nur noch der Brunnen singt, / ein gütiger Plauderer, tröstend zärtlich leise / von Tages Arbeit und des Lebens Leid / und von der Erde dunkler Süßigkeit / die immer gleiche, immer neue Weise.«)[71] liegt ein ähnlicher Tonfall zugrunde wie Catels Winzer- und Erntekompositionen. Der Eindruck, dass die Arbeit in Italien scheinbar anmutig und mit Leichtigkeit verrichtet wurde, war Teil des verklärenden Blickes auf das Land. So schreibt etwa Julius Schnorr von Carolsfeld, das »Treiben und Leben des Italieners« sei »weitaus mehr geeignet, ihn [den Künstler] aufzuregen, als das Treiben deutscher Bauersleute; wenigstens sehe ich eine schöne Albaneserin auf ihrem Maultier weit lieber als die Frau Höhn aus Schönfeld mit ihrem Tragkorb auf dem Rücken, gleichsam selbst ein Lasttier«.[72] Von »genügsame[n] Menschen« oder »gesegnete[m] Himmelsstrich« schwärmt ein Kritiker beim Anblick von Catels Bild für Maximilian Speck von Sternburg (Kat.-Nr. 183), »alles üppig, glühend und wild« ein anderer.[73]

Entsprechend bediente Catel mit seinen Gemälden eine Anschauung von Italien, die sich noch bis weit in das 19. Jahrhundert hinein der Realität eines in Regionen zerfallenden und um seine nationale Einigung ringenden Staatengebildes ebenso verschloss wie der drückenden Armut der südlichen Regionen, die sich erst mit dem *Mezzogiorno*-Problem – dem eklatanten Wohlstandsgefälle zwischen Nord- und Süditalien – im 20. Jahrhundert auch in Kunst und Literatur des Neorealismo niederschlug. Sehnsucht nach der Idylle und idealisierende Perspektive verbinden sich im Werk Catels mit einem im Zuge der Romantik erwachten Interesse am Volkstümlichen und an den regionalen Besonderheiten des Landlebens, das jedoch im Pittoresken, Malerischen aufgehoben wird, ohne zu einer realistischen Schilderung der Lebensumstände vorzudringen. Zusammen mit zahllosen anderen Künstlern – Fremde, die in Italien vorübergehend den Gegenentwurf zu ihrem eigenen Leben entdeckt zu haben meinten – bediente Catel somit einen Blick auf Land und Leute, der zur Bildung von Stereotypen führte und im Klischee zu erstarren drohte.

»Eine ganze Nation […] bloß als eine Ergötzung für sich« – dieses Urteil, das der Historiker Barthold Georg Niebuhr 1838 über Goethes Italienbild gefällt hat, trifft offenbar auch auf das Italienbild zu, das Catel in seinen Genregemälden zeichnete: Sie holten das zeitgenössische italienische Leben zwar ins Bild, verklärten es jedoch zu einem Idyll ohne eigentlichen Bezug zur Wirklichkeit.

1 Für das englische Original vgl. Dickens 1846/1998, S. 130–131.
2 Vgl. dazu den Beitrag von Andreas Stolzenburg im vorliegenden Katalog, S. 15–23.
3 Bernhard 1977.
4 Brief Friedrich Overbecks (Rom, 17. 5. 1816) an Ludwig Vogel; Howitt 1886, Bd. 1, S. 382.
5 *Kunstblatt* Nr. 40 v. 17. 5. 1824, S. 158–159.
6 *Kunstblatt* Nr. 51 v. 27. 6. 1822, S. 203.

7 Brief Franz Ludwig Catels (Rom, 5. 2. 1811 [sic; 1812]) an Johann Friedrich Cotta in Tübingen; zit. nach Ausst.-Kat. Marbach am Neckar 1966, S. 170–171, Nr. 238.
8 Die beiden Exemplare in London wurden dem British Museum 1851 von Georg Ernst Harzen geschenkt; vgl. Geller 1954, S. 34–35, Kat.-Nr. 9; Stolzenburg 2014, S. 48.
9 Zum Motiv der Pifferari vgl. Kat.-Nr. 196–199. Zum Motiv der Pilger an den Kreuzwegaltären des Kolosseums vgl. beispielsweise Bartolomeo Pinelli, *La predica al coloseo* [sic],

Radierung, 266 x 398 mm (Blatt), 215 x 311 mm (Platte), in: ders., *Raccolta di cinquanta costumi pittoreschi*, Rom 1809, Taf. 21, Hamburger Kunsthalle, Kupferstichkabinett; Christoffer Wilhelm Eckersberg, *Die Prozession zur Via Crucis im Kolosseum*, 1815–1816, Öl auf Leinwand, 29,1 x 25,6 cm, Kopenhagen, Sammlung Hirschsprung, Inv.-Nr. 109. Von Catel hat sich eine ähnliche Zeichnung mit einem Zug von Mönchen im Kolosseum im Bestand des Puschkin-Museums, Moskau, erhalten; vgl. Abb. S. 93. Zur Thematik der Volksreligiosität in der Malerei des 19. Jahrhunderts vgl. überdies Giovanna Capitelli: Sous le signe de la dévotion: Le peuple romain dans l'imaginaire du XIXe siècle, in: Ausst.-Kat. Ajaccio 2013, S. 54–61.

10 Zum Inventar in der Pariser Bibliothèque nationale de France (Département des Estampes et de la photographie, Sign. Ye 1 Rés) vgl. D'Achille/Iacobini/ Toscano 2012, S. 181–184.

11 Vgl. D'Achille/Iacobini/Toscano 2012, S. 292, Nr. 3–4, S. 299, Nr. 47–54.

12 Ebd., S. 300, Nr. 64, S. 309, Nr. 127.

13 Ebd., S. 306, Nr. 103–104, S. 308, Nr. 117.

14 Ebd., S. 309, Nr. 123–125.

15 Ebd., S. 167, 299, Nr. 55, Taf. XV.

16 Ebd., S. 300, Nr. 62–63.

17 Vgl. Lamers 1995.

18 Pinelli 1813.

19 Pinelli 1809; Pinelli 1810; Pinelli 1815; vgl. Fagiolo dell'Arco 1983 sowie zuletzt Maria Antonella Fusco: La formation du peuple romain dans l'imaginaire collectif à travers les gravures de Bartolomeo Pinelli, in: Ausst.-Kat. Ajaccio 2013, S. 40–45.

20 Brief Charles Marcotte d'Argenteuils an Léopold Robert; zit. nach Ausst.-Kat. Ajaccio 2013, S. 241.

21 Vgl. Metken 1981, S. 52.

22 Sie erschienen 1831 in Berlin unter dem Titel *Trachten und Gebräuche der Neugriechen* und erneut um 1835 in Paris als *Costumes & Usages des Peuples de la Grèce Moderne;* vgl. Ausst.-Kat. München 1999, S. 457–458, Nr. 310.

23 Vgl. beispielsweise die Beschreibung eines Gemäldes von Léopold Robert mit der Darstellung eines jungen Mädchens aus Sonnino von 1821: »Le premier c'est une jeune fille avec les bras, de grandeur nature, en costume d'une des iles de Naples qui est très riche et qui me rappelle tout à fait les costumes grecs, sa fine expression et la beauté du coloris de cette tete sont charmantes […].« Zit. nach Gassier 1983, S. 296.

24 Vgl. Aukt.-Kat. Lübeck, Frenzel (Kunstsammlung Rumohr) 1846, S. 382, Nr. 3802; Geller 1960, S. 302.

25 Vgl. Aukt.-Kat. Paris, Christie's 2007, S. 66, Nr. 158.

26 Zu den zwei heute noch erhaltenen Skizzenbüchern Catels siehe Anm. 34.

27 »Die große, volle Gestalt der Albanerinnen paßt zu ihrer ehrenfesten Tracht: alles daran ist würdig und gediegen: die Röcke weit und faltig, von starkem Seidenstoffe; das Mieder hoch und steif, doch natürlich gewölbt, und in zwei Teile zerschnitten, die an beiden Seiten mit bunten Schnüren zusammengezogen werden; auf den Schultern volle Büschel von Atlasband; starke Schuhe mit großen Schnallen. Auf den Kopf stecken sie ein weißes Schleiertuch, in ein längliches Viereck gefaltet, mit einer großen silbernen Haarnadel fest, so daß es über den Nacken herabfällt. Die Haarnadel ist ein paar Spannen lang und verhältnismäßig dick. Am Knopfe, der weit hervorsteht, ist entweder ein Strauß, ein Degengefäß oder eine geschlossene Hand angebracht. […] In den Ohren glänzen Gehänge von Silber, Gold und edlen Steinen, um den Hals eine Schnur von Perlen oder Korallen, und in der Hand tragen sie im Sommer einen langen, weiten Fächer von durchbrochenem Elfenbein. So möchte etwa die Reichste im Städtchen sich zeigen: die Ärmeren haben gleichen Zuschnitt bei geringeren Stoffen.« Müller 1820/1956, S. 40–41.

28 Kestner 1850, S. 86.

29 Vgl. Metken 1981, S. 52.

30 Koeltz 2010, S. 171–172.

31 Der Begriff »Sittenbild« oder »Sittenmalerei« wurde im 19. Jahrhundert gelegentlich als Synonym für »Genremalerei« verwendet, konnte sich letztlich aber nicht durchsetzen; vgl. Memmel 2013, S. 19–20.

32 *Bildnis der Nathalie von Kielmannsegg im Kostüm von Nettuno,* 1827, Öl auf Papier, 270 x 210 mm, rückseitig beschriftet: »Am Theresien-Tage. Albano 1827, von Catel gemalt. Nathalie im Netturner Costume der Fürstin Doria in ihrer Villa ein Geschenk eig'ner Arbeit und Natturnenser [sic] Meermuscheln bringend.« Zit. nach Geller 1960, S. 96.

33 Teichmann 1992, S. 74–75. Wörtlich schrieb Catel hierzu in einem Brief an Johann Gottlieb Quandt v. 20. März 1824: »Kürzlich habe ich ein kleines bambochaden Bild beendigt für den Kronprinzen von Bayern.« Zit. nach Teichmann 1992, S. 33. Zu den *Bambocciani* vgl. Briganti/Trezzani/Laureati 1983.

34 Von den Studien Catels hat sich nur ein Bruchteil erhalten, denn im Nachlassinventar des Künstlers werden allein vier »Stapel« von Skizzenbücher, knapp 3.000 Skizzen und über 1.000 Freilichtstudien (»studi di aria«) erwähnt (vgl. Stolzenburg 2007, S. 132), aber nur zwei Skizzenbücher sind heute bekannt: Staatliche Graphische Sammlung München, Inv.-Nr. 1952:13, sowie Niedersächsisches Landesmuseum Hannover, Graphische Sammlung, Inv.-Nr. 1948.6.

35 Staatliche Graphische Sammlung München, Inv.-Nr. 1952:13, Fol. 9, 13, 16, 26, 28, 30, 34–35, 37.

36 Niedersächsisches Landesmuseum Hannover, Graphische Sammlung, Inv.-Nr. 1948.6, Fol. 33.

37 Niedersächsisches Landesmuseum Hannover, Graphische Sammlung, Inv.-Nr. 1948.6, Fol. 39.

38 Niedersächsisches Landesmuseum Hannover, Graphische Sammlung, Inv.-Nr. 1948.6, Fol. 34.

39 Vgl. Aukt.-Kat. München, Karl & Faber 2009, S. 89, Nr. 176, Abb.

40 Vgl. zu den Pifferari Geller 1954; zu ihrer Ikonographie bei den Nazarenern bes. Metken 1981, S. 55; zum Motiv der Pifferari in der französischen Genremalerei vgl. Ausst.-Kat. Ajaccio 2013, S. 228–231.

41 Johann Gottlob von Quandt: Betrachtungen über die Ausstellung in Dresden im August und September, in: *Artistisches Notizenblatt* Nr. 19 v. Oktober 1825, S. 75.

42 Ebd.

43 Vgl. hierzu den Beitrag von Markus Bertsch im vorliegenden Katalog, S. 74.

44 Brief des Agenten Giuseppe Gabrielli (28. 6. 1827) an den sechsten Herzog von Devonshire; vgl. Geller 1960, S. 151.

45 Der Titel *Eine Hirtenfamilie aus dem römischen Gebirge* ist in dem Bericht über die im Dezember 1822 in der Casa Bartholdy veranstaltete Kunstausstellung verzeichnet; vgl. Kunstblatt Nr. 18 v. 3. 3. 1823, S. 72, Nr. 3.

46 Vgl. Metken 1981, S. 52–54.

47 Für den Hinweis auf dieses Gemälde danke ich Markus Bertsch, Hamburg. Eine Sepiazeichnung, die vielleicht als Vorstudie zu dem Gemälde diente und bei der das Motiv auf eine Gruppe aus Vater, Mutter und Kind beschränkt ist, befindet sich im Bestand des Kupferstichkabinetts in Hamburg; Leopold Pollak, *Italienische Hirten,* Bleistift, Pinsel in Braun, 264 x 217 mm, Hamburger Kunsthalle, Kupferstichkabinett, Inv. Nr. 23613.

48 *Artistisches Notizenblatt* 1826, S. 66–67.

49 Zit. nach Geller 1960, S. 177.

50 Zu der Version im Münchner Lenbachhaus, 2012 erworben bei Villa Grisebach Auktionen, Berlin, vgl. Ausst.-Kat. Berlin 1824, S. 76, Nr. 553 (»Franz Catel, in Rom / […] Ein Mönch, der gefahren wird«); Parthey 1863, S. 271, Nr. 16 (»Gegend bei Neapel mit einem italienischen Kabriolet. Berlin, Fürstin v. Liegnitz«); Boetticher 1891, S. 164, Nr. 64 (»Gegend bei Neapel mit einem ital. Cabriolet. […]. E: Palais der Fürstin Liegnitz, Berlin.«); Aukt.-Kat. Berlin, Grisebach 2012, o. S., Nr. 132, Abb. (Beitrag Andreas Stolzenburg).

51 Filippo Palizzi, *Il Corricolo Napoletano – Die Kutsche zwischen Neapel und Vietri,* 1849, Öl auf Malpappe, 268 x 380 mm, Privatbesitz; vgl. Lager-Kat. London, Jean-Luc Baroni 2014, S. 62–63, Nr. 18. Zur Rezeption des Motivs bei Götzloff vgl. Stolzenburg 2014, S. 50–51. Für den Hinweis auf das Gemälde von Filippo Palizzi danke ich Andreas Stolzenburg, Hamburg.

52 Bartolomeo Pinelli, *Femmina di Tivoli,* Radierung, 210 x 308 mm (Platte), 266 x 398 mm (Blatt), in: ders.: *Raccolta di cinquanta costumi pittoreschi,* Rom 1809, Taf. 36, Ham-

burger Kunsthalle, Bibliothek im Kupferstichkabinett, Inv.-Nr. kb-1863-85-174-37.

53 Eine ausführliche Schilderung der italienischen Gepflogenheiten unter Verliebten gibt beispielsweise Wilhelm Müller in seinem sechsten Brief v. 25. 7. 1818; vgl. Müller 1820/1956, S. 54–58. In eine ähnliche Richtung weisen auch Catels Skizzen in der Staatlichen Graphischen Sammlung München, Inv.-Nr. 1952:13, Fol. 11 und 13, oder seine Studie eines am Boden sitzenden Paares, Pinsel in Braun über Bleistift, 155 x 188 mm, in der Hamburger Kunsthalle, Inv.-Nr. 1915-200.

54 Ein Gemälde *Neapolitaner, der zwei Schwestern ein Ständchen bringt* ist 1831 dokumentiert; (vgl. *Kunstblatt* Nr. 48 v. 16. 6. 1831, S. 191), ebenso 1836 eine *Serenade auf der Insel Capri* (vgl. Ausst.-Kat. Berlin 1836, S. 10, Nr. 123 [»Franz Catel aus Berlin, Mitglied der Akademie, in Rom / […] Serenate auf der Insel Capri«]) sowie 1846/47 eine *Serenade auf Ischia im Mondschein* (vgl. Ausst.-Kat. Hamburg 1847, o. S., Nr. 16 [»Eine Serenade auf Ischia. Mondschein [Eigentum der Madame A. Willert]«).

55 Vgl. Aukt.-Kat. Berlin, Grisebach 2013b, o. S., Nr. 105.

56 Vgl. Pinelli 1809, Taf. 1; Pinelli 1815, Taf. 1; Pinelli 1810, Taf. 22.

57 *Vossische Zeitung* v. 4. 11. 1824.

58 Boetticher 1891, S. 165, Nr. 70 (»Waldlandschaft mit einem alten Schlosse. H. 0,40, br. 0,53. E: Mus. Stuttgart.«); Ausst.-Kat. Berlin 1906, 1. Aufl. (Gemälde), S. 68, Nr. 262; Ausst.-Kat. Berlin 1906, 2. Aufl. (Gemälde und Skulpturen), S. 74, Nr. 262; Hamann 1906, S. 14; Best.-Kat. Stuttgart 1968, S. 40; Best.-Kat. Stuttgart 1982, S. 48; Ausst.-Kat. Berlin 1990, S. 239, Nr. 334, Taf. 68.

59 Vgl. D'Achille/Iacobini/Toscano 2012, S. 299, Nr. 43, Abb. 112.

60 *Stehende junge Frau in Rückenansicht mit Spinnrocken in den Händen,* Bleistift auf ehemals weißem Papier, 235 x 155 mm, Rom, Fondazione Catel, Inv.-Nr. 139.

61 Vgl. Ricciardi 2009, S. 76, Abb. 72 auf S. 70 und Detailabb. auf S. 72.

62 Lager-Kat. Rom, Carlo Virgilio 1985, S. 24, Nr. 2, Taf. 2 (als Anton Smink van Pitloo, dat. 1812–1814); Ausst.-Kat. Neapel 2004, S. 161, Nr. 49 (als Anton Smink van Pitloo, dat. 1812–1814). Zu dieser Studie gibt es eine etwa gleich große Version in Öl auf Eisenblech, 13,6 x 17,4 cm, Privatbesitz; Aukt.-Kat. Berlin, Grisebach 2012, o. S., Nr. 133, Abb. (Beitrag Andreas Stolzenburg). Auch ein größeres Leinwandbild Catels ist dokumentiert; vgl. Aukt.-Kat. Amsterdam, Sotheby's 2004, S. 40, Nr. 89, Abb.

63 Eintrag im Reisetagebuch Schinkels v. 23. 10. 1824; zit. nach Stolzenburg 2007, S. 85, Anm. 283.

64 Vgl. Dickens 1846/1998, S. 121–129.

65 Vgl. zu der Aussage Eckersbergs über die vielen Armen, Bettler und das allgegenwärtige Elend einen Briefentwurf von seiner Hand an J. P. Møller v. 11. 11. 1815; vgl. Bramsen 1973, S. 78. Vgl. ebd., S. 78–79, für eine bezeichnende Passage, in der Eckersberg sein Missfallen an der »Oberflächlichkeit des schönen Scheins« in Italien zum Ausdruck bringt.

66 Christoffer Wilhelm Eckersberg, *Karneval in Rom,* unvollendetes Fragment, 1828, Öl auf Leinwand, 31,5 x 29 cm, Kopenhagen, Statens Museum for Kunst; vgl. Hornung/Monrad 2005, S. 170–171.

67 Bartolomeo Pinelli, *Nuova Raccolta di Cinquanta Costumi de' contorni di Roma, compresi diversi fatti di briganti,* Rom 1823; vgl. Ausst.-Kat. Ajaccio 2013, S. 132–134, Nr. 3.12.

68 Angelika Wesenberg: »Ein demokratisches [Element], in der ganzen, kecken Bedeutung des Wortes«, in: Ausst.-Kat. Berlin 2011, S. 378–387, hier S. 382–383.

69 *Der ewige Brunnen, Ein Volksbuch deutscher Dichtung,* hrsg. von Ludwig Reiners, München 1955, S. 563.

70 Ebd., S. 553.

71 Ebd., S. 566.

72 Zit. nach Metken 1981, S. 52.

73 *Blätter für literarische Unterhaltung* Nr. 90 v. 18. 10. 1826, S. 360.

Franz Ludwig Catels Kontakte zu russischen Künstlern und Auftraggebern in Rom

Ljudmila Markina

EIN GROSSFORMATIGES GEMÄLDE in der Fondazione Catel in Rom zeigt Franz Ludwig Catel und seine Frau Margherita Prunetti (Kat.-Nr. 3). Catel sitzt an der Staffelei, in der Hand Pinsel und Palette. Im Vordergrund steht ein Kästchen mit Malerutensilien. Ungeachtet der Tatsache, dass der Künstler im Atelier bei der Arbeit dargestellt wird, ist er modisch, sogar ein wenig stutzerhaft gekleidet. Hinter dem Rücken des Meisters steht seine Ehefrau und Muse. Seit längerer Zeit schon ist bekannt, dass dieses Gemälde nicht, wie vormals angenommen, ein Selbstbildnis Catels ist, sondern von der Hand des russischen Malers Karl Pawlowitsch Brjullow stammt.[1] Ebenso bekannt – und durch ein Werk dokumentiert (vgl. Kat.-Nr. 136) – ist, dass Catel 1819 eine Kalabrienreise in Begleitung eines Fürsten Golizyn unternommen hat. Die Identität dieses Adeligen konnte bislang nicht endgültig geklärt werden. Doch es wird inzwischen als sehr wahrscheinlich angesehen, dass es sich bei ihm nicht um den in Paris verstorbenen Haushofmeister der Großfürstin Jekaterina Pawlowna, Alexander Michailowitsch Golizyn (1772–1821), handelt, der Verbindungen zum Porträtmaler Orest Kiprenski hatte und mit einem Stipendium der Zarin Jelisaweta Aleksejewna im Oktober 1816 nach Rom gekommen war, sondern um den namensgleichen, aber deutlich jüngeren Alexander Michailowitsch Golizyn (1798–1858),[2] der 1819 mit 21 Jahren eine Reise nach Süditalien unternahm und dort den Maler Silvester Schtschedrin kennenlernte.[3] Dieser wiederum stand mit Catel in engerem Kontakt, wie im Folgenden zu erläutern sein wird.

Über Catels Verbindungen zu russischen Künstlerkollegen und Auftraggebern ist bisher noch nicht grundlegend geforscht worden[4] und auch die vorliegende Studie kann nur ein erster Schritt sein, sich dem Thema zu nähern. Sie beruht auf einigen früheren Beiträgen der Verfasserin zu diesem Thema, etwa für die Ausstellung *O dolce Napoli* in der Tretjakow-Galerie in Moskau[5] im Jahre 2011.[6]

Russische Künstler in Rom 1815–1850 Silvester Schtschedrin, Absolvent der Landschaftsklasse der »Imperatorskaja Akademija Chudožestv« (fortan: IACH), der Kaiserlichen Akademie der Künste, traf am 27. Oktober 1818 in Rom ein.[7] Gemäß der Satzung der Akademie mussten russische Stipendiaten alle vier Monate Rechenschaft über ihren Aufenthalt im Ausland ablegen und ihre die Kunst betreffenden praktischen Übungen und Beobachtungen einreichen. In seinem entsprechenden Bericht sowie seinem *Tagebuch über denkwürdige Dinge, gesehen in ausländischen Staaten, über sich dort aufhaltende hervorragende Künstler und über in Bezug auf selbige gemachte Bemerkungen* schilderte Schtschedrin seine Eindrücke von einem Besuch des Ateliers von Fjodor Matwejew am 6. März 1819. Matwejew lebte bereits seit 1780 in Rom und genoss in der dortigen Kunstwelt einen guten Ruf als klassizistischer Landschaftsmaler, wie der Sammler Pawel Swinjin bezeugt: »Matwejew ist schon seit über dreißig Jahren in Rom und er wird in diesem Reich der Künstler als einer der besten Landschaftsmaler hochgeschätzt.«[8] Wenn es auch keine Dokumente gibt, die eine Verbindung zwischen Catel und Matwejew belegen, so ist doch anzunehmen, dass beide sich kannten.[9] Über seinen Atelierbesuch bei Letzterem notierte Schtschedrin, er habe dort »auch die deutschen Künstler Katteli [Catel], Rabelli [Joseph Rebell] und andere gesehen«, doch warte er auf »eine öffentliche Ausstellung, die sie [die deutschen Künstler] in baldiger Zeit zu machen gedenken, und da die Gesellschaft der deutschen Maler hier groß ist, kann man auch eine große Exposition erwarten«.[10] Catel und Schtschedrin sind sich also wahrscheinlich bereits im Herbst 1818 begegnet; die Kontaktaufnahme wurde wohl auch dadurch erleichtert, dass der Russe nach eigener Aussage »ein wenig Deutsch schwatzen«[11] konnte. Interessant sind seine Bemerkungen über die erwähnte Ausstellung der deutschen Künstler, die im April 1819 in den Sälen des Palazzo Caffarelli auf dem Kapitol stattfand und in deren Rahmen Catel das Bild *Rudolf von Habsburg und der Priester* (vgl. Kat.-Nr. 107–110) präsentierte.

Äußerer Anlass der Ausstellung war die Anwesenheit von Kaiser Franz I., der am 3. April Rom erreicht hatte: »Die deutschen Künstler erwiesen auch dem Kaiser die Ehre mit ihrer Ausstellung, obwohl sie diese gar nicht für ihn organisiert hatten, setzten sie doch seinen Namen im Katalog hinzu. Ich hatte Größeres erwartet«, schrieb Schtschedrin nach Hause, »es gibt zwar auch gute Bilder, aber alle sind sozusagen in gotischer Manier, und sie versuchen, sich mit aller Kraft daran zu halten, umso mehr, als die Deutschen Gelehrte sind und die vornehmen Kreise versuchen, sie auf diese Manier festzulegen.«[12]

Schtschedrins Aufzeichnungen sind die Namen vieler weiterer russischer Künstler und Auftraggeber zu entnehmen, die sich zu dieser Zeit in Rom aufhielten, so auch der des eingangs genannten jüngeren Fürsten Golizyn: »In der vergangenen Woche«, berichtete Schtschedrin 1819 aus Neapel an seinen engen Freund, den Bildhauer Samuil Galberg, in Rom, »hat Fürst Galizyn [sic] mich nach Ischia genommen – wir stiegen im Gasthaus des Don Tomas ab [...]. Auf dieser Insel haben wir sehr lustig zwei Tage verbracht und sind fast die ganze Zeit nicht von den Eseln gestiegen, auf denen wir den San Nicola hinaufgeritten sind, wo ganz oben Zellen für 24 Mönche in den Berg geschlagen sind. [...] Es ist wunderbar, dass das Volk auf dieser Insel sehr gut und lustig ist, es bringt einen zum Lachen und lacht selbst unausgesetzt. Der Italiener braucht nicht viel; wenn er nicht vor Hunger stirbt, ist er der glücklichste Mensch.«[13] Und weiter: »Zur nämlichen Zeit befanden sich viele Russen hier, darunter auch Kuscheljow-Besborodko,[14] mit ihm reist der gute Staatsrat Bek,[15] sowie Nikolai Semjonowitsch Mordwinow[16] und viele andere, und mit dem fröhlichen Pjotr Alexejewitsch Olenin[17] sind wir alle zusammen durch die Ruinen gestreift [...].«[18] Über seine Verbindung zu Schtschedrin wird auch Catel den einen oder anderen aus diesen russischen Kreisen kennengelernt und sicherlich diverse Werke verkauft haben.

Durch den russischen Maler Orest Kiprenski wurde Schtschedrin in Rom dem Großfürsten Michail Pawlowitsch[19] vorgestellt, der ihn aufforderte, »sich nach Neapel zu begeben und dort mit Wasserfarben zwei Ansichten nach der Natur zu machen, die anzugeben ich Batjuschkow beauftragt habe«.[20] Der Großfürst unternahm von 1817 bis 1819 in Begleitung von Generalfeldmarschall Iwan Fjodorowitsch Paskewitsch[21] eine Bildungsreise durch Russland und Europa. In Italien stieß Frédéric-César de Laharpe,[22] der frühere Erzieher Alexanders I., zu ihnen.

Im Spätsommer 1820 hielt sich auch Catel zum wiederholten Male in Neapel auf, wo er mit Schtschedrin zusammentraf. Beide verließen die Stadt am Golf im folgenden Frühjahr gemeinsam, wie der Russe am 15. März 1821 in einem Brief aus Rom an seine Eltern berichtete: »Ich war gerade nach Hause gekommen, als ein Bediensteter mir einen Brief von dem Maler Catel überbrachte, in dem er mich wissen ließ, ich solle mich nicht wegen der Bilder sorgen, denn er besäße ein ›lasciapassare‹ [Passierschein], also das Recht, Gegenstände ohne Überprüfung auszuführen, und da ich mich mit ihm

zusammen in der Kutsche befunden habe, gelte eben dieses Recht auch für meine Sachen, aber es war schon spät, und so entlohnte ich den Mann und freute mich, die Angelegenheit vom Halse zu haben, wenn auch um diesen Preis.«[23]

Am 28. August 1823 teilte Schtschedrin Galberg aus Albano mit: »Künstler gibt es überaus wenige, Catel und die Brüder Ender[24] sind hier zugegen, sie erzählen, es gebe einige Deutsche. Ariccia, Tivoli sind entzückend, aber mit Albano lässt sich nichts vergleichen.«[25] Ungeachtet der freundschaftlichen Beziehungen zu Catel äußerte er sich später im Zusammenhang mit einer Ausstellung in Neapel im Herbst 1827 allerdings recht abfällig über dessen malerische Qualitäten: »Ich habe neapolitanische Künstler entdeckt, die nicht so schlecht sind, wie man von ihnen sagt, obwohl die besten Arbeiten von den Ausländern stammen. Die besten aus der Abteilung Landschaftsmalerei, man kann sagen, der ganzen Ausstellung, sind die Bilder des Hrn. [Anton Sminck van] Pitloo [...]. Daneben hängt ein kleines Bildchen von Catel – man schaut es an und es erscheint einem gut, dann schaut man ein zweites Mal – es erscheint schlechter, beim dritten Mal noch schlechter und so weiter, immer schlechter und schlechter, und so wendet man sich dann auch von ihm ab.«[26] Ironischerweise gleichen gerade Schtschedrins Werke auf den ersten Blick denen Catels sehr, was durchaus zu falschen Zuschreibungen geführt hat, wie noch gezeigt werden wird.

Catel kannte, wohl auf Vermittlung des Fürsten Golizyn,[27] noch einen anderen russischen Künstler gut, nämlich Pjotr Wassiljewitsch Bassin, der 1819 nach Italien gekommen war. Bassin berichtete in einem Brief am 5. Juni 1820 aus Genzano in den Albaner Bergen, wohin er gereist war, »um das Fest des Hl. Geistes anzuschauen, zu dem jedes Jahres eine Prozession stattfindet«.[28] Zu seinen Reisegefährten gehörten auch Catel und dessen Frau. Catel empfahl Bassin an den ihm gut bekannten römischen Malerfürsten Vincenzo Camuccini.[29] Der Russe nannte ihn wiederum einen Landschaftsmaler »mit hervorragender Begabung«, der »für sein Talent bekannt«

Abb. 1
Mönchsprozession im Kolosseum, um 1818, Pinsel in Grau und Braun über Bleistift, 125 x 180 mm, Moskau, Staatliches Puschkin-Museum der bildenden Künste von 1924, Inv.-Nr. P-5918

sei. Catels Einfluss auf das Werk Bassins wird als nicht sehr groß eingeschätzt,[30] doch bestätigt sich dies bei näherer Betrachtung nicht, ganz im Gegenteil ist der Vergleich der Genredarstellungen der zwei Maler überaus aufschlussreich: In Komposition und Anordnung der Figuren folgen Catels *Pifferari* (Kat.-Nr. 198) und Bassins *Italienische Räuber* aus den 1820er Jahren zwar den klassizistischen Vorgaben der Akademien, gleichzeitig wird aber das gemeinsame Interesse für die Lebensweise der Italiener, für die Eigenart der ethnischen Typen deutlich, eine der wichtigsten Grundlagen der romantischen Ästhetik. Vergleichbar ist auch die jeweilige genaue Beobachtung der farbenprächtigen Kostüme und der Eigenheiten von Musikinstrumenten. In seinen Landschaftsstudien stellte Bassin sich einerseits den Forderungen der romantischen Ästhetik und andererseits der Aufgabe einer wahrheitsgetreuen Wiedergabe der Natur. Unter den russischen Malern in Rom war er derjenige, für den ein besonders starkes Interesse an der Darstellung des Himmels und seiner Lichteffekte kennzeichnend ist, ganz so, wie es auch bei Catel zu beobachten ist.

Von 1821 bis 1825 mietete Bassin eine Wohnung unweit der Piazza Trinità dei Monti, in einem Haus, in dem auch Schtschedrin[31] und fast alle anderen russischen Stipendiaten wohnten. In der Nähe hatten viele weitere Mitglieder der russischen Kolonie ihre Bleibe, darunter zum Beispiel auch Orest Kiprenski, der zu Catels engeren russischen Bekannten gehörte.[32] Aus St. Petersburg schrieb dieser noch am 4. Januar 1825 an Samuil Galberg in Rom: »Unsere liebenswürdigen Künstler, die Herren Camuccini, Thorvaldsen, Tenerani und Overbeck [...] und Catel lasse ich grüßen.«[33]

Vom 2. September 1840 bis zum April 1842 hielten sich auch die Brüder Tschernezow in Rom auf. Von Nikanor Tschernezow stammt die Aussage: »Hier gibt es auch den feinen Landschaftsmaler Catel, der schon ein hochbetagter Mann ist. Es ist uns gelungen, sein Atelier zu besuchen und eine Menge seiner Arbeiten zu sehen. Eigentliche Studien führt er kaum aus, nur lauter Motive und Effek-

te. Auch malt er nicht alles nach der Natur. Einige Bilder vom Kolosseum haben uns nicht recht gefallen, sie sind schmutzig. Aber wie man uns sagte, malt er jetzt schlechter als früher, woran nicht er, sondern sein Alter schuld ist.«[34] Ebenso notierte er: »Catel seinerseits stattete uns einen Besuch ab, wollte unser Atelier, insbesondere russische Landschaftsansichten, sehen. Der Kaukasus setzte ihn sehr in Erstaunen, auch die Krim; über die Wolga sagte er, es gebe viel Fläche. Er sucht künstlerische Inspiration fälschlicherweise nur in den Bergen. Einige Stellen an der Wolga – Grotten, Höhlen – haben ihn auch in Erstaunen gesetzt. Er kam auf die Idee, uns um eine Kopie von einer der schönen Zeichnungen zu bitten. Es wäre ein schönes Motiv, nach dem er ein Bild malen wolle. Uns erschien das seltsam: ein berühmter Landschaftsmaler zu sein und um eine fremde Idee oder fremdes Material zu bitten [...], wenn er das will, kann er ja nach Lithographien aus verschiedenen Ausgaben malen. So gesehen, gefiel uns das nicht und wir lehnten ab. Catel war sehr zufrieden mit unseren Arbeiten und alle angefangenen Sachen sah er sich aufmerksam an.«[35]

Russische Auftraggeber Catels   Seiner Verbindung zu Schtschedrin verdankte Catel wohl auch den Kontakt zu einem seiner prominentesten russischen Auftraggeber. General Pjotr Lwowitsch Dawydow kam 1817 mit seiner Frau Natalja Wladimirowna und seinen Kindern zunächst nach Rom und dann nach Neapel,[36] wo das Ehepaar Schtschedrin kennenlernte. Die Familie mietete eine Villa in dem kleinen Ort Castel Amaro, der für sein besonderes Mikroklima und seine frische Luft geschätzt wurde. Schtschedrin berichtete seinen Eltern, »die Generalin Dawydowa« habe ihn »nach Pompeji führen« wollen, »aber es geht ihr nicht gut«.[37] Im August 1819 wurde dem Künstler die Ehre zuteil, im Theater in Neapel »in Dawydows Loge« sitzen zu dürfen.[38] »Dawydow scheint ernst und finster zu sein«, bemerkte er gegenüber Samuil Galberg, »aber tatsächlich ist er ein sehr fröhlicher und einfacher Mensch, und seine Ehefrau [...] eine sehr liebe und freundliche Frau«.[39] Natalja Wladimirowna starb am

Abb. 2
Die Grotte der Fontana dell'Ovato im Park der Villa d'Este in Tivoli, um 1818, Pinsel in Schwarz und Braun über Bleistift, weiß gehöht, 138 x 198 mm, Moskau, Staatliches Puschkin-Museum der bildenden Künste von 1924, Inv.-Nr. P-5919

Abb. 3
Die Grotte der Fontana dell'Ovato im Park der Villa d'Este in Tivoli, um 1818, Pinsel in Schwarz und Braun über Bleistift, weiß gehöht, 138 x 198 mm, Moskau, Staatliches Puschkin-Museum der bildenden Künste von 1924, Inv.-Nr. P-5920

12. September 1819 in Pisa und wurde in der griechischen Fried-hofskirche in Livorno beigesetzt. Dawydow blieb noch einige Jahre mit seinen Kindern in Italien. Über ihn war im Februar 1821 im *Diario di Roma* zu lesen, dass er zahlreiche Landschaftsgemälde bei den in Rom führenden Künstlern des Fachs, etwa Giambattista Bassi, Hendrik Voogd, Abraham Teerlink, Joseph Rebell, Nicolas-Didier Boguet, François-Marius Granet, Martin Verstappen, Franz Ludwig Catel, Pierre-Athanase Chauvin und dem erwähnten Fjodor Matwejew bestellt habe; die Werke nehme er mit nach St. Peters-burg.[40]

Schtschedrins Freund Galberg[41] konstatierte bedauernd, dass russische Auftraggeber deutschen Malern den Vorzug vor ihren Landsleuten gäben. Am 4. Mai 1821 schrieb er aus Rom an seine Brüder in St. Petersburg: »Bei aller riesigen und soliden Reputation einiger hiesiger deutscher Landschaftsmaler ist kaum einer von ihnen in der Lage, etwas Ähnliches [gemeint sind die Arbeiten Schtschedrins] zu malen. Ein Großteil unserer russischen Herr-schaften wünscht sich bei der Bestellung von Bildern keine Bilder an den Wänden, sondern Namen; es scheint, als könne man das auf wesentlich kürzerem Wege erreichen: einfach diese Namen an die Wand schreiben, meinetwegen sogar in Gold.«[42] Wenngleich Catels Name nicht explizit genannt wird, so hat der Schreiber zweifellos auch sein Werk gemeint.

Am 23. Dezember 1838 besuchte Großfürst Alexander Niko-lajewitsch zusammen mit dem Dichter Wassili Andrejewitsch Shu-kowski auf einem Rundgang durch die römischen Ateliers auch die Arbeitsstätte Catels. Über diesen urteilte der russische Thronfolger selbst indirekt: »Nach 12 Uhr fuhr ich zu mehreren Ateliers aus-ländischer Maler und Bildhauer, unter ersteren gibt es wenig vor-zügliche, dafür sind zwei englische Bildhauer erstaunlich gut und ich habe vor, bei ihnen etwas zu kaufen.«[43] Später aber teilte Shu-kowski Catel in einem Brief mit, der Großfürst wünsche die »beiden Ansichten von Venedig« und »die beiden Mönche«, eine Zeich-

nung,[44] zu besitzen. Catels Arbeiten machten großen Eindruck auf den Dichter, der als Romantiker die Darstellung von Mönchen liebte, die, mit dem Rücken zum Betrachter, in den Anblick des irdischen und himmlischen Raumes vertieft sind.[45] Die Szene mit den Klosterbrüdern war wahrscheinlich eher für seine Privatsamm-lung gedacht.

Shukowski selbst schuf in Rom ein heute im Staatlichen Russi-schen Museum in St. Petersburg verwahrtes kleines Ölbild auf Leinwand mit einem ähnlichen Sujet,[46] das möglicherweise aus der Bekanntschaft mit Catel resultiert und nicht, wie bislang meist be-hauptet, auf den Einfluss Caspar David Friedrichs zurückzuführen ist, mit dem der Dichter seit 1820 ebenfalls in Verbindung stand und den er vor allem in dessen letzten Lebensjahren durch Ankäufe förderte.[47] Im Januar und Februar 1839 weilte der Großfürst dann in Neapel und wieder wünschte er Ansichten von der Hand Catels zu besitzen, diesmal von der Stadt am Golf.[48]

Im Jahr 1846 bestellte auch Zar Nikolaus I. bei Catel ein Bild: *Ansicht von Palermo mit dem Monte Pellegrino* (vgl. Kat.-Nr. 172). Der Auftrag zu diesem großformatigen Gemälde steht im Zusam-menhang mit dem Aufenthalt der Zarenfamilie in Palermo Ende 1845 bis Anfang 1846. Anlass für die Reise war eine Erkrankung der Zarin Alexandra Fjodorowna gewesen; das milde Klima und die be-sondere Atmosphäre in Palermo sollten ihrer Gesundheit förderlich sein. »Mamá hat es gefallen wie schon lange nicht mehr«, notierte ihre Tochter Olga Nikolajewna, »sie hat zugenommen, Schultern und Arme sind wieder so füllig geworden, dass sie sich wieder mit kurzen Ärmeln zeigen konnte. Ihre Fröhlichkeit wuchs mit den Kräften, die es ihr nun erlaubten, ihre gewohnten Beschäftigungen wieder aufzunehmen. Wie glücklich war ich, bei ihr zu sein, wie genoss ich jeden Augenblick, in dem sie mir noch gehörte!«[49] Mög-licherweise hat Catel den fröhlichen Zeitvertreib der Zarenfamilie an der Promenade von Palermo auf dem Bild festgehalten. Zu sehen ist die Ansicht der breiten Uferstraße in Richtung des Monte Pelle-grino. Rechts in der Ecke ist eine Gruppe von Sizilianern darge-stellt, die auf der Ufermauer ihren Fischfang ausnehmen, neben

Abb. 4
Blick auf Ariccia, um 1823 (?), Öl auf Leinwand, 67 x 83,5 cm, links unten signiert »F. Catel«, Kloster Neu-Jerusalem bei Moskau, Gemäldegalerie

Abb. 5
Neapolitanisches Liebesständchen bei Mondschein, 1820/25, Öl auf Leinwand, 19,5 x 28,5 cm, Irkutsk, Sibirien, V. P. Sukachev Regional Museum of Fine Arts

ihnen ein schlummernder Junge und ein Obsthändler. Auf den Betrachter bewegt sich eine von Eseln getragene Sänfte zu, Reiter,
unter ihnen eine Frau, begleiten sie. Man darf annehmen, dass sich
Zarin Alexandra Fjodorowna in der Sänfte befindet und es sich bei
den Berittenen um den Großfürsten Konstantin, Großfürstin Olga
und möglicherweise deren Bräutigam Kronprinz Karl von Württemberg handelt. Mit großer Beobachtungsgabe gestaltete Catel kleine
Szenen aus dem Leben der Stadt: den Zug der Fischer, die unter
Trommelwirbeln einen riesigen Schwertfisch tragen, sowie weitere
mit schweren Lasten beladene Esel.

Erwähnungen Catels in der russischen Literatur   Abschließend sei
noch ein Beispiel für die Beurteilung Catels durch russische Schriftsteller wiedergegeben. Zu den Verehrern seines künstlerischen
Talents gehörte der Literaturkritiker und Dichter Stepan Schewyrjow. In seinem Beitrag *Spaziergang über den Apennin in der Umgebung von Rom im Jahre 1830* für die russischsprachige Zeitung
Literaturnaja gazeta hielt dieser seinen Eindruck von einer Reise
nach Montorelli fest. Die herrliche Aussicht an einem Tag im Mai
habe bei ihm Assoziationen mit Werken des deutschen Landschaftsmalers geweckt: »Wolken und Dunst auf den Gipfeln. Ein göttlicher
Anblick! Beim Betrachten dieser fernen Vegetation durch Luft und
blauen Morgennebel hindurch fühlte ich mich an ein Landschaftsbild von Catel erinnert.«[50] In seinem Brief aus Rom vom 5. Juni
1830 an den Herausgeber der *Literaturnaja gazeta* polemisierte
er gegen einen französischen Journalisten, der im *Journal de Com-
merce* einen Kommentar zu einer Kunstausstellung auf dem Kapitol
gegeben hatte. Der französische Patriot habe streitlustig behauptet:
»Unsere Künstler spielen die wichtigste Rolle in dieser Ausstellung
und in Bezug auf ihr Talent sind sie konkurrenzlos.«[51] In seinen
Anmerkungen des Briefschreibers warf Schewyrjow dem Autor des
kritischen Artikels vor, er sage »kein Wort über Catels vorzügliches
Landschaftsbild ›Ansicht von den Camaldoli‹ [Kat.-Nr. 155] bei
Neapel, das beste Stück der Ausstellung. Ach, ich habe natürlich
ganz vergessen, dass Catel kein Franzose ist.«[52]

Werke Catels in russischen Sammlungen   Der Forschung sind bereits einige Werke Catels in russischen Sammlungen bekannt, zum
Beispiel die vor einigen Jahren dem Künstler endlich korrekt zugeschriebene Darstellung des nächtlichen Kolosseums mit Mönchen
und einem Wanderer[53] sowie die erwähnte *Ansicht von Palermo
mit dem Monte Pellegrino,* die 1846 von Nikolaus I. bestellt worden
war und seit 2011 wieder im Alexanderpalast in Zarskoje Selo bei
St. Petersburg hängt (Kat.-Nr. 172).

Bisher wenig bekannt sind drei Zeichnungen in der Graphi-
schen Sammlung des Puschkin-Museum in Moskau, die das Œuvre
Catels erweitern (Abb. 1–3). Sie stammen ursprünglich aus dem
Bestand des Moskauer Rumjanzew-Museums, das seinerzeit durch
Schenkungen von Privatpersonen entstand. Neben einer *Ansicht
des Kolosseums* zeigen die zwei anderen, im Bestandskatalog des
Puschkin-Museums lediglich als *Italienische Ansichten* betitelten
Blätter[54] eindeutig Studien zu Catels um 1818 entstandener Bilder-
findung *Liebespaar in der Grotte der Fontana dell'Ovato in der
Villa d'Este in Tivoli,* von der mindestens zwei Gemäldeversionen
existieren (vgl. Kat.-Nr. 94 und die dortige Abb. 1).[55] Bei den Ge-
mälden betrifft es eine bisher unveröffentlichte *Italienische Ansicht*
Catels im Museum des Klosters Neu-Jerusalem bei Moskau, die im
Auftrag eines russischen Sammlers um 1823 entstanden sein dürfte
(Abb. 4) – eine relativ große Variante des für den bayerischen Hof
entstandenen Gemäldes *Blick auf Ariccia* (Kat.-Nr. 98).[56] Das Gemälde stammt ursprünglich aus dem Gutshaus Iljinskoje im Moskauer
Umland, denn auf der Rückseite ist ein Papieraufkleber mit der Darstellung einer Krone und der Aufschrift »Iljinskoje Etage 3, Zimmer
30, Gegenstand 36« erhalten. Möglicherweise war das Gemälde Teil
der Sammlung des Großfürsten Sergei Alexandrowitsch.[57] Zudem
befindet sich im Kunstmuseum von Irkutsk in Sibirien eine *Italienische Ansicht* aus der früheren Moskauer Sammlung Wischnewski
(Abb. 5), die bislang fälschlich Schtschedrin zugeschrieben wurde,
jedoch mit Blick auf die Komposition, die Figurenbehandlung sowie
die typische Farbgebung zweifellos von der Hand Catels ist und
motivisch an seine nächtliche Serenaden-Komposition für Lord
Howard von 1822 anschließt (vgl. Kat.-Nr. 186).[58]

Aus dem Russischen übersetzt von Brigitte van Kann, Hamburg, redaktionell bearbeitet von
Andreas Stolzenburg, Hamburg

1 Ausst.-Kat. St. Petersburg 1991. Vgl. auch den Beitrag von Andreas Stolzenburg im vorliegenden Katalog, S. 101.
2 Evsev'ev 2014, S. 538–539.
3 Schtschedrin schrieb an seine Eltern in St. Petersburg, 25. 7. 1819: »Ich schließe mich dem Fürsten [Golizyn] an, wo es nur geht und er ist mit mir zu einigen Künstlern gefahren und an andere Orte der Stadt, und wenn er sich aufs Land begeben wird, nimmt er mich wohl auch mit.« Ebd., S. 98.
4 Ein erster Versuch zu diesem Thema von Calov 1979.
5 Ausst.-Kat. Moskau 2011.
6 Markina 2011; vgl. Markina 2004; Markina 2012; Markina 2015. Die Verfasserin reiste 2015 mit Unterstützung der Fondazione Catel nach Rom, um die dortigen Werke des Künstlers zu studieren.
7 Vgl. Brief Silvester Schtschedrins (Rom, 19. 11. 1818) an seine Eltern in St. Petersburg; Evsev'ev 2014, S. 41.
8 Svin'in 1817, S. 80.
9 Zu Matwejew und seiner eher schwierigen Verbindung zu deutschen Künstlern, besonders zu Johann Christian Reinhart, vgl. Stolzenburg 2012a, S. 76.
10 Evsev'ev 2014, S. 72.
11 Ebd., S. 78. Noch in einem Brief vom 30. 9. 1819 schreibt er: »Jetzt sind wir schon ein Jahr in Italien und ich kann immer noch kein Italienisch.« Ebd., S. 115. Zu Schtschedrin in Rom vgl. auch Aleksej Aleksandrovič Fedorov-Davydov: Silvestr Ščedrin i pejzažnaja živopis', in: Fedorov-Davydov/Moiseeva 1986, S. 136.
12 Evsev'ev 2014, S. 76.
13 Ebd., S. 115.
14 Alexander Grigorjewitsch Kuscheljow-Besborodko hatte eine Anstellung in der Kanzlei Zar Alexanders I. Er hielt sich von Ende 1818 bis April 1819 in Paris auf und kehrte über die Schweiz, Italien und Österreich nach Russland zurück.
15 Christian Andrejewitsch Bek war Rat beim Ministerium für Auswärtige Angelegenheiten, Staatsrat und Begleiter Kuscheljow-Besborodkos auf dessen Auslandsreise.
16 Nikolai Semjonowitsch Mordwinow war ein russischer Politiker unter Zar Alexander I.
17 Pjotr Alexejewitsch Olenin, Sohn des Präsidenten der IACH Alexei Nikolajewitsch Olenin, war Militär und Amateurkünstler sowie seit 1827 Ehrenmitglied der IACH.

18 Evsev'ev 2014, S. 76.
19 Großfürst Michail Pawlowitsch, vierter Sohn Zar Pauls I. und jüngster Bruder der Zaren Alexander I. und Nikolaus I., besuchte auf seiner Europareise von März 1818 bis Sommer 1819 auch Italien.
20 Evsev'ev 2014, S. 75. Gemeint ist hier der russische Dichter Konstantin Nikolajewitsch Batjuschkow.
21 Iwan Fjodorowitsch Paskewitsch, Graf von Eriwan und Fürst von Warschau, war Marschall der russischen Armee.
22 Frédéric-César de Laharpe war ein Schweizer General und Staatsmann; Zar Alexander I. konnte er für die Ideale Jean-Jacques Rousseaus gewinnen.
23 Evsev'ev 2014, S. 204.
24 Gemeint sind die österreichischen Aquarellmaler und Zwillingsbrüder Thomas und Johann Nepomuk Ender.
25 Evsev'ev 2014, S. 204.
26 Ščedrin 1978, S. 159.
27 So vermutet von Elena Fominična Petinova.
28 Evsev'ev 2014, S. 322.
29 Petinova 1984, S. 213.
30 Ebd.
31 Ebd., S. 73.
32 Zu Kiprenskis Jahren in Rom vgl. Petrova 2005.
33 Ebd., S. 58.
34 Goldovskij 1999, S. 21.
35 Goldovskij 2009, S. 8.
36 Dawydow war Geheimrat und Hofmeister des Allerhöchsten Hofes. 1803 heiratete er die Gräfin Natalja Wladimirowna Orlowa. Nach der Geburt ihrer Tochter Anfang 1817 verschlechterte sich die Gesundheit der Gräfin dramatisch. Auf Empfehlung der Ärzte musste Dawydow daraufhin den Dienst quittieren und seine Frau und die drei Kinder nach Italien bringen.
37 Evsev'ev 2014, S. 98.
38 Ebd., S. 107.
39 Ebd., S. 119.
40 Vgl. *Diario di Roma* Nr. 13 v. 14. 2. 1821.
41 Der russische Bildhauer Samuil Iwanowitsch Galberg entstammte einer schwedischen Familie, die nach Estland übergesiedelt war. 1795 bis 1808 absolvierte er seine Ausbildung an der IACH bei dem Bildhauer Iwan Petrowitsch

Martos. 1818 bis 1828 lebte er in Italien, überwiegend in Rom, wo er sich v. a. dem Porträt widmete. Während seiner Stipendiatsjahre war er ein enger Freund und ständiger Adressat Schtschedrins. Von Galberg stammt auch der Entwurf des Grabdenkmals für Schtschedrin auf dem Friedhof von Sorrent.
42 Zit. nach Evald 1884, S. 124.
43 Mironenko/Zacharova 2008, S. 213.
44 Diese Darstellung »der beiden Mönche« ist mit einer Skizze zu dem Gemälde *Mondlandschaft mit zwei Mönchen* zu identifizieren (Privatbesitz); vgl. Musatova 2015, S. 131.
45 Vgl. ebd.
46 *Zwei Mönche auf der Terrasse der Villa Mattei – Blick auf die Campagna di Roma,* 1838/39, Öl auf Leinwand, 18,5 x 27 cm, St. Petersburg, Staatliches Russisches Museum, Inv.-Nr. Ž-3880.
47 Vuič 2013.
48 Laut Boris Aswarischtsch, St. Petersburg, erwarb der Großfürst 1841 drei Landschaftsbilder von Catel, genauer gesagt, er bezahlte die 1839 in Rom bestellten Bilder nach ihrer Vollendung und Übersendung nach Russland im Jahre 1841.
49 Benninghausen-Budberg 1963, S. 184.
50 Zit. nach Ševyrev 2006, S. 492.
51 *Literaturnaja gazeta* Nr. 36 v. 25. 6. 1830, S. 289.
52 Ebd.
53 Das Gemälde galt lange als Werk von Carl Gustav Carus; vgl. Ausst.-Kat. Amsterdam 2008, S. 32, Nr. 83, Abb. auf S. 124 (hier von Boris Aswarischtsch nach einem entsprechenden Hinweis von Andreas Stolzenburg, Hamburg, Catel zugeschrieben).
54 Best.-Kat. Moskau 2009, S. 130–131, Nr. 212–214.
55 Freundlicher Hinweis von Andreas Stolzenburg, Hamburg.
56 Freundlicher Hinweis von Andreas Stolzenburg, Hamburg.
57 Vermutung von L. Denissowa, Museum Kloster Neu-Jerusalem bei Moskau.
58 Freundlicher Hinweis von Andreas Stolzenburg, Hamburg.

»Was Catel betrifft, so ist der eigentlich für die hier anwesenden (bürgerlichen) Deutschen der Gesandte […].«[1] Franz Ludwig Catel im Bildnis

Andreas Stolzenburg

NOCH VOR 1800, möglicherweise bereits um 1798 in Paris, gab der junge Franz Ludwig Catel ein erstes, sehr selbstbewusstes Statement mit einem kleinen gezeichneten Selbstbildnis ab (Kat.-Nr. 1), welches sich zusammen mit den wohl zeitgleich entstandenen Darstellungen zu Goethes *Herrmann und Dorothea* sowie *Wilhelm Meisters Lehrjahre* (Kat.-Nr. 8 und 10) im Goethe-Museum in Düsseldorf befindet. Man möchte sich gern vorstellen, dass sich der den Betrachter frisch und herausfordernd anblickende Künstler in dieser Pose 1797 dem verehrten Dichterfürsten in Weimar präsentierte, um eventuell die Erlaubnis zu erhalten, dessen literarische Werke illustrieren zu dürfen.[2]

Kurz vor diesem Treffen entstand ein – wenn auch flüchtiges – Bildnis Catels in einer schnell verfertigten Figurenskizze, die ihn im Mai 1797 mit dem Architekten Friedrich Gilly,[3] dem Wasserbauinspektor Ludwig Leberecht Koppin sowie dem befreundeten Maler und Zeichner Georg Christian Gropius auf einer Wanderung in Thüringen zeigt – das Reiseziel der kleinen Gruppe war Weimar, um dort Goethe zu treffen (Abb. 1).[4]

Catels Schwager Heinrich Anton Dähling – er hatte eine Schwester von Catels erster, 1810 verstorbener Frau Sophie Frederike Kolbe geheiratet – schuf ein sehr privates, fein beobachtetes, auf Seide gemaltes Bildnis des Künstlers (Abb. 2).[5] Da der als Miniaturmaler hoch geschätzte Dähling ab 1802 in Paris lebte, entstand das Porträt wohl noch 1801/02, möglicherweise anlässlich der Hochzeit Catels mit Sophie Frederike. Ebenso wie Catel, der sich ab 1807 in Paris aufhielt, verließ sein Schwager die Stadt erst wieder 1811, sodass die beiden Künstler, wohl gemeinsam mit ihren Ehefrauen, zeitgleich dort lebten und arbeiteten. Aus den Pariser Jahren zwischen 1807 und 1811 ist kein Bildnis Catels bekannt,[6] wenngleich nicht ganz auszuschließen ist, dass Dählings Bildnis auch erst dort entstanden sein könnte. Catel blieb mit seinem Schwager stets in Kontakt. Dessen Sohn Richard Dähling, ebenfalls Maler in Berlin, hielt sich vom Herbst 1844 bis zum Sommer 1846 in Rom auf, wo er im Haus Catels an der Piazza di Spagna wohnte. Gemeinsam unternahm man 1846 eine Reise nach Sizilien.

Der Dresdner Maler Carl Christian Vogel von Vogelstein schuf auf seinen Reisen zahlreiche Bildnisse von Künstlern, die sich alle im Kupferstich-Kabinett in Dresden befinden. Am 1. Juli 1813 zeichnete er in Rom auch Catel (Abb. 3).[7] Vogel von Vogelstein zeigt den Kollegen als Halbfigur in selbstbewusster Haltung mit verschränkten Armen vor der Brust, sein Blick geht am Betrachter vorbei sinnierend in die Ferne. Die lockigen Haare streben ungebärdig in alle Richtungen. Die Kleidung, ein im Kragen weit geöffnetes Hemd und ein offener langer Mantel, sind als äußerst leger zu bezeichnen. Der Mecklenburger Rudolf Suhrlandt, der ab 1808 in Rom lebte, zeichnete Catel kurz vor der eigenen Abreise aus der Ewigen Stadt 1816 wesentlich formeller gekleidet und frisiert, doch auch hier blickt der Dargestellte ernst ins Weite (Abb. 4).[8] Interessanterweise urteilte Suhrlandt über die Bildnisse Vogel von Vogelsteins, den er angesichts seines Plans, möglichst viele Porträts anzufertigen, sicher als Konkurrenz empfand, sehr hart. So schrieb er in seinen Erinne-

Abb. 1
Franz Ludwig Catel (im Hintergrund zeichnend) mit seinen Reisegefährten Friedrich Gilly, Ludwig Leberecht Koppin und Georg Christian Gropius auf einer Wanderung von Jena nach Weimar, Mai 1797, Feder in Braun, 166 x 268 mm, Verbleib unbekannt

rungen, dass der Künstlerkollege seine Zeit vor allem dazu genutzt habe, »alle Künstler überall wohin er kam, in Bleistift zu zeichnen und zu einer Sammlung zu vereinigen, welche er später dem König von Sachsen schenkte, der ihn dafür in den Adelsstand erhob, ungeachtet[,] dass diese Porträts durchweg unähnlich und geistlos aufgefasst waren«.[9] In der Tat sind Suhrlandts Bildnisse zu einem Großteil sehr einfühlsam, auf das Bildnis Catels trifft dies jedoch kaum zu; in Bezug auf die Erfassung von dessen Persönlichkeit ist hier zweifellos dem bildlichen Zeugnis Vogel von Vogelsteins der Vorzug zu geben.

Im Spätsommer 1820 traf Catel mit dem Nürnberger Maler Johann Adam Klein in Neapel zusammen. Klein war in Begleitung Vogel von Vogelsteins sowie der Bildhauer Rudolph Schadow, Johann Nepomuk Haller und Johann Baptist Stiegelmaier am 29. Juli aus Rom angereist. In seiner Autobiographie bezeugt Klein den Umgang mit Catel: »Mit Freund Catel machte ich Ausflüge nach Sorrent, nach der Insel Ischia und Procida.«[10] Womöglich begleitete dieser ihn auch bei der Besteigung des Vesuvs, die Klein am 1. September mit Vogel von Vogelstein unternahm. Catels Bildnis hielt er jedenfalls im September in einer seiner typischen Porträtzeichnungen im Profil fest, bevor er am 7. Oktober wieder nach Rom aufbrach (Abb. 5).[11] Zur selben Zeit hielt sich auch der ab 1822 in Hamburg ansässige dänische Kunsthändler Georg Ernst Harzen in Neapel auf.[12] Für ihn fertigte Klein mit dem Bleistift eine flüchtige Pause dieses Porträts von Catel an, auf der dessen Gesichtszüge wesentlich weicher wirken als auf der originalen Federzeichnung (Abb. 6).[13]

Am 8. November 1820 traf Catel, ebenfalls in Neapel, mit dem norwegischen Maler Johan Christian Dahl zusammen, vermittelt hatte dies der dänische Kronprinz, der in der Villa Quisisana bei Castellammare di Stabia residierte. Die beiden Künstler malten

Seite an Seite rund um den Golf von Neapel.[14] Auf einer kleinen Ölstudie Dahls vom 14. August des Jahres mit dem Blick von einer Terrasse (wohl der Villa Quisisana) auf den Golf mit dem Bergrücken des Posillipo am Horizont stehen zwei Männer in Rückenansicht an der Brüstung und blicken hinaus aufs Meer (Abb. 7). Der Linke soll Dahl selbst sein, der Rechte wurde aufgrund seiner Größe und der lockigen braunen Haare von Hans Geller als Catel identifiziert.[15] Sicherlich erscheint die Vorstellung einer derartigen Verbildlichung einer Künstlerfreundschaft verlockend, sie entbehrt aber jeglichen Belegs. Zwar hätten beide bereits zuvor in Rom Gelegenheit gehabt, sich kennenzulernen, doch ob Catel schon im August 1820 in Neapel war, als die Ölstudie entstand, ist unklar und das erste Zusammentreffen mit Dahl ebendort ist durch das Tagebuch des Norwegers erst für den 8. November bezeugt.[16]

Ähnlich unsicher ist der Hinweis Gellers, das Thorvaldsens Museum in Kopenhagen beherberge womöglich ein Bildnis Catels von der Hand Bertel Thorvaldsens.[17] Dies wäre auf den ersten Blick nicht überraschend, gab es doch über Jahrzehnte hinweg in Rom engste freundschaftliche Verbindungen zwischen Catel und der zentralen Figur der dortigen dänischen Künstlerschaft.[18] Auch den Verfasser erinnert das Gipsporträt eines unbekannten Mannes an die Physiognomie Catels. Eine entsprechende Identifizierung und Zuschreibung muss hier aber unterbleiben, da es keinerlei dokumentarische Hinweise auf ein solches Bildnis gibt, auch Geller musste letztlich zu diesem Schluss kommen.[19]

Im Ashmolean Museum in Oxford befindet sich ein mit »Catel / Rom« bezeichnetes Kreidebildnis aus der Sammlung Grete Ring, das angeblich den Künstler zeigen soll und traditionell Johannes Riepenhausen zugeschrieben wird.[20] Der Dargestellte ist seiner Physiognomie nach jedoch sicher nicht Catel, vielmehr wird es sich

um ein von ihm gezeichnetes Bildnis – möglicherweise Riepen-hausens – handeln.

Der spätere Ehemann der Komponistin Fanny Mendelssohn Bartholdy, Wilhelm Hensel, hatte sich 1823 bis 1828 erstmals län-ger in Rom aufgehalten, bevor er 1839/40 mit seiner Frau ein zwei-tes Mal dorthin reiste.[21] Bereits während des ersten Aufenthalts stand er in engem, freundschaftlichem Kontakt zu Catel und dessen zweiter Frau Margherita, was sich unter anderem in zwei 1823 ent-standenen, hervorragenden Bildnissen des Künstlers niederschlug.[22] Das erste fertigte Hensel am 7. November (Abb. 8), das zweite kurz darauf am 9. Dezember (Abb. 9), beide sicher im Hause der Catels an der Piazza di Spagna, wo Hensel auch Margherita im März 1824 und nochmals 1840 in kleinen Zeichnungen porträtierte.[23]

Ausdruck der engen Verbindung Catels zum preußischen Herr-scherhaus ist seine Anwesenheit *in effigie* auf der 1823 vom preußi-schen Konsul in Rom, Jakob Ludwig Salomon Bartholdy (auch er ein alter Bekannter des Künstlers), initiierten und von Hensel ge-zeichneten *Hochzeit zu Kana*, dem Brautbild anlässlich der Hoch-zeit des Kronprinzen Friedrich Wilhelm mit Elisabeth von Bayern (Abb. 10).[24] Neben dem Brautpaar sind verschiedene Mitglieder der preußischen Dynastie, Kronprinz Ludwig von Bayern, der Halbbru-der der Braut, Bartholdy selbst sowie zahlreiche Künstler porträ-tiert, darunter viele aus dem engen Freundeskreis Catels wie Emil Wolff, August Grahl, Peter Rittig, Léopold Robert, Johann Christian Reinhart, Carl Begas, Heinrich Maria Heß und natürlich Hensel selbst.[25] Catel steht auf der rechten Seite direkt hinter Reinhart, links vom vorderen Pfeiler im Profil nach rechts. Die Zeichnung Hensels gehört zu einem Album mit Werken von in Florenz und

Rom lebenden Künstlern, das dem Hochzeitspaar, verbunden mit den hochgesteckten Hoffnungen der preußischen Künstlerschaft, überreicht wurde. Zu diesem Zweck schuf Catel als sein Geschenk eine kleine Darstellung *Tanzende Winzer auf einer Terrasse am Golf von Neapel*[26] sowie eine auf Seide gemalte Ansicht des Königs-sees (vgl. Abb. 2 auf S. 324).

Ein Selbstbildnis der besonderen Art lieferte er in dem 1824 vollendeten Auftragsbild für den bayerischen Kronprinzen Ludwig (Abb. 11 und Frontispiz dieses Katalogs). Die hier von ihm festge-haltene Künstlergesellschaft, die anlässlich des 40. Geburtstags des Architekten Leo von Klenze – auch er ein Liebhaber der Landschaf-ten Catels (vgl. Abb. 1 bei Kat.-Nr. 94 sowie Kat.-Nr. 167 und 175) – in der spanischen Weinschänke am Tiber beim Ripa Grande auf Einladung des Wittelsbachers zusammenkam, wurde vom Künstler selbst als »Bambocciadenbild« bezeichnet. Neben Ludwig, Klenze

Abb. 5
Johann Adam Klein, *Bildnis Franz Ludwig Catel*, 1820, Bleistift, 140 x 100 mm, Historisches Museum der Stadt Wien, Inv.-Nr. 64971

Abb. 6
Johann Adam Klein, *Bildnis Franz Ludwig Catel*, Bleistift, 114 x 94 mm, Hamburger Kunsthalle, Kupferstichkabinett, Inv.-Nr. 23477c

Abb. 8
Wilhelm Hensel, *Bildnis Franz Ludwig Catel*, 7. November 1823, Bleistift, 150 x 123 mm, Staatliche Museen zu Berlin, Nationalgalerie, Bildnis-Sammlung Hensel

Abb. 7
Johan Christian Dahl, *Zwei Männer auf einer Terrasse mit Blick auf den Golf von Neapel*, 1820, Öl auf Papier, 147 x 286 mm, Staatliche Museen zu Berlin, Kupferstichkabinett, Inv.-Nr. SZ Dahl 2

und weiteren Künstlerfreunden, die sich Wein und Muscheln schmecken lassen, postierte sich Catel rechts vorn am Kopfende des Tisches. Er beugt sich konzentriert nach vorn und zeichnet in ein auf dem Tisch liegendes (leider nicht erhaltenes) Skizzenbuch. Links von ihm sitzt Graf Seinsheim und schaut ihm interessiert zu; sehr wahrscheinlich skizziert Catel gerade sein Bildnis. Alle anderen Teilnehmer der fröhlichen Runde nehmen keine Notiz von diesem Vorgang, sie sind auf den Wirt der Schänke fixiert, der gerade zwei neue Weinflaschen geöffnet hat und diese auf Geheiß Ludwigs offeriert.

Erwähnt sei noch eine mehrfach bezeugte Vorliebe Catels: Wenn er sich durch Rom und die Campagna bewegte, tat er dies meist zu Pferde und trug dabei, wenn es das Wetter zuließ, einen Zylinder. Eine ehemals in der Sammlung Heumann in Chemnitz verwahrte Zeichnung von August Ferdinand Hopfgarten zeigte den Künstler in leicht gebückter Haltung den Corso entlangreitend und dabei Staub aufwirbelnd.[27] Auch Ludwig Richter hat Catels Faible, sich auf dem Pferd fortzubewegen, überliefert. Er traf ihn im Frühjahr 1825 auf dem Rückweg von Nettuno nach Rom inmitten der Campagna: »Der heftige Wind aber hatte sich inzwischen zum brausenden Sturme gesteigert, und wir mussten uns die Hüte auf dem Kopfe festbinden und sie trotzdem mit den Händen halten, so gewaltsam raste Herr Boreas. Ein Reiter holte uns bald ein, der sich kaum des Sturmes wegen auf seinem Braunen halten konnte; es war Catel, der Landschafter, der uns zurief, wir seien zu Fuß besser dran als er, der zugleich gegen Sturmwind und Kälte zu kämpfen habe, während wir wenigstens durch das Gehen warm würden.«[28]

Lange Zeit galt das großformatige Bildnis Catels an der Staffelei mit seiner Frau Margherita an seiner Seite als Selbstbildnis des Künstlers (Kat.-Nr. 3),[29] tatsächlich aber handelt es sich um ein Werk des mit Catel befreundeten russischen Malers Karl Pawlowitsch Brjullow und wird als solches bereits im Nachlassverzeichnis Margheritas aufgeführt.[30] Brjullow lebte von 1823 bis 1835 in Rom, wo er zwischen 1830 und 1833 sein monumentales Gemälde *Die letzten Tage von Pompeji* schuf und mehrfach Gast an der Piazza di Spagna war.[31] Das Alter der auf dem Doppelbildnis Dargestellten – Catel zählte 1830 inzwischen 52, Margherita 40 Jahre – sowie der unvollendete Zustand des Gemäldes lassen vermuten, dass Brjullow zwischen 1830 und 1835 an ihm arbeitete, bevor er, ohne die Arbeit abzuschließen, aus Rom abreiste. Margherita Catel hinterließ das Doppelbildnis 1874 dem mit ihr befreundeten Francesco Benaglia. Es kam 1926 aber glücklicherweise durch dessen Erben testamentarisch wieder in den Besitz des Pio Istituto Catel, der heutigen Fondazione Catel.[32] Eine Notiz der Erben besagt, dass ein anderer Maler im Auftrag Benaglias das Bild nach 1874 vollendete, was wohl bedeutet, dass vor allem der Hintergrund weiter ausgestaltet wurde. Die Porträts, die Hände und die Kleidung waren bereits von Brjullow gemalt worden.[33] Hier steht uns der Maler Catel auf dem Höhepunkt seines Erfolges gegenüber; 1836 feierte die deutsch-römische Künstlerschaft mit großem Aufwand sein 25-jähriges Jubiläum in der Ewigen Stadt.[34] Er zeigt uns sein Handwerk, die Malerei, in Szene gesetzt durch die Palette in seinen Händen, die Staffelei mit einer Leinwand darauf sowie den Malkasten zu seiner Linken. Hinter ihm steht als Muse und gute Seele seines Lebens sowie als Organisatorin des offenen, gastlichen Hauses an der Piazza di Spagna seine Frau. Beide blicken den Betrachter ruhig und mit sich und der Welt zufrieden an.

Schwierig ist die Autorschaft eines anderen Bildnisses des Künstlers. Es zeigt Catel als Zeichner in Rückenansicht (Kat.-Nr. 2). Er trägt eine gestreifte Hose und einen langen dunkelblauen Mantel,

Abb. 9
Wilhelm Hensel, *Bildnis Franz Ludwig Catel*, 9. Dezember 1823, 150 x 123 mm, Staatliche Museen zu Berlin, Nationalgalerie, Bildnis-Sammlung Hensel

Abb. 10
Wilhelm Hensel, *Die Hochzeit zu Kana* (Detail), 1823, Graphit auf Transparentpapier, 332 x 453 mm, Stiftung Preußische Schlösser und Gärten Berlin-Brandenburg, Potsdam, Inv.-Nr. Aquarellslg. 1248

Abb. 11
Selbstbildnis als Zeichner am Tisch, 1824 (Detail aus Kat.-Nr. 103.1)

die Beine sind leicht gespreizt, um sicheren Stand zu wahren. Der Oberkörper wendet sich leicht nach rechts. Auf dem Boden vor ihm liegt der obligatorische Zylinder, den er zum Zeichnen abgelegt hat. Sein Blick fixiert ein Motiv in einiger Entfernung, mit der linken Hand hält er das Skizzenbuch, mit der rechten zeichnet er. Der Hintergrund ist weitgehend unausgeführt, lediglich die Bodenzone hat eine beigefarbene Färbung erhalten, was dem Werk eine ungewöhnliche Spontaneität gibt. Catel trägt eine Brille, sein Haar wird im Bereich des Hinterkopfs bereits licht. Obwohl sicher nicht ganz auszuschließen ist, dass diese kleine Ölstudie von seiner eigenen Hand stammt, liegt hier doch wahrscheinlich eher die Gabe eines befreundeten Künstlers vor, der bei einem gemeinsamen Malausflug Catel in dessen hauptsächlicher Tätigkeit des in der Natur zeichnenden Künstlers im Moment festhielt. Dafür spricht auch, dass sich das Werk ursprünglich zusammen mit vielen anderen Künstlergaben im Klebeband der Margherita Catel befand.[35] Es wird sich wohl um einen deutschen Künstlerkollegen gehandelt haben, der diese Studie in den späten 1820er Jahren, vielleicht um 1830, ausgeführt hat. Eine nähere Eingrenzung ist bislang leider nicht möglich.

Im Jahre 1840 reiste Catel wieder nach Berlin, wo er von der Akademie, die ihn schon 1806 zum ordentlichen Mitglied ernannt hatte, den Professorentitel verliehen bekam. Anlässlich dieses Ereignisses zeichnete der Berliner Franz Krüger vor Ort ein repräsentatives, heute verschollenes Kreidebildnis des Künstlers. Dieses Porträt, mit dem Catels Professorentitel dokumentiert und gefeiert wurde, lithographierte Friedrich Jentzen zur öffentlichen Verbreitung in großem Format (Kat.-Nr. 4).

Der Maler Carl Werner schuf 1842 ein heute leider ebenfalls verschollenes Aquarell mit der *Heimkehr des Andrea Contarini und seiner Kampfgenossen Pisano und Zeno nach der siegreichen*

Schlacht von Chioggia, in dem er laut eines Artikels im Tübinger *Kunstblatt* in einer Gruppe vor dem Dogenpalast in Venedig die Bildnisse von Bertel Thorvaldsen, Friedrich Overbeck, Carl Wagner, August Riedel, Leopold Pollak und Catel platzierte.[36] Letzterer war inzwischen so bekannt, dass er neben Thorvaldsen und Overbeck und wie sie wohl im historischen Kostüm in einer Historienszene seinen Platz finden konnte.

Beeindruckend und sicher das bekannteste und bedeutendste Bildnis Catels ist das in der Fondazione Catel in Rom erhaltene *Selbstbildnis mit roter Kappe* (Kat.-Nr. 5), das der Künstler in seinem letzten Lebensjahrzehnt, wohl um oder kurz nach 1850, malte. Es zeigt ihn verschatteten Gesichts in starker Nahsicht im Profil nach links mit Brille und einer orientalisch anmutenden, roten Kopfbedeckung, die eine bräunliche Quaste in der Mitte ziert. Obwohl er wie gewohnt einen dunklen Anzug mit weißem Hemd trägt, spiegelt dieses reife Altersbildnis den privaten Künstler wider. Es spricht für sich, dass das Porträt im Besitz der Witwe verblieb und dann direkt in das Eigentum des Pio Istituto Catel überging. Catel schuf hier eine sensible Momentaufnahme seiner selbst als alter Mensch. Das Flüchtige des Bildnisses wird durch die nicht vollendete Malerei im Bereich des Anzugs und des fleckigen grünbraunen Hintergrunds sowie durch die spontane, in die noch feuchte Farbe geritzte Signatur unterstrichen; dem Betrachter wird ein gereifter, in sich ruhender Maler vorgestellt, der künstlerisch und finanziell in seinem Leben alles erreicht hat.

Ebenfalls in der Fondazione Catel hat sich ein Relief mit Catels Bildnis von Ludwig Wilhelm Wichmann, einem Schüler Johann Gottfried Schadows aus Berlin, erhalten, der sich nach einem Parisaufenthalt anschließend in den Jahren 1809 bis 1813 sowie 1819 bis 1821 und erneut um 1851/52, 1854/55 sowie 1857/58 in Rom

Abb. 12
Ludwig Wilhelm Wichmann, *Bildnismedaillon Franz Ludwig Catel,*
1851–1855, Gips, Rom, Fondazione Catel

Abb. 13
Johann Ludwig Passini, *Künstlergesellschaft im Caffè Greco in Rom,*
1856 (Detail aus Kat.-Nr. 6)

Abb. 14
Ernst Meyer, *Bildnis Franz Ludwig Catel,* wohl 1856, Bleistift, 150 x 121 mm,
Kopenhagen, Statens Museum for Kunst, Kobberstiksamling, Inv.-Nr. KKSgb12656

aufhielt (Abb. 12).[37] Das Relief entstand sicher zwischen 1851 und 1855.

Im Jahre 1855 wird berichtet, dass »der Gutsbesitzer Catel noch treu an Pinsel und Palette hält und den schlechten Zeiten nicht minder aufrichtig grollt wie die armen Künstler«.[38] Noch 1856, im Jahr seines Todes, finden wir ihn als Gast des von ihm über Jahrzehnte regelmäßig frequentierten Caffè Greco in der Via Condotti. Hier wurde er auf dem berühmten Bild einer Künstlergesellschaft von Johann Ludwig Passini verewigt (Abb. 13). Catel, fein gekleidet wie meist, sitzt vergnügt, das Zusammensein mit den Kollegen sichtlich genießend, ganz rechts auf der Bank, die Beine hat er entspannt übereinandergeschlagen. Er sitzt dort als Doyen der Künstlerschaft am Rand als stiller Beobachter, ganz so wie schon mehr als dreißig Jahre zuvor auf seinem »Bambocciadenbild« (Kat.-Nr. 102). Er stützt sich auf einen Regenschirm, auf dem Kopf trägt er den obligatorischen Zylinder. Um ihn herum sind deutsche Künstlerfreunde und Bekannte versammelt.[39] Vor dem Ausschank steht der Hamburger Maler Rudolf Lehmann, auf der Bank und auf den Stühlen sitzen der Grieche Bosino[40] und die Maler Wilhelm Wider, Julius Muhr, Ernst Meyer, August Riedel und Leopold Pollak, hinten stehen Otto Gottfried Wichmann sowie der Bildhauer Louis Sußmann-Hellborn. Passinis Aquarell ist in seiner Komposition gleichsam eine Hommage an Catels Künstlergesellschaft in der spanischen Weinschänke von 1824 (Kat.-Nr. 103.1).

Man möchte meinen, dass der eben erwähnte, aus Altona bei Hamburg gebürtige dänische Maler Ernst Meyer sein hier erstmals veröffentlichtes Bildnis Catels (Abb. 14)[41] in dem Zeitraum angefertigt hat, an dem auch Passini seine Studien zum Gruppenbildnis im Caffè Greco machte. Er hielt das vom Alter gezeichnete Konterfei des Künstlers – er trägt hier dieselbe Malerkappe, wie auf dem Selbstbildnis (Kat.-Nr. 5) – mit schnellem, flüchtigem Strich en face fest. Aus den Gesichtszügen spricht eine gewisse Müdigkeit, die auf beeindruckende Weise auf den bevorstehenden Tod hinzudeuten scheint.

Betritt man das Sitzungszimmer der *Consiglieri* der Fondazione Catel im Rione Trastevere (Abb. 15), fällt der Blick neben Karl Pawlowitsch Brjullows bereits vorgestelltem und hier zentral zwischen den Fenstern aufgehängtem Bildnis des Ehepaares Catel (Kat.-Nr. 3) sowie dem *Selbstbildnis mit roter Kappe* (Kat.-Nr. 5) auf zwei marmorne Bildnisbüsten, die gleichfalls den Künstler und seine Frau zeigen. Diese wurden von dem Bildhauer Julius Troschel[42] geschaffen. Troschel war 1833 nach Rom gekommen, wo er 1838 Vittoria Buti heiratete, die Schwester des mit Catel eng verbundenen Juristen Cesare Buti.[43] Die Büste des Künstlers entstand postum 1857 und wurde von der Witwe bei Troschel in Auftrag gegeben (Abb. 16).[44] Sie zeigt ein idealisiertes Altersbildnis, das am ehesten mit den Gesichtszügen auf der Porträtzeichnung von Ernst Meyer in Einklang zu bringen ist (Abb. 14).[45] Der Marmor hat einen gerundeten Brustansatz und steht auf einem kleinen Rundsockel, ganz so wie das Pendant-Bildnis der Margherita Catel.[46] Von der 1857 inzwischen 67 Jahre alten Witwe schuf Troschel allerdings ein vollkommen idealisiertes Bildnis, das sich in seinen jugendlichen Gesichtszügen wohl an Margheritas von Wilhelm Hensel 1824 und 1840 gezeichneten Bildnissen sowie an ihrem zwischen 1823 und 1830 gemalten Porträt von August Grahl orientierte (vgl. Abb. 1 auf S. 106), die Troschel alle im Haus an der Piazza di Spagna vor Augen hatte.[47]

Troschel fertigte darüber hinaus eine in Details des Brustbereichs nur wenig veränderte Wiederholung des Catel-Porträts für das von der Witwe beauftragte Grabmal des Künstlers in der römischen Pfarrkirche Santa Maria del Popolo (Abb. 17). Margherita Catel verstarb erst 1874. Inzwischen war eine Bestattung neben ihrem Mann, wie sie es noch testamentarisch verfügt hatte, nicht mehr erlaubt. Das von ihr beim römischen Bildhauer Francesco Fabi Altini bestellte neue Grabmal, das das Ehepaar auf einem

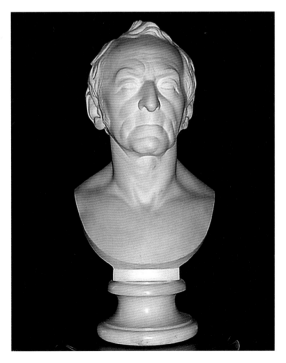

Abb. 15
Sitzungszimmer der Fondazione Catel in Rom

Abb. 16
Julius Troschel, *Bildnisbüste Franz Ludwig Catel*, 1857, Marmor, 45,5 x 30 x 21 cm, Rom, Fondazione Catel, Inv.-Nr. 10

Relief im unteren Bereich wieder vereint zeigt und eigentlich das ältere Grabmal in Santa Maria del Popolo ersetzen sollte, kam deshalb auf dem neu errichteten Friedhof Campo Verano zur Aufstellung (Abb. 18). Oberhalb des Doppelbildnisses steht vor einer Rundbogennische die Allegorie der Malerei – eine junge Frauengestalt, zu ihren Füßen Palette und Pinsel –, die in der linken Hand eine Kassette hält, auf die sie mit der rechten Hand deutet. In dieser Kassette erkennt man zahlreiche Geldstücke, die auf den durch die Malerei erworbenen Wohlstand Catels hinweisen. Dies wird durch die lateinische Beischrift »ARTIBVS / ARTIS LUCRA« unmissverständlich unterstrichen (Abb. 19). Als postumes Bildnis des Ehepaares entstand zuletzt noch 1906 zum 50-jährigen Bestehen des

Pio Istituto Catel ein Wachsrelief mit den Konterfeis des Künstlers und seiner Frau, das von Francesco Bianchi ausgeführt wurde (Abb. 20).[48]

Ob die sterblichen Überreste Catels 1874 auf den Campo Verano an die Seite seiner Frau überführt wurden, ist nicht bekannt. Sein monumentales Grabmal ist noch immer in der Pfarrkirche an der Piazza del Popolo am Anfang des rechten Seitenschiffs zu finden, wo es den eilig Eintretenden, der meist wegen Raffaels Cappella Chigi oder die Gemälde Caravaggios gekommen ist, im Vorbeigehen auch an das Leben und Wirken dieses bedeutenden deutschen Malers in Rom erinnert.

Abb. 17
Grabmal Franz Ludwig Catels, 1857, Marmor, Rom, Santa Maria del Popolo

Abb. 18
Francesco Fabi Altini, *Grabmal der Margherita Catel und des Franz Ludwig Catel*, 1874, Marmor, Rom, Campo Verano

Abb. 19
Francesco Fabi Altini, *Allegorie der Malerei*, 1874 (Detail aus Abb. 18)

Abb. 20
Francesco Bianchi, *Bildnis des Ehepaars Catel*, 1906, Wachs, Ø 30 cm, Rom, Fondazione Catel

1 Brief Fanny Hensels (Rom, 1. 2. 1840) an ihre Mutter Lea Mendelssohn Bartholdy in Berlin; Klein 2002, S. 49.

2 Vgl. dazu den Beitrag des Verfassers im vorliegenden Katalog, S. 9.

3 Franz Ludwigs Bruder Louis Catel war ein Schüler Friedrich Gillys.

4 Geller 1960, S. 346. Die »Von Jena auf Weimar d. 1 May 97« bezeichnete, verschollene Federskizze abgebildet bei Rietdorf 1940, S. 72, Abb. 60.

5 Geller 1960, S. 346 (irrtümlich als Werk von Richard Dähling). Der Verfasser selbst datierte das Bildnis 2007 auf Catels Berlinaufenthalt 1821; Stolzenburg 2007, Abb. 27 auf S. 49. Doch die Physiognomie spricht gerade im Vergleich mit den zwischen 1820 und 1823 sicher datierten Porträts (vgl. hier Abb. 8, 9) in der Tat eher für eine frühe Datierung; freundlicher Hinweis von Helmut Börsch-Supan, Berlin. Vgl. Best.-Kat. Berlin 1976, S. 95, wo eine Datierung um 1823 suggeriert wurde.

6 Im Kunsthandel tauchte in den letzten Jahren mehrfach ein Bildnis auf, das Helmut Börsch-Supan allein aufgrund der Physiognomie als ein Selbstbildnis Catels interpretiert hat; nach Meinung des Verfassers zeigt das im Stil von Gerrit Dou gemalte Bild jedoch weder den Künstler, noch wurde es von ihm gemalt; vgl. Aukt.-Kat. Berlin, Grisebach 2011, o. S., Nr. 133, Abb.

7 Zeichnung rechts bezeichnet: »Rom. / 4. Jul. 1813 / Catel« (schwarze Kreide); Geller 1960, S. 347; Ausst.-Kat. Dresden 1988, S. 49, Nr. 46.

8 Zeichnung rechts unten bezeichnet: »Franz Catel geboren in Berlin im Jahr 1779 [sic] / gegenwärtig in Rom im Jahre 1816 / gez. v. R. Suhrlandt« (Feder in Braun); links darunter von anderer Hand bezeichnet: »Landschaftsmaler« (Bleistift); Geller 1960, S. 346; Baudis 2008, S. 86 und S. 101, WVZ Nr. 27.

9 Zit. nach Baudis 2008, S. 96.

10 Zit. nach Ausst.-Kat. Nürnberg 2006, S. 320.

11 Zeichnung rechts unten bezeichnet: »Neapel im Sept. 1820.« (Bleistift); Geller 1960, S. 346; Ausst.-Kat. Köln 1977, S. 44, Nr. 33; Stolzenburg 2007, S. 48, Abb. 26.

12 Zu Harzen vgl. Reuther 2011.

13 Geller 1960, S. 346. Die kleine Zeichnung stammt aus der Sammlung Harzens, die 1863 als Legat an die spätere Kunsthalle ging; Hamburger Kunsthalle, Archiv, Porträtkatalog der Sammlung Georg Ernst Harzen, Archiv-Nr. NH Ad: 04:01 68a, Nr. 242 (»Catel François / peintre / J. A. Klein / Buste 120 / Dessin / a la mine de plomb.«).

14 Siehe dazu den Beitrag des Verfassers im vorliegenden Katalog, S. 360.

15 Geller 1947, S. 346; vgl. Stolzenburg 2007, S. 43.

16 Gunnarsson 2002, S. 41. Auch Marie Lødrup Bang lehnte die Identifizierung ab. Dahl habe sich aufgrund des Studiencharakters kaum selbst von hinten gemalt und Catel könne so kurz nach dem Eintreffen Dahls noch keinen Kontakt mit diesem in der Villa Quisisana gehabt haben; Bang 1987, Bd. 2, S. 101, Nr. 217.

17 Geller 1960, S. 276–277, 347.

18 Vgl. Kat.-Nr. 94, 129, 182. Catel besaß ein kleines Relief von Thorvaldsens Hand: *Amor als Seemann,* 1828–1831, Marmor, 28 x 44,5 cm, Rom, Fondazione Catel, Inv.-Nr. 67; Ausst.-Kat. Rom 1996a, S. 49–50, Nr. 28, Abb.

19 Kopenhagen, Thorvaldsens Museum, *Bildnisbüste eines unbekannten Mannes,* Gips, Höhe: 54,4 cm, Inv.-Nr. A292; http://www.thorvaldsensmuseum.dk/en/collections/work/A292/zoom (letzter Aufruf: 4. 5. 2015).

20 Schwarze Kreide, 136 x 97 mm, links unten bezeichnet: »Catel / Rom« (schwarze Kreide), Oxford, Ashmolean Museum, Inv.-Nr. WA.OA.455; Baily 1987, S. 130–131, Nr. 109 (hier datiert um 1812).

21 1844/45 erfolgte dann der dritte Aufenthalt in der Ewigen Stadt. Zu Hensels Aufenthalten in Rom vgl. Lowenthal-Hensel/Arnold 2004, S. 108–125 (1823–1828), S. 229–244 (1839/40), S. 286–294 (1844/45).

22 Zu den Bildnissen vgl. ebd., S. 114, Anm. 39; Lowenthal-Hensel/von Strachwitz 2005, S. 98.

23 *Bildnis Margherita Catel,* 1824, Bleistift, 122 x 85 mm, Rom, Fondazione Catel, Inv.-Nr. 41; Ausst.-Kat. Rom 1996a, S. 61, Nr. 69, Abb.; *Bildnis Margherita Catel,* 1840, Bleistift und Pastell, 288 x 205 mm, Rom, Fondazione Catel, Inv.-Nr. 9; ebd., S. 52, Nr. 37, Abb.

24 Lowenthal-Hensel/Arnold 2004, S. 110–115; vgl. Stolzenburg 2012b, S. 19.

25 Ausst.-Kat. Potsdam 1975, S. 18–20, Nr. 12; Ausst.-Kat. Nürnberg/Schleswig 1991, S. 442–444, Nr. 3.33; Ausst.-Kat. Potsdam 2008, S. 96–99 (Bildlegende).

26 Öl auf Papier, 195 x 306 mm, Stiftung Preußische Schlösser und Gärten Berlin-Brandenburg, Potsdam, Inv.-Nr. Aquarellslg. 435; Ausst.-Kat. Potsdam 1975, S. 14, Nr. 3; Ausst.-Kat. Potsdam 2008, S. 28–29, Nr. 6, Abb.

27 Geller 1960, S. 88; keine Abb. nachweisbar. Hopfgarten war 1827 bis 1833 in Rom, sodass die Zeichnung (150 x 250 mm) in diesem Zeitraum entstanden sein muss.

28 Richter 1886, S. 207.

29 Geller 1960, S. 346, hier datiert um 1826; Geller/Wolken 1984, Abb. 3 auf S. 24.

30 Vgl. den Kommentar bei Kat.-Nr. 3.

31 Zu Brjullow vgl. Leontjewa 1996.

32 Vgl. zur Fondazione Catel den Beitrag des Verfassers im vorliegenden Katalog, S. 24–26.

33 Rom, Fondazione Catel, Archiv, Lett. B., pos. 7, fasc. 7, Brief der Erben des Francesco Benaglia v. 15. 4. 1926; vgl. Ausst.-Kat. Rom 1996a, S. 41, Nr. 3.

34 Vgl. Stolzenburg 2007, S. 118.

35 Siehe dazu den Beitrag des Verfassers im vorliegenden Katalog, S. 18.

36 Geller 1960, S. 274–275, 347. »[Carl] Werners Heimkehr des Andrea Contarini und seiner Kampfgenossen Pisani und Zeno nach der bei Chioggia erfolgten Niederlage der Venedig bedrohenden Genueser (im Juni 1380) ist vielleicht das bedeutendste Werk in seiner Zeit. Es ist ein Aquarellbild von ungewöhnlicher Größe und von einer Kraft und Wirkung, die einem guten Oelgemälde nicht nachgibt. [...] Auch die Gruppen verdienen alles Lob, und der Gedanke, Bildnisse der vorzüglichsten in Rom lebenden fremden Künstler anzubringen (so u. a. die Porträts Thorvaldsens, Overbecks, Wagners, Catels, Riedels, Pollaks u. m.) verleiht dem Bilde ein eigenthümliches Interesse.« *Kunstblatt* Nr. 62 v. 4. 8. 1842, S. 246.

37 Geller 1960, S. 277, 347.

38 *Kunstblatt* Nr. 30 v. 1855; zit. nach Geller 1960, S. 125.

39 Identifizierung der Dargestellten nach Noack 1907, S. 326.

40 Bosino war der Hausfreund von Emma Obermeier, die von ihrem Mann, einem Wiener Bankier, getrennt lebte. Bosino erzog die beiden Töchter von Frau Obermeier, die 1846/47 und 1850 bis 1857 in Rom lebte; vgl. Noack 1907, S. 326, 447. Auch der Schriftsteller Paul Heyse, in diesen Jahren ebenfalls Gast des Caffè Greco, erwähnt 1852 in den Erinnerungen an seine Romreise, auf der er sich u. a. mit Arnold Böcklin und August Riedel angefreundet hatte, den gebildeten Griechen; Heyse 2014, S. 159.

41 Unten bezeichnet: »Catel in Rom« (Bleistift).

42 Der Berliner Troschel war Schüler des mit Catel befreundeten Bildhauers Christian Daniel Rauch.

43 Vgl. zur Familie Buti den Beitrag des Verfassers im vorliegenden Katalog, S. 13.

44 Rom, Fondazione Catel, Archiv, Lett. B, Pos. 8, Fasc. I, Brief Troschels (25. 8. 1857) an Margherita Catel; vgl. Ausst.-Kat. Rom 1996a, S. 41, Nr. 1.

45 Geller 1960, S. 279, 347.

46 Vgl. Ausst.-Kat. Rom 1996a, S. 41, Nr. 2, Abb.; Stolzenburg 2007, Abb. 79 auf S. 128.

47 Ausst.-Kat. Rom 1996a, S. 42–43, Nr. 5, Abb. (Grahl), S. 61, Nr. 69, Abb.; Lowenthal-Hensel/von Strachwitz 2005, S. 99 (Hensel).

48 Das Relief diente als Vorlage für eine Medaille; Durchmesser: 22 cm, bezeichnet: »Francesco e Margherita Catel« und »Ai suoi fondatori l'istituto Catel 19. Decembre 1906«, auf der Rückseite ein Lorbeerkranz; vgl. Geller 1960, S. 278, 347.

Biographie

Andreas Stolzenburg

1778 Franz Ludwig Catel wird am 22. Februar als Sohn von Peter Friedrich (Pierre Frédéric) Catel (1737–1791) und Elisabeth Wilhelmine Rousset (1757–1809) geboren.

1790 Catel beginnt eine Lehre als Holzbildhauer.

1794 Auf Anraten von Daniel Nikolaus Chodowiecki, einem Freund der Familie, immatrikuliert Catel sich zum Studium der Malerei an der Königlich Preußischen Akademie der Künste in Berlin.

1795 Empfehlungsschreiben Chodowieckis für den jungen »Cattel« an den Maler Anton Graff in Dresden.

1797 In Begleitung des Architekten Friedrich Gilly, des Wasserbauinspektors Ludwig Leberecht Koppin und des Malers Georg Christian Gropius reist Catel über Dessau, Halle, Naumburg und Jena nach Weimar, wo ein Treffen mit Goethe stattfindet. Weiterreise über Gotha, Eisenach und Kassel in die Schweiz.

1797/98 Einjähriger Aufenthalt im schweizerischen Herisau, dort Mitarbeit in der Walser'schen Kunstanstalt. Ab Ende Februar 1798 mehrmonatiger Aufenthalt in Zürich. Es entstehen die Illustrationen zu Goethes *Herrmann und Dorothea*, das 1799 in Braunschweig bei Friedrich Vieweg erscheint, und Goethes *Wilhelm Meister,* ebenfalls bei Vieweg, in dessen *Taschenbuch* desselben Jahres, publiziert.

1798 Catel schreibt sich am 21. September an der Pariser Akademie ein. Bürge ist der französische Bildhauer Jean-Antoine Houdon.

1799 Wilhelm von Humboldt schickt eine Zeichnung Catels an Goethe in Weimar. Dieser zeige darin, so Goethe in seiner Antwort vom 28. Oktober, ein schönes Talent, nur sehe man, »daß er in der Zerstreuung der Welt lebt«.

1800 Rückkehr nach Berlin. Mit seinem Bruder, dem Architekten Louis Catel, gründet er ebendort die *Musivische Stuckfabrik.* Kleine Zeichnungen, die Catel nach der napoleonischen Beutekunst im Louvre gezeichnet hat, werden in Berlin aus-

gestellt und als Stiche in Viewegs *Taschenbuch für 1801* reproduziert.

1801 Hochzeit mit Sophie Frederike Kolbe am 28. Januar in Berlin. Aufenthalt in Dresden, wo Catel an der Akademie Vorträge über Luft- und Linearperspektive hält. Mit Johann Philipp Veith unternimmt das Ehepaar Catel eine Reise durch die Sächsische Schweiz. Großherzog Karl August von Sachsen-Weimar-Eisenach erteilt den Brüdern Catel den Auftrag, die Stuckarbeiten für das Weimarer Schloss zu fertigen, an dessen Umbau auch Johann Heinrich Gentz und Christian Friedrich Tieck beteiligt sind.

1802 Gemeinsame Reise der Brüder Catel mit Johann Gottfried Schadow nach Weimar. Erneutes Treffen mit Goethe am 22. September.

1806 Catel gelingt am 23. November die Aufnahme als ordentliches Mitglied der Königlich Preußischen Akademie der Künste in Berlin.

1807–1811 Zweiter Parisaufenthalt. Ausbildung in der Ölmalerei in einem namentlich nicht bekannten Atelier. Im Auftrag von General Henri-Jacques-Guillaume Clarke führt Catel zwei Deckengemälde im elsässischen Neuweiler (Neu-

willer) aus. Die Kartons werden 1807 auf dem Pariser Salon präsentiert und von Jacques-Louis David gelobt. Catel pflegt Kontakte unter anderem zu August Wilhelm Schlegel, Adam Gottlob Oehlenschläger und seinem Cousin Charles Simon Catel.

1810 Tod der Ehefrau Sophie Frederike.

1811 Im Sommer Reise nach Mailand, wo Catel mit seinem Bruder und dessen Frau Henriette Friederike zusammentrifft. Gemeinsame Reise über Bologna, Florenz und Siena nach Rom, wo man am 28. Oktober 1811 ankommt. Bereits Mitte Dezember erteilt Catel den Malern des Lukasbundes um Friedrich Overbeck Unterricht in Perspektive.

1812 Forschungsreise mit dem französischen Archäologen Aubin-Louis Millin, die Catel von Mai bis Juli als Zeichner durch die Provinzen des Königreichs Neapel nach Kampanien und Kalabrien führt.

1813 Catel wohnt in der Via Sistina 79, schräg gegenüber der legendären Casa Buti in der Via Sistina 48, wo auch Bertel Thorvaldsen, Jean-Auguste-Dominique Ingres und Christoffer Wilhelm Eckersberg logieren.

1814 Am 28. November heiratet Catel Margherita Prunetti (Abb. 1), die Tochter des römischen Dichters und Kunstschriftstellers Michelangelo Prunetti. Die Berliner Kunst-Ausstellung beschickt er mit einer Illustration zu Goethes *Erlkönig.*

1815 Catel ist Ende November für kurze Zeit in Berlin. Die Herzogin von Devonshire beauftragt ihn in Rom mit Illustrationen für eine Neuübersetzung der fünften Satire des Horaz.

1816 Geburt des Sohnes Federico Catel am 25. Juli. Taufpate ist Fürst Friedrich Wilhelm IV. von Sachsen-Gotha-Altenburg. Catel ist an den Wandbildern der Lukasbrüder im Festsaal des Palazzo Zuccari nahe Santa Trinità dei Monti, der Wohnung des preußischen Konsuls Jakob Ludwig Salomon Bartholdy, beteiligt.

1817 Der Sohn Federico stirbt am 16. Februar.

Abb. 1
August Grahl, *Bildnis der Margherita Prunetti,* Tempera, 210 x 155 mm, Rom, Fondazione Catel, Inv.-Nr. 1

1818 Catel zeigt das Historienbild *Rudolf von Habsburg und der Priester* in der Ausstellung deutscher Künstler im Palazzo Caffarelli. Er liefert in Form kleiner, *plein air* in Öl auf Papier gemalter Landschaften Vorlagen zu den Illustrationen der von der Herzogin von Devonshire finanzierten, 1819 erscheinenden Neuübersetzung der *Aeneis* des Vergil. Er erhält Aufträge vom österreichischen General Franz von Koller in Neapel und dem englischen Maler Thomas Lawrence in Rom.

1819 Mit dem russischen Fürsten Alexander Michailowitsch Golizyn bereist er Süditalien und Sizilien. William Turner erwähnt Catel in seiner *List of Contemporary Landscape Artists Working in Rome.* Tod des Bruders Louis Catel in Berlin.

1820/21 Aufenthalt in Neapel, gemeinsame Ausflüge zum Malen mit Johan Christian Dahl. Aufträge durch Kronprinz Ludwig von Bayern.

1821 Reise nach Berlin zum Antritt des elterlichen Erbes, das Catel langfristig finanzielle Unabhängigkeit sichert.

1822 Vollendung der Aufträge für den englischen Lord Howard, den amerikanischen Archäologen und Architekten John Izard Middleton und den Dresdner Kunstsammler Johann Gottlob von Quandt.

1823 Catel ist neben anderen Künstlerkollegen auf dem Brautbild anlässlich der Hochzeit des preußischen Kronprinzen Friedrich Wilhelm und Elisabeth von Bayern dargestellt. Aufträge für König Max I. Joseph von Bayern.

1824 Das Ehepaar Catel zieht in eine geräumige Wohnung an die Piazza di Spagna 9, wo Künstler, Intellektuelle und Literaten, unter ihnen Moritz Daniel Oppenheim, die Brüder Wilhelm und Rudolph Schadow, Wilhelm Hensel und viele mehr, ein- und ausgehen (Abb. 2). Aufträge vom Leipziger Sammler Maximilian Speck von Stern-

burg und dem bayrischen Kronprinzen (*Kronprinz Ludwig in der spanischen Weinschänke*). Zusammentreffen mit Karl Friedrich Schinkel, Graf Gustav von Ingenheim, Jakob Ludwig Salomon Bartholdy und Carl Begas beim Dinner des preußischen Gesandten in Neapel; gemeinsame Ausflüge nach Paestum und an die Amalfiküste. Das Porträt *Schinkel in Neapel* entsteht.

1826 Catel zeigt das Historiengemälde *Der Tod Torquato Tassos* in der römischen Kunstausstellung in der Via Margutta, das der Berliner Kunstverein über Schinkel zu erwerben versucht.

1827 Ausflug nach Albano mit der Gräfin von Kielmannsegge, die Catels Atelier erstmals 1825 besucht hat. Am 26. Oktober sieht die Gräfin dort das *Bildnis der Vittoria Caldoni*.

1828 Italienreisen von Carl Blechen und Carl Gustav Carus; beide treten in Rom in Kontakt mit Catel.

1830 Catel erwirbt ein Landgut in Valleripa bei Macerata in der Provinz Ancona.

1831 Landschaftsgemälde zu Goethes Gedicht *Der Wandrer*.

1834 Großformatiges Altargemälde für die Luisenkirche in Berlin-Charlottenburg im Auftrag Prinz Heinrichs von Preußen.

1835 Reise nach Deutschland.

1836 Die deutsche Künstlerschaft feiert das 25-jährige Jubiläum von Catels Anwesenheit in Rom mit einem Künstlerfest.

1840 Aufträge von König Wilhelm I. von Württemberg und dem russischen Thronfolger

Abb. 3
Julius Troschel, *Bildnisbüste Franz Ludwig Catels am Grabmal des Künstlers in Santa Maria del Popolo*

Alexander Nikolajewitsch. Reise durch Frankreich, England, Holland und Deutschland.

1841 Catel wird im Januar zum Professor der Berliner Akademie ernannt. Ende September Rückkehr nach Rom.

1846 Auftrag vom russischen Zar Nikolaus I.

1850 Catel erwirbt eine Vigna vor den Toren Roms zwischen der Milvischen Brücke und Tor di Quinto.

1855 Ende April letzte Reise nach Berlin über Dresden.

1856 Catel stirbt am 19. Dezember im Alter von 78 Jahren in seiner Wohnung an der Piazza di Spagna. Er erhält sein Grab in Santa Maria del Popolo im rechten Seitenschiff (Abb. 3). In seinem Testament bestimmt er die Hälfte seines beträchtlichen Vermögens zur Gründung einer gemeinnützigen Stiftung zur Unterstützung notleidender deutscher und italienischer Künstler in Rom, dem Pio Istituto Catel (heute Fondazione Catel).

Abb. 2
Piazza di Spagna 9, wo das Ehepaar Catel seit 1824 wohnte

I
Catel im Bildnis

Vgl. dazu den Beitrag von Andreas Stolzenburg
im vorliegenden Katalog, S. 98–105

Autoren des Katalogs

AS   Andreas Stolzenburg
NS   Neela Struck
Mit einem Beitrag von
Peter Prange (PP)

Selbstbildnis, 1800/05
Feder und Pinsel in Braun über Kohle, 104 x 88 mm
Düsseldorf, Goethe-Museum, Anton-und-Katharina-
Kippenberg-Stiftung
[Kat.-Nr. 1]

Unbekannter deutscher (?) Künstler
Franz Ludwig Catel als Zeichner stehend in Rückenansicht,
1830/40
Öl auf Karton, 400 x 252 mm
Rom, Fondazione Catel
[Kat.-Nr. 2]

Selbstbildnis mit roter Kappe, nach 1850
Öl auf Leinwand, 45 x 37,3 cm
Rom, Fondazione Catel
[Kat.-Nr. 5]

Friedrich Jentzen nach Franz Krüger
Bildnis Franz Ludwig Catels anlässlich der Ernennung
zum Professor der Berliner Akademie, 1841
Kreidelithographie, 395 x 312 mm (Platte)
Hamburger Kunsthalle, Kupferstichkabinett
[Kat.-Nr. 4]

Karl Pawlowitsch Brjullow
Bildnis Franz Ludwig Catels und seiner Ehefrau
Margherita, um 1830/35
Öl auf Leinwand, 132 x 97 cm
Rom, Fondazione Catel
[Kat.-Nr. 3]

Detail aus Kat.-Nr. 6

Johann Ludwig Passini
Künstlergesellschaft im Caffè Greco in Rom, 1856
Aquarell, 490 x 625 mm
Hamburger Kunsthalle
[Kat.-Nr. 6]

Das Wildkirchlein im Kanton Appenzell, 1798
Aquarell, 320 x 480 mm
Privatbesitz
[Kat.-Nr. 7]

Ab September 1797 lebte Catel in Herisau im Schweizer Kanton Appenzell, wo er für den in Russland tätigen Kaufmann Johannes Walser in dessen 1792 gegründeter Kunstanstalt als Zeichner und Radierer tätig war.[1]

In der ihn stark beeindruckenden Schweizer Bergwelt entstanden erste Landschaftsaquarelle, die der Künstler selbst für so wichtig erachtete, dass er zwei davon im Jahre 1800 auf der Berliner Akademieausstellung präsentierte.

In der *Allgemeinen Literatur-Zeitung* lobte Johann Wolfgang von Goethe 1803 die vorliegende Zeichnung, die

Catel auch auf der Weimarer Kunstausstellung 1802 nachträglich eingereicht hatte, und verglich den Künstler mit Salomon Gessner: »Als die Ausstellung dem Publicum bereits geöffnet war, bereicherte Hr. Catel aus Berlin solche, doch ohne um den Preis concurriren zu wollen, noch mit drey schönen Zeichnungen landschaftlichen Inhalts. Zwey derselben sind, mit Aquarellfarben ausgemalte Schweizerprospecte, einer vom sog. Wildkirchlein im Canton Appenzell, der andere von einem Theil des Luzerner Sees, zwischen Stanzstad und Küssnacht. Die dritte Zeichnung ist eine bloss getuschte Skizze, lieblich poetisch erfunden, eine einsame, baumreiche Gegend mit stillen Wassern im Mondschein. Diese Zeichnungen haben uns, was gewiss zum Ruhm des Vfs. nicht wenig sagen will, an Gessners Geist und Gaben lebhaft erinnert. Hr. Catel arbeitet aber schon jetzt

mit geübterer Hand und bedeutenderen Zügen.«[2] Die beiden anderen von Goethe erwähnten Zeichnungen sind verschollen. Catels frühe Meisterschaft im Landschaftsaquarellieren, die das Monumentale der Bergwelt geschickt in Szene setzt, zeigt sich besonders im Vergleich mit einer ebenfalls farbigen, aber im Detail eher naiven Ansicht des Wildkirchleins, die der Schweizer Heinrich Thomann 1790 radierte und die Catel in Herisau kennengelernt haben könnte.[3] *AS*

1 Zu Catels Aufenthalt in Herisau und Zürich vgl. auch den Beitrag des Verfassers im vorliegenden Katalog, S. 35–36.
2 Goethe 1803, S. IX.
3 Heinrich Thomann, *Das Wildkirchlein bei Appenzell,* 1790, kolorierte Radierung, 200 x 263 mm; www.artnet.com/artists/heinrich-thomann/hermitage-pr%C3%A8s-de-wildkirch-canton-appenzell-I26n FIE2Dq3wGMWk2oQy3Q2 (letzter Aufruf, 13. 4. 2015).

Kat.-Nr. 8.1–8.10

Illustrationen zu Goethes *Herrmann und Dorothea*

Lyra mit Darstellung der drei Grazien, 1798
Pinsel in Schwarz und Grau, 110 x 76 mm (Bild),
128 x 95 mm (Papier)
Titelkupfer
Düsseldorf, Goethe-Museum, Anton-und-Katharina-
Kippenberg-Stiftung
[Kat.-Nr. 8.1]

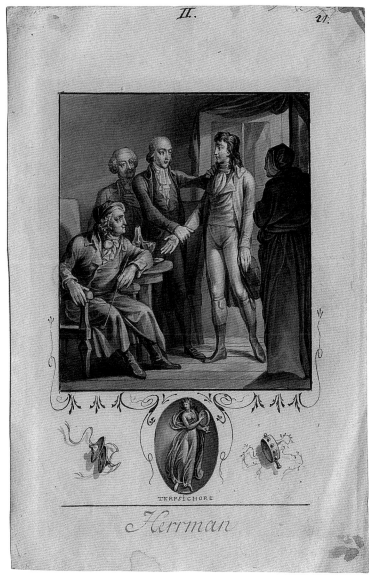

Herrmanns Eltern – Die Muse Kalliope, 1798
Pinsel in Schwarz und Grau, 78 x 68 mm (Darstellung),
148 x 95 mm (Papier)
Illustration zum 1. Kapitel »Schicksal und Antheil«
Düsseldorf, Goethe-Museum, Anton-und-Katharina-
Kippenberg-Stiftung
[Kat.-Nr. 8.2]

*Herrmann mit den Eltern und dem Prediger – Die Muse
Terpsichore*, 1798
Pinsel in Schwarz und Grau, 78 x 74 mm (Darstellung),
147 x 97 mm (Papier)
Illustration zum 2. Kapitel »Herrmann«
Düsseldorf, Goethe-Museum, Anton-und-Katharina-
Kippenberg-Stiftung
[Kat.-Nr. 8.3]

Herrmanns Fortgang – Die Muse Thalia, 1798
Pinsel in Schwarz und Grau, 77 x 68 mm (Darstellung),
148 x 89 mm (Papier)
Illustration zum 3. Kapitel »Die Bürger«
Düsseldorf, Goethe-Museum, Anton-und-Katharina-
Kippenberg-Stiftung
[Kat.-Nr. 8.4]

Herrmanns Gespräch mit der Mutter – Die Muse Euterpe,
1798
Pinsel in Schwarz und Grau, 78 x 69 mm (Darstellung),
133 x 93 mm (Papier)
Illustration zum 4. Kapitel »Mutter und Sohn«
Düsseldorf, Goethe-Museum, Anton-und-Katharina-
Kippenberg-Stiftung
[Kat.-Nr. 8.5]

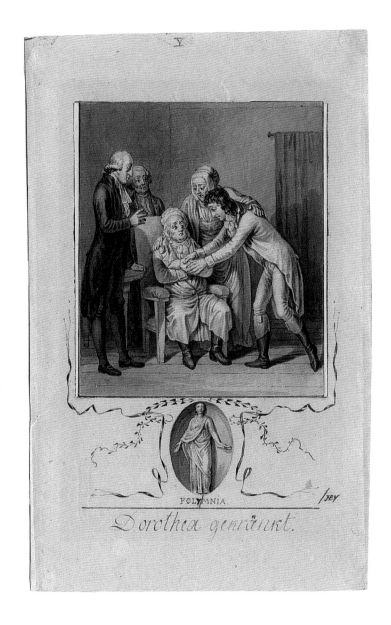

Die Eltern, der Prediger, der Apotheker und Herrmann im
Gespräch – Die Muse Polymnia, 1798
Pinsel in Schwarz und Grau, 77 x 67 mm (Darstellung),
144 x 93 mm (Papier)
Illustration zum 5. Kapitel »Der Weltbürger«
Düsseldorf, Goethe-Museum, Anton-und-Katharina-
Kippenberg-Stiftung
[Kat.-Nr. 8.6]

Herrmann bei den Pferden – Die Muse Klio, 1798
Pinsel in Schwarz und Grau, 77 x 68 mm (Darstellung),
138 x 92 mm (Papier)
Illustration zum 6. Kapitel »Das Zeitalter«
Düsseldorf, Goethe-Museum, Anton-und-Katharina-
Kippenberg-Stiftung
[Kat.-Nr. 8.7]

Herrmann und Dorothea am Brunnen – Die Muse Erato, 1798
Pinsel in Schwarz und Grau, 76 x 68 mm (Darstellung),
138 x 93 mm (Papier)
Illustration zum 7. Kapitel »Dorothea«
Düsseldorf, Goethe-Museum, Anton-und-Katharina-
Kippenberg-Stiftung
[Kat.-Nr. 8.8]

Herrmann umarmt Dorothea – Die Muse Melpomene, 1798
Pinsel in Schwarz und Grau, 78 x 69 mm (Darstellung),
133 x 95 mm (Papier)
Illustration zum 8. Kapitel »Herrmann und Dorothea«
Düsseldorf, Goethe-Museum, Anton-und-Katharina-
Kippenberg-Stiftung
[Kat.-Nr. 8.9]

Die Verlobung – Die Muse Urania, 1798
Pinsel in Schwarz und Grau, 77 x 68 mm (Darstellung),
137 x 90 mm (Papier)
Illustration zum 9. Kapitel »Aussicht«
Düsseldorf, Goethe-Museum, Anton-und-Katharina-
Kippenberg-Stiftung
[Kat.-Nr. 8.10]

Johann Wolfgang von Goethes *Herrmann und Dorothea* erschien erstmals im Oktober 1797 in Viewegs *Taschenbuch
für 1798*, nachdem der Verleger die Rechte dazu vom Dichter
erhalten hatte.[1] Bereits 1799 erschien die erste illustrierte
Ausgabe, zu der Catel zehn Zeichnungen an Vieweg lieferte.[2]
Die Stiche, die bis heute die Vorstellung von diesem Epos
beim Publikum bestimmen, wurden sämtlich von Johann
Friedrich Bolt und Clemens Kohl ausgeführt (Abb. 1).[3] Der
Protagonist Herrmann des in neun Gesängen gestalteten und
in Hexametern gedichteten Epos ist der Sohn eines wohlhabenden Ehepaars. Er verliebt sich in eine junge Frau, die
allein in einem Flüchtlingszug an seinem Wohnort rechts

des Rheins in der Nähe von Straßburg vorbeizieht. Herrmann möchte Dorothea sofort heiraten, die Mutter stimmt
zu, doch der Vater lehnt mit der Begründung ab, dass bei
dieser Konstellation keine Mitgift zu erwarten und die Liebe
ohnehin vergänglich sei. Es werden dennoch durch den
Pfarrer und den Apotheker Erkundigungen über die junge
Frau eingezogen. Die Auskünfte sind sehr positiv – die Aus-
erwählte hat sich mutig für junge, von körperlicher Gewalt
bedrohte Mädchen eingesetzt und ist sehr schön. Doch Herrmann traut sich aus Angst vor Ablehung nicht, sich ihr zu
offenbaren und stellt Dorothea zunächst nur als Magd ein.
Im Verlauf der Geschichte gestehen sich beide nach einer
wendungsreichen Aussprache ihre Liebe und verloben sich.
AS

1 Hagen 1971, S. 146–147, Nr. 231; Lanckoronska/Rümann 1954, S. 48.
2 Hagen 1971, S. 149, Nr. 243–244 (1799), Nr. 245 (1806), S. 150,
Nr. 246 (1808), Nr. 247 (1812); vgl. Rümann 1927, S. 52, Nr. 346. Vgl.
auch den Beitrag des Verfassers im vorliegenden Katalog, S. 36–41.
3 Noch die Taschenbuchausgabe des Insel-Verlags von 1976 repro-
zierte die zehn Illustrationen Catels; vgl. Goethe 1976.

Abb. 1
Friedrich Bolt nach Franz Ludwig Catel, *Herrmann und Dorothea
am Brunnen – Die Muse Erato*, 1798, Radierung und Kupferstich,
78 x 68 mm (Darstellung), Hamburg, Privatbesitz

Zeichnungen zum *Taschenbuch für 1799*

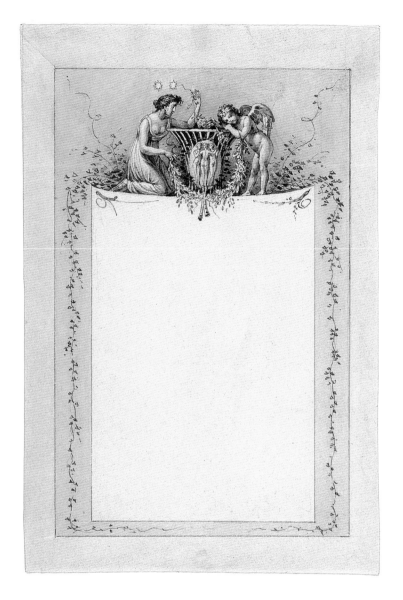

Ornamentale Kartusche mit einer Frau (mit Sternbild über dem Kopf), Amor und einer Vase mit dem Relief der drei Grazien, 1798
Feder und Pinsel in Schwarz und Grau, 109 x 82 mm
Staatliche Museen zu Berlin, Kunstbibliothek
[Kat.-Nr. 9.1]

Clemens Kohl nach Franz Ludwig Catel
Ornamentale Kartusche mit einer Frau (mit Sternbild über dem Kopf), Amor und einer Vase mit dem Relief der drei Grazien, 1798/99
Radierung und Kupferstich, 95 x 63 mm (Bild)
Hamburg, Privatbesitz
[Kat.-Nr. 9.2]

Das Blatt zeigt einen Schmuckrahmen mit Kopfvignette, in dem der Name der Person einzutragen war, der das Büchlein überreicht wurde.

Fortuna und Amor, 1797/98
Feder und Pinsel in Braun über Bleistift, 98 × 67 mm (Papier)
Düsseldorf, Goethe-Museum, Anton-und-Katharina-
Kippenberg-Stiftung
[Kat.-Nr. 9.3]

Clemens Kohl nach Franz Ludwig Catel
*Fortuna und Amor (Titelkupfer des Taschenbuchs
für 1799),* 1798
Radierung und Kupferstich, 95 × 62 mm
Hamburg, Privatbesitz
[Kat.-Nr. 9.4]

Catel erwähnt diese beiden Zeichnungen, die im von Friedrich Vieweg 1798 publizierten *Taschenbuch für 1799* erschienen, bereits Ende 1797 in einem Brief an denselben. Es
war damals üblich, die den Taschenbüchern und Almanachen beigefügten Stiche mit kurzen erläuternden Texten für
den Leser zu versehen. Vieweg hatte Catel deshalb gebeten,
die von ihm gewählten Motive zu erklären, was dieser wegen
seiner schlechten Orthographie nur ungern und sehr kurz
tat; er notierte folgende Gedanken zum Motiv der Titelallegorie (Kat.-Nr. 9.4): »Fortuna läuft im Kreise des neuen Jahres ihrem Glücksrade entsprießen nur Blumen der Freude,
Amors milder Schein erhellt das neue Jahr im Fluge küsst

der Gott die Göttin und die Göttin den Gott.« Zum Motiv des
Zueignungsblattes (Kat.-Nr. 9.2) schrieb Catel nur den Satz:
»Freundschaft und Liebe, winden meinen Freunden einen
Kranz aus Blumen der Freude.«[1]
Im *Taschenbuch für 1799* erschienen auch sechs Illus-
trationen Catels zu Johann Wolfgang von Goethes Bildungs-
roman *Wilhelm Meisters Lehrjahre* (Kat.-Nr. 10.1–10.6) und
eine Illustration zu Friedrich von Gentz' Schauspiel *Maria
Stuart, Königinn [sic] von Schottland* (vgl. Abb. S. 37).[2]   AS

1 Brief Franz Ludwig Catels (Herisau, 27. 12. 1797) an Friedrich
Vieweg in Berlin; Universitätsbibliothek Braunschweig, Vieweg-Archive,
Sign. VIC:16.
2 Rümann 1927, S. 47, Nr. 317; Lanckoronska/Oehler 1934, Bd. 3, S. 57.

Kat.-Nr. 10.1–10.6

Illustrationen zu Goethes Bildungsroman *Wilhelm Meisters Lehrjahre* für das *Taschenbuch für 1799*

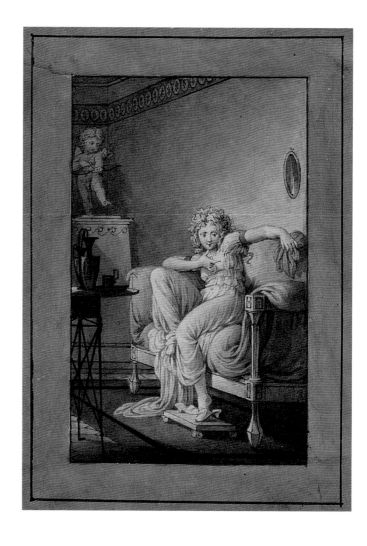

Der Harfner in seiner Kammer, 1799
Feder in Grau, Pinsel in Braun, 103 x 67 mm (Bild),
128 x 93 mm (Papier)
Düsseldorf, Goethe-Museum, Anton-und-Katharina-
Kippenberg-Stiftung
[Kat.-Nr. 10.1]

Philline auf dem Bett sitzend, 1797
Feder und Pinsel in Braun, 103 x 67 cm (Bild),
140 x 106 mm (Papier)
Düsseldorf, Goethe-Museum, Anton-und-Katharina-
Kippenberg-Stiftung
[Kat.-Nr. 10.2]

Mignon und Felix, 1799
Feder in Grau, Pinsel in Braun, 103 x 66 mm (Bild),
129 x 92 mm (Papier)
Düsseldorf, Goethe-Museum, Anton-und-Katharina-
Kippenberg-Stiftung
[Kat.-Nr. 10.3]

*Besuch in der Kammer (Zwei, die voreinander
erschrecken)*, 1799
Feder und Pinsel in Braun, 103 x 64 mm (Bild),
136 x 95 mm (Papier)
Düsseldorf, Goethe-Museum, Anton-und-Katharina-
Kippenberg-Stiftung
[Kat.-Nr. 10.4]

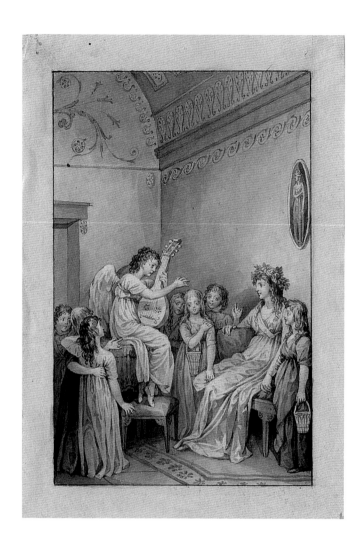

Mignon als Engel verkleidet (Felix' Geburtstag), 1797/98
Feder und Pinsel in Grau, 102 × 66 mm (Bild),
122 × 83 mm (Papier)
Düsseldorf, Goethe-Museum, Anton-und-Katharina-
Kippenberg-Stiftung
[Kat.-Nr. 10.5]

Nach dem Überfall im Walde, 1799
Feder und Pinsel in Schwarz und Grau; aufgeklebte,
aquarellierte Rahmenleiste, 104 × 65 mm (Bild),
114 × 75 mm (Papier)
Düsseldorf, Goethe-Museum, Anton-und-Katharina-
Kippenberg-Stiftung
[Kat.-Nr. 10.6]

Johann Wolfgang von Goethes Bildungsroman *Wilhelm Meisters Lehrjahre* erschien bereits 1795 bei Johann Friedrich

Unger in Berlin.[1] Catels Bilder prägen – wie die zu *Herrmann
und Dorothea* (vgl. Kat.-Nr. 8.2.–8.10) – die bildliche Rezeption dieses Bildungsromans bis heute.[2] Die Stiche stammen
von Wilhelm Jury, Johann Friedrich Bolt und Clemens Kohl.
Die Illustrationen Catels erschienen erst im *Taschenbuch
für 1799* mit Erläuterungen der Kupfer, da sie für den vor-
herigen Jahrgang nicht rechtzeitig gestochen wurden.[3] Sicher
hätte Friedrich Vieweg Goethes Roman auch gern als Erstausgabe selbst verlegt, doch bot ein Taschenbuch mit den
Illustrationen von Catel eine Möglichkeit, an der Popularität
des Stoffes teilzuhaben.

Für Catel selbst dürfte Mignons Gesang wegen seiner
Italiensehnsucht eine besondere Bedeutung gehabt haben:
»Kennst du das Land, wo die Zitronen blühn, / Im dunklen
Laub die Gold-Orangen glühn, / Ein sanfter Wind vom blauen
Himmel weht, / Die Myrte still und hoch der Lorbeer steht –
/ Kennst du es wohl? / Dahin! Dahin / Möcht ich mit dir, o

mein Geliebter, ziehn!«[4] Ihn drängte es schon seit 1797
dorthin, doch erreichte er Italien erst Ende 1811.

Catels frühe Bilderfindung zum Lied der Mignon wurde
noch 1828 von Wilhelm von Schadow in seinem 1825 durch
Maximilian Speck von Sternburg beauftragten großformatigen Bildnis des Mädchens Mignon rezipiert.[5] *AS*

1 Vgl. Hagen 1971, S. 144–145, Nr. 221–226.
2 Vgl. Goethe 1980.
3 Lanckoronska/Rümann 1954, S. 52.
4 *Wilhelm Meister Lehrjahre*, Drittes Buch, Erstes Kapitel; zit. nach:
Goethe 1980, S. 151.
5 Öl auf Leinwand, 119 × 92 cm, Leipzig, Museum der bildenden
Künste, Inv.-Nr. 1714; Ausst.-Kat. Leipzig 2000, S. 86–87, Abb. (Beitrag
Helga Kessler Aurisch).

Eberhard Henne nach Franz Ludwig Catel
Denkmal für Diderot, 1797
Radierung und Kupferstich, 114 x 69 mm (Bild)
Hamburger Kunsthalle, Bibliothek im Kupferstichkabinett
[Kat.-Nr. 11]

Das tote Huhn (Das Opfer des Fuchses), 1797/98
Feder in Braun und Schwarz, grau laviert, 48 x 64 mm (Bild),
79 x 95 mm (Papier)
Hamburger Kunsthalle, Kupferstichkabinett
[Kat.-Nr. 12.1]

Abb. 1
Friedrich Wilhelm Meyer d. Ä. nach Franz Ludwig Catel, *Das tote
Huhn (Das Opfer des Fuchses)*, 1798, Radierung und Kupferstich,
48 x 76 mm (Bild), Hamburger Kunsthalle, Bibliothek im Kupferstichkabinett, Sign. Ill. XIX Catel 1793-8 (Inv.-Nr. kb-2014.1286g-3)

Heimkehrender Heuwagen (Familienszene), um 1797/98 (?)
oder um 1802/03 (?)
Aquarell über Feder in Braun auf Papier, 65 x 71 mm (Bild),
88 x 94 mm (Papier)
Hamburger Kunsthalle, Kupferstichkabinett
[Kat.-Nr. 12.2]

Catels Zeichnungen erschienen, radiert von Friedrich Wilhelm Meyer d. Ä. und möglicherweise einem bislang nicht identifizierten weiteren Kupferstecher, 1798 und 1803 als Titelkupfer der vierten und fünften Sammlung von Gotthelf Wilhelm Christoph Starkes *Gemählde aus dem häuslichen Leben und Erzählungen* (Abb. 1 und 2). Es ist unklar, ob der Künstler den Auftrag zu beiden Zeichnungen von Friedrich Vieweg bereits um 1797 erhielt oder ob der Entwurf zur Titelvignette des fünften Teils später nachfolgte.

In einem Brief des Künstlers an Vieweg werden im Februar 1802 zwei Zeichnungen für Starkes Erzählungen als abgeschickt erwähnt: »Ich hoffe[,] die […] beiden Zeichnungen zu Starckens [sic] Erzählungen haben Sie gut und zu Ihrer Zufriedenheit erhalten.«[1]

Die erste Zeichnung (Kat.-Nr. 12.1) illustriert die Geschichte *Das tote Huhn,*[2] die zweite (Kat.-Nr. 12.2) ließ sich bislang keiner Textstelle zuordnen. AS

1 Brief Franz Ludwig Catels (Berlin 11. 2. 1802) an Friedrich Vieweg in Braunschweig; Universitätsbibliothek Braunschweig, Vieweg-Archiv, Sign. VIC:16.
2 Gotthelf Wilhelm Starke, *Gemählde aus dem häuslichen Leben und Erzählungen,* vierte Sammlung, Berlin, bei Friedrich Vieweg, 1798, S. 31–52.

Abb. 2
Friedrich Wilhelm Meyer d. Ä. (?) nach Franz Ludwig Catel, *Heimkehrender Heuwagen (Familienszene),* um 1798 (?), Radierung und Kupferstich, 65 x 71 mm (Bild), Hamburger Kunsthalle, Bibliothek im Kupferstichkabinett, Sign. Ill. XIX Catel 1793-8 (Inv.-Nr. kb-2014.1288g-2)

Iris, wie sie König Priamus geleitet, den Leichnam Hektors loszukaufen, 1799
Pinsel in Braun über Bleistift, weiß gehöht, 226 x 315 mm
Klassik Stiftung Weimar, Museen, Graphische Sammlungen
[Kat.-Nr. 13]

In der *Ilias* des Homer (Buch 24, Vers 143 ff.) kommt während des Krieges um Troja die Götterbotin Iris zu König Priamus, um ihn zu überzeugen von Achilleus den Leichnam Hektors freizukaufen. Catels Zeichnung war einem Brief Wilhelm von Humboldts aus Paris an Johann Wolfgang von Goethe in Weimar vom 28. August 1799 beigelegt. Humboldt erläuterte dazu: »Ich lege noch eine Zeichnung – Iris, wie sie Priam geleitet, den Leichnahm des Hektor loszukaufen – bei. Sie ist von einem Deutschen, von Catel, der jetzt hier ist. Er wünschte Sie Ihnen vorzulegen, um vielleicht dadurch das ungünstige Urteil auszuwischen, was die Kupfer zu Herrmann und Dorothea bei Ihnen erweckt haben könnten. Sagen Sie mir doch Ihr offenes Urteil über diese Komposition. Gefiele sie Ihnen, so möchte er sich Ihnen zu Arbeiten, auf die Sie vielleicht Einfluß hätten und wofür man kein noch höheres Talent finden könnte, empfehlen. Mir scheint er nicht ohne Fähigkeit und er ist ein fleißiger und bescheidener Mensch.«[1] Goethe antwortete Humboldt am 28. Oktober 1799: »Danken Sie auch Herrn Catel für das Ueberschickte. Er zeigt in seinen Arbeiten ein schönes Talent, nur sieht man daran, möchte ich sagen, daß er in der Zerstreuung der

Welt lebt.«[2] Dies viel zitierte Urteil über Catels Zerstreuung in der Welt trifft sehr gut den weltmännischen – oder »mehr ins Weittläufige« gehenden, wie auch schon Daniel Nikolaus Chodowiecki geschrieben hatte – Charakter des Künstlers, der mit der idealisierten Zurückgezogenheit des Künstlerdaseins nur wenig im Sinn hatte. Er lebte inmitten der Welt und nahm regen Anteil am kulturellen Leben. *AS*

1 Geiger 1909, S. 95, Nr. 33.
2 Ebd., S. 100, Nr. 35.

Abb. 1
Iris, wie sie Priamus geleitet, den Leichnam Hektors loszukaufen (Studie) 1799, Pinsel in Braun über Bleistift, 223 x 320 mm, Klassik Stiftung Weimar, Museen, Graphische Sammlungen, Inv.-Nr. GHZ/SCH.I. 298,0777/28678

Abb. 2
Iris, wie sie Priamus geleitet, den Leichnam Hektors loszukaufen (Studie) 1799, Pinsel in Braun über Bleistift, 153 x 186 mm, Klassik Stiftung Weimar, Museen, Graphische Sammlungen, Inv.-Nr. GHZ/SCH.I. 298,0777/28679

Kat.-Nr. 14.1–14.6

Illustrationen zum *Taschenbuch für 1801*

IM AUFTRAG FRIEDRICH VIEWEGS schuf Catel 1799 im Musée Napoléon in Paris fünf kleine Zeichnungen nach den berühmten, von Napoleon 1797 aus Rom nach Paris gebrachten Gemälden von Raffael, Annibale Carracci, Domenichino, Guido Reni und Andrea Sacchi. Catels Zeichnungen wurden in Paris unter seiner Aufsicht von französischen Kupferstechern reproduziert. Die Stiche erschienen zu Beginn des *Taschenbuchs für 1801,* für das Catel auch das Frontispiz entworfen hatte (Abb. 1–2).[1] Den Tafeln vorangestellt wurde folgender Erläuterungstext: »Die in dem Kalender selbst befindlichen 6 Blätter sind Nachbildungen von Kunstschätzen, welche Welschland verlohr und die nun in Paris aufgestellt sind. Herr Franz Catel zeichnete sie dort und ließ die vier ersten Blätter unter seinen Augen von französischen Künstlern stechen. Wer diese Gemählde einst in Italiens noch friedlichen Gefilden sah, wird sich ihrer hier um so lebhafter, und mit desto größerem Verlangen, vielleicht auch wohl mit schmerzhaften Gefühlen erinnern. Wer sie nicht sah, wird nun die Größe jenes Verlustes sicherer zu schätzen wissen.«[2]

Der Vertraute Goethes, Johann Heinrich Meyer aus Weimar, der die Originale zwischen 1784 und 1787 noch vor Ort in Rom gesehen hatte, verfasste eine ausführliche Besprechung der Reproduktionen der italienischen Gemälde für das *Journal des Luxus und der Moden.* Diese wurde von einem unbekannten Autor der Redaktion eingeleitet: »Man kann mit Grund annehmen, daß keinem unserer geschmackvollen Leser das *Taschenbuch für 1800* (Braunschweig, Vieweg) unbekannt und unbeschaut geblieben seyn wird. Kenner, die sich weder von Vorgunst noch Abgunst in ihrem Urtheile leiten ließen, haben diesem Taschenbuch sowohl wegen der darin abgebildeten Kunstwerke, als um seines sachreichen und ausgesuchten Inhalts willen, unter allen übrigen den Preis zugetheilt. Nur vermissten viele ungern eine Erklärung der 6 [sic] wohlgerathenen Nachbildungen von Catel nach den berühmten Originalen, die jetzt aus Rom nach Paris entführt worden sind, in Paris gezeichnet und von großen Kupferstechern dort unter Catels Augen gearbeitet, die diesem Kalender einen bleibenden Werth für alle Kunstliebhaber zusichern, und die allein schon das werth sind, was das ganze Büchlein kostet. Einer unserer großen und urtheilsfähigen Künstler, der mit den Originalen selbst noch in Rom die genaueste bekanntschaft errichtete, und seitdem in einer der Kunst gewidmeten Zeitschrift uns ganz neue Blicke darauf thun läßt, hat uns mit folgendem gewiß allen Lesern und Besitzern des Taschenbuchs willkommenen Nachricht darüber beschenkt: [...].«[3]

Es folgt nun der längere Text Meyers, der schreibt, dass die Redaktion ihm das Taschenbuch zum Zwecke einer Erklärung der Bilder geschickt hätte und beginnt: »Freilich ist es nicht von jedem Liebhaber zu verlangen, daß er über die Kunst, den Meister, den Gegenstand u. s. w. eines jeden, wenn auch berühmten Kunstwerks, dessen Abbildungen man ihm vorlegt, vollkommen Bescheid wisse, und so wären kurze Berichte hierüber wohl allerdings den meisten willkommen gewesen; demohngeachtet sind wir dem Verleger Dank dafür schuldig, daß er Sorge getragen hat, das Taschenbuch mit Bildern von solchem Gehalt zu schmücken, und man wünschen müßte, daß diese so wie jede andere ähnliche Unternehmung beim Publikum Gunst finde. Denn wahrlich es wäre kein unwichtiger Gewinn für den guten Geschmack, wenn an die Stelle der kleinen Fratzenbilder, mit welchen

die Almanache und Taschenbücher sonst gewöhnlich prangen und die den besseren Sinn bald durch Ungestalt und bald durch Plattheit ärgern, wenn, sage ich, an die Stelle derselben künftig Abbildungen trefflicher Kunstwerke treten würden. Doch ich erinnere mich eben, daß hier nicht der Ort ist, mit dem herrschenden Geschmack zu hadern. Möge derselbe sich zum Besten wenden! Mir liegt gegenwärtig blos ob, Ihnen kurze Nachrichten von den Gemälden zu geben, welche das Taschenbuch uns in Kupferstichen vor Augen stellt.«[4] Meyer gibt sich hier als Verteidiger des guten, das heißt für ihn des klassizistischen Geschmacks und somit als Sprachrohr Goethes unverblümt zu erkennen. Aus der Beschreibung der Bilder sei hier nur eine kurze Stelle zum heiligen Romuald von Andrea Sacchi wiedergegeben, da diese nochmals die Vorzüge der Zeichnungen Catels und die gelungene Übertragung in die Stiche hervorhebt: »Einer der Hauptvorzüge des Originals, die angenehme Uebereinkunft, welche im ganzen herrscht, ist treu übertragen; selbst die Aehnlichkeit in den Gesichtern wurde treu übertragen; mit einem Wort, es ist recht viel geleistet und schwerlich dürfte ein großes Bild in so kleinem Format viel besser nachzuahmen seyn.«[5]

Abschließend ist noch zu erwähnen, dass Catels Zeichnungen die ersten bildlichen Wiedergaben dieser berühmten Gemälde nach ihrer Ankunft in Paris waren, die das deutsche Publikum erreichten.[6] Es war in der Folge der Romantiker Friedrich Schlegel, der 1802 nach Paris kam und in den Jahren 1803 und 1805 in der Zeitschrift *Europa* in seiner *Nachricht von den Gemählden in Paris* diese Werke ausführlich besprechen sollte.[7] Diese Schrift prägte die romantischen Ideen in Deutschland, vor allem aber auch die deutschen Künstlerkreise in den nachfolgenden Jahren in Paris, wohin auch Catel 1807 wieder reiste. Es ist sicher davon

auszugehen, dass Schlegel die vorliegenden Reproduktionen nach den Zeichnungen Catels schon im Jahr 1800 zur Kenntnis genommen hatte. *AS*

1 »Vorkupfer. Der Beherrscher alles Lebens, dem der Erdball unterworfen ist, spielt die nie veraltende Weise seines Tanzes, und die Göttinnen der wechselnden Jahreszeiten drehen sich im Reigen um ihn.«; Erklärung der Kupfer, in: *Taschenbuch für 1801,* o. S. (nach dem Titel). Die Besprechung in der *Neue[n] allgemeinen deutschen Bibliothek 1801,* S. 544, erwähnt neben dem hier wiedergegebenen Titelkupfer ein zweites Blatt in der »wohlfeilern« Ausgabe, welches die Bildnisse von Friedrich dem Großen und von Friedrich Wilhelm III. als Januskopf zeigt: »Um das vergangene und neu angefangene Jahrhundert zu bezeichnen, ist auf dem Titelkupfer der theurern Ausgabe der alte und der junge Kopf des Janus, und eben so in der wohlfeilern Ausgabe der vereinte Kopf Friedrichs des Großen und des jetzt regierenden Königs von Preußen zu sehen.«

2 Ebd.

3 Anonymer Autor und »M.« [Johann Heinrich Meyer]: Erklärung einiger Kupferstiche im Braunschweigischen Taschenkalender, in: *Journal des Luxus und der Moden* 1800, S. 657–661. Vgl. auch die Besprechung des Taschenbuchs mit kurzer Erwähnung in: *Neue allgemeine deutsche Bibliothek* 1801, S. 544 (»Die Tabellen und die Soltauschen Kupferstiche sind in der geringer eingebundenen, folglich wohlfeilern Ausgabe nicht vorhanden; aber die zwischen dem Kalender befindlichen Kupfer, befinden sich in beyden. [...] Sie sind in Paris von Herrn Franz Catel (aus Berlin) gezeichnet, und von Petit, Ducquoy [sic] und Hess recht hübsch gestochen. Hübsch ist das rechte Wort; denn die Bilderchen lassen sich recht hübsch ansehen; aber freylich vom Geiste der großen Maler, welche die Bilder entwarfen, ist hier wenig zu finden.«).

4 Es folgen Beschreibungen und Erläuterungen zu den wiedergegebenen Gemälden; ebd., S. 659–661.

5 Ebd., S. 659–660.

6 In den Verzeichnissen der Reproduktionen nach Raffaels Werken ist Catels »Transfiguration« bspw. nicht zu finden; vgl. Ausst.-Kat. Rom 1985b.

7 Vgl. Schlegel/Eichler/Lelless 1984.

Abb. 1
Clemens Kohl nach Franz Ludwig Catel, *Frontispiz des Taschenbuchs für 1801,* 1799, Radierung und Kupferstich, 98 x 65 mm (Bild), Hamburger Kunsthalle, Bibliothek im Kupferstichkabinett, Inv.-Nr. kb-2009.1557g-1

Abb. 2
Studie zum Titelkupfer des Taschenbuchs für 1801, 1799, Feder in Braun über Bleistift, 132 x 88 mm, München, Privatbesitz

Pierre Charles Baquoy nach Franz Ludwig Catel
Fortuna (nach Guido Reni), 1800
Radierung und Kupferstich, 85 x 66 mm (Bild)
Hamburger Kunsthalle, Bibliothek im Kupferstichkabinett
[Kat.-Nr. 14.1]

Louis Petit nach Franz Ludwig Catel
Der hl. Romuald (nach Andrea Sacchi), 1800
Radierung und Kupferstich, 102 x 65 mm (Bild)
Hamburger Kunsthalle, Bibliothek im Kupferstichkabinett
[Kat.-Nr. 14.2]

Louis Petit nach Franz Ludwig Catel
Transfiguration Christi (nach Raffael), 1800
Radierung und Kupferstich, 123 x 97 mm
Hamburger Kunsthalle, Bibliothek im Kupferstichkabinett
[Kat.-Nr. 14.3]

Kommunion des hl. Hieronymus (nach Domenichino), 1800
Feder in Schwarz, braun laviert, 111 x 72 mm (Papier)
Hamburger Kunsthalle, Kupferstichkabinett
[Kat.-Nr. 14.4]

Hieronymus Hess nach Franz Ludwig Catel
Kommunion des hl. Hieronymus (nach Domenichino), 1800
Radierung und Kupferstich, 107 x 68 mm (Bild)
Hamburger Kunsthalle, Bibliothek im Kupferstichkabinett
[Kat.-Nr. 14.5]

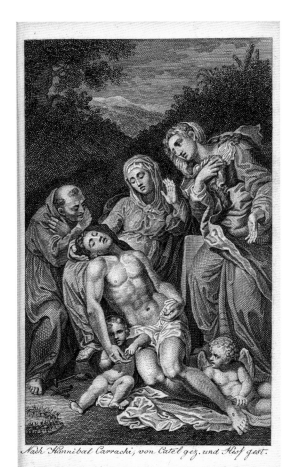

Hieronymus Hess nach Franz Ludwig Catel
Beweinung Christi (nach Annibale Carracci), 1800
Radierung und Kupferstich, 107 x 68 mm (Bild)
Hamburger Kunsthalle, Bibliothek im Kupferstichkabinett
[Kat.-Nr. 14.6]

Kat.-Nr. 15.1–15.2

Illustrationen zu: *Karl Müchler's Gedichte*

Ein Affe steckt einen Hain in Brand, um 1800
Feder und Pinsel in Grau und Schwarz, 40 x 63 mm (Bild),
124 x 80 mm (Papier)
Hamburger Kunsthalle, Kupferstichkabinett
[Kat.-Nr. 15.1]

Friedrich Wilhelm Bollinger nach Franz Ludwig Catel
Ein Affe steckt einen Hain in Brand (Schlussvignette Bd. 2),
um 1800
Radierung und Kupferstich, 37 x 60 mm (Bild), 85 x 128 mm
(Papier; Probedruck)
Hamburger Kunsthalle, Kupferstichkabinett
[Kat.-Nr. 15.2]

Catel schuf um 1800 für die zweibändige Ausgabe der Gedichte Karl Müchlers drei Illustrationen (*Die Sinne* [Abb. 1])[1],
Geduld, Hoffnung, Liebe [Abb. 2][2] und *Der fröhliche Trinker*[3])
sowie weitere Vignetten, die meist eine arkadische Atmosphäre verströmen. Die hier wiedergegebene Zeichnung
(Kat.-Nr. 15.1) ist eine Illustration des 1801 veröffentlichten
Gedichts *Der Affe* von Müchler, das falsch verstandene Aufklärung und ihre fatalen Folgen mit Witz bloßstellt: »Ein Affe
steckt' einst einen Hain / von Zedern Nachts in Brand, / und
freute sich dann ungemein / als er's so helle fand. / ›Kommt,
Brüder seht, was ich vermag, / ich, ich verwandle Nacht in
Tag!‹ // Die Brüder kamen, groß und klein, / bewunderten
den Glanz, / und alle fingen an zu schrein: ›Hoch lebe Bruder
Hans! / Hans Affe ist des Nachruhms werth, / er hat die Gegend aufgeklärt‹«[4]

Im ersten Band findet sich auch die von Friedrich Probst
gestochene Illustration *Die Eiche*[5] von Carl Wihelm Kolbe,
dem sog. »Eichen-Kolbe«, dessen Nichte Sophie Frederike
Kolbe, Schwester des Malers Carl Wilhelm Kolbe d. J., Franz
Ludwig Catel am 28. Januar 1801 heiratete. *AS*

1 *Karl Müchler's Gedichte,* Zweiter Band, Berlin, bey Wilhelm Oehmigke,
1801, vor S. 49, Gedicht XVI: *Die Sinne,* Hamburg, Privatbesitz; erworben 2008 vom Antiquariat Hatry, Heidelberg. Vgl. Rümann 1927,
S. 119, Nr. 770.

2 *Karl Müchler's Gedichte,* Erster Band, Berlin, bey Wilhelm Oehmigke,
1801, vor S. 121, Gedicht XII: *Angebinde,* Hamburg, Privatbesitz; erworben 2008 vom Antiquariat Hatry, Heidelberg.
3 *Karl Müchler's Gedichte,* Zweiter Band, Berlin, bey Wilhelm Oehmigke,
1801, vor S. 161, Gedicht XIV: *Der fröhliche Trinker.*

4 Ebd., S. 207–208, Gedicht Nr. V, *Der Affe.*
5 *Karl Müchler's Gedichte,* Erster Band, Berlin, bey Wilhelm Oehmigke,
1801, vor S. 11, Gedicht III: *Die Eiche.*

Abb. 1
Meno Haas nach Franz Ludwig Catel, *Die Sinne,*
Radierung und Kupferstich, 87 x 62 mm (Bild),
1800, Bd. 1, nach S. 43, Hamburg, Privatbesitz

Abb. 2
Friedrich Bolt nach Franz Ludwig Catel, *Geduld, Hoffnung,
Liebe,* 1800, Radierung und Kupferstich, 78 x 63 mm (Bild),
Bd. 1, nach S. 120, Hamburg, Privatbesitz

Kat.-Nr. 16.1–16.4

Illustrationen zu den *Erzählungen* von Therese Huber

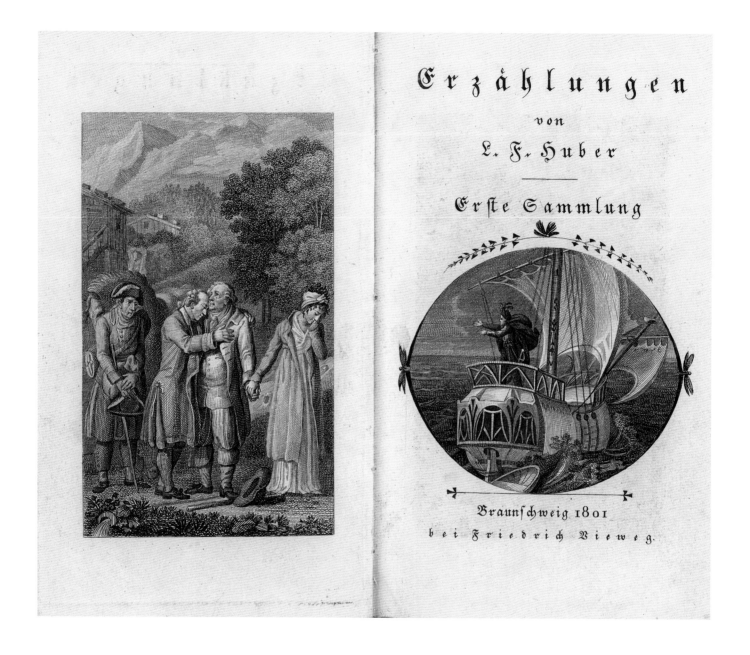

Anonymer Stecher nach Franz Ludwig Catel
Das Geständnis (Szene aus der Erzählung *Unglück
versöhnt. Eine schweizerische Anekdote;* Erste Sammlung,
Titelkupfer), um 1800/01
Radierng und Kupferstich, 109 x 67 mm (Bild)
Hamburg, Privatbesitz
[Kat.-Nr. 16.1]

Anonymer Stecher nach Franz Ludwig Catel
Das Schiff (Szene aus der Erzählung *Abentheuer auf einer
Reise nach Neu=Holland;* Erste Sammlung, Titelvignette),
um 1800/01
Radierung und Kupferstich, 63 x 75 mm (Bild)
Hamburg, Privatbesitz
[Kat.-Nr. 16.2]

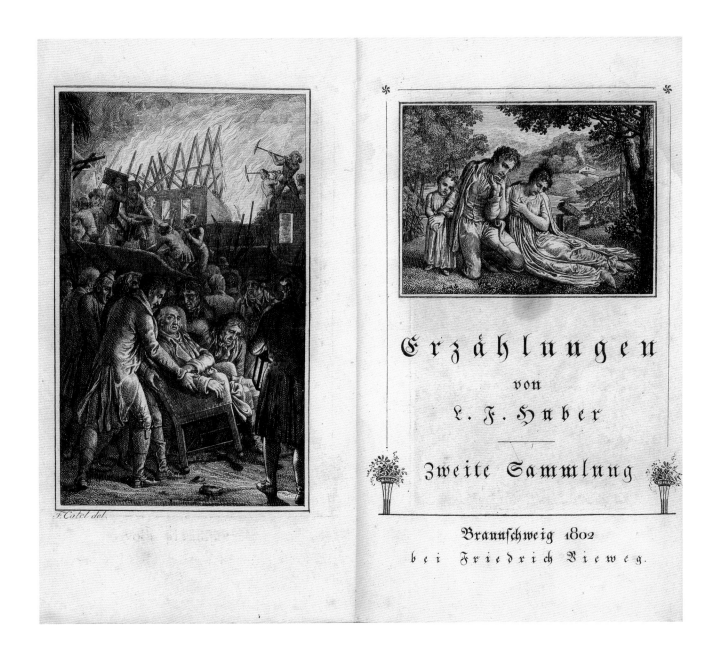

Anonymer Stecher nach Franz Ludwig Catel
Maiberg rettet den Amtmann aus den Flammen (Szene aus
der Erzählung *Geschichte einer Reise auf die Freite;* Zweite
Sammlung, S. 138–398; Titelkupfer, Illustration zu S. 363),
um 1800/01
Radierung und Kupferstich, 109 x 70 mm (Bild)
Hamburg, Privatbesitz
[Kat.-Nr. 16.3]

Anonymer Stecher nach Franz Ludwig Catel
Trauerndes Paar mit Kind (Zweite Sammlung,
Titelvignette), um 1800/01
Radierung und Kupferstich, 51 x 69 mm (Bild)
Hamburg, Privatbesitz
[Kat.-Nr. 16.4]

Die Schriftstellerin Therese Huber veröffentlichte in den
Jahren ihrer Ehe mit Ludwig Ferdinand Huber – also zwi-

schen 1794 und 1800 und auch noch darüber hinaus – unter
dem Namen ihres Mannes. Sie führte zwischen 1818 und
1829 einen intensiven Briefwechsel[1] mit der österreichischen Schriftstellerin Caroline Pichler, die 1821 nach einem
Mönchsbild Catels eine Erzählung verfasste (vgl. Kat.-Nr.
122). *AS*

1 Vgl. dazu Leuschner 1995; Catel wird in den Briefen nicht erwähnt.

Kat.-Nr. 17.1–17.5

Illustrationen zum *Taschenbuch für 1802* mit Darstellungen von antiken und zeitgenössischen Festen (*Panem et Circensem*)

AUS EINEM BRIEF DES KÜNSTLERS vom Januar 1800 an Friedrich Vieweg geht hervor, dass die Zeichnungen der Feste zum *Taschenbuch für 1802* bereits im Jahre 1800 entstanden, jedoch nicht mehr in Paris, sondern bereits wieder in Berlin, wohin Catel vor dem 30. Januar, dem Datum des Briefes, zurückgekehrt sein muss. Da die Stiche nach seinen Vorlagen jedoch in Paris entstehen sollten, bat er den befreundeten Kupferstecher Joseph Ignaz Huber um seine Vermittlung: »Ich bin stark mit den Festen beschäftigt. Leider haben noch meine hiesige Einrichtung und das Visiten machen so viel Zeit gestohlen, daß ich jetzt erst wieder recht an die Arbeit komme, ich habe in Rücksicht der in Paris zu stechenden Kupfer beyliegenden Brief Herrn Graveur Huber einem geschickten Kupferstecher dort geschrieben, der mein sehr guter Freund ist und der Mann ist der diese Commission am besten betreiben kann da er erstens das Fach selbst kennt und zweitens mit allen Pariser Kupferstechern in Verbindung steht. Sie würden mich sehr verbinden wenn Sie die Gefälligkeit hätten und mir hier in Berlin 20 Carolin auf Abschlag meiner Rechnung anweisen, und zwar wenn es möglich wäre bald weil ich deßen benöthigt bin. / PP. ich bitte den beyliegenden Brief an Herrn Huber zu lesen und an den Stellen wo die Rede von Preise ist[,] den Sie denen Kupferstechern in Paris für die Platte geben wollten, denselben in meinen Brief an ihn einzurücken, ich habe Platz dazu gelassen. Ich glaube das ein gescheuter [sic] Kupferstecher nicht unter 10 Carolin eine große Platte stechen kann. Dieß bitte [ich] zu überlegen. […].«[1] Die Umsetzung der Vorlagen in Stiche übernahmen in der Folge dann Jean Baptist Louis Massard, Clemens Kohl (Abb. 1), Noël Lemire, Philibert Boutrois, G. Texier, Wilhelm Jury und Hieronymus Hess.

Welche hohe Bedeutung diesen kleinen Illustrationen innerhalb der Veröffentlichungen beigemessen wurde, zeigen die oft sehr ausführlichen Beschreibungen und Erläuterungen, die den Kupfern beigegeben wurden und in ausführlichen Rezensionen gedruckt wurden. Schon im November 1801 erschien in der *Zeitung für die elegante Welt* eine Besprechung des Taschenbuchs, in der vor allem die Illustrationen Catels hervorgehoben wurden: »Das Taschenbuch für 1802, das bei Friedrich Vieweg in Braunschweig erschienen ist, behauptet wegen seiner ausgezeichneten Eleganz einen so hohen Rang unter den übrigen vielen Taschenbüchern, womit Monate vorher schon das kommende Jahr begrüßt wird, daß die Z. f. d. eleg. W. darin ihre vollkommene Rechtfertigung findet, wenn sie mit größerer Umständlichkeit, als gewöhnlich, ihre Stimme darüber abgibt. Möge der würdige junge Künstler, der zu dieser seltenen Eleganz das Mehreste beigetragen und den gewiß keine Schmeichelei ehrt, darin Ausdruck ungeheuchelter Achtung erkennen. / Um von den Verzierungen dieses Taschenbuchs zuerst zu sprechen, so hat die Hand der Kunst so viel dafür gethan, daß ohne Zweifel das vorzügliche Interesse auf diesen Theil hinfällt. Eilf von Franz Catel gezeichnete und von Kohl, Jury und einigen französischen Künstlern gestochene Blätter geben eine interessante Reihe von Darstellungen einiger Feste aus verschiedenen Zeitaltern und verschiedenen Nazionen, wozu die Idee aus dem bekannten Picart [Anm.: Cérémonies et costumes religieuses de tous le Peuples du Monde. 1745. (8 Tomes in Fol.)], genommen zu seyn scheint. Man muß gestehen, daß für die Begrenzung des Raums fast das Unmögliche geschehen, und von dem talentvollen Künstler in Rücksicht auf schöne Zeichnung, Anordnung und Komposition Alles und mehr geleistet worden ist, als man unter diesen Um-

ständen erwarten sollte.«[2] Die gesamte Folge der elf dargestellten Feste ist mit solchen teilweise minutiösen Begleittexten ausgestattet, die hier nicht alle abgedruckt werden können.

Das zehnte Blatt der Folge zeigt beispielsweise eine Feier auf dem Marsfeld zu Ehren Napoleons (Kat.-Nr. 17.1), der Begleittext lautet: »Das zehnte Blatt zeigt das letzte, auf dem Märzfelde [sic] zu Paris, unter der Regierung des neufränkischen Direktoriums angestellte Nationalfest. Die Bildsäule der Freiheit erhebt sich auf einem Hügel in der Mitte des Platzes. An ihr Fußgestell lehnen sich die fünf Sessel der Direktoren. Von hier aus hält der Vorsitzer unter ihnen eine Rede an die Versammlung. Am Fusse des Hügels brennt reichlicher Weihrauch auf einem Altar. Der Zug ist in Bewegung. Ihn eröffnen die Munizipalität und die Departements, davon jedem eine Art Standarte vorgetragen wird, welche seine Bestimmung anzeigt. Diesen folgt der Generalstab, die Staatsboten, die Minister, der Generalsekretär, die Direktoren, und endlich die Leibwache des Direktoriums. Alle erwähnten Staatsbeamten erscheinen in der feierlichen Kleidung ihres Berufs, deren Schnitt und Verhältniß, aus vergangenen Jahrhunderten entlehnt, das Auge der Zeitgenossen wie eine fremde Erscheinung anspricht. Um diese bei den Ministern und Direktoren der Ansicht deutlich zu machen, mußte der Künstler sich erlauben, die Leibwache im Bilde blos hinterher gehen zu lassen, welche in der Wirklichkeit die genannten Personen so von allen Seiten umgab, daß nur der Zuschauer von oben herab sie erblicken konnte; Zur Linken ist einer der vier Löwen angebracht, welche die Hauptstrasse der Märzfeldes schmücken. Im Hintergrunde verbreitet sich das Volk über die stufenweise erhöhten Sitze.«[3] Der Stich nach der Zeichnung Catels wurde von Béatrice de Andia 1989 als Einzelblatt zur Klärung der Abläufe dieser Siegesfeier in der französischen Literatur herangezogen, ohne den Künstler, den Zusammenhang des Blattes mit der Folge und das in Deutschland erschienene Taschenbuch mit den Beschreibungen zu kennen.[4]

Als ein weiteres Beispiel sei die Erläuterung zur *Predigt am Dekadi* (Kat.-Nr. 17.2) vorgestellt, wo neben den Erklärungen zur Ikonographie auch über die Motivation der vom Künstler gewählten Motive und die Gesamtstruktur der Bildfolge zu lesen ist: »Das eilfte Blatt wünschte der Künstler, wie er bisher gethan, zum Gegensatz der weltlichen Handlung, die auf dem vorhergehenden abgebildet ist, einer geistlichen zu widmen; doch bot ihm das ungeschaffene Frankreich, statt dieser, nur eine kirchliche dar. Hier schildert er daher die neue innere Beschaffenheit einer alten Kirche, am zehnten Wochentage, Dekadi genannt. Zu dessen Bedürfnissen reicht eine kleine Abtheilung des weiten Gebäudes hin. Am Sonntage, wo dort noch im Stillen Messe gelesen wird, würde man eine zahlreichere aufmerksamere Versammlung unter dem jetzt leerstehenden Säulengange, antreffen. Heute sind alle Sinnbilder und Erinnerungen des Christenthums mit dreifarbigen Decken behangen. Die, welche den gekreuzigten Erlöser unter der Kanzel verschleyern soll, hat nicht anders befestigt werden können, als das seine durchbohrten Hände und Füße, sein mit einer Dornenkrone verwundetes Haupt, sichtbar geblieben sind. Oft scheint das Vergangene ein Vorbild des Jetzigen. Man weiß, in welcher Gesellschaft der schlecht Verhüllte den Opfertod litt. Nun steht ihm zur Linken die Büste Voltaire's, die man leicht erkennt; zur Rechten Rousseau, den der Kupferstecher, wie leicht geschieht, etwas jugendlich genommen hat. Auf der Kanzel, über welcher die rothe Mütze waltet, hält ein Munizipal-

beamter, so Gott will, eine Rede. Daneben wird die Freiheitsfahne geschwenkt. Unter der steinernen Freiheitsgöttin, hinter einem mit Blumen bekränzten und von Fahnen beschatteten Altar, überläßt sich die gesammte Munizipalität einem erquickenden Schlaf. Ihrem einladenden Beispiele folgen die alten Brautpaare, welche, um getraut zu werden, die Kirche besuchen mußten; der einzige junge Bräutigam, dem es gelang, der Requisition zu entgehn, spricht mit seiner Verlobten, ohne sich um den Redner zu kümmern. Einige Invaliden hat die Neugier herbeigezogen, einen Sackträger vielleicht eine Bestellung, oder ein Mahnbrief an den, der auf der Kanzel steht. Der goldne Spruch: ›Draußen sind die Hunde, und die Ehebrecher, und die Uebelthäter.‹ wird auffallend Lügen gestraft; denn sogar der Thürsteher, welcher Ordnung halten soll, gähnt über dem Stabe, der ihn stützt, und versäumt sein vorzüglichstes Geschäft, den Hund zu entfernen, der hier Ruhe gesucht und gefunden hat. Nur die an einem Pfeiler des Vorgrundes gelehnte Schildwache, welche sich selbst nicht zu erklären weiß, warum die gegenwärtige Tagesordnung in einem Heiligthume des Friedens Soldaten anstellt, bedient sich eines beliebten Hausmittelchens gegen den einzigen Widersacher, den sie hier zu fürchten hat, der sich aber freilich, weder durch das spitze noch durch das stumpfe Ende ihres Gewehrs zurücktreiben läßt. Unbeachtete Gesetztafeln hängen an den Wänden.«[5] *AS*

1 Brief Franz Ludwig Catels (Berlin, 30. 1. 1800) an Friedrich Vieweg in Braunschweig, Universitätsbibliothek Braunschweig, Vieweg-Archive, Sign. VIC:16.
2 Vgl. *Zeitung für die elegante Welt* 1801, S. 1061–1064; hier werden ebenfalls alle elf Tafeln kurz beschrieben.
3 Anonym, in: *Taschenbuch für 1802*, S. 24. Exemplar der Hamburger Kunsthalle, Bibliothek im Kupferstichkabinett, Inv.-Nr. kb-2014.1148g (Abb. 1) erworben vom Antiquariat Bücherwurm, Kiel, aus Mitteln des Fördervereins »Die Meisterzeichnung. Freunde des Hamburger Kupferstichkabinetts e. V.«
4 Exemplar in Paris, Bibliothèque nationale de France, Inv.-Nr. M. 103359; vgl. De Andia 1989, Abb. S. 109.
5 Anonym, in: *Taschenbuch für 1802*, S. 26–27.

Abb. 1
Clemens Kohl nach Franz Ludwig Catel, *Opfer an Pan*, 1801, Radierung und Kupferstich, 114 x 75 mm, Hamburger Kunsthalle, Bibliothek im Kupferstichkabinett, Inv.-Nr. kb-2014.1148g-1

Feier zu Ehren der Siege Napoleon Bonapartes in Italien
(Fêtes des Victoires) auf dem Marsfeld in Paris am
29. Mai 1796 (10 prairial an IV), um 1798
Feder in Braun und Schwarz, grau laviert, 81 x 120 mm
Hamburger Kunsthalle, Kupferstichkabinett
[Kat.-Nr. 17.1]

Predigt am Dekadi zur Revolutionszeit in einer Pariser Kirche, um 1798
Feder in Braun und Schwarz, grau laviert, 82 x 120 mm
Hamburger Kunsthalle, Kupferstichkabinett
[Kat.-Nr. 17.2]

Eucharistie-Gottesdienst in einer Pariser Kirche, um 1798
Feder in Braun und Schwarz, grau laviert, 119 x 82 mm
Hamburger Kunsthalle, Kupferstichkabinett
[Kat.-Nr. 17.3]

*Das Fest der Suovetaurilien, d. h. der Schweine, Schafe
und Rinder,* um 1798
Feder in Braun und Schwarz, grau laviert, 82 x 120 mm
Hamburger Kunsthalle, Kupferstichkabinett
[Kat.-Nr. 17.4]

Triumphzug eines römischen Kaisers vor dem Konstantins-
Bogen auf dem Forum Romanum in Rom, um 1798
Feder in Braun und Schwarz, grau laviert, 120 x 83 mm
Hamburger Kunsthalle, Kupferstichkabinett
[Kat.-Nr. 17.5]

Kat.-Nr. 18.1–18.7

Illustrationen zu Joachim Heinrich Campes *Robinson der Jüngere*[1]

DER SCHRIFTSTELLER und Pädagoge Joachim Heinrich Campe studierte ab 1765 in Helmstedt und ab 1768 in Halle an der Saale Evangelische Theologie (Abb. 1).[2] Zwischen 1769 und 1773 sowie 1775 war er als Hauslehrer und Erzieher von Alexander und Wilhelm von Humboldt in Tegel bei Berlin tätig. Danach wirkte er als »Edukationsrat« an der von Johann Bernhard Basedow geführten Reformschule des Philanthropinums in Dessau, mit dem er sich trotz Übereinstimmung im freidenkerischen Ansatz zur Erziehung der Jugend, welche die Bildung des ganzen Menschen anzustreben hatte, überwarf. Er verließ Dessau und wurde 1777 Erzieher der Söhne des Hamburger Kaufmanns Johann Jakob Böhl. Am Hammer Deich in Billwerder bei Hamburg gründete Campe eine eigene Erziehungsanstalt. Er stand in Kontakt mit den aufklärerischen Kreisen in Hamburg, unter anderem mit den Schriftstellern Gotthold Ephraim Lessing, Friedrich Gottlieb Klopstock, Matthias Claudius sowie dem Arzt und Naturforscher Johann Albert Heinrich Reimarus, dessen Schwester, der Schriftstellerin Elise Reimarus und dem einflussreichen Kaufmann Georg Heinrich Sieveking. Im Januar 1783 gab Campe die Leitung seines Erziehungsinstituts ab und zog auf ein Gut bei Trittau im Norden Hamburgs, wo er sich von nun an fast ausschließlich seiner schriftstellerischen Tätigkeit widmete. 1788 folgte er einem Ruf zur Reform des Schulwesens durch Herzog Karl Wilhelm Ferdinand von Braunschweig-

Wolfenbüttel nach Braunschweig. Dort hatte er mit Hilfe des Herzogs schon 1787 die »Braunschweigische Schulbuchhandlung« gegründet, in der er vor allem seine eigenen Werke verlegte. Der Verleger Friedrich Vieweg heiratete 1795 Campes Tochter Charlotte, die »Lotte« im *Robinson*. Im Jahr 1808 übergab Campe seine Schulbuchhandlung dem Schwiegersohn.

Campes Umarbeitung von Daniel Defoes Roman *Robinson Crusoe*[3] von 1719 ist der Beginn der klassischen Kinderliteratur und zugleich der berühmteste, erfolgreichste und am meisten gelesene Kinder- und Jugendroman der Spätaufklärung und im Rückblick wohl aller Zeiten. Er ist in über 100 Ausgaben erschienen und wurde unter anderem von den Brüdern Wilhelm und Alexander von Humboldt wie auch von dem Architekten und Maler Karl Friedrich Schinkel als ihr Lieblingsbuch bezeichnet.[4] Die erste Ausgabe erschien 1779 und 1780 in zwei Bänden, versehen mit einem Titelkupfer von Daniel Nikolaus Chodowiecki bei Carl Ernst Bohn in Hamburg.[5]

Die erste umfangreichere und die Rezeption des Werks stark prägende Illustrierung des *Robinson* nahm Catel noch zu Lebzeiten Campes im Auftrag von Vieweg vor. Er schuf um 1800 wohl noch in Paris ein Titelkupfer sowie sechs ganzseitige Illustrationen, die als seitengleiche Radierungen von verschiedenen französischen Stechern reproduziert in den Text eingestreut wurden und Schlüsselstellen der Erzählung erläutern bzw. den jugendlichen Lesern zum besseren Verständnis vor Augen stellen.

Auf dem Titelkupfer (Kat.-Nr. 18.1 und Abb. 2) ist eine Begebenheit dargestellt, die Campe dem Buch vorangestellt hat. Der Verfasser schildert hier, wie er die Geschichte zunächst seiner eigenen Tochter Charlotte – hier Lotte genannt – und den von ihm betreuten Kindern zu Hause auf dem Hammer Deich bei Hamburg erzählt hat, wobei man sich aufgrund des schönes Wetters zurief: »Kommt, wir wollen uns im Grünen lagern.« Eben diese Szene ist dargestellt. Man sieht Campe in aufklärerischer Pose unter einem Baum sitzen, an den eine Landkarte zur Orientierung der Reisen Robinsons geheftet ist. Rechts von Campe sitzt seine Frau, die das Töchterchen Lotte im Arm hält. Um die Familie herum sitzen zwei etwas ältere, aber noch recht jugendlich wirkende Männer und eine Reihe von aufmerksam lauschenden Jungen.

Catel greift bei dieser Bilderfindung auf das von Chodowiecki für die 1779/80 erschienene Erstausgabe des *Robinson* nach Bildniszeichnungen der Familie Campe von Christoph Heinrich Kniep radierte Titelkupfer zurück (Abb. 3).[6] Es gibt die Erzählsituation von Campes *Robinson*-

Bearbeitung wieder: Der Erwachsene berichtet über die Abenteuer des jungen Ausreißers und Inselbewohners, lädt zu Nachfragen ein, erläutert das Geschehen. Die abendliche Erzählrunde besteht aus Vater, Mutter, sechs Kindern und zwei [sic] weiteren männlichen Zuhörern etwas höheren Alters, die Campe »B**« und »R**« genannt hat.[7] Die Kinder tragen den Namen von Campes eigener Tochter Lotte und der Hamburger Zöglinge Fritz, Gottlieb und Johannes (Böhl), Nikolas (Schuback) und Dietrich (Leisching).

Die von Chodowiecki herangezogenen Zeichnungen Knieps befinden sich im Kupferstichkabinett der Hamburger Kunsthalle, wobei sich lediglich die Bildnisse Campes und seiner Frau von 1779 sowie wohl auch mit großer Wahrscheinlichkeit das der Tochter Charlotte Campe sicher identifizieren lassen.[8]

Eine Editionsgeschichte der Illustrationen Chodowieckis, Catels und später Ludwig Richters zu Campes *Robinson* kann hier nicht geleistet werden. Erwähnt sei nur, dass Chodowieckis Radierung noch bis mindestens 1840, das heißt bis zur 30. Auflage, unter anderem auch in Kombination mit den noch vorzustellenden sechs Textillustrationen Catels, gedruckt und in Buchausgaben des Vieweg-Verlags Verwendung fand.[9] Es ist nicht genau zu klären, in welcher Ausgabe des *Robinson* Catels Illustrationen erstmals Verwendung fanden. Die Graphiken stammen wohl alle aus dem Jahr 1801, denn zwei der Blätter sind mit diesem Datum und der Ortsangabe »Paris« in der Platte versehen.[10] Im Jahre 1801 erschien bei Vieweg in Braunschweig die 7., rechtmäßige Auflage, doch ließ sich bisher kein Exemplar dieser Ausgabe mit den vollständigen Illustrationen

Abb. 1
Johann Heinrich Tischbein d. J., *Bildnis Joachim Heinrich Campe*, 1787, Öl auf Leinwand, 45,6 x 35,6 cm, Hamburger Kunsthalle, Inv.-Nr. HK-137

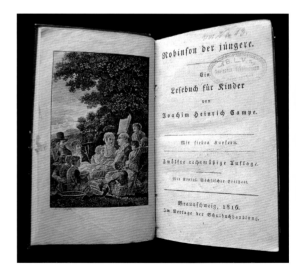

Abb. 2
Titelblatt und Titelkupfer von Campes *Robinson der Jüngere*, 12., rechtmäßige Aufl., Braunschweig 1816, Berlin, Bibliothek für Bildungsgeschichtliche Forschung des Deutschen Instituts für internationale Pädagogische Forschung, Sign. AD 0592.4

Catels nachweisen.[11] Dennoch ist davon auszugehen, dass die Illustrationen für diese Ausgabe ursprünglich in Auftrag gegeben wurden. Dies gilt auch für die 8., rechtmäßige Auflage von 1804, von der lediglich ein Exemplar mit fünf Illustrationen und ohne (das vielleicht nachträglich entfernte) Frontispiz nachweisbar ist.[12] Ein erhaltenes Exemplar der 9., rechtmäßigen Auflage ist wiederum nur mit dem Frontispiz Catels ausgestattet.[13] Die Varianten der Ausstattung scheinen demnach zahlreich und nicht immer systematisch gewesen zu sein. Das bisher für den Verfasser mit allen sieben Illustrationen früheste komplette Exemplar in deutscher Sprache mit dem Frontispiz und den sechs Textillustrationen des Künstlers, ist die 12., rechtmäßige Auflage von 1816.[14] In französischer Sprache ist ein Exemplar mit den sechs Illustrationsstichen nach Catel – aber kombiniert mit dem Frontispiz von Chodowiecki (vgl. Abb. 1) – für das Jahr 1805 nachgewiesen.[15] *AS*

1 Der vorliegende Text basiert auf einem längeren Aufsatz des Verfassers im Jahrbuch der Hamburger Kunsthalle; vgl. Stolzenburg 2015c. Für bibliographische Hinweise danke ich Susanne Koppel, Hamburg.
2 Vgl. Diercks 1984, S. 238–240. Auf dem Bildnis Campes ist rückseitig ein Zettel auf dem Keilrahmen (abgelöst von der Bildrückseite) mit eigenhändiger Aufschrift Tischbeins: »J. H. Campe / Sein Bild malte sich tief in meine Seele bei einer / halbstündigen Unterredung mit ihm im Sommer 1785; / ferner von ihm nie wiedergesehen trug ich sein Bild auf / die Leinwand im Sommer 1787 in Kassel. / J. H. Tischbein«.
3 Defoe 1719. – Vgl. Stach 1984 und Reinhard 1994.
4 Vgl. Henze 1983, S. 36–37. Einen Überblick zu den Ausgaben des Buches gibt der Reprint von 1978 der Ausgabe von 1860; Campe/Stach 1978. Zu Schinkel vgl. Zadow 2001, S. 62–63 (Philanthropische Kindheits- und Jugendlektüre).
5 *Robinson der Jüngere, zur angenehmen und nützlichen*

Abb. 3
Daniel Nikolaus Chodowiecki nach Christoph Heinrich Kniep, *Joachim Heinrich Campe im Kreise seiner Familie*, 1779, Radierung und Kupferstich, 110 x 65 mm, Berlin, Bibliothek für Bildungsgeschichtliche Forschung des Deutschen Instituts für Internationale Pädagogische Forschung, Sign. AD 7981

Unterhaltung für Kinder von Joachim Heinrich Campe, Hamburg 1779, beym Verfasser, und in Commission bey Bohn.
6 Links unten in der Platte bezeichnet: »Die Bildn: gez: v. Kniep«, rechts unten: »Zusammenges: u gest v: Chodowiecki; Frontispiz zur Erstausgabe von Campes *Robinson der Jüngere,* Hamburg 1779, hier abgebildet ein Druck von 1805 (in: Joachim Heinrich Campe: *Le Nouveau Robinson: Livre de lecture pour les enfants faisant partie de l'encyclopédie universelle a leur usage,* Braunschweig 1805); Engelmann 1857, S. 169, Nr. 317; Hirsch 1906, S. 33, Nr. 317; Bauer 1982, S. 106, Nr. 674; Wormsbächer 1988, S. 64, Nr. Ba. 674/ E. 317.
7 Es handelt sich um die Lehrer an Campes Hamburger Erziehungsinstitut, Friedrich August Benseler und Ludwig Eberhard Gottlob Rudolphi, den Bruder der Schriftstellerin Caroline Rudolphi.
8 Prange 2007, Bd. 1, S. 203, Nr. 455 (J. H. Campe), S. 203, Nr. 456 (Maria Dorothea Campe), S. 204, Nr. 457 (wohl Charlotte Campe), S. 203, Nr. 454; vgl. S. 203–205, Nr. 454, 458–464. Vgl. Striehl 1998, S. 332, Nr. 46–56.
9 Vgl. Joachim Heinrich Campe: *Robinson der Jüngere. Ein Lesebuch für Kinder,* 2 Teile in einem Band, 30. Aufl. Mit gestochenem altkolorierten Frontispiz von Daniel Chodowiecki und 6 altkolorierten Kupfertafeln von Catel, Braunschweig, Schulbuchhandlung, 1840.
10 Die Graphiken nach den Zeichnungen Catels können hier nicht abgebildet werden. Technische Angaben: Frontispiz: J. H. Campe im Kreise seiner Familie gestochen von Carl Frosch, Kupferstich, 100 x 65 mm, links unten in der Platte signiert und bezeichnet: »F. Catel del: C Frosch sc:«; Illustration 1: *Robinson der Jüngere wird nach dem Schiffbruch auf einen Felsen geschleudert und verliert das Bewusstsein,* gestochen von Marie Amélie Coiny, Kupferstich, 112 x 73 mm, links unten in der Platte bezeichnet: »Coiny«; Illustration 2: *Robinsons Genesung – Robinson melkt sein Lama,* gestochen von Abraham Jacobsz. Hulk, Kupferstich, 112 x 73 mm, links unten in der Platte bezeichnet: »Catel del.«, rechts unten: »Hulk Sculp. Paris 1801.«; Illustration 3: *Robinson entdeckt die Fußspuren eines Menschen im Sand,* gestochen von Marie Amélie Coiny, Kupferstich, 112 x 73 mm, links unten in der Platte bezeichnet: »Coiny S.«; Illustration 4: *Robinson rettet einen Eingeborenen,* gestochen unter der Leitung von Abraham Jacobsz. Hulk, Kupferstich, 99 x 63 mm, links unten in der Platte bezeichnet und datiert: »Catel. del. / Hulk. direx: 1801.«; Illustration 5: *Robinson, der Spanier und Freitag retten dessen Vater vor den Wilden,* gestochen von Abraham Jacobsz. Hulck, Kupferstich, 99 x 63 mm; Illustration 6: *Robinsons Rückkehr nach Hamburg,* gestochen von Pierre-Alexandre Tardieu oder Pierre-Joseph Tardieu, Kupferstich, 112 x 72 mm, links unten in der Platte bezeichnet: »Franz Catel inv. et del«, rechts unten: »Gravé par Tardieu l'ainé, rue de Sorbonne No. 385, à Paris«
11 *Robinson der Jüngere. Ein Lesebuch für Kinder zur allgemeinen Schul=encyclopädie gehörig von Joachim Heinrich Campe.* 7., rechtmäßige Aufl. Mit Chursächsischer Freiheit, Braunschweig, im Verlage der Schulbuchhandlung, 1801; Exemplar in der Staatsbibliothek Berlin, Preußischer Kulturbesitz, Sign. B VIII, 5646[7] R. – Wegehaupt 1979, S. 47, Nr. 297, nur ohne Illustrationen verzeichnet.
12 *Robinson der Jüngere. Ein Lesebuch für Kinder zur allgemeinen Schulencyclopädie gehörig von Joachim Heinrich Campe.* 8., rechtmäßige Aufl. Mit Chursächsischer Freiheit, Braunschweig, im Verlage der Schulbuchhandlung, 1804; Exemplar in der Staatsbibliothek Berlin, Preußischer Kulturbesitz, Sign. B VIII, 5646[8] R. – Wegehaupt 1979, S. 47, Nr. 299, nur mit zwei Illustrationen verzeichnet. Vgl. Wegehaupt 1979, S. 47, Nr. 300, 11. Aufl. von 1812, hier mit einer Illustration verzeichnet. Hier erstmals mit sieben Illustrationen für die 14. Auflage von 1821 verzeichnet; Wegehaupt 1979, S. 47, Nr. 301.
13 *Robinson der Jüngere. Ein Lesebuch für Kinder von Joachim Heinrich Campe.* Mit sieben Kupfern. 12., rechtmäßige Aufl. Mit Königl. Sächsischer Freiheit, Braunschweig, im Verlage der Schulbuchhandlung, 1816; Exemplar in Berlin, Bibliothek für Bildungsgeschichtliche Forschung des

Deutschen Instituts für Internationale Pädagogische Forschung, Sign. AD 0592.4.
14 *Robinson der Jüngere. Ein Lesebuch für Kinder zur allgemeinen Schulencyclopädie gehörig von Joachim Heinrich Campe.* Mit einem Kupfer. 9., rechtmäßige Aufl. Mit Kursächsischer Freiheit, Braunschweig, im Verlage der Schulbuchhandlung, 1807; Exemplar in der Staatsbibliothek Berlin, Preußischer Kulturbesitz, Sign. B VIII, 5646[9] R.
15 Joachim Heinrich Campe: *Le Nouveau Robinson: Livre de lecture pour les enfans faisant partie de l'encyclopédie universelle a leur usage,* Braunschweig 1805; Berlin, Bibliothek für Bildungsgeschichtliche Forschung des Deutschen Instituts für Internationale Pädagogische Forschung, Sign. AD 7981. Vgl. Wegehaupt 1979, S. 48, Nr. 324, hier 5. französische Auflage von 1811 mit sieben kolorierten Ilustrationen verzeichnet.

Joachim Heinrich Campe im Kreise seiner Familie und umgeben von seinen Zöglingen in Hamburg (Robinson der Jüngere von J. H. Campe, Teil 1, Titelkupfer), um 1800
Feder und Pinsel in Schwarz, 104 x 69 mm
Hamburger Kunsthalle, Kupferstichkabinett
[Kat.-Nr. 18.1]

Robinson der Jüngere wird nach dem Schiffbruch auf einen Felsen geschleudert und verliert das Bewusstsein (Robinson der Jüngere von J. H. Campe, Teil 1, »Dritter Abend«), um 1800
Feder und Pinsel in Schwarz, 103 x 67 mm
Hamburger Kunsthalle, Kupferstichkabinett
[Kat.-Nr. 18.2]

»Wir haben ihn gestern in der augenscheinlichsten Lebens- gefahr verlassen. Er versank, da das Boot umschlug, mit allen

seinen Gefährten im Meere. – Aber eben dieselbe, gewaltige Welle, die ihn verschlungen hatte, riß ihn mit sich fort, und schleuderte ihn gegen den Strand. Er wurde so heftig gegen ein Felsstück geworfen, daß der Schmerz ihn aus dem Todes- schlummer, worin er schon versunken war, wieder erweckte. Er schlug die Augen auf, und da er sich unvermuthet, auf dem Trockenen sah, so wandte er seine letzten Kräfte auf, um den Strand vollends hinaufzuklimmen. – Es gelang ihm; und nun sank er kraftlos hin, und blieb eine ziemliche Zeit lang ohne Bewußtsein liegen.«; Campe 1831, Teil 1, S. 26.

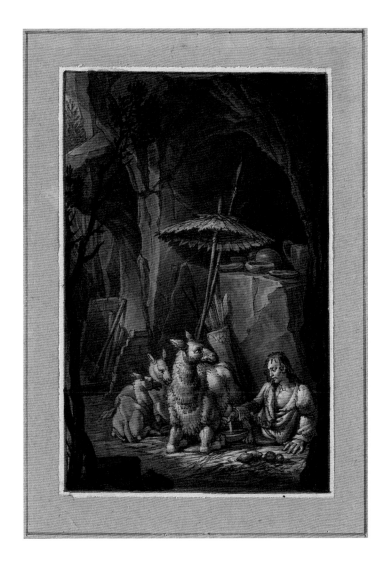

Robinsons Genesung – Robinson melkt sein Lama (*Robinson der Jüngere* von J. H. Campe, Teil 2), um 1800
Feder und Pinsel in Schwarz, 103 x 68 mm
Hamburger Kunsthalle, Kupferstichkabinett
[Kat.-Nr. 18.3]

Am Ende des ersten Teils erkrankt Robinson und fällt schließlich in Ohnmacht. Zu Beginn des zweiten Teils erfahren die Zuhörer, dass er noch lebt. Catel zeigt in seiner Illustration die darauffolgende Szene mit den Lamas sowie rechts im Vordergrund die lebensrettenden Zitronen: »Aber jetzt quälte ihn der Durst auf die allerempfindlichste Weise. Das übrige Wasser war nicht mehr trinkbar; zum Glück erinnerte er sich der Zitronen. Mit viele Mühe biß er endlich eine derselben an, und genoß ihres Saftes zu seiner merklichen Erquickung. [...] Die beiden vorigen Tage hatte er sich so gar nicht um seine Lama's gekümmert; jetzt aber war es ihm ein rührender Anblick, sie zu seinen Füßen liegen zu sehen, indem einige derselben ihn starr ansahen, als wenn sie sich erkundigen wollten, ob's noch nicht besser mit ihm sei? [...] Da das alte Mutterlama ihm so nahe kam, daß er es erreichen konnte, so wandte er alle seine Kräfte an, ihm etwas Milch aus dem Euter zu ziehen, damit sie ihm nicht vergehen möchte. Der Genuß dieser frischen Milch mußte seinem kranken Körper auch wol [sic] zuträglich sein, denn es ward ihm recht wohl danach.«, Campe 1831, Teil 2, S. 4–5.

Robinson entdeckt die Fußspuren eines Menschen im Sand (*Robinson der Jüngere* von J. H. Campe, Teil 2, »Vierzehnter Abend«), um 1800
Feder und Pinsel in Schwarz, 101 x 66 mm
Hamburger Kunsthalle, Kupferstichkabinett
[Kat.-Nr. 18.4]

Robinson machte sich mit seinem Lama auf, die Insel zu erkunden: »Er war noch nicht lange gegangen, als er das äußerste südliche Ende der Insel erreichte. Hier war der Boden an einigen Stellen etwas sandig. Indem er nun nach der letzten Landspitze hingehen wollte, blieb er plötzlich, wie vom Donner gerührt, auf der Stelle stehen, ward blaß, wie die Wand, und zitterte am ganzen Leibe. Johannes. Warum denn? Vater. Er sah, was er hier zu sehen nie vermuthet hatte – die Fußstapfen eines oder einiger Menschen im Sande. Nikolaus. Und davor erschrickt er so? Das sollte ihm ja lieb gewesen sein! Vater. Die Ursache seines Schreckens war diese: er dachte sich in dem Augenblicke den Menschen, von dem die Spur herrührte, nicht als ein mit ihm verbrüdertes, liebeathmendes Wesen, welches bereit sei, ihm zu helfen und zu dienen, wo es nur könnte, sondern als ein grausames, menschenfeindliches Geschöpf, das ihn wüthend anfallen, ihn tödten und verschlingen werde. Mit einem Worte: er dachte sich bei dieser Spur keinen gesitteten Europäer, sondern einen wilden, menschenfressenden Kannibalen, deren es damahls, wie ihr wißt, auf den Karaibischen Inseln gegeben haben soll.«; Campe 1831, Teil 2, S. 26–27.

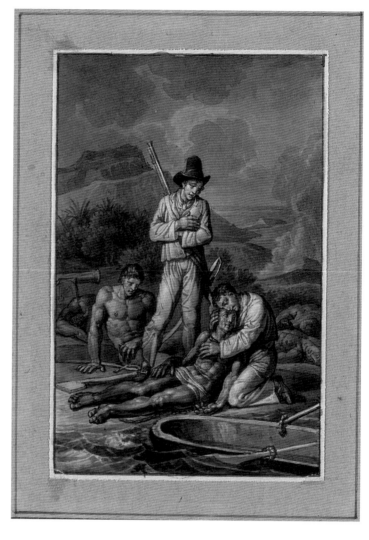

Robinson rettet einen Eingeborenen (*Robinson der Jüngere*
von J. H. Campe, Teil 2, »Fünfzehnter Abend«), um 1800
Feder und Pinsel in Schwarz, 102 x 67 mm
Hamburger Kunsthalle, Kupferstichkabinett
[Kat.-Nr. 18.5]

Einige Jahre nach dem Entdecken der Fußspuren sollte
Robinson wirklich auf Menschen treffen. Er rettete dabei das
Leben eines Eingeborenen: »Der arme Flüchtling stand zwischen Furcht und Hoffnung noch auf ebenderselben Stelle,
auf der ihm Robinson zugerufen hatte, ungewiß, ob das, was
vorging, zu seiner Rettung geschehe, oder ob die Reihe jetzt
an ihn kommen werde. [...] Robinson nahm hierauf seine
Larve ab, um ihm ein menschliches und freundliches Ge-

sicht zu zeigen; worauf er ohne Bedenken nähertrat, vor ihm
niederkniete, den Boden küßte, sich platt niederlegte, und
Robinsons Fuß auf seinen Nacken setzte, vermutlich zur
Versicherung, daß er sein Sklav sein wollte. Unser Held, dem
es mehr um einen Freund, als um einen Sklaven zu thun war,
hob ihn liebreich auf, und suchte ihn auf jede nur mögliche
Weise zu überzeugen, daß er nichts als Gutes und Liebes
von ihm zu erwarten habe.«; Campe 1831, Teil 2, S. 43–44.

Robinson rettet Freitags Vater (*Robinson der Jüngere* von
J. H. Campe, Teil 2, »Siebenundzwanzigster Abend«),
um 1800
Feder und Pinsel in Schwarz, 105 x 70 mm
Hamburger Kunsthalle, Kupferstichkabinett
[Kat.-Nr. 18.6]

Ausführlich wird am 26. Abend der Erzählung geschildert,
wie Robinson mit Freitag gegen Eingeborene kämpft. Unter
den Wilden befindet sich ein von diesen gefangen genomme-
ner Spanier. Nach der Flucht der besiegten Eingeborenen
entdeckt Robinson einen weiteren Gefangenen der Wilden,
der in einem der Boote liegt: »Vater. Robinson war neugierig

einen der beiden zurückgelassnen Kähne zu besichtigen;
er trat also hinzu, und fand in einem derselben, zu seiner
großen Verwunderung, noch einen unglücklichen Menschen
liegen, der, so wie der Spanier, an Händen und Füßen fest
geknebelt war. Er schien mehr todt als lebendig zu sein. –
Robinson eilte, seine Banden zu lösen, und wollte ihm auf-
helfen. Allein er war weder im Stande zu stehen, noch zu
reden, sondern winselte nur erbärmlich, weil er vermutlich
in der Meinung stand, daß man ihn jetzt zur Schlachtbank
führen wollte. – Da dieser kein Europäer, sondern ein Wilder
war, so rief Robinson seinen Freitag herbei, der eben die
todten Körper zusammenschleppte, damit er in seiner Lan-
dessprache mit ihm reden möchte. Aber kaum hatte dieser

ihn recht ins Auge gefaßt, so erfolgte ein Auftritt, den Robinson und der Spanier nicht ohne Thränen ansehen konnten.
Freitag war nämlich auf einmahl wie außer sich. Er flog dem
Gefangenen in die Arme, küßte, drückte ihn, schrie, lachte
hüpfte, tanzte, weinte, rang die Hände, zerschlug sich Gesicht und Brust, sch[r]ie wiederum, und bezeigte sich durchaus als ein Wahnsinniger. Es dauerte eine gute Weile, ehe
Robinson auf sein wiederholtes Fragen die Antwort von ihm
herausbrachte: mein Vater! [...] Bald setzte er [Freitag] sich
nieder, machte seine Jacke auf, und setzte seines Vaters
Kopf an seine Brust, um ihn zu erwärmen; [...].«; Campe
1831, Teil 2, S. 170–171.

Robinsons Rückkehr nach Hamburg (*Robinson der Jüngere*
von J. H. Campe, Teil 2, »Einunddreißigster Abend«), um 1800
Feder und Pinsel in Schwarz, 105 x 70 mm
Hamburger Kunsthalle, Kupferstichkabinett
[Kat.-Nr. 18.7]

Die letzte Illustration schildert Robinsons Rückkehr von der
einsamen Insel über Cuxhaven in die Heimat: »Jetzt flog das
Schiff, von hoher Fluth und gutem Winde getrieben, bei
Blankenese vorbei; jetzt bei Neustädten; nun war es gegen
Altona über, und jetzt, in dem Hafen bei Hamburg. Mit laut-
klopfendem Herzen sprang er aus dem Schiffe, und hätte er
sich nicht vor den Zuschauern geschämt, er würde auf sein

Angesicht gefallen sein, den vaterländischen Boden zu küssen. Er eilte durch die ihn angaffende Menge der Zuschauer
hin, und ging ins Baumhause.«; Campe 1831, Teil 2, S. 219–
220.

Das Baumhaus war ein bekanntes, direkt am Hafen
gelegenes Gasthaus im Besitz der Freien und Hansestadt
Hamburg.

Kat.-Nr. 19.1–19.6

Illustrationen zu: *Geschichtliches Bilderbüchlein oder die allgemeine Weltgeschichte in Bildern und Versen* von Joachim Heinrich Campe

Die Sintflut, um 1800
Feder und Pinsel in Graubraun, 67 x 96 mm
Hamburger Kunsthalle, Kupferstichkabinett
[Kat.-Nr. 19.1]

Er baut, statt Rockens, nichts als Wein, um 1800
Feder und Pinsel in Graubraun, 67 x 96 mm
Hamburger Kunsthalle, Kupferstichkabinett
[Kat.-Nr. 19.2]

Joseph deutet die Träume des Pharaos, um 1800
Feder und Pinsel in Graubraun, 96 x 67 mm
Hamburger Kunsthalle, Kupferstichkabinett
[Kat.-Nr. 19.3]

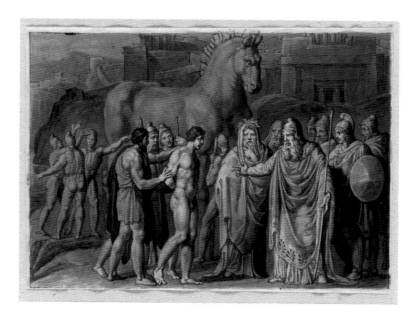

Orpheus, um 1800
Feder und Pinsel in Graubraun, 67 x 96 mm
Hamburger Kunsthalle, Kupferstichkabinett
[Kat.-Nr. 19.4]

Das Trojanische Pferd, um 1800
Feder und Pinsel in Graubraun, 67 x 96 mm
Hamburger Kunsthalle, Kupferstichkabinett
[Kat.-Nr. 19.5]

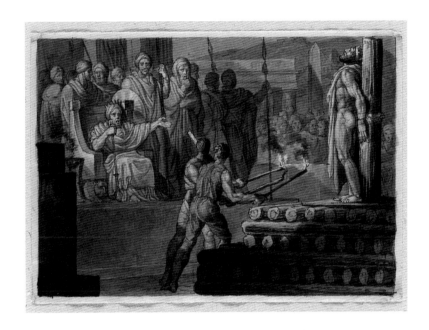

Cirus bringt König Krösus auf den Scheiterhaufen –
»Oh Solon! Solon! Solon!«, um 1800
Feder und Pinsel in Graubraun, 67 x 96 mm
Hamburger Kunsthalle, Kupferstichkabinett
[Kat.-Nr. 19.6]

Wie Catels Zeichnungen zu *Robinson der Jüngere* (Kat.-
Nr. 18.1–18.6) sind auch die vorliegenden Illustrationen zu
Campes *Geschichtlichem Bilderbüchlein* von hoher künstlerischer Qualität innerhalb des Frühwerks des Künstlers.[1]
Catel schuf für diese Erklärung der allgemeinen Geschichte
für Jugendliche das Titelkupfer (Abb. 1) und insgesamt sieb-
zehn Illustrationen, zu denen sich die vorliegenden sechs
Zeichnungen erhalten haben. Die dargestellten Motive umfassen die antike und die christliche Geschichte in ihren
wichtigsten Stationen, die Campe in seinem Buch ausführlich beschreibt. *AS*

1 Campe 1801b; vgl. Wegehaupt 1979, S. 42, Nr. 247 (1. Aufl. von
1801); vgl. Wegehaupt 1979, S. 42–43, Nr. 248–250 (spätere Ausgaben)

Abb. 1
Abraham Jacobsz. Hulk (und Mitarbeiter) nach Franz Ludwig Catel,
Die Zeit hebt die dem männlichen Alter sich nähernde Menschheit
aus der finstern Tiefe der Unwissenheit, des Aberglaubens und des
Gewissenszwanges zu höhern Lichtgegenden empor (Geschichtliches
Bilderbüchlein, Titelkupfer), 1801, Radierung und Kupferstich,
97 x 65 mm (Bild), Hamburg. Privatbesitz

Kat.-Nr. 20.1–20.6

Illustrationen zu Friedrich Schillers Drama *Don Karlos*

Amadeus Wenzel Böhm nach Franz Ludwig Catel
Don Carlos und der Marquis von Posa sich umarmend
(Erster Akt, Zweiter Auftritt), 1801
Radierung und Kupferstich, 115 x 69 mm (Bild)
Hamburg, Privatbesitz
[Kat.-Nr. 20.1]

Amadeus Wenzel Böhm nach Franz Ludwig Catel
Don Carlos wirft sich der Königin zu Füßen (Zweiter Akt,
Sechster Auftritt), 1801
Radierung und Kupferstich, 114 x 71 mm (Bild)
Hamburg, Privatbesitz
[Kat.-Nr. 20.2]

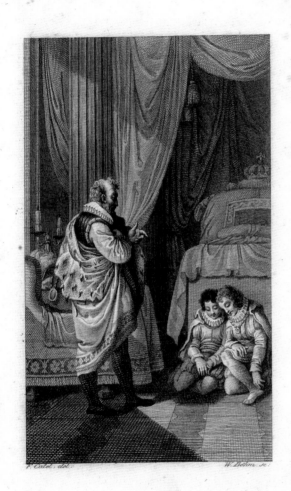

DON KARLOS.

Dritter Akt, Erster Auftritt.

DON KARLOS.

Vierter Akt, Neunter Auftritt.

Amadeus Wenzel Böhm nach Franz Ludwig Catel
Der König in seinem Schlafzimmer mit zwei eingeschlafenen
Pagen (Dritter Akt, Erster Auftritt), 1801
Radierung und Kupferstich, 114 x 69 cm (Bild)
Hamburg, Privatbesitz
[Kat.-Nr. 20.3]

Amadeus Wenzel Böhm nach Franz Ludwig Catel
Der König und die Königin mit der Infantin auf dem Arm
(Vierter Akt, Neunter Auftritt), 1801
Radierung und Kupferstich, 116 x 71 mm (Bild)
Hamburg, Privatbesitz
[Kat.-Nr. 20.4]

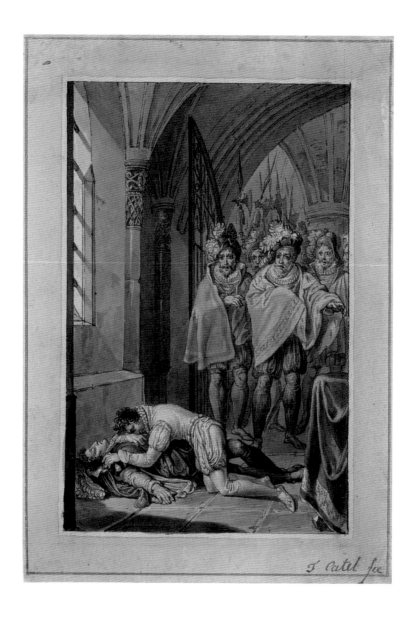

Der Tod des Marquis von Posa (Fünfter Akt, Dritter Auftritt),
um 1800
Pinsel in Schwarz und Hellgrau, 119 x 72 mm (Bild)
Hamburg, Privatbesitz
[Kat.-Nr. 20.5]

DON KARLOS.

Fünfter Akt, Dritter Auftritt

Amadeus Wenzel Böhm nach Franz Ludwig Catel
Der Tod des Marquis von Posa (Fünfter Akt, Dritter Auftritt),
1801
Radierung, 114 x 69 cm (Bild)
Hamburg, Privatbesitz
[Kat.-Nr. 20.6]

Bei der hier vorliegenden Göschen-Ausgabe von Schillers
Don Karlos von 1802 handelt es sich um die sog. große un-
gekürzte Vorzugsausgabe auf besserem Papier mit dem Bildnis der König Elisabeth von England als Titelvignette, gestochen von Heinrich Schmidt nach einer Zeichnung von Johann
Heinrich Wilhelm Tischbein, und fünf begleitenden Kupfern
von Amadeus Wenzel Böhm nach Franz Ludwig Catel.[1]

Eine zweite Ausgabe für den kleineren Geldbeutel erschien zeitgleich nur mit einem Titelkupfer von Johann
Friedrich Bolt. Beiden Stechern, Böhm (Kat.-Nr. 20.6) wie

Bolt (Abb. 1),[2] lag dieselbe Zeichnung Catels (Kat.-Nr. 20.5)
für den Stich vor. Im direkten Nebeneinander der beiden
graphischen Umsetzungen mit der qualitätvollen gezeichneten Vorlage zeigt sich sehr anschaulich, welchen (meist leider negativen) Einfluss die Stecher auf das Erscheinungsbild
in den Büchern und Almanachen hatten, wobei Böhm hier
zweifellos der Vorzug zu geben ist, dessen Radierungen nicht
zufällig in der Vorzugsausgabe und nicht in der einfachen
Ausgabe zu finden sind. Catel selbst war sich des Problems
bewusst, da er dies gegenüber Johann Wolfgang von Goethe
bei den graphischen Übertragungen seiner Zeichnungen zu
Herrmann und Dorothea ausdrücklich entschuldigte. AS

1 Rümann 1927, S. 157, Nr. 1019.
2 Links unten bezeichnet: »F. Catel d.«; rechts unten: »Fr. Bolt s.
1801«; oben rechts: »Don Karlos 1ʳ Th.«; Exemplar erworben 2000
vom Sächsischen Antiquariat, Leipzig.

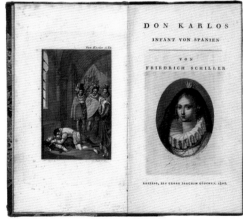

Abb. 1
Johann Friedrich Bolt nach Franz Ludwig Catel, *Der Tod des Marquis
von Posa (Fünfter Akt, Dritter Auftritt), Don Karlos,* 1801, Radierung,
108 x 72 mm (Bild), Hamburg, Privatbesitz

Die Vier Jahreszeiten als über der Erdkugel schwebende
Figuren; darunter zwölf leere rechteckige Felder, um 1800
Feder und Pinsel in Schwarz und Grau, 37 x 241 mm
(Figurengruppe), 217 x 241 mm (Papier)
Staatliche Museen zu Berlin, Kunstbibliothek
[Kat.-Nr. 21.1]

Phaeton auf dem Sonnenwagen (links) –
die Mondgöttin Selene (rechts, um 1800 (?)
Aquarell über Feder in Schwarz, 40 x 236 mm
(Figurengruppe), 212 x 236 mm (Papier)
Staatliche Museen zu Berlin, Kunstbibliothek
[Kat.-Nr. 21.2]

Fruchtbarkeitsgöttin von Amor in einer Grotte umarmt,
um 1800 (?)
Feder und Pinsel in Schwarz und Grau, 40 x 64 mm
(Figurengruppe), 132 x 93 mm (Papier)
Staatliche Museen zu Berlin, Kunstbibliothek
[Kat.-Nr. 22.1]

*Zwei schwebende Frauen, eine mit Lyra, die andere mit
einem Lorbeerkranz, begleitet von zwei Putten,* um 1800 (?)
Feder und Pinsel in Schwarz und Grau, 109 x 82 mm
Staatliche Museen zu Berlin, Kunstbibliothek
[Kat.-Nr. 22.2]

Catel lieferte auch zahlreiche Zeichnungen zu den in den
Almanachen und Taschenkalendern meist üblichen Jahres-
kalendern, die am Beginn oder am Ende der Büchlein zu finden waren.[1] Diese beiden um 1800 entstandenen Zeichnungen – der Jahreswechsel um 1800 war sicher von besonderer
Bedeutung für die Menschen – in der Berliner Kunstbibliothek
(Kat.-Nr. 21.1–21.2), die zweifellos solche Kalenderentwürfe
sind, ließen sich bislang jedoch noch keiner konkreten Veröffentlichung zuordnen. In ihrem Verwendungszweck noch
nicht identifiziert sind auch Kat.-Nr. 22.1 und 22.2, bei
denen es sich wohl um Titelkupfer handelt. *AS*

1 Ein Beispiel sind seine Gestaltungen der »Tabellen zur Bemerkung
der Festtage des häuslichen Glücks und des gesellschaftlichen Lebens«
im *Taschenbuch für 1802* sowie dasselbe in August von Kotzebues
Almanach der Chroniken für das Jahr 1804 (vgl. Kat.-Nr. 31.1-31.4).

Dekoration in pompejanischer Manier, um 1800/05 (?)
Aquarell über Bleistift auf blau getöntem Papier, 147 x 140 mm
Staatliche Museen zu Berlin, Kunstbibliothek
[Kat.-Nr. 23]

Dekoration in pompejanischer Manier, um 1800/05 (?)
Aquarell über Bleistift auf blaugetöntem Papier,
145 x 139 mm
Staatliche Museen zu Berlin, Kunstbibliothek
[Kat.-Nr. 24]

Catel schuf 1804/05 insgesamt 17 Zeichnungen für Ernst
Friedrich Bußlers Publikation *Verzierungen aus dem Altertum,* die in Berlin in den Jahren ab 1806 erschien. Ob die
vorliegenden, bisher unveröffentlichten beiden filigranen
Aquarelle pompejanischer Wanddekorationen in diesem
Zusammenhang entstanden, oder ob es sich doch eher um
nicht identifizierte Vorlagen für Kalenderübersichten oder
Seiten für Notizen der Leser von Taschenbüchern handelt,
ist nicht zu klären. *AS*

Kat.-Nr. 25.1–25.2

Landschaftsradierungen für die *Ansichten wirklich bestehender Gartenpartien* im *Taschenkalender auf das Jahr 1800 für Natur- und Gartenfreunde*

Der Park von Schloss Wilhelmshöhe bei Kassel –
Der Aquädukt, 1800
Radierung, 95 x 132 mm (Bild)
Hamburg, Privatbesitz
[Kat.-Nr. 25.1]

*Der Park Schloss Wilhelmshöhe bei Kassel –
Die Fontäne,* 1800
Radierung, 95 x 127 mm (Bild),
Hamburg, Privatbesitz
[Kat.-Nr. 25.2]

Diese beiden von Catel selbst radierten Blätter erschienen 1800 im *Taschenkalender auf das Jahr 1800 für Natur- und Gartenfreunde.*[1] Catel hatte 1797 auf seiner Reise in die Schweiz auch Kassel besucht, wo sicher Studien zu den hier wiedergegebenen Landschaften im Park von Schloss Wilhelmshöhe angefertigt wurden. Kurz zuvor hatte er in

Weimar ebenfalls Skizzen zu zwei Ansichten des dortigen Parks gezeichnet – erhalten hat sich eine erste Federstudie in Düsseldorf (Abb. 1)[2] –, die auch im *Taschenkalender* von ihm selbst radiert erschienen (Abb. 2 und 3). *AS*

1 Fischer 2003, Nr. 272, S. 334–335.
2 Stolzenburg 2007, S. 185, Nr. 78, o. Abb.

Abb. 1
Waldlandschaft mit zwei Männern vor einer Felsenhöhle (Im Park zu Weimar), 1797, Feder in Schwarz, 190 x 250 mm, Düsseldorf, Goethe-Museum, Anton-und-Katharina-Kippenberg-Stiftung, Inv.-Nr. KK6733

Abb. 2
Grotte im Park von Weimar – Die Sphinxgrotte mit Wasserfall, 1800, Radierung, 93 x 129 mm (Bild), Kopenhagen, Statens Museum for Kunst, Kobberstiksamling, Inv.-Nr. Kiste 112 b, Nr. 127 n

Abb. 3
Die Ruine im Park von Weimar – Tempelherrenhaus, 1800, Radierung, 95 x 135 mm (Bild), Kopenhagen, Statens Museum for Kunst, Kobberstiksamling, Inv.-Nr. Kiste 112 b, Nr. 127 m

Kat-Nr, 26.1–26.6

Illustrationen zu Goethes *Die guten Frauen als Gegenbilder der bösen Weiber* im *Taschenbuch für Damen auf das Jahr 1801*

Caffé du beau Monde.

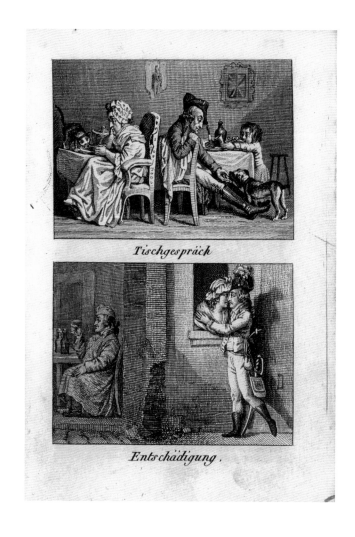

Tischgespräch

Entschädigung.

Georg Christian Gropius nach Franz Ludwig Catel
Caffée du beau Monde, um 1800
Radierung und Kupferstich, 41 x 56 mm (Bild)
Hamburg, Privatbesitz
[Kat.-Nr. 26.1a]

Georg Christian Gropius nach Franz Ludwig Catel
Streitende alte Weiber, um 1800
Radierung und Kupferstich, 41 x 56 mm (Bild)
Hamburg, Privatbesitz
[Kat.-Nr. 26.1b]

Georg Christian Gropius nach Franz Ludwig Catel
Tischgespräch, um 1800
Radierung und Kupferstich, 40 x 56 mm (Bild)
Hamburg, Privatbesitz
[Kat.-Nr. 26.2a]

Georg Christian Gropius nach Franz Ludwig Catel
Entschädigung, um 1800
Radierung und Kupferstich, 41 x 56 mm (Bild)
Hamburg, Privatbesitz
[Kat.-Nr. 26.2b]

Und er soll dein Herr seyn.

Die Männer müssen niemals müde werden!.
Aus Ifflands hausfrieden.

Andacht der Haushälterin.

Das – Echo.

Georg Christian Gropius nach Franz Ludwig Catel
Und er soll dein Herr sein, um 1800
Radierung und Kupferstich, 42 x 56 mm (Bild)
Hamburg, Privatbesitz
[Kat.-Nr. 26.3a]

Georg Christian Gropius nach Franz Ludwig Catel
Die Männer müssen niemals müde werden! /
Aus Ifflands Hausfrieden, um 1800
Radierung und Kupferstich, 41 x 56 mm (Bild)
Hamburg, Privatbesitz
[Kat.-Nr. 26.3b]

Georg Christian Gropius nach Franz Ludwig Catel
Andacht der Haushälterin, um 1800
Radierung und Kupferstich, 41 x 56 mm (Bild)
Hamburg, Privatbesitz
[Kat.-Nr. 26.4a]

Georg Christian Gropius nach Franz Ludwig Catel
Das Echo, um 1800
Radierung und Kupferstich, 41 x 56 mm (Bild)
Hamburg, Privatbesitz
[Kat.-Nr. 26.4b]

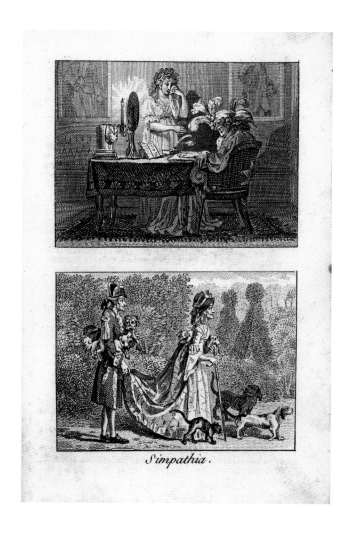

Georg Christian Gropius nach Franz Ludwig Catel
Die eingeschlafene Schriftstellerin, um 1800
Radierung und Kupferstich, 42 × 57 mm (Bild)
Hamburg, Privatbesitz
[Kat.-Nr. 26.5a]

Georg Christian Gropius nach Franz Ludwig Catel
Simpathia, um 1800
Radierung und Kupferstich, 40 × 56 mm (Bild)
Hamburg, Privatbesitz
[Kat.-Nr. 26.5b]

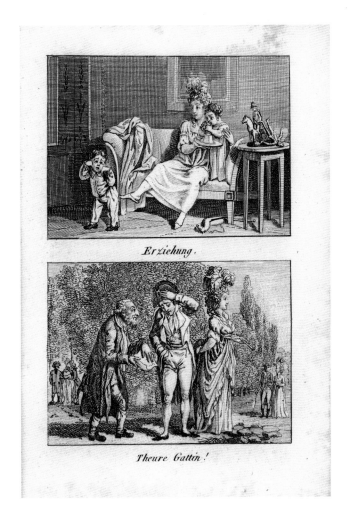

Erziehung.

Theure Gattin!

Georg Christian Gropius nach Franz Ludwig Catel
Erziehung, um 1800
Radierung und Kupferstich, 41 x 56 mm (Bild)
Hamburg, Privatbesitz
[Kat.-Nr. 26.6a]

Georg Christian Gropius nach Franz Ludwig Catel
Theure Gattin!, um 1800
Radierung und Kupferstich, 41 x 56 mm (Bild)
Hamburg, Privatbesitz
[Kat.-Nr. 26.6b]

Im *Taschenbuch für Damen auf das Jahr 1801* veröffentlichte Johann Wolfgang von Goethe für Johann Friedrich
Cotta den Text »Die guten Frauen, als Gegenbilder der bösen
Weiber auf den Kupfern des diesjährigen Damenalmanachs«.[1]
Die Autorschaft Catels für die Zeichnungen war lange Zeit
unbekannt. Die Vorlagen, die bereits 1798 entstanden waren,
wurden Johann Heinrich Ramberg zugeschrieben. Erst Helmut Praschek gelang es 1968 diesen Irrtum aufzuklären.[2]

Goethe sollte anhand der zwölf von Catel entworfenen
Illustrationen für Cottas Kalender eine Erklärung zu den
Lastern der Frauen schreiben. Dem Verleger schwebte eine
Erklärung der Kupfer vor, wie sie in den *Taschenbüchern*
durchaus üblich waren. Goethe zog es jedoch vor, nicht einfache Erläuterungen zu den einzelnen Szenen zu verfassen,
sondern er schrieb ein Protokoll nicht ganz ernst zu neh-
mender Gespräche, die einige Damen und Herren angesichts der
zwölf Stiche führen. Die Protagonisten der Gespräche sind
die Damen Amalie und Eulalie sowie die Herren Sinklair –
hinter dieser Person versteckt Goethe den Herausgeber

Cotta –, Arbon, Armidoro und Seyton. Sinklair zieht die
»Abbildungen böser Weiber« aus der Tasche und entfacht
eine Diskussion, in deren Folge eine Erläuterung der dargestellten Bilder entstehen soll: »Sie ahnen es wohl kaum,
versetzte Sinklair, indem er sein Portefeuille herauszog. Und
wenn ich Ihnen auch sage, daß es die Kupfer zum diesjährigen Damenkalender sind, so werden Sie die Gegenstände
derselben doch nicht erraten; ja wenn ich weiter gehe, und
Ihnen eröffne, daß in zwölf Abteilungen Frauenzimmer vorgestellt sind.«[2] Eine der Damen »nahm ihm [Sinklair] die
Brieftasche weg, zog die Bilder heraus, breitete die sechs
Blättchen vor sich auf den Tisch aus, überlief sie schnell mit
dem Auge, und rückte daran hin und her, wie man zu tun
pflegt, wenn man die Karte schlägt. Vortrefflich! rief sie,
das heiß ich nach dem Leben! Hier diese, mit dem Schnupf-
tobaksfinger unter der Nase, gleicht völlig der Mad. S., die
wir heute Abend sehen werden, diese, mit der Katze, sieht
beinahe aus wie meine Großtante, die, mit dem Knaul, hat
was von unserer alten Putzmacherin. Es findet sich wohl zu
jeder dieser häßlichen Figuren irgend ein Original, nicht
weniger zu den Männern. Einen solchen gebückten Magister
habe ich irgendwo gesehen, und eine Art von solchem Zwirn-
halter auch. Sie sind recht lustig diese Küpferchen, und besonders hübsch gestochen.«[3]

Die Schlagkraft der Bilder wird erkannt, doch, ganz im
Sinne des Dichters, wird für nötig befunden, dass diese unbedingt durch Sprache erläutert werden müssten, um ihren
ganzen karikierenden Witz entfalten zu können. Nach einigem hin und her einigt man sich am Ende darauf, zu den
Beschreibungen der bösen Weiber auch noch das positive
Gegenbild der guten Weiber zu formulieren, um so ausglei-
chende Gerechtigkeit walten zu lassen.[4] Goethe gibt sich
hier als früher Befürworter der Gleichberechtigung der Frau
zu erkennen.

Überliefert ist folgender Brief Catels an Goethe vom
Juni 1800. Da der Dichter über Cotta nach einer Beschreibung gefragt hatte, die der Künstler selbst zu den Bilder verfertigt hatte, antwortete dieser nach Weimar: »Herr Cotta
schreibt mir, er habe die Beschreibung verloren, die ich den
zwölf Zeichnungen böser Weiber (welche er vor zwei Jahren
von mir verlangte) beygefügt hatte; er bittet mich eine zweite Erklärung dieser Süjets Euer Exzellentz zuzuschicken.
Bey Durchsuchung meiner Papiere habe ich den Comentar
gefunden, den mir damals ein Freund zu dieser drolligen
Aufgabe machte, und den ich in Ermangelung jener Erklärung Euer Exzellentz zuzusenden mir die Freyheit nehme.
Ich wünsche und hoffe, daß Euer Exzellentz, die Zeichnungen selbst gesehen haben, denn zu meinen Mängeln hat der
Kupferstecher auch noch die seinigen hinzugefügt. […].«[5]
AS

1 *Taschenbuch für Damen auf das Jahr 1801,* S. 171–196; vgl. Hagen
1971, S. 287, Nr. 622. Vgl. zum Inhalt des Textes von Goethe
https://de.wikipedia.org/wiki/Die_guten_Weiber (letzter Aufruf,
19. 6. 2015).
2 Praschek 1968.
3 *Taschenbuch für Damen auf das Jahr 1801,* S. 172.
4 Zur Einschätzung des Textes von Goethe aus germanistischer Sicht
vgl. Hinze 1972.
5 Brief Franz Ludwig Catels (Berlin, 16. 6. 1800) an Johann Wolfgang
von Goethe in Weimar; Stiftung Klassik Weimar, Goethe- und Schiller-
Archiv; zit. nach: Geller 1960, S. 46.

Kat.-Nr. 27.1–27.6

Illustrationen zu: *Sämtliche Gedichte* von Johann Heinrich Voss

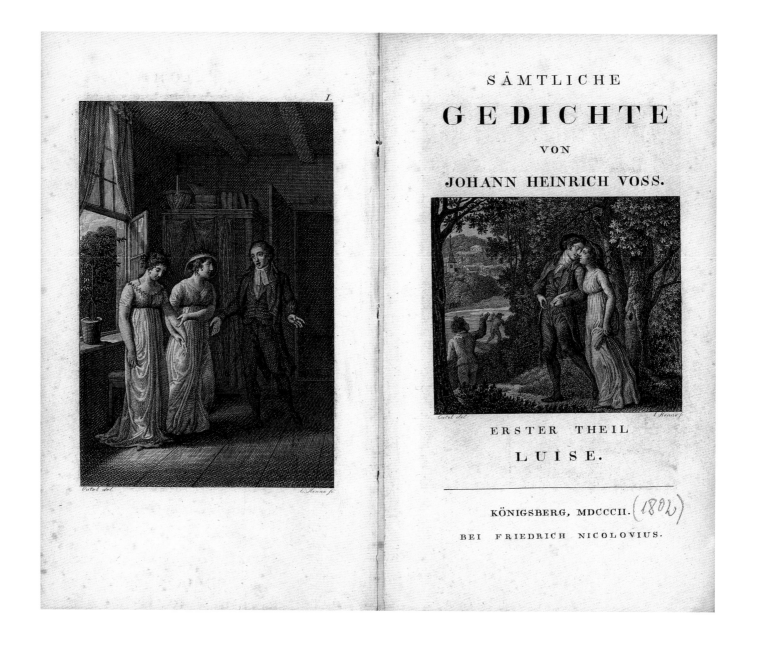

Eberhard Henne nach Franz Ludwig Catel
*Des Bräutigams Besuch – Luise, ihr Verlobter Walter
und Gräfin Amalie*, 1800/01
Radierung und Kupferstich, 108 x 75 mm (Bild)
Hamburg, Privatbesitz
[Kat.-Nr. 27.1a]

Eberhard Henne nach Franz Ludwig Catel
*Das Fest im Walde – Luise und ihr Verlobter Walter auf
dem Weg in den Wald, links im Mittelgrund der »kleine
Graf« Hans, im Hintergrund ein Landmann*, 1800/01
Radierung und Kupferstich, 60 x 72 mm (Bild)
Hamburg, Privatbesitz
[Kat.-Nr. 27.1b]

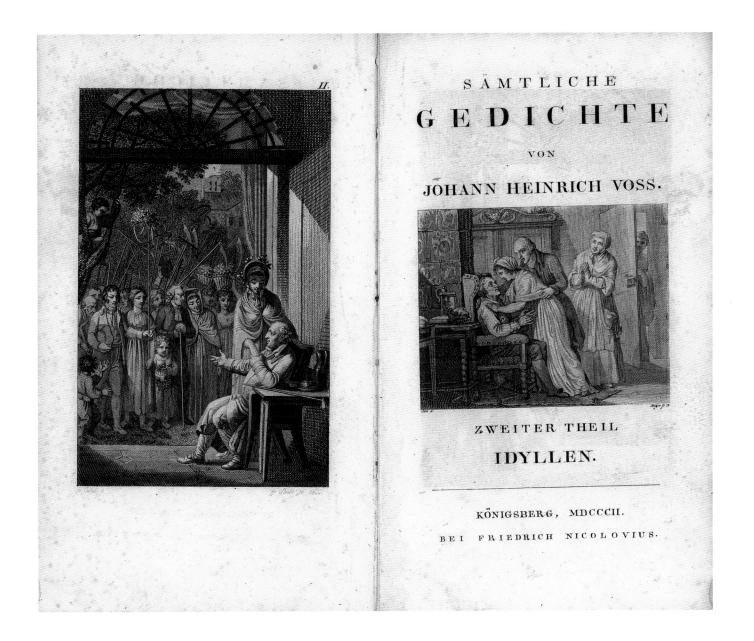

Johann Friedrich Bolt nach Franz Ludwig Catel
Der Gutsbesitzer und seine Gattin empfangen den Pfarrer,
die Lehrer und die Landleute, die sich anschicken mit
ihrem Leibeigenenlied dem Gutsherrn den entscheidenden
Anstoß zu ihrer Freilassung zu geben, 1800
Radierung und Kupferstich, 108 x 75 mm (Bild)
Hamburg, Privatbesitz
[Kat.-Nr. 27.2a]

Friedrich Wilhelm Meyer d. Ä. nach Franz Ludwig Catel
Der alte Pastor Tamm im Lehstuhl wird von seiner frisch
vermählten Schwiegertochter aus dem Mittagsschlaf wach-
geküsst, hinter den beiden der Sohn Zacharias und Tamms
Gattin, von der Tür halb verdeckt die Magd Marie, 1801
Radierung und Kupferstich, 60 x 72 mm (Bild)
Hamburg, Privatbesitz
[Kat.-Nr. 27.2b]

III.

SÄMTLICHE

GEDICHTE

VON

JOHANN HEINRICH VOSS.

DRITTER THEIL

ODEN UND ELEGIEN.

KÖNIGSBERG, MDCCCII.

BEI FRIEDRICH NICOLOVIUS.

Eberhard Henne nach Franz Ludwig Catel
Schwebende Muse der Dichtkunst mit Lyra, darüber
am Himmel Phaeton auf dem Sonnenwagen, 1801
Radierung und Kupferstich, 108 x 75 mm (Bild)
Hamburg, Privatbesitz
[Kat.-Nr. 27.3a]

Eberhard Henne nach Franz Ludwig Catel
Junge Frau am Fluss, hinter ihr ein geflügelter Jüngling
(Amor?), vor ihr die Muse der Dichtkunst, 1800/01
Radierung und Kupferstich, 60 x 72 mm (Bild)
Hamburg, Privatbesitz
[Kat.-Nr. 27.3b]

Eberhard Henne nach Franz Ludwig Catel
Schreitende Muse (Ceres oder Flora?) mit Lyra und
Blumenkorb, in der linken Hand einen Blumenkranz,
1800/01
Radierung und Kupferstich, 108 x 75 mm (Bild)
Hamburg, Privatbesitz
[Kat.-Nr. 27.4a]

Eberhard Henne nach Franz Ludwig Catel
Sitzender Jüngling mit Lyra und Amor, umgeben von zwei
männlichen Gestalten, einer mit zwei Fackeln (Allegorie
der Nacht), einer mit einem Thyrsosstab, dahinter Aurora
(Allegorie der Morgenröte) auf ihrem Wagen, 1800/01
Radierung und Kupferstich, 60 x 72 mm (Bild)
Hamburg, Privatbesitz
[Kat.-Nr. 27.4b]

Eberhard Henne (?) nach Franz Ludwig Catel
Die drei Grazien mit Lyra unter einer Weinlaube, 1800/01
Radierung, 108 x 75 mm (Bild)
Hamburg und Kupferstich, Privatbesitz
[Kat.-Nr. 27.5a]

Eberhard Henne (?) nach Franz Ludwig Catel
Apoll mit der Lyra reitet auf Pegasus, 1800/01
Radierung, 60 x 72 mm (Bild)
Hamburg und Kupferstich, Privatbesitz
[Kat.-Nr. 27.5b]

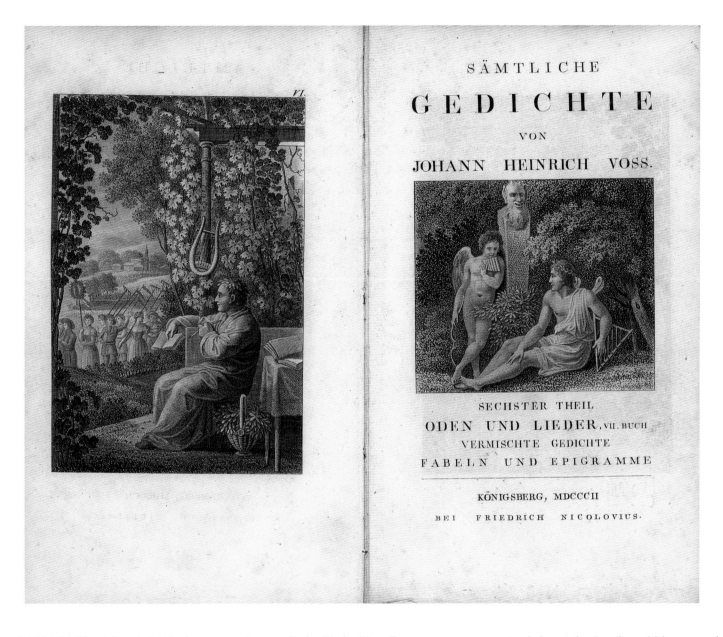

Johann Friedrich Bolt (?) nach Franz Ludwig Catel
Der lorbeergekrönte Dichter (Johann Heinrich Voss)
beobachtet das vorbeiziehende Landvolk und wird von
ihm gegrüsst, 1800/01
Radierung und Kupferstich, 108 x 75 mm (Bild)
Hamburg, Privatbesitz
[Kat.-Nr. 27.6a]

Johann Heinrich Voss hatte sich 1775 beim Markgrafen Karl
Friedrich von Baden als »Landdichter« beworben, »den Herz
und Pflicht antrieben, die Sitten des Volks zu bessern […]
und besonders dem verachteten Landmann feinere Begriffe
und ein regeres Gefühl seiner Würde beizubringen«. Dem
entspricht das von ihm verfolgte Konzept der naturnahen
»Lieder im Volkston«.[1]

1 Vgl. Rehm 2001, S. 120–121. Freundlicher Hinweis von Frank
Baudach, Eutin.

Anonymer Stecher (Eberhard Henne?)
nach Franz Ludwig Catel
Genius und Amorknabe mit Musikinstrumenten vor
einer Herme im Wald, 1800/01
Radierung und Kupferstich, 60 x 72 mm (Bild)
[Kat.-Nr. 27.6b]

»Ich habe daß Vergnügen gehabt Herrn Nicolovius hier zu
sehen er hat mir seine Zufriedenheit mit meinen Zeichnungen zu Vos[s] Gedichten bezeugt.«[1] Catel erwähnt hier gegenüber Friedrich Vieweg die von ihm an Nicolovius gelieferten
zwölf Zeichnungen zur Gesamtausgabe der Werke von Johann
Heinrich Voss, die in Königsberg in einer Vorzugsausgabe, der
in schöner klassischer Antiqua auf dickem bläulichen Velin-
papier gedruckten sog. »Fürstenausgabe«. Diese wurde in
großen und kleinen Oktavformaten gedruckt und gilt als
eine der schönsten Editionen der Klassikerzeit.[2]

Dem aus drei Idyllen bestehenden Gedicht *Luise,* verfasst in Hexametern von Johann Heinrich Voss, dem Über-

setzer der homerischen Epen *Ilias* und *Odyssee,* war sofort
nach Erscheinen 1795 ein großer literarischer Erfolg be-
schieden. Die Familienidylle wurde zu einem der Bestseller
des 19. Jahrhunderts, zu einem Kultbuch des Bürgertums,
darin vergleichbar mit Goethes *Herrmann und Dorothea*
von 1797, das der *Luise* von Voss einiges verdankt. Noch
1811 wurde eine Komposition Catels für die Übersetzung der
Luise ins Niederländische von Carel Christiaan Fuchs als
Vignette nachgestochen.[3] *AS*

1 Brief Franz Ludwig Catels (Dresden, 12. 10. 1801) an Friedrich
Vieweg in Braunschweig, Universitätsbibliothek Braunschweig,
Vieweg-Archive, Sign. VIC:16.
2 Voss 1802. Für wichtige Hinweise zu den Darstellungen der Illustrationen und ihrer Textbezüge danke ich Frank Baudach, Bibliotheks-
leiter der Stiftung Eutiner Landesbibliothek und Schriftführer der
Johann-Heinrich-Voss-Gesellschaft in Eutin.
3 *Louise. Een landelijk gedicht in drie idyllen. Vertald uit het Duits*
[von Barthold Henrik Lulofs], Groningen, J. Oomkens, 1811.

Kat.-Nr. 28.1–28.2

Illustrationen zu Julius Graf von Sodens *Psyche. Ein Märchen in vier Büchern*

Johann Friedrich Bolt nach Franz Ludwig Catel
Psyche betrachtet Amor beim Licht des Öllämpchens, 1801
Radierung und Kupferstich, 101 x 66 mm (Bild)
Hamburg, Privatbesitz
[Kat.-Nr. 28.1]

Johann Friedrich Bolt nach Franz Ludwig Catel
Psyche über einer Landschaft schwebend, 1801
Radierung und Kupferstich, 101 x 65 mm (Bild)
Hamburg, Privatbesitz
[Kat.-Nr. 28.2]

Friedrich Julius Graf von Soden war Politiker und Schrift-steller, der einige beachtenswerte Erzählungen, unter anderem 1808 *Franz von Sickingen,* und dramatische Werke wie schon 1797 *Doktor Faust, ein Volksschauspiel* und 1805 *Virginia* publiziert hat. Soden verfasste später auch das Libretto zu E. T. A. Hoffmanns Oper *Der Trank der Unsterblichkeit.* Die politische Schrift *Deutschland in seiner tiefen Erniedrigung,* deren erste Veröffentlichung 1806 dem Buchhändler Johann Philipp Palm in Nürnberg das Leben kostete, publizierte von Soden erneut nach dem Ende der Napoleoni-schen Kriege stark überarbeitet. Es wird vermutet, dass er der eigentliche Autor gewesen ist.[1]

Im *Jahrbuch der neuesten Literatur* erschien 1802 eine Besprechung von Sodens Märchen zur Geschichte der Psyche nach dem Text des römischen Dichters Apuleius; es war dort über den Verfasser und sein Buch zu lesen: »Ehe er aber an die Erzählung und Erklärung des Märchens selbst geht, stellt er einleitungsweise manche treffende Bemerkungen über das Entstehen der Philosophie, über die frühesten Systeme der Griechen, über den Ursprung der Götterlehre, über die Sophisten, über Socrates und Plato, und über die eleusini-schen Geheimnisse, auf, und giebt die nöthigen Nachrichten von den Quellen, aus denen wir Psyche's Geschichte schöp-fen müssen, von den verschiedenen Bearbeitungen dieses Märchens, von den Kunstwerken, welche die Psyche und Situationen aus ihrer Geschichte darstellen, und von der Art, wie man sie abzubilden pflegte.«[2] Der Rezensent endet damit, dem Publikum das Buch zu empfehlen: »Die Sprache des H. Vfs. ist rein und blühend; und diese schöne und leb-hafte Darstellung macht es, dass wir diese Schrift nicht bloss dem Kenner und Freunde des Alterthums, sondern auch dem, welcher nur eine angenehme und unterhaltende Lek-türe sucht, empfehlen können. Druck und Papier entspricht der Eleganz der Darstellung.«[3]

Zum guten Eindruck, den das kleine Büchlein auf den Rezensenten machte, trugen sicher auch die beiden kleinen, von Bolt radierten Illustrationen Catels bei, deren zeichneri-sche Vorlagen wie so oft verschollen sind. Sie zeigen einer-seits Psyche, wie sie des Nachts Amor verrät und ihn auf Einflüsterung der Schwestern beim Licht der Öllampe be-trachtet (Kat.-Nr. 27.1) und daraufhin von Venus verbannt wird, andererseits die über einer Flusslandschaft schwebende Psyche (Kat.-Nr. 27.2), die eine Schale trägt. Möglicherweise ist die Schale eine Anspielung auf das Kästchen, das Psyche bei ihrer letzten Aufgabe unerlaubter Weise öffnet und da-raufhin in einen todesähnlichen Schlaf verfällt, aus dem sie in der Folge jedoch von Amor erlöst und – durch Jupiter mit dem Göttertrank Ambrosia gestärkt und unsterblich gemacht – zur Hochzeit in den Olymp geführt wird. AS

1 Vgl. Groß 1892; Hanke 1988. Soden veröffentlichte 1794 schon eine Schrift über die mythologische Figur der Psyche; vgl. Soden 1794.
2 *Jahrbuch der neuesten Literatur* 1802, Sp. 377.
3 Ebd., Sp. 379.

Illustrationen zu: *Komische und humoristische Dichtungen* von Klamer Eberhard Karl Schmidt

O Jerum! Jerum! patzig, wie das Geschmeis da sind flugs die Dirnen.

Ja! Liebchen der Kaisersberg ist ein gar braver Mensch.

Johann Friedrich Bolt nach Franz Ludwig Catel
O Jerum! O Jerum! patzig, wie das Geschmeis da sind flugs die Dirnen, 1801
Radierung und Kupferstich, 120 x 70 mm (Bild)
Hamburg, Privatbesitz
[Kat.-Nr. 29.1]

Johann Friedrich Bolt nach Franz Ludwig Catel
Ja! Liebchen der Kaisersberg ist ein gar braver Mensch, 1802
Radierung und Kupferstich, 120 x 70 mm (Bild)
Hamburg, Privatbesitz
[Kat.-Nr. 29.2]

Catel illustrierte wohl im Laufe des Jahres 1801 in diesen Zeichnungen Schlüsselszenen zweier Geschichten des Halberstädter Schriftstellers und Juristen Klamer Eberhard Karl Schmidt.[1] Dieser war nach dem Studium der Jurisprudenz Sekretär an der Kriegs- und Domänenkammer in Halberstadt, später wurde er dort Domkommissarius. Politisch kaum interessiert, gehörte er doch zum Freundeskreis des Dichters Johann Ludwig Wilhelm Gleim, dessen Halberstädter Haus

und sein ausgeprägter Freundschaftskult im späten 18. Jahrhundert ein kulturelles Zentrum waren.[2] Gleim ist das Buch in alter Verbundenheit zugeeignet.

Die Szene des im Bett liegenden alten Onkels Liborius Dreischachtel, der seine Nichte Li-Buni (eigentlich Leonore) davon abhalten will, mit dem geliebten Herrn Pölenburg eine Tanzveranstaltung zu besuchen, ist der Erzählung *Die gelungene Redoute oder Aberglaube und Selbstliebe siegen über Frömmelei und Familienstolz* entnommen (Kat.-Nr. 29.1). Der Onkel »ließ über dem Bette den seidenen Quast sich zwischen seinen Fingern wiegen, und schlug nach dem Paar der unverschämtesten Fliegen, die Posto auf seiner Nase gefaßt. ›O Jerum! Jerum! Patzig, wie das Geschmeiß da, sind flugs die Dirnen, wenn man nur einen Finger bewegt, sie von der Fleischeslust abzuwehren!‹ – Leonor, ich wollte ja damit nur sagen, daß ihr Gefahr lauft, mit einander zu bekannt zu werden, daß Leonore vielleicht sich wegwerfen, Pölenburg vielleicht zu viel sich heraus nehmen könnte! – Leonore! Vorwitziges Weltkind! Weißt du wohl, wie es in dem alten Kernlied heißt: Verkehrte können leicht verkehren; Wer greift Pech ohne Kleben an? Li-Buni hatt' es oft genug hören

müssen, daß Pölenburgs Stammbaum eben nicht der glänzendste sey.«[3]

Die zweite von Catel gelieferte Illustration wurde der Anekdote *Klopstocks Sieg über den frischen Häring. Wahre Geschichte aus dem Jahre 1773* beigefügt (Kat.-Nr. 29.2). Dargestellt ist die Szene zwischen der in Ludwig Kaisersberg verliebten Luzie und ihren Eltern am Frühstückstisch: »Im Eifer vergaß sie sogar den Zucker in der Tasse des Hausherrn. Ja! triumphirte endlich der Oberprediger, nachdem er den Defect der Tasse sich reichlich supplirt hatte: ja, Liebchen, der Kaisersberg ist ein gar braver Mensch, – (Und, fiel Liebchen ein, der würdigste Descendent des alten geistlichen Spinnemanns!.[4] und wenn er mehr zuzusetzen und eine höhere Stelle hätte, so wüßt' ich in der Welt nicht, wie wir unser Kind besser anbringen könnten!«[5] *AS*

1 Schmidt 1802. Zu Schmidt vgl. Pröhle 1890; Richter 1991.
2 Zu Gleim vgl. Scholke 2000; Pott 2004.
3 Schmidt 1802, S. 292–293.
4 Ludwig Kaisersberg war ein Nachfahr des bedeutenden deutschen Predigers Johann Geiler von Kaysersberg.
5 Schmidt 1802, S. 361.

Kat.-Nr. 30.1–30.4

Illustrationen zu: *Eloisa to Abelard* von Alexander Pope

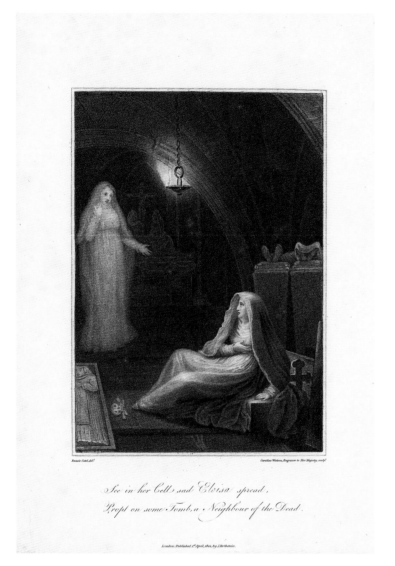

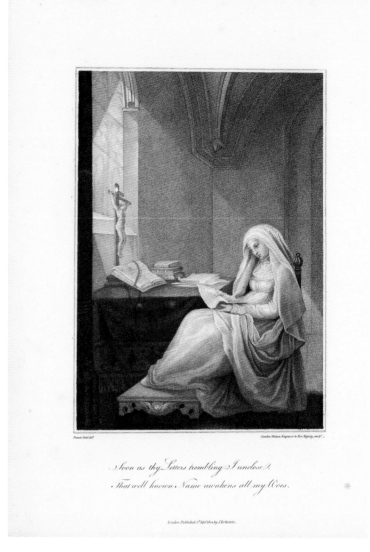

Caroline Watson nach Franz Ludwig Catel
Heloise in ihrer Zelle mit Marienerscheinung, 1803
Radierung und Kupferstich, 209 x 148 mm (Bild)
Hamburg, Staats- und Unversitätsbibliothek
Carl von Ossietzky
[Kat.-Nr. 30.1]

_____

»Hier im Schauer tiefer Todtenstille, / Wo die Himmelstoch-
ter Andacht wohnt, / Und Melancholie in schwarzer Hülle /
Sinnig mit gesenktem Haupte thront, / Was will hier ent-
flammter Triebe Hader / In der gottgeweihten Jungfrau
Brust? / Warum glüht ihr noch in jeder Ader / Rückerinne-
rung entflohner Lust? – / Immer noch zu Liebe hingerissen, /
Immer noch durch dich, mein Abelard, / Muss ich den geliebten Namen küssen, / Welcher mir so unvergesslich
ward.«[1]

1 Pope/Bürger 1803, Z. 1–12. Die vier Illustrationen Catels erschienen
in einer englischen Ausgabe; Pope 1803.

Caroline Watson nach Franz Ludwig Catel
Die lesende Heloise in ihrer Zelle, 1803
Radierung und Kupferstich, 209 x 148 mm (Bild)
Hamburg, Staats- und Unversitätsbibliothek
Carl von Ossietzky
[Kat.-Nr. 30.2]

_____

»Mitleidlose Mauern, zwischen denen / Sich die Buße langsam selbst entseelt! / Harte Quadern, oft benetzt von Thränen, / Und von wunden Knien ausgehöhlt! / Felsengrotten,
tief in Dorn verborgen!«[1]

1 Pope/Bürger 1803, Z. 25–29.

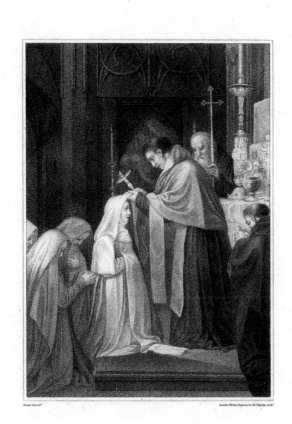

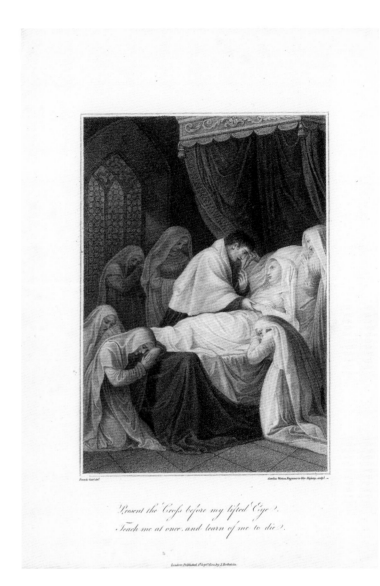

Caroline Watson nach Franz Ludwig Catel
Heloise kniet vor einem Priester am Altar, 1803
Radierung und Kupferstich, 207 x 146 mm (Bild)
Hamburg, Staats- und Unversitätsbibliothek
Carl von Ossietzky
[Kat.-Nr. 30.3]

Caroline Watson nach Franz Ludwig Catel
Die sterbende Heloise, 1802/03
Radierung und Kupferstich, 208 x 150 mm (Bild)
Hamburg, Staats- und Unversitätsbibliothek
Carl von Ossietzky
[Kat.-Nr. 30.4]

»Mann, du weißt, wie schuldlos ich entbrannte, / Als, besorgt
vor jungfräulicher Scham, / Deine Liebe, die sich Freundschaft nannte / Leise mich zu überflügeln kam. / Nicht als
Einen von der Erde Söhnen, / Nein, als Erster aus der Engel
Schar, / Als das Urbild des Unendlichschönen / Stellte dich
die Phantasie mir dar.«[1]

1 Pope/Bürger 1803, Z. 101–108.

Kat.-Nr. 31.1–31.4

Illustrationen zum *Almanach der Chroniken für das Jahr 1804* von August von Kotzebue

Anonymer Stecher nach Franz Ludwig Catel
Markgraf Herrmann – Stifterfigur im Naumburger Dom
(Umschlagillustration), 1803
Radierung (Punktiermanier), koloriert, 125 x 75 mm (Bild)
Hamburg, Privatbesitz
[Kat.-Nr. 31.1]

Anonymer Stecher nach Franz Ludwig Catel
Reglindis – Stifterfigur im Naumburger Dom
(Umschlagillustration), 1803
Radierung (Punktiermanier), koloriert, 125 x 75 cm (Bild)
Hamburg, Privatbesitz
[Kat.-Nr. 31.2]

Der in Weimar geborene Dramatiker und Schriftsteller August Friedrich Ferdinand von Kotzebue[1] gab 1803 den ambitionierten *Almanach der Chroniken* heraus, in dem er für seine Leserschaft spannende Geschichten aus der Historie von schrecklichen Begebenheiten, tapferen Taten und wundersamen Rettungen zusammenstellte. Enthalten sind unter anderem die mit Illustrationen versehenen Erzählungen *Christoph Thodäus Bericht von der Tyllischen Eroberung der Stadt Magdeburg im Jahre 1631* (S. 1–24), *Ritter Huldtmann von Behringen, oder die Höhle des Zobtenberges. Ein Volksmärchen* (S. 25–94), *Die Schlesische Sündfluth* (S. 95–107), *Herzog Johann Wilhelms zu Sachsen=Gotha auf der Ostsee erlittener Schiffbruch* (S. 108–122; Illustration, Kat.-Nr. 31.4), *Bürgerhaß und Bürgerliebe in zwey Beispielen* (S. 137–150; Illustration: »Des Grafen Warfüser Verrätherey zu Lüttich«), *Das quälende Gespenst zu Gehofen in Thüringen* (S. 162–178; Abb. 1), *Die Fürstenwahl in Kärnten* (S. 179–186), *Der Kreuzherrn böse That zu Danzig* (S. 187–196), *Monmouth* (S. 195–209; Illustration »[Hertzog] Monmouth schlafend von seinen Verfolgern entdeckt«), *Erasmus Leuzers Trotz und Strafe* (S. 210–218;

Abb. 2), *Cunz von der Rosen* (S. 218–227; Abb. 3) und *Capitain Vlies, eines Holländers, Tapferkeit und wunderbare Errettung* (S. 228–239).

Der beliebte Almanach, von dem nur dieser erste Jahrgang erschien, wurde auffallend reichhaltig mit Graphiken versehen, die ausnahmslos von Catel entworfen und von geübten Stechern wie Ludwig Buchhorn, Christian Haldenwang, Clemens Kohl, Johann Friedrich Rosmaesler, Johann Georg Penzel und Friedrich Wilhelm Meyer, mit denen Catel häufig zusammenarbeitete, reproduziert wurden. Von Catels Vorlagezeichnungen ist leider keine mehr nachweisbar. Lediglich eine Nachzeichnung des Malers August von Klöber nach der Radierung des Laute spielenden Jünglings auf dem Titelkupfer (Kat.-Nr. 31.3) hat sich erhalten, was die Beliebtheit von Catels Motiv bezeugt.[2]

Auffallend ist die durch die literarischen Texte vorgegebene, frühe und verstärkte Hinwendung Catels zum mittelalterlichen Motivkreis, in dem Ritter, Fürsten, Freiheitskämpfer und Nonnen die Akteure sind. Ihre Rüstungen und phantasievollen Gewandungen wurden vom Künstler eingehend studiert und liebevoll ins Bild gesetzt, ganz so, wie

Catel es später ab 1812 in Rom in seiner Genremalerei ausführlich tun sollte.

Im Gegensatz zu den anderen Illustrationen, deren Vorlagen Catel in gezeichneter Form den Stechern zur Verfügung stellte, findet sich auf der Radierung *Das quälende Gespenst zu Gehofen in Thüringen* (Abb. 1) von Clemens Kohl der Hinweis, dass Catel die Vorlage nicht nur gezeichnet – als Vorlage für den Stecher ist eine Vorlage in gleichgroßem Format zur geplanten Reproduktion unabdingbar –, sondern auch gemalt hat (»F. Catel pinx.«). Wir haben es bei diesem Motiv also sehr wahrscheinlich mit einer Darstellung zu tun, die man sich als kleines Gemälde in Öl vorzustellen hat, von denen wir aus Catels frühen Jahren bis 1811 nur wenige kennen.

Am Ende des Almanachs findet sich ein von Catel mit zwölf Vignetten illustrierter Jahreskalender mit Platz für persönliche Einträge des Besitzers, der von einem eigenen Titelblatt eingeleitet wird (Abb. 4).   *AS*

1 Zu Leben und Werk Kotzebues vgl. Gebhardt 2003.
2 Hamburg, Privatbesitz.

Abb. 1
Clemens Kohl nach Franz Ludwig Catel, *Das quälende Gespenst zu Gehofen in Thüringen*, 1803, Radierung und Kupferstich, 109 x 64 mm (Bild), Hamburg, Privatbesitz

Abb. 2
Johann Friedrich Rosmaesler nach Franz Ludwig Catel, *Erasmus Leuzers Trotz und Strafe*, 1803, Radierung und Kupferstich, 100 x 65 mm (Bild), Hamburg, Privatbesitz

Abb. 3
Johann Georg Penzel nach Franz Ludwig Catel, *Cunz von der Rosen, Kaiser Maximilian des Ersten kurzweiliger Rath*, 1803, Radierung und Kupferstich, 102 x 64 mm (Bild), Hamburg, Privatbesitz

Abb. 4
Friedrich Wilhelm d. Ä. Meyer nach Franz Ludwig Catel, *Tabellen zur Bemerkung der Festtage des häuslichen Glücks und des gesellschaftlichen Lebens*, 1803, Radierung und Kupferstich, 102 x 65 mm (Bild), Hamburg, Privatbesitz

Ludwig Buchhorn und Christian Haldenwang
nach Franz Ludwig Catel
Laute spielender Jüngling vor einem gotischen Fenster mit
Blick auf eine Alpenlandschaft mit Burg (Titelkupfer), 1803
Radierung und Kupferstich, 99 x 64 mm (Bild)
Hamburg, Privatbesitz
[Kat.-Nr. 31.3]

Wilhelm Arndt nach Franz Ludwig Catel
*Herzog Johann Wilhelms zu Sachsen-Gotha auf
der Ostsee erlittener Schiffbruch*, 1803
Radierung und Kupferstich, 110 x 66 mm (Bild)
Hamburg, Privatbesitz
[Kat.-Nr. 31.4]

Kat.-Nr. 32.1–32.3

Illustrationen zum *Taschenbuch auf das Jahr 1804*

Friedrich Wilhelm Bollinger nach Franz Ludwig Catel
Allegorie der Musik (Titelkupfer), 1803
Radierung und Kupferstich, 102 x 75 mm (Bild)
Hamburger Kunsthalle, Bibliothek im Kupferstichkabinett
[Kat.-Nr. 32.1]

Friedrich Wilhelm Bollinger nach Franz Ludwig Catel
Der Traum Benvenuto Cellinis (Cellinis Leben, I. Teil,
S. 298), 1803
Radierung und Kupferstich, 102 x 75 mm (Bild)
Hamburger Kunsthalle, Bibliothek im Kupferstichkabinett
[Kat.-Nr. 32.2]

Friedrich Wilhelm Bollinger nach Franz Ludwig Catel
Benvenuto Cellini im Gefängnis (Cellinis Leben, I. Teil,
S. 302), 1803
Radierung und Kupferstich, 101 x 75 mm (Bild)
Hamburger Kunsthalle, Bibliothek im Kupferstichkabinett
[Kat.-Nr. 32.3]

Die zwischen 1558 und 1566 von ihm selbst verfasste *Vita*
des Florentiner Bildhauers Benvenuto Cellini wurde erstmals 1728 veröffentlicht. Goethe nahm sich 1796 als erster
einer deutschen Übersetzung an, die zwischen April 1796
und Juni 1797 in Friedrich Schillers Zeitschrift *Die Horen* in
12 Teilen veröffentlicht wurde.[1] Dem *Taschenbuch auf das
Jahr 1804* gab Johann Friedrich Cotta drei Zeichnungen
Catels bei, die von Friedrich Wilhelm Bollinger reproduziert
und von Cotta mit kurzen Motiverklärungen versehen wurden (Kat.-Nr. 32.1–32.3). Anlass war zweifellos die 1803 von
Cotta in zwei Bänden neu herausgegebene Gesamtübertra-
gung der *Vita* Cellinis. Goethe hatte zwischen Oktober 1796
und Juni 1797 in der ersten Publikation ausgelassene Text-
passagen nachgeliefert und die Rechte zum Abdruck Cotta
übertragen, der sein *Taschenbuch* mit den Illustrationen
Catels also gleichsam als Verlagswerbung nutzte. *AS*

1 Vgl. Keller 1981, S. 556.

Ein Eremit mit Fackel von zwei Jünglingen vor seiner
Höhle überrascht, um 1800/05 (?)
Feder und Pinsel in Braun, 130 x 72 mm (Bild)
Hamburg, Privatbesitz
[Kat.-Nr. 33]

Das Motiv der Illustration und der Stil der Zeichnung sprechen zweifellos für eine Zuschreibung an Catel. Der rückseiti-
tige Vermerk lässt berechtigt vermuten, dass die Illustration
im Auftrag Friedrich Viewegs in Braunschweig, aus dessen
Verlagsarchiv diese Zeichnung sicher stammt, entstand und
wohl für eine Publikation in dessen Verlag Verwendung fand,
ohne das diese bislang identifiziert werden konnte.

Bereits hier begegnet uns, vorgegeben sicher durch eine
literarische Inspirationsquelle, im Werk Catels das Thema
des Einsiedlers, das ab 1811 in Rom zu einem bestimmenden Motiv seiner Genremalerei in der Gattung der Mönchs-
und Ritterromantik wurde. *AS*

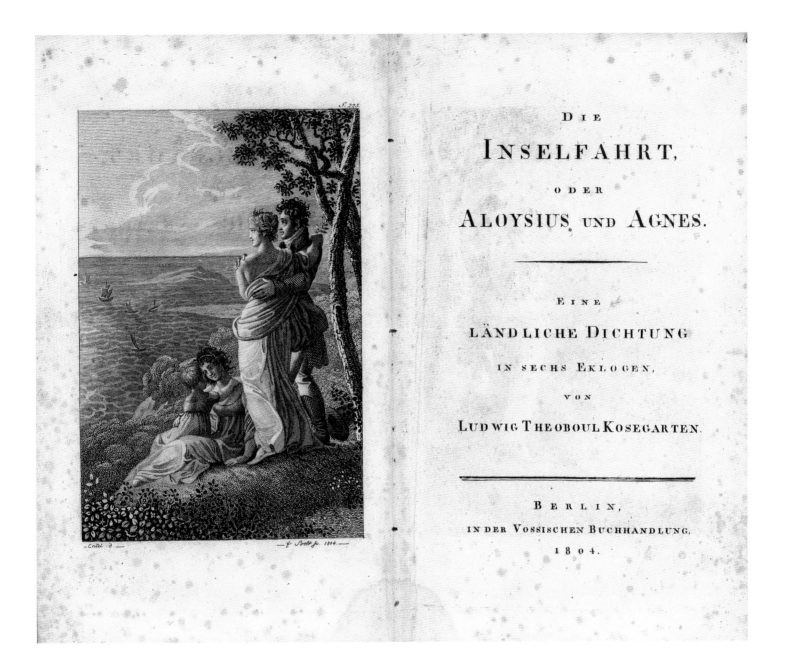

DIE

INSELFAHRT,

ODER

ALOYSIUS UND AGNES.

———

EINE

LÄNDLICHE DICHTUNG

IN SECHS EKLOGEN,

VON

LUDWIG THEOBOUL KOSEGARTEN.

———

BERLIN,

IN DER VOSSISCHEN BUCHHANDLUNG,

1804.

Friedrich Bolt nach Franz Ludwig Catel
Aloysius und Agnes am Meer, 1804
Radierung und Kupferstich, 113 x 76 mm (Bild)
Hamburg, Privatbesitz
[Kat.-Nr. 34]

Der Dichter Ludwig Gotthard (Theobul) Kosegarten, der auf Rügen vor allem durch seine Uferpredigten und seinen früheren Schüler Philipp Otto Runge bekannt geworden ist, veröffentlichte eine ganze Reihe von vorromantischen Dichtungen, die von 1824 bis 1827 in 12 Bänden posthum als Gesamtausgabe in Greifswald in der Universitätsbuchhandlung erschienen.[1] Die Vossische Buchhandlung in Berlin gab Kosegartens »Ländliche Dichtung« *Die Inselfahrt oder Aloysius und Agnes* 1804 versehen mit einem sentimentalen Titelkupfer nach Catels Zeichnung heraus. *AS*

1 Zu Kosegartens Wirken vgl. Coblenz-Arfken 2009.

Kat.-Nr. 35.1–35.6

Illustrationen zu August Wilhelm Ifflands *Almanach für Theaterfreunde auf das Jahr 1807*

Die Schauspielerin Louise Fleck in dem Trauerspiel
»Wallensteins Tod«, 1806/07
Bleistift, 102 x 65 mm
Staatliche Museen zu Berlin, Kupferstichkabinett
[Kat.-Nr. 35.1]

Iffland als Franz Moor in den »Räubern«
von Friedrich Schiller (1. Akt, 1. Szene), 1806/07
Bleistift, 102 x 66 mm
Staatliche Museen zu Berlin, Kupferstichkabinett
[Kat.-Nr. 35.2]

Madame Bethmann als Phädra (3. Akt, 2 Szene), 1806/07
Bleistift, 101 x 66 mm
Staatliche Museen zu Berlin, Kupferstichkabinett
[Kat.-Nr. 35.3]

*Madame Bethmann und Iffland in dessen Schauspiel »Die
Hausfreunde« (4. Akt, 2. Szene)*, 1806/07
Bleistift, 102 x 66 mm
Staatliche Museen zu Berlin, Kupferstichkabinett
[Kat.-Nr. 35.4]

Iffland als Franz Moor in den »Räubern«
von Friedrich Schiller (5. Akt, 1. Szene), 1806/07
Bleistift, 102 x 66 mm
Staatliche Museen zu Berlin, Kupferstichkabinett
[Kat.-Nr. 35.5]

Iffland als Geheimer Rat in dessen Schauspiel
»Die Hausfreunde«, 1806/07
Bleistift, 102 x 66 mm
Staatliche Museen zu Berlin, Kupferstichkabinett
[Kat.-Nr. 35.6]

Catel lieferte für August Wilhelm Ifflands berühmten *Alma-*
nach für Theaterfreunde, der zwischen 1807 und 1812 insgesamt in fünf Jahrgängen erschien, neun Illustrationszeichnungen. Die im Berliner Kupferstichkabinett verwahrten
sechs Bleistiftzeichnungen Catels zu den Illustrationen des
Iffland'schen Theateralmanachs von 1807 zählen zu den
wenigen erhaltenen spontanen Studienzeichnungen, mit
denen der Künstler die späteren minutiös mit dem Pinsel
ausgeführten Vorlagen für die Kupferstecher entwarf (Kat.-
Nr. 35.1–35.6).

Die ersten sechs Tafeln des Almanachs, zu denen vier
der vorliegenden Zeichnungen als Studien gehören (Kat.-
Nr. 35.2 und 35.4–6), zeigen Iffland und die aus Gotha stammende und ab 1803 in Berlin wirkende Schauspielerin und
Sängerin Christiana Friederike Bethmann-Unzelmann.
»Madame Bethmann«, wie sie genannt wurde, ist zusammen
mit Iffland in ihrer Rolle in dessen Schauspiel *Die Haus-*
freunde zu sehen (Abb. 5–7). Catel hielt Iffland auch mehrfach in seiner Rolle als Franz Moor in Friedrich Schillers
Schauspiel *Die Räuber* fest (Abb. 1–3). Eine ausführliche

»Erklärung der drei Kupfer aus den Räubern und drei aus
den Hausfreunden«, wohl aus Ifflands Feder selbst, ist den
Tafeln beigefügt.[1] In diesen Erläuterungen wird immer wieder auf Catels originäre Bilderfindungen gesondert hingewiesen.[2] Wahrscheinlich besuchte er zahlreiche Aufführungen
des Stückes mit Iffland in der Hauptrolle in Berlin.

Es folgen drei weitere Bildtafeln. Sie zeigen »Madame
Bethmann« als Phädra in dem gleichnamigen Trauerspiel
von Jean Racine in der Übertragung von Friedrich Schiller
(Kat.-Nr. 35.3 und Abb. 7), die Schauspielerin Sophie Louise
Fleck in *Wallensteins Tod* von Friedrich Schiller (Kat.-Nr. 35.1
und Abb. 8) sowie nochmals Iffland als Martin Luther in
dem romantischen Ritterschauspiel *Luther oder die Weihe*
der Kraft von Zacharias Werner (Abb. 9).[3]

Für August Wilhelm Iffland schuf Catel zusammen mit
Heinrich Dähling und anderen auch aquarellierte Kostüm-
bilder. Sie zeigen Rollenbilder von Ur- und Erstaufführungen
auf Berliner Bühnen und erschienen, von Iffland herausgegeben, unter dem Titel *Kostüme auf dem Kön. Nationaltheater*
in Berlin 1805–1812 bei Wittich. Catel zeichnete das Rollen-
kostüm des »Bodoster, Gesandter von Carthago« in dem
Trauerspiel »Regulus«.[4]   *AS*

1 *Almanach für Theaterfreunde auf das Jahr 1807,* S. 32, VII–XXIV;
das Exemplar der Hamburger Kunsthalle wurde 2009 vom Antiquariat
Tautenhahn, Lübeck, mit Mitteln des Fördervereins »Die Meisterzeichnung. Freunde des Hamburger Kupferstichkabinetts e. V.« erworben. –
Zu Ifflands Wirken vgl. Wilkens 2014.
2 Ebd., z. B. S. IX, XII.
3 Zu Werners Schauspiel und Catels Illustrationen vgl. Kat.-Nr. 37.1–
37.3.
4 Vgl. Gerlach 2009a, S. 48, 49, 90–92, 135, 139, mit Taf. 13; Gerlach
2009b, S. 155–158, S. 159–162 (Verzeichnis der Illustrationen).

Abb. 1
Eberhard Henne nach Franz Ludwig Catel,
Iffland als Franz Moor in den »Räubern« von
Friedrich Schiller (1. Akt, 1. Szene), 1807,
Radierung und Kupferstich, 102 x 65 mm (Bild),
Theateralmanach, Taf. I, vor S. VI, Hamburger
Kunsthalle, Bibliothek im Kupferstichkabinett,
Inv.-Nr. kb-2009.1558g-2

Abb. 2
Meno Haas nach Franz Ludwig Catel, *Iffland als*
Franz Moor in den »Räubern« von Friedrich
Schiller (4. Akt, 9. Szene), 1807, Radierung und
Kupferstich, 102 x 67 mm (Bild), Theateralma-
nach, Taf. II, nach S. X, Hamburger Kunsthalle,
Bibliothek im Kupferstichkabinett, Inv.-Nr. kb-
2009.1558g-3

Abb. 3
Meno Haas nach Franz Ludwig Catel, *Iffland als*
Franz Moor in den »Räubern« von Friedrich
Schiller (5. Akt, 1. Szene), 1807, Radierung und
Kupferstich, 99 x 67 mm (Bild), Theateralma-
nach, Taf. III, vor S. XIII, Hamburger Kunsthalle,
Bibliothek im Kupferstichkabinett, Inv.-Nr. kb-
2009.1558g-4

Abb. 4
Friedrich Wilhelm Bollinger nach Franz Ludwig
Catel, *Iffland als Geheimer Rat in dem Schau-*
spiel »Die Hausfreunde« (2. Akt, 3. Szene), 1807,
Radierung und Kupferstich, 106 x 70 mm (Bild),
Theateralmanach, Taf. IV, nach S. XVI, Hambur-
ger Kunsthalle, Bibliothek im Kupferstichkabi-
nett, Inv.-Nr. kb-2009.1558g-5

Abb. 5
Eberhard Henne nach Franz Ludwig Catel,
Madame Bethmann und Iffland im Schauspiel
»Die Hausfreunde« von Iffland (4. Akt, 2. Szene),
1807, Radierung und Kupferstich, 101 x 66 mm
(Bild), Theateralmanach, Taf. V, vor S. XIX,
Hamburger Kunsthalle, Bibliothek im Kupfer-
stichkabinett, Inv.-Nr. kb-2009.1558g-6

Abb. 6
Friedrich Wilhelm Bollinger nach Franz Ludwig Catel, *Iffland als Geheimer Rat in dem Schauspiel »Die Hausfreunde« (5. Akt, 20. Szene)*, 1807, Radierung und Kupferstich, 103 x 71 mm (Bild), Theateralmanach, Taf. VI, vor XXI, Hamburger Kunsthalle, Bibliothek im Kupferstichkabinett, Inv.-Nr. kb-2009.1558g-7

Abb. 7
Eberhard Henne nach Franz Ludwig Catel, *Madame Bethmann als Phädra (3. Akt, 2 Szene)*, 1806/07, Radierung und Kupferstich, 100 x 64 mm (Bild), Theateralmanach, Taf. VII, 2. Taf. nach S. XIV, Hamburger Kunsthalle, Bibliothek im Kupferstichkabinett, Inv.-Nr. kb-2009.155 8g-9

Abb. 8
Carl Frosch nach Franz Ludwig Catel, *Die Schauspielerin Louise Fleck in Friedrich Schillers Trauerspiel »Wallensteins Tod«*, 1807, Radierung und Kupferstich, 102 x 64 mm (Bild), Theateralmanach, Taf. VIII, 3. Taf. nach S. XIV, Hamburger Kunsthalle, Bibliothek im Kupferstichkabinett, Inv.-Nr. kb-2009.1558g-10

Abb. 9
Friedrich Wilhelm Meyer d. Ä. nach Franz Ludwig Catel, *Iffland als Martin Luther in dem Schauspiel »Luther oder die Weihe der Kraft« von Zacharias Werner*, 1807, Radierung und Kupferstich, 104 x 67 mm (Bild), Theateralmanach, Taf. IX, 4. Taf. nach S. XIV, Hamburger Kunsthalle, Bibliothek im Kupferstichkabinett, Inv.-Nr. kb-2009.1558g-11

Friedrich Wilhelm Bollinger nach Franz Ludwig Catel
Die Erfindung der Zeichenkunst durch die Tochter des Töpfers Dibutades von Korinth, 1805
Radierung und Kupferstich, 89 x 59 mm (Bild)
Hamburger Kunsthalle, Bibliothek im Kupferstichkabinett
[Kat.-Nr. 36]

Die Ikonographie der Radierung Friedrich Wilhelm Bollingers, die im *Taschenbuch für Damen auf das Jahr 1806* nach S. 112 eingebunden wurde und dessen gezeichnete Vorlage von Catel verschollen ist, ist einer »Erklärung der Kupfer« (S. XXI–XXII) zu entnehmen: »Der Satz, daß die Wiege aller Zeichnungskunst in Schattenumrissen zu suchen sey, womit der noch ungeübte und ungelenke Nach-

ahmungstrieb des rohen Menschen zuerst körperliche Umrisse darstellte, wurde von den Hellenen, die zu jeder Erfindung ein gar anmuthiges und reizendes Geschichtchen zu erzählen wußten, in folgender Volkssage ausgebildet: die Tochter des Sicyonischen Töpfers Dibutades in Corinth sollte sich von ihrem geliebten Jüngling trennen, der eine ferne Reise antreten mußte. Es war Nacht, und die stille Vertraute der Liebenden und Scheidenden, die Lampe, ergoß ihr Licht an die weißgetünchte Wand. Da erblickte das Mädchen die im Profil sich zeichnenden Schatten ihres Liebhabers an der Wand, und schnell umschrieb sie mit einer Kohle die geliebten Züge. Nach ihnen machte der Vater eine Form in Thon, und brannte sie mit seinen übrigen Geschirren. So lehrte die erfinderische Liebe Silhouetten zeichnen,

und nach der Zeichnung ähnliche Köpfe bilden! Was die Griechen mit süsser Geschwätzigkeit erzählten, hat der Zeichner hier durch ein Bildniß zu versinnlichen gesucht. Ein Liebesgott führt dem zeichnenden Mädchen die Hand. Bei uns bedarf es weder der Thon= noch Porcellanbüste. Man trägt die süssen Züge im Fingerring, aber mit Kohle wird noch mancher abgeschattet und angeschwärzt, ohne daß eben der Gott der Liebe dabei geschäftig und dienstbar wäre.« Diese Darstellung zur Erfindung der Zeichenkunst trifft mitten in den aktuellen zeitgenössischen Diskurs des späten 18. Jahrhunderts über das Primat derselben innerhalb der künstlerischen Gattungen.[1]   *AS*

1 Zur Thematik allgemein vgl. Rosenblum 1957; Levitine 1958 und Wille 1970.

Kat.-Nr. 37.1–37.3

Illustrationen zur Tragödie *Luther oder Die Weihe der Kraft* von Zacharias Werner

Friedrich Wilhelm Bollinger nach Franz Ludwig Catel
»Ein' veste Burg ist unser Gott!« – Martin Luther und
Katharina von Bora reichen sich die Hände zum Bund
(Titelkupfer), 1806
Radierung und Kupferstich, 110 x 76 mm
Hamburg, Privatbesitz
[Kat.-Nr. 37.1]

Friedrich Wilhelm Meyer d. Ä. nach Franz Ludwig Catel
»Durch Glauben fährt der Christ zu Gott hinauf, Von Gott
herab nimmt Liebe ihren Lauf!« – Luther predigt im Wald,
um 1806
Radierung und Kupferstich, 106 x 73 mm
Hamburg, Privatbesitz
[Kat.-Nr. 37.2]

Friedrich Wilhelm Meyer d. Ä. nach Franz Ludwig Catel
»Kraft! Glaube! Freiheit! Gott!«– Luther unter den Fürsten
Radierung und Kupferstich, 111 x 77 mm
Hamburg, Privatbesitz
[Kat.-Nr. 37.3]

Der deutsche Dichter und Dramatiker Zacharias Werner, der Romantiker par excellence, hatte ab 1784 in Königsberg Rechtswissenschaften studiert und besuchte dort auch Vorlesungen Immanuel Kants. In Kontakt mit E. T. A. Hoffmann und als Mitglied einer Freimaurerloge in Warschau interessierte ihn die Mystik mehr als die Aufklärung. Sein erstes literarisches Werk, das die Geschichte der Auflösung des Templerordens zum Gegenstand hatte, erschien 1803/04 unter dem Titel *Die Söhne des Thals*. Auf dem Titelblatt steht unten vermerkt: »Für diesen Titel wird ein andrer, mit einer Vignette und einem Kupfer, gezeichnet von Catel und gestochen von Bollinger, nachgeliefert.« Catel lieferte also schon hier das Titelkupfer und die Titelvignette (Abb. 1).[1]

Die vorliegenden Illustrationen Catels stammen aus einer Ausgabe von Werners Schrift *Martin Luther oder Die Weihe der Kraft* von 1807.[2] Von 1809 bis 1813 lebte Werner in Rom, wo er 1811 zum Katholizismus übertrat. In Rom stand er sicher auch in Kontakt mit Catel. Der Wechsel der Konfession lässt seine Lutherschrift in einem sonderbaren Licht erscheinen. Doch auch Catel, der 1814 eher aus pragmatischen Gründen konvertierte, hatte sich mit Lutherbildern beschäftigt, von denen er später in Rom wohl nichts mehr wissen wollte (vgl. Kat.-Nr. 46).   *AS*

1 Friedrich Wilhelm Bollinger nach Franz Ludwig Catel, »Polykarpos so wie du! / Akt 5. Sc. 4«. (Titelkupfer), um 1806, Radierung, 116 x 75 mm und Bildnis des Jacob Bernhard von Molay (Titelvignette), um 1806, Radierung, 56 x 53 mm; links unten bezeichnet: »Catel«; rechts unten »Bollinger«; darunter: »Iacob Bernhard von Molai«. Das Exemplar der Hamburger Kunsthalle wurde 2013 vom Fontane-Antiquariat Dr. Henning Scheffers, Berlin, erworben.
2 Zur Inszenierung und Ausstattung des Theaterstücks vgl. Motschmann 2009.

Abb. 1
Die Söhne des Thal's. Ein dramatisches Gedicht von Friedrich Ludwig Zacharias Werner, Erster Theil, Die Templer auf Zypern, Berlin 1807, Titelkupfer und -vignette, Hamburger Kunsthalle, Kupferstichkabinett, Inv.-Nr. 2015-16

Kat.-Nr. 38.1–38.5

Illustrationen zu *L'Homme des champs, ou les Géorgiques françaises* von Jacques Delille

Christian Haldenwang und Ludwig Buchhorn
nach Franz Ludwig Catel
Der römische Dichter Vergil in der Natur dichtend,
um 1804 (?)
Radierung und Kupferstich, 103 x 77 mm (Bild)
Hamburg, Privatbesitz
[Kat.-Nr. 38.1]

Anonymer Stecher nach Franz Ludwig Catel
Trauernder Mann an einem Grab, getröstet von einer Frau,
um 1804 (?)
Radierung und Kupferstich, 102 x 78 mm (Bild)
Hamburg, Privatbesitz
[Kat.-Nr. 38.2]

Le vaillant fils d'Alcmène
De ses bras vigoureux le saisit et l'enchaîne.

Chant II

L'hermite du lieu, sur un décombre assis,
Aux voyageurs encore en fait de longs récits.

Chant III

Christian Haldenwang und Ludwig Buchhorn
nach Franz Ludwig Catel
Herkules im Kampf mit der Lernäischen Hydra, um 1804 (?)
Radierung und Kupferstich, 102 x 78 mm (Bild)
Hamburg, Privatbesitz
[Kat.-Nr. 38.3]

Heinrich Guttenberg nach Franz Ludwig Catel
Der Eremit in den Bergen, um 1804 (?)
Radierung und Kupferstich, 102 x 78 mm (Bild)
Hamburg, Privatbesitz
[Kat.-Nr. 38.4]

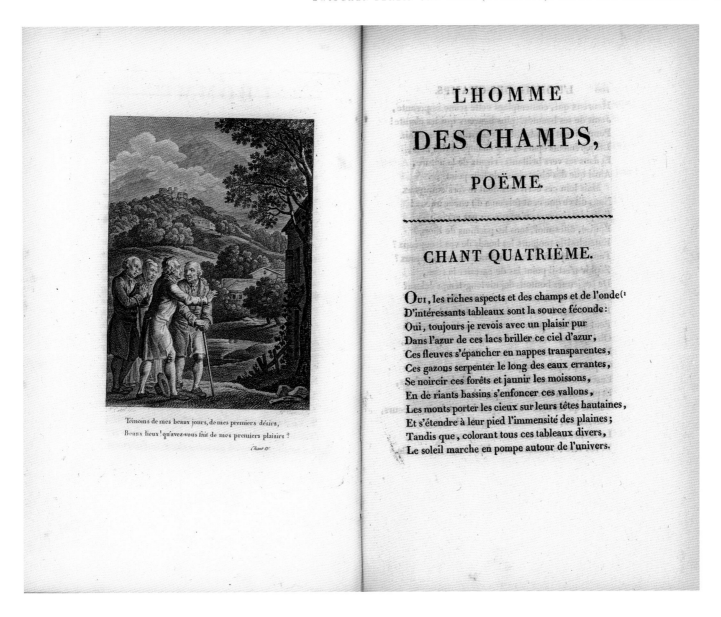

Témoins de mes beaux jours, de mes premiers désirs,
Beaux lieux! qu'avez-vous fait de mes premiers plaisirs?

Chant IV.

L'HOMME
DES CHAMPS,
POËME.

CHANT QUATRIÈME.

Oui, les riches aspects et des champs et de l'onde[1]
D'intéressants tableaux sont la source féconde:
Oui, toujours je revois avec un plaisir pur
Dans l'azur de ces lacs briller ce ciel d'azur,
Ces fleuves s'épancher en nappes transparentes,
Ces gazons serpenter le long des eaux errantes,
Se noircir ces forêts et jaunir les moissons,
En de riants bassins s'enfoncer ces vallons,
Les monts porter les cieux sur leurs têtes hautaines,
Et s'étendre à leur pied l'immensité des plaines;
Tandis que, colorant tous ces tableaux divers,
Le soleil marche en pompe autour de l'univers.

Heinrich Guttenberg nach Franz Ludwig Catel
Abschiedsszene, um 1804 (?)
Radierung und Kupferstich, 102 x 78 mm (Bild)
Hamburg, Privatbesitz
[Kat.-Nr. 38.5]

Jacques Delilles aufklärerische Dichtung *L'Homme des champs, ou les Géorgiques françaises* erschien erstmals 1800 und wurde vielfach neu herausgegeben. In der hier vorliegenden Ausgabe von 1808 finden sich fünf Illustrationen Catels, deren zeichnerische Vorlagen allesamt verschollen sind. Der Künstler wird den französischen Nationaldichter Delille sicher in einem der vielfach besuchten Salons während seines zweiten Aufenthalts in Paris von 1807 bis 1811 kennengelernt haben. Erhalten hat sich allerdings auch eine in dieser Ausgabe von 1808 nicht vorkommende, schon 1804 veröffentlichte und demnach viel früher von Berlin aus nach Paris geschickte Illustration Catels zu diesem Buch Delilles. Der Kontakt könnte damit schon wesentlich früher entstanden sein (Abb. 1).[1] In einer Berliner Auktion wurde 2013 die erste illustrierte Ausgabe mit den Bildern Catels angeboten. Sie trägt das Erscheinungsjahr 1805, sodass Catels Zeichnungen sicher bereits durchgehend um 1804 in Berlin ausgeführt wurden. Die Stiche waren in dieser ersten Ausgabe als seltene Farbradierungen von Ludwig Buchhorn ausgeführt worden, der an der späteren, hier vorliegenden Ausgabe auch beteiligt war.[2]

Hervorzuheben sind Catels Darstellungen des in der Natur dichtenden Vergil (Kat.-Nr. 38.1) – dessen *Aeneis* ihn später in Rom vielfach beschäftigen sollte (vgl. Kat.-Nr. 64) – und des Eremiten in den Bergen (Kat.-Nr. 38.4). Letzteres Motiv erscheint häufig im Werk des Künstlers (vgl. Kat.-Nr. 33). Auch das melancholische Thema der Trauer eines Mannes um seine Ehefrau und das Motiv des Abschieds wurden von Catel treffend ins Bild gesetzt (Kat.-Nr 38.2 und 38.5).[2] Die in der Illustration Catels für die Ausgabe von 1804 (Abb. 1) wiedergegebene Darstellung eines den Sonnenuntergang betrachtenden Mannes atmet einen naturverbundenen, aufklärerischen Geist, der die Werke Delilles auszeichnet. *AS*

1 Louis Bouquet nach Franz Ludwig Catel, *Ein Mann schaut in den Sonnenuntergang,* 1804, Radierung, 80 x 58 mm (Bild), links unten bezeichnet: »F. Catel inv.«; rechts unten: »Bouquet direx.«; darunter: »Combien l'œil, fatigué des pompes du Soleil, / Aime à voir de la nuit la modeste courrière / Revêtir mollement, de sa pâle lumiere / Et le sein des vallons, et le front des coteaux, / Se glisser dans le bois et trembler dans les eaux! / Cant I.«, in: *Variantes de L'Homme des Champs et Morceaux ajoutés. Avec Figures,* A Paris, Levrault, Schoell et C.e, Rue de seine S. C., An XIII – 1804 (Titelkupfer); Hamburg, Privatbesitz, erworben 2013 von Alfea Libreria Antiquaria, Bergamo.
2 Jacques Delille: *L'Homme des champs, ou les Géorgiques françaises. Nouvelle édition augmentée avec figures,* Paris, Levrault, Schoell & Cie., 1805. Der Katalogkommentar erwähnt acht Vignetten und vier Tafeln in Farbradierungen von Buchhorn nach Zeichnungen Franz Ludwig Catels; Aukt.-Kat. Berlin, Bassenge 2013, S. 39–40, Nr. 1702. Vgl. Cohen 1912, S. 279; Fürstenberg 1929, S. 121–122, 206.

3 Von Kat.-Nr. 38.2 hat sich ein unvollendeter Probedruck erhalten; Radierung, 108 x 77 mm (Bild), 153 x 108 mm (Papier), Mitte unten falsch bezeichnet: »radirt v. Franz Catel« (Bleistift), Kopenhagen, Statens Museum for Kunst, Kobberstiksamling, Inv.-Nr. Kiste 112 B, Nr. 127 P.

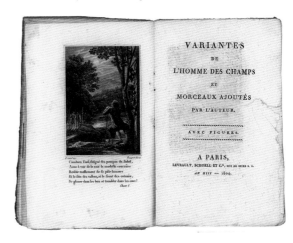

Abb. 1
Jacques Delilles *Variantes de L'Homme des Champs et Morceaux ajoutés [...],* Paris 1804, Titelkupfer, Hamburg, Privatbesitz

Friedrich Bolt nach Franz Ludwig Catel
*Die Öffnung des Grabes der seligen Ludovica Albertoni
in Rom,* 1807
Radierung und Kupferstich, 107 x 72 mm (Bild)
Hamburg, Privatbesitz
[Kat.-Nr. 39]

Der Ungar Ignaz Aurelius Feßler trat 1773 in den Kapuziner-
orden ein und wurde 1779 zum Priester geweiht.[1] 1784
kam er nach Wien, wo er zum Professor für orientalische
Sprache und des Alten Testaments ernannt wurde. Auf eigenen Wunsch aus dem Orden entlassen, wurde er Freimaurer.
1791 trat er zum lutherischen Glauben über und ließ sich
1796 in Berlin nieder, wo er fortan als Schriftsteller tätig
war. 1809 wurde er Professor in St. Petersburg, wo er 1839
verstarb. Unter seinen zahlreichen literarischen Werken gab
es auch historische Romane, wie der vorliegende *Bonaven-
tura's mystische Nächte,* zu dem Catel als Titelkupfer eine

Illustration für den Verleger Friedrich Maurer in Berlin
schuf. Catel stellt die entscheidende Szene der Geschichte
dar, als das Grab der seligen Ludovica Albertoni in Rom
geöffnet und ihr Leichnam unversehrt vorgefunden wird.
AS

1 Zu Leben und Werk Feßlers vgl. Palm 1877 und Barton 1969.

Kat.-Nr. 40.1–40.6

Illustrationen zu den Fabeln des Aesop in der von Johann Gottlob Samuel Schwabe kommentierten Ausgabe von 1806

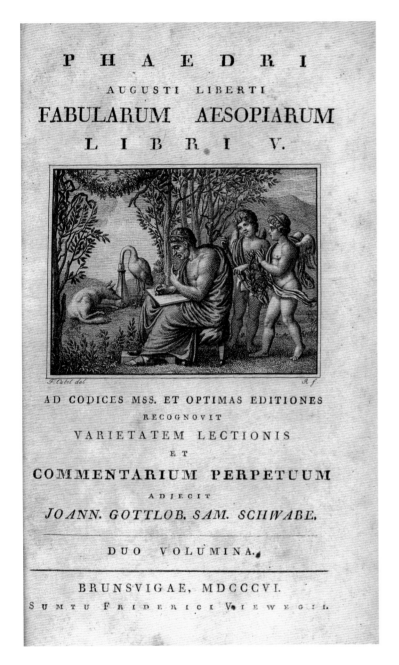

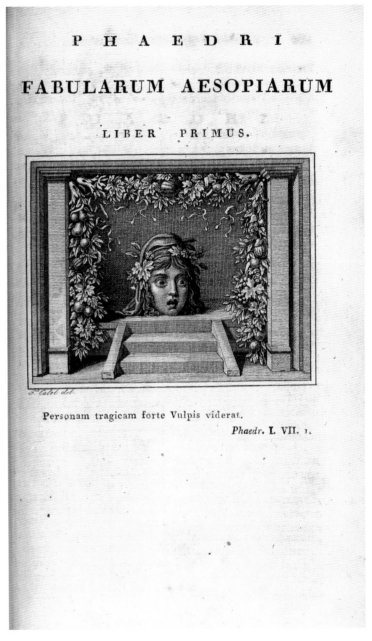

Anonymer Stecher [»R.«] nach Franz Ludwig Catel
Aesop beim Schreiben seiner Fabeln, links im Hintergrund
Fuchs und Kranich, rechts zwei Eroten, 1806
Radierung und Kupferstich, 62 x 83 mm
Hamburg, Privatbesitz
[Kat.-Nr. 40.1]

Anonymer Stecher nach Franz Ludwig Catel
Tragische Maske (Buch I, Fabel VII: *Vulpis ad personam*
tragicam), 1806
Radierung und Kupferstich, 63 x 82 mm
Hamburg, Privatbesitz
[Kat.-Nr. 40.2]

PHAEDRI

FABULARUM AESOPIARUM

LIBER SECUNDUS.

Ex alticinctis unus Atriensibus,
Cui tunica ab humeris linteo Pelusio
Erat districta cet.

Phaedr. II. V. 11. sqq.

PHAEDRI

FABULARUM AESOPIARUM

LIBER TERTIUS.

Hi speculum, in cathedra matris ut positum fuit,
Pueriliter ludentes, forte inspexerant.

Phaedr. III. VIII. 4. 5.

Anonymer Stecher nach Franz Ludwig Catel
Kaiser Tiberius und der Diener (Buch II, Fabel V:
Caesar ad Atriensem), 1806
Radierung und Kupferstich, 62 x 82 mm
Hamburg, Privatbesitz
[Kat.-Nr. 40.3]

Anonymer Stecher nach Franz Ludwig Catel
Bruder und Schwester – Die Fabel vom Spiegel
(Buch III, Fabel VIII: *Frater et soror*), 1806
Radierung und Kupferstich, 63 x 84 mm
Hamburg, Privatbesitz
[Kat.-Nr. 40.4]

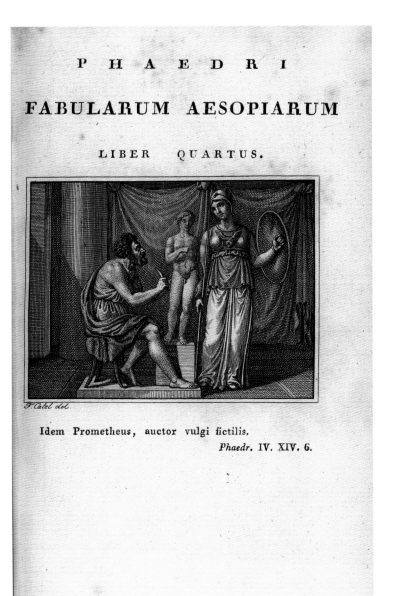

P H A E D R I

FABULARUM AESOPIARUM

LIBER QUARTUS.

Idem Prometheus, auctor vulgi fictilis.

Phaedr. IV. XIV. 6.

P H A E D R I

FABULARUM AESOPIARUM

LIBER QUINTUS.

Princeps tibicen — — —
— — — sinistram fregit tibiam,
Duas cum dextras maluisset perdere.

Phaedr. V. VII. 4. 8. 9.

Anonymer Stecher nach Franz Ludwig Catel
Prometheus als Bildhauer und Athena
(Buch IV, Fabel XIV: *Prometheus*), 1806
Radierung und Kupferstich, 63 x 83 mm
Hamburg, Privatbesitz
[Kat.-Nr. 40.5]

Anonymer Stecher nach Franz Ludwig Catel
Der Flötenspieler Fürst
(Buch V, Fabel VII: *Princeps tibicen*), 1806
Radierung und Kupferstich, 63 x 84 mm
Hamburg, Privatbesitz
[Kat.-Nr. 40.6]

Unter der philologischen Leitung des Gelehrten Johann
Samuel Gottlob Schwabe gab Friedrich Vieweg die Fabeln
des römischen Dichters Phaedrus heraus. Phaedrus' Werke
stehen in der Tradition des Dichters Aesop. Für die vorliegende zweibändige, kommentierte lateinische Ausgabe entwarf Catel insgesamt sechs Titelkupfer, die sich mit ihren
symbolischen Bildern jeweils auf die entsprechenden Fabel-
texte beziehen. Beraten wurde er dabei von Karl August
Böttiger in Weimar.[1]
    Seit der Wiederaufnahme der literarischen Form der
Fabel durch Jean de La Fontaine und Gotthold Ephraim
Lessing erfreuten sich die Klassiker Aesop und Phaedrus bei

den Lesern großer Beliebheit, wenngleich die von Schwabe
aufwendig kommentierte lateinische Ausgabe eher für Gelehrte ein größerer Gewinn war. AS

1 Aesop/Schwabe 1806. Vgl. die Rezension in der *Allgemeinen Lite-*
ratur-Zeitung vom April: (»Auch das Aeußere der Ausgabe spricht
durch weisses Papier, zierliche Schrift und schöne Vignetten an, die
von F. Catel nach Hofr. Böttiger's Angaben aus- und nach Antiken
gezeichnet sind.«); Nilant 1808, Sp. 777–778.

Illustrationen zur Folge *Die sechs Stationen des Lebens* im *Taschenbuch für Damen auf das Jahr 1811*

Johann Heinrich Lips nach Franz Ludwig Catel
Die Kinderwelt (Die sechs Stationen des Lebens I), 1810
Radierung und Kupferstich, 91 x 65 mm (Bild)
Hamburg, Privatbesitz
[Kat.-Nr. 41.1]

Johann Heinrich Lips nach Franz Ludwig Catel
Das Jünglingsalter (Die sechs Stationen des Lebens II), 1810
Radierung und Kupferstich, 91 x 65 mm (Bild)
Hamburg, Privatbesitz
[Kat.-Nr. 41.2]

Johann Heinrich Lips nach Franz Ludwig Catel
Die Wanderschaft (Die sechs Stationen des Lebens III), 1810
Radierung und Kupferstich, 91 x 65 mm (Bild)
Hamburg, Privatbesitz
[Kat.-Nr. 41.3]

Johann Heinrich Lips nach Franz Ludwig Catel
Der Bund am Altar (Die sechs Stationen des Lebens IV), 1810
Radierung und Kupferstich, 91 x 65 mm (Bild)
Hamburg, Privatbesitz
[Kat.-Nr. 41.4]

Johann Heinrich Lips nach Franz Ludwig Catel
Die Haus- und Sittentafel (Die sechs Stationen des Lebens V),
1810
Radierung und Kupferstich, 91 x 65 mm (Bild)
Hamburg, Privatbesitz
[Kat.-Nr. 41.5]

Johann Heinrich Lips nach Franz Ludwig Catel
Wiedergeburt (Die sechs Stationen des Lebens VI), 1810
Radierung und Kupferstich, 91 x 65 mm (Bild)
Hamburg, Privatbesitz
[Kat.-Nr. 41.6]

In den beigefügten Erläuterungen der sechs von Catel entworfenen Bilder, mit denen der Künstler das Altertum nach-
gebildet hätte, ohne »daß der Hellenismus übertrieben oder
zu einer griechenzenden Ziererei, wie es Wieland einmal
nannte, verbildet worden sei«, heißt es: »Auch der treffliche
Catel, nicht verloren für unser deutsches Vaterland, wenn
gleich eine Zeitlang sein Talent der Schmückungen ausländi-
scher Prachtsäle leihend, lieferte in den hier folgenden sechs
Darstellungen einen dankenswerthen Beitrag zur Lösung
dieser Aufgabe. Was Franz Catel zeichnete, stach Lips mit
der ihm eigenen Nettigkeit und Kraft. Mit vielem Verstand
wählte der erfindende Künstler sein Menschenleben aus jener harmlosen, naturgemäßen Vorzeit, ohne jedoch einen
eigenen Schäferroman in der Idyllenwelt auszuspinnen [...].
In der modernen Welt ist das Treiben der Menschen viel zu
vielfach, unruhig und buntgemischt, um der Kunst anders
als zur Darstellung eines Maskentanzes, zu dienen. Es ist
ihm dadurch gelungen, jeder Szene ein wahrhaft edles, rein
menschliches Interesse zu geben.«[1]

Der anonyme Verfasser der Erklärungen geht nun Blatt
für Blatt die Bilderfindungen Catels durch und erläutert
diese. Das erste Blatt *Die Kinderwelt* (Kat.-Nr. 41.1) wird dabei wie folgt beschrieben: »Man erblickt hier die zärtlich
über ihren Säugling hängende, ihn hold liebkosende Mutter
mit 5 andern Kindern umgeben und zwar an ihrer Hütte von
schattigen Laubschirmen geschützt. Sie will dem Kleinsten,
dessen Windeln freilich der Befreier Rousseau noch nicht erschienen ist, den süssesten und angemessensten Labequell
öffnen. Das Kind soll küssen lernen, wie Herder sagt. Denn
das saugen des Säuglings an der Mutterbrust ist die erste

Vorübung zu dem, was einst Psyche mit Eros verbinden soll,
zum Kuß. Das Spiel der erwachsenen Kinder um die Mutter
ist nach Geschlecht und Alter gut angeordnet. Der Erstge-
borene, ein Knabe, hascht Schmetterlinge, der zweite Kraus-
kopf, schmeichelt am Knie der Mutter, der dritte würfelt mit
einem Kiesel. Die zwei Mädchen treiben schon jetzt der Gra-
zien- und Horengeschäft. Sie binden Kränze. Selbst der sich
schlängelnde Bach im Hintergrund ist nicht ohne Andeutung.«[2]

Das folgende Blatt des *Jünglingsalters* (Kat.-Nr. 41.2)
erhielt folgende Erläuterung: »Dort tanzen zur Doppelflöte
die drei Grazien den alten ländlichen Ringeltanz! Nicht
doch! [der Autor widerruft seine Aussage, denn:] Thalia
spiegelt sich am Quell, an dem sie niedergekniet ist. Statt
ihrer ist der blondgelockte Jüngling mit Euphrosyne und
Aglaje in den Reigen getreten. So beschäftigt er die Aufmerksamkeit der Gespielinnen, damit sein Freund der holden
Phyllis hier abseits unter dem Baum den ersten Kuß der er-
hörten Liebe abschmeichele.«[3]

Das dritte Blatt *Die Wanderschaft* (Kat.-Nr. 41.3) bekommt die Erläuterung: »[...] reisen, wandern, schaffen,
werben muß der junge Mann. Hier wird sein Muth, hier
seine Erfahrung vollendet. So dachte sich auch der Künstler
den Helden seiner Lebensstationen. Die weinende[n] Eltern,
der antreibende Gefährte, die geschäftige Dienerschaft, alle
sind nur Nebenfiguren. Der Abschiedskuß der Geliebten vor
der Trennung ist es, in welche sich Lust und Schmerz in
einen unauflöslichen Liebesknoten zusammenschürzt.«[4]

Das vierte Blatt mit dem Titel *Der Bund am Altar* (Kat.-
Nr. 41.4) wird wie folgt beschrieben: »Die Reise ist glücklich
vollendet. Die süsseste Wonne soll durch den keuschesten
Ehebund versiegelt werden. In der mit Blumengewinden ge-
schmückten Vorhalle lodert auf dem Familienaltar die kleine
Opferflamme zu fröhlicher Vorbedeutung auf. Die Priesterin
segnet die Glücklichen, die sich darüber das Bündniß ewiger
Treue geloben. Die ehrwürdige Matrone mit der Fackel zur
Seite der Braut ist die Mutter. Der Vater faltet betend und ver-
hüllend zur Seite des Jünglings die Hände. In jener Wachs-
kerze, in diesem Händefalten wich der sinnige Künstler ab-
sichtlich von der reinen Antike ab. Es frommte seiner, nicht
gerade aufs wirkliche Alterthum berechneten Dichtung, Alles
übrige aber ist mit strenger Treue aus alten Marmor-Reliefs,
auf welchen uns römische Hochzeiten vorgestellt werden,
entlehnt.«[5]

Es folgt das Blatt der *Haus- und Sittentafel* (Kat.-Nr. 41.5):
»Erwerben muß der Mann, ackern, säen. Daher ist das Fest
zu Eleusis zugleich Acker- und Ehefest. Von blühenden Kindern umspielt, umschlummert schafft und waltet die Hausfrau am heimischen Heerd. Sie treibt die Spindel, wie jener
den Pflug. Für ihn und durch ihn befrachtet sich jenes Schiff
am Horizonte. Für sie bringt die rüstige Dirne die Erzeugnis-
se des Gartens in reinlicher Schüssel dar.«[6] In diesen Versen sind laut Joachim Kruse
abgewandelte Zitate aus Schillers *Würde der Frauen* enthal-
ten und dessen *Lied von der Glocke* »schimmert durch
diese Erklärung hindurch«.[7]

Den Abschluss des Zyklus bildet die Darstellung *Wiedergeburt* (Kat.-Nr. 41.6), die mit folgenden Worten in Form
einer kurzen Novelle[8] nähergebracht wird: »Es freut sich das
Alter der kindlichen Unschuld. Der Greis hat dem Sohn sein
Geschäft überlassen, der ihn am Abend besucht mit den
lieben Enkeln, wovon der eine dem wahren, lebendigen La
familiaris, dem jugendlich-frischen Großvater die Erstlinge
des Obstgartens in reinlicher Schüssel darbringt. Der Alte
hat den jungen Enkel auf die Knie gesetzt und hängt mit
unaussprechlichem Wohlgefallen an seinem Ebenbilde. Denn
die Enkel gleichen nach einer alten Naturordnung am meisten den Großvätern. Was hier der Großvater thut, sang schon
Vater Homer in der Ilias V, 408. Der Großmutter hat die
liebe Schwiegertochter das jüngste Töchterchen gebracht,
das erst seit einigen Tagen vollkommen laufen lernte. Der
Ausdruck in der Miene der Mutter und Großmutter ist der
gelungenste und macht die Rede zur Bettlerin. Unter allen
Vorstellungen dürfte diese letzte leicht den Preis erhalten.«

Johann Heinrich Lips hat den Zyklus der *Stationen des
Lebens* zweimal radiert, ganz so wie Johann Friedrich Cotta
es häufig beauftragte, um der Abnutzung der kupfernen
Druckplatten zum Trotz für die Zeit sehr hohe Auflagen der
begleitenden Bilder herstellen zu können.   *AS*

1 *Taschenbuch für Damen auf das Jahr 1811,* Erläuterung der Kupfer, S. IX–X.
2 Ebd.
3 Ebd., S. XI.
4 Ebd., S. XI–XII.
5 Ebd., S. XII–XIII.
6 Ebd., S. XIII.
7 Kruse 1989, S. 376, bei Nr. 313e.
8 Ebd., bei Nr. 313f.
9 Erläuterung der Kupfer, S. XIII–XIV.

Der Lustgarten in Berlin mit dem Denkmal des Fürsten Leopold von Anhalt-Dessau, um 1806
Öl auf Papier (auf Pappe aufgezogen), 170 x 260 mm
Stiftung Preußische Schlösser und Gärten Berlin-Brandenburg, Potsdam
[Kat.-Nr. 42.1]

Christian August Günther nach Franz Ludwig Catel
Der Lustgarten in Berlin mit dem Denkmal des Fürsten Leopold von Anhalt-Dessau, um 1806
Radierung und Kupferstich, 223 x 281 mm (Platte)
Hamburger Kunsthalle, Kupferstichkabinett
[Kat.-Nr. 42.1a]

Dargestellt ist eine Ansicht des von 1800 bis 1828 in der Südwestecke des Lustgartens aufgestellten, von Gottfried Schadow geschaffenen Marmorstandbildes des Fürsten. Dahinter erkennt man das Zeughaus, links die Oper und das Palais des Markgrafen Friedrich Wilhelm von Brandenburg-Schwedt (später Palais Wilhelms I.). Das kleine Ölbild auf Papier war die Vorlage für den Stich von Christian August Günther, der innerhalb der Berliner Vedutenserie für das 2. Heft der bei »Gaspar Weiß & Comp.« als Radierungen verlegten *Prospekte von Berlin* erschien. Das Motiv wurde vom geschäfstüchtigen Gaspare Weiss 1815 nochmals mit anderer Beschriftung als verkleinerte Aquatinta herausgegeben.[1]

Weiss stand noch über lange Jahre in Kontakt mit Catel, er besuchte ihn 1822 zusammen mit seiner Tochter Bertha, der Ehefrau des Malers Johann Karl Baehr, sogar in Rom.[2]
AS

1 Friedrich August Calau nach Franz Ludwig Catel, *Der Lustgarten in Berlin mit dem Denkmal des Fürsten Leopold von Anhalt-Dessau,* 73 x 108 mm, Exemplar 2015 im Antiquariat Struck, Berlin; vgl. Ernst/Laur-Ernst 2010, S. 190, Nr. 122.
2 Vgl. dazu auch den Beitrag des Verfassers im vorliegenden Katalog, S. 15–16.

Der Alexanderplatz in Berlin, um 1806
Öl auf Papier (auf Pappe aufgezogen), 17 x 25,8 cm
Stiftung Preußische Schlösser und Gärten Berlin-Branden-
burg, Potsdam
[Kat.-Nr. 42.2]

Christian August Günther nach Franz Ludwig Catel
Der Alexanderplatz in Berlin, um 1806
Radierung und Kupferstich, 210 x 286 mm (Platte)
Hamburger Kunsthalle, Kupferstichkabinett, Inv.-Nr. 2015-5
[Kat.-Nr. 42.2a]

Auf dieser Ansicht der Ostseite des Platzes sieht man links
das 1783 von Georg Christian Unger erbaute »Haus mit den

99 Schafsköpfen«, rechts das als »Ochsenkopf« berüchtigt
gewordene Arbeitshaus. Aufgrund der Beschriftung des
Blatts muss Catel die Ansicht nach der 1805 zur Erinnerung
an den Berlinbesuch von Zar Alexander I. erfolgten Um-
benennung des alten Ochsenplatzes in Alexanderplatz ausgeführt haben. *AS*

Das neue Münzgebäude in Berlin. | *Hôtel de la Monnoie de Berlin.*

Christian August Günther nach Franz Ludwig Catel
Ansicht des neuen Münzgebäudes zu Berlin, um 1806
Radierung und Kupferstich, 218 × 295 mm (Platte)
Hamburger Kunsthalle, Kupferstichkabinett
[Kat.-Nr. 43.1]

Gottlieb Wilhelm Hüllmann nach Franz Ludwig Catel
Die Petri-Kirche in Berlin, 1806 (?)
Radierung und Kupferstich, 226 x 299 mm (Platte)
Staatliche Museen zu Berlin, Kupferstichkabinett
[Kat.-Nr. 43.2]

Auch diesen beiden von Gaspare Weiss herausgegebenen
Ansichten Berlins lagen kleine, heute verschollene Ölbilder
Catels zugrunde. Mit der Ansicht der Petri-Kirche schuf
Catel sich ein sehr persönliches Erinnerungsbild, denn dort
befand sich im Schatten der heute zerstörten Kirche das
elterliche Haus. Die Komposition zeigt die Straße, in der die
Brüder Catel geboren wurden und aufwuchsen und wo die
väterliche Spielwarenhandlung lag. *AS*

Friedrich Wilhelm Meyer d. Ä. nach Franz Ludwig Catel
Abschied Zar Alexanders I. vom preußischen Königspaar
Friedrich Wilhelm III. und Königin Luise am Sarge Fried-
richs des Großen in der Garnisonkirche von Potsdam am
4. November 1805, 1806
Aquatinta, 553 x 436 mm (Bild)
Staatliche Museen zu Berlin, Kupferstichkabinett
[Kat.-Nr. 44]

Die großformatige Radierung Meyers reproduziert ein kurz
zuvor entstandenes Gemälde Catels (Abb. 1). Der Künstler
führte es anlässlich des historisch bedeutenden Treffens zwischen König Friedrich Wilhelm III. von Preußen und Königin
Luise mit dem russischen Zar Alexander I. am Sarg Friedrich
des Großen in der Potsdamer Garnisonkirche am 4. November 1805 aus. Das Thema, mit dem die Allianz Preußens,
Österreichs und Russlands gegen Napoleon zuversichtlich
beschworen wurde, war hochaktuell, und eine Reihe von
Künstlern widmete sich ab Anfang 1806 zeitgleich dieser
Darstellung. Darunter waren unter anderem Catels Schwager
Heinrich Dähling[1] und der Stecher Friedrich Wilhelm Bolt,
der die Begebenheit nach einer Zeichnung von Ludwig Wolf
als Aquatinta verbreitete (Abb. 2). Das Ölbild Catels, das
erst relativ spät 1810 auf der Berliner Kunstausstellung
öffentlich zu sehen war, konnte 1976 von Helmut Börsch-
Supan aus dem Kölner Kunsthandel für die Gemäldesammlung im Schinkel-Pavillon bei Schloss Charlottenburg in
Berlin erworben werden.[2]

Die Wahl des aktuellen Sujets zeigt Catel wie immer als
strategisch denkenden Künstler, der bestens über das relevante Zeitgeschehen informiert und so in der Lage war, historische Bildthemen aufzugreifen, die auf großes Interesse bei
möglichen Käufern stießen (vgl. auch Kat.-Nr. 107–110). AS

1 Ausst.-Kat. Berlin 1806 (zit. nach: Börsch-Supan 1971), S. 22, Nr. 70;
vgl. Börsch-Supan 1979, S. 95–96.
2 Geller 1960, S. 313 (als »verschollen«); Börsch-Supan 1979, S. 96,
Abb. 14; Börsch-Supan 1980, S. 228–229; Börsch Supan 1982, S. 30.

Abb. 1
Franz Ludwig Catel, *Abschied Zar Alexanders I. vom preußischen*
Königspaar Friedrich Wilhelm III. und Königin Luise am Sarge Fried-
richs des Großen in der Garnisonkirche von Potsdam am 4. Novem-
ber 1805, 1805/06, Öl auf Leinwand, 52,7 x 42,2 cm, Stiftung Preußische Schlösser und Gärten Berlin-Brandenburg, Schloss Charlottenburg, Schinkel-Pavillon, Inv.-Nr. GK I 30257

Abb. 2
Friedrich Wilhelm Bolt nach Ludwig Wolf, *Bey Friedrich's des*
Unsterblichen Asche schwören Alexander I. Kaiser von Rusland,
und Friedrich Wilhelm III. König von Preussen sich unauflösliche
Freundschaft (Potsdam, 4./5. November 1805), 1807, Aquatinta,
371 x 314 mm (Bild), Berlin, Staatliche Museen zu Berlin, Kupferstichkabinett, Inv. Nr. Bolt 871-44

ALEXANDER I. *Kaiser von Rußland verehrt die Ueberreste* FRIEDRICHS *des* GROSSEN,
und nimmt vom Könige FRIEDRICH WILHELM III. *und der Königin* LOUISE *von Preußen Abschied, zu Potsdam*
den 4ten November 1805.
Berlin, bei J.J. Freidhof 1805.

Friedrich der Große nach der Schlacht bei Kunersdorf,
1801/06
Bleistift, braun laviert, 160 x 225 mm
Berlin, Privatbesitz
[Kat.-Nr. 45]

Catels Beschäftigung mit historischen Themen war wesentlich umfangreicher als bisher bekannt. Erstmals kann hier
eine Entwurfszeichnung zu einer Historienszene aus dem
Umkreis des Kults um Friedrich den Großen präsentiert
werden, deren Verwendungszweck – wahrscheinlich handelt
es sich um die Vorlage zu einem nicht bekannten Stich oder
auch um eine Studie zu einem Aquarell – jedoch noch ungeklärt ist.

Dargestellt ist kein heroischer Aspekt im Leben Friedrichs des Großen, sondern die nur selten illustrierte Szene
des am Boden liegenden, von seinen Soldaten fürsorglich
umringten Königs nach der Schlacht bei Kunersdorf am
12. August 1759. Diese Schlacht endete für die Preußen mit
einer höchst verlustreichen Niederlage.[1] Der König verfiel
in Depression, gab sein Komando ab und dachte gar an
Selbstmord. *AS*

1 Vgl. Sternberger 2009.

MARTIN LUTHER

verbrennt die päpstliche Bulle und das canonische Recht vor Wittenberg um 10ᵗᵉⁿ December 1520.

Berlin bei J.J. Freidhof 1811.

Ludwig Buchhorn nach Franz Ludwig Catel
Luther verbrennt die päpstliche Bulle und das canonische Recht vor Wittenberg (10. Dezember 1520), 1811
Radierung und Kupferstich, 365 x 527 mm (Bild)
Hamburger Kunsthalle, Kupferstichkabinett
[Kat.-Nr. 46]

Mehrfach widmete sich Catel, beauftragt durch verschiedene Verleger, der historischen Figur Martin Luthers in seinen Illustrationen. Neben den Zeichnungen zu Zacharias Werners Schauspiel *Luther oder die Weihe der Kraft* (Kat.-Nr. 37.1-37.3) und der Darstellung August Wilhelm Ifflands als »Luther« in eben diesem Schauspiel (Abb. 9 auf S. 195), schuf Catel 1806 ein verschollenes Aquarell für die Ausstellung der Berliner Kunstakademie,[1] ein Motiv, das er als Gemälde in mehreren Fassungen wiederholte, darstellend Martin Luther, der die päpstliche Bulle und das kanonische Recht am 10. Dezember 1520 vor Wittenberg verbrennt (vgl. Abb. 3 auf S. 11). Ludwig Buchhorn fertigte nach Catels in Berlin recht bekannt gewordenem Aquarell eine Radierung, die 1811 von Johann Josef Freidhoff in Berlin verlegt wurde (Kat.-Nr. 46). Im *Mor-*

genblatt für gebildete Stände von 1810 wird der Stich Buchhorns als in Arbeit befindlich beschrieben und eine zweite Darstellung von Luther auf dem Reichstag zu Worms angekündigt, die aber wohl nie ausgeführt wurde. Eine zweite Besprechung erschien im *Journal des Luxus und der Moden 1810.*[2]

Von der Radierung mit der Verbrennung der päpstlichen Bulle existieren nur wenige Exemplare. Hans Geller äußerte die Vermutung, dass Catel dieses protestantische Bild nach seiner 1814 erfolgten Konversion zum katholischen Glauben unangenehm gewesen sein soll und er möglicherweise alles daran gesetzt habe, die Auflage von Rom aus über Mittelsmänner aus dem Verkehr zu ziehen.[3]

Das Motiv erhielt in der Folgezeit Vorbildcharakter und gehört zur festen Luther-Ikonographie des 19. Jahrhunderts. Es gibt beispielsweise eine Lithographie der Komposition Catels von Georg Michael Kirn, die in eine Reihe von fünfzehn Begebenheiten aus Luthers Leben eingebunden wurde. Alle entwerfenden Künstler sind angegeben, lediglich der Name Catels wurde auf dem Stein nicht vermerkt.[4]

Noch Adolph von Menzel nahm die Komposition Catels 1830/32 für seine bei Louis Sachse in Berlin verlegte Dar-

stellung der Szene zum Vorbild und wiederholte sie als Lithographie beinahe wörtlich.[5] *AS*

1 *Martin Luther verbrennt die päpstliche Bulle und das canonische Recht vor Wittenberg (10. Dezember 1520)*, 1806, Aquarell auf Papier, Maße unbekannt, Verbleib unbekannt; Ausst.-Kat. Berlin 1806 (zit. nach Börsch-Supan 1971), S. 25, Nr. 84 (»Eine Zeichnung in Sepia. Luther verbrennt zu Wittenberg die päbstlichen Bullen.«); Boetticher 1891, S. 163, Nr. 2. (»Luther verbrennt die päpstl. Bulle und das canon. Recht vor Wittenberg am 10. Dez. 1520. Gest. von L. Buchhorn. roy qu. fol; Berl. ak. KA. 1806«); Geller 1960, S. 313; Concina Sebastiani 1979, S. 311; Ausst.-Kat. Coburg 1980, S. 74, bei Nr. 20; Schadow 1987, I, S. 142; Ausst.-Kat. Rom 1996a, S. 73.
2 *Morgenblatt für gebildete Stände* Nr. 168 v. 14. 7. 1810, S. 672; Bertuch 1810, S. 479–480.
3 Geller 1960, S. 61–63
4 Ausst.-Kat. Coburg 1980, S. 104, Nr. 34.5.1–6.
5 Adolph von Menzel: *Luther verbrennt die päpstliche Bulle und das canonische Recht*, Kreidelithographie, 228 x 350 mm (Bild), in: *Luthers Leben. Ein Bilderbuch für die Jugend*, Berlin, Louis Sachse & Co., o. J., Blatt 5 der Serie (Nr. 4); Ausst.-Kat. Coburg 1980, S. 125, Nr. 36.4; Best.-Kat. Berlin 1984, S. 238, Nr. 187.8, Abb. Freundlicher Hinweis von David Klemm, Hamburg.

III
Die Reise durch Kalabrien mit dem französischen Archäologen Aubin-Louis Millin 1812

Vgl. dazu den Beitrag von Gennaro Toscano im vorliegenden Katalog, S. 50–65

Blick auf Scilla und die Meerenge von Messina
(Prov. Reggio di Calabria, Kalabrien), 1812
Pinsel in Braun, Spuren von Bleistift, 226 x 340 mm
Paris, Bibliothèque nationale de France, Département
Estampes et Photographie
[Kat.-Nr. 47]

Die Ruinen von Mileto (Prov. Vibo Valentia, Kalabrien) –
Der Sarkophag Rogers I. von Sizilien (1031–1101); Gelände-
ansicht, Juni 1812
Feder in Schwarz über Spuren von Bleistift, 220 x 335 mm
Paris, Bibliothèque nationale de France, Département
Estampes et Photographie
[Kat.-Nr. 48]

Die Ruinen von Mileto (Prov. Vibo Valentia, Kalabrien) –
Die Grabskulptur und der Sarkophag Rogers I. von Sizilien
(1031–1101), Juni 1812
Feder in Schwarz über Spuren von Bleistift, 236 x 320 mm
Paris, Bibliothèque nationale de France, Département
Estampes et Photographie
[Kat.-Nr. 49]

Die Ruinen von Mileto (Prov. Vibo Valentia, Kalabrien), 1812
Feder in Schwarz über Spuren von Bleistift, 395 x 630 mm
Paris, Bibliothèque nationale de France, Département
Estampes et Photographie
[Kat.-Nr. 50]

Ansicht des Platanenkreuzgangs im Kloster Santi Severino
e Sossio in Neapel, 1812
Pinsel und Feder in Braun über Bleistift, 325 x 424 mm
Paris, Bibliothèque nationale de France, Département
Estampes et Photographie
[Kat.-Nr. 51]

Kirche (Madonna di Montevergine?) in Paola (Prov. Cosenza, Kalabrien), 1812
Pinsel und Feder in Braun über Spuren von Bleistift,
227 x 310 mm (auf einem Blatt mit Kat.-Nr. 52.2)
Paris, Bibliothèque nationale de France, Département
Estampes et Photographie
[Kat.-Nr. 52.1]

Gasse in Paola (Prov. Cosenza, Kalabrien), 1812
Pinsel und Feder in Braun über Spuren von Bleistift,
227 x 310 mm (auf einem Blatt mit Kat.-Nr. 52.1)
Paris, Bibliothèque nationale de France, Département
Estampes et Photographie
[Kat.-Nr. 52.2]

Der Poseidontempel und das Heraion von Paestum
(Prov. Salerno, Kampanien), 1812
Feder und Pinsel in Braun über Bleistift, weiß gehöht,
567 x 870 mm
Paris, Bibliothèque nationale de France, Département
Estampes et Photographie
[Kat.-Nr. 54]

Blick auf Mendicino (Prov. Cosenza, Kalabrien), 1812
Feder und Pinsel in Braun über Bleistift, 220 x 335 mm
Paris, Bibliothèque nationale de France, Département
Estampes et Photographie
[Kat.-Nr. 53]

*Ansicht von Reggio Calabria mit Blick über die Meerenge
von Messina auf den Ätna (Prov. Reggio di Calabria,
Kalabrien),* 1812
Feder in Braun über Spuren von Bleistift, obere Hälfte
aquarelliert, 315 x 470 mm
Paris, Bibliothèque nationale de France, Département
Estampes et Photographie
[Kat.-Nr. 55]

*Blick auf die Küste Kalabriens von Bagnara aus
(Prov. Reggio Calabria, Kalabrien),* 1812
Feder in Braun über Bleistift, 216 x 321 mm
Paris, Bibliothèque nationale de France, Département
Estampes et Photographie
[Kat.-Nr. 56]

Ansicht von Amalfi (Amalfi, Prov. Salerno, Kampanien),
1812
Feder in Braun über Bleistift, 230 x 340 mm
Paris, Bibliothèque nationale de France, Département
Estampes et Photographie
[Kat.-Nr. 59]

Blick auf den Dom von Amalfi (Amalfi, Prov. Salerno, Kampanien), 1812
Feder in Schwarz über Spuren von Bleistift, 227 x 335 mm
Paris, Bibliothèque nationale de France, Département
Estampes et Photographie
[Kat.-Nr. 58]

Blick auf Amalfi von der Vorhalle des Domes aus (Amalfi,
Prov. Salerno, Kampanien), 1812
Feder in Schwarz über Spuren von Bleistift, 223 x 332 mm
Paris, Bibliothèque nationale de France, Département
Estampes et Photographie
[Kat.-Nr. 57]

Ansicht von Mileto (Prov. Vibo Valentia, Kalabrien), 1812
Bleistift und Tusche, 388 x 631 mm
Paris, Bibliothèque nationale de France, Département
Estampes et Photographie
[Kat.-Nr. 60]

Die Mündung des Savuto zwischen Amantea und Nocera
(Prov. Catanzaro, Kalabrien), 1812
Pinsel und Feder in Braun über Spuren von Bleistift,
217 x 335 mm
Paris, Bibliothèque nationale de France, Département
Estampes et Photographie
[Kat.-Nr. 61]

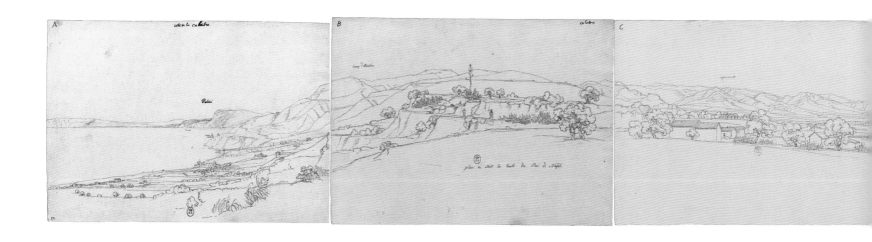

Panorama von Kalabrien und Sizilien auf 6 Blättern, 1812
Blatt A–F: Feder in Grau über Bleistift, 247 x 360 mm (A),
251 x 360 mm (B), 251 x 361 mm (C), 231 x 337 mm (D),
231 x 337 mm (E), 251 x 361 mm (F)
Paris, Bibliothèque nationale de France, Département
Estampes et Photographie
[Kat.-Nr. 62.1–62.6]

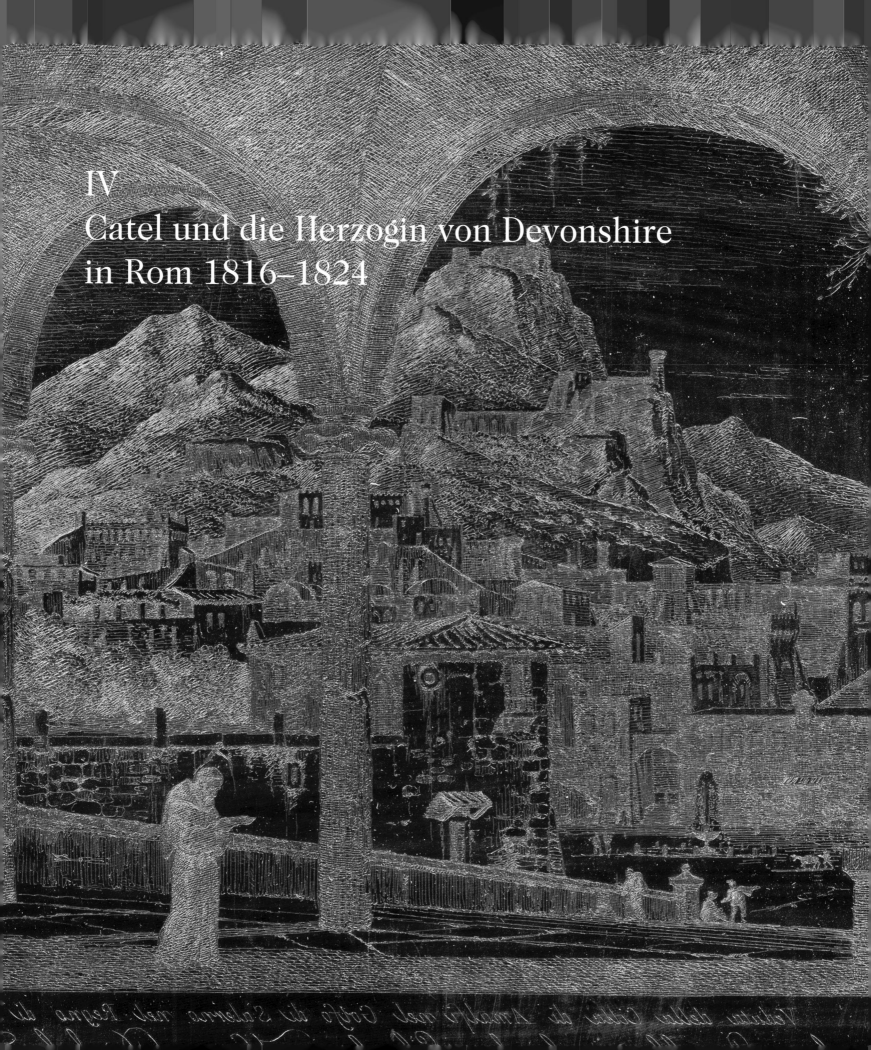

IV
Catel und die Herzogin von Devonshire
in Rom 1816–1824

IM JAHRE 1815 ließ sich Elizabeth Hervey Foster in Rom nieder. Sie war die Tochter des anglikanischen Bischofs von Derry, Frederick August IV., Herzog von Bristol, und in Irland in erster Ehe mit John Thomas Foster verheiratet.[1] Die Ehe wurde 1781 geschieden und Elizabeth kehrte nach England zurück, wo sie die Geliebte von William Cavendish, dem 5. Herzog von Devonshire wurde, dessen Ehefrau Georgiana Spencer die Dreierkonstellation zu tolerieren schien. 1806, drei Jahre nach dem Tod von Georgiana, heiratete der Herzog Elizabeth, die so durch ihre zweite Ehe zur Herzogin von Devonshire avancierte. Sie hatte mehrere Kinder mit dem Herzog, die außer Landes geboren wurden; die erste Tochter brachte sie 1785 im abgeschiedenen Vietri in Italien zur Welt. 1811 verstarb der Herzog, 1812 zog die Herzogin nach London, um dann endlich 1814 England zu verlassen und ab Januar 1815 in Rom zu leben, da der 1790 doch noch geborene legitime Erbe des Titels, der 6. Herzog von Devonshire, sie nicht in seiner Nähe haben wollte. Für die Herzogin war Rom ein willkommenes Exil, konnte sie sich dort doch ganz der Literatur und der bildenden Kunst widmen. Schon ihr Vater, der Herzog von Bristol, war Ende des 18. Jahrhunderts in Rom ein Mäzen von Künstlern wie Jacob More, Henry Tresham, Christopher Hewetson und Jakob Philipp Hackert gewesen. Dieser Tradition fühlte sich auch die Herzogin selbst in angenehmer Weise verpflichtet. Ihre Kontakte zu den kulturell interessierten Kreisen in Rom wurden besonders durch die enge Freundschaft mit dem einflussreichen Kardinal Ercole Consalvi befördert. Ihr Salon im Palazzo Piombino in der Via del Corso wurde zu einem Treffpunkt der Literaten und Künstler Roms. Besonders widmete sie sich philologischen Projekten und den von ihr finanzierten archäologischen Ausgrabungen auf dem Forum.

Im Jahr 1815 initiierte die Herzogin von Devonshire eine Neuübersetzung der fünften Satire des Horaz durch den Sekretär Consalvis und späteren Bischof von Nikopolis in Bulgarien, Giuseppe-Maria Molajoni. Sie beauftragte verschiedene Künstler mit Illustrationen, so schufen Franz und Johannes Riepenhausen ein Bildnis des römischen Dichters Horaz als Titelkupfer und Wilhelm Friedrich Gmelin, Giambattista Bassi, Franz Kaisermann, Simone Pomardi sowie Catel schufen Landschaftsdarstellungen, mit denen die Reise des Protagonisten der Satire entlang der Via Appia Antica bis Brindisi nachvollzogen wird (Abb. 1–3). Die Herzogin besuchte in Begleitung des befreundeten schwedischen Diplomaten Johan David Åkerblad alle Orte persönlich.[2] Es ist durch einen Brief der englischen Reisenden Mary Berry überliefert, dass der an der Herausgabe beteiligte Archäologe William Gell ihr im Hotel Grand Bretagne in Neapel alle für das Buch benötigten Zeichnungen gezeigt hat.[3] Als Anregung diente der Herzogin möglicherweise das Tafelwerk zur Via Appia Antica von 1789 des englischen Archäologen Sir Richard Colt Hoare und seines Zeichners Carlo Labruzzi.[4]

Die erste Ausgabe erschien 1816 in Rom bei Mariano Augusto De Romanis. Von den 150 gedruckten Exemplaren wurden nur 60 von der Herzogin in Umlauf gebracht, die restlichen wurden wegen der Fehler in der Übersetzung und angeblich schlechter Druckqualität der Stiche vernichtet. Eine zweite, ebenfalls bei De Romanis gedruckte und verbesserte Ausgabe erschien noch im selben Jahr, diesmal in 200 Exemplaren. Eine dritte, in den Illustrationen veränderte und auf acht Tafeln reduzierte, kam 1818 bei Bodoni in Parma heraus (Abb. 4).[5] Zu dieser Ausgabe lieferte Catel keine Landschaften, sondern zwei figürliche Darstellungen (Abb. 5–6), die restlichen sechs Tafeln wurden von den Brüdern Riepenhausen entworfen.

Kardinal Consalvi ermunterte die Herzogin 1818, auch die Übersetzung der *Aeneis* des Vergil von Annibale Caro herauszugeben. Die 1819 in zwei Bänden veröffentlichte Publikation (Abb. 7) wurde mit Illustrationen versehen, welche wie schon bei Horaz, jedoch in viel größerem Umfang die von Vergil beschriebenen Landschaften in ihrem damaligen Aussehen wiedergeben (Abb. 8–9).[6] Der erste Band enthielt 18, der zweite 31 Tafeln, die beiden Textbände wurden mit einer Reihe von Kupfern ausgestattet, unter anderem mit einer Darstellung der antiken Skulptur des Laokoon nach einer Zeichnung

Abb. 1
Titelblatt der Horaz-Ausgabe von 1816, Hamburger Kunsthalle, Bibliothek im Kupferstichkabinett, Sign. Ill. XIX. Varii 1816 (Inv.-Nr. kb- 2015.864.6-1)

Abb. 2
Pietro Parboni nach Franz Ludwig Catel, *Via Appia Antica (Inde Forum Appii / Poi giunsi all'Appio Foro)*, 1816, Radierung, 187 x 280 mm (Bild), Hamburger Kunsthalle, Bibliothek im Kupferstichkabinett, Sign. Ill. XIX. Varii 1816 (Inv.-Nr. kb- 2015.864.6-6)

Abb. 3
Pietro Parboni nach Franz Ludwig Catel, *Capua (Muli Capuae clitellas tempore ponunt / In Capua i muli vanno / Delo busto il peso a scaricar)*, 1816, Radierung, 187 x 280 mm (Bild), Hamburger Kunsthalle, Bibliothek im Kupferstichkabinett, Sign. Ill. XIX. Varii 1816 (Inv.-Nr. kb- 2015.284.g-13)

Abb. 5
Ludovico Caracciolo nach Franz Ludwig Catel, *Maecenas und Horaz auf ihrer Reise werden von Mücken und Fröschen im Kanal am Schlafen gehindert*, 1818, Radierung, 141 x 198 mm (Bild), 225 x 310 mm (Papier), in: Horaz 1818, S. II, Jena, Thüringer Universitäts- und Landesbibliothek, Sign. 4 Bibl. Bjelk. 17

Abb. 6
Ludovico Caracciolo nach Franz Ludwig Catel, *Das Gastmahl des Maecenas*, 1818, Radierung, 141 x 198 mm (Bild), 225 x 310 mm (Papier), in: Horaz 1818, S. VII, Jena, Thüringer Universitäts- und Landesbibliothek, Sign. 4 Bibl. Bjelk. 17

Abb. 4
Titelblatt der dritten Edition von Horaz' fünfter Satire, Rom 1818, Jena, Thüringer Universitäts- und Landesbibliothek, Sign. 4 Bibl. Bjelk. 17

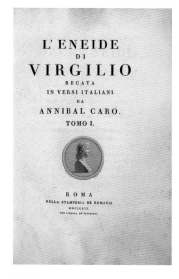

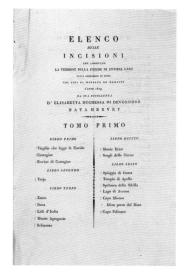

Abb. 7
Titelblatt des ersten Bandes der Vergil-Ausgabe von 1819, Göttingen, Niedersächsische Staats- und Universitätsbibliothek, Sign. 2 Auct. Lat. III 8645

Abb. 8
Elenco delle incisioni, Blatt 1, Göttingen, Niedersächsische Staats- und Universitätsbibliothek, Sign. 2 Auct. Lat. III 8645

Abb. 9
Elenco delle incisioni, Blatt 2, Göttingen, Niedersächsische Staats- und Universitätsbibliothek, Sign. 2 Auct. Lat. III 8645

Abb. 10
Domenico Marchetti nach Thomas Lawrence, *Bildnis der Herzogin von Devonshire*, 1819, Göttingen, Niedersächsische Staats- und Universitätsbibliothek, Sign. 2 Auct. Lat. III 8645

Abb. 11
Wilhelm Friedrich Gmelin nach Franz Ludwig Catel, *Agrigent (Vergil, Aeneis, Bd. I, S. 168; Eneide LIII)*, 1819, Radierung, 210 x 299 mm (Platte), 303 x 475 mm (Papier), Staatsgalerie Stuttgart, Graphische Sammlung, Inv.-Nr. A 2006/7434,6

Abb. 12
Wilhelm Friedrich Gmelin nach Franz Ludwig Catel, *Die Sireneninseln vor Positano (Vergil, Aeneis, Bd. 1, S. 276; Eneide LIV)*, 1819, Radierung, 210 x 290 mm (Platte), 305 x 480 mm (Papier), Staatsgalerie Stuttgart, Graphische Sammlung, Inv.-Nr. A 2006/7434,5

Abb. 13
Wilhelm Friedrich Gmelin nach Franz Ludwig Catel, *Capo Miseno (Vergil, Aeneis, Bd. I, S. 278; Eneide LVI)*, 1819, Radierung, 211 x 295 mm (Platte), 303 x 480 mm (Papier), Staatsgalerie Stuttgart, Graphische Sammlung, Inv.-Nr. A 2006/7434,8

von Tommaso Minardi. Neben Penry Williams, Charles Eastlake, W. Montgomery, Hendrik Voogd[7] und Abraham Teerlink, Giambattista Bassi, Gaspare Gabrielli sowie dem englischen Architekten und Archäologen William Gell und Lady Caroline Elizabeth Mary Stuart Wortley, einer Nichte der Herzogin, lieferte Catel die meisten der Vorlagen in Form von *plein air* gemalten Landschaften. Gestochen wurden die meisten der Illustrationen von Wilhelm Friedrich Gmelin,[8] doch auch Pietro Parboni, Pietro Bettelini und Pietro Fontana waren beteiligt. Vorlagen lieferten zudem Vincenzo Camuccini, der eine von Pietro Bettelini gestochene Historienszene mit dem aus seinen Werken lesenden Vergil schuf. Die Tafeln zum ersten Band enthalten weiterhin ein Bildnis der Herzogin von Domenico Marchetti nach einem Gemälde von Thomas Lawrence (Abb. 10). Catel fertigte beinahe die Hälfte der Modelle und zwar für Band 1 *Zante, Itaca, Monte Agragante* (Abb. 11), *Scoglie delle Sirene* (Abb. 12), *Spiaggia di Cuma* (Kat.-Nr. 64.1 und 64.2), *Tempio di Apollo, Spelonca della Sibilla, Capo Palinuro* und für Band 2 *Gaeta, Spiaggia del primo Alloggiamento di Enea, Ardea, Sarno, Capri, Ansure* und *Capua.* Außer dem mit *Palinuro* bezeichneten Stich, der nach einer Zeichnung entstand, schuf Catel seine Vorlagen sämtlich als kleinformatige Ölstudien auf Papier, die alle zwischen 1816 und 1818 entstanden sein müssen. Zu dem Stich *Capo*

Miseno (Abb. 13) ist die Ölstudie Catels 1987 im Kunsthandel nachweisbar gewesen (Abb. 14).[9]

Sehr schnell erschienen international lobende Besprechungen des literarischen Unternehmens der Herzogin; so gab es eine Rezension des ersten Bandes noch 1819 im *Giornale Arcadico,*[10] der zweite Band wurde 1821 in den *Effemeridi Letterarie di Roma* gewürdigt.[11] Im Tübinger *Kunstblatt* erschien bereits 1820 eine kurze Anzeige des Werkes[12] und Ludwig Schorn lieferte ebendort 1821 eine ausführliche Besprechung der Publikation, wobei er bemerkte, dass die Stiche »ohne Widerrede zu dem Besten, was dieser Meister der Kunst der Landschaftsstecherey [Gmelin] geleistet hat, [gehören] [...]. Die Ansichten, oft sehr einfach gehalten, erhalten dadurch einen eigenen zauberischen Reiz, und jede versetzt das Gemüth in eine verschiedene Stimmung. Catel scheint uns hierzu am ausgezeichnetsten«.[13] Anlässlich der Schenkung eines Exemplares der Publikation an die Göttinger Universitätsbibliothek durch die Herzogin wurde in den *Göttingischen gelehrten Anzeigen* eine ausführliche Würdigung vorgenommen, die sich auf die Ausführungen des *Giornale Arcadico* stützte bzw. den Beitrag übersetzte.[14]

Catel widmete 1818 aus Dankbarkeit seine drei besten Radierungen mit Landschaftskompositionen der Herzogin von Devonshire (Kat.-Nr. 65–67).   AS

1 Zum Leben der Herzogin von Devonshire vgl. Chapman 2002; Kuyvenhoven 1985; Nappi 1997. Der Vater war ein bekannter Kunstsammler, der nicht immer für die bestellten Werke zahlte und von Johann Christian Reinhart 1803 als »Porco Centauro« karikiert wurde; vgl. Ausst.-Kat. Hamburg/München 2012, S. 360, Nr. 248, Abb. (Beitrag Andreas Stolzenburg).
2 Vgl. Ausst.-Kat. Rom 2003a, S. 201 (Beitrag Francesco Leone); Stolzenburg 2007. S. 31–32. Zu Åkerblads Beziehungen zur Herzogin vgl. Thomasson 2013, S. 392–406.
3 Riccio 2000, S. 165.
4 Zu Labruzzis Zeichnungen der Via Appia Antica vgl. De Rosa/Jatta 2013. Vgl. auch Bonstetten 1805.
5 *Q. Horatii Flacci Satyarum Libri I. Satyra V.,* Romæ MDCCCXVI [1816] Excudebat De Romanis, Facta a Praesidibus Facultate [erste Auflage mit 17 Tafeln; die zweite Auflage erhielt eine zusätzliche Tafel mit der *Ansicht von Canosa;* vgl. Nappi 1997, S. 282]. Konsultierte Exemplare: Göttingen, Niedersächsische Staats- und Universitätsbibliothek, Sig. 2 Auct. Lat. III 2224 (mit Widmung der Herzogin: »pour l'université de Gottingen d'Elis.ᵗ Dch. de Devonshire nèe [sic]

Hervey 1822«; ein herzlicher Dank für Hilfe bei Recherchen geht an Christian Fieseler, Göttingen); Hamburger Kunsthalle, Bibliothek im Kupferstichkabinett, Sign. Ill. XIX Varii 1816 (Inv.-Nr. Kb-2015.864.g), mit Widmung der Herzogin an Lord Opulsdon (nicht verifizierbar) und einem Exlibris der Bibliothek von Chillingham Castle, Northumberland. – 1997 tauchte im Sammlung Feltrinelli ein Vorzugsexemplar auf, das die Herzogin dem Kardinal Consalvi geschenkt hatte. In dieser Ausgabe waren statt der Stiche Aquarelle der beteiligten Künstler in den Band eingeklebt; vgl. Aukt.-Kat. London, Christie's 1997, Nr. 276 (mit Verzeichnis der Aquarelle und ihrer Urheber); Verbleib unbekannt.(www.christies.com/lotfinder/LotDetailsPrintable.aspx?intObjectID=306843; letzter Aufruf, 27. 6. 2015), Hinweis von David Klemm. – *Di Orazio Flacco Satira V. Traduzione italiana con rami allusivi,* Parma, Co' Tipi Bodoniani, MDCCCXVIII [1818]; Exemplar: Jena, Thüringer Universitäts- und Landesbibliothek, Sign. 4 Bibl. Bjelk. 17
6 *L'Eneide di Virgilio Recata in Versi Italiani da Annibal Caro,* 2 Bde., Rom, De Romanis, 1819; Exemplare: Göttingen, Niedersächsische Staats- und Universitätsbibliothek, Sign. 2 Auct. Lat. III 8645; Rom, Biblioteca Nazionale Centrale »Vittorio Emanuele«; vgl. Kuyvenhoven 1985; Nappi 1997.
7 Zu Voogds Beteiligung an der *Aeneis* vgl. die Untersuchung von Kuyvenhoven 1985.
8 Zu Gmelin vgl. Andreas Stolzenburg, in: AKL 56, 2007, S. 273–276. Eine ungebundene Folge der insgesamt 24 Stiche Wilhelm Friedrich Gmelins aus dessen Besitz hat sich in der Staatsgalerie Stuttgart erhalten.
9 Aukt.-Kat. Berlin, Bassenge 1987, S. 195, Nr. 4806, Abb. S. 197. – Im Müchner Kunsthandel befand sich 1983 eine weitere Ölstudie Catels, deren Komposition mit den Illustrationen der Vergil-Ausgaben zusammenhängt (*Das alte Evandro mit dem Tarpeischen Felsen am römischen Kapitolshügel,* um 1818, Öl auf Leinwand, 17,5 × 27,5 cm, Verbleib unbekannt; Lager-Kat. München, Grünwald 1983, S. 12, Nr. 10, Abb., hier als »Italienische Dorfszene mit Wäsche aufhängenden Frauen« bezeichnet und die Angabe zur Devonshire-Provenienz). Wilhelm Friedrich Gmelin schuf nach eigener Zeichnungsvorlage eine sehr ähnliche Radierung für die Vergil-Ausgabe der Herzogin (links unten bezeichnet:

»W. F. Gmelin ad nat. del.«; rechts unten: »et sculp.«; Staatsgalerie Stuttgart, Graphische Sammlung, Inv.-Nr. A 2006/7434,23). Ob Gmelin eine Gemäldevorlage Catels nutzte und das »ad nat. del.« – nach der Natur gezeichnet – nur vorgab oder die Herzogin das Motiv möglicherweise als Gemälde bei Catel zusätzlich bestellt hatte, bleibt unklar. Es scheint im Besitz der Herzogin jedoch eine Gemäldeserie der den Stichen zugrunde liegenden Landschaftsbilder gegeben zu haben, die zerstreut wurde (vgl. Kat.-Nr. 64.1).
10 *Giornale Arcadico* 1819, S. 376–386; vgl. die Übersetzung im *London Magazine* 1820, S. 704–706.
11 *Effemeridi Letterarie di Roma,* N. S. 2 (1821), S. 301–323.
12 *Kunstblatt* Nr. 26 v. 30. 3. 1820, S. 103.
13 *Kunstblatt* Nr. 31 v. 16.4. 1821, S. 124–125.
14 *Göttingische gelehrte Anzeigen* 1820, S. 2003–2007.

Abb. 14
Capo Miseno, um 1818/20, Öl auf Leinwand, 18,5 × 29 cm, Verbleib unbekannt

Blick von Cumae nach Gaeta, um 1818/20
Öl auf Kupfer, 18,8 x 29,1 cm
München, Privatbesitz
[Kat.-Nr. 64.1]

Catels kleinformatige Ölskizze mit dem Blick von Cumae
nach Norden über den Golf von Gaeta entstand um 1818 im
Auftrag der Herzogin von Devonshire, die eine Prachtausgabe der *Aeneis* von Vergil in der Übersetzung Annibale
Caros mit Illustrationen in Auftrag gegeben hatte, für die sie
verschiedene damals in Rom tätige Künstler verpflichtete,
Zeichnungen und Gemälde anzufertigen.[1] Unter ihnen befand sich neben Vincenzo Camuccini, Abraham Teerlink
oder Hendrik Voogd auch Catel, der insgesamt 16 Vorlagen
lieferte. Ein erster Teil war Ende 1819 erschienen, der zweite
Teil erst 1820 mit insgesamt nahezu 50 Kupferstichen und
Radierungen; Anspruch der Landschaftsradierungen ist es,
»wirkliche Gegenden im gegenwärtigen Zustand, die im Gedichte beschrieben werden«[2], zu zeigen. Das Besondere der
Ansichten ist es also, ehemals historisch bedeutsame Orte
in ihrem damals zeitgenössischen Zustand zu präsentieren,
die dazu von den jeweiligen Künstlern aufgesucht wurden.
Das ambitionierte Ziel, Naturansichten ehemals bedeutungs-
voller Orte zu zeigen, teilt sich auch in den Radierungen
mit, die zum größten Teil von Friedrich Wilhelm Gmelin
stammen. Auch Catels Blick über den Golf von Gaeta (Kat.-
Nr. 64.1), der im ersten Band nach Seite 276 erschien (Kat.-
Nr. 64.2), hat Gmelin gestochen, der in der Bildlegende jene
ersten Verse aus dem sechsten Buch der *Aeneis* zitiert, in
dem Vergil die Ankunft von Aeneas in Italien bei Cumae
schildert, wo er bald auf Geheiß der Sibylle von Cumae in
die Unterwelt hinabsteigen sollte.[3] In einer zeitgenössischen
Besprechung wird Gmelins Radierung als »heitere Gegend
nicht weit von Cuma mit einem schönen Vordergrund«[4] vorgestellt.

Gmelins Radierung entspricht Catels Vorlage in den
Maßen, die er bis in die landschaftlichen Details getreu umgesetzt hat. Catels Komposition zeichnet sich gleichermaßen
durch bildhafte Geschlossenheit und erzählerische Details
aus; die sich in der Ebene ausbreitende Uferlandschaft wird
an den Seiten jeweils durch Bäume eingefasst, die den Blick
leiten, während im Vordergrund ein ins Tal hinabführender
Weg mit einem Wanderer das Interesse des Betrachters
weckt.

Eine Bleistiftskizze mit derselben Ansicht, die sich in
einem Skizzenbuch von Heinrich Reinhold in Wien befindet
(Abb. 1), verzichtet auf solche anekdotischen Angaben. Reinhold führte das Skizzenbuch im Frühjahr 1820 auf einer
Reise mit einem der Söhne des Fürsten Lobkowitz an den
Golf von Neapel und nach Sizilien. Reinholds schnell hin-
geworfene Skizze mit dem Blick von Cumae auf den Golf von
Gaeta ist laut eigenhändiger Beschriftung am 5. Mai 1820
entstanden; es handelt sich dabei um eine reine Naturstudie,
die keine bildhafte Geschlossenheit beansprucht. Zusätzlich
zur Datierung befindet sich auf dem Skizzenblatt die Notiz
»Siehe Durchzeichnung von Neapel«, die allerdings nicht

von Reinhold selbst, sondern wohl von dem Hamburger
Johann Joachim Faber stammt.

Zu diesem Motiv existiert eine weitere Zeichnung in
Hamburg, die bisher Catel zugeschrieben war, doch hier
erstmals als Werk Reinholds vorgestellt wird (Abb. 2). Das
Blatt stimmt im Duktus mit anderen ähnlich ausgeführten
Bleistiftzeichnungen Reinholds vollkommen überein, die alle
auf Transparentpapier entstanden sind.[5] Bei diesen Blättern
Reinholds handelt es sich um Kopien nach Zeichnungen anderer Künstler – vornehmlich nach Joseph Anton Koch, aber
auch nach Catel. Ein typisches Merkmal dieser Kopien auf
Transparentpapier ist neben der Verwendung eines relativ
weichen Bleistifts eine Rahmung, unter der eine Legende das
Motiv bezeichnet. Von Catel sind bisher kaum Zeichnungen
auf Transparentpapier bekannt,[6] während Reinhold dem
relativ neuen Papier besondere zeichnerische Facetten abge-
wann.[7] Die Zuschreibung des Hamburger Blattes an Reinhold
steht deshalb außer Frage, doch welche Funktion hatte es?
Ist es im unmittelbaren Zusammenhang mit den Vorberei-
tungen zur *Aeneis* der Herzogin von Devonshire entstanden?

Die nachträgliche Notiz Fabers »Durchzeichnung von
Neapel« auf dem Skizzenbuchblatt lässt vermuten, dass es
sich dabei um den Hinweis auf eine Zeichnung auf Transparentpapier handelt, das sich zum »durchzeichnen« besonders gut eignete. Diese Pause dürfte mit dem Hamburger
Blatt identisch sein, das mit Catels Gemälde und Gmelins
Kupferstich auch in den Maßen weitgehend übereinstimmt.
Allerdings ist dessen Verhältnis zu beiden nicht ohne Weiteres zu bestimmen – handelt es sich um eine Nachzeichnung
nach Catels Gemälde, eine Vorzeichnung für Gmelins Radierung oder eine Kopie nach der Radierung? Zur Übertragung
des Gemäldes in den Kupferstich muss Gmelin eine Zeichnung vorgelegen haben, die Reinhold mit dem Hamburger
Blatt im Auftrag Catels geliefert haben könnte. Dass Catel
an eine solche Verbindung gedacht hat, erweist jener Brief
Reinholds vom 6. Mai 1819 an seinen Bruder Gottfried, in
dem Reinhold von Catels Angebot berichtet, mit ihm in Rom
für »den Tag einen Piaster, nebst freien Tisch« zusammenzu-
arbeiten.[8] »Verschiedene glückliche Umstände [hätten] sich
vereinigt, [...] meinen längst gehegten großen Wunsch, nach
Rom zu gehen, zu verwirklichen, und wenn nicht alles schief
geht und besondere Hindernisse eintreten, so wird es in einigen Wochen geschehen.«[9] Tatsächlich sollte es aber noch
ein knappes halbes Jahr dauern, bis Reinhold zusammen mit
Johann Christoph Erhard am 19. Oktober Wien verließ und
im November 1819 in Rom eintraf. Ob es zu der Zusammenarbeit zwischen Catel und Reinhold gekommen ist, wissen
wir nicht; Nachrichten darüber sind jedenfalls nicht bekannt. Es muss deshalb fraglich bleiben, ob das Hamburger
Blatt ein Beleg für diese Zusammenarbeit sein kann, zumal
die Chronologie bei der Entstehung der *Aeneis* gegen eine
solche Annahme spricht. Der erste Teil war bereits Ende
1819 erschienen, worüber eine erste ausführliche Besprechung noch 1819 im *Giornale Arcadico* Zeugnis ablegt.[10]
Das Zeitfenster, in dem Reinhold nach seiner Ankunft im
November in Rom für Catel bis zur Drucklegung der *Eneide*

noch hätte tätig sein können, wäre sehr begrenzt gewesen.
Auch die Tatsache, dass Reinhold auf dem Hamburger Blatt
gegenüber Catels und Gmelins Ansicht den rahmenden
Baum links weglässt, spricht gegen die Annahme, es handle
sich bei Reinholds Zeichnung um die Vorlage für Gmelin.
Wahrscheinlicher ist, dass sie nach Gmelins Stich entstand,
dessen Wolkenformationen und differenzierte Lichtführung
Reinhold bis in die Einzelheiten in seine Zeichnung über-
nimmt; auf den Baum links verzichtete er, weil ihm der Ort
aus eigener Anschauung bekannt war, wie sie durch das
Wiener Skizzenbuchblatt dokumentiert ist.

Auch wenn sich die Frage nach einer Zusammenarbeit
zwischen Catel und Reinhold bisher nicht eindeutig klären
lässt, lassen andere Zeichnungen Reinholds eine tiefere Verbindung vermuten. In Hamburg befindet sich ein weiteres
Blatt von Reinhold, das laut Beschriftung den Blick auf Capo
Palinuro im Cilento südlich von Salerno zeigt (Abb. 3). So-
weit bekannt, ist Reinhold selbst dort nie gewesen; allenfalls
könnte er sich auf der Rückreise von Sizilien 1820 dort aufgehalten haben, als er sich in Neapel mit einer englischen
Reisegruppe nach Livorno einschiffen ließ.[11] Die Verwendung
des Transparentpapiers legt wie bei der Ansicht des Golfes
von Gaeta jedoch ebenfalls eine Kopie nahe; bestätigt
wird diese Vermutung durch ein jüngst publiziertes Reisetagebuch des Archäologen Aubin-Louis Millin, der zwischen 1811 und
1813 Italien bereiste und von Catel begleitet wurde. Catel
nahm dort im Auftrage Millins die wichtigsten Monumente
und Landschaften in Süditalien auf, die dieser stechen lassen
wollte, doch ist es bis zu Millins Tod 1818 dazu nicht mehr
gekommen.[12] Unter Catels Zeichnungen, die heute in der
Bibliothèque nationale de France in Paris verwahrt werden,
befindet sich auch eine einfache Umrisszeichnung mit der
Ansicht vom Capo Palinuro (Abb. 4),[13] auf der die Beschriftungen die genaue topographische Situation verdeutlichen:
Links an der äußeren Spitze der Landzunge das eigentliche
Capo Palinuro, in dessen Mitte sich die Casa del Ossa oberhalb der gleichnamigen Grotte befand, die Millin besuchte,[14]
während sich im Hintergrund die Berge der Punta di Ascea
erhoben. Der Blick erstreckt sich nach Norden bis Capo di
Posidonio mit der Insel Capri in der Bildmitte, die auf Catels
Zeichnung ebenfalls mit Bleistift benannt ist.

Reinhold hat diese Beschriftungen genauso weggelassen
wie die links von Catel in Bleistift angedeutete Palme. Das
geringfügig größere Format seines Blattes, das an den Rändern hin nicht vollständig ausgezeichnet ist, ist charakteristisch für Reinholds Kopien nach Werken anderer Künstler,
doch werfen die kleinen Unterschiede auf Reinholds Zeichnung die Frage auf, ob ihm Catels heute in Paris befindliche
Zeichnung zur Verfügung stand. Catels Zeichnungen befinden sich seit Millins Rückkehr 1813 in Paris, weshalb es
möglich sein könnte, dass Reinhold Catels Zeichnung bereits
während seines Aufenthalts von 1809 bis 1814 in Paris gesehen hat, als er im Auftrag Dominique-Vivant Denons Stiche
für das Musée Napoleon anfertigte. Denon stand mit Millin in
Kontakt, sodass Reinhold über ihn an Millin vermittelt worden sein könnte, doch ist über in Paris entstandene Zeich-

Abb. 1
Heinrich Reinhold, *Blick von Cumae nach Gaeta,* Bleistift,
110 x 172 mm, Wien, Albertina, Inv.-Nr. 24989, fol 18 v.

Abb. 2
Heinrich Reinhold nach Franz Ludwig Catel, *Blick von Cumae nach
Gaeta,* Bleistift auf Transparentpapier, 197 x 288 mm, Hamburger
Kunsthalle, Kupferstichkabinett, Inv.-Nr. 22946

Abb. 3
Heinrich Reinhold nach Franz Ludwig Catel, *Capo Palinuro,* Feder
in Graubraun auf Transparentpapier, 197 x 288 mm, Hamburger
Kunsthalle, Kupferstichkabinett, Inv.-Nr. 43921

nungen Reinholds kaum etwas bekannt. Stilistisch gehört Reinholds Pause eher in seine italienische Zeit, weshalb die angesprochenen Unterschiede zwischen beiden Darstellungen dafür sprechen, dass Reinhold eine zweite, heute verschollene Fassung von Catels Zeichnung zur Verfügung stand. Dies könnte in gleicher Weise für ein weiteres, »a Gerace« bezeichnetes Blatt von Reinhold gelten (Abb. 5), das ebenfalls auf eine heute nicht mehr bekannte Vorlage Catels zurückgehen könnte.[15]

Die Verbindung zwischen Catel und Reinhold lässt sich nach heutigem Kenntnisstand noch nicht eindeutig definieren, doch kann man von einem regen gegenseitigen Austausch ausgehen, den man nicht zuletzt auch aufgrund der Tatsache voraussetzen muss, dass Catel nach dem frühen Tod Reinholds am 15. Januar 1825 neben Faber, Bertel

Thorvaldsen und Julius Schnorr von Carolsfeld dem Gremium angehörte, das Reinholds Nachlass taxierte und dessen Versteigerung im April 1825 organisierte.[16] *PP*

1 Zur Auftragsvergabe und Entstehung des Stichwerks vgl. S. 227–229.
2 Vgl. *Göttingische gelehrte Anzeigen* 1820, S. 2003. Zu den weiteren Besprechungen der *Aeneis* im *Giornale Arcadico,* dem *Kunstblatt* und den *Effemeridi* vgl. S. 239, Anm. 10 und 11.
3 Kat.-Nr. 64.2. Für Hinweise zu Gmelins Radierung danke ich Andreas Stolzenburg, Hamburg, vgl. auch Borchardt 2010, S. 102, Nr. 164 g.
4 *Göttingische gelehrte Anzeigen* 1820, S. 2006.
5 Verwiesen sei auf folgende Blätter im Kupferstichkabinett der Hamburger Kunsthalle: Inv.-Nr. 43908, Inv.-Nr. 43910 und Inv.-Nr. 43911 sowie Inv.-Nr. 22947, welche ebenfalls ehemals Catel zugeschrieben war.
6 Für diesen Hinweis danke ich Andreas Stolzenburg, Hamburg.
7 Vgl. Prange 2012, S. 417–420.
8 Winkler 1988, S. 349.
9 Ebd.
10 *Giornale Arcadico* 1819c, S. 378–386.
11 Vgl. Ausst.-Kat. Gera 1988, S. 10.
12 Zu Millins und Catels Reise vgl. D'Achille/Iacobini/Toscano 2014, S. 17–30 und S. 287–291.
13 Vgl. D'Achille/Iacobini/Toscano 2012, S. 298–299, Nr. 42, Abb. 111.
14 Vgl. Millin 1814/2012, S. 17.
15 Von Catel existiert eine Ansicht von Gerace auf zwei Blättern; Bleistift, Feder in Braun, 250 x 360 mm und 254 x 361 mm, Paris, Bibliothèque nationale de France, Département Estampes et Photographie, Inv.-Nr. Reserve VZ-1383-FOL (Vb mat. Ia, boîte 3006, 274); D'Achille/Iacobini/Toscano 2012, S. 307, Nr. 112, Abb. 158a–b.
16 Vgl. Ausst.-Kat. Gera 1988, S. 354.

Abb. 4
Capo Palinuro, Bleistift, Feder in Braun, 221 x 330 mm, Paris, Bibliothèque nationale, Département Estampes et Photographie, Inv.-Nr. Reserve VZ-1383-FOL (Vb 132 t, 1 Fol, P 67282, Nr. 187)

Abb. 5
Heinrich Reinhold, *Gerace in Kalabrien,* Feder in Graubraun auf Transparentpapier, 161 x 221 mm, Hamburger Kunsthalle, Kupferstichkabinett, Inv.-Nr. 43920.

F. Catel pinx.

Così piangendo disse, e navigando
Di CUMA in ver l' Euboica riviera
Si spinse a tutto corso ———— Eneide L. VI.

W. Fr. Gmelin sculp.

Wilhelm Friedrich Gmelin nach Franz Ludwig Catel
Blick von Cumae nach Gaeta (Vergil, Aeneis, Bd. 1), 1819
Radierung, 210 x 299 mm (Platte), 302 x 483 mm (Papier)
Hamburg, Privatbesitz
[Kat.-Nr. 64.2]

Blick vom Fuß des Kapitols über den Campo Vaccino (Forum Romanum) mit dem Septimius-Severus-Bogen links, dem Vespasian-und-Titus-Tempel rechts im Vordergrund, der Phokas-Säule im Mittelgrund und der Konstantin-Basilika sowie der Kirche Santa Francesca Romana im Hintergrund, um 1818/19
Öl auf Papier, 69 x 107 mm
Bremen, Kunsthalle – Der Kunstverein in Bremen, Kupfer-stichkabinett
[Kat.-Nr. 63]

Das Bremer Ölbild im Miniaturformat wurde 2007 im moti-vischen Zusammenhang mit einem im *Giornale Arcadico* 1820 besprochenen Gemälde des Forum Romanums ver-ortet.[1] Es wird hier zudem in Zusammenhang mit der *Aeneis*-Ausgabe der Herzogin von Devonshire gebracht, da dort eine überraschend ähnliche Radierung von Pietro Parboni nach einer Vorlage von Nicholas-Didier Boguet zu finden ist (Abb. 1). Rechts im Vordergrund erkennt man eine stehende Frau mit Buch, die allgemein als Bildnis der

Herzogin angesehen wird. Die Wahl gerade dieses Motivs für ein Porträt der Herzogin ist sinnig, da diese auf dem Campo Vaccino eine Reihe von archäologischen Ausgrabungen finanzierte, unter anderem die bis 1818 erfolgte Freilegung der Phokas-Säule und der Reste des Vespasian-und-Titus-Tempels.[1]

Catels Bild, das wohl eine Wiederholung des im *Giornale Arcadico* erwähnten Gemäldes sein wird, zeigt, wie bestimmte Standorte von vielen Künstlern aufgesucht wur-den.[2] Das kleine Ölbild ist wahrscheinlich ein Geschenk an den 1820 bis 1847 in Rom lebenden Sammler Emil Vollard und seine Frau gewesen, wie die rückseitige Beschriftung vermuten lässt.[3] *AS*

1 Stolzenburg 2002; vgl. Stolzenburg 2007, Abb. 19 auf S. 41: hier der Zustand des Areals um 1812 vor den durch die Herzogin veranlassten Ausgrabungen (vgl. Abb. 9 auf S. 17).
2 Schon Kuyvenhoven 1985, S. 153, Anm. 38 verwies auf die Ähnlich-keit der Ölstudie Catels mit dem Stich nach Boguet.
3 Louise Seidler erwähnt Frau Vollard in ihren römischen Erinnerun-gen; vgl. Kovalevski 2006, S. 164.

Abb. 1
Pietro Parboni nach Nicholas-Didier Boguet, 1819, *Das Forum Romanum,* Radierung, 210 x 299 mm (Platte), Göttingen, Nieder-sächsische Staats- und Universitätsbibliothek, Sign. 2 Auct. Lat. III 8645, Tafeln, Bd. 2, Taf. 25

Ausblick aus der Grotte von Maiori in der Bucht
von Salerno, 1818
Radierung, 160 x 233 mm (Bild)
Staatliche Graphische Sammlung München
[Kat.-Nr. 65]

Ansicht der Stadt Amalfi am Golf von Salerno, 1818
Radierung, 155 x 229 mm (Bild)
Staatliche Graphische Sammlung München
[Kat.-Nr. 66]

Ansicht der Stadt Amalfi am Golf von Salerno, 1818
Druckplatte (Kupfer), Radierung und Grabstichel, 185 x 255 mm
Rom, Fondazione Catel
[Kat.-Nr. 66a]

Die Kolonnaden von Sankt Peter bei Mondschein, 1818
Radierung, 332 x 251 mm (Bild)
Staatliche Graphische Sammlung München
[Kat.-Nr. 67]

Die Kolonnaden von Sankt Peter bei Mondschein, 1818
Druckplatte (Kupfer), Radierung und Grabstichel,
357 x 257 mm
Rom, Fondazione Catel
[Kat.-Nr. 67a]

Die Herzogin von Devonshire, der diese Radierung gewidmet
ist, hatte die Prachtausgabe von Vergils *Aeneis* finanziert,
für die Catel die zeichnerischen Vorlagen lieferte (vgl. Text
S. 227–229). Als Vorlagen für diese drei der Herzogin – als
Dank für die vielen Aufträge und die stetige Protektion – gewidmeten Radierungen, die Catel selbst anfertigte (vgl. Kat.-

Nr. 66.a und 67.a) und nicht von fremden Stecher repro-
duzieren ließ, dienten ihm drei eigene Ölgemälde, in der Art
wie er sie als Vorlagen für Gmelin für die Landschaften der
Aeneis wohl schon ab 1816 ausgeführt hatte. Die Bilder der
Grotte von Maiori und des Doms von Amalfi sind verschol-
len, bei der Vorlage für den Blick durch die Kolonnaden von
Sankt Peter könnte es sich augrund des Formats um ein
Gemälde im Museo di Roma handeln (Abb. 2 auf S. 250).
Den Blick durch den linken Bogen des Portikus des Amalfi-
taner Doms (Kat.-Nr. 66) stellte Catel auch in einer kleinen
hochformatigen Ölstudie dar, in der derselbe Mönch als
Staffage im Vordergrund auftaucht.[1]

Schon im Mai 1812 war Catel erstmals in Amalfi und
besuchte dabei auch die Grotte von Maiori, wie durch eine
der wiederaufgetauchten Zeichnungen von der Kalabrienreise mit dem Archäologen Aubin-Louis Millin belegt ist, die
den Eingang zur Grotte von außen wiedergibt.[2] *AS*

1 Öl auf Papier, 149 x 115 mm, Verbleib unbekannt, Vgl. Fino 2007,
S. 94, Abb. 77.
2 *Die Grotte von Maiori bei Amalfi,* Feder in Braun über Bleistift,
230 x 340 mm, rechts unten bezeichnet: »Grotta del anunciata vicino
Majuri« (Bleistift), Paris, Bibliothèque nationale de France, Département Estampes et Photographie, Inv.-Nr. Reserve VZ-1383-FOL (Vb
mat. 1a boîte 2010, Nr. 180); D'Achille/Iacobini/Toscano 2012, S. 295,
Nr. 27, Abb. S. 296.

UNGLÜCKLICHERWEISE GEBEN SICH die meisten Künstler, die nach Rom ziehen, […] Ansichten und Szenerien hin, die bereits gemalt worden sind. Es ist diese servile Routine, die das Genie hemmt und zur Mittelmäßigkeit der meisten Künstler führt.« Mit diesen Worten warnte Pierre-Henri de Valenciennes in seiner 1800 erschienenen Abhandlung über die Perspektive seine Schüler davor, sich an den allzu häufig gemalten Ansichten der Ewigen Stadt zu versuchen und forderte sie indirekt dazu auf, neue Motive zu erschließen. Gewissermaßen trifft auf Franz Ludwig Catel beides zu: Er schuf Ansichten von Rom und seiner Umgebung, die die Tradition des späten 18. und frühen 19. Jahrhunderts fortsetzen und hinsichtlich ihrer Motivwahl an die Veduten von Künstlern wie Jakob Philipp Hackert, Johann Christian Reinhart, Joseph Anton Koch oder Johann Martin von Rohden anknüpfen. Zu diesen gehören die Ansicht der Via Appia Antica (Kat.-Nr. 86–89), der Grotte der Egeria (Kat.-Nr. 90), der Blick auf Tivoli mit den Cascatellen und der Villa des Maecenas (Kat.-Nr. 91–93) oder die Ruinen des Kolosseums (Kat.-Nr. 73). Besonders nah an einer Reinhart'schen Komposition bewegt sich Catel mit einer Ansicht der Gartenterrassen der Villa Doria-Pamphilj, die er mit einer für diese Phase seines Schaffens typischen Staffage ausstattete (Kat.-Nr. 194). Ebenfalls in den dreißiger Jahren schuf Catel eine gleichermaßen erfolgreiche wie traditionsreiche Komposition, die den Blick auf Rom und Sankt Peter von der Villa Medici auf dem Pincio aus zeigt (Abb. S. 416) und für die verschiedene Gemälde unter anderem in den Jahren 1834, 1839, 1842 und 1844 in Ausstellungen in Dresden, Berlin und Rom dokumentiert sind. Das reizvolle Panorama, das noch heute zu den touristischen Attraktionen eines Rombesuches zählt, hatte bereits Goethe zu einer Zeichnung inspiriert und findet sich erneut als Motiv in einem Gemälde von Camille Corot wieder.

Doch Catel warf auch ungewöhnliche Blicke auf die Ewige Stadt, wie sie Valenciennes gefordert hatte und wie sie etwa dessen Schüler Pierre-Athanase Chauvin und Achille-Etna Michallon, Jean-Auguste-Dominique Ingres oder der von Jacques-Louis David beeinflusste Däne Christoffer Wilhelm Eckersberg, die zeitgleich mit Catel in Rom weilten, beschäftigten. Zu dieser neuartigen Sichtweise gehört beispielsweise die Art, in der Catel das Motiv der Kolonnaden von Sankt Peter auf einen engen Ausschnitt begrenzt (Kat.-Nr. 68) oder sein ungewöhnlicher Blick auf das Kloster San Isidoro aus dem Fenster eines benachbarten Hauses (Kat.-Nr. 71). Vor allem in den Gemälden, die er mittels eines rahmenden Repoussoirs im Vordergrund als Durchblicke komponiert, stellt Catel immer wieder unprätentiöse Motive in den Vordergrund und rückt die Sehenswürdigkeiten Roms – gleichsam als Bild im Bild – klein in den fernen Hintergrund. So, wenn Küche und Garten Friedrichs IV., Herzog von Sachsen-Gotha-Altenburg zum Hauptgegenstand avancieren (Kat.-Nr. 72) oder wenn er das marode Mauerwerk und den wilden Bewuchs am Hang des Aventins zur eigentlichen Folie für das Gelage Kronprinz Ludwigs in der spanischen Weinschänke (Kat.-Nr. 103.1) macht, wohingegen hoch darüber und in rückseitiger Ansicht das Kloster von S. Sabina zu sehen ist, oder wenn der Konstantins-Bogen gleichsam aus der Vogelperspektive durch einen der Bögen des Kolosseums hindurch betrachtet wird (Kat.-Nr. 82).

Beliebt und von der zeitgenössischen Kritik ob ihrer Qualität, die unterschiedlichen Effekte von Mondlicht, Fackel- und Feuerschein wiederzugeben, lobend besprochen waren insbesondere Catels Nachtstücke vom Petersplatz (Kat.-Nr. 67–69), dem Quirinalsplatz (Kat.-Nr. 70) und dem Kolosseum; ersteres ist als Radierung, Ölstudie und in mehreren gemalten Versionen überliefert.

Die erhaltenen Zeichnungen (vgl. Kat.-Nr. 82, 75, 85, 87) sowie insbesondere eine Serie von Aquarellen aus den Jahren 1834/35 (vgl. Kat. Nr. 81, 83) deuten an, dass Catel sich Rom und die Campagna in noch weitaus größerem Umfang zeichnerisch erschlossen hat, als die überlieferten Gemälde offenbaren. Oft gilt sein Blick in diesen Studien den Ruinen der antiken Monumente – stets jedoch verbindet er diese mit Naturdarstellung und Szenen des zeitgenössischen Lebens und vermittelt so eine organische Vorstellung von Kultur und Natur. Das Bild, das Catels Gemälde von Rom vermitteln, ist weder von archäologischer Rekonstruktion noch von nostalgischer Antikensehnsucht geprägt, sondern zeichnet die Ewige Stadt letztlich als idyllischen Ort, der von dem harmonischen Nebeneinander von Antike und Moderne, Kultur und Natur charakterisiert wird. *NS*

Die Kolonnaden von Sankt Peter bei Mondschein,
1818/24 (?)
Öl auf Leinwand, 100 x 74 cm
Privatbesitz
[Kat.-Nr. 68]

Catels Gemälde gibt einen Blick durch die südlichen Kolonnaden von Sankt Peter auf den Petersplatz mit dem vatikanischen Obelisken und den beiden ob ihres verschwenderischen Wasserreichtums vielgerühmten Brunnen. Helles Mondlicht fällt auf den schäumenden Strahl des emporgeworfenen Wassers und überzieht die Wolken am Nachthimmel mit silbrigem Glanz. Effektvoll ragen die Kolossalsäulen vor dem erleuchteten Nachthimmel empor und werfen tiefe Schatten auf die Pflastersteine im Vordergrund. Durch die gegenüberliegenden Kolonnaden schimmert von fern der Schein eines Feuers.

Während Architekturdarstellungen des 18. Jahrhunderts – etwa die Kupferstiche Giovanni Battista Piranesis[1] oder Giuseppe Vasis[2] – die Dimensionen der Kolonnaden Gianlorenzo Berninis primär durch die Totale und die Ansicht aus der Vogelperspektive veranschaulichten, ist in der hier gefundenen Bildlösung der extreme Kontrast in den Größenverhältnissen zwischen den Säulen in Vorder- und Hintergrund das Mittel, um das Erleben des Besuchers vor Ort beim Durchschreiten der Kolonnaden wiederzugeben. Eine ganz ähnliche Komposition aus verschattetem Vordergrund mit Staffagefiguren und Durchblick auf die Weite des Platzes weist eine vermutlich zeitgleich entstandene Radierung in Luigi Rossinis *I monumenti più interessanti di Roma* auf (Abb. 1).[3] Auch Catel hatte das Motiv der Kolonnaden erstmals 1818 in Kupfer gestochen und es zusammen mit zwei weiteren Durchblicken – einem Ausblick aus der Grotte von Maiori und einer Ansicht von Amalfi aus der Vorhalle des Domes – der Herzogin von Devonshire gewidmet (vgl. Kat. Nr. 64–67). Eine gemalte Version des Motivs, die sich im Museo di Roma erhalten hat (Abb. 2),[4] ließe sich aufgrund ihrer Maße als gemalte Vorlage zur Radierung identifizieren.[5] Der Existenz der Radierung ist es wohl primär zu verdanken, dass der Durchblick durch die Kolonnaden auf den Petersplatz zu einem der beliebtesten Motive Catels avancierte, das häufig kopiert wurde, so beispielsweise von Detlev Martens, einem Schüler Christoffer Wilhelm Eckersbergs.[6] Interessant ist, dass Bertel Thorvaldsen 1821 Johan Christian Dahl mit einer Version des Motivs beauftragt hat.[7] Sie sollte das nächtliche Pendant zu einem Gemälde Eckersbergs bilden, bei dem die Effekte von Licht und Schatten,

die das Motiv bietet, durch das helle Sonnenlicht des Tages erzeugt werden (Abb. 3).[8] Die Wahl des ungewöhnlichen Bildausschnitts, mit der eine Abkehr von der überlieferten Darstellungstradition des Ortes einhergeht, ist typisch für die römischen Veduten Eckersbergs. Da dieser von 1813 bis 1816 in Rom weilte, ist wohl ihm die Erfindung der Komposition zuzuschreiben. Doch bilden bei dem Dänen der Raum zwischen den Säulen und der Ausblick auf den Platz die Bühne für kleine Genreszenen, wohingegen Catel seine Komposition mit einem schlafenden Schweizer Gardisten belebt hat. Durch die Figur dieses schlafenden Wächters, dessen Rüstung im Mondlicht schimmert und der winzig klein an die kolossalen Säulen gelehnt steht, erhält die Catel'sche Bilderfindung etwas von ihrer traumhaft-unwirklichen Atmosphäre. Für den Stimmungsgehalt seiner Nachtstücke und die Differenzierung verschiedener Lichteffekte wurde der Künstler bereits von den Zeitgenossen gelobt und dabei auch in eine Tradition mit den holländischen Meistern gestellt.[9] Interessant ist, dass der Künstler dabei den Brunnen des Petersplatzes nicht nur für die Steigerung des Effekts des hellen Mondlichtes nutzte, sondern auch, um andere Sinne des Betrachters anzusprechen. So meint man die Stille der Nacht erst durch das Wissen um das Rauschen der Fontänen auf dem Platz zu hören, deren strömendes und plätscherndes Wasserspiel bereits seit dem 17. Jahrhundert Gegenstand der Dichtkunst war.[10] Catel erweist sich hier als subtiler Schilderer des besonderen Zaubers, den die Brunnen Roms auf die romantischen Dichter wie Joseph von Eichendorff und noch bis weit ins 19. Jahrhundert hinein auf Lyriker wie Conrad Ferdinand Meyer (»Aufsteigt der Strahl und fallend gießt / Er voll der Marmorschale Rund […]«) oder Rainer Maria Rilke (»Zwei Becken, eins das andre übersteigend […]«) ausübten. Tatsächlich werden die Brunnen des Peterplatzes in der der Herzogin von Devonshire gewidmeten Radierung (Kat.-Nr. 67) gar als Gegenstand der Komposition genannt.

Das hier gezeigte Gemälde ist seit 1962 in dänischem Privatbesitz dokumentiert. Es ist nicht eindeutig zu klären, ob es mit dem Werk identisch ist, das 1820 als Auftragsarbeit für den englischen Maler Thomas Lawrence im Tübinger *Kunstblatt* Erwähnung fand,[11] oder mit einem dokumentarisch bezeugten Gemälde aus dem Besitz der Familie Sayn-Wittgenstein, das 1920 versteigert wurde.[12] Auch ist es keinesfalls auszuschließen, dass es sich bei diesen um ein und dasselbe Gemälde handelte, da die Kunstsammlung von Thomas Lawrence bereits 1830 aufgelöst und verstreut wurde.[13] Aufgrund der Entstehungszeit der Radierung 1818

und der für 1820 dokumentierten Version des Motivs für Lawrence liegt eine Datierung des Gemäldes um 1818–1820 nahe. Eine spätere Wiederholung ist jedoch gleichfalls nicht auszuschließen.[14] NS

1 Giovanni Battista Piranesi, *Veduta della gran Piazza e Basilica di S. Pietro,* in: *Vedute di Roma,* Bd. 1, 2. Pariser Ausgabe um 1835, Taf. 4, Radierung, 566 x 849 mm (Blatt), Hamburger Kunsthalle, Bibliothek im Kupferstichkabinett, Inv.-Nr. kb-1915-67-5.
2 Giuseppe Vasi, *Metà della Piazza di San Pietro in Vaticano,* in: *Delle Magnificenze di Roma antica e moderna,* Rom 1747–1761, Zweites Buch, Taf. 27.
3 *I monumenti più interessanti di Roma dal decimo secolo sino al secolo decimottavo veduti in prospettiva disegnati dal vero ed incisi dall'architetto Luigi Rossini,* Rom o. J. Laut Frontispiz stammt die erste Auflage der Serie von 1818: »Quest' opera fù pubblicata dall' autore a colori nel 1818, ma molto prima disegnata, e ne parlò il giornale Arcadico.«
4 Ausst.-Kat. Rom 2010a, S. 111, Nr. 66, Abb. S. 61; Ausst.-Kat. Rom 2014, S. 20, Abb. 5.
5 Vgl. Lager-Kat. München, Daxer & Marschall 2013, S. 40 (Beitrag Andreas Stolzenburg). In diese Richtung und in den Umkreis der Herzogin von Devonshire weist unter Umständen auch die rückseitige Bezeichnung »Principe di S. Antinoo«, hinter der sich eher ein gelehrtes Pseudonym aus Homers *Odyssee* denn der tatsächliche Name des Auftraggebers oder früheren Besitzers vermuten ließe.
6 *Die Kolonnaden auf dem Petersplatz,* um 1830; Feder und Pinsel in Braun, 176 x 129 mm, Kunsthalle zu Kiel, Inv.-Nr. 1975/KH 14; vgl. Ausst.-Kat. Kiel 2005, S. 180, 257.
7 Johan Christian Dahl, *Der Petersplatz in Rom am Abend,* 1821, Öl auf Leinwand, 37,9 x 30,1 cm, Kopenhagen, Thorvaldsens Museum, Inv.-Nr. B 181; vgl. Bang 1987, Bd. 2, S. 121, Nr. 311.
8 Eckersberg malte drei Versionen des offenbar sehr beliebten Motivs; vgl. Hannover 1898, S. 339, Nr. 198–200 sowie Hornung/Monrad 2005, S. 152–153.
9 So lobt beispielsweise Georg Kaspar Nagler an der Malerei Catels die »überraschende[n] Lichteffekte, worin überhaupt dieser Künstler große Stärke besitzt«; Nagler KL 2 (1835), S. 436.
10 Vgl. Struck 2016, Kat.-Nr. 5.8.
11 »Catel […] zwei Architekturstücke ausgeführt. […]. Die Architekturbilder stellen den Hof der Peterskirche im Mondschein vor, welche er für den englischen Maler Lawrence malt, der auch fremde Talente zu schätzen weiß.« *Kunstblatt* Nr. 66 v. 17. 8. 1820.
12 Sammlung der Fürsten Sayn-Wittgenstein-Sayn, Schloss Bendorf-Sayn; 1920 bei Creutzer in Aachen versteigert (laut annotiertem Exemplar aus Sayn-Wittgenstein-Besitz für 1.800 M verkauft); vgl. Boetticher 1891, S. 164, Nr. 57; Aukt.-Kat. Köln, Creutzer/Lempertz 1920, S. 6, Nr. 8 (»Kolonade in St. Peter bei Mondschein. Blick durch die hohen mächtigen Säulen der Kolonade auf den im Mondenschein liegenden Park [sic] mit seinen sprudelnden Fontänen. Als Staffage rechts an eine Säule gelehnt, ein schlafender Wächter. Goldrahmen. Leinwand. Höhe 100, Breite 77 cm.«) sowie Geller 1960, S. 337 (als »in den 20er Jahren in Aachen oder Brüssel versteigert«).
13 Vgl. Lager-Kat. München, Daxer & Marschall 2013, S. 42 (Beitrag Andreas Stolzenburg).
14 Ebd.

Abb. 1
Luigi Rossini, *Veduta del Colonnato di S. Pietro,* Radierung, 255 x 170 mm (Bild), in: *I monumenti più interessanti di Roma,* Rom o. J., Taf. 2, Rom, Bibliotheca Hertziana, Sign. Dg 540-600 gr raro

Abb. 2
Die Kolonnaden von Sankt Peter bei Mondschein, um 1818, Öl auf Leinwand, 35 x 26,5 cm, Rom, Museo di Roma, Palazzo Braschi, Inv.-Nr. MR 4086

Abb. 3
Christoffer Wilhelm Eckersberg, *Ansicht vom Petersplatz,* 1813–1816, Öl auf Leinwand, 31,4 x 26,8 cm, Kopenhagen, Thorvaldsens Museum, Inv.-Nr. B 214

Die Kolonnaden von Sankt Peter in Rom im Mondschein,
um 1823
Öl auf Leinwand, 148,5 x 199,5 cm
Celle, Museum Bomann, Stadt Celle
[Kat.-Nr. 69]

Blick auf das Kloster San Isidoro in Rom, um 1812
Öl auf Papier, 229 x 355 mm
München, Privatbesitz
[Kat.-Nr. 71]

Der Schweizer Maler Ludwig Vogel war ab 1808 an der
Wiener Akademie in Kontakt mit den Künstlern des Lukasbundes um Friedrich Overbeck gekommen und reiste 1810

gemeinsam mit ihnen nach Rom. Hier blieb er, nach Studien
in Neapel und Paestum 1811, bis Ende 1812, sodass diese
kleine, an die Werke Pierre-Henri de Valenciennes erinnernde Ölstudie Catels – bisher Vogel selbst zugeschrieben und
aus seinem Nachlass stammend – mit großer Wahrscheinlichkeit schon im Laufe des Jahres 1812 entstanden sein
wird. Vergleicht man die atmosphärische Wiedergabe der
Baum- und Himmelspartien mit dem nachweislich im Som-

mer 1812 ausgeführten Aquarell von Messina (Kat.-
Nr. 55), so wird zweifellos diese frühe Datierung gestützt.
    Catel, der zunächst ganz in der Nähe des Klosters San
Isidoro in der Via Sistina wohnte, gab ab Ende 1811 den
nazarenischen Künstlern im Kloster Unterricht in der Per-
spektivzeichnung. *AS*

*Ansicht der Piazza di Monte Cavallo mit den Dioskuren
und dem Quirinalspalast in Rom bei Mondschein*, 1822
Öl auf Leinwand, 100 x 137 cm
Rom, Privatbesitz – Courtesy Paolo Antonacci, Rom
[Kat.-Nr. 70]

In ihrem Stimmungsgehalt ist diese Ansicht der Piazza del
Quirinale der nächtlichen Ansicht des Petersplatzes (Kat.
Nr. 68) aufs engste verwandt. Beide Gemälde thematisieren
die nächtliche Stille eines römischen Platzes, das verträum-
te Plätschern der Brunnen und das Spiel von Licht und
Schatten auf der Fassade der Bauten. Einem Zitat aus dem
Kolonnadenbild gleich erscheint auch in dieser Komposition
die Figur eines schlummernden Schweizer Gardisten im
Bildmittelgrund. Das Gemälde ist nicht signiert und gelangte
als Werk von Johann Erdmann Hummel auf den römischen
Kunstmarkt.[1] Aufgrund von Komposition und Stimmungsgehalt einerseits, einer guten dokumentarischen Überlieferung andererseits kann es hier erstmals als ein Werk von
Catel identifiziert und in das Jahr 1822 datiert werden.[2]
Durch einen ausführlichen Bericht im *Giornale Arcadico*
von 1822 war der Forschung das Sujet bereits als eine Komposition Catels bekannt:[3] »Das zweite Bild stellt ein anderes
Nachtstück dar, das ganz auf Architektur abgestellt ist. Es
ist die Vedute der äußeren Piazza des Monte Cavallo, aufgenommen von der östlichen Ecke des Palazzo della Consulta.
Diese wunderbare Szene gefiel dem gefeierten englischen
Maler Lawrence so sehr, dass er sie in seinem Gedächtnis
tragen wollte und deshalb die Ausführung dem wackeren
Pinsel Catels anvertraute. Der noble Gebäudekomplex ist
durch Kupferstiche und durch Bilder auch bei Fremden sehr
bekannt, weshalb wir ihn nicht weiter beschreiben. Wir

sagen nur, dass man den Charakter des Ortes weder besser
festhalten kann, noch eine schönere und wunderbarere Wirkung als jene erzeugen kann, die dieser Künstler geschaffen
hat. Eine vollkommene Harmonie, die aus jener Dunkelheit
der Luft genommen ist, welche eine mysteriöse allgemeine
Ruhe erzeugt, damit sich die Augen auf allen Gegenständen
ausruhen: Ein Strahl des Mondes, der kaum hinter dem
Esquilin aufgegangen ist und sanft die Gebäude der päpstlichen Stallungen beleuchtet, und die schwere Masse des Obelisken sowie die Kolosse, die die Mitte der Komposition ein-
nehmen, haben es Catel ermöglicht, die Wirkung seiner
Malkunst durchaus neu einzurichten, in der er mit soviel
geschickter Wahrheit und Wissenschaft die minuziösesten
Einzelheiten behandeln konnte, dass für eine vollkommene
Illusion nichts zu wünschen übrig bleibt.«[4]

Nicht nur stimmt die lobende Beschreibung des Gemäldes recht genau mit der hier gezeigten Komposition – dem
Blick vom östlichen Ende des Palazzo della Consulta auf die
Piazza del Quirinale, dem Mondlicht, das partiell auf Palast-
fassade und die Scuderie fällt und der effektvollen Silhouette
von Obelisk und Dioskuren in der Mitte der Komposition –
überein. Auch bestätigt sich der darin erwähnte Auftrag des
englischen Malers Thomas Lawrence durch einen Brief der
Herzogin von Devonshire an den in London weilenden
Künstler, geschrieben am 7. und 14. Oktober 1820: »Catel is
delighted at being employ'd by you to do the Quirinal by
moonlight it will do better than that of St. Peter, where the
expanse of sky is rather too great – it was too dark a sky, and
he agreed it was so and meant to lighten it. I doubt its being
a thing possible to represent an Italian moonlight – do you
remember our excursion to Tusculum, and the little army
that attended us? And the setting sun just as we enter'd the

Vestibulum of Lucien Bonaparte's Villa? How beautiful and
grand the scenery all around! [...]«[5] Insgesamt darf mit
gutem Grund die Identität des hier gezeigten Werks mit dem
von Thomas Lawrence bestellten Gemälde angenommen
werden, insbesondere auch, da es durch seine besondere
Lichthaltigkeit besticht, die – das belegt der Wortlaut des
Briefes – ein ausdrücklicher Wunsch der Herzogin von
Devonshire gewesen ist. Die Aufgabe, ein Mondlicht unter
italienischem Himmel zu zeigen, stellte in ihren Augen eine
besondere Herausforderung dar und sie kritisierte Catels
bereits fertiggestellte nächtliche Ansicht von Sankt Peter
und den Kolonnaden dafür, zu dunkel geraten zu sein. Während die gewählte Ansicht auf die Piazza del Quirinale bereits in einer Radierung von Giovanni Battista Piranesi
vorbereitet wird, ist die träumerische Stille und der romantische Stimmungsgehalt des Gemäldes neu in der Ikonographie der Piazza, die sonst von zeremoniellem Pomp
charakterisiert wird und auf der bis heute täglich der Wach-
wechsel zelebriert wird.[6] *NS*

1 Ausst.-Kat. Rom 2002, S. 212–213, Nr. 51.
2 Mein herzlicher Dank gilt Francesco Colalucci, Rom, für den Hinweis auf das Gemälde und die möglicherweise falsche Zuschreibung
an Hummel. Herzlicher Dank ebenfalls an Paolo Antonacci, Rom, für
die Vermittlung und Andreas Stolzenburg, Hamburg, für die Bestätigung als Werk Catels.
3 Vgl. Ausst.-Kat. Rom 1996a, S. 74 sowie Stolzenburg 2007, S. 57,
Anm. 220.
4 *Giornale Arcadico* 1822, S. 142–143.
5 Brief der Elizabeth, Herzogin von Devonshire (Neapel, 7./14. 10.
1820), an Thomas Lawrence in London, London, Royal Academy of
Arts, Archive, Sign. LAW/3/219.
6 Vgl. zur ikonographischen Einordnung Ausst.-Kat. Rom 2002,
S. 212–213, Nr. 51 (Beitrag Francesco Colalucci).

Der Garten Friedrichs IV., Herzog von Sachsen-Gotha-Altenburg, auf Termini in Rom, 1818
Öl auf Holz, 13,5 x 18,5 cm
Rom, Privatbesitz
[Kat.-Nr. 72]

Das vorliegende Bild ist eine Wiederholung, wohl für den Kammerdiener des Herzogs Friedrich IV. von Sachsen-Gotha-Altenburg Simon Buttstaedt. Ein Gemälde für den Herzog selbst befindet sich in Gotha und trägt rückseitig eine Beschriftung, die besagt, dass rechts der Kammerdiener des Fürsten steht und links am Tisch in Rückenansicht einer der Brüder Riepenhausen wiedergegeben ist.[1] Zu den Riepenhausens, die in der Villa des Fürsten gewohnt haben sollen,

stand Catel seit Ende 1811 in freundschaftlichem Verhältnis, so war der Künstler einer der ersten Abonnenten der *Geschichte der Mahlerei in Italien.*[2] In dem reizvoll komponierten Durchblick schaut man aus dem dunklen Inneren des Hauses in den hellen, von der Sonne durchfluteten Garten. *AS*

1 »Catel aus Berlin fecit. Garten von Rom. 1818«, darunter ein Klebezettel: »Villa, welche Herzog Friedrich IV[.] / v. Gotha-Altenb. In Rom bewohnte / Der Maler Riepenhausen., welcher / jene Villa mitbewohnt, ist die links / auf dem Bilde, der Cammerdiener des / Herzogs (Buttstädt), die rechts dargestellte Person. / Wfg. [Wolfgang]«. Das Bild stammt aus dem Besitz des Hofbildhauers Eduard Wolfgang, der die Beschriftung auf dem Klebezettel anbrachte.
2 Ausst.-Kat. Stendal 2001, S. 193.

Abb. 1
Der Garten Friedrichs IV., Herzog von Sachsen-Gotha-Altenburg, auf Termini in Rom, 1818, Öl auf Holz, 13,5 x 18,5 cm, Gotha, Schlossmuseum Schloss Friedenstein, Inv.-Nr. Z. V. 2170

Blick durch einen Bogen des Kolosseums auf den
Konstantins-Bogen und die Kaiserpaläste auf dem Palatin;
zwei Figuren links im Vordergrund, 1820/30
Schwarze Kreide, 190 x 275 mm
Rom, Fondazione Catel
[Kat.-Nr. 82]

*Partie im Inneren des Kolosseums – Kardinal Ercole
Consalvi, der Abate Carlo Fea und der Architekt Giuseppe
Maria Valadier mit den Plänen zur Restaurierung des
Kolosseums,* um 1823
Öl auf Leinwand, 100,4 x 137,5 cm
The Art Institute of Chicago
[Kat.-Nr. 73]

Das vorliegende großformatige Gemälde zeigt den inneren
Ring des Kolosseums in Rom in Richtung Nordwesten,[1] wie
er sich um die Mitte der 1820er Jahre präsentierte.[2] Im Vergleich zu den zeitgenössischen französischen, den neuen
Blick auf das antike Kolosseums bestimmenden Ansichten
von Jean-Antoine Constantin und François-Marius Granet,
die sich meist als gezeichnete oder gemalte pittoreske Detail-
studien darstellen,[3] fällt bei dem vorliegenden Bild Catels
auf, dass hier weniger das atmosphärische Moment der
Ruine betont wird.[4] Hier scheint – auch wenn die Lichtstim-
mung des gleißenden Sommertags und die einzigartige
Flora[5] des antiken Monuments wunderbar erfasst sind – die
Ruinenarchitektur eher eine großartige Bühne abzugeben
für das historische Ereignis, das sich in seinem Inneren ab-
spielt. Es handelt sich also – ganz in der typischen Art Catels[6] – nicht um eine Ruinenlandschaft mit Staffage, sondern
eher um ein Historienbild vor der Ruinenkulisse des Kolosseums.[7]

Im Zentrum des Bildes befindet sich eine Gruppe von
drei Männern, deren Gesichter zu sehen sind, rechts von
ihnen ein weiterer Mann in Rückenansicht. Die Männer der
zentralen Figurengruppe im Bildvordergrund lassen sich alle
eindeutig als Porträts identifizieren. Zu sehen sind von links
nach rechts der päpstliche Staatssekretär Kardinal Ercole
Consalvi,[8] der das Kolosseums seit Langem erforschende
Historiker und Archäologe Abate Carlo Fea[9] sowie der französische Architekt Giuseppe Maria Valadier.[10] Letzterer
neigt sich ehrerbietig leicht nach vorn in Richtung seines
Gegenübers, dem Kardinal Consalvi, und hält in seiner rechten Hand einen architektonischen Plan. Links im Hintergrund wachen zwei Soldaten über das Wohl des Kardinals,
rechts steht ein weiterer Bewacher im Hintergrund und
schaut zwei Arbeitern zu, die an einem Stock über ihren
Schultern einen Sack tragen, in dem sich wohl Schutt oder
Sand aus der Ruine befindet.

Dieser eher beiläufige Hinweis auf Bauarbeiten führt
zweifellos in die richtige Richtung zur Entschlüsselung der
dargestellten Szene. Es handelt sich um die von Valadier
unter dem Pontifikat von Pius VII. im Juni 1822 begonnenen
und im Auftrag Leos XII. ab 1823 weitergeführten Pläne zur
zweiten Restaurierung des Kolosseums – genauer gesagt um
die zwischen Juni 1822[11] und 1826 ausgeführte Errichtung
eines weiteren Stützpfeilers an der Nordwestseite des immer
wieder vom Einsturz bedrohten römischen Amphitheaters,[12]
die Freilegung der antiken Architektur durch Herausschaf-
fung des über Jahrhunderte angesammelten Schutts sowie
die Anlage eines Weges um die Ruinen herum.[13]

Die erst vor wenigen Jahren erfolgte Zuschreibung an
Catel erscheint aus kompositorischen sowie stilistischen
Gründen sehr wahrscheinlich und findet eine Unterstützung
in dem (leider nur fragmentarisch erhaltenen und schwer
lesbaren) ligierten Monogramm »F C« an einem der Quader
oberhalb der Figurengruppe, wobei ein Monogramm dieser
Art auf anderen Werken des Künstlers bislang so nicht zu
finden war. Lediglich die frühe Ansicht des Vespasian-und-
Titus-Tempels von 1812 könnte gerade in der geschwungenen
Linienführung des Buchstabens »F« des dort in schwarzer
Farbe mit dem Pinsel ausgeführten Monogramms »F. C.
1812« zum Vergleich herangezogen werden.[14]

Die Entstehungszeit des Bildes bzw. der Auftrag zu
demselben lässt sich durch den Beginn der Bauarbeiten
Valadiers am Kolosseum im Juni 1822 und dem Tod des dargestellten Kardinals Consalvi am 24. Januar 1824 einschränken. Am wahrscheinlichsten scheint eine Auftragsvergabe
anlässlich des Beginns der Arbeiten im Juni 1822 oder kurz
danach, sodass anzunehmen ist, dass das Gemälde wohl
spätestens im Laufe des Jahres 1823 vollendet war. In der
zeitgenössischen Presse oder in Dokumenten des Künstlers
findet ein solcher Auftrag jedoch keinerlei Erwähnung. Auch
sind keine Studien zur Komposition oder zu den dargestellten Personen überliefert.

Der aus der Entstehungszeit des Gemäldes stammende
repräsentative Goldrahmen zeigt in den Ecken jeweils die
französische Lilie, was deutlich für einen französischen Auftraggeber zu sprechen scheint, ohne dass dieser bislang er-
mittelt werden konnte. Catel, der spätestens seit 1815 über
Elizabeth Hervey Foster, der Herzogin von Devonshire,[15]
sicher auch in Verbindung mit dem ihr eng vertrauten Kardinal Ercole Consalvi stand, hatte als Hugenotte, der französisch als Muttersprache beherrschte, schon in Berlin und
Paris enge Kontakte zu Franzosen gepflegt. In Rom war er
unter anderem mit François-Marius Granet und später mit
Jean-Auguste-Dominique Ingres gut bekannt. Briefe Granets
belegen, dass zum Beispiel auch der französische Politiker
Alexandre-Jacques-Laurent Anisson du Perron um 1821 bereits ein Gemälde Catels besaß.[16] *AS*

1 Ein früher Jakob Philipp Hackert zugeschriebenes Gemälde im
Goethe-Museum in Frankfurt am Main zeigt genau den auch hier zu
sehenden Mauerteil mit den Bogenöffnungen; vgl. Maisak/Kölsch 2011,
S. 378, Nr. 488.
2 Zur Darstellung des Kolosseums in der zweiten Hälfte des 18. und
der ersten Hälfte des 19. Jahrhunderts vgl. Wegerhoff 2012, S. 109–
147. – Eine frühe Pinselzeichnung Johann Christian Reinharts von
1790 zeigt wahrscheinlich genau denselben Abschnitt der Bogenstel-
lungen, allerdings von der anderen Seite aus gesehen. Der oben zu
sehende äußere Ring der Architektur ist in beiden Kompositionen mit
einem Mauerstück mit drei Fensteröffnungen zu erkennen; Ausst.-Kat.
Rom 2010b, S. 126–127, Nr. 46, Abb.
3 Vgl. zu Constantins und Granets Kolosseumsdarstellungen Ausst.-
Kat. Rom 2000, S. 15–30.
4 Erwähnt sei Catels Bild *Mönch und Wanderer im nächtlichen Kolosseum in Rom,* um 1830, Öl auf Leinwand, 99,6 x 76 cm, Kopenhagen,
Statens Museum for Kunst; Stolzenburg 2007, S. 108, Abb. 62; vgl.
Abb. 2 auf S. 321.

5 Auf die Bedeutung der Wiedergabe der Pflanzen auf dem Gemälde
kann in diesem Zusammenhang nicht näher eingegangen werden. Zur
Flora des Kolosseums vgl. allgemein Caneva 2004; Hopkins/Beard 2008;
Caneva/Ceschin 2000, S. 91–105.
6 Als Vergleich bietet sich der Blick auf Catels Genreszene *Kronprinz
Ludwig von Bayern in der spanischen Weinschänke* (Kat.-Nr. 103.1)
von 1824 an, die ebenfalls eine historische Begebenheit – den 40. Geburtstag des Architekten Leo von Klenze – mit einer Figurengruppe
zwar nicht vor einer Architektur, sondern als Innenraumbild mit Blick
durch die Tür in die Landschaft gestaltet.
7 Zur Einordnung von Catels besonderer künstlerischer Leistung in
der gelungenen Verbindung von Landschaft, Architektur und Figurenmalerei sowie seiner engen Anbindung an die französischen Künstler
vgl. das *Kunstblatt* Nr. 40 v. 17. 5. 1824, S. 158–159; zum genauen
Wortlaut vgl. auch den Beitrag des Verfassers im vorliegenden Katalog,
S. 28.
8 Zu Consalvis Physiognomie vgl. das Bildnis von Thomas Lawrence
und die Büste Bertel Thorvaldsens von 1824; Ausst.-Kat. Rom 2003a,
Abb. S. 194 und S. 198, Nr. VII.1, Abb.
9 Zu Feas Physiognomie vgl. das gezeichnete Bildnis von Jean-Baptiste Wicar im Museo Napoleonico in Rom. Zu Feas Tätigkeit vgl.
Ridley 2000. Carlo Fea verfasste eine grundlegende Untersuchung zur
Architektur des Kolosseums: *Osservazioni sull'arena e sul podio
dell'Anfiteatro Flavio [...] discusse e confutate [...],* Rom 1813.
10 Zu Valadiers Physiognomie vgl. das Bildnis von Jean-Baptiste
Wicar von 1827/28 in der Accademia di San Luca in Rom; Ausst.-Kat.
Rom 2003a, S. 304, Nr. II.5, Abb. Vor Valadier liegt hier ein Bauplan
der von ihm neugestalteten Piazza del Popolo.
11 Im Jahr 1822 entschied die *Commissione delle belle arti* das
Forum Romanum auszugraben – es gab dazu Pläne von Valadier,
Angelo Uggeri und Luigi Canina –, beginnend am Tabularium und dem
Concordia-Tempel, und der Kunstkommissar Carlo Fea gab sein Ein-
verständnis zur Errichtung des weiteren Stützpfeilers durch Valadier;
die Arbeiten begannen im Juni 1822; vgl. Ridley 1995.
12 Den Zustand des Kolosseums um 1822 gibt ein Gemälde des russischen Malers Silvester Schtschedrin wieder; Ausst.-Kat. Rom 2003a,
S. 84, Nr. I.6, Abb. – Auf einer um 1826 entstandenen Ölstudie von
Camille Corot ist der inzwischen errichtete Stützpfeiler sehr gut zu
sehen; *Das Kolosseum von den Farnesischen Gärten gesehen (Mittag),* 1826, Öl auf Papier, 300 x 490 mm, Paris, Musée du Louvre;
Ausst.-Kat. Karlsruhe 2012, S. 461, Nr. 14, Abb. S. 61.
13 Zur Baugeschichte des Kolosseums und den Restaurierungen der
ersten Hälfte des 19. Jahrhunderts vgl. Wegerhoff 2012, S. 148–153.
14 Stolzenburg 2007, S. 41, Abb. 19.
15 Vgl. ebd., S. 31–36. Die Herzogin von Devonshire stand auch in
engem Kontakt zu Carlo Fea; vgl. Ridley 1995.
16 »L'ami Forbin [Auguste de Forbin] m'a dit que vous étiez en possession de notre tableau de Catel. J'acquitterai la lettre de change qu'il
tirera sur moi pour en payer le prix. Gardez le tableau, s'il vous plaît,
pour n'en faire qu'un envoi avec celui de Voogd qui doit être bien
avancé d'après ce que vous m'avez écrit. Ma femme vous demande de
nous écrire quel est à peu près le sujet et la composition de l'un et de
l'autre, et j'espère que vous aurez cette indulgence pour sa curiosité
[...].«; Brief Alexandre-Jacques-Laurent Anisson du Perrons (Paris,
25. 4. 1821) an François-Marius Granet in Rom; Aix-en-Provence,
Musée Paul Arbaud, MQ 429, 86, zit. nach: Néto 1995, S. 66, Nr. 121. –
»Le tableau de Catel a l'air d'une ébauche à main indiquée; le site
est gracieux, mais c'est se moquer des gens de faire payer un tel
tableau 600 F. Au reste, le propriétaire qui est le véritable esprit de
contradiction, est assez satisfait. C'est tout ce qu'il faut: il n'y a que
les artistes français qui à ses yeux, sont barbouilleurs.« Brief August
Forbins (Paris, 4. 8. 1821) an François-Marius Granet in Rom; Aix-en-
Provence, Musée Paul Arbaud, 1640 A 37, 26, zit. nach: ebd., S. 77,
Nr. 143.

Detail aus Kat.-Nr. 73

Kat.-Nr. 74–77

Catels Landgut bei Macerata in den Marken und seine Vigna bei Ponte Molle vor den Toren Roms

AM 10. NOVEMBER 1850 erwarb Catel mit 78 Jahren auf dem Hügel vor der Milvischen Brücke als weitere Geldanlage noch ein landwirtschaftliches Gut, eine sog. Vigna,[1] so wie er es schon 1830 in der Nähe von Macerata getan hatte (vgl. Kat.-Nr. 75 und Abb. 1),[2] wobei die Ländereien und die Wohn- und Geschäftsgebäude in den Marken ungleich größer waren. Joseph Anton Koch brachte in seiner *Rumfordschen Suppe* Catel schon 1834 mit einer von ihm angeblich für ankommende Reisende und daraus resultierende Aufträge strategisch genutzten Vigna vor der Milvischen Brücke in Verbindung.[3] Es könnte also sein, dass Catel das Landgut bereits lange vor dem eigentlichen Erwerb, vielleicht schon ab den frühen 1820er Jahren, in irgendeiner Form in Pacht gehabt haben könnte.

Catel schuf insgesamt drei Ansichten seiner Besitzungen, die er seiner Frau vererbte.[4] Im Vordergrund der ersten (Kat.-Nr. 74) lagern in der Mittagssonne zahlreiche, in Diensten Catels stehende Landarbeiter; sie ruhen sich von der Arbeit aus und essen. Rechts am Bildrand erkennt man das kleine Wirtschaftsgebäude der Vigna. Direkt am Ufer des Tibers sieht man den mittelalterlichen Turm der Villa Lazzaroni, der noch heute dort existiert. Über die Tiberschleife hinweg schaut man auf Acqua Acetosa – ganz klein, aber gut zu erkennen sind das berühmte Brunnenhaus und die ab 1818 im Auftrag Kronprinz Ludwigs I. von Bayern gepflanzten Bäume, rechts und links flankiert von der Villa Glori und der Villa Ada auf den Hügeln.

Man meint, alle die Typen von Männern, Frauen und Kindern sowie von Ochsen und spielenden Hunden aus den zahlreichen früheren Landschafts- und Genrebildern des Künstlers zu kennen, und man versteht besser, warum er diese derart gekonnt und treffsicher malen konnte. Er kannte diese Menschen und ihre schwere Arbeit aus eigener Anschauung, da er eben nicht nur als Künstler auf der Suche nach pittoresken Motiven durch die Lande streifte, sondern selbst als Grundbesitzer ihre Tätigkeiten aus nächster Nähe kannte und sicher auch schätzte. Es fällt auf, dass hier bei der Ruhe von der schweren Landarbeit nicht getanzt wird, wie es sich das internationale Publikum der Genrebilder stets vorstellte und als Motiv forderte und goutierte.

Das Bild der Vigna vor der Milvischen Brücke und die Ansichten aus Macerata sind erst nach 1850, wohl etwa um 1852, jeweils vor Ort gemalt worden. Nicht nur sind die Figuren der Landarbeiter mit denen auf dem 1852 datierten Bild *Pilger auf dem Weg nach Loreto* (vgl. Abb. S. 425) motivisch mehr oder weniger identisch, sondern auch stilistisch sind die ausgeführten Bilder sich sehr nahe. So ist der rechts vorn am Wegesrand sitzende alte Mann auf dem Loreto-Bild auch auf der Ansicht der römischen Vigna zu finden. Zu dem vor ihm schlafenden Hirtenjungen links existiert eine Ölstudie in der Fondazione Catel.[5] Eine anonyme, vielleicht von der Hand Edmund Hottenroths stammende kleine Zeichnung zeigt das Wirtschaftsgebäude von Catels Landgut (Abb. 2).

Eine in ihrer Landschaftsauffassung und ihrer Genrestaffage verblüffend ähnliche Ernteszene hatte schon Jakob Philipp Hackert im Jahre 1782 gemalt. Catel könnte diese Gouache im Palazzo Reale in Caserta gesehen haben.[6] Von den Besitzungen bei Macerata hat sich noch ein

weiteres Gemälde erhalten (Abb. 3). Ein rückseitiger, vom Künstler angebrachter Zettel belegt, dass Catel das Bild an den Kunsthändler Louis Friedrich Sachse in Berlin geschickt hat und dass eine Straße auf dem Weg zu seinem Landgut dargestellt ist. Sachse sollte es nach der Präsentation auf der Berliner Kunstausstellung als Geschenk erhalten.[7] *AS*

1 Das Gut befand sich auf einem kleinen Hügel oberhalb des heutigen Viale Tor di Quinto, auf der Höhe der Villa Lazzaroni. Auf dem Gelände steht heute eine moderne Wohnsiedlung. 1851 scheint Catel neben seiner Wohnung an der Piazza di Spagna hier erstmals im kirchlichen Melderegister auf; Rom, Archivio del Vicariato, Stato delle Anime, S. Maria di Popolo in Campagna, 1851, Fol. 124; vgl. 1853, Fol. 26 Verso und Fol. 66 Verso. Vgl. auch die darauf beruhenden Notizen von Friedrich Noack in seinem Schedarium. Im Archiv der Fondazione Catel befindet sich ein Wirtschaftsbuch mit folgendem Titel: »Libro di amministrazione del Podere a Ponte Molle acquistato dal Sig. Francesco Catel il 10 novembre 1850«. Die Vigna wurde 1902/03 von der Stiftung an einen Luigi Mazzanti verkauft; Rom, Fondazione Catel, Archiv, Lett. F., Pos. 14, Fasc. I-IV.
2 Das noch heute Casino Catel genannte Wohngebäude liegt am Corso da Valle in Macerata. Zum Anwesen, das im 18. Jahrhundert vom Orden der Barnabiten erbaut wurde, gehört die Kapelle des hl. Filippo Neri mit Glockenturm. 1859 war es noch im Besitz der Witwe Catel; es wurde später vom Pio Istituto Catel veräußert und ist heute Eigentum der Familie Copparo; Bonifazi 1994, S. 87; Paci 1994, S. 209–210. – Geller 1960, S. 130, gibt eine Auflistung der durch das preußische Passregister nachweisbaren Reisen der Catels. Ab 1833 fuhren sie bis zum Tod des Künstlers im Juni oder Juli beinahe jedes Jahr nach Macerata.
3 Dazu Koch/Frank 1984, S. 64–65, S. 182–183.
4 »Lascio alla mia consorte i due [sic] quadri rappresentanti vedute delle mie possessioni a Macerata, ed al Pontemolle.«; Testament, 16. 6. 1848, erwähnt im Zusatz, 28. 4. 1855; Rom, Fondazione Catel, Archiv.
5 1850er Jahre, Öl auf Leinwand, 49 x 58 cm, Rom, Fondazione Catel, Inv.-Nr. 64; Bonifazio 1975/76, S. 187, Nr. 57.
6 *Ernte in San Leucio*, 1782, Gouache auf Karton, 465 x 695 mm, Caserta, Palazzo Reale, Inv.-Nr. 546; Ausst.-Kat. Weimar/Hamburg 2008, S. 334, Nr. 57, Abb. auf S. 191.
7 Das Motiv des bislang unveröffentlichten Gemäldes wurde in Unkenntnis der Beschriftung von Hans Geller und Marianne Prause als »Landschaft bei Neapel« identifiziert.

Abb. 1
Bauern beim Pflügen auf Catels Landgut bei Macerata, um 1850/55, Öl auf Leinwand, 63 x 94 cm, Rom, Fondazione Catel, Inv.-Nr. 24

Abb. 2
Anonym (Edmund Hottenroth?), *Bei Catels Vigna,* Bleistift, Maße unbekannt, Verbleib unbekannt, vor 1960 im Besitz der Erben des Malers Edmund Hottenroth in Dresden

Abb. 3
Landschaft mit Ochsenkarren in der Nähe von Catels Landgut bei Macerata, 1830er Jahre, Öl auf Leinwand, 32 x 40 cm, Kunstsammlung Rudolf-August Oetker GmbH, Inv.-Nr. G 396

*Rastende Landarbeiter auf der Vigna Catel nahe
der Milvischen Brücke vor Rom,* um 1852
Öl auf Leinwand, 64 x 93 cm
Rom, Fondazione Catel
[Kat.-Nr. 74]

Blick über den Tiber mit Ponte Molle, dem Monte Mario
und Sankt Peter in der Ferne, 1820/50
Bleistift, 144 x 220 mm
Rom, Fondazione Catel
[Kat.-Nr. 75]

Die mit Dynamik und Schnelligkeit skizzierte, nicht genauer
datierbare Bleistiftzeichnung aus dem Nachlass Catels zeigt
den Blick, den der Künstler von der Grenze seiner Vigna
aus auf den Tiber, die Milvische Brücke mit ihrem massiven
Brückenturm, dem Monte Mario sowie die von der Kuppel
von Sankt Peter dominierte Silhouette der Stadt Rom hatte.
AS

Ernteszene auf Catels Landgut bei Macerata, um 1850/55
Öl auf Leinwand, 63 x 94 cm
Rom, Fondazione Catel
[Kat.-Nr. 77]

Blick auf den mittelalterlichen Turm der Villa Lazzaroni
mit dem Hügel der Vigna Catel, 1820/50
Öl auf Papier, 80 x 120 mm
Rom, Fondazione Catel
[Kat.-Nr. 76]

*Landarbeiter mit Ochsenkarren in den pontinischen
Sümpfen bei Rom,* 1820er Jahre
Gouache, 195 x 273 mm
München, Privatbesitz
[Kat.-Nr. 78]

Meist wurde von den Künstlern die sich mehr im Norden
Roms befindende Campagna auf der Suche nach Motiven
durchstreift. Die südöstlich der Stadt entlang des Thyrreni-
schen Meeres, in Richtung Anzio und Terracina gelegenen
pontinischen Sümpfe (»Paludi pontini« oder auch »Agro
pontino« genannt) waren ein berüchtigtes Malariagebiet, das
man gern schnell durchreiste, und wurden daher eher selte-
ner aufgesucht.[1] Die Trockenlegung wurde in der zweiten
Hälfte des 19. Jahrhunderts durch den preußischen Offizier
Feodor Maria von Donat in Angriff genommen, jedoch erst
unter Benito Mussolini in den 1930er Jahren wirklich durchgeführt. Catel zeigt die typischen römischen Landarbeiter
mit ihren Ochsenkarren, die das Sumpfgebiet durchqueren.
Die vor Hitze flirrende Luft gelang dem Künstler dabei in der
Darstellung mithilfe der Deckfarbentechnik sehr treffend
und atmosphärisch richtig.   *AS*

1 Vgl. die Landkarte des »Agro pontino«; Mammucari 2002, S. 146–147.

Schäfer mit seiner Herde in der römischen Campagna,
1830/50
Öl auf Karton, 203 x 281 mm
Rom, Fondazione Catel
[Kat.-Nr. 79]

Sturm über der römischen Campagna, 1830/50
Öl auf Karton, 274 x 398 mm
Rom, Fondazione Catel
[Kat.-Nr. 80]

Zu dieser Ölstudie mit der Darstellung einer Hirtenfamilie,
die sich bei Sturm durch die römische Campagna bewegt,
könnte Catel durch ein Blatt in Bartolomeo Pinellis *Costumi
di Roma* angeregt worden sein (Abb. 1). *Tira Vento* – »es
windet« nennt Pinelli die Alltagsszene, in der das Motiv des
sich gegen den Wind stemmenden Hirten ebenso vorgeprägt
ist wie die fliegenden Gewänder. *NS*

Abb. 1
Bartolomeo Pinelli, *Tira Vento,* Radierung, 211 x 294 mm (Platte),
265 x 402 mm (Blatt), in: *Nuova raccolta di cinquanta costumi
pittoreschi,* Rom 1815, Taf. 25, Hamburger Kunsthalle, Bibliothek
im Kupferstichkabinett, Inv.-Nr. kb-1915-541-26

Kat.-Nr. 81, 83

Catels Aquarelle der Jahre 1834/35

VERHÄLTNISMÄSSIG WENIG ist von Catels zeichnerischem Werk auf uns gekommen, welches umfangreich gewesen sein dürfte: Allein vier »Stapel« von Skizzenbüchern, 3000 Skizzen und über 1000 Freilichtstudien (»studi di aria«) werden im Nachlassinventar des Künstlers erwähnt.[1] Einen Einblick in die Dichte, mit der der Künstler auf seinen Streifzügen Motive studiert und festgehalten hat, gibt eine Serie von Aquarellen, die in die Jahre 1834/35 datieren und die sich vielleicht durch einen glücklichen Zufall als Konvolut erhalten haben, bevor sie in den 1980er und 2010er Jahren einzeln auf den deutschen Kunstmarkt gelangten.

Das Motivspektrum der über 20 bekannten Blätter umfasst römische Monumente, Motive aus Neapel und Pompeji mit dem Vesuv sowie auch drei Ansichten von deutschen Ruinen.[2] Unter den römischen Motiven stechen eine atmosphärisch eindrucksvolle Gewitteransicht des Trajansforums (Abb. 1),[3] eine Ansicht des Kolosseums von Norden (Kat.-Nr. 81) sowie der Blick auf Santo Stefano Rotondo und den Lateran (Kat.-Nr. 83) besonders hervor. Letztere zeugen in der Sicherheit, mit der die feinen architektonischen Details wiedergegeben und zugleich Licht- und Schattenwerte in der lockeren Verteilung der Farbe eingefangen wurden, von der Meisterschaft Catels in der Technik des Lavierens. An die gleißenden Lichtwerte von Carl Blechens Amalfi-Skizzenbuch erinnern insbesondere zwei Grisaille-Aquarelle mit Motiven aus Pompeji (Abb. 2).[4] Besondere Leuchtkraft und farblichen Nuancenreichtum schließlich entfalten die Vesuv-Aquarelle vom September 1834 (Kat.-Nr. 160–161 mit Abb. 1–3). Die mitunter bis auf die Tageszeit genauen Datierungen zahlreicher Blätter erlauben nicht nur die Rekonstruktion von Catels Vesuv-Besteigungen am 14. und 17. September 1834. Sie veranschaulichen auch, dass der Künstler in jenen Tagen – ganz so wie auf seiner Reise mit Aubin-Louis Millin – auf Schritt und Tritt gezeichnet haben muss. Noch am selben Tag, an dem Catel den Vesuv von Caposecchi aus studiert hat (Kat.-Nr. 160), malte er vormittags auch den Blick auf die *Bottega del fornaio,* das Haus des Bäckers in Pompeji (Abb. 2). Am darauffolgenden Tag entstanden Studien des tragischen Theaters und des Jupitertempels von Pompeji;[5] am 16. September »abends« eine Innenansicht der Casa Championnet an der Porta della Marina bei Pompeji.[6]

Auch eine Reihe römischer Aquarelle ist nicht nur in enger zeitlicher Nähe zueinander entstanden, sondern zeugt zugleich von einer räumlich zusammenhängenden, künstlerischen Erschließung des Stadtraums: Gleich fünf Blätter sind der Topographie des Monte Celio gewidmet, darunter die hier gezeigte Ansicht des Kolosseums (Kat.-Nr. 81), das von je her zusammen mit dem Konstantins-Bogen in bildhaften Darstellungen der sieben Hügel Roms als Symbol für den Celio stand. Zusammen mit diesem Blatt übertrifft der auf den 30. April 1834 datierte Blick von Westen an Santo Stefano Rotondo vorbei zum Lateran (Kat.-Nr. 82) in seinem Format viele andere Blätter der Serie. Der Künstler dürfte die Ansicht, die den Blick des Betrachters an Lateransbaptisterium und -palast vorbei auf die Apsis der Lateransbasilika und die Rückseite der Fassade führt, von einem erhöhten Standpunkt, vielleicht von der steil auf den Celio ansteigenden Via della Navicella aufgenommen haben. Ein weiteres, kleineres Blatt, das 1983 im Kunsthandel auftauchte, soll einen Blick auf die Rundkirche von der Piazza Navicella aus gezeigt haben.[7] Nur wenige Schritte weiter die Via della Navicella entlang, befindet sich auf der linken Seite der Arco di Dolabella, die einstige Porta Caelimontana in der Servianischen Stadtmauer, die Gegenstand eines weiteren Blattes der Serie ist.[8] Ein fünftes Blatt schließlich ist mit dem Zusatz »Lateran« bezeichnet (Abb. 3)[9] und zeigt eine Studie von Ruinen, die sich als Teilstück der neronischen Abzweigung der Acqua Claudia zum Celio identifizieren lassen, wie sie noch heute in voller Höhe rund 150 Meter westlich der Porta Maggiore erhalten ist.[10] Oberhalb des großen Bogens hat Catel die mittlerweile entfernte und ins Museum verbrachte Inschrift dieses *Arcus Caelimontani* von 201 n. Chr. angedeutet. Drei

Abb. 1
Das Trajansforum bei Gewitter, 1834, Aquarell, 270 x 190 mm, Privatbesitz

weitere Aquarelle geben Ansichten der Ruinen des Kaiserpalastes auf dem benachbarten Palatin oder den Ausblick aus diesen auf Monumente des Celio wie Santi Giovanni e Paolo und das Kolosseum wieder.[11] Eine anderes erhaltenes Aquarell von 1834 zeigt einen großen Felsen unterhalb des Klosters von San Francesco in Amalfi (Abb. 4).[12]

NS

1 Stolzenburg 2007, S. 132.

2 Vgl. Aukt.-Kat. Hamburg, Stahl 2012, S. 7, Nr. 5–6, Abb. (*Ansichten der Burg Trimburg*, beide Aquarelle signiert: »F. Catel 1834«, 280 x 225 mm); Lager-Kat. Frankfurt am Main, H. W. Fichter 2014, S. 38–39, Abb. (wohl 1834, signiert »F. Catel«, 177 x 220 mm).

3 Vgl. Stolzenburg 2007, S. 114, Abb. 67.

4 *Blick auf das Haus des Bäckers in Pompeji,* 14. 9. 1834; Pinsel in Grau über Bleistift auf festem Velin, 203 x 285 mm, links unten signiert: »F. Catel« (Feder in Grau), Verso bezeichnet »Bottega di fornaio a Pompeji« und datiert: »Vormittag 14 Sept. 834« (Bleistift), Privatbesitz (unbekannt); Aukt.-Kat. München, Karl & Faber 2014, S. 143, Nr. 222, Abb. sowie *Blick auf das Tragische Theater in Pompeji,* 15. 9. 1834; Pinsel in Grau über Bleistift auf festem Velin, 215 x 295 mm, rechts unten signiert, bezeichnet und datiert: »F. Catel Teatro tragico a Pompeji 15. Sept.« (Feder in Grau), Verso bezeichnet und datiert: »Mittag 15. Sept. 1834 Teatro tragico Pompeji« (Bleistift), Privatbesitz; Aukt.-Kat. München, Karl & Faber 2014, S. 143, Nr. 221, Abb.

5 *Der Jupiter-Tempel in Pompeji,* 5. 9. 1834 Aquarell über Bleistift auf Velin, 167 x 262 mm, links unten signiert: »F. Catel« (Pinsel in Grau), Verso rechts datiert und bezeichnet: »15 Sept. [...] / Scavato 1816–17.« (Bleistift), links davon wohl von anderer Hand bezeichnet: »Tempio di Giove al foro di Pompeji« (Bleistift), Privatbesitz; Aukt.-Kat. Berlin, Bassenge 2011, S. 262, Nr. 6411, Abb.

6 *Die Casa Championnet an der Porta della Marina in Pompeji,* 16. 9. 1834, Aquarell über Bleistift, 188 x 304 mm, Verso bezeichnet und datiert: »Interno della Casa di Championnet a Pompeji / Abends / 16. Septemb.« (Bleistift), von anderer Hand falsch datiert: »1835« (Bleistift), Heidelberg, Kurpfälzisches Museum, Inv.-Nr. Z 5400.

7 *Blick auf die Rundkirche Santo Stefano Rotondo auf dem Monte Celio in Rom, von der Piazza Navicella aus gesehen,* 1834, Aquarell über Bleistift, 178 x 215 mm, links unten bezeichnet: »Stefano Rotondo da [?] piazza Navicella« (Pinsel in Grau), rechts daneben bezeichnet und signiert: »Monte Celio F. Catel Rom« (Pinsel in Grau), darunter mittig datiert: »11 [...] 1834« (Pinsel in Grau; »1834« mit Feder in Schwarz von fremder Hand nachgezogen), Privatbesitz; Lager-Kat. Frankfurt am Main, Joseph Fach 1983, S. 44, o. Abb.

8 *Blick auf den Arco di Dolabella und den Eingang des ehem. Ospedale degli Trinitari della Redenzione an der Via della Navicella nahe der Kirche Santa Maria in Domnica auf dem Monte Celio,* 1834, Aquarell über Bleistift, 135 x 193 mm, rechts unten signiert und datiert: »F. Catel 1834« (Feder in Grau), rechts unten signiert: »F. Catel« (Pinsel in Grau), München, Kathrin Bellinger Kunsthandel; Aukt.-Kat. München, Karl & Faber 2014, S.142, Nr. 220, Abb.

9 *Blick auf ein ruinöses Gebäude in der Nähe des Laterans in Rom,*1834, Aquarell über Bleistift, 130 x 195 mm, links unten signiert bezeichnet und datiert: »F. Catel Rom 1834 Lateran« (Pinsel in Grau), Privatbesitz; Aukt.-Kat. Berlin, Bassenge 2011, S. 262, Nr. 6412, Abb.; Lager-Kat. Düsseldorf, C. G. Boerner 2013, S. 18–19, Nr. 9, Abb.

10 Mein herzlicher Dank gilt Arnold Esch, Rom, für die Identifizierung des dargestellten Monuments und die Informationen zu seiner Geschichte.

11 *Blick auf die Ruinen des römischen Kaiserpalastes auf dem Palatin,* um 1834 (?), Aquarell über Bleistift, 175 x 216 mm, links unten bezeichnet und datiert: »Rom il 25 Sett. [?]« (Pinsel in Grau), rechts unten signiert und bezeichnet: »F. Catel Palatin [...] Kaiserpalast« (Pinsel in Grau), Privatbesitz; Lager-Kat. Frankfurt am Main, Joseph Fach 1987, S. 52, Nr. 56, Abb. S. 53 oben; Aukt.-Kat. Berlin, Bassenge 2000, S. 325, Nr. 5898, Abb. S. 326; *In den Ruinen des römischen Kaiserpalastes auf dem Palatin mit Blick auf Chor und Turm der Kirche SS. Giovanni e Paolo,* 1835, Aquarell über Bleistift, 295 x 230 mm, rechts unten signiert, bezeichnet und datiert: »F. Catel Rom 835« (Pinsel in Grau), Privatbesitz; Lager-Kat. Frankfurt am Main, Joseph Fach 1981, S. 52–53, Nr. 68, Abb. S. 53 unten; *Das Kolosseum vom Palatin aus gesehen,* Aquarell über Bleistift, 190 x 305 mm, Privatbesitz; Aukt.-Kat. München, Weinmüller 1975b, S. 82, Nr. 933, o. Abb.

12 Ehem. Sammlung Gerhard Schack, Hamburg; vgl. Stolzenburg 2007, S. 182, Nr. 15, Abb. S. 155. Zur Topographie vgl. Ricciardi 1998, S. 21–213, Abb. 309–314.

Abb. 2
Blick auf das Haus des Bäckers in Pompeji, 14. September 1834, Pinsel in Grau über Bleistift, 203 x 285 mm, Privatbesitz

Abb. 3
Blick auf den »Arcus Caelimontani« in der Nähe des Laterans in Rom, 1834, Aquarell über Bleistift, 130 x 195 mm, Privatbesitz – Courtesy C. G. Boerner, Düsseldorf/New York

Abb. 4
Felsformation am Meeresufer unterhalb des Kloster San Francesco bei Amalfi, 1834, Aquarell, 227 x 189 mm, Privatbesitz

Blick in das Kolosseum in Rom gegen Norden, Mai 1835
Aquarell über Bleistift, 270 x 427 mm
Privatbesitz
[Kat.-Nr. 81]

Blick auf die Rundkirche Santo Stefano Rotondo auf dem
Monte Celio mit dem Lateran im Hintergrund, April 1834
Aquarell über Bleistift, 233 x 384 mm
München, Privatbesitz
[Kat.-Nr. 83]

Künstlerfest in der Campagna bei Tor de' Schiavi,
um 1830/50 (1845?)
Öl auf Karton (auf Leinwand aufgezogen), 145 x 230 mm
München, Privatbesitz
[Kat.-Nr. 84.1]

Catel zeigt hier eines der vielen alljährlichen Feste der deutschen Künstlerschaft in der römischen Campagna, die er
während seiner 45-jährigen Anwesenheit in Rom oft selbst
miterlebte. Dargestellt ist die hügelige Campagnalandschaft
mit den antiken Ruinen der Tor de' Schiavi, nahe des heutigen Friedhofs Campo Verano. Die schwungvolle Ölstudie ist
nicht genau zu datieren, doch sei eine sehr ähnliche, 1845
datierte Darstellung eines Künstlerfestes vor der Kulisse
der Tor de' Schiavi von Ippolito Caffi hier zum Vergleich erwähnt.[1] *AS*

1 Ippolito Caffi, *Künstlerfest vor der Tor de' Schiavi*, 1845, Öl auf
Leinwand, 86 x 132 cm, Rom, Museo di Roma, Inv.-Nr. MR-350

Die Ruinen der römischen Kaiserpaläste auf dem Palatin mit Blick auf den Gianicolo, den Tiber und die Kuppel von Sankt Peter am Horizont, um 1825/35
Öl auf Leinwand, 20,8 x 33,4 cm
New York, The Morgan, Library & Museum, Thaw Collection
[Kat.-Nr. 84.2]

Bei dem vorliegenden kleinen Ölbild besteht nicht nur aufgrund der links unten deutlich sichtbaren Signatur des Künstlers kein Zweifel an der Authentizität, vielmehr lässt das Bild sich auch in der freien Malweise, die sich durch ihre schnellen und teilweise sehr breiten Pinselstriche auszeichnet, sowie in der Verwendung der farbkräftigen Palette gut mit anderen überlieferten Werken Catels in Einklang bringen. Erwähnt sei hier lediglich eine kleine Ölstudie auf

Karton, die einen Hirten mit Schafherde in der römischen Campagna bei Sonnenuntergang zeigt (Kat.-Nr. 79).[1] Typisch für Catels Bilderfindungen ist die auffallende Kombination des natürlichen Lichts der Sonne oder dem nächtlichen Mondschein mit künstlichen Lichtquellen wie Laternen, Fackeln oder offenen Feuern.

Das bisher als »Ruinen bei Rom im Abendlicht« betitelte Bild zeigt in Wahrheit einen Teil der sich hoch in den Himmel erhebenden Ruinen der römischen Kaiserpaläste auf dem Palatin oberhalb des Circus Maximus, in dessen Areal ein großes Feuer – eventuell zur Herstellung von Holzkohle – entzündet wurde und welches starken Rauch gen Himmel aufsteigen lässt. Auch hier findet sich also die genannte Gegenüberstellung zwischen dem Abendlicht und dem Feuer. Links am Rand ein Teil des Aventins, links im

Mittelgrund blickt man auf die zum Teil durch Nebelschwaden verschwommene Tiberschleife, im Hintergrund ist der Gianicolo oberhalb von Trastevere zu sehen, am Horizont auf der Höhe der grandiosen Lichtspiele des Abendrots erhebt sich majestätisch die große Kuppel von Sankt Peter. Rechts von ihr erkennt man eine weitere Kirchenkuppel, wohl die von Sant' Andrea della Valle.

Eine genaue Datierung dieser Ölstudie ist wie so häufig im Œuvre Catels nur schwer vorzunehmen, da der Künstler diese kleinen Studien nur höchst selten datiert und im Gegensatz zu der vorliegenden meist nicht einmal signiert hat. Nach jetzigem Kenntnisstand des Werks des Künstlers, scheint sich das vorliegende kleine Bild aber auf Grund seiner malerischen Qualität in das Dezennium zwischen 1825 und 1835 einordnen zu lassen. *AS*

Ansicht des Ponte Nomentano in Richtung Rom,
Oktober 1838
Bleistift, 246 x 378 mm
Hamburger Kunsthalle, Kupferstichkabinett
[Kat.-Nr. 85]

Blick auf die Via Appia Antica bei Rom, Juli 1827
Aquarell über Bleistift, 160 x 288 mm
Lübeck, Die Lübecker Museen, Museum Behnhaus Drägerhaus
[Kat.-Nr. 86]

*Ansicht der Via Appia Antica mit Blick auf die Albaner Berge
(Torre di Selce),* 1833
Öl auf Papier, 94 x 136 mm
Kunsthalle Bremen – Der Kunstverein in Bremen,
Kupferstichkabinett
[Kat.-Nr. 89]

Kleinformatige Wiederholung von Kat.-Nr. 87.

Ansicht der Via Appia Antica mit Blick auf die Acqua Claudia und die Albaner Berge (Torre di Selce), 1833
Öl auf Leinwand, 97 x 136 cm
Staatliche Museen zu Berlin, Nationalgalerie
[Kat.-Nr. 87]

Die Via Appia, benannt nach dem römischen Zensor Appius Claudius Caecus, war eine der großen römischen Heerstraßen, die vom Forum Romanum aus nach Capua (und seit 190 v. Chr. bis Brindisi) führte. Catels großes Gemälde zeigt eine monumental gesteigerte und hell erleuchtete Ansicht eines Teiles der antiken Gräberstraße vor der Porta di San Sebastiano, im Hintergrund die Albaner Berge mit dem Monte Cavo. Der frontal in den Bildraum verlaufende antike Straßenzug zieht, in meisterlicher Perspektive wiedergegeben, den Betrachter aus dem leicht verschatteten Vordergrund hinein in die Tiefe der weiten Campagnalandschaft, die am Horizont von den leicht dunstig erscheinenden Albaner Bergen begrenzt wird. Es erstrahlt ein klares südliches Licht, das in dichter Atmosphäre jedes Detail der Komposition klar hervorhebt. Bei dem kleinen Ölbild in Bremen (Kat.-Nr. 89) handelt es sich trotz der fehlenden Genrefiguren nicht um eine Studie zu dem großen Bild, sondern vielmehr um eine der kleinformatigen Wiederholungen seiner Kompositionen, die Catel in großer Zahl fertigte. *AS*

1 Peter Krieger und Gerd Helge Vogel bezeichnen das Bremer Bild als Vorstudie; Krieger 1986, S. 22; Vogel, in: Wesenberg/Förschel 2001, S. 84, Nr. 85.

Ansicht der Via Appia Antica mit Blick auf die Acqua
Claudia und die Albaner Berge (Torre di Selce), 1833
Bleistift, 188 x 278 mm
Hamburger Kunsthalle, Kupferstichkabinett
[Kat.-Nr. 88]

Hirten in der Campagna vor der Grotte der Egeria,
um 1836
Öl auf Leinwand, 39,3 x 62 cm
Hamburger Kunsthalle
[Kat.-Nr. 90]

*Landschaft mit Blick auf die Villa des Maecenas und
das Tal des Aniene bei Tivoli*, um 1820/30
Öl auf Leinwand, 134 x 188 cm
Paris, Privatbesitz. Courtesy Giacomo Algranti, Paris
[Kat.-Nr. 91]

Das großformatige Gemälde wird hier erstmals als von der
Hand Catels veröffentlicht. Es tauchte erst vor wenigen Jah-
ren mit seinem Pendant (Kat.-Nr. 154) in einer Florentiner
Privatsammlung auf und wurde als Werk Anton Sminck van
Pitloos indentifiziert. Aufgrund motivischer und stilistischer
Übereinstimmungen mit den Bildern Catels ist eine Zuschrei-
bung jedoch zwingend. Die Cascatellen und die Villa des
Maecenas wählte der Künstler häufig als Bildmotiv (vgl. Kat.-
Nr. 92 und 93).   *AS*

*Liebespaar in der Grotte der Fontana dell'Ovato unterhalb
der thronenden Sibylle im Park der Villa d'Este in Tivoli,*
um 1818
Öl auf Leinwand 54,3 x 70 cm
Kopenhagen, Thorvaldsens Museum
[Kat.-Nr. 94]

Das vorliegende Bild erwarb Bertel Thorvaldsen direkt vom
Künstler. Im Jahre 1820 wurde auf der Akademieausstellung
in München eine in der Staffage leicht veränderte Version
dieses Bildes präsentiert, das der bayerische Architekt Leo
von Klenze beim Künstler in Auftrag gegeben hatte (Abb. 1).
Mit dem Erwerb der Gemäldesammlung Klenzes 1841 durch
Ludwig I. von Bayern kam das Gemälde dann in die könig-
liche Sammlung nach München und wurde 1924 an den
Wittelsbacher Ausgleichsfond überstellt. Im Puschkin-
Museum in Moskau haben sich zwei Studienzeichnungen des
Motivs erhalten (vgl. Abb. S. 94), denen eine kleine Zeich-
nung im Hannoveraner Skizzenbuch vorausging (Abb. 2). *A S*

Abb. 1
*Liebespaar in der Grotte der Fontana dell'Ovato unterhalb der
thronenden Sibylle im Park der Villa d'Este in Tivoli,* um 1820, Öl
auf Leinwand, 36 x 46,8 cm, unbezeichnet, Schloss Berchtesgaden,
Wittelsbacher Ausgleichsfond, WAF, Nr. 148 (Inv.-Nr. B I 162)

Abb. 2
Studie der Grotte der Fontana dell'Ovato, Bleistift, 138 x 220 mm,
Hannover, Niedersächsisches Landesmuseum, Graphische Sammlung,
Inv.-Nr. 1948.6, Fol. 38

Landschaft mit Blick auf die Villa des Maecenas und
das Tal des Aniene bei Tivoli, um 1830/31
Öl auf Leinwand, 65 x 91 cm
Schweinfurt, Museum Georg Schäfer
[Kat.-Nr. 92]

*Landschaft mit Blick auf die Villa des Maecenas und
das Tal des Aniene bei Tivoli,* um 1830/31
Öl auf Leinwand, 58,1 x 88,4 cm
Essen, Museum Folkwang
[Kat.-Nr. 93]

Entweder Kat.-Nr. 92 oder Kat.-Nr. 93 sind wohl identisch
mit dem vom Künstler 1831 in Rom ausgestellten Gemälde
dieses Sujets.[1]   *AS*

1 Vgl. Montani 2007, S. 374 (»Una veduta delle colline di Tivoli con
infrapposto l'Aniene«).

Das Flussbett des Aniene unterhalb von Tivoli (?), 1820/30
Öl auf Leinwand, 28,3 x 42,7 cm
Kopenhagen, Statens Museum for Kunst
[Kat.-Nr. 95]

Italienische Berglandschaft mit Pergola im Gegenlicht,
1820/30
Öl auf Leinwand, 27,3 x 41,5 cm
Rom, Fondazione Catel
[Kat.-Nr. 96]

Studie einer Baumgruppe, um 1830/40
Öl auf Leinwand, 33 x 52,5 cm
Hamburger Kunsthalle
[Kat.-Nr. 97]

Blick auf Ariccia in Richtung Meer mit den
Ponzianischen Inseln, 1821/25
Öl auf Leinwand, 100,2 x 138,5 cm
München, Bayerische Staatsgemäldesammlungen,
Neue Pinakothek
[Kat.-Nr. 98]

Zur Topographie vgl. Kat.-Nr. 99. Aus der Sammlung Leo von
Klenzes erwarb Ludwig I. 1841 eine kleine Komposition, die
denselben Ort mit dem Blick auf das Schloss von Ariccia
zeigt, jedoch mit anderer Staffage (Abb. 1).[1] *AS*

1 Rott 2003, S. 163 (hier als »Bei Castel Gandolfo«); vgl. Bonifazio
1975/76, S. 235–236, Nr. 52 (als »Vicino Castel Gandolfo«).

Abb. 1
Blick auf Ariccia, um 1821/25, Öl auf Holz, 17,5 x 28,2 cm, Schloss
Berchtesgaden, Wittelsbacher Ausgleichsfond, Inv.-Nr. B I 13

Blick auf Ariccia in Richtung Meer, 1834
Öl auf Karton, 285 x 445 mm
London, Privatbesitz
[Kat.-Nr. 99]

Es handelt sich bei der malerisch besonders fein ausgeführten Ansicht von Ariccia um eine vor dem Motiv gemalte
Ölstudie, die in überzeugender Weise das zarte Spiel des
Sonnenlichts in den Bäumen, den Wolken und auf dem weit
entfernt liegenden Meer mittels einer geschickten Luftperspektive einfängt.

Der Blick des Betrachters, dessen Standort auf der
Straße zwischen Albano und Ariccia anzunehmen ist, wird
zunächst von einem wie ein Querriegel von links nach rechts
über das Bild laufenden Band von Bäumen und Büschen
gebannt. Einzelne Partien des Laubwerks sind durch helle,
von der Sonne beschienene Flecken hervorgehoben. Der unmittelbare Vordergrund am unteren Rand des Bildes ist nur
grob in Braun- und Grüntönen angelegt, typisch für eine

plein air entstandene, den Veränderungen des Lichts unter-
worfenen Studie. Hier ritzte der Künstler auch die genaue
Bezeichnung des Ortes und die Jahreszahl in die noch
feuchte Farbe hinein. Im Mittelgrund ragen über den erwähnten Wald zwei mächtige Gebäude auf: links der imposante Palazzo Chigi, rechts davon die berühmte, von Gianlorenzo Bernini erbaute Kuppelkirche Santa Maria dell'
Assunzione. Rechts daneben weitere kleinere Gebäude. Aus
drei aufgrund des hohen Baumbestandes nicht sichtbaren
Schornsteinen steigen schmale weiße Rauchsäulen auf, die
den Blick hinüberleiten zur tiefer liegenden Ebene, auf der
helle Sonnenflecken zu erkennen sind. Im Hintergrund erhebt sich eine breite Hügelformation – der ansteigende
Krater des dahinterliegenden Nemi-Sees –, die nach rechts
zum Meer hin abfällt. Dahinter in Richtung Terracina eine
steile Bergkuppe – der Monte due Torri (Monte Felice) nahe
Genzano – mit einem mittelalterlichen Turm darauf, der
weit in den Himmel hineinragt. Hinter den Hügeln erstreckt
sich eine weitere, gleichfalls von grünen Flecken durchsetzte

Ebene, die bis zur Küste führt. Der Horizont, der etwa in der
Mitte der Komposition verläuft, wird von den »Isole Ponziane« – von links nach rechts Zannone, Ponza und Palme-
rola – durchbrochen und akzentuiert. Über der lichtvollen
Landschaft wölbt sich ein weiter Himmel mit leichten,
weißen Wolken; die niedrig stehende Sonne überstrahlt die
Szenerie von der linken Seite aus und verschafft allen vege-
tabilen und architektonischen Formen eine scharfe Akzentuierung.

Die Architekturen, die Hügelketten und die weit entfernt liegenden Inseln wurden vom Künstler im Maßstab
überbetont, um das einzelne Motiv dem Betrachter sicht-
barer und verständlicher darzustellen. Catel überhöht die
einzelnen Motive, er zieht sie zusammen, um aus der vorgefundenen Landschaft trotz des Malens vor dem Motiv
letztendlich doch eine ideale, auch kompositorisch über-
zeugende Landschaft zu konstruieren. *AS*

VI
Catel und die
Porträtmalerei

ZU DEN WOHL BERÜHMTESTEN Gemälden Franz Ludwig Catels gehören drei Bildnisse, die jedes auf seine Weise paradigmatisch für eine Facette seines Schaffens stehen. Das *Bildnis Karl Friedrich Schinkels in Neapel* (Kat.-Nr. 102) repräsentiert beispielhaft Catels Kunst, Landschaft, Interieur und Figur miteinander zu kombinieren und wurde zu einem Inbegriff für den Typus des romantischen Fensterbildes. Vergleichsweise konventionell erscheinen demgegenüber Catels Bildnisse, die seine Frau und seinen Bruder vor Ausblicken auf Rom oder die Campagna zeigen (Kat.-Nr. 100–101). Mit dem Gemälde *Kronprinz Ludwig in der spanischen Weinschänke* (Kat.-Nr. 103.1) schuf Catel eine Ikone des Künstlerlebens in Rom: Gruppenporträt, Freundschaftsbild und Genregemälde zugleich, steht es exemplarisch für das gesellige Leben der deutschen Künstlergemeinde in Rom, als deren Freund und Mäzen sich Kronprinz Ludwig von Bayern mit seinem Auftragswerk inszenierte. Bildlich kommen in dem Gemälde zudem die Beziehungen Catels zum Kronprinzen und dessen Agenten Johann Martin von Wagner, zu Bertel Thorvaldsen und Leo von Klenze zum Ausdruck – Teile eines Netzwerks, auf dem Catels Erfolg als Maler fußte. Eine wechselseitige Charakterisierung von Figur und Umgebung,

eine Durchdringung von Porträt, Genre und Landschaft schließlich gelang Catel in seinem Bildnis der Vittoria Caldoni (Kat.-Nr. 104), einem der gefragtesten Modelle des frühen 19. Jahrhunderts. Catel porträtierte die »schöne Winzerin« in der Landestracht der Albaner Berge und vor der berühmten Allee zwischen Albano und Ariccia, wodurch Landschaftsporträt und Sittenbild sich zu einem Bildnis verbinden, das die Dargestellte über das Individuelle hinaus zu einem Inbegriff für die Frauen jener Gegend zu stilisieren sucht. Ganz ähnliche Ziele verfolgte Catel auch in dem Bildnis eines Schotten, das sich im Nachlass des Künstlers in der Fondazione Catel erhalten hat (Kat.-Nr. 105). Berücksichtigt man überdies die den letztgenannten Bildnissen nahe verwandten Kostümstudien des Künstlers (Kat.-Nr. 116–117, 198), die jüngst auf den Kunstmarkt gelangte Ölstudie für das Bildnis Leo von Klenzes in der Spanischen Weinschänke (Kat.-Nr. 103.2) oder etwa sein meisterhaft gemaltes Altersbildnis (Kat.-Nr. 5), so lässt sich die Ansicht, Catel überschreite mit der Gattung Porträt die ihm »von der Natur angewiesene Sphäre« – so äußerte sich ein Kritiker angesichts Catels Porträt von Prinz Heinrich von Preußen – nicht teilen.[1] *NS*

1 *Kunstblatt* Nr. 20 v. 9. 3. 1828, S. 79

Bildnis des Bruders Ludwig Friedrich (Louis) Catel,
Frühjahr 1812
Öl auf Papier, 125 x 105 mm
Rom, Fondazione Catel
[Kat.-Nr. 100]

In der kurzen Zeit ihres gemeinsamen Italienaufenthaltes –
zwischen Oktober 1811 und Mai 1812 – hat Franz Ludwig
Catel zwei Bildnisse von seinem Bruder angefertigt: Das
erste, das wohl aus dem Besitz von Ludwig Friedrich Catel
selbst stammte, befand sich in den 1960er Jahren im Besitz
des evangelischen Konsistoriums Berlin-Brandenburg und ist
heute verschollen (Abb. 1),[1] während sich das hier gezeigte,
kleinformatige Gemälde im Nachlass des Künstlers in Rom
erhalten hat. Beide Bilder sind der langen Tradition des

Architektenbildnisses zugehörig.[2] Ersteres kombiniert den
Typus mit dem des Ehegattenbildnisses und zeigt Ludwig
Catel zusammen mit seiner Ehefrau Henriette Friederike,
geb. Schiller in einer offenen Loggia mit einem eher fiktiven,
denn realistischen Blick auf die Monumente Roms. Zirkel
und ein Architekturplan, der auf einem als Tisch dienenden
Kapitell liegt, verweisen auf die Architektentätigkeit Ludwigs. Dasselbe gilt für das hier gezeigte Bild, bei dem die
Loggia den Blick auf die Landschaft freigibt, in der ein römisches Aquädukt und ein ionisches Kapitell Abbreviaturen
der Errungenschaften antiker Architektur bilden.   *NS*

1 Geller 1960, S. 309; Rave/Wirth 1961, S. 60, 66, 152; Bonifazio
1975/76, S. 134–135, Nr. 2; Ausst.-Kat. Rom 1996a, S. 73; Stolzenburg
2007, S. 22, Abb. 8 auf S. 23.
2 Severin 1992.

Abb. 1
*Bildnis des Bruders Ludwig Friedrich (Louis) Catel und
dessen Frau in einer Loggia in Rom,* Frühjahr 1812, Öl auf
Leinwand, 155 x 127 cm, Verbleib unbekannt, ehem. Berlin,
Evangelisches Konsistorium Berlin-Brandenburg

Bildnis der Margherita Catel, geb. Prunetti,
am Fenster mit Blick auf Rom, um 1814
Öl auf Leinwand, 69 x 52,5 cm
Privatbesitz
[Kat.-Nr. 101]

In Privatbesitz befindet sich dies Bildnis der Margherita Prunetti, das sie sitzend vor einem weit geöffneten Fenster mit
herab schwingendem Vorhang zeigt. Sie trägt über einem einfachen weißen Hauskleid eine grüne Schürze, eben im Begriff,
sich den vor ihr in einem Korb auf einem Stuhl liegenden Zwie-
beln zu widmen. In den Händen hält sie wohl einen in diesem
Moment gerade erhaltenen Brief, eventuell ein Schreiben Franz
Catels. Es scheint, dass der Künstler den Moment des Hei-
ratsantrags an Margherita Prunetti dargestellt haben könnte,
einen sehr privaten, intimen Moment, der auch die wenig
repräsentative Kleidung der Dargestellten erklären könnte.

Solche Bilder des ersehnten trauten Familienglücks waren
Catel von Jugend auf durch die Almanachpublikationen wohlbekannt. Er selbst zeichnete vergleichbare heimelige Innen-
raumszenen mit Fensterausblicken bereits in Berlin, so unter
anderem in der Folge *Hauptepochen des weiblichen Lebens*
im *Taschenbuch für Damen auf das Jahr 1800* (Abb. 1).[1]

Der mit Catel befreundete Bologneser Maler Giambattista
Bassi malte 1816, also beinahe zeitgleich, eine verblüffend
ähnliche Fensterszene mit dem Bildnis einer unbekannten
Frau vor einem Fenster mit Ausblick in den Garten der Villa
Borghese (Abb. 2).[2] *AS*

1 Fischer 2003, S. 337, Nr. 274.
2 Privatbesitz, Rom; Galleria Paolo Antonacci, Rom; von dort 2015
erworben. Zu Leben und Werk Bassis vgl. Nicosia 1985.

Abb. 1
Adam Ludwig d'Argent nach Franz Ludwig Catel, *Stickende Frau*
vor einem geöffneten Fenster, 1800, Radierung und Kupferstich
(Punktiermanier), 93 x 61 mm (Bild), Hamburg, Staats- und
Universitätsbibliothek Carl von Ossietzky, Sign. X 3036

Abb. 2
Giambattista Bassi, *Porträt einer Frau am Fenster eines*
Zimmers mit Blick auf das Casino del Muro torto der
Villa Borghese, 1816, Öl auf Leinwand, 47 x 35 cm,
Privatbesitz

Bildnis Karl Friedrich Schinkels in Neapel, 1824
Öl auf Leinwand, 62 x 49 cm
Staatliche Museen zu Berlin, Nationalgalerie
[Kat.-Nr. 102]

Der bereits seit langen Jahren mit Catel befreundete Berliner Architekt Karl Friedrich Schinkel reiste im Juni 1824 über die Schweiz nach Italien. Am 26. Juli 1824 traf er in Lausanne mit dem Maler Maximilien de Meuron zusammen, wie er in sein Tagebuch notierte: »Wir nehmen von unserem Wegweiser Mereau [sic] Abschied, nachdem ich noch viel mit ihm über seinen und meinen Freund Catel in Rom gesprochen habe, dessen Manier er in der Kunst gefolgt sei.«[1] Am 8. September erwähnt Schinkel Catel erneut; beide nahmen an diesem Tag an einem vom preußischen Gesandten in Neapel, dem Grafen von Flemming, ausgerichteten Dinner unter anderem zusammen mit dem Grafen Gustav von Ingenheim,[2] Jakob Ludwig Salomon Bartholdy und Carl Begas teil. Am nächsten Tag unternahm man einen gemeinsamen Ausflug zu den Tempeln von Paestum.[3] Am 12. September reiste Schinkel mit seinen Begleitern per Boot in den Golf von Amalfi. »Ich nahm eine Skizze der Küsten auf am Fuße des Kastells und stieg mit Catel nach Atrani hinab, wo uns eine Barke nach Salerno führte, wo wir Mittagbrot aßen und dann zurück nach Neapel fuhren.«[4] Am 14. September stand ein Ausflug nach Posillipo mit einem romantischen Essen in der Grotta di Sejano auf dem Programm. »Morgens besuchte ich Catel auf Pizzo Falcone, der eine Menge schöner Bilder angefangen und viele Skizzen zu zeigen hat.«[5] Am 25. September erwähnt Schinkel: »[Wir] besuchten Catel und sahn ein niedliches Bild, welches er vollendet hatte.«[6] Am 6. Oktober traf Catel laut Schinkels Tagebuchnotiz wieder in Rom ein, wohin Schinkel selbst bereits Ende September gereist war.[7]

Am 28. Oktober erwähnt Schinkel in einem Brief an seine Frau Susanne endlich das von Catel geschaffene berühmte Bildnis in der Nationalgalerie in Berlin: »Auch Catel malt für mich ein kleines Bildchen mit meiner Gestalt, es ist mein Fenster in Neapel mit der Aussicht aufs Meer und Capri. Dies soll Dein Weihnachtsgeschenk werden, leider wird es nur nicht zur rechten Zeit mehr ankommen können. Zum Weihnachtsfeste selbst wirst Du Dich also vorläufig mit meiner Person allein begnügen müssen.«[8] Schinkels Zimmer in Neapel befand sich in dem Albergo Grand Europa, oberhalb des Casino Chiatamone, in dem der preußische König Friedrich Wilhelm III. logierte (Abb. 1).[9] Das Porträt Schinkels war nur wenige Tage zuvor entstanden, wie Schinkel in seinem Reisetagebuch am 23. Oktober 1824 vermerkt hat: »Ganz früh vor 7 Uhr ging ich zu Catel, der mich in ein Bildchen hineinmalen wollte, welches ein Zimmer in Neapel vorstellt, aus dessen offenem Fenster man das Meer mit der Insel Capri und die Bäume unter dem Fenster aus Villa reale sieht, gerade so, wie ich dort gewohnt hatte.«[10] Die eigenartige Formulierung Schinkels, dass Catel ihn »in ein Bildchen hineinmalen wollte«, lässt den Schluss zu, dass der Künstler den Schinkel umgebenden Raum, also das auf der linken Seite mit archäologischen Fundstücken ausgestattete Zimmer[11] mit dem Ausblick auf die Insel Capri, bereits mehr oder weniger beendet zu haben schien, bevor er am Ende der Arbeiten nun die Person des zu Porträtierenden rechts am Bildrand sitzend auf einem Stuhl am Tisch hinzugefügt hat. Die Szenerie hätte möglicherweise ebenso gut ein reines Interieur werden können, das ganz ohne ein Bildnis auskommt. Damit soll natürlich nicht behauptet werden, dass dem so gewesen ist. Vielmehr deutet das wesentlich breitere Format des Bildes an, dass es bereits von Anfang an als Bildnis Schinkels geplant worden ist. Dennoch lässt sich nicht verbergen, dass die Proportionen der Sitzfigur sich nicht ganz stimmig mit den Dimensionen des Raumes in Einklang bringen lassen. Schinkel wirkt sehr klein und ein wenig verloren in dem hohen Zimmer. Dennoch gelingt es Catel wunderbar, die spannungsvolle Kreativität des Freundes zu erfassen.

Im Jahre 1994 erwarb das Cleveland Museum of Art eine Ölstudie Catels (Abb. 2).[12] Bereits ein erster Blick auf das Bild lässt den engen Zusammenhang mit Schinkels Porträt erkennen. Der Zimmerausblick ist keine Vorstudie zur Komposition, da es sich zweifellos um einen anderen Raum in einem ganz anderen Gebäude handelt. Die Fenstertür ist hier wesentlich schmaler und der Balkon, von dem ein kleiner Hund neugierig dem Treiben auf der Straße vor dem Haus zuschaut, wird von einem Gitter begrenzt. Der Blick geht hinaus auf den Park der Villa Reale (heute Villa Comunale). Die kleine Ölstudie der Fenstertür in Cleveland zeigt diese zwar, wie beim Bildnis Schinkels, gleichfalls streng bildparallel in die Komposition eingepasst, jedoch ist hier vom Deckenspiegel nichts zu sehen. Links und rechts der Balkontür stehen zwei elegant geschwungene Stühle. Schinkel sitzt dagegen auf einem einfachen Holzstuhl. In beiden Bildern ist das bestimmende Element der durchsichtige Vorhang, der, einmal nach links und einmal nach rechts hochgebunden, den Blick auf die reizvolle südliche Landschaft wie eine Theatervorstellung inszeniert. Wahrscheinlich malte Catel dieses Bild im Haus des preußischen Gesandten Graf Johann Friedrich August von Flemming an der westlichen Seite der Riviera di Chiaia.[13] Es scheint also, dass Catel um 1824 mehrere solcher Fensterausblicke geschaffen hat, von denen einer dann zum Bildnis Schinkels, das der Berliner Architekt als Erinnerungsbild an seinen Aufenthalt in Neapel für sich und seine Frau wünschte, erweitert wurde.[14] In beiden Bildern zeigt sich Catels Meisterschaft in der Wiedergabe der changierenden Farbtöne, die einen in der Malerei dieser Zeit nur selten erreichten und beeindruckenden Naturalismus ermöglicht.[15] Zugleich schuf Catel eine schlüssige Bildformel für viele als Souvenirs gedachte Bilder aus Italien, durch die die eigenen, meist höchst intensiv empfundenen italienischen »Erlebnisse [sich] in Erinnerung und Vorstellung« verwandeln konnten.[16]   *AS*

1 Schinkel/Riemann 1979, S. 150. Catel wird Maximilien de Meuron – mit diesem ist der von Schinkel genannte Maler sicher zu identifizieren – 1801 in Berlin kennengelernt haben. Meuron studierte hier zunächst Rechtswissenschaften, bevor er sich 1808 unter dem Einfluss Catels der Malerei zuwandte und 1810 bis 1816 in Italien lebte. Seine Landschaften machten großen Eindruck auf Alexandre Calame.
2 Ebd., S. 186. Graf Ingenheim war ein Sohn Wilhelms II. von Preußen und der bürgerlichen Julie Voß. Er hielt sich 1816–1818 und 1824–1833 (hier zeitweise begleitet von dem Maler Wilhelm Ternite) in Rom auf, wo er zum katholischen Glauben konvertierte.
3 Ebd., S. 189–190.
4 Ebd., S. 190–191.
5 Ebd., S. 192.
6 Ebd., S. 200.
7 Ebd., S. 208. Am 11. 10. erhielt Schinkel Besuch von Thorvaldsen und Catel (ebd., S. 215), am 16. 10. sprach Catel bei einem gemeinsamen Essen eine Einladung an Schinkel aus: »Bei Catel hatten wir ein sehr vergnügtes Mittagessen in Thorwaldsens Gesellschaft.«; Ebd., S. 221, 222. Am 22. 10. machte Schinkel seinen Abschiedsbesuch bei Catel, den er am folgenden Tag wegen des Porträts jedoch nochmals traf; ebd., S. 226, 227.
8 Brief Karl Friedrich Schinkels (Florenz, 28. 10. 1824) an seine Frau Susanne in Berlin; Mackowsky 1922, S. 152.
9 »Wir erhielten im Albergo alla Grand'Europa eine schöne, zwar theure Wohung, aus der wir unmittelbar unter uns den Garten und das Haus haben, welches unser König bewohnte, hinter demselben das Meer mit der Aussicht auf Capri, Sorrent, Vesuv, Posilippo und die Hinterseite von Castel dell'Uovo im Meer.«; ebd., S. 135–136. Die kleine Ölskizze Catels zeigt vermutlich einen Blick auf die Fassade der Albergo Grand Europa mit dem Fenster, das der Künstler als Motiv für das Schinkelbildnis nahm; vgl. dazu ausführlich Zachmann o. J. a. Vgl. auch einen Beitrag Zachmanns zu einem anderen Architekturprospekt Catels, das vermutlich den Palazzo Sessa in Neapel zeigt; Öl auf Eisenblech, 17,5 x 23,5 cm, Kulturstiftung Dessau-Wörlitz, Schloss Großkühnau, Inv.-Nr. I-695; vgl. Zachmann o. J. b. – Zum Vorbildcharakter des Casino Chiatamone für den Schinkelpavillon bei Schloss Charlottenburg vgl. Sievers 1960.
10 Eintrag im Reisetagebuch Schinkels, 23. 10. 1824; Schinkel/Riemann 1979, S. 182.
11 Zu den archäologischen Gegenständen, die aus der Sammlung des preußischen Gesandten Jakob Ludwig Salomon Bartholdy in Rom stammen und deshalb wohl auch erst dort hinzugefügt wurden, vgl. Greifenhagen 1963, S. 92–95. Die Werke gelangten 1827 in die Berliner Antikensammlung.
12 Sammlung Robert Manning, USA (als Anton Sminck van Pitloo); Kunsthandel Simon Dickinson, Ltd., New York und London; Kunsthandel Danny Katz, Ltd., London; von dort 1994 erworben; Ausst.-Kat. Washington 1996, S. 208–209, Nr. 79; Best.-Kat. Cleveland 1999, S. 108–111; Ausst.-Kat. Paris 2001, S. 254, Nr. 155; Ausst.-Kat. Mantua 2001, S. 254, Nr. 155; Stolzenburg 2002, S. 447, Abb. 4 auf S. 448; Stolzenburg 2007, Abb. 50 auf S. 88; Stolzenburg 2014, S. 53, Abb. 11; Maurer 2015, S. 130, Abb. 75 auf S. 132.
13 Vgl. Schinkel/Riemann 1979, S. 266. Vgl. eine Ansicht wahrscheinlich dieses Gebäudes neben dem Palazzo Pignatelli von Consalvo Carelli; Doria 1992, S. 179, Abb.
14 Zur Deutung des Bildes als Erinnerungsbild vgl. Maurer 2015, S. 130–134.
15 Carl Wilhelm Götzloff schuf 1826 eine verwandte, sicher durch Catel inspirierte Komposition: *Blick aus einem Balkonzimmer (der Villa Lucia unterhalb des Castel Sant'Elmo?) auf Capo Posilippo mit der Salita di Sant' Antonio.* Hier sind rechts gleichfalls antike Vasen zu sehen, links befindet sich ein Papagei in einem Käfig; Aquarell, 241 x 328 mm, Washington, National Gallery of Art, Wolfgang Ratjen Collection, Patron's Permanent Fund; Lenthes 1996, S. 22, Abb. 12; Stolzenburg 2014, S. 52, Abb. 9.
16 Maurer 2015, S. 134.

Abb. 1
Blick auf den Albergo Grand Europa in Neapel,
Öl auf Papier, 264 x 184 mm, Amsterdam,
Privatbesitz

Abb. 2
Blick aus einer Fenstertür an der Riviera di Chiaia auf Villa Reale und den Vesuv, 1824, Öl auf Papier, 486 x 335 mm, Cleveland Museum of Art, Mr. And Mrs. William H. Marlatt Fund, Inv.-Nr. 1994.198

Kronprinz Ludwig in der spanischen Weinschänke
zu Rom, 1824
Öl auf Leinwand, 63,2 x 75,5 cm
München, Bayerische Staatsgemäldesammlungen,
Neue Pinakothek
[Kat.-Nr. 103.1]

Das Gemälde *Kronprinz Ludwig in der spanischen Wein-*
schänke zu Rom gehört zu den Ikonen deutscher Künstlerlebens in Rom und zusammen mit dem *Bildnis Karl Fried-*
rich Schinkels in Neapel (Kat.-Nr. 102) zu den bekanntesten
Gemälden Franz Ludwig Catels. Es zeigt ein Gelage, das
Kronprinz Ludwig von Bayern zu Ehren des Architekten Leo
von Klenze in der Osteria des Weinhändlers Don Raffaele
d'Anglada an der Ripa Grande – am Tiberhafen unweit der
Porta Portese – abgehalten hat. Nicht ganz eindeutig sind die
Quellen in Bezug auf das genaue Datum der dargestellten
Feier: Während die rückseitige Bezeichnung »Spanisch=Por-
tugiesische Wein= / Niederlage des Don Raffaelle Anglada /
alla Ripa grande in Rom / den 29. Februar 1824« auf den 40.
Geburtstag des Architekten Leo von Klenze am 29. Februar 1824 als Grund der Feier hindeutet,[1] gibt das Tagebuch
des Kronzprinzen den 5. März 1824 und Tag des Abschieds
von Klenze als Datum für die Entstehung des Gemäldes an;[2]
denselben Anlass nennt auch Catel selbst in einem Brief an
Johann Gottlob von Quandt.[3] Vollendet wurde das Gemälde
nach eigenen Angaben des Künstlers erst am 20. März 1824.[4]
Eine Porträtsitzung ist noch am 18. März 1824 im Tagebuch
des Kronprinzen erwähnt.[5] Die auf ausdrücklichen Wunsch
des Auftraggebers entstandene, rückseitige Beschriftung in
Bleistift und Feder (Abb. 1)[6] benennt die Mitglieder der zum
Fest versammelten Gesellschaft: Links außen, mit fordern-
der Handbewegung in Richtung des Wirtes hin, eröffnet
Kronprinz Ludwig den Reigen. Neben ihm sitzt, ebenfalls um
Weinnachschub zum Wirt hin gewandt und nicht mehr ganz
nüchtern der dänische Bildhauer Bertel Thorvaldsen. Am
rechten Tischende Graf Seinsheim, der Kammerherr des
Kronprinzen und am Kopf des Tisches, die Szene skizzierend,
Franz Ludwig Catel selbst. An der Längsseite folgen von
rechts nach links Baron Anton von Gumppenberg, der Maler
Julius Schnorr von Carolsfeld, mit erhobenem Glas der Arzt
Dr. Johann Nepomuk von Ringeis, daneben Philipp Veit,
Johann Martin von Wagner, der Kunstagent des Kronprinzen,
und schließlich Leo von Klenze, der, leicht zurückgelehnt und
still, vielleicht über den bevorstehenden Abschied aus
der fröhlichen Gesellschaft nachdenkt. Die ganze Szene –
die ausholende Gestik der anwesenden Personen, umge-
worfene Korbflaschen und Fässer am Boden und der leicht
strauchelnde Gang des Wirtes, der der Gesellschaft mit zwei
neuen Flaschen Wein in den Händen entgegentritt – atmet
den Geist eines feucht-fröhlichen Gelages. In nahezu abstrak-
ter Weise reflektiert der leere, sonnenbeschienene Fleck

Erdboden in der Bildmitte die wolkenlose Heiterkeit und
Sorglosigkeit, die das Grundthema des Bildes bildet.

Das Gemälde entstand im Auftrag von Kronprinz Ludwig und gelangte erst nach seinem Tod 1868 von seinem
Platz im Wittelsbacher-Palais in den Bestand der Neuen
Pinakothek.[7] Es galt von je her als Inbegriff des ungezwunge-
nen, freundschaftlichen Umgangs, den der bayerische Thronfolger mit Künstlern pflegte. Hierzu trägt bei, dass innerhalb
der Komposition keinerlei Akzentuierung des Kronprinzen
erfolgt. Ludwig gibt sich in diesem gemeinsamen Bildnis mit
dem Architekten Leo von Klenze, den Malern Catel, Schnorr
von Carolsfeld und Philipp Veit und dem Bildhauer Thorvaldsen als Freund und Mäzen der Künste. Selbst in der
Dichtkunst dilettierend, fügt er sich in ihre Reihen ein und
adelt zugleich mit seiner Gegenwart auch das Metier des
Künstlers. Wesentliche Voraussetzung für die Möglichkeit
einer solchen harmonischen, die Standesgrenzen überwin-
denden Zusammenkunft ist der Ort, an dem sie stattfindet:
Rom. Ob seiner Ungezwungenheit und Unkonventionalität
von vielen Reisenden gerühmt, war das gesellige Leben der
Künstler in Rom für Ludwig ein Modell für die Künstler-
Republik, die ihm für seine eigene Gesellschaftsutopie vorschwebte.[8] In der vermeintlichen Harmonie, mit der die
deutsche Künstlergemeinde hier an einem ihrer bevorzugten
Treffpunkte geschildert wird, ist das Bild nicht nur als Gruppenbildnis anzusprechen, sondern es erweist sich zugleich
als dem Typus des Freundschaftsbildes zugehörig, das sich
in der Malerei der Romantik großer Beliebtheit erfreut hat.
Innerhalb der Gruppenbildnisse der Künstlergemeinden in
Rom – die Deutschen etwa malten sich bevorzugt an ihrem
Treffpunkt im Caffè Greco (vgl. Kat.-Nr. 6), die Dänen in der
Osteria Gensola – nimmt das Gemälde *Kronprinz Ludwig in*
der spanischen Weinschänke einen zentralen Platz ein.

Das Gemälde kann überdies als exemplarisch für die
Kunst Catels gelten: es verbindet Bildnis, Interieur, Genre
und Landschaftsausblick so miteinander, dass sie sich gegenseitig in ihrem Stimmungsgehalt verstärken. Der Künstler
hat das Gruppenbildnis des bayerischen Thronfolgers und
seines römischen Zirkels als Momentaufnahme einer feucht-
fröhlichen Zusammenkunft inszeniert und geht somit über
die reine Schilderung des Äußeren der versammelten Personen hinaus. Er selbst hat das Bild in einem Brief an Quandt
als »Bambochaden-Bild« bezeichnet und es damit in die
Genremalerei der Niederländer des 17. Jahrhunderts, die
sog. »Bambocciaden« mit ihren Wirtshausszenen eingereiht.[9]
Über die momenthafte Inszenierung hinaus ist hiermit auch
der Detailreichtum angesprochen, mit dem Catel das Innere
der Osteria schildert, oder das Lokalkolorit, das er der Szene
durch die Staffage im Hintergrund zu verleihen sucht. Dabei
tritt wiederum das Interieur – wie so häufig im Werk Catels
– in einen Dialog mit der umliegenden Landschaft: Der wie
ein Segel zurückgeschlagene Vorhang gibt den Blick auf das

sonnenbeschienene Tiberufer und den Aventin frei. Gleich
einem Bild im Bild stehen der bewachsene Hang, die Mauern
und die Gebäude des Klosters von Santa Sabina für das
mittelalterliche Rom, dessen Anblick sich dem Reisenden
vor allem im Tiberknie und in Trastevere bot und das in besonderem Maße der Sehnsucht des Reisenden nach dem
Pittoresken entgegenkam. Das Gemälde dokumentiert somit
nicht allein die freundschaftliche Verbundenheit Ludwigs zu
den versammelten Künstlern und Intellektuellen, sondern
schafft zudem eine bleibende Erinnerung an ihre gemeinsame Zeit in Rom, welches seinerseits als Ort südländischer
Heiterkeit und Stätte des Müßiggangs charakterisiert wird,
wie es Reisenden bis zum heutigen Tage vor Augen steht.   *NS*

1   Best.-Kat. München 2003a, S. 35. Auch Klenze selbst nennt in
seinen »Memorabilien« seinen Geburtstag als Anlass, vgl. Teichmann
1992, S. 9.
2   Rott 2003, S. 28.
3   Best.-Kat. München 2003a, S. 36.
4   Ebd. Dagegen berichtet Kronprinz Ludwig noch am 28. April 1824
von dem Bild, als wäre es im Entstehen begriffen, vgl. Rott 2003, S. 28.
5   Ebd.
6   Vgl. Teichmann 1992, S. 10 für die Bestellung der Beschriftung
durch Kronprinz Ludwig. Die Quittung Catels, die er Johann Martin
von Wagner, dem Kunstagenten des bayerischen Kronprinzen, über 30
französische Louisdor am 20. Oktober 1824 ausstellte, hat sich erhalten; München, Privatbesitz; Kopie im Archiv der Neuen Pinakothek.
7   Best.-Kat. München 2003a, S. 36.
8   Vgl. hierzu Teichmann 1992, S. 49–60.
9   Ebd. 1992, S. 74–75.

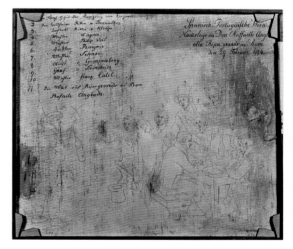

Abb. 1
Pause der Figuren des Bildes mit Bezifferung und Namensangaben
der Dargestellten (Verso von Kat.-Nr. 103.1)

Bildnis Leo von Klenze, wohl 29. Februar oder 5. März 1824
Öl auf Malpappe, 242 x 167 mm
Hamburg, Le Claire Kunst
[Kat.-Nr. 103.2]

Diese kleine, durch ihre hohe malerische Qualität beeindruckende Bildnisstudie wurde erst kürzlich als Bildnis eines Unbekannten von einem anonymen Künstler des späten 19. Jahrhunderts in München versteigert. Im Vorfeld der Auktion gar mit Adolph von Menzel in Verbindung gebracht,[1] handelt es sich dennoch zweifellos um eine der Bildnisstudien, die Catel nach der denkwürdigen Feier zu Ehren von Leo von Klenzes 40. Geburtstag am 29. Februar 1824 (oder erst am 5. März 1824; vgl. Kommentar bei Kat.-Nr. 103.1) in der spanischen Weinschänke in Trastevere anfertigte, die Klenze von Kronprinz Ludwig ausgerichtet wurde. Ludwig hatte noch während der Feier Catel beauftragt, diese Szene in einem Gruppenbild festzuhalten und dieser wird wohl am Ende derselben die Chance genutzt haben, die für die Erfüllung des Auftrags nötigen Porträtstudien der Anwesenden sofort auszuführen. Bisher war keine dieser anzunehmenden Studien bekannt, doch mit dem überraschenden Auftauchen von Klenzes eindrucksvollem Porträt sind weitere solch intensive Bildnisstudien von der Hand Catels anzunehmen.

Leo von Klenze sitzt am Ende des langen Holztisches, um den sich die deutsch-römische Entourage Ludwigs schart. Er sitzt mit leicht gedrehtem Oberkörper, den rechten Arm auf die Stuhllehne aufgestützt, mit der linken Hand greift er das Rotweinglas, die Beine sind entspannt unter dem Tisch übergeschlagen. Sein Blick geht in die Ferne, es ist zu bedenken, dass zu dem Zeitpunkt, als die Studie entstand, bereits viel Wein geflossen war, und das scheint man den Augen des Dargestellten durchaus anzusehen. Die Physiognomie Klenzes ist sicher zu identifizieren, wie der Blick auf das entsprechende Detail des Gruppenbildes zeigt (Abb. 1). Für den hier angenommenen Zeitpunkt spricht neben dem weinseligen Blick auch die Kleidung, die exakt der auf dem Gruppenbild wiedergegebenen entspricht und zwar bis in das Detail des orangerot aufblitzenden Pullovers unter der Jacke, der leuchtend vor dem Weiß des hohen Hemdkragens steht. Das Gemälde mit der Künstlergesellschaft war zudem bereits am 20. März 1824 vollendet,[2] sodass es für den Künstler galt, keine Zeit zu verlieren und unverzüglich mit den Studien zu beginnen. Nicht zufällig sehen wir Catel auf dem Gruppenbild nicht trinkend, sondern mit dem Zeichnen, wohl des Bildnisses des links von ihm sitzenden Grafen Seinsheim, beschäftigt.

Das bislang unbekannte Bildnis Klenzes, das einerseits zweifellos kulturgeschichtlich bedeutend ist für die Reihe der bereits bekannten Porträts des Architekten, erweitert andererseits aber auch das Porträtwerk Catels um eine wichtige Nuance. Denn gerade in diesem Bereich sind wahrscheinlich sehr viele Zeugnisse verloren gegangen bzw. wie im vorliegenden Fall einfach noch nicht erkannt.   *AS*

1 Kranzfelder 2015, S. 1, Abb.
2 Vgl. Best.-Kat. München 2003a, S. 36.

Abb. 1
Bildnis Leo von Klenze (Detail aus Kat-Nr. 103.1).

*Bildnis der Vittoria Caldoni in ländlicher Tracht
aus Albano*, 1827
Öl auf Leinwand, 96 x 73 cm
Rom, Fondazione Catel
[Kat.-Nr. 104]

Catels Porträt der Vittoria Caldoni ist eins von zahlreichen Bildnissen des jungen Mädchens, das aus einer Winzerfamilie aus den Albaner Bergen bei Rom stammte und in den 1820er Jahren zu einem der beliebtesten Bildmotive der internationalen Künstlergemeinde in Rom wurde. Allein 44 Bildnisse will August Kestner, damals Sekretär des Gesandten Hannovers an der Kurie und der Entdecker und Biograph der »schönen Winzerin von Albano« mit eigenen Augen gesehen haben.[1] Über 100 Bildnisse zählen die Werkverzeichnisse jüngeren Datums, darunter etliche verschollene.[2] Zu Vittoria Caldonis wichtigsten Porträtisten gehörten der Franzose Horace Vernet, die Nazarener Friedrich Overbeck und Julius Schnorr von Carolsfeld sowie die Bildhauer Bertel Thorvaldsen und Rudolph Schadow. In Sitzungen, die Kestner mit der Familie von Reden in der Villa Malta in Rom organisierte, bot sich den Künstlern die Gelegenheit zum Studieren des Modells. Interessant ist, dass kaum ein Bildnis dem anderen

gleicht. Schon Zeitgenossen beobachteten die fehlende Ähnlichkeit der Caldoni-Porträts untereinander[3] und begründeten sie mit der Schwierigkeit, sich ihrer perfekten Schönheit künstlerisch anzunähern.[4] Mehr noch dürfte jedoch ein anderer Grund für die große Vielfalt der Bildnisse verantwortlich gewesen sein: Wie die Stilisierung des Mädchens zu einem Modell an Einfachheit, Frömmigkeit, Bescheidenheit und Demut bei ihrem Biographen Kestner erahnen lässt, war Vittoria Caldoni von Anfang an eine Art Projektionsfläche für die Wünsche der Maler. So wird sie etwa bei den Nazarenern zur frommen Magd und Jungfrau Maria, bei Horace Vernet zur stolzen Aristokratin.[5] Der russische Maler Gregori Ignatjewitsch Laptschenko hingegen, den sie 1839 heiratete, malte sie nackt als Susanna im Bade.[6] Franz Ludwig Catels künstlerischem Naturell entsprechen der festliche Charakter seines Bildnisses und die Tatsache, dass er seine Vittoria Caldoni in einer Landschaft platzierte. Im Bildnis Catels trägt Vittoria Caldoni ein rotes, an den Ärmeln mit Gold verbrämtes Hemd, ein steifes Mieder und darüber ein Schultertuch, das ebenso wie das auf dem Kopf befestigte Schleiertuch aus feinem weißem Spitzenstoff ist. Neben der typischen Albaneser Tracht trägt auch die Landschaft im Hintergrund, die als Waldweg zwischen Albano und Ariccia identifiziert

worden ist,[7] zur Charakterisierung der Dargestellten bei. In der für Catel typischen Weise verstärken sich Figur und Landschaft in der Typisierung einer bestimmten Gegend Italiens. Die Entstehung des Gemäldes kann in das Jahr 1827 datiert werden, da die Gräfin von Kielmansegge es am 26. Oktober 1827 bei einem Besuch in Catels Atelier gesehen hat.[8] Im Oktober und November 1828 ist das »Porträt einer Albanerin« von Catel im großen Saal des Palazzo Caffarelli in Rom ausgestellt, das aller Wahrscheinlichkeit nach mit dem Porträt Vittoria Caldonis zu identifizieren ist.[9] *NS*

1 Kestner 1850, S. 86.
2 Koeltz 2010, S. 243–313; Gold 2009, S. 145–156 sowie S. 191–193.
3 »Was aber die Summer der Räthsel vermehrt, welche uns plagten, indem wir das Mysterium der Vittoria ergründen wollten, war, daß unter dieser großen Anzahl von Portraits sich kaum zwei fanden, die mit einander Ähnlichkeit hatten […]«, Kestner 1850, S. 86.
4 Gold 2009, S. 164; Giuliani 1995, S. 20–21
5 Gold 2009, S. 193; Zur Mariendeutung vgl. Koeltz 2010, passim sowie insbes. S. 198–199.
6 Giuliani 1995, passim., insbes. S. 47–48.
7 Koeltz 2010, S. 171–172.
8 Stolzenburg 2007, S. 93.
9 Gold 2009, S. 176; Bunsen 1868, S. 535.

*Bildnis eines Schotten (John Campbell, 2. Marquis
von Breadalbane ?), um 1829/30 (?)*
Öl auf Leinwand, 46 x 36,4 cm
Rom, Fondazione Catel
[Kat.-Nr. 105]

Das Bildnis eines bislang unbekannten Schotten wurde von
Giuseppe Bonifazio mit dem Altersbildnis Catels (Kat.-Nr. 5)
sowie einem weiteren Bildnis in der Fondazione Catel, hinter dem ebenfalls ein Selbstporträt des Künstlers vermutet
worden ist, in Verbindung gebracht.[1] Diese Identifizierung
des Dargestellten mit dem Künstler vermag nicht zu überzeugen. Eine Analyse der schottischen Tracht, von Kilt, Plaid,
Bandelier und Badge deutet vielmehr darauf hin, dass es
sich nicht einfach um einen Herren in schottischer Kostümierung, sondern vielmehr um das spezifische Porträt eines
Schotten handelt.[2] Die beiden Federn am Barett des Mannes
deuten ebenso wie die Attribute Korbschwert, Strumpfdolch,
Pistole und Puderhorn auf den Status eines schottischen
Highland Clan Chiefs hin. Ein Offiziersporträt, wie es die
Bezeichnung »Ritratto di soldato scozzese« im Nachlassinventar von Margherita Catel nahelegt, ist hingegen auszuschließen.[3] Eine eindeutige Zugehörigkeit zu einem der
schottischen Clans ist aus dem von Catel dargestellten Tartan nur schwer abzuleiten: Möglich wären Zugehörigkeiten
des Dargestellten zu den Clans Forbes oder Campbell und
hier sowohl zu den Zweigen der Loudon wie zu den Breadal-
banes. Jede weitere Identifizierung des Dargestellten muss
in Ermangelung dokumentarischer Evidenz vorerst hypothetisch bleiben. Bedenkenswert ist jedoch ein Identifizierungsvorschlag von Julie Lawson, die auf das Gipsmodell für die
Porträtbüste eines Schotten in der Sammlung des Thorvaldsens Museum in Kopenhagen aufmerksam gemacht hat
(Abb. 1). Diese wurde von Else Kai Sass als Bildnis von John
Campbell (1796–1862), 2. Marquis von Breadalbane, identifiziert.[4] John Campbell war ein schottischer Adliger und libe-
raler Politiker, Mitglied des Parlaments und später Mitglied
des House of Lords sowie Lord Chamberlain of the House-

hold. Seine Porträtbüste und die seiner Frau, Lady Glenorchy,
entstanden um 1829 bei einem gemeinsamen Romaufenthalt.[5]
Die Originale in Marmor befanden sich bis 1925 in Langton
House. Nicht nur die mögliche Identifizierung des Tartan in
Catels Gemälde als dem der Campbell Breadalbane, sondern
auch der Romaufenthalt um 1829, der sowohl zu der bis dato
angenommenen Datierung von Catels Gemälde als auch zum
Alter des Dargestellten im Bild zu passen scheint, machen
den Identifizierungsvorschlag des unbekannten Schotten mit
John Campbell interessant. Auch besteht in der runden
Form der Augen, in Form und Ausdruck von Lippen und
Mundwinkeln sowie in der Gestalt der Nase eine gewisse
Ähnlichkeit zwischen dem von Catel porträtierten Mann und
der Büste Thorvaldsens. Über eine Verbindung Catels zu
dem schottischen Politiker und über die Gründe, warum das
Gemälde sich noch heute im Künstlernachlass in der Fonda-
zione Catel befindet, ist jedoch nichts bekannt. *N S*

1 Vgl. Ausst.-Kat. Rom 1996a, S. 45–46, Nr. 14.
2 Für ihre unermüdliche Hilfe bei der Bestimmung der schottischen
Tracht danke ich herzlich Julie Lawson, Chief Curator, Scottish Natio-
nal Portrait Gallery, National Galleries of Scotland, Edinburgh sowie
Brian Wilton MBE, Scottish Tartans Authority, Dr Stuart Allan, Principal Curator, Scottish Late Modern Collections, Department of Scottish
History and Archaeology, National Museums Scotland, Edinburgh,
Ishbel MacKinnon, Archivist, Argyll Estates, Cherry Park, Inveraray,
Argyll sowie Charles Patrick Carnegie Sloan, Museum Of The Royal
Regiment Of Scotland, Edinburgh. Von ihnen stammen die im folgenden dargelegten Ergebnisse bezüglich des Kostüms. Von Julie Lawson
stammt die Idee zu der hier vorgeschlagene Identifizierung des Dargestellten.
3 Rom, Fondazione Catel, Archiv, Elenco dei Beni di Margherita
Prunetti (1874); vgl. Ausst.-Kat. Rom 1996a, S. 45–46, Nr. 14. Hinweis
von Charles Patrick Carnegie Sloan, Museum Of The Royal Regiment
Of Scotland, Edinburgh.
4 Sass 1963, Bd. 2, S. 238–248. Mein herzlicher Dank für Auskünfte
über diese Büste gilt Karen Benedicte Busk-Jepsen vom Archiv des
Thorvaldsens Museum.
5 Bertel Thorvaldsen, *Eliza Glenorchy (?)*, um 1829, Gips, 72 cm,
Kopenhagen, Thorvaldsens Museum, Inv.-Nr. A268. Ein undatierter
Briefe im Archiv des Thorvaldsens Museum (gmVII, nr. 5) dokumentiert Terminabsprachen für die Porträtsitzungen.

Abb. 1
Bertel Thorvaldsen, *John Campbell (?)*, um 1829, Gips, 70,4 cm,
Kopenhagen, Thorvaldsens Museum, Inv.-Nr. A303.

SCHON IN DEN FRÜHEN Berliner Jahren hatte sich Catel neben seiner umfangreichen Tätigkeit als Illustrator immer wieder auch der Historienmalerei gewidmet; so zum Beispiel 1806 mit seinem Aufnahmestück für die Akademie *Der Tod des Probstes Nikolaus von Bernau* (Abb. 2 auf S. 11) oder dem zeitgenössischen Ereignisbild mit dem Zusammentreffen des preußischen Königspaars mit dem russischen Zar Alexander am Grab Friedrichs des Großen (Abb. 1 auf S. 214).

In Rom wandte Catel sich ab 1811 zunächst konsequent der einträglichen Landschaftsmalerei zu, doch kam er bei günstigen Gelegenheiten immer wieder auf die Historienmalerei zurück. Ein erstes Beispiel ist die frühe Darstellung von Johann Wolfgang von Goethes Ballade vom *Erlkönig,* die er bereits 1814 von Rom aus nach Berlin auf die Akademieausstellung sandte – ein Gemälde, das leider verschollen ist, lediglich eine zeichnerische Studie hat sich dazu erhalten (Kat.-Nr. 106).

Ein besonderer Coup gelang dem Künstler 1819, als er für die Ausstellung der deutschen Künstler im Palazzo Caffarelli, der die angekündigte Anwesenheit des österreichischen Kaisers Franz I. besonderen Aufschwung versprach, sicher nicht zufällig die auf Friedrich Schillers Ballade von 1803 beruhende Begebenheit *Rudolf von Habsburg und der Priester* malte, die zu den zentralen Darstellun-
gen der Habsburger-Ikonographie gehörte und zweifellos das Auge des Monarchen interessierte. Immer wieder beobachten wir Catel dabei, wie er auf äußere Umstände und Marktbegehrlichkeiten geschickt reagierte. Wie beim *Erlkönig* ist auch dieses bedeutende Zeugnis der Malerei Catels leider verschollen, doch zeigen die insgesamt vier erhaltenen gezeichneten Studien des Motivs in Weimar, Rom, und London (Kat.-Nr. 108–110 und die dortige Abb. 1) und eine vollständig ausgeführte, repräsentative Zeichnung in Frankfurt (Kat.-Nr. 107), die sehr wahrscheinlich die Komposition des Gemäldes wiederholt, die große Bedeutung dieses Bildes innerhalb von Catels Werk und den hohen Anspruch, den er an sich als Historienmaler stellte.

In den 1820er Jahren widmete Catel sich großen Landschaftsbildern, in die er historische Begebenheiten gekonnt integrierte und die beim Publikum durch eben diese neue Kombination, in der sich Landschaft und Figur gegenseitig stärken, Aufsehen erregten. Zu erwähnen sind hier der *Besuch des Pompeius in der Villa des Cicero bei Pozzuoli* (Kat.-Nr. 111) von 1828 und der *Tod Torquato Tassos,* erstmals gemalt 1826 und aufgrund der Nachfrage, unter anderem durch Karl Friedrich Schinkel, in den folgenden Jahren mehrfach wiederholt (Kat.-Nr. 112). *AS*

Der Vater mit seinem Kind (nach Goethes Ballade
»Erlkönig« von 1782), um 1814
Pinsel in Grau, stellenweise grau laviert, 344 x 211 mm
Klassik Stiftung Weimar, Museen, Graphische Sammlungen
[Kat.-Nr. 106]

Im Jahre 1814 sandte Catel von Rom aus ein Gemälde mit
dem Titel *Der Erlkönig, nach einer Ballade von Göthe* auf
die Berliner Akademieausstellung.[1] Das Bild selbst ist verschollen, doch gibt die vorliegende Federstudie zu diesem
Motiv einen Eindruck von der ursprünglichen Komposition.
Catel illustrierte wohl als einer der ersten die Ballade Goethes
– eigentlich ein typisches Sujet der Spätromantik, zum Beispiel bei Moritz von Schwind, Ludwig Schnorr von Carolsfeld und Carl Gottlieb Peschel[2] – und wählt damit wie so oft
literarische Themen des Weimarer Dichters als Motiv für
seine Gemälde, wissend, dass diese Aufmerksamkeit in der
Öffentlichkeit erregen würden.

Alle Inhalte der Ballade sind geschickt konzentriert von
Catel in Szene gesetzt, sodass man beim Lesen des Textes
Catels Bilderfindung wunderbar als textgetreue Verbildlichung
dazu betrachten kann: »Wer reitet so spät durch Nacht und
Wind? / Es ist der Vater mit seinem Kind; / Er hat den Kna-
ben wohl in dem Arm, / Er fasst ihn sicher, er hält ihn warm.
// Mein Sohn, was birgst du so bang dein Gesicht? / Siehst,
Vater, du den Erlkönig nicht? / Den Erlenkönig mit Kron'
und Schweif? / Mein Sohn, es ist ein Nebelstreif. // »Du liebes Kind, komm, geh mit mir! / Gar schöne Spiele spiel' ich
mit dir; / Manch' bunte Blumen sind an dem Strand, / Meine
Mutter hat manch gülden Gewand.« // Mein Vater, mein Vater,
und hörest du nicht, / Was Erlenkönig mir leise verspricht? /
Sei ruhig, bleibe ruhig, mein Kind; / In dürren Blättern säu-
selt der Wind. // »Willst, feiner Knabe, du mit mir gehn? /
Meine Töchter sollen dich warten schön; / Meine Töchter
führen den nächtlichen Reihn / Und wiegen und tanzen und
singen dich ein.« // Mein Vater, mein Vater, und siehst du
nicht dort / Erlkönigs Töchter am düstern Ort? / Mein Sohn,
mein Sohn, ich seh' es genau: / Es scheinen die alten Weiden
so grau. // »Ich liebe dich, mich reizt deine schöne Gestalt; /
Und bist du nicht willig, so brauch' ich Gewalt.« / Mein Vater, mein Vater, jetzt faßt er mich an! / Erlkönig hat mir ein
Leids getan! // Dem Vater grauset's; er reitet geschwind, / Er
hält in Armen das ächzende Kind, / Erreicht den Hof mit
Müh und Noth; / In seinen Armen das Kind war todt.«[3]

Durch einen dichten Wald reitet der Vater mit seinem
Kind im Arm, kurz bevor dieses vom Erlkönig, der neben dem
Pferd schwebt, geholt wird und in den väterlichen Armen
stirbt. Links vorn im Mittelgrund hinter der Figur des Erlkönigs erkennt man seine drei Töchter, zu denen sich am
oberen Blattrand um 90 Grad nach rechts gedreht und auf
der Rückseite des großen Papierbogens weitere Federskizzen
befinden (Abb. 1). AS

1 Ausst.-Kat. Berlin 1814 (zit. nach: Börsch-Supan 1971), S. 10, Nr.
55 (»Herr Franz Catel, Maler in Rom und Mitglied der Akademie / [...]

Der Erlkönig, nach einer Ballade von Göthe; [...].«). Vgl. Boetticher
1891, S. 163, Nr. 3 (»›Der Erlkönig‹, nach der Ballade Goethe's; Berl.
ak. KA. 1814.«); Bonifazio 1975/76, S. 223, Nr. 1; Ausst.-Kat. Rom
1996a, S. 73; Stolzenburg 2007, S. 15, Anm. 32.
2 Vgl. Schnorr von Carolsfelds Gemälde *Erlkönig* von 1830/35 und
Schwinds Darstellung von 1860, beide in der Schack-Galerie in München; vgl. Ausst.-Kat. München 1989, S. 23–46; vgl. auch www.goethe-
zeitportal.de/wissen/illustrationen/johann-wolfgang-von-goethe/erl
koenig.html (letzter Abruf: am 21. 5. 2015).
3 Goethe 1887a, S. 167–168.

Abb. 1
Verso von Kat.-Nr. 106

Rudolf von Habsburg und der Priester, 1818
Feder und Pinsel in Braun, weiß gehöht, über Bleistift,
440 x 590 mm
Frankfurt am Main, Städelmuseum, Graphische Sammlung
[Kat.-Nr. 107]

Im Jahr 1819 präsentierte Catel in der Ausstellung der deutschen Künstler im Palazzo Caffarelli, die durch die Anwesenheit des österreichischen Kaisers Franz I. für alle eine besondere Bedeutung erlangte und mit großen Erwartungen verbunden war, ein heute leider verschollenes Gemälde mit der Szene *Rudolf von Habsburg und der Priester.*[1] Diese Darstellung, die Catel 1822 auch in Berlin präsentierte, war und wurde besonders in Wien immer wieder Gegenstand der Malerei und fand höchste Beachtung. Ausgangspunkt des Motivs waren alte Chroniken und flämische Bilder des 17. Jahrhunderts sowie das große Augsburger Thesenblatt der *Pietas Austriaca* von Georg Philipp Rugendas von 1727, in denen die traditionelle enge Verbindung des Hauses Habsburg zur katholischen Kirche und die Verehrung der Eucharistie zum Ausdruck gebracht wurden. Hier manisfestierte sich die Zusammengehörigkeit von Staat und Kirche sowie die Unterordnung der weltlichen Macht unter die Religion, welche man sich auch in der Gegenwart um 1800 wieder herbeisehnte. Zur damals besonders aktuellen Popularität der Ikonographie hatte Friedrich Schillers Ballade *Der Graf von Habsburg* (Vers 51–87) von 1803 viel beigetragen. Catel kannte diese Ballade zweifellos und wird im Vorfeld der römischen Ausstellung sicher auch in Rom Kenntnis von der Beliebheit der Darstellung am Wiener Hof erlangt haben.

Johann Peter Krafft zum Beispiel schuf, zwar zeitlich nach Catels Bilderfindung, Ende des Jahres 1821, in Wien eine großformatige Darstellung dieser Szene,[2] zu der er bereits 1808 eine weit ausgeführte Bleistiftstudie gezeichnet hatte, die sicher neben Schillers Ballade auch durch Josef von Hormayrs Beschreibung von 1807 angeregt worden war.[3] Auch Julius Schnorr von Carolsfeld widmete sich später im Auftrag Ludwigs I. von Bayern dem Thema in den Fresken im Kaisersaal der Münchner Residenz.[4] Zwei Jahre vor Catel hatte Ferdinand Olivier eine kleine Darstellung des Themas geschaffen, die durch und durch vom nazarenischen Geist durchdrungen ist, da oberhalb der historischen Figuren drei Engel am Himmel als sichtbares Zeichen der göttlichen Weisung erscheinen.[5] Die historischen Kompositionen Catels, Kraffts und Schnorr von Carolsfelds kamen hingegen ohne diese religiös-allegorischen Zutaten aus.

Catel griff hier also höchst geschickt auf eine der wichtigsten Habsburger-Ikonographien für sein Gemälde in der Ausstellung im Palazzo Caffarelli zurück, das somit ganz natürlich die Aufmerksamkeit des Kaisers erregen musste. Der heute ebenfalls verschollene Karton des Gemäldes von 1818 verblieb bis zum Tod des Künstlers in seinem Besitz und wurde von ihm testamentarisch der Hilfskasse des Deutschen Künstlervereins in Rom geschenkt.[6]

Das Aussehen des damals in die Ausstellung eingereichten Gemäldes zeigt uns mit großer Wahrscheinlichkeit eine relativ große, vollendete Zeichnung des Künstlers, die für

Baron Philipp E. von Schneider in Frankfurt im selben Jahr angefertigt wurde (Kat.-Nr. 107).[7] Catel zeigt hier den bereits wieder im Sattel sitzenden Priester mit der Monstranz in der linken Hand, der auf dem Weg zu einem Sterbenden aufgrund von Hochwasser an der Überquerung eines Flusses gescheitert war und am Ufer auf Rudolf von Habsburg traf, der dem Geistlichen demütig sein eigenes Pferd anbot, damit dieser den Sterbenden mit den Sakramenten versehen konnte. Der Priester weissagt dem Grafen zukünftige Größe, hier angedeutet durch den Segensgestus der rechten Hand. Die Szene ist in eine waldige, an die Schweiz erinnernde Gebirgslandschaft verlegt, im Zentrum der Priester auf dem Pferd des Grafen, neben ihm die Zügel übergebend Rudolf von Habsburg, hinter den beiden ein Begleiter des Grafen. Dem Priester voraus eilt ein Messdiener, links vorn zwei Jagdhunde, von denen einer Wasser trinkt.

Vier erhaltene zeichnerische Studien zeigen verschiedene Kompositionsstadien des Bildes. In einer leichten Feder- und Pinselstudie postierte Catel die Protagonisten seitenverkehrt, der Messdiener ist durch einen älteren Mönch ersetzt und Rudolf verbeugt sich tief und demütig vor dem Priester auf dem Pferd (Kat.-Nr. 108).[8] Im römischen Nachlass des Künstlers befinden sich zwei weitere Studien, die eine zeigt den Priester am Ufer am Boden sitzend, in dem Moment, als Rudolf ihm sein Pferd anbietet (Kat.-Nr. 109), während die andere überhaupt keinen Fluss zeigt, sondern die Szene vor eine Burganlage verlagert, der Priester hat hier dankend das Pferd entgegengenommen, Rudolf breitet die Arme aus (Kat.-Nr. 109). Sicher ebenfalls ursprünglich aus dem Nachlass Catels stammt die Zeichnung im British Museum in London, die eine Variante der Komposition mit dem am Boden sitzenden Priester zeigt (Abb. 1). Alles ist hier mehr oder weniger identisch, nur Rudolf wendet sich mit seinem Pferd intensiver dem Geistlichen zu. Auf der Rückseite des Londoner Blatts findet sich eine Bleistiftstudie mit einer weiteren Begebenheit aus dem Leben Rudolfs von Habsburg, nämlich der Belagerung von Basel. Hier erkennt man rechts Rudolf, während von links Graf Pappenheim mit der Urkunde zur Wahl zum Deutschen Kaiser herbeieilt.[9] Denkbar ist, dass Catel hier an eine alternative Darstellung für das Gemälde dachte oder gar an eine Folge von Bildern mit Begebenheiten aus dem Leben Rudolfs von Habsburg.

Mit dieser hier zusammengetragenen Gruppe von Studienzeichnungen haben wir erstmals einen Einblick in den Prozess der Bildfindung bei Catels historischen Kompositionen. Er zeigt, dass der Künstler mehrfigurige, in die Landschaft eingebundene Szenen mit vielen Zeichnungen intensiv vorbereitete bzw. sich erarbeitete.　*AS*

1 Öl auf Leinwand, Maße unbekannt, Verbleib unbekannt; 1819 in Rom auf der Ausstellung zu Ehren Kaiser Franz' I. im Palazzo Caffarelli und 1822 auf der Berliner Akademieausstellung gezeigt; *Giornale Arcadico* 1819a, S. 126–127; Passavant 1820, S. 206 (»Rudolf von Habsburg, welcher einen Priester sein Pferd gibt, in Öl.«); Ausst.-Kat. Berlin 1822 (zit. nach Börsch-Supan 1971), S. 6–7, Nr. 37 (»Franz Catel, in Rom, Mitglied der Akademie / [...] Rudolf von Habsburg begegnet auf der Rückkehr von der Jagd, in einer durch plötzliches Austreten der Gewässer überschwemmten Gegend, einem Priester, welcher in Begleitung eines Chorknaben das Heil. Sakrament zu einem Kranken nach

einem entfernten Dorfe trägt. Rudolf giebt dem Priester sein Pferd, damit es ihn durch die Gewässer trage. Der Priester weissagt dem Grafen zukünftige Größe. Oelgemälde, nach Schillers Dichtung.«); Raczynski 1841a, S. 317 (Erwähnung); Boetticher 1891, S. 163, Nr. 4 (»Rudolf von Habsburg giebt einem Priester sein Ross, damit es ihn durch ausgetretnes Gewässer trage. Der Priester weissagt dem Grafen die künftige Grösse. Nach Schillers Ballade. Röm. KA. im Pal. Caffarelli, April 19; Berl. ak. KA. 22«); Ausst.-Kat. Rom 1996a, S. 66, bei Nr. 95. – Zur Ikonographie und Rezeption des Motivs in der bildenden Kunst der Zeit vgl. Fastert 2000, S. 43–106 (keine Erwähnung Catels).
2 Öl auf Leinwand, 330 x 280 cm, Verbleib unbekannt; Frodl-Schneemann 1984, S. 150, Nr. 124, Abb. (Schabkunstblatt von Franz Kolb). 1849 wiederholte Krafft die Komposition in einer kleinere Version; Wien, Belvedere; Frodl-Schneemann 1984, S. 166, Nr. 196, Abb.
3 Hormayr 1807, Abt. I.
4 Vgl. Ausst.-Kat. Mainz/München 1994, S. 122–125, Nr. 46.
5 1816, Öl auf Holz, 33,3 x 50 cm, Nürnberg, Germanisches Nationalmuseum, Inv.-Nr. GM 1549; Ausst.-Kat. Rom 1981, S. 145, Nr. 51, Abb.
6 *Rudolf von Habsburg und der Priester,* 1818, Technik unbekannt [wohl Kreide und Kohle], Maße unbekannt, Verbleib unbekannt; vgl. »Elenco dei Beni« di Margherita Prunetti von 1874, Rom, Fondazione Catel, Archiv, Lettera A, pos. 1, fasc. II, sessione 9 giugno 1874); Bonifazio 1975/76, S. 241; Ausst.-Kat. Rom 1996a, S. 74.
7 Baron von Schneider gab 1817/18 bei deutschen Künstlern in Rom 44 repräsentative Zeichnungen, neben Catel u. a. bei Johann Friedrich Overbeck, Peter Cornelius und Johann Christian Reinhart in Auftrag, die sich als geschlossene Sammlung im Städel Museum in Frankfurt am Main befinden; vgl. Ausst.-Kat. Frankfurt am Main 2003, S. 164, bei Nr. 54a (Beitrag Mareike Hennig). Freundlicher Hinweis von Jutta Schütt, Frankfurt am Main.
8 Erwähnenswert ist, dass Catel sich auf den Rückseiten von Kat.-Nr. 108 und 109 parallel mit Studien zu einer Szene mit Aeneas und Venus beschäftigte, die möglicherweise im Zusammenhang mit den zeitgleichen Arbeiten für die Herzogin von Devonshire und deren Übersetzung von Vergils *Aeneis* steht (vgl. Kat.-Nr. 64).
9 *Die Berufung Rudolfs von Habsburg zum deutschen Kaiser während der Belagerung von Basel* (Bleistift); unten Mitte bezeichnet: »Rudolfo di Habsburg Sienora Suicero [?; unleserlich]« (Feder in Braun).

Abb. 1
Rudolf von Habsburg und der Priester, 1818, Feder und Pinsel in Braun über Bleistift, Weißhöhungen, 191 x 234 mm, signiert rechts unten: »F. Catel« (Feder in Braun); London, British Museum, Department of Prints and Drawings, Inv.-Nr. 1975,03011.8, Donated by Frances Carey in Memoriam of Dr. Gerald Bindman (1904–1974)

Rudolf von Habsburg und der Priester, 1818
Feder in Braun, braun laviert, über Bleistift, Weißhöhungen,
207 x 269 mm
Rom, Fondazione Catel
[Kat.-Nr. 110]

Rudolf von Habsburg und der Priester, 1818
Feder in Braun, braun laviert, über Bleistift, Weißhöhungen,
205 x 269 mm
Rom, Fondazione Catel
[Kat.-Nr. 109]

Rudolf von Habsburg und der Priester, 1818
Feder in Grau, grau laviert über schwarzer Kreide,
212 x 300 mm
Klassik Stiftung Weimar, Museen, Graphische Sammlungen
[Kat.-Nr. 108]

Besuch des Pompeius in der Villa des Cicero bei Pozzuoli,
1828/29
Öl auf Leinwand, 100 x 138 cm
Stiftung Preußische Schlösser und Gärten Berlin-Branden-
burg, Potsdam
[Kat.-Nr. 111]

Das Historienbild mit der Darstellung des Besuches des
Pompeius in der Villa des Cicero bei Pozzuoli wurde von
Kronprinz Friedrich Wilhelm von Preußen 1828 während
seiner ersten Italienreise beim Künstler in Rom in Auftrag
gegeben. Am 23. November 1828 besuchte der Kronprinz
das Atelier Catels, wo er »[…] ein bestelltes Bild & sein vor-
trefliches Attelier [sic] besehen« hatte.[1] Das Gemälde wurde
nach seiner Fertigstellung in den Römischen Bädern von
Schloss Charlottenhof in Potsdam aufgehängt. Die interessante Raumsitutation im Pavillon wurde 1839 im *Spaziergang durch Potsdams Umgebungen* wie folgt beschrieben:
»An der Seite des Vividariums befindet sich in der Fortsetzung der Geßnerschen Wasserlaube eine Säulenhalle, welche
zum Garten hinter der Terme führt. Wir gehen nun die Geß-
nersche Laube entlang zur freundlichen Terrasse und treten
durch den Porticus in den Pavillon. Hier fesseln uns zuerst
die schönen Gemälde – eine Villa des Cicero von Catel, die
Villa d'Este in Tivoli von Schirmer, […], die Copie eines
interessanten Bildes »ein Blick in die Blüthe Griechenlands«
von Schinkel, […].«[2] Catels Bild hing an der Mitte der West-
wand oberhalb der Kopie von Karl Beckmann nach Schinkel,
das erwähnte Bild Schirmers hing an der Nordwand des
Pavillons.[3]

Catel zeigt ein Gespräch zwischen Pompeius, dem
Gegenspieler Caesars im römischen Bürgerkrieg des Jahres
49/48 v. Chr., und Cicero, der stets leidenschaftlich für den
Frieden eintrat, und in diesem Bürgerkrieg zwischen die
Fronten geraten war. Beide Staatsmänner hatten sich ihm
gegenüber stets wohlwollend verhalten, doch folgte Cicero
dann doch zunächst Pompeius. Dennoch ließ Caesar gegenüber Cicero nach der Niederlage des Pompeius in der Schlacht
von Pharsalos in Thessalien Großmut walten und begegnete
ihm erneut freundlich. Das Gespräch mit Pompeius findet
auf der Terrasse von Ciceros Villa oberhalb von Pozzuoli
statt. Die Villa bietet einen Blick auf die Stadt und den wei-

ten Golf von Pozzuoli mit Capo Miseno und der Silhouette
des Monte Epomeo auf Ischia am Horizont. Eine große Schar
von Dienern bewegt sich geschäftig um die Mittelgruppe der
beiden Männer am Tisch herum. Links vorn stehen Gefäße
als Stillleben auf dem Boden, ähnlich wie Catel es in dem in
ganz anderem Zusammenhang zu sehenden Bildnis Schinkels arrangiert hatte (Kat.-Nr. 102). Die von Catel gemalte
Terrasse fand in Potsdam ihre Entsprechung in der Terrasse
vor dem Pavillon mit dem Blick auf die kleine Insel des
Maschinenteichs.[4]

Was Catel zur Motivwahl bewegte, lässt sich nicht klären, wohl aber das Interesse Friedrich Wilhelms an der Szene,
denn das Sujet entsprach in schönster Weise seiner Vorstel-
lung von der römischen Antike und der klassischen Land-
schaft. Schon im Januar 1828, also noch vor der ersten
Reise nach Italien, schuf Friedrich Wilhelm, der für seine
Fertigkeiten im Zeichnen bekannt war, selbst eine klassische
Landschaft, die einen ganz ähnlichen Blick von einer in der
Höhe angesiedelten Villenarchitektur auf die tiefer liegende
weite Landschaft mit dem Meer bietet.[5] Die Komposition des
Kronprinzen zeigt eine verblüffende Ähnlichkeit mit der
Bildanlage Catels. Von Rom aus reiste der Kronprinz nach
Neapel und besuchte auch am 11. November 1828 Pozzuoli,
wo er sich an Goethes Hymnus *Der Wandrer* erinnerte (vgl.
Kat.-Nr. 144).[6] In Pompeji bewunderte er am 15. November
unter anderem die große Rundbank am Grab der Priesterin
Mammia,[7] die Catel links im Mittelgrund auf der Terrasse
mit der pompejanischen Fresken entlehnten schlanken
Frauenfigur in Rückenansicht ins Bild setzte. Auf der Bank
sitzt eine alte sinnierende Frau, die als Hinweis auf die antike
Priesterin Mammia verstanden sein könnte. Diese steinerne
Philosophenbank sollte später als Bauform in Potsdam viel-
fach verwendet werden, zum Beispiel auf dem Ruinenberg.[8]
Sie findet sich auch schon auf der erwähnten Zeichnung des
Kronprinzen vom Januar 1828.[9]

Schon im Jahr 1828 wurde ein Gemälde Catels mit
dieser Darstellung in der Royal Academy in London präsentiert.[10] Es ist demnach anzunehmen, dass die Motivwahl und
die Komposition nicht einer Idee des Kronprinzen entsprang
– wie die erwähnte Zeichnung suggerieren mag –, sondern
dass dieser im Atelier des Künstlers wahrscheinlich einen
Entwurf der Komposition (wohl zu dem Bild für die Royal

Academy in London) vorfand und für sich eine großformatige Version bestellte.

Das von Friedrich Wilhelm erworbene Gemälde wurde
1830 auf der Berliner Kunstausstellung der Öffentlichkeit
präsentiert.[11] Gleichzeitig wurde dort eine zweite Version
des Bildes »mit einigen Abänderungen« ausgestellt, sodass
die genaue Zuordnung letztendlich nicht zu klären ist. Auch
das Format des zweiten Bildes bleibt unklar. Bei Boetticher
werden 1891 ebenfalls zwei Versionen erwähnt, eine in
Schloss Charlottenhof, die andere im Besitz eines Herrn
Kuhtz in Berlin.[12]

Man kann vermuten, dass der geschäftstüchtige Catel
nach dem Erwerb des einen Bildes durch den Kronprinzen
die Kunstausstellung mit einer veränderten, wahrscheinlich
kleineren Version belieferte, da die Chance, das Bild zu verkaufen, durch den königlichen Erwerb durchaus gesteigert
wurde.[13] Ein mögliches Kalkül, das auch aufgegangen zu sein
scheint, wie der Verbleib des zweiten Gemäldes in Berliner
Privatbesitz zeigt.[14] *AS*

1 Zit. nach: Ausst.-Kat. Potsdam 1995, S. 67. Zur Italienreise des
Kronprinzen vgl. Zimmermann 1995, S. 139. Zu Leben und Wirken
allgemein vgl. Senn 2013.
2 Potsdams Umgebungen 1839, S. 28–29.
3 Laut Hängeplan um 1850; vgl. Bartoschek 1996, S. 36, Nr. 9, Aufriss
der Wände auf S. 37.
4 Zur Topographie vgl. ein Aquarell von August Wilhelm Schirmer von
1837; vgl. Adler 2012, S. 371, Abb. 121.
5 Zeichnung v. 13. 1. 1818; Vgl. Meiner 2014, S. 44, Abb. 11.
6 Ausst.-Kat. Potsdam 2000, S. 61.
7 Ebd., S. 64.
8 Vgl. ein Aquarell von Carl Graeb von 1852; ebd., Abb. S. 64.
9 Vgl. zur Rundbank am Grab der Priesterin Mammia die Gouache
von Jakob Philipp Hackert von 1793; Ausst.-Kat. Weimar/Hamburg
2008, S. 344, Nr. 158, Abb. auf S. 310.
10 Graves 1905, S. 14, Nr. 415 (»1828. / 415 / Cicero visited by Pom-
pey at his Puteolian villa.«); vgl. Graves 1884, S. 42.
11 Ausst.-Kat. Berlin 1830 (zit. nach: Börsch-Supan 1971), S. 139,
Nr. 1260 oder 1261.
12 Boetticher 1891, S. 164, Nr. 62 (»Pompejus' Besuch bei Cicero.
Blick auf die Inseln bei Neapel. – E. Kuhtz, Berlin.«).
13 Das 1828 in London gezeigte Bild könnte allerdings mit der zweiten 1830 ausgestellten Version identisch sein.
14 Vgl. das Gemälde mit dem Tod Torquato Tassos, das in mindestens
drei Versionen ausgeführt wurde (Kat.-Nr. 112).

*Torquato Tassos Tod unter der Eiche beim Kloster
Sant'Onofrio*, 1834
Öl auf Leinwand, 130 x 180 cm
Neapel, Palazzo Reale
[Kat.-Nr. 112]

Im Dezember 1826 richtete Karl Friedrich Schinkel im Auftrag des Berliner Kunstvereins einen Brief an Catel, in dem er ihn zu überreden versuchte, sein soeben vollendetes Historiengemälde *Tod Torquato Tasso* zu verkaufen. Das Bild war in der römischen Kunstausstellung in der Via Margutta präsentiert worden.[1] Schinkel schrieb: »Sehr geehrter Freund, es ist mir überaus schätzenswerth, eine schöne Gelegenheit benutzen zu können, um mit ihnen einige freundliche Worte zu wechseln. Im Namen des Kunstvereins von Preußen soll ich nehmlich bei Ihnen anfragen, ob Sie geneigt wären, das schöne Bild von Tassos Eiche, welches Sie soeben vollendet haben, dem Verein käuflich zu überlassen. Sollte das Bild aber bereits seinen Besitzer gefunden haben, so bin ich beauftragt, bei Ihnen ein ähnlich interessantes Bild zu bestellen und Sie zu bitten, mir den Preis desselben baldmöglichst anzuzeigen, und das Bild gleich anzufangen und seine Vollendung recht bald zu fördern.«[2] Catels Antwort auf dieses Schreiben ist verloren, aber in einem Brief vom Februar 1827, der auf ein ebenfalls verlorenes zweites Schreiben Schinkels antwortete, lässt der Künstler wissen: »Sehr verehrter und sehr lieber Freund. Hierdurch melde ich den Empfang Ihres gütigen Schreibens vom 25. Januar, wodurch Sie mir die Bestellung des Gemäldes für den Kunstverein bestätigen, ich werde dieses, von dem ich bereits die Composition und eine Schitze gemacht, alsbald beginnen, und gewiß alle meine Kräfte anwenden, um den Erwartungen des Kunstvereins, und den Ihrigen zu entsprechen, um Mißverständnisse zu vermeiden, will ich hier beyläufig bemerken, daß die 150 Louisdor, welche ich für das Gemählde vom Tasso bekomme, französische Louisdor sind; ich wiederhole aber nochmals bestimmt und feierlich, was ich in Rücksicht des Preises des Gemähldes für den Kunstverein Ihnen in meinem vorigen Brief geschrieben habe, daß ich mich hierin gänzlich und mit Vergnügen nach der Bestimmung der würdigen Männer, aus welchem das Directorium des Vereins besteht, bescheide. [...]. Mein Gemälde vom Tasso ist mit den Bildern mehrerer anderer deutscher

Künstler ausgestellt. Ich habe vom Grafen S. Prix, Besteller dieses Bildes, seid zwei Monaten keine Nachricht.«[3]

Im November 1828 wurde eine Version des Tasso-Bildes anlässlich des Aufenthaltes des Kronprinzen von Preußen in Rom im Palazzo Caffarelli ausgestellt. Der Verbleib des Gemäldes ist unklar, doch existieren im Palazzo Reale in Neapel zwei von Catel 1834 ausgeführte Gemälde mit Begebenheiten aus Tassos Leben (Kat.-Nr. 122 und Abb. 1),[4] darunter der hier erwähnte *Tod Tassos*, wie auch 1828 im *Berliner Kunstblatt* beschrieben wurde: »In dem zweiten Bilde: Tassos Tod, hat der Künstler den Moment dargestellt, wo der Dichter des Befreiten Jerusalem unter der Eiche stirbt, die noch heutigen Tags auf dem Monte Gianicolo neben dem Kloster St. Onofrio steht, und eine der herrlichsten Uebersichten von Rom darbietet. Man weiß nun aber nicht, ob es dem Künstler darum zu thun war, die Landschaft um der Figuren, oder die Figuren um der Landschaft willen zu malen. Unter der immensen Eiche, die nicht von dem trefflichen Catel sondern von einem übermäßig manirierten Anfänger gezeichnet und gemalt zu sein scheint, liegt der Sterbende, umgeben von vielen Figuren, und andere sind im Begriff die Treppen heraufzusteigen; allein alles dies nimmt einen so

Abb. 1
Ankunft Torquato Tassos im Kloster Sant'Onofrio in Rom, 1834,
Öl auf Leinwand, 130 x 180 cm, Neapel, Palazzo Reale, Inv.-Nr. 1907
(Nr. 255)

kleinen Raum in dem großen Bilde ein, daß die Wichtigkeit des Moments aufgehoben wird und die sonst schön angeordnete Gruppe sich kaum gegen die reiche Landschaft zu halten vermag. Was vermöchte sich auch im Vordergrunde zu halten, wenn die ganz ewige Roma im Hintergrunde liegt? Wir sehen die Stadt mit der Peterskuppel, den Tiber, die Campagna, den Berg Sorakte, alles im frischesten Farbeton.«[5] Bezeichnend ist die Unschlüssigkeit des Rezensenten, wie er die Komposition Catels beurteilen bzw. einordnen soll: als Landschaftsbild mit einer Historiendarstellung oder als Historie mit Landschaftshintergrund.

In der Fondazione Catel befindet sich eine Ölstudie zu der Figur des auf den sterbenden Tasso mit ausgebreiteten Armen zugehenden Kardinals (Kat.-Nr. 113). Diese Ölstudie auf Papier verrät viel über Catels sehr genaues Studium einzelner Figuren für seine Historienbilder. Solche vorbereitenden Studien im Originalformat befanden sich im Atelier des Künstlers nachweislich in sehr großer Zahl, jedoch ist heute kaum noch etwas von diesen Arbeiten erhalten bzw. liegt wohl unerkannt in verschiedensten Sammlungen.

Der dokumentierte Käufer der beiden Bilder (Kat.-Nr. 122 und Abb. 1), der 1787 geborene Graf Giuseppe Costantino Ludolf aus Neapel, Sohn des Grafen Guglielmo Ludolf – neapolitanischer Botschafter in Konstantinopel – und der Deutschen Eleonore Weyröther, war Diplomat im Auftrag des Königreichs beider Sizilien und lebte bis 1860 im Palazzo Farnese in Rom als bevollmächtigter neapolitanischer Minister am Heiligen Stuhl in Rom und interessierte sich sehr für Kunst und Literatur.[6] Ludolf erwarb die beiden Gemälde nicht für seine Privatsammlung in Rom, sondern im Auftrag des Königs von Neapel.　A S

1　*Memorie Romane di Antichità e Belle Arti* 1826, S. 336; *Berliner Kunstblatt* 1828, S. 23–24; vgl. Ausst.-Kat. Rom 1996a, S. 74.
2　Brief Karl Friedrich Schinkels (Berlin, 11. 12. 1826) an Franz Ludwig Catel in Rom, München, Bayerische Staatsbibliothek, http://kalliope-verbund.info/DE-611-HS-92509 (letzter Aufruf, 12. 6. 2015); vgl. Geller 1960, S. 172–173.
3　Brief Franz Ludwig Catels (Rom, 28. 2. 1827) an Karl Friedrich Schinkel in Berlin, Verbleib unbekannt; zit. nach: Geller 1960, S. 173–174.
4　Zur *Ankunft Torquato Tassos im Kloster Sant'Onofrio* vgl. Stolzenburg 2007, S. 90, Abb. 51.
5　*Berliner Kunstblatt* 1828, S. 23–24.
6　Zu Ludolf vgl. Merigi 2006.

Studie eines stehenden Kardinals mit ausgebreiteten
Armen, um 1826
Öl auf Papier, 488 x 318 mm
Rom, Fondazione Catel
[Kat.-Nr. 113]

Figurenstudie zu Kat.-Nr. 112.

Kat.-Nr. 114–115

Catel und Griechenland

ANFANG 1822 ERHIELT CATEL von einem Amerikaner den Auftrag zu zwei interessanten Gemälden mit Szenen aus dem griechischen Freiheitskampf, die sich seit 1824 in der Nähe von Charleston in den USA befinden (Kat.-Nr. 114–115). Der aus wohlhabender Familie in Middleton Place bei Charleston in South Carolina stammende Archäologe, Amateurmaler und Architekt John Izard Middleton hatte seine Erziehung an der Universität von Cambridge in England erhalten und 1814 von Seiten der Mutter ein großes Vermögen geerbt. Die meiste Zeit seines Lebens hielt er sich in Frankreich und Italien auf und hatte dort Zugang zu vielen kulturellen Zirkeln. 1810 hatte er Eliza Augusta Falconet, die Tochter des Bankiers Jean Louis Theodore de Palazieu Falconet, in Neapel geheiratet. 1812 veröffentlichte er ein Buch über die griechischen Bauten in Italien, für das er bereits 1808/09 vor Ort selbst Zeichnungen angefertigt hatte.[1] Von 1820 bis 1823 bereiste Middleton erneut Italien und Frankreich.[2] 1821 hielt er sich in Konstantinopel und auf dem Weg dorthin wohl auch in Griechenland auf. Catel, in dessen Werk noch weitere Motive aus dem griechischen Freiheitskampf existieren (vgl. Kat.-Nr. 116–117),[3] gehörte zweifellos zu den ersten Künstlern, die sich mit diesem aktuellen Thema auseinandergesetzt haben.[4] Catel, der selbst nie in Griechenland war, wird den Auftrag zu diesen beiden Gemälden mit Themen zum griechischen Freiheitskampf, die mit zu den frühestens Darstellungen dieses Themas gehören, um 1821 in Rom erhalten haben. *AS*

1 Vgl. Middleton 1812.
2 Ein Skizzenbuch Middletons mit 49 Zeichnungen hat sich in der South Carolina Library der University of South Carolina erhalten; vgl. Mack/Robertson 1997.
3 *Junge Griechin mit ihrem Kind von Türken verfolgt,* Öl auf Leinwand, 25,5 x 19 cm, Rom, Fondazione Catel; Ausst.-Kat. Rom 1996a, S. 27, Abb.
4 Auf der Ausstellung in der Casa Bartholdy zeigte Catel im Dezember 1822 neben weiteren Bildern zwei Ölstudien zum Thema: »Catel aus Berlin. [...] 5) Zwei Skizzen Gefechte der Griechen mit den Türken bey Athen. Der geistreiche, wenn auch oft etwas flüchtige Pinsel des Künstlers ist in all diesen Werken nicht zu verkennen, in vielen einzelnen Theilen erfreut selbst ein strengeres Studium nach dem Wirklichen.«; *Kunstblatt* Nr. 18 v. 3. 3. 1823, S. 72.

Ansicht der Akropolis in Athen (Szene aus dem
griechischen Freiheitskampf), 1822
Öl auf Leinwand, 41,9 x 55,9 cm
Charleston, South Carolina, Carolina Art Association,
Gibbes Museum of Art
[Kat.-Nr. 114]

*Schlacht zwischen Griechen und Türken (Szene aus
dem griechischen Freiheitskampf)*, 1822
Öl auf Leinwand, 39,4 x 54,6 cm
Charleston, South Carolina, Carolina Art Association,
Gibbes Museum of Art
[Kat.-Nr. 115]

Orientalisch gekleideter Mann mit Turban, 1822/27
Öl auf Papier (auf Leinwand aufgezogen), 385 x 300 mm
Rom, Fondazione Catel
[Kat.-Nr. 116]

*Griechisch gekleideter Mann mit Krummsäbel hinter
dem Rücken,* 1822/27
Öl auf Karton, 374 x 255 mm
Rom, Fondazione Catel
[Kat.-Nr. 117]

Vermutlich in Zusammenhang mit den beiden Gemälden, die
Catel 1822 im Auftrag des Architekten John Izard Middleton
schuf, entstanden auch zwei undatierte Kostümstudien, die
einen Mann in der Tracht der griechischen Freiheitskämpfer
und einen orientalisch gekleideten Mann mit Turban zeigen
und sich im Nachlass des Künstlers in der Fondazione Catel
erhalten haben (Kat. Nr. 116–117). Die Kleidung des Griechen
wird charakterisiert durch die Foustanella – einen weißen
Baumwollrock –, den Kilidsch – den Prunksäbel mit ge-
krümmter Klinge – und einen hohen Fez mit langer, blauer

Quaste als Kopfbedeckung. Albanischen Ursprungs wurde
diese Tracht zur Zeit des griechischen Freiheitskampf politi-
siert und von Kleften und Armatolen als Zeichen des Wider-
standes gegen die Herrschaft der Türken getragen.[1] Der Freiheitskampf der Griechen für nationale Eigenständigkeit und
gegen die osmanische Herrschaft avancierte zu einem zentralen politischen Thema im Europa der 1820er Jahre. Mit
Zentren in der Schweiz, im Bayern Ludwigs I., England und
Frankreich verbreitete sich die philhellenistische Gesinnung
bis nach Nordamerika und fand ihren Ausdruck neben poli-
tischer Unterstützung der Hellenen auch in zahlreichen
Publikationen, die sich der griechischen Kultur, ihren Bräuchen, Volksliedern, Tänzen und Trachten widmeten.[2] In
Form von Stichserien und Aquarellen fanden Kleidung und
Aussehen der griechischen Regionen damals Verbreitung in
Europa. Hierzu gehört beispielsweise eine 1828 erschienene

Sammlung von militärischen Uniformen nach Offizierspor-
träts von Karl Krazeisen,[3] oder die 1831 in Berlin erschienene Serie *Trachten und Gebräuche der Griechen* von Otto
Magnus von Stackelberg, die auf Kostümstudien zurückgeht,
die dieser zwischen 1810 und 1814 auf einer Griechenland-
reise in Begleitung Carl Haller von Hallersteins, Charles
Robert Cockerells und Peter Oluf Brønsteds anfertigte.[4] Da
diese als Einzelblätter bereits seit 1810 in Rom gestochen
und koloriert wurden,[5] ist nicht auszuschließen, dass Catel
sie kannte. *NS*

1 Vgl. Ausst.-Kat. München 1999, S. 427, Nr. 273. Mein Dank gilt
   Johannes Pietsch, München, für Auskunft zu diesem Kostüm.
2 Ebd., S. 224–232, Kat.-Nr. 20–35.
3 Ebd., S. 427, Nr. 266–274.
4 Ebd., S. 457–458, Nr. 309–310.
5 Ebd., S. 458.

VIII
Catel als Maler der
Mönchs- und Ritterromantik

DIE AQUARELLIERTE DARSTELLUNG eines *Sinnenden Mönchs in den Ruinen der Kaiserpaläste auf dem Palatin* wird traditionell um 1820 datiert (Kat.-Nr. 120).[1] Sowohl in der melancholischen Gestik wie in der prägnanten Buntfarbigkeit steht die Komposition in der Tradition der nazarenischen Kunst. Spätestens um 1820 widmete sich Catel mehr und mehr der Darstellung romantischer Mönchs- und Einsiedlerszenen, die er meist in nächtliche Klosterarchitekturen oder in in Berglandschaften gelegene Einsiedeleien integrierte (Kat.-Nr. 119). Vorbild war ihm dabei sicher der befreundete und mit vergleichbaren Sujets höchst erfolgreiche und bekannt gewordene französische Maler François-Marius Granet.[2]

Die österreichische Schriftstellerin Caroline Pichler, die in Wien einen literarischen Salon führte, veröffentlichte 1821 eine Erzählung, die sie anhand eines Gemäldes von der Hand Catels verfasst hatte. Das Gemälde befand sich damals in der Sammlung der Baronin Henriette von Pereira, geb. von Arnstein, wo Caroline Pichler es gesehen und als Inspirationsquelle genutzt hatte.[3] Die Komposition der melancholisch in tiefem Schweigen verharrenden Mönche vor der nächtlich-düsteren Certosa San Giacomo auf Capri mit Blick aufs Meer und die Felsenformation der Faraglioni wurde zu einem der meist gemalten Motive des Künstlers in Rom, und verschiedene Kopien von der Hand anderer Künstler, zum Beispiel von Peter Fendi,[4] sind dokumentiert. Noch in der römischen Kunstausstellung 1827 zeigte Catel diese Komposition, die wie folgt beschrieben wurde: »Von dem so äußerst fruchtbaren und gewandten Catel waren [...] ausgestellt, ein Mondschein [...]. Das erstere stellt ein Kapuzinerkloster auf der Insel Capri dar, von dessen Säulengange ein schwermüthiger Mönch in das mondhelle Element hinaussieht. Vorzüglich ist der Charakter der Nacht, der Stille, der Klostereinsamkeit der abgeschiedenen Insel dargestellt. Es sind nicht bloß leere Licht- und Schatteneffekte, sondern man glaubt das wohl-

thätige des Mondenlichtes zu fühlen; man sieht mit dem Mönche aufs Meer hinaus, man will errathen, was er denkt und fühlt, man sieht die Lichtfunken im Meere blinken, man glaubt sein Rauschen zu vernehmen, während in dem grabähnlichen Gang ein anderer Klosterbruder eben im Begriff ist, mit einem Licht durch die Thüre in seine Zeile zum Schlummer zu gehen.«[5]

In der Fondazione Catel in Rom hat sich ein Entwurf der Szene erhalten (Kat.-Nr. 121). Nachweisbar sind mehrere Fassungen dieses Gemäldes, unter anderem eine kleine, auf Kupferblech gemalte Version (Kat.-Nr. 123) und mindestens drei großformatige Fassungen auf Leinwand (Kat.-Nr. 122).[6] Erst vor kurzem tauchte in Italien eine weitere kleine Fassung dieser Klosterszene auf (Abb. 1).

Catel stellte sich auf die unterschiedlichsten Käuferwünsche ein, wie eine Fassung desselben architektonischen Motivs mit Nonnen anstelle der Mönche zeigt, die vor 1824 von der Herzogin von Devonshire erworben wurde (Abb. 1 auf S. 331; vgl. Kat.-Nr. 125). Die Mönchsbilder waren so erfolgreich, dass viele eigenhändige Wiederholungen zu vermuten sind. Neben der Variation zwischen Mönchen und Nonnen gab es noch eine andere Komposition, die drei Mönche in einer frontal von innen gesehenen felsenartigen Kapelle betend, sinnend und als stehende Rückenfiguren zeigt. Der Blick geht wie so oft durch ein großes zentrales Fenster hinaus in eine Mondnacht.[7] Eventuell handelt es sich um einen Innenraum im Benediktinerkloster von San Cosimato. Auch diese Variante lieferte Catel mit Nonnen als Bedeutungsträger. Der Hamburger Senator Martin Johann Jenisch erwarb 1830 während seiner Italienreise bei Catel eine in der Architektur sehr ähnliche, aber nicht identische Fassung des Bildes, in der gleichfalls Nonnen auftauchen (Kat.-Nr. 124).

Mehrfach wiederholte der Künstler auch eine spukhaft anmutende Szene mit einem durch das nächtliche Kolosseum in Rom wandernden Mönch, der einem Reisenden bei Mondlicht die antike Arena zeigt (Abb. 2).[8] Zu dieser Komposition hat sich auch der

Abb. 1
Drei Kartäusermönche in einem Klostergang der Certosa di San Giacomo auf Capri im Mondschein, mit Blick auf die Faraglioni (Punta Tragara), 1825/30, Öl auf Leinwand, 26 x 36 cm, Hamburg, Privatbesitz

Abb. 2
Mönch und Wanderer im Kolosseum in Rom bei Mondschein, um 1825/30, Öl auf Leinwand, 99,6 x 76 cm, Kopenhagen, Statens Museum for Kunst, Inv.-Nr. 1091

Abb. 3
Mönch und Wanderer im Kolosseum in Rom bei Mondschein, um 1825/30, Öl auf Papier, 214 x 157 mm, Privatbesitz

Bozzetto des Künstlers erhalten (Abb. 3).[9] Das Motiv der in der rauen Natur während des Sonnenuntergangs wandernden Mönche findet sich ebenfalls mehrfach im Werk des Künstlers (Kat.-Nr. 127). Noch 1843 schuf Catel einen in die Ferne blickenden Mönch, wobei die überbordende Buntfarbigkeit des Sonnenuntergangs zweifellos die frühere Originalität des Künstlers vermissen lässt (vgl. Abb. 1 auf S. 329).

Wohl um 1828 entstanden zwei als Pendants gestaltete Bilder mit dem *Schwur dreier Kreuzritter* und dem *Begräbniszug eines Kreuzritters* (Kat.-Nr. 128 und 129). Hier zeigt sich nochmals sehr deutlich Granets Einfluss auf die Bilderfindungen Catels, denn ein Aquarell des Franzosen zeigt eine äußerst ähnliche monumentale Treppenarchitektur wie der hier vorgestellte Eidesschwur.[10]   *AS*

1 Zur Mönchsromantik in der Kunst des 19. Jahrhunderts vgl. Ost 1970.

2 Eine andere Version dieser Komposition Catels in Privatbesitz wurde von Patrick Noon fälschlich Granet zugeschrieben; Öl auf Leinwand, 73 x 99 cm; vgl. Ausst.-Kat. London 2003, S. 140, Nr. 68.

3 Pichler 1821. Vgl. Pichler/Blümml 1914, Bd. 1, S. 157–158, mit Anm. 271 auf S. 501 (»Während dieser ganzen trüben und ängstlich angespannten Zeit hatte ich wohl einige Erzählungen geschrieben, […] und das Kloster auf Capri, welches durch ein Gemälde von Catel, das die Baronin Pereira besaß, veranlaßt worden war.«).

4 Öl auf Holz, 27,5 x 34,5 cm, Vaduz/Liechtenstein, Kunstsammlungen des Fürstenhauses.

5 *Berliner Kunstblatt* 1828, S. 23.

6 Zwei dieser Fassungen seien hier kurz angeführt: Öl auf Leinwand, 73 x 99 cm, Wien, Galerie Falkenberg (2001); Öl auf Leinwand, 74 x 98 cm, England, Privatbesitz (2001; fälschlich Granet zugeschrieben).

7 Um 1828/30, Öl auf Leinwand, 26,5 x 35 cm, ehem. Schweinfurt, Museum Georg Schäfer; Ausst.-Kat. Nürnberg 1966, S. 66, Nr. 19. Eine große Fassung des Motivs befand sich 1997 beim Auktionshaus Neumeister in München; Öl auf Leinwand, 73,5 x 99 cm.

8 Erworben 1876 aus der Sammlung des dänischen Konsuls Johann Bravo, Rom; vgl. Stolzenburg 2002, S. 451, Abb. 5; Stolzenburg 2007, Abb. 62 auf S. 108. Eine weitere, früher Carl Gustav Carus zugeschriebenene Version des Motivs befindet sich in der Staatlichen Eremitage in St. Petersburg; Öl auf Leinwand, 47,5 x 32,7 cm; Ausst.-Kat. Amsterdam 2008, Abb. S. 32. Zur Darstellung des Kolosseums in Malerei und Zeichnung um 1800 vgl. Ausst.-Kat. Rom 2000 und Coutagne 2008 und Coutagne 2013.

9 Aukt.-Kat. London, Christie's 1995, S. 35, Nr. 30.

10 Ausst.-Kat. London 1999, S. 64, bei Nr. 18, Abb. 21.

Ein Pilger und eine Pilgerin bitten bei einem Einsiedler
um Einkehr, 1818
Öl auf Leinwand, 62 x 48,5 cm
Museum der bildenden Künste Leipzig
[Kat.-Nr. 119]

Das erst vor wenigen Jahren aufgetauchte Gemälde Catels,
das den Schriftsteller Botho Strauß 2013 zu einem Text über
Eremiten inspirierte,[1] lässt sich mit einiger Sicherheit als
das im *Leipziger Kunstblatt* 1818 erwähnte identifizieren.
Es bildet den Auftakt zu einer ganzen Reihe reizvoller nächtlicher Kompositionen, die der Künstler ab etwa 1818 schuf.
Erwähnt seien zwei Gemälde in Schweizer Privatbesitz – ein
hochformatiges Bild mit einem Eremiten in einer gotischen
Kapelle (Abb. 1)[2] und ein Querformat mit Eremiten im Ge-
bet (Abb. 2), die exemplarisch diese damals gut zu verkau-
fenden Kompositionen des Künstlers vor Augen führen. *AS*

1 Strauß 2013, S. 45–47.
2 Vgl. Aukt.-Kat. Köln, Lempertz 2011, o. S., Nr. 1429.

Abb. 1
Vorhalle einer Kirche mit einem Eremiten bei Mondlicht,
Öl auf Leinwand, 62 x 50 cm, Schweiz, Privatbesitz

Abb. 2
Nächtliche Einsiedelei mit Eremiten und Pilgern, Öl auf Leinwand
63 x 76 cm, Schweiz, Privatbesitz

Fischer auf dem Königssee (Bartolomäsee)
im Berchtesgadener Land, 1823
Öl auf Leinwand, 81 x 107,5 cm
Münchner Stadtmuseum
[Kat.-Nr. 118]

Die Bergwelt der Alpen, die Catel schon sehr früh während
seines Schweizer Aufenthalts 1797 als besonders anregend
empfunden haben muss (vgl. Kat.-Nr. 7) und die er während
seiner Reisen nach Frankreich und in das heimische Berlin
auch später immer wieder erlebte, fand auf vielfältige Weise
Eingang in sein malerisches Werk, auch als er schon lange
seinen Lebensmittelpunkt in Rom und Neapel gefunden
hatte. So entstand 1822 eine erstaunliche Ansicht des Salzburger Landes, staffiert mit einem jungen Paar und Ziegen
unter einem Baum (Abb. 1).[1] Aktuell angeregt haben könnte
den Künstler dazu ein Aufenthalt in Salzburg im Mai 1821
auf der Rückreise von Berlin nach Rom.[2]

Catel zeigt ein Paar in einem Boot auf der weiten Fläche
des Sees, im Hintergrund blickt man auf das Massiv der
Schönfeldspitze. Es ist sehr wahrscheinlich, wie hier angenommen, dass sich das bislang vermisste, 1823 von Catel in
Rom vollendete Gemälde *Bartholomäsee in Bayern* des Gra-

fen Schönborn-Wiesentheid mit dem hier ausgestellten Bild
im Münchner Stadtmuseum identifizieren lässt, auch wenn
in der Beschreibung der Schönborn'schen Sammlung nur
von zwei Landschaften des Künstlers gesprochen wird und
es darüber hinaus keinerlei Dokumente zur Verbindung des
Fürstbischofs zu Catel zu geben scheint.[3] Das Motiv der
zweiten Landschaft ist unbekannt. Im Versteigerungskatalog
der Sammlung von 1865 taucht der Name Catel nicht auf,
doch zwei dort François-Marius Granet zugeschriebene
Ritterszenen sind eindeutig von Catel geschaffen worden
(vgl. Kat.-Nr. 128–129).

Auch von diesem Gemälde (vgl. Kat.-Nr. 182) schuf
Catel 1823 für das vom preußischen Konsul in Rom, Jakob
Ludwig Salomon Bartholdy, initiierte Vermählungsalbum des
preußischen Kronprinzen Friedrich Wilhelm (ab 1840 König
Friedrich Wilhelm IV.) und der Prinzessin Elisabeth von
Bayern eine auf Batist gemalte, kleinformatige (leider verschollene) Wiederholung,[4] die in der *Vossischen Zeitung*
anlässlich der Akademieausstellung in Berlin 1824 beschrieben wurde (Abb. 2): »Zum Festgeschenk am bedeutendsten
gewählt ist diese kleine Landschaft Catels. Auf dem umfrie-
deten See, von hoher Alpenkette in der Ferne, in der Nähe
von grünenden Ufern begränzt, fährt ein Schweizer Jüngling

mit seinem Mädchen; sie lassen den Nachen für sich hintrei-
ben um nicht mit dem Ruderschlag die Fläche zu bewegen,
wo sie ihr eigenes Bild in naher unschuldiger Begegnung erblicken. So eng das Thal ist, in welchem sie wohnen, den
Liebenden ist's eine reiche Welt, von der jede Betrübnis so
fern zu liegen scheint wie die Wolken, die an den hohen
Zacken der Eisberge hangen.«[5]

Reizvoll scheint die von Gerd Bartoschek geäußerte
Vermutung, dass Catels Beiträge zum Vermählungsalbum,
eine italienische und eine deutsche Landschaft, als die alte
Verbindung von Italia und Germania gedacht gewesen sein
könnten und zudem der preußische Kronprinz stark und
sehnsuchtsvoll an Italien interessiert war und die bayerische
Prinzessin sich zweifellos in die bayerische Bergwelt zurück-
sehnte.[6] *AS*

1 Das Bild wurde 1822 in Rom auf der Ausstellung deutscher Künstler
anlässlich des Besuches von König Friedrich Wilhelm III. von Preußen
in der Villa Bartholdi von Catel präsentiert. Prov.: 1822 noch im Besitz
des Künstlers; Düsseldorf, Philipps Kunsthandel (ab 1993); 2012 im
Auktionshaus Dorotheum in Wien versteigert (Nr. 119; nicht verkauft);
Lit.: *Berlinische Nachrichten von Staats- und gelehrten Sachen* Nr. 145,
3. 12. 1822, [S. 7]; Aukt.-Kat. Wien, Dorotheum 2012, S. 148–149,
Nr. 119, Abb. (Beitrag Andreas Stolzenburg).
2 »Angekommene Fremde in Innsbruck [...]. Franz Catel, Professor
von Berlin (im g. Adler).«; *Intelligenzblatt* Nr. 57 v. 7. 5. 1821, S. 213.
In der *Salzburger Zeitung* Nr. 101 v. 20. 5. 1821, werden Catel und der
Berliner Landschaftsmaler Pascal-Jean Barthélemy als Gäste erwähnt;
vgl. Schwarz/Schöchl 1960, S. 500.
3 »Museen und Sammlungen. Wiesbaden. Ein Besuch in dem dem
kunstliebenden Grafen Schönborn gehörigen reizenden Landsitze
Reichartshausen bei Markebrunn ist für den Kunstliebhaber von großem Interesse. Insbesondere verdient die Gemäldesammlung Erwähnung, welche nur Bilder von neuern Meistern (die der älteren befinden
sich in der herrlichen Sammlung der gräflichen Familie in Pommersfelden bei Bamberg) enthält, unter diesen aber das Beste, was aus den
modernen deutschen, französischen, englischen und italienischen
Schulen hervorgegangen ist. Man findet hier u. a. [...], zwei herrliche
Landschaften von Catel in Rom.«; Bericht über die Gemäldesammlung
neuerer Meister der Grafen Schönborn, in: *Kunstblatt* Nr. 77 v. 27. 9.
1836, S. 320. Zur Sammlungsgeschichte vgl. Bott 1993.
4 Ausst.-Kat. Potsdam 1975, Nr. 4; Ausst.-Kat. Potsdam 2008, S. 74–
75, Bl. 30.
5 *Vossische Zeitung* v. 4. 11. 1824.
6 Ausst.-Kat. Potsdam 2008, S. 74.

Abb. 1
Berglandschaft bei Salzburg mit jungem Paar und Ziegen bei einem
Baum, um 1821, Öl auf Karton, 244 x 322 mm, Privatbesitz

Abb. 2
Alpensee mit einem Paar in einem Ruderboot, 1823, Öl auf Batist,
195 x 305 mm (?), Verbleib unbekannt, ehem. Potsdam, Aquarell-
sammlung, Inv.-Nr. 436

*Drei Kartäusermönche in einem Klostergang der Certosa
di San Giacomo auf Capri im Mondschein, mit Blick auf
die Faraglioni (Punta Tragara)*, 1825/30
Öl auf Kupfer, 16,5 x 23 cm
Kunstsammlung Rudolf-August Oetker GmbH
[Kat.-Nr. 123]

*Drei Kartäusermönche in einem Klostergang der Certosa
di San Giacomo auf Capri im Mondschein, mit Blick auf
die Faraglioni (Punta Tragara), 1825/27*
Öl auf Leinwand, 75,3 x 103,5 cm
Berlin, Privatbesitz
[Kat.-Nr. 122]

*Drei Kartäusermönche in einem Klostergang der Certosa
di San Giacomo auf Capri im Mondschein, mit Blick auf die
Faraglioni (Punta Tragara),* um 1818/20
Gouache und Deckweiß über Bleistift auf Karton, 180 x 225 mm
Rom, Fondazione Catel
[Kat.-Nr. 121]

*Sinnender Mönch in den Ruinen der Kaiserpaläste auf
dem Palatin,* um 1820
Aquarell und Deckfarben über Bleistift, 220 x 288 mm
Hamburger Kunsthalle, Kupferstichkabinett
[Kat.-Nr. 120]

Die topographische Bestimmung dieser Darstellung war bislang einigen Irrtümern unterworfen, da sehr häufig Wiedergaben von einsam wirkenden Ruinen vorschnell in die römische Campagna verlegt wurden und werden.[1] Die von Catel
hier wiedergegebenen antiken Ruinen befanden sich weder
in der Campagna, noch in der Hadriansvilla bei Tivoli, sondern es handelt sich um die damaligen Überreste der Kaiserpaläste der Severer auf dem Palatin. Diese Identifizierung
wird einerseits gestützt durch den Eintrag in der Liste der
von Susanne Elisabeth Sillem der Kunsthalle geschenkten
Werke, wo der Titel des Blatts mit *Kaiserpaläste in Rom*
angegeben wird, andererseits durch den Vergleich mit ähnlichen Ansichten, zum Beispiel einem Gemälde des Schwei-
zers Salomon Corrodi, der 1832 im Atelier Catels arbeitete.
Es zeigt denselben Blickwinkel auf diese Ruinen, wie ihn
Arnold Esch erstmals richtig bestimmte.[2]

Man schaut auf Catels Aquarell aus einem dunklen,
schattigen Innenraum durch einen weiten Bogen auf die im
gleißenden Sonnenlicht leuchtenden, hoch aufragenden
Reste der ehemals monumentalen römischen Palastbauten
der Severer. Im Zentrum der Komposition blickt man über
eine üppige Vegetation hinweg auf die Albaner Berge und

den hochaufragenden Monte Cavo. Hinter den Ruinen rechts
befinden sich – hier nicht sichtbar – die Caracalla-Thermen,
deren massiver Baukörper auf Corrodis Bild jedoch zu erkennen ist. Bei Corrodi sieht man links auch die Rundkirche
Santo Stefano Rotondo, die bei Catel ebenfalls nicht zu
sehen ist, da der unter dem Bogen melancholisch sitzende
Mönch (und mit ihm der aquarellierende Künstler) sich auf
einem niederigeren Geländeniveau befindet als bei Corrodi.
Man möchte meinen, das Catel sich unter dem Bogen befand, den der Schweizer in Aufsicht auf der linken Seite
seines Gemäldes wiedergegeben hat.[3]

Dieses Aquarell gehört, nicht zuletzt wegen seiner sti-
listischen Nähe zur Ansicht des Klosters San Isidoro (Kat.-
Nr. 71), sicher zu den früheren Werken dieser Gattung, die
Catel in Rom schuf.

Die motivische Kombination des melancholisch sinnie-
renden Mönchs mit Gewölben regte Catel immer wieder zu
neuen romantisch anmutenden Variationen an, so zum Beispiel noch 1843 zu einem kleinen Gemälde, auf dem ein stehender Mönch in den Sonnenuntergang auf Capri schaut
(Abb. 1). *AS*

1 Zum Problem der falschen topographischen Bestimmung römischer
Veduten vgl. Esch 1996 sowie Esch 1995 bzw. Esch 2004.
2 Esch 1996, S. 653, Abb. 9; vgl. Ausst.-Kat. Fehraltdorf 1992, S. 75,
Nr. 95.
3 Für die Bestätigung der hier wiedergegebenen Topographie ist Arnold
Esch, Rom, herzlich zu danken (E-Mail an den Verfasser, 5. 5. 2015).

Abb. 1
Sinnender Mönch in einem Kloster, 1843, Öl auf Leinwand,
26 x 21 cm, Bremen, Galerie Neuse

Betende Nonne in einer gotischen Architektur mit Blick
auf die Faraglioni (Punta Tragara) auf Capri, um 1820/30
Pinsel in Schwarz und Grau mit Weißhöhungen über
Feder in Braun, 440 x 325 mm
Rom, Fondazione Catel
[Kat.-Nr. 125]

Drei Nonnen in einem Klostergang der Certosa di
San Giacomo auf Capri im Mondschein, mit Blick auf
die Faraglioni (Punta Tragara), 1830
Öl auf Leinwand, 63 x 75,5 cm
Privatbesitz, Leihgabe in der Stiftung Kulturhistorische
Museen Hamburg, Altonaer Museum
[Kat.-Nr. 124]

Die erste Version der Klosterszene aus der Certosa von Capri, in der Catel die Mönche durch Nonnen ersetzte, entstand noch vor 1824 im Auftrag der Herzogin von Devonshire, auf deren Wunsch möglicherweise diese Änderung der
Staffage zurückgeht (Abb. 1).[1]

Der Senator Martin Johann Jenisch aus Hamburg erwarb 1829/30 während des gemeinsamen Aufenthaltes mit
seiner Frau Fanny Henriette und seiner jüngsten Schwester
Bertha in Rom diese kleinformatige Wiederholung des

Motivs.[2] Der Baron von Jenisch erstand bei dieser Gelegenheit noch eine weitere Klosterszene aus dem Repertoire des
Künstlers, die bisher unveröffentlicht geblieben ist.[3] Auch
Martin Johann Jenischs Schwester Marianne Jenisch und ihr
Mann Carl Godeffroy reisten 1829/30 und ein zweites Mal
1830/31 nach Rom, wo sie am 19. Dezember 1830 das Atelier Catels besuchten.[4]   *AS*

1 Lager-Kat. London, Matthiesen 2001, S. 34–36 (Beitrag Andreas
Stolzenburg).
2 Für freundliche Hinweise zur Sammlung Jenisch danke ich Karl-
Heinz Schult, Hamburg.
3 *Ein gerüsteter Ritter kniet vor einem Mönch in der Vorhalle eines*
Klosters, 1829/30, Öl auf Leinwand, 62 x 75 cm, Privatbesitz, Leihgabe
in der Stiftung Kulturhistorische Museen Hamburg, Altonaer Museum,
Inv.-Nr. 1971/99. Ein Foto war leider vom Museum nicht zu erhalten.
4 Fragmentarisches Reisetagebuch des Carl Godeffroy und Verzeichnis der in Rom aufgesuchten Maler. Freundlicher Hinweis von Karl-
Heinz Schult, Hamburg.

Abb. 1
Drei Nonnen im Kreuzgang der Certosa di San Giacomo auf Capri
mit Blick auf Punta Tragara und die Felsen der Faraglioni bei Mond-
licht, um 1823/24, Öl auf Leinwand, 73 x 98 cm, The University of
Kansas, Spencer Museum of Art, Museum purchase: Funds from the
Estate of Professor and Mrs. T. Anthony Burzle, and Helen Foresman
Spencer Art Acquisition Fund, Inv.-Nr. 2002.0030

Abb. 1
Klosterruine am Meer, Öl auf Leinwand, Maße
unbekannt, London, Hazlitt, Gooden & Fox

*Mönche im Hof eines Klosters, im Hintergrund stürmische
See,* 1825/30
Öl auf Leinwand, 77 x 68,5 cm
Berlin, Privatbesitz
[Kat.-Nr. 126]

Zu dieser, an Werke Carl Blechens erinnernden Komposition
war eine – damals François-Marius Granet zugeschriebene –
Ölstudie zur imposanten Architektur im englischen Kunsthandel (Abb. 1).[1]   *AS*

1 Salerno 1991, S. 425.

Sturmszene über der Küste von Amalfi mit zwei
wandernden Mönchen, um 1823/25 (?)
Öl auf Leinwand, 62,5 x 75 cm
Schweinfurt, Museum Georg Schäfer
[Kat.-Nr. 127]

Schwur dreier Kreuzritter, um 1825/35
Öl auf Leinwand, 62 x 48,5 cm
Hamburger Kunsthalle, Leihgabe aus Privatbesitz
[Kat.-Nr. 128]

Begräbniszug eines Kreuzritters, um 1825/35
Öl auf Leinwand, 63 x 48,5 cm
Hamburger Kunsthalle, Leihgabe aus Privatbesitz
[Kat.-Nr. 129]

Die beiden Architekturbilder mit dem *Schwur dreier Kreuzritter* (Kat.-Nr. 128) und dem als Pendant gestalteten *Begräbniszug eines Kreuzritters* (Kat.-Nr. 129) befanden sich ehemals in der Schönborn'schen Sammlung in Pommersfelden,
wenngleich bislang keine Dokumente zum Erwerb durch den
Grafen Schönborn zu finden waren. Bei der Auflösung der
Sammlung der Gemälde des 19. Jahrhunderts 1865 in München wurden beide Werke François-Marius Granet zugeschrieben. Doch aufgrund der noch in Privatbesitz existierenden
zweiten Fassung des *Begräbniszugs,* die vom Freiherrn
Alfred von Lotzbeck bei Catel erworben wurde (Abb. 1),[1]
lässt sich die Autorschaft der beiden vorliegenden Gemälde
wohl für diesen sichern.

Die dargestellte Architektur ist wahrscheinlich den Sub-
struktionen der Villa des Maecenas in Tivoli entlehnt, wo
ähnliche monumentale Gewölberäume und Treppenanlagen
existierten.[2] Granet schuf eine Pinselzeichnung desselben
Raums, belebt durch eine Mönchsstaffage.[3] Catel hatte diese
Architektur bereits in einer der beiden Supraporten für die
Fresken in der Casa Bartholdy als Motiv genutzt (Abb. 8 auf
S. 15).[4] Der Zug der Kreuzritter erinnert in seiner motivischen
Anlage an Catels frühe Staffagefiguren zu Friedrich Gillys
Folge der *Ansichten der Marienburg* von 1799 (vgl. Abb. 5
auf S. 36). *AS*

1 Best.-Kat. München, Lotzbeck 1891, S. 6, Nr. 26 (»Franz Catel […].
– Begräbnis eines Kreuzfahrers in einer ruinenhaften Gruft. Leinwand
97 cm hoch, 74 cm breit«); Best.-Kat. München, Lotzbeck 1927, S. 10,
Nr. 26. In der römischen Kunstausstellung war 1843 ein *Schwur* Catels
aus einer Privatsammlung zu sehen, bei dem es sich wahrscheinlich
um eben dieses Gemälde handeln wird; Montani 2007, S. 414 (»Un
giuramento / Collezione privata«).
2 Die gewaltigen Inneräume der sog., bereits ab 1796 nach und nach
zerstörten Villa des Maecenas (eigentlich ein Herkules-Heiligtum) wurden mehrfach von Giovanni Battista Piranesi radiert; vgl. Ausst.-Kat.
Stuttgart 1999, Abb. 290 auf S. 282, Abb. 292 auf S. 283, Abb. 293 auf
S. 284.
3 Feder und Pinsel in Braun, aquarelliert, 193 x 157 mm, Chicago,
The Art Institute, Inv.-Nr. 2010.339. Julius Lewis Endowment Fund;
Ausst.-Kat. London 1999, S. 64, bei Nr. 18, Abb. 21.
4 Freundlicher Hinweis von Robert McVaugh, Hamilton, New York,
der dem Verfasser eine alte photographische Reproduktion des Freskos
von Catel zur Verfügung stellte; vgl. McVaugh 1984, S. 450, Abb. 16.

Abb. 1
Begräbniszug eines Kreuzritters, um 1843,
Öl auf Leinwand, 100 x 75 cm, Privatbesitz

Figurenstudie zu Chateaubriands »René«, 1821
Kohle, gewischt, weiß gehöht, 400 x 253 mm
Rom, Fondazione Catel
[Kat.-Nr. 131]

Figurenstudie zu Kat.-Nr. 130.

Nachtszene am stürmischen Meer – Junger Mann am Meer meditierend (Schlussszene von Chateaubriands »René«),
1821
Öl auf Leinwand, 62,8 x 73,8 cm
Kopenhagen, Thorvaldsens Museum
[Kat.-Nr. 130]

Beeinflusst durch den Umgang mit Dahl ist wohl auch das von Bertel Thorvaldsen in Auftrag gegebene Gemälde mit der Schlussszene der in das Epos *Le Génie du Christianisme* von 1802 eingebetteten Erzählung *René* von François-René de Chateaubriand, der 1828/29 als französischer Botschafter in Rom weilte. Die Komposition zeigt René, einen vom Weltschmerz zerrissenen, romantischen Künstler und Intellektuellen in melancholischer Pose vor dem vom Sturm aufgewühlten Meer als Sinnbild für die verzweifelte Gemütsverfassung des Dargestellten, der zum literarischen Leitbild der gesamten europäischen Romantik wurde.[1] Erhalten hat sich eine furiose Studie zu der Figur des René, die ahnen lässt, wie wenig wir von den zahlreichen Figurenstudien Catels wissen (Kat.-Nr. 131). Im *Kunstblatt* von 1837 wird eine weitere Version des Bildes auf der Kunstausstellung der

Società degli Amatori e Cultori delle belle Arti in Rom als »kleineres historisches Gemälde« bezeichnet, was auf eine Wiederholung des Kopenhagener Bildes hindeutet.[2]

Der Blick auf ein im Sommer 1808 entstandenes Porträt Chateaubriands von Anne-Louis Girodet-Trioson zeigt zumindest im Typus mit dem im Wind romantisch zerzausten Haar des Schriftstellers eine gewisse Ähnlichkeit zwischen der Physiognomie des Dichters und der von Catel dargestellten autobiographischen Figur des romantischen Melancholikers René.[3] *AS*

1 Zu Chateaubriand vgl. Siegburg 1988.
2 *Kunstblatt* Nr. 38 v. 11. 5. 1837, S. 152 (»Rom, 11. Februar. Die Ausstellung des hiesigen Kunstvereins hatte im Januar nur einige vorzügliche Werke aufzuweisen. Catel hatte eine italienische Landschaft mit weidendem Vieh und ein kleineres historisches Gemälde, Réné's letztes Verweilen auf dem heimathlichen Boden, aus dem Chateaubriand'schen Romane.«); vgl. Ausst.-Kat. Berlin 1838 (zit. nach: Börsch-Supan 1971), S. 9, Nr. 108 (»Franz Catel in Rom, Mitglied der Akademie / [...] Scene aus dem Roman: René, von Chateaubriand. Eigenth. des Hrn. Grafen Wasiljewsky in Moskau.«).
3 Vgl. Ausst.-Kat. Paris 2005, S. 337–339, Nr. 67. Hier eine Wiederholung des Porträts von 1809 abgebildet (Abb. 1).

Abb. 1
Anne-Louis Girodet-Trioson, *François-René de Chateaubriand*, 1809, Öl auf Leinwand, 130 x 96 cm, St. Malo, Musée d'Histoire et de la Villa du Pay Malouin

IX
Ansichten aus Neapel
und Kampanien

SCHON IM APRIL 1812 gelangte Catel erstmals nach Neapel, wohin er in den folgenden Jahrzehnten regelmäßig reisen sollte. Eine erste Ölstudie entstand auf dem Gipfel des Vesuvs (Kat.-Nr. 159). Ansichten des Golfes von Neapel mit Blick auf den Vesuv und die Insel Capri sowie des Golfes von Pozzuoli mit seinem reizvollen Blick auf Capo Miseno und die Insel Ischia wurden neben den Ansichten aus der Umgebung Roms zum Markenzeichen des Künstlers und fanden reißenden Absatz bei Kunstsammlern aus ganz Europa.[1]

Bevorzugte Orte zum Malen waren neben dem Pizzo Falcone oberhalb des Castel dell'Ovo der Hafen von Santa Lucia mit dem alten Leuchtturm, die Küstenstraße der Riviera di Chiaia in Richtung des Fischerortes Mergellina, der langezogene Bergrücken des Posillipo mit seinen phantastischen Ausblicken auf den Golf von Neapel mit Sicht auf Capri (Abb. 1)[2] und den Golf von Pozzuoli mit Blick auf Ischia (Kat.-Nr. 144) sowie die malerischen Grotten entlang der Küste, besonders unterhalb des Palazzo Donn'Anna (Kat.-Nr. 142). Hier malte Catel vor allem den Blick von der Kirche Sant' Antonio aus (Kat.-Nr. 132–133) und das oberhalb von Mergellina gelegene sog. Grab des Dichters Vergil (Kat.-Nr. 136–138). Begehrt

waren auch nächtliche Darstellungen des Palazzo Donn'Anna (Kat.-Nr. 145), motivisch gern erweitert durch ausgelassene Tanzvergnügungen des einfachen Fischervolks (Kat.-Nr. 146).

Neben Landschaftsbildern entstanden über Jahrzehnte hinweg immer wieder zahlreiche pittoreske Genredarstellungen, die neapolitanische Landleute mit Eseln und Körben voller Früchte auf dem Weg zum Markt in der Stadt oder wilde Kutschfahrten mit Mönchen zeigen (Kat.-Nr. 140 und Abb. S. 87).

Einen motivischen Schwerpunkt bildet der Furcht einflößende, immer wieder feuerspeiende Vesuv. Nicht nur von der hellen Sonne durchflutete Landschaften mit dem typischen blauen und wolkenlosen Himmel, sondern auch von Wind und Regen gepeitschte Meereswellen, wie zum Beispiel bei dem Gewitter über Castell dell'Ovo (Kat.-Nr. 134), fanden immer wieder Eingang in Catels freie Ölstudien und Atelierbilder, die er an vielen Orten entlang der Küste von Sorrent, über Amalfi mit der berühmten Grotte beim Kloster San Francesco (Kat.-Nr. 166–168) und am Golf von Salerno bis hin zu den weiter südlich in Kampanien gelegenen Überresten der großgriechischen Tempel von Paestum (Kat.-Nr. 164) über Jahrzehnte hinweg schuf. *AS*

1 Einen guten Überblick über die in Neapel und Umgebung entstandenen Ansichten von Malern geben Ricciardi 1998; Ricciardi 2002; Fino 2007; Ricciardi 2009.
2 Dies 1965 bei Tenner in Heidelberg (Auktion, 30. 10. 1965, Nr. 4171) erworbene Gemälde ist möglicherweise mit einem 1842 in Berlin ausgestellten Bild identisch; Ausst.-Kat. Berlin 1842 (zit. nach: Börsch-Supan 1971), S. 10, Nr. 136 (»Franz Catel, aus Berlin, Prof. u. Mitglied d. Akademie, in Rom / [...] Ansicht der Insel Capri, von der Sorrenter Küste aus genommen. Eigenthum des Herrn v. Klenze in Berlin.«).

Abb. 1
Blick auf Capri mit einer Familie im Vordergrund, um 1842 (?), Öl auf Leinwand, 59,5 x 90 cm, Privatbesitz

Ansicht Neapels mit dem Castel dell'Ovo und dem Vesuv
von der Salita di Sant' Antonio aus, 1819/20
Öl auf Leinwand, 100 x 150 cm
Ickworth, The Bristol Collection
[Kat.-Nr. 132]

Schon 1821 schrieb Wilhelm Christian Müller an Anton Albers in Bremen: »Catells [sic] Werke gehen hauptsächlich jetzt nach England.«[1] Müllers Bemerkung bezieht sich unter anderem sicher auf den prominenten Auftrag, den Catel um 1820 von Lord Frederick Hervey, dem ersten Marquis von Bristol, bekannt als Lord Bristol, erhielt. Das römische *Giornale Arcadico* berichtete ausführlich über die insgesamt drei großformatigen Landschaftsbilder, die für Lord Bristol entstanden. Erst kürzlich gelang es dem Verfasser, diese hervorragenden Bilder im Stammsitz der Familie Bristol in Ickworth House in Sussex als Werke Catels zu identifizieren. Zwei der Gemälde werden hier erstmals als Werke des Künstlers veröffentlicht (Kat.-Nr. 132 und 165), das dritte Bild, zwischenzeitlich falsch Pierre-Athanase Chauvin zugeschrieben, wurde 1995/96 von der Familie Bristol veräußert und befindet sich heute in Privatbesitz (Abb. 1).[2] Vermittelt wurde der Auftrag wahrscheinlich durch die Herzogin von Devonshire, die mit Lord Bristol verwandt war (vgl. S. 237–239).

In Ickworth House galten die drei monumentalen Gemälde als Werke des deutschen Malers Johann Heinrich Schmidt, dessen Namen zu einem unbekannten Zeitpunkt auf allen drei Rahmen angebracht worden war.[3] Durch die detaillierten Beschreibungen der drei Werke im *Giornale Arcadico* lassen sich die Bilder zweifelsfrei als die im Auftrag Lord Bristols entstandenen Bilder Catels identifizieren.[4]

Von der vorliegenden Komposition (Kat.-Nr. 132), die 1977 von Marie-Madelein Aubrun dem Maler Chauvin zu-

geschrieben worden war, existiert eine in der Staffage leicht abweichende kleinere Version in Privatbesitz. Entstehungsjahr und Auftraggeber sind dabei unbekannt (Abb. 2).[5]

Erhalten hat sich auch die Ölstudie, die beiden Bildern zugrunde lag (Kat.-Nr. 133), die bis auf einen kleinen Eseltreiber links auf dem Weg ohne Staffage auskommt, den Blick auf Neapel allerdings in einem in der Ferne leicht dunstigen Himmel zeigt.

Der Standort an der Salita di Sant'Antonio war bei Künstler sehr beliebt, so malte hier unter anderem auch der mit Catel gut bekannte Joseph Rebell, dessen 1822 signiertes und datiertes Gemälde dem Catels in Komposition und Farbgebung verblüffend ähnlich ist, sodass eine Abhängigkeit von Catels früherer Bilderfindung durchaus denkbar ist.[6] Catel schuf von einem Standort unterhalb des steilen Aufstiegs zur Kirche Sant'Antonio mindestens noch ein weiteres, mit typischer Staffage versehenes Bild mit Blick auf Castell dell'Ovo und Vesuv (Abb. 3).[7] Auch dieses Gemälde scheint um 1819/21 entstanden zu sein, vergleicht man die rechts wiedergegebene Felswand mit der sehr ähnlichen Wiedergabe solcher Partien auf Catels *Grab des Vergil* von 1819 (Kat.-Nr. 136). *AS*

1 Brief Wilhelm Christian Müllers (Rom, 18.–20. 3. 1821) an Anton Albers in Lausanne; Müller 1824, Bd. 2, S. 619, 75. Brief.
2 »L'egregio Cattel ha ultimamente condotto tre opera, delle quali desideriamo ragionare. / La prima, lavorata a Milord Bristol è una veduta in grande del lago Albano, presa dalla erstremità del bosco dei Cappuccini, con diversi mutamenti de'particolari, onde rendere più vaga, e piu unita la scena. E infatti alla sinistra del quadro vedesi la parte estrema del bosco di foltissimi alberi di ogni specie, I quali formano una massa molto bella, e ridente. Dalla stessa parte è immaginata una cappella a foggia di tempietto di buono stile, e più innanzi tra le roccie due scale per le quali si scende a un piano, ch'è nel mezzo, e che viene terminato da un muro, che serve di parapetto al lago. Alcuni Cappuccini parte in piedi, e parte sedenti intorno una tavola, danno anima al paese, il quale, pure nel mezzo, ha sull'indietro il monte Cavi, o Laziale. Venendo poi verso la diritta incomincia il lago, che si vede in gran parte, finchè rimane chiusa la veduta con un gruppo di alberi, che umidi ancora di rugiada sono in armonia coi vapori, e colle tinte di tutto il componimento, e principalmente coll'aria, tal quale si vede nel principio di un bel mattino. E in questa parte di dipintura si dimostra il Cattel assai Valente, e studioso imitatore della natura«; *Giornale Arcadico* 1819b, S. 103. Prov.: Erworben 1820 von Lord Frederick Hervey, 1st Marquess of Bristol, Ickworth House, Suffolk (Auftragswerk; auf dem Rahmen war als Künstler Johann Heinrich Schmidt angegeben); um 1995/96 von der Familie verkauft; London, Whitfield Fine Art (anhand eines Fotos identifiziert als Pierre-Athanase Chauvin durch Marie-Madelein Aubrun); Privatbesitz; 2011 im New Yorker Kunsthandel (Christie's); von dort erworben; nicht bei Aubrun 1977; Ausst.-Kat. Rom 1996a, S. 74 (»Veduta del lago di Albano dall'estremità del bosco dei Cappuccini«); Aukt.-Kat. New York, Christie's 2011, S. 83, Nr. 92, Abb. (als Pierre-Athanase Chauvin).
3 Die Kenntnis dieser Bilder verdanke ich Yvonne Schülke, Augsburg, die über den Maler Schmidt arbeitet und diese ihm durch Kenntnis eines Beitrags des Verfassers zu Recht abschrieb (vgl. Lager-Kat. München, Daxer & Marschall 2012, S. 22–25, Abb. S. 22 [Detail], und S. 25), bereits ahnend, dass zumindest eine der Kompositionen (Kat.-Nr. 131) von Catel sein könnte. Mein Dank bei den weiteren Recherchen gilt Alistair Lang und Tania Adams vom National Trust, London.
4 So bereits auf Hinweis des Verfassers in der Datenbank des National Trust geschehen; www.nationaltrustcollections.org.uk/object/851703 (letzter Aufruf, 8. 5. 2015) und www.nationaltrustcollections.org.uk/object/851704 (letzter Aufruf, 8. 5. 2015).
5 Lager-Kat. München, Daxer & Marschall 2012, S. 22–25, Abb. S. 22 (Detail), und S. 25 (Beitrag Andreas Stolzenburg).
6 München, Lager-Kat., Daxer & Marschall Kunsthandel, München 2014, S. 36–37, Abb.; vgl. Stolzenburg 2015b, S. 270, Abb. 1.
7 Bis 2008 Neapel, Privatbesitz; Aukt.-Kat. London, Sotheby's 2008, S. 11, Nr. 2, Abb.

Abb. 1
Ansicht des Albaner Sees von Bosco dei Cappuccini aus, 1820,
Öl auf Leinwand, 100 x 150 cm, Privatbesitz

Abb. 2
Ansicht Neapels mit dem Castel dell'Ovo und dem Vesuv von der
Salita di Sant' Antonio aus, 1818/22, Öl auf Leinwand, 75 x 101 cm,
Privatbesitz

Abb. 3
Blick über den Golf von Neapel mit Castel dell'Ovo und Vesuv,
Öl auf Leinwand, 33,5 x 45 cm, Privatbesitz

*Ansicht des Golfs von Neapel mit Blick auf das Castel
dell'Ovo und den Vesuv von der Salita di Sant'Antonio aus,*
um 1818/19
Öl auf Papier (auf Karton aufgezogen), 235 x 360 mm
New York, The Metropolitan Museum of Art, Thaw Collection
[Kat.-Nr. 133]

Studie zu dem im *Giornale Arcadico* erwähnten Gemälde
für Lord Bristol (Kat.-Nr. 132).

Neapel mit Blick auf das Castel dell'Ovo bei aufziehendem
Gewitter, um 1820/21
Öl auf Leinwand, 29,5 x 42 cm
Kopenhagen, Statens Museum for Kunst
[Kat.-Nr. 134]

Catel und seine Frau wohnten wahrscheinlich mehrmals
in dem Albergo Vittoria an der Riviera di Chiaia, den der
Künstler während eines Aufenthaltes auch in einem Aquarell
festhielt (Abb. 1). Die vorliegende vor dem Motiv gemalte

Ansicht der Kaimauer vor der Riviera di Chiaia bei aufziehendem Unwetter mit Blick auf Pizzofalcone und das vorgela-
gerte Castel dell'Ovo entstand wohl um 1820/21. Die Kombination von Hafen, Kaimauer oder Strand, dem Wasser des
Golfes und den hier vor allem durch das aufziehende Gewitter bestimmten, wechselnden Lichteffekten war eines der
Hauptthemen Catels, wie unter anderem auch ein wohl
mehr oder weniger gleichzeitig entstandener Blick auf den
alten Hafen von Sorrent (Kat.-Nr. 163) beweist, der dem Bild
der Kaimauer stilistisch eng verwandt ist. *AS*

Abb. 1
Der Albergo Vittoria an der Riviera di Chiaia in Neapel, um 1820/21,
Pinsel in Braun über Bleistift, 122 x 148 mm, Staatliche Museen zu
Berlin, Kupferstichkabinett, Inv.-Nr. Catel SZ 1

Blick auf Posillipo und die Bucht von Mergellina, 1834
Öl auf Papier (auf Leinwand aufgezogen), 274 x 420 mm
Privatbesitz
[Kat.-Nr. 135]

Wie die größere Gruppe erhaltener Aquarelle (vgl. Kat.-Nr. 81, 83 sowie 160, 161) datiert auch diese Ölstudie ins Jahr 1834. Gleich den Aquarellen hat der Künstler bei diesem Blatt den genauen Standpunkt vermerkt, von dem aus er die Ansicht von Mergellina gemalt hat, denn das Blatt trägt die rückseitige, eigenhändige Bezeichnung: »Aus m[eine]r Wohnung an der / Mergellina bei Neapel / Mai – 1834«. Demnach zeigt das Blatt einen Ausblick aus einem Fenster der Zimmer, die Catel im Sommer 1834 bei einem längeren Aufenthalt in Neapel bewohnt hat und die – der Aussicht nach zu urteilen – in einem Haus an der Riviera di Chiaia gelegen haben.[1] Eine ganz ähnliche Ansicht auf den Hügel des Posillipo zeigt eine 1824 datierte Zeichnung von Karl Friedrich Schinkel, die als *Blick auf den Golf von Neapel vom Haus des preußischen Gesandten Graf von Flemming* überliefert ist.[2] Der malerisch am Hang gelegene Fischerort gehörte zu den Bildmotiven, die vor allem die nach ihm benannten Maler der sog. Scuola di Posillipo – Giacinto Gigante, Anton Sminck van Pitloo und Teodoro Duclère – bevorzugt gemalt haben.[3]

Mit schwungvollen Pinselstrichen fängt Catel hier meisterhaft die leuchtende Farbigkeit von Wasser, Licht und Himmel am Golf von Neapel ein.   *NS*

1   Vgl. Lager-Kat. München, Daxer & Marschall 2013 (Beitrag Andreas Stolzenburg), S. 34.
2   Karl Friedrich Schinkel: *Blick auf den Golf von Neapel vom Haus des preußischen Gesandten Graf von Flemming (Detail),* 1824, Bleistift, 233 x 1513 mm, Staatliche Museen zu Berlin, Kupferstichkabinett, Inv.-Nr. SM 10.38. Der Hinweis auf das Blatt stammt von Andreas Stolzenburg.
3   Vgl. Lager-Kat. München, Daxer & Marschall 2013, S. 34.

Kat.-Nr. 136–138

Das Grab des Vergil in Neapel

IM *LEIPZIGER KUNSTBLATT für Theater und Musik* erschien 1818 die Nachricht, dass Catel mit dem russischen »Fürsten Galitzin nach Sizilien« reisen werde.[1] In einer Ausstellung in Turin tauchte erstmals ein Gemälde Catels auf, das eine Ansicht des von zahlreichen Reisenden aufgesuchten Grabes des römischen Dichters Vergil zeigte. Rechts neben der in den Felsen eingelassenen Gedenktafel für den Dichter mit ihrem berühmten Grabepigramm[2] steht ein junger, vornehm gekleideter Mann, sicher ein Reisender auf seiner Grand Tour, der die Inschrift liest. Die linke Seite des Vordergrundes wird in für Catel typischer Weise von einem in Rückenansicht gezeigten, sitzenden Mann und einem Hund belebt. Am Grabbau vorbei blickt man hinüber auf die im hellen Sonnenlicht erstrahlende, vom üppigen Grün der Bäume umrahmte Silhouette Neapels, genauer auf den Vomero-Hügel, mit der Kirche Santi Giovanni e Teresa im Vordergrund und dem darüber thronenden Castel Sant'Elmo sowie der erst 1818 durch Antonio Niccolini erbauten klassizistischen Villa Lucia. Bei dem rechts stehenden vornehmen Reisenden mit Stock und Zylinder in der Linken und Brille in der Rechten wird es sich um den erwähnten Fürsten Golizyn handeln, wobei nicht endgültig klar ist, um welches Mitglied dieser überaus großen russischen Fürstenfamilie es sich dabei handelt. Es kommen zunächst zwei Fürsten Golizyn infrage, die beide den Namen Alexander Michailowitsch tragen, nämlich Alexander Michailowitsch Golizyn (1772–1821), der im

Oktober 1816 nach Rom kam und dort mit dem ebenfalls zu dieser Zeit in Rom lebenden russischen Maler Orest Kiprenski bekannt war sowie der eine Generation jüngere, gleichnamige Fürst Alexander Michailowitsch Golizyn (1798–1858), der 1819 eine Reise nach Süditalien und Sizilien machte, wo er den russischen Maler Sylvester Feodossijewitsch Schtschedrin kennenlernte, der 1818 in Rom angekommen und ebenfalls mit Catel bekannt war.[3]

Catel selbst war im Herbst 1818 in Neapel, wollte jedoch im November angeblich wieder nach Rom zurück reisen.[4] Ob dies wirklich geschah oder ob Catel durchgehend in Neapel blieb, ist unklar. Die erwähnte Reise nach Sizilien scheint trotz der frühen Ankündigung vom August 1818 wohl erst Anfang 1819 und zwar in Begleitung des Fürsten Golizyn stattgefunden zu haben, denn in der *Allgemeinen Zeitung* vom Ende März März 1819 wird berichtet: »Der Maler Hr. Catel, der von seiner Reise nach Sizilien und Neapel zurückgekehrt ist, hat mehrere reizende Gemälde ausgestellt; [...].«[5] Dies würde eher für eine Identifizierung mit dem erwähnten jüngeren Fürsten Golizyn sprechen. Zudem existiert ein von Orest Kiprenski gemaltes Porträt eines Fürsten Alexander Michailowitsch Golizyn (Abb. 1),[6] bei dem man zwar zunächst auch an den älteren Fürsten Golizyn denken mag, da eben dieser seit 1811 mit Kiprenski gut bekannt war, doch der hier Dargestellte ist eindeutig jünger als dieser mit 47 Jahren im Jahre 1819 wäre. Betrachtet man nun erneut Catels wohl 1819 entstandenes Gemälde mit dem Grab des Vergil (Kat.-Nr. 135) und besonders den hier dargestellten Bildungsreisenden auf Grand Tour, so mag man eher an den jüngeren

Fürsten Golizyn denken, der zu dieser Zeit gerade einmal 18 oder 19 Jahre alt gewesen ist. Dass der junge Fürst Golizyn eine Verbindung zu Künstlern, unter anderem Schtschedrin suchte und pflegte, konnte Ljudmila Markina zeigen.[7]

Der französische Maler Achille-Etna Michallon schuf 1822 eine gezeichnete Ansicht vom Grab des Vergil mit dem Blick auf die Stadt, die der Komposition Catels so verwandt ist, dass man meinen möchte, er muss dessen Bild von 1819 gekannt haben.[8] Michallon zeigt jedoch eine Absperrung zum Abhang neben dem Grabbau hin, die bei Catel noch nicht zu sehen ist, die aber auch auf einer Zeichnung des Hamburger Malers Johann Joachim Faber vorkommt (Abb. 2).[9]

Hier können erstmals zwei Vorstudien Catels zur gemalten Komposition von 1819 in Essen veröffentlicht werden. Eine direkt vor Ort entstandene Ölstudie, die sich heute im Metropolitan Museum of Art in New York befindet (Kat.-Nr. 138) und eine die Kompostion ebenfalls vorbereitende Pinselzeichnung, welche erst vor kurzem für das Kupferstichkabinett der Hamburger Kunsthalle erworben werden konnte (Kat.-Nr. 137). Die *plein air* gemalte Ölstudie, die erst 2013 als Werk Catels erkannt wurde,[10] scheint dabei der sehr genau durchkomponierten Pinselzeichnung vorauszugehen.

Instruktiv ist eine Infrarotaufnahme der New Yorker Ölstudie (Abb. 3), mit der die Unterzeichnung des Bildes sichtbar gemacht wurde.[11] Im Vergleich mit einer ebensolchen Aufnahme des kleinen Ölbildes in Cleveland (Abb. 4; vgl. Abb. 2 auf S. 292) zeigt sich in der Unterzeichnung die gleiche technische Anlage beider Kompositionen. Eine Mikroaufnahme der New Yorker Ölstudie

Abb. 1
Orest Kiprenski, *Bildnis des Fürsten Alexander Michailowitsch Golizyn*, 1819, Öl auf Leinwand, Moskau, Tretjakow-Galerie, Inv.-Nr. 4598

Abb. 2
Johann Joachim Faber, *Das Grab des Vergil*, 1818, Bleistift, 400 x 263 mm, Hamburger Kunsthalle, Kupferstichkabinett, Inv.-Nr. 23301

Abb. 3
Infrarot-Photographie von Kat.-Nr. 138

lässt hingegen sehr gut die mit grobem Pinsel aufgebrachte freie Malweise des Künstlers zu Tage treten (Abb. 5).   *AS*

1 »August. Der Berliner Maler [Catel] […] reist mit dem Fürsten Gallizin nach Sizilien.«; *Leipziger Kunstblatt für Theater und Musik* 1818.

2 »Mantua me genuit / Calabri rapuere / tenet nunc Parthenope: Cecini pascua, rura, duces« (»Mantua hat mich gezeugt, Kalabrien raffte mich dahin, nun birgt mich Parthenope; ich besang Hirten, Landbau und Helden.«); vgl. Frings 1998, S. 89.

3 Für freundliche Hinweise dankt der Verfasser Olga Allenova von der Tretjakow-Galerie in Moskau (Brief v. 22. 11. 2005). – An anderer Stelle wird in der Literatur behauptet, dass der Reisende Karl Friedrich Schinkel sei, was jedoch auszuschließen ist; Ausst.-Kat. Turin 2002, o. S., Nr. 13, Abb.

4 »[…]. Cattel [sic] kommt erst Nov. aus Neapel.«; Brief Caroline von Humboldts (Rom, 17. 10. 1818) an Christian Daniel Rauch in Berlin; Humboldt/Rauch/Simson 1999, S. 304, Nr. 96.

5 *Allgemeine Zeitung* Nr. 89 v. 30. 3. 1819, Beilage Nr. 49, S. 195.

6 Petrova 2005, S. 12, Abb. 10.

7 Vgl. dazu den Beitrag von Ljudmila Markina im vorliegenden Katalog, S. 92–93.

8 *Das Grab des Vergil,* 1822, Feder und Pinsel in Braun über Bleistift, 307 x 230 mm, links unten signiert und datiert: »Michallon / 1822«, Paris, Musée du Louvre, Inv.-Nr. RF 13786; Ausst.-Kat. Paris 1994, S. 121, Nr. 36, Abb.

9 Zu Faber vgl. Wolf 2012.

10 Vgl. Miller 2013, Abb. 30 auf S. 28, S. 44

11 Mein herzlicher Dank gilt Asher Ethan Miller vom Metropolitan Museum of Art in New York sowie Dean Yoder vom Cleveland Museum of Art, die mir die photographischen Aufnahmen zur Verfügung gestellt haben.

Abb. 4
Blick aus einer Fenstertür an der Riviera di Chiaia auf Villa Reale und den Vesuv, 1824, Öl auf Papier, 486 x 335 mm, Cleveland Museum of Art, Mr. And Mrs. William H. Marlatt Fund, Inv.-Nr. 1994.198; Infrarot-Photographie; IR Image, aufgenommen mit einer Osiris Infrared Camera mit H-Barr filter (1500–1700 nanometers); Photographie: Joan Neubecker, Conservation Photographer, Cleveland Museum of Art)

Abb. 5
Mikroaufnahme von Kat.-Nr. 138

Blick vom Grab des Vergil auf den Vomero-Hügel mit
Castel Sant'Elmo in Neapel, im Vordergrund ein vornehmer
Reisender auf Grand Tour, um 1819
Öl auf Leinwand, 67,5 x 50 cm
Essen, Museum Folkwang
[Kat.-Nr. 136]

Blick vom Grab des Vergil auf den Vomero-Hügel mit
Castel Sant'Elmo in Neapel, um 1818,
Pinsel in Braun und Grau über Bleistift, 310 x 250 mm (Bild),
373 x 275 mm (Papier)
Hamburger Kunsthalle, Kupferstichkabinett
[Kat.-Nr. 137]

Blick vom Grab des Vergil auf den Vomero-Hügel mit
Castel Sant'Elmo in Neapel, um 1818
Öl auf Papier (auf Leinwand aufgezogen), 305 x 222 mm
New York, The Metropolitan Museum of Art, The Whitney
Collection
[Kat.-Nr. 138]

Golf von Neapel mit Fruchthändler, 1822
Öl auf Eisenblech, 22 x 31 cm
Staatliche Museen zu Berlin, Nationalgalerie
[Kat.-Nr. 139]

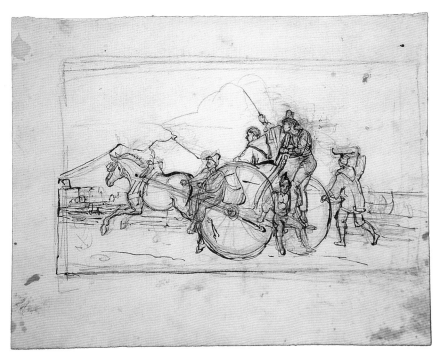

Neapolitanische Carrete. Ein Kapuziner und eine Nonne
mit zwei Lazzaroni als Kutscher, 1822
Öl auf Eisenblech, 22 x 31 cm
Staatliche Museen zu Berlin, Nationalgalerie
[Kat.-Nr. 140]

Neapolitanische Carrete mit Mönch und Nonne, um 1822
Feder in Schwarz über Bleistift, 125 x 223 mm (Bild),
189 x 248 mm (Papier)
Rom, Fondazione Catel
[Kat.-Nr. 141]

*Heimkehrende Fischer in einer Grotte nahe des Palazzo
Donn'Anna am Capo Posillipo*, um 1821/22 (?)
Öl auf Leinwand, 60 x 103 cm
Berlin, Kunsthandel Martin & Sohn
[Kat.-Nr. 142]

Das erst vor wenigen Jahren wiederentdeckte Gemälde glie-
dert sich ausgewogen in den großen Felsenbogen auf der
rechten Seite, mit Blick über den Golf von Neapel mit seiner
blau schimmernden weiten Wasserfläche, und die Fischer
an Land auf der linken Seite. Im Mittelgrund erkennt man
Castel dell'Ovo, am Horizont den rauchenden Vesuv. Kurz
vor dem Strand ist ein Fischerboot positioniert, das von
einem Mann gerudert wird, während ein zweiter gerade den
Fuß an Land setzen will. Ein dritter Fischer mit der traditio-
nellen roten Kopfbedeckung zieht das Boot mit einem Strick
an Land. Die linke Bildhälfte wird von einem kleineren Felsenbogen eingenommen, der sich über das Ufer spannt. Im
Vordergrund hat sich eine größere Gruppe von Fischern
versammelt, welche die Ankunft des heimkehrenden Bootes
zu erwarten scheint. Rechts befindet sich eine pittoreske
Gruppe von vier Fischern, einer steht dort mit Netzen in
der Hand, drei andere knien und sitzen am Boden bzw. auf
einem Fass. Sie begutachten und sortieren Fisch eines früheren Fangs in bereitstehende Körbe. Ein weiterer Mann
steht in Rückenansicht dabei und schaut zu. Die Arme ver-

schränkt er dabei hinter dem Rücken. Links neben ihm
kniet ein Mann am Boden. Er hält in der ausgestreckten
Hand einen Hummer, den er einem Kleinkind präsentiert,
welches auf dem Schoß seiner Mutter steht. Das Kind beginnt bei diesem Anblick zu schreien und zu strampeln.
Zwischen dieser Gruppe des Mannes und der Frau mit dem
Kind sitzen zwei weitere Kinder verschiedenen Alters am
Boden. Eines der Kleinkinder spielt mit Fischen in einem
Korb. Oberhalb der Gruppe der Fischer blickt man durch
den Felsbogen hindurch auf ein gemauertes Gewölbe, zu
dem eine Treppe hinführt. Aus diesem Gewölbe tritt eine
typische Figur von Catels Hand, nämlich eine Frau mit
einem Krug auf dem Kopf.

Die vorliegende Komposition ist wahrscheinlich identisch mit einem von Catel 1822 in die Berliner Kunstausstellung eingelieferten Gemälde.[1] Die Grotte unterhalb des
Palazzo Donn'Anna, wo Catel 1820/21 auch zusammen
mit dem Norweger Johan Christian Dahl malte, nahm der
Künstler häufiger zum Motiv für Bilder verschiedenster Art
(Abb. 1). *AS*

1 Ausst.-Kat. Berlin 1822 (zit. nach Börsch-Supan 1971), S. 7, Nr. 38
(»Franz Catel, in Rom, Mitglied der Akademie / [...] Aussicht auf das
mittelländische Meer von der Höhle des Pausilipo; im Hintergrunde
der Vesuv; im Vordergrunde eine Fischergruppe«); Boetticher 1891,
S. 173, Nr. 7 (»Aussicht auf das mittelländ. Meer von der Grotte des
Posillipo. Im Hintergr. der Vesuv, vorn eine Fischergruppe; Berl. ak.
KA. 22. [...].«).

Abb. 1
*Blick auf den Golf von Neapel mit dem Vesuv aus der Grotte unter-
halb des Palazzo Donn'Anna am Capo Posillipo*, 1820/21, Öl auf
Papier, 163 x 253 mm, Rom, Casa di Goethe, Inv.-Nr. V 9

*Aussicht oberhalb von Pozzuoli auf Capo Miseno und
die Inseln Ischia und Procida,* um 1830/35
Öl auf Leinwand, 82 x 108 cm
Kunstsammlung Rudolf-August Oetker GmbH
[Kat.-Nr. 143]

Der Venus-Tempel von Bajae mit Blick über den Golf von
Pozzuoli, Capo Miseno und den Insel Procida und Ischia –
Staffage nach Goethes Hymnus »Der Wandrer«, 1831
Öl auf Leinwand, 99 x 138 cm
Germanisches Nationalmuseum Nürnberg
[Kat.-Nr. 144]

Das Bild war 1981 Gegenstand einer ausführlichen Studie
Peter-Klaus Schusters, der mit seinem Beitrag erstmals das
malerische Werk Catels in seiner Einzigartigkeit und Eigenständigkeit erkannt und gewürdigt hat. Schuster hebt die
Komposition der Landschaft gegenüber den damals üblichen
Vedutenbildern heraus: »Und doch ist Catels Bild nicht nur
in seiner Ausführlichkeit und Abweichung gegenüber der
Vedutenkonvention, sondern ebenso in seiner Staffage weit
bewußter komponiert. Zu auffällig agieren die Personen im
Vordergrund, als daß damit nicht etwas Bestimmtes gemeint
sein sollte. Auf einer kunstvoll-primitiv aus antiken Trümmern aufgeschichteten Treppe steigt bei Catel nach links
eine barfüßige Italienerin empor, die ein nacktes Kind auf
dem Arm trägt und von einem zweiten am Rock festgehalten
wird. Nach links oben weist sie auch mit ihrem ausgestreckten Arm einem jungen Mann, der hinter ihr gerade in die
Betrachtung eines antiken Sarkophags versunken ist. Durch
seinen Stock, den Hut mit breiter Krempe, den über die
Schulter geworfenen Mantel wie seine Umhängetasche ist
dieser junge Mann sichtlich als Reisender ausgewiesen.«[1]

Schuster erkannte als Erster, dass sich in der Staffage
von Catel offensichtlich eine Verbildlichung von Johann
Wolfgang von Goethes Hymnus *Der Wandrer* von 1772 ver-
birgt. Diese Identifizierung wird zusätzlich dadurch bestätigt,
dass das große, repäsentative Gemälde in Nürnberg sehr

wahrscheinlich mit dem 1836 in der Berliner Akademieausstellung gezeigten Bild dieses Themas – im Katalog ist explizit erwähnt: »Staffage: der Wanderer nach Göthe« – aus dem
Besitz der Gräfin Dohna identisch ist und inzwischen eine
zweite, kleinformatige Version dieser reizvollen Komposition
– entstanden wohl gleichzeitig oder etwas später – mehrfach
im Kunsthandel auftauchte (Abb. 1).[2] Laut Schuster strebte
Catel jedoch keine wortwörtliche Wiedergabe des Hymnus
an, sondern versuchte den »Geist des Goetheschen Gedichts« wiederzugeben.[3] Richtig erkannte Schuster, dass
bei Catel nicht die erste Begegnung des Reisenden mit der
Frau zu sehen ist, wie von Goethe in den ersten Versen beschrieben und von Ernst Förster 1830 in einem Gemälde
dargestellt,[4] sondern eine spätere Szene, in der das dialogi-
sche der beiden Personen im Sinne Goethes in den Vordergrund tritt: »Frau. Welch Gewerb treibt dich / Durch des
Tages Hitze / Den staubigen Pfad her? / Bringst du Waaren
aus der Stadt / Im Land herum? / Lächelst, Fremdling, / Über
meine Frage? / Wandrer. Keine Waaren bring' ich aus der
Stadt: / Kühl wird mir nun der Abend. Zeige mir den Brunnen, / Draus du trinkest, / Liebes junges Weib!«.[5] Catel zeigt
genau diese Szene, die Frau weist den Wanderer auf den
Brunnen hin, während dieser melancholisch und versonnen
noch auf einen antiken Sarkophag blickt. Hervorzuheben ist
laut Schuster die Fähigkeit des Künstlers, die im Gedicht
vorkommenden atmosphärischen Schilderungen, die Hitze
des Tages, die Abendstimmung und den staubigen Pfad,
unmittelbar mit seiner Malerei im Bild anzudeuten. Dieses
künstlerische Vermögen, atmosphärisch dichte Landschaften zu schaffen, ist eine der große Errungenschaften Catels,
die seine Bilder von den meisten seiner Zeitgenossen erfreu-
lich abhebt. *AS*

1 Schuster 1981, S. 167–168.
2 Aukt.-Kat. Kopenhagen, Bruun Rasmussen 1989, S. 149, Nr. 193,
Abb. S. 148; Aukt.-Kat. Köln, Lempertz 2003a, S. 231, Nr. 1370.
3 Schuster 1981, S. 168.
4 »Wandrer. Gott segne dich, junge Frau, / Und den säugenden Knaben
/ An deiner Brust! / Laß mich an der Felsenwand hier, / In des Ulm-
baums Schatten, / Meine Bürde werfen, / Neben dir ausruhn.«; Goethe
1887b, S. 170. Zu Försters um 1830 entstandenem Gemälde (Öl auf
Leinwand, 56 x 42 cm, München, Städtische Galerie im Lenbachhaus,
Inv.-Nr. G 4430) siehe Ausst.-Kat. München 1979, S. 300, Nr. 247.
5 Goethe 1887b, S. 170.

Abb. 1
Der Venus-Tempel von Bajae Staffage nach Goethes Hymnus »Der
Wandrer«, 1830/40, Öl auf Leinwand, 31,5 x 44,5 cm, Privatbesitz

*Golf von Neapel mit Palazzo Donn'Anna
im Mondschein,* 1827
Öl auf Leinwand, 63 x 74,5 cm
Privatbesitz
[Kat.-Nr. 145]

*Nächtlicher Tanz mit Blick auf den Palazzo
Donn'Anna*, 1820/30
Öl auf Leinwand, 63 x 76 cm
Neapel, Privatbesitz
[Kat.-Nr. 146]

Diese bislang als Werk eines unbekannten Malers geltende
Darstellung eines nächtlichen Tanzvergnügens der einfachen
Landbevölkerung vor der nächtlichen Kulisse des Palazzo
Don'Anna am Capo Posillipo mit Blick auf Neapel wird hier
erstmals als Werk Catels präsentiert. Das Bild lässt sich
allerdings bisher mit keinem der dokumentierten Gemälde
in Verbindung bringen.   *AS*

Nächtliche Strandszene in Mergellina mit Fischern
am Feuer und Blick auf Castel dell'Ovo und den Vesuv,
um 1819/21
Öl auf Karton, 105 x 155 mm
Rom, Fondazione Catel
[Kat.-Nr. 147]

Strandszenen bei Nacht, in denen das Licht des fahlen Mondes mit dem gelblich-roten künstlichen Licht zu stimmungsvollen Szenerien kombiniert wurde, gehörten allerspätestens
seit 1818 zu Catels bevorzugtem Repertoire. Er schuf eine
Reihe von großen Gemälden mit nächtlichen neapolitanischen Motiven (vgl. Kat.-Nr. 146), denen vor Ort gemalte,
kleine Ölstudien auf Papier zugrunde lagen. Diese wurden
vom Künstler aber nicht allein als Studienmaterial angesehen,
sondern er signierte, verkaufte oder verschenkte sie an

Freunde. Die vorliegenden drei Ölstudien mit nächtlichen
Darstellungen an den Ufern des Golfes von Neapel und dem
Hafen der Stadt (Kat.-Nr. 147–149) illustrieren diese spontan
und malerisch frei gestalteten, frühen Arbeiten des Künstlers in vorzüglicher Weise. Im Vordergrund findet man unter
dem hellen Mondlicht Fischer, die sich des Nachts um das
wärmende Feuer am Strand versammeln, bevor sie mit ihren
Booten hinaus aufs Meer zum Fischfang fahren.

   Auf der sehr kleinen Studie des Hafens (Kat.-Nr. 149) ist
als Blickpunkt das rötliche Licht des Leuchtturms von Santa
Lucia zu sehen, dessen Reflexe sich auf einem Felsen rechts
vorn widerspiegeln. Meist glitzert das Mondlicht reizvoll auf
den leicht bewegten Wellen des Meeres.

   Der norwegische Maler Johan Christian Dahl[1] schuf
nach seinem Aufenthalt in Neapel in Rom nach dem
7. Februar 1821 für Bertel Thorvaldsen einige kleinere,

wohl komponierte Gemälde, von denen vier Bilder mit
nächtlichen Meereslandschaften des Golfes von Neapel den
hier ausgestellten Studien Catels atmosphärisch eng verwandt sind.[2] *AS*

1 Vgl. den ausführlicheren Kommentar bei Kat.-Nr. 150.
2 *Segelboote am Strand des Golfes von Neapel,* 1821, Öl auf Leinwand, 24,8 x 39,8 cm, Kopenhagen, Thorvaldsens Museum, Inv.-Nr. B
179; Ausst.-Kat. München 1988, S. 110–111, Nr. 37; *Blick aus einer
Grotte auf den Vesuv,* 1821, Öl auf Leinwand, 22,3 x 33,4 cm, Kopenhagen, Thorvaldsens Museum, Inv.-Nr. B 180; *Der Golf von Neapel bei
Nacht,* 1821, Öl auf Leinwand, 34 x 48,4 cm, ebd., Inv.-Nr. B 178; *Der
Golf von Neapel bei Mondlicht,* 1821, Öl auf Leinwand, 49,7 x 68 cm
ebd., Inv.-Nr. B 177; www.thorvaldsensmuseum.dk/en/collections/
search?utf8=%E2%9C%93&order=artist&q=Dahl (letzter Aufruf
9. 4. 2015).

Nächtliche Strandszene mit Fischern am Feuer
und Segelschiffen auf dem Meer, um 1819/21
Tempera, 185 x 270 mm
Rom, Fondazione Catel
[Kat.-Nr. 148]

Der Leuchtturm von Santa Lucia im Hafen von Neapel
bei Nacht mit Blick auf Capo Posillipo, 1820er Jahre
Öl auf Papier, 80 x 150 mm
Hamburg, Privatbesitz
[Kat.-Nr. 149]

Stürmische Küstenlandschaft mit Blick auf Capri,
um 1820/21
Tempera, 175 x 253 mm
Rom, Fondazione Catel
[Kat.-Nr. 150]

Diese Gruppe von nicht datierten Temperastudien befindet sich im Nachlass des Künstlers in Rom (Kat.-Nr. 150–152). Sie stammen ursprünglich aus dem Klebeband mit seinen Werken und denen befreundeter Künstler, der 1856 an die Witwe Margherita Catel ging. Es spricht für die hohe Wertschätzung, die der Künstler diesen Blättern selbst entgegenbrachte, dass sie nicht in den testamentarisch bestimmten Verkauf zum Besten des Künstlervereins in Rom gingen. Die drei Studien entstanden sehr wahrscheinlich bereits um 1820/21.

Die in ungewohnter malerischer Freiheit und Spontaneität ausgeführten Temperastudien zeigen atmosphärisch dichte Darstellungen von Küstenabschnitten bei Sorrent und dem Capo di Posillipo, mit aufgewühltem Meer und bewegter Brandung, die sich in leuchtend weißer, rauschender Gischt am Felsen bricht. Auf einem der Blätter ist gar ein tosender Sturm über dem Meer zu sehen (Kat.-Nr. 150), wobei Catel diese Naturphänomene stets durch Felsenabschnitte zu den Seiten der Komposition hin rahmt und durch Fernblicke auf Capri oder Ischia pointiert.

Das am 24. September 1820 entstandene Aquarell *Küstenabschnitt beim Albergo La Cocumella bei Sorrent* des Nürnbergers Johann Adam Klein, der in dieser Zeit mit Catel gemeinsam malte, erinnert sehr an die vorliegenden Studien und legt eine direkte Inspiration Kleins durch Catels Führung nahe.[1] Schon vorher in Rom war Klein mit Catel zusammengetroffen und durch ihn und den Österreicher Joseph Rebell zum Anfertigen von Ölstudien nach dem Modell angeregt worden.[2] Im Kupferstichkabinett der Hamburger Kunsthalle findet sich eine Wiederholung dieses Motivs, das aus der Sammlung des mit Klein befreundeten dänischen Kunsthändlers Georg Ernst Harzen stammt, der sich von spätestens Februar 1820 bis zum 26. Juli 1821 in Neapel und Rom aufhielt (Abb. 1).[3] Harzen ließ sich von Klein auch eine Wiederholung von dessen Bildnis Catels anfertigen, die ebenfalls in der Hamburger Sammlung zu finden ist (vgl. Abb. 6 auf S. 100).[4]

Nach der Abreise Kleins traf Catel am 8. November 1820 mit Johan Christian Dahl zusammen, man besuchte zunächst den Hügel von Posillipo.[5] Catel diente Dahl auf Wunsch des dänischen Kronprinzen Christian Frederik als Führer am Golf von Neapel, einer Landschaft, die dem Künstler seit 1812 gut vertraut war. So wundert es nicht, dass einige Werke Dahls dieser Monate ebenfalls den hier gezeigten Studien vergleichbar sind, wobei – in Unkenntnis des frühen Catel'schen Werks – von Seiten der Dahl-Forschung stets eine Beeinflussung durch Catel negiert wird. Gunnarson bezieht sich dabei auf eine erste Erwähnung des Namens Catel im Tagebuch Dahls an eben jenem 8. November. Dahl erreichte Rom jedoch schon am 24. Juli 1820, wo er zweifellos auch mit Catel, zum Beispiel im Caffè Greco, zusammengetroffen sein wird, auch wenn dieser im Tagebuch vor dem Treffen in Neapel wohl nicht eigens erwähnt wurde.[6] Dahls Meeres- und Grottenstudien am Golf von Neapel[7] sind denen Catels,

der bereits seit vielen Jahren hier gemalt hatte, so eng verwandt, und die Veränderung der Malweise Dahls im Charakter so auffallend und abrupt, dass an dieser Stelle durchaus von einer Beeinflussung des Norwegers durch Catel oder doch zumindest von einer gleichberechtigten gegenseitigen Befruchtung gesprochen werden sollte. Gunnarson sieht die markantesten Beispiele für diesen Stilwechsel Dahls in den Monaten Dezember 1820 und Januar 1821, also genau in den beiden Monaten, wo Dahl und Catel gemeinsam arbeiteten.[8] Dahl erwähnt zum Beispiel am 13. Januar 1821: »War zusammen mit Catel im Freien und malte mehrere Kleinigkeiten – eine gute Partie mit einer Seeküste – das Innere einer großen Grotte bei Poselyp [sic]. Wenn das Wetter hält, will ich Morgen ebenso nach der Natur malen«.[9] Erwähnt seien ebenso in Zusammenhang mit den hier vorgestellten Studien Catels Dahls *Brandungswellen am Golf von Neapel* vom 4. Januar 1821, die in ihrer Unmittelbarkeit und der fehlenden kompositorischen Einbindung allerdings über diese hinaus gehen (vgl. Abb. 1 auf S. 72).[10]

Gunnarson beschrieb Dahls Studien dieser Monate wie folgt: »Die Landschaft präsentiert sich in diesen Studien als eine Synthese, die durch die Atmosphäre und das Licht bestimmt wird, während die materielle Struktur der Dinge und ihr plastischer Charakter in der malerischen Umsetzung ganz auf die Gesamtstimmung ausgerichtet sind. Gleichzeitig werden die Malerei selbst und der einzelne Pinselstrich zu einem wesentlichen Ausdrucksmittel. Die technische Virtuosität und die Freiheit werden von dieser Zeit an zum Hauptmerkmal für Dahls Studien, während die Farben sehr zurückgenommen wirken. Dieser virtuose Charakter zeigt sich hingegen in seinen Zeichnungen und Aquarellen nicht so ganz durchgehend, was illustriert, daß die Ölfarben ihm hier die größten Ausdrucksmöglichkeiten eröffnet haben müssen.«[11] Catel widmete sich in Rom und Neapel der in der Landschaft entstandenen Ölstudie bereits eine ganze Reihe von Jahren, wahrscheinlich spätestens ab 1816 in Form der Landschaftsbilder für die Herzogin von Devonshire (vgl. Kat.-Nr. 64). Erwähnt sei aber auch die New Yorker Ölstudie zum Grab des Vergil (Kat.-Nr. 138).

Motivisch sind diese freien Ölstudien Dahls und Catels die direkten Vorläufer der kompositorisch unbegrenzten, monumentalen Meeresbilder der zweiten Hälfte des 19. Jahrhunderts, wie beispielsweise denen Gustave Courbets in den Jahren nach 1869.[12] *AS*

1 Ausst.-Kat. Nürnberg 2006, S. 210–211, Nr. 53. »Mit Freund Catel machte ich Ausflüge nach Sorrent, nach der Insel Ischia und Procida.« Handschriftliche Autobiographie Kleins von 1833, zit. nach: ebd., S. 320.
2 »Auf den Rat der geistreichen Maler Catel und Rebell fing ich nun an, meine Studien in Öl zu malen, und da Rebell ein günstiges Lokal auf der Villa Malta dazu hatte, so ließen wir uns in den Morgenstunden Modelle von Landleuten, Pilgern und andern, so auch von verschiedenen Tieren dahin bringen, wozu es in Rom die beste Gelegenheit gibt.« Handschriftliche Autobiographie Kleins von 1833, zit. nach: Ausst.-Kat. Nürnberg 2006, S. 319. Diesen Modellstudien schlossen sich laut Klein der mit Catel eng befreundete niederländische Maler Abraham Teerlink und der Nürnberger Freund Johann Christoph Erhard an; auch Catel wird manches Mal dabeigewesen sein.
3 Johann Matthias Commeter und Georg Ernst Harzen, Hamburg; seit 1856 Johann Matthias Commeter, Hamburg (nicht bei Lugt); Legat 1863 an die Stadt Hamburg für ein zukünftiges Museum, 1869 der neueröffneten Kunsthalle übergeben (Archiv Hamburger Kunsthalle, Nach-

lass Harzen, Inventar Ad: 01: 28, Fol. 780: »Meer und Felsenküste der Cocumella bey Sorrent. Neapel den 24 [...] br 1820 Cocumella Bey Sorrent J. A Klein fee 1820. Gouache auf blauem Pap. Schön und effectvoll beendigt. Br 10.10 H. 7.8.«). Zu Georg Ernst Harzen, der sich 1821 in Hamburg als Kunsthändler niederließ und 1863 seine umfangreiche Kunstsammlung der Stadt Hamburg hinterließ, siehe Reuther 2011; zum Aufenthalt in Italien 1820 vgl. ebd., S. 34–40. Dahl äußerte sich erfreut in seinem Tagebuch, in Rom neben den Malern Georg Christian Albrecht Jensen, der Harzen auch porträtierte, und Joseph Anton Koch gleich am ersten Abend (dem 24. 7. 1820) auch den Dänen Harzen im Caffè Greco zu treffen; ebd., S. 37.
4 Vgl. auch den Beitrag des Verfassers im vorliegenden Katalog, S. 98–105.
5 Gunnarsson 2002, S. 41.
6 Dahl sprach schon am ersten Abend in Rom vom dortigen Zusammentreffen mit »mehreren deutschen Maler[n].« (vgl. Anm. 3) und da Catel ihm vom Kronprinzen neben Rebell als Cicerone empfohlen worden war, ist ein frühes Treffen sehr wahrscheinlich; J. C. Dahl, *Tagebücher 1820*, 24. 7, Oslo Nasjonalbiblioteket, Ms. 80, Ms. Film 205; zit. nach: Reuther 2011, S. 37, mit Anm. 57. Dahls auf Norwegisch verfasste Tagebücher sind leider noch immer nicht in Gänze veröffentlicht worden. Der Kronprinz hatte Dahl schon in einem Brief vom 15. 2. 1820 neben Rebell und Lorenz Adolf Schönberger auf Catel als guten Landschaftsmaler, der vor Ort gemalte Ölstudien anfertigen würde, aufmerksam gemacht; Bang 1987, Bd. 1, S. 239.
7 Erwähnt sei lediglich das beim Palazzo Donn'Anna auf Posillipo von Dahl gemalte Grottenbild vom 5. 11. 1820 (Ausst.-Kat. München 1988, S. 88–89, Nr. 26; Bang 1987, Bd. 2, S. 106, Nr. 240), das den vielen (leider vom Künstler nicht datierten) Grottenbildern Catels von diesem Ort in Malweise und Standpunkt eng verwandt ist; Stolzenburg 2007, Abb. 8.
8 Vgl. Stolzenburg 2007, S. 40–42; hier irrtümlich die Annahme, das Catel bereits im Juni oder Juli 1820 nach Neapel abgereist war. Vgl. jedoch einen Brief Rudolph Schadows (Rom, 16. 8. 1820) an seinen Vater Johann Gottfried Schadow in Berlin: »[...]. Catel Raabe Witte und mehrere Preußen sind hier, die man des Abends im Caffe sieht. [...].«; Eckhardt 2000, S. 146.
9 Eintrag im Tagebuch Dahls, zit. nach: Ausst.-Kat. München 1988, S. 106, bei Nr. 35. Am 7. 1. 1821 hatten beide gemeinsam einen neapolitanischen Fischer nach dem Modell gemalt, am 4. 3. 1821 traf Dahl mit dem norwegischen Bildhauer Hans Michelsen in Rom mit Catel zusammen, wo man gemeinsam Kirchen besichtigte; Bang 1987, Bd. 1, S. 52, 53.
10 Öl auf Papier, 225 x 360 mm, Oslo, Nasjonalgalleriet; Ausst.-Kat. München 1988, S. 104–105, Nr. 34.
11 Gunnarson 2002, S. 41.
12 Vgl. Ausst.-Kat. Paris 2008, S. 286–293, Nr. 128–135.

Abb. 1
Johann Adam Klein, *Küstenabschnitt beim Albergo La Cocumella bei Sorrent,* Gouache über Bleistift auf blauem Papier, 208 x 291 mm, Hamburger Kunsthalle, Kupferstichkabinett, Inv.-Nr. 23475

Stürmische Küstenlandschaft mit Blick auf Capri,
um 1820/21
Tempera, 153 x 236 mm
Rom, Fondazione Catel
[Kat.-Nr. 151]

Stürmische Meeresküste mit Blick von Capo Posillipo,
auf Capo Miseno und die Inseln Procida und Ischia,
um 1820/21
Tempera, 195 x 294 mm
Rom, Fondazione Catel
[Kat.-Nr. 152]

*Blick von Camaldoli auf den Lago d'Agnano mit dem Monte
Spina über den Golf von Pozzuoli mit Capo Miseno sowie
die Inseln Procida und Ischia,* um 1825/30
Öl auf Leinwand, 42 x 59 cm
Rom, Fondazione Catel
[Kat.-Nr. 153]

Studie zu Kat.-Nr. 154 und 155.

Blick von Camaldoli auf den Lago d'Agnano mit dem Monte Spina über den Golf von Pozzuoli mit Capo Miseno sowie die Inseln Procida und Ischia, um 1825/30 (?)
Öl auf Leinwand, 134 x 188 cm
Paris, Privatbesitz, Courtesy Giacomo Algranti, Paris
[Kat.-Nr. 154]

Pendant zu Kat.-Nr. 91.

Blick von Camaldoli auf den Lago d'Agnano mit dem Monte Spina über den Golf von Pozzuoli mit Capo Miseno sowie die Inseln Procida und Ischia, um 1829/30 (?)
Öl auf Leinwand, 100 x 137 cm
Privatbesitz
[Kat.-Nr. 155]

Zu dieser Komposition hat sich aus dem Nachlass des Künstlers in der Fondazione Catel in Rom der *plein air* gemalte Entwurf zur Landschaft erhalten, der ohne Staffagefiguren auskommt (Kat.-Nr. 153). Das vorliegende Bild, zu dem erst kürzlich eine in den Maßen noch größere und in der Farbigkeit variierende Version in Pariser Privatbesitz identifiziert werden konnte (Kat.-Nr. 154), kam nach seiner Entstehung um 1830 direkt nach Berlin in den Besitz der mit dem Künstler befreundeten Bankiersfamilie Bendemann, der auch der Malerkollege Eduard Bendemann entstammte. Es befindet sich noch heute in Familienbesitz.

Der Blick geht über das weite Panorama von der Anhöhe von Calmadoli auf den heute nicht mehr existierenden Lago d'Agnano und weiter über den Golf von Pozzuoli mit Capo Miseno und der Insel Ischia am Horizont, hinter der die Sonne den Abendhimmel leuchtend gelb und orange färbt. Rechts vorn eine große Baumgruppe unter der sich eine der typischen halbrunden Steinbänke befindet (vgl. Kat.-Nr. 111). Drei Mönche, von denen einer am Abhang an einer Absperrung steht und hinunter in die Tiefe blickt, beleben den Ort des ehemals in der Nähe gelegenen Klosters.
AS

Blick aus den Bergen auf Pozzuoli mit Capo Miseno,
rechts die Inseln Procida und Ischia, links Nisida, 1820/30
Öl auf Leinwand, 38 x 62 cm
Rom, Fondazione Catel
[Kat.-Nr. 156]

Bergige Küstenlandschaft – (Amalfi?), 1820/30
Öl auf Papier, 110 x 170 mm
Rom, Fondazione Catel
[Kat.-Nr. 157]

Der Golf von Neapel mit der Piana di Sarno mit dem Vesuv aus der Nähe der Villa Quisisana oberhalb von Castellamare di Stabia aus gesehen, um 1818 oder 1820/21
Öl auf Papier 289 x 389 mm
Kopenhagen, Statens Museum for Kunst
[Kat.-Nr. 158]

Ein zeitlich möglicherweise im Umkreis der Studien für die Vergil-Ausgabe der Herzogin von Devonshire, also um 1818, entstandenes Aquarell Catels zeigt wie die vorliegende Ölstudie einen ähnlichen Standpunkt mit dem Blick über die Ebene bei Castellamare di Stabia, links angeschnitten das Castello Angioino, und dem Vesuv.[1] Die Ölstudie und das Aquarell sind jedoch nur nahe an der eigentlichen Vorlage des Künstlers, die dann von Pietro Parboni für die Vergil-Ausgabe gestochen wurde.[2] Eine Datierung der Ölstudie um 1818 ist ebenso denkbar wie um 1820/21, als Catel die Villa Quisisana besuchte, wo Johan Christian Dahl wohnte. Dieser malte dort am 14. August 1820, nur drei Tage nach seiner Ankunft, eine im Motivausschnitt vergleichbare Studie in Öl, die er in seinem Tagebuch erwähnt: »Allein im ganzen Schloß; sie sind alle nach Neapel gefahren und kommen erst morgen wieder – Heute habe ich mich eingerichtet und alle meine Sachen in Ordnung gebracht – habe eine Skizze von meinem Fenster begonnen.«[3] Im Vergleich der beiden Bilder zeigt sich, dass Catel nicht direkt in der Villa Quisisana seinen Standpunkt hatte, sondern wohl leicht erhöht und näher an dem Ort Castellmare di Stabia. *AS*

1 Aquarell und Gouache, 174 x 287 mm, New York, Sammlung Eugene Victor Thaw; Ausst.-Kat. New York 2009, S. 8485, 176, Nr. 30 (Beitrag Todd Magreta).
2 Nappi 1997, S. 286, mit Abb. 10.
3 Öl auf Leinwand,, 42,8 x 58,6 cm, Bergen, Rasmus Meyers Samlinger; Ausst.-Kat. München 1988, S. 82–83, Nr. 23, hier auch das Zitat aus dem Tagebuch.

Ansicht vom Krater des Vesuvs, 14. September 1834
Aquarell über Bleistift, 190 x 293 mm
München, Privatbesitz
[Kat.-Nr. 160]

Blick in den großen Krater des Vesuvs, 17. September 1834
Aquarell über Bleistift, 215 x 307 mm
Privatbesitz
[Kat.-Nr. 161]

Kat.-Nr. 159–162

Catel als Maler des Vesuvs

UM 1700 BEGANN DER VESUV sich in die Etappen der Grand Tour einzureihen und Eingang in die Reisebeschreibungen Italiens zu finden. Gegen Ende des 18. Jahrhunderts erfreute er sich als touristische Attraktion bereits großer Beliebtheit: Plastische Modelle und Jahrmarktaufführungen simulierten sein Naturschauspiel und machten den feuerspeienden Berg zum geheimnisvollen Reiseziel im Süden des Sehnsuchtslandes Italien.[1] Auch Franz Ludwig Catel kam mit dem Vesuv in Berührung, lange bevor er selbst die Alpen überquerte. Als Kind eines Spielzeugwarenherstellers war er mit allen kleineren und größeren Kuriositäten, die den Markt eroberten, gut vertraut. Unter den Produkten seines Vaters befand sich dabei auch eine »vollkommene Vorstellung des weltberühmten Berges Vesuv [...] nach der Zeichnung und Beschreibung des Herrn Hamiltons verfertigt«, die eine der Hauptattraktionen des Christmarktes 1787 gewesen war: »Der Berg wird beständig brennen und auch zu Zeiten rauchen: ich würde mir ein Vergnügen daraus gemacht haben, Rauch und Feuer beständig zusammen zu lassen; allein da ersterer meinen Waaren zu nachttheilig seyn würde, so habe ich mich auf das Feuer allein einschränken müssen.«[2] Vielleicht erging es dem Jungen Franz Ludwig Catel bei der Betrachtung dieser Vesuv-Nachbildung ähnlich wie dem Schweizer Heinrich Bosshard, in dem schon eine kleine Landkarte vom Martinimarkt das Fernweh nach Italien zu entzünden vermochte: »Stieg in Gedanken auf den Ätna und Vesuvius«, schrieb dieser 1790.[3] Nachdem eine erste Italienreise der Brüder Catel 1798 an den Wirren der

napoleonischen Kriege gescheitert war,[4] gelangten sie Jahre später, im Spätsommer 1811, schließlich an ihr Ziel. Es verwundert vor diesem Hintergrund kaum, dass eine der ersten datierten Ölstudien überhaupt, die sich von der Hand Catels erhalten haben, eine Ansicht vom Krater des Vesuvs gibt (Kat.-Nr. 159). Die kleine Studie nimmt für sich in Anspruch, *alla prima* direkt vor dem Objekt entstanden zu sein und zeigt Felsbrocken, Glut und Asche hoch über einer wolkenverschleierten Landschaft. Erst auf den zweiten oder dritten Blick erkennt der Betrachter drei winzig kleine Figuren, die am Rand des Vesuvkraters stehen und zu Zeugen des gewaltigen Naturschauspiels werden. Die rückseitige Beschriftung lautet: »Die Spitze des Vesuvs, im April 1812 nach der Natur gezeichnet und gemalt von Franz Catel.« Die Studie zeugt von einem neu erwachten Interesse des Künstlers an den veränderlichen Phänomenen der Natur und markiert den Beginn einer langen Reihe von Bildern des Künstlers, die den Vesuv gelegentlich als Hauptmotiv, meist jedoch als majestätische Kulisse einer neapolitanischen Szenerie zeigen.

Aus dem Jahre 1834 hat sich eine Serie von insgesamt fünf Aquarellen mit Studien des Vesuvs erhalten, bei denen Catels künstlerisches Interesse klar der durch die vulkanische Aktivität bedingten Wandelbarkeit des Berges und erst an zweiter Stelle ihrem zerstörerischen Potenzial gilt (Kat. Nr. 160–161, Abb. 1–3). Nach einer mehrwöchigen Phase der Inaktivität hatte sich am 23. August 1834 eine Eruption ereignet, bei der Lava zunächst am Westhang des Kegels, am 24. und 25. August sodann an seiner Ostseite ausgetreten war. Verstärkt durch weitere Lavaaustritte erreichte am Morgen des 26. August ein breiter Lavastrom Mauro und bedeckte die Straße von Bosco tre Case nach Ottajano, einer Ortschaft im Nordosten des Vesuvs.

Am 27. August teilte sich der abermals verstärkte Lavastrom in drei Arme, von denen der südlichste Bosco tre Case erreichte, der zweite in das Gebiet oberhalb von Bosco Reale einbrach und der dritte oberhalb von Mauro die Siedlung Toreigno bedeckte. An seinem nördlichen Rand zerstörte der Strom eine Mauer des Casino des Fürsten von Ottajano. Insgesamt bedeckte der Lavastrom 500 Morgen Land und zerstörte 180 Häuser.[5]

Die verheerenden Folgen dieses jüngsten Ausbruchs fanden auch das künstlerische Interesse Franz Ludwig Catels. Auf einem ersten Blatt, das auf den 14. September datiert (Kat.-Nr. 160), zeigt der Künstler den Vesuv von Caposecchi aus gesehen; einem Dorf, das zwischen Bosco tre Case und Bosco Reale im Südosten des Vesuvs lag und bei dem Ausbruch im August erhebliche Zerstörungen erfahren hatte, die Catel hier in einer nüchternen Bestandsaufnahme eingefangen hat. Eine menschenleere Ebene mit verstreuten Felsbrocken, Lava- und Ascheschichten erstreckt sich vor dem Auge des Betrachters. Im Hintergrund erhebt sich der Krater des Vesuvs, eingefasst vom Monte Somma, dem ehemals aktiven Vulkankegel, der bei der großen Eruption 79 n. Chr. nahezu vollständig weggesprengt wurde und sich nur im Nordosten des Vesuvs als sichelförmiger Wall erhalten hat. Dämpfe steigen auf und umgeben seinen Fuß gleich einem Wolkenband. Menschenleer und ohne Vegetation vermittelt die in hellem Sonnenlicht liegende Kraterlandschaft ein eindrucksvolles Bild zugleich von der trügerischen Ruhe und dem zerstörerischen Potenzial des Berges. Mit sachlicher Genauigkeit hat der Künstler Ort, Tag und Ereignis auf der Rückseite des Blattes vermerkt: »a Caposico ... 14 septemb. / la lava che distrugge 72 casa con la loro vigne / giardini etc etc.«[6]

Abb. 1
Der Vesuv von Pompeji aus gesehen, 17. September [1834], Aquarell über Bleistift, partiell blaue Kreide, 154 x 266 mm, Privatbesitz

Abb. 2
Die bei dem Ausbruch des Vesuvs 1834 entstandenen drei Nebenkrater, 1834, Pinsel, Aquarell über Bleistift, 209 x 298 mm, Heidelberg, Kurpfälzisches Museum, Inv.-Nr. Z 5401

Drei weitere Blätter (Kat.-Nr. 161 und Abb. 1, 2) sind auf den 17. September 1834 datiert, das hier gezeigte Blatt trägt zudem den Zusatz »mittags«. Die Serie ermöglicht es, sich eine recht genaue Vorstellung von der Vesuv-Wanderung zu machen, die Catel am 17. September 1834 unternommen hat. Demnach hat er seinen Aufstieg wahrscheinlich von Süden begonnen und den Vesuv zunächst am Morgen von Pompeji aus gemalt (Abb. 1),[7] da Licht und Schatten auf dem Kraterrand auf einen Sonnenstand im Osten hindeuten. Ruhig thronen in dieser Darstellung der glatte Hang des Vesuvkegels und das scharfkantige, zerfurchte Gestein des alten Kraterrestes nebeneinander über einer Ebene, die von kleinen Bäumen und Büschen gesäumt wird. Nahezu friedlich stößt der Schlot des Vulkans eine kleine weiße Rauchwolke in den blauen Himmel. Allein der dunkle, erkaltete Lavastrom, der sich über die Hänge herabwälzt, erinnert an die vorangegangene Eruption, bei der vor allem die Ortschaften im Südosten des Vulkans von dem breiten Lavastrom erheblich beschädigt worden sind. Das Interesse des Künstlers gilt hier dem Eindringen der Lava in die üppige Vegetation zu Füßen des Vulkans und der dunklen Spur, die sie in der Landschaft hinterlässt. Giuseppe Acerbi, ein italienischer Gelehrter, der nahezu zeitgleich, am 14. September 1834, zu einer Vesuvbesteigung aufgebrochen war, hat sie als eine breite Spur der Verbrennung beschrieben: »Se […] ti mettevi a riguardare il torrente di lava corso nell'ultima eruzione, il vedevi distendersi come un'ampia striscia abbruciata fra le belle champagne di Ottaiano.«[8]

Das Aquarell, das rückseitig die Beschriftung »der große Krater des Vesuvs« (Kat.-Nr. 161) trägt, und auf den Mittag desselben Tages datiert, gibt sodann den Blick vom südlichen Rand des Vesuvkraters über den Rand des aktiven Kraters hinweg auf den Monte Somma, den großen Krater des ehemals aktiven Vulkankegels.[9] Seinen höchsten Punkt, die sog. *Punta Nasone,* hat Catel prominent in der oberen Bildhälfte des Aquarells platziert. Die Darstellung ist menschenleer und in ihrer Komposition und Anlage klar darauf konzentriert, die Formation des Kraters, des gegenüberliegenden Hanges und seiner Gesteinsstrukturen in ockergelben, rotbraunen und grünblauen Schattierungen wiederzugeben. Seine frühe Meisterschaft in der Technik der Pinsellavierung hat Catel hier auf die Aquarelltechnik übertragen, die es ihm überzeugend ermöglicht, die changierende Buntfarbigkeit vulkanischen Gesteins einzufangen.

Auf dem dritten Blatt der Serie schließlich hielt Catel die drei bei der Eruption 1834 entstandenen Nebenkrater bei Ottajano fest (Abb. 2).[10] Ihre beträchtliche Größe wird durch den Kontrast zu einer vereinzelten Staffagefigur im Mittelgrund des Bildes angedeutet. Die ständige Veränderung des Berges, das plötzliche Entstehen und Verschwinden von Auswurfkegeln, das Öffnen neuer Schlote und das Versiegen alter übten eine enorme Anziehungskraft auf die Reisenden des 18. und 19. Jahrhunderts aus und förderten die Entstehung unzähliger Reiseberichte und Reflexionen über den Vulkan. »Alle wißbegierigen Besucher des Vesuvs schmeicheln sich, mehr über ihn zu wissen als ihre Vorgänger«,[11] so beschrieb Johann Caspar Goethe die Anziehungskraft, die die beständigen Veränderungen des Vulkans auf die an Neuigkeiten interessierten Reisenden und Wissenschaftler ausübte. Der bereits erwähnte, zeitgleich mit den

Vesuvaquarellen Catels verfasste Bericht Giuseppe Acerbis beispielsweise kreist lange um einen Auswurfkegel, der seit 1831 den Hauptaktivitätspunkt des Vulkans bildete und zum Erstaunen des Autors bei der Eruption von 1834 verschwand: »Giudichi ognuno qual […] fosse il mio raccapriccio pensando che tre giorni innanzi io erami trattenuto un'ora e più su la cima di qualcuno che allora più non era.«[12] Vermutlich handelt es sich um eben diesen Auswurfkegel, den Franz Ludwig Catel in einer undatierten Ölstudie (Kat.-Nr. 162) wiedergegeben hat, in der die vulkanische Aktivität, das Qualmen und Sprühen des Kegels und der Austritt von glühender Lava effektvoll vor dem tiefen Blau des Nachthimmels aufleuchten. Der beschriebene Auswurfkegel, der auch in einem Gemälde von Camillo de Vito den Gegenstand des Studiums zweier Maler bildet,[13] legt eine Datierung dieser Studie um 1830 nahe, wie denn überhaupt die Veränderlichkeit der Gestalt des Vulkans nicht nur die Attraktion für den Maler bildete, sondern umgekehrt auch eine zeitliche Einordnung seiner Werke erlaubt, wie Alexander von Humboldt 1822 bemerkt hatte: »Die veränderliche Gestalt und relative Lage der Auswurfskegel, deren Öffnungen man ja nicht, wie so oft geschieht, mit dem Krater des Vulkans verwechseln muß, gibt dem Vesuv zu verschiedenen Epochen eine eigentümliche Physiognomie, und der Historiograph des Vulkans könnte aus dem Umriß des Berggipfels nach dem bloßen Anblicke der Hackert'schen Landschaften im Palast von Portici, je nachdem die nördliche oder südliche Seite des Berges höher angedeutet ist, das Jahr erraten, in welchem der Künstler die Skizze zu seinem Gemälde entworfen hat.«[14] Es war die Beobachtung dieser konstanten Veränderungen über

Abb. 3
Blick in den kleinen Krater des Vesuvs, 1834, Aquarell über Bleistift, 210 x 295 mm, San Francisco, Museum of Fine Arts, Museum purchase, Achenbach Foundation for Graphic Arts Endowment Fund, Inv.-Nr. 1981.2.47

Abb. 4
Der Krater des Vesuvs mit Blick auf den Golf von Neapel, um 1839 (?), Öl auf Leinwand, 96 x 135 cm, Princeton University Art Museum, Inv.-Nr. 2010-112. Gift of Dr. A. Richard Turner, Class of 1955 and Graduate School Class of 1959, and Mrs. Turner

einen längeren Zeitraum hinweg, die dazu führte, dass sich im 18. Jahrhundert die Geologie als moderne Wissenschaft entwickelte. Ihre wohl berühmtesten Visualisierungen fand sie in den Kupferstichen von Pietro Fabris, die den Tafelband *Campi Phlegraei. Observations on the Volcanos of the Two Sicilies* (1787/79) illustrieren, den Sir William Hamilton, von 1764 bis 1799 britischer Gesandter am Hof von Neapel und einer der wichtigsten Erforscher des Vesuvs im 18. Jahrhundert herausgegeben hatte.[15] Eine Tafel mit einer Reihe kleiner Darstellungen, beispielsweise, dokumentiert hier minutiös über Monate hinweg die Veränderungen der Gestalt des Auswurfkegels im Jahre 1767.[16]

Das wohl friedlichste Bild des Vulkans zeichnet dabei ein fünftes Blatt der Catel'schen Serie, das lediglich den Hinweis »1834«, nicht aber Tag und Monat aufweist (Abb. 3). Es zeigt einen *Blick in den kleinen Krater des Vesuvs,* führt den Blick des Betrachters also in den aktiven Vulkankegel hinein, den es in einem posteruptiven Zustand wiedergibt. Dass es zur selben Zeit entstanden sein könnte wie die anderen Blätter der Serie, ist somit anzunehmen. Leuchtend gelb und orange kontrastieren die Schwefelablagerungen an den Innenwänden des Kraters mit dem klaren Blau des Himmels. Das nahezu vollständig in das Querformat des Blattes eingefügte Rund des Kraterrandes verleiht dem Aquarell eine ruhende Wirkung, vergleichbar der glatten Oberfläche eines Sees. Die geradezu idyllische Wirkung wird noch verstärkt durch eine kleine Gruppe von Menschen am rechten Rand des Kraters.

Die frühe Ölskizze von 1812 und die Serie der Vesuv-Aquarelle von 1834 zeugen von einer eingehenden Beschäftigung Catels mit dem Vulkan, die der geäußerten Behauptung widerspricht, der Künstler habe sich erst spät, im Jahre 1841, für das Motiv interessiert.[17] Von großformatigen Kompositionen des Sujets haben sich in den Quellen Spuren erhalten, so der Auftrag der Gräfin von Kielmansegge an Catel, einen »Ausbruch des Vesuv zu malen«, wie diese am 1. Juli 1825 in ihrem Tagebuch vermerkte[18] oder die »Cima del Vesuvio«, die 1841 in der Jahresausstellung der Società degli Amatori e Cultori di belle arti ausgestellt war.[19]

Kurz vor Redaktionsschluss ging ein Hinweis auf ein bislang als anonym geführtes, großformatiges Gemälde in Princeton ein, das sich wohl mit letztgenannter Komposition, die 1839 vom russischen Thronfolger Alexander Nikolajewitsch bestellt worden war, identifizieren lässt (Abb. 4). In der dargestellten Zusammenschau des glühenden, qualmenden Lavagesteins der Kraterspitze im linken Bildvordergrund mit der von einer tiefstehenden Sonne beschienenen Gesamtschau über

die Buchten von Neapel und Pozzuoli sowie die Insel Ischia stimmt das Bild mit dem bei Boetticher als »[…] Krater des Vesuv mit d. Blick auf den Golf von Neapel. […]« beschriebenen Bild überein.[20] Auch Farbigkeit und Pinselführung der Malerei sprechen zweifelsfrei für eine Zuschreibung an Catel.[21] *NS*

1 Richter 2007, S. 71.
2 Zit. nach Geller 1960, S. 8.
3 Zit. nach Richter 2007, S. 71.
4 Stolzenburg 2007, S. 12.
5 Daubeny 1839, S. 610–611.
6 »bei Caposecchi … 14. Sepember / wo die Lava 72 Häuser mit ihren Weinbergen, Gärten, etc. zerstört hat.« Hierdurch wird die Datierung des Blattes auf den 14. September des Jahres 1834 möglich.
7 Rechts unten bezeichnet und signiert: »Vesuv von Pompeji aus – Franz Catel« (Pinsel in Grau), Verso datiert: »il Vesuvio 17. Sept.« (Bleistift). Vgl. Lager-Kat. Frankfurt am Main, Joseph Fach 1981, S. 52–53, Nr. 67.
8 Acerbi 1834.
9 Mein Dank für die genaue Identifizierung des Standortes gilt Giovanni Pasquale Ricciardi vom *Osservatorio Vesuviano.*
10 Rechts unten bezeichnet und signiert: »F. Catel Rom 1834« (Bleistift), Verso datiert und bezeichnet: »i tre nuovi cratère piutosto bocchi nella pianura tra Vesuvio / ed Ottojano- / Myodi.- 17. Sept. 1834 … auf dem Vesuv«.
11 Zit. nach Richter 2007, S. 77.
12 Acerbi 1834.
13 Camillo de Vito, *Der Krater des Vesuvs mit dem Auswurfkegel von 1830.* Auch für diesen Hinweis und die damit verbundene Datierung gilt mein Dank Giovanni Pasquale Ricciardi vom *Osservatorio Vesuviano.*
14 Zit. nach Richter 2007, S. 142.
15 Zum Beitrag Sir William Hamiltons zur Vulkanologie vgl. ebd., S. 133–135 sowie Busch 1994, S. 485–486.
16 Pietro Fabris: »Top of Mount Vesuvius Campi Phlegraei«, in: William Hamilton: *Campi Phlegraei. Observations on the Volcanos of the Two Sicilies,* 2 Bde., Neapel 1776, Bd. 2, Taf. 2.
17 Ausst.-Kat. Rom 1996a, S. 48.
18 Geller 1960, S. 95–95.
19 Ausst.-Kat. Rom 1996a, S. 48.
20 Boetticher 1891, S. 164, Nr. 40.
21 Der Hinweis auf das Gemälde wurde mir durch Andreas Stolzenburg, der die Zuschreibung vorgenommen hat, gegeben. Dem ging ein Hinweis von Jeff Richmond-Moll, Princeton, auf das anonyme Bild voran (E-Mail v. 12. 8. 2015). Ihm sei dafür herzlich gedankt.

Der Krater des Vesuvs, April 1812
Öl auf Papier (auf Leinwand aufgezogen), 290 x 440 mm
Hamburger Kunsthalle
[Kat.-Nr. 159]

Blick in den Krater des Vesuvs, um 1830
Öl auf Leinwand, 50,5 x 37,5 cm
Rom, Fondazione Catel
[Kat.-Nr. 162]

Ansicht des alten Hafens von Sorrent mit Blick auf den Vesuv, um 1820/21
Öl auf Papier (auf Karton aufgezogen), 218 x 293 mm
Privatbesitz
[Kat.-Nr. 163]

Die vorliegende Ölstudie in freier Malweise, die mit dem im Nachlassinventar des Künstlers genannten Bild *Marina di Sorrento* identisch sein könnte,[1] stammt aus dem Besitz des Schweizer Malers Jakob Wilhelm Huber, der sie nach 1856 über den Deutschen Künstlerverein in Rom erworben haben wird. *AS*

1 Stolzenburg 2007, S. 132, Verzeichnis der künstlerischen Werke im Nachlass, Nr. 6: »Marina di Sorrento, con Corn: - 20. –.«

*Die Ruinen der Tempel von Paestum mit Blick auf das
Vorgebirge Campanella*, 1838
Öl auf Leinwand, 95,5 x 137 cm
Capaccio (Salerno), Museo »Paestum nei Percorsi del
Grand Tour«, Fondazione Giambattista Vico
[Kat.-Nr. 164]

Im September 1838 war auf der Berliner Akademieausstellung ein Gemälde aus dem Besitz des Fürsten Wilhelm Malte I.
von Puttbus auf der Insel Rügen zu sehen. Es zeigte die eindrucksvollen Ruinen der Tempel von Paestum und war im
selben Jahr von Catel in Rom gemalt worden. Das Gemälde
befand sich nach den Wirren des Zweiten Weltkrieges in der
Berliner Nationalgalerie und wurde erst 2002 restituiert und
von den Erben in eine Auktion in Amsterdam gegeben. Von
dort aus kam es wieder nach Italien, ganz in die Nähe der
Tempelreste, die auf dem Bild dargestellt sind.

Im *Kunstblatt* wurde das Bild des Fürsten 1842 ausführlich besprochen: »Rom. Im letzten Winter [sic] sind mehrere
ausgezeichnete Bilder vollendet worden. [...] Catel hatte
eine Ansicht der Ruinen von Pästum in einem ziemlich
großen Ölgemälde ausgeführt, worin die Säulen der drei
Tempel, welche sich perspectivisch hintereinander aufrei-
hen, gleichsam einen Wald bilden; die Landschaft reicht bis
zum Vorgebirge Campanella; vorne liegen große Quaderblö-
cke von der alten Stadtmauer, und fließt der sie bespülende
Fluß vorüber.«[1]

Catel malte spätestens 1839 eine zweite Version, deren
Maße unbekannt sind, und präsentierte sie auf der Mostra
degli Amatori e Cultori di belli arti in Rom. Das Bild wurde
von der Società degli Amatori e Cultori erworben und in der
Lotterie an ein Mitglied, den römischen Maler Francesco
Coghetti verlost.[2] Eine weiteres Gemälde der Tempel von
Paestum war 1843 auf der Kunstausstellung der Kopenhage-

ner Kunstakademie in Schloss Charlottenborg zu sehen.[3]
Fragmentarisch erhalten hat sich eine Ölstudie des Künstlers von einer der Tempelfronten. Diese Studie ist inzwischen restauriert und dabei in großen Teilen ergänzt worden.[4] *AS*

1 *Kunstblatt* Nr. 55 v. 12. 7. 1842, S. 219.
2 Montani 2007, S. 402 (»I templi di Paestum veduti dalle sponde del
fiume Sele«). In derselben Ausstellung zeigte Catel ein Gemälde der
Blauen Grotte auf Capri.
3 *Die Tempelruinen von Paestum mit Blick auf den Hafen von Salerno*, vor 1843, Öl auf Leinwand, Maße unbekannt, Verbleib unbekannt;
Best.-Kat. Kopenhagen 1843, S. 20, Nr. 307 (»Ruiner af Templerne ved
Pæstum, med Udsigt over Havet til Salerno. Tilhörer Hofjægermester,
Baron v. Zeuthen.«).
4 Öl auf Papier, 320 x 224 mm, unbezeichnet, Verso alte Beschriftung:
»Tempio di Pesto [sic]. Studie von Catel gest. Rom 1856.«, Rom Casa
di Goethe.

Blick auf Amalfi von einem Boot aus, 1819/20
Öl auf Leinwand, 99,1 x 148,6 cm
Ickworth, The Bristol Collection
[Kat.-Nr. 165]

Zur Entstehungsgeschichte dieses von Lord Bristol für seinen Stammsitz in Ickworth House in Sussex erworbenen, bisher dem Franzosen Pierre-Athanase Chauvin zugeschriebenen und als Ansicht von Terracina[1] identifizierten Bildes siehe Kat.-Nr. 132. Im *Giornale Arcadico* von 1820 wurde die Komposition ausführlich beschrieben: »Das zweite Bild stellt den Golf von Salerno in der Nähe der bekannten Stadt Amalfi dar, welche den rechten [sic; linken] Teil des Bildes einnimmt und mit viel Geschick und wahrhaften Prospekt dargestellt ist. Ihn überragt ein sehr großer Berg, auf dem sich senkrecht enorme Massen von quadratischen Felsen erheben, die wie zyklopenhafte Türme oder Befestigungen aussehen. Die Berge, welche den Golf am Horizont schließen und sich unmerklich nach links bis zum Land von Pesto [sic] niedersenken, liegen in so warmen und dunstigen Farbenbildungen vor, daß sie die Augen betören und ein süßes Gefühl erzeugen. Den ganzen Golf füllen Barken, die sich in jeder Richtung bewegen. Die wahre Wirkung der Durchsichtigkeit des Wassers ist ein schöner Vorzug des Pinsels von Catel.«[1]

Die Fischer in ihren Booten im Vordergrund erinnern an die sehr ähnliche Staffage auf dem wohl nur wenig später entstandenen großen Grottenbild am Capo Posillipo (Kat.-Nr. 142). *AS*

1 Aubrun 1977, S. 212, Nr. 73, Abb. 23 auf S. 210.
2 Übersetzt aus dem *Giornale Arcadico 1820*, S. 119.

Kat.-Nr. 166–168

Catel und die Entdeckung der Grotte des Kapuzinerkonvents San Francesco bei Amalfi

DIE FASZINIERENDE GROTTE des Kapuzinerkonvents San Francesco – heute Grand Hotel Convento di Amalfi – nahe der Stadt Amalfi war bis zu ihrem Einsturz gegen Ende des 19. Jahrhunderts neben dem viel später erst entdeckten Mühlental von Amalfi, das unter anderem durch Carl Blechen zu einiger Berühmtheit gelangte, eines der am häufigsten von Malern aufgegriffenen Bildmotive aus der Gegend um Amalfi.[1]

Grottendarstellungen spielten in Catels Werk stets eine große Rolle (vgl. Kat.-Nr. 142), da er hier seine Meisterschaft in der Wiedergabe von kontrastreichen hellen und dunklen Partien beweisen konnte. Ein Hauptwerk des Künstlers, die *Grotte von Amalfi,* fiel 1931 dem verheerenden Brand des Münchner Glaspalastes zum Opfer. Es existiert immerhin ein Foto, das die Komposition, wenn auch ohne die Farbgebung, überliefert (Abb. 1).[2] Das Bild war um die Mitte der 1820er Jahre (wohl 1826) entstanden und zeigte in einem mittleren Hochformat den typischen Blick

aus der später von vielen Künstlern, unter anderem sehr häufig von Carl Wilhelm Götzloff,[3] gemalten Grotte von San Francesco hinaus auf den gegenüberliegenden Eingang des Konvents und die Stadt Amalfi. Catels Gestaltung des Motivs – es scheint, dass er die Grotte als Sujet als erster in den Kanon der Malerei eingeführt hat – war stilbildend. Er war bereits im Mai 1812 erstmals in Amalfi gewesen, wie sich durch die wieder aufgefundenen Zeichnungen für den Archäologen Aubin-Louis Millin zeigen lässt. Es entstand 1812 neben weiteren Zeichnungen eine Panoramaansicht der Stadt vom Meer aus mit Blick auf die dahinter aufsteigenden Berge, auf der auch das Kloster neben dem Eingang zur Grotte zu sehen ist (Kat.-Nr. 59).[4] Gleichzeitig zeichnete Catel auch eine *Ansicht des Domes* (Kat.-Nr. 58) und den *Blick aus der Vorhalle des Domes auf die Stadt* (Kat.-Nr. 57). Letztere Komposition griff Catel 1818 für eine Radierung (Kat.-Nr. 66) und viele Jahrzehnte später nochmals für eines seiner Genrebilder wieder auf (vgl. Abb. S. 28).

Die auf dem zerstörten Gemälde wiedergegebenen Staffagefiguren in der Grotte, ein vor einem Holzkreuz kniender Mönch rechts, ein stehender Pilger mit Hund sowie betende Frauen links, atmen einen für den Künstler überraschend

nazarenischen Geist. Es ist anzunehmen, dass der enge Kontakt zu Julius Schnorr von Carolsfeld, dessen religiöse Gemälde ähnliche Figuren aufweisen, hier zum Tragen kam.

Ausgangspunkt seiner Komposition war für Catel eine sicher vor Ort ohne jegliche Staffage angefertigte, querformatige freie Ölstudie der Grotte, die er bis an sein Lebensende bei sich behielt (Kat.-Nr. 166). Eine weitere, kleine Version im Querformat, gemalt in Öl auf Papier, stattete Catel mit einem nun vor einem Kreuz zur Linken knienden Mönch und einem vor der Grotte stehenden weiteren Klosterbruder aus (Kat.-Nr. 167). Die Darstellungen der dunklen Grotte und des Ausblicks auf die sonnendurchflutete Küste vor Amalfi weichen dabei nur wenig voneinander ab.   *AS*

1   Zur Geschichte der Darstellungen der Grotte in der bildenden Kunst vgl. Reinisch 2005.
2   Rogner 1965; vgl. http://de.wikipedia.org/wiki/Liste_beim_Brand_des_M%C3%BCnchner_Glaspalasts_zerst%C3%B6rter_Werke (letzter Aufruf, 11. 6. 2015).
3   Zum Verhältnis der Malerei Götzloffs auf Catels Bilderfindungen vgl. Stolzenburg 2014. Zu den Darstellungen der Amalfitaner Grotte von Götzlof siehe Ausst.-Kat. Lübeck/Koblenz 2014, S. 108–111, Nr. 34–37.
4   Vgl. auch den Beitrag von Gennaro Toscano im vorliegenden Katalog, S. 50–65.

Abb. 1
Die Grotte des Kapuzinerkonvents bei Amalfi, um 1826, Öl auf Leinwand, 58 x 72,2 cm, monogrammiert: »F. C.«, ehem. Privatbesitz, Frankreich, 1931 im Münchner Glaspalast verbrannt

Abb. 2
Die Grotte des Kapuzinerkonvents bei Amalfi, 1825/30, Öl auf Leinwand, 45 x 55,5 cm, Heidelberg, Kurpfälzisches Museum, Inv.-Nr. L 37, Leihgabe der Bundesrepublik Deutschland

Die Grotte des Kapuzinerkonvents bei Amalfi, 1818/25
Öl auf Leinwand, 35 x 49 cm
Rom, Fondazione Catel
[Kat.-Nr. 166]

Die Grotte des Kapuzinerkonvents bei Amalfi, 1818/25
Öl auf Papier, 189 x 271 mm
München, Privatbesitz
[Kat.-Nr. 167]

Die Grotte des Kapuzinerkonvents bei Amalfi, 1818/25
Aquarell, 230 x 214 mm
Privatbesitz
[Kat.-Nr. 168]

SIZILIEN WURDE ALS REISELAND aufgrund seiner isolierten Lage und der dortigen schwierigen politischen und sozialen Verhältnisse von den europäischen Adeligen auf ihrer Grand Tour erst relativ spät ab etwa 1770 entdeckt und in den Kanon der zu besuchenden Orte aufgenommen.[1] Jakob Philipp Hackert gehörte 1777 – neben Dominique-Vivant Denon, der 1777/78 dorthin reiste und Ansichten der Insel zeichnen ließ[2] – zu den ersten Künstlern, die Sizilien bereisten und Ansichten der dortigen antiken Tempel von Selinunt und Agrigent schufen.[3] Die nach seinen Gouachen entstandenen Radierungen von Balthasar Anton Dunker wird Catel sicher gekannt haben. Aber auch das Vorbild Johann Wolfgang von Goethes, der Sizilien im April 1787 und dort neben Palermo, Selinunt und Agrigent auch Taormina und Messina besichtigte,[4] wird ihn angeregt haben, die Insel zu besuchen.

Catel reiste schon im Mai 1812 mit dem Archäologen Aubin-Louis Millin von Rom aus über Neapel nach Kalabrien. Er erreichte dabei auch die Meerenge zwischen Reggio di Calabria und Messina, die er in einem gezeichneten Panorama festhielt (Kat.-Nr. 62.1–62.6). Diesem ersten Blick auf Sizilien folgte ein Aufenthalt auf der Insel selbst, allerdings wohl erst 1818/19, als Catel den Fürsten Golizyn

(vgl. Kat.-Nr. 136) begleitete und für Kronprinz Ludwig von Bayern eine Ansicht Palermos mit dem Monte Pellegrino ausführte (Kat.-Nr. 170–171). Neben Palermo war der Künstler damals auch in Taormina (Abb. 1)[5] und Syrakus, wo er für den befreundeten Architekten Leo von Klenze eine Ansicht des Kapuzinergartens malte (Kat.-Nr. 169). In Agrigent muss Catel 1818 ebenfalls gewesen sein, da er eine Ölstudie des Concordia-Tempels vor Ort ausführte, die sich später in der Sammlung des dänischen Archäologen Peter Oluf Brønsted befand und von dort in das Statens Museum in Kopenhagen gelangte (Kat.-Nr. 173). Nach einem weiteren Aufenthalt auf Sizilien ab Ende Juni 1843 bereiste Catel im Mai 1846 die Insel zusammen mit seiner Frau nochmals. Beide wurden diesmal begleitet von seinem Neffen, dem Maler Richard Dähling aus Berlin.[6] Dieser Aufenthalt, der ihn auch wieder nach Palermo führte, ist wahrscheinlich im Zusammenhang mit dem Auftrag für das großformatige Gemälde der Ansicht von Palermo mit dem Monte Pellegrino für Zar Nikolaus I. von Russland zu sehen (Kat.-Nr. 172). Dokumentiert ist eine Ölstudie des Monte Pellegrino, die rückseitig signiert und 1846 datiert ist (Abb. 2). *AS*

1 Vgl. Brilli 1997, S. 101–104.
2 Diese Vorlagen dienten Jean-Claude Richard de Saint-Non für seine umfangreiche *Voyage pittoresque ou description des Royaumes de Naples et de Sicile,* in der in den Bdn. 4 und 5 Sizilien von 1785 und 1786 behandelt wurde; vgl. Lamers 1995; http://digi.ub.uni-heidelberg.de/diglit/saintnon1781ga (letzter Aufruf, 2. 7. 2015)
3 Hackert begleitete zusammen mit Charles Gore den Engländer Richard Payne Knight; vgl. Stolzenburg 2008.
4 Vgl. Goethe/von Einem 1980, 228–321.
5 Wahrscheinlich 1869 aus der Sammlung des Generalmajors Karl Wilhelm von Heideck erworben; Schack 1889, S. 205–206; Boetticher 1891, S. 165, Nr. 69 (»Theater von Taormina mit Aussicht auf den Aetna. E: Gal. Schack, München.«); Rott 2009, S. 70, Abb.
6 Vgl. Geller 1960, S. 131 (Passregister). Von Richard Dählings Hand hat sich eine dem hier abgebildeten Werk Catels (Abb. 2) sehr ähnliches, signiertes Gemälde des Monte Pellegrino erhalten, das zweifellos ebenfalls im Mai 1846 entstand; Öl auf Leinwand 37 x 63,5 cm Privatbesitz; Aukt.-Kat. Berlin, Bassenge 2011, Nr. 6088, Abb.

Abb. 1
Ansicht des Theaters von Taormina, 1818/19, Öl auf Leinwand, 38,7 x 61,5 cm, München, Bayerische Staatsgemäldesammlungen, Schack-Galerie, Inv.-Nr. 11 466

Abb. 2
Blick auf den Monte Pellegrino bei Palermo, Mai 1846, Öl auf Papier, 140 x 275 mm, Verbleib unbekannt, ehem. Köln, Galerie Abels

*Straße am Golf von Palermo mit Blick auf die Stadt
und den Monte Pellegrino*, 1819
Öl auf Batist, 119 x 205 mm
Staatliche Graphische Sammlung München
[Kat.-Nr. 171]

*Straße am Golf von Palermo mit Blick auf die Stadt
und den Monte Pellegrino*, 1820
Öl auf Leinwand, 74,5 x 99,5 cm
Schloss Berchtesgaden, Wittelsbacher Ausgleichsfond
[Kat.-Nr. 170]

Den Auftrag zu diesem Bild erhielt Catel schon 1818 direkt
von Kronprinz Ludwig von Bayern. Da sich die Fertigstellung
des Bildes lange hinzog, wurde 1819 im Auftrag des Künstlers ein kleines, auf Batist gemaltes Bild mit dieser Komposition dem Kronprinzen in München durch Bertel Thorvaldsen
überbracht (Kat.-Nr. 171). Es sollte dem Auftraggeber als
Anschauung für das größere Gemälde dienen, das Catel erst
1820 beendete. Am 24. Mai 1820 schrieb er bezüglich des
Gemäldes mit der Ansicht von Palermo an Johann Georg
von Dillis in München: »Sehr verehrter Freund! Seine Königliche Hoheit Ihr gütiger Kronprinz hat mir durch Herrn
[Johann Martin von] Wagner den Befehl erteilen lassen, das
Gemählde von Palermo, welches ich für ihn vollendet, an Sie
zu überschicken, ich werde demnächst die Kiste mit Ihrer
Adresse versehen, dem Spediteur Herrn Dichantes übergeben, und demselben die größte Beschleunigung anempfeh-
len, ich habe hierdurch die Ehre Sie davon zu benachrichti-
gen. Daß Gemählde war schon seid einer kleinen Zeit fertig,
ich habe aber mit der Versendung nicht geeilt, weil wenn
man mit frischen Augen seine Arbeit betrachtet man immer
noch etwas zu verbessern findet, und so habe ich dies Bild
öfters retouchiert, ich habe mich besonders bestrebt, den
Charakter des Landes und daß Clima auszudrücken, ich

würde mich sehr freuen, wenn Sie finden, daß mir dies nicht
mißglückt sey. Daß mein Bild gefällt kann ich daraus schließen, daß mir mehrere Wiederholungen dieses Gegenstandes
begehrt worden sind. Das angenehmste und schätzbarste
Beyfall wäre mir aber der Ihrige und Ihres trefflichen Kronprinzen. Da dies den Embarras und die Kosten nicht vermehrt, so habe ich ein Gemälde (vom Kapuzinergarten in
der Latomia von Syracus welches für Herrn [Leo] von Klenze
ist [Kat.-Nr. 169]), in dieselbe Kiste gepackt, auch hat mich
Graf Herrisson [Franz Olivier Graf von Jenison-Walworth]
gebeten, ein Gemählde, welches er nach mir copiert hat mit
in die Kiste einzuschliessen, und Sie zu bitten, ihm dasselbe
bis zu seiner Ankunft aufzubewahren; ich konnte ihm dies
nicht versagen. Die Vergrößerung der Transportkosten wird
unbedeutend seyn, und Herr von Klenze und Graf Herrisson
werden dies wohl mit Ihnen mein verehrter Freunde, be-
richtigen, so daß der Königlichen Hoheit kein Eintracht geschieht. Noch muß ich Ihre Freundschaft und Gefälligkeit in
Anspruch nehmen, indem ich Sie bitte, die Bilder mit einem
guten Firnis überziehen zu lassen. Ich habe dies jetzt nicht
thun wollen, weil, wie Sie wissen, es den Bildern leicht nach-
theilig ist, wenn sie mit einem frischen Firnis eingeschlossen
werden. Seine Königliche Hoheit haben zwar keinen Preis
für das Gemälde mit mir ausbedungen, er hat sich nur wie
ich glaube, nach meinen damaligen Preisen erkundigt, er
erhielt dazumal für ein Gemälde von derselben Größe
40 Louisdor, für die Wiederholung dieses Bildes erhalte ich
50 Louisdor, Milord Bentiner both mir 60 Louisdor, wenn
ich ihm dieses Gemählde lassen wolle, ich schreibe Ihnen
dieses, mein verehrter Freund, nur in freundschaftlichem
Vertrauen und keineswegs in der Absicht, Seiner Königlichen Hoheit etwas vorschreiben zu wollen. Wenn Seine Königliche Hoheit aber die Gnade haben wollten, mir die Zahlung
bald zustellen zu lassen, so würde ich ihm dafür ganz besonders erkenntlich seyn, ich werde Ende Juny spätestens An-

fang July wieder nach Neapel gehen, und möchte gerne
vorher ein Geschäft besorgen, wozu ich dieses Geld bedarf.
Indem ich Sie bitte, mich Seiner Königlichen Hoheit zu
Füssen zu legen und mich seiner Huld und Gnade zu empfehlen, bitte ich Sie um die Fortdauer Ihrer Freundschaft
und Gewogenheit und bin mit der höchsten Verehrung Ihr
aufrichtiger und ergebener Franz Catel.«[1]

Dillis schrieb nach dem Erhalt des Briefes aus Rom an
den Kronprinzen und berichtete über das nun endlich vollendete und in München angekommene Gemälde Catels:
»Die Kiste von Rom mit dem Gemälde von Catel und den
beyden andern mitgepackten für v. Klenze und Jenison ist
endlich einmal angekommen. Die Aussicht von Palermo an
der Marinara gegen den Monte Pellegrino ist vortrefflich aufgefaßt und mit dem warmen, den südlichen Ländern eigenen
Tonn [sic] dargestellt. Den Vordergrund belebt eine Cara-
vanne von Reisenden, welche eben von Palermo ausziehen,
um die nördliche Kiste [Küste] zu besuchen; die Charaktere
sind trefflich aufgefaßt und erinnern lebhaft an diese ausgezeichneten Inselbewohner. Der breite und glühende Pinsel
des Künstlers hat sie mit der größten Wahrheit dargestellt.
Nach dem Wunsche des Künstlers werde ich das Gemälde
mit Firniß überziehen, und dann zur Ausstellung noch vor
meiner Erholungsreise abgeben. Recht Schade ist es, daß
nicht schon eine vergoldete Rammen darüber fertig ist; zur
öffentlichen Ausstellung scheint mir ein solches bedingt zu
seyn, allein ohne unterthänigste Anfrage kann ich solche
nicht verfertigen lassen.«[2] Das Gemälde wurde von Johann
Wölffle für das Galeriewerk der Neuen Pinakothek lithographiert.[3] *AS*

1 Verbleib des Originalbriefes unbekannt; zit. nach: Geller 1960,
S. 190–192.
2 Brief Johann Georg von Dillis' (München, 16. 8. 1820) an Kronprinz
Ludwig von Bayern; Messerer 1966, S. 534, Nr. 448.
3 Rott 2003, S. 160; Rott/Kaak 2003, S. 331–332, Abb. 12.

Ansicht von Palermo mit dem Monte Pellegrino bei Sonnenuntergang, 1845/46
Öl auf Leinwand, 133 x 220 cm
Zarskoje Selo, Alexander-Palast, Marmor-Saal
[Kat.-Nr. 172]

Die Komposition wiederholt weitestgehend eines der frühen Erfolgsbilder des Künstlers, das 1820 für Kronprinz Ludwig von Bayern vollendet wurde (Kat.-Nr. 170–171). Zar Nikolaus I. sah auf der in den Ausstellungsräumen bei der Porta del Popolo zu seinen Ehren veranstalteten Kunstausstellung eine kleine Version der *Passegiata di Palermo,* zu der er dann beim Künstler die vorliegende große Ausführung im Dezember 1845 beauftragte.[1] Der Zar war erst im Dezember aus Palermo über Neapel wieder nach Rom zurückgekehrt. In Palermo war er mit seiner Frau Alexandra Fjodorowna, die dort ein Lungenleiden auskurieren wollte, seit Oktober 1845 gewesen. Die Zarin und ihre Tochter, die Großfürstin Olga Nikolajewna, blieben in Palermo, wohin auch Olgas Bruder, der Großfürst Konstantin Nikolajewitsch im Dezember 1845 sowie ihr zukünftiger Ehemann Prinz Karl Friedrich Alexander von Württemberg im Januar 1846 reisten. Am 6. Januar wurde die Verlobung zwischen der Großfürstin Olga Nikolajewna und dem württembergischen Prinzen bekannt gegeben.[2] Gegenüber der frühen Fassung des Motivs von 1820 fällt die genaue Ausarbeitung der Hauptgruppe der Reisenden auf der Uferpromenade auf, sodass vermutet wird, es handle sich bei den Dargestellten um die Zarin Alexandra Fjodorowna in der Sänfte, Prinz Karl von Württemberg und Großfürstin Olga Nikolajewna zu Pferd hinter der Kutsche sowie Großfürst Konstantin Nikolajewitsch, der neben der Sänfte reitet, in der seine kranke Mutter sitzt (Abb. 1). Anlass für die Aufnahme dieser Porträts könnte die erwähnte Verlobung gewesen sein. Die Zarin Alexandra Fjodorowna kehrte Ende März 1846 nach St. Petersburg zurück. Catel reiste im Mai 1846 nach Palermo, auch wenn nicht klar ist, warum er diese Reise wirklich antrat, scheint ein Zusammenhang mit dem Auftrag durchaus denkbar. Für die Bildnisse wird der Künstler wahrscheinlich Miniaturporträts der Dargestellten benutzt haben. Vielleicht wollte der Künstler die Topographie des Ortes, den er mehr als ein Vierteljahrhundert nicht gesehen hatte, in Augenschein nehmen, um das Bild so getreu wie möglich für den Zaren auszuführen. Catels ursprünglich sehr frische und spontane Pinselführung ist in diesen späten Jahren allerdings einer glatten und emailhaften Behandlung der Farben gewichen.

Das Gemälde wurde wohl noch 1846 vollendet und gelangte zunächst als Geschenk des Zaren an die Zarin, die 1860 verstarb, in den Alexander-Palast in Zarskoje Selo bei St. Petersburg. Hier hielt es Luigi Premazzi 1854 in einem seiner vielen aquarellierten Interieurs der Zarenpaläste fest (Abb. 2).[3] 1861 ging es in den Besitz von Konstantin Nikolajewitsch über, dem einzigen noch Lebenden der Dargestellten, der es in den Marmorplast in St. Petersburg bringen ließ. Anlässlich ihrer Heirat mit Herzog Wilhelm Eugen August Georg von Württemberg im Jahre 1874 erhielt das Gemälde seine Tochter, Großfürstin Vera Konstantinowa,[4] die es mit nach Stuttgart nahm.[5] Vera wurde von ihrer kinderlosen Tante Olga Nikolajewna, der Frau König Karls I. von Württemberg, adoptiert und vererbte das Bild ihrer Tochter Olga von Württemberg, die in der Stuttgarter Villa Berg lebte. Wohl um 1918 kam Catels Gemälde dann – wie viele Kunstwerke aus dem Besitz des württembergischen Königshauses (vgl. Kommentar bei Kat.-Nr. 202) – in den Kunsthandel. Es ist aber auch nicht auszuschließen, dass das Bild die württembergischen Sammlungen erst 1932 nach dem Tod Olga von Württembergs verließ. Das Gemälde galt sehr lange als verschollen, es tauchte erst 1997 in einer Amsterdamer Auktion wieder auf, jedoch war es inzwischen dem Niederländer Anton Sminck van Pitloo zugeschrieben. Erst 2007 wurde es von Grigorij Naumowitsch Goldowskij, St. Petersburg, und vom Verfasser, der das Bild zur selben Zeit in römischem Privatbesitz sah, als Werk Catels und als das Auftragswerk des Zaren von 1846 identifiziert. Nach einer Auktion im Wiener Dorotheum im Jahre 2011 gelangte das Bild wieder an seinen ursprünglichen Platz in Zarskoje Selo zurück.   *AS*

1   »Sind die Hoffnungen der Künstler, die sie auf diese Ausstellung bauten, in Erfüllung gegangen? Ich weiß nur, daß folgende Gegenstände von S. Majestät dem Kaiser angekauft worden sind; [...], wie denn auch von Catel die Ausführung der Skizze ›Passegiata von Palermo‹ verlangt wird.«; *Kunstblatt* Nr. 4 v. 22. 1. 1846, S. 14, 15. – »Der Kaiser von Rußland hat bei seinem letzten Besuche dahier auf der von dem General Kiel veranlaßten Ausstellung bei der Porta del Popolo gekauft: [...]; von Catel eine große Ansicht von Palermo.«; *Kunstblatt* Nr. 30 v. 18. 6. 1846, S. 123.
2   Vgl. Monachella Tourov 2002.
3   Ausst.-Kat. St. Petersburg 1996, S. 109, Abb. 76. Der Künstler des auf Premazzis Aquarell als Pendant zu sehenden Gemäldes im selben Format konnte bislang nicht identifiziert werden. Es könnte sich jedoch gleichfalls um ein Werk von der Hand Catels handeln, da im Verzeichnis der Kunstsammlung, das nach dem Tod der Zarin 1860 erstellt wurde, zwei Bilder des Künstlers aufgeführt sind; St. Petersburg, Staatliches Archiv der Eremitage, Archiv 1, Inventar VII E, Speicher-Einheit 3, Verso von Fol. 19, Nr. 50 und 51; nach: Aukt.-Kat. Wien, Dorotheum 2011b, S. 35.
4   Auf sie weist eines der rückseitigen Klebeetiketten hin.
5   Das Bild ist nicht in den Inventarlisten der württembergischen Residenzen in Stuttgart und Friedrichshafen von 1869 verzeichnet, das heißt, es ist nicht mit den wahrscheinlich dargestellten Olga Nikolajewna und ihrem Mann Prinz Karl Friedrich Alexander (ab 1864 König Karl I. von Württemberg) nach Stuttgart gekommen, sondern eben erst 1874 als Geschenk an Vera Konstantinowa. Ein Ölgemälde in Goldrahmen »Ansicht von Palermo mit dem Hafen« ist ohne Nennung eines Künstlernamens mit einem sehr hohen Wert von 600 Mark – mit Abstand das teuerste Bild – im »Verzeichnis der in dem Nachlaß ihrer kaiserlichen Hoheit der verewigten Wera v. Württemberg Großfürstin von Rußland vorhendenen beweglichen Sachen, aufgestellt vom 30. 4. bis zum 13. 7. 1912, Abteilung B. Große Villa Berg« erwähnt; Stuttgart, Landesarchiv Baden-Württemberg, Hauptstaatsarchiv Stuttgart, Inv.-Nr. G 326 Bü 5. – Zu den engen familiären Verbindungen zwischen Württemberg und Russland vgl. Ausst.-Kat. Stuttgart 2013.

Abb. 1
Detail aus Kat.-Nr. 172

Abb. 2
Luigi Premazzi, *Ansicht des Großen Salons im Alexander-Palast in Zarskoje Selo,* 1854, Aquarell, Schlossmuseum Zarskoje Selo

Der Kapuzinergarten in den Latomie bei Syrakus, 1819/20
Öl auf Leinwand, 61,5 x 76,7 cm
Schloss Berchtesgaden, Wittelsbacher Ausgleichsfond
[Kat.-Nr. 169]

Der Concordia-Tempel in Agrigent, um 1819
Öl auf Papier (auf Karton aufgezogen), 336 x 485 mm
Kopenhagen, Statens Museum for Kunst
[Kat.-Nr. 173]

Diese Ölstudie wurde 1875 aus der Sammlung des 1842 verstorbenen dänischen Diplomaten Peter Oluf Brøndsted erworben. Brøndsted war königlich dänischer Hofagent, er wurde Ende 1818 zum dänischen Gesandten am Heiligen Stuhl ernannt und erreichte Rom am 28. Januar 1819. Hier pflegte er Umgang mit Bertel Thorvaldsen, dem Archäologen

Otto Magnus von Stackelberg sowie den Malerbrüdern Riepenhausen.[1] Im Januar 1820 reiste er als Begleiter von Lord Frederick North, 5. Graf von Guilford, nach Sizilien.[2] Ab Anfang August 1820 war Brøndsted als Cicerone des dänischen Kronprinzen in Neapel tätig. Bei dieser Gelegenheit könnte er Catel kennengelernt haben, der zu dieser Zeit ebenfalls mit dem Kronprinzen und dem Maler Johan Christian Dahl zusammentraf (vgl. Kommentar bei Kat.-Nr. 150). Danach lebte er bis 1823 wieder in Rom. Am 23. Mai 1823 siedelte er nach Genf um, Ende 1823 nach Paris. 1824 hielt er sich in England, unter anderem in London, auf.

In den Kopenhagener Museumsakten wird Catels Ölstudie um 1830 datiert. Brøndsted könnte das Bild wohl von Catel direkt erworben haben, wahrscheinlich unmittelbar nach seiner eigenen Sizilienreise, also Mitte der 1820er Jahre. Catel wird die Studie auf seiner eigenen Sizilienreise zusammen mit dem russischen Fürsten Golizyn 1818/19 vor Ort gemalt haben. *AS*

1 Vgl. Rudelbach 1845.
2 Vgl. die 1815 in Rom entstandene Porträtzeichnung des Grafen von Guilford von Jean-Auguste-Dominique Ingres, Bleistift, 214 x 167 mm, Art Gallery of New South Wales, Sydney; Fleckner 2001, S. 180, Abb. 14.

XI
Catel als Genremaler

Vgl. dazu den Beitrag von Neela Struck im vorliegenden Katalog, S. 80–91

Studie zweier schlafender junger Frauen, um 1825/30
Öl auf Papier (auf Leinwand aufgezogen), 445 x 575 mm
Rom, Fondazione Catel
[Kat.-Nr. 174]

Die Studie zweier schlafender junger Frauen gehört zu einer
kleinen Gruppe qualitätvoller Figurenstudien, die sich im
Nachlass des Künstlers erhalten hat (Kat.-Nr. 113, 116–117,
131, 190, 198). Sie demonstrieren, dass Catel für seine Genregemälde aus einem Repertoire an Motiven bzw. Typen geschöpft hat, das er in sorgfältigen Einzelstudien erarbeitete.
Die Figur des Schlafenden hat ihn über die hier gezeigte
Studie hinaus noch in zwei weiteren interessiert: Ebenfalls
im Nachlass des Künstlers in Rom befindet sich die Figur
eines schlafenden Mannes (Abb. 1).[1] Diesem Blatt verwandt
ist eine Studie von einem schlafenden Fischer, die jüngst auf
den Kunstmarkt gelangte und sich laut einer rückseitigen
Beschriftung einst im Besitz des Frankfurter Malers Otto
Cornill befand, der das Blatt aus dem Nachlass des Künstlers
über den Deutschen Künstlerverein erworben hatte (Abb. 2).[2]
Die Figur des Schlafenden war in der Genremalerei der
1820er und 1830er Jahre als Motiv des Abwartens der
Fischersfamilien, des Müßigganges unter freiem Himmel sowie des Ausruhens von Pilgern oder Landarbeitern nach
getaner Arbeit gleichermaßen beliebt. Große Nähe zu dem
hier gezeigten Blatt weisen etwa Kompositionen von Léopold
Robert auf, wie das Bild zweier schlafender Pilgermädchen

oder die Darstellung einer wartenden jungen Frau aus
Procida am Meeresufer.[3] *NS*

1 Vgl. Ausst.-Kat. Rom 1996a, S. 70, Nr. 113.
2 Das Blatt ist rückseitig rechts oben beschriftet: »Unten stehende
Notiz in Bleistift lautet: / ›Oelstudie von Catel / gekauft aus dessen
Nachlass in Rom. / O. Cornill.‹ Ich habe die Studie gekauft auf /
der Versteigerung des Nachlasses / von Otto Cornill zu Frankfurt a./M. /
Justizrat W. Laaff in Wiesbaden.« (Feder in Blau); rechts unten be

zeichnet: »Oelstudie von Catel / gekauft aus dessen Nachlass in Rom. /
O. Cornill.« (Bleistift; stark verblasst): Prov.: Vom Frankfurter Maler
Otto Cornill aus dem Nachlass des Künstlers in Rom über den Deutschen Künstlerverein erworben; aus dessen Nachlassauktion 1907 erworben von dem Justitzrat W. Laaff, Wiesbaden; 2014 versteigert bei
Ketterer Kunst, München; Aukt.-Kat. München, Ketterer 2014, S. 154,
Nr. 261;
3 Vgl. Gassier 1983, S. 303–304, Nr. 42 und S. 317, Nr. 82.

Abb. 1
Studie eines am Boden liegenden und schlafenden Mannes, Öl auf
Karton, 1850er Jahre, 250 x 355 mm, Rom, Fondazione Catel, Inv.-Nr. 85

Abb. 2
Studie eines am Boden liegenden und schlafenden Fischerjungen,
1850er Jahre, Öl auf Karton, 310 x 483 mm, Verbleib unbekannt

Kat.-Nr. 175–176

Die unglückliche Heimkehr des Fischers. Ein Auftrag des Kunstsammlers Johann Gottlob von Quandt aus Dresden (1822)

DURCH DIE BRIEFE des Malers Julius Schnorr von Carolsfeld sind wir gut über den Entstehungsprozess des von dem Dresdner Kunstsammler Johann Gottlob von Quandt bei Catel direkt beauftragten Bildes mit der *Unglücklichen Heimkehr des Fischers* informiert. Quandt hatte sich 1819/20 in Rom aufgehalten und aus dieser Zeit (wohl Frühjahr oder Sommer 1820) wird auch der Auftrag an Catel stammen. Das Bild ist nur durch eine Photographie aus dem Besitz von Hans Geller, Dresden, überliefert (Abb. 1).[1] Es befand sich um 1960 in deutschem Privatbesitz, der heutige Aufbewahrungsort ist unbekannt.

Die vorliegenden beiden Studien, eine in der Technik der Tempera und eine weitere in Öl ausgeführte, bereiten die zentrale Figurenszene der Komposition mit der verzweifelten Frau und ihren sich an sie drängenden Kinder vor. Diesen beiden Entwürfen lassen sich zwei weitere, heute verschollene Kompositionsstudien hinzufügen (Abb. 2 und 3), die zeigen, wie intensiv und umsichtig der Künstler seine Kompositionen entwarf.

Schnorr, der neben dem Fortgang des Ölbildes auch immer wieder kleine psychologische Charakterisierungen des Malers Catel vornimmt, erwähnt das Bild erstmals im Februar 1822 in seiner Korrespondenz: »Catel wird das Bild für Sie nächsten Sommer in Neapel malen, weil er das Meer dabei in der Nähe haben will. Ich stehe gut mit Catel und bin oft mit ihm zusammen. Ich habe großen Respekt vor seinen Einsichten. Seine gemalten Ansichten gefallen mir dann, wenn sie gleich (alla prima) nach der Natur gemalt sind«.[2] Im Oktober des Jahres meldet Schnorr an Quandt: »Catel, der kürzlich von Neapel zurückgekehrt ist, hat mir heute das bereits sehr vorgerückte Gemälde für Sie gezeigt. Es ist ungemeines Leben und große Wahrheit in diesem Werke, und man sieht deutlich, daß es ihm recht darum zu thun ist, Ihnen eine vortreffliche Arbeit zu liefern. Überhaupt scheint es seit einiger Zeit, als ob er mit größerem Ernste der Kunst obliege als früher. Das Bestreben, mit uns anderen auch in ein gutes herzliches und echtes Künstlerverhältnis zu kommen, ist unverkennbar und macht mir herzliche Freude, so sehr auch bisweilen Äußerungen der Bescheidenheit mich in Verlegenheit setzen können (welches wohl immer dann erfolgt, wenn ein in seiner Weise sicherer und konsequent entwickelter Mann einem noch schwankenden und

wenig begründeten Menschen sich unterordnen will.).«[3]

Trotz des angeblich fortgeschrittenen Zustands des Bildes schrieb Schnorr im September 1823 nach Dresden: »Dann hoff' ich, die Landschaften von [Johann Christian] Reinhart und Catel mitschicken zu können; letzteren habe ich nicht sprechen können, denn er ist auf dem Lande, ersterer aber hat mir versprochen, die Arbeit zu liefern. [...] / Ich bitte Sie, in Ihrem nächsten Brief mir anzuzeigen, wie lange ich mit der Absendung der Vittoria warten soll, im Fall daß Reinhart oder Catel die Ablieferung ihrer Bilder verzögern sollten.«[4] Catel arbeitete bis zuletzt immer wieder korrigierend an dem Werk: »Die Kiste für Sie hat noch nicht abgehen können, da Catel noch allerlei an seinem Bild zu bessern gefunden hat. Er hat mir aber versprochen zu eilen, ohne sich zu übereilen.«[5] Mitte März wurde das Gemälde dann nach Dresden abgeschickt, wie Catel selbst in einem Brief an Quandt schrieb: »Indem ich ihnen melde, daß Ihr Gemälde bereits seid acht Tagen abgegangen ist, empfehle ich mich ihrer Gewogenheit und Freundschaft und mein Werk Ihrer gütigen Nachsicht; auch bitte ich Sie, dem Bilde seinen Firniß geben zu lassen, ich habe dies hier nicht thun wollen, indem frisch gefirnißte Bilder, wenn sie lange eingeschlossen bleiben, leicht gelb werden. Werden Sie mein Bild vielleicht auf die Ausstellung in Dresden geben?«[6]

Bereits im Juni 1824 berichtete das *Artistische Notizenblatt* vom Eintreffen des Bildes bei Quandt: »Catel hat am 6. Mai seinen Seesturm, wozu er die Studien an den Felsenküsten von Amalfi machte, an den Besitzer des Bildes, den Herrn von Quandt nach Dresden abgesandt: Dieses Bild ist mit großer Meisterschaft gemalt, welche erforderlich ist, um einen so ungeheuren Naturgegenstand zu malen, in welchem die

Formen dem beobachtenden Auge nie festhalten, wo also die Phantasie und die malerische Begeisterung das ergänzen muß, was das Studium nicht erhaschen kann.«[7]

Wie Catel in seinem Brief an Quandt gehofft hatte, gab dieser das Bild 1825 auf die Dresdner Kunstausstellung, und es wurde im Oktober des Jahres vom stolzen Besitzer selbst ausführlich im *Artistischen Notizenblatt* eingehend beschrieben und charakterisiert: »Wir wenden uns zu dem [...] Seesturm-Gemälde von Catel. Furchterregende, ungeheure, unglücksschwere Wolken ziehn heran, nur noch einzelne Sonnenblicke blitzen hindurch und beleuchten hie und da eine sich aufbeutende Welle, einen schroffen Fels. Das Meer ist in Aufruhr und die hohen Wogen, vom Sturm getrieben, flüchten sich brüllend in die Klüfte und Höhlen des Gestades, und zerschellen donnernd an den Klippen, wo zwei mächtige Elemente miteinander ringen und selbst Felsen zittern, da ist keine Rettung für den kühnen Fischer, der den armseligen Lebensunterhalt mit Lebensgefahr auf dem treulosen Meere suchte. Aus der Höhlenwohnung stürzt eine Mutter mit drei Kindern hervor, ihre Noth überschreit den Donner der Wellen und das Geheul des Sturmes, denn des Gatten Nachen liegt zerschmettert am Gestade. Der ächte, muthge Fischersohn, das eigne Leben achtend, stürzt sich vom Ufer in die schäumende Brandung, dem Vater nach, ihn zu retten oder mit ihm unterzugehen. Die Tochter zerrauft ihr im Sturm fliegendes Haar, Das kleine Mädchen flüchtet sich in den Schoos der auf die Knie hingestürzten Mutter, die keine anderen Rettungsmittel kennt, als ihre Thränen, ihr Angstgeschrei zu den Heiligen im Himmel. Sie ist eine echte Neapolitanerin, ganz Leidenschaft und rohe Kraft, und wie würde in einem solchen großen, durch Wahrheit der Darstellung mächtig wirkenden Naturszene eine

Abb. 1
Eine Fischersfrau beklagt mit ihren Kindern am Strand den drohenden Tod ihres Mannes (Die unglückliche Heimkehr des Fischers), 1824, Öl auf Leinwand, 62 x 74 cm, Verbleib unbekannt; ehem. Sammlung Johann Gottlob von Quandt, Dittersbach bei Dresden

Abb. 2
Eine Fischersfrau beklagt mit ihren Kindern am Strand den drohenden Tod ihres Mannes, Öl auf Papier, 90 x 135 mm, ehem. Sammlung Baron Tucher, Nürnberg, Verbleib unbekannt

niobistrende Gestalt unrecht angebracht seyn?! Wir geben dies denen zu bedenken, welchen diese Frau nicht schön und jung genug ist. Und erregt nicht des Menschen Bedrängnis mächtig das Mitleid? Gerade des Menschen physische Ohnmacht der wilden Naturkraft gegenüber macht die Größe dieser umso anschaulicher und die ungeheure Größe einer Naturszene nicht die Geistesgröße des Menschen zu schildern, war die Aufgabe des Malers. Vielleicht durften die menschlichen Gestalten, eben weil sie mehr die secondären, untergeordneten Gegenstände sind, etwas zu groß seyn, und so einen Augenblick Zweifel erregen, ob sie nicht die Hauptgegenstände waren und die Naturszenen nicht blos Scenerie des Schauspiels sey. Der Vortrag ist kühn, kräftig, meisterhaft und von einer furchtbaren Wahrheit, nur kommt die Farbe einiger Wolken den Felsen etwas zu nahe.«[8]

Catel wiederholte diese Kompostion mindestens zweimal. Zunächst für den befreundeten Leo von Klenze, der auch ein Pendant zu dieser *Unglücklichen Heimkehr des Fischers,*[9] nämlich die *Glückliche Heimkehr des Fischers* (Kat.-Nr. 177) beim Künstler bestellte. Klenzes Bild wurde in der zu Ehren Ludwigs I. von Bayern 1827 in einem Lokal in der Via Margutta in Rom veranstalteten Ausstellung zusammen mit einer der hier ausgestellten Studien aus der Fondazione Catel, wohl der Ölstudie (Kat.-Nr. 176), der römischen Öffentlichkeit präsentiert: »Catel, Gruppe einer Schifersfrau mit Kindern, die ihren in den Wellen umgekommenen Gatten beklagt (Skizze) stellte ein drittes Bild aus, einen Seesturm. Es ist eine Composition, die mit Gewalt ergreift und ins Gemüth, so zu sagen, einstürmt. Gewaltige Bewegung ist in dem Wasser, den Wolken und im ganzen Bilde, und wird bis aufs schrecklichste dadurch hinaufgetrieben, dass wir auf überrauschtem Felsen am Ufer des empörten Meeres ein Schiff untergehen

sehen. Kräftige wahre Farben im Meer, und ein herrlich gemalter Gewitterhimmel. Hier zeigt sich die gewandte Meisterkraft des Künstlers.«[10]

Viele Jahre später, um 1840, schuf Catel erneut eine Seesturmszene mit einem Schiffbruch für den aus Frankfurt stammenden und in Mailand lebenden Kaufmann und Bankier Heinrich Mylius d. Ä., die sicher den Bildern Quandts und Klenzes sehr ähnlich gewesen sein dürfte, wobei Catel nie reine Wiederholungen anfertigte, sondern in vielen variierenden Details seiner Phantasie stets freien Lauf ließ.[11] Mylius, der in Loveno am Comer See die Villa Vigoni bewohnte, zeigte das Bild 1840 auf der Mailänder Kunstausstellung.[12]

Die durch französische Künstler wie Philipp-Jacques Loutherbourg und Joseph Vernet populär gemachte Seesturmthematik[13] war zwischen 1820 und 1830 als romantisches Thema international äußerst beliebt. Erwähnt sei ein 1819 datiertes Gemälde von Heinrich Reinhold, das ein am Strand zerschelltes Boot und zwei tote Seeleute im Sand sowie einen die aufgewühlten Emotionen ausdrückenden jaulenden Hund zeigt (Abb. 4).[14] Johan Christian Dahl vollendete 1819 seinen *Morgen nach einer Sturmnacht.*[15]

Eine überraschende Analogie zu Catels Bilderfindung mit der an die antike Gestalt der Niobe erinnernden, klagenden Fischersfrau bietet ein Gemälde von Léopold Robert. Das 1826 in Auftrag gegebene Bild wurde 1828 vollendet, sodass Robert sich wahrscheinlich auf Catels erfolgreiche Komposition bezog (Abb. S. 85).[16] Erwähnt sei abschließend noch ein um 1840 entstandenes Gemälde von Heinrich Tank, das die am Strand auf die glückliche Heimkehr des Mannes hoffende Fischersfrau als reine Genredarstellung auffasst, wobei der am Strand liegende Anker als Symbol der Hoffnung zu deuten ist. Die Meereslandschaft – die Darstellung ist laut Titel an der dänischen

Küste angesiedelt, tritt hier als Abbreviatur in den Hintergrund – und die bangen Emotionen der Frau sowie ihrer beiden Kinder stehen im Mittelpunkt.[17] *AS*

1 »Catel wird nächstens nach Neapel reisen, und dort einen Seesturm, für einen deutschen Kunstfreund, nach dem Vorbilde der Natur malen«; *Kunstblatt* Nr. 66 v. 17. 8. 1820. Zu Quandts Kunstsammlung siehe Maaz 1986, zu Catel insbes. S. 48. Vgl. Baehr/Zschoche 2011, 58, Abb. 51.

2 Brief Julius Schnorr von Carolsfelds (Rom, 2. 2. 1822) an Johann Gottlob von Quandt in Dresden; Schnorr von Carolsfeld 1886, S. 395, 396–397, Brief Nr. II.8.

3 Brief Julius Schnorr von Carolsfelds (Rom, 14. 10. 1822) an Johann Gottlob von Quandt in Dresden; ebd., S. 422, Brief Nr. II.13.

4 Brief Julius Schnorr von Carolsfelds (Rom 6. 9. 1823) an Johann Gottlob von Quandt in Dresden; ebd., S. 443, 446, Brief Nr. II.18.

5 Brief Julius Schnorr von Carolsfelds (Rom, 28. 1. 1824) an Johann Gottlob von Quandt in Dresden; ebd., S. 454, Brief Nr. II.20.

6 Brief Franz Ludwig Catels (Rom, 20. 3. 1824) an Johann Gottlob von Quandt in Dresden; Dresden, Sächsische Landesbibliothek. Vgl. zum Problem mit dem vergilbten Firnis auch Kat.-Nr. 170.

7 Anonym: »Über die neuesten Kunstleistungen deutscher Meister in Rom. Auszüge aus Briefen an einen Dresdner Kunstfreund«, in: *Artistisches Notizenblatt* Nr. 12 v. Juni 1824, S. 47.

8 Johann Gottlob von Quandt: »Betrachtungen über die Ausstellung in Dresden im August und September«, in: *Artistisches Notizenblatt* Nr. 19 v. Oktober 1825, S. 75. Eine weitere Beschreibung des Bildes im Dresdner Hause Quandts erschien in der *Zeitung für die elegante Welt* Nr. 99 v. 21. 5. 1825, S. 788–789.

9 *Die unglückliche Heimkehr des Fischers (Der glücklose Fischer),* um 1824/27, Öl auf Leinwand, Maße unbekannt, Verbleib unbekannt; bis 1841 im Besitz Klenzes in München, dann mit dessen Sammlung von Ludwig I. erworben; Raczynski 1841b, S. 317 (»Son talent parait peut-être sous le jour le plus favourable dans ces deux tableaux que possède M. de Klenze, à Munich: le navigateur heureux et le navigateur malheureux. L' éclat de la lumière du soleil et l' orage ajoutent au contraste que présentent ces deux situations«); Rott 2003, S. 164.

10 *Berliner Kunstblatt* 1828, S. 26–27.

11 *Seesturm (Der Schiffbruch),* um 1840, Öl auf Leinwand, Maße unbekannt, Verbleib unbekannt; vielleicht nach 1854 von der Familie Vigoni verkauft, die den gesamten Kunstbesitz von Mylius geerbt hatte; Ausst.-Kat. Mailand 1840b, S. 23 (»Catel F. di Roma, 2 quadri che si meritano lode«), S. 27, Nr. 215 (»F. Catel di Roma: Naufragio, di proprietà del signor Enrico Mylius«).

12 Zu Mylius und seiner Kunstsammlung in der Villa Vigoni siehe Ausst.-Kat. Mailand 1999.

13 Zur Seesturmthematik siehe Eitner 1955, Hüttinger 1970. Vgl. das autobiographische Seesturmbild von Horace Vernet von 1822; Ausst.-Kat. Rom 1980, S. 68–70, Nr. 42.

14 Vgl. Lager-Kat. München, Daxer & Marschall/Thomas le Claire 2004, S. 34–35; Howoldt 2009.

15 Öl auf Leinwand, 74,5 x 105,6 cm, München, Bayerische Staatsgemäldesammlungen, Neue Pinakothek; Best.-Kat. München 1981–1989, S. 65–66; Bang 1987, Bd. 2, S. 79, Nr. 156.

16 *Eine Fischersfrau aus Ischia beklagt den Tod ihres Mannes im Meeressturm,* Öl auf Leinwand, 85 x 73,5 cm, Neuchâtel, Musée d'Art et d'Histoire; Gassier 1983, S. 321, Nr. 88, Abb. S. 205; Ausst.-Kat. Spoleto 1986, S. 48–49, Nr. 20.

17 Heinrich Tank, *Wartende Fischersfrau (Rømø),* um 1840, Öl auf Leinwand, 45,7 x 60,2 cm, Stiftung Historische Museen Hamburg, Altonaer Museum, Inv.-Nr. 1985-94; vgl. Knöll 2012, S. 62.

Abb. 3
Eine Fischersfrau beklagt mit ihren Kindern am Strand den drohenden Tod ihres Mannes, Öl auf Papier, Maße unbekannt, Verbleib unbekannt

Abb. 4
Heinrich Reinhold, *Nach dem Sturm (Schiffbruch an der italienischen Küste),* Öl auf Leinwand, 33 x 41 cm, Hamburger Kunsthalle, Inv.-Nr. HK-5661

Die Familie des Fischers während des Sturmes, um 1822
Tempera, 285 x 370 mm
Rom, Fondazione Catel
[Kat.-Nr. 175]

Die Familie des Fischers während des Sturmes, um 1822
Öl auf Leinwand, 42 x 57 cm
Rom, Fondazione Catel
[Kat.-Nr. 176]

Heimkehrende Fischer (Sonnenuntergang am Golf von Pozzuoli), um 1827
Öl auf Leinwand, 61 x 74 cm
Schloss Berchtesgaden, Wittelsbacher Ausgleichsfond
[Kat.-Nr. 177]

Der Architekt Leo von Klenze trat als Auftraggeber und Sammler von zeitgenössischen Gemälden auf, die er meist bei den Künstlern bestellte, welche er auch persönlich kannte. Julius Max Schottky charakterisierte Klenzes Sammlung wie folgt: »Sammlung des Herrn Geheimraths, Ritter v. Klenze, von mäßigem Umfange und einem ganz eigenthümlichen Gepräge, denn sie enthält lediglich Werke der neuern und neuesten Meister, hauptsächlich Landschaften und Genrebilder, von deutschen, italienischen und französischen Künstlern, mit denen der ausgezeichnete Architekt auf Reisen und in anderen Kunstberührungen zusammentraf. Wie interessant diese Sammlung für die Kunstgeschichte der letztverflossenen Zeit ist, zeigen die Namen von […], Catel, […].«[1]

Ludwig I. sicherte sich Klenzes Sammlung, die 1841 zum Kauf angeboten wurde, zu günstigen Konditionen (und zum finanziellen Nachteil Klenzes) als Ergänzung zu seinen eigenen Kunstaufträgen und erwarb so 58 bedeutende Beispiele der zeitgenössischen Malerei, die später in die Sammlung der von ihm gegründeten Neuen Pinakothek eingingen.[2]

Die sonnendurchflutete Strandszene mit den am Stand sitzenden Frauen und den spielenden Kindern, die den glücklich vom Fischfang im Golf von Pozzuoli heimkehrenden Vätern fröhlich zuwinken, ist ein Pendant zu der Sturm umbrausten Darstellung der *Unglücklichen Heimkehr des Fischers,* die Catel 1824 erstmals für Johann Gottlob von Quandt vollendet hatte (vgl. Kat.-Nr. 175–176).

Auch diese Komposition war höchst erfolgreich und beliebt beim Publikum und wurde daher vom Künstler mehrfach wiederholt, so zum Beispiel in veränderter, spiegelbildlicher Form in einem im Format größeren Gemälde, das sich in den 1970er Jahren im deutschen Kunsthandel befand.[3] AS

1 Schottky 1833, zit. nach *Kunstblatt* Nr. 30 v. 14. 4. 1835, S. 117.
2 Rott 2003, S. 31–32.
3 *Die glückliche Heimkehr des Fischers (Am Golf von Pozzuoli),* um 1825/30, Öl auf Leinwand, 99 x 135 cm, Verbleib unbekannt; Stolzenburg 2007, Abb. 39 auf S. 71.

*Neapolitanische Familie bei Sonnenuntergang am Golf
von Pozzuoli mit Blick auf den Vesuv und die Insel Capri,*
1825/35
Öl auf Leinwand, 74,5 x 98,5 cm
Privatbesitz
[Kat.-Nr. 178]

*Tanzende Landleute vor dem Venus-Tempel von Bajae
mit Blick auf den Golf von Pozzuoli,* um 1825/30
Öl auf Leinwand, 53,5 x 69,5 cm
Kunstsammlung Rudolf-August Oetker GmbH
[Kat.-Nr. 179]

Orangenernte am Golf von Pozzuoli, um 1825/30
Öl auf Leinwand, 53,5 x 69,5 cm
Kunstsammlung Rudolf-August Oetker GmbH
[Kat.-Nr. 180]

Neapolitanische Fischerfamilie mit ihren Kindern vor ihrer
Behausung spielend, im Hintergrund zahlreiche Fischer am
Strand und Blick auf den Golf von Pozzuoli, 1820er Jahre
Feder in Schwarz und Braun über Bleistift, 126 x 185 mm
Rom, Fondazione Catel
[Kat.-Nr. 181]

Ländliches Fest in Pozzuoli bei Neapel mit Blick auf
Capo Miseno und die Inseln Procida und Ischia, 1823
Öl auf Leinwand, 101,5 x 139,5 cm
München, Bayerische Staatsgemäldesammlungen,
Neue Pinakothek
[Kat.-Nr. 182]

Diese monumentale Szene aus dem neapolitanischen Volksleben wurde 1823 noch durch König Max I. von Bayern direkt
beim Künstler erworben und fand ihre erste Aufstellung in

der Galerie von Schloss Schleißheim bei München. Nach
dem Eintreffen des Bildes lithographierte Ferdinand Wolfgang Flachenecker das Bild für das Galeriewerk Königlich
Baierischer Gemäldesaal zu München und Schleißheim.[1]
   Dasselbe Landschaftspanorama des Golfes von Pozzuoli
mit Blick auf Capo Miseno, Procida und Ischia findet sich
später auch als Hintergrund auf dem 1828 von Kronprinz
Friedrich Wilhelm bestellten Historienbild Besuch des Pompeius in der Villa des Cicero (Kat.-Nr. 111).
   Catel schuf mehr oder weniger zeitgleich auf Bitten
des ihm gut bekannten preußischen Konsuls in Rom, Jakob
Ludwig Salomon Bartholdy, für das Vermählungsalbum des
preußischen Kronprinzen Friedrich Wilhelm (ab 1840 König
Friedrich Wilhelm IV.) und der Prinzessin Elisabeth von
Bayern eine auf Batist gemalte Komposition, die – ausgestellt
auf der Berliner Akademieausstellung 1824 – sinnigerweise
die vorliegende große Kompostion, lediglich in den Figuren

und den begleitenden Stilleben etwas abweichend, in kleins-
tem Format wiederholt (Abb. 1).[2] Die bayerische Prinzessin
wird das prominente Bild aus Schleißheim zweifellos wieder-
erkannt haben.
   Es ist auffallend, wie das Pittoreske und Volkstümliche
dieser Darstellungen die damaligen Zeitgenossen immer
wieder begeisterte und zu ausführlichen literarischen Beschreibungen herausforderte, um die ganz besondere Atmosphäre dieser Bildwelten zu vermitteln. So hub ein Rezensent 1824 in der Vossischen Zeitung bei seiner Beschreibung des kleinen Batistbildchens besonders auf die stets
mitzudenkende Musik, die kulinarischen Dinge sowie die
Einbindung von Kleinkindern ab: »Auf dem Bildchen ist eine
lustige Gesellschaft beisammen, ein Paar Neapolitaner tanzen fröhlich nach dem Tambourin und der Guitarre; alles
wird durch die frohe Tanzmusik aufgeregt, selbst ein kleines
Kind, das noch gehalten werden muss, zappelt auf dem
Tisch, schon mit nach dem Takte. Für Erfrischung sorgt ein
Knabe, der von dem hochgezogenen Rebenstock Trauben
herunter nimmt, die ein Mädchen geschickt aufzunehmen
versteht.«[3]
   Im Jahre 1834 zeigte Catel auf der Akademieausstellung
in Berlin eine in diese Gruppe gehörende kleinere Version
eines ländlichen Festes bei Pozzuoli, die 1876 als Geschenk in
die Sammlung der Berliner Nationalgalerie gelangte (Abb. 2).[4]
AS

1 Vgl. Kunstblatt Nr. 37 v. 7. 5. 1829, S. 145; Boetticher 1891, S. 165,
bei Nr. 66. Vgl. Fino 2007, S. 99, Abb. 83.
2 Ausst.-Kat. Berlin 1824, S. 100, Nr. 758; vgl. Ausst.-Kat. Potsdam
1975, S. 14, Nr. 3, Abb.; Ausst.-Kat. Potsdam 2008, S. 28, Bl. 6.
3 Vossische Zeitung v. 4. 11. 1824.
4 Geschenk von F. Gehrich, Berlin; vgl. Ausst.-Kat. Berlin 1834 (zit.
nach: Börsch-Supan 1971), S. 10, Nr. 126 (»Franz Catel, in Rom, Mitglied der Akad. / [...] Oktoberfest in einer Vigna bei Rom.«); Boetticher 1891, S. 164, Nr. 23 (»Röm. Vigna. Oktoberfest. H. 0,49, br. 0,63.
E: Nat.-Gal. Berlin. Geschenk von F. Gehrich, Berlin; Berl. Ak. KA.
34.«); Rave 1945, S. 10, Abb.; Ausst.-Kat. Celle 1949, S. 17, Nr. 19,
Abb. 8 (»Römische Vigna«; datiert auf Beginn der 1830er Jahre); Best.-
Kat. Berlin 1976, S. 82, Abb.; Best.-Kat. Berlin 1986, S. 48; Ausst.-Kat.
Rom 1996a, S. 74 (als »Vigna romana«); Ausst.-Kat. Berlin 1999, S. 150,
Nr. 61, Abb. auf S. 151 (als »Römische Vigna«); Stolzenburg 2007,
S. 110, Abb. 69 auf S. 116.

Abb. 1
Winzerfest bei Pozzuoli, um 1822/23, Öl auf Seide (auf Papier
aufgezogen), 195 x 306 mm, Stiftung Preußische Schlösser und Gärten
Berlin-Brandenburg, Potsdam, Inv.-Nr. Aquarellslg. 435

Abb. 2
Vigna bei Pozzuoli mit Blick auf den Venus-Tempel von Bajae (ehem.
als »Römische Vigna« bezeichnet), um 1833, Öl auf Leinwand, 49 x
63 cm, Staatliche Museen zu Berlin, Nationalgalerie, Inv.-Nr. A I 215

*Loggia mit neapolitanischen Landleuten und Blick auf
Capo Miseno mit den Inseln Procida und Ischia*, 1826
Öl auf Leinwand, 74 x 98 cm
Stiftung Maximilian Speck von Sternburg im Museum der
bildenden Künste Leipzig
[Kat.-Nr. 183]

Es ist auch hier der Maler Julius Schnorr von Carolsfeld, der
erstmals von der Bestellung eines Gemäldes bei Catel durch
den Leipziger Kaufmann Maximilian Speck von Sternburg[1]
in einem Brief vom November 1824 an Johann Gottlob von
Quandt berichtet: »Catel wurde durch Krankheit in Neapel
sehr an seiner Arbeit verhindert, doch hat er seit seiner Zu-
rückkunft schon wieder vieles hervorgebracht. Speck hat bei
ihm einen Sturm gleich dem Ihren bestellt; noch kommt's
drauf an, ob Speck den Preis, dieselbe Summe, die Sie be-
zahlten, genehmigt.«[2]

    Es war durchaus üblich und verständlich, dass neue
Auftraggeber sich zunächst meist an bereits existierenden
Kompositionen bei ihren eigenen Bestellungen orientierten.
So wird Speck von Sternburg sicher von Quandts Auftrag zu
einem Sturmbild (vgl. Kat.-Nr. 175–176) gehört oder das
Bild gar selbst gesehen haben und wünschte sich dementsprechend vom Künstler ein ähnliches Bild. Ob Catel dies
gelegen gekommen wäre, oder ob er lieber eine neue Komposition in Deutschland platzieren wollte, was verständlich
wäre, lässt sich nicht mehr nachvollziehen. Herausgekom-
men ist in der Folge bei diesem prominenten Auftrag auf
jeden Fall eine gänzlich andere Komposition – zweifellos ein
Hauptwerk des Künstlers –, die aber in ihrer Darstellung
einer rustikalen offenen Küche belebt durch eine familiäre
Szene ebenfalls sehr typisch für Catels Werke der 1820er
Jahre ist. Wie Quandt wenige Jahre zuvor, präsentierte auch
Speck von Sternburg sein Gemälde auf der Kunstausstellung

in Dresden, wo es größte Aufmerksamkeit erregte und in der
Presse ausführlich beschrieben und gewürdigt wurde, so im
September 1826 im *Journal für Literatur, Kunst, Luxus
und Mode:* »Den schönsten Uebergang von den Nachbildungen menschlicher Gestalt zu den landschaftlichen Darstellungen bietet ein Oelgemälde nach der Natur, von Franz
Catel, eine Gegend bei Neapel, oberhalb Puzzuoli [sic], eins
der vorzüglichsten Kleinode der diesmaligen Ausstellung. Im
Vorgrunde, unter großen, steinernen Bogen alten Gemäuers
ist das ganze, leichte, fröhliche Leben jenes gesegneten
Himmelstriches in Handlung gesetzt. Ein junger Mensch, die
Guitarre spielend, eine Hausfrau den Rocken in der Hand;
ihr Kind in einem kleinen runden Korbe am Boden liegend
u. s. w. Dabei ein Herd mit allen Bedürfnissen einer kleinen
Küche versehen, die ganz im Freien sich befindet. Die
Handelnden sind dabei so wahr und naturgemäß dargestellt,
daß jeder sich in das idyllische Daseyn dieser genügsamen
Menschen mit Freude hineindenkt. Und dann die hinter den
großen, steinernen Bogen hervortretende Ferne, das Capo
Misene mit den Inseln Procida und Ischia. Immer von neuem
fühlt der freudetrunkene Blick sich hineingezogen in das
wundersame köstliche Blau des Himmels und seines Wasser-
spiegels und den ganz zur herrlichsten Natur gewordenen
Kunstzauber.«[3]

    Das *Artistische Notizenblatt* stand nicht zurück und
stellte den Maler in eine Reihe mit dem Dichter: »Nur der
Landschafter, der so dichtet, ist ein wahrer Künstler. Dasselbe gilt von Franz Catel's Grottenbewohnern an der Küste
von Pozzuoli mit der Aussicht auf Cap Miseno und auf Ischia.
Die Figuren in der Staffage sind indeß so groß, daß das Bild
mehr eine Szene in der Landschaft als eine Landschaft mit
Figuren vorstellt, also eine Fischeridylle bildet. Man sehe das
Geräthe und den Buben, der sich über den Herd beugt. So
nachlässig die Ausführung, so keck ist doch alles hingestellt.

Es lebt. Wir verdanken den Genuß von diesem Bilde der
Mittheilung eines bekannten Leipziger Kunstfreundes.«[4]

    Leichte Kritik an der dem Rezensenten offensichtlich
zu leichten Ausführung des Bildes liest man in den *Blättern
für literarische Unterhaltung*, obwohl dem Bild durchaus
eine kecke und kräftige »Meisterhand« attestiert wird: »Gegenstück in auffallendstem Kontrast ist Catel's Gemälde,
eine ländliche Küche darstellend, zu deren weiten Arkaden-
bogen hinaus man in die südlichste Gegend blickt; Pinien
und Pomeranzenhaine vorn; im Hintergrund über das Meer
hin Capo Misene mit den Inseln Procida und Ischia. Das
Ganze ist oberhalb Pozzuolis nach der Natur aufgenommen.
Alles üppig, glühend und wild, mit der höchsten Nachlässigkeit hingeworfen, aber doch voll Geist, Wahrheit und Leben.
Die Spinnerin, welche auf dem Herd sitzend, mit dem Fuß
den Korb schaukelt, worin ihr Säugling ruht, während sie
auf den Lazarone lauscht, der im Bogenfenster lehnt, ein
Liedchen zur Mandoline singt; die halbnackten Kinder, die
schwellenden Früchte, die durcheinander geworfenen Ge-
räthschaften, das Mädchen mit dem Korb voll glühender
Pommeranzen auf dem Kopf: Alle ist mit Meisterhand keck
und kräftig dargestellt; doch möchte man wünschen, daß
dieser in diesem Fach so berühmte Künstler, sich nicht gar
zu sehr gehen ließ: seine zu große Leichtigkeit wird fast
Nachlässigkeit.«[5]   *AS*

1 Zu Speck von Sternburgs Kunstsammlungen vgl. Ausst.-Kat. Leipzig
1998. Zu seinen vielen Reisen, die ihn jedoch nicht nach Italien führten, vgl. Hommel 2006.
2 Brief Julius Schnorr von Carolsfelds (Rom, 28. 11. 1824) an Johann
Gottlob von Quandt in Dresden; Schnorr von Carolsfeld 1886, S. 478,
Brief Nr. II.26.
3 *Journal für Literatur, Kunst, Luxus und Mode* 1826, S. 612.
4 *Artistisches Notizenblatt* 1826, S. 66–67.
5 *Blätter für literarische Unterhaltung* Nr. 90 v. 18. 10. 1826, S. 360.

*Neapolitanische Fischerfamilie in ihrer Behausung bei
Mergellina am Capo di Posillipo mit Blick auf Castel
dell' Ovo und den Vesuv,* um 1822
Öl auf Leinwand, 48,4 x 62,2 cm
Kopenhagen, Thorvaldsens Museum
[Kat.-Nr. 184]

Dieses Gemälde entstand im Auftrag Bertel Thorvaldsens.
Ähnliche Kompositionen mit Blicken aus dem dunklen Inneren einer ärmlichen Fischerbehausung hinaus in das gleißende Sonnenlicht des Golfes von Neapel schuf Catel mehrfach,
unter anderem in einem 2008 bei Karl & Faber in München
versteigerten Bild (Abb. 1)[1] und in einem Gemälde, das zunächst im römischen Kunsthandel auftauchte und 2009 bei
Sotheby's in London versteigert wurde (Abb. 2).[2] Zur vorliegenden Komposition hat sich eine bildmäßig ausgeführte
Studie (»Bozzetto«) erhalten (Kat.-Nr. 185). Das Gemälde
und mit ihm die Ölstudie lassen sich um 1822 datieren, da
bereits 1823 auf der Dresdner Kunstausstellung eine Kopie
nach dem Bild von Carl Friedrich Weinberger unter dem
Titel *Das Innere einer Fischerwohnung bey Neapel mit der
Ansicht auf den Vesuv, nach Catel* ausgestellt wurde. AS

1 Aukt.-Kat. München, Karl & Faber 2008, S. 126, Nr. 273.
2 Aukt.-Kat. London, Sotheby's 2009, Nr. 2.

Abb. 1
*Neapolitanische Familie in ihrer Küche am Capo Posillipo mit Blick
auf den Golf von Pozzuoli und Ischia,* um 1825/35, Öl auf Leinwand,
58 x 76,5 cm, Privatbesitz

Abb. 2
*Neapolitanische Familie in ihrer Küche am Capo Posillipo mit Blick
auf den Golf von Neapel,* um 1825/35, Öl auf Holz, 52,5 x 63 cm,
Privatbesitz – Courtesy Paolo Antonacci, Rom

*Neapolitanische Fischerfamilie in ihrer Behausung bei
Mergellina am Capo di Posillipo mit Blick auf Castel
dell' Ovo und den Vesuv,* um 1822
Öl auf Papier, 180 x 240 mm
Hamburger Kunsthalle, Kupferstichkabinett
[Kat.-Nr. 185]

Kat.-Nr. 186–190

Neapolitanisches Liebesständchen bei Mondschein. Ein Auftrag von Lord Howard aus England (1822)

IM *GIORNALE ARCADICO* wurde die vorliegende Komposition 1822 ausführlich besprochen und gewürdigt: »Das erste ist eine liebliche Idylle in der Helle des Mondlichtes. Der gesamte Vordergrund der Komposition ist eine ländliche Terrasse, welche an ein einfaches, rechts stehendes Landhaus anstößt. Eine Pergola mit sehr grünen Weinreben bedeckt diesen köstlichen Ort auf der linken Seite, wo auf der Erde Früchte und Orangen liegen. Nahe der Mauer, welche die Terrasse abschließt, sieht man auf einem Steinsitz einen jungen Landbewohner, der Gitarre spielt und für die Geliebte Liebeslieder singt, welche den Ausgang des Hauses öffnet und gerade mit einem Licht in der Hand hinausgehen will. Und weil sie zu fürchten scheint, der Wind würde es auslöschen, bildet sie eine Schutzhülle in der Weise, dass man die Flamme nicht sieht, während ihr ganzes Gesicht und Teile des Körpers davon erleuchtet werden. Darin ist die Beobachtung des Künstlers zu loben, welcher wohl wissend, dass man in der Malerei niemals eine vollkommene Illusion des erleuchteten Körpers wiedergeben kann, damit zufrieden ist, die Wirkung herauszustellen, ohne die Ursache vor Augen zu stellen. Die Figur der jungen Frau ist so unschuldig und graziös, dass es Erstaunen macht. Über der Terrasse fällt der Blick auf einen Meerbusen, der rechts eine dichtbelaubte gebürgige Küste ausbildet. Der Mond erhellt diese gefällige und liebliche Szene. Man kann sich keine genauere Vorstellung einer frischen Sommernacht unter dem schönen Himmel von Neapel machen, von wo Catel sie genommen hat, als dieses anmutige Bild, das er für Milord Howard ausarbeitete.«[1]

Diese für Lord Howard ausgeführte Leinwandfassung tauchte vor einigen Jahren in England auf und zeigt die Meisterschaft des Künstlers in der effektvollen Darstellung der verschiedenen Lichtquellen in Verbindung mit der das Sentiment ansprechenden figürlichen Staffage. Die Komposition des Bildes zeigt deutlich den sich in der ersten Hälfte der 1820er Jahre vollziehenden Wandel vom reinen Landschaftsbild zu einer durch pittoreske, dem römischen und neapolitanischen Volksleben entnommene Genremotive belebten Figurenmalerei, die ihre Stimmungswerte gleichermaßen den dargestellten volkstümlichen Szenen wie der Licht erfüllten Landschaft als Bühne verdankt. Es waren gerade diese Szenerien, die Catels Ruhm ab etwa 1820 begründeten und ihm viele Aufträge und in der Folge auch Reichtum einbrachten. Nicht umsonst zogen die Catels gerade 1824 in ihre geräumige Wohnung an der Piazza di Spagna.

Im Nachlass des Künstlers in der Fondazione Catel haben sich drei Studien zu dem Gemälde für Lord Howard erhalten. Dies spiegelt den Stellenwert wider, den der Künstler selbst dem Werk beigemessen hat. Eine der leider nur noch selten erhaltenen Entwurfszeichnungen des Künstlers zeigt, wie er sich der Komposition näherte (Kat.-Nr. 188). Zunächst nur in den Umrissen zeichnete Catel im Vordergrund einen von einer Weinlaube umrankten Hauseingang. Aus der Tür tritt gerade eine junge Frau mit einer Kerze in den Händen; sie wird erwartet von einem jungen Mandolinenspieler, der links des Hauses auf einem steil abfallenden Weg steht und sein Instrument spielt. Die Umrisslinien sind durchstochen, die Rückseite des Papiers ist mit Rötel eingefärbt, sodass Catel diese erste Studie auf ein zweites Blatt Papier zur weiteren Bearbeitung übertragen haben muss. Wahrscheinlich kopierte er so die Komposition auf das zweite, in der Fondazione Catel erhaltene

Blatt, eine Ölstudie, mit der er die Farb- und Helldunkelwerte der Szene studierte, die die Komposition nun als Mondscheinlandschaft charakterisieren (Kat.-Nr. 189). In einer weiteren Ölstudie widmete er sich der Kerze tragenden Frau, der das Liebeswerben des Mandolinenspielers gilt (Kat.-Nr. 190). Gegenüber der Kompositionsstudie und der ersten Entwurfszeichnung ist die Frau im Profil wiedergegeben, ganz so wie in der späteren Leinwandfassung. Besonderes Augenmerk legte der Künstler auf die Darstellung des Kerzenlichts und dessen Licht- und Schattenspiel auf der Kleidung der Frau. Wie überhaupt der besondere Reiz dieser Darstellung – und vieler anderer Bilderfindungen Catels – im genau beobachteten Kontrast von natürlichem Sonnen- oder Mondlicht und dem künstlichen Licht einer Kerze, einer Fackel oder einer Öllampe liegt.   AS

1 »È il primo un idilio amoroso rappresentan un chiaro di luna. Tutto l'innanzi del composto è una rustica terrazza, contigua ad un casolare villereccio che sta sulla diritta. Un pergolato di verdissime viti ricuopre questo delizioso luogo alla sinistra del quale sono sparsi per terra frutta ed aranci. Presso il muro, che chiude la terrazza, si vede seduto sopra sedile di pietra un giovine contadino, che suona la chitarra e canta amorose canzoni all'innamorata, la quale aperto l'uscio di casa sta per escirne con un lume in mano. E siccome sembra temere che l'aria non l'ammorzi gli fa velo del grembiule in guisa che la fiamma non si vede, mentre tutto il suo volto e parte del corpo ne rimangono illuminati. Ed in ciò è da lodarsi la considerazione dell'artista, il quale ben sapendo non potersi mai in pittura rendere una illusione perfetta del corpo luminoso, si è contentato di dar ragione dell'effetto senza esporre alla vista la causa. La figura della giovinetta è tanto innocente e aggraziata da fare stupore. Oltre la terrazza l'occhio si spinge in un bel seno di mare costeggiato sulla dritta da fronzute montuose spiagge. La luna rischiara questa scena di placidezza e d'amore. Non si può donare idea più esatta d'una fresca notte estiva, sotto il bel cielo di Napoli, da dove la tolse il Catel, di questa leggiadra pittura ch'egli lavorò per milord Howar [Howard].«; *Giornale Arcadico* 1822, S. 142–143. Bei dem erwähnten Lord Howard wird es sich um George Howard, den 6. Herzog von Carlisle handeln, der mit einer Tochter des 5. Herzogs von Devonshire, William Cavendish, verheiratet war.

Neapolitanisches Liebesständchen bei Mondschein, 1822
Öl auf Leinwand, 74 x 100 cm
England, Privatbesitz c/o Artis Fine Art, London
[Kat.-Nr. 186]

Neapolitanisches Paar mit ihrem Säugling in einem
Weidenkorb am Boden in ihrer Loggia oberhalb Posillipo
mit Blick auf den Golf von Neapel, 1822/26
Feder in Schwarz über Bleistift, 127 x 180 mm
Rom, Fondazione Catel
[Kat.-Nr. 187]

Neapolitanisches Liebesständchen bei Mondschein,
um 1821/22
Feder in Schwarz über Bleistift, 125 x 190 mm
Rom, Fondazione Catel
[Kat.-Nr. 188]

Kompositionsstudie zu Kat.-Nr. 186.

Neapolitanisches Liebesständchen bei Mondschein, 1822
Öl auf Papier (auf Leinwand aufgezogen), 230 x 300 mm
Rom, Fondazione Catel
[Kat.-Nr. 189]

Kompositionsstudie zu Kat.-Nr. 186.

Junges Mädchen mit Kerze aus einer Tür tretend,
um 1821/22
Öl auf Papier, 336 x 214 mm
Rom, Fondazione Catel
[Kat.-Nr. 190]

Figurenstudie zu Kat.-Nr. 186.

Ein Mandolinenspieler mit Zuhörern in einer offenen
Loggia oberhalb von Mergellina mit Blick auf das Castell
dell'Ovo in Neapel und den Vesuv, um 1820/25
Bleistift auf Transparentpapier, 186 x 248 mm
Rom, Fondazione Catel
[Kat.-Nr. 191]

Catel schuf zahlreiche Varianten des romantisch anmutenden Lautenspielers in allen nur denkbaren Arten von Pergo-
len mit wunderbaren Ausblicken rund um den Golf von
Neapel und den Golf von Pozzuoli in immer variierenden,
nie minutiös wiederholten Kompositionen (Abb. 1–2).[1] Vorbereitet wurden diese oft kleinen, gut verkäuflichen Bilder
durch schnell entworfene Zeichnungen in Bleistift. Die vorliegende Entwurfszeichnung erinnert in der Figurengruppe

sehr an das Gemälde, das William George Spencer Cavendish, der 6. Herzog von Devonshire, 1826 über seinen römischen Agenten, den italienischen Maler Gaspare Gabrielli
bei beim Künstler erwarb (Abb. 3). AS

1 Prov. zu Abb. 2: Hans Geller, Dresden; Marianne Prause, Berlin;
1999 bei Galerie Arnoldi Livie, München; Neapel, Privatbesitz; 2003
bei Porro & C., Mailand; von dort 2003 erworben; Ausst.-Kat. Neapel
2003, S. 69, Nr. VIII, Abb. Taf. VIII.

Abb. 1
Eine junge Frau lauscht einem Mandolinenspieler auf einer Terrasse
in Sorrent, Öl auf Leinwand, 16,4 x 22,8 cm, Privatbesitz

Abb. 2
Zwei junge Frauen lauschen einem Mandolinenspieler in einer Weinlaube über Pozzuoli mit Blick auf Ischia, um 1825, Öl auf Leinwand,
24 x 33,5 cm, Neapel, Quadreria della Provincia, Inv.-Nr. 8/2003

Abb. 3
Nächtliche Serenade am Golf von Pozzuoli mit Blick auf den Vesuv,
um 1825/26, Öl auf Leinwand, 73,7 x 98,4 cm, Chatsworth, Trustees
of the Chatsworth Settlement, Devonshire Collection, Inv.-Nr. 931

Bauernfamilie in einer offenen Loggia mit Blick auf eine Berglandschaft (»Die ersten Schritte des Kindes«), um 1823/25
Öl auf Leinwand, 47,6 x 37,4 cm
New York, The Metropolitan Museum, The Whitney Collection
[Kat.-Nr. 192]

Zu den Motiven, die sich Catel bereits während seiner Anfänge als Illustrationszeichner erschlossen und dann in neuem Gewand in den Genreszenen seiner italienischen Kompositionen verwendet hat, gehört das Motiv der ersten Schritte des Kindes. Bereits für Cottas *Taschenbuch für Damen auf das Jahr 1811* fertigte Catel sechs Zeichnungen zum Thema die *Sechs Stationen des Lebens* von denen die letzte mit dem Thema *Wiedergeburt* eine Szene zeigt, in der das Kleinkind seine ersten Schritte aus den schützenden Armen der Mutter heraus zur Großmutter tut (Kat.-Nr. 41.6). Im Münchner Skizzenbuch Catels taucht das Motiv wieder

auf (Kat.-Nr. 193.4), wenn auch in seiner inhaltlichen Aussage leicht abgewandelt. Das Motiv wird hier nicht mehr verwendet, um drei Generationen von Frauen ähnlich einer Heiligen Anna Selbdritt zusammenzuführen. Vielmehr wird es eingebettet in die Begrüßungsszene eines heimkehrenden Vaters, der sein Bündel fallen gelassen hat um das Kind in Empfang zu nehmen, das aus den Armen der Mutter zu ihm hinläuft. Im Vordergrund steht eine Magd in Rückenansicht mit einer Spindel. Sie erscheint auch auf dem ausgeführten Gemälde wieder: zur Seite gewendet, lehnt sie an einer Holztür – die farbenfrohe Tracht der Ciociara mit ihren bunten von Bordüren durchwebten Röcken verleiht dem Motiv malerischen Reiz und der Berglandschaft, auf die der Blick durch die offene Loggia fällt, das passende Lokalkolorit. Unter den *Costumi di Roma* von Bartolomeo Pinelli findet sich ebenfalls das Motiv der ersten Schritte des Kindes wieder (Abb. 1), hier jedoch mit einem korbartigen Laufstall, der der Stabilisierung der wackligen Kinderschritte diente.
NS

Abb. 1
Bartolomeo Pinelli, *Costumi di Roma*, Radierung, 267 x 402 mm (Blatt), 214 x 294 mm (Platte), in: *Nuova raccolta di cinquanta costumi pittoreschi*, Rom 1815, Taf. 31, Hamburger Kunsthalle, Kupferstichkabinett, Inv.-Nr. kb-1863-85-175-31

Kat.-Nr. 193.1–193.4

Das Münchner Skizzenbuch des Künstlers

ES HABEN SICH von den vier Paketen mit Skizzenbüchern, die im Nachlassverzeichnis Catels 1856 erwähnt werden, bisher nur zwei Exemplare nachweisen lassen.[1] Neben dem vorliegenden Skizzenbuch in München, gibt es noch ein weiteres im Niedersächsischen Landesmuseum in Hannover.[2] Das Skizzenbuch in Hannover ähnelt dem Münchner sowohl in den Motiven – abgebildet sei ein klassischer Blick auf Tivoli (Abb. 1) –, wie auch den gewählten Zeichenmitteln. Das Münchner Skizzenbuch besteht aus 58 Zeichnun-

gen (plus zwei weiteren auf Rückseiten), alle Studien entstanden wohl in relativ kurzer zeitlicher Abfolge auf einer wahrscheinlich zwischen 1823 und 1825 erfolgten Reise von Rom nach Tivoli, Palombara Sabina, und dann von Süden kommend zurück nach Rom.[3] AS

1 Stolzenburg 2007, S. 132, Verzeichnis der künstlerischen Werke im Nachlass, Nr. 31: »4 Pacchi di Libretti di Scizzi [sic] – 4. –. a. b. c. d.«
2 Hannover, Niedersächsisches Landesmuseum, Graphische Sammlung, Inv.-Nr. 1948.6; wohl aus dem Besitz von Carl Friedrich Oesterley (1805–1891), Göttingen; Carl Oesterley (1839–1930), Göttingen, Hamburg (?); erworben vom Superintendenten Oesterley, Wittingen (Enkel des Carl Friedrich Oesterley); unveröffentlicht.
3 Alle Studien meist mit Bleistift, aber auch mit Feder und Pinsel in Braun gezeichnet, 138 x 220 mm (Papier), brauner, marmorierter Pappeinband, Buchrücken modern erneuert.

Abb. 1
Blick auf Tivoli, Bleistift, 185 x 250 mm, um 1823/25, Hannover, Niedersächsisches Landesmuseum, Inv.-Nr. 1948.6, Fol. 36

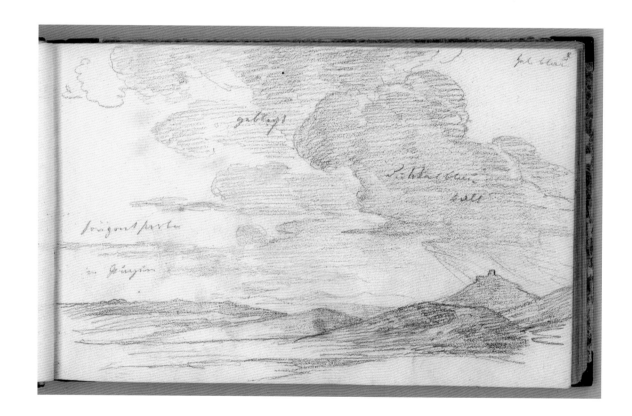

Wolkenstudien über einer weiten Berglandschaft,
um 1823/25
Bleistift, 138 x 220 mm
Staatliche Graphische Sammlung München
[Kat.-Nr. 193.1]

Zwei Schirmpinien, um 1823/25
Bleistift, 138 x 220 mm
Staatliche Graphische Sammlung München
[Kat.-Nr. 193.2]

Treppenaufgang vor einem alten Haus (Straßenpartie in Tivoli), um 1823/25
Bleistift, 138 x 220 mm
Staatliche Graphische Sammlung München
[Kat.-Nr. 193.3]

Ein Kleinkind läuft von seiner Mutter zum Vater,
stehende Frau mit Spindel, um 1823/25
Feder in Braun über Bleistift, braun laviert, 136 x 220 mm
Staatliche Graphische Sammlung München
[Kat.-Nr. 193.4]

Studie zu Kat.-Nr. 192.

Weite Landschaft mit dunklen Regenwolken
(Blick auf die Albaner Berge?), um 1823/25
Bleistift, 138 x 220 mm
Staatliche Graphische Sammlung München
[Kat.-Nr. 193.5]

*Landschaft mit Brücke über einen Fluss im Tal
(Der Aniene unterhalb von Tivoli?)*, um 1823/25
Bleistift, 220 x 138 mm
Staatliche Graphische Sammlung München
[Kat.-Nr. 193.6]

Ansicht der Gartenterrassen der Villa Doria-Pamphilj
mit musikalischem Ständchen als Staffage und Blick auf
die Kirche San Pancrazio, um 1837/38
Öl auf Leinwand, 44 x 66 cm
London, Privatbesitz
[Kat.-Nr. 194]

Mit seiner Ansicht der Gartenterrassen der Villa Doria-
Pamphilj griff Catel eine 1832 entstandene Komposition von
Johann Christian Reinhart auf.[1] Ebenso wie bei diesem im
Auftrag von Ludwig I. von Bayern entstandenen Werk basiert
auch der Reiz von Catels Gemälde auf dem Kontrast zwischen
der strengen Geometrie der barocken Gartenanlage und den
frei in den Himmel hinaufschießenden, majestätisch über
dem Park thronenden Schirmpinien, deren Gestalt den Anblick zahlreicher römischer Villen- und Gartenanlagen
wesentlich bestimmt. Charakteristisch für viele Kompositio-

nen Catels aus den 1830er Jahren ist die Abkehr von der
Staffage aus dem einfachen Volk hin zur »vornehme[n] Welt
in Modekleidern« – so formuliert es Reinhart in Hinblick auf
sein eigenes Gemälde, bei dem jedoch auch das einfache
Volk Eingang in den Vordergrund des Bildes gefunden hat.[2]
Dieselben beiden Damen in vornehmer, römischer Kleidung
mit Schulter- und Schleiertuch aus feinem weißen Spitzenstoff, die im Garten der Villa Doria-Pamphilj Blumen pflü-
cken, sowie der Galant mit Mandoline finden sich auch auf
dem Aquarell für den *Blick auf Rom mit Sankt Peter von der*
Villa Medici auf dem Monte Pincio aus, einer von Catels erfolgreichsten und in zahlreichen Versionen dokumentierten
Romansichten (Abb. 1).[3] *NS*

1 Ausst.-Kat. Hamburg/München 2012, S. 259, Kat.-Nr. 166 (Beitrag
Andreas Stolzenburg).
2 Ebd.
3 Vgl. Ausst.-Kat. Bremen 2013, S. 150–151.

Abb. 1
Blick auf Rom vom Pincio aus, um 1835, Aquarell und Deckweiß über
Bleistift, 225 x 304 mm, Kunsthalle Bremen – Der Kunstverein in
Bremen, Kupferstichkabinett, Inv.-Nr. 1954/287

Junge Italienerin mit entblößtem Oberkörper an einem
Brunnen mit Blick auf einen Aquädukt und römische
Ruinen im Hintergrund (»La Ciociara«), um 1825/30
Öl auf Leinwand, 40 x 32 cm
Rom, Caffè Greco
[Kat.-Nr. 195]

Das Gemälde *La Ciociara* gehört zu den ikonographisch
schwer zu deutenden Bilderfindungen Catels. Es zeigt eine
junge Italienerin an einer Wasserleitung – gleich einem
Waschzuber ist ihre große, kupferne *Conca* mit Wasser an-
gefüllt; im Rücken der Frau sind die Bögen eines römischen
Aquädukts und in der Ferne die Ruinen einer Thermen-
anlage zu erkennen. Die farbenfrohe Tracht der *Ciociara*
rückt das Gemälde ebenso wie das Motiv der wasserholen-
den Frau in die Nähe der Genremalerei der 1820er Jahre.
Dem widerspricht, dass die junge Frau ihre rechte Brust ent-
blößt hat und mit den Fingern ihrer linken Hand zart einen
Schmetterling festhält. Ihre partielle Nacktheit einerseits,
das Motiv des Schmetterlings andererseits lassen an eine
Darstellung der Psyche oder eine Darstellung allegorischen
Inhalts denken. Akte oder Aktstudien finden sich insgesamt
nur äußerst selten unter den erhaltenen Werken des Künstlers. Ein weiteres Beispiel wäre das Gemälde *Mänade auf*
einem Pantherfell (Abb. 1), bei dem der erotische Charakter
der Darstellung, der hier ebenfalls unterschwellig vorhanden
ist, noch unverhüllter zutage tritt.[1] *NS*

1 Bezeichnet und datiert rechts unten: »Catel 1822«.

Abb. 1
Mänade auf einem Pantherfell, 1822, Öl auf Leinwand, 44,5 x 57 cm,
Braunschweig, Herzog Anton Ulrich Museum

Kat.-Nr. 196–199

Das Motiv der Pifferari im Werk Catels

DIE PIFFERARI waren Hirten aus den Abruzzen und den Bergregionen östlich von Rom, die zur Adventszeit in die Stadt kamen, um vor den Madonnentabernakeln auf ihren Sackpfeifen, Flöten und Schalmeien zu musizieren. Sie erfreuten sich das gesamte 19. Jahrhundert über als Motiv bei Künstlern wie Dichtern großer Beliebtheit.[1] Vor allem in katholischen Künstlerkreisen wie den Nazarenern vermischte sich Gefallen am religiösen Motiv – das Brauchtum erinnert direkt an die Hirten, die bei der Geburt Christi anwesend waren – mit der Sehnsucht nach Einfachheit und Natürlichkeit, dem die pastoralen Melodien in idealer Weise entsprachen. Catel hat das Motiv der Pifferari wiederholt gemalt, doch ist der Verbleib der meisten Versionen, darunter Gemälde aus der Sammlung der Mendelssohns oder derjenigen Johann Gottfried Schadows ungewiss. Eine frühe Version des Themas schuf Catel vermutlich bereits um 1811 als Radierung in Zusammenhang mit einem Auftrag von Johann Friedrich Cotta (vgl. Abb. 1 auf S. 81).[2] Eine ähnliche Komposition zeigt zwei Pifferari vor einem Tabernakel vor der Silhouette Roms und ist in Form einer Radierung überliefert, für die sich die Vorstudie im Nachlass des Künstlers in Rom erhalten hat (Abb. 1, 2).[3] Ebenfalls im Künstlernachlass befindet sich eine Ölstudie mit einem alten und einem jungen Hirten (Kat.-Nr. 198), die im Nachlassverzeichnis der Witwe Catel als »studio dal vero« bezeichnet wird.[4] Es handelt sich

um eine reine Kostümstudie der Pifferari-Tracht mit hohem Spitzhut, weißem Hemd und weiten Kniehosen, und den über die Waden geschnürten Sandalen, den sog. *Ciocie,* von denen die Bergregionen östlich von Rom den Namen *Ciociara* tragen. Beide Männer haben die *Pelerine* abgelegt und der junge Mann hat seine *Zampogna,* die Sackpfeife, über die Schulter geworfen. Der Farbklang aus leuchtendem Rot, dunklem Blau und strahlendem Weiß verleiht der eigentlich ärmlichen Tracht malerischen Reiz. Der Kontrast zwischen Alt und Jung, der in dieser Studie angelegt ist, spielt auch in Catels fertigen Pifferari-Kompositionen eine zentrale Rolle, ebenso wie das Thema familiärer Zusammenhalt, mit dem das Motiv einen sentimentalen Zug erhält.[5] In einem der hier gezeigten Gemälde (Kat.-Nr. 199), das 1822 auf der Akademieausstellung in Berlin gezeigt wurde, werden zwei musizierende Hirten von einer Kinderschar umgeben; in der Ferne sieht man die Engelsburg und Sankt Peter. Eine Version dieses Gemäldes befand sich ehemals im Kronprinzenpalais in Potsdam.[6] 1826 stellte Catel erneut eine Pifferari-Komposition mit einem »alte[n] Dudelsackspieler mit seiner Tochter, vor einem Madonnenbilde an einer Straße« in Berlin aus.[7] Zwei weitere Kompositionen (Kat.-Nr. 196–197) zeigen zwei Versionen desselben Motivs: Eine junge Frau in der farbenfrohen Tracht der Ciociara lauscht einem alten Hirten, der auf der *Ciaramella* musiziert. Der Kontrast zwischen Alt und Jung, zwischen der erdfarbenen, ärmlichen Tracht des alten Hirten und dem bunten, von gewebten Bordüren durchsetzten Rock des Mädchens und schließlich das Gegensatzpaar von Musizieren und Zuhören bilden Thema und Reiz

dieser offenbar beliebten Komposition, von der mindestens eine weitere, nach dem Krieg in der Sowjetunion verschollene Version existierte.[8] Da das hier gezeigt Gemälde (Kat.-Nr. 197) aus dem Besitz der Nachfahren der Familie Bartholdy stammt, ist es wohl mit der Pifferari-Familie zu identifizieren, die im Besitz Jakob Ludwig Salomon Bartholdys erwähnt wird.[9] Nicht nur hinsichtlich der Größenverhältnisse zwischen Figuren und Landschaft weist dieses Motiv Catels eine besondere Nähe zur französischen Genremalerei auf. Auch der Gegensatz zwischen Alt und Jung und die pittoreske Auffassung des eigentlich ärmlichen Sujets zeigen eine Verwandtschaft zu Kompositionen Léopold Roberts, der häufig mit dem Mittel des Kontrastes arbeitet, um den sentimentalen Gehalt seiner Bilder zu steigern. Hierzu gehören Sujets wie eine Mutter, die ihr schlafendes Kind bewacht, eine Briganten-Frau, die über ihren schlafenden Mann wacht, oder ein alter Mann und junges Mädchen, die nebeneinander in der Campagna schlafen (vgl. Abb. 8 auf S. 84).[10] Auch von Léopold Robert existiert ein Gemälde, das die Pifferari-Thematik zeigt.[11] Jean-Victor Schnetz malte 1824 eine Komposition mit einem Hirten und seinem Sohn in der Campagna.[12] *NS*

1 Vgl. Geller 1954.
2 Vgl. hierzu S. 47, 68 und 81.
3 Zur Radierung vgl. Stolzenburg 2014, S. 48, Abb. 3. Zu der Studie vgl. Ausst.-Kat. Rom 1996a, S. 60, Nr. 67.
4 Rom, Fondazione Catel, Archiv, lettera A, pos. 1, fasc. II, sessione 9, giugno 1874.
5 In zwei erhaltenen Dokumenten zu verlorenen Gemälden ist von einer »Pifferari-Familie« die Rede: »Oelgemälde: Pifferari-Familie«, vgl. Berlin, Staatsbibliothek, Mendelssohn-Archiv, MA Depos. 3,15; »Franz Catel, in Rom, Mitglied der Akademie / [...] Pifferari=Familie.«, vgl. Ausst.-Kat. Berlin 1826 (zit. nach Börsch-Supan 1971), S. 5, Nr. 26.
6 *Pifferari di Monte Angelo,* um 1823, Öl auf Leinwand, 49 x 62 cm, Verbleib unbekannt, ehem. Potsdam, Kronprinzen-Palais, vgl. Parthey 1863, S. 270, Nr. 8 (»Die Pifferari di Michelangelo [sic] in Rom. Berlin, Schloss.«), Ausst.-Kat. Berlin 1936, S. 26, Nr. 143 (»Pifferari«); Best.-Kat. Berlin 1976, S. 41, Anhang Nr. 13.
7 »Von sogenannten Genre=Bildern ist hier auch eine beträchtliche Anzahl. F. Catel (in Rom), der diese Art besonders in Schwung gebracht, hat auch ein vorzügliches Stück geliefert, eine Pifferari-Familie, d. i. ein alter Dudelsackspieler mit seiner Tochter, vor einem Madonnenbilde an der Straße. [...]. Diese beyden Gestalten erinnern wir uns selber gesehen zu haben, so ausdrucksvoll sind sie: der alte kräftige Hirte in seinem braunvließigen Kleide, und neben ihm sitzend, in der malerischen, hier freylich ärmlichen Landestracht, die etwas sieche aber schöne Tochter. Die Ausführung ist fleißiger als sonst.«, *Kunstblatt* Nr. 37 v. 7. 5. 1827, S. 146.
8 *Ein Alter mit seiner Tochter vor einem Madonnenbilde (Pifferari),* 1822/23, Öl auf Leinwand, 61 x 48 cm, Verbleib unbekannt, ehem. Berlin, Schloss, vgl. Best.-Kat. Berlin 1976, S. 41, Anhang Nr. 8; Ausst.-Kat. Rom 1996a, S. 74; Bartoschek/Vogtherr 2004, S. 115, o. Abb.
9 Vgl. Stolzenburg 2007, S. 99.
10 Vgl. Gassier 1983, S. 63.
11 Ebd., S. 323, Nr. 92
12 Vgl. Stolzenburg 2007, S. 99.

Abb. 1
Zwei Pifferari vor einem Madonnenbild in Rom, 1812/18. Radierung und Aquatinta, 98 x 84 mm (Platte), Zürich, Eidgenössische Technische Hochschule, Graphische Sammlung

Abb. 2
Zwei Pifferari vor einem Madonnenbild in Rom, 1812/18, Feder und Pinsel in Braun, 126 x 100 mm, Rom, Fondazione Catel, Inv.-Nr. 39 (Catel-Album, S. 18)

Sitzender italienischer Hirte mit Schalmei mit stehender,
junger Frau in der römischen Campagna, 1822
Öl auf Leinwand, 49 x 38 cm
Hamburger Kunsthalle
[Kat.-Nr. 196]

Schalmei spielender, alter Hirte mit seiner der Musik
lauschenden, jungen Tochter in der römischen Campagna
sitzend, mit Blick auf die Acqua Claudia, um 1822
Öl auf Leinwand, 37,5 x 47 cm
Frankfurt am Main, Galerie und Kunstantiquariat
Joseph Fach
[Kat.-Nr. 197]

Zwei Pifferari, um 1830/40
Öl auf Leinwand, 61 x 45 cm
Rom, Fondazione Catel
[Kat.-Nr. 198]

Zwei von Kindern umgebene Pifferari vor einem
Madonnenbild auf dem Monte Mario mit Blick auf Rom,
1822
Öl auf Leinwand, 49,5 x 62 cm
München, Privatbesitz
[Kat.-Nr. 199]

Auf einer Treppe sitzendes italienisches Mädchen mit Orangen, im Hintergrund eine junge Frau mit Orangenkorb auf dem Kopf, um 1839
Öl auf Leinwand, 74,5 x 63 cm
München, Privatbesitz
[Kat.-Nr. 200]

Das Gemälde eines unter Orangenbäumen sitzenden jungen Mädchens mit einer stehenden jungen Frau im Hintergrund, die einen ausladenden Orangenkorb auf dem Kopf trägt, ist zweifellos identisch mit dem von Max Schasler 1856, Gustav Parthey 1863 und Friedrich von Boetticher 1891 im Besitz des Grafen Friedrich Wilhelm von Redern in Berlin erwähnten Gemälde von Franz Ludwig Catel.

Friedrich Wilhelm Graf von Redern war als Oberstkämmerer ein höchst einflussreicher Politiker am preußischen Königshof, ab 1832 Generalintendant für Schauspiel und Musik in Berlin sowie selbst als Komponist tätig, wobei ihm seine Freundschaft mit Felix Mendelssohn Bartholdy sicher half. Berühmt war seine in dem von 1830 bis 1833 von Karl Friedrich Schinkel erbauten Berliner Stadtpalais – gelegen an der Stelle des 1906 erbauten Hotel Adlon am Pariser Platz nahe dem Brandenburger Tor und ein prominenter Ort des gesellschaftlichen Lebens der Stadt – befindliche Kunstsammlung.

Der Graf von Redern trat bereits in jungen Jahren als Begleitung des preußischen Königs Friedrich Wilhelm III. auf seiner ersten Italienreise 1822 in Rom in Kontakt mit Catel. Das Gemälde für seine Kunstsammlung in Berlin wird von Redern aber nicht schon während dieses ersten Romaufenthalts erworben haben, sondern erst in den späten 1830er Jahren – wahrscheinlich während seiner zweiten, privaten Romreise im Sommer 1839[1] – wofür innerhalb der Werkentwicklung des Künstlers auch die Komposition mit den relativ großen, vor einer Landschaft postierten Genrefiguren und die starke Farbigkeit des Bildes sprechen. Catel hatte wohl erstmals um 1827 ein vergleichbares Bildnis des von August Kestner entdeckten und in Künstlerkreisen berühmten und vielfach porträtierten Modells Vittoria Caldoni gemalt, das dem vorliegenden Bild in seiner Figurenauffassung eng verwandt ist (Kat.-Nr. 104).

Im Jahre 1840 erscheint auf der Berliner Kunstausstellung ein Gemälde Catels, ein *Orangenmädchen* darstellend, bei dem es sich – auch wenn im Katalog nicht eigens als Leihgabe vermerkt – sicher um das Bild des Grafen von Redern, also um die vorliegende Komposition »in halbe[r] Lebensgröße«, gehandelt hat, was die Entstehung und den Erwerb des Bildes durch den Grafen im Jahre 1839 in Rom plausibel macht.

Eine interessante Verbindung zwischen zwei Werken Catels in Hamburg und Berlin bezeugt von Rederns 1834 in Hamburg erfolgte Heirat mit der Tochter des Hamburger Senators Martin Johann Jenisch, Dorothea Sophia Bertha Jenisch, die er schon seit 1827 kannte. Die Familie Jenisch hatte schon während ihrer ersten Romreise 1829/30 ein Werk bei Catel erworben (Kat.-Nr. 202). Möglicherweise war es von Redern gewesen, der die beiden im Vorfeld ihrer Reise auf den ihm seit 1822 persönlich bekannten Künstler aufmerksam gemacht hatte. *AS*

1 Redern/Horn/Giesbrecht 2003, S. 192–200. Vgl. S. 270, 271: »Die Gemächer [des Palais Redern am Pariser Platz] sind mit den Werken neuerer Meister geschmückt. Es sind im Ganzen 48 Bilder, die der Graf und die Gräfin theils als Erinnerungen an ihre Reisen erworben, theils bei den Künstlern in Auftrag gegeben hatten und deren Sujets zum Theil landschaftlichen Motiven entnommen sind, zum Theil genrehafte Vorwürfe behandeln. [...] eine Orangenverkäuferin von Cattel [sic], [...].«

Eine Pilgergruppe erblickt Loreto mit der Wallfahrtsbasilika vom Heiligen Haus (Santuario Basilica Pontificia della Santa Casa di Loreto), 1852
Öl auf Leinwand, 81 x 108,5 cm
Germanisches Nationalmuseum Nürnberg, Leihgabe der Stadt Nürnberg, Kunstsammlungen
[Kat.-Nr. 201]

Das Bildmotiv der christlichen Pilger, hier höchst dramatisch und eindrucksvoll eingebettet in die weite Landschaft um den Wallfahrtsort Loreto in der Provinz Ancona in den Marken, und des betenden Landvolkes vor Kirchen oder Bildstöcken war seit etwa 1815 in Rom ein beliebtes und lukratives Sujet der Malerei und fand dementsprechend auch Eingang in Catels malerisches Werk.[1] Der mit Catel durch die gemeinsame Arbeit für die Herzogin von Devonshire bekannte englische Maler Charles Eastlake, der seit dem 24. November 1816 in Rom lebte, schuf eine ganze Reihe solcher religiös staffierter Genregemälde.[2]

Catel selbst malte mehrfach ebensolche kleineren Figurenbilder mit betenden Landleuten im Zentrum der Komposition, bei denen die Landschaft lediglich als Hintergrundsfolie zum Tragen kam (Abb. 1–2). Motivisch wie kompositorisch eng verwandt ist dem Nürnberger Bild besonders das nicht datierte, doch wohl dem Spätwerk angehörende Gemälde *Monte Mario – Pilger erblicken die Kuppel von St. Peter in Rom* (Abb. 3).[3]   *AS*

1 Zur Darstellung des römischen Landvolkes in der Malerei, siehe Ausst.-Kat. Ajaccio 2013.
2 Vgl. u. a. das Gemälde *Pilger erblicken Rom* von 1841; Monkhouse o. J., S. 37–40, Abb. Es handelt sich dabei um die letzte von vier Versionen dieser Komposition, deren erste 1827 für den Duke of Bedford entstand; Monkhouse o. J., S. 37.
3 Aukt.-Kat. München, Weinmüller 1978, S. 157, Nr. 1361, Abb. S. 123.

Abb. 1
Betende Landleute vor einer Kirche, um 1826, Öl auf Leinwand, 39 x 56 cm, Chatsworth, Trustees of the Chatsworth Settlement, Devonshire Collection, Inv.-Nr. 4/23 B 75/420//CC95

Abb. 2
Betende Landleute, um 1821, Öl auf Leinwand, 39,5 x 50 cm, München, Städtische Galerie Lenbachhaus, Inv.-Nr. 4023

Abb. 3
Monte Mario – Pilger erblicken die Kuppel von Sankt Peter in Rom, Öl auf Leinwand, 82 x 108,5 cm, Verbleib unbekannt

Gondelszene in der Lagune von Venedig, 1839/41
Öl auf Leinwand, 16,3 x 23,8 cm
Rom, Fondazione Catel
[Kat.-Nr. 203]

Gondelszene vor Venedig bei Sonnenuntergang, 1839
Öl auf Leinwand, 39,3 x 62 cm
Privatbesitz
[Kat.-Nr. 202]

Im Jahr 1842 stellte der Senator Martin Johann Jenisch im Hamburger Kunstverein ein kurz zuvor in Rom erworbenes Gemälde von der Hand Catels aus.[1] Die dargestellte Gondelszene, zu der sich auch der Ölbozzetto erhalten hat (Kat.-Nr. 203), war ab 1839 mehrfach vom Künstler gemalt worden und hatte prominente Käufer gefunden. So erinnerte das *Kunstblatt* 1842[2] an die ein Jahr zuvor in Rom getätigten Käufe König Wilhelms I. von Württemberg – eben jene Gondelszene in der venezianischen Lagune (Abb. 27 auf S. 25) sowie die Komposition mit der nächtlichen Gesellschaft auf einer Terrasse in Genua (vgl. Kat.-Nr. 204).[3] Wilhelm I. war mit seiner Erwerbung dem Vorbild des russischen Thronfolgers gefolgt, der dieses Motiv 1839 für sich bereits bei Catel, der 1828 selbst in Venedig gewesen war,[4] bestellt hatte. Konkreter Auslöser für den Kauf war eine von den deutschen Künstlern in diesem Jahr veranstaltete Ausstellung: »Rom, 5. Januar. Dem Großfürsten Thronfolger zu Ehren haben die hiesigen deutschen Künstler eine Ausstellung in vier Ateliers veranstaltet, welche von Se. Hoheit gestern besucht war. Bei Catel sah man verschiedene schöne Landschaften desselben, namentlich ein Seestück von Venedig, […].«[5] Der russische Thronfolger erwarb darüber hinaus noch drei weitere Gemälde Catels, deren Fertigstellung sich bis 1841 hinzog: »2. Juli. Catel hat so eben drei landschaftliche Ansichten für den Großfürsten Thronfolger von Rußland vollendet: Eine venezianische Gondel, in den Lagunen dahingleitend, eine Ansicht Roms, von der Promenade des Monte Pincio aus gesehen, und den Krater des Vesuvs, wo der Gegensatz des ausgebrannten Schlackenkegels mit der lebensfrohen Fülle des Golfs von Neapel einen imposanten Contrast bildet.«[6]

In der *Allgemeinen Zeitung* wurde das ungewöhnliche venezianische Motiv ausführlich und stimmungsvoll geschildert: »Catel hat soeben drei landschaftliche Ansichten für den Großfürsten Thronfolger von Rußland vollendet, welche die Herrlichkeiten des Landes, das zwischen Alpen und Meer dahingelagert ist, in einem eben so poetischen als wahrheitsgetreuen Cyclus schildern. Die eine stellt eine venezianische Gondel vor, welche über den Spiegelglanz der Lagunen dahingleitet. Mandolinenklang umschwebt das luftige Fahrzeug, sehnsüchtige Blicke schöner Frauen scheinen sich in denselben aufzulösen, und einen tatkräftigen frohen Gegensatz zu dieser lieblichen Sentimentalität bilden die bunt farbigen Ruderer, die halb schwebend, halb stehend das Schiffchen in Bewegung setzen. In der Ferne liegt vor einem Wald von Masten umlagert die melancholisch reizende Venezia recht eigentlich vor Anker.«[7]

Neben dem Hamburger Baron von Jenisch erwarb auch der Münchner Sammler Alfred von Lotzbeck – er erwarb auch Kat.-Nr. 204 – eine Version der Catel'schen Gondel für seine Sammlung (Abb. 1), sodass von mindestens vier Gemälden mit diesem Motiv auszugehen ist.

Auffallend ist, dass Fanny Hensels *Gondellied*, das während ihrer Italienreise komponiert wurde und dessen Text von ihrem Mann, dem Maler Wilhelm Hensel stammt, in eben diesem Jahr 1839 entstand, in dem der befreundete Catel seine Komposition erstmals ausführte. Eine gegenseitige Beeinflussung ist wohl anzunehmen. *AS*

1 Ausst.-Kat. Hamburg 1841, S. 52, Nr. 489 (»Eine Gondelfahrt auf ruhigem Wasser bei Abendbeleuchtung in Venedig. [Eigentum des Herrn Senator Jenisch]«). Für freundliche Hinweise zur Sammlung Jenisch danke ich Karl-Heinz Schult, Hamburg.
2 »Seit einer Reihe von Jahren werden viele Künstler von Sr. Maj. dem König von Württemberg beschäftigt und manches Schöne hat seinen Weg bereits nach Stuttgart gefunden. […]; Catel hat seine Gondel im Großen, so wie eine nächtliche Scene mit Ausblick auf den Hafen von Genua für denselben abgeliefert.«; *Kunstblatt* Nr. 72 v. 8. 9. 1842, S. 88. – Erworben 1839; 1863 und 1891 in Schloss Rosenstein in Stuttgart nachgewiesen; 1920 beim Auktionshaus Felix Fleischhauer in Stuttgart versteigert; Privatbesitz, Südwestdeutschland; 1994 im Kunsthaus Lempertz, Köln, versteigert, unbekannter Privatbesitz. Parthey 1863, S. 270 (»Gondelfahrt. In der Ferne Venedig; Sonnenuntergang. Leinwand. Br. 3 F. 2 Z.; H. 2 F. 2 Z. Rosenstein.«); Boetticher 1891,

S. 164, Nr. 59 (»Gondelfahrt, In der Ferne Venedig. Sonnenuntergang. H. 2' 2'', br. 3'2''. E: Villa Rosenstein b. Stuttgart.«); Aukt.-Kat. London, Christie's 1993, S. 80, Nr. 363, Abb.; Ausst.-Kat. Rom 1996a, S. 75 (»Gondola«); Aukt.-Kat. Köln, Lempertz 1994, S. 75, Nr. 1770; Stolzenburg 2007, S. 118, Abb. 73 auf S. 120.
3 Um 1839/42, Öl auf Leinwand, 65 x 95 cm, Verbleib unbekannt; Auftrag 1839 durch den König in Rom; seit 1842 in Schloss Rosenstein bei Stuttgart; im Erbgang an König Wilhelm II. von Württemberg; 1920 beim Auktionshaus Felix Fleischhauer in Stuttgart versteigert; seitdem verschollen. Parthey 1863, S. 270, Nr. 4 (»Terrasse am Meere, auf welcher eine Gesellschaft versammelt ist. Hinten Genua. Leinwand. Breite 3 F. 2 Z.; Höhe 2 F. 2 Z. Rosenstein.«); Boetticher 1891, S. 164, Nr. 60 (»Terrasse am Meere, auf welcher eine Gesellschaft versammelt ist. Im Hintergr. Genua. H. 2' 2'', br. 3' 2''. E: Villa Rosenstein b. Stuttgart.«); Aukt.-Kat. Stuttgart, Fleischhauer 1920, S. 11, Nr. 47, Taf. 19 (»Nachtfest in Genua. Eine Harfenistin spielt auf einem Balkon vor einer Gesellschaft. Leinwand 65 x 93 cm, [Anschlag in Mark] 5000«); Ausst.-Kat. Rom 1996a, S. 75 (»Scena notturna con la veduta del porto di Genova«); Stolzenburg 2007, S. 118–119, Abb. 74 auf S. 121 (hier fälschlich Kat.-Nr. 204 abgebildet).
4 Geller 1960, S. 130 (Passregister).
5 *Kunstblatt* Nr. 17 v. 26. 2. 1839, S. 67.
6 Ebd., Nr. 73, 14. 9. 1841, S. 307.
7 *Beilage zur Allgemeinen Zeitung* Nr. 194 v. 13. 7. 1841, S. 1549.

Abb. 1
Gondelszene vor Venedig bei Sonnenuntergang, um 1839/42 (?), Öl auf Leinwand, 54 x 80 cm, Privatbesitz

*Nächtliche Gesellschaft auf einer Terrasse mit Blick
auf den Hafen von Genua*, um 1839 (?)
Öl auf Leinwand, 54 x 80 cm
Privatbesitz
[Kat.-Nr. 204]

Verzeichnis der ausgestellten Werke

Andreas Stolzenburg

Vorbemerkung

Die Werkbibliographien nennen die bislang vom Verfasser recherchierte Literatur zu den einzelnen Werken in Auswahl. Die angeführten Provenienzangaben beruhen auf Angaben in der Literatur sowie gezielten Nachfragen bei Museen, Privatsammlungen, Kunsthändlern und Auktionshäusern. Wenn hier nichts verzeichnet ist, war im Zuge der beschränkten Möglichkeiten zur Recherche während der Ausstellungsvorbereitungen nichts in Erfahrung zu bringen. Überlieferte Dokumente sind nur in Einzelfällen angeführt, wenn sie für die Argumentation benötigt werden. Umfangreichere Angaben sind in dem vom Verfasser geplanten kritischen Verzeichnis aller Werke des Künstlers vorgesehen. Bei Gemälden (Öl auf Leinwand, Holz oder Kupfer) sind die Maße in Zentimetern angegeben, bei allen Arbeiten auf Papier oder Karton – auch in Öl – sind die Maße in Millimetern angegeben.

Verwendete Abkürzungen

Abb.	Abbildung
Aukt.-Kat.	Auktionskatalog
Ausst.	Ausstellung
Ausst.-Kat.	Ausstellungskatalog
Bd.	Band
Bde.	Bände
Best.-Kat.	Bestandskatalog
Dok.	Dokument
Inv.-Nr.	Inventarnummer
Lager-Kat.	Lagerkatalog
Ms.	Manuskript
Nr.	Nummer
Prov.	Provenienz
Supp.	Supplement
Lit.	Literatur (Auswahl)
Taf.	Tafel

I Catel im Bildnis

1 [Abb. S. 109]

Selbstbildnis, 1800/05

Feder und Pinsel in Braun über Kohle, 104 x 88 mm (Papier)
DÜSSELDORF, GOETHE-MUSEUM, ANTON-UND-KATHARINA-KIPPENBERG-STIFTUNG, o. Inv.-Nr.

PROV.: Sammlung Anton (1874–1950) und Katharina Kippenberg (1876–1947), Düsseldorf (erworben nach 1928)
LIT.: Ausst.-Kat. Stuttgart 1976, o. S., Nr. 34, Abb.; Stolzenburg 2007, S. 185, Nr. 79, Abb. 1 auf S. 10

2 [Abb. S. 110]

Unbekannter deutscher (?) Künstler
Franz Ludwig Catel als Zeichner stehend in Rückenansicht, 1830/40

Öl auf Karton, 400 x 252 mm
ROM, FONDAZIONE CATEL, Inv.-Nr. 23

LIT.: Geller 1960, S. 275–276, 348 (als anonym); Ausst.-Kat. Rom 1996a, S. 56, Nr. 51 (als anonym); Stolzenburg 2007, S. 182, Nr. 1, Abb. S. 148

3 [Abb. S. 113]

Karl Pawlowitsch Brjullow
Bildnis Franz Ludwig Catels und seiner Ehefrau Margherita, um 1830/35

Öl auf Leinwand, 132 x 97 cm, unbezeichnet
ROM, FONDAZIONE CATEL, Inv.-Nr. 19

DOK.: Rom, Fondazione Catel, Archiv, Let. A., pos. I., fasc. I (Testament Margherita Catel v. 20. 5. 1872; »I ritratti di me e di mio marito di grandezza natural dipinti ma non terminate da Brüllov con le rispetive cornice [sic]«); ebd., Lett. A, pos. I, fasc. 2 (Nachlassverzeichnis der Margherita Catel v. 9. 6. 1874; »Ritratti di Catel e la sua moglie abozzo di Bruloff [sic].«)
PROV.: 1856 im Nachlass des Künstlers; 1874 im Nachlass von Margherita Catel; 1874–1926 im Besitz von Francesco Benaglia, Rom; 1926 von dessen Erben an das Pio Istituto Catel geschenkt
LIT.: Geller 1960, S. 346 (»Selbstbildnis mit Frau, an der Staffelei«; datiert um 1826); Bonifazio 1975/76, S. 216–217, Nr. 97 (als »Brullow« und ein weiterer Künstler); Geller/Wolken 1984, Abb. 3 auf S. 24 (als »Autoritratto con moglie«); Ausst.-Kat. St. Petersburg 1991, S. 53 (als Brjullow); Ausst.-Kat. Rom 1996, S. 41–42, Nr. 3 (als Brjullow); Stolzenburg 2007, Abb. S. 2 (als Brjullow)

4 [Abb. S. 112]

Friedrich Jentzen nach Franz Krüger
Bildnis Franz Ludwig Catels anlässlich der Ernennung zum Professor der Berliner Akademie, 1841

Kreidelithographie, 395 x 312 mm (Platte), 529 x 389 mm (Papier)
Links unten bezeichnet: »Gez. v. F. Krüger«; in der Mitte: »Verlag u. Druck v. L. Sachse & Co. in Berlin«; rechts: »Lith. v. Fr. Jentzen«; unterhalb davon: »FRANZ CATEL / Professor und Mitglied der Königl. Akademie der Künste zu Berlin«
HAMBURGER KUNSTHALLE, KUPFERSTICHKABINETT, Inv.-Nr. 57023

PROV.: Georg Ernst Harzen (1790–1863), Hamburg (Lugt 1244); dessen Legat 1863 an die Stadt Hamburg für ein zukünftiges Museum, 1869 der neu eröffneten Kunsthalle übergeben
LIT.: Stolzenburg 2007, S. 122, Abb. 75

5 [Abb. S. 111]

Selbstbildnis mit roter Kappe, um 1850

Öl auf Leinwand, 45 x 37,3 cm
Bezeichnet links am Rand unterhalb der Mitte: »F. Catel« (mit dem Pinselstil in die feuchte Farbe geritzt)
ROM, FONDAZIONE CATEL, Inv.-Nr. 18

LIT.: Geller 1960, S. 347; Geller 1961a, S. 31; Bonifazio 1975/76, S. 168–169, Nr. 27; Concina Sebastiani 1979, S. 316; Geller/Wolken 1984, Taf. 1, Umschlagabb.; Ausst.-Kat. Rom 1996a, S. 42, Nr. 4; Stolzenburg 2007, S. 124, 182, Nr. 2, Abb. auf S. 147

6 [Abb. S. 115]

Johann Ludwig Passini
Künstlergesellschaft im Caffè Greco in Rom, 1856

Aquarell, 490 x 625 mm
Rechts unten signiert und datiert: »Ludwig Passini Rom. 1856.« (Pinsel in Rot)
HAMBURGER KUNSTHALLE, Inv.-Nr. HK-2522

PROV.: Bernt Borchgrewink Grönvold (1859–1923), Berlin; Hermine Grönvold (1862–1931), Berlin (Witwe des Künstlers); von dort 1930 erworben aus den Zinsen der Heine- und Behrens-Testamente
LIT.: Noack 1912b, S. 171, Abb. 348; Poensgen 1957, S. 34, Abb. 25; Geller 1961b, S. 53, Abb. 37; Best.-Kat. Hamburg 1969, S. 250, Abb.; Ausst.-Kat. Wien 1972, S. 183, Nr. 278; Bonifazio 1975/76, S. 218–220, Nr. 98; Ausst.-Kat. Nürnberg/Schleswig 1991, S. 420–421, Nr. 3.9, Abb.; Best.-Kat. Hamburg 1993, S. 157, Abb.; Schulte-Wülwer 2000, S. 95–96; Küster 2000, S. 61–63, Nr. 3.31, Abb.; Kalpakcian 2004, S. 341–342, Abb. 2; Bollerey 2007, S. 42–81, Abb. S. 51; Stolzenburg 2007, Abb. 76 auf S. 125; Ausst.-Kat. Münster 2008, S. 153, Nr. 106, Abb. S. 154

II Zwischen Berlin und Paris (1795–1811): Catel als Illustrator

7 [Abb. S. 117]

Das Wildkirchlein im Kanton Appenzell, 1798

Aquarell, 320 x 480 mm, rückseitig mit brauner Feder bezeichnet: »Das Wild Kirchlein im Canton Appenzel innern Rode, der hohe Sentis mit seinen Gletschern in der Ferne und dem Ursprung der Sitter von Franz Catel nach der Natur im Jahre 1798.« (Feder in Braun)
PRIVATBESITZ

AUSST.: 1800 Berlin, Akademieausstellung / 1802 Weimar, Kunstausstellung
PROV.: Bis 1803 noch im Besitz Franz Catels; später wahrscheinlich im Besitz Ludwig Friedrich (Louis) Catels (1776–1819), Berlin (Bruder des Künstlers); Henriette Friederike Catel, geb. Schiller (1780–1845; seit 1802 Ehefrau des vorigen; Ehe kinderlos), Berlin; wahrscheinlich an Hugo Carl Ernst Stubenrauch (1823–1900), Berlin (verheiratet mit Pauline Wilhelmine

Amalie Henriette Krause, *1827); Alfred (*1856) und
Anna Ida Wilhelmine Henriette Parrisius, geb. Stuben-
rauch (*1864; Tochter von H. C. E. Stubenrauch), Berlin;
Richard Parrisius (*1895; Sohn der vorigen), Berlin und
Braunschweig; weiter in Familienbesitz; Auktion 2013
Koller, Zürich (Nr. 3449; verkauft); dort erworben
LIT.: Ausst.-Kat. Berlin 1800 (zit. nach: Börsch-Supan
1971), S. 57, Nr. 172 [a] (»Zwei Gegenden aus der
Schweiz. In Aquarell Farben nach der Natur gemahlt.
2 F. 4. Z. L. 1 F. 12 Z. h.«); Goethe 1803, S. IX (»Zwey
derselben sind, mit Aquarellfarben ausgemalte Schwei-
zerprospekte, einer vom sogenannten Wildkirchlein im
Canton Appenzell, [...]«); Noack 1912a, S. 180; Stolzen-
burg 2007, S. 11, Abb. 2; Aukt.-Kat. Zürich, Koller 2013,
S. 215, Nr. 3449, Abb.

8.1–8.10
Illustrationen zu Goethes *Herrmann und Dorothea*

DÜSSELDORF, GOETHE-MUSEUM, ANTON-UND-
KATHARINA-KIPPENBERG-STIFTUNG, o. Inv.-Nr.

PROV.: Friedrich Vieweg (1761–1835), Braunschweig;
Heinrich Wilhelm Campe (1771–1862), Leipzig (Lugt
1391); seit 1862 in Besitz seiner Tochter Sophie
Campe, Leipzig; Karl Ewald Hasse (1810–1902), Göttingen (Lugt 860), Ehemann der Sophie Campe; 1902 an
dessen Schwiegersohn Ernst Ehlers (1835–1925), Göttingen; 1925–1930 im Besitz der Witwe Ehlers, Göttingen; erworben 1930 von C. G. Boerner, Leipzig, für die
Sammlung Anton (1874–1950) und Katharina Kippenberg (1876–1947), Düsseldorf
LIT.: Aukt.-Kat. Leipzig, Boerner 1930, S. 7, Nr. 32;
Lanckoronska/Oehler 1934, Bd. 3, S. 57–58, Abb. 97–
104; Lanckoronska/Rümann 1954, S. 48–49; Geller
1960, S. 291; Stolzenburg 2007, S. 184, Nr. 59–68

8.1   [Abb. S. 118]
Lyra mit Darstellung der drei Grazien, 1798

Pinsel in Schwarz und Grau, 110 x 76 mm (Bild),
128 x 95 mm (Papier)
Die Lyra unten bezeichnet: »Göthe« (Feder in Grau)
Titelkupfer

8.2   [Abb. S. 119]
Herrmanns Eltern – Die Muse Kalliope, 1798

Pinsel in Schwarz und Grau, 78 x 68 mm (Darstellung),
115 x 74 mm (Bild), 148 x 95 mm (Papier), unten
bezeichnet »Herrmans Eltern.« (Feder in Grau)
Illustration zum 1. Kapitel »Schicksal und Antheil« (vor
S. 3)

8.3   [Abb. S. 119]
*Herrmann mit den Eltern und dem Prediger –
Die Muse Terpsichore,* 1798

Pinsel in Schwarz und Grau, 78 x 68 mm (Darstellung),
115 x 74 mm (Bild), 147 x 97 mm (Papier), unten
bezeichnet: »Terpsichore« (Feder in Grau); darunter
»Herrman« (Feder in Grau)
Illustration zum 2. Kapitel »Herrmann« (vor S. 27)

8.4   [Abb. S. 120]
Herrmanns Fortgang – Die Muse Thalia, 1798

Pinsel in Schwarz und Grau, 77 x 68 mm (Darstellung),
114 x 74 mm (Bild), 148 x 89 mm (Papier), unten bezeichnet: »Thalia.« (Feder und Pinsel in Grau); darunter:
»Laß dein Herz dir es sagen. [durchgestrichen]« (Feder
in Grau); das Bildfeld ist ausgeschnitten, auf Papier aufgezogen und unter Aussparung des Bildfeldes mit der
Rahmenzeichnung abgedeckt
Illustration zum 3. Kapitel »Die Bürger« (vor S. 57)

8.5   [Abb. S. 120]
*Herrmanns Gespräch mit der Mutter – Die Muse
Euterpe,* 1798

Pinsel in Schwarz und Grau, 78 x 69 mm (Darstellung),
115 x 76 mm (Bild), 133 x 93 mm (Papier), links unten
signiert: »gez. von Franz Catel.« (Feder und Pinsel in
Grau); unten bezeichnet: »Euterpe« (Feder in Grau);
darunter »Mutter und Sohn.« (Feder in Grau)
Illustration zum 4. Kapitel »Mutter und Sohn« (vor S. 71)

8.6   [Abb. S. 121]
*Die Eltern, der Prediger, der Apotheker und
Herrmann im Gespräch – Die Muse Polymnia,*
1798

Pinsel in Schwarz und Grau, 77 x 67 mm (Darstellung),
113 x 74 mm (Bild), 144 x 93 mm (Papier), unten be-
zeichnet: »Poly/mnia [korrigiert rechts am Rand]/HY«
(Feder in Schwarz); darunter: »Dorothea gekränkt.«
(Feder in Grau); das Bildfeld ist ausgeschnitten, auf
Papier aufgezogen und unter Aussparung des Bildfeldes
mit der Rahmenzeichnung abgedeckt
Illustration zum 5. Kapitel »Der Weltbürger« (vor S. 99)

8.7   [Abb. S. 121]
Herrmann bei den Pferden – Die Muse Klio, 1798

Pinsel in Schwarz und Grau, 77 x 68 mm (Darstellung),
113 x 75 mm (Bild), 138 x 92 mm (Papier), unten bezeichnet: »Klio.« (Feder in Grau); darunter: »Abschied.«
[durchgestrichen] (Feder in Grau); das Bildfeld ist ausgeschnitten, auf Papier aufgezogen und unter Aussparung des Bildfeldes mit der Rahmenzeichnung abgedeckt; Verso bezeichnet: »Für Herrn Bolt / 2
Zeichnungen zu Herrmann und Dorothea« (Feder in
Schwarz; um 90 Grad gedreht)
Illustration zum 6. Kapitel »Das Zeitalter« (vor S. 127)

8.8   [Abb. S. 122]
*Herrmann und Dorothea am Brunnen –
Die Muse Erato,* 1798

Pinsel in Schwarz und Grau, 76 x 68 mm (Darstellung),
114 x 74 mm (Bild), 138 x 93 mm (Papier), unten
bezeichnet: »Erato.« (Feder in Grau); darunter: »Dorothea.« (Feder in Braun)
Illustration zum 7. Kapitel »Dorothea« (vor S. 161)

8.9   [Abb. S. 122]
*Herrmann umarmt Dorothea – Die Muse
Melpomene,* 1798

Pinsel in Schwarz und Grau, 78 x 69 mm (Darstellung),
115 x 74 mm (Bild), 133 x 95 mm (Papier), links unten
signiert: »gez. von Franz Catel.« (Feder in Grau); unten
bezeichnet: »Melpomene« (Feder in Grau); darunter:
»Herman [Strich über dem »n«] und Dorothea.« (Feder
in Grau)
Illustration zum 8. Kapitel »Herrmann und Dorothea«
(vor S. 185)

8.10   [Abb. S. 123]
Die Verlobung – Die Muse Urania, 1798

Pinsel in Schwarz und Grau, 77 x 68 mm (Darstellung),
113 x 76 mm (Bild), 137 x 90 mm (Papier), unten bezeichnet: »Urania« (Feder in Grau); Verso unterhalb einer
kleinen Skizze Vermerk Catels: »Herrn Bolt bitte ich sehr den
Arm des Herrmann etwas höher zu machen, wie ihm
angezeigt gegen das Licht zu sehen.« (Feder in Grau;
stark verblasst)
Illustration zum 9. Kapitel »Aussicht« (vor S. 199)

9.1–9.4
Zeichnungen zum *Taschenbuch für 1799*

9.1   [Abb. S. 124]
*Ornamentale Kartusche mit einer Frau (mit
Sternbild über dem Kopf), Amor und einer Vase
mit dem Relief der drei Grazien,* 1798

Feder und Pinsel in Schwarz und Grau, 109 x 82 mm,
unbezeichnet
STAATLICHE MUSEEN ZU BERLIN, KUNSTBIBLIOTHEK,
Inv.-Nr. 5265

PROV.: Erworben 1931
LIT.: Unveröffentlicht

9.2   [Abb. S. 124. Nicht ausgestellt]
Clemens Kohl nach Franz Ludwig Catel
*Ornamentale Kartusche mit einer Frau (mit
Sternbild über dem Kopf), Amor und einer Vase
mit dem Relief der drei Grazien,* 1798/99

Radierung, 95 x 63 mm (Bild)
Links unten bezeichnet: »F. Catel del.«; rechts unten:
»Cl. Kohl sc. V.«
HAMBURG, PRIVATBESITZ

PROV.: Erworben 2007 vom Antiquariat Susanne
Koppel, Hamburg
LIT.: Lanckoronska/Rümann 1954, S. 52

9.3   [Abb. S. 125]
Fortuna und Amor, 1797/98

Feder und Pinsel in Braun über Bleistift, 98 x 67 mm
(Papier)
Links unten bezeichnet: »F. Catel erfunden.« (Feder in
Schwarz)
DÜSSELDORF, GOETHE-MUSEUM, ANTON-UND-
KATHARINA-KIPPENBERG-STIFTUNG, Inv.-Nr. NW
1554/1977

PROV.: Erworben 1977 als Geschenk von Maria Gräfin
Lanckoronska (1896–1976), Neuenhain
LIT.: Unveröffentlicht

9.4   [Abb. S. 125. Nicht ausgestellt]
Clemens Kohl nach Franz Ludwig Catel
*Fortuna und Amor (Titelkupfer des Taschen-
buchs für 1799),* 1798

Radierung, 95 x 62 mm
Links unten bezeichnet: »F. Catel del.«; rechts unten
Cl. Kohl sc. Viennae 1798.«
HAMBURG, PRIVATBESITZ

PROV.: Erworben 2007 vom Antiquariat Susanne
Koppel, Hamburg
LIT.: Lanckoronska/Rümann 1954, S. 53, Abb. S. 35;
Geller 1960, S. 290

10.1–10.6
Illustrationen zu Goethes Bildungsroman *Wilhelm
Meisters Lehrjahre* für das *Taschenbuch für 1799*

DÜSSELDORF, GOETHE-MUSEUM, ANTON-UND-
KATHARINA-KIPPENBERG-STIFTUNG, Inv.-Nr. NW
541/1962–547/1962

PROV.: Friedrich Vieweg (1761–1835), Braunschweig;
Heinrich Wilhelm Campe (1771–1862), Leipzig (Lugt
1391); seit 1862 in Besitz seiner Tochter Sophie Campe,
Leipzig; Karl Ewald Hasse (1810–1902), Göttingen
(Lugt 860), Ehemann der Sophie Campe; 1902 an dessen Schwiegersohn Ernst Ehlers (1835–1925), Göttingen; 1925–1930 im Besitz der Witwe Ehlers, Göttingen;

erworben 1930 von C. G. Boerner, Leipzig, für die Sammlung Anton (1874–1950) und Katharina Kippenberg (1876–1947), Düsseldorf
LIT.: Aukt.-Kat. Leipzig, Boerner 1930, S. 7, Nr. 33; Lanckoronska/Oehler 1934, Bd. 3, S. 57; Lanckoronska/Rümann 1954, S. 52, mit Abb. S. 35 (Philline); Geller 1960, S. 291–293; Concina Sebastiani 1979, S. 311; Göres 1981, S. 245, Abb. 433–435; Schuster 1981, S. 182, Abb. 14; Ausst.-Kat. Rom 1996a, S. 73; Ausst.-Kat. Frankfurt am Main 1999b, S. 14, Nr. 6 (»Zwei Tuschzeichnungen zu Wilhelm Meister«); Stolzenburg 2007, S. 14, 185, Nr. 70, 71, Abb. 4a auf S. 15, 72, Abb. 4 auf S. 14, 73–75

10.1 [Abb. S. 126]
Der Harfner in seiner Kammer, 1799

Feder in Grau, Pinsel in Braun, 103 x 67 mm (Bild), 128 x 93 mm (Papier), unbezeichnet

10.2 [Abb. S. 126]
Philline auf dem Bett sitzend, 1797

Feder und Pinsel in Braun, Rahmung aquarelliert, 103 x 67 cm (Bild), 140 x 106 mm (Papier), unbezeichnet

10.3 [Abb. S. 127]
Mignon und Felix, 1799

Feder in Grau, Pinsel in Braun, 103 x 66 mm (Bild), 129 x 92 mm (Papier), unbezeichnet

10.4 [Abb. S. 127]
Besuch in der Kammer (Zwei, die voreinander erschrecken), 1799

Feder und Pinsel in Braun, 103 x 64 mm (Bild), 136 x 95 mm (Papier), unbezeichnet; Bildfeld ausgeschnitten, auf Papier aufgezogen und unter Aussparung des Bildfeldes mit der Rahmenzeichnung abgedeckt

10.5 [Abb. S. 128]
Mignon als Engel verkleidet (Felix' Geburtstag), 1797/98

Feder und Pinsel in Grau, 102 x 66 mm (Bild), 122 x 83 mm (Papier), unbezeichnet

10.6 [Abb. S. 128]
Nach dem Überfall im Walde, 1799

Feder und Pinsel in Schwarz und Grau; aufgeklebte, aquarellierte Rahmenleiste, 104 x 65 mm (Bild), 114 x 75 mm (Papier), unbezeichnet; Darstellung eingesetzt; auf der Rahmenleiste unten rechts beschriftet: »Frantz Catel in[v.; Papier beschnitten] et del.« (Feder in Schwarz)

11 [Abb. S. 129]
Eberhard Henne nach Franz Ludwig Catel
Denkmal für Diderot, 1797

Radierung und Kupferstich, 114 x 69 mm (Bild)
Links unten bezeichnet: »F. Catel del.«; rechts unten: »E. Henne sc.«; auf dem Sockel der Büste in der Platte bezeichnet: »Diderot«
In: *Sämmtliche Werke von Dionysius Diderot,* Uebersetzt von Carl Friedrich von Cramer, deutschem Buchdrucker und Buchhändler in Paris, Erster Theil. Versuch über die Mahlerey, Riga, 1797. Bey Johann Friedrich Hartknoch, Titelkupfer
HAMBURGER KUNSTHALLE, BIBLIOTHEK IM KUPFERSTICHKABINETT, Sign. Ill. XIX. Catel 1797-8 (Inv.-Nr. KB-2014.1287G-1-1)

PROV.: Erworben 2013 vom Antiquariat Wolfgang Braecklein, Berlin, mit Mitteln des Fördervereins »Die Meisterzeichnung. Freunde des Hamburger Kupferstichkabinetts e. V.«
LIT.: Nimmen 1987, S. 324, Abb. 17.3 auf S. 325 (Exemplar der Library of Congress, Washington, D.C., USA)

12.1 [Abb. S. 130]
Das tote Huhn (Das Opfer des Fuchses), 1797/98

Feder in Braun und Schwarz, grau laviert, 48 x 64 mm (Bild), 79 x 95 mm (Papier)
Bezeichnet unten links: »Franz Catel. F.« (Feder in Braun)
HAMBURGER KUNSTHALLE, KUPFERSTICHKABINETT, Inv.-Nr. 2007-12

PROV.: Friedrich Vieweg (1761–1835), Braunschweig; England, Privatbesitz; erworben 2007 von Emanuel von Baeyer, London
LIT.: Unveröffentlicht

12.2 [Abb. S. 131]
Heimkehrender Heuwagen (Familienszene), um 1797/98 (?) oder um 1802/03 (?)

Aquarell über Feder in Braun auf Papier, 65 x 71 mm (Bild), 88 x 94 mm (Papier)
Bezeichnet rechts unten, außerhalb der Einfassungslinie (Feder in Braun): »Catel inv.« (Feder in Schwarz)
HAMBURGER KUNSTHALLE, KUPFERSTICHKABINETT, Inv.-Nr. 47049

PROV.: Friedrich Vieweg (1761–1835), Braunschweig; erworben 1912 von Anna Twietmeyer, Leipzig
LIT.: Geller 1960, S. 303

13 [Abb. S. 132]
Iris, wie sie König Priamus geleitet, den Leichnam Hektors loszukaufen, 1799

Bleistift, Pinsel in Braun, weiß gehöht, 226 x 315 mm, unbezeichnet
KLASSIK STIFTUNG WEIMAR, MUSEEN, GRAPHISCHE SAMMLUNGEN, Inv.-Nr. GHZ/SCH.I.298,0777/28680

PROV.: 1799 von Wilhelm von Humboldt aus Paris an Goethe in Weimar als Geschenk des Künstlers geschickt
LIT.: Geller 1960, S. 292; Ausst.-Kat. Rom 1996a, S. 73; Stolzenburg 2007, S. 14, mit Anm. 26 auf S. 134

14.1–14.6
Illustrationen zum *Taschenbuch für 1801*

14.1 [Abb. S. 134]
Pierre Charles Baquoy nach Franz Ludwig Catel
Fortuna (nach Guido Reni), 1800

Radierung und Kupferstich, 85 x 66 mm (Bild),
Unten bezeichnet: »Gemahlt von Guido Reni, gestochen von Baquoi, gezeichnet von Franz Catel«
HAMBURGER KUNSTHALLE, BIBLIOTHEK IM KUPFERSTICHKABINETT, Sign. Ill. XIX Catel 1800-8 (Inv.-Nr. KB-2009.1557G-2)

PROV.: Erworben 2009 vom Antiquariat Wolfgang Braecklein, Berlin mit Mitteln des Fördervereins »Die Meisterzeichnung. Freunde des Hamburger Kupferstichkabinetts e. V.«
LIT.: Lanckoronska/Rümann 1954, S. 52

14.2 [Abb. S. 134]
Louis Petit nach Franz Ludwig Catel
Der hl. Romuald (nach Andrea Sacchi), 1800

Radierung und Kupferstich, 102 x 65 mm (Bild)
Links unten bezeichnet: »gemahlt von And. Sacchi«; mittig: »gezeichnet von Franz Catel«; rechts: »gestochen von L. Petit in Paris.«
HAMBURGER KUNSTHALLE, BIBLIOTHEK IM KUPFERSTICHKABINETT, Sign. Ill. XIX Catel 1800-8 (Inv.-Nr. KB-2009.1557G-3)

PROV.: Siehe Kat.-Nr. 14.1
LIT.: Siehe Kat.-Nr. 14.1

14.3 [Abb. S. 135]
Louis Petit nach Franz Ludwig Catel
Transfiguration Christi (nach Raffael), 1800

Radierung und Kupferstich, 123 x 97 mm (Bild)
Unten links bezeichnet: »gemahlt Von Raphael Sanzio da Urbino.«; mittig: »gezeichnet von Franz Catel in Paris«; recht unten: »gestochen von L. Petit in Paris«
HAMBURGER KUNSTHALLE, BIBLIOTHEK IM KUPFERSTICHKABINETT, Sign. Ill. XIX Catel 1800-8 (Inv.-Nr. KB-2009.1557G-4)

PROV.: Siehe Kat.-Nr. 14.1
LIT.: Siehe Kat.-Nr. 14.1

14.4 [Abb. S. 136]
Kommunion des hl. Hieronymus (nach Domenichino), 1800

Feder in Schwarz, braun laviert, 111 x 72 mm (Papier)
HAMBURGER KUNSTHALLE, KUPFERSTICHKABINETT, Inv.-Nr. 2007-13

AUSST.: 1800 Berlin, Akademieausstellung
PROV.: 1986 bei Hauswedell & Nolte, Hamburg (Nr. 251; verkauft); England, Privatbesitz; erworben 2007 von Emanuel von Baeyer, London, mit Mitteln der Campe'schen Historischen Kunststiftung
LIT.: Ausst.-Kat. Berlin 1800 (zit. nach: Börsch-Supan 1971), S. 56–57, Nr. 171.2 (»Communion des heil. Hieronimus von Dominichino.«) ; Geller 1960, S. 293; Becker 1971, S. 61; Aukt.- Kat. Hamburg, Hauswedell & Nolte 1986, S. 40, Nr. 251; Ausst.-Kat. Rom 1996a, S. 73

14.5 [Abb. S. 136]
Hieronymus Hess nach Franz Ludwig Catel
Kommunion des hl. Hieronymus (nach Domenichino), 1800

Radierung und Kupferstich, 107 x 68 mm (Bild),
Unten bezeichnet: »Nach Dominichino, von Catel gez. und Hess gest.«
HAMBURGER KUNSTHALLE, BIBLIOTHEK IM KUPFERSTICHKABINETT, Sign. Ill. XIX Catel 1800-8 (Inv.-Nr. KB-2009.1557G-5)

PROV.: Siehe Kat.-Nr. 14.1
LIT.: Siehe Kat.-Nr. 14.1

14.6 [Abb. S. 137]
Hieronymus Hess nach Franz Ludwig Catel
Beweinung Christi (nach Annibale Carracci), 1800

Radierung und Kupferstich, 107 x 68 mm (Bild)
Unten bezeichnet: »Nach Hannibal Carracci, von Catel gez. und Hess gest.«
HAMBURGER KUNSTHALLE, BIBLIOTHEK IM KUPFERSTICHKABINETT, Sign. Ill. XIX Catel 1800-8 (Inv.-Nr. KB-2009.1557G-6)

PROV.: Siehe Kat.-Nr. 14.1
LIT.: Siehe Kat.-Nr. 14.1

15.1–15.2

Illustrationen zu: *Karl Müchler's Gedichte*

15.1   [Abb. S. 138]

Ein Affe steckt einen Hain in Brand, um 1800

Feder und Pinsel in Grau und Schwarz, 40 x 63 mm
(Bild), 124 x 80 mm (Papier)
HAMBURGER KUNSTHALLE, KUPFERSTICHKABINETT,
Inv.-Nr. 47048 (Lichtwark-Inventar, Nr. 14987)
PROV.: G. Münch, 1865; erworben 1912 von Anna
Twietmeyer, Leipzig
LIT.: Geller 1960, S. 295

15.2   [Abb. S. 139]

Friedrich Wilhelm Bollinger nach
Franz Ludwig Catel
*Ein Affe steckt einen Hain in Brand (Schluss-
vignette Bd. 2),* um 1800

Radierung und Kupferstich, 37 x 60 mm (Bild),
85 x 128 mm (Papier; Probedruck, Plattenrand nicht
sichtbar)
Links unten bezeichnet: »Catel f.«; rechts unten:
»Bollinger sc.«
HAMBURGER KUNSTHALLE, KUPFERSTICHKABINETT,
Inv.-Nr. 47047 (Lichtwark-Inventar, Nr. 14988)
PROV.: G. Münch, 1865; erworben 1912 von Anna
Twietmeyer, Leipzig
LIT.: Lanckoronska/Oehler 1934, Bd. 3, S. 58; Geller
1960, S. 295

16.1–16.4

Illustrationen zu den *Erzählungen* von
Therese Huber

PROV.: Erworben aus dem deutschen Antiquariatshandel
HAMBURG, PRIVATBESITZ

16.1   [Abb. S. 140]

Anonymer Stecher nach Franz Ludwig Catel
*Das Geständnis (Szene aus der Erzählung
Unglück versöhnt. Eine schweizerische Anek-
dote;* Erste Sammlung, Titelkupfer), um 1800/01

Radierung und Kupferstich, 109 x 67 mm (Bild)

16.2   [Abb. S. 140]

Anonymer Stecher nach Franz Ludwig Catel
*Das Schiff (Szene aus der Erzählung Abentheuer
auf einer Reise nach Neu=Holland;* Erste Sammlung, Titelvignette), um 1800/01

Radierung und Kupferstich, 63 x 75 mm (Bild)

16.3   [Abb. S. 141]

Anonymer Stecher nach Franz Ludwig Catel
*Maiberg rettet den Amtmann aus den Flammen
(Szene aus der Erzählung Geschichte einer Reise
auf die Freite;* Zweite Sammlung, S. 138–398;
Titelkupfer, Illustration zu S. 363), um 1800/01

Radierung und Kupferstich, 109 x 70 mm (Bild)
Links unten bezeichnet: »F. Catel del.«

16.4   [Abb. S. 141]

Anonymer Stecher nach Franz Ludwig Catel
Trauerndes Paar mit Kind (Zweite Sammlung,
Titelvignette), um 1800/01

Radierung und Kupferstich, 51 x 69 mm (Bild)

17.1–17.5

Illustrationen zum *Taschenbuch für 1802* mit
Darstellungen von antiken und zeitgenössischen
Festen *(Panem et Circensem)*

HAMBURGER KUNSTHALLE, KUPFERSTICHKABINETT,
Inv.-Nr. 2007-14-17 und 19
PROV.: Aukt.-Kat. Hamburg, Hauswedell & Nolte 1986
(Kat.-Nr. 17.3, 17.4, 17.5.; nicht Kat.-Nr. 17.1 und 17.2);
England, Privatbesitz; erworben 2007 von Emanuel von
Baeyer, London, mit Mitteln der Campe'schen Histori-
schen Kunststiftung
LIT.: Stolzenburg 2009a, S. 196

17.1   [Abb. S. 143]

*Feier zu Ehren der Siege Napoleon Bonapartes in
Italien (Fêtes des Victoires) auf dem Marsfeld in
Paris am 29. Mai 1796 (10 prairial an IV),*
um 1798

Feder in Braun und Schwarz, grau laviert; Montierung
mit Rahmung (Feder in Rot), 81 x 120 mm
HAMBURGER KUNSTHALLE, KUPFERSTICHKABINETT,
Inv.-Nr. 2007-14
PROV.: England, Privatbesitz; erworben 2007 von Ema-
nuel von Baeyer, London, mit Mitteln der Campe'schen
Historischen Kunststiftung

17.2   [Abb. S. 144]

*Predigt am Dekadi zur Revolutionszeit in einer
Pariser Kirche,* um 1798

Feder in Braun und Schwarz, grau laviert; Montierung
mit Rahmung (Feder in Rot), 82 x 120 mm
HAMBURGER KUNSTHALLE, KUPFERSTICHKABINETT,
Inv.-Nr. 2007-15
PROV.: England, Privatbesitz; erworben 2007 von Ema-
nuel von Baeyer, London, mit Mitteln der Campe'schen
Historischen Kunststiftung

17.3   [Abb. S. 145]

Eucharistie-Gottesdienst in einer Pariser Kirche,
um 1798

Feder in Braun und Schwarz, grau laviert; Montierung
mit Rahmung am Rand des Papiers (Feder in Rot),
119 x 82 mm
HAMBURGER KUNSTHALLE, KUPFERSTICHKABINETT,
Inv.-Nr. 2007-16
LIT.: Aukt.-Kat. Hamburg, Hauswedell & Nolte 1986,
S. 40, Nr. 250

17.4   [Abb. S. 146]

*Das Fest der Suovetaurilien, d. h. der Schweine,
Schafe und Rinder,* um 1798

Feder in Braun und Schwarz, grau laviert; Montierung
mit Rahmung am Rand des Papiers (Feder in Rot),
82 x 120 mm
HAMBURGER KUNSTHALLE, KUPFERSTICHKABINETT,
Inv.-Nr. 2007-17
LIT.: Aukt.-Kat. Hamburg, Hauswedell & Nolte 1986,
S. 39, Nr. 245

17.5   [Abb. S. 147]

*Triumphzug eines römischen Kaisers vor
dem Konstantins-Bogen auf dem Forum
Romanum in Rom,* um 1798

Feder in Braun und Schwarz, grau laviert; Montierung
mit Rahmung am Rand des Papiers (Feder in Rot),
120 x 83 mm
HAMBURGER KUNSTHALLE, KUPFERSTICHKABINETT,
Inv.-Nr. 2007-19
LIT.: Aukt.-Kat. Hamburg, Hauswedell & Nolte 1986,
S. 39, Nr. 244, Taf. 12

18.1–18.7

Illustrationen zu Joachim Heinrich Campes
Robinson der Jüngere

HAMBURGER KUNSTHALLE, KUPFERSTICHKABINETT,
Inv.-Nr. 2010-18 bsi 2012-24
PROV.: Erworben 2010 vom Antiquariat Flühmann,
Zürich, mit Mitteln des Fördervereins »Die Meister-
zeichnung. Freunde des Hamburger Kupferstich-
kabinetts e. V.«
LIT.: Stolzenburg 2015e

18.1   [Abb. S. 150]

*Joachim Heinrich Campe im Kreise seiner
Familie und umgeben von seinen Zöglingen in
Hamburg (Robinson der Jüngere* von J. H. Campe,
Braunschweig 1801 [7. Aufl.] oder 1804 [8. Aufl.],
Teil 1, Tielkupfer), um 1800

Feder und Pinsel in Schwarz; fest montiert auf altem,
hellbraunem Untersatzkarton; Einfassungslinie (Feder
in Rot), 104 x 69 mm
HAMBURGER KUNSTHALLE, KUPFERSTICHKABINETT,
Inv.-Nr. 2010-18

18.2   [Abb. S. 150]

*Robinson der Jüngere wird nach dem Schiffbruch
auf einen Felsen geschleudert und verliert das
Bewusstsein (Robinson der Jüngere* von J. H.
Campe, Braunschweig 1801 [7. Aufl.] oder 1804
[8. Aufl.], Teil 1, »Dritter Abend«), um 1800

Feder und Pinsel in Schwarz; fest montiert auf altem,
hellbraunem Untersatzkarton; Einfassungslinie (Feder
in Rot), 103 x 67 mm
HAMBURGER KUNSTHALLE, KUPFERSTICHKABINETT,
Inv.-Nr. 2010-19

18.3   [Abb. S. 151]

*Robinsons Genesung – Robinson melkt sein
Lama (Robinson der Jüngere* von J. H. Campe,
Braunschweig 1801 [7. Aufl.] oder 1804 [8. Aufl.],
Teil 2), um 1800

Feder und Pinsel in Schwarz; fest montiert auf altem,
hellbraunem Untersatzkarton; Einfassungslinie (Feder
in Rot), 103 x 68 mm
HAMBURGER KUNSTHALLE, KUPFERSTICHKABINETT,
Inv.-Nr. 2010-20

18.4 [Abb. S. 151]

Robinson entdeckt die Fußspuren eines Menschen im Sand (Robinson der Jüngere von J. H. Campe, Braunschweig 1801 [7. Aufl.] oder 1804 [8. Aufl.], Teil 2, »Vierzehnter Abend«), um 1800

Feder und Pinsel in Schwarz; fest montiert auf altem, hellbraunem Untersatzkarton; Einfassungslinie (Feder in Rot), 101 x 66 mm
HAMBURGER KUNSTHALLE, KUPFERSTICHKABINETT, Inv.-Nr. 2010-21

18.5 [Abb. S. 152]

Robinson rettet einen Eingeborenen (Robinson der Jüngere von J. H. Campe, Teil 2, Braunschweig 1801 [7. Aufl.] oder 1804 [8. Aufl.], Teil 2, »Fünfzehnter Abend«), um 1800

Feder und Pinsel in Schwarz; fest montiert auf altem, hellbraunem Untersatzkarton; Einfassungslinie (Feder in Rot), 102 x 67 mm
HAMBURGER KUNSTHALLE, KUPFERSTICHKABINETT, Inv.-Nr. 2010-22

18.6 [Abb. S. 152]

Robinson rettet Freitags Vater (Robinson der Jüngere von J. H. Campe, Braunschweig 1801 [7. Aufl.] oder 1804 [8. Aufl.], Teil 2, »Siebenundzwanzigster Abend«), um 1800

Feder und Pinsel in Schwarz; fest montiert auf altem, hellbraunem Untersatzkarton; Einfassungslinie (Feder in Rot), 105 x 70 mm
HAMBURGER KUNSTHALLE, KUPFERSTICHKABINETT, Inv.-Nr. 2010-23

18.7 [Abb. S. 153]

Robinsons Rückkehr nach Hamburg (Robinson der Jüngere von J. H. Campe, Braunschweig 1801 [7. Aufl.] oder 1804 [8. Aufl.], Teil 2, »Einunddreißigster Abend«), um 1800

Feder und Pinsel in Schwarz; fest montiert auf altem, hellbraunem Untersatzkarton; Einfassungslinie (Feder in Rot), 105 x 70 mm
HAMBURGER KUNSTHALLE, KUPFERSTICHKABINETT, Inv.-Nr. 2010-24

19.1–19.6

Illustrationen zu: *Geschichtliches Bilderbüchlein oder die allgemeine Weltgeschichte in Bildern und Versen* von Joachim Heinrich Campe

HAMBURGER KUNSTHALLE, KUPFERSTICHKABINETT, Inv.-Nr. 2010-26 bis 2010-30

PROV.: Erworben 2010 vom Antiquariat Flühmann, Zürich, aus Mitteln des Fördervereins »Die Meisterzeichnung. Freunde des Hamburger Kupferstichkabinetts e. V.«
LIT.: Unveröffentlicht

19.1 [Abb. S. 154]

Die Sintflut (Geschichtliches Bilderbüchlein, Taf. nach S. 10), um 1800

Feder und Pinsel in Graubraun, 96 x 67 mm
HAMBURGER KUNSTHALLE, KUPFERSTICHKABINETT, Inv.-Nr. 2010-27

19.2 [Abb. S. 154]

Er baut, statt Rockens, nichts als Wein (Geschichtliches Bilderbüchlein, Taf. nach S. 12), um 1800

Feder und Pinsel in Graubraun, 96 x 67 mm
HAMBURGER KUNSTHALLE, KUPFERSTICHKABINETT, Inv.-Nr. 2010-28

19.3 [Abb. S. 155]

Joseph deutet die Träume des Pharaos (Geschichtliches Bilderbüchlein, Taf. nach S. 62), um 1800

Feder und Pinsel in Graubraun, 96 x 67 mm
HAMBURGER KUNSTHALLE, KUPFERSTICHKABINETT, Inv.-Nr. 2010-30

19.4 [Abb. S. 156]

Orpheus (Geschichtliches Bilderbüchlein, Taf. nach S. 98), um 1800

Feder und Pinsel in Graubraun, 96 x 67 mm
HAMBURGER KUNSTHALLE, KUPFERSTICHKABINETT, Inv.-Nr. 2010-26

19.5 [Abb. S. 156]

Das Trojanische Pferd (Geschichtliches Bilderbüchlein, Taf. nach S. 106), um 1800

Feder und Pinsel in Graubraun, 96 x 67 mm
HAMBURGER KUNSTHALLE, KUPFERSTICHKABINETT, Inv.-Nr. 2010-25

19.6 [Abb. S. 157]

Cirus bringt König Krösus auf den Scheiterhaufen – »Oh Solon! Solon! Solon!« (Geschichtliches Bilderbüchlein, Taf. nach S. 138), um 1800

Feder und Pinsel in Graubraun, 96 x 67 mm
HAMBURGER KUNSTHALLE, KUPFERSTICHKABINETT, Inv.-Nr. 2010-29

20.1–20.6

Illustrationen Friedrich Schillers *Don Karlos*

HAMBURG, PRIVATBESITZ

PROV.: Erworben 2000 vom Sächsischen Antiquariat, Leipzig
LIT.: Lanckoronska/Oehler 1934, Bd. 3, S. 58

20.1 [Abb. S. 158]

Amadeus Wenzel Böhm nach Franz Ludwig Catel
Don Carlos und der Marquis von Posa sich umarmend (Erster Akt, Zweiter Auftritt), 1801

Radierung und Kupferstich, 115 x 69 mm (Bild)
Links unten bezeichnet: »F. Catel. del:«; rechts unten: »W. Böhm sc:«; darunter: »Don Karlos. / Erster Akt, Zweiter Auftritt.«

20.2 [Abb. S. 158]

Amadeus Wenzel Böhm nach Franz Ludwig Catel
Don Carlos wirft sich der Königin zu Füßen (Zweiter Akt, Sechster Auftritt), 1801

Radierung und Kupferstich, 114 x 71 mm (Bild)
Rechts unten bezeichnet: »Catel. del:«; rechts unten: »W. Böhm sc:«; darunter: »Don Karlos. / Zweiter Akt, Sechster Auftritt.«

20.3 [Abb. S. 159]

Amadeus Wenzel Böhm nach Franz Ludwig Catel
Der König in seinem Schlafzimmer mit zwei eingeschlafenen Pagen (Dritter Akt, Erster Auftritt), 1801

Radierung und Kupferstich, 114 x 69 mm (Bild)
Links unten bezeichnet: »F. Catel. del:«; rechts unten: »W. Böhm sc:«; darunter: »Don Karlos. / Dritter Akt, Erster Auftritt.«

20.4 [Abb. S. 159]

Amadeus Wenzel Böhm nach Franz Ludwig Catel
Der König und die Königin mit der Infantin auf dem Arm (Vierter Akt, Neunter Auftritt), 1801

Radierung und Kupferstich, 116 x 71 mm (Bild)
Links unten bezeichnet: »F. Catel. del:«; rechts unten: »W. Böhm sc:«; darunter: »Don Karlos. / Vierter Akt, Neunter Auftritt.«

20.5 [Abb. S. 160]

Der Tod des Marquis von Posa (Fünfter Akt, Dritter Auftritt), um 1800

Pinsel in Schwarz und Hellgrau, 119 x 72 mm (Bild), 130 x 112 mm (Papier)
Rechts unten bezeichnet: »F. Catel fec.« (Feder in Schwarz)
HAMBURG, PRIVATBESITZ

PROV.: 1954 im Berliner Kunsthandel; erworben 2006 von Galerie und Kunstantiquariat Joseph Fach, Frankfurt am Main
LIT.: Aukt.-Kat. Berlin, Rosen 1954, S. 22, Nr. 1430; Lager-Kat. Frankfurt am Main, Joseph Fach 2006, S. 49, Nr. 64

20.6 [Abb. S. 161]

Amadeus Wenzel Böhm nach Franz Ludwig Catel
Der Tod des Marquis von Posa (Fünfter Akt, Dritter Auftritt), 1801

Radierung und Kupferstich, 114 x 69 mm (Bild)
Links unten bezeichnet: »F. Catel. del:«; rechts unten: »W. Böhm sc:«; darunter: »Don Karlos. / Fünfter Akt, Dritter Auftritt.«

21.1 [Abb. S. 162]

Die Vier Jahreszeiten als über der Erdkugel schwebende Figuren; darunter zwölf leere rechteckige Felder (Entwurf für den Jahreskalender eines Almanachs oder Taschenbuchs), um 1800

Feder und Pinsel in Schwarz und Grau, 37 x 241 mm (Figurengruppe), 217 x 241 mm (Papier)
Oberhalb der Weltkugel schwach lesbar beschriftet: »[...] 1801 [...]« (Bleistift); nochmals »1801« ist auf der Weltkugel zu lesen (Feder in Schwarz)
STAATLICHE MUSEEN ZU BERLIN, KUNSTBIBLIOTHEK, Inv.-Nr. HdZ 5259, OS31, 39

PROV.: Erworben 1931
LIT.: Unveröffentlicht

21.2   [Abb. S. 163]

*Phaeton auf dem Sonnenwagen (links) – die
Mondgöttin Selene (rechts) (Entwurf für den
Jahreskalender eines Almanachs oder Taschen-
buchs), um 1800 (?)*

Aquarell über Feder in Schwarz, 40 x 236 mm (Figuren-
gruppe), 212 x 236 mm (Papier), unbezeichnet
STAATLICHE MUSEEN ZU BERLIN, KUNSTBIBLIOTHEK,
Inv.-Nr. HdZ 5260, Os 31, 40

PROV.: Erworben 1931
LIT.: Unveröffentlicht

22.1   [Abb. S. 164]

*Fruchtbarkeitsgöttin von Amor in einer Grotte
umarmt (Entwurf für die Kalenderübersicht eines
Taschenbuchs), um 1800 (?)*

Feder und Pinsel in Schwarz und Grau, 40 x 64 mm
(Figurengruppe), 132 x 93 mm (Papier); Schriftfeld
schwach lesbar beschriftet: »Tabellen / zur / Bemerkung
/ der / Festtage etc.« (Bleistift); unterhalb der vier Körbe
schwach lesbar beschriftet: »Für die Nische gestalte
[?] / […] ich die Pflanzen noch gen[…] / da wird es
drücken [?]« (Bleistift)
STAATLICHE MUSEEN ZU BERLIN, KUNSTBIBLIOTHEK,
Inv.-Nr. HdZ 5257, OS 31, 37

PROV.: Erworben 1931
LIT.: Unveröffentlicht

22.2   [Abb. S. 165]

*Zwei schwebende Frauen, eine mit Lyra, die
andere mit einem Lorbeerkranz, begleitet von
zwei Putten (Entwurf für ein Titelkupfer?),
um 1800 (?)*

Feder und Pinsel in Schwarz und Grau, 109 x 82 mm,
unbezeichnet
STAATLICHE MUSEEN ZU BERLIN, KUNSTBIBLIOTHEK,
Inv.-Nr. HdZ 5258, OS 31, 38

PROV.: Erworben 1931
LIT.: Unveröffentlicht

23   [Abb. S. 166]

*Dekoration in pompejanischer Manier,
um 1800/05 (?)*

Aquarell über Bleistift auf blau getöntem Papier,
147 x 140 mm, unbezeichnet
STAATLICHE MUSEEN ZU BERLIN, KUNSTBIBLIOTHEK,
Inv.-Nr. HdZ 5255, OS 31, 36 a

PROV.: Erworben 1931
LIT.: Unveröffentlicht

24   [Abb. S. 167]

*Dekoration in pompejanischer Manier,
um 1800/05 (?)*

Aquarell über Bleistift auf blaugetöntem Papier,
245 x 139 mm, unbezeichnet
STAATLICHE MUSEEN ZU BERLIN, KUNSTBIBLIOTHEK,
Inv.Nr. HdZ 5256, OS 31, 56 b

PROV.: Erworben 1931
LIT.: Unveröffentlicht

25.1–25.2

*Landschaftsradierungen für die Ansichten wirk-
lich bestehender Gartenpartien im Taschenkalender auf das Jahr 1800 für Natur- und
Gartenfreunde*

25.1   [Abb. S. 168]

*Der Park von Schloss Wilhelmshöhe bei Kassel –
Der Aquädukt, 1800*

Radierung, 95 x 132 mm (Bild), 110 x 152 mm (Papier)
Bezeichnet in der Platte links unten: »Aus der Erinnerung gezeichnet und geätzt von Franz Catel«; mittig
bezeichnet: »Auf dem Weissenstein bey Cassel«
HAMBURG, PRIVATBESITZ

PROV.: 1999 erworben vom Kunstantiquariat Stephan
List, München
LIT.: Geller 1960, S. 289; Lager-Kat. München, List
1999, o. S., Nr. 11a

25.2   [Abb. S. 169]

*Der Park Schloss Wilhelmshöhe bei Kassel –
Die Fontäne, 1800*

Radierung, 95 x 127 mm (Bild), 112 x 149 mm (Papier)
Bezeichnet in der Platte links unten: »Aus der Erinnerung gezeichnet und geätzt von Franz Catel«; mittig
bezeichnet: »Auf dem Weissenstein bey Cassel«
HAMBURG, PRIVATBESITZ

PROV.: Erworben 1999 vom Kunstantiquariat Stephan
List, München
LIT.: Geller 1960, S. 289; Lager-Kat. München, List
1999, o. S., Nr. 11b

26.1–26.6

Illustrationen zu Goethes *Die guten Frauen als
Gegenbilder der bösen Weiber* im *Taschenbuch
für Damen auf das Jahr 1801*

HAMBURG, PRIVATBESITZ

PROV.: Erworben aus dem deutschen Antiquariatshandel
LIT.: Geller 1960, S. 46, 47–50, 292; Praschek 1968,
S. 313–318; Ausst.-Kat. Rom 1996a, S. 73; Fischer
2003, S. 368–370, Nr. 307

26.1a   [Abb. S. 170]

Georg Christian Gropius nach Franz Ludwig Catel
Caffée du beau Monde, um 1800

Radierung und Kupferstich, 41 x 56 mm (Bild)

26.1b   [Abb. S. 170]

Georg Christian Gropius nach Franz Ludwig Catel
Streitende alte Weiber, um 1800

Radierung und Kupferstich, 41 x 56 mm (Bild)

26.2a   [Abb. S. 170]

Georg Christian Gropius nach Franz Ludwig Catel
Tischgespräch, um 1800

Radierung und Kupferstich, 40 x 56 mm (Bild)

26.2b   [Abb. S. 170]

Georg Christian Gropius nach Franz Ludwig Catel
Entschädigung, um 1800

Radierung und Kupferstich, 41 x 56 mm (Bild)

26.3a   [Abb. S. 171]

Georg Christian Gropius nach Franz Ludwig Catel
Und er soll dein Herr sein, um 1800

Radierung und Kupferstich, 42 x 56 mm (Bild)

26.3b   [Abb. S. 171]

Georg Christian Gropius nach Franz Ludwig Catel
*Die Männer müssen niemals müde werden! /
Aus Ifflands Hausfrieden, um 1800*

Radierung und Kupferstich, 41 x 56 mm (Bild)

26.4a   [Abb. S. 171]

Georg Christian Gropius nach Franz Ludwig Catel
Andacht der Haushälterin, um 1800

Radierung und Kupferstich, 41 x 56 mm (Bild)

26.4b   [Abb. S. 171]

Georg Christian Gropius nach Franz Ludwig Catel
Das Echo, um 1800

Radierung und Kupferstich, 41 x 56 mm (Bild)

26.5a   [Abb. S. 172]

Georg Christian Gropius nach Franz Ludwig Catel
Die eingeschlafene Schriftstellerin, um 1800

Radierung und Kupferstich, 42 x 57 mm (Bild)

26.5b   [Abb. S. 172]

Georg Christian Gropius nach Franz Ludwig Catel
Simpathia, um 1800

Radierung und Kupferstich, 40 x 56 mm (Bild)

26.6a   [Abb. S. 173]

Georg Christian Gropius nach Franz Ludwig Catel
Erziehung, um 1800

Radierung und Kupferstich, 41 x 56 mm (Bild)

26.6b   [Abb. S. 173]

Georg Christian Gropius nach Franz Ludwig Catel
Theure Gattin!, um 1800

Radierung und Kupferstich, 41 x 56 mm (Bild)

27.1–27.6

Illustrationen zu: *Sämtliche Gedichte* von Johann
Heinrich Voss

HAMBURG, PRIVATBESITZ

PROV.: Bibliothek des Schriftstellers Ludwig Ganghofer
(1855–1920), München und Tegernsee (mit Exlibris von
Franz von Stuck); erworben 2008 vom Antiquariat
Halkyone, Hamburg
LIT.: Rümann 1927, S. 183, Nr. 1197; Lanckoronska/
Oehler 1934, Bd. 3, S. 58, Abb. 105–108; Geller 1960,
S. 295–296; Prauss 2001, S. 60, Nr. 120

27.1a   [Abb. S. 174]

Eberhard Henne nach Franz Ludwig Catel
*Des Bräutigams Besuch – Luise, ihr Verlobter
Walter und Gräfin Amalie, 1800/01*

Radierung und Kupferstich, 108 x 75 mm (Bild)
Links unten bezeichnet: »Catel del.«; rechts unten:
»E. Henne sc.«; rechts oben nummeriert: »I.«
In: *Sämtliche Gedichte von Johann Heinrich Voss,
Erster Theil: Luise,* Königsberg MDCCCII. [1802]. Bei
Friedrich Nicolovius, Titelkupfer (Luise III, Vers 203–
205)

27.1b [Abb. S. 174]

Eberhard Henne nach Franz Ludwig Catel
*Das Fest im Walde – Luise und ihr Verlobter
Walter auf dem Weg in den Wald, links im Mittelgrund der »kleine Graf« Hans, im Hintergrund
ein Landmann,* 1800/01

Radierung und Kupferstich, 60 x 72 mm (Bild)
Links unten bezeichnet: »Catel del.«; rechts unten:
»E. Henne sc.«
In: *Sämtliche Gedichte von Johann Heinrich Voss,
Erster Theil: Luise,* Königsberg MDCCCII. [1802]. Bei
Friedrich Nicolovius, Titelvignette (Luise I, Vers 30 und
95–109)

27.2a [Abb. S. 175]

Johann Friedrich Bolt nach Franz Ludwig Catel
*Der Gutsbesitzer und seine Gattin empfangen
den Pfarrer, die Lehrer und die Landleute, die
sich anschicken mit ihrem Leibeigenenlied dem
Gutsherrn den entscheidenden Anstoß zu ihrer
Freilassung zu geben,* 1800

Radierung und Kupferstich, 108 x 75 mm (Bild)
Links unten bezeichnet: »Fr. Catel d.«; rechts unten:
»Fr. Bolt sc. 1800.«
In: *Sämtliche Gedichte von Johann Heinrich Voss,
Zweiter Theil: Idyllen,* Königsberg MDCCCII. [1802].
Bei Friedrich Nicolovius, Titelkupfer (Dritte Leibeige-
nenidylle: *Die Erleichterten,* Vers 142 ff., S. 61 ff.)

27.2b [Abb. S. 175]

Friedrich Wilhelm Meyer d. Ä. nach
Franz Ludwig Catel
*Der alte Pastor Tamm im Lehnstuhl wird von
seiner frisch vermählten Schwiegertochter aus
dem Mittagsschlaf wachgeküsst, hinter den
beiden der Sohn Zacharias und Tamms Gattin,
von der Tür halb verdeckt die Magd Marie,* 1801

Radierung und Kupferstich, 60 x 72 mm (Bild)
Links unten bezeichnet: »Catel d.«; rechts unten:
»Meyer sc. 01.«
In: *Sämtliche Gedichte von Johann Heinrich Voss,
Zweiter Theil: Idyllen,* Königsberg MDCCCII. [1802].
Bei Friedrich Nicolovius, Titelvignette (Idylle XVI:
Der siebzigste Geburtstag, S. 230–233)

27.3a [Abb. S. 176]

Eberhard Henne nach Franz Ludwig Catel
*Schwebende Muse der Dichtkunst mit Lyra,
darüber am Himmel Phaeton auf dem Sonnenwagen,* 1801

Radierung und Kupferstich, 108 x 75 mm (Bild)
Links unten bezeichnet: »F. Catel del«; rechts unten:
»E. Henne sc.«; oben rechts nummeriert: »III.«
In: *Sämtliche Gedichte von Johann Heinrich Voss,
Dritter Theil: Oden und Elegien,* Königsberg MDCCCII.
[1802]. Bei Friedrich Nicolovius, Titelkupfer

27.3b [Abb. S. 176]

Eberhard Henne nach Franz Ludwig Catel
*Junge Frau am Fluss, hinter ihr ein geflügelter
Jüngling (Amor?), vor ihr die Muse der Dicht-
kunst,* 1800/01

Radierung und Kupferstich, 60 x 72 mm (Bild)
Links unten bezeichnet: »F. Catel del.«; rechts unten:
»E. Henne sc.«

In: *Sämtliche Gedichte von Johann Heinrich Voss,
Dritter Theil: Oden nd Elegien,* Königsberg MDCCCII.
[1802]. Bei Friedrich Nicolovius, Titelvignette

27.4a [Abb. S. 177]

Eberhard Henne nach Franz Ludwig Catel
*Schreitende Muse (Ceres oder Flora?) mit Lyra
und Blumenkorb, in der linken Hand einen
Blumenkranz,* 1800/01

Radierung und Kupferstich, 108 x 75 mm (Bild)
Links unten bezeichnet: »F. Catel del.«; rechts unten:
»E, Henne sc.«; oben rechts nummeriert: »IV.«
In: *Sämtliche Gedichte von Johann Heinrich Voss,
Vierter Theil: Oden und Lieder,* I.–III. Buch, Königsberg
MDCCCII. [1802]. Bei Friedrich Nicolovius, Titelkupfer

27.4b [Abb. S. 177]

Eberhard Henne nach Franz Ludwig Catel
*Sitzender Jüngling mit Lyra und Amor, umgeben
von zwei männlichen Gestalten, einer mit zwei
Fackeln (Allegorie der Nacht), einer mit einem
Thyrsosstab, dahinter Aurora (Allegorie der
Morgenröte) auf ihrem Wagen,* 1800/01

Radierung und Kupferstich, 60 x 72 mm (Bild)
Links unten bezeichnet: »F. Catel del.«; rechts unten:
»E, Henne sc.«
In: *Sämtliche Gedichte von Johann Heinrich Voss,
Vierter Theil: Oden und Lieder,* I.–III. Buch, Königsberg
MDCCCII. [1802]. Bei Friedrich Nicolovius, Titel-
vignette

27.5a [Abb. S. 178]

Eberhard Henne (?) nach Franz Ludwig Catel
Die drei Grazien mit Lyra unter einer Weinlaube,
1800/01

Radierung und Kupferstich, 108 x 75 mm (Bild)
Rechts oben nummeriert: »V.«
In: *Sämtliche Gedichte von Johann Heinrich Voss,
Fünfter Theil: Oden und Lieder,* IV.–VI. Buch, Königs-
berg MDCCCII. [1802]. Bei Friedrich Nicolovius, Titel-
kupfer

27.5b [Abb. S. 178]

Eberhard Henne (?) nach Franz Ludwig Catel
Apoll mit der Lyra reitet auf Pegasus, 1800/01

Radierung und Kupferstich, 60 x 72 mm (Bild)
Unbezeichnet
In: *Sämtliche Gedichte von Johann Heinrich Voss,
Fünfter Theil: Oden und Lieder,* IV.–VI. Buch, Königs-
berg MDCCCII. [1802]. Bei Friedrich Nicolovius, Titel-
vignette

27.6a [Abb. S. 179]

Johann Friedrich Bolt (?) nach Franz Ludwig Catel
*Der lorbeergekrönte Dichter (Johann Heinrich
Voss) beobachtet das vorbeiziehende Landvolk
und wird von ihm gegrüßt,* 1800/01

Radierung und Kupferstich, 108 x 75 mm (Bild)
Rechts oben nummeriert: »VI.«
In: *Sämtliche Gedichte von Johann Heinrich Voss,
Sechster Theil: Oden und Lieder,* VII. Buch, Vermischte
Gedichte, Fabeln und Epigramme, Königsberg MDCCCII.
[1802]. Bei Friedrich Nicolovius, Titelkupfer

27.6b [Abb. S. 179]

Anonymer Stecher (Eberhard Henne?) nach
Franz Ludwig Catel
*Genius und Amorknabe mit Musikinstrumenten
vor einer Herme im Wald,* 1800/01

Radierung und Kupferstich, 60 x 72 mm (Bild)
Unbezeichnet
In: *Sämtliche Gedichte von Johann Heinrich Voss,
Sechster Theil: Oden und Lieder,* VII. Buch, Vermischte
Gedichte, Fabeln und Epigramme, Königsberg MDCCCII.
[1802]. Bei Friedrich Nicolovius, Titelvignette

28.1–28.2

Illustrationen zu Julius Graf von Sodens *Psyche.
Ein Märchen in vier Büchern*

28.1 [Abb. S. 180]

Johann Friedrich Bolt nach Franz Ludwig Catel
*Psyche betrachtet Amor beim Licht des Öllämp-
chens,* 1801

Radierung und Kupferstich, 101 x 66 mm (Bild)
Links unten bezeichnet: »Catel d.«; unten Mitte datiert:
»1801.«; rechts unten bezeichnet: »Fr. Bolt sc:«
HAMBURG, PRIVATBESITZ

PROV.: Hans Geller, Dresden; Staatliche Kunstsammlungen Dresden, Kupferstich-Kabinett, Inv.-Nr. A 1978-
222; ausgeschieden 1991 [Stempel]; erworben 2001
vom Kunsthandel Siegfried Billesberger, Moosinning/
München
LIT.: Geller 1960, S. 296 (dieses Exemplar)

28.2 [Abb. S. 180]

Johann Friedrich Bolt nach Franz Ludwig Catel
Psyche über einer Landschaft schwebend, 1801

Radierung und Kupferstich, 101 x 65 mm (Bild)
Links unten bezeichnet: »Fr. Catel d.«; mittig datiert:
»1801«; rechts unten: »Fr. Boldt sc.«
HAMBURG, PRIVATBESITZ

PROV.: Hans Geller, Dresden; Staatliche Kunstsammlungen Dresden, Kupferstich-Kabinett, Inv.-Nr. A 1978-
221; 1991 restituiert an die Erben von Hans Geller und
mit Ausscheidungsstempel vom 13. 11. 1991 versehen;
erworben 2001 vom Kunsthandel Siegfried Billesberger,
Moosinning/München

29.1–29.2

Illustrationen zu: *Komische und humoristische
Dichtungen* von Klamer Eberhard Karl Schmidt

HAMBURGER KUNSTHALLE, BIBLIOTHEK IM KUPFER-
STICHKABINETT, Sign. Ill. XIX Catel 1802-8 (Inv.-Nr.
KB-2014.1150G)

PROV.: Erworben 2012 vom Antiquariat Susanne
Koppel, Hamburg, mit Mitteln des Fördervereins »Die
Meisterzeichnung. Freunde des Hamburger Kupferstich-
kabinetts e. V.«
Gebundenes Exemplar

29.1   [Abb. S. 181]

Johann Friedrich Bolt nach Franz Ludwig Catel

O Jerum! O Jerum! patzig, wie das Geschmeis da sind flugs die Dirnen, 1801

Radierung und Kupferstich, 120 x 70 mm (Bild)
Links unten bezeichnet: »Catel d.«; rechts unten: »– Fr.
Bolt sc 1801«; rechts oben: »S. 293«; mittig bezeichnet:
»O Jerum! O Jerum! patzig, wie das Geschmeis da sind
flugs die Dirnen«
HAMBURG, PRIVATBESITZ

PROV.: Hans Geller, Dresden; Dresden, Staatliche
Kunstsammlungen, Kupferstich-Kabinett, Inv.-Nr. A
1978-224; 1991 restituiert an die Erben von Hans Geller
und mit Ausscheidungsstempel vom 13. 11. 1991 ver-
sehen; erworben 2001 vom Kunsthandel Siegfried
Billesberger, Moosinning/München
LIT.: Geller 1960, S. 297 (dieses Exemplar)
Einzelblatt

29.2   [Abb. S. 181]

Johann Friedrich Bolt nach Franz Ludwig Catel

Ja! Liebchen der Kaisersberg ist ein gar braver Mensch, 1802

Radierung und Kupferstich, 120 x 70 mm (Bild)
Links unten bezeichnet: »Catel d.«; rechts unten: »Fr
Bolt sc 1802.«; mittig bezeichnet: »Ja! Liebchen der
Kaisersberg ist ein gar braver Mensch«
HAMBURG, PRIVATBESITZ

PROV.: Hans Geller, Dresden; Dresden, Staatliche
Kunstsammlungen, Kupferstich-Kabinett, Inv.-Nr. A
1978-223; 1991 restituiert an die Erben von Hans Geller
und mit Ausscheidungsstempel vom 13. 11. 1991 ver-
sehen; erworben 2001 vom Kunsthandel Siegfried
Billesberger, Moosinning/München
LIT.: Geller 1960, S. 297 (dieses Exemplar)
Einzelblatt

30.1–30.4

Illustrationen zu: *Eloisa to Abelard* von
Alexander Pope

HAMBURG, STAATS- UND UNVERSITÄTSBIBLIOTHEK
CARL VON OSSIETZKY, Sign. B 1949/656

PROV.: Geschenk von G. C. Eschen an Frau J. Sonntag
LIT.: Journal des Luxus und der Moden 1803, S. 318–
321; www.gottfried-august-buerger-molmerswende.de/
Burger_und_sein_Museum/Rund_um_Burger/Illustratio
nen/illu-11/body_illu-11.html (letzter Aufruf: 8. 5. 2015);
Geller 1960, S. 304

30.1   [Abb. S. 182]

Caroline Watson nach Franz Ludwig Catel

Heloise in ihrer Zelle mit Marienerscheinung, (Titelkupfer), 1803

Radierung und Kupferstich, 209 x 148 mm (Bild),
317 x 230 mm (Papier)

30.2   [Abb. S. 182]

Caroline Watson nach Franz Ludwig Catel

Die lesende Heloise in ihrer Zelle, (Taf. vor S. 2), 1803

Radierung und Kupferstich, 209 x 148 mm (Bild),
317 x 230 mm (Papier)

30.3   [Abb. S. 183]

Caroline Watson nach Franz Ludwig Catel

Heloise kniet vor einem Priester am Altar, (Taf. vor S. 13), 1803

Radierung und Kupferstich, 207 x 146 mm (Bild),
317 x 230 mm (Papier)

30.4   [Abb. S. 183]

Caroline Watson nach Franz Ludwig Catel

Die sterbende Heloise, (Taf. S. 23), 1802/03

Radierung und Kupferstich, 208 x 150 mm (Bild),
317 x 230 mm (Papier)

31.1–31.4

Illustrationen zum *Almanach der Chroniken für das Jahr 1804* von August von Kotzebue

HAMBURG, PRIVATBESITZ

PROV.: J. F. Rost (Vermerk im vorderen Buchdeckel);
Alexander Strähuber (1814–1882), München; Dr. Anton
Strähuber (1877–1939), München (Exlibris im vorderen
Buchdeckel); weiter in Familienbesitz; erworben 2015
vom Antiquariat Susanne Koppel, Hamburg

31.1   [Abb. S. 184]

Anonymer Stecher nach Franz Ludwig Catel

Markgraf Herrmann – Stifterfigur im Naumburger Dom (Umschlagillustration), 1803

Radierung und Kupferstich, koloriert, 125 x 75 mm (Bild),
unbezeichnet

31.2   [Abb. S. 184]

Anonymer Stecher nach Franz Ludwig Catel

Reglindis – Stifterfigur im Naumburger Dom (Umschlagillustration), 1803

Radierung und Kupferstich, koloriert, 125 x 75 mm (Bild),
unbezeichnet

31.3   [Abb. S. 186]

Ludwig Buchhorn und Christian Haldenwang
nach Franz Ludwig Catel

Laute spielender Jüngling vor einem gotischen Fenster mit Blick auf eine Alpenlandschaft mit Burg (Titelkupfer), 1803

Radierung und Kupferstich, 99 x 64 mm (Bild)
Rechts unten bezeichnet: »gest: nach Catel von Buchhorn u: Haldenwang«

31.4   [Abb. S. 187]

Wilhelm Arndt nach Franz Ludwig Catel

Herzog Johann Wilhelms zu Sachsen Gotha auf der Ostsee erlittener Schiffbruch, 1803

Radierung und Kupferstich, 110 x 66 mm (Bild)
Links unten bezeichnet: »Catel del«; rechts unten:
»W Arndt sc.«

32.1–32.3

Illustrationen zum *Taschenbuch auf das Jahr 1804*

HAMBURGER KUNSTHALLE, BIBLIOTHEK IM KUPFER-
STICHKABINETT, Sign. Ill. XIX Catel 1804-8 (Inv.-Nr.
KB-2014.1146G-1,4 ,5)

PROV.: Erworben 2009 vom Antiquariat Winfried
Geisenheyner, Münster, mit Mitteln des Fördervereins
»Die Meisterzeichnung. Freunde des Hamburger Kupfer-
stichkabinetts e. V.«
LIT.: Lanckoronska/Oehler 1934, Bd. 3, S. 58; Lancko-
ronska/Rümann 1954, S. 53; Goldammer 1981, S. 59;
Fischer 2014, S. 227–230

32.1   [Abb. S. 188]

Friedrich Wilhelm Bollinger nach
Franz Ludwig Catel

Allegorie der Musik (Titelkupfer), 1803

Radierung und Kupferstich, 102 x 75 mm (Bild)
Unten bezeichnet: »Nach F. Catels Zeichnung gestochen
von F. W. Bollinger Berlin 1803« (in Spiegelschrift)
[Kat.-Nr. 32.1]
LIT.: Lanckoronska/Rümann 1954, Abb. S. 36

32.2   [Abb. S. 188]

Friedrich Wilhelm Bollinger nach
Franz Ludwig Catel

Der Traum Benvenuto Cellinis (Cellinis Leben, I. Teil, S. 298), 1803

Radierung und Kupferstich, 102 x 75 mm (Bild)
Unten bezeichnet: »Nach F. Catels Zeichnung gestochen
von F. W. Bollinger« (in Spiegelschrift)
LIT.: Goldschmidt 1932, S. 148, Nr. 7a, Abb. S. 151

32.3   [Abb. S. 189]

Friedrich Wilhelm Bollinger nach
Franz Ludwig Catel

Benvenuto Cellini im Gefängnis (Cellinis Leben, I. Teil, S. 302), 1803

Radierung und Kupferstich, 101 x 75 mm (Bild)
Unten bezeichnet: »Nach F. Catels Zeichnung gestochen
von F. W. Bollinger« (in Spiegelschrift)
LIT.: Goldschmidt 1932, S. 148, Nr. 7a, Abb. S. 151

33   [Abb. S. 190]

Ein Eremit mit Fackel von zwei Jünglingen vor seiner Höhle überrascht, um 1800/05 (?)

Feder und Pinsel in Braun, 130 x 72 mm (Bild),
174 x 110 mm (Papier)
Verso bezeichnet: »Berlin (Sammlung Vieweg)« (Bleistift)
HAMBURG, PRIVATBESITZ

PROV.: Archiv Friedrich Vieweg, Braunschweig; Privatbesitz, Essen; erworben 2011 von Van Ham Kunstauktionen, Köln
LIT.: Aukt.-Kat. Köln, Van Ham 2011, o. S., Nr. 1032

34   [Abb. S. 191]

Friedrich Bolt nach Franz Ludwig Catel

Aloysius und Agnes am Meer, 1804

Radierung und Kupferstich, 113 x 76 mm (Bild)
In: *Die Inselfahrt oder Aloysius und Agnes. Eine länd-
liche Dichtung in sechs Eklogen* von Ludwig Theobul
Kosegarten, Berlin, in der Vossischen Buchhandlung,
1804, Titelkupfer
HAMBURG, PRIVATBESITZ

PROV.: Erworben 2009 vom Zentralantiquariat, Leipzig

35.1–35.6

Illustrationen zu August Wilhelm Ifflands *Alma-nach für Theaterfreunde auf das Jahr 1807*

HAMBURGER KUNSTHALLE, BIBLIOTHEK IM KUPFER-STICHKABINETT, Sign. Ill. XIX Catel 1807-8 (Inv.-Nr. KB-2009.1558G)

LIT.: Lanckoronska/Rümann 1954, S. 117–118, Abb. S. 95

35.1 [Abb. S. 192]

Die Schauspielerin Louise Fleck in dem Trauer-spiel »Wallensteins Tod«, 1806/07

Bleistift, 102 x 65 mm, unbezeichnet
STAATLICHE MUSEEN ZU BERLIN, KUPFERSTICH-KABINETT, Inv.-Nr. SZ Catel 6

PROV.: Erworben vor 1878
LIT.: Unveröffentlicht

35.2 [Abb. S. 192]

Iffland als Franz Moor in den »Räubern« von Friedrich Schiller (1. Akt, 1. Szene), 1806/07

Bleistift, 102 x 66 mm, unbezeichnet
STAATLICHE MUSEEN ZU BERLIN, KUPFERSTICH-KABINETT, Inv.-Nr. SZ Catel 7

PROV.: Erworben vor 1878
LIT.: Unveröffentlicht

35.3 [Abb. S. 193]

Madame Bethmann als Phädra (3. Akt, 2. Szene), 1806/07

Bleistift, 101 x 66 mm, unbezeichnet
STAATLICHE MUSEEN ZU BERLIN, KUPFERSTICH-KABINETT, Inv.-Nr. SZ Catel 8

PROV.: Erworben vor 1878
LIT.: Unveröffentlicht

35.4 [Abb. S. 193]

Madame Bethmann und Iffland in dessen Schau-spiel »Die Hausfreunde« (4. Akt, 2. Szene), 1806/07

Bleistift, 102 x 66 mm, unbezeichnet
STAATLICHE MUSEEN ZU BERLIN, KUPFERSTICH-KABINETT, Inv.-Nr. SZ Catel 9

PROV.: Erworben vor 1878
LIT.: Unveröffentlicht

35.5 [Abb. S. 195]

Iffland als Franz Moor in den »Räubern« von Friedrich Schiller (5. Akt, 1. Szene), 1806/07

Bleistift, 102 x 66 mm, unbezeichnet
STAATLICHE MUSEEN ZU BERLIN, KUPFERSTICH-KABINETT, Inv.-Nr. SZ Catel 10

PROV.: Erworben vor 1878
LIT.: Unveröffentlicht

35.6 [Abb. S. 195]

Iffland als Geheimer Rat in dessen Schauspiel »Die Hausfreunde«, 1806/07

Bleistift, 102 x 66 mm, unbezeichnet
STAATLICHE MUSEEN ZU BERLIN, KUPFERSTICH-KABINETT, Inv.-Nr. SZ Catel 11

PROV.: Erworben vor 1878
LIT.: Unveröffentlicht

36 [Abb. S. 196]

Friedrich Wilhelm Bollinger nach Franz Ludwig Catel

Die Erfindung der Zeichenkunst durch die Tochter des Töpfers Dibutades von Korinth, 1805

Radierung und Kupferstich, 89 x 59 mm (Bild)
Unten bezeichnet: »Nach Catel gestochen von Bollinger in Berlin 1805«
In: *Taschenbuch für Damen auf das Jahr 1806.* Hrsg. v. Huber, Lafontaine, Pfeffel u. a. Mit Kupfern, Tübingen, in der J. G. Cotta'schen Buchhandlung, 1805, nach S. 112
HAMBURGER KUNSTHALLE, BIBLIOTHEK IM KUPFER-STICHKABINETT, Sign. Ill. XIX. Catel 1806-8 (Inv.-Nr. kb-2015.929g-7)

PROV.: Erworben 2014 vom Antiquariat Silvia Forster, Friedenweiler, mit Mitteln des Fördervereins »Die Meisterzeichnung. Freunde des Hamburger Kupferstich-kabinetts e. V.«
LIT.: Lanckoronska/Rümann 1954, S. 66, Abb. S. 49; Kuhlmann-Hodick 1993, Bd. 2, S. 78, Nr. 376

37.1–37.3

Illustrationen zur Tragödie *Luther oder Die Weihe der Kraft* von Zacharias Werner

HAMBURG, PRIVATBESITZ

PROV.: Erworben 2000 vom Hamburger Antiquariat Keip GmbH, Hamburg
LIT.: Lanckoronska/Oehler 1934, Bd. 3, S. 58

37.1 [Abb. S. 197]

Friedrich Wilhelm Bollinger nach Franz Ludwig Catel

»Ein' veste Burg ist unser Gott!« – Martin Luther und Katharina von Bora reichen sich die Hände zum Bund (Titelkupfer), um 1806

Radierung und Kupferstich, 110 x 76 mm
Unten bezeichnet: »Nach Catel gest. von Bollinger 1806.«; darunter: »Ein' veste Burg ist unser Gott!«

37.2 [Abb. S. 197]

Friedrich Wilhelm Meyer d. Ä. nach Franz Ludwig Catel

»Durch Glauben fährt der Christ zu Gott hinauf, Von Gott herab nimmt Liebe ihren Lauf!« – Luther predigt im Wald, um 1806

Radierung und Kupferstich, 106 x 73 mm
Links unten bezeichnet: »Catel del:«; rechts unten: »Meyer sc:«; darunter: »Durch Glauben fährt der Christ zu Gott hinauf, Von Gott herab nimmt Liebe ihren Lauf! / Akt. 4. S. 274.«

37.3 [Abb. S. 198]

Friedrich Wilhelm Meyer d. Ä. nach Franz Ludwig Catel

»Kraft! Glaube! Freiheit! Gott!«– Luther unter den Fürsten, um 1806

Radierung und Kupferstich, 111 x 77 mm
Links unten bezeichnet: »Catel del«; rechts unten: »Meyer sc Berlin«; darunter: »Kraft! Glaube! Freiheit! Gott!/ Akt. 5 S. 379.«

38.1–38.5

Illustrationen zu *L'Homme des champs, ou les Géorgiques françaises* von Jacques Delille

HAMBURG, PRIVATBESITZ

PROV.: Erworben 2001 vom Buch + Kunstantiquariat E + R Kistner, Nürnberg

38.1 [Abb. S. 199]

Christian Haldenwang und Ludwig Buchhorn nach Franz Ludwig Catel

Der römische Dichter Vergil in der Natur dichtend, um 1804 (?)

Radierung und Kupferstich, 103 x 77 mm (Bild)
Links unten kaum leserlich bezeichnet: »Catel«; rechts unten: »grav: p: Haldenwang et Buchorn [sic]; darunter: »Virgile«

38.2 [Abb. S. 199]

Anonymer Stecher nach Franz Ludwig Catel
Trauernder Mann an einem Grab, getröstet von einer Frau, um 1804 (?)

Radierung und Kupferstich, 102 x 78 mm (Bild)
Links unten bezeichnet: »Catel«; rechts unleserlich mit einem Stechernamen bezeichnet; darunter: »Est-il un lieu plus propre à ce doux monument. / Où des manes chéris dorment plus mollement? / Chant I«

38.3 [Abb. S. 200]

Christian Haldenwang und Ludwig Buchhorn nach Franz Ludwig Catel

Herkules im Kampf mit der Lernäischen Hydra, um 1804 (?)

Radierung und Kupferstich, 102 x 78 mm (Bild)
Links unten unleserlich bezeichnet: »F [?] […]«; rechts unten bezeichnet: »grav: p: Haldenwang et Buchorn [sic]; unter dem Bildfeld: »… Le vaillant fils d'Alemène / De ses bras vigoureux le saisit et l'enchaîne. / Chant II«

38.4 [Abb. S.200]

Heinrich Guttenberg nach Franz Ludwig Catel
Der Eremit in den Bergen, um 1804 (?)

Radierung und Kupferstich, 102 x 78 mm (Bild)
Links unten bezeichnet: »F. Catel del.«; rechts unten: »H. Guttenberg sc.«; unter dem Bildfeld: »… L'hermite du lieu, sur un décembre assis, / Aux voyageurs encore en fait de longs récits / Chant III«

38.5 [Abb. S. 201]

Heinrich Guttenberg nach Franz Ludwig Catel
Abschiedsszene, um 1804 (?)

Radierung und Kupferstich, 102 x 78 mm (Bild)
Links unten bezeichnet: »F. Catel del.«; rechts unten bezeichnet: »H. Guttenberg; unter dem Bildfeld: »… Témoins de mes beaux jours, de mes premiers désirs, / Beaux lieux! qu'avez-vous fait de mes premiers plaisirs? / Chant IV«

39   [Abb. S. 202]

Friedrich Bolt nach Franz Ludwig Catel
*Die Öffnung des Grabes der seligen Ludovica
Albertoni in Rom,* 1807

> Radierung und Kupferstich, 107 x 72 mm (Bild)
> Links unten bezeichnet: »– F. Catel d. –«; rechts unten:
> »– F. Bolt sc 1807 –«; rechts oben: »P. 306.«
> In: *Bonaventura's mystische Nächte [...]* von Dr. J. A.
> Feßler, Berlin, bey Friedrich Maurer, 1807, Titelkupfer
> HAMBURG, PRIVATBESITZ
> PROV.: Erworben 2010 vom Antiquariat Bulang & Zorn,
> Marburg
> LIT.: Lanckoronska/Oehler 1934, Bd. 3, S. 58

40.1–40.6

Illustrationen zu den Fabeln des Aesop in der von
Johann Gottlob Samuel Schwabe kommentierten
Ausgabe von 1806

> HAMBURG, PRIVATBESITZ
> PROV.: Erworben 2009 vom Antiquariat Biblion, Zürich

40.1   [Abb. S. 203]

Anonymer Stecher [»R.«] nach Franz Ludwig Catel
*Aesop beim Schreiben seiner Fabeln, links im
Hintergrund Fuchs und Kranich, rechts zwei
Eroten,* 1806

> Radierung und Kupferstich, 62 x 83 mm
> Links unten bezeichnet: »F. Catel del.«; recht unten:
> »R. f.«

40.2   [Abb. S. 203]

Anonymer Stecher nach Franz Ludwig Catel
Tragische Maske (Buch I, Fabel VII: Vulpis ad
personam tragicam), 1806

> Radierung und Kupferstich, 63 x 82 mm
> Links unten bezeichnet: »F. Catel del.«; darunter: »Per-
> sonam tragicam forte Vulpis viderat. / Phaedr. I. VII. 1.«

40.3   [Abb. S. 204]

Anonymer Stecher nach Franz Ludwig Catel
Kaiser Tiberius und der Diener (Buch II, Fabel V:
Caesar ad Atriensem), 1806

> Radierung und Kupferstich, 62 x 82 mm
> Links unten bezeichnet: »F. Catel del.«; darunter: »Ex
> alticinctis unus Atriensibus, / Cui tunica ab himeris lin-
> teo Pelusio / Erat districta cet.« / Phaedr. II. V. 11. sqq«

40.4   [Abb. S. 204]

Anonymer Stecher nach Franz Ludwig Catel
*Bruder und Schwester – Die Fabel vom Spiegel
(Buch III, Fabel VIII:* Frater et soror), 1806

> Radierung und Kupferstich, 63 x 84 mm
> Links unten bezeichnet: »F. Catel del«; darunter: »Hi
> speculum, in cathedra matris ut positum fuit, / Pueri li-
> ter ludentes, forte inspexerant. / Phaedr. III. VIII. 4. 5.«

40.5   [Abb. S. 205]

Anonymer Stecher nach Franz Ludwig Catel
*Prometheus als Bildhauer und Athena (Buch IV,
Fabel XIV:* Prometheus), 1806

> Radierung und Kupferstich, 63 x 83 mm
> Links unten bezeichnet: »F. Catel del.«; darunter: »Idem
> Prometheus, auctor vulgi fictilis. / Phaedr. IV. XIV. 6.«

40.6   [Abb. S. 205]

Anonymer Stecher nach Franz Ludwig Catel
Der Flötenspieler Fürst (Buch V, Fabel VII:
Princeps tibicen), 1806

> Radierung und Kupferstich, 63 x 84 mm
> Links unten bezeichnet: »F. Catel del«; darunter: »Prin-
> ceps tibicen – – / – – sinistram fregit tibiam, / Duas cum
> dextras maluisset perdere / Phaedr. V. VII. 4. 8. 9.«

41.1–41.6

Illustrationen zur Folge *Die sechs Stationen des
Lebens* im *Taschenbuch für Damen auf das Jahr
1811*

> HAMBURG, PRIVATBESITZ
> PROV.: Erworben 2015 von Barbara Wieland-Fromm,
> Schwäbisch Hall
> LIT.: Kruse 1989, S. 374–375, Nr. 313a–f

41.1   [Abb. S. 206]

Johann Heinrich Lips nach Franz Ludwig Catel
Die Kinderwelt (Die sechs Stationen des Lebens I),
1810

> Radierung und Kupferstich, 91 x 65 mm (Bild)
> Links unten bezeichnet: »Catel del.«; rechts unten:
> »H. Lips sculp.«
> *Taschenbuch für Damen auf das Jahr 1811,* nach S. 33,
> Erläuterung S. IX–XI

41.2   [Abb. S. 206]

Johann Heinrich Lips nach Franz Ludwig Catel
*Das Jünglingsalter (Die sechs Stationen des
Lebens II),* 1810

> Radierung und Kupferstich, 91 x 65 mm (Bild)
> Links unten bezeichnet: »Catel del.«; rechts unten:
> »H. Lips sculp.«
> *Taschenbuch für Damen auf das Jahr 1811,* nach S. 49,
> Erläuterung S. XI

41.3   [Abb. S. 207]

Johann Heinrich Lips nach Franz Ludwig Catel
*Die Wanderschaft (Die sechs Stationen des
Lebens III),* 1810

> Radierung und Kupferstich, 91 x 65 mm (Bild)
> Links unten bezeichnet: »Catel del.«; rechts unten:
> »H. Lips sculp.«
> *Taschenbuch für Damen auf das Jahr 1811,* nach S. 65,
> Erläuterung S. XI–XII
>
> LIT.: Goldschmidt 1932, S. 150, Nr. 10 (Szene aus
> Johann Wolfgang von Goethes *Alexis und Dora,* Z. 33–
> 34: »Lange harrte das Schiff, befrachtet, auf günstige
> Lüfte.«)

41.4   [Abb. S. 207]

Johann Heinrich Lips nach Franz Ludwig Catel
*Der Bund am Altar (Die sechs Stationen des
Lebens IV),* 1810

> Radierung und Kupferstich, 91 x 65 mm (Bild)
> Links unten bezeichnet: »Catel del.«; rechts unten:
> »H. Lips sculp.«
> *Taschenbuch für Damen auf das Jahr 1811,* nach S. 81,
> Erläuterung S. XII–XIII

41.5   [Abb. S. 209]

Johann Heinrich Lips nach Franz Ludwig Catel
*Die Haus- und Sittentafel (Die sechs Stationen
des Lebens V),* 1810

> Radierung und Kupferstich, 91 x 65 mm (Bild)
> Links unten bezeichnet: »Catel del.«; rechts unten:
> »H. Lips sculp.«
> *Taschenbuch für Damen auf das Jahr 1811,* nach S. 97,
> Erläuterung S. XIII

41.6   [Abb. S. 209]

Johann Heinrich Lips nach Franz Ludwig Catel
Wiedergeburt (Die sechs Stationen des Lebens VI),
1810

> Radierung und Kupferstich, 91 x 65 mm (Bild)
> Links unten bezeichnet: »Catel del.«; rechts unten:
> »H. Lips sculp.«
> *Taschenbuch für Damen auf das Jahr 1811,* nach S. 113,
> Erläuterung S. XIII–XIV

42.1   [Abb. S. 210]

*Der Lustgarten in Berlin mit dem Denkmal des
Fürsten Leopold von Anhalt-Dessau,* um 1806

> Öl auf Papier (auf Pappe aufgezogen), 170 x 260 mm,
> unbezeichnet
> STIFTUNG PREUSSISCHE SCHLÖSSER UND GÄRTEN
> BERLIN-BRANDENBURG, POTSDAM, Inv.-Nr. GK I 9054
> PROV.: Um 1895/1900 im Generalkatalog (Sammlungen
> des Hauses Hohenzollern) inventarisiert; um 1939/40
> Schloss Monbijou, Hohenzollernmuseum; seit 1981 im
> Damenflügel des Schlosses Sanssouci
> LIT.: Ausst.-Kat. Berlin 1973, S. 9, Nr. 7

42.1a   [Abb. S. 210]

Christian August Günther nach
Franz Ludwig Catel
*Der Lustgarten in Berlin mit dem Denkmal des
Fürsten Leopold von Anhalt-Dessau,* um 1806

> Radierung und Kupferstich, 223 x 281 mm (Platte),
> 172 x 262 (Bild), 230 x 282 mm (Papier)
> Links unten bezeichnet: »Catel del.«; rechts unten:
> »Günther sculp.«; darunter links bezeichnet: »Statue
> des Fürsten Leopold von Anhalt Dessau / in dem Lust-
> gärten zu Berlin.«; rechts daneben: »Statue du Prince
> Leopold D'Anhalt Dessau / au jardin« Royal de Berlin.«
> darunter: »Berlin bei G. Weiss et Comp.«
> HAMBURGER KUNSTHALLE, KUPFERSTICHKABINETT,
> Inv.-Nr. 2000-30
> PROV.: Geschenk von Frau Helga Lang, Bad Sachsa
> (ehem. Hamburg)
> LIT.: Ernst/Laur-Ernst 2010, S. 214, Nr. Catel-2

42.2   [Abb. S. 211]

Der Alexanderplatz in Berlin, um 1806

> Öl auf Papier (auf Pappe aufgezogen), 170 x 258 mm,
> unbezeichnet
> STIFTUNG PREUSSISCHE SCHLÖSSER UND GÄRTEN
> BERLIN-BRANDENBURG, POTSDAM, Inv.-Nr. GK I 9053
> PROV.: S. Kat.-Nr. 42.1
> LIT.: Ausst.-Kat. Berlin 1973, S. 9, Nr. 8

42.2a [Abb. S. 211]

Christian August Günther nach
Franz Ludwig Catel
Der Alexanderplatz in Berlin, um 1806

Radierung und Kupferstich, 167 x 260 mm (Bild),
210 x 286 mm (Platte), 293 x 398 mm (Papier)
Links unten bezeichnet: »Catel del.«; rechts unten:
»Günther sculp.«; darunter links bezeichnet: »Ansicht
des Alexander=Platzes / zu Berlin.«; rechts daneben:
»Vue de la Place d'Alexandre / à Berlin«; darunter:
»Berlin bei G. Weiss et Comp.«
HAMBURGER KUNSTHALLE, KUPFERSTICHKABINETT,
Inv.-Nr. 2015-5

PROV.: Erworben 2015 vom Antiquariat Nikolaus
Struck, Berlin, mit Mitteln des Fördervereins »Die
Meisterzeichnung. Freunde des Hamburger Kupferstich-
kabinetts e. V.«
LIT.: Ernst/Laur-Ernst 2010, S. 215, Nr. Catel-5

43.1 [Abb. S. 212]

Christian August Günther nach
Franz Ludwig Catel
Ansicht des neuen Münzgebäudes zu Berlin,
um 1806

Radierung und Kupferstich, 167 x 260 mm (Bild),
218 x 295 mm (Platte), 315 x 450 mm (Papier)
Links unten bezeichnet: »Catel del.«; rechts unten:
»P. Haas sculp.«; darunter links bezeichnet:
»Das neue Münzgebäude in Berlin.«; rechts daneben: »Hôtel de la
Monnaie de Berlin«; darunter: »Berlin bei G. Weiss et
Comp.«
HAMBURGER KUNSTHALLE, KUPFERSTICHKABINETT,
Inv.-Nr. 2015-7

PROV.: Erworben 2015 vom Antiquariat Nikolaus
Struck, Berlin, mit Mitteln des Fördervereins »Die
Meisterzeichnung. Freunde des Hamburger Kupferstich-
kabinetts e. V.«
LIT.: Ernst/Laur-Ernst 2010, S. 215, Nr. Catel-4

43.2 [Abb. S. 213]

Gottlieb Wilhelm Hüllmann nach
Franz Ludwig Catel
Die Petri-Kirche in Berlin, um 1806

Radierung und Kupferstich, 176 x 270 mm (Bild),
226 x 299 mm (Platte), 248 x 329 mm (Papier)
Bezeichnet in der Platte unten links: »Catel del.«; unten
rechts: »G. W. Hüllmann sc: Leipzig.«; darunter beschrif-
tet: »L'Eglise de Saint Pierre en face de la rue / des
Frères à Berlin // Die Petri-Kirche am Ende der Brüder=
/ Straße in Berlin«; darunter: »à Berlin chez Gaspare
Weiß et Comp.«
STAATLICHE MUSEEN ZU BERLIN, KUPFERSTICH-
KABINETT, Inv.-Nr. Hüllmann 666-117

PROV.: 1831 aus der königlichen Privatsammlung an
das neugegründete Kupferstichkabinett überwiesen
LIT.: Ausst.-Kat. Berlin 1984, S. 21, Nr. 23, Taf. 12
(Exemplar: Berlin, Landesarchiv, Acc. 98, Nr. 4); Ernst/
Laur-Ernst 2010, S. 215, Nr. Catel-3

44 [Abb. S. 215]

Friedrich Wilhelm Meyer d. Ä. nach
Franz Ludwig Catel
*Abschied Zar Alexanders I. vom preußischen
Königspaar Friedrich Wilhelm III. und Königin
Luise am Sarge Friedrichs des Großen in der
Garnisonkirche von Potsdam am 4. November
1805,* 1806

Aquatinta, 553 x 436 mm (Bild), 594 x 460 mm (Papier)
Links unten bezeichnet: »Gemalt von Catel; rechts
unten: »Gestochen von F. W. Meyer«; darunter »Alexander I.,
Kaiser von Russland, verehrt die Ueberreste Friedrich
d. Gr. und nimmt Abschied von König Friedrich Wilhelm und der Königin Luise von Preußen zu Potsdam,
den 4. November 1805. / Berlin J. J. Freidhoff 1806«
STAATLICHE MUSEEN ZU BERLIN, KUPFERSTICH-
KABINETT, Inv.-Nr. Meyer, F. W. 452–123

PROV.: 1831 aus der königlichen Privatsammlung an
das neugegründete Kupferstichkabinett überwiesen
LIT.: Geller 1960, S. 313

45 [Abb. S. 216]

*Friedrich der Große nach der Schlacht bei
Kunersdorf,* 1801/06

Bleistift, braun laviert, 160 x 225 mm
Rechts unten bezeichnet: »Friedrich der Große nach
der Schlacht von Cunersdorf.« (Feder in Braun); rechts
daneben schwer leserlich signiert: »Catel« (Bleistift)
BERLIN, PRIVATBESITZ

PROV.: Seit drei Generationen in Familienbesitz
LIT.: Unveröffentlicht

46 [Abb. S. 217]

Ludwig Buchhorn nach Franz Ludwig Catel
*Luther verbrennt die päpstliche Bulle und das
canonische Recht vor Wittenberg (10. Dezember
1520),* 1811

Radierung und Kupferstich, 365 x 527 mm (Bild),
440 x 575 mm (Platte), 440 x 580 mm (Papier)
Links unten bezeichnet: »Gezeichnet von F. Catel«;
rechts unten: »Gestochen von L. Buchorn«; unter dem
Bildfeld bezeichnet: »Martin Luther / verbrennt die
päpstliche Bulle und das canonische Recht vor Witten-
berg am 10ten Dezember 1520«; darunter: »Berlin bei
J. J. Freidhoff, 1811«
HAMBURGER KUNSTHALLE, KUPFERSTICHKABINETT,
Inv.-Nr. 2004-117

PROV.: Erworben 2004 bei Venator & Hanstein KG,
Köln, aus Mitteln des Fördervereins »Die Meisterzeichnung. Freunde des Hamburger Kupferstichkabinetts
e. V.«
LIT.: Ausst.-Kat. Berlin 1810 (zit. nach: Börsch-Supan
1971), S. 13, Nr. 76 (»Noch nicht ganz geendigter Abdruck.«); Boetticher 1891, S. 163, bei Nr. 2; Bertuch
1810, S. 479–480; Geller 1960, S. 313; Ausst.-Kat.
Coburg 1980, S. 73–74, Nr. 20, Abb.; Schadow 1987,
Bd. 1, S. 142; Ausst.-Kat. Rom 1996a, S. 73; Stolzenburg
2007, S. 20, Abb. 7 auf S. 19

III Die Reise durch Kalabrien mit dem französischen Archäologen Aubin-Louis Millin 1812

47 [Abb. S. 219]

*Blick auf Scilla und die Meerenge von Messina
(Prov. Reggio di Calabria, Kalabrien),* 1812

Pinsel in Braun, Spuren von Bleistift, 226 x 340 mm
Links oben bezeichnet: »Scilla« (Pinsel in Braun);
daneben: »Scilla« (Bleistift); links unten nummeriert:
»259.« (Feder in Braun)
PARIS, BIBLIOTHÈQUE NATIONALE DE FRANCE,
DÉPARTEMENT ESTAMPES ET PHOTOGRAPHIE,
Inv.-Nr. Reserve VZ-1383-P65886 FOL

PROV.: Nachlass Aubin-Louis Millin (1759–1828), Paris
LIT.: Preti-Hamard 2011a, S. 438, Abb. 17; D'Achille/
Iacobini/Toscano 2012, S. 169, 307, Nr. 101, Taf. XVIII;
D'Achille/Iacobini/Toscano 2014, S. 74, Abb. 38

48 [Abb. S. 220]

*Die Ruinen von Mileto (Prov. Vibo Valentia,
Kalabrien) – Der Sarkophag Rogers I. von Sizilien
(1031–1101); Geländeansicht,* Juni 1812

Feder in Schwarz über Spuren von Bleistift,
220 x 335 mm
Links unten nummeriert: »249.« (Feder in Braun)
PARIS, BIBLIOTHÈQUE NATIONALE DE FRANCE,
DÉPARTEMENT ESTAMPES ET PHOTOGRAPHIE,
Inv.-Nr. Reserve VZ-1383-P63299 FOL

PROV.: Nachlass Aubin-Louis Millin (1759–1828), Paris
LIT.: Preti-Hamard 2011a, S. 436, Abb. 15; D'Achille/
Iacobini/Toscano 2012, S. 303, Nr. 85, Abb. 25

49 [Abb. S. 221]

*Die Ruinen von Mileto (Prov. Vibo Valentia,
Kalabrien) – Die Grabsculptur und der Sarkophag
Rogers I. von Sizilien (1031–1101),* Juni 1812

Feder in Schwarz über Spuren von Bleistift,
236 x 320 mm
Links bezeichnet: »Statua di Ruggiero giacente in
terra«; rechts daneben: »Sepolcro di Ruggiero a Mileto
dentrodove chiamano l'abbazia« (beides Feder in
Schwarz); links unten nummeriert: »246.« (Feder in
Braun)
PARIS, BIBLIOTHÈQUE NATIONALE DE FRANCE,
DÉPARTEMENT ESTAMPES ET PHOTOGRAPHIE,
Inv.-Nr. Reserve VZ-1383-P63300 FOL

PROV.: Nachlass Aubin-Louis Millin (1759–1828), Paris
LIT.: Preti-Hamard 2011a, S. 436, Abb. 13; D'Achille/
Iacobini/Toscano 2012, S. 303, Nr. 86, Abb. 136

50 [Abb. S. 222]

*Die Ruinen von Mileto (Prov. Vibo Valentia,
Kalabrien)* 1812

Feder in Schwarz über Spuren von Bleistift,
395 x 630 mm
Links oben bezeichnet: »Mileto nuovo; rechts daneben:
»S. Nicolò al Vescovato«; rechts oben: »L'Abbazia e
Sepolcro di Ruggiero« (alles Feder in Schwarz); links
unten nummeriert: »244.« (Feder in Braun)
PARIS, BIBLIOTHÈQUE NATIONALE DE FRANCE,
DÉPARTEMENT ESTAMPES ET PHOTOGRAPHIE,
Inv.-Nr. Reserve AA4 (Catel, Franz)

PROV.: Nachlass Aubin-Louis Millin (1759–1828), Paris
LIT.: Preti-Hamard 2011a, S. 435, Abb. 12; D'Achille/
Iacobini/Toscano 2012, S. 302, Nr. 83, Abb. 134

51 [Abb. S. 223]

*Ansicht des Platanenkreuzgangs im Kloster
Santi Severino e Sossio in Neapel,* 1812

Pinsel und Feder in Braun über Bleistift, 325 x 424 mm
Keine Nummerierung vorhanden [Inv.-Nr. 920]
PARIS, BIBLIOTHÈQUE NATIONALE DE FRANCE,
DÉPARTEMENT ESTAMPES ET PHOTOGRAPHIE,
Inv.-Nr. Reserve VZ-1383-P-64627 FOL

PROV.: Nachlass Aubin-Louis Millin (1759–1828), Paris
LIT.: Toscano 2011, S. 401, Abb. 16; D'Achille/Iacobini/
Toscano 2012, S. 312, Nr. 155, Abb. 185 (Zuschreibung);
D'Achille/Iacobini/Toscano 2014, S. 123, Abb. 93

52.1   [Abb. S. 224]

Kirche (Madonna di Montevergine?) in Paola (Prov. Cosenza, Kalabrien), 1812

Pinsel und Feder in Braun über Spuren von Bleistift, 310 x 227 mm (auf einem Blatt mit Kat.-Nr. 52.2)
Links unten nummeriert: »234.« (Feder in Braun)
PARIS, BIBLIOTHÈQUE NATIONALE DE FRANCE, DÉPARTEMENT ESTAMPES ET PHOTOGRAPHIE, Inv.-Nr. Reserve VZ-1383-P-63353 FOL

PROV.: Nachlass Aubin-Louis Millin (1759–1828), Paris
LIT.: Preti-Hamard 2011a, S. 434, Abb. 9; D'Achille/Iacobini/Toscano 2012, S. 301, Nr. 72, Taf. XIX; D'Achille/Iacobini/Toscano 2014, S.63, Abb. 25a–b

52.2   [Abb. S. 224]

Gasse in Paola (Prov. Cosenza, Kalabrien), 1812

Pinsel und Feder in Braun über Spuren von Bleistift, 310 x 227 mm (auf einem Blatt mit Kat.-Nr. 52.1)
Links unten nummeriert: »234. Bis« (Feder in Braun)
PARIS, BIBLIOTHÈQUE NATIONALE DE FRANCE, DÉPARTEMENT ESTAMPES ET PHOTOGRAPHIE, Inv.-Nr. Reserve P63353 BIS

PROV.: Nachlass Aubin-Louis Millin (1759–1828), Paris
LIT.: Siehe Kat.-Nr. 52.1

53   [Abb. S. 226]

Blick auf Mendicino (Prov. Cosenza, Kalabrien), 1812

Feder und Pinsel in Braun über Bleistift, 220 x 335 mm
Links unten nummeriert: »216.« (Feder in Braun)
PARIS, BIBLIOTHÈQUE NATIONALE DE FRANCE, DÉPARTEMENT ESTAMPES ET PHOTOGRAPHIE, Inv.-Nr. Reserve VZ-1383-P-63349 FOL

PROV.: Nachlass Aubin-Louis Millin (1759–1828), Paris
LIT.: Preti-Hamard 2011a, S. 431, Abb. 6; D'Achille/Iacobini/Toscano 2012, S. 300, Nr. 65, Abb. 121 (Zuschreibung); D'Achille/Iacobini/Toscano 2014, S. 61, Abb. 22

54   [Abb. S. 225]

Der Poseidontempel und das Heraion von Paestum (Prov. Salerno, Kampanien), 1812

Feder und Pinsel in Braun über Bleistift, weiß gehöht, 567 x 870 mm
Keine Nummerierung vorhanden
PARIS, BIBLIOTHÈQUE NATIONALE DE FRANCE, DÉPARTEMENT ESTAMPES ET PHOTOGRAPHIE, Inv.-Nr. Reserve AA6 (Catel, Franz)-P68215

PROV.: Nachlass Aubin-Louis Millin (1759–1828), Paris
LIT.: D'Achille/Iacobini/Toscano 2012, S. 166, Taf. XIV; Toscano 2012, S. 183; D'Achille/Iacobini/Toscano 2014, S. 56, Abb. 13

55   [Abb. S. 227]

Ansicht von Reggio Calabria mit Blick über die Meerenge von Messina auf den Ätna (Prov. Reggio Calabria, Kalabrien), 1812

Feder in Braun über Spuren von Bleistift, obere Hälfte aquarelliert, 315 x 470 mm
Links unten nummeriert: »267.« (Feder in Braun)
PARIS, BIBLIOTHÈQUE NATIONALE DE FRANCE, DÉPARTEMENT ESTAMPES ET PHOTOGRAPHIE, Inv.-Nr. Reserve VZ1383-P65881 FOL

PROV.: Nachlass Aubin-Louis Millin (1759–1828), Paris
LIT.: Preti-Hamard 2011a, S. 438, Abb. 18; D'Achille/Iacobini/Toscano 2012, S. 171, S. 307, Nr. 106, Taf. XX; D'Achille/Iacobini/Toscano 2014, S. 78, Abb. 42

56   [Abb. S. 228]

Blick auf die Küste Kalabriens von Bagnara aus (Prov. Reggio Calabria, Kalabrien), 1812

Feder in Braun über Bleistift, 216 x 321 mm
Oben mittig bezeichnet: »Bagnara«; unten links nummeriert: »266« (Feder in Braun)
PARIS, BIBLIOTHÈQUE NATIONALE DE FRANCE, DÉPARTEMENT ESTAMPES ET PHOTOGRAPHIE, Inv.-Nr. Reserve VZ-1383-P-65877 FOL

PROV.: Nachlass Aubin-Louis Millin (1759–1828), Paris
LIT.: D'Achille/Iacobini/Toscano 2012, S. 304, Nr. 96, Abb. 146; D'Achille/Iacobini/Toscano 2014, S. 73, Abb. 37

57   [Abb. S. 231]

Blick auf Amalfi von der Vorhalle des Domes aus (Amalfi, Prov. Salerno, Kampanien), 1812

Feder in Schwarz über Spuren von Bleistift, 223 x 332 mm
Rechts unten bezeichnet: »a Amalfi« (Bleistift); links unten nummeriert: »178.« (Feder in Braun)

PARIS, BIBLIOTHÈQUE NATIONALE DE FRANCE, DÉPARTEMENT ESTAMPES ET PHOTOGRAPHIE, Inv.-Nr. Reserve VZ-1383-P-67204 FOL

PROV.: Nachlass Aubin-Louis Millin (1759–1828), Paris
LIT.: Preti-Hamard 2011a, S. 429, Abb. 2; Toscano 2011, S. 389, Abb. 1; D'Achille/Iacobini/Toscano 2012, S. 293, Nr. 24, Abb. 98; D'Achille/Iacobini/Toscano 2014, S. 40, Abb. 10 auf S. 50

58   [Abb. S. 230]

Blick auf den Dom von Amalfi (Amalfi, Prov. Salerno, Kampanien), 1812

Feder in Schwarz über Spuren von Bleistift, 227 x 335 mm
Unten rechts bezeichnet: »a« (Bleistift) und »Amalfi« (Feder in Braun); links unten nummeriert: »179.« (Feder in Braun)
PARIS, BIBLIOTHÈQUE NATIONALE DE FRANCE, DÉPARTEMENTESTAMPES ET PHOTOGRAPHIE, Inv.-Nr. Reserve VZ-1383-P-67215 FOL

PROV.: Nachlass Aubin-Louis Millin (1759–1828), Paris
LIT.: Preti-Hamard 2011a, S. 429, Abb. 3; D'Achille/Iacobini/Toscano 2012, S. 293, Nr. 25, Abb. 99; Toscano 2012, S. 389, Abb. 2; D'Achille/Iacobini/Toscano 2014, S. 40, Abb. 19 auf S. 50

59   [Abb. S. 229]

Ansicht von Amalfi (Amalfi, Prov. Salerno, Kampanien), 1812

Feder in Braun über Bleistift, 230 x 340 mm
Links unten bezeichnet: »La 1ere partie de cette vue se trouve derriere le no. 184« (Feder in Braun); rechts unten bezeichnet: »Amalfi dal Mare« (Feder in Braun); links unten nummeriert: »180.« (Feder in Braun)
PARIS, BIBLIOTHÈQUE NATIONALE DE FRANCE, DÉPARTEMENT ESTAMPES ET PHOTOGRAPHIE, Inv.-Nr. Reserve VZ-1383 FOL

PROV.: Nachlass Aubin-Louis Millin (1759–1828), Paris
LIT.: D'Achille/Iacobini/Toscano 2012, S. 295, Nr. 26, Abb. 100b

60   [Abb. S. 232]

Ansicht von Mileto (Prov. Vibo Valentia, Kalabrien), 1812

Feder in Braun über Bleistift, 388 x 631 mm
Oben von links nach rechts bezeichnet: »Monti della Calabria in avanti da dove fu disegnato«, »Messina«, »Isola di Lipari«, »Torre del Faro«, »Stromboli«
Unten links nummeriert: »245« (Feder in Braun)
PARIS, BIBLIOTHÈQUE NATIONALE DE FRANCE, DÉPARTEMENT ESTAMPES ET PHOTOGRAPHIE, Inv.-Nr. Reserve AA4 (Catel, Franz)

PROV.: Nachlass Aubin-Louis Millin (1759–1828), Paris
LIT.: D'Achille/Iacobini/Toscano 2012, S. 302, Nr. 84, Abb. 135

61   [Abb. S. 233]

Die Mündung des Savuto zwischen Amantea (Prov. Cosenza, Kalabrien) und Nocera (Prov. Catanzaro, Kalabrien), 1812

Pinsel und Feder in Braun über Spuren von Bleistift, 217 x 335 mm
Links unten nummeriert: »233.« (Feder in Braun)
PARIS, BIBLIOTHÈQUE NATIONALE DE FRANCE, DÉPARTEMENT ESTAMPES ET PHOTOGRAPHIE, Inv.-Nr. Reserve VZ-1383-P-63350 FOL

PROV.: Nachlass Aubin-Louis Millin (1759–1828), Paris
LIT.: Preti-Hamard 2011a, S. 434, Abb. 10; D'Achille/Iacobini/Toscano 2012, S. 168, 302, Nr. 78, Taf. XVII (Zuschreibung); D'Achille/Iacobini/Toscano 2014, S. 65, Abb. 28

62.1–62.6   [Abb. S. 234–235]

Panorama von Kalabrien und Sizilien auf 6 Blättern, 1812

Blatt 1–6: Feder in Braun über Bleistift, 247 x 360 mm (A), 251 x 360 mm (B), 251 x 361 mm (C), 231 x 337 mm (D), 231 x 337 mm (E), 251 x 361 mm (F)
Links unten nummeriert: »271« (Feder in Braun)
PARIS, BIBLIOTHÈQUE NATIONALE DE FRANCE, DÉPARTEMENT ESTAMPES ET PHOTOGRAPHIE, Inv.-Nr. Reserve VZ-1383-FOL

PROV.: Nachlass Aubin-Louis Millin (1759–1828), Paris
LIT.: D'Achille/Iacobini/Toscano 2012, S. 307, Nr. 107, Abb. 153a–f; D'Achille/Iacobini/Toscano 2014, S. 76–77, Abb. 41

IV   Catel und die Herzogin von Devonshire in Rom 1816–1824

63   [Abb. S. 243. Nicht ausgestellt]

Blick vom Fuß des Kapitols über den Campo Vaccino (Forum Romanum) mit dem Septimius-Severus-Bogen links, dem Vespasian-und-Titus-Tempel rechts im Vordergrund, der Phokas-Säule im Mittelgrund und der Konstantins-Basilika sowie der Kirche Santa Francesca Romana im Hintergrund, um 1818/19

Öl auf Papier, 69 x 107 mm, unbezeichnet
Verso beschriftet: »Vollard p. f. l .b .n. a.« (Feder in Braun); mittig Nachlass-Stempel der Sammlung Lahmann: »Vermächtnis / Joh. Fr. Lahmann« (Braun)
KUNSTHALLE BREMEN, DER KUNSTVEREIN IN BREMEN, KUPFERSTICHKABINETT, Inv.-Nr. 1937/387

PROV.: Emil Vollard (1795– nach 1847), Rom (?); Johann Friedrich Lahmann (1858–1937), Dresden (Lugt 1656 c); Vermächtnis an die Kunsthalle Bremen, 1937
LIT.: Ausst.-Kat. Köln 1972, o. S., Nr. 16; Robels 1974, S. 73, Taf. 20 unten; Bonifazio 1975/76, S. 160–161, Nr. 20; Kuyvenhoven 1985, S. 153, Anm. 38; Stolzenburg 2007, S. 37, mit Anm. 114–115, Abb. 20 auf S. 41

64.1 [Abb. S. 241]

Blick von Cumae nach Gaeta, um 1818/19

Öl auf Kupfer, 18,8 x 29,1 cm, unbezeichnet
MÜNCHEN, PRIVATBESITZ

PROV.: Elizabeth Cavendish, Herzogin von Devonshire,
geb. Lady Elizabeth Foster (1759–1824); 1982 von der
Galerie Biedermann, München, erworben
LIT.: Lager-Kat. München, Biedermann 1982, o. S.,
Nr. 3, Abb.

64.2 [Abb. S. 242]

Wilhelm Friedrich Gmelin nach
Franz Ludwig Catel
*Blick von Cumae nach Gaeta (Vergil, Aeneis,
Bd. 1, 2. Blatt bei S. 276; Eneide LVI),* 1819

Radierung und Kupferstich, 210 x 299 mm (Platte),
302 x 483 mm (Papier)
Bezeichnet unten rechts: »F. Catel pinx.«; unten rechts:
»W. F. Gmelin sculp.«; unter dem Bildfeld: »Così piangendo disse, e navigando / di CUMA in ver L' Euboica
riviera / si spinse a tutto corso Eneide L. VI.«
HAMBURG, PRIVATBESITZ

PROV.: Erworben 2015 von Antichità Grand Tour s. r. l.,
Rom.
LIT.: Giornale Arcadico 1819c, S. 378–386 (»Lasciando
il mare, lo stesso artefice ha dipinta la riviera di Cuma
con un cielo allegrissimo, e una bella boscaglia dinanzi,
e monti che indietro si allontanaino, come direbbe
Dante, quanto può mietere un occhio Poscia in un' altra
tavola di fino intaglio è figurata la rocca dove in alto
sorgea di Febo il Tempio, ed or vi sorgono sterpi, ed
elci, e vi si veggono pochi tufi in arco, i quali con tal
forza furono finiti nel rame, che pajono veramente inca-
vati. Ma il tempio ora non è più: come la grotta della
Sibilla non è più colle cento vie, e le cento porte, e il
cento voci, ond'ella intonava le sue risposte. Ma in una
terza tavola è l'arco principale della spelonca, che ora
non pare a noi tanto orrenda, quanto pareva a' nostri
padri per il prestigio delle più orrende loro superstizi-
oni. E qui il Sig. Catell ha quasi vinto se stesso: specialmente pel contrapposto dello scuro del sasso colla chia-
rezza del cielo che splende, dove si squarcia l'antro.
Nè forse potea seguirsi consiglio più pittorico di questo,
dovendosi ritrarre una grotta angusta e uniforme come
quella di Cuma.«); Bonifazio 1975/76, S. 205–206,
Nr. 81

65 [Abb. S. 244]

*Ausblick aus der Grotte von Maiori in der Bucht
von Salerno,* 1818

Radierung und Grabstichel, 160 x 233 mm (Bild),
182 x 252 mm (Platte), 242 x 334 mm (Papier)
Links unten bezeichnet: »F. Catel dip. e inc.«; rechts
unten: »in Roma 1818.«; unter dem Bild: »Grotta vicino
a Majuri nel Golfo di Salerno nel Regno di Napoli«; da-
runter Widmung: »A Sua Eccellenza la Sig.ra Elisabetta
Hervey Duchessa di Devonshire / Francesco Catel
D.D.D.«
STAATLICHE GRAPHISCHE SAMMLUNG MÜNCHEN,
Inv.-Nr. 161318

LIT.: Bonifazio 1975/76, S. 205, Nr. 81; Ausst.-Kat.
Kopenhagen 1987, S. 22, Abb. (Exemplar Kopenhagen,
Statens Museum); Ausst.-Kat. Rom 1996a, S. 73; Stolzenburg 2007, S. 36, Abb. auf S. 32 (Exemplar Frankfurt am Main, Städel Museum)

66 [Abb. S. 245]

Ansicht der Stadt Amalfi am Golf von Salerno,
1818

Radierung und Grabstichel, 155 x 229 mm (Bild),
188 x 253 mm (Platte), 242 x 334 mm (Papier)
Bezeichnet in der Platte links unten: »F. Catel dip. e
inc.«; rechts unten datiert: »in Roma 1818.«; unter dem
Bild in der Platte beschriftet: »Veduta della Città di
Amalfi nel Golfo di Salerno nel Regno di Napoli«; dar-
ter Widmung: »A Sua Eccellenza la Sig.ra Elisabetta
Hervey Duchessa di Devonshire / Francesco Catel
D.D.D.«
STAATLICHE GRAPHISCHE SAMMLUNG MÜNCHEN,
Inv.-Nr. 161319

LIT.: Bonifazio 1975/76, S. 204–205, Nr. 80; Ausst.-Kat.
Rom 1996a, S. 73; Fino 2007, S. 94, Abb. 76; Stolzenburg 2007, S. 36, Abb. 15 auf S. 33 (Exemplar Frankfurt
am Main, Städel Museum)

66a [Abb. S. 245]

Ansicht der Stadt Amalfi am Golf von Salerno,
1818

Druckplatte (Kupfer), Radierung und Grabstichel,
185 x 255 mm
ROM, FONDAZIONE CATEL, o. Inv.-Nr.

LIT.: Stolzenburg 2007, S. 185, Nr. 81, o. Abb.

67 [Abb. S. 246]

Die Kolonnaden von Sankt Peter bei Mondschein,
1818

Radierung und Grabstichel, 332 x 251 mm (Bild),
350 x 252 mm (Platte), 418 x 310 mm
Bezeichnet in der Platte links unten: »F. Catel dip. e
inc.«; rechts unten datiert: »in Roma 1818«; unter der
Darstellung beschriftet: »Veduta delle Fontane nella
Piazza della Basilica di S. Pietro in Vaticano, presa di
sotto al Colonato a lume di Luna.«; darunter Widmung:
»A Sua Eccellenza la Sig.ra Elisabetta Hervey Duchessa
di Devonshire / Francesco Catel D.D.D.«
STAATLICHE GRAPHISCHE SAMMLUNG MÜNCHEN,
Inv.-Nr. 16/1046

LIT.: Ausst.-Kat. München 1950, o. S., Nr. 35; Bonifazio
1975/76, S. 203–204, Nr. 79; Ausst.-Kat. Kopenhagen
1987, S. 24 (Exemplar Kopenhagen, Statens Museum),
Abb; Ausst.-Kat. Nürnberg/Schleswig 1991, S. 450, bei
Nr. 3.39 (Erwähnung); Ausst.-Kat. Rom 1996a, S. 73
(Erwähnung); Stolzenburg 2007, S. 35, Abb. 16 (Exemplar Kopenhagen, Statens Museum)

67a [Abb. S. 247]

Die Kolonnaden von Sankt Peter bei Mondschein,
1818

Druckplatte (Kupfer), Radierung mit Grabstichel,
357 x 257 mm
ROM, FONDAZIONE CATEL, o. Inv.-Nr.

LIT.: Stolzenburg 2007, S. 186, Nr. 82, o. Abb.

**V Ansichten aus Rom, Tivoli und den
Albaner Bergen**

68 [Abb. S. 251]

Die Kolonnaden von Sankt Peter bei Mondschein,
1818/24 (?)

Öl auf Leinwand, 100 x 74 cm, unbezeichnet
PRIVATBESITZ

PROV.: 1962 in dänischem Privatbesitz; 2012 im Lon-
doner Kunsthandel (Christie's); 2013 bei Daxer und
Marschall Kunsthandel, München; von dort erworben
LIT.: Aukt.-Kat. London, Christie's 2012, S. 31, Nr. 22;
Lager-Kat. München, Daxer & Marschall 2013, S. 40–43,
Abb. 41 (Detail), S. 43 (Beitrag Andreas Stolzenburg)

69 [Abb. S. 252]

*Die Kolonnaden von Sankt Peter in Rom im
Mondschein,* um 1823

Öl auf Leinwand, 148,5 x 199,5 cm
Auf der Säule rechts signiert: »F. Catel p.[inxit]« (Pinsel
in Braun)
CELLE, MUSEUM BOMANN, STADT CELLE, Inv.-Nr.
BM00023/ST (Zugangs-Nr. 1989,049/ST)

AUSST.: 1824 Berlin, Akademieausstellung / 1858
München, Deutsche Allgemeine und Historische Kunst-
ausstellung / 1886 Berlin, Berliner Jubiläums-Ausstel-
lung, Historische Abteilung
PROV.: Wohl 1824 von König Friedrich Wilhelm III. von
Preußen (1770–1840; reg. 1797–1840) auf der Berliner
Kunstausstellung vom Künstler erworben; Berlin, Stadt-
schloss, Inv.-Nr. GK I 5900; ab 1840 im Besitz Friedrich
Wilhelms IV. von Preußen; 1883 im Marmorpalais in
Potsdam; später im Alten Palais (ehem. Kaiser-Wilhelm-
Palais), Unter den Linden 9, in Berlin; 1926 in den Besitz des Hauses Hohenzollern übergegangen; 1940 für
3200 RM vom Museum Bomann in Celle von der Gene-
ralverwaltung des vormaligen regierenden Preußischen
Königshauses erworben; als Leihgabe im Johann-Beck-
mann-Saal (benannt nach dem Musiker Friedrich Gottlieb Beckmann, 1737–1792) des Kaiserin Auguste-
Viktioria-Gymnasiums in Celle
LIT.: Ausst.-Kat. Berlin 1824 (zit. nach: Börsch-Supan
1971), S. 76, Nr. 556 (»Franz Catel, in Rom / [...] Die
Peterskirche in Rom, in Mondbeleuchtung.«); Kunstblatt, Nr. 40, 17. 4. 1824, S. 150 (»Ein jüngst von Catel
vollendetes großes Bild stellt die linke Seite der Colon-
nade von St. Peter im Mondschein vor, durch die Säulen
erblickt man einen der beyden Brunnen, dessen hundert
Strahlen sich in Silber des Mondes funkelnd regen, in
der Ferne des Ganges verliert sich ein geharnischter
Schweizer mit einer Fackel, andre mit ihren Helleba-
den stehen vorn, das Ganze ist von außerordentlicher
Wirkung.«); Große 1858, S. 224; Boetticher 1891, S. 163,
Nr. 11 (»Die Peterskirche zu Rom. Mondbeleuchtung.
Berl. ak. KA 24.«), S. 164, Nr. 53 (»Colonade der Peters-
kirche im Mondschein. E: König von Preussen; Münch.
d. allg. u. hist. KA. 58; Berl. Jub.-A. 86, hist. Abt.«; wohl
identisch mit Nr. 11); Ausst.-Kat. Berlin 1973, S. 41,
Nr. 9; Bonifazio 1975/76, S. 226, Nr. 8 (»La chiesa di
S. Pietro a Roma al chiaro di luna. Esposizione artistica
dell'Accademia di Berlino del 1824.«), S. 231, Nr. 34;
Ausst.-Kat. Rom 1996a, S. 74; Stolzenburg 2007, Abb.
S. 57, Abb. 30 auf S. 56

70 [Abb. S. 255]

*Ansicht der Piazza di Monte Cavallo mit den
Dioskuren und dem Quirinalspalast in Rom bei
Mondschein,* 1822

Öl auf Leinwand, 100 x 137 cm, unbezeichnet
ROM, PRIVATBESITZ – COURTESY PAOLO ANTONACCI,
ROM

AUSST.: 1822 Rom, Ausstellung anlässlich der Anwe-
senheit des preußischen Königs in der Casa Bartholdy.
DOK.: Brief der Elizabeth Hervey Foster, Herzogin
von Devonshire (Neapel, 7./14. 10. 1820), an Thomas
Lawrence in London, London, Royal Academy of Arts,
Archive, Sign. LAW/3/219.
PROV.: 1820 von Thomas Lawrence beim Künstler
bestellt; Privatbesitz, Schweiz; erworben von Paolo
Antonacci, Rom

LIT.: Giornale Arcadico 1822, S. 142–143 (»Raffigura il secondo quadro un' altra scena notturna ma tutta di architettura. È questa la veduta della piazza esterna di monte Cavallo, tolta dall'angolo orientale del palazzo della consulta. La qual magnifica scena piacque cotanto al celebre pittore inglese Lawrence, che ne volle aver seco la memoria e perciò ne affidò l'esecuzione al valoroso penello del Catel. E troppo conosciuta, anche dagli stranieri per istampe e per quadri, quella nobile riunione di fabbriche perchè ci fermiamo a descriverla. Diremo soltanto che non si poteva meglio conservare il carattere del luogo, nè rendere un effetto più bello e più maraviglioso di quello che ha fatto questo artista. L'armonia totale ricavata dall'oscurità stessa dell'aria, che produce una misteriosa quiete generale onde gli occhi si riposano sopra tutti gli oggetti: un raggio di luna che appena spunta dalla parte di dietro dell' esquilie ed illumina parcamente il fabbricato delle scuderie pontificie, e l' imponente massa dell' obelisco e de' colossi che tengono il mezzo del composto hanno somministrato al catel i modi di rendere affatto nuovo l' effetto della sua pittura, della quale ha potuto con tanta diligenza verità e scienza trattare i più minuti particolari che nulla rimane da desiderarsi alla più completa illusione.«); Ausst.-Kat. Rom 1996a, S. 74 (»Nel 1822 il pittore inglese Thomas Lawrence gli [Catel] commissiona due tele di medesimo soggetto, raffigurante la piazza di Montecavallo«); Ausst.-Kat. Rom 2002, S. 212–213, Nr. 51, Abb. (Beitrag Francesco Colalucci; hier Johann Erdmann Hummel zugeschrieben); Stolzenburg 2007, S. 57, mit Anm. 220 (Erwähnung)

71   [Abb. S. 253]

Blick auf das Kloster San Isidoro in Rom,
um 1812

Öl auf Papier, 229 x 355 mm
Links unten bezeichnet: »St. Isidoro« (Schwarze Kreide)
Verso: Fünf Figurenskizzen, Wolkenstudie (Abb. 1), Feder in Braun
MÜNCHEN, PRIVATBESITZ

PROV.: Aus dem Nachlass des Lukasbruders Ludwig Vogel (1788–1879), Zürich
LIT.: Ausst.-Kat. Weimar 1997, S. 26, Abb. 15 (hier Ludwig Vogel zugeschrieben und 1810 datiert)

Abb. 1
Verso von Kat.-Nr. 71

72   [Abb. S. 256]

Der Garten Friedrichs IV., Herzog von Sachsen-
Gotha-Altenburg, auf Termini in Rom, 1818

Öl auf Holz, 13,5 x 18,5 cm
Verso mittig beschriftet: »Catel aus Berlin fecit. Mein Garten von in / Rom 1818. / S. Buttstaedt auf Termini in Rom / von Baron Aquaro [darunter korrigiert in ›Agart‹] in Pacht gehabt / von 1814 bis 1819 jährlich 12 Ducaten« (Pinsel in Schwarz; zwei Handschriften)
ROM, PRIVATBESITZ

PROV.: Privatbesitz (um 1900); 2004 bei Sotheby's Amsterdam versteigert (Nr. 145, verkauft); Galleria Carlo Virgilio, Rom; von dort 2005 erworben
LIT.: Aukt.-Kat. Amsterdam, Sotheby's 2004, S. 36, Nr. 145, Abb.; Stolzenburg 2007, S. 183, Nr. 22, Abb. S. 158 (Recto und Verso)

73   [Abb. S. 259. Nicht ausgestellt]

Partie vom Inneren des Kolosseums – Kardinal
Ercole Consalvi, der Abate Carlo Fea und der
Architekt Giuseppe Maria Valadier mit den
Plänen zur Restaurierung des Kolosseums,
um 1823

Öl auf Leinwand, 100,4 x 137,5 cm
Auf dem Pfeiler (vierter Quader von unten) oberhalb der zentralen Figurengruppe schwer lesbar monogrammiert: »F C […]« (Pinsel in Schwarz)
THE ART INSTITUTE OF CHICAGO. THROUGH PRIOR GIFT OF MR. AND MRS. CHAUNCEY B. BORLAND, Inv.-Nr. 2013.1094

PROV.: Privatbesitz, Rom; Galleria Carlo Virgilio, Rom; Privatbesitz, Paris; von dort 2013 erworben
LIT.: Unveröffentlicht

74   [Abb. S. 261]

Rastende Landarbeiter auf der Vigna Catel nahe
der Milvischen Brücke vor Rom, um 1852

Öl auf Leinwand, 64 x 93 cm, unbezeichnet
ROM, FONDAZIONE CATEL, Inv.-Nr. 22

LIT.: Bonifazio 1975/76, S. 191–192, Nr. 67; Stolzenburg 2007, S. 183, Nr. 32, Abb. S. 164

75   [Abb. S. 262]

Blick über den Tiber mit Ponte Molle, dem Monte
Mario und Sankt Peter in der Ferne, 1820/50

Bleistift, 144 x 220 mm, unbezeichnet
ROM, FONDAZIONE CATEL, Inv.-Nr. 153

LIT.: Stolzenburg 2007, S. 183, Nr. 31, Abb. S. 164 oben

76   [Abb. S. 264]

Blick auf den mittelalterlichen Turm der Villa
Lazzaroni mit dem Hügel der Vigna Catel, 1820/50

Öl auf Papier, 80 x 120 mm, unbezeichnet
ROM, FONDAZIONE CATEL, Inv.-Nr. 63

LIT.: Ausst.-Kat. Rom 1996a, S. 65, Nr. 91; Stolzenburg 2007, S. 183, Nr. 29, Abb. auf S. 162 (als »Der Tiber bei Tor di Quinto«)

77   [Abb. S. 263]

Ernteszene auf Catels Landgut bei Macerata,
um 1850/55

Öl auf Leinwand, 63 x 94 cm
ROM, FONDAZIONE CATEL, Inv.-Nr. 24

LIT.: Bonifazio 1975/76, S. 192–194, Nr. 68; Stolzenburg 2007, S. 183, Nr. 34, Abb., S. 166

78   [Abb. S. 265]

Landarbeiter mit Ochsenkarren in den
pontinischen Sümpfen bei Rom, 1820er Jahre

Gouache, 195 x 273 mm
Links unten signiert »F. Catel« (Pinsel in Graubraun)
MÜNCHEN, PRIVATBESITZ

LIT.: Unveröffentlicht

79   [Abb. S. 266]

Schäfer mit seiner Herde in der römischen
Campagna, 1830/50

Öl auf Karton, 203 x 281 mm, unbezeichnet
ROM, FONDAZIONE CATEL, Inv.-Nr. 81

LIT.: Ausst.-Kat. Rom 1996a, S. 70, Nr. 109; Stolzenburg 2007, S. 183, Nr. 28, Abb. S. 162 oben

80   [Abb. S. 267]

Sturm über der römischen Campagna, 1830/50

Öl auf Karton, 274 x 398 mm, unbezeichnet
ROM, FONDAZIONE CATEL, Inv.-Nr. 66

LIT.: Ausst.-Kat. Rom 1996a, S. 66, Nr. 94; Stolzenburg 2007, S. 183, Nr. 27, Abb. S. 161

81   [Abb. S. 270]

Blick in das Kolosseum in Rom gegen Norden,
Mai 1835

Aquarell über Bleistift, 270 x 427 mm
Links unten signiert und datiert: »F. Catel 5. May 1835« (Pinsel in Grau)
PRIVATBESITZ

PROV.: 1985 Galerie und Kunstantiquariat Joseph Fach
LIT.: Lager-Kat. Frankfurt am Main, Joseph Fach 1985, S. 48, Nr. 66, Taf. II

82   [Abb. S. 257]

Blick durch einen Bogen des Kolosseums auf
den Konstantins-Bogen und die Kaiserpaläste
auf dem Palatin; zwei Figuren links im Vorder-
grund, 1820/30

Schwarze Kreide, 190 x 275 mm
Verso bezeichnet: »Catel« (Bleistift)
ROM, FONDAZIONE CATEL, Inv.-Nr. 132

LIT.: Stolzenburg 2007, S. 183, Nr. 23, Abb. S. 159 (als »Blick auf den Konstantinsbogen aus den Substruktionen des Palatins«)

83   [Abb. S. 271]

Blick auf die Rundkirche Santo Stefano Rotondo
auf dem Monte Celio mit dem Lateran im
Hintergrund, April 1834

Aquarell über Bleistift, 233 x 384 mm
Links unten signiert und datiert: »F. Catel 30. Aprile 1834« (Feder in Grau); unten mittig bezeichnet: »Laterano S. Stefano Rotondo« (Feder in Grau)
MÜNCHEN, PRIVATBESITZ

PROV.: Kunsthandel Diepolder, München; süddeutscher Privatbesitz; erworben 2014 bei Karl & Faber, München
LIT.: Aukt.-Kat. München, Karl & Faber 2014, S. 141, Nr. 218, Abb.

84.1 [Abb. S. 272]

*Künstlerfest in der Campagna bei Tor de'
Schiavi,* um 1830/50 (1845?)

Öl auf Karton (auf Leinwand aufgezogen), 145 x 230 mm
Signiert rechts unten: »F. Catel« (Pinsel in Braun);
Verso Klebezettel: »Berlin SW 6. Kommandenstraße 86«
und alte Beschriftung: »Catel« und »Künstlerfest«
MÜNCHEN, PRIVATBESITZ

PROV.: Berlin, Privatbesitz (laut rückseitiger Beschriftung)
LIT.: Unveröffentlicht

84.2 [Abb. S. 273. Nicht ausgestellt]

*Die Ruinen der römischen Kaiserpaläste auf
dem Palatin mit Blick auf den Gianicolo, den
Tiber und die Kuppel von Sankt Peter am
Horizont,* um 1825/35

Öl auf Leinwand, 20,8 x 33,4 cm
Links unten signiert: »Catel fecit [?] Roma« (Pinsel in
Braun)
NEW YORK, THE MORGAN, LIBRARY & MUSEUM,
THAW COLLECTION, Inv.-Nr. EVT 526

PROV.: Galerie Erich Beckmann, Hannover; Privatbesitz, Paris; Kathrin Bellinger Kunsthandel; Privatbesitz; Eugène Victor and Clare E. Thaw, New York
LIT.: Unveröffentlicht

85 [Abb. S. 274]

Ansicht des Ponte Nomentano in Richtung Rom,
Oktober 1838

Bleistift, 246 x 378 mm
Links unten bezeichnet: »Franz [von fremder Hand]
Catel in Rom.« (Bleistift); Mitte unten bezeichnet und
datiert: »Ponte Nomentano 26t. Oct. 838« (Bleistift)
HAMBURGER KUNSTHALLE, KUPFERSTICHKABINETT,
Inv.-Nr. 22945

PROV.: Susanne Elisabeth Sillem (1785–1865), Hamburg (nicht bei Lugt), Vermächtnis 1866 an die Städtische Gallerie in Hamburg [Geschenke an Kunstwerken
Slg 505 / 127-56.6 S Nr. 16]; 1868 in die Kunsthalle
übernommen
LIT.: Bernhard 1973, Bd. 1, S. 1989, Abb. S. 99

86 [Abb. S. 275]

Blick auf die Via Appia Antica bei Rom, Juli 1827

Aquarell über Bleistift, 160 x 288 mm
Links unten bezeichnet und datiert: »Via Appia / Rom
den 5 Juli 1827« (Bleistift)
LÜBECK, DIE LÜBECKER MUSEEN, BEHNHAUS
DRÄGERHAUS, Inv.-Nr. 2000/145

PROV.: Sammlung Ernst-Jürgen Otto, Celle (Lugt Suppl.
873 b); 1993 bei Galerie und Kunstantiquariat Joseph
Fach, Frankfurt am Main; Lübeck, Privatbesitz; 2000
Stiftung an das Museum für Kunst und Kulturgeschichte
LIT.: Lager-Kat. Frankfurt am Main, Joseph Fach 1993,
S. 12, Nr. 8, Abb. auf S. 13; Best.-Kat. Lübeck 2007,
S. 26–27, Abb. (Beitrag Andreas Stolzenburg)

87 [Abb. S. 277]

*Ansicht der Via Appia Antica mit Blick auf die
Acqua Claudia und die Albaner Berge (Torre di
Selce),* 1833

Öl auf Leinwand, 97 x 136 cm
Bezeichnet: »F. Catel Roma pinx 1833« (Pinsel in
Schwarz)
STAATLICHE MUSEEN ZU BERLIN, NATIONALGALERIE,
Inv.-Nr. A II 670

AUSST.: 1834 Berlin, Akademieausstellung / 1837
Danzig, Ausstellung des Kunst-Vereins.
PROV.: 1834 in Privatbesitz (wohl bereits im Besitz des
Oberhofbuchdruckers Rudolf Ludwig von Decker
(1804–1877), Berlin), 1837, 1863 und 1891 im Besitz
der Familie von Decker, Berlin; erworben 1928 aus dem
von Decker'schen Nachlass, Berlin.
LIT.: Ausst.-Kat. Berlin 1834 (zit. nach: Börsch-Supan
1971), S. 10, Nr. 122 (»Franz Catel, in Rom, Mitglied
der Akad. / [...] Ein Stück der Via Appia, bekannt
unter dem Namen der Gräberstraße, vor dem Thore
di S. Sebastiano. Im Hintergrunde das Albanergebirge.
Privatbesitz.«); Kunstblatt Nr. 5 v. 15. 1. 1835, S. 19
(»Manche bemerkten auch bei einer Landschaft von
Catel [Via Appia und Albanergebirge], daß die Taghelle
derselben die daneben hängenden rheinischen Stücke
benachtheiligte. Man muß indessen nicht vergessen,
daß, wo Bilder in Masse sind, das Chargirte zu seinem
Vortheil gemildert, das Gemäßigte matter als ohne dies
erscheint.«); Kunstblatt Nr. 39 v. 14. 5. 1835, S. 161
(»[...]; von Catel neben einigen ziemlich manierirten
Stücken eine Ansicht der Gräberstraße Via Appia in der
hellen Tageswirkung, die seiner Palette geläufig ist;
[...].«); Ausst.-Kat. Danzig 1837, S. 7, Nr. 60 (»Die Appi-
sche Straße bei Rom. In der Ferne das Lateiner Gebirge. Eigenth. des Herrn Oberhofbuchdruckers Decker
zu Berlin.«); Parthey 1863, S. 271, Nr. 11 (»Via Appia.
Berlin. Decker.«); Boetticher 1891, S. 164, Nr. 24 (»Ein
Stück der Via Appia, ›die Gräberstraße‹, vor der Porta
di S. Sebastiano. Im Hintergrund das Albanergeb. Helle
Tagesbeleuchtung. E: v. Decker, Berlin. Berl. ak. KA. 34.«);
Hentzen 1929/30, S. 35–36, Abb.; Pauli 1934, S. 154,
Abb. 210; Bonifazio 1975/76, S. 157–159, Nr. 18; Best.-
Kat. Berlin 1976, S. 82, Abb.; Geismeier 1979, S. 228;
Geller/Wolken 1984, S. 26, Taf. 5; Krieger 1986, S. 21–
22; Ausst.-Kat. Rom 1996a, S. 74; Wesenberg/Förschl
2001, S. 84, Nr. 85, Abb. (Beitrag Gerd Helge Vogel);
Stolzenburg 2007, S. 96, Abb. 54 auf S. 98

88 [Abb. S. 278]

*Ansicht der Via Appia Antica mit Blick auf die
Acqua Claudia und die Albaner Berge (Torre di
Selce),* 1833

Bleistift, 188 x 278 mm
Rechts unten bezeichnet: »F. Catel Rom 1833« (Bleistift)
HAMBURGER KUNSTHALLE, KUPFERSTICHKABINETT,
Inv.-Nr. 1939/2

PROV.: Erworben 1939 vom Antiquar Walter Carl,
Frankfurt am Main
LIT.: Ausst.-Kat. Amsterdam 1971, S. 25, Nr. 53, Ausst.-
Kat. Athen 2003, S. 92–93, Nr. 33; Abb.; Ausst.-Kat.
Hamburg 2003, S. 86–87, Nr. 38, Abb.

89 [Abb. S. 276. Nicht ausgestellt]

*Ansicht der Via Appia Antica mit Blick auf die
Albaner Berge (Torre di Selce),* 1833

Öl auf Papier, 94 x 136 mm
Rechts unten bezeichnet: »F. Catel« (Feder in Schwarz);
Verso mittig Nachlass-Stempel der Sammlung Lahmann:
»Sammlung / Joh. Fr. Lahmann« (Stempel in Braun)
KUNSTHALLE BREMEN – DER KUNSTVEREIN IN
BREMEN, KUPFERSTICHKABINETT, Inv.Nr. 1937/386

PROV.: Sammlung Friedrich Lahmann, Bremen (Lugt
1656c); Vermächtnis an die Kunsthalle Bremen, 1937
LIT.: Ausst.-Kat. Köln 1972, o. S., Nr. 17; Robels 1974,
S. 72, Taf. 20 oben; Bonifazio 1975/76, S. 159–160,
Nr. 19; Ausst.-Kat. Bremen 2013, S. 41, Abb. 7 auf S. 40

90 [Abb. S. 279]

*Hirten in der Campagna vor der Grotte der
Egeria,* um 1836

Öl auf Leinwand, 39,3 x 62 cm, unbezeichnet
HAMBURGER KUNSTHALLE, Inv.-Nr. HK-1067

PROV.: Susanne Elisabeth Sillem (1785–1865), Hamburg (nicht bei Lugt); Legat an die »Städtische Gallerie
in Hamburg«, 1866; 1869 in die Hamburger Kunsthalle
übernommen.
DOK.: Historisches Archiv Hamburger Kunsthalle (HAHK),
Bestand 127-56.6: Geschenke und Vermächtnisse in
Kunstwerken, Susanne E. Sillem: Verzeichnis [...],
Pag. 1, Nr. 3 (»Grotte der Egeria«).
LIT.: Best.-Kat. Hamburg 1874, S. 35, Nr. 191 (»Die
Grotte der Egeria. Leinen, h. 0,393, br. 0,624. Aus dem
Vermächtnisse von Fräul. Sus. Sillem. 1866.«); Boetticher
1891, S. 174, Nr. 56 (»Die Grotte der Egeria. H. 0,39,
br. 0,62. E: Kunsthalle Hamburg, Verm. d. Fräul. Susanne
Sillem 66.«); Geller 1960, S. 331 (datiert um 1833);
Best.-Kat. Hamburg 1969, S. 35, mit Abb; Bonifazio
1975/76, S. 165–166, Nr. 24; Geller/Wolken 1984, S. 36,
Taf. 15; Ausst.-Kat. Rom 1996a, S. 74 (datiert 1820/30),
S. 75 (»La fontana della ninfa Egeria«; als 1836 auf der
römischen Ausstellung)

91 [Abb. S. 280. Nicht ausgestellt]

*Landschaft mit Blick auf die Villa des Maecenas
und das Tal des Aniene bei Tivoli,* um 1820/30

Öl auf Leinwand, 134 x 188 cm, unbezeichnet
PARIS, PRIVATBESITZ. COURTESY GIACOMO
ALGRANTI, PARIS

PROV.: Privatbesitz, Florenz; erworben 2012 aus dem
Pariser Kunsthandel (als Anton Sminck van Pitloo)
LIT.: Unveröffentlicht

92 [Abb. S. 282]

*Landschaft mit Blick auf die Villa des Maecenas
und das Tal des Aniene bei Tivoli,* um 1830/31

Öl auf Leinwand, 65 x 91 cm, unbezeichnet
SCHWEINFURT, MUSEUM GEORG SCHÄFER,
Inv.-Nr. 3904

PROV.: Erworben in den 1960er Jahren bei Kunsthandel
E. Nusser, München
LIT.: Ausst.-Kat. Nürnberg 1966, S. 67, Nr. 20, Abb. 20
(als »Italienische Landschaft bei Rom«); Ausst.-Kat.
Leverkusen 1986, S. 226, Taf. 56

93 [Abb. S. 283]

*Landschaft mit Blick auf die Villa des Maecenas
und das Tal des Aniene bei Tivoli,* um 1830/31

Öl auf Leinwand, 58,1 x 88,4 cm
Links unten signiert: »F.Catel f.« (Pinsel in Braun)
ESSEN, MUSEUM FOLKWANG, Inv.-Nr. 218

PROV.: 1918 von Josef Paßmann dem Kunstmuseum
Essen gestiftet
LIT.: Geller 1960, S. 244–245 (1829 datiert); Best.-Kat.
Essen 1971, S. 24, Taf. 20 (mit älterer Lit.); Ausst.-Kat.
Rom 1996a, S. 74 (als »Paesaggio italiano«; hier ohne
Angabe von Gründen 1829 datiert)

94 [Abb. S. 281]

*Liebespaar in der Grotte der Fontana dell'Ovato
unterhalb der thronenden Sibylle im Park der
Villa d'Este in Tivoli,* um 1818

Öl auf Leinwand 54,3 x 70 cm, unbezeichnet
KOPENHAGEN, THORVALDSENS MUSEUM,
Inv.-Nr. B 110

AUSST.: 1843 Kopenhagen, Ausstellung der Akademie in Schloss Charlottenborg
PROV.: Erworben vom Künstler durch Bertel Thorvaldsen in Rom zu einem unbekannten Zeitpunkt
LIT.: Reumont 1840, S. 185–187; Best.-Kat. Kopenhagen 1843, S. 20, Nr. 304 (»Grotte i Villa d'Este. Tilhöre Conferentsrad Thorvaldsen.«); Müller 1849, S. 27, Nr. 110 (»En Grotte en Mæcenas Villa ved Tivoli [sic]. Solen skinner giennem Buerne ind under de kiölige Hvælvinger, hvor in Vanström sprudler frem af Klippevægen. En ung pynteligt klædt Karl har taget Plads paa Randen af Vandbassinet og synger en Kiærligheddssang til Mandolinen; en Pige, der er kommet for at hente Vand i sin Krukke, nærmer sig bagved med sagte Skridt for at overraske ham. 1 F. 8³/₄ T. h. 2 F. 2³/₄ T. l.«); Boetticher 1891, S. 165 (»Vier Gem. Catel's befinden sich im Thorwaldsen-Mus. [sic] zu Kopenhagen«); Lützhöft 1931, S. 20–23; Westers 1959, S. 56; Ausst.-Kat. Köln 1977, S. 319, Nr. C 7; Geller/Wolken 1984, S. 25, Taf. 4; Stolzenburg 2007, S. 48, Abb. 24 auf S. 47

95 [Abb. S. 284]

Das Flussbett des Aniene unterhalb von Tivoli (?), 1820/30

Öl auf Leinwand 28,3 x 42,7 cm, unbezeichnet
KOPENHAGEN, STATENS MUSEUM FOR KUNST, Inv.-Nr. 1087

PROV.: Erworben 1876 aus der Sammlung des Konsuls Johann Bravo (1797–1876), Rom

AUSST.: 1906, Berlin, Jahrhundertausstellung
LIT.: Ausst.-Kat. Berlin 1906, 1. Aufl. (Gemälde), S. 68, Nr. 261; Ausst.-Kat. Berlin 1906, 2. Aufl. (Gemälde und Skulpturen), S. 74, Nr. 261; Hamann 1906, S. 14

96 [Abb. S. 284]

Italienische Berglandschaft mit Pergola im Gegenlicht, 1820/30

Öl auf Leinwand, 27,3 x 41,5 cm, unbezeichnet
ROM, FONDAZIONE CATEL, Inv.-Nr. 56

LIT.: Bonifazio 1975/76, S. 198–199, Nr. 76; Stolzenburg 2007, S. 183, Nr. 21, Abb. auf S. 158

97 [Abb. S. 285]

Studie einer Baumgruppe, um 1830/40

Öl auf Leinwand, 33 x 52,5 cm
Signiert unten rechts in Versalien: »Catel« (Pinsel in Braun)
HAMBURGER KUNSTHALLE, Inv.-Nr. HK-5617. Dauerleihgabe der Stiftung für die Hamburger Kunstsammlungen

PROV.: Dr. Gisela und Gert Kiwit, Napels (Florida)/Meerbusch (bis 2002); Meerbuscher Kunstauktionshaus, 2002; Thomas le Claire Kunsthandel, Hamburg, 2002; dort erworben 2002 durch die Stiftung zur Förderung der Hamburger Kunstsammlungen, Hamburg; Dauerleihgabe der Stiftung der Hamburger Kunstsammlungen an die Hamburger Kunsthalle
LIT.: Stolzenburg 2002, S. 34–37, Nr. 35; Stolzenburg 2003, S. 58–59, Abb. S. 58 und S. 59 (Detail), S. 122; Ausst.-Kat. Hamburg 2006, S. 283, Abb.

98 [Abb. S. 286]

Blick auf Ariccia in Richtung Meer mit den Ponzianischen Inseln, 1821/25

Öl auf Leinwand, 100,2 x 138,5 cm, unbezeichnet
MÜNCHEN, BAYERISCHE STAATSGEMÄLDE-SAMMLUNGEN, NEUE PINAKOTHEK, Inv.-Nr. WAF 143

AUSST.: 1826 München, Nachlassausstellung der Gemäldesammlung aus dem Besitz König Max. I. Joseph von Bayern / 1906 Berlin, Jahrhundertausstellung
PROV.: Auftragswerk von Max I. Joseph von Bayern; erworben 1826 zum Preis von 900 fl. durch König Ludwig I. von Bayern.
DOK.: Verzeichnis der Privat Gemälde Sammlung Seiner Majestät des Koenigs Ludwig von Bayern, 1829 ff., Nr. 1–878 [Handschriftliches Inventar der königlichen Privatgemäldesammlung von Johann Georg von Dillis], Nr. 190; Inventar des Wittelsbacher Ausgleichsfonds. Gemälde und Plastiken, Nr. 1–1236 [Handschriftliches Inventar, 1929/30 angelegt, die von den Bayerischen Staatsgemäldesammlungen verwalteten Gemälde aus dem Eigentum des Wittelsbacher Ausgleichsfonds umfassend], Nr. 143.
LIT.: Ausst.-Kat. München 1826, o. S., Nr. 109; Best.-Kat. München 1853, S. 24, Nr. 6; Best.-Kat. München 1855, S. 24, Nr. 6; Best.-Kat. München 1858, S. 26, Nr. 6; Best.-Kat. München 1862, S. 26, Nr. 6; Parthey 1863, S. 271, Nr. 12 (»Ansicht über Ariccia gegen das Meer. Leinwand. Breite 4 F. 3 Z.; Höhe 3 F. 1 Z. München, Neue Pinakothek.«); Best.-Kat. München 1868, S. 46, Nr. 79; Best.-Kat. München 1871, Nr. 150; Best.-Kat. München 1877/78, Nr. 161; Best.-Kat. München 1880/81, Nr. 165; Best.-Kat. München 1883–1887, Nr. 178; Best.-Kat. München 1889–1892, Nr. 235; Boetticher 1891, S. 174, Nr. 31 (»Aussicht über Ariccia gegen das Meer. h. 1,00, br. 1,38. E: Neue Pin. Münch«); Best.-Kat. München 1894–1899, Nr. 209; Best.-Kat. Berlin 1906, 1. Aufl. (Gemälde), S. 68, Nr. 258; Ausst.-Kat. Berlin 1906, 2. Aufl. (Gemälde und Skulpturen), S. 74, Nr. 258; Best.-Kat. München 1900–1913, Nr. 130; Jaffé 1907, S. 69; Best.-Kat. München 1914, Nr. 116; Best.-Kat. München 1920, S. 10; Best.-Kat. München 1922, S. 10; Geller 1950, S. 24; Bonifazio 1975/76, S. 166, Nr. 25; Best.-Kat. München 1981–1989, S. 46–47; Geller/Wolken 1984, S. 30, Taf. 9; Ausst.-Kat. Rom 1996a, S. 14, Abb.; Rott 2003, S. 162; Best.-Kat. München 2003a, S. 33–35; Best.-Kat. München 2003b, S. 47; Ausst.-Kat. München 2005, S. 170, Nr. 31, S. 389; Stolzenburg 2007, S. 82, Abb. 47 auf S. 84

99 [Abb. S. 287]

Blick auf Ariccia in Richtung Meer, 1834

Öl auf Karton, 285 x 445 mm
Links unten von der Mitte bezeichnet und datiert: »Ariccia Settembre 1834« (mit dem Pinsel in die feuchte Farbe geritzt)
LONDON, PRIVATBESITZ

PROV.: Georg Schäfer (1896–1975), Schweinfurt; Auktion 1999 Neumeister München (Nr. 46; verkauft); dort erworben
LIT.: Geller 1960, S. 332; Aukt.-Kat. München, Neumeister 1999a, S. 37, Nr. 46, Abb.; Stolzenburg 2004, S. 146, Nr. 58, Abb. S. 147

VI Catel und die Porträtmalerei

100 [Abb. S. 290]

Bildnis des Bruders Ludwig Friedrich (Louis) Catel, Frühjahr 1812

Öl auf Papier, 125 x 105 mm, unbezeichnet
ROM, FONDAZIONE CATEL, Inv.-Nr. 35

LIT.: Bonifazio 1975/76, S. 170, Nr. 28; Ausst.-Kat. Rom 1996a, S. 43, Nr. 6, S. 73; Stolzenburg 2007, S. 182, Nr. 3, Abb. S. 149; Treskow 2011, S. 74, Abb. 2; Stauss 2015, S. 48, Abb.

101 [Abb. S. 291]

Bildnis der Margherita Catel, geb. Prunetti, am Fenster mit Blick auf Rom, um 1814

Öl auf Leinwand 69 x 52,5 cm, unbezeichnet
PRIVATBESITZ

PROV.: Sammlung Bernard Poissonier [Poissonnier], Paris; erworben von dort im März 1941 durch die Galerie Karl Haberstock, Berlin (als »wahrscheinlich Catel«; Eintrag in den Eingangsgeschäftsbüchern der Galerie, Signatur HA/XXV/38); von dort im September 1942 erworben von Julius Böhler, München (als »Biedermeier Bild ›Frau am Fenster‹«; Eintrag in den Ausgangsgeschäftsbüchern der Galerie, Signatur HA/XXV/87); dort wohl von einem Familienmitglied des heutigen Besitzers erworben; seitdem in Familienbesitz
LIT.: Geller 1960, S. 310; Bonifazio 1975/76, S. 236, Nr. 54; Stolzenburg 2007, S. 29, Abb. 11 auf S. 27; Trepesch 2008, S. 274 (Eingangsbuch), 288 (Ausgangsbuch), Abb. S. 311 (Foto-Nr. 5062 des Haberstock-Archivs)

102 [Abb. S. 293]

Bildnis Karl Friedrich Schinkels in Neapel, 1824

Öl auf Leinwand, 62 x 49 cm, unbezeichnet
STAATLICHE MUSEEN ZU BERLIN, NATIONALGALERIE, Inv.-Nr. A II 284

PROV.: Karl Friedrich Schinkel, Berlin (Geschenk an seine Frau Susanne); durchgehend in Familienbesitz; erworben 1918 von den Nachfahren Schinkels
LIT.: Noack 1912a, S. 180; Mackowsky 1922, S. 150–152; Gläser 1930, S. 21; Gläser 1932, S. 80, 142–143; Ausst.-Kat. Celle 1949, S. 17, Nr. 18 (datiert 1824 bis 1826); Geller 1952, S. 100, Nr. 1236; Rave 1953, Abb. 80; Geller 1960, S. 310; Sievers 1960, S. 239; Greifenhagen 1963, S. 92–95; Schmoll, gen. Eisenwerth 1970, S. 94–95, Abb.; Ausst.-Kat. London 1972, Nr. 49, Abb. 29; Börsch-Supan 1972, S. 36, Abb. 16; Bonifazio 1975/76, S. 144–147, Nr. 9; Best.-Kat. Berlin 1976, S. 80, Abb. S. 81; Ausst.-Kat. Paris 1976, S. 24–25, Nr. 28; Greifenhagen 1978, S. 16, Taf. 2; Ausst.-Kat. Berlin 1979, S. 129–130, Nr. 196; Schinkel 1979, S. 227, 268; Rohde 1982, Abb. S. 182; Geller/Wolken 1984, S. 28, Taf. 7; Best.-Kat. Berlin 1986, S. 47–48; Schweers 1986, S. 54, Abb. 139; Ausst.-Kat. Neapel 1990, S. 358–360, Abb. S. 359; Galassi 1991, S. 95, Abb. 110; Ausst.-Kat. Rom 1996a, S. 74, 75, Abb.; Ausst.-Kat. Berlin 1999, S. 140, Nr. 56, Abb. 141; Ausst.-Kat. München 2000, S. 505–506, Nr. 4.13, Abb. auf S. 69; Wesenberg/Förschl 2001, S. 84–85, Nr. 86, Abb. (Beitrag Birgit Verwiebe); Ricciardi 2002, S. 55 (Erwähnung); Fino 2007, S. 98, Abb. 82; Stolzenburg 2007, Abb. 49 auf S. 87; Ausst.-Kat. Washington 2010, S. 292, Abb. 1; Johannsen 2012, S. 20, Abb. 1; Ausst.-Kat. Berlin 2013, S. 94–95, Nr. 57, Abb. (Beitrag Rolf H. Johannsen); Stolzenburg 2014, S. 53, Abb. 10; Maurer 2015, S. 130–136, Abb. 76 auf S. 133

103.1 [Abb. S. 295]

Kronprinz Ludwig in der spanischen Weinschänke zu Rom, 1824

Öl auf Leinwand, 63,2 x 75,5 cm, unbezeichnet
Beschriftung an der linken Wand des Raumes: »CHER-CER.VASER«, an der rechten Wand: »SPAGNA = VINI = DIVERSI = STRAVECHI«; Verso auf der weiß grundierten Leinwand mit Bleistift Pause der Gesichter der Figuren des Bildes und mit Feder in Schwarz Bezifferung und Namensangaben der Dargestellten: »1. S. Königl Hoheit der Kronprinz von Bayern / 2. der Bildhauer Ritter v Thorwalzen / 3. Architekt Ritter v Klenze / 4. Mahler Wagner / 5. Mahler Philip Veit / 6. Doktor Ringseis / 7. Mahler Schnor / 8. Obrist v Gumpenberg / 9. Graf v Seinsheim / 10. Mahler Franz Catel / 11. der

Wirt auf Ripagrande in Rom / Rafaele Anglada«; oben rechts in etwas späterer Handschrift: »Spanisch= Portugisische Wein= / Niederlage des Don Raffaele Anglada / alla Ripa grande in Rom / den 29. Februar 1824«; auf dem Keilrahmen: »gemalt von Franz Catel« (Bleistift); handschriftlich: »13.11. 36 und 27. IV. 37 m«; auf dem Zierrahmen alter Zettel: »67«; Stempel: »158.« MÜNCHEN, BAYERISCHE STAATSGEMÄLDE-SAMMLUNGEN, NEUE PINAKOTHEK, Inv.-Nr. WAF 142

AUSST.: 1906 Berlin, Jahrhundert-Ausstellung
PROV.: Beauftragt 1824 durch Kronprinz Ludwig von Bayern für seine Privatsammlung; vollendet Ende März 1824; in München seit 1826
DOK.: Verzeichnis der Privat Gemälde Sammlung Seiner Majestät des Koenigs Ludwig von Bayern, 1829 ff., Nr. 1–878 [Handschriftliches Inventar der königlichen Privatgemäldesammlung von Johann Georg von Dillis], Nr. 89; Inventar des Wittelsbacher Ausgleichsfonds. Gemälde und Plastiken, Nr. 1–1236 [Handschriftliches Inventar, 1929/30 angelegt, die von den Bayerischen Staatsgemäldesammlungen verwalteten Gemälde aus dem Eigentum des Wittelsbacher Ausgleichsfonds umfassend], Nr. 142
LIT.: Best.-Kat. München 1868, S. 68, Nr. 68a; Best.-Kat. München 1871, Nr. 361; Best.-Kat. München 1877/78, Nr. 365; Best.-Kat. München 1880/81, Nr. 374; Best.-Kat. München 1883–1887, Nr. 387; Best.-Kat. München 1889–1892, Nr. 234; Boetticher 1891, S. 174–175, Nr. 12 (»Die span. Osteria auf Ripa grande in Rom. Die nach dem Leben gezeichneten Personen sind: links am Ende der Bank Kronpr. Ludwig, zu seiner Rechten Thorwaldsen, neben diesem Graf Seinsheim, rechts von ihm Catel, die Gruppe zeichnend, hinter Catel der Hofmarschall v. Gumppenberg, Dr. Ringeis mit erhobenem Glase, Ph. Veit, Bildhauer Wagner und an der Ecke der Architekt Klenze. Das Bild trägt auf der Rückseite das Datum 29. Februar 1824. h. 0,63, br. 0,74. E: Neue Pinakothek München. Abb. in Pecht's ›Gesch. d. Münch. Kunst im 19. Jahrh.‹ – Nürnb. Landes-A. 82.«); Best.-Kat. München 1894–1899, Nr. 298; Ausst.-Kat. Berlin 1906, 1. Aufl. (Gemälde), S. 76, Nr. 266; Seidlitz 1906, S. 18, Nr. 266; Best.-Kat. München 1900–1913, Nr. 129; Kern 1911, S. 51, Abb; Best.-Kat. München 1914, Nr. 115; Best.-Kat. München 1920, S. 9–10; Best.-Kat. München 1922, S. 10; Ausst.-Kat. Wien 1926, o. S., Nr. 82; Gläser 1932, S. 82; Best.-Kat. München 1948, Abb. 26; Ausst.-Kat. München 1950, o. S., Nr. 31; Geller 1960, S. 310; Gregorovius 1967, S. 264; Bonifazio 1975/76, S. 142–144, Nr. 8; Mittlmeier 1977, Abb. 101; Best.-Kat. München 1981–1989, S. 45–46; Rohde 1982, Abb. A. 93; Geller/Wolken 1984, S. 42, Taf. 21; Galassi 1991, S. 134, Abb. 159; Teichmann 1992; Peters 1994, S. 18 (Beitrag Ursula Timann); Ausst.-Kat. Rom 1996a, S. 26, Abb. S. 74; Ausst.-Kat. Washington 1996, S. 58, Abb. 3; Buttlar 1999, S. 101, Abb. 99; Ausst.-Kat. München 2000, S. 505–506, Nr. 4.12, Abb. auf S. 68; Teichmann 2000, S. 232, 237, Abb. 17; Ricciardi 2002, S. 55 (Erwähnung); Stendal 2002, S. 272–273, Abb.; Rott 2003, S. 28, Abb. 11 auf S. 29, 163; Best.-Kat. München 2003a, S. 35–38; Best.-Kat. München 2003b, S. 49; Rott/Kaak 2003, S. 84–85, Abb., S. 283; Stolzenburg 2007, S. 81, S. 83; Putz 2013, S. 44, mit Anm. 73, 271, mit Anm. 852; Putz 2014, S. 31, 69, 83; Ausst.-Kat. München 2015, S. 26–27, Abb.

103.2 [Abb. S. 297]
Bildnis Leo von Klenzes, wohl 29. Februar oder 5. März 1824

Öl auf Malpappe, 242 x 167 mm, unbezeichnet
Rückseitig zwei Adressstempel in Blau als Besitzerangaben: »Elsbeth Ahner / Berlin / Lichterfelde-West / Jägerndorfer Zeile 64« und »Bertha Ahner / Berlin / Lichterfelde-West / Jägerndorfer Zeile 64«
HAMBURG, LE CLAIRE KUNST

PROV.: Privatbesitz, Berlin (Zeitraum und Reihenfolge der rückseitig als Besitzer genannten Personen unklar)
LIT.: Aukt.-Kat. München, Ketterer 2015, S. 126, Nr. 281, Abb. (als »Deutschland / Wein trinkender Mann am Tisch sitzend. Ende 19. Jahrhundert«); Kranzfelder 2015, S. 1, Abb. (als anonym)

104 [Abb. S. 299]
Bildnis der Vittoria Caldoni in ländlicher Tracht aus Albano, 1827

Öl auf Leinwand, 96 x 73 cm, unbezeichnet
ROM, FONDAZIONE CATEL, Inv.-Nr. 92

LIT.: Bunsen 1868, S. 535; Gläser 1943, S. 452–453, Nr. 30; Geller 1956a, S. 14; Busiri Vici 1957/58, S. 30; Fuchs 1959, S. 9; Geller 1960, S. 137–139, S. 311; Geller 1961b, S. 31; Poensgen 1961, S. 253, 258; Bonifazio 1975/76, S. 155–156, Nr. 16; Concina Sebastiani 1979, S. 311; Geller/Wolken 1984, S. 8; Ausst.-Kat. Nürnberg/Schleswig 1991, S. 471–472, Nr. 3.63; PittItalOttoc I/II, 1991, Bd. 1, S. 425, Abb. 610, Bd. 2, S. 751; Giuliani 1995, S. 13, Taf. 30; Ausst.-Kat. Rom 1996a, S. 44, Nr. 10, Taf. auf S. 34, S. 74; Marazzi 1997, S. 8–11, Abb. S. 9; Stolzenburg 2007, S. 184, Nr. 43, Abb. auf S. 172; Gold 2009, S. 146, 176, Nr. 14; Koeltz 2010, S. 60, 62, 171–172, Abb. S. 288

105 [Abb. S. 301]
Bildnis eines Schotten (John Campbell, 2. Marquis von Breadalbane?), um 1829/30 (?)

Öl auf Leinwand, 46 x 36,4 cm, unbezeichnet
ROM, FONDAZIONE CATEL, Inv.-Nr. 78

LIT.: Bonifazio 1975/76, S. 172–173, Nr. 31; Ausst.-Kat. Rom 1996a, S. 45–46, Nr. 14

VII Catel als Historienmaler

106 [Abb. S. 305]
Der Vater mit seinem Kind (nach Goethes Ballade »Erlkönig« von 1782), um 1814

Pinsel in Grau, stellenweise grau laviert, 344 x 211 mm
Verso (Abb. 1 auf S. 304): *Die Töchter des Erlkönigs,* um 1814, Pinsel in Braun über Graphit, Feder und Kohle auf Papier, 344 x 211 mm; links oben bezeichnet: »Franz Catel del.« (Bleistift)
KLASSIK STIFTUNG WEIMAR, MUSEEN, GRAPHISCHE SAMMLUNGEN, Inv.-Nr. KHZ/02270 (Recto) und KHZ/02271 (Verso)

PROV.: Erworben vom Antiquariat Alexander Twietmeyer, Leipzig, als Geschenk der Vereinigung der Freunde des Goethehauses

107 [Abb. S. 307]
Rudolf von Habsburg und der Priester, 1818

Feder und Pinsel in Braun, weiß gehöht, über Bleistift, 440 x 590 mm, alt montiert: 483 x 618 mm
Signiert und datiert rechts unten: »F. Catel / fe. Romae / 1818« (Feder in Braun); auf dem Untersatzkarton beschriftet: »gefertigt f. Baron von Schneider« (Feder in Braun)
FRANKFURT AM MAIN, STÄDELMUSEUM, GRAPHISCHE SAMMLUNG, Inv.-Nr. 6859

PROV.: 1818 beim Künstler in Rom in Auftrag gegeben von Baron Philipp E. von Schneider, Frankfurt am Main; erworben 1887 als Geschenk des Herrmann von Mumm senior, Frankfurt am Main
LIT.: Ausst.-Kat. Frankfurt am Main 1978, S. 75, Abb.; Geller/Wolken 1984, S. 33, Taf. 12; Ausst.-Kat. Rom 1996a, S. 66, bei Nr. 95, S. 74; Ausst.-Kat. Berlin 2006, S. 565, Nr. VIII.32, Abb.; Stolzenburg 2007, Abb. 5 auf S. 17

108 [Abb. S. 309]
Rudolf von Habsburg und der Priester, 1818

Feder in Grau, laviert über schwarzer Kreide, 212 x 300 mm
Rückseitig von fremder Hand beschriftet: »Franz Catel del« (Bleistift)
KLASSIK STIFTUNG WEIMAR, MUSEEN, GRAPHISCHE SAMMLUNGEN, Inv.-Nr. KHZ/02160

PROV.: Alter Bestand
LIT.: Unveröffentlicht

109 [Abb. S. 308]
Rudolf von Habsburg und der Priester, 1818

Feder in Braun, braun laviert, über Bleistift, Weißhöhungen, 205 x 269 mm, unbezeichnet
Verso: Eine Göttin (?) erscheint einem Soldaten (Venus erscheint Aeneas?; Vergil, *Aeneis,* Buch I); mehrere Figurenstudien im Hintergrund (Bleistift)
ROM, FONDAZIONE CATEL, Inv.-Nr. 68
LIT.: Ausst.-Kat. Rom 1996a, S. 66, Nr. 96, S. 74; Stolzenburg 2007, S. 182, Nr. 5, Abb. S. 150

110 [Abb. S. 308]
Rudolf von Habsburg und der Priester, 1818

Feder in Braun, braun laviert, über Bleistift, Weißhöhungen, 207 x 269 mm, unbezeichnet
ROM, FONDAZIONE CATEL, Inv.-Nr. 67

LIT.: Ausst.-Kat. Rom 1996a, S. 66, Nr. 95, S. 74; Stolzenburg 2007, S. 182, Nr. 4, Abb. S. 150

111 [Abb. S. 311]
Besuch des Pompeius in der Villa des Cicero bei Pozzuoli, 1828/29

Öl auf Leinwand, 100 x 138 cm, unbezeichnet
STIFTUNG PREUSSISCHE SCHLÖSSER UND GÄRTEN BERLIN-BRANDENBURG, POTSDAM, Inv.-Nr. GK I 5880

AUSST.: 1830 Berlin, Kunstausstellung
PROV.: Wohl seit 1830 im Teepavillon der Römischen Bäder im Park von Sanssouci
LIT.: Ausst.-Kat. Berlin 1830 (zit. nach: Börsch-Supan 1971), S. 139, Nr. 1260 (»Professor Franz Catel, in Rom, Mitglied der Akademie / [...] Besuch des Pompeius auf der Villa des Cicero bei Puzzuoli [sic].« oder Nr. 1261 (»Dasselbe Bild mit einigen Abänderungen.«); Parthey 1863, S. 270, Nr. 5 (»Cicero empfängt den Pomejus in seiner Villa. Charlottenhof bei Potsdam.«); Inventar Brandenburg 1885, S. 680–681 (»[...] im Pavillon neben der Geßnerschen Gartenlaube im Park von Charlottenhof in Potsdam«); Boetticher 1891, S. 164, Nr. 61 (»Villa des Cicero. Er empfängt den Pompejus; E: Charlottenhof b. Potsdam«); Ausst.-Kat. Berlin 1973, S. 41, Nr. 3; Bonifazio 1975/76, S. 233, Nr. 42; Bartoschek 1996, S. 35–36, Nr. 9, Abb. 38; Stolzenburg 2007, S. 77, Abb. 43 auf S. 76; Adler 2012, S. 187

112 [Abb. S. 313]
Torquato Tassos Tod unter der Eiche beim Kloster Sant'Onofrio, 1834

Öl auf Leinwand, 130 x 180 cm
Links unten signiert und datiert: »Fr. Catel Rome 1834« (Pinsel in Braun)
NEAPEL, PALAZZO REALE, Inv.-Nr. 1907 (Nr. 255)

PROV.: Erworben am 24. 5. 1834 in Rom vom Grafen Giuseppe Costantino Ludolf (1787–1860), Rom (Liberanze dal 1833 al [...], Nr. 533: »Quadro acquistato in Roma dal conte Ludolf esprimente la Morte di Tasso, n. 1«; Casa Reale Amm. III, Inventari 13); 1835 aus dem Depot des Palazzo Reale durch den Restaurator Castel-

lano nach Capodimonte gebracht; 1874 wieder im
Palazzo Reale (Inv.-Nr. 248, Raum 34); heute in der
»Retrostanza rossa« ausgestellt
LIT.: Ausst.-Kat. Ferrara 1985, S. 406–407, Nr. 129b;
Causa Picone/Porzio 1986, S. 92; Ausst.-Kat. Rom
1996a, S. 13, mit Abb., S. 75; Porzio 1999, S. 89–90;
Stolzenburg 2007, Abb. 52 auf S. 91; Stolzenburg 2015a,
S. 63, Anm. 28 (Erwähnung)

113 [Abb. S. 314]

*Studie eines stehenden Kardinals mit
ausgebreiteten Armen*, um 1826

Öl auf Papier, 488 x 318 mm, unbezeichnet
ROM, FONDAZIONE CATEL, Inv.-Nr. 182

LIT.: Stolzenburg 2007, S. 182, Nr. 7, Abb. auf S. 152

114 [Abb. S. 316]

*Ansicht der Akropolis in Athen (Szene aus dem
griechischen Freiheitskampf)*, 1822

Öl auf Leinwand, 41,9 x 55,9 cm
Links unten signiert und datiert: »F. Catel / 1822 /
Rom« (Pinsel in Braun)
CHARLESTON, SOUTH CAROLINA, CAROLINA
ART ASSOCIATION, GIBBES MUSEUM OF ART,
Inv.-Nr. 1960.10.07

AUSST.: 1824 Pennsylvania Academy of Fine Arts
PROV.: Beauftragt und erworben 1822 beim Künstler in
Rom von John Izard Middleton (1785–1849), Charles-
ton, South Carolina, USA.; nachfolgend durchgehend in
Familienbesitz; Geschenk 1960 aus dem Nachlass von
Sally Middleton
LIT.: Stolzenburg 2007, Abb. 36 auf S. 67

115 [Abb. S. 317]

*Schlacht zwischen Griechen und Türken (Szene
aus dem griechischen Freiheitskampf)*, 1822

Öl auf Leinwand, 39,4 x 54,6
CHARLESTON, SOUTH CAROLINA, CAROLINA
ART ASSOCIATION, GIBBES MUSEUM OF ART,
Inv.-Nr. 1960.10.06

AUSST.: 1824 Pennsylvania Academy of Fine Arts
PROV.: Beauftragt und erworben 1822 beim Künstler in
Rom von John Izard Middleton (1785–1849), Charleston, South Carolina, U.S.A.; nachfolgend durchgehend
in Familienbesitz; Geschenk 1960 aus dem Nachlass
von Sally Middleton
LIT.: Stolzenburg 2007, Abb. 37 auf S. 67

116 [Abb. S. 318]

Orientalisch gekleideter Mann mit Turban,
1822/27

Öl auf Papier auf Leinwand, 385 x 300 mm
ROM, FONDAZIONE CATEL, Inv.-Nr. 63

LIT.: Bonifazio 1975/76, S. 186, Nr. 54; Ausst.-Kat. Rom
1996a, S. 46, Nr. 15, Abb. (»Uomo in costume orientale«; datiert 1822–1827); Stolzenburg 2007, S. 184,
Nr. 48, Abb. S. 175

117 [Abb. S. 319]

*Griechisch gekleideter Mann mit Krummsäbel
hinter dem Rücken*, 1822/27

Öl auf Karton, 374 x 255 mm, unbezeichnet
ROM, FONDAZIONE CATEL, Inv.-Nr. 131

LIT.: Ausst.-Kat. Rom 1996a, S. 28, Abb.; Stolzenburg
2007, S. 184, Nr. 47, Abb. S. 174

VIII Catel als Maler der Mönchs- und Ritterromantik

118 [Abb. S. 325]

*Fischer auf dem Königssee (Bartolomäsee) im
Berchtesgadener Land*, 1823

Öl auf Leinwand, 81 x 107,5 cm
Rechts unten signiert, bezeichnet und datiert: »F. Catel
Rom 1823« (Pinsel in Schwarz)
MÜNCHNER STADTMUSEUM, Inv.-Nr. II D/200

PROV.: Wohl von Graf Erwein von Schönborn-Wiesentheid 1823 direkt beim Künstler in Rom bestellt (laut
Bott 1993, S. XLVIII); zu einem unbekannten Zeitpunkt
(wohl vor 1865) aus der Sammlung veräußert; erworben
am 30. 3. 1925 in München vom Münchener Kunsthort
(Institut zur Verwaltung und Begutachtung von Kunst-
besitz, Neuhauserstr. 51)
LIT.: Nicht im Aukt.-Kat. München, Montmorillon 1865;
Ausst.-Kat. München 1950, o. S., Nr. 30 (»Fischer am
Königssee«); Bott 1993, S. XLVIII, S. 198 (als »Bartho-
lomäussee in Bayern«), S. 224, Anm. 15; Ausst.-Kat.
Potsdam 2008, S. 74–75, bei Blatt 30, Abb.

119 [Abb. S. 323]

*Ein Pilger und eine Pilgerin bitten bei einem
Einsiedler um Einkehr*, 1818

Öl auf Leinwand, 62 x 48,5 cm, unbezeichnet
MUSEUM DER BILDENDEN KÜNSTE LEIPZIG,
Inv.-Nr. G 3335. Erworben 2013 mit Mitteln aus dem
Vermächtnis Elfriede Gertrud Barthels, Leipzig

PROV.: Privatbesitz, Schweiz; erworben 2013 bei Villa
Grisebach Auktionen, Berlin
LIT.: Leipziger Kunstblatt für Theater und Musik Nr. 137
v. 13. 8. 1818, S. 560; Strauß 2013, S. 45–47; Aukt.-Kat.
Berlin, Grisebach 2013b, o. S., Nr. 112 (Beitrag Andreas
Stolzenburg; hier erstmals Catel zugeschrieben, bis
dahin als »Deutsch, um 1830« bezeichnet); Ausst.-Kat.
Leipzig 2014, S. 134, Abb. S. 66 (als Catel)

120 [Abb. S. 329]

*Sinnender Mönch in den Ruinen der Kaiser-
paläste auf dem Palatin*, um 1820

Aquarell und Deckfarben über Bleistift, 220 x 288 mm
Links unten bezeichnet: »Catel Rom« (Feder in Rot)
HAMBURGER KUNSTHALLE, KUPFERSTICHKABINETT,
Inv.-Nr. 22944

PROV.: Susanne Elisabeth Sillem (1785–1865), Ham-
burg (nicht bei Lugt); Legat an die »Städtische Gallerie
in Hamburg«, 1866; 1869 in die Hamburger Kunsthalle
übernommen.
DOK.: Historisches Archiv Hamburger Kunsthalle (HAHK),
127-56.6: Geschenke und Vermächtnisse in Kunstwer-
ken, Susanne E. Sillem: Verzeichnis […], Pag. 4, Nr. 52
(»Kaiser Paläste in Rom«).
LIT.: Ausst.-Kat. Hamburg 1921, S. 13, Nr. 43; Ausst.-
Kat. Hamburg 1958, S. 23, Nr. 103; Geller 1960, S. 337;
Ausst.-Kat. Köln 1972, o. S., Nr. 15; Bernhard 1973,
Bd. 1, Abb. 96; Robels 1974, S. 72, Taf. 18; Bonifazio
1975/76, S. 206–207, Nr. 83 (»Rovine nella Campgana«);
Ausst.-Kat. München 1979, S. 306, Nr. 260; Schuster
1981, S. 183, Abb. 16; Geller/Wolken 1984, S. 27, Taf. 6;
Ausst.-Kat. Berlin 1990, S. 238, Nr. 332 (als »Der Mönch
vor Ruinen der Campagna«); Stolzenburg 2007, S. 447,
Abb. 3; Ausst.-Kat. Hamburg 2003, S. 84–85, Nr. 37;
Ausst.-Kat. Athen 2003, S. 174–175, Nr. 73; Stolzenburg
2007, S. 102, Abb. 59 auf S. 104 (als »Sinnender Mönch
in den Ruinen der Hadriansvilla«); Heck 2010, S. 254,
Abb. 2 (als »Sinnender Mönch in den Ruinen der
Hadriansvilla«)

121 [Abb. S. 328]

*Drei Kartäusermönche in einem Klostergang
der Certosa di San Giacomo auf Capri im Mondschein, mit Blick auf die Faraglioni (Punta
Tragara)*, um 1818/20

Gouache und Deckweiß über Bleistift auf Karton,
180 x 225 mm, unbezeichnet
ROM, FONDAZIONE CATEL, Inv.-Nr. 91

LIT.: Ausst.-Kat. Rom 1996a, S. 71, Nr. 119, Abb. (»Convento di notte«); Stolzenburg 2007, Abb. S. 179, Nr. 56,
Abb.

122 [Abb. S. 327]

*Drei Kartäusermönche in einem Klostergang
der Certosa di San Giacomo auf Capri im Mondschein, mit Blick auf die Faraglioni (Punta
Tragara)*, 1825/27

Öl auf Leinwand, 75,3 x 103,5 cm, unbezeichnet
BERLIN, PRIVATBESITZ

PROV.: Privatbesitz (bis 2006); erworben 2007 bei
Daxer & Marschall Kunsthandel, München
LIT.: Lager-Kat. München, Daxer & Marschall 2007,
S. 10–11, Abb. (Beitrag Andreas Stolzenburg); Stolzen-
burg 2007, Abb. 60 auf S. 107; Ausst.-Kat. Frankfurt am
Main 2012, S. 295, Nr. 82, Abb.

123 [Abb. S. 326]

*Drei Kartäusermönche in einem Klostergang
der Certosa di San Giacomo auf Capri im Mondschein, mit Blick auf die Faraglioni (Punta
Tragara)*, 1825/30

Öl auf Kupfer, 16,5 x 23 cm
Bezeichnet unten rechts: »F. Catel« (Pinsel in Schwarz);
auf dem Rahmen beschriftet: »N⁰ f 41« (Pinsel in
Schwarz); »3. Dae J Marne« (Bleistift)
KUNSTSAMMLUNG RUDOLF-AUGUST OETKER GMBH,
Inv.-Nr. G 1652

PROV.: Erworben 2000 von Daxer & Marschall Kunst-
handel, München
LIT.: Ausst.-Kat. Münster 2003, S. 212–214, Nr. 133,
Abb. (Beitrag Andreas Stolzenburg)

124 [Abb. S. 331]

*Drei Nonnen in einem Klostergang der Certosa
di San Giacomo auf Capri im Mondschein, mit
Blick auf die Faraglioni (Punta Tragara)*, 1830

Öl auf Leinwand, 63 x 75,5 cm, unbezeichnet
Rechts unten signiert und datiert: »Catel / Roma /
1830.« (Pinsel in Schwarz)
PRIVATBESITZ, LEIHGABE IN DER STIFTUNG KULTUR-
HISTORISCHE MUSEEN HAMBURG, ALTONAER
MUSEUM

PROV.: Erworben 1830 beim Künstler in Rom von
Senator Martin Johann Jenisch (1793–1857), Hamburg,
Frau Fanny Henriette Jenisch, geb. Roeck (1801–1881);
danach durchgehend in Familienbesitz
LIT.: Best.-Kat. Hamburg [1973], S. 20, Nr. 8, Abb. S. 40;
Schweers 1986, S. 54; Stolzenburg 2007, S. 105, mit
Anm. 335

125 [Abb. S. 330]

Betende Nonne in einer gotischen Architektur
mit Blick auf die Faraglioni (Punta Tragara) auf
Capri, um 1820/30

Pinsel in Schwarz und Grau mit Weißhöhungen über
Feder in Braun, 440 x 325 mm
ROM, FONDAZIONE CATEL, Inv.-Nr. 180

LIT.: Unveröffentlicht

126 [Abb. S. 332]

Mönche im Hof eines Klosters, im Hintergrund
stürmische See, 1825/30

Öl auf Leinwand, 77 x 68,5 cm, unbezeichnet
BERLIN, PRIVATBESITZ

PROV.: Privatbesitz, Wien; 2011 im Dorotheum, Wien;
erworben 2012 von Thomas le Claire Kunst, Hamburg
LIT.: Aukt.-Kat. Wien, Dorotheum 2011a, S. 54–55,
Nr. 35, Abb.

127 [Abb. S. 333]

Sturmszene über der Küste von Amalfi mit zwei
wandernden Mönchen, um 1823/25 (?)

Öl auf Leinwand, 62,5 x 75 cm, unbezeichnet
SCHWEINFURT, MUSEUM GEORG SCHÄFER
Inv.-Nr. 3973

PROV.: Erworben 1960 vom Kunsthandel E. Nusser,
München
LIT.: Unveröffentlicht

128 [Abb. S. 334]

Schwur dreier Kreuzritter, um 1825/35

Öl auf Leinwand, 62 x 48,5 cm, unbezeichnet
HAMBURGER KUNSTHALLE, LEIHGABE AUS PRIVAT-
BESITZ

PROV.: Von Graf Erwein von Schönborn-Wiesentheid
direkt beim Künstler in Rom bestellt; Schloss Pommersfelden, Sammlung Graf Schönborn-Wiesentheid (bis
1865); Privatbesitz, München (Sammlung Griesheim);
von dort an den Fotografen Heinrich Hoffmann (1885–
1957), München (laut Aussage von Maria Almas-Dietrich
(1892–1971), Inhaberin der Galerie Almas, 16. 8. 51);
am 1. 5. 1942 von dort an die Galerie Almas, München;
von dort im Mai 1942 für das Führermuseum Linz für
RM 12.800 (zusammen mit Linz Nr. 2266 [Kat.-Nr. 129]
und Nr. 2267 [nicht Catel]) erworben; 22. 10. 1945 bis
26. 4. 1963: Central Collecting Point, München, Linz
Nr. 2265 (als Catel), Eigentümer: Bundesarchiv, B323/
664 (zu den Details siehe: www.dhm.de/datenbank/ccp/
dhm_ccp_add.php?seite=6&fld_3=2265&fld_3_exakt=e
xakt&suchen=Suchen; letzter Aufruf, 3. 12. 2014); 1963
bei Leo Spik in Berlin versteigert; Privatbesitz; 2005 beim
Auktionshaus Lempertz in Köln versteigert (Nr. 1050);
dort erworben
LIT.: Aukt.-Kat. München, Montmorillon 1865, S. 17,
Nr. 66 (»Am Fusse einer hohen breiten Treppe eines
Burgverliesses steht einer zum Schwur die
Hände auf ein Schwert legen, während ein Mönch mit
einem Kreuze seinen Segen erteilt. Gegenstück zu
Nro. 58.«; als François-Marius Granet); Aukt.-Kat. Berlin,
Spik, 1963, Nr. 9b, Abb. (als Catel); Bott 1993, S. XL
(hier nach Fotos im RKD in Den Haag, wo als Maler
Catel vermerkt war, François-Marius Granet zugeschrie-
ben); Aukt.-Kat. Köln, Lempertz 2005a, S. 295, Nr. 1050,
Abb.; Stolzenburg 2007, S. 184, Nr. 57, Abb. S. 180 (als
Catel)

129 [Abb. S. 335]

Begräbniszug eines Kreuzritters, um 1825/35

Öl auf Leinwand, 63 x 48,5 cm, unbezeichnet
HAMBURGER KUNSTHALLE, LEIHGABE AUS
PRIVATBESITZ

PROV.: Von Graf Erwein von Schönborn-Wiesentheid
direkt beim Künstler in Rom bestellt; Schloss Pommersfelden, Sammlung Graf Schönborn-Wiesentheid (bis
1865); Privatbesitz, München (Sammlung Griesheim);
von dort an Heinrich Hoffmann (laut Aussage
von Maria Almas-Dietrich (1892–1971), Inhaberin der
Galerie Almas, 16. 8. 51); am 1. 5. 1942 von dort an die
Galerie Almas, München; von dort im Mai 1942 für das
Führermuseum Linz für RM 12.800.– (zusammen mit
Linz Nr. 2265 [Kat.-Nr. 128] und Nr. 2267 [nicht Catel])
erworben; 22. 10. 1945 bis 26. 4. 1963: Central Collecting Point, München, Linz Nr. 2265 (als Catel), Eigentümer: Bundesarchiv, B323/664 (zu den Details siehe:
www.dhm.de/datenbank/ccp/dhm_ccp_add.php?seite=6
&fld_3=2265&fld_3_exakt=exakt&suchen=Suchen; letzter Aufruf, 3. 12. 2014); 1963 bei Leo Spik in Berlin versteigert; Privatbesitz; 2005 beim Auktionshaus Lempertz
in Köln versteigert (Nr. 1049); dort erworben
LIT.: Aukt.-Kat. München, Montmorillon 1865, S. 15,
Nr. 58 (»Das Leichenbegängnis eines Ritters. In dem
unterirdischen Gewölbe einer Burg bewegt sich ein
feierlicher Zug von Rittern und Mönchen die Treppe
herunter, voran wird eine rothe Fahne mit einem
Wappen getragen. Auf Leinwand, Höhe 2'1", Breite 1'7".
Gegenstück zu No. 66.«; als François-Marius Granet);
Aukt.-Kat. Berlin, Spik, 1963, Nr. 9a, Abb.; Bott 1993,
S. XL (hier nach Fotos im RKD in Den Haag, wo als
Maler Catel vermerkt war, François-Marius Granet zu-
geschrieben); Aukt.-Kat. Köln, Lempertz 2005a, S. 294,
Nr. 1049, Abb.; Stolzenburg 2007, S. 184, Nr. 58, Abb.
S. 181 (als Catel)

130 [Abb. S. 337]

Nachtszene am stürmischen Meer – Junger
Mann am Meer meditierend (Schlussszene von
Chateaubriands »René«), 1821

Öl auf Leinwand, 62,8 x 73,8 cm, unbezeichnet
KOPENHAGEN, THORVALDSENS MUSEUM, Inv.-Nr. B 111

AUSST.: 1843 Kopenhagen, Kunstausstellung der
Akademie in Schloss Charlottenborg.
PROV.: Wohl 1821 beim Künstler in Rom von Bertel
Thorvaldsen erworben (Auftragswerk; siehe Quittung
Catels v. 21. 12. 1821).
DOK.: Kopenhagen, Thorvaldsens Museum, Archiv,
Mappe I, Nr. 12: Quittung Catels, 21. 12. 1821 (»Daß ich
von Herrn Cavaliere Thorwalzen [sic] zwanzig Louis
d'or in Zahlung eines Gemähldes, (welches ich die Ehre
gehabt hab[e] für ihn zu machen) dankbahrlichst erhal-
ten habe, erkenne ich hierdurch [an] / Rom den 21ten
Decemb[e]r 1821 / Franz Catel«); Elenco dei Quadri
[vor der Abreise nach Kopenhagen angefertigte Liste
der Gemälde im Besitz Thorvaldsens], Rom 1838
(»Romanzo di Chateaubriand Altezza 2 Palmi 8 oncie
Larghezza 3 Palmi 4 oncie Cattel [sic]«).
LIT.: Reumont 1840, S. 185; Best.-Kat. Kopenhagen
1843, S. 20, Nr. 306 (»Natsstykke, Composition efter
Chateaubriand. Tilhöre Conferentsraad Thorvaldsen.«);
Müller 1849, S. 27, Nr. 111 (»Natstykke, efter Slutnings-
scenen i Renéns Fortælling af Chateaubriand. René
sidder paa Kysten i Forgrunde3n og seer op til de oplyste
Vinduer i Klostret, hvor hans Elskede er Nonne. Det
stromende Hav skyller op ad de steile Klipper, over
hvilke den gothiske Klosterkirke hæver sig bag Fæst-
ningsmure fra Middelalderen; nedenfor ligger Fyrta-
arnet, ved hvis Fod Allarm-Kanonen afskydes; ude paa
Havet sees et Skib med tændt Lygte omtumlet af Böl-
gerne. Mörke Uveirskyer trække forbi Maanen. 2 F. h.

2 F. 4¼ T. l.«); Boetticher 1891, S. 165 (Vier Gem.
Catel's befinden sich im Thorwaldsen-Mus. [sic] zu
Kopenhagen«); Aubert 1894, S. 115; Lützhöft 1931,
S. 20–23; Westers 1959, S. 56–58; Helsted 1972, S. 209–
210, mit Abb. 5 auf S. 208; Best.-Kat. Kopenhagen 1975,
S. 196; Bonifazio 1975/76, S. 161–162, Nr. 21; Ausst.-
Kat. München 1979, S. 307, Nr. 262; Schuster 1981,
S. 183, Abb. 15; Heitmann 1983, S. 60; Geller/Wolken
1984, S. 40, Taf. 19; Ausst.-Kat. Kopenhagen 1987, S. 20,
Abb; Ausst.-Kat. Berlin 1990, S. 23, Abb. 25; Ausst.-
Kat. Rom 1996a, S. 56, bei Nr. 50, S. 75; Blayney Brown
2001, S. 44, Abb. 24, S. 47; Stolzenburg 2007, Abb. 23
auf S. 45

131 [Abb. S. 336]

Figurenstudie zu Chateaubriands »René«, 1821

Kohle, gewischt, Pastell, weiß gehöht, 400 x 253 mm,
unbezeichnet
ROM, FONDAZIONE CATEL, Inv.-Nr. 22

PROV.: Ausst.-Kat. Rom 1996a, S. 56, Nr. 50, S. 75,
Abb.; Stolzenburg 2007, S. 182, Nr. 6, Abb. S. 151

IX Ansichten aus Neapel und Kampanien

132 [Abb. S. 341]

Ansicht Neapels mit dem Castel dell'Ovo und
dem Vesuv von der Salita di Sant' Antonio aus,
1819/20

Öl auf Leinwand, 100 x 150 cm, unbezeichnet
ICKWORTH, THE BRISTOL COLLECTION. Acquired
through the National Land Fund and transferred to the
National Trust in 1956, Inv.-Nr. 851703

PROV.: Erworben 1820 in Rom von Lord Fredrick
Hervey, Graf und erster Marquis von Bristol (1769–
1859), Auftrag an den Künstler
LIT.: Giornale Arcadico 1820, S. 119 (»Il Sig. Catel di
Berlino, del quale imprendiamo a descrivere tre quadri,
ne ha condotti due di vedute prese da luoghi Napoleta-
ni. – Il primo è il prospetto della città di Napoli tolto
dalla salita di S. Antonio, la quale si ripiega in due ap-
punto sul primo piano della diritta del quadro; a tale
che si vedono genti chi salire per una parte, e chi dis-
cendere per l'altra. Dallo stesso lato si scorge gran parte
della città di Napoli, col Pizzofalcone, e Castello dell'
Uovo. Nel mezzo è il Vesuvio, e più indietro chiudono
il golfo le montagne di Castellamare. Alcune rustiche
abitazioni circondate da alberi e da cespugli empiono la
parte sinistra [sic; ›destra‹] con modo assai pronto e
ridente.«); Aubrun 1977, S. 212, Nr. 73, Abb. 72 auf
S. 210 (als Pierre-Athanase Chauvin); Ausst.-Kat. Rom
1996a, S. 74 (»Prospetto della città di Napoli tolto dalla
salita di San Antonio«; ohne Kenntnis des Bildes).

133 [Abb. S. 342]

Ansicht des Golfs von Neapel mit Blick auf das
Castel dell'Ovo und den Vesuv von der Salita di
Sant'Antonio aus, um 1818/19

Öl auf Papier (auf Karton aufgezogen), 235 x 360 mm,
unbezeichnet
NEW YORK, THE METROPOLITAN MUSEUM OF ART,
Thaw Collection, Jointly Owned by The Metropolitan
Museum of Art and The Morgan Library & Museum, Gift
of Eugene V. Thaw, 2009, Inv.-Nr. 2009.400.18

PROV.: Norddeutscher Privatbesitz; Auktion 2003
Lempertz, Köln (Nr. 1592; verkauft); 2004 Daxer &
Marschall Kunsthandel München und Thomas le Claire
Kunsthandel, Hamburg; von dort von Eugene V. Thaw,
New York erworben

LIT.: Aukt.-Kat. Köln, Lempertz 2003b, S. 254, Nr. 1592, Abb. S. 255 (mit Datierung auf die zweite Hälfte der 1830er Jahre durch Marianne Prause); Lager-Kat. München, Daxer & Marschall/Hamburg, LeClaire 2004, S. 14–15, Abb. (Beitrag Andreas Stolzenburg); Stolzenburg 2007, Abb. S. 59; Lager-Kat. München, Daxer & Marschall 2013, S. 23, Abb. 1 (Erwähnung; Beitrag Andreas Stolzenburg); Ausst.-Kat. New York 2009, S. 108, Nr. 19

134 [Abb. S. 343]

Neapel mit Blick auf das Castel dell'Ovo bei aufziehendem Gewitter, um 1820/21.

Öl auf Leinwand 29,5 x 42 cm, unbezeichnet
KOPENHAGEN, STATENS MUSEUM FOR KUNST, Inv.-Nr. KMS 1089

AUSST.: 1906 Berlin, Jahrhundert-Ausstellung.
PROV.: 1876 erworben aus der Sammlung des dänischen Konsuls Johann Bravo (1797–1876), Rom
LIT.: Ausst.-Kat. Berlin 1906, 1. Aufl. (Gemälde), S. 68, Nr. 259; Ausst.-Kat. Berlin 1906, 2. Aufl. (Gemälde und Skulpturen), S. 74, Nr. 259; Gunnarsson 1989, S. 176, Abb. 189; Ausst.-Kat. Paris 2001, S. 255, Nr. 156 (»Orage à Naples«); Ausst.-Kat. Mantua 2001, S. 255, Nr. 156 (»Temporale a Napoli«); Ausst.-Kat. Langmatt 2004, S. 161, Nr. 49, Abb. S. 96 (»Gewitter in Neapel«); Ricciardi 2002, S. 55 (Erwähnung); Fino 2007, S. 95, Abb. 78; Stolzenburg 2007, Abb. 21 auf S. 42

135 [Abb. S. 344]

Blick auf Posillipo und die Bucht von Mergellina, 1834

Öl auf Papier (auf Leinwand aufgezogen), 274 x 420 mm
Rückseitig beschriftet und datiert: »aus meiner Wohnung an der Mergellina bei Neapel Mai 1834« (Pinsel in Braun)
PRIVATBESITZ

PROV.: Erworben 2013 bei Daxer & Marschall Kunsthandel, München
LIT.: Lager-Kat. München, Daxer & Marschall 2013, S. 34–35, Abb. S. 35; Stolzenburg 2014, S. 53, Abb. 12 auf S. 54

136 [Abb. S. 347]

Blick vom Grab des Vergil auf den Vomero-Hügel mit Castel Sant'Elmo in Neapel, im Vordergrund ein vornehmer Reisender auf Grand Tour, um 1819

Öl auf Leinwand, 67,5 x 50 cm
Verso signiert und datiert: »F. Catel Sepolcro [di] Virgilio / 181[?; letzte Ziffer unleserlich]« (Feder in Braun)
ESSEN, MUSEUM FOLKWANG, Inv.-Nr. G 580

PROV.: Fürst Alexander Michailowitsch Golizyn; Privatbesitz, Neapel; erworben 2004 von Daxer & Marschall Kunsthandel, München und Thomas le Claire Kunsthandel, Hamburg
LIT.: Ausst.-Kat. Turin 2002, o. S., Nr. 13, Abb. (hier erstmal Zuschreibung des Bildes an Catel durch Nicola Spinosa, Neapel, allerdings falsch mit einem anderen, nur dokumentarisch belegten Gemälde Catels identifiziert); Lager-Kat. München, Daxer & Marschall/Hamburg Thomas le Claire 2004, S. 20–21, Abb. (Beitrag Andreas Stolzenburg); Fino 2007, S. 96, Abb. 80; Stolzenburg 2007, Abb. S. 55 (hier noch der wohl falsche Fürst Golizyn erwähnt); Miller 2013, S. 27, Abb. 31 auf S. 29

137 [Abb. S. 348]

Blick vom Grab des Vergil auf den Vomero-Hügel mit Castel Sant'Elmo in Neapel, um 1818

Pinsel in Braun und Grau über Bleistift, 310 x 250 mm (Bild), 373 x 275 mm (Papier)
HAMBURGER KUNSTHALLE, KUPFERSTICHKABINETT, Inv.-Nr. 2014-24

PROV.: Wohl aus dem Nachlass des Künstlers in Rom (1856); testamentarisch an den Deutschen Künstlerverein, Rom; Sammlung des Malers Nicola Biondi (1866–1929), Neapel; weiter in Familienbesitz; Galleria Gianluca Berardi, Rom; erworben 2014 von Alexander Kunkel Fine Art, München mit Mitteln des Fördervereins »Die Meisterzeichnung. Freunde des Hamburger Kupferstichkabinetts e. V.«
LIT.: Unveröffentlicht

138 [Abb. S. 349]

Blick vom Grab des Vergil auf den Vomero-Hügel mit Castel Sant'Elmo in Neapel, um 1818

Öl auf Papier (auf Leinwand aufgezogen), 305 x 222 mm, unbezeichnet
NEW YORK, THE METROPOLITAN MUSEUM OF ART, The Whitney Collection, Promised Gift of Weelock Whitney III, and Purchase, Gift of Mr. and Mrs. Charles S. McVeigh, by exchange, Inv.-Nr. 2003.42.49

PROV.: London, James Mackinnon; New York, The Whitney Collection
LIT.: Ausst.-Kat. New York 1999, o. S., Nr. 4 (als Jean-François Robert); Miller 2013, S. 44, Abb. 30 auf S. 28 (als Franz Ludwig Catel)

139 [Abb. S. 350]

Golf von Neapel mit Fruchthändler, 1822

Öl auf Eisenblech, 22 x 31 cm, unbezeichnet
STAATLICHE MUSEEN ZU BERLIN, NATIONALGALERIE, Inv.-Nr. NG 54

PROV.: Sammlung Konsul Wagener, Berlin (zusammen mit Kat.-Nr. 140 direkt vom Künstler in Rom erworben); 1861 für die königliche Sammlung von dort erworben mit der Sammlung Wagener, Berlin.
LIT.: Kugler 1834, S. 238 (»Von Catel, der besser zu den Römer Künstlern als zu den Berliner gezählt wird, sind zwei kleine geistreiche Genrebilder, neapolitanische Gruppen, vorhanden.«); Kugler 1838, S. 32, Nr. 50 (»Ein Fruchthändler kehrt mit seiner Familie aus der Stadt Neapel zurück. Die Frau reitet auf einem Esel, ein Kind hat sie an ihrer Brust, zwei andere Kinder sitzen ihr zur Seite in großen Körben. Im Hintergrund der Vesuv. Gemalt zu Neapel, 1822. Blech. H. 81/2"; Br. 1'«); Waagen 1861, S. 19–20, Nr. 36 (»Ein Fruchthändler mit einem Korb Orangen auf dem Kopfe kehrt mit seiner Familie aus der Stadt Neapel zurück. Die auf einem Esel reitende Frau hat ein Kind an ihrer Brust, zwei andere sitzen ihr zur Seite in großen Körben. Im Hintergrunde der Vesuv. Gemalt zu Neapel, 1822. Blech. H. 8½" Br. 1'«); Parthey 1863, S. 271, Nr. 19 (»Ein Fruchthändler mit seiner Familie aus der Stadt Neapel zurückkehrend. 1822. Berlin, Wagener.«); Boetticher 1891, S. 163, Nr. 5 (»Der Golf von Neapel. Ein Fruchthändler mit seiner auf einem Esel reitenden Familie vom Markte heimkehrend. 1822 gem. Blech. h. 0,22, br. 0,31. E: Nat. Gal. Berl., Wagener'sche Samml.«); Bonifazio 1975/76, S. 141–142, Nr. 7; Best.-Kat. Berlin 1976, S. 80, Abb.; Geller/Wolken 1984, S. 39, Taf. 18; Best.-Kat. Berlin 1986, S. 47; Krieger 1986, S. 22; Schweers 1986, S. 54; Ausst.-Kat. Rom 1996a, S. 74 (»Golfo di Napoli con fruttivendolo«); Fino 2007, S. 97, Abb. 81; Stolzenburg 2007, Abb. auf S. 60; Ausst.-Kat. Berlin 2011, S. 19–20, Nr. 36, Abb.

140 [Abb. S. 351]

Neapolitanische Carrete. Ein Kapuziner und eine Nonne mit zwei Lazzaroni als Kutscher, 1822

Öl auf Eisenblech, 22 x 31 cm, unbezeichnet
STAATLICHE MUSEEN ZU BERLIN, NATIONALGALERIE, Inv.-Nr. NG 53

PROV.: Sammlung Konsul Wagener, Berlin (zusammen mit Kat.-Nr. 139 direkt vom Künstler in Rom erworben); 1861 für die königliche Sammlung von dort erworben mit der Sammlung Wagener, Berlin.
LIT.: Kugler 1834, S. 238 (»Von Catel, der besser zu den Römer Künstlern als zu den Berliner gezählt wird, sind zwei kleine geistreiche Genrebilder, neapolitanische Gruppen, vorhanden.«); Kugler 1838, S. 32, Nr. 49 (»Ein Kapuziner sitzt mit einer Nonne in einem, von einem Schimmel gezogenen und von einem schreienden Lazzarone geführten Cabriolet. Dahinter zwei laufende und Fische tragende Lazzaroni-Knaben. In der Ferne am Horizonte des Meeres, die Insel Capri bei Neapel. Morgenbeleuchtung. Gemalt zu Neapel, 1822. Blech. H. 8½"; Br. 1'«); Waagen 1861, S. 19, Nr. 35 (»Ein Kapuziner sitzt mit einer Nonne in einem, von einem Schimmel gezogenen und von einem schreienden Lazzarone geführten Cabriolet. Hintenauf, stehend, ein anderer Lazzarone, der die Peitsche schwingt; sitzend ein Knabe im Hemde. Hintendrein zwei laufende und Fische tragende Lazzaroni-Knaben. In der Ferne, am Horizonte des Meeres, die Insel Capri bei Neapel. Morgenbeleuchtung. Gemalt zu Neapel, 1822. Blech. H. 8½"; B. 1'); Parthey 1863, S. 271, Nr. 20 (»Ein Kapuziner mit einer Nonne, von Lazzaroni gefahren. 1822. Berlin, Wagener.«); Boetticher 1891, S. 163, Nr. 6 (»Neapolit. Carrete. Ein Kapuziner und eine Nonne, mit zwei schreienden Lazzaronen als Kutschern. Blech. 1822 gem. h. 0,22, br. 0,31. E: Berl. Nat. Gal. – Berl. ak. KA. 24.«); Bonifazio 1975/76, S. 140–141, Nr. 6; Geller/Wolken 1984, S. 38, Taf. 17; Best.-Kat. Berlin 1986, S. 47; Krieger 1986, S. 22–23; Schweers 1986, S. 54; Ausst.-Kat. Rom 1996a, S. 74 (zweimal erwähnt, einmal als »Carro napoletano con monaco«, weiter unten als »Calesse napoletano con monaco e monaca«); Stolzenburg 2007, Abb. S. 33 auf S. 61; Ausst.-Kat. Berlin 2011, S. 19, Nr. 35, Abb.; Lager-Kat. München, Daxer & Marschall 2013, S. 34, Abb. 1; Stozenburg 2014, S. 50, Abb. 6

141 [Abb. S. 351]

Neapolitanische Carrete mit Mönch und Nonne, um 1822

Feder in Schwarz über Bleistift auf Papier, 189 x 248 mm (Papier), 125 x 223 mm (Bild)
Verso: Figurengruppe bräunlichrot eingefärbt zum Übertragen der Komposition; Durchriebspuren
ROM, FONDAZIONE CATEL, Inv. Nr. 161

LIT.: Bonifazio 1975/76, S. 209–210, Nr. 86; Stolzenburg 2007, S. 184, Nr. 50, Abb. S. 177 oben.

142 [Abb. S. 352]

Heimkehrende Fischer in einer Grotte nahe des Palazzo Donn'Anna am Capo Posillipo, um 1821/22 (?)

Öl auf Leinwand, 60 x 103 cm, unbezeichnet
BERLIN, KUNSTHANDEL MARTIN & SOHN

PROV.: Privatbesitz; 2012 in der Villa Grisebach, Berlin (Nr. 5; nicht verkauft)
LIT.: Aukt.-Kat. Berlin, Grisebach 2012, o. S., Nr. 131, Klapptafel (Beitrag Andreas Stolzenburg).

143   [Abb. S. 353]

Aussicht oberhalb von Pozzuoli auf Capo Miseno und die Inseln Ischia und Procida, um 1830/35

Öl auf Leinwand, 82 x 108 cm
Mitte unten monogrammiert: »FC« (Pinsel in Schwarz)
KUNSTSAMMLUNG RUDOLF-AUGUST OETKER GMBH

PROV.: Erworben 2002 von Hildegard Fritz-Denneville, München
LIT.: Ausst.-Kat. Dortmund 1956, o. S., Nr. 22, Abb. folgende Seite (als »Landschaft bei Ischia«); Stolzenburg 2007, S. 109, Abb. 65 auf S. 112

144   [Abb. S. 355]

Der Venus-Tempel von Bajae mit Blick über den Golf von Pozzuoli, Capo Miseno und die Inseln Procida und Ischia – Staffage nach Goethes Hymnus »Der Wandrer«, 1831

Öl auf Leinwand, 99 x 138 cm, unbezeichnet
GERMANISCHES NATIONALMUSEUM NÜRNBERG, Inv.-Nr. GM 1721. Leihgabe der Stadt Nürnberg Kunstsammlungen, Inv.-Nr. GM 981

AUSST.: 1836 Berlin, Akademieausstellung (?)
PROV.: 1836 wohl im Besitz der Adelheid Christine Friederike Amalie Gräfin Poninska, geb. Gräfin von Dohna-Schlodien (1804–1878); erworben 1928 von der Galerie Carl Nicolai, Berlin
LIT.: Ausst.-Kat. Berlin 1836 (zit. nach: Börsch-Supan 1971), S. 10, Nr. 124 (»Franz Catel aus Berlin, Mitglied der Akademie, in Rom / [...] Die Gräberstraße bei Pozzuoli; Staffage: der Wanderer nach Göthe. Eigenthum der Frau Gräfin Dohna.«); Schuster 1981, S. 166–167, Abb. 5, 5a (Detail); Bätschmann 1989, S. 160, Abb. 81; Ausst.-Kat. Berlin 1990, S. 238–239, Nr. 333; Ausst.-Kat. Hannover 1991, S. 57–58, Abb. 28 (Erwähnung); Miller 2002, S. 11–14, Abb. S. 13 und Frontispiz (Detail); Ricciardi 2002, S. 55 (Erwähnung); Fino 2007, S. 92, Abb. 74; Stolzenburg 2007, S. 109–110, Abb. 66 auf S. 113

145   [Abb. S. 356]

Golf von Neapel mit Palazzo Donn'Anna im Mondschein, 1827

Öl auf Leinwand, 63 x 74,5 cm
Bezeichnet links unten: »F. Catel. Rom 1827« (mit dem Pinselstil in die feuchte Farbe geritzt)
PRIVATBESITZ

PROV.: 1902 bei Lepke's Kunst-Auctions-Haus, Berlin, versteigert
LIT.: Aukt.-Kat. Berlin, Lepke 1902, S. 8, Nr. 27, o. Abb. (als »Palast der Königin Johanna bei Neapel. Im Vordergrunde Fischerstaffage«; angegebene Maße hier 61 x 77 cm); Lichtwark 10, 1902, S. 51; Ausst.-Kat. München 1985, S. 165–166, Nr. 79; Ausst.-Kat. Rom 1996a, S. 74; Ausst.-Kat. München 1998, S. 585, Nr. 209, Abb. S. 405 (Beitrag Karin Düchting); Stolzenburg 2007, S. 93, Abb. 53 auf S. 95; Heck 2010, S. 455, Abb. 3

146   [Abb. S. 357]

Nächtlicher Tanz mit Blick auf den Palazzo Donn'Anna und den Vesuv, 1820/30

Öl auf Leinwand, 63 x 76 cm, unbezeichnet
NEAPEL, PRIVATBESITZ

PROV.: Samlung D'Amodio, Neapel
LIT.: Doria 1992, S. 175, Abb. (als anonym)

147   [Abb. S. 358]

Nächtliche Strandszene in Mergellina mit Fischern am Feuer und Blick auf Castel dell'Ovo und den Vesuv, um 1819/21

Öl auf Karton, 105 x 155 mm, unbezeichnet
ROM, FONDAZIONE CATEL, Inv.-Nr. 86

LIT.: Ausst.-Kat. Rom 1996a, S. 70, Nr. 114; Stolzenburg 2007, S. 182, Nr. 10, Abb. S. 153

148   [Abb. S. 359]

Nächtliche Strandszene mit Fischern am Feuer und Segelschiffen auf dem Meer, um 1819/21

Tempera, 185 x 270 mm, unbezeichnet
ROM, FONDAZIONE CATEL, Inv.-Nr. 88

LIT.: Ausst.-Kat. Rom 1996a, S. 71, Nr. 116

149   [Abb. S. 359]

Der Leuchtturm von Santa Lucia im Hafen von Neapel bei Nacht mit Blick auf Capo Posillipo, 1820er Jahre

Öl auf Papier, 80 x 150 mm, unbezeichnet
HAMBURG, PRIVATBESITZ

PROV.: Erworben 2012 aus Privatbesitz in Neapel
LIT.: Unveröffentlicht

150   [Abb. S. 361]

Stürmische Küstenlandschaft mit Blick auf Capri, um 1820/21

Tempera, 175 x 253 mm, unbezeichnet
ROM, FONDAZIONE CATEL, Inv.-Nr. 82

LIT.: Ausst.-Kat. Rom 1996a, S. 70, Nr. 110

151   [Abb. S. 362]

Stürmische Küstenlandschaft mit Blick auf Capri, um 1820/21

Tempera, 153 x 236 mm, unbezeichnet
ROM, FONDAZIONE CATEL, Inv.-Nr. 87

LIT.: Ausst.-Kat. Rom 1996a, S. 71, Nr. 115; Stolzenburg 2007, S. 183, Nr. 22, Abb. S. 44

152   [Abb. S. 362]

Stürmische Meeresküste mit Blick von Capo Posillipo auf Capo Miseno und die Inseln Procida und Ischia, um 1820/21

Tempera, 195 x 294 mm, unbezeichnet
ROM, FONDAZIONE CATEL, Inv.-Nr. 73

LIT.: Ausst.-Kat. Rom 1996a, S. 68, Nr. 101

153   [Abb. S. 363]

Blick von Camaldoli auf den Lago d'Agnano mit dem Monte Spina über den Golf von Pozzuoli mit Capo Miseno sowie die Inseln Procida und Ischia, um 1825/30

Öl auf Leinwand, 42 x 59 cm, unbezeichnet
ROM, FONDAZIONE CATEL, Inv. Nr. 45

LIT.: Stolzenburg 2007, S. 182, Nr. 12, Abb. S. 154 (hier datiert 1820/30)

154   [Abb. S. 364. Nicht ausgestellt]

Blick von Camaldoli auf den Lago d'Agnano mit dem Monte Spina über den Golf von Pozzuoli mit Capo Miseno sowie die Inseln Procida und Ischia, um 1825/30 (?)

Öl auf Leinwand, 134 x 188 cm, unbezeichnet
PARIS, PRIVATBESITZ, Courtesy Giacomo Algranti, Paris

PROV.: Privatbesitz, Florenz; erworben 2012 als Werk Anton Smick van Pitloos aus dem Pariser Kunsthandel
LIT.: Unveröffentlicht

155   [Abb. S. 365]

Blick von Camaldoli auf den Lago d'Agnano mit dem Monte Spina über den Golf von Pozzuoli mit Capo Miseno sowie die Inseln Procida und Ischia, um 1829/30 (?)

Öl auf Leinwand, 100 x 137 cm
PRIVATBESITZ

AUSST.: 1832 Berlin, Akademieausstellung / 1906 Berlin, Jahrhundertausstellung
PROV.: Erworben wohl zwischen 1829 und 1831 beim Künstler in Rom von dem Bankier Anton Heinrich Bendemann (1775–1855), Berlin; Rudolf Julius Benno Hübner (1806–1882), Berlin, seit 1829 verheiratet mit Pauline Bendemann, Tochter des Anton Heinrich Bendemann und Schwester des Eduard Bendemann (1811–1889), Berlin; Rudolf Hübner, Rostock (1906); seitdem durchgehend in Familienbesitz
LIT.: Ausst.-Kat. Berlin 1832 (zit. nach: Börsch-Supan 1971), S. 9, Nr. 103 (»Franz Catel, in Rom, Mitglied der Akademie / [...] Aussicht bei Neapel von Camaldoli. Im Besitz des Hrn. Ant. Bendemann.«); Schasler 1856, S. 332, Nr. 49 (»Ansicht von Camaldoli bei Neapel«); Parthey 1863, S. 271, Nr. 15 (»Ansicht von Camaldoli bei Neapel. Berlin, Bendemann«); Boetticher 1891, S. 164, Nr. 21 (»Aussicht von Camaldoli b. Neapel. E: Ant. Bendemann, Berlin; Berl. ak. KA. 32.«); Ausst.-Kat. Berlin 1906, 1. Aufl. (Gemälde), S. 68, Nr. 256 (»Landschaft. Blick von Lamaldoli [sic] bei Neapel auf den Golf von Pozzuoli«); Ausst.-Kat. Berlin 1906, 2. Aufl. (Gemälde und Skulpturen), S. 73, Nr. 256 (»Landschaft. Blick von Camaldoli bei Neapel auf den Golf von Pozzuoli«); Bonifazio 1975/76, S. 228–229, Nr. 19; Ausst.-Kat. Rom 1996a, S. 74 (»Veduta di Camaldoli vicino Roma [sic]«).

156   [Abb. S. 366]

Blick aus den Bergen auf Pozzuoli mit Capo Miseno, rechts die Inseln Procida und Ischia, links Nisida, 1820/30

Öl auf Leinwand, 38 x 62 cm, unbezeichnet
ROM, FONDAZIONE CATEL, Inv. Nr. 38

LIT.: Stolzenburg 2007, S. 182, Nr. 13, Abb. S. 154

157   [Abb. S. 366]

Bergige Küstenlandschaft – (Amalfi?), 1820/30

Öl auf Papier (auf Leinwand aufgezogen), 110 x 170 mm, unbezeichnet
ROM, FONDAZIONE CATEL, Inv.-Nr. 70

LIT.: Stolzenburg 2007, S. 182, Nr. 16, Abb. S. 156

158 [Abb. S. 367]

Der Golf von Neapel mit der Piana di Sarno,
dem Vesuv aus der Nähe der Villa Quisisana
oberhalb von Castellamare di Stabia aus gesehen,
um 1818 oder 1820/21

Öl auf Papier 289 x 389 mm, unbezeichnet
KOPENHAGEN, STATENS MUSEUM FOR KUNST,
Inv.-Nr. KMS 1088
AUSST.: 1824 Kopenhagen, Kunstausstellung / 1906
Berlin, Jahrhundertausstellung

LIT.: Ausst.-Kat. Berlin 1906, 1. Aufl. (Gemälde), S. 68,
Nr. 260; Ausst.-Kat. Berlin 1906, 2. Aufl. (Gemälde und
Skulpturen), S. 74, Nr. 260; Hamann 1906, S. 11; Kern
1911, S. 85; Bonifazio 1975/76, S. 137–138, Nr. 4; Gun-
narson 1989, S. 176, Abb. 127; Ausst.-Kat. Rom 1996a,
S. 74 (»Il Golfo di Napoli con il Vesuvio visti da Quisi-
sana«); Ausst.-Kat. Paris 2001, S. 253, Nr. 154; Ausst.-
Kat. Mantua 2001, S. 253, Nr. 154; Ricciardi 2002, S. 55
(Erwähnung); Fino 2007, S. 95, Abb. 79; Stolzenburg
2007, S. 58, Abb. 34 auf S. 63; Fino 2012, o. S., Nr. 144

159 [Abb. S. 372]

Der Krater des Vesuvs, April 1812

Öl auf Papier (auf Leinwand aufgezogen), 290 x 440 mm
Verso auf der Leinwand bezeichnet, datiert und signiert:
»Die Spitze des Vesuvs, im April 1812 nach der Natur
gezeichnet und gemalt / von Franz Catel.« (Feder in
Schwarz)
HAMBURGER KUNSTHALLE, Inv.-Nr. HK-5728. Er-
worben mit Mitteln der Campe'schen Historischen
Kunststiftung

PROV.: Ludwig Friedrich (Louis) Catel (1776–1819),
Berlin (Bruder des Künstlers); Friederike Henriette
Schiller (1780–1845; seit 1802 Ehefrau des vorigen;
Ehe kinderlos), Berlin; wahrscheinlich an Hugo Carl
Ernst Stubenrauch (1823–1900), Berlin (verheiratet mit
Pauline Wilhelmine Amalie Henriette Krause, *1827);
Alfred (*1856) und Anna Ida Wilhelmine Henriette
Parrisius, geb. Stubenrauch (*1864; Tochter von H. C.
E. Stubenrauch), Berlin; Richard Parrisius (*1895; Sohn
der vorigen), Berlin und Braunschweig; weiter in Fami-
lienbesitz (?); Auktion 2003 Lempertz, Köln (Nr. 1131;
verkauft); London, Privatbesitz; erworben 2014 von
Daxer & Marschall Kunsthandel, München
LIT.: Aukt.-Kat. Köln, Lempertz 2002, S. 76, Nr. 1131,
Abb.; Stolzenburg 2007, Abb. 9 auf S. 24; Fino 2012,
o. S., Abb. 146 (Bildlegende verwechselt mit Nr. 145);
Lager-Kat. München, Daxer & Marschall 2014, S. 44–45,
Abb.; Stolzenburg 2014, S. 46, Abb. 1

160 [Abb. S. 368]

Ansicht vom Krater des Vesuvs, 14. September
1834

Aquarell über Bleistift, 190 x 293 mm
Signiert unten links »F. Catel«
Verso beschriftet: »a Caposico ... 14 septemb / la Lava
che distrugge 72 Case con le loro vigne / giardini etc
etc« (Bleistift)
MÜNCHEN, PRIVATBESITZ

PROV.: Sammlung Weißenhorn
LIT.: Unveröffentlicht

161 [Abb. S. 368]

Blick in den großen Krater des Vesuvs,
17. September 1834

Aquarell über Bleistift, 215 x 307 mm
Rechts unten signiert und datiert: »F. Catel 1834« (Feder
in Grau); Verso vom Künstler bezeichnet und nochmals
sign.: »il cratère grande del Vesuvio. Catel«; zusätzlich
von fremder Hand datiert: »17. September mittags«
PRIVATBESITZ

PROV.: Galerie und Kunstantiquariat Joseph Fach,
Frankfurt am Main 1991
LIT.: Lager-Kat. Frankfurt am Main, Joseph Fach 1991,
S. 34, Nr. 17, Abb. 35; Stolzenburg 2007, S. 115,
Abb. 68; Ausst.-Kat. Frankfurt am Main 2011, S. 79,
Abb. 38; Fino 2012, o. S., Abb. 145

162 [Abb. S. 372]

Blick in den Krater des Vesuvs, um 1830

Öl auf Leinwand, 50,5 x 37,5 cm
ROM, FONDAZIONE CATEL, Inv.-Nr. 80

LIT.: Bonifazio 1975/76, S. 195–196, Nr. 71, Ausst.-Kat.
Rom 1996a, S. 48, Nr. 24; Stolzenburg 2007, S. 182,
Nr. 11, Abb. 153; Fino 2012, o. S., Nr. 143 (Bild-
legende verwechselt mit Nr. 146);

163 [Abb. S. 373]

Ansicht des alten Hafens von Sorrent mit Blick
auf den Vesuv, um 1820/21

Öl auf Papier (auf Karton aufgezogen), 218 x 293 mm,
unbezeichnet
PRIVATBESITZ

PROV.: Nachlass des Künstlers (?) oder vor 1821 direkt
vom Künstler in Rom erworben (?); Sammlung des
Schweizer Malers Jakob Wilhelm Huber (1787–1871),
Zürich; durchgehend im Besitz der Nachfahren Hubers
in Zürich; Galerie und Kunstantiquariat Joseph Fach,
Frankfurt am Main, 2005; von dort erworben
LIT.: Lager-Kat. Frankfurt am Main, Joseph Fach 2005,
S. 28–29, Nr. 13, Abb. (Beitrag Andreas Stolzenburg);
Erche 2007, S. 76, Abb. S. 74

164 [Abb. S. 374]

Die Ruinen der Tempel von Paestum mit Blick
auf das Vorgebirge Campanella, 1838

Öl auf Leinwand, 95,5 x 137 cm
Rechts unten auf einem Stein bezeichnet: »F. Catel
Rom 1838« (mit dem Pinselstiel in die feuchte Farbe
geritzt)
CAPACCIO (SALERNO), MUSEO »PAESTUM NEI
PERCORSI DEL GRAND TOUR«, FONDAZIONE GIAM-
BATTISTA VICO, Inv.-Nr. 67

AUSST.: September 1838 Berlin, Akademieausstellung
PROV.: 1838 im Besitz des Fürsten Wilhelm Malte I.
von Puttbus (1783–1854), Puttbus auf Rügen; seit 1945
Berlin, Staatliche Museen zu Berlin, Nationalgalerie,
Inv.-Nr. A III 684; an die Erben restituiert und bei
Christie's in Amsterdam 2002 versteigert (Nr. 287;
verkauft); dort wohl erworben
LIT.: Ausst.-Kat. Berlin 1838 (zit. nach: Börsch-Supan
1971), S. 9, Nr. 105 (»Franz Catel in Rom, Mitglied der
Akademie / [...] Die Tempel von Pästum. Eigenth. d.
Hern Grafen Puttbus.«); Ausst.-Kat. Rom 1996a, S. 75
(»Tempi di Pesto veduto dalla sponda del fiume«);
Aukt.-Kat. Amsterdam, Christie's 2002, S. 127, Nr. 287

165 [Abb. S. 375]

Blick auf Amalfi von einem Boot aus, 1819/20

Öl auf Leinwand, 99,1 x 148,6 cm, unbezeichnet
ICKWORTH, THE BRISTOL COLLECTION. Acquired
through the National Land Fund and transferred to the
National Trust in 1956, Inv.-Nr. 851704

PROV.: Erworben 1820 von Lord Frederick Hervey,
Graf und erster Marquis von Bristol (1769–1859), Ickworth House, Sussex
LIT.: Giornale Arcadico 1820, S. 119 (»Il secondo
[quadro] rappresenta il golfo di Salerno presso la celebre città di Amalfi, la quale occupa la parte diritta del
quadro, ed è rappresentata con molta diligenza e verità
prospettica. La sovrasta una immensa montagna, dalla
quale s' innalzano perpendicolarmente massi enormi
quadrati di roccia, che hanno aspetto di torri e di fortifi-
cazioni ciclopee. Le montagne poi, che chiudono il golfo
all'orizzonte, e che vanno insensibilmente declinando
sulla sinistra fino al paese di Pesto, sono di tinte caldis-
sime, e vaporose così che innamorano gli occhi, e muo-
vono un affetto di dolcezza. Tutto il golfo è ripieno di
barche diritte in ogni via. L'effetto vero della traspa-
renza delle acque è pur pregio del pennello di Catel.«);
Aubrun 1977, S. 212, Nr. 73, Abb. 23 auf S. 210 (als
Pierre-Athanase Chauvin unter dem Titel Vue du rocher
de Terracina [sic]); Ausst.-Kat. Rom 1996a, S. 74 (»Golfo
di Salerno presso Amalfi«; ohne Kenntnis des Bildes).

166 [Abb. S. 377]

Die Grotte des Kapuzinerkonvents bei Amalfi,
1818/25

Öl auf Leinwand, 35 x 49 cm, unbezeichnet
ROM, FONDAZIONE CATEL, Inv.-Nr. 71

LIT.: Ausst.-Kat. Rom 1996a, S. 47–48, Nr. 23, Abb.;
Ricciardi 1998, S. 197, Abb. 277; Stolzenburg 2007,
S. 182, Nr. 14, Abb. S. 154; Stolzenburg 2014, S. 49,
Abb. 4

167 [Abb. S. 378]

Die Grotte des Kapuzinerkonvents bei Amalfi,
1818/25

Öl auf Papier, 189 x 271 mm, unbezeichnet
MÜNCHEN, PRIVATBESITZ

LIT.: Stolzenburg 2007, S. 103, Abb. 58

168 [Abb. S. 379]

Die Grotte des Kapuzinerkonvents bei Amalfi,
1818/25

Aquarell, 230 x 214 mm
Links unten signiert: »Catel« (Pinsel in Braun); Verso
bezeichnet: »Amalfi 30. Sept. / [...; unleserlich] / preso
dalla grotta calvaria dei Capucini« (Bleistift)
PRIVATBESITZ

PROV.: 2007 bei Karl & Faber, München (verkauft);
erworben von der Galerie Arnoldi Livie, München
LIT.: Aukt.-Kat. München, Karl & Faber 2007, S. 36,
Nr. 236 (als »Deutsch / Blick aus einer Grotte auf die
Amalfiküste«); Stolzenburg 2014, S. 49, Abb. 5 (als
Catel)

X Ansichten aus Sizilien

169 [Abb. S. 386]

Der Kapuzinergarten in den Latomie bei Syrakus,
1819/20

Öl auf Leinwand 61,5 x 76,7 cm, unbezeichnet; rück-
seitig beschriftet: »Catel Franz, geb. in Berlin 1778 † in
Rom 1851 [sic] Von Geheimrat Klenze erworben«
SCHLOSS BERCHTESGADEN, WITTELSBACHER
AUSGLEICHSFOND, WAF, Nr. 149 (Inv.-Nr. B I 171)

AUSST.: 1820 München, Akademieausstellung.
PROV.: Sammlung Leo von Klenze, München; von dort
1841 erworben durch König Ludwig I. von Bayern; 1923
an den Wittelsbacher Ausgleichsfond abgegeben.

DOK.: Verzeichnis der Privat Gemälde Sammlung Sei-
ner Majestät des Koenigs Ludwig von Bayern, 1829 ff.,
Nr. 1–878 [Handschriftliches Inventar der königlichen
Privatgemäldesammlung von Johann Georg von Dillis],
Nr. 388; Inventar des Wittelsbacher Ausgleichsfonds.
Gemälde und Plastiken, Nr. 1–1236 [Handschriftliches
Inventar, 1929/30 angelegt, die von den Bayerischen
Staatsgemäldesammlungen verwalteten Gemälde aus
dem Eigentum des Wittelsbacher Ausgleichsfonds um-
fassend], Nr. 149.
LIT.: Ausst.-Kat. München 1820, o. S., Nr. 69; Best.-Kat.
München 1853, S. 48, Nr. 18; Best.-Kat. München 1855,
S. 48, Nr. 18; Best.-Kat. München 1858, S. 50, Nr. 18;
Best.-Kat. München 1862, S. 50, Nr. 18; Parthey 1863,
S. 271, Nr. 28 (»Kapuzinergarten bei Syrakus. Lein-
wand. Breite 1 F. 4½ Z.; Höhe 1 F. 11 Z. München, neue
[sic] Pinakothek«); Kat. München 1868, S. 56, Nr. 18;
Best.-Kat. München 1871, S. 190, Best.-Kat. München
1877/78, Nr. 196; Best.-Kat. München 1880/81, Nr. 201;
Best.-Kat. München 1883–1887, Nr. 205; Best.-Kat.
München 1889–1892, Nr. 287; Boetticher 1891, S. 164,
Nr. 32 (»Der Kapuzinergarten in Syrakus. h. 0,62, br. 0,75.
E: Neue Pin. Münch.«); Best.-Kat. München 1894–1899,
Nr. 305; Best.-Kat. München 1900–1913, Nr. 136; Best.-
Kat. München 1914, Nr. 122; Bonifazio 1975/76, S. 234–
235, Nr. 50; Mittlmeier 1977, S. 188, Nr. 151; Rott 2003,
S. 161; Ausst.-Kat. München 2005, S. 363, Nr. 104, S. 389

170 [Abb. S. 383]

*Straße am Golf von Palermo mit Blick auf die
Stadt und den Monte Pellegrino,* 1820

Öl auf Leinwand, 74,5 x 99,5 cm, unbezeichnet
SCHLOSS BERCHTESGADEN, WITTELSBACHER
AUSGLEICHSFOND, WAF Nr. 147 (Inv.-Nr. B I 170)

AUSST.: 1820 München, Kunstausstellung.
PROV.: Sammlung Kronprinz Ludwigs (ab 1825 König
Ludwig I.) von Bayern (1818 in Auftrag gegeben, 1820
vollendet); 1925 an den Wittelsbacher Ausgleichsfond
abgegeben.

DOK.: Verzeichnis der Privat Gemälde Sammlung Sei-
ner Majestät des Koenigs Ludwig von Bayern, 1829 ff.,
Nr. 1–878 [Handschriftliches Inventar der königlichen
Privatgemäldesammlung von Johann Georg von Dillis],
Nr. 149; Inventar des Wittelsbacher Ausgleichsfonds.
Gemälde und Plastiken, Nr. 1–1236 [Handschriftliches
Inventar, 1929/30 angelegt, die von den Bayerischen
Staatsgemäldesammlungen verwalteten Gemälde aus
dem Eigentum des Wittelsbacher Ausgleichsfonds um-
fassend], Nr. 147.
LIT.: Ausst.-Kat. München 1820, Nr. 68; Kunstblatt,
Nr. 92, 16. 11. 1820, S. 367 (»In der Ansicht von Palermo
– von Hrn. Catel – ist die Staffage, [...], ungemein wohl
gelungen.«); Best.-Kat. München 1853, S. 36, Nr. 51;
Best.-Kat. München 1855, S. 37, Nr. 51; Best.-Kat.
München 1858, S. 39, Nr. 51; Best.-Kat. München 1862,
S. 39, Nr. 51; Parthey 1863, S. 271, Nr. 27 (»Palermo
mit dem Monte Pellegrino. Leinwand. Breite 3 F. 5 Z.;

Höhe 3 F. 6 Z. München, neue Pinakothek«); Best.-Kat.
München 1868, S. 35, Nr. 38; Best.-Kat. München 1871,
Nr. 106; Best.-Kat. München 1877/78, Nr. 108; Best.-Kat.
München 1880/81, Nr. 101; Best.-Kat. München 1883–
1887, Nr. 90; Best.-Kat. München 1889–1892, Nr. 244;
Boetticher 1891, S. 164, Nr. 30 (»Palermo mit dem
Monte Pellegrino. H. 1,14, br. 1,00. E: Neue Pin. Münch.
Lith. von. J. Wölffle. Gr. Qu. Fol. [K.-Ludw.-Alb.].«);
Best.-Kat. München 1894–1899, Nr. 303; Best.-Kat.
München 1900–1913, Nr. 134 (?); Best.-Kat. München
1914, Nr. 120; Bonifazio 1975/76, S. 235, Nr. 51; Ausst.-
Kat. München 1981b, S. 18–19, bei Nr. 6 (mit falscher
Inv.-Nr. WAF 147); Ausst.-Kat. Rom 1996a, S. 74
(»Strada presso il Golfo di Palermo con Monte Pelle-
grino«); Ausst.-Kat. Koblenz 2002, S. 64, mit Anm. 17,
Abb. 11 auf S. 64; Rott 2003, S. 160; Ausst.-Kat. Mün-
chen 2005, S. 327, Nr. 93, Abb.; Stolzenburg 2007, S.
78

171 [Abb. S. 382]

*Straße am Golf von Palermo mit Blick auf die
Stadt und den Monte Pellegrino,* 1819

Öl auf Batist, 119 x 205 mm, unbezeichnet
STAATLICHE GRAPHISCHE SAMMLUNG MÜNCHEN,
Inv.-Nr. 21270

AUSST.: 1906 Berlin, Jahrhundertausstellung
PROV.: Wohl Geschenk Catels an Kronprinz Ludwig;
aus der königlichen Sammlung gelangte das Werk in die
spätere Staatliche Graphische Sammlung München
LIT.: Ausst.-Kat. Berlin 1906, 1. Aufl. (Gemälde), S. 68,
Nr. 265; Ausst.-Kat. Berlin, 2. Aufl. (Gemälde und Skulpturen), S. 74, Nr. 265; Ausst.-Kat. Berlin 1906 (Zeichnungen etc.), S. 17, Nr. 2221; Ausst.-Kat. München
1981b, S. 18–19, Nr. 6, Abb. 35; Ausst.-Kat. München
2005, S. 327, bei Nr. 93 (Erwähnung)

172 [Abb. S. 385. Nicht ausgestellt]

*Ansicht von Palermo mit dem Monte Pellegrino
bei Sonnenuntergang,* 1845/46

Öl auf Leinwand, 133 x 220 cm, unbezeichnet
Rückseitig auf Klebeetiketten bezeichnet: »O. N. No 216«
[vgl. Aukt.-Kat. Wien, Dorotheum 2011, S. 30, Abb.;
aufzulösen als »Olga Nikolajewna«] und »H. V. v. W/G. v.
R 109« [vgl. Aukt.-Kat. Wien, Dorotheum 2011, S. 30,
Abb.; aufzulösen als »Hoheit Vera von Württemberg /
Großfürstin von Russland«]; originaler Rahmen mit
Löchern für eine alte Namenskartusche (vgl. Abb. 2 auf
S. 384; hier ist »Catelli« zu lesen)
ZARSKOJE SELO, ALEXANDER-PALAST, MARMOR-SAAL

AUSST.: Dezember 1845 Rom, Mostra della Società
degli Amatori e Cultori d'Arte an der Porta del Popolo
(Ölstudie des Motivs)
PROV.: Auftrag im Dezember 1845 an den Künstler
durch den russischen Zar Nikolaus I. Pawlowitsch während dessen Aufenthalt in Rom; ab 1846 im Besitz der
Zarin Alexandra Fjodorowna, Zarskoje Selo, Alexander-
Palast, Großer Salon; ab 1861 im Besitz des Großfürsten
von Russland, Konstantin Nikolajewitsch, St. Petersburg, Marmorpalast; ab 1874, nach der Heirat mit Herzog Wilhelm Eugen August Georg von Württemberg, als
Mitgift im Besitz der Großfürstin von Russland, Vera
Konstantinowna, St. Petersburg und Stuttgart; ab 1912
im Besitz der Herzogin Olga von Württemberg (im Erbgang), Stuttgart, Villa Berg; 1918 mit der königlichen
Kunstsammlung versteigert; unbekannter Privatbesitz;
versteigert 1997 bei Christie's, Amsterdam; Privatbesitz,
Rom; versteigert 2011 im Dorotheum, Wien; von dort
zurückerworben für Schloss Zarskoje Selo bei St. Petersburg

LIT.: Kunstblatt Nr. 4 v. 22. 1. 1846, S. 14, 15; Kunstblatt
Nr. 30 v. 18. 6. 1846, S. 123; Boetticher 1891, S. 164,
Nr. 51 (»Palermo; Röm. KA. an d. Porta del Popolo, ver-
anstaltet Dec. 45 bei Anwesenheit des Kaiser Nicolaus,
der das Bild kaufte.«); Bonifazio 1975/76, S. 231, Nr. 32;
Ausst.-Kat. Rom 1996a, S. 75, Aukt.-Kat. Amsterdam,
Christie's 1997, S. 81, Nr. 198, Abb. (als »Bucht von
Neapel [?]« und Umkreis Anton Sminck van Pitloo);
Stolzenburg 2007, S. 119, Anm. 359 (Erwähnung des
Auftrags); Jena 2009, S. 363 (Erwähnung); Aukt.-Kat.
Wien, Dorotheum 2011b, S. 30–35, Nr. 18 (als Franz
Ludwig Catel)

173 [Abb. S. 387]

Der Concordia-Tempel in Agrigent, um 1819

Öl auf Papier (auf Karton aufgezogen), 336 x 485 mm,
unbezeichnet
KOPENHAGEN, STATENS MUSEUM FOR KUNST,
Inv.-Nr. 1080

PROV.: Erworben im April 1875 aus der Sammlung des
Archäologen und Schriftstellers Peter Oluf Brøndsted
(1780–1842), Kopenhagen

XI Catel als Genremaler

174 [Abb. S. 389]

Studie zweier schlafender junger Frauen,
um 1825/30

Öl auf Papier (auf Leinwand aufgezogen), 445 x 575 mm,
unbezeichnet
ROM, FONDAZIONE CATEL, Inv.-Nr. 40

LIT.: Bonifazio 1975/76, S. 182, Nr. 48; Ausst.-Kat. Rom
1996a, S. 45, Nr. 12, Abb., Taf. auf S. 39 (»Studio dal
vero di due donne che dormono«; datiert 1829-1830);
Stolzenburg 2007, S. 184, Nr. 42, Abb. auf S. 171

175 [Abb. S. 392]

Die Familie des Fischers während des Sturmes,
um 1822

Tempera, 285 x 370 mm
Verso bezeichnet: »Catel« (Bleistift)
ROM, FONDAZIONE CATEL, Inv.-Nr. 130

LIT.: Bonifazio 1975/76, S. 210–211, Nr. 88; Ausst.-Kat.
Rom 1996a, S. 45, bei Nr. 11; Stolzenburg 2007, S. 184,
Nr. 45, Abb. auf S. 173

176 [Abb. S. 393]

Die Familie des Fischers während des Sturmes,
um 1822

Öl auf Leinwand, 42 x 57 cm
ROM, FONDAZIONE CATEL, Inv.-Nr. 36

AUSST.: 1827 Rom, Ausstellung in der Via Margutta
LIT.: Bonifazio 1975/76, S. 183–185, Nr. 50; Ausst.-Kat.
Rom 1996a, S. 44–45, Nr. 11, Abb. 39; Stolzenburg
2007, S. 184, Nr. 46, Abb. auf S. 173

177 [Abb. S. 394]

*Heimkehrende Fischer (Sonnenuntergang am
Golf von Pozzuoli),* um 1827

Öl auf Leinwand, 61 x 74 cm, unbezeichnet
SCHLOSS BERCHTESGADEN, WITTELSBACHER
AUSGLEICHSFOND, WAF, Nr. 145 (Inv.-Nr. B I 175)

PROV.: Leo von Klenze (1784–1864), München (erworben direkt vom Künstler in Rom); 1841 erworben
von König Ludwig I. von Bayern; 1925 an den Wittelsbacher Ausgleichsfond abgegeben

DOK.: Verzeichnis der Privat Gemälde Sammlung Seiner Majestät des Koenigs Ludwig von Bayern, 1829 ff., Nr. 1–878 [Handschriftliches Inventar der königlichen Privatgemäldesammlung von Johann Georg von Dillis], Nr. 390; Inventar des Wittelsbacher Ausgleichsfonds. Gemälde und Plastiken, Nr. 1–1236 [Handschriftliches Inventar, 1929/30 angelegt, die von den Bayerischen Staatsgemäldesammlungen verwalteten Gemälde aus dem Eigentum des Wittelsbacher Ausgleichsfonds umfassend], Nr. 145
LIT.: Ausst.-Kat. München 1827, S. 30, Nr. 19 (»Catel. / Sonnenuntergang bei Sorrento«); Best.-Kat. München 1853, S. 49, Nr. 19; Best.-Kat. München 1855, S. 49, Nr. 19; Best.-Kat. München 1858, S. 51, Nr. 19; Best.-Kat. München 1862, S. 51, Nr. 19; Parthey 1863, S. 271, Nr. 18 (»Strand bei Neapel. Leinwand. Breite 2 F. 3½ Z.; Höhe 1 F. 11 Z. München, neue [sic] Pinakothek«); Best.-Kat. München 1868, S. 57, Nr. 19; Best.-Kat. München 1871, Nr. 193; Best.-Kat. München 1877/78, Nr. 228; Best.-Kat. München 1880/81, Nr. 245; Best.-Kat. München 1883–1887, Nr. 243; Best.-Kat. München 1889–1892, Nr. 237; Best.-Kat. München 1894–1899, Nr. 301; Best.-Kat. München 1900–1913, Nr. 132; Best.-Kat. München 1914, Nr. 118; Rott 2003, S. 164

178 [Abb. S. 395]

Neapolitanische Familie bei Sonnenuntergang am Golf von Pozzuoli mit Blick auf den Vesuv und die Insel Capri, 1825/35

Öl auf Leinwand, 74,5 x 98,5 cm, unbezeichnet
PRIVATBESITZ

PROV.: 1986 im Londoner Kunsthandel (Auktion; Sotheby's); Galerie Westphal, Berlin (um 1990); Norddeutscher Privatbesitz; 1996 im Düsseldorfer Kunsthandel (Auktion; Peter Karbstein Kunst- und Auktionshaus; nicht verkauft); 1997 im Kölner Kunsthandel (Auktion; Kunsthaus Lempertz; nicht verkauft); 1998 im Bremer Kunsthandel (Galerie Neuse; nicht verkauft); weiterhin Norddeutscher Privatbesitz; 2007 im Kölner Kunsthandel (Auktion; Kunsthaus Lempertz; Nachverkauf); 2013 im Berliner Kunsthandel (Auktion Villa Grisebach)
LIT.: Ausst.-Kat. London, Sotheby's 1986, S. 7, Nr. 107 (als Catel zugeschrieben); Wirth 1990, S. 42–43, Abb.; Aukt.-Kat. Düsseldorf, Karbstein 1996, S. 16, Nr. 47, Abb. Titelblatt; Aukt.-Kat. Köln, Lempertz 1997b, S. 148, Nr. 1931, Taf. LV; Ricciardi 2002, S. 55 (Erwähnung); Aukt.-Kat. Köln, Lempertz 2007, S. 339, Nr. 1476; Aukt.-Kat. Berlin, Grisebach 2013a, o. S., Nr. 139, Abb. (Beitrag Andreas Stolzenburg)

179 [Abb. S. 396]

Tanzende Landleute vor dem Venus-Tempel von Bajae mit Blick auf den Golf von Pozzuoli, um 1825/30

Öl auf Leinwand, 53,5 x 69,5 cm, unbezeichnet
KUNSTSAMMLUNG RUDOLF-AUGUST OETKER GMBH, Inv.-Nr. G 83/1298a

PROV.: Erworben 1983 von der Galerie Arnoldi-Livie, München
LIT.: Ausst.-Kat. Münster 2003, S. 210–212, Nr. 131, Abb. S. 211 (Beitrag Andreas Stolzenburg)

180 [Abb. S. 397]

Orangenernte am Golf von Pozzuoli, um 1825/30

Öl auf Leinwand, 53,5 x 69,5 cm, unbezeichnet
KUNSTSAMMLUNG RUDOLF-AUGUST OETKER GMBH, Inv.-Nr. G 83/1298b

PROV.: Erworben 1983 von der Galerie Arnoldi-Livie, München
LIT.: Ausst.-Kat. Münster 2003, S. 210–212, Nr. 132, Abb. S. 211 (Beitrag Andreas Stolzenburg)

181 [Abb. S. 398]

Neapolitanische Fischerfamilie mit ihren Kindern vor ihrer Behausung spielend, im Hintergrund zahlreiche Fischer am Strand und Blick auf den Golf von Pozzuoli, 1820er Jahre

Feder in Schwarz und Braun über Bleistift, 126 x 185 mm, unbezeichnet
Verso: Rotbraun und grau eingefärbt zum Übertragen der Komposition auf Leinwand; Durchriebspuren
ROM, FONDAZIONE CATEL, Inv.-Nr. 134

LIT.: Stolzenburg 2007, S. 184, Nr. 51, Abb. S. 177

182 [Abb. S. 399]

Ländliches Fest in Pozzuoli bei Neapel mit Blick auf Capo Miseno und die Inseln Procida und Ischia, 1823

Öl auf Leinwand, 101,5 x 139,5 cm, unbezeichnet
MÜNCHEN, BAYERISCHE STAATSGEMÄLDESAMMLUNGEN, NEUE PINAKOTHEK, Inv.-Nr. 3798

PROV.: 1823 durch König Max I. von Bayern beim Künstler in Rom erworben; übernommen aus der Galerie in Schloß Schleißheim bei München
LIT.: Parthey 1863, S. 271, Nr. 22 (»Tanzbelustigung bei Puzzuoli [sic], mit der Aussicht auf das Capo Miseno. Schleissheim.«); Boetticher 1891, S. 164–165, Nr. 66 (»Tanzbelustigung bei Puzzuoli [sic]. Aussicht auf Cap Miseno. E: Gal. Schleissheim. Lith von W. Flachenecker.«); Bonifazio 1975/76, S. 153–154, Nr. 16; Best.-Kat. München 1981–1989, S. 45; Brettell 1983, S. 64; Geller/Wolken 1984, S. 34, Taf. 13; Schweers 1986, S. 54, Abb. 141; Möller 1995, S. 30, mit Abb. 7 auf S. 267; Ausst.-Kat. Rom 1996a, S. 74 [falsch datiert 1828]; Best.-Kat. München 2003a, S. 32–33; Best.-Kat. München 2003b, S. 48; Ausst.-Kat. München 2005, S. 249, Nr. 67, S. 389; Ricciardi 2002, S. 55 (Erwähnung); Stolzenburg 2007, S. 82, Abb. 48 auf S. 84

183 [Abb. S. 401]

Loggia mit neapolitanischen Landleuten und Blick auf Capo Miseno mit den Inseln Procida und Ischia, 1826

Öl auf Leinwand, 74 x 98 cm
Bezeichnet auf der Rückseite Mitte oben: »von Catell / für Herrn Max von Speck« (mit Graphit auf die Doublierung von der Originalleinwand übertragen)
STIFTUNG MAXIMILIAN SPECK VON STERNBURG IM MUSEUM DER BILDENDEN KÜNSTE LEIPZIG, Inv.-Nr. 1749

AUSST.: 1826 Dresden, Akademieausstellung.
PROV.: 1826 Maximilian Speck von Sternburg (1776–1856), Lützschena bei Leipzig; 1945 Museum der bildenden Künste Leipzig (Bodenreform); 1996 Maximilian Speck von Sternburg Stiftung im Museum der bildenden Künste Leipzig
LIT.: Artistisches Notizenblatt 1826, S. 66–67; Blätter für literarische Unterhaltung Nr. 90 v. 18. 10. 1826, S. 360; Ausst.-Kat. Dresden 1826 (zit. nach: Prause 1975), S. 4, Nr. 15 (»Gegend bey Neapel, oberhalb

Puzzuoli, Im Hintergrunde Capo Misene, mit den Inseln Procida und Ischia, Oelgemälde nach der Natur, von Franz Catel«); Best.-Kat. Leipzig 1826, S. 41, Nr. 177; Kunstblatt, Nr. 65, 13. 8. 1827, S. 259–260; Best.-Kat. Leipzig 1827, S. 41, Nr. 177; Best.-Kat. Leipzig 1840a, S. 60, Nr. 200; Best.-Kat. Leipzig 1840b, S. 259–260, Nr. 200; Parthey 1863, S. 271, Nr. 24 (»Neapolitanische Bauernfamilie in antiken Ruinen. Gemalt 1826. Leinwand. Breite 3 F. 5 Z.; Höhe 2 F. 6 Z. Lützschena, Speck-Sternburg.«); Boetticher 1891, S. 164, Nr. 16 (»Ruinen oberhalb Puzzuoli's mit einer neapol. Bauernfamilie, die hier ihren Wohnsitz aufgeschlagen. Im Hintergr. Cap Miseno u. die Inseln Procida und Ischia. 1826 auf Bestell. in Rom gem. E: Baron Speck- Sternburg, Lützschena b. Leipzig; Dresd. ak. KA. 26.«); Ausst.-Kat. Leipzig 1915a und b, S. 14, Nr. 25; Ausst.-Kat. Stendal/Weimar 1975/76, S. 58, Abb.; Bonifazio 1975/76, S. 226–227, Nr. 11 (»Rovine al di sopra di Pozzuoli con una famiglia di contadini che qui hanno messo su la loro dimora. Sullo sfondo il Capo Miseno, la isola di Procida e di Ischia. Dipinto su ordinazione nel 1826. Proprietà: Barone Speck-Sternburg, Lützschena vicino Lipsia, Esposizione artistica dell' Accademia di Dresda del 1826.«); Best.-Kat. Leipzig 1979, S. 36; Best.-Kat. Leipzig 1995, S. 31, Abb. 103; Ausst.-Kat. Rom 1996a, S. 74; Ausst.-Kat. Leipzig 1998, S. 383–384, Nr. I/171; Ricciardi 2002, S. 55, Abb. 32 auf S. 40-41; Stolzenburg 2002, S. 446, Abb. 2; Stolzenburg 2007, Abb. 40 auf S. 72

184 [Abb. S. 402]

Neapolitanische Fischerfamilie in ihrer Behausung bei Mergellina am Capo di Posillipo mit Blick auf Castel dell' Ovo und den Vesuv, um 1822

Öl auf Leinwand, 48,4 x 62,2 cm, unbezeichnet
KOPENHAGEN, THORVALDSENS MUSEUM, Inv.-Nr. B. 109

PROV.: Erworben in Rom direkt vom Künstler durch Bertel Thorvaldsen
LIT.: Ausst.-Kat. Dresden 1823 (zit. nach Prause 1975), S. 14, Nr. 129 (Erwähnung einer Kopie von Carl Friedrich Weinberger; »Das Innere einer Fischerwohnung bey Neapel mit der Ansicht auf den Vesuv, nach Catel, eben so von dems. [Weinberger]«); Best.-Kat. Kopenhagen 1843, S. 20, Nr. 305 (»Udsigt fra en Fiskerhytte over Söen til Vesuv.«); Müller 1849, S. 27, Nr. 109; Boetticher 1891, S. 165 (Vier Gem. Catel's befinden sich im Thorwaldsen-Mus. [sic] zu Kopenhagen«); Lützhöft 1932, S. 22; Best.-Kat. Kopenhagen 1962, S. 75, Nr. 109; Ortolani 1970, S. 194; Bonifazio 1975/76, S. 147–148, Nr. 10; Concina Sebastiani 1979, S. 314; Geller/Wolken 1984, S. 37, Taf. 16; Ausst.-Kat. Rom 1996a, S. 15, mit Abb. (hier falsch datiert auf um 1826), S. 74 (»Un pescatore napoletano e la sua famiglia«; hier datiert auf 1821/22); Ausst.-Kat. Neapel 1997, S. 485–486, Nr. 17.73 (»Interno di casa pescatori«); Ricciardi 2002, S. 55, Abb. 31 auf S. 56–57; Stolzenburg 2007, S. 48, mit Anm. 149, Abb. 25 auf S. 47

185 [Abb. S. 403]

Neapolitanische Fischerfamilie in ihrer Behausung bei Mergellina am Capo di Posillipo mit Blick auf Castel dell' Ovo und den Vesuv, um 1822

Öl auf Papier, 180 x 240 mm (Papier), 189 x 248 mm (Untersatzkarton), unbezeichnet
HAMBURGER KUNSTHALLE, KUPFERSTICHKABINETT, Inv. Nr. 2007-11

PROV.: 1834 und 1863 und 1891 als in der Sammlung des Apothekers, Kunstliebhabers und Restaurators Dr. Gottfried Friedrich Herrmann Lucanus (1793–1873), Halberstadt, erwähnt; wohl zunächst weiterhin Familienbesitz; Hollstein & Puppel, Berlin, 1932 (Auktion); Christie's South Kensington, London, 2006 (Auktion);

erworben 2007 von Thomas le Claire Kunsthandel, Hamburg, mit Mitteln der Campe'schen Historischen Kunststiftung
LIT.: Kugler 1834, S. 135 (»Herr Lucanus [Halberstadt] selbst besitzt einen nicht eben unbedeutenden Schatz neuer und alter Gemälde. [...]. Von Catel eine höchst anmutige Skizze. ›Neapolitanische Fischer in ihrer Hütte‹.«); Parthey 1863, S. 271, Nr. 23 (»Fischerhütte am Posilippo. Skizze. Gemalt 1828. Leinwand [sic]. Breite 10½ Z.; Höhe 7½ Z. Halberstadt, Lucanus.«); Boetticher 1891, S. 164, Nr. 18 (»Fischerhütte am Posilippo. Skizze. 1828 gem. h. 7½« br. 10½«. E: Dr. Lucanus, Halberst.«); Aukt.-Kat. Berlin, Hollstein & Puppel 1932, S. 10, Nr. 42, Taf. IV (»Inneres eines Vorraums einer Fischerhütte, deren Tür offen steht, so dass man einen weiten Blick auf den Golf von Neapel hat. Links sitzt der Fischer auf der Erde und flechtet Körbe, recht steht die Frau mit weißem Kopftuch, einen Spinnrocken in den Händen haltend, zu ihrem nackten in einem Korbe liegenden Kind niederblickend. 18/24 cm[,] Öl auf Malpappe. Schöne charakteristische Arbeit des selten vorkommenden Romantikers. Bei Bötticher, Malerwerke des 19. Jahrh., unter Nr. 18 erwähnt. Das Bild war früher im Besitz des Dr. Lucanus in Halberstadt.«); Aukt.-Kat. London, Christie's South Kensington 2006b, S. 80, Nr. 184, Abb.; Stolzenburg 2009b, S. 202

186   [Abb. S. 405]

Neapolitanisches Liebesständchen bei Mondschein, 1822

Öl auf Leinwand, 74 x 100 cm, unbezeichnet
ENGLAND, PRIVATBESITZ C/O ARTIS FINE ART, LONDON

PROV.: Wohl Auftrag von Lord Howard, 1822
LIT.: Giornale Arcadico 1822, S. 142; Stolzenburg 2007, S. 62, Abb. 35 auf S. 64

187   [Abb. S. 406]

Neapolitanisches Paar mit ihrem Säugling in einem Weidenkorb am Boden in ihrer Loggia oberhalb Posillipo mit Blick auf den Golf von Neapel, 1822/26

Feder in Schwarz über Bleistift, 127 x 180 mm (Bild), 127 x 209 mm (Papier), unbezeichnet
Verso: Figurengruppe bräunlichrot eingefärbt zum Übertragen der Komposition auf Leinwand; Durchriebspuren, unbezeichnet
ROM, FONDAZIONE CATEL, Inv.-Nr. 163

LIT.: Stolzenburg 2007, S. 183, Nr. 41, Abb. S. 170 unten

188   [Abb. S. 407]

Neapolitanisches Liebesständchen bei Mondschein, um 1821/22

Feder in Schwarz über Bleistift, 125 x 190 mm, unbezeichnet
Verso: Figurengruppe grau eingefärbt zum Übertragen der Komposition auf Leinwand; Durchriebspuren
ROM, FONDAZIONE CATEL, Inv.-Nr. 138

LIT.: Ausst.-Kat. Rom 1996a, S. 57, bei Nr. 53 (»si conserva un foglio in cui la composizione è interamente abbozzata«); Stolzenburg 2007, S. 183, Nr. 40, Abb. S. 170 oben

189   [Abb. S. 408]

Neapolitanisches Liebesständchen bei Mondschein, 1822

Öl auf Papier (auf Leinwand aufgezogen), 230 x 300 mm, unbezeichnet
ROM, FONDAZIONE CATEL, Inv.-Nr. 74

LIT.: Bonifazio 1975/76, S. 187–188, Nr. 58; Ausst.-Kat. Rom 1996a, S. 46–47, Nr. 18, Abb. (»Serenata al chiaro di luna«; datiert 1822); Stolzenburg 2007, S. 183, Nr. 38, Abb. S. 168

190   [Abb. S. 409]

Junges Mädchen mit Kerze aus einer Tür tretend, um 1821/22

Öl auf Papier, 336 x 214 mm, unbezeichnet
ROM, FONDAZIONE CATEL, Inv.-Nr. 25

LIT.: Mezzana 1956, S. 86; Ausst.-Kat. Rom 1996a, S. 57, Nr. 53, Abb. (»Ragazza con lume. Studio per un Idillio amoroso al chiaro di luna«; hier datiert 1822); Stolzenburg 2007, S. 183, Nr. 39, Abb. S. 169

191   [Abb. S. 410]

Ein Mandolinenspieler mit Zuhörern in einer offenen Loggia oberhalb von Mergellina mit Blick auf das Castell dell'Ovo in Neapel und den Vesuv, um 1820/25

Bleistift auf Transparentpapier, 186 x 248 mm, unbezeichnet
ROM, FONDAZIONE CATEL, Inv.-Nr. 158

LIT.: Unveröffentlicht

192   [Abb. S. 411]

Bauernfamilie in einer offenen Loggia mit Blick auf eine Berglandschaft (»Die ersten Schritte des Kindes«), um 1823/25

Öl auf Leinwand, 47,6 x 37,4 cm, unbezeichnet
NEW YORK, THE METROPOLITAN MUSEUM, THE WHITNEY COLLECTION. Promised Gift of Wheelock Whitney III, and Purchase, Gift of Mr. and Mrs. Charles S. McVeigh, by exchange, 2003, Inv.-Nr. 2003.42.9

PROV.: Auktion 1976 Christie's, New York; Wheelock Whitney & Co., New York; The Whitney Collection, Promised Gift of Wheelock Whitney III, and Purchase, Gift of Mr. and Mrs. Charles S. McVeigh, by exchange, 2003
LIT.: Aukt.-Kat. Christie's, New York 1976, S. 28, Nr. 128, Taf. 34 (als »Austrian School, 19th Century«); Stolzenburg 2007, S. 74, Abb. 42 auf S. 75 (als Catel); Miller 2013, S, 25–27, Abb. 28 auf S. 26, S. 44

193.1–193.6

Das Münchner Skizzenbuch des Künstlers

STAATLICHE GRAPHISCHE SAMMLUNG MÜNCHEN, Inv.-Nr. 1952:13

PROV.: Nachlass des Künstlers; 1857 als Vermächtnis an die Künstlerhilfskasse des 1845 gegründeten Deutschen Künstlervereins; ab April 1857 zum Verkauf angeboten; erworben 1952 von Elisabeth Klaatsch, München.
LIT.: Ausst.-Kat. München 1979, S. 15–16, Nr. 8 (datiert »um 1820«), Abb. 49–50

193.1   [Abb. S. 412]

Wolkenstudien über einer weiten Berglandschaft, um 1823/25

Bleistift, 138 x 220 mm; in den Wolken mit Farbbezeichnungen beschriftet (Bleistift)
STAATLICHE GRAPHISCHE SAMMLUNG MÜNCHEN, Inv.-Nr. 1952:13, Fol. 8

193.2   [Abb. S. 413]

Zwei Schirmpinien, um 1823/25

Bleistift, 138 x 220 mm, unbezeichnet
STAATLICHE GRAPHISCHE SAMMLUNG MÜNCHEN Inv.-Nr. 1952:13, Fol. 12

LIT.: Ausst.-Kat. München 1979, S. 15–16, Nr. 8, Abb. 49; Ausst.-Kat. Nürnberg 1987, S. 32, bei Nr. 19

193.3   [Abb. S. 413]

Treppenaufgang vor einem alten Haus (Straßenpartie in Tivoli), um 1823/25

Bleistift, 138 x 220 mm, unbezeichnet
STAATLICHE GRAPHISCHE SAMMLUNG MÜNCHEN Inv.-Nr. 1952:13, Fol. 15

193.4   [Abb. S. 414]

Ein Kleinkind läuft von seiner Mutter zum Vater, stehende Frau mit Spindel, um 1823/25

Feder in Braun über Bleistift, braun laviert, 136 x 220 mm
STAATLICHE GRAPHISCHE SAMMLUNG MÜNCHEN, Inv.-Nr. 1952:13, Fol. 31

LIT.: Stolzenburg 2007, S. 74, mit Anm. 255, Abb. 41 auf S. 72

193.5   [Abb. S. 414]

Weite Landschaft mit dunklen Regenwolken (Blick auf die Albaner Berge); verso Architekturskizzen (aus Tivoli?), um 1823/25

Bleistift, 138 x 220 mm, unbezeichnet
STAATLICHE GRAPHISCHE SAMMLUNG MÜNCHEN Inv.-Nr. 1952:13, Fol. 40

193.6   [Abb. S. 415]

Landschaft mit Brücke über einen Fluss im Tal (Der Aniene unterhalb von Tivoli?), um 1823/25

Bleistift, 220 x 138 mm, unbezeichnet
STAATLICHE GRAPHISCHE SAMMLUNG MÜNCHEN Inv.-Nr. 1952:13, Fol. 44

194   [Abb. S. 416]

Ansicht der Gartenterrassen der Villa Doria-Pamphilj mit musikalischem Ständchen als Staffage und Blick auf die Kirche San Pancrazio, um 1837/38

Öl auf Leinwand, 44 x 66 cm, unbezeichnet
LONDON, PRIVATBESITZ

AUSST.: August 1838 Rom, Ausstellung im Atelier des Malers Friedrich August Elsasser / September 1838 Berlin, Akademieausstellung
PROV.: 1838 im Besitz eines Herrn Dohrem, Stettin; 1952 Galerie Scheidwimmer, München; Sammlung Georg Schäfer, Schweinfurt (ehem. Inv.-Nr. 641); im Januar 2000 bei Christie's in Düsseldorf versteigert (Nr. 4; verkauft)
LIT.: Ausst.-Kat. Berlin 1838 (zit. nach: Börsch-Supan 1971), S. 9, Nr. 107 (»Franz Catel, in Rom, Mitglied der Academie / [...] Scene in der Villa Pamfili-Doria zu Rom. [...] Hrn. Dohrem in Stettin gehörig.«); Kunstblatt, Nr. 89, 6. 11. 1838, S. 364 (»Rom, 14. August. In der letzten Woche hatten nachstehende Künstler ihre für die Berliner Kunstausstellung bestimmten Arbeiten im Atelier Elsässers ausgestellt: [...], Catel, [...].«); Aukt.-Kat. Düsseldorf, Christie's 2000, S. 17, Nr. 4, Abb., farbiges Detail der Figurenstaffage auf S. 11 (im Kommentar falsch beschrieben als »Figures in a park, pos-

sibly the garden of the villa di Caserta«); Lager-Kat. London, Matthiesen 2001, S. 38, Abb. 4 auf S. 39, vgl. Farbabb. nach S. 28 (Detail), S. 82; Stozenburg 2004, S. 145, Nr. 57 (japanisch), Abb., S. 235–236, Nr. 57 (englisch); Ausst.-Kat. Hamburg/ München 2012, S. 259, Abb. 1

195 [Abb. S. 417]

Junge Italienerin mit entblößtem Oberkörper an einem Brunnen mit Blick auf einen Aquädukt und römische Ruinen im Hintergrund (»La Ciociara«), um 1825/30

Öl auf Leinwand, 40 x 32 cm, unbezeichnet
ROM, CAFFÈ GRECO

LIT.: Refice 1965, Abb. S. 176; Hufschmidt/Jannattoni 1989, S. 220–221, Nr. 72/VIII, Abb. S. 122, S. 247; Stolzenburg 2007, S. 184, Nr. 44, Abb. S. 172

196 [Abb. S. 419]

Sitzender italienischer Hirte mit Schalmei mit stehender, junger Frau in der römischen Campagna, 1822

Öl auf Leinwand, 49 x 38 cm
Signiert und datiert rechts unten: »F. Catel f. Rom 182[2]« (letzte Zahl unleserlich, wohl »2«)
HAMBURGER KUNSTHALLE, Inv.-Nr. HK-1066

AUSST.: 1822 Dresden, Kunstausstellung / 1906 Berlin, Jahrhundertausstellung
PROV.: Erworben 1880 als Vermächtnis von Frau Dr. Therese Halle (1807–1880), geb. Heine, Dresden/ Hamburg
LIT.: Ausst.-Kat. Dresden 1822 (zit. nach Prause 1975), S. 20, Nr. 191 (»Ein Hirt mit einem jungen Mädchen, aus der Campagna di Roma, von Catel in Rom«); Boetticher 1891, S. 164, Nr. 37 (»Italien. Hirt. Bez: F. Catel f. Rom 1840 [sic]. h. 0,48, br. 0,37. E: Kunsthalle Hamburg. Verm. der Frau Dr. Halle, geb. Heine [18]80.«); Ausst.-Kat. Berlin 1906, 1. Aufl. (Gemälde), S. 68, Nr. 264; Ausst.-Kat. Berlin 1906, 2. Aufl. (Gemälde und Skulpturen), S. 74, Nr. 264; Refice 1965, Abb. 171; Best.-Kat. Hamburg 1969, S. 35, Abb.; Bonifazio 1975/76, S. 149, Nr. 11; Brettell 1983, Abb. S. 63; Geller/Wolken 1984, S. 32, Taf. 11; Stolzenburg 2007, S. 183, Nr. 35, Abb. S. 167 oben

197 [Abb. S. 420]

Schalmei spielender, alter Hirte mit seiner der Musik lauschenden, jungen Tochter in der römischen Campagna sitzend, mit Blick auf die Acqua Claudia, um 1822

Öl auf Leinwand, 37,5 x 47 cm, unbezeichnet
FRANKFURT AM MAIN, GALERIE UND KUNSTANTIQUARIAT JOSEPH FACH

PROV.: Geh. Kommerzienrat Alexander Mendelssohn, Jägerstr. 22, Berlin (1856, 1863 und 1891); weiter in Familienbesitz der Familie Mendelssohn; Leonie Mendelssohn Bartholdy, Erlangen; Familie Bartholdy
LIT.: Schasler 1856, Bd. 2, S. 400, Nr. 1 (»›Scene aus der Campagna‹. Landschaft«); Parthey 1863, S. 270, Nr. 10 (»Vorgang aus der Campagna bei Rom. Berlin, A. Mendelssohn.«); Boetticher 1891, S. 164, Nr. 58 (»Aus der Campagna. E: Geh. Commerz.-R. Alex. Mendelssohn, Berlin.«); Schweers 1986, S. 54, Abb. 140; Ausst.-Kat. München, Kunst-Messe 2003, S. 162, Abb.; Lager-Kat. Frankfurt am Main, Joseph Fach 2003, S. 10–11, Nr. 4, Abb. (Beitrag Andreas Stolzenburg); Stolzenburg 2007, Abb. S. 183, Nr. 36, Abb. S. 167 unten

198 [Abb. S. 421]

Zwei Pifferari, um 1830/40

Öl auf Leinwand, 61 x 45 cm, unbezeichnet
ROM, FONDAZIONE CATEL, Inv.-Nr. 29

LIT.: Bonifazio 1975/76, S. 186, Nr. 55; Ausst.-Kat. Rom 1996a, S. 45, Nr. 13, Abb.; Stolzenburg 2007, S. 100, 183; Nr. 37, Abb. auf S. 168

199 [Abb. S. 422]

Zwei von Kindern umgebene Pifferari vor einem Madonnenbild auf dem Monte Mario mit Blick auf Rom, 1822

Öl auf Leinwand, 49,5 x 62 cm
MÜCNHEN, PRIVATBESITZ

AUSST.: 1822 Berlin, Akademieausstellung.
PROV.: Vor 1914 von Siegfried Bongard, Wiesbaden, erworben; um 1929 bei W. Bongard, verheiratete Graeve, Wiesbaden (Tochter des Vorigen); erworben aus Privatbesitz
LIT.: Ausst.-Kat. Berlin 1822 (zit. nach: Börsch-Supan 1971), S. 7, Nr. 39: »Franz Catel, in Rom, Mitglied der Akademie / [...] Ansicht von Rom. Im Vordergrunde zwei Schäfer aus den Abruzzo's von der Zahl derer, welche im Monat December nach Rom zu kommen pflegen, um die Jungfrau Maria zu ehren, und vor deren Bildnisse Musik machen. Sie sind von zuhörenden Kindern umgeben.«); Artistisches Notizenblatt 1822 (»Von den drei Bildern, die Herr Franz Catel aus Rom eingeschickt hat, hielt ich eine ›Ansicht von Rom‹ für das Beste; in dem Vordergrund eine Gruppe voll Natur: Zwei Schäfer mit ihren Kindern aus den Abruzzen, wie man sie im Dezember nach Rom kommen sieht, wo sie der Jungfrau ihre Verehrung zeigen und vor deren Bildnisse Musik machen. [...].«; Boetticher 1891, S. 173, Nr. 8 (»Aussicht von Rom. Im Vordergr. zwei Schäfer aus den Abruzzen, vor dem Bilde der Madonna Musik machend; Berl. ak. KA. 22.«); Bonifazio 1975/76, S. 225, Nr. 5; Ausst.-Kat. Nürnberg/Schleswig 1991, S, 457–458, Nr. 3.49, Abb. S. 459; Ausst.-Kat. Rom 1996a, S. 74; Stolzenburg 2007, Abb. S. 99, Abb. 56 auf S. 101

200 [Abb. S. 423]

Auf einer Treppe sitzendes italienisches Mädchen mit Orangen, im Hintergrund eine junge Frau mit Orangenkorb auf dem Kopf, um 1839

Öl auf Leinwand, 74,5 x 63 cm, unbezeichnet
MÜNCHEN, PRIVATBESITZ

PROV.: 1839 von Friedrich Wilhelm Graf von Redern (1802–1883), Berlin, vom Künstler in Rom erworben; Heinrich Alexander Graf von Redern (1804–1888), Berlin, Bruder des Vorigen; Wilhelm Graf von Redern (1842–1909), Berlin; Wilhelm Heinrich Victor Herbert Graf von Redern (1888–1914), Berlin (?), Sohn des Vorigen; weiter in Familienbesitz (?); Berlin, Privatbesitz; dort vom heutigen Besitzer erworben

AUSST.: 1840 Berlin, Akademieausstellung
LIT.: Ausst.-Kat. Berlin 1840 (zit. nach: Börsch-Supan 1971), S. 8, Nr. 187 (»Franz Catel, in Rom, Kön. Professor u. Mitglied d. Akademie / [...] Ein Kind unter einer Gruppe von Orangenbäumen [halbe Lebensgröße]«); Schasler 1856, Bd. 2, S. 422, Nr. 94 (»Orangenmädchen in Italien«); Parthey 1863, S. 271, Nr. 29 (»Ein Orangenmädchen in Italien. Berlin, Redern«); Boetticher 1891, S. 165, Nr. 67 (»Italien. Orangenmädchen. E: Graf Redern, Berlin.«); Redern/Horn/Giesbrecht 2003, S. 271, Anm. 1009

201 [Abb. S. 425]

Eine Pilgergruppe erblickt Loreto mit der Wallfahrtsbasilika vom Heiligen Haus (Santuario Basilica Pontificia della Santa Casa di Loreto), 1852

Öl auf Leinwand, 81 x 108,5 cm
Mitte unten bezeichnet und datiert: »F Catel: Rom 1852« (Pinsel in Schwarz)
GERMANISCHES NATIONALMUSEUM NÜRNBERG, Inv.-Nr. Gm 1722, Leihgabe der Stadt Nürnberg, Kunstsammlungen, Inv.-Nr. GM 1588

PROV.: Erworben 1937 von der Galerie Carl Nicolai, Berlin
LIT.: Geller 1960, S. 336 (irrtümlich als »Pilgerfahrt – im Hintergrunde Rom«); Geller/Wolken 1984, S. 41, Taf. 20; Stolzenburg 2007, S. 106, Abb. 64 auf S. 111

202 [Abb. S. 427]

Gondelszene vor Venedig bei Sonnenuntergang, 1839

Öl auf Leinwand, 39,3 x 62 cm, links unten auf dem Holzpfahl im Wasser bezeichnet: »F. Catel / Rom / 1839« (Pinsel in Grau)
PRIVATBESITZ

PROV.: Erworben 1839 beim Künstler in Rom von Senator Martin Johann Jenisch (1793–1857), Hamburg, Frau Fanny Henriette Jenisch, geb. Roeck (1801–1881); danach durchgehend in Familienbesitz
LIT.: Unveröffentlicht

203 [Abb. S. 426]

Gondelszene in der Lagune von Venedig, 1839/41

Öl auf Leinwand, 16,3 x 23,8 cm, unbezeichnet
ROM, FONDAZIONE CATEL, Inv.-Nr. 20

LIT.: Bonifazio 1975/76, S. 189–190, Nr. 62; Ausst.-Kat. Rom 1996a, S. 47, bei Nr. 19; Stolzenburg 2007, S. 119, 184, Nr. 55, Abb. S. 179

204 [Abb. S. 428]

Nächtliche Gesellschaft auf einer Terrasse mit Blick auf den Hafen von Genua, um 1839 (?)

Öl auf Leinwand, 54 x 80 cm
PRIVATBESITZ

PROV.: Erworben beim Künstler in Rom von Alfred Freiherr von Lotzbeck (1819–1874), München; durchgehend in Familienbesitz
LIT.: Best.-Kat. München, Lotzbeck 1891, S. 15, Nr. 66 (»Franz Catel. – Venetianische Nacht. Eine fürstliche Familie in romantischen Costüm sitzt, dem Gesang einer Harfenspielerin lauschend, auf einer Terrasse. Ausblick auf einen Hafen (Genua) über der Riviera erhebt sich der Mond. Leinwand 54 cm hoch, 80 cm breit.«); Best.-Kat. München, Lotzbeck 1927, S. 19, Nr. 66

Literatur

Autoren und Titel

Acerbi 1834
Giuseppe Acerbi: Viaggio a Roma e Napoli (1834), in: Vincenzo De Caprio: La penna del viaggiatore. Scritture e disegni di Acerbi ed altri viaggiatori fra Sette e Ottocento, Roma 2002, S. 143–188

Adler 2012
Antje Adler: Gelebte Antike. Friedrich Wilhelm IV. und Charlottenhof, Quellen und Forschungen zur Brandenburgischen und Preußischen Geschichte, Bd. 43, Berlin 2012

Aesop/Schwabe 1806
Phaedri Augusti Liberti Fabularum Æsopiarum Libri V. Ad Codice Mss. Et Optimas Editiones Recognovit Varietatem Lectionis Et Commentarium Perpetuum adiecit Joann. Gottlob Sam. Schwabe. Duo Volumina, Brunsvigae MDCCCVI [1806] Sumptu Friderici Vieweggii

AKL 1–87, 1992–2015
Allgemeines Künstler-Lexikon. Die Bildenden Künstler aller Zeiten und Völker, bisher 87 Bände, München, Leipzig 1992–2015

Allgemeine Zeitung Nr. 89 v. 30. 3. 1819, Beilage Nr. 49
Anonym: Italien, Rom 10. März [Auszug aus dem Giornale Arcadico], in: Allgemeine Zeitung Nr. 89 v. 30. 3. 1819, Beilage Nr. 49, S. 195

Allgemeine Zeitung Nr. 119 v. 29. 4. 1819
Anonym: [Nachrichten aus] Italien. Aus Italien, März 1819. (Von einem Reisenden eingesandt), in: Allgemeine Zeitung Nr. 119 v. 29. 4. 1819, S. 474–475

Allgemeine Zeitung Nr. 124 v. 23. 7. 1819, Beilage Nr. 124
Anonym: Ueber die Kunstausstellung im Palaste Caffarelli zu Rom im April 1819, in: Beilage zur Allgemeinen Zeitung, Nr. 124 v. 23. 7. 1819, S. 493–496

Allgemeine Zeitung Nr. 28 v. 28. 1. 1839, Beilage Nr. 28
Anonym: Ausstellung deutscher Künstler in Rom, in: Allgemeine Zeitung Nr. 28 v. 28. 1. 1839, Beilage Nr. 28, S. 216–217

Allgemeine Zeitung Nr. 194 v. 13. 7. 1841, Beilage Nr. 194
Anonym: Italien. Kunstbericht, in: Allgemeine Zeitung Nr. 194 v. 13. 7. 1841, Beilage Nr. 194, S. 1549

Allgemeine Zeitung Nr. 141 v. 21. 5. 1842, Beilage Nr. 141
Anonym: [Nachrichten aus] Italien. Rom, 8 Mai. (Kunstbericht), in: Allgemeine Zeitung Nr. 141 v. 21. 5. 1842, Beilage Nr. 141, S. 1124

Allgemeine Zeitung Nr. 343 v. 9. 12. 1842
Anonym: [Nachrichten aus] Italien. Rom, 1 Dec., in: Allgemeine Zeitung Nr. 343 v. 9. 12. 1842, S. 2741–2742

Allgemeine Zeitung Nr. 35 v. 4. 2. 1843, Beilage Nr. 35
Anonym: [Nachrichten aus] Italien. Kunstausstellung in Rom. Rom, im Januar, in: Allgemeine Zeitung Nr. 35 v. 4. 2. 1843, Beilage Nr. 35, S. 275–276

Allgemeine Zeitung Nr. 132 v. 12. 5. 1845
Anonym: [Nachrichten aus] Italien. Rom, 30 April: Allgemeine Zeitung Nr. 132 v. 12. 5. 1845, S. 1053

Allgemeine Zeitung Nr. 252 v. 9. 9. 1863, Beilage Nr. 252
Per Daniel Amadäus Atterbom: Memoiren eines schwedischen Dichters über Deutschland und Italien [Teil I; Auszugsweise aus der Berliner Allgemeinen Zeitung], in: Beilage zur Allgemeinen Zeitung, Nr. 252 v. 9. 9. 1863, S. 4177–4179

Almanach für Theater und Theaterfreunde 1807
Almanach für Theater und Theaterfreunde auf das Jahr 1807, hrsg. v. August Wilhelm Iffland, Berlin 1807

Artistisches Notizenblatt v. Oktober 1822
Anonym: Auszug aus einem Brief über die Berliner Kunstausstellung im September 1822, in: Artistisches Notizenblatt v. Oktober 1822, S. 85

Artistisches Notizenblatt Nr. 12 v. Juni 1824
Anonym: Über die neuesten Kunstleistungen deutscher Meister in Rom. Auszüge aus Briefen an einen Dresdner Kunstfreund, in: Artistisches Notizenblatt Nr. 12 v. Juni 1824, Dresden 1824, S. 47–48

Artistisches Notizenblatt Nr. 19 v. Oktober 1825
Johann Gottlob von Quandt: Betrachtungen über die Ausstellung in Dresden im August und September, in: Artistisches Notizenblatt Nr. 19 v. Oktober 1825, Dresden 1825, S. 73–76

Artistisches Notizenblatt 1826
Anonym: Blick auf die Ausstellung der Akademie der Künste in Dresden 1826, in: Artistisches Notizenblatt 1826, Dresden 1826, S. 66–67

Aswarischtsch 1988
Boris I. Aswarischtsch: The Hermitage. Catalogue of Western European Painting. German and Austrian Painting. Nineteenth and Twentieth Centuries, Florenz 1988

Atterbom 1867/1970
Per Daniel Atterbom: Reisebilder aus dem romantischen Deutschland. Jugenderinnerungen eines romantischen Dichters und Kunstgelehrten aus den Jahren 1817 bis 1819, neu hrsg. v. Elmar Jansen nach dem Erstdruck »Aufzeichnungen des schwedischen Dichters P. D. A. Atterbom über berühmte deutsche Männer und Frauen nebst Reiseerinnerungen aus Deutschland und Italien aus den Jahren 1817–1819, Berlin 1867, Stuttgart 1970

Aubert 1894
Andreas Aubert: Den nordiske Naturfølelse og Professor Dahl, Kristiania 1894

Aubrun 1977
Marie-Madeleine Aubrun: Pierre-Athanase Chauvin (1774–1832), in: Bulletin de la Société de l'Histoire de l'Art français 1977 [erschienen 1979], S. 191–216

Baehr/Zschoche 2011
Johann Carl Baehr (1801–1869). Drei Reisen nach Italien. Mit Auszügen seiner Tagebücher und Briefe, hrsg. v. Herrmann Zschoche, Frankfurt am Main 2011

Bätschmann 1989
Oskar Bätschmann: Entfernung der Natur. Landschaftsmalerei 1750–1920, Köln 1989

Bätschmann 2002
Oskar Bätschmann: Reflexionen über die Landschaftsmalerei um 1800 in Deutschland, in: Ausst.-Kat. Koblenz 2002, S. 27–44.

Baily 1987
Colin J. Baily: Ashmolean Museum Oxford. Catalogue of the Collection of Drawings, Volume V, German Nineteenth-Century Drawings, Oxford 1987

Bang 1987
Marie Lødrup Bang: Johan Christian Dahl 1788–1857. Life and Works, 3 Bde., Oslo 1987

Barbillon/Durey/Fleckner 2008
Ingres, un homme à part?, hrsg. v. Claire Barbillon, Philippe Durey, Uwe Fleckner, Akten des internationalen Kongresses, Paris, Ecole du Louvre, Rom, Académie de France, 24.–27. April 2006, Paris, 2008

Bartels 1787–1792
Johann Heinrich Bartels: Briefe über Calabrien und Sicilien, 3 Bde., Göttingen 1787–1792

Bartels/Scamardi 1787–1792/2007
Johann Heinrich Bartels: Lettere sulla Calabria, Übersetzung und Einführung von Teodoro Scamardi, Soveria Mannelli, 2007

Bartholdy 1806
J.[acob] L.[udwig] S.[alomon] Bartoldy: Kunstnachricht aus Berlin (Auszug eines Briefes aus Berlin), in: Der neue deutsche Merkur 17 (1806), Bd. 1, S. 303–310

Barton 1969
Peter F. Barton: Ignatius Aurelius Feßler. Vom Barockkatholizismus zur Erweckungsbewegung, Wien, Köln, Graz 1969

Bartoschek 1996
Gerd Bartoschek: Die Gemälde im Pavillon am See, in: Ausst.-Kat. Potsdam 1996, S. 35–42

Bartoschek/Vogtherr 2004
Gerd Bartoschek, Christoph Martin Vogtherr: Zerstört, entführt, verschollen. Die Verluste der preußischen Schlösser im Zweiten Weltkrieg, Gemälde I, Potsdam 2004

Baudis 2008
Hela Baudis: Rudolph Suhrlandt (1781–1862). Grenzgänger zwischen Klassizismus und Biedermeier. Leben und Werk eines deutschen Hofmalers und Porträtisten des Bürgertums. Univ.-Diss., Greifswald 2008 (http://ub-ed.ub.uni-greifswald.de/opus/volltexte/2011/907/; letzter Aufruf 30. 3. 2015)

Bauer 1982
Jens-Heiner Bauer: Daniel Nikolaus Chodowiecki, Danzig 1726–1801 Berlin. Das druckgraphische Werk. Die Sammlung Wilhelm Burggraf zu Dohna-Schlobitten. Ein Bildband mit 2340 Abbildungen in Ergänzung zum Werkverzeichnis von Wilhelm Engelmann, Hannover 1982

Baumgärtel 1970
Ehrfried Baumgärtel: Die Almanache, Kalender und Taschenbücher (1750–1860) der Landesbibliothek Coburg, Wiesbaden 1970

Becker 1971
Wolfgang Becker: Paris und die deutsche Malerei 1750–1840, Studien zur Kunst des 19. Jahrhunderts, Bd. 10, München 1971

Benninghausen-Budberg 1963
Son junosti: zapiski dočeri Imperatora Nikolaja I Velikoj Knjažny Ol'gi Nikolaevny, Koroleva Vjurtembergskoj, hrsg. v. Maria Benninghausen-Budberg, Paris 1963

Berliner Kunstblatt 1828
Anonym: Kunstausstellung 1827 in der Via Margutta in Rom. Kunstausstellungen in Berlin. Aus einem an Herrn Dr. Förster gerichteten Schreiben eines Freundes, in: Berliner Kunstblatt Heft 1 (Januar), Berlin 1828, S. 23–32

Berlinische Nachrichten von Staats- und gelehrten Sachen Nr. 145 v. 3. 12. 1822
Anonym: Aus dem Briefe eines Reisenden, Rom vom 17. November [1822], in: Berlinische Nachrichten von Staats- und gelehrten Sachen Nr. 145 v. 3. 12. 1822, [S. 7]

Bernhard 1973
Deutsche Romantik. Handzeichnungen. Mit einem Nachwort von Petra Kipphoff, hrsg. v. Marianne Bernhard, 2 Bde., München 1973

Bernhard 1977
Klaus Bernhard: Idylle. Theorie, Geschichte und Darstellung in der Malerei 1750–1850, Wien 1977

Bertelsen 2004
Lars Kiel Bertelsen: The Claude glass: a modern metaphor between word and image, in: Word & Image 20 (2004), S. 182–190

Bertsch 2014
Markus Bertsch: Im Zeichen künstlerischen Austauschs. Carl Wilhelm Götzloffs Anfänge in Dresden und seine ersten Jahre in Italien, in: Ausst.-Kat. Lübeck/Koblenz 2014, S. 9–27

Bertsch/Wegner 2010
Landschaft am »Scheidepunkt«. Evolutionen einer Gattung in Kunsttheorie, Kunstschaffen und Literatur um 1800, hrsg. v. Markus Bertsch, Reinhard Wegner, Ästhetik um 1800, hrsg. v. Reinhard Wegner, Bd. 7, Göttingen 2010

Bertuch 1810
C. B. [Carl Bertuch]: II. Kunst. Rückblick auf den Kunsthandel und die Kunsterzeugnisse der Leipziger Ostermesse 1810, in: Journal des Luxus und der Moden, August 1810, S. 477–484

Bilinski 1975
Bronislaw Bilinski: Gli incontri romani di Adamo Mickievicz con Camuccini, Thorvaldsen, Vernet e Overbeck (129–30), in: Strenna dei Romanisti 36 (1975), S. 58–72

Blayney Brown 2001
David Blayney Brown: Romanticism, London 2001

Blätter für literarische Unterhaltung Nr. 90 v. 18. 10. 1826
Anonym: Bemerkungen über die diesjährige dresdner Kunstausstellung. Zweiter Besuch, in: Blätter für literarische Unterhaltung Nr. 90 v. 18. 10. 1826, S. 358–360

Börsch-Supan 1971
Helmut Börsch-Supan: Die Kataloge der Berliner Akademieausstellungen 1786–1850, 2 Bde. mit Registerband, Quellen und Schriften zur bildenden Kunst 4, Berlin 1971

Börsch-Supan 1972
Helmut Börsch-Supan: Deutsche Romantiker. Deutsche Maler zwischen 1800 und 1850, München, Gütersloh, Wien 1972

Börsch-Supan 1979
Helmut Börsch-Supan: Vaterländische Kunst zu Beginn der Regierungszeit Friedrich Wilhelms III., in: Aurora 39 (1979), S. 79–100

Börsch-Supan 1980
Helmut Börsch-Supan: Die Kunst in Brandenburg-Preußen, Berlin 1980

Börsch-Supan 1982
Helmut Börsch-Supan: Schinkel-Pavillon Schloß Charlottenburg, Berlin 1982

Boetticher 1891
Friedrich von Boetticher: Malerwerke des neunzehnten Jahrhunderts. Beitrag zur Kunstgeschichte, Bd. I.1, Leipzig 1891 (Reprint: Leipzig 1948)

Boguna 2014
Julija Boguna: Lettland als übersetzte Nation, Reihe Ost-West-Express, Kultur und Übersetzung, Bd. 22, Berlin 2014

Boisserée 1983
Sulpiz Boisserée. Tagebücher 1808–1854, im Auftrag der Stadt Köln hrsg. v. Hans-J. Weitz, Bd. 3, Darmstadt 1983

Bollerey 2007
Franziska Bollerey: Setting the stage for modernity. The cosmos of the coffee house, in: Cafés and Bars. The Architecture of Public Display, hrsg. v. Christoph Grafe, Franziska Bollerey, New York, London 2007, S. 44–81

Bonifazi 1994
Gabor Bonifazi: Ville e luoghi d'amore nel Maceratese, Macerata 1994

Bonifazio 1975/76
Giuseppe Bonifazio: Franz Ludwig Catel, Ms., Magisterarbeit, Università di Roma, Rom 1975/76

Bonstetten 1805
Karl Viktor von Bonstetten: Viaggio suoi luoghi degli ultimi sei libri dell'Eneide, Genf 1805

Borchardt 2010
Stefan Borchardt: Wilhelm Friedrich Gmelin. Veduten und Ideallandschaften der Goethezeit, Beuron 2010

Bott 1993
Katharina Bott: Ein deutscher Kunstsammler zu Beginn des 19. Jahrhunderts. Franz Erwein von Schönborn (1776–1840), Alfter 1993

Bramsen/Ragn Jensen 1973
Henrik Bramsen, Hannemarie Ragn Jensen: Eckersbergs Brevkoncepter 1813–16, in: Meddelser fra Thorvaldsens Museum 1973, S. 41–122

Brancadoro 1834
Giuseppe Brancadoro: Notizie risguardanti le Accademie di Belle Arti, e di Archeologia esistenti in Roma. Con l'accurato Elenco dei Pittori, Scultori, Architetti, Miniatori, Incisori in gemme, ed in Rame, Scultori in metallo, Mosaicisti, Scalpellini, Pietrari, Perlari, ed altri Artefici […]. Opera compilata ad uso degli Stranieri e degli Amatori delle Belle Arti, Rom 1834

Bret/Chappey 2012
Patrice Bret, Jean-Luc Chappey: Spécialisation vs encyclopédisme?, in: La Révolution française. Cahiers de l'Institut d'Histoire de la Révolution française 2/2012; http://lrf.revues.org/515 (Letzter Aufruf: 29. 6. 2015)

Brettell 1983
Richard und Caroline Brettell: Les peintres et le paysan au 19 siècle, Genf 1983

Briganti/Trezzani/Laureati 1983
Giuliano Briganti, Ludovica Trezzani, Laura Laureti: The Bamboccianti. The Painters of Everyday Life in Seventeenth Century Rome, übers. von Robert Erich Wolf, Rom 1983

Brilli 1997
Attilio Brilli: Als Reisen eine Kunst war. Vom Beginn des modernen Tourismus: Die »Grand Tour«, Berlin 1997

Brown 2009
Sue Brown: Joseph Severn. A life, the rewards of friendship, Oxford 2009

Bunsen 1868
Frances von Bunsen: Christian Carl Josias von Bunsen. Aus seinen Briefen und nach eigener Erinnerung geschildert von seiner Witwe, deutsche Ausgabe durch neue Mitteilungen vermehrt von Friedrich Nippold, Leipzig 1868

Busch 1983
Werner Busch: Die autonome Ölskizze in der Landschaftsmalerei. Der wahr- und für wahr genommene Ausschnitt aus Zeit und Raum, in: Pantheon 41 (1983), S. 126–133

Busch 1993
Werner Busch: Das sentimentalische Bild. Die Krise der Kunst im 18. Jahrhundert und die Geburt der Moderne, München 1993

Busch 1994
Werner Busch: Der Berg als Gegenstand von Naturwissenschaft und Kunst. Zu Goethes geologischem Begriff, in: Goethe und die Kunst, hrsg. v. Sabine Schulze, Ausst.-Kat. Schirn Kunsthalle Frankfurt, Kunstsammlungen zu Weimar, Stiftungen Weimarer Klassik, Ostfildern 1994, S. 485–497

Busch 1997
Landschaftsmalerei, hrsg. v. Werner Busch, Geschichte der klassischen Bildgattungen in Quellentexten und Kommentaren, Bd. 3, Berlin 1997

Busiri Vici 1957/58
Clemente Busiri Vici: Francesco Catel pittore e benefattore. Commemorazione tenuta il 6 febbraio 1958, in: Atti dell' Accademia Nazionale di S. Luca 3 (1957–1958), S. 26–33

Buttlar 1999
Adrian von Buttlar: Leo von Klenze. Leben, Werk, Vision, München 1999

Cacciotti 2011a
El XIV duque de Alba coleccionista y mecenas de arte anti-
guo y modern / Il XIV duca d'Alba collezionista e mecenate
di arte antica e moderna, hrsg. v. Beatrice Caciotti, Consejo
Superior de Invetigacions Científicas, Esculea Española de
Historia y Arequeología en Roma, Serie Histórica 7, Madrid
2011

Cacciotti 2011b
Beatrice Caciotti: Don Carlos Miguel Fitz-James y Sylva, VII
Duca de Berwick y XIV Duque de Alba. 1. Note sulla vita di
un collezionista, in: Cacciotti 2011a, S. 79–102

Callmer 1982
Christian Callmer: Georg Christian Gropius als Agent, Konsul und Archäologe in Griechenland 1803–1850, Lund 1982

Calov 1979
Gudrun Calov: Russische Künstler in Italien. Ihre Beziehungen zu deutschen Künstlern, insbesondere zu den Nazarenern, in: Beiträge zu den europäischen Bezügen der Kunst
in Russland, Schriften des Komitees der Bundesrepublik
Deutschland zur Förderung der Slawischen Studien, hrsg. v.
Hans Rothe, Bd. 1, Giessen 1979, S. 13–40

Campe 1779
Robinson der Jüngere, zur angenehmen und nützlichen
Unterhaltung für Kinder von Joachim Heinrich Campe,
Hamburg, beym Verfasser, und in Commission bey Bohn,
1779

Campe 1801a
Robinson der Jüngere. Ein Lesebuch für Kinder zur allge-
meinen Schul=encyclopädie gehörig von Joachim Heinrich
Campe. Siebente rechtmäßige Auflage. Mit Chursächsischer
Freiheit, Braunschweig, im Verlage der Schulbuchhandlung,
1801

Campe 1801b
Historisches Bilderbüchlein oder die allgemeine Weltgeschich-
te in Bildern und Versen von Jochim Heinrich Campe, […],
Braunschweig, in der Schulbuchhandlung, 1801

Campe 1802a
Neue Sammlung merkwürdiger Reisebeschreibungen für die
Jugend von Joachim Heinrich Campe, Zweiter Theil. Mit
einem Kupfer, Braunschweig, in der Schulbuchhandlung,
1802

Campe 1802b
Neue Sammlung merkwürdiger Reisebeschreibungen für die
Jugend von Joachim Heinrich Campe, Dritter Theil. Mit
einem Kupfer, Braunschweig, in der Schulbuchhandlung,
1802

Campe 1802c
Väterlicher Rath für meine Tochter. Ein Gegenstück zum
Theophron. Der erwachseneren weiblichen Jugend gewid-
met von Joachim Heinrich Campe. Sechste rechtmäßige
Ausgabe, Braunschweig, in der Schulbuchhandlung, 1802

Campe 1804
Robinson der Jüngere. Ein Lesebuch für Kinder zur allge-
meinen Schulencyclopädie gehörig von Joachim Heinrich
Campe. Achte rechtmäßige Auflage. Mit Chursächsischer
Freiheit, Braunschweig, im Verlage der Schulbuchhandlung,
1804

Campe 1805
Joachim Heinrich Campe: Le Nouveau Robinson: Livre de
lecture pour les enfans faisant partie de l'encyclopédie universelle a leur usage, Braunschweig 1805

Campe 1807
Robinson der Jüngere. Ein Lesebuch für Kinder zur allge-
meinen Schulencyclopädie gehörig von Joachim Heinrich
Campe. Mit einem Kupfer. Neunte rechtmäßige Auflage. Mit
Kursächsischer Freiheit, Braunschweig, im Verlage der Schul-
buchhandlung, 1807

Campe 1816
Robinson der Jüngere. Ein Lesebuch für Kinder von Joachim
Heinrich Campe. Mit sieben Kupfern. Zwölfte rechtmäßige
Auflage. Mit Königl. Sächsischer Freiheit, Braunschweig, im
Verlage der Schulbuchhandlung, 1816

Campe 1831
Robinson der Jüngere. Ein Lesebuch für Kinder von Joachim
Heinrich Campe. Mit sieben Kupfern. Neunzehnte rechtmäßige Auflage. Mit Königl. Sächsischer Freiheit, Braunschweig, im Verlage der Schulbuchhandlung, 1831

Campe 1840
Joachim Heinrich Campe: Robinson der Jüngere. Ein Lesebuch für Kinder, 2 Teile in 1 Band, 30. Auflage. Mit gestochenem altkolorierten Frontispiz von Daniel Chodowiecki und
6 altkolorierten Kupfertafeln von Catel, Braunschweig,
Schulbuchhandlung, 1840

Campe/Stach 1978
Robinson der Jüngere. Ein Lesebuch für Kinder von Joachim
Heinrich Campe, 2 Teile, Achtundfünzigste rechtmäßige
Auflage. Mit 46 Illustrationen im Holzstich nach Zeichnun-
gen von Ludwig Richter, Braunschweig, Verlag der Schul-
buchhandlung. Friedrich Vieweg und Sohn, 1860, mit einer
Bibliographie (24 Robinsonaden. Eine illustrierte Bibliogra-
phie, S. 417–463) und einem Nachwort von Reinhard Stach
(S. 465–480), Die bibliophilen Taschenbücher 55, Dortmund
1978).

Caneva/Ceschin 2000
Giulia Caneva, Simona Ceschin: »Romanorum Plantarum
Amphyteatrum Catalogus«, in: Ausst.-Kat. Rom 2000, S. 91–
105

Caneva 2004
Amphiteatrum Naturae. Il Colosseo: storia e ambiente letti
attraverso la sua flora, hrsg. v. Giulia Caneva, Mailand 2004

Capogrossi Guarna 1874
B.[aldassare] Capogrossi Guarna: Necrologia. Margherita
Prunetti Vedova Catel, in: Il Buonarroti. Scritti sopra le arti
e le lettere di Benvenuto Gasparoni continuati per cura di
Enrico Narducci, Serie II, Vol. IX, Quaderno IV, Aprile 1874,
S. 139–145

Catel 1834
Franz [Ludwig] Catel: Das Altargemälde in der Luisen=Kir-
che zu Carlottenburg: Die Auferstehung des Erlösers, von
Franz Catel aus Berlin zu Rom. Ein Geschenk Sr. Königli-
chen Hoheit des Prinzen Heinrich, Bruders Sr. Majestät des
Königs, Berlin, bei Duncker und Humblot, 1834

Catel/Koch/Riepenhausen u. a. 1833
Drei Schreiben aus Rom gegen Kunstschreiberei in Deutschland. Erlassen und unterzeichnet von Franz Catel, Joseph
Anton Koch, Fiedrich Riepenhausen, Johannes Riepenhausen, von Rohden, Alb. Thorvaldsen, Joh. Chr. Reinhart,
Friedr. Rud. Meyer. Mit einem lithographirten Blatte, nach
einer Zeichnung von […] Reinhart, Dessau 1833

Catel/Schiller 1819/20
Henriette Friederike Catel, geb. Schiller: Biographie von
Louis Catel (1819/20), in: Reimar F. Lacher: Künstler(auto)-
biografien, In: »Berliner Klassik. Eine Großstadtkultur um
1800/Online-Dokumente«, Berlin-Brandenburgische Akademie der Wissenschaften 2005 (http://www.berliner-klassik.de/
publikationen/werkvertraege/lacher_autobiografien/autobio-
grafien.html; Letzter Aufruf: 9. 4. 2015)

Causa Picone/Porzio 1986
Marina Causa Picone, Annalisa Porzio: Catalogo, in: Il Palazzo reale di Napoli, hrsg. v. Marina Causa Picone, Neapel
1986, S. 47–108

Chapman 2002
Caroline Chapman: Elisabeth & Georgiana. The Duke of
Devonshire and his two Duchesses, in collaboration with
Jane Dormer, Lonson 2002

Chateaubriand [1855]
François René Vicomte de Chateaubriand: Chateaubriands
Erzählungen, Leipzig, Wien [1855]

Chézy 1858
Helmina von Chézy: Unvergessenes. Denkwürdigkeiten aus
dem Leben von Helmina von Chézy. Von ihr selbst erzählt,
Leipzig 1858

Coblenz-Arfken 2009
Katharina Coblenz-Arfken: Kosegarten. Vorbote der Romantik von Rügen und Hiddensee, Hamburg 2009

Cohen 1912
Henri Cohen: Guide de l'amateur de livres à gravures du
XVIIIe siècle, Bd. 1, 7. Aufl., Paris 1912

Concina Sebastiani 1979
Agnese Concina Sebastiani, Stichwort »Catel, Franz«, in:
DBI 23 (1979), S. 310–317

Coutagne 2008
François-Marius Granet 1775–1849. Une vie pour la peinture, Paris 2008

Coutagne 2013
Denis Coutagne: Granet et Rome, Aix-en-Provence 2013

Couty 1997
Dominique Vinant Denon. Voyage au Royaume de Naples,
hrsg. v. Mathieu Couty, Paris 1997

Creuzé de Lesser 1806
Augustin Creuzé de Lesser, Voyage en Italie et en Sicile,
Paris, 1806

Custine/Bourin 1830/2012
Adolphe de Custine: Mémoires et Voyages. Lettres écrites à
diverses époques pendant des courses en Suisse, en Calabre,
en Angleterre, et en Écosse, Paris, 1830, neu hrsg. v. François
Bourin, Paris 1993 und 2012

Dacier 1821
Bon Joseph Dacier: Notice historique sur la vie et les ouvrages
de M. Millin, Paris, 1821

DBI 1–82 (1960–2015)
Dizionario Biografico degli Italiani, bisher 82 Bände, Rom
1960–2015

D'Achille 2011
Anna Maria D'Achille: Tous les Lieux qui méritent d'être
observés. Millin e i monumenti della Roma medievale, in:
D'Achille/Iacobini/Preti-Hamard/Righetti/Toscano 2011,
S. 285–288

D'Achille/Iacobini/Preti-Hamard/Righetti/Toscano 2011
Voyage et conscience patrimoniale. Aubin-Louis Millin
(1759–1828) entre France et Italie / Viaggi e coscienza patri-
moniale. Aubin-Louis Millin (1759–1828) tra Francia e Ita-
lia, sous la direction / hrsg. v. Anna Maria D'Achille, Antonio
Iacobini, Monica Preti-Hamard, Marina Righetti, Gennaro
Toscano, Kolloquiumsakten, Bibliothèque nationale de
France, Sapienza Università di Roma, 27./28. 11. 2008, Audi-
torium Colbert, 12./13. 12. 2008, Sapienza – Odeion del
Museo dell'arte classica, Rom 2011

D'Achille/Iacobini/Toscano 2012
Anna Maria D'Achille, Antonio Iacobini, Gennaro Toscano: Il viaggio disegnato. Aubin-Louis Millin nell'Italia di Napoleone 1811–1813, Rom 2012

D'Achille/Iacobini/Toscano 2014
Anna Maria D'Achille, Antonio Iacobini, Gennaro Toscano: Le voyage en Italie d'Aubin-Louis Millin 1811–1813. Un archéologue dans l'Italie napoléonienne, Paris 2014

D'Andrea 2012
Vincenzo Nusdeo sulle tracce della storia. Studi in onore di Vincenzo Nusdeo nel decennale della scomparsa, hrsg. v. Maria D'Andrea, Vibo Valentia 2012, S. 547–587.

Daubeny 1839
Charles Giles B. Daubeny: Nachricht vom Ausbruch des Vesuvs im August 1834, aus handschriftlichen Notizen Monticellis u. a. Quellen gezogen, und Untersuchung der Erzeugnisse dieses Ausbruches und des Zustandes nach demselben, in: Neues Jahrbuch für Mineralogie, Geognosie, Geologie und Petrefaktenkunde, hrsg. von Carl Cäsar von Leonhard und Heinrich G. Bronn, Stuttgart 1839, S. 610–616.

De Andia 1989
Béatrice de Andia u. a.: Fêtes et Revolution, hrsg. v. der Délégation à l'Action Artistique de la Ville de Paris e la Ville de Dijon, Paris 1989

Defoe 1719
Daniel Defoe: The Life and Strange Surprising Adventures of Robinson Crusoe of York, Mariner: who lived Eight and Twenty Years, all alone in an uninhabited Island on the coast of America, near the Mouth of the Great River of Oroonoque; Having been cast on Shore by Shipwreck, wherein all the Men perished but himself. With An Account how he was at last as strangely deliver'd by Pirates. Written by Himself, London 1719

Delille 1804
Jacques Delille: L'Homme des champs, ou les Géorgiques françaises. Nouvelle edition augmentée avec figures, Paris 1804

Delille 1808
Jacques Delille: L'Homme des champs, ou les Géorgiques françaises, poëme en IV chants, par Jacques Delille, nouvelle édition, augmentée, avec figures, Paris 1808

De Rosa/Jatta 2013
Pier Andrea De Rosa, Barbara Jatta: La Via Appia nei disegni di Carlo Labruzzi, Città del Vaticano 2013

De Seta 1996
Cesare De Seta: L'Italia del Grand Tour. Da Montaigne a Goethe, Neapel 1996

De Seta 1982
Cesare De Seta: L'Italia nello specchio del »Grand Tour«, in: Storia d'Italia, Annali, 5, Il paesaggio, hrsg. v. Cesare De Seta, Torino, 1982, S. 125–263

De Seta 2014
Cesare De Seta: L'Italia nello specchio del Grand Tour, Mailand 2014

Deutsches Kunstblatt 1857
Anonym: Nekrolog Franz Ludwig Catel, in: Deutsches Kunstblatt 8 (1857), S. 28

Diario di Roma Nr. 91 v. 14. 11. 1818
Anonym, [Nachrichten] Roma, Sabato 14 Novembre, in: Diario di Roma, Nr. 91 v. 14. 11. 1818, S. 1–9

Diario di Roma Nr. 13 v. 14. 2. 1821
Anonym, in: Diario di Roma Nr. 13 v. 14. 2. 1821, S. 1

Diario di Roma 1830a
Anonym: Belle Arti [Bekanntgabe der am 23. 3. 1830 erfolgten Eröffnung der täglich geöffneten Ausstellung der Società degli Amatori e de' Cultori delle Belle Arti im Campidoglio], in: Diario di Roma, Nr. 234 v. 24. 3. 1830, S. 4

Diario di Roma 1830b
Anonym: Belle Arti [Esposizione de' Quadri […] aperta nelle sale del Campidoglio], in: Diario di Roma Nr. 29 v. 10. 4. 1830, S. 3–4, Nr. 30 v. 14. 4. 1830, S. 4

Diario di Roma 1830c
Anonym: [Aufruf zur Einsendung von Werken für die am 10. 12. 1830 stattfindende Eröffnung der Ausstellung der Società degli Amatori e de' Cultori delle Belle Arti im Campidoglio], in: Diario di Roma, Nr. 90 v. 10. 11. 1830, S. 4

Diario di Roma 1830d
Anonym: [Bekanntgabe der Verzögerung der für den 10. 12. 1830 angekündigten Ausstellung der Società …; neuer Termin Anfang Januar 1831], in: Diario di Roma, Nr. 94 v. 24. 11. 1830, S. 4

Dickel 2001
Hans Dickel: Zeichnung und Farbe. Carl Blechen in Rom und Neapel, in: Stuffmann/Busch 2001, S. 375–393

Dickens 1846/1998
Charles Dickens: Pictures from Italy, Leipzig 1846; edited with an introduction and notes by Kate Flint, London 1998

Diercks 1984
Margarete Diercks: Joachim Heinrich Campe, in: Lexikon der Kinder- und Jugendliteratur […], Weinheim, Bd. 1, Basel 1984

Di Majo 1996
Elena Di Majo: L'Album Catel, in: Ausst.-Kat. Rom 1996a, S. 25–30

Dohme 1876a
[Robert] Dohme: Artikel »Catel: Franz Ludwig«, in: ADB 4 (1876), S. 70–71

Dohme 1876b
[Robert] Dohme: Artikel »Catel: Ludwig Friedrich«, in: ADB 4 (1876), S. 71

Dokumentation Bremen 1991
Dokumentation der durch Auslagerung im 2. Weltkrieg vermißten Kunstwerke der Kunsthalle Bremen. Teil I des Ausstellungsprojektes gerettete Bremer Kunstschätze, hrsg. v. Kunstverein in Bremen, Kunsthalle Bremen, Siegfried Salzmann, Bremen 1991

Dollond 1830
George Dollond: Description of the Camera Lucida; an Instrument for Drawing in true Perspective, London 1830

Dolomieu 1784
Déodat de Dolomieu: Mémoire sur les Tremblements de terre de la Calabre pendant l'année 1783, Rom 1784

Doria 1992
Gino Doria: I Palazzi di Napoli, hrsg. v. Ginacarlo Alisio, con un saggio di Gérard Labrot, Neapel 1992

Dumas 1989
Alexandre Dumas: Voyage en Calabre, Neuausgabe, Paris 1989

Dupuy-Vachey 2009
Marie-Anne Dupuy-Vachey: Vivant Denon et le »Voyage pittoresque«: un manuscrit inconnu, Paris 2009

Eckhardt 1990
Götz Eckhardt: Johann Gottfried Schadow 1764–1850. Der Bildhauer, Leipzig 1990

Eckhardt 2000
Götz Eckhardt: Ridolfo Schadow. Ein Bildhauer in Rom zwischen Klassizismus und Romantik, hrsg. v. Dorette Eckhardt, Jutta von Simson, Bernd Ernstig, Köln 2000

Eitner 1955
Lorenz Eitner: The open window and the storm-tossed boat: An essay in the Iconography of Romanticim, in: The Art Bulletin 37 (1955), S. 282–290

Emmerich 1989
Irma Emmerich: Carl Blechen, München 1989

Engelmann 1857
Wilhelm Engelmann: Daniel Chodowieckis sämmtliche Kupferstiche. Beschrieben mit historischen, literarischen und bibliographischen Nachweisungen, der Lebensbeschreibung des Künstlers und Registern versehen von Wilhelm Engelmann, Leipzig 1857

Erche 2007
Bettina Erche: Kunsthandel in Hessen. Ein breites Spektrum, in: Weltkunst 77 (2007), Heft 4 (April), S. 72–77

Ernst/Laur-Ernst 2010
Gernot Ernst, Ute Laur-Ernst: Die Stadt Berlin in der Druckgraphik, 1570–1870, Bd. 1, Berlin 2010

Esch 1995
Arnold Esch: Localizzazione di alcuni paesaggi nella collezione di quadri del caffè Greco, in: Strenna die Romanisti 56 (1995), S. 186–196

Esch 1996
Arnold Esch: Zur Identifizierung von italienischen Veduten des 19. Jahrhunderts, in: Ars naturam adiuvans. Festschrift für Matthias Winner zum 11. März 1996, hrsg. v. Victoria v. Flemming und Sebastian Schütze, Mainz 1996, S. 645–661

Esch 2004
Arnold Esch: Römische Landschaften im Caffè Greco, in: ders.: Wege nach Rom, München 2004, S. 179–188

Espagne/Savoy 2005
Aubin-Louis Millin et l'Allemagne. Le Magasin Encyclopédique. Les lettres à Karl August Böttinger, hrsg. v. G. Espagne, Bénédicte Savoy, Hildesheim, Zürich, New York 2005

Savoy 2007
Bénédicte Savoy: Peintres berlinois à Paris 1800–1820, in: Les artistes étrangers à Paris. De la fin du Moyen Âge aux années 1920, hrsg. v. Marie-Claude Chaudonneret, Paris 2007

Evald 1884
Vladimir Feodorociê Evald: Samuil Ivanoviê Galberg v ego zagraniênych pis'mach i zapiskach. 1818–1828, Priloženie ko II tomu »Vestnika izjašênych iskusstv«, St. Petersburg 1884

Fagiolo dell'Arco 1983
Maurizio Fagiolo dell'Arco: Bartolomeo Pinelli 1781–1835 e il suo tempo, Rom 1983

Fardella 2006
Paola Fardella: Giovan Andrea de Marinis: un mecenate napoletano nell'età delle rivoluzioni, in: Confronto 6/7 (2006), S. 123–165

Fastert 2000
Sabine Faster: Die Entdeckung des Mittelalters. Geschichts-rezeption in der nazarenischen Malerei des 19. Jahrhunderts, München, Berlin 2000

Fedorov-Davydof/Moiseeva 1986
Russkij pejzaž XVIII–nočala XX veka. Issledovanija, očerki, istorija, problemy, chudožniki, hrsg. v. Aleksej Aleksandrovič Fedorov-Davydov, Tamara V. Moiseeva, Moskau 1986

Fernow 1806
Carl Ludwig Fernow: Über die Landschaftmalerei, in: ders., Römische Studien, Bd. 2, Zürich 1806, S. 11–130

Feuchtmayr 1975
Inge Feuchtmayr: Johann Christian Reinhart 1761–1847. Monographie und Werkverzeichnis, München 1975

Fino 2007
Lucio Fino: Napoli e i suoi dintorni nelle opere dei vedutisti scandinavi, tedeschi e russe nel primo '800. Neapel 2007

Fino 2012
Lucio Fino: Vesuvius and the Grand Tour. Vedute and travel memoirs from the 17th to the 19th centuries, Neapel 2012

Fiorentini 2006
Erna Fiorentini: Scambio di vedute: Lo sguardo sulla natura e la camera lucida tra i paesaggisti internazionali a Roma intorno al 1820, in: Fictions of Isolation. Artistic and Intellectual Exchange in Rome during the First half of the Nineteenth Century, Paper from a conference held at the Accademia di Danimarca, Rome, 5–7 June 2003, hrsg. V. Lorenz Enderlein und Nino Zchomelidse, Analecta Romana Instituti Danici, Supplementum XXXVII, Rom 2006, S. 195–214

Fischer 2003
Bernhard Fischer: Der Verleger Johann Friedrich Cotta. Chronologische Verlagsbibliographie 1787–1832. Aus den Quellen bearbeitet, Bd. 1, Marbach am Neckar 2003

Fischer 2014
Bernhard Fischer: Johann Friedrich Cotta. Verleger – Entrepreneur – Politiker, Göttingen 2014

Fleck 1837
Ferdinand Florens Fleck: Wissenschaftliche Reise durch das südliche Deutschland, Italien, Sicilien und Frankreich. Herausgegeben von Dr. Ferdinand Florens Fleck, Professor in Leipzig. Ersten Bandes erste Abtheilung, Leipzig 1837

Fleckner 2001
Uwe Fleckner: Porträt und Vedute. Strategien der Wirklichkeitsaneignung in den römischen Zeichnungen von Jean-Auguste-Dominique Ingres, in: Stuffmann/Busch 2001, S. 161–191

Freude 1997
Peter K. W. Freude: Karl Lindemann-Frommel. Ein Malerleben in Rom. Monographie mit Werkverzeichnis seines graphischen und malerischen Schaffens, Murnau am Staffelsee 1997

Friedrich Wilhelm IV./Betthausen 2001
Friedrich Wilhelm IV. von Preußen. Briefe aus Italien, hrsg. und kommentiert v. Peter Betthausen, München, Berlin 2001

Frings 1998
Irene Frings: Mantua me genuit – Vergils Grabepigramm auf Stein und Pergament, in: Zeitschrift für Papyrologie und Epigraphik 123 (1998), S. 89–100

Frodl-Schneemann 1984
Marianne Frodl-Schneemann: Johann Peter Krafft 1780–1856. Monographie und Verzeichnis der Gemälde, München 1984

Fuchs 1959
Ludwig F. Fuchs: Vittoria Caldoni, in: Weltkunst 29 (1959), Nr. 16, S. 9

Fuchs 1999
Thomas Fuchs u. a.: Geschichte der Gemeinde Herisau, Herisau 1999

Fürstenberg 1929
Hans Fürstenberg: Das französische Buch im 18. Jahrhundert und in der Empirezeit, Weimar 1929

Gage 2001
John Gage: Turner in his element: The Roman drawings of the 1820s, in: Stuffmann/Busch 2001, S. 367–373

Galassi 1991
Peter Galassi: Corot in Italien. Freilichtmalerei und klassische Landschaftstradition, München 1991

García Sánchez 2011
Jorge García Sánchez: Los círculos artísticos y la coleccion de pintura y de escultura moderna, in: Cacciotti 2011a, S. 131–196

Gassier 1983
Pierre Gassier: Léopold Robert, Neuchâtel 1983

Gebhardt 2003
Armin Gebhardt: August von Kotzebue. Theatergenie zur Goethezeit, Marburg 2003

Geiger 1897
Ludwig Geiger: Die erste Ausgabe von Goethes »Hermann und Dorothea« und ihr Verleger, in: Zeitschrift für Bücherfreunde 1 (1897), Heft 3, (Juni), S. 143–149

Geiger 1909
Goethes Briefwechsel mit Wilhelm und Alexander v. Humboldt, hrsg. v. Ludwig Geiger, Berlin 1909

Geismeier 1979
Willi Geismeier: Biedermeier, Berlin 1979

Geller 1947
Hans Geller: Ernste Künstler – fröhliche Menschen, München 1947

Geller 1951
Hans Geller: 150 Jahre deutsche Landschaftsmalerei, Erfurt 1951

Geller 1952
Hans Geller: Die Bildnisse der deutschen Künstler in Rom 1800–1830. Mit einer Einführung in die Kunst der Deutschrömer von Herbert von Einem, Berlin 1952

Geller 1954
Hans Geller: I Pifferari. Musizierende Hirten in Rom, Leipzig [1954]

Geller 1955
Hans Geller: Letters, Franz Catel, in: The Burlington Magazine 97 (1955), Nr. 622, S. 22

Geller 1956a
Hans Geller: Künstler und Werk im Spiegel ihrer Zeit. Bildnisse und Bilder deutscher Maler des 19. Jahrhunderts, Dresden 1956

Geller 1956b
Hans Geller: Das war Franz Catel. Zum Gedächtnis des vor hundert Jahren verstorbenen Malers, in: Die Union [Dresden] v. 19. 12. 1956

Geller 1960
Hans Geller: Franz Catel. Leben und Werk des deutschrömischen Malers zum 100jährigen Todestag des Künstlers, Ms., Köln 1960

Geller 1961a
Hans Geller: Das Pio Istituto Catel in Rom und seine Stifter, in: Miscellanea Bibliotheca Hertzianae, Wien 1961, S. 498–501

Geller 1961b
Hans Geller: Deutsche Künstler in Rom. Von Raphael Mengs bis Hans von Marées 1741–1887, Rom 1961

Geller/Wolken 1984
Hans Geller: Franz Ludwig Catel, redigiert v. Elisabeth Wolken, Rom 1984

Gerlach 2009a
Klaus Gerlach: Das Berliner Theaterkostüm der Ära Iffland. August Wilhelm Iffland als Theaterdirektor, Schauspieler und Bühnenreformer, hrsg. v. der Berlin-Brandenburgischen Akademie der Wissenschaften; Akademievorhaben »Berliner Klassik«, Berlin 2009

Gerlach 2009b
Klaus Gerlach: Zur Entstehungsgeschichte und Überlieferung des Kostümwerks, in: Gerlach 2009a, S. 155–158, S. 159–162

Giornale Arcadico 1819a
Anonym [Giuseppe Tamironi?]: Pittura di Paesi: Catel Prussiano, in: Giornale Arcadico di Scienze, Lettere ed Arti, Bd. 3, 1819, S. 126–127

Giornale Arcadico 1819b
Anonym [Giuseppe Tamironi?], Pittura di Paesi – Cattel Prussiano, in: Giornale Arcadico di Scienze, Lettere ed Arti, Bd. 4, Rom 1819, S. 103–105

Giornale Arcadico 1819c
Anonym [Giuseppe Tamironi?], L'Eneide di Virgilio recata in versi italiani da Annibale Caro: Tomo I. Roma nella Stamperia De Romanis 1819. Fol. figurato, in: Giornale Arcadico di Scienze, Lettere ed Arti, Bd. 4, Rom 1819, S. 378–386

Giornale Arcadico 1820
[Giuseppe] Tambroni: Catel, di Berlino, in: Giornale Arcadico di Scienze, Lettere ed Arti, Bd. 7, Rom 1820, S. 118–120

Giornale Arcadico 1822
[Giuseppe] Tambroni: Pittura di Paesi, Cattel-Prussiano, in: Giornale Arcadico di Scienze, Lettere ed Arti, Bd. 14, Rom 1822, S. 142–143

Giuliani 1995
Rita Giuliani: Vittoria Caldoni Lapčenko. La »fanciulla di Albano« nell'arte, nell'estetica e nella letteratura russa, Rom 1995

Gläser 1930
Käte Gläser: Berliner Porträtisten 1820–1852. Versuch einer Katalogisierung, Berlin 1930

Gläser 1932
Käte Gläser: Das Bildnis im Berliner Biedermeier, Berlinische Bücher, hrsg. v. Archiv der Stadt Berlin, Bd. 4, Berlin 1932

Gläser 1943
Käthe Gläser: Eine Frau, die vierundvierzig Mal portraitiert wurde, Vittoria, die schöne Winzerin, in: Koralle, N. F. 11, 1943, Nr. 30, S. 452–453

Gnisci 1991
Sabina Gnisci: Artikel »Catel, Franz Ludwig«, in: PittItal-Ottoc II, 1991, S. 750–751

Gnisci 1996
Sabina Gnisci: Il Pio Istituto Catel e le sue collezioni d'arte, in: Ausst.-Kat. Rom 1996, S. 21–23

Göres 1981
Goethes Leben in Bilddokumenten, hrsg. v. Jörn Göres, München 1981

Goethe 1803
Johann Wolfgang von Goethe: Weimarische Kunstausstellung vom Jahre 1802 und Preisaufgaben für das Jahr 1803, in: Allgemeine Literatur-Zeitung vom Jahre 1803. Erster Band (Januar, Februar, März), Jena und Leipzig 1803, S. I–X

Goethe 1887a
Goethes Werke. Herausgegeben im Auftrag der Großherzogin Sophie von Sachsen, I. Abteilung, Bd. 1, Weimar 1887

Goethe 1887b
Goethes Werke. Herausgegeben im Auftrag der Großherzogin Sophie von Sachsen, I. Abteilung, Bd. 2, Weimar 1887

Goethe 1894
Goethes Werke. Herausgegeben im Auftrag der Großherzogin Sophie von Sachsen, IV. Abtheilung, Bd. 15, Weimar 1894

Goethe 1904
Goethes Werke. Herausgegeben im Auftrag der Großherzogin Sophie von Sachsen, II. Abtheilung, Bd. 34, Weimar 1904

Goethe 1976
Johann Wolfgang von Goethe: Hermann und Dorothea. Mit Aufsätzen von August Wilhelm Schlegel, Wilhelm von Humbold, Georg Friedrich Hegel und Hermann Hettner. Mit zehn Kupfern von Catel, Frankfurt am Main 1976

Goethe 1980
Johann Wolfgang von Goethe: Wilhelm Meisters Lehrjahre. Hrsg. v. Erich Schmid. Mit sechs Kupferstichen von Catel. Sieben Musikbeispielen und Anmerkungen, Frankfurt am Main 1980

Goethe/Humboldt 1876
Goethes Briefwechsel mit den Gebrüdern von Humboldt […]., Leipzig 1876

Goethe/Reinhard 1957
Goethe und Reinhard. Briefwechsel in den Jahren 1807–1832. Mit einer Vorrede des Kanzlers Friedrich von Müller, Wiesbaden 1957

Goethe/von Einem 1980
Goethe. Italienische Reise. Mit 40 Illustrationen nach zeitgenössischen Vorlagen, hrsg. und kommentiert v. Herbert von Einem, Hamburger Ausgabe, Bd. 10, München 1980

Göttingische gelehrte Anzeigen 1820
Anonym: 1819. L'Eneide di Virgilio recata in Versi Italiani da Annibal Caro. Tomo I. Roma nella Stamperia de Romanis MDCCCXIX. 559 S., Fol. Bis zum Schluß des VI. Buches, in: Göttingische gelehrte Anzeigen unter der Aufsicht der Königl. Gesellschaft der Wissenschaften, 201. Stück, Den 16. December 1820, Göttingen 1820, Sp. 2003–2007

Gold 2009
Amrei I. Gold: Der Modellkult um Sarah Siddons, Emma Hamilton, Vittoria Caldoni und Jane Morris. Ikonographische Analyse und Werkkatalog, Diss., Ms., Universität Münster, Münster 2009

Goldammer 1981
Peter Goldammer: Das »Taschenbuch auf das Jahr 1804« von Wieland und Goethe im Ensemble der deutschen Almanache und Taschenbücher um 1800, in: Marginalien. Zeitschrift für Buchkunst und Bibliophilie (1981), S. 41–59

Goldovskij 1999
Grigorij N. Goldovskij: Oni strastny k chudožestvam i zanimajutsja imi s ljubov'ju plamennoj, in: Chudožniki brat'ja černecovy, St. Petersburg 1999. S. 21 ff.

Goldovskij 2009
Grigorij N. Goldovskij: Brat'ja černecovy i Italija, Rom 2009

Goldschmidt 1932
Arthur Goldschmidt: Goethe im Almanach, Leipzig 1932

Gorra 2012
Maurizio Carlo Alberto Gorra: Riflessioni araldico-iconografiche su alcuni sarcofagi vibonesi trecenteschi, in: D'Andrea 2012, S. 408–409

Graves 1884
Algernon Graves: A Dictionary of Artists who have exhibited works in the principal London exhibitions of oil paintings from 1760 to 1880, London 1884

Graves 1905
Algernon Graves: The Royal Academy of Arts. A complete dictionary of contributors and their work from foundation in 1769 to 1904, Bd. 2, London 1905 (Reprint: Bath 1970)

Gregorovius 1967
Ferdinand Gregorovius: Die Villa Malta in Rom und ihre Erinnerungen, in: Wanderjahre in Italien (1888), Einführung von Hanno-Walter Kruft, München 1967, S. 249–272

Gregorovius 1991
Ferdinand Gregorovius: Römische Tagebücher 1852–1889. Illustriert mit 64 Originalzeichnungen von Ferdinand Gregorovius, hrsg. und kommentiert von Hanno-Walter Kruft und Markus Völkel, München 1991

Greifenhagen 1963
Adolf Greifenhagen: Nachklänge griechischer Vasenfunde im Klassizismus (1790-1840), in: Jahrbuch der Berliner Museen 5 (1963), S. 84–105

Greifenhagen 1978
Adolf Greifenhagen: Griechische Vasen auf Bildern des 19. Jahrhunderts. Vorgetragen am 3. Juni 1978, Sitzungsberichte der Heidelberger Akademie der Wissenschaften, Philosophisch-historische Klasse, Jahrgang 1978, 4. Abhandlung, Heidelberg 1978

Groß 1892
Gustav Groß: Artikel »Soden, Julius Graf von«, in: Allgemeine Deutsche Biographie 34 (1892), S. 532–537

Große 1858
Julius Große: Die deutsche allgemeine und historische Kunst-Ausstellung zu München im Jahre 1858. Studien zur Kunstgeschichte des XIX. Jahrhunderts von Julius Große, München 1859

Grote 1948
Ludwig Grote: Die Naumburger Stifterfiguren als Almanachschmuck, in: Zeitschrift des Deutschen Vereins für Kunstwissenschaft 2 (1948), S. 63–66

Grote 1938/1999
Ludwig Grote: Die Brüder Olivier und die deutsche Romantik. Mit einem Vorwort zur Neuauflage von Norbert Michels sowie einen Nachwort zur Neuauflage von Gisela Scheffler […], Berlin 1999 (1. Auflage: Berlin 1938)

Gruner 1868
Ludwig Gruner: Verzeichnis der von Herrn Johann Gottlieb Quandt hinterlassenen Gemäldesammlung, Dresden o. J. [1868]; Exemplar in Dresden, SLUB mit handschriftlichen Eintragungen

Guattani 1817
Giuseppe Antonio Guattani: Marzo. […] Notizie. […]. Pittura, in: Memorie Enciclopediche sulle Antichità e Belle Arti di Roma per il MDCCCXVI [1816], Rom, Nella Stamperia De Romanis, MDCCCXVII [1817], S. 40

Gumowski 1931
Marjan Gumowski: Galerja obrazów A. Hr. Raczynskiego w Muzeum Wilekop, Posen 1931

Gunnarsson 1989
Torsten Gunnarson, Friluftsmåleri före Friluftsmåleriet. Oljestudier i nordisk landskapsmåleri 1800–1850, Acta Universitatis Upsaliensis, Ars Suetica 12, Stockholm 1989

Gunnarsson 2002
Torsten Gunnarsson: Johan Christian Dahl und die Freilichtmalerei. Seine Ölstudien im europäischen Kontext, in: Ausst.-Kat. Gottorf 2002, S. 35–46

Gurlitt 1912
Louis Gurlitt. Ein Künstlerleben des 19. Jahrhunderts, dargestellt von Ludwig Gurlitt, Berlin 1912

Hagen 1971
Waltraud Hagen: Die Drucke von Goethes Werken, hrsg. v. der deutschen Akademie der Wissenschaften zu Berlin, Berlin 1971

Hagen 1985
Rolf Hagen: Die Gründung von Campes Schulbuchhandlung und die Übersiedlung des Vieweg-Verlages nach Braunschweig, in: Das Vieweg-Haus in Braunschweig, hrsg. v. Hans-Herbert Möller, Arbeitshefte zur Denkmalpflege in Niedersachsen 5, Hannover 1985, S. 7–20

Hamann 1906
Richard Hamann: Ein Gang durch die Jahrhundert-Ausstellung (1775–1875). I. Betrachtungen über Entwicklung und Zusammenhänge in der Deutschen Malerei von 1775–1820 (Chodowiecki, Graff, W. v. Kobell, Friedrich, J. F. A. Tischbein, Runge), Berlin 1906

Hanke 1988
Peter Hanke: Ein Bürger von Adel. Leben und Werk des Julius von Soden 1754–1831, Würzburg 1988

Hannover 1898
Emil Hannover: Maleren C. W. Eckersberg. En studie I dansk kunsthistorie, Kopenhagen 1898

Harnack 1895
Der Deutsche Künstlerverein in seinem fünfzigjährigen Bestehen im Auftrage der Generalversammlung dargestellt von Dr. Otto Harnack, Weimar 1895

Haugstedt 2003
Ida Haugstedt: Italiens smukkeste Egn. Danks guldader i Albani, Frascati og Nemi, Kopenhagen 2003

Heck 2010
Kilian Heck: Das zweite Bild im Bild. Zur Bedeutung des Ausschnitts in den Landschaften von Carl Blechen, in: Bertsch/Wegner 2010, S. 451–472

Heitmann 1983
Klaus Heitmann: Neues Handbuch der Literaturwissenschaft, Europäische Romantik, Bd. 2, Wiesbaden 1983

Held 2003
Heinz-Georg Held: Romantik. Literatur, Kunst und Musik 1790–1840, Köln 2003

Helsted 1972
Dyveke Helsted: Thorvaldsen as a Collector, in: Apollo 96 (1972), Nr. 127 (September), S. 208–213

Hentschel 2002
Uwe Hentschel: Mythos Schweiz. Zum deutschen literarischen Philhelvetismus zwischen 1700 und 1850, Tübingen 2002

Hentzen 1929/30
Alfred Hentzen: Neu erworbene Bilder deutscher Maler um 1800. Zu einer Ausstellung, in: Zeitschrift für Bildende Kunst. Mit der Beilage Kunstchronik und Kunstliteratur 63 (1929/30), S. 29–37

Henze 1983
Eberhard Henze: Kleine Geschichte des deutschen Buchwesens, Düsseldorf 1983

Heyse 2014
Paul Heyse: Jugenderinnerungen und Bekenntnisse, Hamburg 2014

Hill 2002
Roland Hill: Lord Acton. Ein Vorkämpfer für religiöse und politische Freiheit im 19. Jahrhundert, Freiburg, Basel, Wien 2002

Hinze 1972
Klaus-Peter Hinze: Goethes Dialogerzählung »Die guten Weiber«. Ein mißlungenes Erzählexperiment, in: Neophilologus 56 (1972), Nr. 1, S. 67–71

Hirsch 1906
Robert Hirsch: Nachträge und Berichtigungen zu Daniel Chodowieckis sämmtliche Kupferstiche beschrieben von Wilhelm Engelmann (…), Leipzig 1906

Hommel 2006
Karsten Hommel: »Es giebt nur ein Paris in der Welt«. Edition der Reisetagebücher des Ritters Maximilian von Speck, Freiherrn von Sternburg (1776–1856) aus Anlass seines 150. Todestages, Leipzig 2006

Hopkins/Beard 2008
Keith Hopkins, Mary Beard: Il Colosseo, la storia e il mito, Bari 2008

Horaz 1818
Q. Horatii Flacci Satyrarum Libri I. Satyra V., Rom 1818

Hormayr 1807
Joseph von Hormayr: Österreichischer Plutarch oder Leben und Bildnisse aller Regenten und der berühmten Feldherrn, Staatsmänner, gelehrten und Künstler des Österreichischen Kaiserstaates, Bd. 1, Wien 1807

Hornsby 2002
Claire Hornsby: Nicolas-Didier Boguet (1755–1839). Landscapes of Suburban Rome, Rom 2002

Hornung/Monrad 2005
Peter Michael Hornung, Kasper Monrad: C. W. Eckersberg – dansk malerkunsts fader, Kopenhagen 2005

Howard 1981
Seymour Howard: Jacob Merz 1783–1807, Ausst.-Kat. Rom, Istituto Nazionale per la Grafica, Gabinetto Nazionale delle Stampe, Rom 1981

Howitt 1886
Margaret Howitt: Friedrich Overbeck, 2 Bde., Freiburg im Breisgau 1886

Howoldt 2009
Jenns Howoldt: Heinrich Reinhold, Nach dem Sturm, in: IDEA. Jahrbuch der Hamburger Kunsthalle 2005 bis 2007, Bremen 2009, S. 176, 178

Hüttinger 1970
Eduard Hüttinger: der Schiffbruch. Deutung eines Bildmotivs im 19. Jahrhundert, in: Beiträge zur Motivkunde des 19. Jahrhunderts, München 1970, S. 211–244

Hufnagl 1980
Florian Hufnagl, Artikel »Kolbe, C. W.«, in: Neue deutsche Biographie 12 (1980), S. 451–452

Hufschmidt/Jannattoni 1989
Tamara Felicitas Hufschmidt, Livio Jannattoni: Antico Caffè Greco. Storia, Ambienti, Collezioni, Rom 1989

Humboldt/RauchSimson 1999
Caroline von Humboldt und Christian Daniel Rauch. Ein Briefwechsel 1811–1828, hrsg. und kommentiert von Jutta von Simson, Berlin 1999

Hurley 2013
Cecilia Hurely, Monuments for the People: Aubin-Louis Millin's Antiquités Nationales, Turnhout 2013

Iacobini 2011
Antonio Iacobini: Da Roma al regno di Napoli: Sulle tracce del Medioevo di Millin, in: D'Achille/Iacobini/Preti-Hamard/Righetti/Toscano 2011, S. 299–325

Iacobini 2015
Antonio Iacobini: Un viaggio disegnato: Aubin-Louis Millin e l'arte bizantina in Italia (1811–1813), in: Rivista dell'Istituto nazionale d'archeologia e storia dell'arte, 66 (2011), erschienen (2015), S. 217–230

Il Tiberino 1841
O.[ttavio] Gigli: Pittura. Roma. Pittura. Esposizione di Belle Arti nelle Sale del Popolo. Il pittore di Marine Giovanni Aivazowshy penzionario Russo ed altri paesaggisti, in: Il Tiberino. Giornale artistico-letterario con varietà 7 (1841), Nr. 9. v. 12. 4. 1841, S. 33

Intelligenzblatt Nr. 57 v. 7. 5. 1821
Anonym: Angekommene Fremde in Innsbruck [Franz Catel], in: Intelligenzblatt zum K. K. priv. Bothen von und für Tirol und Vorarlberg, Nr. 57 v. 7. 5. 1821, Innsbruck 1821, S. 213

Inventar Brandenburg 1885
Inventar der Bau- und Kunstdenkmäler in der Provinz Brandenburg, Berlin 1885

Jacobs 1997
Alain Jacobs: François-Marius Granet et le peintre belge François-Joseph Navez. Correspondance de 1822 à 1849 conservée à la Bibliothèque royale Albert Ier à Bruxelles, in: Bulletin de la Société de l'Histoire de l'Art Français 1996, erschienen 1997, S. 113–141

Jacobsen 1820
Johann Friedrich Jacobsen: Briefe an eine deutsche Edelfrau über die neuesten englischen Dichter, herausgegeben mit übersetzten Auszügen vorzüglicher Stellen aus ihren Gedichten und mit den Bildnissen der berühmtesten jetzt lebenden Dichter Englands von dem Obergerichtsadvocaten Friedrich Johann Jacobsen, Altona 1820

Jäger 1996
Hans-Wolf Jäger: Campe im Bild, in: Ausst.-Kat. Wolfenbüttel/Braunschweig 1996, S. 33–43

Jaffé 1907
Ernst Jaffé: Hundert Jahre deutsch-römischer Landschaftsmalerei, Berlin 1907

Jahrbuch der neuesten Literatur 1802
Anonym: Erdbeschreibung u. Geschichte. Berlin, b. Maurer: Psyche. Ein Mährchen in vier Büchern. Ein Versuch zur Erklärung der Mythen des Alterthums, von Julis Gr. v. Soden. Mit 3 Kupf. […], in: Jahrbuch der neuesten Literatur, 208. Stück v. 25. 2. 1802, Leipzig 1802, Sp. 377–379

Jahrbücher der preußischen Monarchie 1801a
Fr. [nicht aufgelöst; wohl Friedrich Eberhard] Rambach: Ueber die musivische Stuckfabrike der Herrn Catell [sic], in: Jahrbücher der preußischen Monarchie unter der Regierung Friedrich Wilhelms des Dritten, Jahrgang I, Erster Band. Januar, Februar, März, April, Berlin, Bey Johann Friedrich Unger, 1801, S. 125–129

Jahrbücher der preußischen Monarchie 1801b
Franz Catel, Louis Catel: Anzeige von einer in Berlin unter der Leitung der Brüder Catell etablierten Fabrik von musivischen Stuckarbeiten, in: Jahrbücher der preußischen Monarchie unter der Regierung Friedrich Wilhelms des Dritten, Jahrgang I, Erster Band. Januar, Februar, März, April, Berlin, Bey Johann Friedrich Unger, 1801, S. 129–138

Jena 2009
Detlef Jena: Königin Olga von Württemberg. Glück und Leid einer russischen Großfürstin, Regensburg 2009

Evsev'ev 2014
Michail Jurjewic Evsev'ev: Ital'janskie pis'ma i donesenija S. F. Ŝĉedrina 1818–1830. Isdanie podgotovil M. Ju. Evsev'ev, Moskau, St. Petersburg 2014, S. 538–539

Johannsen 2001
Rolf H. Johannsen: Ludwig Friedrich (Louis) Catel, in: Berliner Klassik. Eine Großstadtkultur um 1800/Online-Dokumente, Berlin-Brandenburgische Akademie der Wissenschaften 2001 (URL: http://www.berliner-klassik.de/publikationen/ werkvertraege/johannsen_catel/catel.html; Letzter Aufruf: 9. 4. 2015)

Johannsen 2012
Rolf H. Johannsen: Antiken für Berlin! Schinkels Erwerbungen für das Alte Museum 1824, in: Museumjournal. Berichte aus den Museen, Schlössern und Sammlungen in Berlin und Potsdam 26 (2012), Heft 3, S. 20–21

Jorns 1964
Marie Jorns: August Kestner und seine Zeit 1777–1853. Das glückliche Leben des Diplomaten, Kunstsammlers und Mäzens in Hannover und Rom. Aus Briefen und Tagebüchern zusammengestellt, Hannover 1964

Journal des Luxus und der Moden 1787
Anonym: in: Journal des Luxus und der Moden 1798, Intelligenzblatt, Nr. 12 (Dezember), S. 94–98

Journal des Luxus und der Moden 1800
Anonym: Erklärung einiger Kupferstiche im Braunschweigischen Taschenkalender, in: Journal des Luxus und der Moden [Weimar], Dezember 1800, S. 657–661 (Nr. V. Kunst.)

Journal für Literatur, Kunst, Luxus und Mode 1826
N. [nicht aufgelöst]: Die Dresdner Kunstausstellung [im August und September 1826], in: Journal für Literatur, Kunst, Luxus und Mode, Nr. 77 v. 26. 9. 1826, S. 609–614

Kaemmerer 1897
Ludwig Kaemmerer: Chodowiecki, Bielefeld, Leipzig 1897

Kalpakcian 2004
Varduì Kalpakcian: Ludwig Passini (1832, Vienna – 1903, Venezia). Un pittore austriaco, ritrattista della vita veneziana, in: Römische Historische Mitteilungen 46 (2004), S. 335–358

Kanceff/Rampone 1992-1995
Viaggio nel Sud, Atti del convegno (1990), Biblioteca del viaggio in Italia, 36, 41–42, hrsg. v. Emanuele Kanceff, Roberta Rampone, 3 Bde., Genf 1992–1995

Keller 1824
Heinrich Keller: Elenco di tutti gli Pittori Scultori Architetti Miniatori Incisori in Gemme e in Rame Scultori in Metallo e Moaicisti aggiunti gli Scalpellini Pietrari Perlari ed altri Artefici e finalmente i Negozi di Antichita' e di Stampe esistenti in Roma l'anno 1824. Compilato ad uso de'stranieri da Enrico Keller Membro ordinario dell' Accademia Romana di Archeologia, Rom 1824 (Exemplar: Rom, Biblioteca Vallicelliana, Sign. VI. 6. D. 24 [4])

Keller 1981
Harald Keller: Nachwort, in: Leben des Benvenuto Cellini florentinischen Goldschmieds, von ihm selbst geschrieben. Übersetzt von Goethe. Mit einem Nachwort von Harald Keller, Frankfurt am Main 1981, S. 545–559

Kern 1911
Guido Joseph Kern: Karl Blechen. Sein Leben und seine Werke, Berlin 1911

Kersting 1989
Christa Kersting: Prospekt fürs Eheleben. Joachim Heinrich Campe: Väterlicher Rath für meine Tochter, in: Ausst.-Kat. Frankfurt am Main 1989, S. 373–390

Kestner 1850
August Kestner: Römische Studien, Berlin 1850

Kislych 2009
Galina Semenowna Kislych: Nemeckij, avstrijskij i Švejcarskij risunok XV–XX vekov v sobranii GMII im. A. S. Puškina, Bd. 2, Moskau 2009

Klaeger 1982
Albert Kläger: Ein Juwel am Hersiauer Dorfplatz, in: Appenzeller Kalender 261 (1982), o. S. (http://retro.seals.ch/digbib/view?pid=apk-002:1982:261::125; letzter Aufruf: 13. 4. 2015)

Klein 2002
Fanny Hensel: Briefe aus Rom. Nach den Quellen zum ersten Mal hrsg. v. Hans-Günter Klein, Wiesbaden 2002

Klein 2003
Hans-Günter Klein: Fanny und Wilhelm Hensel und die Maler Elsasser, in: Mendelssohn Studien. Beiträge zur neueren deutschen Kultur- und Wirtschaftsgeschichte 13 (2003), S. 125–167

Klein 2007
Hans-Günter Klein: Rebecka Dirichlet in Rom. Die Briefe an ihre Schwester Fanny Hensel im Winter 1843/44, in: Mendelssohn Studien. Beiträge zur neueren deutschen Kulturgeschichte 15 (2007), S. 261–332

Klein/Elvers 2002
Fanny Hensel: Tagebücher, hrsg. v. Hans-Günter Klein, Rudolf Elvers, Wiesbaden 2002

Knight 1841
Henry Gally Knight: Ueber die Entwickelung der Architektur vom zehnten bis vierzehnten Jahrhundert unter den Normannen in Frankreich, England, Unteritalien und Sicilien. Aus dem Englischen mit einer Einleitung herausgegeben von Dr. C. Richard Lepsius, Leipzig 1841

Knöll 2012
Stefanie Knöll: Der Tod und das Meer, Handewitt 2012

Koch/Frank 1984
Joseph Anton Koch: Moderne Kunstchronik. Briefe zweier Freunde in Rom und der Tartarei über das moderne Kunstleben und Treiben oder die Rumfordische Suppe, gekocht und geschrieben von Joseph Anton Koch in Rom, Karlsruhe 1834 (Neuausgabe, hrsg. v. Ernst Jaffé, Innsbruck 1905; zit. nach der 3. Ausgabe, hrsg. und erläutert v. Hilmar Frank, Hanau/Main 1984)

Koeltz 2010
Ulrike Koeltz: Vittoria Caldoni. Modell und Identifikationsfigur des 19. Jahrhunderts, Europäische Hochschulschriften, Reihe XXVIII Kunstgeschichte, Bd. 436, Frankfurt am Main u. a. 2010

Kotzebue 1804
Almanach der Chroniken für das Jahr 1804 von August von Kotzebue, Leipzig, bei Paul Gotthelf Kummer, [1804]

Kovalevski 2006
Bärbel Kovalevski: Louise Seidler 1786–1866. Goethes geschätzte Malerin, Berlin 2006

Krafft 1818
Charles-Guillaume [Karl Wilhelm] Krafft: Notice sur Aubin-Louis Millin, Paris, 1818

Kranzfelder 2015
Ivo Kranzfelder: Namenlose Eleganz – Viel heile Welt und ein paar Dämonen. Kunst des 19. Jahrhunderts bei Ketterer, in: Kunst und Auktionen. Die Zeitung für den internationalen Markt 53 (2015), 8. 5. 2015, S. 1, 4–5

Kreschke 1864
Ernst Heinrich Kreschke: Artikel »Koller, Franz Freiherr von«, in: Neues allgemeines Adels-Lexicon, Bd. 5 (Kalb – Loewenthal), Leipzig 1864

Krieger 1986
Peter Krieger: Galerie der Romantik, Nationalgalerie, Staatliche Museen Preußischer Kulturbesitz, Berlin 1986

Kruft 1994
Hanno-Walter Kruft: Olevano und die Deutschen. Die Entdeckung einer Landschaft, in: pinxit / sculpsit / fecit. Kunsthistorische Studien. Festschrift für Bruno Bushart, hrsg. v. Bärbel Hamacher und Christl Karnehm, München 1994, S. 313–322

Kruse 1989
Joachim Kruse: Johann Heinrich Lips 1758–1817. Ein Zürcher Kupferstecher zwischen Lavater und Goethe, Ausst.-Kat. Kunstsammlungen der Veste Coburg, Coburger Landesstiftung, Coburg 1989

Kürsteiner 1996
Peter Kürsteiner: Appenzell Ausserrhoden auf druckgraphischen Ansichten, Herisau 1996

Küster 2000
Bernd Küster: Sehnsucht nach dem Süden. Oldenburger Maler sehen Italien, Ausst.-Kat. Oldenburg, Landesmuseum, Oldenburg 2000

Kugler 1834
Museum. Blätter für bildende Kunst, hrsg. v. Franz Kugler, 2 (1834), Berlin 1834

Kugler 1838
Franz Kugler: Verzeichnis der Gemäldesammlung des Consuls J. H. W. Wagener, hrsg. v. Franz Kugler, Berlin 1838

Kuhlmann-Hodick 1993
Petra Kuhlmann-Hodick: Das Kunstgeschichtsbild. Zur Darstellung von Kunstgeschichte und Kunsttheorie in der deutschen Kunst des 19. Jahrhunderts, Europäische Hochschulschriften, Reihe 28, Kunstgeschichte, Bd. 163, Frankfurt am Main 1993

Kunstblatt Nr. 11 v. 7. 2. 1820
S. [Name nicht aufgelöst]: Ueber die deutsche Kunstausstellung zu Rom im Frühjahr 1819 und über den gegenwärtigen Stand der deutschen Kunst in Rom (Beschluß), in: Kunstblatt. Beilage zum Morgenblatt für gebildete Stände Nr. 11 v. 7. 2. 1820, S. 41–42

Kunstblatt Nr. 25 v. 27. 3. 1820
Anonym: Nachrichten aus Rom, in: Kunstblatt. Beilage zum Morgenblatt für gebildete Stände Nr. 25. v. 27. 3. 1820, S. 100

Kunstblatt Nr. 26 v. 30. 3. 1820
Anonym: Nachrichten aus Rom (Beschluß), in: Kunstblatt. Beilage zum Morgenblatt für gebildete Stände Nr. 26. v. 30. 3. 1820, S. 102–103

Kunstblatt Nr. 66 v. 17. 8. 1820
[Johann Gottlob von] Quandt: Wanderung durch die Werkstätten deutscher Künstler in Rom, in: Kunstblatt. Beilage zum Morgenblatt für gebildete Stände Nr. 66 v. 17. 8. 1820, S. 262–264

Kunstblatt Nr. 92 v. 16. 11. 1820
M. [Name nicht aufgelöst]: Betrachtungen über die Kunstausstellung zu München im Jahr 1820 (Beschluß), in: Kunstblatt. Beilage zum Morgenblatt für gebildete Stände Nr. 92 v. 16. 11. 1820, S. 366–368

Kunstblatt Nr. 26 v. 29. 3. 1821
Anonym: [Nachrichten aus] Rom, in: Kunstblatt. Beilage zum Morgenblatt für gebildete Stände Nr. 26 v. 29. 3. 1821, S. 104

Kunstblatt Nr. 31 v. 16. 4. 1821
S. [Name nicht aufgelöst]: Vier und zwanzig Landschaften zu Caro's Uebersetzung der Aeneide, gestochen von Gmelin (Teil I), in: Kunstblatt. Beilage zum Morgenblatt für gebildete Stände Nr. 31 v. 16. 4. 1821, S. 124

Kunstblatt Nr. 77 v. 24. 9. 1821
-ber [Name nicht aufgelöst]: Die Karlsruher Kunstausstellung im August 1821, in: Kunstblatt. Beilage zum Morgenblatt für gebildete Stände Nr. 77 v. 24. 9. 1821, S. 305–307

Kunstblatt Nr. 100 v. 13. 12. 1821
Anonym: [Nachrichten aus] Rom den 7. November 1821, in: Kunstblatt. Beilage zum Morgenblatt für gebildete Stände Nr. 100 v. 13. 12. 1821, S. 100

Kunstblatt Nr. 51 v. 27. 6. 1822
Johannes von F. [Nachname nicht aufgelöst]: Nachrichten aus Rom. Mai 1822, in: Kunstblatt. Beilage zum Morgenblatt für gebildete Stände Nr. 51 v. 27. 6. 1822, S. 201–204

Kunstblatt Nr. 18 v. 3. 3. 1823
Johannes von F. [Nachname nicht aufgelöst]: Nachrichten aus Rom, December 1822, in: Kunstblatt. Beilage zum Morgenblatt für gebildete Stände Nr. 18 v. 3. 3. 1823, S. 71–72

Kunstblatt Nr. 48 v. 16. 6. 1823
Anonym: Die Kunst= und Industrie=Ausstellung in Karlsruhe im Mai 1823, in: Kunstblatt. Beilage zum Morgenblatt für gebildete Stände Nr. 48 v. 16. 6. 1823, S. 189

Kunstblatt Nr. 69 v. 28. 8. 1823
-ber: [Name nicht aufgelöst]: Kunstliteratur. Ueber die
Kunst= und Industrie=Ausstellung für das Großherzogthum
Baden von 1823 zu Carlsruhe. Von Carl Nehrlich, 1813, in:
Kunstblatt. Beilage zum Morgenblatt für gebildete Stände
Nr. 69 v. 28. 8. 1823, S. 275–276

Kunstblatt Nr. 32 v. 19. 4. 1824
[Ludwig Schorn]: Die Malerey in Rom. Nachtrag zu den
Ausätzen in Nro. 3. 4. und 14. des Kunstblattes 1824. Vom
Herausgeber, in: Kunstblatt. Beilage zum Morgenblatt für
gebildete Stände Nr. 32 v. 19. 4. 1824, S. 125–126

Kunstblatt Nr. 40 v. 17. 5. 1824
D. W. [Name nicht aufgelöst]: Notizen über einige Land-
schaft= und Genremaler in Rom, in: Kunstblatt. Beilage
zum Morgenblatt für gebildete Stände Nr. 40 v. 17. 5. 1824,
S. 157–160

Kunstblatt Nr. 65 v. 15. 8. 1825
Anonym: Kunstausstellung in der Brera zu Mailand im
Herbst 1824 (Beschluß), in: Kunstblatt. Beilage zum Morgen-
blatt für gebildete Stände Nr. 65 v. 15. 8. 1825, S. 259

Kunstblatt 1826 Nr. 66 v. 17. 8. 1826
Bekanntmachung [Öffentliche Versteigerung, u. a. einer
»ausgezeichnete[n] Gemälde=Sammlung der berühmtesten
Künstler« am 5. 12. 1826 in der Theatiner-Schwabinger-
Straße Nr. 1647 in München], in: Kunstblatt. Beilage zum
Morgenblatt für gebildete Stände Nr. 66 v. 15. 8. 1826, S. 264

Kunstblatt Nr. 17 v. 26. 2. 1827
Anonym [-ber.]: Neue Kunstsachen. Fünfzig Bilder zu Virgils
Aeneis […], in: Kunstblatt. Beilage zum Morgenblatt für ge-
bildete Stände Nr. 17 v. 26. 2. 1827, S. 68

Kunstblatt Nr. 37 v. 7. 5. 1827
Anonym: Kunstausstellung in Berlin 1826, in: Kunstblatt.
Beilage zum Morgenblatt für gebildete Stände Nr. 37 v.
7. 5. 1827, S. 146

Kunstblatt Nr. 65 v. 13. 8. 1827
A.Wendt [Vorname nicht aufgelöst]: Kunstnotizen von der
Leipziger Ostermesse, in: Kunstblatt. Beilage zum Morgen-
blatt für gebildete Stände Nr. 65 v. 13. 8. 1827, S. 259–260

Kunstblatt Nr. 20 v. 9. 3. 1828
Amalie von Helvig geb. Freyin von Imhof, Ueber die Kunst-
ausstellung zu Berlin im Oktober 1828 (Fortsetzung), in:
Kunstblatt. Beilage zum Morgenblatt für gebildete Stände
Nr. 20 v. 9. 3. 1828, S. 79

Kunstblatt Nr. 37 v. 7. 5. 1829
Balthasar Speth: Kunstnachrichten aus München. Vom
Domcapitular B. Speth. Lithographie, in: Kunstblatt Nr. 37 v.
7. 5. 1829, S. 145–146

Kunstblatt Nr. 37 v. 11. 5. 1830
-der [Name nicht aufgelöst]: Neue Kupferstiche. Funfzig [sic]
Bilder zu Horaz, nach Zeichnungen von Frommel, Catel ec.
Ec., herausgegeben von Frommel, mit Text von Sickler. Drei
Hefte und ein Heft Text. Fol., in: Kunstblatt. Beilage zum
Morgenblatt für gebildete Stände Nr. 37 v. 11. 5. 1830, S. 148

Kunstblatt Nr. 3 v. 11. 1. 1831
Fr. Th. [Name nicht aufgelöst]: Berlinische Briefe über
Kunst= [sic] und Kunstsachen (Fortsetzung). Vierter Brief.
Die Gemälde der Kunstausstellung, in: Kunstblatt. Beilage
zum Morgenblatt für gebildete Stände Nr. 3 v. 11. 1. 1830
[sic; richtig: 1831], S. 9

Kunstblatt Nr. 48 v. 16. 6. 1831
Anonym: Die Kunstausstellung zu Rom 1831 (Beschluß), in:
Kunstblatt. Beilage zum Morgenblatt für gebildete Stände
Nr. 48 v. 16. 6. 1831, S. 191

Kunstblatt Nr. 40 v. 20. 5. 1834
Anonym: Zeichnende Künste, in: Kunstblatt. Beilage zum
Morgenblatt für gebildete Stände Nr. 40 v. 20. 5. 1834, S. 160

Kunstblatt Nr. 5 v. 15. 1. 1835
Anonym: Kunstausstellung in Berlin 1834, Berlin, December
1834 (Fortsetzung), in: Kunstblatt. Beilage zum Morgenblatt
für gebildete Stände Nr. 5 v. 15. 1. 1835, S. 19

Kunstblatt Nr. 30 v. 14. 4. 1835
Kunstliteratur. Ueber Münchens Kunstschätze u. s. w. von
Julius Max Schottky. (Beschluß.), in: Kunstblatt. Beilage
zum Morgenblatt für gebildete Stände Nr. 30 v. 14. 4. 1835,
S. 117

Kunstblatt Nr. 39 v. 14. 5. 1835
Anonym: Kunstausstellung in Berlin 1834, Berlin, December
1834 (Fortsetzung), in: Kunstblatt. Beilage zum Morgenblatt
für gebildete Stände Nr. 39 v. 14. 5. 1835, S. 161

Kunstblatt Nr. 26 v. 31. 3. 1836
Anonym: Ausstellungen. Rom, Januar, in: Kunstblatt. Beilage
zum Morgenblatt für gebildete Stände Nr. 26 v. 31. 3. 1836,
S. 103

Kunstblatt Nr. 77 v. 27. 9. 1836
Anonym: Museen und Sammlungen, in: Kunstblatt. Beilage
zum Morgenblatt für gebildete Stände Nr. 77 v. 27. 9. 1836,
S. 320

Kunstblatt Nr. 26 v. 30. 3. 1837
Anonym: Persönliches, in: Kunstblatt. Beilage zum Morgenblatt für gebildete Stände Nr. 26 v. 30. 3. 1837, S. 104

Kunstblatt Nr. 38 v. 11. 5. 1837
Anonym: Nachrichten vom März. Kunstausstellungen, in:
Kunstblatt. Beilage zum Morgenblatt für gebildete Stände
Nr. 38 v. 11. 5. 1837, S. 152

Kunstblatt Nr. 58 v. 20. 7. 1837
Rt. [Name nicht aufgelöst]: Nachrichten aus Rom. Im April
1837, in: Kunstblatt. Beilage zum Morgenblatt für gebildete
Stände Nr. 58 v. 20. 7. 1837, S. 238–239

Kunstblatt Nr. 70 v. 31. 8. 1837
Anonym: Kunstaustellungen, in: Kunstblatt. Beilage zum
Morgenblatt für gebildete Stände Nr. 70 v. 31. 8. 1837, S. 292

Kunstblatt Nr. 76 v. 20. 9. 1838
Anonym: Darmstadt, den 1. August 1838, in: Kunstblatt.
Beilage zum Morgenblatt für gebildete Stände Nr. 76 v.
20. 9. 1838, S. 310–311

Kunstblatt Nr. 89 v. 6. 11. 1838
Anonym: Nachrichten vom September. Kunstausstellungen,
in: Kunstblatt. Beilage zum Morgenblatt für gebildete Stände
Nr. 89 v. 6. 11. 1838, S. 364

Kunstblatt Nr. 12 v. 7. 2. 1839
Anonym: Verzeichnis der Gemäldesammlung des königl.
Schwedischen und Norwegischen Consuls J. H. W. Wagner zu
Berlin, herausgegeben von Dr. Fr. Kugler. Berlin im Januar
1838. […]., in: Kunstblatt. Beilage zum Morgenblatt für ge-
bildete Stände Nr. 12 v. 7. 2. 1839, S. 46

Kunstblatt Nr. 17 v. 26. 2. 1839
Anonym: Nachrichten vom Januar. Kunstausstellungen, in:
Kunstblatt. Beilage zum Morgenblatt für gebildete Stände
Nr. 17 v. 26. 2. 1839, S. 67

Kunstblatt Nr. 23 v. 19. 3. 1839
Anonym: Persönliches, in: Kunstblatt. Beilage zum Morgenblatt für gebildete Stände Nr. 23 v. 19. 3. 1839, S. 91

Kunstblatt Nr. 33 v. 23. 4. 1839
Anonym: Nachrichten vom März. Kunstausstellungen, in:
Kunstblatt. Beilage zum Morgenblatt für gebildete Stände
Nr. 33 v. 23. 4. 1839, S. 130–131

Kunstblatt Nr. 49 v. 18. 6. 1839
Anonym: Kunstausstellungen, in: Kunstblatt. Beilage zum
Morgenblatt für gebildete Stände Nr. 49 v. 23. 4. 1839, S. 196

Kunstblatt Nr. 50 v. 23. 6. 1840
Anonym: Nachrichten vom Mai. Persönliches, in: Kunstblatt.
Beilage zum Morgenblatt für gebildete Stände Nr. 50 v.
23. 6. 1840, S. 215

Kunstblatt Nr. 67 v. 20. 8. 1840
Anonym: Nachrichten vom Juli. Persönliches, in: Kunstblatt.
Beilage zum Morgenblatt für gebildete Stände Nr. 67 v.
20. 8. 1840, S. 283–284

Kunstblatt Nr. 16 v. 25. 2. 1841
Anonym: [Nachrichten] Berlin, 17. Jan., in: Kunstblatt.
Beilage zum Morgenblatt für gebildete Stände Nr. 16. v.
25. 2. 1841, S. 63

Kunstblatt Nr. 73 v. 14. 9. 1841
Anonym: Malerei, in: Kunstblatt. Beilage zum Morgenblatt
für gebildetete Stände Nr. 73 v. 14. 9. 1841, S. 307

Kunstblatt Nr. 55 v. 12. 7. 1842
Anonym: Nachrichten vom Mai. Malerei, in: Kunstblatt.
Beilage zum Morgenblatt für gebildete Stände Nr. 55 v.
12. 7. 1842, S. 219

Kunstblatt Nr. 62 v. 4. 8. 1842
Anonym: Kunstnachrichten und Archäologisches aus Rom,
in: Kunstblatt. Beilage zum Morgenblatt für gebildete Stände
Nr. 62 v. 4. 8. 1842, S. 245–247

Kunstblatt Nr. 72 v. 8. 9. 1842
Anonym: Malerei, in: Kunstblatt. Beilage zum Morgenblatt
für gebildete Stände Nr. 72 v. 8. 9. 1842, S. 288

Kunstblatt Nr. 21 v. 14. 3. 1843
Anonym: Bericht über die Kunstausstellung zu Berlin im
Herbste 1842 (Fortsetzung), in: Kunstblatt. Beilage zum
Morgenblatt für gebildete Stände Nr. 21 v. 14. 3. 1843, S. 91

Kunstblatt Nr. 79 v. 3. 10. 1843
Anonym: Museen und Sammlungen, in: Kunstblatt. Beilage
zum Morgenblatt für gebildete Stände Nr. 79 v. 3. 10. 1843,
S. 328

Kunstblatt Nr. 4 v. 22. 1. 1846
D. Osten [Vorname nicht aufgelöst]: Romano=russiche
Kunstausstellung in der Porta del Popolo, in: Kunstblatt. Bei-
lage zum Morgenblatt für gebildete Stände Nr. 4. v. 22. 1. 1846,
S. 13–15

Kunstblatt Nr. 30 v. 18. 6. 1846
Anonym: Nachrichten vom April. Malerei. […] Rom. […], in:
Kunstblatt. Beilage zum Morgenblatt für gebildete Stände Nr.
30 v. 18. 6. 1846, S. 123

Kunstblatt Nr. 25 v. 25. 5. 1847
D. Osten [Vorname nicht aufgelöst]: Der deutsche Künstlerverein in Rom, in: Kunstblatt. Beilage zum Morgenblatt für
gebildete Stände Nr. 25 v. 25. 5. 1847, S. 97–100

Kuyvenhoven 1985
Francisca Kuyvenhoven: Lady Devonshire, an English
Maecenas in post-Napoleonic Rome. Her publication of
Virgil's Aeneid and Hendrik Voogd's contribution to it, in:
Meddelingen van het Nederlands Instituut de Rome 46
(1985), S. 145–154

Lacour 2011
Pierre-Yves Lacour: Encyclopédisme et distribution des
savoirs. Le cas du Magasin encyclopédique. 1795–1816, in:
La Révolution française. Cahiers de l'Institut d'Histoire de
la Révolution française 2/2012; http://lrf.revues.org/588
(Letzter Aufruf: 29. 6. 2015)

Lamers 1995
Petra Lamers: Il viaggio nel Sud dell'Abbé de Saint-Non.
Il »Voyage pittoresque à Naples et en Sicile«. La genesi, i
disegni preparatori, le incisioni, Neapel 1995

Lanckoronska/Oehler 1934
Maria [Gräfin] Lanchoronska, Richard Oehler: Die Buchil-
lustrationen des XIII. Jahrhunderts in Deutschland, Öster-
reich und der Schweiz, Dritter Teil: Die Buchillustration des
XVIII. Jahrhunderts in Österreich. Die Buchillustration des
Klassizismus und der Frühromantik in Deutschland und der
Schweiz, [Berlin] 1934

Lanckoronska/Rümann 1954
Maria [Gräfin] Lanckoronska, Arthur Rümann: Geschichte
der Deutschen Taschenbücher und Almanache aus klassisch-
romantischen Zeit, München 1954

Laurens 2011
Annie-France Laurens, Portrait du Languedoc dans le
»Voyage dans les départements du Midi de la France«, in:
D'Achille/Iacobini/Preti-Hamard/Righetti/Toscano 2012,
S. 123–134

Leipziger Kunstblatt für Theater und Musik 1818
Anonym: Kunstnachrichten aus Rom, in: Leipziger Kunstblatt, insbesondere für Theater und Musik Nr. 137 v. 13. 8.
1818, S. 560

Lenthes 1996
Ernst-Alfred Lentes: Carl Wilhelm Götzloff. Ein Dresdner
Romantiker mit neapolitanischer Heimat. Mit Werkverzeich-
nis der Gemälde, Stuttgart, Zürich 1996

Leone 2012
Giorgio Leone: La Collezione di Francia a Vibo Valentia, in:
D'Andrea 2012, S. 584–587

Leontjewa 1996
Galina Leontjewa: Karl Brüllow. Maler der russischen
Romantik, Bournemouth, Sankt Petersburg 1996

Leopardi 2010
Antonio Leopardi: La chiesa di Santa Maria delle Cinque
Torri a Cassino. Aspetti architettonici e ricostruzione vir-
tuale, in: Lazio e Sabina 7, Akten des Settimo incontro di
studi sul Lazio e la Sabina, Rom, 9.–11. 3. 2010, Rom 2011,
S. 525–534.

Leuschner 1995
Schriftstellerinnen und Schwesterseelen. Der Briefwechsel
zwischen Therese Huber (1764–1829) und Karoline Pichler
(1769–1843), hrsg. v. Brigitte Leuschner, Marburg 1995

Levitine 1958
George Levitine: Addenda to Robert Rosenblum's »The
Origin of Painting …«, in: The Art Bulletin 40 (1958), Nr. 4,
S. 329–331

Lewald/Spiero 1927
Fanny Lewald: Römisches Tagebuch 1845/46, hrsg. v. Heinrich Spiero, Leipzig 1927

Lichtwark 1917
Alfred Lichtwark: Deutsche Landschaftsmaler von 1800–
1850. Bei Gelegenheit einiger neuer Erwerbungen der
Kunsthalle, in: Alfred Lichtwark. Eine Auswahl seiner
Schriften. Besorgt von Dr. Wolf Mannhardt. Mit einer Ein-
leitung von Karl Scheffler, II. Band, Berlin

Lieb 1969
Norbert Lieb: Klenze und die Künstler Ludwigs I., in: Fest-
schrift für Max Spindler zum 75. Geburtstag, München 1969,
S. 657–677

London und Paris 1808
[Anonym]: Kunstwanderung in Paris zu teutschen Künst-
lern. Altarblatt von Hetsch. – Neueste Compositionen von
Catel. – Kolbe's und Olivier's Arbeiten, in: London und Paris
[Rudolstadt] 21 (1808), S. 139–144

London Magazine 1820
[Anonym]: Gleanings from foreign Journals: The Eneid of
Virgil (…), in: The London Magazine. January to June, 1820,
Vol. I., London 1820, S. 704–706 [vgl. Giornale Arcadico
1819c; Übersetzung]

Lossky 1989
Boris Lossky: La terasse à Sorrente de Silvestre Chtchedrine
(1791–1830) au Louvre, in: La Revue du Louvre et des
Musées de France 5 & 7 (1989), S. 353–356

Lowenthal-Hensel/Arnold 2004
Cécile Lowenthal-Hensel, Jutta Arnold: Wilhelm Hensel.
Maler und Porträtist 1794–1861. Ein Beitrag zur Kultur-
geschichte des 19. Jahrhunderts, Berlin 2004

Lowenthal-Hensel/von Strachwitz 2005
Cécile Lowenthal-Hensel, Sigrid Gräfin von Strachwitz:
Europa im Porträt. Zeichnungen von Wilhelm Hensel 1794–
1861, 2 Bde., Berlin 2005

Loyrette 1980
Herny Loyrette: Seroux d'Agincourt et les origines de
l'histoire de l'art médiéval, in: Revue de l'art, 48, 1980,
S. 40–56; Wiederabdruck in: D'Achille/Iacobini/Preti-Hamard/
Righetti/Toscano 2011, S. 225–248

Lützhöft 1931
Nicolaus Lützhöft: Thorvaldsens Malerisamling. Tyske og
italienske Kunstnere, in: Meddelelser fra Thorvaldsens
Museum 1931, S. 7–50

Lutterotti 1939
Otto R. von Lutterotti: Die Briefe Joseph Anton Kochs an
Josef Frh. von Giovanelli in Bozen, in: Veröffentlichungen
des Museums Ferdinandeum 18 (1938) [erschienen 1939],
S. 701–732

Lutterotti 1940
Otto R. von Lutterotti: Joseph Anton Koch 1768–1839 mit
Werkverzeichnis und Briefen des Künstlers, Berlin 1940
(Denkmäler Deutscher Kunst

Lutterotti 1985
Otto R. von Lutterotti: Joseph Anton Koch 1768–1839.
Leben und Werk. Mit einem vollständigen Werkverzeichnis,
Wien, München 1985

Maaz 1986
Bernhard Maaz: Johann Gottlob von Quandt (1787–1859)
als Auftraggeber, Mäzen und Kunstsammler, Ms., Dipl.-Arbeit,
Universität Leipzig, Leipzig 1986

Maaz 2007
Weltmann und Hofkünstler. Alexander von Humboldts Briefe
an Christian Daniel Rauch, hrsg. v. Bernhard Maaz, Berlin,
München 2007

Macgeorge 1884
Andrew Macgeorge: A Memoir. Wm. Leighton Leitch,
Glasgow 1884

Mack/Robertson 1997
The Roman Remains: John Izard Middleton's Visual Souvenirs
of 1820–1823, with Additional Views in Italy, France, and
Switzerland, hrsg. v. Charles R. Mack, Lynn Robertson,
Columbia/South Caolina 1997

Mackowsky 1922
Hans Mackowsky: Karl Friedrich Schinkel. Briefe, Tagebücher, Gedanken, Berlin 1922

Mackowsky 1927
Hans Mackowsky: Johann Gottfried Schadow. Jugend und
Aufstieg 1764 bis 1797, Berlin 1927

Mackowsky 1951
Hans Mackowsky: Die Bildwerke Gottfried Schadows, Berlin
1951

Maillet 2003
Arnaud Maillet: Le mystère de la chambre claire: l'oeil
instrumentalisé de Jules-Romain Joyant, in: Sur la route de
Venise. Jules-Romain Joyant 1803–1854. Les voyages en
Italie du »Canaletto français«, hrsg. v. Frédéric Chappey,
Paris 2003, S. 75–119

Maillet 2004
Arnaud Maillet: The Claude Glass. Use and Meaning of the
Black Mirror in Western Art, New York 2004

Maisak/Kölsch 2001
Petra Maisak, Gerhard Kölsch: Frankfurter Goethe-Museum.
Die Gemälde. Bestandskatalog, hrsg. v. Freien Deutschen
Hochstift. Frankfurt am Main 2011

Mammucari 2002
Renato Mammucari: Campagna romana. Carte – Vedute –
Piante – Costumi, Citta di Castello 2002

Manieri Elia 1991
Giulio Manieri Elia: La quadreria napoletana de Marinis de
Sangro dall'influenza del classicismo romano al dissolvimento
del collezionismo aristocratico, in: Collezionismo e ideolo-
gia. Mecenati, artisti e teorici dal classic al neoclassico, hrsg.
v. Elisa Debenedetti, Studi del Settecento Romano 7 (1991),
S. 307–337

Marazzi 1997
Mario Marazzi: Il ritorno di Vittoria Caldoni, in: Castelli
romani 37 (1997), S. 8–11

Marcil 2006
Yasmine Marcil: Voyage écrit, voyage vécu? La crédibilité du
voyageur, du Journal encyclopédique au Magasin encyclopédique, in: Sociétés & Représentations 21 (2006), Nr. 1,
S. 23–43

Miarelli Mariani 2001
Ilaria Miarelli Mariani: Jean-Baptiste Seroux d'Agincourt e il
collezionismo dei primitivi a Roma nella seconda metà del
Settecento, in: Marco Nocca (Hrsg.): Le quattro voci del
mondo: arte, cultura e saperi nella collezione di Stefano
Borgia 1731–1804, Akten der Studientage, Neapel 2001,
S. 123–134

Miarelli Mariani 2005
Ilaria Miarelli Mariani: Seroux d'Agincourt e l'Histoire de
l'art par les monumens. Riscoperta del Medioevo, dibattito
storiografico e riproduzione artistica tra fine XVIII e inizio
XIX secolo, Rom 2005

Miarelli Mariani 2011
Ilaria Miarelli Mariani: Seroux d'Agincourt e Millin, in:
D'Achille/Iacobini/Preti-Hamard/Righetti/Toscano 2011,
S. 249–260

Markina 2004
Ljudmila Markina: Nemeckie i russkie chudožniki: vstreêi v Rime, in: Tret'jakovskaja galereja Nr. 2, Moskau 2004, S. 26–37

Markina 2011
Ljudmila Markina: Neapol', êudnyj moj, in: Ausst.-Kat. Moskau, Tretjakovgalerie, Moskau 2011, S. 7–15

Markina 2012
Ljudmila Markina: Berlinskij živopisec Ljudvig Katel' i russkie chudožniki, in: Meždunarodnaja nauênaja konferencija »Iskusstvo Germanii: istoriêeskoe nasledie i sovremennost'«, RACH, Moskau 2012

Markina 2015
Ljudmila Markina: Rim »Akademija Evropy«, in: Chudožestvennyj vestnik, Moskau 2015, S. 15–27

Martin 2012
Virginie Martin: Les enjeux diplomatiques dans le Magasin encyclopédique (1795–1799): du rejet des systèmes politiques à la redéfinition des rapports entre les nations, in: La Révolution française. Cahiers de l'Institut d'Histoire de la Révolution française 2/2012; http://lrf.revues.org/610 (Letzter Aufruf: 29. 6. 2015)

Marucchi 1902
Filippo Fausto Marucchi: Pio Istituto Catel. Brevi memorie storico amministraive [Rom 1902], Ms., Rom, Fondazione Catel, Archiv, Lett. B., Pos. 1, Fasc. 1

Maurer 2015
Golo Maurer: Italien als Erlebnis und Vorstellung. Landschaftswahrnehmung deutscher Künstler und Reisender 1760–1870, Regensburg 2015

McVaugh 1981
Robert McVaugh: The Casa Bartholdy Frescoes and Nazarene Theory in Rome, 1816–1817, Phil. Diss., Princeton University, New Jersey 1981

McVaugh 1984
Robert McVaugh: A revised Reconstruction of the Casa Bartholdy Frescoe Cycle, in: The Art Bulletin 66 (1984), Nr. 3 (September), S. 442–452

Meiner 2014
Jörg Meiner: Zeichnungen und Zeichen. Die Weltsicht Friedrich Wilhelms IV. auf dem Papier, in: Meiner/Werquet 2014, S. 31–62

Meiner/Werquet 2014
Friedrich Wilhelm IV. von Preußen. Politik – Kunst – Ideal, hrsg. v. Jörg Meiner, Jan Werquet, Akten des wissenschaftlichen Kolloquiums der Stiftung Preußische Schlösser und Gärten Berlin-Brandenburg, des Kupferstichkabinetts der Staatlichen Museen zu Berlin und des deutschen Historischen Museums im März 2012, Berlin 2014

Memmel 2013
Matthias Memmel: Deutsche Genremalerei des 19. Jahrhunderts – Wirklichkeit im poetischen Realismus, Diss.-Ms., Ludwig-Maximilians-Universität München, München 2013 (Online-Version: http://edoc.ub.uni-muenchen.de/17033/ (letzter Aufruf: 11. 8. 2015)

Memorie Romane di Antichità e Belle Arti 1826
Francesco Spada: Di un Dipinto a olio di Francesco Catel Berlinese rappresentante l'ultimo Giorno di Torquato Tasso. Al Sig. Paolo Mila […], in: Memorie Romane di Antichità e Belle Arti, hrsg. v. Luigi Cardinali, Bd. 3, Rom 1826, S. 334–342, Num. XVII

Merigi 2006
Marco Merigi: Artikel »Ludolf, Giuseppe Costantino«, in: DBI 66 (2006); Onlineversion: http://www.treccani.it/enciclopedia/giuseppe-costantino-ludolf_(Dizionario-Biografico)/ (Letzter Aufruf: 19. 4. 2015)

Messerer 1966
Briefwechsel zwischen Ludwig I. von Bayern und Georg von Dillis 1807–1841, hrsg. u. bearb. v. Richard Messerer, München 1966

Metken 1981
Sigrid Metken: Der unfreiwillig ethnographische Blick. Italienische Volkskunst in den Bildern der Nazarener, in: Ausst.-Kat. München 1981a, S. 52–57.

Mezzana 1956
Corrado Mezzana. Un album di disegni inediti dell'800, in: Capitolium. Rassegna mensile del Comune di Roma 31 (1956), Nr. 3 (März), S. 82–86

Middleton 1812
John Izard Middleton: Grecian Remains in Italy, a Description of Cyclopian Walls and Roman Antiquities with Topographical and Picturesque Views of Ancient Latium, London 1812

Milanese 2005
Andrea Milanese: Pierre-Louis-Jean-Casimir du de Blacas (1771–1839), collectionneur et mécène entre Florence, Rome, Naples et Paris, in: Collections et Marché de l'Art en France 1789–1848, hrsg. v. Monica Preti-Hamard, Philippe Sénéchal, Rennes 2005, S. 327–347

Miller 2002
Norbert Miller: Der Wanderer. Goethe in Italien, München 2002

Miller 2013
Asher Ethan Miller: The Path of Nature. French Paintings from the Wheelock Whitney Collection 1785–1850, Ausst.-Kat. The Metropolitan Museum of Art, New York, New York 2013

Millin [1790]
Aubin-Louis Millin: Antiquités nationales. Recueil de monumens pour servir à l'Histoire générale et particulière de l'Empire françois, tels que tombeaux, inscriptions, statues, vitraux, fresques, etc.; tirés des abbayes, monastère, châteaux et autres lieux devenus domaines nationaux, Paris s. d. [1790]

Millin 1798
Aubin-Louis Millin: Discours prononcé par le citoyen Millin, professeur d'antiquité à la Bibliothèque nationale à l'ouverture de son cours, le 4 frimaire de l'an VII, in: Magasin encyclopédique, IV, 5, 1798, S. 336–354

Millin 1801
Aubin-Louis Millin: Histoire de la Calabre, traduite des Lettres sur la Calabre et la Sicile écrites en allemand par M. Bartels, in: Magasin encyclopédique, 1801, V, S. 145–173

Millin 1806
Aubin-Louis Millin: Dictionnaire des Beaux-Arts, Paris 1806

Millin 1807
Aubin-Louis Millin: in: Magazin Encyclopédique, Bd. 5, 1807, S. 152

Millin 1813
Aubin-Louis Millin: Description des tombeaux qui ont été decouverts a Pompeï dans l'année 1812. Parl le Chevalier A. L. Millin, Membre de la legion d'honneur et de l'institut imperial de France, membre honoraire de l'Academie royale de Napels etc. Dediée a sa Majesté La Reine des Deux Siciles, Neapel 1813

Millin 1814/2012
Aubin-Louis Millin: Extrait de quelques letters adressées à la classe della littérature ancienne de l'institut impérial par A. L. Millin Pendant son Voayage d'Italie, Paris 1814; Wiederabdruck in: D'Achille/Iacobini/Toscano 2012, S. 31–114

Millin 1819
Catalogue des livres de la bibliothèque du feu M. Millin […], Paris, 1819

Mironeko/Zacharova 2008
Perepiksa cesareviêa Aleksandra Nikolaeviêa imperatorom Nikolaem I 1838–1839, hrsg. v. Sergeij V. Mironeko, Larisa G. Zacharova, Moskau 2008

Mittler/Tappenbeck 2001
Johann Heinrich Voss 1751–1826. Idylle, Polemik und Wohllaut, hrsg. v. Elmar Mittler, Inka Tappenbeck, Göttingen 2001

Mittlmeier 1977
Werner Mittlmeier: Die Neue Pinakothek in München 1843–1854, München 1977

Mix 1987
York-Gothart Mix: Die deutschen Musen-Almanache des 18. Jahrhunderts, München 1987

Möller 1995
Heino R. Möller: Carl Blechen. Romantische Malerei und Ironie, Art in Science – Science in Art, Bd. 4, Weimar 1995

Monachella Tourov 2002
Vivian Monachella Tourov: Gli Zar a Palermo. Cronaca di un soggiorno, in: Kalos. Arte in Sicilia 14 (2002), S. 4–11

Monkhouse o. J.
Pictures by Sir Charkes Eastlake, with a biographical and critical stech of the artist by William Cosmo Monkhouse, London o. J.

Montani 2007
Giovanna Montani: La Società degli Amatori e Cultori delle belle Arti in Roma. 1829--1883, Ms., Univ.-Diss., Università degli Studi di Roma Tre, Rom 2007

Morabito 1981
Giuseppe Morabito, Stranieri nel Mezzogiorno d'Italia, Oppido Mamertina 1981

Morgenblatt für gebildete Stände Nr. 213 v. 5. 9. 1807
Anonym: Miszellen, in: Morgenblatt für gebildete Stände Nr. 213 v. 5. 9. 1807, S. 851–852

Morgenblatt für gebildetete Stände Nr. 168 v. 14. 7. 1810
Anonym: Korrespondenz-Nachrichten. Berlin, 23 Juni., in: Morgenblatt für gebildetete Stände Nr. 168 v. 14. 7. 1810, S. 672

Morgenblatt für gebildete Stände Nr. 133 v. 4. 6. 1813
Depping [Vorname nicht genannt]: Die neuaufgefundenen Gräber in Pompeji (Nach Millin's Description des tombeaux […] , Naples 1813. […]), in: Morgenblatt für gebildetete Stände Nr. 133 v. 4. 6. 1813, S. 529–530

Morgenstern 1814
Dörptische Beyträge für Freunde der Philosophie, Literatur und Kunst, hrsg. v. Karl Morgenstern, Bd. 1 (1813), Dorpat, Leipzig 1814

Motschmann 2009
Uta Motschmann: Die Ausstattung von Zacharias Werners Drama Martin Luther oder Die Weihe der Kraft (1806), in: Gerlach 2009a, S. 79–92

Mozzillo 1964
Atanasio Mozzillo: Viaggiatori stranieri nel Sud, Milano 1964

Müchler 1801
Karl Müchler's Gedichte, 2 Bde., Berlin, bey Wilhelm Oehmigke, 1801

Müller 1820/1956
Wilhelm Müller: Rom, Römer und Römerinnen. […], Berlin 1820; neu hrsg. v. Christel Matthias Schröder, Bremen 1956

Müller 1824
Wilhelm Christian Müller: Briefe an deutsche Freunde von einer Reise durch Italien über Sachsen, Böhmen und Oestreich, 1820 und 1821, geschrieben und als Skizzen zum Gemälde unserer Zeit herausgegeben von Dr. Wilhelm Christian Müller, 2 Bde., Altona 1824

Müller 1849
Ludwig Müller: Fortegnelse over malerierne og tegningere i Thorvaldsens Museum (Anden afdeling. Nyere Kunstsager – Förste og andet afsnit. Malerier og Tegninger), Kopenhagen 1849

Müller 1874
Adolph Müller: Briefe von der Universität, Leipzig 1874

Münter 1790
Friedrich Münter, Nachrichten aus Neapel und Sicilien, aud einer Reise in den Jahren 1785 und 1786, Kopenhagen 1790

Musatova 2015
Tatjana Musatova: V. A. Žukovskij 1838–1839, Rimskie progulki kollekcionera, in: Sergej Olegovič Androsov, Tajana Musatova (Hrsg.): Iz Rossii v Italju. Tvorčeskaja intelligencia i Rim (XVIII–XIX vek), [Internationaler Kongress im Centro Russo di Scienza e Cultura in Rom im März 2014], Collana di Europa orientalis, Bd. 24, Salerno 2015, S. 130–132

Musi 1996
Tiziana Musi: Franz Ludwig Catel e i suoi amici a Roma [Rez. Ausst.-Kat. Rom 1996a], in: L'Urbe 56 (1996), S. 266–268

Nagler, KL 1–22/1835–1852
Georg Karl Nagler: Neues allgemeines Künstler-Lexicon […], 22 Bände, München 1835–1852

Nagler, Monogr. 1–6/1858–1879
Georg Karl Nagler: Die Monogrammisten und diejenigen bekannten und unbekannten Künstler aller Schulen […], 6 Bände, München 1858–1879

Nappi 1997
Maria Rosaria Nappi: Una committente inglese per l'editoria romana: la ducchessa di Devonshire e l'Eneide di Virgilio, in: '700 Disegnatore. Incisioni, progetti, caricature, hrsg. v. Elisa Debenedetti, Studi sul Settecento Romano 13, Quaderni diretti da Elisa Debenedetti, Rom 1997, S. 279–296

Nehrlich/Savoy 2013
Pariser Lehrjahre. Ein Lexikon zur Ausbildung deutscher Maler in der französischen Hauptstadt, hrsg. v. France Nehrlich, Bénédicte Savoy, Bd. 1 (1793–1843), Berlin, Boston 2013

Néto 1995
Granet et son entourage. Correspondance publiée par Isabelle Néto, Société de l'Histoire de l'Art français, Archives de l'Art français, Nuovelle période – Tome XXXI, Nogent-le-Roi 1995

Netzer 2004
Susanne Netzer: Jacob Salomon Bartholdy – Ein Diplomat Preußens in Rom (1815–1825) und ein Wegbereiter des Königlichen Museums in Berlin, in: Jahrbuch Preußischer Kulturbesitz 44 (2004), S. 119–160

Neue allgemeine deutsche Bibliothek 1801
Fz. [nicht aufgelöst]: Taschenbuch für 1801 […], in: Neue allgemeine deutsche Bibliothek 57 (1801), S. 540–546

Neuer Nekrolog der Deutschen 1826
Anonym: Franz Freiherr von Koller, in: Neuer Nekrolog der Deutschen, 4 (1826), Bd. 1, Weimar 1828, S. 473–477, Nr. XLV

Nicosia 1985
Giambattista Bassi (1784–1852). Pittore di paesi, hrsg. v. Concetto Nicosia, Bologna, 1985

Nikulin/Aswarischtsch 1986
Nikolai Nikulin, Boris Aswarischtsch, German and Austrian Painting in the Hermitage Leningrad, Leningrad 1986

Nilant 1808
Johann Nilant: Wissenschaftliche Werke. Römische Literatur [Sammelrezension, u. a. zu:] Braunschweig, b. Vieweg: Phaedri Fabularum Aesopianum libri V. […] 1806, in: Allgemeine Literatur-Zeitung Nr. 98 v. 1. 4. 1808, Sp. 777–784

Nimmen 1987
Jane van Nimmen: Friedrich Schlegel's response to Raphael in Paris, in: The Documented Image. Visions in Art History, hrsg. v. Gabriele P. Weisberg, Laurinda S. Dixon, New York 1987, S. 319–333

Noack 1901
Friedrich Noack: Casa Buti in Rom, in: Westermanns illustrierte deutsche Monatshefte für das gesamte geistige Leben der Gegenwart 45 (1901), S. 788–795

Noack 1903a
Friedrich Noack: Villa Malta und die Deutschen in Rom, in: Deutsche Revue. Eine Monatsschrift, hrsg. v. Richard Fleischer 28 (1903), September, S. 362–369

Noack 1903b
Friedrich Noack: Ein deutsches Künstlerheim in Rom. Das alte Caffè Greco, in: Gartenlaube 1903, S. 28–31

Noack 1905
Friedrich Noack: Piazza di Spagna. Eine kulturgeschichtliche Skizze für Romfreunde, in: Deutsche Revue. Eine Monatsschrift, hrsg. v. Richard Fleischer 30 (1905), S. 315–325

Noack 1907
Friedrich Noack: Deutsches Leben in Rom 1700–1900, Stuttgart 1907

Noack 1908
Friedrich Noack: Haus Humboldt in Rom, in: Deutsche Revue. Eine Monatsschrift, hrsg. v. Richard Fleischer 33 (1908), S. 363–370

Noack 1912a
Friedrich Noack: Franz Ludwig Catel, in: Thieme/Becker 6 (1912), S. 180–181

Noack 1912b
Friedrich Noack: Das deutsche Rom, Rom 1912

Noack 1919
Friedrich Noack: Deutsche Güter und Schöpfungen in Rom, in: Deutsche Revue. Eine Monatsschrift 44 (1919), Bd. 1 (Januar bis März), S. 116–123

Noack 1926
Friedrich Noack: Ponte-Molle und Cervaro, in: Cicerone 18 (1926), Teil I, S. 318–326, Teil II, S. 484–489, S. 537–541, S. 606–613

Noack 1927
Friedrich Noack: Das Deutschtum in Rom, 2 Bde., Stuttgart 1927

Noack/Kloner 2014
Friedrich Noack: Schedarium Noack, Einträge »Catel, Franz« und »Catel, Ludwig«, Rom, Bibliotheca Hertziana, Archiv, Schedarium Noack (http://db.biblhertz.it/noack/noack.xql?id=1578; letzter Aufruf: 18. 6. 2015); transkribiert von Andreas Kloner, Ms., Wien 2014

Odyniec 1961
Antoni Edward Odyniec: Listy z Podróy [Reisebriefe], 2 Bde., Warschau 1961

Omodeo 2008
Christian Omodeo: Rome, 1806–1820: Ingres et le monde des arts, in: Barbillon/Durey/Fleckner 2008, S. 251–274

Oppenheim 1999
Morit Daniel Oppenheim: Erinnerungen eines deutsch-jüdischen Malers, hrsg. und mit einem Nachwort versehen v. Cristmut Präger, Heidelberg 1999

Orloff 1823
Grégoire Orloff: Essai sur l'histoire de la peinture en Italie, depuis les temps le plus aciens jusqu' a nos jours, Bd. 2, Paris 1823

Ortolani 1970
Sergio Ortolani: Giacinto Gigante e la pittura di pesaggio a Napoli e in Italia dal '600 all '800, Neapel 1970

Ost 1970
Hans Ost: Einsiedler und Mönche in der deutschen Malerei des 19. Jahrhunderts, in: Beiträge zur Motivkunde des 19. Jahrhunderts, Studien zur Kunst des 19. Jahrhunderts, Bd. 6, München 1970, S. 199–211

Osterkamp 1995
Ernst Osterkamp: Die Geburt der Romantik aus dem Geiste des Klassizismus. Goethe als Mentor der Maler seiner Zeit, in: Goethe-Jahrbuch 112 (1995), S. 135–148

Paci 1994
Libero Paci: Capelle ed oratori presso I »casini di campagna« maceratesi, in: Ville e dimore signorili di Campagna del maceratese, Atti del XXVIII convegno di studi maceratesi, Abbadia di Fiastra, Tolentino, 14.–15. 11. 1992, Centro di Studi Storici Maceratesi, Studi Maceratesi 28, Macerata 1994. S. 195–215

Palica 2009
Magda Palica: Gustav Adolf von Ingenheim (1789–1855) – Sammler und Mäzen, Diss.-Ms. im Kunstgeschichtlichen Institut der Universität Breslau, Breslau 2009

Palm 1877
Hermann Palm: Artikel »Feßler, Ignaz Aurelius« in: Allgemeine Deutsche Biographie 6 (1877), S. 723–726

Paoletti 2012
Maurizio Paoletti: Il ritratto perduto di Campanella. Vito Capialbi e la visita di Aubin-Louis Millin a Stilo (1812), in: D'Andrea 2012, S. 433–434

Parthey 1863
Gustav Parthey: Deutscher Bildersaal. Verzeichnis der in Deutschland vorhandenen Oelbilder verstorbener Maler aller Schulen in alphabetischer Reihenfolge zusammengestellt, Bd. 1 (A–K), Berlin 1863

Passavant 1820
[Johann David Passavant]: Ansichten über die bildenden Künste und Darstellung des Ganges derselben in Toscana von einem deutschen Künstler in Rom, Heidelberg, Speyer 1820

Pauli 1934
Gustav Pauli: Das Neunzehnte Jahrhundert, Geschichte der deutschen Kunst, hrsg. v. Georg Dehio, der Abbildungen vierter Band, Berlin, Leipzig 1934

Peschel 2014
Patricia Peschel: Die private Gemäldesammlung von König Wilhelm I. von Württemberg, in: Ausst.-Kat. Stuttgart 2014, S. 8–49

Peters 1994
Künstlerleben in Rom. Berthel Thorvaldsen (1770–1844), der dänische Bildhauer und seine deutschen Freunde, Ausstellung im Germanischen Nationalmuseum 1991/2. Ergänzungen und Korrekturen. Zusammengestellt von Ursula Peters, in: Anzeiger des Germanischen Nationalmuseums 1994, S. 17–19

Petinova 1984
Elena Fominiĉna Petinova: Petr Vasil'eviĉ Basin 1793–1877, Leningrad 1984

Petrova 2005
Eugenia Petrova: Orest Kiprenskij (1782–1836) e l'Italia. Carteggi inediti, Rom 2005

Pfeifer-Helke 2011a
Tobias Pfeifer-Helke: Die Koloristen. Schweizer Landschaftsgraphik von 1766 bis 1848, hrsg. v. der Stiftung Graphica Helvetica, Katalog in Zusammenarbeit mit Francisca Lang und Gun-Dagmar-Helke, Berlin, München 2011

Pfeifer-Helke 2011b
Tobias Pfeifer-Helke: Natur und Abbild. Johann Ludwig Aberli und die Schweizer Landschaftsvedute, Basel 2011

Pichler 1821
Caroline Pichler: Das Kloster auf Capri. / Nach einem Gemälde von Catel, in: Minerva. Taschenbuch für das Jahr 1821, Leipzig 1821, S. 239–308; auch in: dies.: Kleine Erzählungen, Theil 5, Wien 1823, S. 7–80

Pichler/Blümml 1914
Caroline Pichler, geborene von Greiner: Denkwürdigkeiten aus meinem Leben, Mit einer Einleitung und zahlreichen Anmerkungen nach dem Erstdruck und der Urschrift neu hrsg. von Emil Karl Blümml, 2 Bde., München 1914

Pickert 1957
Luise Charlotte Pickert: Gli artisti tedeschi a Perugia nel secolo XIX, Perugia 1957

Piloty/Loehle o. J.
Königl. Bayer. Pinakothek München und Gemälde-Gallerie zu Schleißheim. Mit Seiner Majestät des Königs von Bayern allerhöchster Genehmigung in lithographirten [sic] Abbildungen herausgegeben in der Kunst-Anstalt von Piloty & Loehle in München, München o. J.

Pinelli 1809
Raccolta di cinquanta costumi pittoreschi incisi all'acquaforte da Bartolomeo Pinelli romano, Rom, Lorenzo Lazzari alle Convertite 1809

Pinelli 1810
Nuova raccolta di cinquanta motivi pittoreschi e costumi di Roma, Rom, Lorenzo Lazzari alle Convertite 1810

Pinelli 1813
Raccolta di quindici costumi li più interessanti della Svizzera, disegnati, ed incisi all'acquaforte da Bartolomeo Pinelli Romano, Rom 1813

Pinelli 1815
Nuova raccolta di cinquanta motivi pittoreschi, Rom 1815

Pinnau 1965
Ruth Irmgard Pinnau: Johann Martin von Rhoden 1778–1868. Leben und Werk, Bielefeld 1965

PittItalOttoc I/II, 1991
La Pittura in Italia. L'Ottocento, 2 Bde., Mailand ²1991

Pölnitz 1930
Winfried Freiherr von Pölnitz: Das römische Künstlerfest 1818, in: Historisches Jahrbuch im Auftrage der Görres-Gesellschaft und unter Mitwirkung von Heinrich Finke, Heinrich Günter, Erich König, Gustav Schnürer, Carl Weyman, hrsg. v. Philipp Funk, Bd. 50, München 1930, S. 97–103

Poensgen 1957
Georg Poensgen: C. Ph. Fohr und das Café Greco. Die Künstlerbildnisse des Heidelberger Romantikers im geschichtlichen Rahmen der berühmten Gaststätte an der Via Condotti, Heidelberg 1957

Poensgen 1961
Georg Poensgen: Zu einer neu aufgetauchten Bildnisbüste der Vittoria Caldoni von Rudolph Schadow, in: Pantheon. Internationale Zeitschrift für Kunst 19 (1961), S. 250–260

Pope 1803
Eloisa to Abelard. By Alexander Pope, Esq., Zuric [Zürich], Printed for Orell, Fusli and Compagnie, 1803

Pope/Bürger 1803
Alexander Pope: Eloisa an Abelard, übersetzt von Gottfried August Bürger, Zürich, 1803

Porzio 1999
Annalisa Porzio: La quadreria di Palazzo reale nell'Ottocento. Inventari e museografia, Neapel 1999

Potsdams Umgebungen 1839
Anonym: Spaziergang durch Potsdams Umgebungen. Zum Besten der Kinderbewahranstalt in Potsdam, Berlin, Potsdam 1839

Pott 2004
Das Jahrhundert der Freundschaft. Johann Wilhelm Gleim und seine Zeitgenossen, hrsg. v. Ute Pott, Göttingen 2004

Präger 1999
Moritz Daniel Oppenheim. Erinnerungen eines deutsch-jüdischen Malers, hrsg. v. Christmut Präger, Heidelberg 1999

Prange 2007
Peter Prange: Deutsche Zeichnungen 1450–1800, 2 Bde., Die Sammlungen der Hamburger Kunsthalle, Kupferstichkabinett, hrsg. v. Hubertus Gaßner, Andreas Stolzenburg, Köln, Weimar, Wien 2007

Prange 2012
Peter Prange: Kopie als Instrument der Naturaneignung. Heinrich Reinhold und Joseph Anton Koch, in: Römische Historische Mitteilungen 54 (2012), S. 417–420

Prange 2014
Peter Prange: Zwischen Historie und Landschaft: Joseph Anton Kochs religiöse Landschaften, in. Ausst.-Kat. Innsbruck 2014, S. 84–94

Praschek 1968
Helmut Praschek: Franz Ludwig Catel – nicht Johann Heinrich Ramberg. Neue Quellen zur Entststehung der Kupfer zu Goethes Erzählung »Die guten Weiber«, in: Goethe. Jahrbuch der Goethe-Gesellschaft N. F. 30 (1968), S. 313–318

Prause 1968
Marianne Prause: Carl Gustav Carus. Leben und Werk, Berlin 1968

Prause 1975
Marianne Prause: Die Kataloge der Dresdner Akademie-Ausstellungen 1801–1850 […], Quellen und Schriften zur bildenden Kunst 5, Berlin 1975

Prauss 2001
Christina Prauss: Werkverzeichnis Johann Heinrich Voss, in: Mittler/Tappenbeck 2001, S. 9–127

Preti-Hamard 2011a
Moncia Preti-Hamard: Alla scoperta della Magna Grecia: il viaggio in Calabria di Millin, Catel e Astolphe de Custine, in: D'Achille/Iacobini/Preti-Hamard/Righetti/Toscano 2011, S. 423–442

Preti-Hamard 2011b
Monica Preti-Hamard, »Mes regards… se tournoient toujours vers la terre classique«: le voyage de Millin en Italie (1811–1813), in: D'Achille/Iacobini/Preti-Hamard/Righetti/Toscano 2011, S. 135–155.

Preti-Hamard/Savoy 2011
Monica Preti-Hamard, Bénédicte Savoy: Un grande corrispondente europeo. Aubin-Louis Millin tra Francia, Germania e Italia, in: Tecla, 3/2011, S. 12–46; http://www1.unipa.it/tecla/rivista/3_rivista_pretihamard.php (Letzter Aufruf: 29. 6. 2015)

Prevost 2011
Marie-Laure Prévost, Le fonds Millin au département des Manuscrits de la Bibliothèque nationale de France, in: D'Achille/Iacobini/Preti-Hamard/Righetti/Toscano 2011, S. 87–92

Pröhle 1890
Heinrich Pröhle: Artikel »Schmidt, Clamor Eberhard Karl«, in: Allgemeine Deutsche Biographie, 31 (1890), S. 716–719

Putz 2013
Hannelore Putz: Die Kunstförderung König Ludwigs I. von Bayern, München 2013

Putz 2014
Hannelore Putz: Die Leidenschaft des Königs. Ludwig I. und die Kunst, München 2014

Quandt [1824]
Verzeichnis von Gemälden und andern Kunstgegenständen im Hause des J. G. v. Quandt zu Dresen 1824, Dresden [1824]

Raczynski 1841a
Athanasius Raczynski: Geschichte der neueren deutschen Kunst, Bd. 3, Berlin 1841

Raczynski 1841b
Athanasius Raczynski: Historie del l'art moderne en Allemagne, Bd. 3, Paris 1841

Raev 1993
Vasilij Raev, Vospominanija, Moskau 1993

Rauch/Peschken-Eilsberger 1989
Christian Daniel Rauch. Familienbriefe 1796-1857, hrsg. v. Monika Peschken-Eilsberger, München 1989

Rave 1940
Paul Ortwin Rave: Karl Blechen. Leben, Würdigungen, Werk, Berlin 1940

Rave 1945
Paul Ortwin Rave: Die Malerei des 19. Jahrhunderts, Berlin 1945

Rave 1953
Paul Ortwin Rave: Karl Friedrich Schinkel, Berlin 1953

Rave 1962
Paul Ortwin Rave: Totentafel Hans Geller, in: Kunstchronik 15 (1962), Heft 4, S. 107–108

Rave/Wirth 1961
Paul Ortwin Rave, Irmgard Wirth: Die Bauwerke und Kunstdenkmäler von Berlin, hrsg. v. Amt für Denkmalpflege, Schriftleitung Paul Ortwin Rave, Bd. 1,2: Stadt und Bezirk Charlottenburg, bearb. v. Irmgard Wirth, Berlin 1961

Redern/Horn/Giesbrecht 2003
Wilhelm Friedrich von Redern: Unter drei Königen. Lebenserinnerungen eines preußischen Oberstkämmerers und Generalintendanten, aufgezeichnet von Georg Horn, bearbeitet und eingeleitet von Sabine Giesbrecht, Veröffentlichungen aus den Archiven Preußischer Kulturbesitz, Bd. 55, Köln, Weimar, Wien 2003

Refice 1965
Claudia Refice: Pittori stranieri dell'800 nella Campagna Romana, in: Strenna dei Romanisti 1965, S. 167–179

Rehm 2001
Ludger Rehm: Voß und die Musik, in: Ausst.-Kat. Eutin 2001, S. 106–130

Reinhard 1994
Angelika Reinhard: Die Karriere des Robinson Crusoe vom literarischen zum pädagogischen Helden. Eine literaturwissenschaftliche Untersuchung des Robinson Defoes und der Robinson-Adaptionen von Campe und Forster, Europäische Hochschulschriften, Reihe 1, Deutsche Sprache und Literatur, Bd. 1463, Frankfurt am Main, Berlin, Bern, New York, Paris, Wien 1994

Reinisch 2005
Jutta Reinisch: Motivik der Landschaftsmalerei um Neapel im Spiegel zeitgenössischer literarischer Äußerungen: Der Ausblick aus der Kapuzinergrotte bei Amalfi, Ms., Magister-Arbeit, Freie Universität Berlin, Fachbereich Geschichts- und Kulturwissenschaften, Kunsthistorisches Institut, Berlin 2005

Reumont 1840
Alfred von Reumont: Römische Briefe von einem Florentiner 1837–1838, Bd. 1, Leipzig 1840

Reumont 1844
Alfred von Reumont: Neue römische Briefe von einem Florentiner, 1. Theil, Leipzig 1844

Reuther 2011
Silke Reuther: Georg Ernst Harzen. Kunsthändler, Sammler und Begründer der Hamburger Kunsthalle, Forschungen zur Geschichte der Hamburger Kunsthalle, Bd. II, hrsg. v. der Hamburger Kunsthalle und der Hermann Reemtsma Stiftung, mit Beiträgen von David Klemm, Peter Prange und Annemarie Stefes, Berlin, München 2011

Revue de l'art crétien 1857
Anonym: Nekrolog Franz Ludwig Catel, in: Revue de l'art cretien 1 (1857), S. 94

Riccardi 2004
Domenico Riccardi: Olevano e i suoi Pittori, Rom 2004

Ricciardi 1998
Massimo Ricciardi: La costa d'Amalfi nella pittura dell'Ottocento, con prefazione di Mario Alberto Pavone, Salerno 1998

Ricciardi 2002
Massimo Ricciardi: Paesaggisti stranieri in Campania nell'Ottocento, con prefazione di Giancarlo Alision, Salerno 2002

Ricciardi 2009
Massimo Ricciardi: Cava e dintorni nella pittura dell'Ottocento. Raffigurazioni del paesaggio cavese, con alcuni dipinti rari o inediti di Salerno e della Costa d'Amalfi, Salerno 2009

Riccio 2000
Mary Berry un'inglese in Italia. Diari e corrispondenza dal 1783 al 1823. Arte, personaggi e società, hrsg. v. Bianca Riccio, Rom 2000

Richter 1886
Lebenserinnerungen eines deutschen Malers. Selbstbiographie nebst Tagebuchniederschriften und Briefen von Ludwig Richter, hrsg. v. Heinrich Richter, Frankfurt am Main ²1886

Richter 1991
Matthias Richter: Artikel »Klamer Eberhard Karl Schmidt«, in: Literaturlexikon, Bd. 10, Gütersloh, München 1991, S. 314–315

Richter 2007
Dieter Richter: Der Vesuv. Geschichte eines Berges, Berlin 2007

Richter 2009
Dieter Richter: Der Süden. Geschichte einer Himmelsrichtung, Berlin 2009

Ridley 1995
Ronald T. Ridley, Artikel »Fea, Carlo«, in: Dizionario Biografico degli Italiani 45, 1995 (http://www.treccani.it/enciclopedia/carlo-fea_(Dizionario-Biografico); letzter Aufruf: 15. 5. 2015)

Ridley 2000
Ronald T. Ridley: The pope's archaeologist. The life and times of Carlo Fea, Rom 2000

Rietdorf 1940
Alfred Rietdorf: Gilly. Wiedergeburt der Architektur, Berlin 1940

Ritter 1999
Heidi Ritter: Resonanz und Popularität der »Luise« im 19. Jahrhundert, in: Rudolph 1999, S. 215–236

Robels 1974
Hella Robels: Sehnsucht nach Italien. Bilder deutscher Romantiker, München 1974

Röder 1985
Sabine Röder: Höhlenfaszination in der Kunst um 1800. Ein Beitrag zur Ikonographie von Klassizismus und Romantik in Deutschland, Remscheid 1985

Rohde 1982
Hermann Peter Rohde: Danske kunstnere I Rom. Studier omkring et guldaldermaleri, Viborg 1982

Rosenblum 1957
Robert Rosenblum: The Origin of Painting. A Problem in the Iconography of Romantic Classicism, in: The Art Bulletin 39 (1957), Nr. 4, S. 279–290

Rotach 1929
Walter Rotach: Die Gemeinde Herisau, Herisau 1929

Rott 2003
Herbert W. Rott: Ludwig I. und die Neue Pinakothek, mit Beiträgen von Hubert Glaser und Frank Büttner, [München, Köln] 2003

Rott 2009
Herbert W. Rott: Sammlung Schack. Katalog der ausgestellten Gemälde, hrsg. v. den Bayerischen Staatsgemäldesammlungen, München, Ostfildern 2009

Rott/Kaak 2003
Das 19. Jahrhundert. Die Neue Pinakothek, hrsg. v. Herbert W. Rott, Joachim Kaak, [München, Köln] 2003

Rudelbach 1845
A.[ndreas] G.[ottlob] Rudelbach: Erinnerungen aus dem Leben des Archäologen Peter Oluf Brönstedt, in: Blätter für literarische Unterhaltung, Nr. 331 v. 27. 11. 1845, S. 1325–1328; Nr. 332 v. 28. 11. 1845, S. 1329–1331; Nr. 333 v. 29. 11. 1845, S. 1332–1335; Nr. 334 v. 30. 11. 1845, S. 1337–1338

Rudolph 1999
Johann Heinrich Voß. Kulturräume in Dichtung und Wirkung, hrsg. v. Andrea Rudolph, Dettelbach 1999

Rümann 1927
Arthur Rümann: Die illustrierten Deutschen Bücher des 18. Jahrhunderts, Taschenbibliographien für Büchersammler, Bd. 5, Stuttgart 1927

Rumohr 1827
Karl Friedrich von F. Rumohr, Italienische Forschungen, Bd. 1, Berlin, Stettin 1827

Runge 1840/41
Philipp Otto Runge. Hinterlassene Schriften, hrsg. von Daniel Runge, 2 Bde., Hamburg 1840/41

Saint-Non 1783
Jean Claude Richard de Abbé de Saint-Non: Voyage pittoresque ou Description des Royaumes de Naples et Sicile. Troisième volume, contenant le Voyage ou Circuit de la partie Méridionale de l'Italie, anciennement appelée Grande-Grèce, Paris, 1783

Salerno 1991
Luigi Salerno: I pittori di vedute in Italia (1580–1830), Rom 1988

Salewski 1965
Schloß Marienburg in Preußen. Das Ansichtenwerk von Friedrich Gilly und Friedrich Frick, hrsg. v. Wilhelm Salewski, Düsseldorf 1965

Sandrart/Klemm 1994
Joachim von Sandrart: Teutsche Academie der Bau-, Bild- und Mahlerey-Künste, 3 Bde., Nürnberg 1675–1680. In ursprünglicher Form neu gedruckt. Mit einer Einleitung von Christian Klemm, Nördlingen 1994

Sarmant 1994
Thierry Sarmant: Le Cabinet des médailles de la Bibliothèque nationale, 1661–1848, Paris, 1994

Sarmant 2011
Thierry Sarmant: La carrière d'Aubin-Louis Millin: mondanité et service de l'Etat, in: D'Achille/Iacobini/Hamard/Righetti 2011, S. 75–85

Sass 1963
Else Kai Sass: Thorvaldsens Portrætbuster, 3 Bde., Kopenhagen 1963

Savarese 2006
Maria Savarese: La collezione De Sangro dei Principi di
Fondi in tre inediti inventari di famiglia. Da quadreria
seicentesca a moderna raccolta di arti decorative, in: Napoli
Nobilissima. Rivista di Arti, Filologia e Storia 5. Serie, Band
VII, Heft V–VI (September–Dezember) 2006, S. 189–208

Scamardi 1998
Teodoro Scamardi, Viaggiatori tedeschi in Calabria. Dal
Grand tour al turismo di massa, Soveria Mannelli 1998

Ŝčedrin 1978
Sil'vestr Ŝčedrin, Pis'ma, Moskau 1978

Schack 1889
Adolf Friedrich von Schack: Meine Gemäldesammlung,
Stuttgart, ⁵1889

Schadow/Friedlaender 1890
[Johann] Gottfried Schadow: Aufsätze und Briefe nebst
einem Verzeichnis seiner Werke. Zur hundertjährigen Feier
seiner Geburt 20. Mai 1764, hrsg. v. Julius Friedlaender,
Stuttgart ²1890

Schadow 1987
Johann Gottfried Schadow: Kunstwerke und Kunstansichten.
Ein Quellenwerk zur Berliner Kunst- und Kulturgeschichte
zwischen 1780 und 1845. Kommentierte Neuausgabe der
Veröffentlichung von 1849 herausgegeben von Götz Eckhardt,
3 Bde., Berlin 1987

Schaller 1990
Marie-Louise Schaller: Annäherung an die Natur. Schweizer
Kleinmeister in Bern 1750–1800, Bern 1990

Schasler 1856
Max Schasler: Berlin's Kunstschätze. Ein praktisches Handbuch zum Gebrauch von Besichtigungen, 2. Abth.: Die
öffentlichen und Privat-Kunstsammlungen, Kunstinstitute
und Ateliers der Künstler und Kunstindustriellen von Berlin
[…], Berlin 1856

Scheidig 1954
Walter Scheidig: Franz Horny, Berlin 1954

Schellenberg [1925]
Der Maler Franz Horny. Briefe und Zeugnisse, hrsg. v. Ernst
Ludwig Schellenberg, Berlin [1925]

Schicha 2013
Nadine Schicha: Lesarten des Geschlechts, Bad Heilbrunn
2013 (http://www.klinkhardt.de/newsite/media/20131115_
9783781519527einl.pdf; Letzter Aufruf: 21. 5. 2015)

Schinkel/Riemann 1979
Karl Friedrich Schinkel. Reisen nach Italien. Tagebücher,
Briefe, Zeichnungen, Aquarelle, hrsg. v. Gottfried Riemann,
Berlin 1979

Schlegel/Eichler/Lelless 1984
Friedrich Schlegel: Gemälde Alter Meister. Mit Kommentar
und Nachwort von Hans Eichler und Norma Lelless, Texte
zur Forschung, Bd. 46, Darmstadt 1984

Schmid 1996
Pia Schmid: Ein Klassiker der Mädchenerziehungstheorie:
Joachim Heinrich Campes Väterlicher Rath für meine Toch-
ter (1789), in: Ausst.-Kat. Wolfenbüttel 1996, S. 205–214

Schmidt 1802
[Klamer Eberhard Karl Schmidt]: Komische und humoristi-
sche Dichtungen. Mit fünf Kupfertafeln, Berlin, bey Friedrich
Maurer, 1802

Schmidt 1985
Yvonne Schmidt: Franz Ludwig Catel (1778–1856): Untersuchungen zum Werk des Malers anhand ausgewählter Beispiele aus seiner italienischen Zeit, Ms., Magister-Arbeit,
München 1985

Schmoll, gen. Eisenwerth 1970
Josef A. Schmoll, gen. Eisenwerth: Fensterbilder. Motiv-
ketten in der europäischen Malerei, in: Beiträge zur Motivkunde des 19. Jahrhunderts, Studien zur Kunst des 19. Jahrhunderts, Bd. 6, München 1970, S. 13–166

Schnorr von Carolsfeld 1886
Briefe aus Italien von Julius Schnorr von Carolsfeld, geschrieben in den Jahren 1817 bis 1827. Ein Beitrag zur
Geschichte seines Lebens und der Kunstbestrebungen
seiner Zeit, Gotha 1886

Scholke 2000
Horst Scholke, mit einem Essay von Wolfgang Adam: Der
Freundschaftstempel im Gleimhaus zu Halberstadt. Porträts
des 18. Jahrhunderts, Leipzig 2000

Schottky 1833
Julius Max Schottky: Münchens öffentliche Kunstschätze auf
dem Gebiete der Malerei, München 1833

Schütt 2005
Rüdiger Schütt: Ein Mann von Feuer und Talenten: Leben
und Werk von Carl Friedrich Cramer, Göttingen 2005

Schulte-Wülwer 2000
Ulrich Schulte-Wülwer: Ernst Meyer (1797–1861). Ein Maler
des italienischen Volkslebens, in: Nordelbingen. Beiträge zur
Kunst- und Kulturgeschichte Schleswig-Holsteins 69 (2000),
S. 61–104

Schulte-Wülwer 2009
Ulrich Schulte Wülwer: Sehnsucht nach Arkadien. Schleswig-
Holsteinische Künstler in Arkadien, [Heide] 2009

Schultze 1996
Simone Schultze: Pierre-Henri de Valenciennes und seine
Schule. »Paysage historique« und der Wandel in der Natur-
auffassung am Anfang des 19. Jahrhunderts, Frankfurt am
Main u. a. 1996

Schuster 1981
Peter-Klaus Schuster: Catel und Goethe. Zur Entstehung der
realistischen Bildungslandschaft, in: Literaturwissenschaft
und Geistesgeschichte. Festschrift für Richard Brinkmann,
Tübingen 1981, S. 164–200

Schwarz/Schöchl 1960
Heinrich Schwarz, unter Mitarbeit v. Karl Schöchl: Besucher
Salzburgs. Künstler, Musiker, Dichter, Schauspieler, Gelehrte
und Staatsmänner, in: Mitteilungen der Gesellschaft für Salzburger Landeskunde 100, 1960, S. 487–527

Schweers 1994
Hans F. Schweers: Gemälde in deutschen Museen, Bd. 1,
München, New York, London, Paris 1994

Schweers 1986
Hans F. Schweers. Genrebilder in deutschen Museen.
Verzeichnis der Künstler und Werke, München, New York,
London, Paris 1986

Seelig 1997
Gero Seelig: Stichwort »Catel, Franz Ludwig«, in: AKL 17
(1997), S. 292–293

Seidel 1826
Carl Seidel: Die schönen Künste zu Berlin im Jahre 1826,
Berlin 1826

Seidler/Uhde 1922
Erinnerungen, der Malerin Louise Seidler, hrsg. v. Hermann
Uhde, Berlin 1922

Seidlitz 1906
Woldemar von Seidlitz: Führer durch die Deutsche Jahrhundertausstellung 1906. Gemälde, Bildwerke, Zeichnungen, München [1906]

Senn 2013
Rolf Thomas Senn: In Arkadien. Friedrich Wilhelm IV. von
Preußen. Eine biographische Landvermessung, Berlin 2013.

Severin 1992
Ingrid Leonie Severin: Baumeister und Architekten. Studien
zur Darstellung eines Berufsstandes in Porträt und Bildnis,
Berlin 1992

Ŝevyrev 2006
Stephan Petrovic Ŝevyrev: Ital'janskie vpečatlenija,
St. Petersburg 2006

Siegburg 1988
Friedrich Siegburg: Chateaubriand, Frankfurt am Main 1988

Sieveking 1928
Heinrich Sieveking: Karl Sieveking 1787–1847. Lebensbild
eines Hamburgischen Diplomaten aus dem Zeitalter der
Romantik, III. Teil: Das Syndicat, Veröffentlichungen des
Vereins für Hamburgische Geschichte, Band V, III. Teil,
Hamburg 1928

Sievers 1960
Johannes Sievers: Das Vorbild des »Neuen Pavillons« von
Karl Friedrich Schinkel im Schlosspark Charlottenburg, in:
Zeitschrift für Kunstgeschichte 23 (1960), S. 227–241

Sigismund 1922
Ernst Sigismund: Stichwort »Günther, Christian August«, in:
Thieme/Becker 15:1922, S. 202–203

Soden 1794
Julius von Soden: Psyche. Über Daseyn, Unsterblichkeit und
Wiedersehen, Nürnberg 1794

Spiske 1965
Hilmar Spiske: Christian Gottfried Flittner. Das populäre
Werk eines Arztes und Apothekers der Goethezeit im Geiste
der Aufklärung, Diss. Universität München, Medizinische
Fakultät, Institut für Geschichte der Medizin, München 1965

Stach 1984
Reinhart Stach: Robinsonade, in: Lexikon der Kinder- und
Jugendliteratur. Personen-, Länder- und Sachartikel zu
Geschichte und Gegenwart der Kinder- und Jugendliteratur,
hrsg. v. Klaus Doderer, Bd. 3, Weinheim, Basel 1984, S. 188–
191

Statuto Pio Istituto Catel 1875
Statuto organico del Pio Istituto Catel, Valsavaranche 1875
(Exemplar: Rom, Biblioteca Apostolica Vaticana, Sign. R.G.
Miscell. Iv. 1174, int. 8)

Statuto Pio Istituto Catel [1890]
Statuto organico del Pio Istituto Catel, Rom [1890] (Exemplare: Rom, Biblioteca Apostolica Vaticana, Sign. R. G. Miscell. IV. 1173 [int. 10]; Rom, Fondazione Catel, Archiv)

Stauss 2015
Thomas Stauss: Frühe Spielwelten zur Belehrung und Unterhaltung. Die Spielwarenkataloge von Peter Friedrich Catel
(1747–1791) und Georg Hieronimus Bestelmeier (1764–
1829), Hochwald 2015

Steinbrucker 1921
Briefe Daniel Chodowieckis an Anton Graff, hrsg. v. Charlotte Steinbrucker, Berlin, Leipzig 1921

Steinmann 1973
Eugen Steinmann: Die Kunstdenkmäler des Kantons Appenzell Ausserrhoden. Der Bezirk Hinterland, Bd. 1, Kunstdenkmäler der Schweiz, Bd. 61, Basel 1973

Sternberger 2009
Jürgen Sternberger: Das Mirakel des Hauses Brandenburg. Die Schlacht von Kunersdorf 1759, Berlin 2009

Stendal 2002
Stendal. Voyage en Italie. Rome Naples et Frances – Promenades dans Rome illustrées par les peintres du Romantisme, Paris 2002

Stephan 1994
Bärbel Stephan: Thorvaldsens Aufenthalt im Juni des Jahres 1841 in der sächsischen Haupt- und Residenzstadt Dresden und auf dem Landschloß Maxen, in: Anzeiger des Germanischen Nationalmuseums und Berichte aus dem Forschungsinstitut für Realienkunde 1994, Nürnberg 1994, S. 25–40

Sternke 2009
René Sternke: Distinktionsverlust, Charakterverfall, Modernität, in: Gerlach 2009a, S. 31–78

Stolzenburg 1994
Giuseppe Craffonara (1790–1837). Ein Maler zwischen Klassizismus und Purismus. Monographie und kritisches Verzeichnis der Werke mit Dokumentenanhang, 2 Bde., Phil.-Diss., Universität Regensburg 1992, Deutsche Hochschulschriften Nr. 543 und 545, Egelsbach, Köln, Washington 1994

Stolzenburg 1997
Andreas Stolzenburg: Rezension von »Ausst.-Kat. Rom 1996a«, in: Journal für Kunstgeschichte 1 (1997), Heft 2, S. 192–193

Stolzenburg 2002
Andreas Stolzenburg: Die Säulen des Vespasian-und-Titus-Tempels auf dem Forum Romanum. Ein unbekanntes römisches Frühwerk Franz Ludwig Catels, in: Bedeutung in den Bildern. Festschrift für Jörg Traeger zum 60. Geburtstag, hrsg. v. Karl Möseneder, Gosbert Schüßler, Regensburg 2002, S. 443–454

Stolzenburg 2003
Andreas Stolzenburg: Neuerwerbungen 2001/2002 [des Kupferstichkabinetts der Hamburger Kunsthalle], in: Im Blickfeld. Die Jahre 2001/2002 in der Hamburger Kunsthalle, 2003, S. 127–137

Stolzenburg 2004
Andreas Stolzenburg: Franz Ludwig Catel: View of Ariccia with looking towards the Sea with the Isole Ponziane in the Distance, in: Ausst.-Kat. Shizuoka 2004, S. 146, Nr. 58, Abb. S. 147 (japanisch), S. 236, Nr. 58 (englisch)

Stolzenburg 2005
»Schatzkammer der Inspiration«. Dänische Maler in Rom 1800–1850, in: Die Kopenhagener Schule. Meisterwerke dänischer und deutscher Malerei von 1770 bis 1850, Ausst.-Kat. Kiel, Kunsthalle zu Kiel, Ostfildern-Ruit 2005, S. 161–168

Stolzenburg 2007
Andreas Stolzenburg: Der Landschafts- und Genremaler Franz Ludwig Catel (1778–1856), Ausst.-Kat. Rom, Casa di Goethe, Rom 2007 (auch in italienischer Sprache erschienen: Rom 2007)

Stolzenburg 2008
Andreas Stolzenburg: Die archäologische Landschaft. Jakob Phlipp Hackerts Reise nach Paestum und Sizilien im Jahre 1777 und die Ausgrabungen in Pompeji, in: Ausst.-Kat. Weimar/Hamburg 2008, S. 33–43

Stolzenburg 2009a
Andreas Stolzenburg: Erwerbungen des Kupferstichkabinetts 2005–2007, in: IDEA. Jahrbuch der Hamburger Kunsthalle 2005 bis 2007, Bremen 2009, S. 194–219

Stolzenburg 2009b
Andreas Stolzenburg: Erwerbungsbericht zu »Franz Ludwig Catel, Neapolitanische Fischerfamilie«, in: IDEA. Jahrbuch der Hamburger Kunsthalle 2005 bis 2007, Bremen 2009, S. 202

Stolzenburg 2012a
Andreas Stolzenburg: »[…] der redlichste Mann in ganz Rom – fest und unverführbar«. Johann Christian Reinhart und die Künstlerschaft in Rom 1790–1847, in: Ausst.-Kat. Hamburg/München 2012, S. 71–91

Stolzenburg 2012b
Andreas Stolzenburg: »Am meisten imponierte mir seine Erscheinung selbst. Eine große, etwas hagere, aber kräftige Gestalt«. Johann Christian Reinhart im Bildnis, in: Ausst.-Kat. Hamburg/München 2012, S. 92–99

Stolzenburg 2014
Andreas Stolzenburg: Franz Ludwig Catel als künstlerisches und ökonomisches Vorbild für Götzloffs Entwicklung als Landschafts- und Genremaler in Neapel, in: Ausst.-Kat. Lübeck/Koblenz 2014, S. 44–57

Stolzenburg 2015a
Andreas Stolzenburg: Die Ansichten des alten und modernen Rom von Friedrich Loos und die Rom-Panoramen des 19. Jahrhunderts, in: Friedrich Loos. Ein Künstlerleben zwischen Wien, Rom und dem Norden, Ausst.-Kat. Belvedere, Wien, hrsg. v. Agnes Husslein-Arco, Rolf H. Johannsen, Wien 2015, S. 51–64

Stolzenburg 2015b
Andreas Stolzenburg: Joseph Rebell – Eine Gruppe von frühen Tuschpinselzeichnungen im Stil Claude Lorrains und Erkenntnisse zum druckgraphischen Werk, in: Linien – Musik des Sichtbaren. Festschrift für Michael Semff, hrsg. v. Kurt Zeitler unter Mitarbeit von Susanne Wagini, Andreas Strobl, Achim Riether, München, Berlin 2015, S. 270–279

Stolzenburg 2015c
Andreas Stolzenburg: Franz Ludwig Catels Illustrationszeichnungen zu Joachim Heinrich Campes Jugendroman »Robinson der Jüngere«, in: IDEA. Jahrbuch der Hamburger Kunsthalle 2008–2011, Hamburg 2015, im Druck

Stolzenburg 2016a
Andreas Stolzenburg: Eckersberg in Rom, in: Eckersberg. Faszination Wirklichkeit. Das Goldene Zeitalter der dänischen Malerei Ausst.-Kat. Hamburger Kunsthalle, 2016, im Druck

Stolzenburg 2016b
Andreas Stolzenburg: Franz Ludwig Catels Engagement für die deutsche Künstlerschaft in Rom und die Gründung des Pio Istituto Catel, in: Kunstmarkt und Kunstbetrieb in Rom (1770–1840). Akteure und Handlungsorte, Internationale Konferenz, Rom, Deutsche Historisches Institut, 30. 9–2. 10. 2014, veranstaltet vom Deutschen Historischen Institut in Rom, der Bibliotheca Hertziana – Max-Planck-Institut für Kunstgeschichte und dem Historischen Seminar der LMU München, hrsg. v. Hannelore Putz, 2016, im Druck

Strauß 2013
Botho Strauß: Anmerkungen zum Außenseiter, in: Grisebach. Das Journal. Dritte Ausgabe 2013, S. 45–47

Striehl 1998
Georg Striehl: Der Zeichner Christoph Heinrich Kniep (1755–1825). Landschaftsauffassung und Antikenrezeption, Hildesheim, Zürich, New York 1998

Strittmatter 2004
Anette Strittmatter: Paris wird eine einzige große Wunderlampe sein. Das Leben der Künstlerin Therese aus dem Winckel 1779–1867, Berlin 2004

Struck 2014
Neela Struck: Pictor doctus – Der forschende Künstler, in: Spot On. Meisterwerke der Hamburger Kunsthalle, Ausst.-Kat. Hamburger Kunsthalle, Hamburg 2014, S. 9–14

Struck 2016
Neela Struck: Die »fabriche« Papst Pauls V. Borghese (1605–1621). Zur Herrscherikonographie der Borghese im Quirinalspalast, München 2016, im Druck

Stuart 1955
Dorothy Margaret Stuart: Dearest Bess. The Life and Times of Lady Elisabeth Foster afterwards Duchess of Devonshire from her unpublished Journals and Correspondence, London 1955

Stuffmann 2001
Margret Stuffmann: Mit der Linie malen. Corots römische Zeichnungen, in: Stuffmann/Busch 2001, S. 395–411

Stuffmann/Busch 2001
Zeichnen in Rom 1790–1830, Vorträge des Johann David Passavant-Kolloquiums v. 5.–7. 12. 1997 im Städelschen Kunstinstitut in Frankfurt am Main, hrsg. v. Margret Stuffmann, Werner Busch, Kunstwissenschaftliche Bibliothek Bd. 19, hrsg. v. Christian Posthofen, Köln 2001

Susinno 1991
Stefano Susinno: La pittura a Roma nella prima metà dell'Ottocento, in: PittItalOttoc I/II, 1991, S. 399–430

Susinno 1996
Stefano Susinno: Il sucesso di »Francesco« Catel tra pittura di genere e di paese nella Roma della Restaurazione, in: Ausst.-Kat. Rom 1996a, S. 11–20

Svin'in 1817
Pawel Svin'in: Dostopamjatnosti Sankt-Peterburga i ego okrestnosti. Soĉinenije Pavla Svin'ina. Bd. 2, St. Petersburg 1817, S. 80

Swinburne 1785–1787
Voyage d'Henri Swinburne dans les Deux Siciles en 1777, 1778, 1779 et 1780, traduit de l'anglais par un voyageur français, 5 Bde., Paris 1785–1787

Tallner 2004
Katja Tallner: Jakob Salomon Bartholdy. Untersuchungen zu einem Porträtgemälde von Carl Joseph Begas, in: Heimatkalender des Kreises Heinsberg, Heinsberg 2004, S. 140–146

Taschenbuch auf das Jahr 1798 für Damen
Taschenbuch auf das Jahr 1798 für Damen. Herausgegeben von Huber, Lafontaine, Pfeffel, Sulzer. Mit Kupfern, Tübingen, in der J. G. Cotta'schen Buchhandlung, [1797]

Taschenbuch auf das Jahr 1804
Taschenbuch auf das Jahr 1804. Herausgegeben von Wieland und Goethe. Tübingen, in der Cotta'schen Buchhandlung, [1803]

Taschenbuch auf das Jahr 1804 für Natur- und Gartenfreunde
Taschenbuch auf das Jahr 1804 für Natur- und Gartenfreunde. Mit Kupfern. Tübingen, in der J. G. Cotta'schen Buchhandlung, [1803]

Taschenbuch für Damen auf das Jahr 1801
Taschenbuch für Damen auf das Jahr 1801, hrsg. v. Huber, Lafontaine, Pfeffel und andern. Mit Kupfern, Tübingen [1800]

Taschenbuch für Damen auf das Jahr 1803
Taschenbuch für Damen auf das Jahr 1803. Herausgegeben von Huber, Lafontaine, Pfeffel und andern. Mit Kupfern, Tübingen, in der J. G. Cotta'schen Buchhandlung, [1802]

Taschenbuch für Damen auf das Jahr 1806
Taschenbuch für Damen auf das Jahr 1806, hrsg. v. Huber, Lafontaine, Pfeffel und andern. Mit Kupfern, Tübingen, in der G. G. Cotta'schen Buchhandlung, [1805]

Taschenbuch für 1799
Taschenbuch für 1799. Maria Stuart von Friedrich Gentz – Die Rache von August Lafontaine, Berlin, bey Friedrich Vieweg dem älteren, [1798]

Taschenbuch für 1801
Taschenbuch für 1801. Herausgegeben von Friedrich Gentz, Jean Paul und Johann Heinrich Voss, Braunschweig, bey Friedrich Vieweg, [1800]

Taschenbuch für 1802
Taschenbuch für 1802. Braunschweig, gedruckt und verlegt bei Friedrich Vieweg, [1801]

Taschenbuch für 1804
Christoph Martin Wieland: Menander und Glycerion, in: Taschenbuch für 1804, Tübingen, Cotta, [1803]

Taschenbuch für Damen auf das Jahr 1811
Taschenbuch für Damen auf das Jahr 1811. Mit Beiträgen von Huber, Lafontaine, Pfeffel, Jean Paul Richter und andern. Mit Kupfern. Tübigen, in der J. G. Cotta'schen Buchhandlung, [1810]

Taschenkalender auf das Jahr 1801 für Natur- und Gartenfreunde
Taschenkalender auf das Jahr 1801 für Natur- und / Gartenfreunde. Mit Kupfern. Tübingen, in der J. G. Cotta'schen Buchhandlung, [1800]

Teichmann 1992
Michael Teichmann: »Künstler sind meine Tischgäste«: Kronprinz Ludwig von Bayern in der spanischen Weinschenke auf Ripagrande in Rom in Gesellschaft von Künstlern und seinen Reisebegleitern (Franz Ludwig Catel), Schriften aus dem Institut für Kunstgeschichte der Universität München, Bd. 56, München 1992

Teichmann 2000
Michael Teichmann: »Es soll der Künstler mit dem König geh'n«. Ludwig I. von Bayern als Kunstmäzen, in: Jahrbuch Stiftung Preussische Schlösser und Gärten Berlin-Brandenburg, 1 (1995/96), Berlin 2000, S. 227–241

Teistler 2003
Gisela Teistler: Fibel-Handbuch »FI-FI«. Deutschsprachige Fibeln von den Anfängen bis 1944. Eine Bibliographie, Osnabrück 2003

Testa 1993
Martha Testa: Johan Bravo, En skandinav i Rom, Lynge 1993

Therrien 1998
Lyne Therrien, L'histoire de l'art en France. Genèse d'une discipline universitaire, Paris 1998, S. 37–44

Thieme/Becker 1–37/1907–1950
Allgemeines Lexikon der bildenden Künstler von der Antike bis zur Gegenwart, begründet von Ulrich Thieme und Felix Becker, 37 Bde., Leipzig 1907–1950

Thimann 2006
Michael Thimann: Carl Gustav Carus: Das Kolosseum bei Mondschein, in: Klassik und Romantik, Geschichte der bildenden Kunst in Deutschland, hrsg. v. Andreas Beyer, Bd. 6, München, Berlin, London, New York 2006, S. 409, Nr. 277

Thomasson 2013
Fredrik Thomasson: The Life of J. D. Åkerblad. Egyptian Decipherment and Orientalism in Revolutionary Times, Brill's Studies in Intellectual History, hrsg. v. Han van Ruler, Bd. 213, Leiden, Bosten 2013

Toscano 2008
Gennaro Toscano: Le Moyen Age retrouvé: Millin et Ingres à la découverte de Naples angevine, in: Barbillon/Durey/Fleckner 2008, S. 275–310

Toscano 2011
Gennaro Toscano: Millin et »l'école« napolitaine de peinture et de sculpture, in: D'Achille/Iacobini/Hamard/Righetti 2011, S. 387–411

Toscano 2012
Gennaro Toscano: Mai 1812: Aubin-Louis Millin et Franz Ludwig Catel à Paestum, in: Album amicorum. Œuvres choisies pour Arnauld Brejon de Lavergnée, Paris 2012, S. 182–183

Toscano 2014
Gennaro Toscano: 8 mai 1812, Catel, Custine et Millin à Amalfi, in: Storia dell'arte come impegno civile. Scritti in onore di Marisa Dalai Emiliani, hrsg. v. Angela Cipriani, Valter Curzi, Rom 2014, S. 356–363

Toscano, 2015
Gennaro Toscano: »Il y avait un autre genre que je préférais à celui des ruines. C'étaient les intérieurs«. Granet et Catel entre Rome et l'Italie du Sud, in: Scritti in onore di Caterina Limentani Virdis, Padua, im Druck

Tozzi 2010
Simonetta Tozzi: L'exil en Italie – Rome (1825–1839). Les »amis« de Charlotte à Rome, in: Ausst.-Kat. Rom 2010, S. 61–68

Traeger 2005
Jörg Traeger: Politik der Popularisierung. Zum Kunstprogramm Ludwigs I. von Bayern, in: Popularisierung und Popularität, hrsg. v. Gereon Blaseio, Hedwig Pompe, Jens Ruchatz, Köln 2005, S. 93–114

Trepesch 2008
Karl Haberstock. Umstrittener Kunsthändler und Mäzen, hrsg. v. Christoph Trepesch, mit Beiträgen von Ute Haug, Anja Heuß, Christoph Trepesch, München, Berlin 2008

Treskow 2011
Rüdiger von Treskow: Gilly – Catel – Schinkel. Das Landschloss Owinsk bei Posen – Pałac w Owinskach koło Poznania 1803–1806, Berlin, München 2011

Trinchero 2008
Cristina Trinchero: Regards sur l'Italie entre XVIIIe et XIXe siècles: le Magasin Encyclopédique de Millin, in: Annales Historiques de la Révolution Française, Bd. 1, Paris 2008, S. 59–75

Trömel/Marcuse 1925
Herbert Marcuse: Schiller-Bibliographie. Unter Benutzung der Trömelschen Schiller-Bibliothek (1865), Berlin 1925 (Repr. Hildesheim 1971)

Troescher 1953
Georg Troescher: Kunst- und Künstlerwanderungen in Mitteleuropa 800–1800, Bd. 1, Baden Baden 1953

Valente 1962
Gustavo Valente, Turisti francesi in Calabria nel Settecento, Cosenza 1962

Varnhagen 1874
Karl August Varnhagen van Ense: Aus dem Nachlaß, Leipzig 1874

Verdone 2005
Luca Verdone: Vincenzo Camuccini pittore neoclassico, introduzione di Claudio Strinati, Percorsi d'arte, collana diretta da Paolo Trastulli, Bd. 1, Rom 2005

Vivant Denon/Mauriès 1788/1993
Dominique Vivant Denon: Voyage en Sicile, Paris 1788, neu hrsg. v. S. Mauriès, Paris 1993

Rogner 1965
Verlorene Werke der Malerei. In Deutschland in der Zeit von 1939 bis 1945 zerstörte und verschollene Gemälde aus Museen und Galerien, bearb. v. Marianne Bernhard, hrsg. v. Klaus P. Rogner, beratende Mitarbeit Kurt Martin, Berlin 1965

Valenciennes 1799–1800
Pierre-Henri de Valenciennes: Eléments de perspective pratique, à l'usage des artistes, suivis de réflexions et conseils à un élève sur la peinture et particulièrement sur le genre du paysage, Paris, 1799–1800

Valenciennes 1803
Pierre-Henri de Valenciennes: Praktische Anleitung zur Linear- und Luftperspectiv für Zeichner und Mahler, nebst Betrachtungen über das Studium der Malerei überhaupt und der Landschaftsmalerei insbesondere, übersetzt von Johann Heinrich Meynier, 2 Bde., Hof 1803

Vesper 2011
Gerd Vesper: Die deutsche Schule in Rom. Konfessionalismus, Nationalismus, Internationale Begegnung, Historische Studien, Husum 2011

Vieweg 1911
Verlagskatalog von Friedrich Vieweg & Sohn in Braunschweig 1786–1911. Herausgegeben aus Anlass des Hundertfünfundzwanzigjährigen Bestehens der Firma. Gegründet April 1786, Braunschweig 1911

Von Pölnitz 1929
Winfried von Pölnitz: Ludwig I. von Bayern und Johann Martin von Wagner, München 1929

Von Ringseis 1886
Erinnerungen des Dr. Johann Nepomuk von Ringseis gesammelt, ergänzt und hrsg. v. Emilie Ringseis, 4 Bde., Regensburg 1886

Von Wallthor 1971
Alfred Hartlieb von Wallthor: Der Freiherr vom Stein in Italien, Köln, Berlin 1971

Voss 1802
Sämtliche Gedichte von Johann Heinrich Voss, 7 Bde., Königsberg 1802

Vuič 2013
Lada Ivanovna Vuič: O kartine V. F. Žukovskogo, izvestnoj pod nazvaniem »Campagna di Roma. Villa Mattei«, in: Žukovsskij. Issledovanija i materialy, 2. Aufl., Tomsk 2013, 681–687

Waagen 1861
Gustav Friedrich Waagen: Verzeichnis der Gemälde-Sammlung des am 18. Januar 1861 zu Berlin verstorbenen königlich schwedischen und norwegischen Konsuls J. H. Wagener, welches durch letztwillige Bestimmung in den Besitz seiner Majestät des Königs übergegangen ist, Berlin 1861

Waetzoldt 1927
Wilhelm Waetzoldt: Das klassische Land. Wandlungen der Italiensehnsucht, Leipzig 1927

Wartmann 1786
Bernhard Wartmann: Bemerkungen von dem Wildkirchlein oder St. Michaels-Kapell und Eben-Alp in dem Canton Appenzell, St. Gallen 1786

Wegehaupt 1979
Heinz Wegehaupt, unter Mitarbeit von Edith Fichtner: Alte deutsche Kinderbücher, [Bd. 1]: Bibliographie 1507–1850. Zugleich Bestandsverzeichnis der Kinder- und Jugendbuchabteilung der Deutschen Staatsbibliothek zu Berlin, Hamburg 1979

Wegehaupt 2000
Heinz Wegehaupt: Alte deutsche Kinderbücher, Bd. 3: Bibliographie 1524–1900. Zugleich Bestandsverzeichnis der in Bibliotheken und einigen Privatsammlungen in Berlin, Brandenburg, Mecklenburg, Sachsen, Sachsen-Anhalt und Thüringen befindlichen Kinder- und Jugendbücher, Stuttgart 2000

Wegehaupt 2003
Heinz Wegehaupt: Alte deutsche Kinderbücher, Bd. 4: Bibliographie, 1521–1900. Zugleich Bestandsverzeichnis der in Berliner Bibliotheken befindlichen Kinder- und Jugendbücher sowie der Kinder- und Jugendzeitschriften, Almanache und Jahrbücher, Stuttgart 2003

Wegerhoff 2012
Erik Wegerhoff: Das Kolosseum als Ruinenlandschaft zur Zeit der »Grand Tour«, in: ders.: Das Kolosseum. Bewundert, bewohnt, ramponiert, Berlin 2012

Wegner 2001
Reinhard Wegner: Die unvollendete Landschaft, in: Bertsch/Wegner 2001, S. 437–450

Weidner 2007
Thomas Weidner: Rez. von »Stolzenburg 2007«, in: Goethe-Jahrbuch 124 (2007), S. 331

Werner 1807
[Zacharias Werner:] Martin Luther oder Die Weihe der Kraft. Eine Tragödie vom Verfasser der Söhne des Thales, [...], Berlin, bei Johann Daniel Sander, 1807

Werner [1844]
Carl Werner: Das Cervarofest der deutschen Künstler am 1. Mai jedes Jahres in der römischen Campagna, dessen Ursprung und Verlauf. Schilderung aus dem Tagebuch des Malers Carl Werner, Leipzig [1844]

Wesenberg/Förschl 2001
Nationalgalerie Berlin. Das XIX. Jahrhundert. Kataloge der ausgestellten Werke, hrsg. v. Angelika Wesenberg, Eva Förschl, Leipzig 2001

Westers 1959
A. Westers: Thorvaldsens Malerisamling, Ms., Magisterarbeit, [Kopenhagen] 1959 (Exemplar: Kopenhagen, Thorvaldsens Museum, Bibliothek)

Wiegel 2004
Italiensehnsucht. Kunsthistorische Aspekte eines Topos, hrsg. v. Hildegard Wiegel, München 2004

Wilkens 2014
Detlef Wilkens: August-Wilhelm Iffland. Der vergessene Gigant aus dem Dreigestirn der Klassik. Leben, Werdegang, Werk und Bedeutung für unsere heutige Zeit, mit einem Beitrag von Bruno Ganz, Göttingen 2014

Wille 1970
Hans Wille: Die Debutades-Erzählung in der Kunst der Goethezeit, in: Jahrbuch der Sammlung Kippenberg N. F. 2 (1970), S. 328–351

Winkler 1988
Gerhard Winkler: Biographische Skizze [Heinrich Reinhold], in: Ausst.-Kat. Gera 1988, S. 298–359

Wirth 1957
Irmgard Wirth: Stichwort »Catel, Franz Ludwig«, in: NDB 3 (1957), S. 175–176

Wirth 1990
Irmgard Wirt: Berliner Malerei im 19. Jahrhundert. Von der Zeit Friedrichs des Großen bis zum Ersten Weltkrieg, Berlin 1990

Wolf 1931
Verlorene Werke deutscher romantischer Malerei, hrsg. v. Georg Jakob Wolf, München 1931

Wolf 2012
Kathrin Wolf: Der Hamburger Maler Johann Joachim Faber (1778–1846) – Ein Künstlerleben im Spannungsfeld zwischen Runge und Friedrich und der Italiensehnsucht des frühen 19. Jahrhunderts, Ms., Magisterarbeit, Universität Hamburg, Hamburg 2012

Wollaston 1807
William Hyde Wollaston: Description of the Camera Lucida, in: The Philosophical Magazine 27 (1807), Februar–Mai, S. 343–347

Wolzogen 1862
Alfred Freiherr von Wolzogen: Aus Schinkel's Nachlaß. Reisetagebücher, Briefe und Aphorismen. Mitgetheilt und mit einem Verzeichniß sämmtlicher Werke Schinkel's versehen, 4 Bde., Berlin 1862

Wormsbächer 1988
Elisabeth Wormsbächer: Daniel Nikolaus Chodowiecki, Danzig 1726–1801 Berlin. Erklärungen und Erläuterungen zu seinen Radierungen. Ein Ergänzungsband zum Werkverzeichnis der Druckgraphik, hrsg. v. Jens-Heiner Bauer, Hannover 1988

Zachmann o. J.a
Nico Zachmann: Preussen in Neapel. Das Haus wo Schinkel und Catel wohnten, erstmals sichtbar auf einer Oelskizze und die davor liegende Villa am Meer, in der der König von Preussen so sehr glücklich war, dass er sie von seinem Architekten Schinkel im Park von Charlottenburg nachbauen ließ, Ms., Basel o. J.

Zachmann o. J.b
Nico Zachmann: Sir William Hamiltons Stadtresidenz in Neapel. Ein Treffpunkt der kosmopolitischen Gesellschaft, wo auch Goethe, Hackert und Tischbein zu Gast waren. Franz Ludwig Catel 1778–1856. Blick auf den Palazzo Sessa und den Pizzofalcone [...], Ms., Basel o. J.

Zadow 2001
Mario Alexander Zadow: Karl Friedrich Schinkel – ein Sohn der Spätaufklärung. Die Grundlagen seiner Erziehung und Bildung, Stuttgart, London 2001

Zambrano 2009
Patrizia Zambrano: »Sembrando uno squarcio del giudizio universale«. Il terremoto del 1783 in Calabria : l'identità perduta e ritrovata. Un caso di uso e riuso del patrimonio artistico, in: Il collezionismo locale: adesione e rifiuti, Akten der Tagung, Ferrara 9.–11. 11. 2006, hrsg. v. Ranieri Varese und Federica Veratelli, Ferrara 2009, S. 431–494

Zeitung für die elegante Welt 1801 Nr. 132 v. 5. 11. 1801
Anonym: Schöne Literatur und Kunst, in: Zeitung für die elegante Welt Nr. 132 v. 5. 11. 1801, Sp. 1061–1064

Zeitung für die elegante Welt Nr. 99 v. 21. 5. 1825
D. F. [nicht aufgelöst]: Erinnerungen von einem Ausflug nach Dresden (Fortsetzung), in: Zeitung für die elegante Welt Nr. 99 v. 21. 5. 1825, Sp. 788–789

Zimmermann 1995
Evelyn Zimmerman: Die erste Reise nach Italien, in: Ausst.-Kat. Potsdam 1995, S. 134–141

Ausstellungskataloge

Ausst.-Kat. Aix-en-Provence 1976
2-ième centenaire de la naissance de François-Marius Granet. Du peintre des cloîtres au maître du plein-air, Ausst.-Kat. Aix-en-Provence, Musée Granet, Palais de Malte, Aix-en-Provence 1976

Ausst.-Kat. Ajaccio 2013
Le peuple de Rome. Représentations et imaginaire de napoléon à l'Unité italienne, hrsg. v. Oliver Bonfait, Ausst.-Kat. Ajaccio, Musée des Beaux-arts, Palais Fesch, Ajaccio, Montreuil 2013

Ausst.-Kat. Amsterdam 1971
Ontmoetingen met Italië. Tekenaars uit Scandinavië/Duitsland/Nederland in Italië 1770–1840, Ausst.-Kat. Amsterdam, Rijksprentenkabinet Rijksmuseum Amsterdam in samenwerken met Thorvaldsens Museum te Kopenhagen, Amsterdam 1971

Ausst.-Kat. Amsterdam 2008
Caspar David Friedrich & the German Romantic Landscape, Ausst.-Kat. hrsg. v. Vincent Boele und Femke Foppema, Ausst.-Kat. State Hermitage Museum St. Petersburg, Hermitage Amsterdam, Amsterdam 2008

Ausst.-Kat. Athen 2003
»Ideas on Paper«. 100 Masterdrawings from the Collections of the Hamburger Kunsthalle, hrsg. v. Marilena Cassimatis, Andreas Stolzenburg, Ausst.-Kat. Athen, The National Gallery – Alexandros Soutzos Museum, Athen 2003 (in griechischer Sprache)

Ausst.-Kat. Berlin 1794
Beschreibung derjenigen Kunstwerke, welche von der Königlichen Akademie der bildenden Künste und mechanischen Wissenschaften in den Zimmern der Akademie über der Königl. Markthalle auf der Neustadt den 26. September und folgende Tage [...] öffentlich ausgestellt sind, Ausst.-Kat. Berlin, Akademie der bildenden Künste, Berlin 1794

Ausst.-Kat. Berlin 1795
Beschreibung derjenigen Kunstwerke, welche von der Königlichen Akademie der bildenden Künste und mechanischen Wissenschaften in den Zimmern der Akademie über der Königl. Markthalle auf der Neustadt den 26. September und folgende Tage [...] öffentlich ausgestellt sind, Ausst.-Kat. Berlin, Akademie der bildenden Künste, Berlin 1795

Ausst.-Kat. Berlin 1798
Beschreibung derjenigen Kunstwerke, welche von der Königlichen Akademie der bildenden Künste und mechanischen Wissenschaften in den Zimmern der Akademie über der Königl. Markthalle auf der Neustadt den 23. September und folgende Tage […] öffentlich ausgestellt sind, Ausst.-Kat. Berlin, Akademie der bildenden Künste, Berlin 1798

Ausst.-Kat. Berlin 1800
Beschreibung derjenigen Kunstwerke, welche von der Königlichen Akademie der bildenden Künste und mechanischen Wissenschaften in den Zimmern der Akademie über der Königl. Markthalle auf der Neustadt den 15. September und folgende Tage […] öffentlich ausgestellt sind, Ausst.-Kat. Berlin, Akademie der bildenden Künste, Berlin 1800

Ausst.-Kat. Berlin 1804
Beschreibung derjenigen Kunstwerke, welche von der Königlichen Akademie der bildenden Künste und mechanischen Wissenschaften in den Zimmern der Akademie über der Königl. Markthalle auf der Neustadt den 1. Oktober und folgende Tage […] öffentlich ausgestellt sind, Ausst.-Kat. Berlin, Akademie der bildenden Künste, Berlin 1804

Ausst.-Kat. Berlin 1806
Beschreibung derjenigen Kunstwerke, welche von der königlichen Akademie der bildenden Künste und mechanischen Wissenschaften in den Sälen der Akademie über der Königl. Markthalle auf der Neustadt den 22sten September und folgende Tage […] öffentlich ausgestellt sind, Ausst.-Kat. Berlin, Akademie der bildenden Künste, Berlin 1806

Ausst.-Kat. Berlin 1810
Verzeichniß derjenigen Kunstwerke, welche von der Königlichen Akademie der Künste in den Sälen des Akademie=Gebäudes auf der Neustadt den 23sten September und folgende Tage […] öffentlich ausgestellt sind, Berlin 1810

Ausst.-Kat. Berlin 1814
Verzeichnis derjenigen Kunstwerke, welche von der königlichen Akademie der Künste in den Sälen des Akademie=Gebäudes auf der Neustadt den 9. Oktober und folgende Tage […] öffentlich ausgestellt sind, Ausst.-Kat. Berlin, Akademie der bildenden Künste, Berlin 1814

Ausst.-Kat. Berlin 1818
Verzeichnis derjenigen Kunstwerke, welche von der königlichen Akademie der Künste in den Sälen des Akademie=Gebäudes auf der Neustadt den 27. September und folgende Tage […] öffentlich ausgestellt sind, Berlin 1818

Ausst.-Kat. Berlin 1822
Verzeichnis derjenigen Kunstwerke, welche von der königlichen Akademie der Künste in den Sälen des Akademie=Gebäudes auf der Neustadt den 22. September und folgende Tage […] öffentlich ausgestellt sind, Berlin 1822

Ausst.-Kat. Berlin 1824
Verzeichnis derjenigen Kunstwerke, welche von der königlichen Akademie der Künste in den Sälen des Akademie=Gebäudes auf der Neustadt den 26. September und folgende Tage […] öffentlich ausgestellt sind, Berlin 1824

Ausst.-Kat. Berlin 1826
Verzeichnis derjenigen Kunstwerke, welche von der königlichen Akademie der Künste in den Sälen des Akademie=Gebäudes auf der Neustadt den 24. September und folgende Tage […] öffentlich ausgestellt sind, Berlin 1826

Ausst.-Kat. Berlin 1828
Verzeichnis derjenigen Kunstwerke, welche von der königlichen Akademie der Künste in den Sälen des Akademie-Gebäudes auf der Neustadt den 21. September und folgende Tage […] öffentlich ausgestellt sind, Berlin 1828

Ausst.-Kat. Berlin 1830
Verzeichnis der Kunstwerke lebender Künstler, welche in den Sälen des Akademie-Gebäudes unter den Linden den 19. September und folgende Tage […] öffentlich ausgestellt sind, Berlin 1830

Ausst.-Kat. Berlin 1832
Verzeichnis der Kunstwerke lebender Künstler, welche in den Sälen des Akademie-Gebäudes unter den Linden den 16. September und folgende Tage […] öffentlich ausgestellt sind. XXVII. Kunstausstellung der Königlichen Akademie der Künste, Berlin 1832

Ausst.-Kat. Berlin 1834
Verzeichnis der Werke lebender Künstler, welche in den Sälen des Akademie=Gebäudes vom 14. September an öffentlich ausgestellt sind. 1834. XXVIII. Kunstausstellung der Königlichen Akademie der Künste, Berlin 1834

Ausst.-Kat. Berlin 1836
Verzeichnis der Werke lebender Künstler, welche in den Sälen des Akademie=Gebäudes vom 18. September an öffentlich ausgestellt sind. 1836. XXIX. Kunstausstellung der Königlichen Akademie der Künste, Berlin 1836

Ausst.-Kat. Berlin 1838
Verzeichnis der Werke lebender Künstler, welche in den Sälen des Akademie=Gebäudes vom 16. September an öffentlich ausgestellt sind. 1838. XXX. Kunstausstellung der Königlichen Akademie der Künste, Berlin 1838

Ausst.-Kat. Berlin 1839
Verzeichnis der Werke lebender Künstler, welche in den Sälen des Akademie=Gebäudes vom 15. September an öffentlich ausgestellt sind. 1838. XXXI. Kunstausstellung der Königlichen Akademie der Künste, Berlin 1839

Ausst.-Kat. Berlin 1840
Verzeichnis der Werke lebender Künstler, welche in den Sälen des Akademie=Gebäudes vom 20. September an öffentlich ausgestellt sind. XXXII. Kunstausstellung der Königlichen Akademie der Künste, Berlin 1840

Ausst.-Kat. Berlin 1842
Verzeichnis der Werke lebender Künstler, welche in den Sälen des Akademie=Gebäudes unter den Linden vom 18. September an öffentlich ausgestellt sind. XXXIII. Kunstausstellung der Königlichen Akademie der Künste, Berlin 1842

Ausst.-Kat. Berlin 1844
Verzeichnis der Werke lebender Künstler, welche in den Sälen des Akademie=Gebäudes (Unter den Linden Nr. 38) vom 15. September bis zum 17. November öffentlich ausgestellt sind. XXXIV. Kunstausstellung der Königlichen Akademie der Künste, Berlin 1844

Ausst.-Kat. Berlin 1846
Verzeichnis der Werke lebender Künstler, welche in den Sälen des Akademie=Gebäudes (Unter den Linden Nr. 38) vom 4. September bis zum 4. November öffentlich ausgestellt sind. XXXV. Kunstausstellung der Königlichen Akademie der Künste, Berlin 1846

Ausst.-Kat. Berlin 1906, 1. Aufl. (Gemälde)
Ausstellung Deutscher Kunst aus der Zeit von 1775–1875. Gemälde, Ausst.-Kat. Königliche Nationalgalerie Berlin, Januar bis Mai 1906, München 1906

Ausst.-Kat. Berlin 1906, 2. Aufl. (Gemälde und Skulpturen)
Ausstellung Deutscher Kunst aus der Zeit von 1775–1875. Gemälde, Ausst.-Kat. Königliche Nationalgalerie Berlin, Januar bis Mai 1906, München 1906

Ausst.-Kat. Berlin 1906 (Zeichnungen etc.)
Ausstellung Deutscher Kunst aus der Zeit von 1775–1875. Zeichnungen, Aquarelle, Pastelle, Ölstudien, Miniaturen und Möbel, Ausst.-Kat. Berlin, Königliche Nationalgalerie, Januar bis Mai 1906, München 1906

Ausst.-Kat. Berlin 1936
Das Sittenbild, Ausst.-Kat. Berlin, Staatliche Museen/National=Galerie, Prinzessinnen=Palais Unter den Linden, Berlin 1936

Ausst.-Kat. Berlin 1965
Deutsche Romantik. Gemälde – Zeichnungen, Ausst.-Kat. Staatliche Museen zu Berlin, Nationalgalerie, Berlin 1965

Ausst.-Kat. Berlin 1973
Berliner Biedermeier. Malerei und Grafik aus den Sammlungen der Staatlichen Schlösser und Gärten Potsdam-Sansscouci, Ausst.-Kat. Berlin 1973

Ausst.-Kat. Berlin 1979
Berlin und die Antike. Architektur, Kunstgewerbe, Malerei, Skulptur, Theater und Wissenschaft vom 16. Jahrhundert bis heute, hrsg. v. Wilmuth Arenhövel, Ausst.-Kat. Deutsches Archäologisches Institut, Staatliche Museen Preußischer Kulturbesitz, Schloss Charlottenburg, Große Orangerie, Berlin 1979

Ausst.-Kat. Berlin 1983
»… und abends in Verein«. Johann Gottfried Schadow und der Berlinische Künstler-Verein 1814-1840, Ausst.-Kat. Berlin-Museum, Berlin 1983

Ausst.-Kat. Berlin 1990
Carl Blechen. Zwischen Romantik und Realismus, hrsg. v. Peter-Klaus Schuster, Ausst.-Kat. Berlin, Staatliche Museen Preußischer Kulturbesitz Berlin, Nationalgalerie, München 1990

Ausst.-Kat. Berlin 1996
August Wilhelm Schirmer (1802–1866). Ein Berliner Landschaftsmaler aus dem Umkreis Karl Friedrich Schinkels, Ausst.-Kat. Stiftung Preußische Schlösser und Gärten, Potsdam, Römische Bäder, Potsdam 1996

Ausst.-Kat. Berlin 1999
»Classizismus und Romantizismus«. Kunst der Goethezeit. Aus der Sammlung der Nationalgalerie und des Kupferstichkabinettes der Staatlichen Museen zu Berlin Stiftung Preußischer Kulturbesitz, hrsg. v. Brigit Verwiebe, Ausst.-Kat. Gut Altenkamp, Papendorf-Aschendorf, Berlin 1999

Ausst.-Kat. Berlin 2000
Rebecca Müller: »Die Natur ist meine einzige Lehrerin, meine Wohltäterin«. Zeichnungen von Daniel Nikolaus Chodowiecki (1726–1801) im Berliner Kupferstichkabinett, Ausst.-Kat. Berlin, Staatliche Museen, Preußischer Kulturbesitz, Bilderhefte der Staatlichen Museen zu Berlin – Preußischer Kulturbesitz, Heft 91/92, Berlin 2000

Ausst.-Kat. Berlin 2002
Die Mendelssohns in Italien, Ausst.-Kat. Mendelssohn-Archiv der Staatsbibliothek zu Berlin, Preußischer Kulturbesitz, Berlin 2002

Ausst.-Kat. Berlin 2004
Zeichenkunst aus drei Jahrhunderten, hrsg. v. Ursula Cosmann, Ausst.-Kat. Stiftung Stadtmuseum Berlin, Berlin 2004

Ausst.-Kat. Berlin 2006
Heiliges Römisches Reich Deutscher Nation 962 bis 1806. Altes Reich und Neue Staaten 1495 bis 1806, 29. Ausstellung des Europarates in Berlin und Magdeburg, hrsg. v. Hans Ottomeyer, Jutta Götzmann, Ansgar Reiss, Ausst.-Kat. Berlin, Deutsches Historisches Museum, Berlin 2006

Ausst.-Kat. Berlin 2011
Die Sammlung des Bankiers Wagener. Die Gründung der
Nationalgalerie, hrsg. v. Udo Kittelmann, Birgit Verwiebe,
Angelika Wesenberg, Ausst.-Kat. Staatliche Museen zu
Berlin, Nationalgalerie, Leipzig 2011

Ausst.-Kat. Berlin 2013
Karl Friedrich Schinkel. Geschichte und Poesie, hrsg. v.
Hein-Th. Schulze Altcappenberg, Rolf H. Johannsen und
Christiane Lange, unter Mitarbeit von Nadine Rottau und
Felix von Lüttichau, Ausst.-Kat. Staatliche Museen zu Berlin,
Kupferstichkabinett, Kunsthalle der Hypo-Kulturstiftung
München, München 2013

Ausst.-Kat. Bremen 1998
Im Land der Sehnsucht. Mit Bleistift und Kamera durch
Italien 1820 bis 1880, Ausst.-Kat. Kunsthalle Bremen,
Städtische Kunsthalle Mannheim, Kunstsammlungen der
Veste Coburg, [Frankfurt am Main] 1998

Ausst.-Kat. Bremen 2013
Lass Dich von der Natur anwehen. Landschaftszeichnung
der Romantik und Gegenwart Kunsthalle Bremen, hrsg. v.
Anne Buschhoff, Ausst.-Kat. Kunsthalle Bremen, Städtische
Galerie Bietigheim-Bissingen, Bielefeld 2013

Ausst.-Kat. Celle 1949
Deutsche Romantiker. 85 Gemälde der ersten Hälfte des
19. Jahrhunderts, Ausst.-Kat. Schloß Celle, Zonal Fine Arts
Repository, Celle 1949

Ausst.-Kat. Charleroi 1999
Denois Coekelberghs: François-Joseph Navez (Charleroi
1787 – Bruxelles 1869). La nostalgie de l'Italie, Ausst.-Kat.
Charleroi, Musée des beaux-arts, Charleroi 1999

Ausst.-Kat. Chemnitz 1930
Ausstellung 100 Jahre Deutsche Zeichenkunst 1750–1850.
Sammlung Konsul Heumann Chemnitz, veranstaltet von der
Kunsthütte zu Chemnitz, Ausst.-Kat. Chemnitz, Städtisches
Museum, Chemnitz 1930

Ausst.-Kat. Coburg 1980
Joachim Kruse, Minni Maedebach: Luthers Leben in Illustrationen des 18. und 19. Jahrhunderts, Ausst.-Kat. Kunstsammlungen der Veste Coburg, Kataloge der Kunstsammlungen der Veste Coburg, hrsg. v. Joachim Kruse, Coburg 1980

Ausst.-Kat. Coburg 1999
Von Friedrich bis Liebermann. 100 Meisterwerke Deutscher
Malerei aus dem Museum für Kunst und Kulturgeschichte
der Stadt Dortmund, hrsg. v. Brigitte Buberl, Ausst.-Kat.
Coburg, Veste Coburg, Frankfurt am Main 1999

Ausst.-Kat. Danzig 1837
Verzeichnis der zweiten Ausstellung des Kunst-Vereins zu
Danzig, welche im Saale des grünen Thors vom 6. März bis
5. April stattfinden wird, Danzig 1837

Ausst.-Kat. Darmstadt 1977
Gerhard Bott: »Es ist nur ein Rom in der Welt«. Zeichnungen und Bildnisse deutscher Künstler in Rom um 1800,
Ausst.-Kat. Hessisches Landesmuseum Darmstadt, Darmstadt 1977

Ausst.-Kat. Dortmund 1956
Blick aus dem Fenster. Gemälde und Zeichnungen der
Romantik und des Biedermeier, Ausst.-Kat. Museum für
Kunst und Kulturgeschichte Dortmund, Schloß Cappenberg,
Dortmund 1956

Ausst.-Kat. Dresden 1822
Verzeichnis der am Augustustage den 3. August 1822 in der
Königlich Sächsischen Akademie der bildenden Künste zu
Dresden ausgestellten Kunstwerke. Zum Besten der Armen,
Dresden [1822]

Ausst.-Kat. Dresden 1823
Verzeichnis der am Augustustage den 3. August 1823 in der
Königlich Sächsischen Akademie der Künste zu Dresden
öffentloich ausgestellten Kunstwerke. Zum Besten der
Armen, Dresden [1823]

Ausst.-Kat. Dresden 1825
Verzeichnis der am Augustustage den 3. August 1825 in der
Königl. Sächsischen Akademie der bildenden Künste zu
Dresden öffentlich ausgestellten Kunstwerke. Zum Besten
der Armen, Dresden [1825]

Ausst.-Kat. Dresden 1826
Verzeichnis der am Augustustage den 3. August 1826 in der
Königl. Sächsischen Akademie der bildenden Künste zu
Dresden öffentlich ausgestellten Kunstwerke. Zum Besten
der Armen, Dresden [1826]

Ausst.-Kat. Dresden 1834
Verzeichnis der am Augustustage den 3. August 1826 in der
Königl. Sächs. Akademie der bildenden Künste zu Dresden
öffentlich ausgestellten Kunstwerke. Zum Besten der Armen,
Dresden [1834]

Ausst.-Kat. Dresden 1842
Kunst-Ausstellung zum Besten der Tiedge-Stiftung, Dresden,
im Monat Mai 1842, Dresden 1842

Ausst.-Kat. Dresden 1988
Rainer Richter: Carl Christian Vogel von Vogelstein 1788–
1868. Eine Ausstellung zum 200. Geburtstag, Ausst.-Kat.
Dresden, Albertinum, Dresden 1988

Ausst.-Kat. Eckernförde 2002
Ulrich Schulte-Wülwer, Uwe Beitz: Friedrich Thöming (1802
bis 1873). Malerei und Grafik, Ausst.-Kat. Museum Eckernförde, Schriften des Museums Eckernförde 2, Eckernförde
2002

Ausst.-Kat. Eutin
Frank Baudach, Ute Pott: »Ein Mann wie Voss…«. Ausstellung zum 250. Geburtstag, Ausst.-Kat. Eutin, Kreisbiblio-
thek, Halberstadt, Das Gleimhaus, Bremen 2001

Ausst.-Kat. Évreux 2014
Sur la route d'Italie: peindre la nature d'Hubert Robert à
Corot. Le gout d'un collectionneur, Ausst.-Kat. Musée
d'Evreux, Musée de Picardie, Amiens, kuratiert von Gennaro
Toscano, Paris 2014

Ausst.-Kat. Ferrara 1985
Torquato Tasso tra letteratura, musica, teatro e le arti figura-
tive, hrsg. v. Andrea Buzzoni, Ausst.-Kat. Ferrara, Castello
Estense, Casa Romei, Bologna 1985

Ausst.-Kat. Fehraltdorf 1992
Christina Steinhoff: Salomon Corrodi und seine Zeit 1810–
1892. Ein Schweizer Künstlerleben im 19. Jahrhundert,
Ausst.-Kat. Fehraltdorf, »Heiget-Huus«, Uznach 1992

Ausst.-Kat. Flers 2000
Jean-Victor Schnetz 1787–1870. Couleurs d'Italie, Ausst.-
Kat. Musée du Château des Flers, Cabourg 2000

Ausst.-Kat. Frankfurt am Main 1838
Verzeichnis der 2. Außerordentlichen Ausstellung des
Frankfurter Kunst-Vereins, eröffnet 15. Mai 1838, Frankfurt
1838

Ausst.-Kat. Frankfurt am Main 1978
Trophäe oder Leichenstein? Aspekte des Geschichtsbewußt-
seins in Frankfurt im 19. Jahrhundert, Ausst.-Kat. Frankfurt
am Main, Historisches Museum, Kleine Schriften des Historischen Museums, Bd. 12, Frankfurt am Main 1978

Ausst.-Kat. Frankfurt am Main 1989
Sklavin oder Bürgerin? Französische Revolution und Neue
Weiblichkeit 1760–1830, hrsg. v. Viktoria Schmidt-Linsen-
hoff, Ausst.-Kat. Historisches Museum Frankfurt 1989

Ausst.-Kat. Frankfurt am Main 1999a
Moritz Daniel Oppenheim. Die Entdeckung des jüdischen
Selbstbewußtseins in der Kunst, hrsg. v. Georg Heusberger,
Anton Merck, Ausst.-Kat. Jüdisches Museum der Stadt
Frankfurt am Main, Köln 1999

Ausst.-Kat. Frankfurt am Main 1999b
»Ein Dichter hatte uns alle geweckt«. Goethe und die lite-
rarische Romantik, hrsg. v. Christoph Perels, Ausst.-Kat.
Frankfurt am Main, Freies Deutsches Hochstift, Frankfurter
Goethe-Museum, Frankfurt am Main 1999

Ausst.-Kat. Frankfurt am Main 2002
Reise ins unterirdische Italien. Grotten und Höhlen in der
Goethezeit, bearb. und hrsg. v. Fritz Emslander, Ausst.-Kat.
Freies Deutsches Hochstift – Frankfurter Goethemuseum,
Goethe-Museum Düsseldorf, Anton-und-Katharina-Kippen-
berg-Stiftung, Casa di Goethe, Rom, Karlsruhe 2002

Ausst.-Kat. Frankfurt am Main 2003
Mit freier Hand. Deutsche Zeichnungen von Barock bis zur
Romantik aus dem Städelschen Kunstinstitut, bearb. v.
Mareike Hennig, Ausst.-Kat. Frankfurt am Main, Städelsches
Kunstinstitut und Städtische Galerie, Graphische Samm-
lung, Frankfurt am Main 2003

Ausst.-Kat. Frankfurt am Main 2011
Carl Morgenstern und die Landschaftsmalerei seiner Zeit,
Ausst.-Kat. Frankfurt am Main, Museum Giersch, Petersberg
2011

Ausst.-Kat. Frankfurt am Main 2012
Schwarze Romantik. Von Goya bis Max Ernst, hrsg. v. Felix
Krämer, Ausst.-Kat. Frankfurt am Main, Städel Museum, Ost-
fildern 2012

Ausst.-Kat. Genf 2012
Die Verzauberung der Landschaft zur Zeit von Jean-Jacques
Rousseau / Enchantement du paysage au temps de Jean-
Jacques Rousseau, hrsg. v. Christian Rümelin, Ausst.-Kat.
Genf, Musée d'Art et d'Histoire, Köln 2012

Ausst.-Kat. Gera 1988
Heinrich Reinhold (1788–1825). Italienische Landschaften.
Zeichnungen, Aquarelle, Ölskizzen, Gemälde. Eine Ausstel-
lung aus Anlaß seines 200. Geburtstages in der Kunstgalerie
Gera. Mit einer biographischen Skizze zum Leben und Werk
des Künstlers von Gerhard Winkler, Ausst.-Kat. Kunstgalerie
Gera, Gera 1988

Ausst.-Kat. Gottorf 2002
Johan Christian Dahl. Der Freund Caspar David Friedrichs,
hrsg. v. Herwig Guratzsch, Ausst.-Kat. Schleswig Holsteinische Landesmuseen Schloß Gottorf, Köln 2002

Ausst.-Kat. Hamburg 1831
Verzeichnis der dritten vom Hamburger Kunstverein ver-
anstalteten Kunst-Ausstellung im Concertsaale des neuen
Schauspielhauses, Hamburg 1831

Ausst.-Kat. Hamburg 1837
Verzeichnis der vom Hamburger Kunst-Verein veranstalteten
Sechsten Kunst-Ausstellung im Concertsaale des Schauspiel-
hauses, Hamburg 1837

Ausst.-Kat. Hamburg 1839
Verzeichnis der vom Hamburger Kunst-Verein veranstalteten
Siebenten Kunst-Ausstellung im Concertsaale des Schauspielhauses. Der Schluß ist auf den 2. Juni festgesetzt, Hamburg 1839

Ausst.-Kat. Hamburg 1841
Verzeichnis der Achten vom Hamburger Kunst-Vereine
veranstalteten Ausstellung im Concertsaale des Schauspielhauses, Hamburg 1841

Ausst.-Kat. Hamburg 1847
Verzeichnis der 10ten Ausstellung des Hamburger Künstler-
Vereins 1847 […] im kleineren Saale der Börsen-Arkaden,
Hamburg 1847

Ausst.-Kat. Hamburg 1863
Verzeichnis der Ausstellung neuerer Oelgemälde (in Hamburger und Altonaer Privatbesitz befindlich) in den Sälen
der Börsen-Arkaden, Hamburg 1863

Ausst.-Kat. Hamburg 1921
Gustav Pauli: Ausstellung von Aquarellen aus dem Besitz des
Kupferstichkabinetts, Ausst.-Kat. Hamburger Kunsthalle,
Ausst.-Kat. Hamburger Kunsthalle, Hamburg 1921

Ausst.-Kat. Hamburg 1958
Wolf Stubbe: Italienreise um 1800. Aquarelle und Zeichnun-
gen aus dem Kupferstichkabinett der Hamburger Kunsthalle,
Ausst.-Kat. Hamburger Kunsthalle, Hamburg 1958

Ausst.-Kat. Hamburg 1997
Louis Gurlitt. Porträts europäischer Landschaften in Ge-
mälden und Zeichnungen, hrsg. v. Ulrich Schulte-Wülwer,
Bärbel Hedinger, Ausst.-Kat. Altonaer Museum in Hamburg,
Norddeutsches Landesmuseum, Museumberg Flensburg,
Nivaagaards Malerisamling, Nivaa/Kopenhagen, München 1997

Ausst.-Kat. Hamburg 2003
Peter Prange, Petra Roettig, Andreas Stolzenburg: Von Runge
bis Menzel. 100 Meisterzeichnungen aus dem Kupferstichkabinett der Hamburger Kunsthalle, Ausst.-Kat. Hamburger
Kunsthalle, Hamburg 2003

Ausst.-Kat. Hamburg 2006
Kunst für Hamburg. Von laut bis leise. 50 Jahre Stiftung für
die Hamburger Kunstsammlungen, hrsg. v. Ulrich Luckhardt,
Bernhard Heitmann, Ausst.-Kat. Museum für und Gewerbe
Hamburg, Hamburger Kunsthalle, Hubertus-Wald-Forum,
Hamburg 2006

Ausst.-Kat. Hamburg/München 2012
Johann Christian Reinhart. Ein deutscher Landschaftsmaler
in Rom, hrsg. v. Herbert W. Rott, Andreas Stolzenburg in
Zusammenarbeit mit F. Carlo Schmid, Ausst.-Kat. Hambur-
ger Kunsthalle, Bayerische Staatsgemäldesammlungen
München, Neue Pinakothek, München 2012

Ausst.-Kat. Hannover 1839
Verzeichnis der siebenten Kunstausstellung in Hannover.
Eröffnet am 24. Februar 1839, Hannover 1839

Ausst.-Kat. Hannover 1991
Venedigs Ruhm im Norden. Die großen venezianischen
Maler des 18. Jahrhunderts, ihre Auftraggeber und Sammler,
Forum des Landesmuseums Hannover, Kunstmuseum
Düsseldorf im Ehrenhof, Hannover 1991

Ausst.-Kat. Innsbruck 2014
Joseph Koch. Der erste Nazarener?, Ausst.-Kat. Innsbruck,
Tiroler Landesmuseum Ferdinandeum, Innsbruck, Wien 2014

Ausst.-Kat. Karlsruhe 1989
Carl Ludwig Frommel 1789–1863. Zum 200. Geburtstag.
Aquarelle, Zeichnungen und Druckgraphik aus dem Kupfer-
stichkabinett der Staatlichen Kunsthalle Karlsruhe, Ausst.-
Kat. Staatliche Kunsthalle Karlsruhe, Karlsruhe 1989

Ausst.-Kat. Karlsruhe 2012
Camille Corot. Natur und Traum, Ausst.-Kat. Staatliche
Kunsthalle Karlsruhe, Heidelberg, Berlin 2012

Ausst.-Kat. Kiel 2003
Von Kiel nach Europa: Carl Friedrich Cramer – Revolutionär,
Professor und Buchhändler, hrsg. v. Petra Blödorn-Meyer,
Michael Mahn, Rüdiger Schütt, Ausst.-Kat. Universitäts-
bibliothek Kiel 2003, Nordhausen 2002

Ausst.-Kat. Kiel 2005
Die Kopenhagener Schule. Meisterwerke dänischer und
deutscher Malerei von 1770 bis 1850, hrsg. v. Dirk Luckow,
Dörte Zbikowski, Ausst.-Kat. Kiel, Kunsthalle zu Kiel 2005,
Ostfildern-Ruit 2005

Ausst.-Kat. Koblenz 2002
Wasser, Wolken, Licht und Steine. Die Entdeckung der
Landschaft in der europäischen Malerei um 1800, hrsg. v.
Klaus Weschenfelder, Urs Roeber, Ausst.-Kat. Mittelrhein-
Museum Koblenz, Heidelberg 2002

Ausst.-Kat. Köln 1972
Hella Robels: Sehnsucht nach Italien. Deutsche Zeichner im
Süden 1770–1830. Eine Ausstellung für Horst Keller zum
60. Geburtstag, Ausst.-Kat. Köln, Wallraf-Richartz-Museum,
Köln 1972

Ausst.-Kat. Köln 1977
Bertel Thorvaldsen, Ausst.-Kat. Köln, Wallraf-Richartz-
Museum, Kunsthalle, Köln 1977

Ausst.-Kat. Kopenhagen 1987
J. C. Dahl i Italien, Ausst.-Kat. Kopenhagen, Thorvaldsens
Museum, Kopenhagen 1987

Ausst.-Kat. Kopenhagen 2005
Alt danser, tro mit Ord!, Ausst.-Kat. Kopenhagen, Thorvald-
sens Museum, Fyns Kunstmuseum, Odense Bys Museer,
Kopenhagen, Odense 2005

Ausst.-Kat. Langmatt 2004
Sehnsucht Italien. Corot und die frühe Freilichtmalerei
1780–1850, hrsg. v. Felix A. Baumann, Ausst.-Kat. Museum
Langmatt, Stiftung Langmatt Sidney und Jenny, Brown,
Baden/Schweiz, Heidelberg 2004

Ausst.-Kat. Leipzig 1915a
Ausstellung Deutscher Kunst des XIX. Jahrhunderts aus
Privatbesitz, Ausst.-Kat. Leipziger Kunstverein im Museum
der bildenden Künste [Leipzig], September–November 1915,
Leipzig 1915

Ausst.-Kat. Leipzig 1915b
Ausstellung Deutscher Kunst des XIX. Jahrhunderts aus
Privatbesitz. Neue Folge, zweite verbesserte und erweiterte
Ausgabe, Auss.-Kat. Leipziger Kunstverein im Museum der
bildenden Künste [Leipzig], November – Dezember 1915,
Leipzig 1915

Ausst.-Kat. Leipzig 1998
Maximilian Speck von Sternburg. Ein Europäer der Goethezeit als Kunstsammler, hrsg. v. Herwig Guratzsch, Alexandra
Nina Bauer, Ausst.-Kat. Museum der bildenden Künste Leipzig, Leipzig 1998

Ausst.-Kat. Leipzig 2000
Romantiker, Realisten, Revolutionäre. Meisterwerke des
19. Jahrhunderts aus dem Museum der bildenden Künste
Leipzig, hrsg. v. Edgar Peters Bowron, Helmut Börsch-Supan,
Helga Kessler Aurisch, München, London, New York 2000

Ausst.-Kat. Leipzig 2014
»Es drängt sich alles zur Landschaft …«. Landschaftsbilder
des 19. Jahrhunderts aus dem Museum der bildenden
Künste Leipzig, hrsg. v. Hans-Werner Schmidt, Frédéric
Bussmann, Franz Hempel, Ausst.-Kat. Museum der bilden-
den Künste Leipzig, Leipzig 2014

Ausst.-Kat. Leverkusen 1986
Die Idylle. Eine Bildform im Wandel zwischen Hoffnung
und Wirklichkeit 1750–1930, hrsg. v. Rolf Wedewer, Jens-
Christian Jensen, Ausst.-Kat. Städtisches Museum Leverkusen, Schloß Morsbroich, Köln 1986

Ausst.-Kat. London 1999
Christopher Riopelle, Xavier Bray: A Brush with Nature.
The Gere Collection of Landscape Oil Sketches, Ausst.-Kat.
London, National Gallery, London 1999

Ausst.-Kat. London 2003
Patrick Noon: Constable to Delacroix. British Art and the
French Romantics, Ausst.-Kat. London, Tate Britain, London
2003

Ausst.-Kat. Lübeck/Koblenz 2014
Carl Wilhelm Götzloff (1799–1866). Ein Dresdner Land-
schaftsmaler in Neapel, hrsg. v. Alexander Bastek, Markus
Bertsch, Ausst.-Kat. Museum Behnhaus Drägerhaus, Lübeck,
Mittelrhein-Museum Koblenz, Petersberg 2014

Ausst.-Kat. Mailand 1824
Atti dell'I. R. Accademia delle Belle Arti di Milano, 1824,
Oggetti di Belle Arti nelle Sale dell'I. R. Accademia, Mailand
1824

Ausst.-Kat. Mailand 1840a
L. M. [nicht aufgelöst]: Cenni critici intorno alla Esposizione
delle Opere degli Artisti e dei Dilettanti nelle Gallerie dell'
I. R. Accademia delle Belle Arti per l'anno 1840, Mailand
1840 (Exemplar: Mailand, Biblioteca Braidense; den »Atti
dell'I. R. Accademia delle Belle Arti di Milano«)

Ausst.-Kat. Mailand 1840b
Atti dell'I. R. Accademia delle Belle Arti di Milano, 1840,
Oggetti di Belle Arti nelle Sale dell'I. R. Accademia, Mailand
1840

Ausst.-Kat. Mailand 1999
»rispettabilissimo Goethe …, caro Hayez … adorato Thorvaldsen«. Gusto e cultura europea nelle raccolte d'arte di
Enrico Mylius, Ausst.-Kat. Mailand, Museo Bagatti Valsecchi,
Mailand 1999

Ausst.-Kat. Mainz/München 1994
Stephan Seeliger, Hinrich Sieveking, Norbert Suhr: Julius
Schnorr von Carolsfeld. Zeichnungen, Ausst.-Kat, Landes-
museum Mainz, München, New York 1994.

Ausst.-Kat. Mantua 2001
Un paese incantato. Italia dipinta da Thomas a Corot, hrsg.
v. Anna Ottani Cavina, Ausst.-Kat. Mantua, Centro Interna-
zionale d'Arte e di Cultura di Palazzo Te, Mailand 2001

Ausst.-Kat. Marbach am Neckar 1966
Auch ich in Arcadien. Kunstreisen nach Italien 1600–1900,
Ausst.-Kat. Marbach am Neckar, Schiller-Nationalmuseum,
Stuttgart 1966

Ausst.-Kat. Moskau 2011
O Dolce Napoli. Neapol' glazami russkich i ital'janskich chudožnikov pervoj poloviny XIX veka, Moskau, Tretjakov-Gale-
rie, Moskau 2011

Ausst.-Kat. München 1820
Kunstausstellung der Königl. Akademie der bildenden Künste,
München 1820

Ausst.-Kat. München 1826
Catalogue d'une belle collection de tableaux des plus
célèbres artistes […] laquelle sera vendue le 5. decembre
1826 [Sammlung König Max I. Joseph von Bayern],
München 1826

Ausst.-Kat. München 1827
Ausstellung Kunstverein, München 1827. (Jahres-)Bericht über den Bestand und das Wirken des Kunst-Vereins in München, München 1827

Ausst.-Kat. München 1950
Deutsche Romantiker in Italien, Ausst.-Kat. Städtische Galerie München, Bei den Propyläen, München 1950

Ausst.-Kat. München 1979
Münchner Landschaftsmalerei 1800–1850, Ausst.-Kat. München, Städtische Galerie im Lenbachhaus, München 1979

Ausst.-Kat. München 1981a
Die Nazarener in Rom, Ausst.-Kat. Rom, Galleria Nazionale d'Arte Moderna, München 1981

Ausst.-Kat. München 1981b
Deutsche Künstler um Ludwig I. in Rom, Ausst.-Kat. Staatliche Graphische Sammlung München, bearb. v. Gisela Scheffler, München 1981

Ausst.-Kat. München 1983
Marcel Roethlisberger: Im Licht von Claude Lorrain. Landschaftsmalerei aus drei Jahrhunderten, Ausst.-Kat. München, Haus der Kunst, mit Beiträgen von Eva-Maria Marquart, Christian Lenz, Erich Steingräber, München 1983

Ausst.-Kat. München 1985
Deutsche Romantiker. Bildthemen der Zeit von 1800 bis 1850, Ausst.-Kat. Kunsthalle der Hypo-Kulturstiftung, München 1985

Ausst.-Kat. München 1988
Johan Christian Dahl 1788–1857. Ein Malerfreund Caspar David Friedrichs, hrsg. v. Christoph Heilmann, Ausst.-Kat. Neue Pinakothek München, München 1988

Ausst.-Kat. München 1989
Brigitte Buberl: Erlkönig und Alpenbraut. Dichtung, Märchen und Sage in Bildern der Schack-Galerie, Ausst.-Kat. München, Bayerische Staatsgemäldesammlungen, Schack-Galerie, Studio-Ausstellung 12, München 1989

Ausst.-Kat. München 1995
Ernste Spiele. Der Geist der Romantik in der deutschen Kunst 1790–1990, hrsg. v. Christoph Vitali, Ausst.-Kat. München Haus der Kunst, Stuttgart 1995

Ausst.-Kat. München 1998
Die Nacht, hrsg. v. Klaus-Peter Schuster, Christoph Vitali, Ausst.-Kat. München, Haus der Kunst, Wabern-Bern 1998

Ausst.-Kat. München 1999
Das neue Hellas. Griechen und Bayern zur Zeit Ludwigs I., hrsg. v. Reinhold Baumstark, Ausst.-Kat. München, Bayerisches Nationalmuseum, München 1999

Ausst.-Kat. München 2000
Leo von Klenze. Architekt zwischen Kunst und Hof 1784–1864, hrsg. v. Winfried Nerdinger, Ausst.-Kat. Münchner Stadtmuseum, München, London, New York 2000

Ausst.-Kat. München 2005
Kennst Du das Land. Italienbilder der Goethezeit, hrsg. v. Frank Büttner, Herbert W. Rott, Ausst-Kat. München, Neue Pinakothek, München 2005

Ausst.- Kat. München 2013
Christoph Heilmann, Claudia Denk: Natur als Kunst. Frühe Landschaftsmalerei des 19. Jahrhunderts in Deutschland und Frankreich aus der Sammlung der Christoph Heilmann Stiftung im Lenbachhaus München, Heidelberg 2013

Ausst.-Kat. München 2015
Andreas Plackinger: Künstlerbildnisse. Inszenierung und Tradition, Ausst.-Kat. Bayerische Staatsgemäldesammlungen, Neue Pinakothek, München. London, New York 2015

Ausst.-Kat. München, Kunst-Messe 2003
48. Kunst-Messe München, Neue Messe München, München 2003

Ausst.-Kat. Münster 2003
Sammlerlust. Europäische Kunst aus fünf Jahrhunderten, hrsg. v. Monika Bachtler, Ausst.-Kat. Westfälisches Landesmuseum für Kunst und Kulturgeschichte Münster, München, Berlin, London, New York 2003

Ausst.-Kat. Münster 2008
Orte der Sehnsucht. Mit Künstlern auf Reisen, hrsg. v. Hermann Arnhold, Ausst.-Kat. LWL-Landesmuseum für Kunst und Kulturgeschichte, Münster, Münster 2008

Ausst.-Kat. Neapel 1826
Catalogo delle opere di belle Arti esposte nel Palazzo del Museo Real Borbonico, Neapel 1826

Ausst.-Kat. Neapel 1990
Giuliano Briganti: All'ombra del Vesuvio. Napoli nella veduta europea dal Quattrocento all'Ottocento, Ausst.-Kat. Neapel, Castel Sant'Elmo. Neapel 1990

Ausst.-Kat. Neapel 1994
Luisa Martorelli: Giacinto Gigante e la Scuola di Posillipo, Ausst.-Kat. Naepel, Castelnuovo, Sale della Loggia, Neapel 1994

Ausst.-Kat. Neapel 1997
Civiltà dell'Ottocento. Le arti a Napoli dai Borbone ai Savoia. Le arti figurative, hrsg. v. Silvia Cassani, Ausst.-Kat. Neapel, Museo Capodimonte, Caerta, Palazzo Reale, Neapel 1997

Ausst.-Kat. Neapel 2003
I colori di Napoli. Nuove acquisizioni di paesaggi per la Quadreria della Provincia, hrsg. v. Luciana Arbace, Ausst.-Kat. Neapel, Palazzo Reale, Sala d'Ercole, Turin 2003

Ausst.-Kat. Neapel 2004
Marina Causa Piccone, Stefano Causa: Pitloo. Luci e colori del paesaggio napoletano, Ausst.-Kat. Neapel, Museo Pignatelli, Neapel 2004

Ausst.-Kat. Neapel 2006
I colori della Campania. Omaggio a Giacinto Gigante, Ausst.-Kat. Neapel, Museo Diego Aragona Pignatelli Cortes, Neapel 2006

Ausst.-Kat. New York 1996
Gary Tinterow, Michael Pantazzi, Vincent Pomarède: Corot, Ausst.-Kat. New York, The Metropolitan Museum of Art, New York 1996

Ausst.-Kat. New York 1999
Land, Sea and Sky 1770–1870, exihibited by James Mackinnon, London, at W. M. Brady & Co., Inc., Ausst.-Kat. New York, W. M. Brady & Co., Incc., New York 1999

Ausst.-Kat. New York 2009
Studying Nature. Oil sketches from the Thaw Collection, compiled by Jennifer Tonkovich, catalogue raisonné by Esther Bell, Ausst.-Kat. New York, The Morgan Library & Museum, New York 2009

Ausst.-Kat. Nürnberg 1966
Klassizismus und Romantik in Deutschland. Gemälde und Zeichnungen aus der Sammlung Georg Schäfer, Schweinfurt, Ausst.-Kat. Nürnberg, Germanisches Nationalmuseum, Schweinfurt 1966

Ausst.-Kat. Nürnberg 1987
Ludwig Max Prätorius, 1844–1856. Reisen nach Rom, Ausst.-Kat. Nürnberg, Germanisches Nationalmauseum, Graphische Sammlung, Nürnberg 1987

Ausst.-Kart. Nürnberg 2006
Romantische Entdeckungen. Johann Adam Klein 1792–1875. Gemälde, Zeichnungen, Druckgrafik, Ausst.-Kat. Nürnberg, Stadtmuseum Fembohaus, Nürnberg 2006

Ausst.-Kat. Nürnberg/Schleswig 1991
Künstlerleben in Rom. Bertel Thorvaldsen (1770–1844). Der dänische Bildhauer und seine deutschen Freunde, Ausst.-Kat. Germanisches Nationalmuseum, Nürnberg, Schleswig-Holsteinisches Landesmuseum Schloß Gottorf, Schleswig, hrsg. v. Gerhard Bott, Heinz Spielmann, Nürnberg 1991

Ausst.-Kat. Paris 1819
Explication des ouvrages de peinture, sculpture, architecture, gravure et lithographie des artistes vivans, exposés au Musée Royal des arts, le 25 Août 1819, Paris 1819

Ausst.-Kat. Paris 1838
Explication des ouvrages de peinture, sculpture, architecture, gravure et lithographie des artistes vivans, exposés au Musée Royal, le 1er Mars 1838, Paris 1838

Ausst.-Kat. Paris 1976
La peinture allemande à l'epoque du romantisme, Ausst.-Kat. Paris, Orangerie des Tuileries, Paris 1976

Ausst.-Kat. Paris 1994
Vincent Pomarède: Achille-Etna Michallon, Ausst.-Kat. Paris, Musée du Louvre, Les dossiers du musée du Louvre, Paris 1994

Ausst.-Kat. Paris 2001
Paysage d'Italie. Les peintres du plein air (1780–1830), hrsg. v. Anna Ottani Cavina, Ausst.-Kat. Paris, Galeries nationales du Grand Palais, Mailand 2001

Ausst.-Kat. Paris 2005
Girodet 1767–1824, Ausst.-Kat. Paris, Musée du Louvre, Chicago, The Art Institute, New York, The Metropolitan Museum of Art, Montréal, Musée des Beaux-Arts de Montréal, Paris 2005

Ausst.-Kat. Paris 2008
Gustave Courbet, Ausst.-Kat. Galeries Nationales du Grand Palais, Paris, The Metropolitan Museum of Art, New York, Musée Fabre, Montepellier

Ausst.-Kat. Potsdam 1973
Berliner Biedermeier. Malerei und Grafik aus den Sammlungen der Staatlichen Schlösser und Gärten Potsdam-Sanssouci, Ausst.-Kat. Potsdam, Kulturhaus Hans Marchwitza, Brandenburg/Havel, Heimatmuseum, Neuruppin, Heimatmuseum, Frankfurt/Oder, Bezirksmuseum VIADRINA, bearb v. Gerd Bartoschek, Potsdam 1973

Ausst.-Kat. Potsdam 1975
Deutsche Künstler in Italien. Zeichnungen aus dem Jahre 1823, Ausst.-Kat. Potsdam, Orangerie, Raffaelsaal, Potsdam, Orangerie, Turmgalerie, bearb. v. Gerd Bartoschek, Adelheid Schendel, Potsdam 1975

Ausst.-Kat. Potsdam 1995
Friedrich Wilhelm IV. Künstler und König, Ausst.-Kat. Potsdam, Neue Orangerie im Park von Sanssouci, Frankfurt am Main 1995

Ausst.-Kat. Potsdam 2000
Evelyn Zimmermann: Eine Reise durch Italien. Aquarelle aus dem Besitz Friedrich Wilhelms IV., Ausst.-Kat. Potsdam, Park Sanssouci, Römische Bäder, Potsdam 2000

Ausst.-Kat. Potsdam 2008
Das Vermählungsalbum von 1823. Zeichnungen deutscher Künstler in Italien für das preußische Kronprinzenpaar, bearb. v. Gerd Bartoschek, Ausst.-Kat. Potsdam, Park Sanssouci, Römische Bäder, Potsdam 2008

Ausst.-Kat. Rom 1819
Catalogo degli oggetti di arte che sono esposti nell'Palazzo Caffarelli al Campidoglio, all'occasione dell'augusta presenza delle loro Maestà Imperiale Reali Apostoliche, Rom 1818

Ausst.-Kat. Rom 1831
Catalogo delle opere esposte pubblicamente in Campidoglio dalla Società degli Amatori e Cultori delle Belle Arti l'anno 1831, Rom 1831

Ausst.-Kat. Rom 1980
Horace Vernet 1789–1863, Ausst.-Kat. Accademia di Francia a Roma, École nationale supérieure des Beaux-Arts, Paris, Rom 1980

Ausst.-Kat. Rom 1981
I Nazareni a Roma, Ausst.-Kat. Rom, Galleria Nazionale d'Arte Moderna, hrsg. v. Gianna Piantoni, Stefano Susinno, München 1981

Ausst.-Kat. Rom 1985a
Antonio Smink van Pitloo (1791–1837). Un paesaggista olandese a Napoli. Ventisette opere ritrovate, Ausst.-Kat. Rom, Galleria Carlo Virgilio, Introduzione e catalogo a cura di Elena di Majo, con una prefazione di Maria Causa Piccone, Rom 1985

Ausst.-Kat. Rom 1985b
Grazia Bernini Pezzini, Stefania Massari, Simonetta Prosperi Valenti Rodinò: Raphael invenit. Stampe da Raffaello nelle collezioni dell'istituto Nazionale per la Grafica, Ausst.-Kat. Rom, Istituto Nazionale per la Grafica, Rom 1985

Ausst.-Kat. Rom 1990
Bertel Thorvaldsen 1770–1844 scultore danese a Roma, Ausst.-Kat. Rom, Galleria Nazionale d'Arte Moderna, hrsg. v. Elena Di Majo, Bjarne Jørnaes, Stefano Susinno, Rom 1990

Ausst.-Kat. Rom 1996a
Franz Ludwig Catel e i suoi amici a Roma. Un album di disegni dell'Ottocento, Ausst.-Kat. Rom, Galleria Nazionale d'Arte Moderna, hrsg. v. Elena di Majo, Le Mostre della Galleria Nazionale d'Arte Moderna 2, Rom 1996

Ausst.-Kat. Rom 1996b
Paesaggi perduti. Granet a Roma 1802–1824, Ausst.-Kat. Rom, American Academy in Rome, Rom 1996

Ausst.-Kat. Rom 2000
Frondose arcate. Il Colosseo prima dell'archeologia, Ausst.-Kat. Rom, Museo Nazionale Romano, Palazzo Altemps, Rom 2000, S. 15–30.

Ausst.-Kat. Rom 2002
Francesco Colalucci: Il Quirinale. L'immagine del Palazzo dal Cinquecento all'Ottocento, Ausst.-Kat. Rom, Palazzo della Fontana di Trevi, Rom 2002

Ausst.-Kat. Rom 2003a
Maestà di Roma. Universale ed Eterna – Capitale delle Arti, Ausst.-Kat. Rom, Scuderie del Quirinale, Galleria Nazionale d'Arte Moderna, Mailand 2003

Ausst.-Kat. Rom 2003b
Maestà di Roma. Da Ingres a Degas. Artisti francesi a Roma, Ausst.-Kat. Rom, Villa Medici, Mailand 2003

Ausst.-Kat. Rom 2010a
Charlotte Bonaparte 1802–1839. Une princesse artiste, Ausst.-Kat. Rom, Museo Napoleonico, Elba, Museo Nazionale delle Residenze Napoleoniche, Paris, Musée national des châteaux de Malmaison et Bois-Préau, Paris 2010

Ausst.-Kat. Rom 2010b
Le Meraviglie di Roma antica e moderna. Vedute, ricostruzioni, progetti nelle raccolte della Biblioteca di Archeologia e Storia dell'arte, hrsg. v. Maria Christina Misiti, Simonetta Prosperi Valenti Rodinò, Ausst.-Kat. Rom, Museo Nazionale del Palazzo di Venezia, Rom 2010

Ausst.-Kat. Rom 2014
Simonetta Tozzi, Angela Maria D'Amelio: Luoghi comuni. Vedutisti stranieri a Roma tra il XVIII e il XIX secolo, Ausst.-Kat. Rom, Museo di Roma, Rom 2014

Ausst.-Kat. Shizuoka 2004
The Romantic Prospect: Plein Air Painters 1780–1850, Ausst.-Kat. Shizuoka Prefectural Museum, Shizuoka, Art Gallery of New South Wales, Sydney, National Gallery of Victoria, Melbourne, Shizuoka 2004

Ausst.-Kat. Spoleto 1986
Léopold Robert, Ausst.-Kat. Spoleto, Palazzo Racani Arroni, XXIX Festival dei due mondi, Rom, Mailand 1986

Ausst.-Kat. Spoleto 1996
Pierre-Henri de Valenciennes 1750–1819, hrsg. V. Bruno Mantury, Geneviève Lacambre, Ausst.-Kat. Spoleto, Palazzo Racani Arroni, 390 Spoleto Festival, Musée du Louvre, Neapel 1996

Ausst.-Kat. Stendal/Weimar 1975/76
Italia und Germania. Deutsche Klassizisten und Romantiker in Italien. Ausstellung der Staatlichen Museen zu Berlin, National-Galerie im Winckelmann-Museum Stendal und in den Kunstsammlungen zu Weimar 1975/76, Beiträge der Winckelmann-Gesellschaft, hrsg. v. Max Kunze, Bd. 3, Stendal 1975

Ausst.-Kat. Stendal 2001
Antike zwischen Klassizismus und Romantik. Die Künstlerfamilie Riepenhausen, Ausstellung der Winckelmann-Gesellschaft im Winckelmann-Museum Stendal, Mainz 2001

Ausst.-Kat. St. Petersburg 1991
Grigorij Goldowski, Eugenia Petrova: Proizvedenija russkich chudožnikov iz muzeev i častnych kollekcij Italii [Werke russischer Künstler aus Museen und Privatsammlungen Italiens], Ausst.-Kat. St. Petersburg, Russisches Museum, St. Petersburg 1991

Ausst.-Kat. St. Petersburg 1996
Larisa Valentinovna Bardovskaja: Luidzi Premacci. Akvareli i risunki [Luigi Premazzi. Watercolours and Drawings], Ausst.-Kat. St. Petersburg, St. Petersburg 1996

Ausst.-Kat. Stuttgart 1976
Christina Kröll: Porträts aus dem Goethe-Kreis in Miniaturen, Handzeichnungen, Medaillen und Silhouetten. Eine Ausstellung des Goethe-Museums Düsseldorf Anton-und-Katharina-Kippenberg-Stiftung, Ausst.-Kat. Stuttgart, Stadtbücherei im Wilhelmspalais, Düsseldorf, Goethe-Museum, hrsg. v. Jörn Göres, Düsseldorf 1976

Ausst.-Kat. Stuttgart 1989
Joseph Anton Koch 1768–1839. Ansichten der Natur, hrsg. v. Christian von Holst, Ausst.-Kat. Staatsgalerie Stuttgart, Stuttgart 1989

Ausst.-Kat. Stuttgart 1999
Corinna Höper, in Zusammenarbeit mit Jeanette Stoschek und Stefan Heinlein: Giovanni Battista Piranesi. Die poetische Wahrheit, Ausst.-Kat. Staatsgalerie Stuttgart, Ostfildern-Ruit 1999

Ausst.-Kat. Stuttgart 2013
Im Glanz der Zaren. Die Romanows, Württemberg und Europa, Ausst.-Kat. Stuttgart, Württembergisches Landesmuseum, Stuttgart 2013

Ausst.-Kat. Stuttgart 2014
Königliche Sammellust. Wilhelm I. von Württemberg als Sammler und Förderer der Künste, Ausst.-Kat. Staatsgalerie Stuttgart, Berlin 2014

Ausst.-Kat. Toulouse 2003
»La nature l'avait crée peintre«. Pierre-Henri de Valenciennes 1750–1819, Ausst.-Kat. Toulouse, Musée Paul-Dupuy, Paris 2003

Ausst.-Kat. Turin 2002
Dal vero. Il paesaggio napoletano da Gigante a de Nittis, hrsg. v. Mariantonietta Picone Petrusa, Ausst.-Kat. Turin, Palazzo Cavour, Turin, London, Venedig 2002

Ausst.-Kat. Washington 1996
In the Light of Italy. Corot and the early open-air painting, Ausst.-Kat. Washington National Gallery of Art, New York, The Brooklyn Museum, Saint Louis, The Saint Louis Museum of Art, Washington, New Haven and London 1996

Ausst.-Kat. Washington 2003
Philipp Conisbee, Kasper Monrad, L. Bøgh Rønberg: Christoffer Wilhelm Eckersberg 1783–1853, Ausst.-Kat. Washington, National Gallery of Art, Washington 2003

Ausst.-Kat. Washington 2010
Peter Prange, Andrew Robison, Hinrich Sieveking, F. Carlo Schmid: German Masterdrawings from the Wolfgang Ratjen Collection 1580–1900, Ausst.-Kat. National Gallery of Art, Washington, London 2010

Ausst.-Kat. Weimar 1997
Hinrich Sieveking: Von Füssli bis Menzel. Aquarelle und Zeichnungen der Goethezeit aus einer Münchner Privatsammlung, Ausst.-Kat. Kunstsammlungen zu Weimar, Haus der Kunst München, Städelsches Kunstinstitut und Städtische Galerie, Frankfurt am Main, München, New York 1997

Ausst.-Kat. Weimar/Hamburg 2008
Jakob Philipp Hackert. Europas Landschaftsmaler der Goethezeit, hrsg. v. Hubertus Gaßner, Ernst-Gerhard Güse, Ausst.-Kat. Klassik Stiftung Weimar, Hamburger Kunsthalle, Ostfildern 2008

Ausst.-Kat. Wien 1926
Jahrhundertschau Deutscher Malerei. Veranstaltet vom Verein der Museumsfreunde in Wien und der Vereinigung bildender Künstler Wiener Secession, durchgeführt von Prof. Carl Moll. Raumgestaltung Architekt Fritz Zeymer, 87. Ausstellung der Wiener Secession, März bis April, Wien 1926

Ausst.-Kat. Wien 1972
Österreichische Künstler und Rom. Vom Barock zur Secession, Ausst.-Kat. Wien, Akademie der Bildenden Künste, Wien 1972

Ausst.-Kat. Wolfenbüttel 1978
Deutsche Kinderbücher des 18. Jahrhunderts. Ein Beitrag zur Vorbereitung einer Bibliographie alter deutscher Kinderbücher, Ausst.-Kat. Wolfenbüttel, Herzog August Bibliothek, Wolfenbüttel 1978

Ausst.-Kat. Wolfenbüttel 1986a
Die Kunst der Illustration. Deutsche Buchillustration des
19. Jahrhunderts, Ausst.-Kat. Wolfenbüttel, Herzog August
Bibliothek, Ausstellungskataloge der Herzog August Bibliothek Nr. 54, Weinheim, Deerfield, Beach, Florida 1986

Ausst.-Kat. Wolfenbüttel 1986b
Kalender? Ey, wie viel Kalender. Literarische Almanache
zwischen Rokoko und Klassizismus, Katalog und Ausstellung
v. York-Gotthart Mix, Ausst.-Kat. Wolfenbüttel, Zeughaus der
Herzog August Bibliothek 1986, Wolfenbüttel 1986

Ausst.-Kat. Wolfenbüttel/Braunschweig 1996
Visionäre Lebensklugheit. Joachim Heinrich Campe in
seiner Zeit (1746–1818), Ausst.-Kat. Braunschweig, Braun-
schweigisches Landesmuseum, Herzog August Bibliothek
Wolfenbüttel, Ausstellungskataloge der Herzog August Bibliothek Wolfenbüttel Nr. 74, Wiesbaden 1996

Sammlungs- und Bestandskataloge

Best.-Kat. Berlin 1976
Nationalgalerie Berlin, Staatliche Museen Preußischer
Kulturbesitz. Verzeichnis der Gemälde und Skulpturen des
19. Jahrhunderts, Katalogbearbeitung v. Barbara Dieterich,
Peter Krieger, Elisabeth Krimmel-Decker, Berlin 1976 (Ver-
zeichnis der vereinigten Kunstsammlungen Nationalgalerie
[Preußischer Kulturbesitz], Galerie des 20. Jahrhunderts
[Land Berlin], Bd. I, 19. Jahrhundert)

Best.-Kat. Berlin 1984
Adolph von Menzel. Zeichnungen, Druckgraphik und illu-
strierte Bücher. Ein Bestandskatalog der Nationalgalerie, des
Kupferstichkabinetts und der Kunstbibliothek, Staatliche
Museen Preußischer Kulturbesitz Berlin, Berlin 1984

Best.-Kat. Berlin 1986
Staatliche Museen zu Berlin. Die Gemälde der Nationalgalerie. Verzeichnis. Deutsche Malerei vom Klassizismus bis
zum Impressionismus. Ausländische Malerei von 1800 bis
1930, Berlin 1986

Best.-Kat. Bremen 1998
Kunsthalle Bremen. Meisterwerke, Band 2: Aquarelle,
Pastelle und Zeichnungen, hrsg. v. Kunstverein Bremen und
der Bremer Kunsthalle anläßlich der Ausstellung zur Wieder-
eröffnung der Kunsthalle Bremen, Bremen 1998

Best.-Kat. Cleveland 1999
Louise D'Argencourt, Roger Diederen: European paintings of
the 19th century, Cleveland Museum of Art, Bd. 1 (Aligny–
Gros), Cleveland 1999

Best.-Kat. Cottbus 1993
Beate Schneider: Carl Blechen. Bestandskatalog. Gemälde,
Aquarell, Zeichnungen, Druckgraphik, Leipzig 1993

Best.-Kat. Essen 1971
Museum Folkwang Essen. Katalog der Gemälde des 19. Jahrhunderts, bearb. v. Jutta Held, Essen 1971

Best.-Kat. Hamburg 1863
Verzeichnis der Ausstellung neuerer Oelgemälde (in Hamburger und Altonaer Privatbesitz befindlich) in den Sälen
der Börsen-Arkaden, Hamburg 1863

Best.-Kat. Hamburg 1874
Verzeichnis der Sammlung von Gemälden und plastischen
Werken der Kunsthalle zu Hamburg, Hamburg 1874

Best.-Kat. Hamburg 1969
Katalog der Meister des 19. Jahrhunderts in der Hamburger
Kunsthalle, bearb. v. Eva Maria Krafft und Carl-Wolfgang
Schümann, Hamburg 1969

Best.-Kat. Hamburg [1973]
Die Gemäldesammlung des Hamburgischen Senators Martin
Johann Jenisch d. J. (1793–1857), bearb. v. Christine Knupp-
Uhlenhaut, Ausst.-Kat. Altonaer Museum in Hamburg,
Hamburg [1973]

Best.-Kat. Hamburg 1993
Die Gemälde des 19. Jahrhunderts in der Hamburger Kunsthalle, Hamburg 1993

Best.-Kat. Kopenhagen 1843
Fortegnelse over de ved det Kongelige Akademie for de
skiönne Kunster offentligt Udstillede Kunstværker, Kopenhagen 1843

Best.-Kat. Kopenhagen 1962
Katalog des Thorvaldsens Museums, Kopenhagen 1962

Best.-Kat. Kopenhagen 1975
Thorvaldsens Museum, Kopenhagen 1975

Best.-Kat. Kopenhagen 1986
Das Thorvaldsens Museum, Kopenhagen 1985

Best.-Kat. Leipzig 1826
Maximilian Freiherr Speck von Sternburg: Verzeichniss der
von Speck'schen Gemälde-Sammlung mit darauf Beziehung
habenden Steindrücken, Leipzig 1826

Best.-Kat. Leipzig 1827
Maximilian Freiherr Speck von Sternburg: Verzeichniss der
von Speck'schen Gemälde-Sammlung mit darauf Beziehung
habenden Steindrücken, Leipzig 1827

Best.-Kat. Leipzig 1837
Maximilian Freiherr Speck von Sternburg: Zweites Verzeich-
niss der Gemälde-Sammlung, sowie der vorzüglichsten
Handzeichnungen, Kupferstiche, Kupferstichwerke und
plastischen Gegenstände des Freiherrn v. Speck-Sternburg,
Leipzig 1837

Best.-Kat. Leipzig 1840a
Maximilian Freiherr Speck von Sternburg: Verzeichniss der
Gemälde-Sammlung des Freiherrn v. Speck-Sternburg,
Leipzig 1840 (Folioausgabe)

Best.-Kat. Leipzig 1840b
Maximilian Freiherr Speck von Sternburg: Verzeichniss der
Gemälde-Sammlung des Freiherrn v. Speck-Sternburg,
Leipzig 1840 (Oktavausgabe)

Best.-Kat. Leipzig 1928
Katalog der Sammlung Kippenberg, Leipzig 1928

Best.-Kat. Leipzig 1967
Museum der bildenden Künste zu Leipzig. Katalog der
Gemälde, Leipzig 1967

Best.-Kat. Leipzig 1979
Museum der bildenden Künste Leipzig. Katalog der Gemälde
1979, bearb. v. Susanne Heiland, Leipzig 1979

Best.-Kat. Leipzig 1995
Museum der bildenden Künste. Katalog der Gemälde 1995,
bearb. v. Dietulf Sander, Stuttgart 1995

Best.-Kat. Lübeck 2007
Zum Sehen geboren. Handzeichnungen der Goethezeit und
des frühen 19. Jahrhunderts. Die Sammlung Dräger/Stubbe,
hrsg. v. Brigitte Heise, Leipzig 2007

Best.-Kat. Moskau 2009
Galina Kislykh: German, Austrian and Swiss Drawings, Bd. 2
(XIX–XX Centuries), Moskau, State Pushkin Museum of Fine
Art, Moskau 2009

Best.-Kat. München 1853
Catalogue des tableaux de la nouvelle Pinacothèque royale à
Munich, München 1853

Best.-Kat. München 1855
Verzeichnis der Gemälde in der neuen königl. Pinakothek zu
München, München 1955

Best.-Kat. München 1858
Verzeichniss der Gemälde in der neuen königlichen Pinakothek zu München, München 1858

Best.-Kat. München 1862
Verzeichnis der Gemälde in der neuen königlichen Pinakothek zu München, München 1862

Best.-Kat. München 1868
Verzeichnis der Gemälde in der neuen königlichen Pinakothek zu München, München 1868

Best.-Kat. München 1871
Verzeichnis der Gemälde in der Neuen königlichen Pinakothek zu München, München 1871

Best.-Kat. München 1877–1878
Verzeichnis der Gemälde in der Neuen königlichen Pinakothek zu München, München 1877, 1878

Best.-Kat. München 1880–1881
Verzeichnis der Gemälde in der Neuen königlichen Pinakothek zu München, München 1880, 1881

Best.-Kat. München 1883–1887
Verzeichnis der Gemälde in der Neuen königlichen Pinakothek zu München, München 1883, 1887

Best.-Kat. München 1889–1892
Führer durch die Gemäldesammlung der kgl. Neuen Pinakothek zu München, München 1889, 1890, 1891, 1892

Best.-Kat. München 1894–1899
Führer durch die Gemälde-Sammlung der königl. Neuen
Pinakothek zu München, München 1894, 1895, 1896, 1897,
1898, 1899

Best.-Kat. München 1900–1913
Katalog der Gemäldesammlung der königl. Neuen Pinakothek in München, München 1900, 1901, 1902, 1903, 1904,
1905, 1906, 1908, 1910, 1911, 1912, 1913

Best.-Kat. München 1914
Katalog der königlichen Neuen Pinakothek zu München,
hrsg. v. Heinz Braune, München 1914 (15. Auflage)

Best.-Kat. München 1920
Katalog der Neuen Pinakothek zu München, hrsg. v.
Friedrich Dörnhöffer, München 1920 (16. Auflage)

Best.-Kat. München 1922
Katalog der neuen Pinakothek zu München, 17. Auflage,
München 1922

Best.-Kat. München 1948
Gemälde Neuerer Meister aus der Neuen Pinakothek und
Neuen Staatsgalerie zu München, München 1948

Best.-Kat. München 1981–1989
Neue Pinakothek. Erläuterungen zu den ausgestellten
Werken, München 1981 (1.–3. Auflage), München 1982
(4. Auflage), München 1989 (5. Auflage)

Best.-Kat. München 2003a
Spätklassizismus und Romantik. Vollständiger Katalog.
Bayerische Staatsgemäldesammlungen, Neue Pinakothek/
München, Gemäldekataloge, Bd. 4, bearb. v. Thea Vigneau-
Wilberg u. a., München 2003

Best. -Kat. München 2003b
Neue Pinakothek. Katalog der Gemälde und Skulpturen, München, Köln 2003

Best.-Kat. München, Lotzbeck 1891
Katalog der Freiherrlich von Lotzbeck'schen Sammlung von Sculpturen und Gemälden in München, 3 Karolinenplatz 3, München 1891

Best.-Kat. München, Lotzbeck 1927
Katalog der Freiherrlich von Lotzbeckschen Sammlung von Skulpturen und Gemälden, München 5, NW 8, Karolinenplatz 3, [München 1927]

Best.-Kat. Stuttgart 1968
Katalog der Staatsgalerie Stuttgart, neue Meister, Stuttgart 1968

Best.-Kat. Stuttgart 1982
Malerei und Plastik des 19. Jahrhunderts, bearb. v. Christian von Holst, Stuttgart 1982

Best.-Kat. Winterthur 1979
Stiftung Oskar Reinhart Winterthur, Bd. 2, Zürich 1979

Auktionskataloge

Aukt.-Kat. Amsterdam, Christie's 1997
19th Century European Pictures Watercolours and Drawings, Aukt.-Kat. Amsterdam, Christie's, Auktion v. 29. 10. 1997, Amsterdam 1997

Aukt.-Kat. Amsterdam, Christie's 2002
The European noble house sale, Aukt.-Kat. Amsterdam, Christie's, Auktion 2572 v. 17. 12. 2002, Amsterdam 2002

Aukt.-Kat. Amsterdam, Sotheby's 2004
Paintings, drawings and watercolours, Aukt.-Kat. Amsterdam, Sotheby's, Auktion 935 v. 27. 9. 2004, Amsterdam 2004

Aukt.-Kat. Berlin, Bassenge 1987
Teil II: Alte u. Neue Kunst, Aukt.-Kat. Berlin, Galerie Gerda Bassenge, Auktion 49 v. 22. u. 23. 5. 1987, Berlin 1987

Aukt.-Kat. Berlin, Bassenge 2000
Kunst des 15.–19. Jahrhunderts, Berlin, Galerie Gerda Bassenge, Auktion 75 v. 16./27. 5. 2000, Berlin 2000

Aukt.-Kat. Berlin, Bassenge 2006
Kunst- und Buchauktionen, Berlin, Galerie Gerda Bassenge, Auktion 88 v. 11./14. 10. 2006, Berlin 2006

Aukt.-Kat. Berlin, Bassenge 2011
Gemälde Alter und Neuerer Meister, Zeichnungen des 15.–19. Jahrhunderts, Aukt.-Kat. Berlin, Galerie Gerda Bassenge, Auktion 98 v. 25. 11. 2011, Berlin 2011

Aukt.-Kat. Berlin, Bassenge 2013
Literatur, Kinderbücher, Autographen, Aukt.-Kat. Berlin, Galerie Gerda Bassenge, Auktion 102 v. 18. 10. 2013, Berlin 2013

Aukt.-Kat. Berlin, Grisebach 2011
Kunst des 19. Jahrhunderts, Aukt.-Kat. Berlin, Villa Grisebach Auktionen GmbH, Auktion 187 v. 23. 11. 2011, Berlin 2011

Aukt.-Kat. Berlin, Grisebach 2012
Kunst des 19. Jahrhunderts, Aukt.-Kat. Berlin, Villa Grisebach Auktionen GmbH, Auktion 193 v. 30. 5. 2012, Berlin 2012

Aukt.-Kat. Berlin, Grisebach 2013a
Kunst des 19. Jahrhunderts, Aukt.-Kat. Berlin, Villa Grisebach Auktionen GmbH, Auktion 193 v. 29. 5. 2013, Berlin 2013

Aukt.-Kat. Berlin, Grisebach 2013b
Kunst des 19. Jahrhunderts, Aukt.-Kat. Berlin, Villa Grisebach Auktionen GmbH, Auktion 215 v. 27. 11. 2013, Berlin 2013

Aukt.-Kat. Berlin, Grisebach 2014a
Kunst des 19. Jahrhunderts, Aukt.-Kat. Berlin, Villa Grisebach Auktionen GmbH, Auktion 222 v. 28. 5. 2014, Berlin 2014

Aukt.-Kat. Berlin, Grisebach 2014b
Kunst des 19. Jahrhunderts, Aukt.-Kat. Berlin, Villa Grisebach Auktionen GmbH, Auktion 22 v. 26. 11. 2014, Berlin 2014

Aukt.-Kat. Berlin, Hollstein & Puppel 1932
Handzeichnungen, Aquarelle, Gemälde vorwiegend deutscher Künstler von ca. 1800–1860, dabei viele Romantiker und Nazarener, Versteigerung 26. 2. 1932, Berlin, Hollstein & Puppel, Berlin 1932

Aukt.-Kat. Berlin, Lepke 1902
Gemälde neuer Meister ersten Ranges, Aquarelle, Pastelle, Zeichnungen etc. Berliner Privatgalerie sowie Gemäldesammlungen aus den Nachlässen des Herrn Professor Dr. Kreutz, Danzig und des Herrn Commerzienrath Boer, Auktion Nr. 1301 v. 22.–23. 4 1902, Berlin, Rudolph Lepke's Kunst-Auctions-Haus, Berlin 1902

Aukt.-Kat. Berlin, Rosen 1954
Kunst, Aukt.-Kat. Berlin, Galerie Gerd Rosen, Versteigerung XXIII v. 18.–20. 11. 1954, Berlin 1954

Aukt.-Kat. Berlin, Spik 1963
Gemälde, Graphik, Möbel, Fayencen, Silber, Porzellan, Schmuck, Teppiche, Aukt.-Kat. Berlin, Leo Spik, Auktion 446 v. 26. 4. 1963, Berlin 1963

Aukt.-Kat. Berlin, Stargardt 2008
Autographen aus allen Gebieten, Aukt.-Kat. Berlin, J. A. Stargardt, Katalog 688, Auktion v. 1./2. 4. 2008, Berlin 2008

Aukt.-Kat. Düsseldorf, Christie's 2000
Gemälde aus der Sammlung Dr. Georg Schäfer, Auktion v. 31. 1. 2000, Christie's Düsseldorf, Düsseldorf 2000

Aukt.-Kat. Düsseldorf, Karbstein 1996
66. Kunstauktion: Gemälde, Aquarelle, Plastiken und Objekte des 19. und 20. Jahrhunderts, Aukt.-Kat. Peter Karbstein Kunst- und Auktionshaus, Düsseldorf, Auktion v. 12. 12. 1996, Düsseldorf 1996

Aukt.-Kat. Hamburg, Dr. Ernst Hauswedell & Ernst Nolte 1974
Alte deutsche Kinderbücher, Aukt.-Kat. Hamburg, Dr. Ernst Hauswedell & Ernst Nolte, Auktion 200 v. 27./28. 6. 1974, Hamburg 1974

Aukt.-Kat. Hamburg, Hauswedell & Nolte 1974
Alte deutsche Kinderbücher, Aukt.-Kat. Hamburg, Dr. Ernst Hauswedell & Ernst Nolte, Auktion 200 v. 27./28. 6. 1974, Hamburg 1974

Aukt.-Kat. Hamburg, Hauswedell & Nolte 1986
Gemälde, Zeichnungen und Graphik des 15. bis 19. Jahrhunderts, Aukt.-Kat. Hamburg, Hauswedell & Nolte, Auktion 264 v. 11. 11. 1986, Hamburg 1986

Aukt.-Kat. Hamburg, Stahl 2012
Summer Sale. Gemälde, Graphik, Möbel, Schmuck, Porzellan, Silber, Bronzen, Asiatika, Autk.-Kat. Hamburg, Auktionshaus Stahl, 16. 6. 2012, Hamburg 2012

Aukt.-Kat. Köln, Creutzer/Lempertz 1920
Sammlung des Fürsten Sayn-Wittgenstein-Sayn von Schloss Sayn. Gemälde, Antiquitäten aller Art, Möbel u. Einrichtungs-Gegenstände, Silber, Versteigerung 15. bis 16. Dezember 1920, Ant. Creutzer, vorm. Lempertz G.m.b.H., Aachen 1920

Aukt.-Kat. Köln, Lempertz 1994
Alte Kunst. Gemälde, Zeichnungen, Skulpturen, Aukt.-Kat. Köln, Kunsthaus Lempertz, 709. Math. Lempertz`sche Kunstversteigerung v. 19. 11. 1994, Köln 1994

Aukt.-Kat. Köln, Lempertz 1997
Alte Kunst. Gemälde, Zeichnungen, Skulpturen, u. a. Gemälde und Zeichnungen aus einer Rheinischen Privatsammlung, 753. Math. Lempertz'sche Kunstversteigerung, Köln, Kunsthaus Lempertz, 6. 12. 1997, Köln 1997

Aukt.-Kat. Köln, Lempertz 2002
Alte Kunst. Gemälde, Zeichnungen, Skulpturen u. a. aus einem Museumsdepositum, 820. Math. Lempertz'sche Kunstversteigerung, Köln, Kunsthaus Lempertz, 15. 5. 2002, Köln 2002

Aukt.-Kat. Köln, Lempertz 2003a
Gemälde, Zeichnungen, Skulpturen u.a. aus der Sammlung Frowein, Wuppertal, Aukt.-Kat. Köln, Kunsthaus Lempertz, Auktion 840 v. 17. 5. 2003, Köln 2003

Aukt.-Kat. Köln, Lempertz 2003b
Alte Kunst. Gemälde, Zeichnungen, Skulpturen u. a. aus der Sammlung Bernheimer, Stemmler, Kölm, und aus einer Brüsseler Privatsammlung, Aukt.-Kat. Köln, Kunsthaus Lempertz, Auktion 846 v. 15. 11. 2003, Köln 2003

Aukt.-Kat. Köln, Lempertz 2005
Alte Kunst. Gemälde, Zeichnungen, Skulpturen, u. a. aus der Sammlung Bremen, Krefeld, Lempertz Auktion 874, 21. 5. 2005, Köln 2005

Aukt.-Kat. Köln, Lempertz 2007
Alte Kunst. Gemälde, Zeichnungen, Skulpturen, u. a. Gemälde und Zeichnungen aus einer Rheinischen Privatsammlung, 900. Math. Lempertz'sche Kunstversteigerung, Köln, Kunsthaus Lempertz, 19. 5. 2007, Köln 2007

Aukt.-Kat. Köln, Lempertz 2011
Alte Kunst – Old Masters, Aukt.-Kat. Köln, Lempertz, Auktion 987 v. 19. 11. 2011, Köln 2011

Aukt.-Kat. Köln, Van Ham 2005
Alte Kunst. Aukt.-Kat. Köln, Van Ham Kunstauktionen, 242. Auktion v. 30. 6.–2. 7. 2005, Köln 2005

Aukt.-Kat. Köln, Van Ham 2011
Dekorative Kunst, Aukt.-Kat. Köln, Van Ham Kunstauktionen, 297. Auktion v. 1. 2. 2011, Köln 2011

Aukt.-Kat. Kopenhagen, Bruun Rasmussen 1989
Danske og udenlandske Malerier, Aukt.-Kat. Bruun Rasmussen Kunstauktioner, Nr. 532 v. 22. 11. 1989, Kopenhagen 1989

Aukt.-Kat. Leipzig, Boerner 1930
Handzeichnungen Alter Meister des XV. bis XVIII. Jahrhunderts aus dem Besitze von Frau Geheimrat Ehlers-Göttingen und andere Beiträge aus Privatbesitz dabei die Sammlung Dr. Gaa-Mannheim […], Leipzig, C. G. Boerner, Versteigerung v. 9. und 10. 5. 1930, Leipzig 1930

Aukt.-Kat. Leipzig, Boerner 1935
Handzeichnungen aus der Sammlung des verstorbenen Geheimrats E. Ehlers, Göttingen. deutsche Meister des XIX. Jahrhunderts […], Leipzig, C. G. Boerner, Versteigerung v. 27. 11. 1935, Leipzig 1935

Aukt.-Kat. Leipzig, Boerner 1942
Deutsche Handzeichnungen des XIX. Jahrhunderts. Zeichnungen Alter Meister, C. G. Boerner Leipzig, Versteigerung
206 v. 19. 2. 1942, Leipzig 1942

Aukt.-Kat. Leipzig, Boerner 1949
Radierungen, Lithographien, Holzschnitte Deutscher Meister
des 18. und 19. Jahrhunderts, C. G. Boerner Leipzig, Neue
Lagerliste Nr. 2, Leipzig 1949

Aukt.-Kat. London, Christie's 1993
German and Austrian Art, Part II, Aukt.-Kat. Christie's,
London, 20. 5. 1993, London 1993

Aukt.-Kat. London, Christie's 1995
German and Austrian Art, Aukt.-Kat. London, Christie's,
11. 10. 1995, London 1995

Aukt.-Kat. London, Christie's 1997
Feltrinelli Books, Part III, Aukt.-Kat. London, Christie's,
Auktion 5908 v. 3. 12. 1997, London 1997

Aukt.-Kat. London, Christie`s 2012
19th century European art including Orientalist art, Aukt.-
Kat. London, Christie's, Auktion 5955 v. 21. 11. 2012,
London 2012.

Aukt.-Kat. London, Christie's South Kensington 2006b
19th Century European Art including Russian Pictures,
Aukt.-Kat. London, Christie's South Kensington, 30. 11. 2006,
London 2006

Aukt.-Kat. London, Sotheby's 1986
Nineteenth Century European Paintings, Drawings and
Watercolours, Aukt.-Kat. London, Sotheby's, 18. 6. 1986,
London 1986

Aukt.-Kat. London, Sotheby's 2008
European Paintings including German, Austrian & Central
European Paintings, The Orientalist Sale, Aukt.-Kat. London,
Sotheby's, 30. 5. 2008, London 2008

Aukt.-Kat. London, Sotheby's 2009
19th Century European Paintings including German, Austrian & Central European Paintings, The Orientalist Sale,
Spanish Painting and the Scandinavian Sale, Aukt.-Kat.
London, Sotheby's, 3. 6. 2009, London 2009

Aukt.-Kat. Lübeck, Frenzel (Kunstsammlung Rumohr)
1846
[J. G. A. Frenzel:] Die Kunstsammlung des Freiherrn C. F. L.
F. von Rumohr, Königl. Dänischen Kammerherrn, Ritter des
Dannebrog-Ordens, beschreibend dargestellt von J. G. A.
Frenzel, Director des Königl. Sächs. Kupferstich- und Hand-
zeichnung-Cabinets in Dresden, Ehrenmitglied der K. K.
Akademie der bildenden Künste in St. Petersburg. – Die
öffentliche Versteigerung obengenannter Kunstsammlung
aus Kupferstichen, Holzschnitten, Zeichnungen, Gemälden,
plastischen und andern Werken bestehend, erfolgt zu Dresden den 19. October 1846 und folgende Tage durch den ver-
pflichteten Amts-Auctionator Robert Julius Köhler, Lübeck
1846

Aukt.-Kat. München, Karl & Faber 2007
Arbeiten auf Papier des 18. und 19. Jahrhunderts, Aukt.-Kat.
München, Karl & Faber, Auktion 214 v. 30. 11. 2007, München
2007

Aukt.-Kat. München, Karl & Faber 2008
85 Jahre Karl & Faber – 85 Werke aus sechs Jahrhunderten,
Aukt.-Kat. München, Karl & Faber, Auktion 220–222 v.
4./5. 12. 2008, München 2008

Aukt.-Kat. München, Karl & Faber 2009
Alte Meister und Kunst des 19. Jahrhunderts. Gemälde,
Aquarelle, Zeichnungen, Graphik, illustrierte Bücher, Aukt.-
Kat. München, Karl & Faber, Auktion 227 v. 4. 12. 2009,
München 2009

Aukt.-Kat. München, Karl & Faber 2014
Alte Meister und Kunst des 19. Jahrhunderts. Gemälde, Aqua-
relle, Zeichnungen, Graphik, Skulpturen, Aukt.-Kat. München,
Karl & Faber, Auktion 255 v. 9. 5. 2014, München 2014

Aukt.-Kat. München, Ketterer 2014
Alte Meister & Kunst des 19. Jahrhunderts, Aukt.-Kat. München, Ketterer Kunst, Auktion 417 v. 21. 11. 2014, München
2014

Aukt.-Kat. München, Ketterer 2015
Alte Meister & Kunst des 19. Jahrhunderts, Aukt.-Kat. München, Ketterer Kunst, Auktion 422 v. 22. 5. 2015, München
2015

Aukt.-Kat. München, Montmorillon 1865
Die Gemaelde-Galerie Seiner Erlaucht des Grafen von
Schönborn-Wiesentheid, Standesherr, erblicher Reichsrath
etc. Zu München, Auktion: 9. October 1865, München,
Montmorillon'sche Kunsthandelung, 1865

Aukt.-Kat. München, Neumeister 1999
Sonderauktion im Auftrag und zu Gunsten der Sammlung
Dr.-Georg-Schäfer-Stiftung, Schweinfurt. Gemälde des
18. & 19. Jahrhunderts sowie Gemälde und Skulpturen
des 20. Jahrhunderts, Neumeister, München, Auktion v.
27. 2. 1999, München 1999

Aukt.-Kat. München, Weinmüller 1975
Antiquitäten, Silber, Schmuck, Skulpturen, Graphik, Möbel,
Teppiche, Gemälde, Aukt.-Kat. München, Neumeister KG,
vorm. Weinmüller, Auktion 165 v. 26. und 27. 11. 1975,
München 1975

Aukt.-Kat. München, Weinmüller 1978
Antiquitäten, Silber, Glas, Skulpturen, Möbel, Gemälde, Ost-
asien, Graphik, Aukt.-Kat. München, Neumeister KG, vorm.
Münchener Kunstversteigerungshaus A. Weinmüller, Auktion
180 v. 8., 9. und 10. 3. 1978, München 1978

Aukt.-Kat. New York, Christie, Manson & Woods Ltd.
1976
Fine Continental Pictures of the 19th and 20th Centuries
[…], Aukt.-Kat. New York, Christie, Manson & Woods Ltd.,
Auktion v. 7. 5. 1976, New York 1976

Aukt.-Kat. New York, Christie's 2011
Old master paintings. Properties from the Columbus Museum of Art, Ohio, sold to benefit its Acquisitions Fund, the
estate of Countess Consuelo Crespi, the Hispanic Society of
America, sold to benefit the Acquisitions Fund, the Histori-
cal Bible Society, Aukt.-Kat. New York, Christie's, Auktion
2449 v. 8. 6. 2011, New York 2011

Aukt.-Kat. Paris, Christie's 2007
Dessins et tableaux anciens et du 19ème siècle, Aukt.-Kat.
Paris, Christie's, Auktion 5479 v. 21. 11. 2007, Paris 2007.

Aukt.-Kat. Rom, Galerie Sangiorgi, Palais Borghese
1895
Grande Collection de Tableaux et Objets d'Art qui seront
vendus aux enchères par le ministère du Chev. G. Sangiorgi
au Palais du Prince di Fondi a Naples, Place Medina. Le
Catalogue de Tableaux a été dressé par M. le Vte Alexandre
d'Agiout expert de l'administration des Beaux-Arts de Paris,
Espositions le 20 et 21 Avril 1895, Ventes le 22 Avril et jours
suivants à 12 heures et demie, [Rom 1895]

Aukt.-Kat. Stuttgart, Fleischhauer 1920
Gemäldegalerie Schloss Rosenstein bei Stuttgart. Besitz des
ehemaligen Königs Wilhelm II von Württemberg, Aukt.-Kat.
Felix Fleischhauer's 77. Versteigerungs-Verzeichnis, Felix
Fleischhauer Hofkunsthändler, Auktion v. 26. und 27. 10.
1920, Stuttgart 1920

Aukt.-Kat. Wien, Dorotheum 2011a
Gemälde des 19. Jahrhunderts, Aukt.-Kat. Wien, Dorotheum,
Auktion v. 12. 4. 2011, Wien 2011

Aukt.-Kat. Wien, Dorotheum 2011b
Gemälde des 19. Jahrhunderts, Aukt.-Kat. Wien, Dorotheum,
Auktion v. 11. 10. 2011, Wien 2011

Aukt.-Kat. Wien, Dorotheum 2012
Gemälde des 19. Jahrhunderts, Aukt.-Kat. Wien, Dorotheum,
Auktion v. 16. 10. 2012, Wien 2012

Aukt.-Kat. Zürich, Koller 2013
Zeichnungen des 15.–20. Jahrhunderts, Aukt.-Kat. Koller,
Zürich, Auktion v. 20. 9. 2013, Zürich 2013

Lager-Kataloge

Lager-Kat. Düsseldorf, C. G. Boerner 2013
Neo-Classicism to Late Romanticism, C. G. Boerner, Düsseldorf, Neue Lagerliste 131 (2013), Düsseldorf 2013

Lager-Kat. Frankfurt am Main, Joseph Fach 1981
Aquarelle und Zeichnungen, Galerie und Kunstantiquariat
Joseph Fach, Frankfurt am Main, Frankfurt am Main 1981

Lager-Kat. Frankfurt am Main, Joseph Fach 1983
Aquarelle und Zeichnungen, Katalog 27, Galerie und Kunst-
antiquariat Joseph Fach, Frankfurt am Main, Frankfurt am
Main 1983

Lager-Kat. Frankfurt am Main, Joseph Fach 1985
Aquarelle und Zeichnungen, Katalog 34, Galerie und Kunst-
antiquariat Joseph Fach, Frankfurt am Main, Frankfurt am
Main 1985

Lager-Kat. Frankfurt am Main, Joseph Fach 1987
Aquarelle und Zeichnungen/Gemälde, Katalog 40, Galerie
und Kunstantiquariat Joseph Fach, Frankfurt am Main,
Frankfurt am Main 1987

Lager-Kat. Frankfurt am Main, Joseph Fach 1991
Zeichnungen, Katalog 50, Galerie und Kunstantiquariat
Joseph Fach, Frankfurt am Main, Frankfurt am Main 1991

Lager-Kat. Frankfurt am Main, Joseph Fach 1993
Aquarelle deutscher Künstler des 19. Jahrhunderts, Katalog
59, Galerie und Kunstantiquariat Joseph Fach, Frankfurt am
Main, Frankfurt am Main 1993

Lager-Kat. Frankfurt am Main, Joseph Fach 2003
Gemälde und Zeichnungen, Katalog 85, Galerie und Kunst-
antiquariat Joseph Fach, Frankfurt am Main, Frankfurt am
Main 2003

Lager-Kat. Frankfurt am Main, Joseph Fach 2005
Gemälde, Ölstudien und Zeichnungen, Katalog 87, Galerie
und Kunstantiquariat Joseph Fach, Frankfurt am Main,
Frankfurt am Main 2005

Lager-Kat. Frankfurt am Main, Joseph Fach 2006
Das kleine Format. Miniaturen, Malereien und Zeichnungen
aus fünf Jahrhunderten, Katalog 89, Lager-Kat. Frankfurt am
Main, Galerie und Kunstantiquariat Joseph Fach, Frankfurt
am Main 2006

Lager-Kat. Frankfurt am Main, Joseph Fach 2011
Gemälde, Zeichnungen, Künstlergraphik, Katalog 100, Galerie und Kunstantiquariat Joseph Fach, Frankfurt am Main, Frankfurt am Main 2011

Lager-Kat. Frankfurt am Main, H. W. Fichter 2014
Im Klang der Linie, H. W. Fichter Kunsthandel, Frankfurt am Main, Gezeichnete Kunst, Bd. XIX, Frankfurt am Main 2014

Lager-Kat. London, Matthiesen 2001
European Paintings. From 1600 to 1917: Baroque, Rococo, Romanticism, Realism, Futurism, Kat. London, The Matthiesen Gallery & Stair Sainty Matthiesen Inc., London 2001

Lager-Kat. London, Jean-Luc Baroni 2014
Paintings, Sculptures, Drawings, Lager-Kat. London, Jean-Luc Baroni, London 2014

Lager-Kat. Moosinning/München, Billesberger 1992
Sammlung Hans Geller, Galerie Siegfried Billesberger, Billesberger Hof, Moosinning, München 1992

Lager-Kat. München, Biedermann 1982
Aquarelle und Zeichnungen 18.–20. Jahrhundert, Lager-Katalog München, Galerie Biedermann, München, München 1982

Lager-Kat. München, Daxer & Marschall 2007
Recent Acquisitions. Oil Sketches and Paintings 1670–1900, Catalogue XXI, 2014, Lager-Katalog Daxer & Marschall Kunsthandel, München, [München] 2007

Lager-Kat. München, Daxer & Marschall 2012
Oil Sketches and Paintings, 1760–1910. Recent Acquisitions, Lager-Katalog Daxer & Marschall Kunsthandel, München, [München] 2012

Lager-Kat. München, Daxer & Marschall 2013
Oil Sketches and Paintings, 1660–1930. Recent Acquisitions, Lager-Katalog Daxer & Marschall Kunsthandel, München, [München] 2013

Lager-Kat. München, Daxer & Marschall 2014
Oil Sketches and Paintings, 1650–1915. Recent Acquisitions, Lager-Katalog Daxer & Marschall Kunsthandel, München, [München] 2014

Lager-Kat. München, Daxer & Marschall/Hamburg, Le Claire 2004
Romanticism and Nature. A selection of 19th century paintings and oil sketches, Lager-Katalog Daxer & Marschall Kunsthandel, München, Thomas le Claire Kunsthandel, Hamburg, [München] 2004

Lager-Kat. München, Grünwald
Bedeutende Werke unterschätzter Künstler. Gemälde, Handzeichnungen und Plastik des 16. bis 19. Jahrhunderts, Lager-Kat. München, Galerie Grünwald, München 1983

Lager-Kat. München, List 1999
Druckgraphik des 16. bis 19. Jahrhunderts, Herbstkatalog 1999, Kunstantiquariat Stephan List München, München 1999

Lager-Kat. Rom, Carlo Virgilio 1985
Anton Sminck van Pitloo (1791–1837). Un paesaggista olandese a Napoli: Ventisette opere ritrovate, Introduzione e catalogo a cura di Elena di Majo, con una prefazione di Marina Causa Picone, Lager.-Kat. Rom, Galleria Carlo Virgilio, Rom 1985

Lager-Kat. Rom, Carlo Virgilio 1988
A. Teerlink – A. S. Pitloo – A. Castelli, Ausst.-Kat. Rom, Galleria Carlo Virgilio, Catalogo di vendita N. 13, Rom 1988

Lager-Kat. Rom, Carlo Virgilio 1999
Quadreria. Dipinti ed acquarelli dal XVIII al XX secolo, Ausst.-Kat. Rom, Galleria Carlo Virglio, Catalogo a cura di Serenella Rolfi e Chiara Stefani, con uno scritto introduttivo di Fernando Mazzocca, Rom 1999

Register

Abbildungsnachweis

Berlin, Fotostudio Bartsch: Kat.-Nr. 178
Berlin, Staatliche Museen zu Berlin, Kupferstichkabinett/bpk: Abb. 5 auf S. 36
Berlin, Staatliche Museen zu Berlin, Kunstbibliothek (Foto: Dietmar Katz): Kat.-Nr. 9.1, 21.1, 21.2, 22.1, 22.2, 23, 24
Staatliche Museen zu Berlin, Kupferstichkabinett (Foto: Jörg P. Anders): Abb. 7 auf S. 100, Abb. S. 248 (Detail)
Berlin, Staatliche Museen zu Berlin, Kupferstichkabinett/bpk (Foto: Volker-H. Schneider): Abb. 1 auf S. 34, Abb. 4 auf S. 99, Abb. 2 auf S. 214, Abb. 1 auf S. 343; Kat.-Nr. 35.1–35.6, 43.2, 44
Berlin, Staatliche Museen zu Berlin, Nationalgalerie/bpk (Foto: Andres Kilger): Abb. 2 auf S. 99; Kat.-Nr. 139, 140
Berlin, Staatliche Museen zu Berlin, Nationalgalerie/bpk (Foto: Jörg P. Anders): Kat.-Nr. 87, 293
Berlin, Staatliche Museen zu Berlin, Nationalgalerie/bpk (Foto: Karin März): Abb. 2 auf S. 398
Berlin, Stiftung Stadtmuseum (Foto: Michael Setzpfandt): Abb. 25 auf S. 24
Berlin, Villa Grisebach Auktionen: Abb. 13 auf S. 87, Abb. 16 auf S. 88; Kat.-Nr. 142
Bielefeld, Kunstsammlung Rudolf-August Oetker GmbH: Abb. 3 auf S. 260; Kat.-Nr. 123, 143, 179, 180
Braunschweig, Herzog Anton Ulrich Museum: Abb. 1 auf S. 417
Bremen, Galerie Neuse: Abb. 1 auf S. 329
Bremen, Kunsthalle Bremen – Der Kunstverein in Bremen, Kupferstichkabinett (Foto: Karen Blindow): Abb. 2 auf S. 35, Abb. 1 auf S. 416; Kat.-Nr. 63, 89
Capaccio (Salerno), Museo »Paestum nei Percorsi del Grand Tour«, Fondazione Giambattista Vico: Kat.-Nr. 164
Celle, Bomann-Museum, Stadt Celle: Kat.-Nr. 69
Charleston, South Carolina, Carolina Art Association, Gibbes Museum of Art: Kat.-Nr. 114, 115
Chatsworth, Devonshire Collection, Reproduced by permission of Chatsworth Settlement Trustees: Abb. 10 auf S. 86, Abb. 3 auf S. 410
Cleveland, The Cleveland Museum of Art: Abb. 2 auf S. 292
Cleveland, The Cleveland Museum of Art (Foto: John Neubecker): Abb. 4 auf S. 346
Düsseldorf/New York, C. G. Boerner: Abb. 3 auf S. 269
Düsseldorf, Goethe-Museum, Anton-und-Katharina-Kippenberg-Stiftung: Abb. 1 auf S. 169; Kat.-Nr. 1, 8.1–8.10, 9.3, 10.1–10.6
Erlangen, Foto Glasow: Kat.-Nr. 101
Essen, Museum Folkwang: Kat.-Nr. 93, 136
Frankfurt am Main, Galerie und Kunstantiquariat Joseph Fach: Abb. 1 auf S. 10; Kat.-Nr. 197
Göttingen, Niedersächsische Staats- und Universitätsbibliothek: Abb. 5 auf S. 13, Abb. 30–31 auf S. 47, Abb. 7–10 auf S. 238, Abb. 1 auf S. 243
Frankfurt am Main, Städel Museum, Graphische Sammlung/ARTOTHEK (Foto: U. Edelmann): Kat.-Nr. 107
Gotha, Lutz Ebhardt: Abb. 1 auf S. 256
Hamburg, Andreas Stolzenburg: Abb. 6 auf S. 14, Abb. 27 auf S. 46, Abb. 18–19 auf S. 104, Abb. 2–3 auf S. 107, Abb. 2 auf S. 148, Abb. 3 auf S. 149, Abb. 2 auf S. 281
Hamburg, Christoph Irrgang: Abb. 12–14 auf S. 18–19, Abb. 16 auf S. 20, Abb. 7 auf S. 37, 8–9 auf S. 38, Abb. 11 auf S. 39, Abb. 12–13 auf S. 40, Abb. 24 auf S. 46, Abb. 1–2 auf S. 139, Abb. 1 auf S. 157, Abb. 1 auf S. 161, Abb. 1–4 auf S. 185, Abb. 1 auf S. 201, Abb. 1 auf S. 321; Kat.-Nr. 7, 9.4, 16.1–16.4, 20.1–20.6, 25.1, 25.2, 26.1–26.6, 27.1–27.6, 28.1–28.2, 29.1–29.2, 31.1–31.4, 33, 34, 37.1–37.3, 38.1–38.5, 39, 40.1–40.6, 41.1–41.6, 45, 64.2, 149, 160, 200, 202
Hamburg, Christoph Irrgang (Repro): Abb. 8 auf S. 84, Abb. 9 auf S. 85, Abb. 1 auf S. 98, Abb. 1 auf S. 337, Abb. 2 auf S. 384
Hamburg, Franz-Ludwig-Catel-Archiv (alte Bildvorlagen ohne Angaben eines Fotografen): Abb. 2 auf S. 11, Abb. 3 auf S. 11, Abb. 8 auf S. 15, Abb. 9 auf S. 17, Abb. 20–23 auf S. 22, Abb. 26 auf S. 25, Abb. 29 auf S. 28, Abb. 3 auf S. 35, Abb. 4 auf S. 36, Abb. 6 auf S. 37, Abb. 18-19 auf S. 43, Abb. 4 auf S. 77, Abb. 19 auf S. 89, Abb. 4–5 auf S. 95, Abb. 2 auf S. 99, Abb. 5 auf S. 100, Abb. 8 auf S. 100, Abb. 9 auf S. 101, Abb. 10 auf S. 10, Abb. 12 auf S. 102, Abb. 17 auf S. 104, Abb. 20 auf S. 104, Abb. 1 auf S. 106, Abb. 2–3 auf S. 169, Abb. 14 auf S. 239, Abb. 2 auf S. 260, Abb. 1 auf S. 290, Abb. 1 auf S. 294, Abb. 1-2 auf S. 323, Abb. 1 auf S. 324; Abb. 2 auf S. 324, Abb. 1 auf S. 345, Abb. 1 auf S. 354, Abb. 1 auf S. 376, Abb. 2 auf S. 381, Abb. 1–2 auf S. 390, Abb. 3 auf S. 391, Abb. 1 auf S. 398, Abb. 1 auf S. 402, Abb. 2 auf S. 410, Abb. 1 auf S. 412, Abb. 1 auf S. 418, Abb. 1 auf S. 424, Abb. 3 auf S. 424
Hamburg, Hamburger Kunsthalle/bpk: Abb. 17–18 auf S. 20, Abb. 23 auf S. 45, Abb. 25–26 auf S. 46, Abb. 28–29 auf S. 46, Abb. 11 auf S. 86, Abb. 6 auf S. 100, Abb. 1 auf S. 123, Abb. 1 auf S. 130, Abb. 2 auf S. 131, Abb. 1 auf S. 133, Abb. 1 auf S. 142, Abb. 1–5 auf S. 194, Abb. 6–9 auf S. 195, Abb. 1 auf S. 198, Abb. 1–3 auf S. 237, Abb. 1 auf S. 267, Abb. 1 auf S. 411; Kat.-Nr. 9.2, 11, 14.1–14.3, 14.5–14.6, 15.2, 32.1–32.3, 36, 42.1a, 42.2a, 43.1, 137
Hamburg, Hamburger Kunsthalle/bpk (Foto: Elke Walford): Abb. 12 auf S. 86, Abb. 13 (Detail) auf S. 102, Abb. S. 114 (Detail), Abb. 1 auf S. 148, Abb. 4 auf S. 391; Kat.-Nr. 6, 90, 97, 128, 129, 159, 185, 196
Hamburg, Hamburger Kunsthalle/bpk (Foto: Christoph Irrgang): Abb. 14 auf S. 87, Abb. S. 116 (Detail), Abb. 2–3 auf S. 240, Abb. 5 auf S. 241, Abb. 4 auf S. 269, Abb. 2 auf S. 345, Abb. 1 auf S. 360; Kat.-Nr. 4, 12.1, 12.2, 14.4, 15.1, 17.1–17.5, 18.1–7, 19.1–19.6, 46, 85, 88, 120
Hamburg, Le Claire Kunst: Kat.-Nr. 126
Hamburg, Dr. Moeller & Cie. Kunsthandel: Abb. 1 auf S. 292
Hamburg, Michael Thimann: Abb. 28 auf S. 26
Hamburg, Neela Struck: Abb. 17 auf S. 88, Abb. 1 auf S. 389, Abb. 2 auf S. 418; Kat.-Nr. 125
Hamburg, Staats- und Universitätsbibliothek Hamburg Carl von Ossietzky: Abb. 14–15 auf S. 41, Abb. 16–17 auf S. 42, Abb. 1 auf S. 291; Kat.-Nr. 30.1-30.4,
Hamburg, Stiftung Kulturhistorische Museen Hamburg, Altonaer Museum (Foto: Elke Schneider): Kat.-Nr. 124
Heidelberg, Kurpfälzisches Museum der Stadt Heidelberg: Abb. 2 auf S. 369, Abb. 2 auf S. 376 (Leihgabe der Bundesrepublik Deutschland)
Heidelberg, Theodor Springmann Stiftung (Adrian Braunbehrens) – www.musenalm.de: Abb. 20–21 auf S. 44, Abb. 22 auf S. 45
Jena, Thüringer Universitäts- und Landesbibliothek: Abb. 4–6 auf S. 238
Köln, Lempertz: Abb. 27 auf S. 25
Köln, Van Ham Kunstauktionen: Abb. 15 auf S. 20
Kopenhagen, Statens Museum for Kunst, SMK: Abb. 4 auf S. 82, Abb. 14 auf S. 102, Abb. 1 auf S. 300, Abb. 2 auf S. 321; Kat.-Nr. 95, 134, 158, 173
Kopenhagen, Thorvaldsens Museum: Abb. 1 auf S. 300; Kat.-Nr. 94, 130, 184
Kopenhagen, Thorvaldsens Museum (Foto: Ole Woldbye): Abb. 3 auf S. 250
Leipzig, Museum der bildenden Künste: Abb. S. 388 (Detail); Kat.-Nr. 119, 183
London, Artis Fine Art (Foto: Prudence Cuming Associates Limited, London): Kat.-Nr. 186
London, British Museum, Department of Prints and Drawings: Abb. 1-2 auf S. 81, Abb. 1 auf S. 306
London, Hazlitt, Gooden & Fox: Abb. 1 auf S. 322
London, Matthiesen Gallery: Abb. 1 auf S. 331; Kat.-Nr. 194
London, National Trust Images: Kat.-Nr. Abb. S. 430 (Detail); 132, 165
London, Private Collection, Photo: Christie's Images/Bridgeman Images: Abb. 3 auf S. 321
London, Sotheby's: Abb. 3 auf S. 340
London, Victoria and Albert Museum: Abb. S. 493
Lübeck, Die Lübecker Museen, Behnhaus Drägerhaus: Abb. 4 auf S. 12; Kat.-Nr. 86
Madrid, Archiv der Herzogin von Alba im Palacio de Liria: Abb. 19 auf S. 21
Moskau, Staatliches Puschkin-Museum der bildenden Künste von 1924 Abb. 1–3 auf S. 93–94
München, Bayerische Staatsgemäldesammlungen/bpk: Frontispiz (Detail) auf S. 2, Abb. 11 (Detail) auf S. 101, Abb. S. 108 (Detail), Abb. 1 auf S. 296 (Detail), Abb. 1 auf S. 381; Kat.-Nr. 98; 103.1, 182
München, Christian Mitko: Abb. 1 auf S. 335, Abb. 1 auf S. 426; Kat.-Nr. 204
München, Daxer & Marschall Kunsthandel: Abb. S. 320 (Detail), Abb. 2 auf S. 340, Abb. 1 auf S. 410; Kat.-Nr. 68, 122
München, Engelbert Seehuber: Abb. 2 auf S. 133; Kat.-Nr. 71, 78, 167
München, Galerie Arnoldi Livie (Foto: G. u. E. von Voithenberg): Abb. 1 auf S. 268
München, Karl & Faber: Abb. 7 auf S. 84; Abb. 2 auf S. 269; Kat.-Nr. 83
München, Kunsthandel Kathrin Bellinger: Kat.-Nr. 84.2
München, Ketterer Kunst: Abb. 2 auf S. 389
München, Philipp Mansmann: 103.2; 145
München, Staatliche Graphische Sammlung München: Abb. 6 auf S. 83; Kat.-Nr. 65, 66, 67, 171, 193.1–193.6
München, Stadtmuseum: Kat.-Nr. 118
München, Städtische Galerie Lenbachhaus: Abb. 2 auf S. 424
München, Wittelsbacher Ausgleichsfond (Foto: Max Köstler): Abb. 15 auf S. 87, Abb. 1 auf S. 281, Abb. 1 auf S. 286, Abb. S. 380 (Detail); Kat.-Nr. 169, 170, 177
Murnau, Willi Wagner: Abb. 11 auf S. 18
Neapel, Laura Eboli: Kat.-Nr. 146
Neapel, Palazzo Reale: Abb. 1 auf S. 312; Kat.-Nr. 112
New York, The Metropolitan Museum of Art: Abb. 3 auf S. 345, Abb. 5 auf S. 346; Kat.-Nr. 133, 138, 192
Nürnberg, Germanisches Nationalmuseum: Abb. S. 338 (Detail); Kat.-Nr. 144, 201
Oslo, Nasjonalmuseet for kunst, arkitektur og design (Foto: Jacques Lathion): Abb. 1 auf S. 72, Abb. 2 auf S. 73
Paris, Bibliothèque nationale de France, Département estampes et photographie: Abb. 1–27 auf S. 51–63, Abb. S. 218 (Detail), Abb. 4 auf S. 241; Kat.-Nr. 47–61, 62.1–62.6
Paris, Christie's Images Limited (2007): Abb. 5a-c auf S. 83
Paris, Giacomo Algranti: Kat.-Nr. 91, 154
Potsdam, Stiftung Preußische Schlösser und Gärten Berlin Brandenburg (Foto: Daniel Lindner): Kat.-Nr. 111
Potsdam, Stiftung Preußische Schlösser und Gärten Berlin Brandenburg (Foto: Gerhard Murza): Kat.-Nr. 42.2
Potsdam, Stiftung Preußische Schlösser und Gärten Berlin Brandenburg (Foto: Jörg P. Anders): Abb. 1 auf S. 214
Potsdam, Stiftung Preußische Schlösser und Gärten Berlin Brandenburg (Foto: Wolfgang Pfauder): Kat.-Nr. 42.1
Princeton, University Art Museum: Abb. 4 auf S. 370
Rom, Bibliotheca Hertziana, Max-Planck-Institut für Kunstgeschichte, Fotothek: Abb. 1 auf S. 250
Rom, Caffè Greco: Kat.-Nr. 195
Rom, Casa di Goethe: Abb. 1 auf S. 352
Rom, Fondazione Catel (Foto: Fabio Gallo, Fondazione Paolo di Tarso): Abb. 7 auf S. 14, Abb. 15-16 auf S. 103, Abb. 1 auf S. 260; Kat.-Nr. 2, 5, 72, 74, 76, 77, 79, 80, 82, 100, 109, 110, 113, 116, 117, 121, 131, 141, 147, 150, 153, 156, 157, 162, 166, 174, 175, 176, 181, 188, 190, 191, 198, 203
Rom, Fondazione Catel: Abb. S. S. 236 (Detail), Abb. S. 288 (Detail); Kat.-Nr. 3, 66a, 67a, 75, 96, 104, 105, 148, 151, 152, 187, 189
Rom, Galleria Carlo Virgilio: Abb. S. 259 (Detail); Kat.-Nr. 73
Rom, Museo di Roma, Palazzo Braschi: Abb. 2 auf 250
Rom, Paolo Antonacci Antichità Srl: Abb. 2 auf S. 291, Abb. 2 auf S. 402; Kat.-Nr. 70
Rom, Valentino Pace: Abb. 20 auf S. 89
San Francisco, Museum of Fine Arts: Abb. 3 auf S. 370
Stuttgart, Staatsgalerie Stuttgart: Abb. 18 auf S. 88, Abb. 11–13 auf S. 238
Schwebheim, Peter Leutsch: Kat.-Nr. 127
Schweinfurt, Museum Georg Schäfer: Abb. 5 auf S. 78; Kat.-Nr. 92
Klassik Stiftung Weimar, Museen, Graphische Sammlungen/bpk (Foto: Olaf Mokansky): Abb. 1–2 auf S. 132, Abb. S. 302 (Detail), Abb. 1 auf S. 304; Kat.-Nr. 13, 106, 108
Wien, Albertina: Abb. 1 auf S. 240
Yale, Center for British Art, Paul Mellon Collection: Abb. 3 auf S. 75

Bildvorlagen aus privaten Archiven, ohne Angaben eines Fotografen: Abb. 10 auf S. 39, Abb. 3 auf S. 82, Abb. 1 auf S. 339, Abb. 1 auf S. 340, Abb. 1 auf S. 369, Abb. 1 auf S. 384 (Detail); Kat.-Nr. 64.1, 81, 84.1, 99, 135, 155, 161, 163, 168, 172, 199

Nicht in allen Fällen war es möglich, die Rechteinhaber der Abbildungen ausfindig zu machen. Berechtigte Ansprüche werden selbstverständlich im Rahmen der üblichen Vereinbarungen abgegolten.

Umschlag vorn:
Kronprinz Ludwig in der spanischen Weinschänke zu Rom, 1824, Öl auf Leinwand, 63,2 x 75,5 cm, München, Bayerische Staatsgemäldesammlungen, Neue Pinakothek (Detail aus Kat.-Nr. 103.1)

Frontispiz:
Kronprinz Ludwig in der spanischen Weinschänke zu Rom, 1824, Öl auf Leinwand, 63,2 x 75,5 cm, München, Bayerische Staatsgemäldesammlungen, Neue Pinakothek (Detail aus Kat.-Nr. 103.1)

Umschlag hinten:
Selbstbildnis mit roter Kappe, nach 1850, Öl auf Leinwand, 45 x 37,3 cm, Rom, Fondazione Catel (Kat.-Nr. 5)

Detailabbildungen:
S. 108: Kat.-Nr. 103.1, S. 116: Kat.-Nr. 18.7, S. 218: Kat.-Nr. 55, S. 236: Kat.-Nr. 66a, S. 284: Kat.-Nr. 87, S. 288: Kat.-Nr. 104, S. 302: Kat.-Nr. 108, S. 320: Kat.-Nr. 122, S. 338: Kat.-Nr. 144, S. 380: Kat.-Nr. 170, S. 388: Kat.-Nr. 183, S. 430: Kat.-Nr. 132

Nachweis des Zitats auf dem Umschlag hinten:
Carl Seidel: Die schönen Künste zu Berlin im Jahre 1826, Berlin 1826, S. 24

Diese Publikation erscheint anlässlich der Ausstellung

Franz Ludwig Catel
Italienbilder der Romantik

Hamburger Kunsthalle
16. Oktober 2015 bis 31. Januar 2016

Herausgegeben von Andreas Stolzenburg
und Hubertus Gaßner

Idee, Konzeption und Organisation der Ausstellung
Andreas Stolzenburg

Assistenz
Neela Struck

Katalog
Andreas Stolzenburg, Neela Struck

Autoren des Katalogteils
NS Neela Struck
PP Peter Prange
AS Andreas Stolzenburg

Redaktion
Andreas Stolzenburg, Neela Struck

Lektorat
Uta Barbara Ullrich (Aufsätze: S. 8–107)

Graphische Gestaltung
Michael Sauer

Schrift
ITC Caslon 224

Papier
Luxosamt 150 g/qm

Druck und Bindung
Schreckhase Werbedruck GmbH, Spangenberg

© 2015 Hamburger Kunsthalle; Imhof Verlag, Petersberg;
die Autorinnen und Autoren

Michael Imhof Verlag GmbH & Co. KG
Stettiner Straße 25
36100 Petersberg
Tel. 0661.2919166-0
Fax 0661.2919166-9
info@imhof-verlag.de
www.imhof-verlag.de

ISBN 978-3-7319-0257-7

Printed in Germany

HAMBURGER KUNSTHALLE
Glockengießerwall
20095 Hamburg
Deutschland/Germany
Tel. +49 (0)40 428 131-200
Fax. +49 (0)40 428 54-3409
www.hamburger-kunsthalle.de

Direktor
Hubertus Gaßner

Geschäftsführer
Stefan Brandt

Ausstellungskoordination
Anne Barz, Meike Wenck

Konservatorische Betreuung
Eva Keochakian (Gemälde)
Sabine Zorn (Zeichnungen und Druckgraphik)

Buchbinderei
Anja Zuschke

Kupferstichkabinett
David Klemm, Michael Schramm, Ursula Sdunnus,
Sören Schubert

Digitalisierung
Christoph Irrgang und Team

Bibliothek
Andrea Joosten, Henrike Schröder, Monika Wildner,
Ursula Fischer

Historisches Archiv
Ute Haug

Technische Leitung
Ralf Suerbaum

Ausstellungstechnik
Gunther Maria Kolck und Team, Tobias Boner

Licht
Heinrich Meyer

Sekretariat
Ursula Trieloff, Ingrid Beckmann

Bildung und Vermittlung
Wybke Wiechell, Katharina Bühler, Alke Vierck

Fundraising/Sponsoring
Anuschka Lichtenhahn, Saskia Helin, Gesa-Thorid Huget,
Sonja Mahnkopf

Marketing/Presse- und Öffentlichkeitsarbeit
Jan Metzler, Mira Forte, Martina Gschwilm, Julia Schmid

Controlling
Marco Smailus

Veranstaltungen
Susanne Schatz, Agnes Krummrich

Aufsichtsleitung
Margarethe Thams, Achim Ottlinger

Landschaft bei Tivoli
Bleistift
London, Victoria & Albert Museum, Inv.-Nr. 9228